Prof. Dr.-Ing. Franz-Josef Heeg und
Prof. Dr. Dr. h.c. Peter Meyer-Dohm (Hrsg.)

Methoden der Organisationsgestaltung
und Personalentwicklung

Vorgehensweisen, Methoden und Techniken bei der
Umsetzung von Lean-Management-Konzepten
und der Einführung gruppenorientierter Strukturen

F. J. Heeg, P. Meyer-Dohm
Herausgeber

Methoden der Organisationsgestaltung und Personalentwicklung

Vorgehensweisen, Methoden und Techniken
bei der Umsetzung von
Lean-Management-Konzepten und der
Einführung gruppenorientierter Strukturen

REFA
Verband für
Arbeitsstudien
und Betriebs-
organisation e.V.

QUEM
Arbeitsgemeinschaft
Qualifikations-
Entwicklungs-
Management

BIBA
Bremer Institut
für Betriebstechnik
und angewandte
Arbeitswissenschaft

Entwickelt auf der Basis der Lehrunterlagen zum Projekt "Personal- und Organisationsentwicklung für betriebliche Fach-und Führungskräfte" gefördert durch den Bundesminister für Bildung und Wissenschaft (BMBW)

Carl Hanser Verlag, München 1994

Die Deutsche Bibliothek – CIP Einheitsaufnahme

Methoden der Organisationsgestaltung und Personalentwicklung: Vorgehensweisen, Methoden und Techniken bei der Umsetzung von Lean-Management-Konzepten und der Einführung gruppenorientierter Strukturen
REFA, Verband für Arbeitsstudien und Betriebsorganisation e.V.
F. J. Heeg; P. Meyer-Dohm [Hrsg.] – München; Wien: Hanser, 1994
(REFA-Fachbuchreihe Betriebsorganisation)

ISBN 3-446-17971-2

NE: Heeg, Franz J. [Hrsg.]; Verband für Arbeitsstudien und Betriebsorganisation

1. Auflage 1994

© Copyright 1994 by REFA – Verband für Arbeitsstudien und Betriebsorganisation e.V., Darmstadt. Nachdruck oder fotomechanische Wiedergabe – auch auszugsweise – verboten. Printed in Germany.

Druck: Druckhaus Darmstadt

Vorwort

Die vielfältigen Anforderungen an die Unternehmen, aber auch an den Bereich der öffentlichen Verwaltung, führen einerseits zu Konzepten wie Lean Management, gruppenorientierten Organisationsstrukturen und Total Quality Management, andererseits zur Notwendigkeit der Analyse und Neugestaltung aller betrieblichen Prozesse unter den Gesichtspunkten der Einführung neuer Technologien, der Zertifizierung gemäß DIN ISO 9000 und der europäischen Richtlinien und Normen auf dem Gebiet der Arbeitssicherheit, des Arbeitsschutzes und der Ergonomie.

Die betrieblichen Zielsetzungen unter Berücksichtigung der vorstehend aufgeführten Aspekte zu erfüllen, gelingt nicht mehr durch Planung und Steuerung durch einige wenige Spezialisten und Unternehmensleitung. Vielmehr müssen die Mitarbeiter aller Bereiche und aller Hierarchieebenen in derartige Gestaltungsprozesse und die Steuerung und Weiterentwicklung der Prozesse einbezogen werden und die dazu erforderlichen Aufgaben eigenverantwortlich durchführen.

Hierfür Multiplikatoren weiterzubilden, die diese Erkenntnisse und die zugehörigen Vorgehensweisen, Methoden und Hilfsmittel in der betrieblichen Praxis anwenden können und Wissen hierüber weitervermitteln zu können, war Anliegen eines entsprechenden Lehrgangs, an dem in 17 Gruppen an 9 Standorten über 200 Fach- und Führungskräfte aus Betrieben der neuen Bundesländer teilnahmen.

In 9 Wochenendseminaren wurde den Teilnehmern das methodische Rüstzeug vermittelt, organisatorische Probleme und Personalentwicklungs-Aufgaben zu lösen. Die Lehrinhalte sind in diesem Buch von Fachleuten aus West und Ost - aus dem wissenschaftlichen Bereich, aus der Hochschul-Lehre, aus der betrieblichen Praxis und aus dem Trainerbereich - zusammengestellt worden. Die einzelnen Kapitel entstammen hierbei den Lehrunterlagen zum Lehrgang "Personal- und Organisationsentwicklung für Fach- und Führungskräfte aus Unternehmen der neuen Bundesländer". Die Lehrunterlagen wurden zum Teil stark überarbeitet, um in diesem Buch aufgenommen zu werden. Hieran beteiligten sich vor allem die Mitarbeiter des Bremer Instituts für Betriebstechnik und angewandte Arbeitswissenschaft (BIBA), G. Dinger, J. Kaebler, J. Landwehr, J. Thielemann und M. Veismann sowie V. Karowski und U. Walter der Arbeitsgemeinschaft Qualifikations-Entwicklungs-Management (QUEM) in Berlin und U. Siewert von der EC-Consulting Group AG in Düsseldorf, denen an dieser Stelle für Ihre Mühen recht herzlich gedankt werden soll.

Das Buch stellt eine Synthese aus wissenschaftlichen Ansätzen zur Thematik der Organisationsgestaltung und Personalentwicklung sowie Darstellungen von Vorgehensweisen und Beispielen zur konkreten Umsetzung in der Praxis andererseits dar. Es beinhaltet die relevanten Techniken, betriebliche Probleme und Aufgabenstellungen kooperativ und in Kommunikation mit anderen zu bearbeiten - in systematischer, strukturierter Form - und kann somit sowohl wertvolle Hilfestellung bei der Bearbeitung komplexer Aufgaben zur Umsetzung der Ideen des Lean Managements und gruppenorientierter Organisationsstrukturen bieten wie bei der Projektarbeit mit anderen Zielsetzungen.

Die Herausgeber danken dem Bundesminister für Bildung und Wissenschaft für die Förderung des Lehrgangs, den beteiligten Autoren und Bearbeitern der einzelnen Beiträge sowie den Trainern im Lehrgang für ihre geleistete hervorragende Arbeit. Gerade das Zusammenspiel von über 40 Trainern und Autoren verschiedener beruflicher Fähigkeit und Vorbildung sowie die damit verbundenen unterschiedlichen Sichten haben den Lehrgang belebt, aber beleben auch das vorliegende Buch und bringen dem Leser unterschiedliche Sichtweisen zum jeweiligen komplexen Sachverhalt.

F. J. Heeg, P. Meyer-Dohm

Inhaltsverzeichnis

0	Einleitung und Übersicht über die Inhalte	5
1	Beispiele zur Organisationsgestaltung und Personalentwicklung	11
1.1	Technisch-organisatorische Änderungen und Personalentwicklung	15
1.2	Organisatorische Neugestaltung von Unternehmen, abgeleitet aus den Erfahrungen mit Vorgehensweisen, Methoden und Hilfsmitteln in unterschiedlichen betrieblichen Vorhaben	43
1.3	Erarbeitung einer arbeitsorganisatorischen Lösung unter Partizipation der Betroffenen	59
1.4	Personal- und Organisationsentwicklung - Beispiele aus der Praxis	68
1.5	Entwicklung und Einführung eines Auftragsabwicklungssystems	97
1.6	Methoden der Beteiligung künftiger Benutzer an der Gestaltung eines Planungs- und Steuerungsprogramms für die Werkstatt	115
1.7	Lernstatt als Instrument integrierter Personal- und Organisationsentwicklung am Beispiel der Einführung neuer Technologien	137
1.8	Teamarbeit	164
1.9	Gruppenarbeit	177
2	Projekt- und Zeitmanagement	188
2.1	Projektmanagement - Planung und Steuerung betrieblicher Personalentwicklungs- und Organisationsentwicklungs-Maßnahmen	191
2.2	Zeitmanagement	289
2.3	Beispielhafte Innovationen in der betrieblichen Projektarbeit	314
2.4	Strategisches Projektmanagement	325
2.5	Planung und Organisation von PE/OE-Maßnahmen in einem ostdeutschen Bauunternehmen	339
3	Qualitätsmanagement	343
3.1	Qualitätssicherung von Personal- und Organisationsentwicklungs-Maßnahmen	345
3.2	Betriebswirtschaftliche, inhaltliche und methodische Qualitätssicherung	385
3.3	Strategieorientierte Evaluierung von betrieblichen Weiterbildungs- und Personalentwicklungsmaßnahmen	402
4	Basistechniken	421
4.1	Kommunikation	423
4.2	Moderation	451
4.3	Präsentation	474

5	Problemlöse- und Entscheidungstechniken	488
5.1	Problemlösen und Entscheiden in komplexen Problemsituationen	490
5.2	Ideenfindung/Kreativitätstechniken	548
5.3	Beispiel für die Durchführung einer Brainstorming-Sitzung	579
5.4	Die Cross-Impact-Methode als Beispiel zur Bearbeitung einer Problemlöse- und Entscheidungssituation	584
5.5	Berufstypische Denk-, Arbeits- und Verhaltensweisen als Grundlage für wissenschaftliches Arbeiten - dargestellt am Beispiel des Ingenieurs	589
6	Analysetechniken	598
6.1	Analyse der Aufgaben (Tätigkeiten), Aufgabenfolgen (Abläufe, Prozesse) und der Aufbauorganisation	601
6.2	Analysemethoden zum Personalentwicklungsbedarf und zur Schwachstellenanalyse	627
6.3	Funktionen- und Datenmodellierung	647
6.4	Die VERA-/RHIA-Analyse	659
6.5	Wissensakquisition	679
6.6	Praxisanalysen	695
7	Arbeitsrecht	712
7.1	Grundbegriffe des Arbeitsrechts	714
7.2	Das Individualarbeitsrecht	716
7.3	Das kollektive Arbeitsrecht	731
7.4	Die Kündigung	737
7.5	Arbeitsgerichtbarkeit	745
7.5	Abkürzungsverzeichnis	747
8	Beispiele zur Personalentwicklung	749
8.1	Personalentwicklungsplanung	751
8.2	Voraussetzungen, Rahmenbedingungen und Instrumente der Personalentwicklung am Beispiel von Leistungs- und Verhaltensbeurteilung zur Unterstützung von Unternehmensführung und Personalarbeit	756
8.3	Assessment-Center	779
	Gesamt-Literaturverzeichnis	785
	Autoren und Herausgeber	806
	WeiterführendeLiteratur	813
	Stichwortverzeichnis	816

0 Einleitung und Übersicht über die Inhalte

(F. J. Heeg)

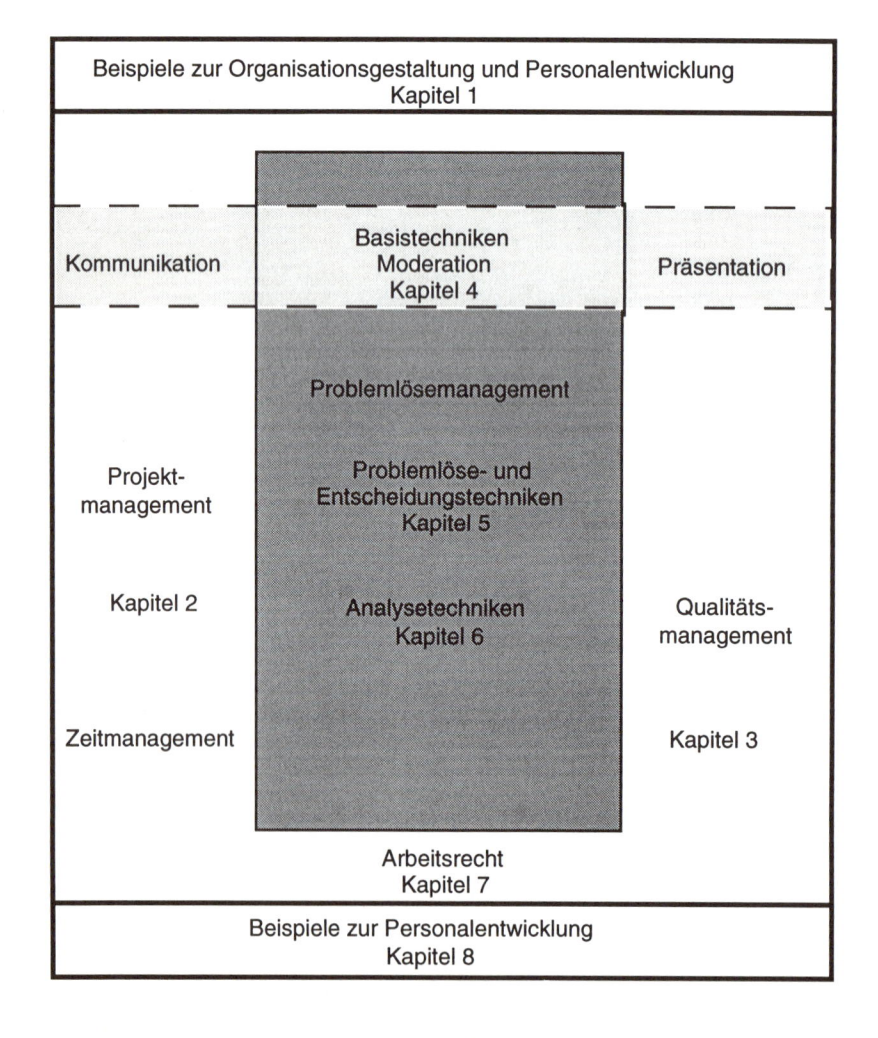

| Beispiele zur Organisationsgestaltung und Personalentwicklung |
| Kapitel 1 |

| Kommunikation | Basistechniken Moderation Kapitel 4 | Präsentation |

Problemlösemanagement

Projekt-
management

Problemlöse- und
Entscheidungstechniken
Kapitel 5

Kapitel 2

Analysetechniken
Kapitel 6

Qualitäts-
management

Zeitmanagement

Kapitel 3

Arbeitsrecht
Kapitel 7

Beispiele zur Personalentwicklung
Kapitel 8

0 Einleitung und Übersicht über die Inhalte
F. J. Heeg

Zum generellen Wissensstand bezüglich der Planung und Durchführung technisch-organisatorischer Änderungen in Unternehmen, aber auch in der öffentlichen Verwaltung (Einführung technischer Innovationen zur Produkt- und Dienstleistungserstellung (Produktionstechnologien), zur Prozeß-Planung-und -Steuerung (Informationstechnologien) und zur Transportunterstützung (Transporttechnologien) sowie für Änderungen von Ablauf- und Aufbauorganisation) zählen folgende Aussagen:

- Jeder betriebliche Gestaltungsprozeß muß in integrierter und sinnvoll aufeinander abgestimmter Form die drei Faktoren

  - Organisation
  - Personal und
  - Technik

  optimieren, um zu wirksamen Fortschritten zu gelangen. Jede isolierte Gestaltung, beispielsweise

  - die Entwicklung einer neuen Aufbauorganisation ohne entsprechende Umgestaltung der betrieblichen Prozesse,
  - die Einführung von Informationstechnologien ohne vorausgehende Optimierung der Abläufe und Qualifizierung der Mitarbeiter,
  - die Durchführung von Qualifizierungsmaßnahmen ohne Möglichkeiten, die erworbenen neuen Erkenntnisse und Erfahrungen in der konkreten Arbeit anzuwenden,

  führt im allgemeinen zu Mißerfolgen. Hierbei wird eine Menge wertvoller Arbeitszeit und Geld verschwendet, ohne daß das erzielte Ergebnis auch nur annähernd den Erwartungen entspricht.

- Bei betrieblichen Reorganisationen handelt es sich um Problemlöseprozesse hoher Komplexität und somit gelten die Paradigmen für derartige Prozesse (und die prinzipiellen Aussagen der Kognitionspsychologie, der Chaostheorie usw. sind hierauf anwendbar):

  - Sie sind nicht im Vorhinein vollständig planbar.

  - Eine fremdbestimmte Planung und Steuerung der Prozesse führt zu keinen oder bestenfalls zu suboptimalen Ergebnissen (Fremdbestimmung bedeutet in diesem Zusammenhang, daß Andere die Gestaltungsprozesse planen und durchführen als diejenigen, die von den Ergebnissen der Prozesse betroffen sind, z. B. bei "Expertenprojekten"); die Fremdbestimmung muß durch Selbstplanung- und Selbststeuerung (durch diejenigen, die die Ergebnisse auch in ihrem jeweiligen Arbeitsfeld umsetzen müssen) ersetzt werden.

  - Ein eindeutiges, über längere Zeit sinnvoll festhaltbares Ziel ist nicht erreichbar; dementsprechend sind Reorganisationen als evolutionäre Gestaltungsprozesse durchzuführen; dies bedeutet insbesondere auch, daß es sich hierbei um kontinuierliche Prozesse handelt.

  - Selbststeuerung muß im Rahmen kommunikativer, partizipativer Prozesse der Beteiligten stattfinden, wobei sinnvollerweise gleichartige Vorgehensweisen, Techniken und Hilfsmittel (z. B. zur Dokumentation) eingesetzt werden, um erarbeitete Ziele und Ergebnisse (von Analysen und Gestaltungen) überhaupt erst kommunizierbar (und somit erörterbar, diskutierbar) zu machen und Teilarbeiten in die Gesamtarbeit direkt einordnen zu können.

- Darüber hinausgehend muß, um in die Irre gehende Gestaltungsprozesse weitgehend auszuschließen, jeder Beteiligte über die Aktivitäten der übrigen Beteiligten zu jedem Zeitpunkt informiert sein. Er muß das, was er tut, von vornherein richtig und in Abstimmung mit den übrigen Aktivitäten tun ("vorbeugende Qualitätssicherung") und er muß von der Sinnhaftigkeit seiner Aktivitäten und der übrigen (abgestimmten) Aktivitäten überzeugt sein.

- Die besten Ergebnisse werden erzielt, wenn die gesamte Aufgabenerfüllung der Organisation über selbstgesteuerte Prozesse verschiedener Gruppen (gleicher *und* unterschiedlicher Hierarchieebenen) erfolgt und parallel hierzu Problemlösegruppen installiert sind (die die Aufgaben der kontinuierlichen Verbesserung aller Prozesse und der erzeugten Produkte und/oder Dienstleistungen haben) und darüber hinaus beide Gruppenformen in geeigneter Art und Weise als Lerngruppen organisiert sind (hierüber ergibt sich dann die Idealvorstellung vom "lernenden Unternehmen", das sich ständig über integrierte Arbeits- und Lernprozesse und Problemlöse- und Lernprozesse optimiert).

Dies setzt Mitarbeiter voraus, die in der Lage sind, in Gruppen problemlösend tätig sein zu können (und die Tagesarbeit ebenfalls gruppenbezogen durchführen, da diese [die in optimierter Form erledigte Tagesarbeit] das Resultat aller Optimierungsprozesse darstellt). Hierzu sind neben den fachlichen Kenntnissen und Fähigkeiten auch überfachliche Kompetenzen erforderlich (Methoden-, Mitwirkungs-, Selbstlern- und soziale Kompetenzen) - in unterschiedlichem Ausmaße.

Die Moderatoren der Gestaltungsprozesse müssen dabei über die weitestgehenden Kompetenzen verfügen.

Für diese Moderatoren sowie alle betrieblichen Entscheider ist das vorliegende Buch in erster Linie gedacht.

Es gibt einen Überblick über den gesamten Gestaltungsprozeß und Einblick in die (und Beispiele zu den) anwendbaren Techniken.

Hierbei wird, um eine breite Anwendbarkeit zu sichern, auf rechnergestützte Techniken sowie nur unter Berücksichtigung weitreichender mathematischer Kenntnisse anwendbare Techniken verzichtet. Hierzu gehören die sogenannten Optimierungstechniken, die in einem weiteren Buch zusammenfassend dargestellt werden. Inhalt dieses Buches werden auch die psychologischen Techniken zur gruppenorientierten Arbeit sein (Handbuch der Arbeitssystemgestaltung). Die Basis hierfür sowie für das vorliegende Methoden-Handbuch bildet das Handbuch Personal- und Organisationsentwicklung (Herausgeber F. J. Heeg und H. J. Münch, Stuttgart, Leipzig 1993).

Im Rahmen des vorliegenden Buches werden die Themenkreise, aufgeführt in Abbildung 0.1, behandelt.

Kapitel 1 (Beispiele zur Organisationsgestaltung und Personalentwicklung) zeigt die Rahmenbedingungen und prinzipielle Vorgehensweisen zur technisch-organisatorischen Optimierung auf und zeigt die Umsetzung anhand einiger ausgewählter Beispiele. Hierbei sollen die Vielfalt der Ansätze, aber auch die grundsätzlichen Gemeinsamkeiten der integrierten Gestaltung von Organisation, Qualifikation und Technik im Rahmen partizipativer, selbstgesteuerter Prozesse deutlich werden, aber auch die Grenzen, die in noch nicht hinreichender Einsicht der Beteiligten in die Notwendigkeit einer derartigen Vorgehensweise beruhen (und in den dahinterstehenden Menschenbildern).

```
┌─────────────────────────────────────────────────────────┐
│  Grundlagen der Personal- und Organisationsentwicklung  │
│      Handbuch Personal- und Organisationsentwicklung    │
├─────────────────────────────────────────────────────────┤
│  Beispiele zur Organisationsgestaltung und Personalentwicklung │
│                       Kapitel 1                         │
├─────────────────────────────────────────────────────────┤
│                                                         │
│                    Basistechniken                       │
│   Kommunikation     Moderation        Präsentation      │
│                     Kapitel 4                           │
│                                                         │
│                 Problemlösemanagement                   │
│                                                         │
│   Projekt-       Problemlöse- und                       │
│   management     Entscheidungstechniken                 │
│                  Kapitel 5                              │
│                                                  Qualitäts- │
│   Kapitel 2      Analysetechniken               management │
│                  Kapitel 6                              │
│                                                         │
│   Zeitmanagement                                Kapitel 3 │
│                                                         │
│                                                         │
│                     Arbeitsrecht                        │
│                      Kapitel 7                          │
├─────────────────────────────────────────────────────────┤
│           Beispiele zur Personalentwicklung             │
│                      Kapitel 8                          │
├─────────────────────────────────────────────────────────┤
│   - Optimierungstechniken                               │
│   - rechnergestützte Arbeitstechniken                   │
│   - psychologische Arbeitstechniken                     │
│   - Gestaltungstechniken und -beispiele                 │
│                                                         │
│            Handbuch Arbeitssystemgestaltung             │
└─────────────────────────────────────────────────────────┘
```

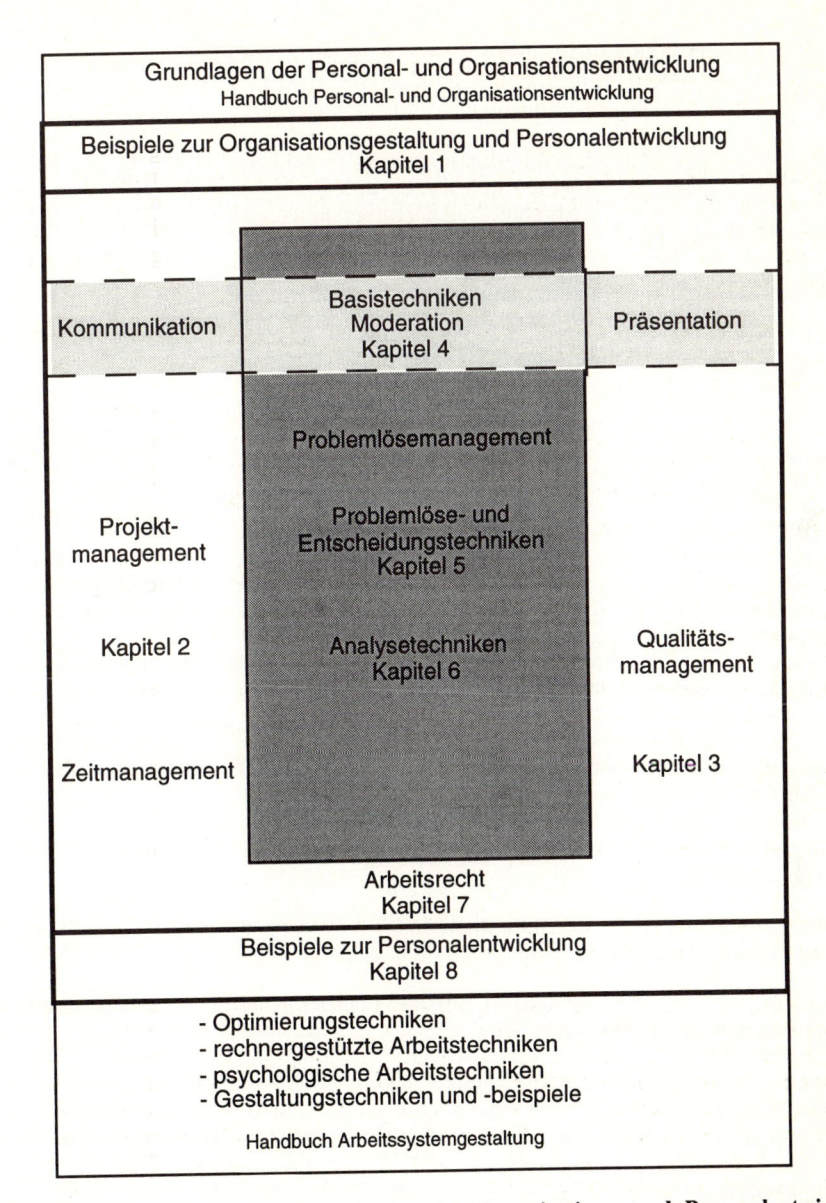

Abb. 0.1: Inhalte des Handbuches Methoden der Organisations- und Personalentwicklung

Kapitel 2 (Projekt- und Zeitmanagement) setzt die Ergebnisse der Untersuchungen an realen und simulierten Problemlöseprozessen in Regeln für die Bearbeitung komplexer Probleme in gruppenorientierter (Projektgruppen) Form um und erläutert beispielhaft die wesentlichen Arbeitstechniken hierzu (Projektorganisation, Planungs- und Steuerungstechniken, Risikoanalysen, Berichtswesen usw.). Darüber hinaus wird ein wesentliches Element der persönlichen Arbeitsorganisation, das Zeitmanagement, behandelt.

Kapitel 3 (Qualitätsmanagement) behandelt Aspekte der vorbeugenden, prozeßbegleitenden und nachfolgenden Qualitätssicherung, zeigt die grundsätzlichen Möglichkeiten, konkrete Vorgehensweisen und Techniken auf und erläutert diese am Beispiel der Qualitätssicherung von Qualifizierungsprozessen. Grundsätzlich ist dies aber auch in gleichartiger Form auf andere Prozesse der Organisations- und Technikgestaltung übertragbar.

Kapitel 4 (Basistechniken) zeigt die grundlegenden Techniken und deren theoretischen Rahmen auf, um gemeinsam Aufgaben bewältigen und Probleme lösen zu können (Kommunikation, Moderation) und die Ergebnisse anderen vorstellen zu können (Präsentation) und mit diesen weiterzuentwickeln.

Die Kapitel 2, 3 und 4 beinhalten somit das Management der Planungs- und Steuerungsprozesse für die inhaltlichen Arbeiten, die konkreten Problemlöse- und Aufgabenerfüllungsprozesse.

Kapitel 5 (Problemlöse- und Entscheidungstechniken) bringt hierzu neben einem grundlegenden Überblick konkret verwendbare und leicht erlern- und anwendbare Techniken zur Zielfindung, zur generellen Ideenfindung, zur Prioritätensetzung, zur Bewertung und Entscheidung, während in Kapitel 6 (Analysetechniken) neben der wichtigsten Analysetechnik, der Technik zur Analyse von Aufgaben und Abläufen, die Technik zur Schwachstellenanalyse, zur Funktionen- und Datenanalyse, zur Personalentwicklungs-bedarfsanalyse, zur Analyse der Regulationserfordernisse (Feststellung der Ausmaße der Ganzheitlichkeit der Arbeit) und der Belastungen vorgestellt werden - Techniken, bei deren kombinierter Anwendung die Gewähr gegeben ist, ein optimiertes und dauerhaft optimierbares Arbeitssystem zu erhalten.

Abbildung 0.2 listet die Themenbereiche der Kapitel 2,3 und 5 zusammenfassend auf (Projekt-, Problemlöse- und Qualitätsmanagement).

Kapitel 7 (Arbeitsrecht) setzt den bei Gestaltungsmaßnahmen zu beachtenden arbeitsrechtlichen Rahmen (in der Bundesrepublik Deutschland) und Kapitel 8 (Beispiele zur Personalentwicklung) zeigt abschließend einige Aspekte zur heutigen betrieblichen Personalentwicklungsplanung und zur Einbindung der Personalentwicklung in die betriebliche Personalarbeit auf und veranschaulicht den Personalauswahl- und -beurteilungsprozeß exemplarisch am Beispiel des Assessment-Centers.

Die gruppenbezogene Durchführung eines systematischen und kontinuierlichen Optimierungsprozesses von Organisation, Qualifikation und Technik bildet die Voraussetzung dafür,

- daß es in der heutigen Zeit und in Zukunft überhaupt möglich ist, im internationalen Wettbewerb bestehen zu können, da

    - dann effiziente, flexible und kostengünstige Produkt- und Dienstleistungserstellungs- und Verwaltungsprozesse vorhanden sind, diese einfach strukturiert sind (überflüssige Komplexität und überflüssige nicht-produktive Aufgaben werden vermieden, "lean"),

    - die Qualifikation der Mitarbeiter zur stetigen Optimierung der Produkte, Dienstleistungen und Prozesse eingesetzt wird sowie zur Entwicklung neuer, innovativer Produkte und Dienstleistungen und sie (die Qualifikation) in kontinuierlichen Lehr- und Lernprozessen weiterentwickelt wird,

- daß es überhaupt möglich ist, mit vertretbaren Anforderungen und vertretbaren Kosten einen detaillierten Überblick über betriebliche Aufgaben (-erfüllung) und Prozesse zu haben, wie es im Rahmen von Qualitätszertifizierungs (-auditierungs-) -prozessen gefordert wird.

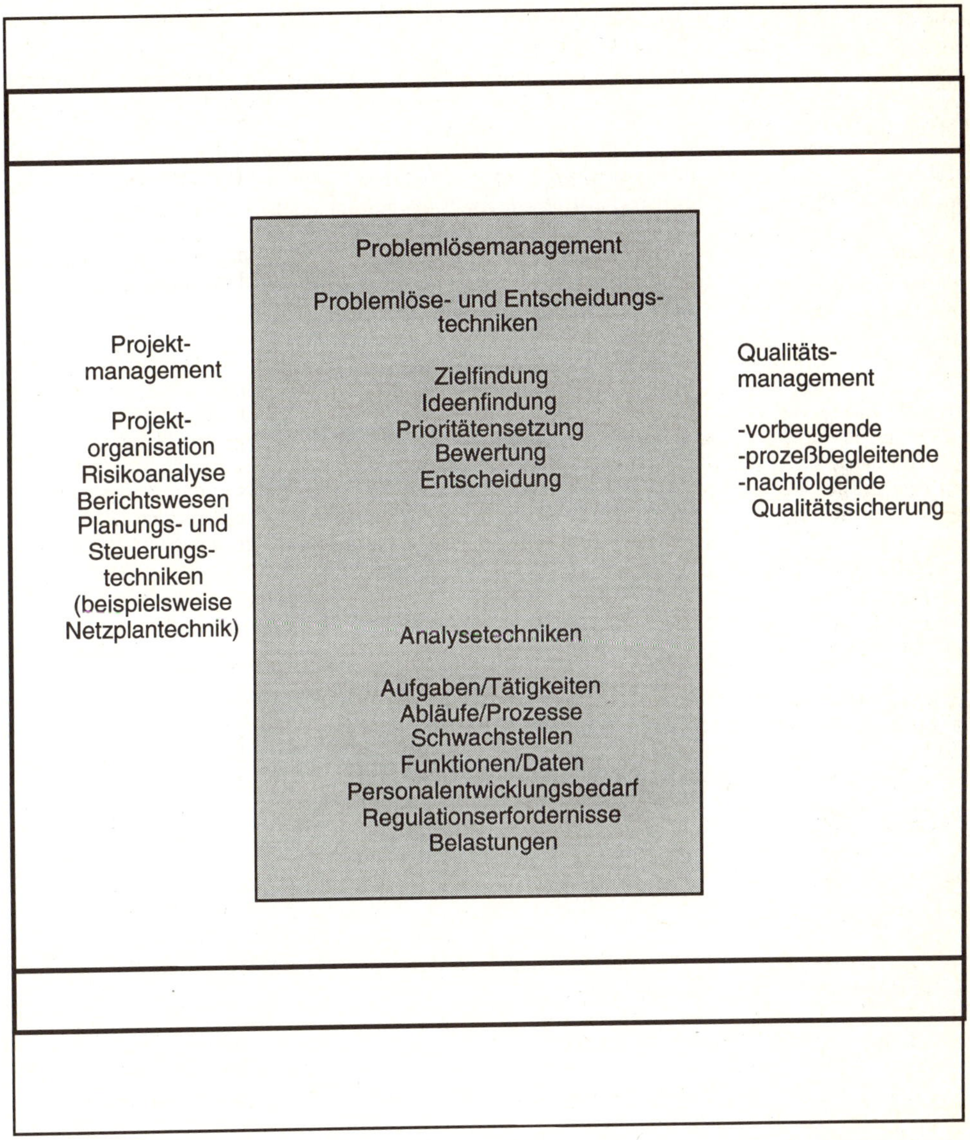

Projekt- management	Problemlösemanagement	Qualitäts- management
Projekt- organisation Risikoanalyse Berichtswesen Planungs- und Steuerungs- techniken (beispielsweise Netzplantechnik)	Problemlöse- und Entscheidungs- techniken Zielfindung Ideenfindung Prioritätensetzung Bewertung Entscheidung Analysetechniken Aufgaben/Tätigkeiten Abläufe/Prozesse Schwachstellen Funktionen/Daten Personalentwicklungsbedarf Regulationserfordernisse Belastungen	-vorbeugende -prozeßbegleitende -nachfolgende Qualitätssicherung

Abb. 0.2: **Detaillierung der Inhalte des Projekt-, Problemlöse- und Qualitätsmanagements**

- daß es überhaupt möglich ist, gemäß den EG-Sicherheitsnormen und -vorschriften den erforderlichen Überblick über die Abläufe und Arbeitsplätze unter arbeitsschutz- und sicherheitstechnischen Aspekten zu haben.

Hierzu ist das Herunterbrechen der früher im Rahmen des Expertenwissens verschiedener Spezialisten (Organisatoren, Arbeitsgestalter, Arbeitsorganisatoren, DV-Organisatoren usw.) vorhandenen Techniken (und die Macht der Experten unterstützende Techniken) auf alle Mitarbeitergruppen eine wesentliche Voraussetzung, wobei Breite und Tiefe der benötigten Kenntnisse und vor allem der Kompetenzen je nach Funktion im Unternehmen sehr unterschiedlich sind - von in Workshops erlebten und in aufgabenspezifischen Trainings vertieften Basiskompetenzen bis hin zur Fähigkeit, die Vorgehensweisen und Techniken jeweils dem Einzelfall anpassen zu können, einzusetzen und andere in der Anwendung zu trainieren sowie Einzelmaßnahmen zu moderieren und komplette Projekte zur Umorganisation zu "managen".

Detaillierte Hinweise hierzu bieten die Berichte zur Evaluation der beiden Qualifizierungsmaßnahmen "Weiterbildung für betriebliche Fach- und Führungskräfte im Bereich Personal- und Organisationsentwicklung", die über die Arbeitsgemeinschaft betriebliche Weiterbildung e.V. (ABWF), die Arbeitsgemeinschaft Qualifikations-Entwicklungsmanagement (QUEM) oder das Bremer Institut für Betriebstechnik und angewandte Arbeitswissenschaft (BIBA) bezogen werden können (weitere Angaben im Abschnitt "Weiterführende Literatur").

1 Beispiele zur Organisationsgestaltung und Personalentwicklung

1.1	Technisch-organisatorische Änderungen und Personalentwicklung (F. J. Heeg)...15
	1.1.1 Anforderungen an Unternehmen... 15
	1.1.2 Unternehmensstrategien 18
	1.1.3 Neuere Arbeitsorganisationsformen................................... 19
	1.1.3.1 Entwicklung neuerer Arbeitsorganisationsformen....................... 19
	1.1.3.2 Gruppenarbeitsformen.. 22
	1.1.3.3 Gruppenaktivitäten in indirekten Bereichen 23
	1.1.4 Technisch-organisatorische Änderungen, neue Arbeitsorganisationsformen und neue Qualifizierungsstratigien......... 27
	1.1.4.1 Aspekte neuer Arbeitsorganisations- und Qualifizierungsformen... 27
	1.1.4.2 Analyse und Gestaltung neuer Arbeitsorganisations- und Qualifizierungsformen 28
	1.1.5 Umsetzung einer organisations- und mitarbeiterorientierten CIM-Strategie 31
	1.1.5.1 Problem des Informationsmanagements in Unternehmen 31
	1.1.5.2 Lösungsansatz zur Erstellung bzw. Einführung aufgaben- und nutzergerechter Software in einem partizipativen Prozeß............. 32
	1.1.5.3 Forderungen an aufgaben- und nutzergerechte Software............... 34
	1.1.5.4 Software-Gestaltung = Organisations-Gestaltung......................... 35
	1.1.5.6 Vorgehensweise zum Erhalt aufgaben- und nutzergerechter Software 38
	1.1.5.7 CASE und partizipative Vorgehensweise zur Softwareentwicklung und Softwareeinführung 39
	1.1.5.8 CASE in der betrieblichen Anwendung - Zusammenfassung und Ausblick.. 41
1.2	Organisatorische Neugestaltung von Unternehmen, abgeleitet aus den Erfahrungen mit Vorgehensweisen, Methoden und Hilfsmitteln in unterschiedlichen betrieblichen Vorhaben (F.J. Heeg)..43
	1.2.1 Integrative Gestaltung von Organisation, Qualifikation und Technik 43

	1.2.2 Betriebliche Reorganisation 43	
1.3	Erarbeitung einer arbeitsorganisatorischen Lösung unter Partizipation der Betroffenen (A. Metz) 59	
	1.3.1 Initiierung einer Arbeitsgruppe in einem Projekt 60	
	1.3.2 Vorgehensmodell 60	
	1.3.3 Durchführung 62	
	1.3.3.1 Konstituierende Sitzung 62	
	1.3.3.2 Analyse von Ursache und Wirkung - Einsatzmöglichkeiten der Ishikawa-Methode 62	
	1.3.4 Ableiten eines arbeitsorganisatorischen Modells 63	
	1.3.4.1 Ableitung eines Idealmodells für die Arbeitsorganisation in der neuen Fabrik 65	
1.4	Personal- und Organisationsentwicklung - Beispiele aus der Praxis (S. Schreuder) 68	
	1.4.1 Einleitung 68	
	1.4.2 Optimierung der Ablauforganisation im Bereich der Anlagenwirtschaft eines größeren Produktionsunternehmens 70	
	1.4.2.1 Die betriebliche Ausgangssituation 70	
	1.4.2.2 Bildung der institutionalen Projektorganisation 72	
	1.4.2.3 Entwicklung und Umsetzung eines speziellen Vorgehensmodell ... 77	
	1.4.2.4 Erfahrungen aus der praktizierten Projektarbeit 86	
	1.4.2.5 Ergebnisse der Projektarbeit 88	
	1.4.3 Entwicklung eines rechnerintegrierten Informationssystem-Konzeptes für ein mittelständisches Produktionsunternehmen .. 89	
	1.4.3.1 Die betriebliche Ausgangssituation 89	
	1.4.3.2 Einführung einer Projektorganisation 91	
	1.4.3.3 Entwicklung einer speziellen Vorgehenssystematik 92	
	1.4.3.4 Umsetzung der speziellen Vorgehenssystematik 92	
	1.4.3.5 Projektübergreifende PE-/OE-relevante Ergebnisse 95	
1.5	Entwicklung und Einführung eines Auftragsabwicklungssystem (M. Broschk) 97	
	1.5.1 Vorgehensprinzipien 97	
	1.5.2 Ausgangslage 97	
	1.5.3 Zielsetzung 98	
	1.5.4 Projektorganisation 98	
	1.5.5 Ist-Analyse 99	
	1.5.5.1 Erfassung der Ist-Situation 99	
	1.5.5.2 Analyse der Ist-Situation 102	
	1.5.6 Konzeption 104	
	1.5.6.1 Erarbeitung von Konzeptionsmaßnahmen 104	
	1.5.6.2 Konzepterarbeitung 107	
	1.5.6.3 Auftragsabwicklungskonzept 107	
	1.5.7 Realisierung 112	
	1.5.7.1 Erstellung eines Realisierungsplan 112	
	1.5.7.2 Schulung der Mitarbeiter 113	

1.5.7.3 Systemeinführung 113

1.6 Methoden der Beteiligung künftiger Benutzer an der Gestaltung eines Planungs- und Steuerungsporgramms für die Werkstatt (H. Gottschalch) 115

   1.6.1 Benutzer informieren und beraten - oder an Gestaltung beteiligen? 115
   1.6.2 Erkennen des Gestaltungsbedarfs in der Ist-Analyse: Probleme und Schwachstellen 117
   1.6.3 Formulierung des Soll-Konzeptes oder Pflichtenheftes 119
   1.6.4 Beteiligen der Benutzer an Analyse und Design eines Systems 120
   1.6.5 Vergleichendes Erproben in simulierten Werkstattsituationen .. 122
   1.6.6 Mentale Modelle der Benutzer vom Programm 125
   1.6.7 Restrukturierung der betrieblichen Organisation 128
   1.6.8 Was zuerst: Technik oder Organisation? Selbstorganisation zugestehen! 129
   1.6.9 Rapid Prototyping 131
   1.6.10 Anwender-Hersteller-Workshop 132
   1.6.11 Handeln in werkstattähnlichen Lernsituationen 133
   1.6.12 Ergebnis stattt Ausgangspunkt: Leitfäden zur Gestaltung 135

1.7 Lernstatt als Instrument integrierter Personal- und Organisationsentwicklung am Beispiel der Einführung neuer Technologien (M. Hesseler, K. Jürgen) 137

   1.7.1 Qualifizierte Teamarbeit als wichtige Determinante von Innovationsprozessen 138
   1.7.2 Lernstattarbeit als Form von Problemlösungs- und Lerngruppen 138
      1.7.2.1 Teamfähige Personalstrukturen für die unternehmerische Innovation 138
      1.7.2.2 Kurze Skizzierung der Lernstattarbeit 142
      1.7.2.3 Situationsbedingungen zur erfolgreichen Einführung des Konzeptes der Lernstatt 147
   1.7.3 Lernstatt für die flexible Fertigung von Aluminiumproben 151
      1.7.3.1 Betriebliche Ausgangssituation, Problemlage, Vorgehensweise ... 151
      1.7.3.2 Anforderungen an Organisations- und Schulungskonzepte für komplexe Produktionssysteme 152

1.8 Teamarbeit (H. Bottenberg, T. Dalic) 164

   1.8.1 Definition 164
   1.8.2 Grundlagen für den Teamaufbau 165
      1.8.2.1 Bedürfnishierarchien 165
      1.8.2.2 Funktion und Aufgabe des Teamarbeitens 166

1.8.3 Der Teamaufbau 167
1.8.3.1 Auswahlkriterien 168

1.9 Gruppenarbeit (H. Ernst, U. Reuther) 177
1.9.1 Gruppenarbeit als Instrument der Personalentwicklung 177
1.9.2 Projektarbeit mit Hilfe von Problemlösegruppen 178
1.9.3 Beispielhafte Ansätze zum Implementieren von Gruppenarbeit 182
1.9.3.1 Zum ersten Beispiel 182
1.9.3.2 Zum zweiten Beispiel 186

1.1 Technisch-organisatorische Änderungen und Personalentwicklung

F. J. Heeg

1.1.1 Anforderungen an Unternehmen

Aufgrund der gesamten wirtschaftlichen und gesellschaftlichen Situation und den aufgetretenen und permanent stattfindenden Veränderungen ergeben sich für produzierende Unternehmen die folgenden Anforderungen:

- kleinere Losgrößen,

- steigende Anzahl zu fertigender Produktvarianten,

- zunehmende Bedeutung von Liefertreue und kurzen Lieferfristen,

- kürzer werdende Innovationszyklen,

- steigende Anforderungen an die Qualität der Produkte und Prozesse,

- wachsender Konkurrenzdruck mit steigenden Anforderungen an
  - Kosten und Kostenstruktur
  - Qualität der Produkte

- zunehmende Erfordernis, ökologische Aspekte im gesamten Produktionsprozeß und allen Produkten zu berücksichtigen,

- höheres durchschnittliches Qualifikationsniveau der Belegschaft und geänderte Werthaltungen.

Hieraus resultieren folgende generell notwendigen Aufgaben für die Unternehmen:

- Erstellung neuer, innovativer Produkte, die den Anforderungen der Kunden und der Gesellschaft genügen (qualitativ hochwertige Produkte),

  Wobei Qualität definiert wird als
  - vereinbarte Kundenforderungen und
  - Minimierung des Gesamtschadens, der aus der Produktion und Verwendung (einschließlich erforderlicher Vernichtung, Weiterverwendung usw.) eines Produktes für die gesamte Umwelt und die Gesellschaft resultiert,

- Gestaltung flexibler, effizienter, wirtschaftlicher und mitarbeiter- sowie aufgabenoptimierter Prozesse (einschließlich der Gestaltung bzw. Nutzung optimierter Arbeitsmittel),

- Erstellung optimierter Arbeitsbedingungen, um über leistungsmotivierte, selbständige und selbstverantwortliche Mitarbeiter zu verfügen, die sich mit den zu erfüllenden Aufgaben identifizieren (können) und ihre Aufgaben und die Rahmenbedingungen den Erfordernissen und Einsichten entsprechend selbst gestalten und ständig verbessern.

Bezüglich der häufig auftretenden Probleme in einem produzierenden Unternehmen (Haemmerle 1993):

- Arbeitspläne usw. entsprechen nicht den aktuellen Bedingungen,
- die für einen Auftrag vorgesehenen Betriebsmittel liegen nicht in der geplanten Form vor,
- das Material ist zum Fertigungstermin nicht verfügbar,
- die Planungsdaten für die Arbeitsvorgänge sind nicht aktuell, korrekt bzw. vollständig,
- lange und stark streuende Durchlaufzeiten,
- lange Transportwege verbunden mit zusätzlichem Koordinierungsaufwand und Kosten,
- geringe Transparenz der betrieblichen Abläufe,
- große Kapitalbindung durch hohe Bestände sowie Zwischenlager und großen Flächenbedarf,
- zunehmender Planungs- und Steuerungsaufwand mit der Konsequenz der ständigen Kapazitätserweiterung in diesen Bereichen (sowie in Bereichen, die diese Planungs- und Steuerungsaufgaben unterstützen, z. B. dem Datenverarbeitungsbereich),

ist hier schnellstmöglich und bestmöglich Abhilfe zu schaffen. Die Gründe der vorstehend aufgelisteten Problemkreise sind unter anderem in den folgenden Aspekten zu sehen:

- verrichtungsorientierte Fertigungsstruktur,
- sequentielle Arbeitsweise in der Auftragsabwicklung,
- zentrale deterministische Planungs- und Steuerungssystematik,
- Reduktion der menschlichen Mitwirkung auf ausführende Tätigkeiten,
- unzureichende Berücksichtigung der Heterogenität der Fertigungsstrukturen,
- starke Arbeitsteilung.

Eine große Arbeitsteilung mit den sich in fast allen derart strukturierten Unternehmen entwickelnden Barrieren zwischen den einzelnen, am Produktionsprozeß beteiligten Bereichen und dem damit verbundenen Verlust an Überblick für die Mitarbeiter, Informationsverlust und Kommunikationsmängeln führt zu

- unrealistischen Planvorgaben,
- mangelnder Flexibilität,
- eingeschränkten Arbeitsinhalten,
- hohen Beständen und
- langen Durchlaufzeiten (Haemmerle 1993).

Für die Mitarbeiter resultieren aus einer steigenden Arbeitsteilung folgende Probleme:

- die eng begrenzten Arbeitsaufgaben führen oft zu einseitiger körperlicher Beanspruchung und damit zu schneller Ermüdung,

- ein gezwungenes, gleichmäßiges Arbeitstempo und sich durch kurze Zykluszeiten ständig wiederholende Arbeitsabläufe führen zu einseitiger psychischer Belastung und erzeugen oft das Gefühl von Monotonie und Langeweile; hierdurch verringert sich der innere Antrieb, die Motivation zur Arbeit,

- der Erfahrungshorizont der Arbeitenden beschränkt sich auf die unmittelbare Umgebung des Arbeitsplatzes (Ein Zusammenhang mit dem gesamten Arbeitsprozeß ist für ihn nicht sichtbar. Dadurch entsteht oft das Gefühl von "Trivialität" und Sinnlosigkeit der Arbeit.),

- der einzelne Arbeitende sieht sich oft unüberschaubaren, unpersönlichen Organisationsstrukturen gegenüber, auf die er keinen Einfluß hat (Gefühl von Anonymität),

- die Kommunikation zwischen den Arbeitenden wird behindert und

- der Arbeitende kann seine persönlichen Interessen und Fähigkeiten nicht anwenden oder weiterentwickeln (Bracht 1977, S. 96, Gummersbach 1980, S. 123, Wilson 1973 zitiert in Klein 1975, S. 13 f.).

Diese Aspekte haben wiederum wirtschaftliche Folgen, da ein zu geringer Handlungsspielraum der Beschäftigen in Verbindung mit Unzufriedenheit mit den Arbeitsbedingungen, einseitigen Belastungen/Beanspruchungen, monotonen Aufgaben, Unterforderungen und zu geringen Anreizen der persönlichen Weiterentwicklung (verbunden mit hieraus resultierendem Desinteresse), zumindest einen Teil der Ursachen für mangelnde Flexibilität, Effizenz und Qualität (verbunden mit zu hohen Durchlaufzeiten, geringer Produktivität und Liegezeiten) darstellen.

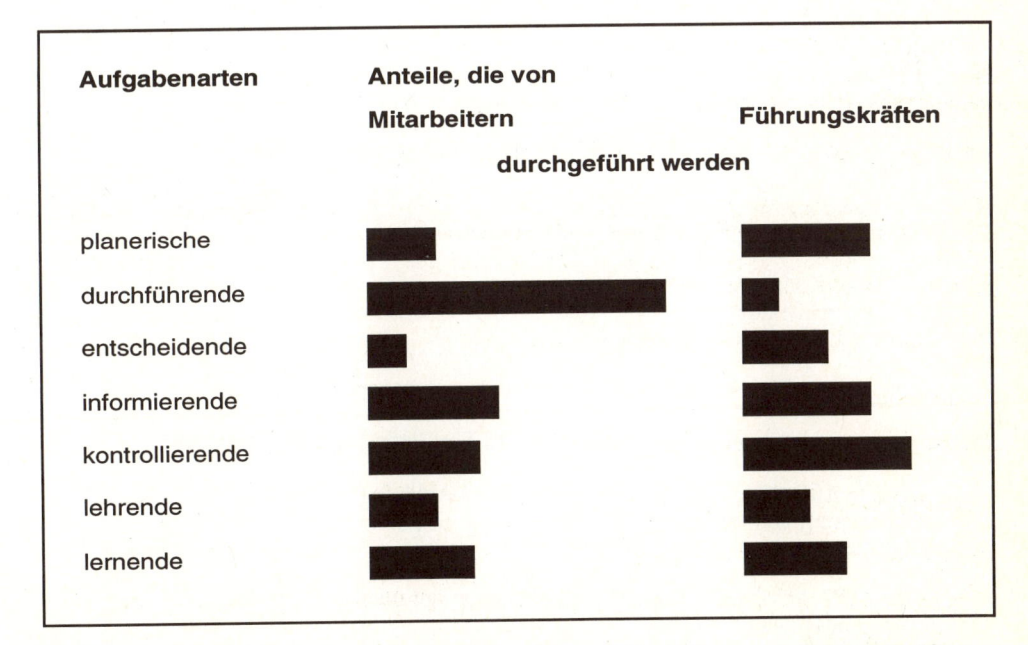

Abb. 1.1.1: Traditionelle Aufgabenteilung zwischen Mitarbeitern und Führungskräften

Ein nicht ausreichender Handlungsspielraum zeigt sich beispielsweise in der klassischen Aufgabenteilung der Rollen der Mitarbeiter und der Führungskräfte, dargestellt in Abbildung 1.1.1. Verbunden sind diese Rollen mit Macht der Führungskräfte einerseits ("Entscheidungen treffen können, die andere umsetzen müssen"), mit Ängsten der Mitarbeiter andererseits (insbesondere bei "Machtmißbrauch", z. B. wenn eindeutig nicht sach- und zielgerechte Anweisungen durchgesetzt werden). Hierbei zeigt sich insbesondere bei den über alle Hierarchieebenen hinweg stark arbeitsteiligen Strukturen, daß menschliche Verhaltensweisen, die aus Gefühlen und Einstellungen wie Neid, Mißgunst, Haß, Eifersucht usw. resultieren, verbunden mit Ängsten vor Prestigeverlust, Verlust des sozialen Status, Machtverlust, Einflußverlust, stärkerem Leistungsdruck, Überforderung bis hin zu Ängsten vor Veränderung bestehender Verhältnisse und Verlust des Arbeitsplatzes, größeren Einfluß auf das Zusammenleben und die Ergebnisse der Arbeit erhalten und sich "ungestörter" entwickeln können mit allen negativen Konsequenzen für das psychische (und teilweise auch für das physische) Wohlbefinden der Mitarbeiter und die Ergebnisse der Arbeit als in weniger hierarchischen, weniger bürokratischen Formen.

1.1.2 Unternehmensstrategien

Die Strategien der Unternehmen, bezüglich der Optimierung der Produktionsprozesse lassen sich wie folgt auflisten:

- Einführung rechnergestützter Arbeitsmittel,

- Einführung rechnergestützter Prozesse (z. B. CIM)
  Ziele:
  - Kosten einsparen (insbesondere Personalkosten),
  - Leistung steigern (Durchlaufzeiten, Termintreue),
  - usw.,

- Einführung neuer Organisationsstrukturen (z. B. lean production, lean management, Gruppenarbeit, ...).

Hierbei haben bislang die Einführung rechnergestützter Arbeitsmittel und die Ausgestaltung vernetzter Systeme überwogen. Erst in einer Minderzahl aller Gestaltungsfälle erfolgt anstelle einer technikorientierten CIM-Einführung eine organisationsorientierte CIM-Einführung oder gar eine organisations- und mitarbeiterorientierte CIM-Einführung.

Die Merkmale einer technikorientierten CIM-Einführung sind:

- Planung und Konzeption von DV-Netzen
  - Rechnerarchitekturen,
  - Soft- und Hardware-Schnittstellen,

- Arbeitsorganisation und Qualifikation werden danach angepaßt.

Die Merkmale einer organisationsorientierten CIM-Einführung sind die folgenden:

- bestehende Aufgaben, Aufgabenverteilungen und Abläufe (Prozesse)
  - werden analysiert und optimiert,
  - implementiert,

- geeignete DV-Arbeitsmittel (zur Unterstützung der optimierten Prozesse)
  - werden ausgewählt,
  - gestaltet und

- die Mitarbeiter werden qualifiziert.

Die Merkmale einer organisations- und mitarbeiterorientierten CIM-Einführung sind hingegen die folgenden:

- bestehende Aufgaben, Aufgabenverteilungen und Abläufe (Prozesse)
  - werden unter Mitwirkung und Verantwortung der betroffenen Mitarbeiter (Führungskräfte und Mitarbeiter) analysiert und optimiert,
  - implementiert,

- geeignete DV-Arbeitsmittel werden ausgewählt, gestaltet (Mitwirkung) und

- ein Schulungskonzept wird durch die Mitarbeiter
  - entwickelt (Moderation) und
  - umgesetzt

  und dies in systematischer, strukturierter Form (Projektmanagement!),

- DV-gestützte Arbeitsmittel
  - Software,
  - Hardware,

  werden so gestaltet bzw. ausgewählt, daß sie

  - die Aufgaben,
  - die Aufgabenverteilung und
  - die Prozesse

  bestmöglich unterstützen.

Interessant ist in dem hier vorliegenden Kontext, daß bezüglich der Einsicht in das Erfordernis, zunächst optimierte Aufgaben und Prozesse (einfache, überschaubare, handhabbare Prozesse (Reduktion der Komplexität)) zu schaffen und die Mitarbeiter (alle: einschließlich der Führungskräfte) entsprechend zu qualifizieren, die gesamten Untersuchungsergebnisse einschlägig tätiger Wissenschaftler sowie das Vorbild der wenigen realisierten Lösungen und die Forderungen der involvierten Gruppen (wie Betriebsräte, Gewerkschaften, aber auch Unternehmensverbände sowie einige (wenn auch wenige) Berater und gestaltende Wissenschaftler) geringere Erfolge zeitigten als das vermeintliche Vorbild der japanischen Wirtschaft.

Im folgenden sollen zunächst einmal Möglichkeiten der Optimierung betrieblicher Prozesse und Strukturen aufgezeigt werden, um dann wiederum zur Frage der Gestaltung von rechnergestützten integrierten Systemen und Prozessen zurückzukehren.

1.1.3 Neuere Arbeitsorganisationsformen

1.1.3.1 Entwicklung neuerer Arbeitsorganisationsformen

Die vorstehend beschriebenen Probleme können im Unternehmen jeglicher Kategorie angetroffen werden, unabhängig von der Klassifizierung (sei es nach Branche, nach Größe, nach Eigentumsverhältnissen). So gibt es kleine Handwerksbetriebe, die sehr autokratisch und bürokratisch geführt werden, wie auch große Konzerne mit vielen Hierarchieebenen und bürokratischen Strukturen (Merkmale sind die starke Trennung von anweisenden, kontrollierenden und informierenden Handlungen seitens der Führungskräfte und den ausführenden Handlungen seitens der Mitarbeiter (der Untergebenen) sowie eine starke Zunahme von Verwaltungstätigkeiten (Planungs- und Steuerungsdaten werden von speziellen hierfür geschaffenen Stellen verwaltet, d. h. erfaßt, gespeichert und den Führungskräften zur Entscheidungsfindung zugänglich gemacht)).

Neben diesen Unternehmen gibt es ebenfalls unabhängig von Branche, Größe usw. auch Beispiele, die auf einer möglichst geringen Trennung von Leitungs- und Ausführungs- sowie Verwaltungsfunktionen aufbauen.

Die Nachteile der streng arbeitsteiligen Unternehmen sowie die Vorteile der ganzheitlicheren Aufgabenerfüllung sowie das sich stark ändernde gesamte gesellschaftliche Umfeld bot schwerpunktmäßig in den sechziger und siebziger Jahren Anlaß für die Beschäftigung mit anderen betrieblichen Organisationsformen. Parallel dazu entwickelte sich im sozialpsychologischen Raum, aufbauend auf Arbeiten von K. Lewin und anderen in den vierziger und fünfziger Jahren unseres Jahrhunderts, die fundierte Beschäftigung mit Gruppen jeglicher Art im menschlichen Zusammenleben.

Die Anwendung dieser Erkenntnisse (und teilweise die Gewinnung) erfolgte dann in der Gründung von Lerngruppen, Selbsterfahrungsgruppen, Therapiegruppen usw.

Angewendet auf organisatorische Einheiten entstanden sozialpsychologische Ansätze zur Organisationsentwicklung, die für eine Bewußtmachung und Veränderung individuellen Handelns und Verhaltens im Bezug auf die Optimierung von Gruppenleistungen innerhalb größerer organisatorischer Verbände Wege entwickelten. Diese Ansätze bauten zunächst alleine auf Ansätzen beispielsweise der humanistischen Psychologie auf (neben älteren Ansätzen, die auf der Verhaltenspsychologie aufbauten), wurden aber dann relativ rasch in der betrieblichen Anwendung um konkrete Aspekte der Aufgabenentwicklung erweitert.

Als eine Definition der Organisationsentwicklung sei die von Trebesch (1980, S. 9 f.) angeführt, der Organisationsentwicklung "als einen längerfristig angelegten, organisationsumfassenden Entwicklungs- und Veränderungsprozeß von Organisationen und der in ihnen tätigen Menschen" versteht. "Der Prozeß beruht auf dem Lernen aller Betroffenen durch direkte Mitwirkung und praktische Erfahrung. Sein Ziel besteht in einer gleichzeitigen Verbesserung der Leistungsfähigkeit der Organisation (Effektivität) und der Qualität des Arbeitslebens (Humanität)". Hierbei werden unter der "Qualität des Arbeitslebens" bzw. der "Humanität" nicht nur materielle Existenzsicherung, Gesundheitsschutz und persönliche Anerkennung, sondern auch Selbstständigkeit, angemessene Dispositionsspielräume-, Beteiligung an Entscheidungen sowie fachliche Weiterbildung- und berufliche Entwicklungsmöglichkeiten verstanden.

Es entstanden eine große Zahl von Publikationen zu diesem Thema, die Umsetzung in der betrieblichen Praxis blieb allerdings auf wenige Fälle beschränkt.

Gleiches Schicksal erfuhren die Ansätze der Gruppenaktivitäten anfangs der achtziger Jahre, die entweder im Prozeß der Arbeit ((teil-)autonome Arbeitsgruppen) oder parallel zum Arbeitsprozeß in Form von Qualitätszirkeln usw. durchgeführt wurden.

Beispiele von Gruppen entstanden in allen beruflichen, aber auch privaten Lebensbereichen (Verwaltungs- und Bürobereich, Produktionsbereich, Schule, Vereine usw.), ebenfalls geeignete Formen der Kommunikation, der Zusammenarbeit und der gemeinsamen Bewältigung von Problemen (Familienkonferenz, Managerkonferenz, Gruppenarbeitstechniken).
In der Bundesrepublik Deutschland wurden zunächst die im Rahmen des Programms "Humanisierung der Arbeitswelt" entwickelten bzw. erprobten Formen im Produktionsbereich bekannt; danach folgten auch Umsetzungsbeispiele in Verwaltungs- und Bürobereichen. Hierauf soll an dieser Stelle nicht näher eingegangen werden.

Humanpsychologisch und handlungstheoretisch begründet entwickelte sich das Konzept der differentiell-dynamischen Arbeitsgestaltung, das hier erwähnt werden muß, da es für reale Gruppen und deren Entwicklung eine große Bedeutung besitzt.

In der Diskussion um eine menschengerechte Arbeitsgestaltung gewann der Gedanke an Bedeutung, nicht mehr universelle, sondern individuell-differenzierende Lösungen anzustreben. Ausgangspunkt für eine derartige Arbeitsgestaltung ist die Erkenntnis, daß nicht alle Mitarbeiter in Arbeitssystemen mit erweiterten und bereicherten Tätigkeiten arbeiten wollen. Viele fühlen sich - zumindest zeitweise - bei einfachen Routinetätigkeiten mit geringen Arbeitsinhalten wohler und können sich in einer solchen Arbeit besser entfalten. Andere Mitarbeiter wollen eine komplexe Tätigkeit mit erweiterten Arbeitsinhalten verrichten. Daher vermeiden die Verfahren einer individuell-differenzierenden Arbeitsgestaltung, Arbeitsplätze generell anzureichern. Ihr Ziel ist es, den individuell unterschiedlichen Wünschen und Vorstellungen der Mitarbeiter Rechnung zu tragen, indem unterschiedliche Arbeitssysteme zur Wahl gestellt werden. Jeder Mitarbeiter kann seine Arbeitsleistung am besten zur Geltung bringen, wenn die Arbeitsorganisation seinen individuellen Gegebenheiten entspricht.

Im Sinne einer solchen Persönlichkeitsförderlichkeit entwickelte Ulich (1978, S. 566 - 568) das Prinzip der differentiellen Arbeitsgestaltung. Bei der Darstellung dieses Prinzips geht Ulich von folgendem Grundgedanken aus: die Suche nach einem "one best way" der Ausführung, "den es nur herauszufinden und den beschäftigten Personen zu vermitteln gelte", ist einer der "grundlegenden Irrtümer traditioneller Arbeitsgestaltung" (Ulich 1978, S. 567). Eine solche Arbeitsgestaltung wird den interindividuellen Differenzen nicht gerecht. Deshalb sollten die Organisations-Designer "Arbeitssysteme, wo immer möglich, so flexibel gestalten, daß interindividuell unterschiedliche Arbeitsweisen tatsächlich auch realisiert werden können" (Ulich 1978, S. 567).

Das Prinzip der differentiellen Arbeitsgestaltung besteht darin, daß einer Gruppe von Mitarbeitern je nach Qualifikation und Motivation des Einzelnen unterschiedliche Arbeitsinhalte in unterschiedlicher organisatorischer Anordnung (beispielsweise gleichzeitig vorhandene technologisch voneinander getrennte Einzelarbeitsplätze bis hin zu Fertigungsinseln) angeboten werden.

Damit nun dem Aspekt der Persönlichkeitsentwicklung Rechnung getragen werden kann, bedarf das Prinzip der differentiellen Arbeitsgestaltung der Ergänzung durch das Prinzip der dynamischen Arbeitsgestaltung, der Erweiterung bestehender oder der Schaffung neuer Arbeitssysteme sowie des Wechsels zwischen verschiedenen Arbeitssystemen. Hierüber bietet sich die Möglichkeit einer stufenweisen Höherqualifizierung - nicht nur fachlich, sondern auch bezüglich Sozial- und Methoden- sowie Mitwirkungskompetenz (Mitwirkung bezüglich der Gestaltung der Arbeitssysteme) (siehe Abbildung 1.1.2).

Erwähnt werden muß eine aktuelle Entwicklungsrichtung, die der Lean Production bzw. des Lean Managements, die wie die Qualitätszirkel-Aktivitäten ihre Basis in den Erfolgen der japanischen Industrie hat und im Versuch, diese Erfolge auch in Europa und den USA nachzuempfinden. Hierbei wird von etlichen Autoren der Begriff "lean" mit gruppenorientierten Strukturen direkt in Verbindung gebracht oder ganz mit ihm gleichgesetzt, obwohl dies keineswegs der japanischen Sicht und Ausprägung entspricht. Lean Production kann auch bei reiner Fließfertigung vorliegen. Ein positiver Aspekt ist allerdings mit dieser oft anzutreffenden, aber fälschlicherweise vorhandenen Gleichsetzung verbunden, nämlich die Weiterverbreitung von gruppenorientierten Strukturen, wenn auch in den meisten Fällen bislang lediglich im Produktionsbereich und dort auf der operativen Ebene.

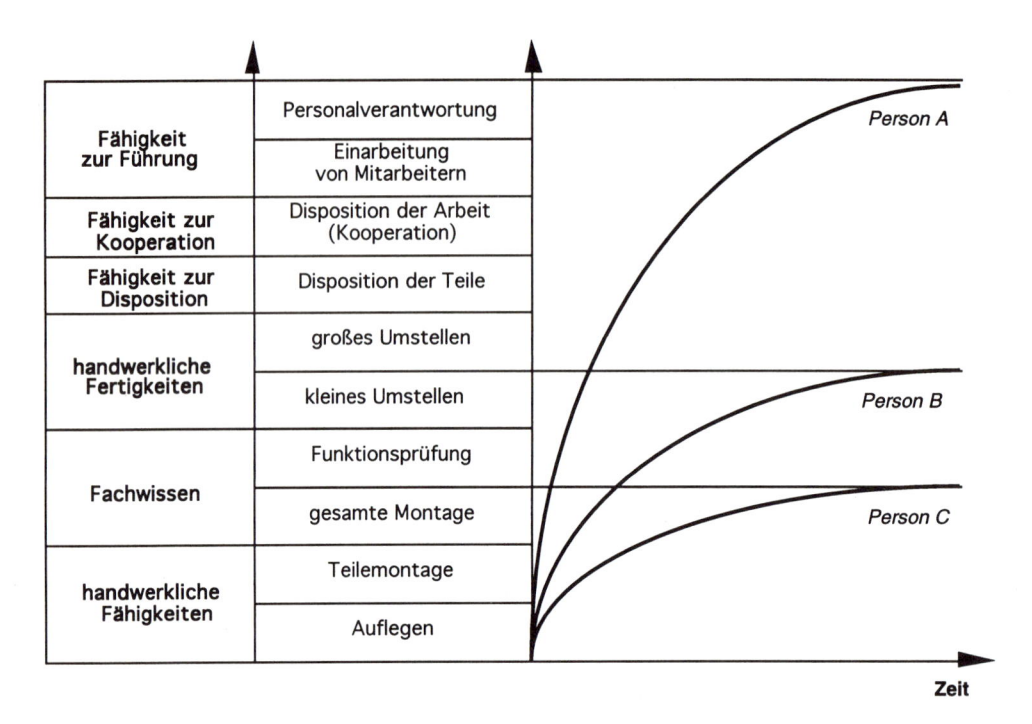

Abb. 1.1.2: Individuelle Aufgabenstellungen in einer Montage
(Quelle: Mann 1985, S. 131)

1.1.3.2 Gruppenarbeitsformen

Teilautonome Arbeitsgruppen sowie die Gruppen im Rahmen der differentiell-dynamischen Arbeitsorganisationsformen sind in der Praxis realisierte Gruppenarbeitsformen in direkten Bereichen (Produktionsbereiche) wie indirekten Bereichen (Gemeinkostenbereiche). Insgesamt existieren folgende Gruppenarbeitsformen:

- Gruppen, in denen die "Tagesarbeit" erledigt wird (teilautonome Gruppen),
- Gruppen im Rahmen der differentiell-dynamischen Arbeitsgestaltung.

Hierbei können sich auf der operativen Ebene beispielsweise folgende Aufgabenteilungen zwischen Gruppe und Führungskraft ergeben:

- Führungskraft:
  - -- koordiniert Gruppe/n
  - -- koordiniert Aus- und Weiterbildung und trainiert
  - -- regt Optimierung an
  - -- plant den Rahmen
  - -- steuert Projekte
  - -- kontrolliert fertige Arbeiten (stichprobenartig)
- Mitarbeiter:
  - -- planen (Teil-)Arbeiten
  - -- entscheiden über Bearbeitungsfolgen und Durchführende
  - -- kontrollieren Ergebnisse
  - -- erarbeiten Verbesserungen
  - -- planen Weiterbildung und führen diese aus

- Gruppen, in denen bereits interne oder bereits übergreifende "Sonderaufgaben" bearbeitet werden und für die Mitarbeiter teilweise oder vollständig von der Tagesarbeit freigestellt werden (Problemlösungsgruppen, Projektgruppen) (siehe Heeg 1993),

- Gruppen, die begleitend zur Tagesarbeit tätig werden, um zeitlich befristet oder permanent Verbesserungen zu planen und umzusetzen (z. B. Qualitätszirkel) oder für spezielle Optimierungen zeitweise eingerichtet werden (z. B. Werkstattzirkel),

- Gruppen, in denen begleitend zur Tagesarbeit der Erwerb von Wissen, bzw. Kompetenzen, Fähigkeiten, Fertigkeiten im Vordergrund steht (z. B. Lernstatt).

In der Praxis existieren sehr viele Übergangsformen und sehr unterschiedliche Ausprägungsformen. Hier seien beispielsweise die Gruppen im Rahmen des Konzepts des Simultaneous Engineering erwähnt. So gibt es hierbei "Entwicklungsgruppen", bestehend aus Mitarbeitern aus Bereichen wie Konstruktion, Arbeitsvorbereitung, Qualitätswesen, Kalkulation usw., die gemeinsam den gesamten Entwicklungs- und Konstruktionsprozeß von neuen Produkten planen und steuern.

Für derartige Gruppen gibt es folgende Grundsätze:

1. Die Durchführung vollständiger Aufgaben (Aufgaben mit planenden, Entscheidungs-, durchführenden und kontrollierenden Anteilen) bewirkt eine Identifikation mit der Aufgabe und führt zu selbstverantwortlicher Bearbeitung.

2. Da nur selten ein Mitarbeiter allein alle Aspekte einer Gesamtaufgabe voll - d. h. auch im Detail - bearbeiten kann, ist es sinnvoll, bislang getrennte Aufgaben in eine Gruppe zu verlagern, die dann diese Aufgaben gemeinsam bearbeitet, wobei sich (in der Gruppe) unterschiedliche Kompetenzen ergänzen (Synergieeffekt).

3. Bei geeigneter Ausgestaltung (auch der Rahmenbedingungen, beispielsweise der Entlohnung) kann hierüber der Mitarbeiter zum "Mitunternehmer" werden, d. h. zu einem sich für die Aufgabendurchführung verantwortlich fühlendem und in diesem Sinne handelndem motiviertem, flexiblem Mitarbeiter.

1.1.3.3 Gruppenaktivitäten in indirekten Bereichen

Auf indirekte Bereiche in Produktionsunternehmen (wie Arbeitsvorbereitung, Qualitätssicherung, Instandhaltung usw.; teilweise deckungsgleich mit Gemeinkostenbereichen) und auf Gemeinkostenbereiche (Personalwesen, Controlling, Unternehmensplanung usw.) sowie auf Bereiche in Dienstleistungs- und Handelsunternehmen usw. können viele Erfahrungen mit Gruppenaktivitäten im Produktionsbereich übertragen werden, wenn mehrere Voraussetzungen erfüllt sind:

- die Aufgaben, die in den indirekten Bereichen bearbeitet werden, sollen auch dort zukünftig durchgeführt werden, da sie - auch unter lean-Gesichtspunkten -
  - sinnvoll sind,
  - nicht auf den direkten Bereich zur Durchführung übertragen werden (Übernahme von Arbeitsvorbereitungs-, Qualitätssicherungs-, Instandhaltungs- und andere Aufgaben in die Gruppe im Produktionsbereich),

- die Aufgaben in den "Nichtproduktionsbereichen" betrachtet man als Aufgabe zur Erstellung von "Büroprodukten" (z. B. Erstellen von Zeichnungen im Konstruktionsbereich, Erstellung einer speziellen Planung im Unternehmensplanungsbereich, Erstellung einer

Informationsschrift im Öffentlichkeitsarbeitsbereich usw.) (Folge: es liegen dann prinzipiell gleichartige Aufgaben zur Produkterstellung vor wie im direkten Produktionsbereich),

- zur Entwicklung und Einführung von gruppenorientierten Arbeitsformen wählt man eine systematische Vorgehensweise, die unter Mitwirkung der zukünftigen Gruppenmitglieder geplant und zielgerichtet umgesetzt wird und in einen permanenten Optimierungsprozeß mündet.

Dieser letztgenannte Aspekt ist von besonderer Bedeutung. Eine geeignete Vorgehensweise wird im Folgenden noch in allgemeiner Form vorgestellt. Zunächst sei sie aber anhand eines Beispiels erläutert. Sie bezieht sich auf die Neugestaltung der Anfragen- und Auftragsabwicklung in einem stahlverarbeitenden Unternehmen (Heeg 1991, S. 203 ff.). Aus Mitarbeitern der Bereiche Verkauf, Qualitätswesen, Kalkulation, Arbeitsvorbereitung und Betriebswerkstättenplanung wird ein Team gebildet, das - auch räumlich zusammengelegt - gemeinsam Anfragen und Aufträge bearbeitet in Abkehr von der bisherigen arbeitsteiligen Form (Abbildung 1.1.3). Konkret bedeutet dies im vorliegenden Falle, daß die Gruppenmitglieder zu Beginn als "Spezialisten" für bestimmte Aufgaben (Arbeitsvorbereitung, Verkauf, Qualitätswesen u. ä.) fungieren und dieses Spezialwissen in die Auftragsabwicklung einbringen. Im Laufe der Zeit erfolgt dann über gezielte Maßnahmen der Transfer dieses Spezialwissens an die übrigen Teammitglieder, wobei nicht erwartet wird, daß jeder alle Aufgaben voll beherrschen muß, sondern in gestufter, differenzierter Art und Weise zusätzliche Aufgaben erledigen kann.

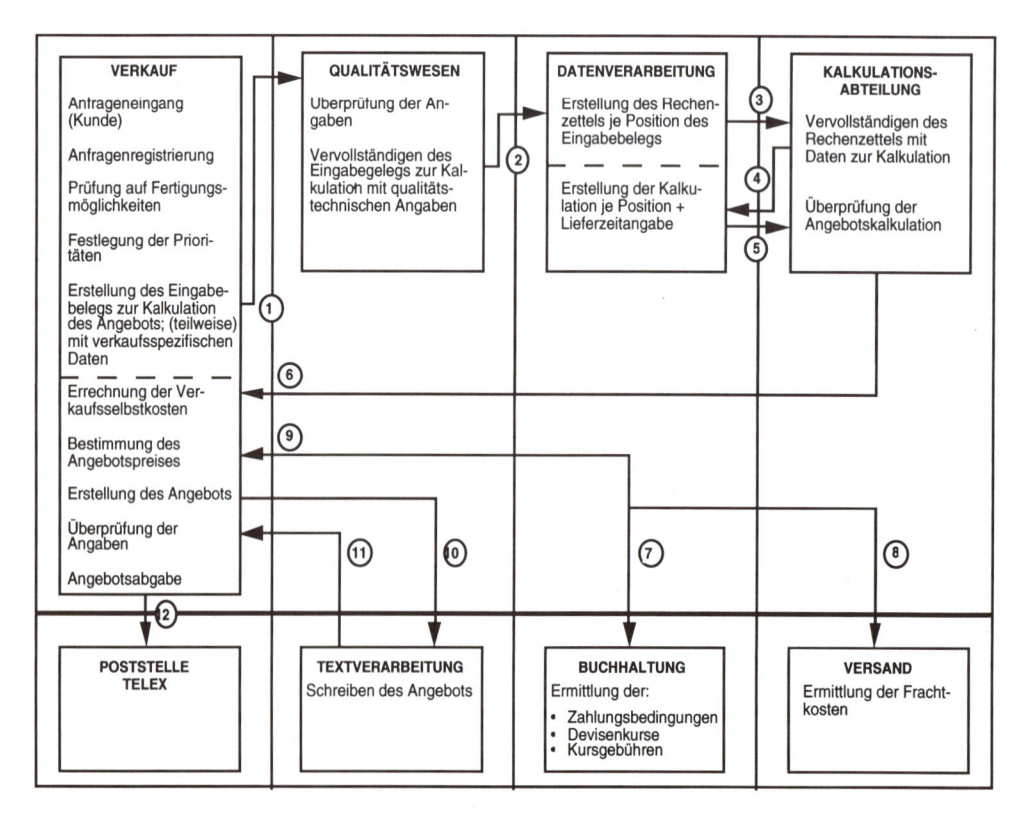

Abb. 1.1.3: Anfragen- und Auftragsabwicklung in konventioneller Form

Ein Ziel besteht allerdings darin, daß Anfragen und Aufträge, die lediglich Routinearbeiten bedingen, im Laufe der Zeit von den meisten Gruppenmitgliedern selbständig bearbeitet werden können. Darüber hinaus soll auch das Spezialwissen erweitert werden - es ist nicht an eine Nivellierung des Wissenstandes gedacht, sondern im Gegenteil daran, daß die Gruppenmitglieder zusätzliche Kenntnisse erwerben mit der Folge der Erweiterung des Angebotsspektrums.

Wesentlich für den Arbeitsablauf aller Gruppenmitglieder ist darüber hinaus die Verbesserung der Informationsübermittlung. Während diese im Ausgangszustand weitgehend auf den formalen Weg mittels Vordrucken beschränkt war und bei der Weitergabe von Zusatzinformationen erhebliche Verluste auftraten, können Defizite jetzt direkt "von Tisch zu Tisch" mittels Einsicht in die allen zugängliche Auftragsmappe oder durch Abrufen der aktuellen Eingabemenüs behoben werden. Der vorher erforderliche Weg von Anfragen und Aufträgen durch die Abteilungen wird durch dieses Konzept der Informationsübermittlung erheblich verkürzt. Die Mitarbeiter werden durch diese Art der Abwicklung sowie die erhaltenen Informationen in die Lage versetzt, die Auswirkungen ihrer Entscheidungen in anderen Bereichen abzuschätzen sowie in anderen Bereichen vorhandene Sachzwänge zu erkennen. Dieses Wissen um Gesamtzusammenhänge ermöglicht ihnen einerseits eine Identifikation mit ihrer Arbeit und andererseits die Bildung von eigenen Vorstellungen über die optimale Art der Aufgabendurchführung, der betrieblichen Zusammenhänge und der eigenen Einbindung in die betriebliche Gesamtaufgabe als Voraussetzung zu Selbständigkeit und Eigenverantwortlichkeit bei der Aufgabenerfüllung.

Die Vermittlung der fachspezifischen Arbeitsinhalte erfolgt über eine Erläuterung der einzelnen Aufgaben und ihre Durchführung an konkreten Beispielen während der normalen Arbeit durch die "Spezialisten". Um einen Überblick über alle Tätigkeiten zu haben, wurde vorher eine Übersicht über die zu vermittelnden Tätigkeiten und Kenntnisse gemeinsam erarbeitet und in Form einer Checkliste dokumentiert. Danach entwerfen die jeweils "Lehrenden" Drehbücher für ihr eigenes Arbeitsfeld, besprechen diese mit den "Lernenden" und vermitteln ihr Wissen innerhalb eines bestimmten Zeitraumes. Darüber hinaus erfolgt regelmäßig ein "Rollentausch", bei dem die Beteiligten die jeweils fachfremden Aufgaben einüben können. Sie erstellen dabei stichwortartig ein Arbeitstagebuch, das den Fortgang des Lernprozesses und dabei auftretende Schwierigkeiten dokumentiert. Die Arbeitsinhalte verschieben sich hierdurch im Laufe der Zeit. Diese Verschiebung wird geplant (von den beteiligten Mitarbeitern und ihrem Vorgesetzten) und der Zielerreichungsgrad kontrolliert. Hierbei können auch die im Qualitätsmanagement gemäß DIN ISO 9000 ff vorgesehenen schriftlichen Aufgabenbeschreibungen und Stellenbeschreibungen kompetent (unter Mitwirkung von Führungskräften und den Mitarbeitern, die die Aufgaben tatsächlich erledigen) und relativ zeitunaufwendig gleichzeitig ermittelt werden.

Abbildung 1.1.4 zeigt die Veränderungen der Arbeitsinhalte eines Mitarbeiters durch die vorstehend beschriebene Art der Qualifizierung. Die zugrundeliegenden Analysen zeigen, daß sich durch den Wechsel im Team unterschiedliche Veränderungen ergeben haben. Die gravierendsten Veränderungen zeigen sich im Bereich der Verkaufsassistenz (VA).

Die Spalte "Ist-Aufgaben Juli 1987" gibt Aufschluß darüber, inwieweit jeder Einzelne Tätigkeiten von den anderen Teammitgliedern übernommen hat. Anhand der Checkliste, die sich inhaltsmäßig mit dieser mittleren Spalte (Juli 1987) deckt, werden die Aufgabenveränderungen vorgenommen und überprüft. Abweichungen bei der Wissensvermittlung können durch den Vergleich mit dem Sollkonzept erkannt werden. In diesem Fall ist zu prüfen, ob eine Qualifizierungsmaßnahme zusätzlich ergriffen werden soll oder eine Änderung des Soll-Konzepts erforderlich wird; beispielsweise aufgrund von geänderten Anforderungen des technischen Bereichs, des Marktes, der Sicherheitsvorschriften.

Ist-Funktionen Juni 1986	Beteiligte							Ist-Funktionen Juli 1987	Beteiligte							Soll-Konzept	Beteiligte						
	V	Q	K	AV-S	AV-B	VA			V	Q	K	AV-S	AV-B	AS			V	Q	K	AV-S	AV-B	VA	
Prüfen des internen Auftrags (Umdruck-Original und eine Durchschrift) an Hand der Kundenbestellung, der Zeichnung, der Verrechnung (Kalkulation sowie evtl. Spezifikation) und des Q-Berichtes.								Prüfen des internen Auftrags an Hand der Kundenbestellung, der Zeichnung, der Verrechnung (Kalkulation sowie evtl. Spezifikation) und dis Q-Berichtes.	A	B	B	A	A	A		wie Juli 1987	A	A	A	A	A	A	
Korrigieren der Bestellungsannahme, falls erforderlich, abzeichnen und mit Verteilerschlüssel versehen.				A				wie Juni 1986	B	C	D	A	A	D		wie Juni 1986	B	B	B	A	A	B	
Festlegung der Schmiedemaße: Überlängen für Proben, Aufhängungen, Zentrierungen usw. einarbeiten.				A				wie Juni 1986	D	C	A	A	B	–		wie Juni 1986	C	B	A	A	A	D	
Errechnen der Schmiederohgewichte für glatte Teile (Rundstähle, Flachstäbe, Vierkantstäbe, Achtkantstäbe, Wellen ohne Absätze usw.).				A				wie Juni 1986	A	B	A	A	A	C		wie Juni 1986	A	A	A	A	A	A	
Errechnen der Schmiederohgewicht für die Schmiedeskizze				A				wie Juni 1986	A	B	A	A	A	C		wie Juni 1986	A	A	A	A	A	A	
Schmiedeskizze anfertigen (Eintragen der Schmiederohgewichte in das Feld für die Gewichtsberechnung, Toleranzen und Maßabweichungen; -Eintragen in die Zeichnung: Brennstellen bzw. Brennkonturen).				A				wie Juni 1986								wie Juni 1986							
Errechnen von Einsatzgewichten				A				wie Juni 1986	D	D	B	A	B	–		wie Juni 1986	D	C	A	A	A	D	
Feststellen ob für den Werkstoff Neuerschmelzung in Frage kommt, Verwendung von Lagermaterial möglich oder Fremdbezug erforderlich ist.				A				Feststellen ob für den Werkstoff Neuerschmelzung in Frage kommt, ob Verwendung von Lagermaterial möglich oder Fremdbezug erforderlich ist.	B	A	D	A	C	D		wie Juli 1987	C	B	A	A	A	D	
Blöcke, falls Neuabguß, mit Planungsabgußkarte bestellen. Blöcke, falls vom Lager, dann reservieren. Lagerblöcke mit Abweichungen analytisch bzw. metallurgisch freigeben lassen. Falls Kalteinsatz an der 8000t-Presse, eine Kalteinsatzplanungskarte ausstellen.								Blöcke, falls vom Lager, reservieren. Lagerblöcke mit Abweichungen analytisch bzw. metallurgisch freigeben lassen.	B	A	C	A	C	–		wie Juli 1987	A	A	A	A	A	B	
Bezugsdurchmesser errechnen.				A				wie Juni 1986	D	A	D	A	D	–		wie Juni 1986	B	A	A	A	A	C	

Legende zu Abbildung 1.1.4:

V	=	Verkauf
Q	=	Qualitätswesen
K	=	Kalkulation
AVS	=	Arbeitsvorbereitung Schmiedestücke
AVB	=	Arbeitsvorbereitung Betriebsstättenplanung
VA	=	Verkaufsassistenz
Sekr	=	Sekretärin
A	=	selbständig
B	=	fast selbständig, gelegentliche Unterstützung durch die Fachkraft erforderlich
C	=	teilweise selbständig, häufige Unterstützung durch die Fachkraft erforderlich
D	=	Grund-/Teilkenntnisse vorhanden

Abb. 1.1.4: Veränderungen von Arbeitsinhalten einer Gruppe bei der differentiell-dynamischen Arbeitsorganisation in der Auftragsabwicklung eines stahlverarbeitenden Unternehmens (Auszug) (Quelle: Heeg 1991, S. 223 in Anlehnung an Hagelgans, Heeg, Lichtenberg, Richter 1987)

Über einen derartigen Prozeß erhalten alle Mitglieder der Gruppe eine ganzheitliche Aufgabe. So umfaßt das Aufgabengebiet der Verkaufsassistenz - im Gegensatz zur bisherigen zentralen Textverarbeitung - den gesamten Bereich von Anfrageneingang über die Betreuung der Auftragsmappe bis hin zum Rechnungsversand. Insgesamt ergeben sich kürzere Zeiten der Auftragsbearbeitung und eine größere Anzahl an Aufträgen pro Sachbearbeiter als bei den innerbetrieblichen Vergleichsgruppen. Die Auftragsbearbeitungszeit verringerte sich im Beispiel um mehr als 50 Prozent, die Anfragenbearbeitungszeit verringerte sich von ursprünglich zehn auf zwei Tage. Weiterhin stieg die Realisierungsquote (Aufträge zu Anfragen) von 4 Prozent auf 18 Prozent. Darüber hinaus sank die Zahl der durchschnittlichen Fehltage von 4 % auf 1 %.

1.1.4 Technisch-organisatorische Änderungen, neue Arbeitsorganisationsformen und neue Qualifizierungsstrategien

1.1.4.1 Aspekte neuer Arbeitsorganisations- und Qualifizierungsformen

Um wettbewerbsfähige und zukunftsgerichtete Unternehmensstrukturen zu erhalten, müssen die organisatorischen, qualifikatorischen und technischen Voraussetzungen hierfür getroffen werden. Diese lassen sich in aller Kürze (und ohne den Anspruch auf Vollständigkeit zu erheben) wie folgt charakterisieren:

- Ausrichtung aller Unternehmenseinheiten auf den Kunden (externe Kunden: Abnehmer der erbrachten Dienstleistungen bzw. erstellten Produkte; interne Kunden: im Leistungs- bzw. Produkterstellungsprozeß ist die nachfolgende Einheit der Kunde der vorangegangenen Einheit),

- Ausrichtung aller Dienstleistungs- und Produkterstellungsprozesse auf Erreichung einer optimalen Qualität (jede Einheit ist für die Qualität ihrer Erzeugnisse verantwortlich),

- nur Prozesse und in ihr enthaltene Aufgaben und Arbeitsmittel bleiben in optimierter Form erhalten, die einen direkten Beitrag zum Unternehmenserfolg erbringen; reine verwaltende Prozesse in jeder Einheit werden entweder aufgelöst (falls überflüssig), mit anderen Prozessen der Leistungserbringung verschmolzen (z. B. arbeitsvorbereitende Aufgaben werden in Fertigungsgruppen integriert) oder in optimierter Form beibehalten (Grundgedanke des Lean-Managements),

- die Aufgaben werden in geeigneter Form gebündelt und auf neue betriebliche Einheiten verteilt unter Berücksichtigung

    - des Erhalts übersichtlicher, schnittstellenarmer Prozesse,
    - einer gruppenorientierten Organisationsstruktur (Aufhebung der arbeitsteiligen Organisationsform zugunsten gruppenorientierter Organisationsformen: Gruppen auf allen Hierarchieebenen, nicht nur auf der operativen Ebene; Nutzung der Synergieeffekte von Gruppenarbeit; Erzielung einer Ganzheitlichkeit der Aufgabendurchführung in der Gruppe - Planung, Disposition, Realisierung, Steuerung, Qualitätssicherung - die bei komplexen Aufgaben vom Einzelnen nicht zu bewältigen ist; die Gruppen übernehmen die Verantwortung für ihr Tun und die erzielten Ergebnisse - Arbeitszeitregelungen, Entlohnung usw. entsprechen dieser Verantwortung; hierzu benötigen die Gruppen auch eigene Budgets),

- die so organisierten betrieblichen Einheiten ergeben eine neue, weniger Hierarchieebenen umfassende Aufbaustruktur als bislang üblich; die Aufbauorganisationsstruktur paßt zu den Prozessen, unterstützt sie und behindert sie nicht, wie dies bisher in vielen Fällen anzutreffen ist,

- die Grupen arbeiten im Rahmen eines kontinuierlichen Verbesserungsprozesses an der Optimierung ihrer Aufgaben, der Prozesse, in die sie eingebunden sind und der erstellten Produkte bzw. Dienstleistungen,

- hierzu müssen alle über die erforderliche Qualifikation und Motivation (und Einsicht usw.) verfügen; hierzu sind während der Arbeit (im Prozeß der Arbeit) und daneben geeignete Qualifizierungsmaßnahmen durchzuführen (grundsätzlich problem- und aufgabenorientiert).

1.1.4.2 Analyse und Gestaltung neuer Arbeitsorganisations- und Qualifizierungsformen

Zur Analyse und Gestaltung neuer Arbeitsorganisations- und Qualifizierungsformen sind prinzipiell folgende Schritte erforderlich:

- Aufgaben- und Aufgabenfolgenanalysen in den zu untersuchenden Prozessen (die vorher festgelegt werden müssen) unter gleichzeitiger Ermittlung der arbeitsmittel- und informationsmittelbezogenen Voraussetzungen und des Sinns und der Schwachstellen der jeweiligen Aufgaben (siehe hierzu die Abschnitte 2.2 und 6.1)),

- Schwachstellenanalyse (siehe hierzu den Abschnitt 6.2),

- Konzeption der optimierten Aufgaben- und Aufgabenfolgen sowie Verteilung auf Aufgabenträger-Gruppen (Bündelung der Aufgaben zu Funktionen und Zuordnung der Funktionen zu Gruppen),

- Ordnung der Gruppen in eine aufbauorganisatorische Form,

- Erstellung der erforderlichen DV-Anwendungsprogramme bzw. Auswahl von Standardprogrammen, die die neue Organisationsstruktur bestmöglich unterstützen (siehe hierzu Abschnitt 1.1.5),

- Ableitung des Qualifizierungsbedarfs aus den Aufgaben und Schwachstellen zur Erarbeitung und Umsetzung der geeigneten Qualifizierungsmaßnahmen (im und neben dem Arbeitsprozeß),

- Ableitung der Erfordernisse an Arbeitsmittel, Arbeitsplätze sowie Arbeitsumgebung und Gestaltung dieser Aufgabe.

Derartige neue Arbeitsorganisationsformen zu installieren, erfordert einigen Mut, denn wie Staudt, Kröll und von Hören ausführen, setzt die Etablierung von lernenden Organisationseinheiten Entwicklungen in Gang, deren Verlauf im voraus kaum zu bestimmen ist und deren Ergebnisse nicht determiniert werden können. Die Verknüpfung der einzelnen Einheiten zu größeren organisatorischen Gebilden bleibt meist im Vagen und die Wirkungen auf die Außenbeziehungen letztlich im Dunkeln. Schlagworte wie "lean management" oder "fraktale Fabrik" kennzeichnen dann eher schmalspuriges Denken und eine "Bruchbuden-Organisation", und die gar nicht so neue Orientierung an Prozeßketten hilft nicht über des Prognoseproblem hinweg, erhöht aber die Innovationsbarrieren bei gravierenden Veränderungen. Die Verknüpfung von "Lernen im Prozeß der Arbeit" mit diesen kurzlebigen Schlagworten zur "Lernenden Unternehmung" vermag nicht über die eigentlichen Defizite in der organisatorischen Verknüpfung zu Gesamtleistungsprozessen hinwegzutäuschen.

Wenn Arbeiter in der Produktion nicht nur ihre "anforderungsbedingten" Aufgaben erfüllen, sondern sich selbst weiterentwickeln und darüber letztlich Organisationsentwicklung betreiben, beeinflussen sie letztlich auch das Produktprogramm und die Verfahrensentwicklung. Das ist dann nicht mehr nur Mitbestimmung, sondern Mitgestaltung im technisch-organisatorischen Bereich. Das ist dann auch nicht mehr nur Ergänzung oder Sozialtechnologie, sondern in den Augen konventioneller Unternehmensführungen eine Revolution. Es ist also kein Wunder, wenn viele Unternehmensführungen zwar über

- neue Unternehmenskultur,
- mehr Partizipation,
- Lernen im Prozeß der Arbeit,
- die lernende Unternehmung,
- etc.

reden, sich aber vor grundsätzlichen Entscheidungen drücken. Meist läßt man daher nur einzelne Betriebe, Abteilungen oder Arbeitsgruppen und das oft nur "unter der Hand" mit Lernstatt, Werkstatt-Zirkeln, "quality circle", arbeitsprozeßintegriertem Lernen u. ä. experimentieren. Auch die Arbeitnehmervertreter weichen oft der daraus folgenden Grundsatzdiskussion aus, weil derartige individuelle Selbstverwirklichung solidarisch zu verteidigende Grenzen aufweicht. Keine der beiden Seiten zieht letztlich die erforderlichen Konsequenzen für die mit den Ansätzen eigentlich verbundene Neuorientierung der Gesamtstruktur.

Es ist daher naiv, wenn viele Betriebe zur Zeit dem Wettbewerbsdruck gehorchend glauben, sie könnten mit Hilfe von modischen Konzepten dezentrale Entwicklungskräfte freisetzen und solche Ansätze vorsichtig dosiert einführen, ohne die eigene Position und Führungsphilosophie in Frage zu stellen. Dies reicht zwar, wie die derzeit auf allen Kongressen ventilierten Ergebnisse zeigen, für ein paar Anfangserfolge aus. Die künstliche Begrenzung auf dann auszuwählende Gruppierungen (das widerspricht schon der intendierten Freiwilligkeit und dem Versuch, die Betroffenen gerade selbst aktiv werden zu lassen) schafft dann neue Eliten mit ähnlichen technokratischen Begrenzungen wie in den alten Führungsmustern. Und der Abbruch des Bemühens hat Friktion und soziale Konflikte zur Folge, so daß selbst eine Rückkehr auf das Ausgangsniveau unwahrscheinlich ist. Der Wandel von der beiderseitigen Kontrolle hin zu mehr Vertrauen fordert deshalb die Bereitschaft des ganzen Unternehmens, entsprechende Konsequenzen zu ziehen, wenn man wirklich zu einem Konzept der lernenden Organisation übergehen will.

Das verlangt vor allem auch die Bereitschaft zum Wandel auf allen Ebenen der Führungskader. Denn nicht nur die beteiligten Arbeitnehmer müssen dazulernen, sondern vor allem das Leitungspersonal muß liebgewordene Philosophien und Führungsstile aufgeben, wenn derartige Konzepte Erfolg haben und das qualitative Potential erschlossen werden soll. Das Führungspersonal muß darüber hinaus teilweise selbst in Frage gestellt werden, denn wenn der arbeitsteilige Prozeß zwischen Kontrolle und Ausführung partiell aufgehoben, d. h. die jeweils ausführende Ebene Kontrollfunktionen übernimmt, erübrigen sich auch Leitungsebenen und Leitungspersonal. Nur in dieser Konsequenz ergibt die Neuorganisation von Anpassungsprozessen einen ökonomischen Sinn, in dem wird deutlich, daß in vielen Fällen (insbesondere bei Nichtrouteprozessen) Vertrauen billiger ist als Kontrolle. Es ist deshalb zu einfach, nur die ausführende Ebene umzuorganisieren und dort die Vision der "lernenden Unternehmung" zu implantieren. Eine Stabilisierung innerhalb der Organisation setzt eine Neudefinition der Rolle des unteren und mittleren Managements beim Übergang zur Potentialsicherung voraus.

Schwierigkeiten umzulernen haben auch die Leitungspersonen auf der Arbeitnehmervertretungsseite. Ihre Strategie und Taktik, orientiert an der alten Führungsphilosophie der Unternehmensleitung, ist im Klassenkampf des 19. Jahrhunderts entstanden. Damit gerät der Wandel im Führungsstil in die Gefahr, an den veralteten Reaktionsmustern der Kontrahenten zu scheitern. Klassifizieren sie derartige dynamisierende Konzepte, wie das z. B. üblich ist, eher als neuartige Ausbeutungsinstrumente und beschwören dann bei betrieblichen Änderungsprozessen vor allem die Gefahr der Arbeitsverdichtung und Arbeitsplatzvernichtung und verlangen, vor Kenntnis des Ergebnisses entwicklungsoffener Lernprozesse, schon die Sicherung in Form von zwei höheren Lohnstufen, dann verweigern sie eine dynamische Betrachtung der Arbeitsplatzsicherung durch Rationalisierung, Qualitätsförderung und Wettbewerbsverbesserung. Das Mißtrauen auf dieser Seite ist schließlich das Pendant zum auf Kontrolle reduzierten Qualitätsbegriff der alten Führungsphilosophie. Einseitige Vorwürfe einer Behinderung sind deshalb nicht angebracht. Es ist vielmehr das Zusammenspiel, das derartige Entwicklungen behindert oder gar verhindert.

Es wird sowohl eine neue Führung als auch eine neue Art von Interessenvertretung erforderlich, wenn es dem einzelnen Arbeitnehmer gelingen soll, in derartigen arbeitsplatzintegrierten Lernprozessen autonom den eigenen Interessen entsprechend tätig zu werden ohne die leitende und lenkende Hand des Funktionärs oder des Vorgesetzten. Aus diesen Gründen tut man sich schwer, die Option des qualitativen Potentials zu nutzen, wird es vor allem erforderlich, eine neue Qualität der Ansteuerung und der Interessenvertretung zu installieren, wenn man konstruktiv an dieser aus Sicht der Selbstverwirklichung des einzelnen Arbeitnehmers und der Erhöhung der betrieblichen Elastizität sicher positiv zu wertenden Entwicklung mitwirken will.

Weitere Probleme kommen hinzu; viele Promotoren betonen immer noch, daß der Schwerpunkt des Einsatzes der arbeitsintegrierten Lernprozesse vorwiegend auf dem Gebiet der Produktion stattzufinden hat, d. h. auf der unteren Ausführungsebene zu suchen ist, und nur Themen zugelassen werden sollen, die sich direkt mit den Arbeitsplätzen der Teilnehmer befassen. Erstes entspricht schon nicht mehr dem praktischen Bedarf, dafür aber der technokratischen Führungsphilosophie und dem Bestreben, diese neuen Konzepte unter Beibehaltung der alten Kontroll- und Sicherungsstruktur einzusetzen.

Die Begrenzung des Lernens im Prozeß der Arbeit auf den eigenen Arbeitsbereich erscheint dagegen durchaus plausibel. Denn Probleme können am besten dort erkannt und gelöst werden, wo sie entstehen. Die Begrenzung vermeidet Konflikte, die bei Eingriffen oder Verlagerungen in Nachbarbereiche entstehen. Außerdem bezieht sich der in der Lern- und Arbeitsgruppe verfügbare Sachverstand auf eben diesen Erfahrungsbereich. Es bestätigt sich auch in vielen Experimenten, daß in der ersten Zeit hier die größten Erfolge eintreten. Weniger Erfahrung hat man allerdings bisher darin, was geschieht, wenn dieser aus gesamtorganisatorischer Sicht lediglich suboptimal gestaltende Bereich ausgereift ist. Offen ist immer noch, wie man in einem von den Betroffenen weiterentwickelten Bereich Änderungsnotwendigkeiten aus übergeordneter Sicht vermittelt. Wie reagieren Gruppen, die die Grenzen ihrer Einflußmöglichkeiten erkennen (weil z. B. Fehler/Ursachen in Nachbarbereichen zu suchen sind und auch dort Lern- und Entwicklungsprozesse initiiert werden müssen, wenn die eigenen Resultate in die Praxis umgesetzt werden sollen)? Welche Mechanismen sind zu entwickeln, die eine Integration der Gruppenaktivitäten in die Gesamtorganisation sicherstellen? Etc.

Wenn also das qualifikatorische Potential der Betriebe wirklich für innovative Entwicklungen genutzt werden soll, ist das nicht mehr durch bloß kosmetische Ergänzungen des technokratischen Führungsstils mittels vordergründiger Motivationstechniken oder Verhaltenstrainings für Manager und einer kleinen Spielwiese für Pädagogen und Didakten möglich. Auf diese Weise werden bestenfalls Anfangserfolge erzielt, die Grenzen des anforderungsorientierten Planungsparadigmas bleiben unangetastet und werden schnell spürbar" (Staudt, Kröll, von Hören 1991).

1.1.5 Umsetzung einer organisations- und mitarbeiterorientierten CIM-Strategie

1.1.5.1 Problem des Informationsmanagements in Unternehmen

Zum Einstieg in die zu erörternde Problematik sei ein Beispiel vorgestellt, das die Situation in etlichen Unternehmen gut verdeutlicht: Ausgangspunkt bildet ein Unternehmen, das bereits große Investitionsvorhaben im Bereich der Informationsverarbeitung durchgeführt hat, deren Sinnhaftigkeit im Laufe der Zeit im Unternehmen immer stärker in Frage gestellt wird.

Hierzu führen Brandes, Sommerlatte, Stringer, Zillesen 1989 aus: "Der Ansatz der Systemverantwortlichen des Unternehmens bestand darin, möglichst alle Belange des Informationsmanagements im Unternehmen durch ein komplexes Gesamtsystem zu befriedigen. Dazu hatten sie zwar Anwenderbefragungen durchgeführt und einen begleitenden Anwenderausschuß gebildet. Aber die Summe der Anforderungen, die von den einzelnen Anwenderbereichen angemeldet wurde, führte zwangsläufig zu dem komplexen Ansatz. Weitere Wünsche verursachten immer weitere Verfeinerungen und Abhängigkeiten im System. Die Kosten des Entwicklungsvorhabens gingen so immer mehr in die Höhe, und die Entwicklungszeit zog sich in die Länge.

Je mehr das System Gestalt annahm, um so deutlicher wurden Äußerungen der Anwender, daß die entwickelten Lösungen sie nicht zufriedenstellten und daß die Kosten ihnen zu hoch erschienen.

Was war das Problem? Die einzelnen Anwenderabteilungen hatten, als sie aufgefordert wurden, ihren Informationsbedarf zu benennen, jeweils nur ihre derzeitigen Aufgaben vor Augen, für deren Bewältigung sie eine möglichst umfassende Lösung suchten. Ihre Unsicherheit über die strategisch entscheidenden Leistungen veranlaßte sie, ihre Anforderungen an die Informationssysteme hochzuschrauben. Die Systemverantwortlichen dagegen versuchten, die vielfältigen Einzelinteressen mit einer perfektionistischen Gesamtlösung abzudecken, in der sie durch alle möglichen Querbezüge, durch eine umfassende Datenbank und durch komplexe Verarbeitungsprozeduren die funktionalen Zusammenhänge herstellen wollten, die sie in eine Fülle von einzelnen Informationsanforderungen hineininterpretierten.

Dabei waren sie zu weit gegangen, weil sie selber keine Prioritäten setzen konnten und aus perfektionistischem Trieb, aber auch aus Absicherungsdenken heraus, alle Eventualitäten abdecken wollten. Sie hatten aber gleichzeitig auch die derzeitigen Organisationsstrukturen und Merkmale der Geschäftsabwicklung als unveränderliche Gegebenheiten hingenommen und ihr System darauf abgestellt. Jede kleine Veränderung der Daten oder der Informationsanforderungen hatte nun Auswirkungen auf eine Vielzahl von Systembereichen.
Sollten neue Produkte eingeführt werden, so waren dafür keine Positionen in der Produktstammdatei vorgesehen; sollte ein neues Abrechnungsverfahren gegenüber dem Kunden

angeboten werden, so waren dafür im System keine Vorkehrungen getroffen; sollte das Artikelnummernschema aus Logistikgründen verändert werden, so waren damit massive Anforderungsarbeiten an vielen Stellen des Systems verbunden.... " (Brandes, Sommerlatte, Stringer, Zillesen 1989).

Die Problembereiche, die im vorstehenden Beispiel enthalten sind und die sich in Projekten zur Entwicklung von IV-/IS- (Informationsverarbeitungs-, Informationssystem-) Strategien sowie zur operativen Erstellung bzw. Einführung von Informationssystemen finden, beruhen auf folgenden "Grundproblemen" der Menschen im jeweiligen Betrieb:

- unzureichende Kommunikation und Informationsweitergabe,
- unzureichende organisatorische Kenntnisse und Fähigkeiten,
- zu gering ausgeprägte Fähigkeit der Analyse und der strukturierten Bearbeitung von Aufgaben und Prozessen,
- zu gering ausgeprägte Problemlöse- und Entscheidungsfähigkeit,
- zu schwach ausgeprägte Akzeptanz der anderen Beschäftigten, der Mitarbeiter und Vorgesetzten, als "achtenswerte Mitmenschen", als Partner (mit der Folge der betrieblichen Zusammenarbeit als Nebeneinander oder gar Gegeneinander, nicht aber Miteinander),
- noch starkes Selbstbild vieler Führungskräfte von ihrer Person als bester Sachbearbeiter (mit der Folge einer zu schwachen Ausprägung von koordinierenden Aufgaben, Delegation und Förderung von Gruppen und einzelnen Mitarbeitern in der Gruppe),
- zu geringe Kenntnis der Aufgaben anderer vor-, nach- oder nebengelagerter Stellen und Mitarbeiter,
- zu geringes Wissen bezüglich der Erstellung aufgaben- und benutzergerechter Produkte.

Für die Lösung des Problems im oben aufgeführten Beispiel sind folgende Ansätze denkbar:

- zunächst muß eine effiziente Gestaltung der betrieblichen Leistungserstellungsprozesse mit oberster Priorität erfolgen (Ableitung der Leistungserstellungsprozesse und der Bewertungskriterien für die Qualität dieser Prozesse aus den Unternehmenszielen); diese müssen bekannt, transparent und operationalisiert sein,

-danach erfolgt eine strikt leistungsorientierte Aufstellung von Aufgaben und Funktionen,

-hieraus sind die Grundstrukturen der einzusetzenden Informationssysteme zu entwickeln, wobei alle in einem Leistungsprozeß zusammenhängenden Aufgaben und Funktionen jeweils durch ein System bedient werden, gleichzeitig aber die einzelnen Leistungsprozesse informationstechnisch entkoppelt werden, um ihre "Bewegungsfreiheit" zu erhöhen.

1.1.5.2 Lösungsansatz zur Erstellung bzw. Einführung aufgaben- und nutzergerechter Software in einem partizipativen Prozeß

Die hierzu erforderlichen Arbeiten werden sinnvollerweise in einem strikt partizipativen Ansatz durchgeführt, in einer engen Zusammenarbeit zwischen zukünftigen Nutzern der Systeme sowie der erforderlichen Spezialisten - und dies gemäß einer Vorgehensweise, die den Regeln eines durchgängig angewendeten Projektmanagements genügt und über einen Lenkungsausschuss (in geeigneter Besetzung) in das Unternehmen eingebunden ist.

Bezüglich der Umsetzung einer organisations- und mitarbeiterorientierten CIM-Strategie sind vorstehend bereits die wichtigen ersten Schritte getan worden:

- Durchführung von Ist-Analysen, Schwachstellen- und Stärken-Analyse in Form moderierter Workshops unter Beteiligung aller am jeweilig betrachteten Prozeß beteiligten Gruppen,

- Erstellung eines neuen Konzeptes zur Aufgabengestaltung, Aufgabenteilung, Prozeßgestaltung und der auszuwählenden bzw. zu gestaltenden Arbeitsmittel (hierin sind die DV-gestützten Arbeitsmittel und ihre Vernetzung usw. eingeschlossen).

Das Ergebnis einer derartigen Vorgehensweise besteht im Informationsverarbeitungssystemen, die zwei Hauptanforderungen erfüllen:

- sie müssen aufgabengerecht und
- sie müssen benutzergerecht gestaltet sein.

Ihre Anwendung darf weder zur Unterforderung noch zur Überforderung der Benutzer führen. Eine Unterforderung kann durch monotone Aufgaben, einen zu großen Anteil an Routinetätigkeiten oder zu geringe Aufgabenkomplexität bewirkt werden. Eine Überforderung kann durch das Fehlen von psychisch wirksamen Informationen über durchzuführende Handlungen entstehen, durch das Vorhandensein von vielen Informationen, die für die durchzuführenden Handlungen nicht benutzt werden können und durch das Vorhandensein von Informationen, die vom handelnden Menschen im Sinn der Handlung fehlinterpretiert werden (Hacker 1987, S. 32).

Dies bedeutet, daß auf der einen Seite alle erforderlichen Informationen vorhanden sein müssen, um die gestellten Aufgaben bearbeiten zu können, auf der anderen Seite die entsprechende Qualifikation vorhanden sein muß, um die Aufgaben überhaupt durchführen zu können. Daneben ist ein Überangebot an nicht benöigten Informationen zu vermeiden, und es ist die Information so zu gestalten, daß der Mensch sie versteht und zielgerichtet zur Erfüllung der Aufgaben einsetzen kann.

Bei Einsatz von modernen Informations- und Kommunikationstechniken ist es in großem Maße von der eingesetzten Software abhängig, ob die Arbeitsinhalte des Nutzers monoton und ermüdend sind oder eine anregende Gesamtaufgabe darstellen.

Insbesondere ist auch die Ausgestaltung der Software so vorzunehmen, daß sie vom Nutzer akzeptiert wird und zielgerichtet eingesetzt werden kann. Akzeptiert wird sie in aller Regel nur, wenn sie das mentale Modell, das sich der Nutzer über die Aufgabe macht, wiedergibt.

Ein Programmdesigner (Informatiker, Ingenieur, ...) hat in aller Regel andere Vorstellungen (aufgrund seines anderen Wissens, seiner anderen Fähigkeiten und Neigungen) von der zu lösenden Aufgabe als der spätere Nutzer des Programms. Realisiert er seine Modellvorstellung, wie es oft geschieht, so findet der Nutzer seine Vorstellungen und seine Denk–strukturen hierin nicht wieder. Dies führt zu einem nicht sehr effizienten Einsatz der Software bzw. dazu, daß der Nutzer das Problem mit anderen Hilfsmitteln in "altgewohnter" Weise weiterhin löst, und letztlich zu einer psychischen Beanspruchung des Nutzers.

1.1.5.3 Forderungen an aufgaben- und nutzergerechte Software
Software muß so gestaltet sein, daß für den Nutzer ein Optimum an problembezogenem Handlungsvermögen gewährleistet wird. Sie soll darüber hinaus eine ganzheitliche Aufgabenstruktur erzeugen (Aufgaben, die neben operativen Anteilen auch planerische, dispositive und kontrollierende Anteile enthalten) und muß so beschaffen sein, daß

- der Rechner für den Nutzer kontrollierbar arbeitet und die Ergebnisse liefert, die er von ihm erwartet,

- für unterschiedliche Problemstellungen eine einheitliche Arbeitsweise gewährleistet ist und

- die Rechneranwendung so beschaffen ist, daß sie für den Nutzer "intuitiv" (ohne intensive EDV-Schulung und ohne vertiefte Betriebssystem- und Programmierkenntnisse) verständlich ist (Heeg, Schreuder, Buscholl 1985, S. 107).

Hierbei stellen die Aspekte der Benutzerfreundlichkeit von Software, festgelegt im Normenwerk der DIN 66 234, Teil 8, nur einen kleinen Teil der zu berücksichtigenden Aspekte dar, um Software aufgabenangemessen, nutzerbezogen und somit zu einem psychisch möglichst gering beanspruchenden Faktor für den Menschen zu gestalten.

Hieraus ergeben sich für die Praxis die folgenden Hauptforderungen:

- die bisherigen Fähigkeiten und Fertigkeiten sowie das bisherige Wissen müssen in der Regel weiter zur Lösung der anstehenden Aufgaben und Probleme Verwendung finden können; sie sollen soweit wie möglich fortentwickelt werden können (von Ausnahmefällen abgesehen, in denen Menschen bewußt ein anderes Tätigkeitsfeld anstreben),

- der Einsatz neuer Technologien darf nicht ein vertieftes Spezialwissen an EDV-technischen Kenntnissen erforderlich machen (außer, wenn bewußt und "gewollt" ein derartiger Kenntnisstand angestrebt wird); dies gilt insbesondere für Mitarbeiter, die bereits seit langer Zeit ihrem Tätigkeitsbereich angehören und/oder die der Gruppe "Lernungewohnte" zuzuordnen sind, und

- die bisherigen Tätigkeitsstrukturen müssen ihre Abbildung in der Nutzerschnittstelle finden, soweit nicht bewußt gravierende Veränderungen vorgenommen werden, weil vorhandene Strukturen von den Betroffenen und ihren Vorgesetzten als nicht mehr sinnvoll akzeptiert werden. Aus diesen Hauptforderungen lassen sich weitere Forderungen ableiten:

- die Programm- bzw. Dialogstruktur muß unter Berücksichtigung der Problemlösestrategie des Nutzers optimiert werden;

- es sind Help-Bildschirme, Window-Multitasking-Technik u. a. im Hinblick auf die Selbstqualifizierung einzusetzen,

- es sind Gestaltungsvarianten unter Berücksichtigung der Problemstellung zur Ermöglichung einer stufenweisen Höherqualifizierung der Nutzer zu bilden,

- die Aspekte der "Benutzerfreundlichkeit" im Normenwerk der DIN 66 234, Teil 8 (Aufgabenangemessenheit, Selbsterklärungsfähigkeit, Steuerbarkeit, Verläßlichkeit, Fehlertoleranz und Fehlertransparenz) sind zu berücksichtigen,

- bei der Maskengestaltung sind die Gestaltgesetze sowie die Wechselbeziehungen zwischen Farbe, Körper und Raum zu beachten und

- die tatsächlichen Anforderungen der Endnutzer sind in die Ausgestaltung der neuen bzw. der zu ändernden Programme einzubeziehen; hier gilt in vollem Umfang: Eine optimale Strategie zur Einführung neuer Technologien muß von einer Beteiligung aller Betroffenen an den entstehenden Entscheidungen als Beginn des Einführungsprozesses ausgehen ("Gut ist, was akzeptiert wird - akzeptiert wird nur das, an dem man beteiligt war und ist") (Heeg 1988).

1.1.5.4 Software-Gestaltung = Organisations-Gestaltung

Sehr wichtig ist es, an dieser Stelle noch einmal zu betonen, was in den bisherigen Aussagen implizit enthalten war, die Gestaltung der Organisation: komplexe Software für den Einsatz in der betrieblichen Praxis, z.B. Software für PPS-Systeme (Produktions-, Planungs- und Steuerungs-Systeme), CAD-CAM-Systeme oder Büroinformations- oder Kommunikationssysteme, legen die gesamte Arbeits- und Ablauforganisaton fest.

Bevor nun diese für die Tätigkeit des Menschen sehr wesentlichen Gestaltungsbereiche einer von anderen für andere erstellten Software-Lösung angepaßt werden, ist es sehr viel sinnvoller, den umgekehrten Weg zu gehen und die Software entsprechend den eigenen betrieblichen Abläufen und Strukturen auszuwählen und zu gestalten.

Wesentlich ist demnach, daß vor jeglicher Überlegung bezüglich Software-Wahl oder -Gestaltung zunächst die Arbeits- und Ablauforganisation analysiert und optimiert wird. Danach erst wird eine Software ausgewählt und gestaltet, die genau diese Organisation in optimaler Art und Weise unterstützt. Jede andere Vorgehensweise führt dazu, daß durch die neue Software die zukünftige Organisation in oft nicht beabsichtigter und erwünschter Form vorbestimmt wird und Abweichungen zu den bisher gewohnten Tätigkeiten und Arbeitsabläufen auftreten sowie nicht alle benötigten Informationen zur Verfügung stehen. Dies hat zwangsläufig zur Folge, daß die neue Software nicht effektiv genutzt wird, sondern die tatsächliche Aufgabenerfüllung mit anderen Hilfsmitteln erfolgt.

Bei der Einführung von Standardsoftware ist der erforderliche Abgleich zwischen den Anforderungen der Aufgaben und Abläufe an die Software und den Möglichkeiten der Software genauestens zu analysieren und zu gestalten (Findung eines Optimums).

Insbesondere sei noch einmal hervorgehoben, daß die Arbeitsorganisation und die hierauf basierende Software gewährleisten müssen, daß die Mitarbeiter ganzheitliche Tätigkeiten ausüben, d. h. daß neben Ausführungsfunktionen auch vorbereitende, organisatorische, kontrollierende und Entscheidungs-Funktionen realisiert werden. Erst wenn dies sichergestellt ist, ist es sinnvoll, sich mit der Ausgestaltung von Oberflächen, Schnittstellen, Bildschirm-Masken u. a. zu beschäftigen und die von der Arbeitswissenschaft bereitgestellten Leitregeln zu nutzen.

Abbildung 1.1.5 veranschaulicht den Prozeß der Gestaltung. Hierbei ist erst nach der Analyse und Optimierung der Aspekte Mensch-Mensch-Funktionsteilung sowie nach der Optimierung der Arbeitsabläufe und Tätigkeiten die Mensch-Rechner-Funktionsteilung festzulegen und in entsprechende Software umzusetzen. Leider verstehen noch viele Programm-Designer unter Software-Ergonomie lediglich diese Gestaltung der Oberflächen bzw. noch krasser der Dialog-Masken und übersehen die wichtige Tatsache, daß heutige Software-Gestaltung gleichzeitig Gestaltung der gesamten Arbeits- und Ablauforganisation bedeutet.

Vernachlässigt man dies, so wird man niemals in der Lage sein, Software zu erstellen, die den tatsächlichen Endnutzer bei der Erfüllung seiner spezifischen Aufgaben unterstützt (im Sinne einer Erleichterung); und somit der psychische Beanspruchungsfaktor als relativ gering einzustufen ist.

Dies bedeutet, daß die aufgestellten Gestaltungsziele und die Bewertungsmaßstäbe für die gesamte rechnergestützte Arbeit gelten müssen: Merkmale für nutzerfreundliche Software allein sind nicht ausreichend. So macht beispielsweise ein fehlertoleranter, sich selbst erklärender, verständlicher Dialog eine monotone Gesamtaufgabe noch nicht anregend (Abbildung 1.1.5).

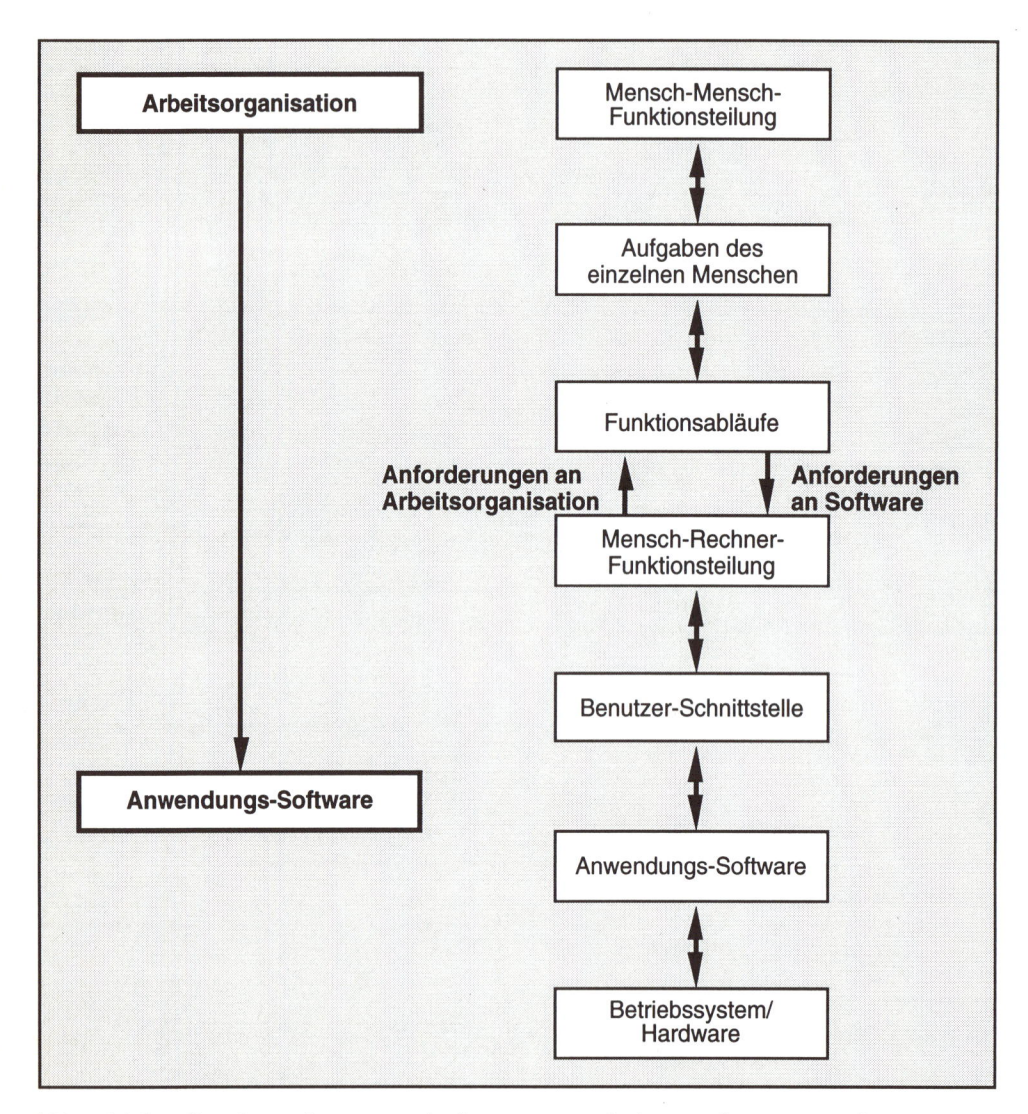

Abb. 1.1.5: Gestaltungsebenen zur Auslegung von aufgaben- und nutzergerechter Anwendungs-Software

Software ist so zu gestalten, daß ausreichende Aktivitäten für den Nutzer vorhanden sind (ausreichend häufiges und selbst veranlaßtes Eingreifen in die technologischen Prozesse),

- Zielsetzungs- und Entscheidungsmöglichkeiten beim Nutzer verbleiben (Verantwortungsübernahme),

- ausreichende Denkanforderungen für den Nutzer bestehen bleiben (auch kreativer, schöpferischer Art),

- Kooperationsmöglichkeiten mit anderen Menschen bestehen bleiben (Kooperation als Form der Zusammenarbeit in betrieblichen Gruppen) und Lernmöglichkeiten, Lernanforderungen auf dem Sachgebiet des einzelnen Nutzers bestehen bleiben (Hacker 1987).

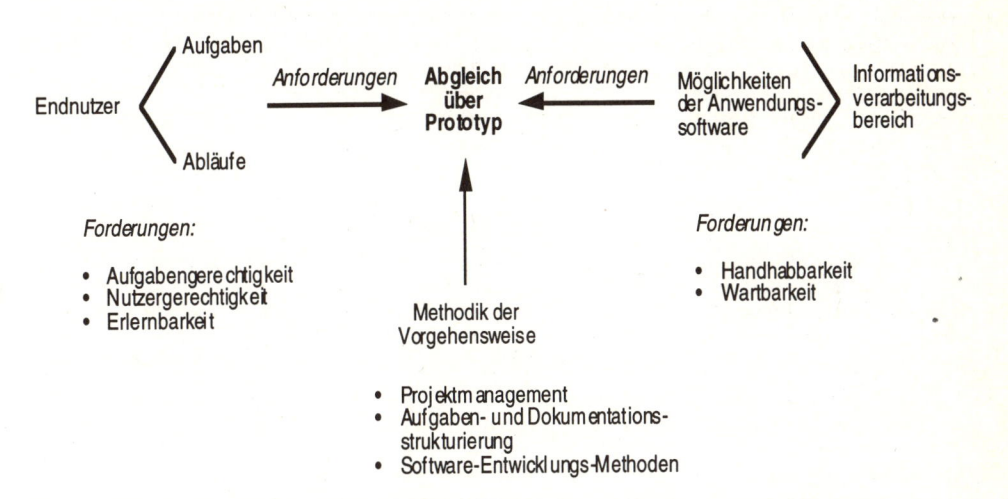

```
                Aufgaben
                  \                                                           Informations-
                   \   Anforderungen   Abgleich   Anforderungen   Möglichkeiten   verarbeitungs-
    Endnutzer       >  ------------>    über     <------------    der Anwendungs-  bereich
                   /                   Prototyp                     software
                  /                        ^
                Abläufe                    |

   Forderungen:                                                Forderungen:
   • Aufgabengerechtigkeit                                     • Handhabbarkeit
   • Nutzergerechtigkeit                                       • Wartbarkeit
   • Erlernbarkeit
                                    Methodik der
                                    Vorgehensweise

                                    • Projektmanagement
                                    • Aufgaben- und Dokumentations-
                                      strukturierung
                                    • Software-Entwicklungs-Methoden
```

Abb. 1.1.6: Abgleich der Anforderungen an Software und Aufgaben/Abläufe

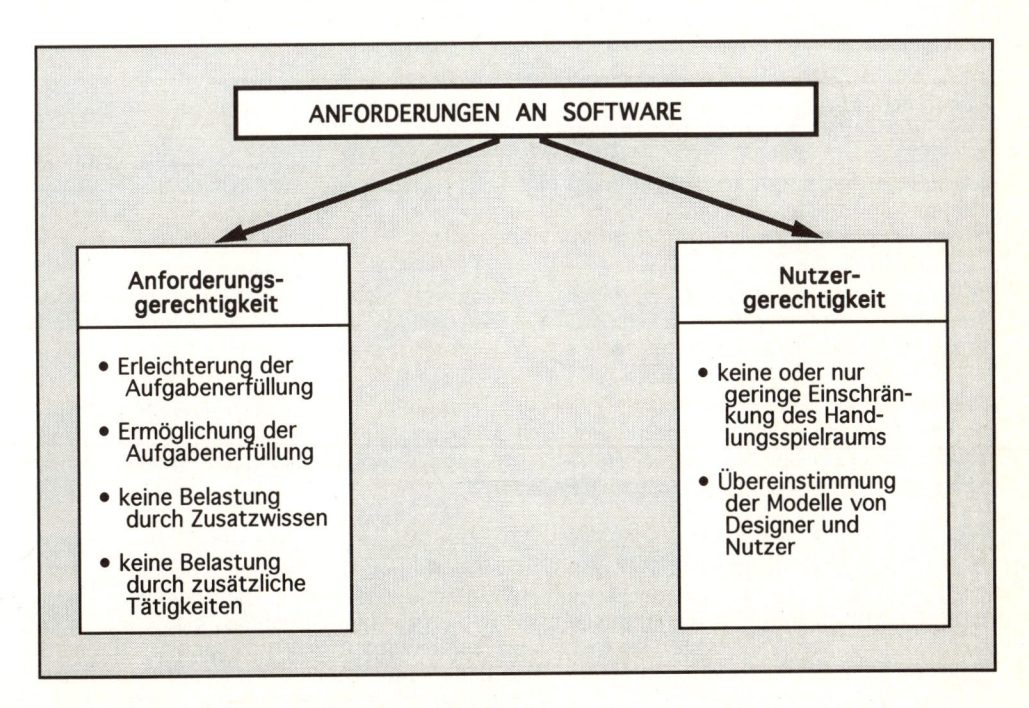

```
                    ANFORDERUNGEN AN SOFTWARE
                         /              \
                        /                \
        Anforderungs-                         Nutzer-
        gerechtigkeit                         gerechtigkeit

   • Erleichterung der              • keine oder nur
     Aufgabenerfüllung                geringe Einschrän-
                                      kung des Hand-
   • Ermöglichung der                 lungsspielraums
     Aufgabenerfüllung
                                    • Übereinstimmung
   • keine Belastung                   der Modelle von
     durch Zusatzwissen                Designer und
                                       Nutzer
   • keine Belastung
     durch zusätzliche
     Tätigkeiten
```

Abb. 1.1.7: Grundanforderungen an Software

Die Anforderungen an die Software sind in den Abbildungen 1.1.7 und 1.1.8 zusammenfassend dargestellt.

1.1.5.6 Vorgehensweise zum Erhalt aufgaben- und nutzergerechter Software

Ganz allgemein gilt hierbei der Grundsatz: je mehr Zeit und Geist in Vorüberlegungen investiert werden, um so eher führt die Einführung und Anwendung der Software zum Erfolg. Sehr wesentlich ist hierbei die Einbeziehung der betroffenen Mitarbeiter von Anfang an sowie die Durchführung frühzeitiger Schulungsmaßnahmen. Eine längere Vorbereitungsphase unter sorgfältiger Auswahl des einzusetzenden Systems in Zusammenarbeit mit allen Beteiligten bietet die Gewähr einer problemlosen Einführung und einer hohen Akzeptanz, wobei sich gleichzeitig die Wahrscheinlichkeit stark erhöht, ein ausgereiftes, für den speziellen Anwendungsfall "passendes" System auszuwählen (Heeg 1989).

Um die Forderung der Beteiligung der betroffenen Mitarbeiter bei der anstehenden Gestaltungsaufgabe zu erfüllen, sind die Kriterien zu berücksichtigen, die sich im Rahmen der Analyse von betrieblichen Gruppenaktivitäten als besonders bedeutungsvoll für eine erfolgreiche Arbeit herausgestellt haben. Da bei der vorliegenden Fragestellung oft mehrere Abteilungen, Bereiche o. ä. betroffen sind, empfiehlt sich hier eine Arbeit in Projektgruppen (Repräsentanten der einzelnen Bereiche, Informationsverarbeitungs-Experten und arbeitswissenschaftlich geschulte Berater).

Zur Unterstützung einer Vorgehensweise, die zu optimierten Aufgaben, zu effizienten Abläufen und zu einem aufgaben- und nutzergerechten Informationssystem führt, sind geeignete rechnergestützte Werkzeuge (Tools) einzusetzen, die die Analyse der Aufgaben, Funktionen und organisatorischen Abläufe gestalten sowie die Weiterverarbeitung dieser Ergebnisse ermöglichen.

Durch derartige "software-ergonomische" Maßnahmen ist es auf der einen Seite möglich, die vom Informationssystem bereitgestellten Daten in einer Darstellungs- bzw. Aufbereitungsform dem Nutzer darzubieten, daß es ihm wesentlich erleichtert wird, hieraus seine Entscheidungen abzuleiten. Auf der anderen Seite kann eine entsprechende software-ergonomische Ausgestaltung die Einarbeitung und die Handhabung des jeweiligen Systems sehr erleichtern sowie Möglichkeiten einer alternativen Arbeitsgestaltung liefern.

Aus Abbildung 1.1.6 ergibt sich bei Einführung von Standardsoftware der erforderliche Abgleich der Anforderungen der Nutzer der Aufgaben und Abläufe und der Möglichkeiten der Standard-Anwendungssoftware.

Ausgehend von den optimierten Aufgaben und Funktionen, den optimierten Arbeitsabläufen und unter Berücksichtigung der individuellen Arbeitsgestaltung soll die Benutzerschnittstelle entwickelt und beispielsweise mit Methoden des Rapid Prototyping interaktiv gestaltet werden sowie simulierbar und dynamisch modellierbar sein.

Der integrierte Prozeß der Gestaltung von Arbeitsorganisation und Informationsverarbeitung muß auch eine frühzeitige Qualifizierung der betroffenen Mitarbeiter sicherstellen. Diese Qualifzierungsmaßnahme muß bereits vor dem Einsatz irgendwelcher Tools beginnen. Hierbei wird den Mitarbeitern der Gesamtrahmen sowie die gesamte Vorgehensweise erläutert. Sie werden in die Methodik eingeführt und können selber aktiv und werkzeugunterstützt an der Gestaltung ihres Arbeitsplatzes mitwirken. Die hier angesprochenen Werkzeuge werden heute meist mit der Bezeichnung CASE-Tools (computer aided software engineering) versehen.

```
                    ANFORDERUNGEN AN SOFTWARE
                              │
         ┌────────────────────┼────────────────────┐
         ▼                    ▼                    ▼
   Erhalt von            Erhalt von          Vermeidung von
   • Lernmöglichkeiten   • Wissen            nicht sachgebiets-
   • Lernanforderungen   • Fähigkeiten       bezogenem Wissen
                         • Fertigkeiten
   auf Sachgebiet        auf Sachgebiet
```

•   ausreichende Aktivitäten

•   Zielsetzungs-, Entscheidungs- und Kontroll-
    aufgaben neben ausführenden Arbeiten

•   Denkanforderungen

•   Kooperationsmöglichkeiten

Arbeitsorganisation   **übrige technische Komponenten**   **Qualifikation**

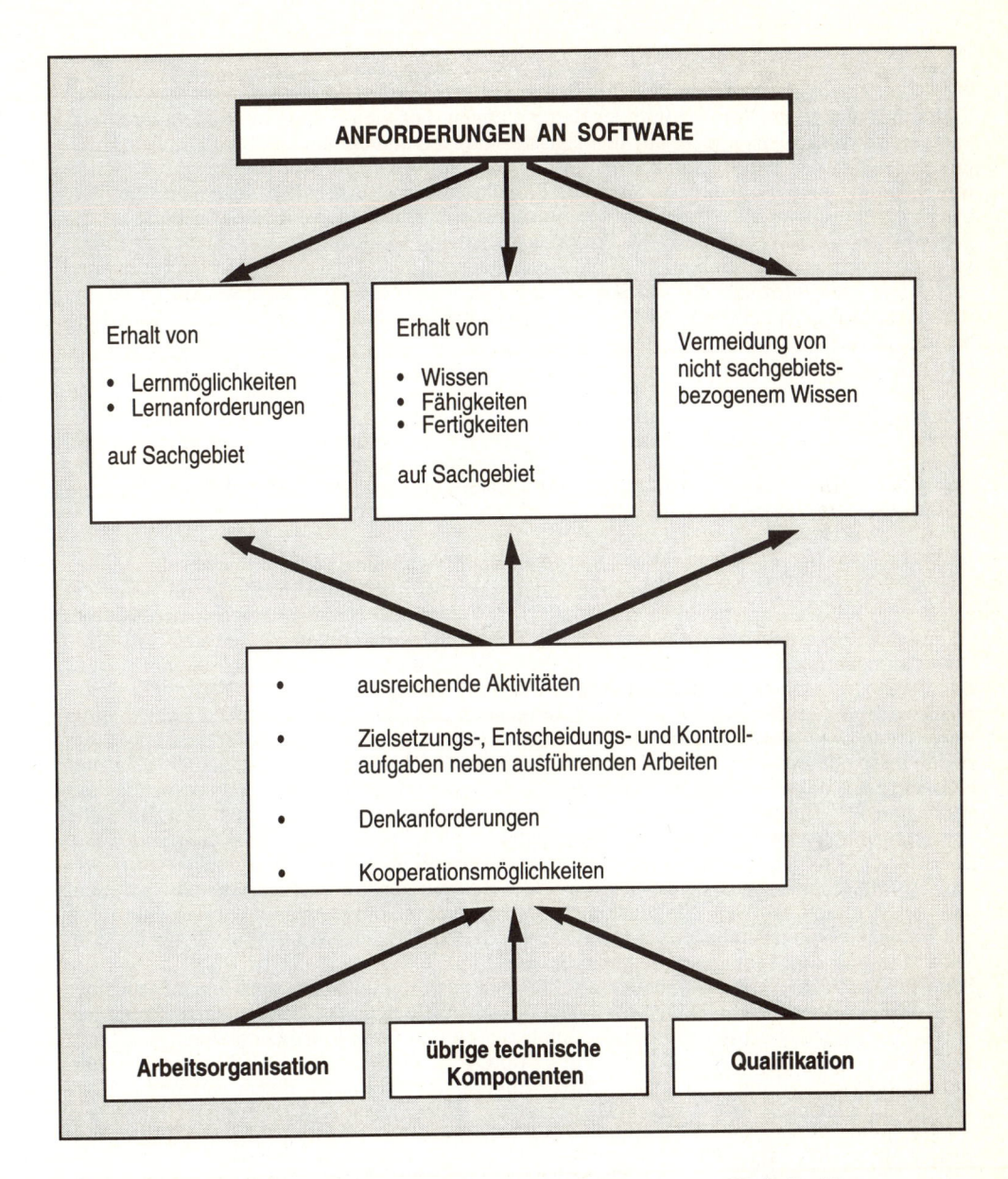

Abb. 1.1.8: Abgeleitete Anforderungen an Software und weitere Einflußgrößen

1.1.5.7 CASE und partizipative Vorgehensweise zur Softwareentwicklung und Software-einführung

Bei einer näheren Betrachtung der in der Literatur vorhandenen CASE-Definitionen sowie der CASE-Literatur generell ist auffallend, daß in vielen Fällen sofort die CASE-Werkzeuge in den Vordergrund der Betrachtungen gestellt werden. Hier ist eine sehr starke Übereinstimmung mit etlichen anderen Wissensgebieten zu sehen, z. B. dem des Projektmanagements.

Auch hier standen von Beginn der Projektmanagement-Diskussion an im deutschsprachigen Raum Werkzeuge im Vordergrund der Betrachtungen. Für viele Anwender und Autoren verkürzt sich Projektmanagement auf den Einsatz von Netzplantechniken und ähnlichen Hilfsmitteln, die in der Folge dann rechnergestützt durchführbar wurden. Bis heute hat sich in weiten Bereichen diese verkürzte Sicht von Projektmanagement gehalten. Eine derartige Sicht hat sicherlich etwas mit Abtretung von Verantwortung an andere, in diesem Falle an die Schöpfer der CASE-Tools bzw. der Projektmanagement-Tools zu tun. Eine Sicht von CASE im Sinne der hier vorgestellten Überlegungen - ganzheitliche Gestaltung von aufgaben- und nutzergerechten Informationssystemen unter Verwendung von geeigneten strukturierten, systematischen, partizipativen Vorgehensweisen, Methoden und rechnergestützten Werkzeugen - bedingt im Einzelfall eine große Verantwortung der mit der Planung und Durchführung betrauten Menschen.

Weitere Gründe sind u. a. sicherlich in den bereits eingangs aufgeführten Qualifikationsdefiziten zu sehen sowie im eventuell unzureichenden fachlichen Know-how. Benutzer und Entwickler verfügen, wie bereits angeführt, über Fachkenntnisse auf verschiedenen Gebieten. Die Benutzer besitzen die erforderlichen Fachkompetenzen auf dem Gebiet, für das ein Informationssystem entwickelt werden soll.

Die Entwickler hingegen haben die technischen Kenntnisse, die dazu erforderlich sind, dieses Informationssystem zu entwickeln. Daraus folgt schlüssig, daß nur durch eine Zusammenarbeit beider eine Software entstehen kann, die den Bedürfnissen der Benutzer gerecht wird. Hierbei ist auf die Forderung hinzuweisen, daß die Benutzer in die frühen Phasen des Softwareentwicklungsprozesses einbezogen werden müssen, d. h. eine gemeinsame Erstellung eines Pflichtenheftes nach heute noch weitverbreiteter Vorgehensweise ist nicht als ausreichend anzusehen, denn hierbei treten folgende Schwierigkeiten auf: "Die Benutzer wissen nicht, was sie wollen und was machbar ist (sagen die Entwickler) und die Entwickler verstehen die Bedürfnisse der Benutzer nicht (sagen die Benutzer)" (Wagenleithner, Zincke 1988). Unter anderem liegt dieses an einem "oft gestörten und spannungsgeladenen Nebeneinander der Fach- und DV-Bereiche" (Berner 1988) oder an anderen Zielsetzungen dieser Bereiche bzw. einer unterschiedlichen Prioritätenvergabe an anstehende Aufgaben. Oft liegt für den Benutzer ein Problem darin, daß er sich im Anfangsstadium noch nicht vorstellen kann, wie sein System arbeiten muß, damit es seinen Bedürfnissen gerecht wird. Er ist sich auch nicht darüber im klaren, welchen Möglichkeiten bzw. Einschränkungen der Entwickler unterliegt. Die Entwickler hingegen haben oft wenig Bezug zu den Aufgaben der übrigen Bereiche, d. h. auch sie sind, auf sich gestellt, kaum in der Lage ein System zu entwickeln, das die Bedürfnisse der Benutzer bestmöglich erfüllt. Bei einer alleinigen bzw. vorwiegend von einer Seite durchgeführten Entwicklung entstehen oft sehr viele neue Anforderungen während des Entwicklungsprozesses an das Produkt. Auch aus diesem Grunde ist es notwendig, daß der Endbenutzer auch in die frühen Phasen des Life Cycle, d. h. schon bei Problemanalyse und Anforderungsermittlung, einbezogen wird. Möglich wird dies z.B. durch Anwendung geeigneter Vorgehensweisen, Analyse-Methoden und Werkzeugen (CASE-Tools). Hier sei auf die Prototyping-Vorgehensweisen hingewiesen, in denen dem Auftraggeber das zukünftige Systemverhalten zur Beurteilung vorgeführt werden kann (Heeg, Neuse 1988).

Die Zusammenarbeit wird oft mit Benutzerpartizipation oder partizipativer Softwaregestaltung bezeichnet. Nach Ansicht von Schmidt (1990) ist der Begriff Benutzerpartizipation jedoch zu sehr der Verantwortlichkeit des Entwicklers für das gemeinsam durchgeführte Projekt verhaftet. Es wäre hier aber das Vorhandensein oder Erarbeiten von Fachkenntnissen auf seiten des Entwicklers erforderlich, um diesem Begriff vollends gerecht zu werden. Schmidt schlägt deshalb den Begriff "Kooperation der Benutzer mit den Systementwicklern" als Alternative vor.

Nach den vorstehenden Überlegungen ist es auch nicht weiter erstaunlich, wenn bislang wenige Veröffentlichungen zum Thema CASE angetroffen werden, in denen eine konkrete Darstellung der Vorgehensweise und der erzielten Ergebnisse und eine Bewertung dieser Ergebnisse durchgeführt werden. Dies zeigt sich auch an einem Detailaspekt der gewählten Vorgehensweise (allerdings an einem sehr wichtigen Detailaspekt):

CASE muß die Kommunikation zu Gruppen unterstützen, da kreative Prozesse sich in Gruppen vollziehen (Mährländer 1990) sowie nur das gemeinsame Vorgehen von Nutzern der erstellten Anwendungen sowie Systemspezialisten in einen partizipativen Prozeß eine von allen getragene aufgaben- und ablaufoptimierende Lösung erbringen kann. Hierzu finden sich in der Literatur etliche mehr theoretische Abhandlungen. Praxisberichte sind allerdings sehr dürftig (Berger 1990). In Anbetracht der Tatsache, wie wenig über die Benutzerpartizipation in der Praxis verlautbart wird, können Zweifel an einer optimalen Einbeziehung der Endnutzer auftreten. So ist es erklärbar, weshalb sich nur wenige praxisbezogene Aufsätze auf die Qualität der Endprodukte und die Benutzerpartizipation beziehen. Zudem erinnern die Aussagen mancher Artikel an "Lippenbekenntnisse". Allein die Behauptung, man würde die Endbenutzer in den Entwicklungsprozeß einbinden, ist noch nicht als Beweis hierfür anzusehen. Es ist oft nicht mehr als eine Prestigesache, die Endnutzer bzw. Kunden bei der Entwicklung mithelfen zu lassen: jemand, der dies nicht tut, ist nicht als vertrauenswürdig und demzufolge als nicht konkurrenzfähig zu betrachten. Deshalb muß in Veröffentlichungen erwähnt werden, man betrachte Benutzerpartizipation nicht als Fremdwort (Berger 1990).

1.1.5.8 CASE in der betrieblichen Anwendung - Zusammenfassung und Ausblick

Aus den bisherigen Aussagen ergibt sich folgendes Verständnis für den Begriff CASE in der betrieblichen Anwendung: CASE ist eine

- rechnergestützte, endnutzergerechte Vorgehensweise,
- zum Erhalt ganzheitlicher, aufgaben- und nutzergerechter Soll-Abläufe und Soll-Arbeitsinhalte,
- zur Umsetzung dieser Soll-Arbeitsinhalte und -Abläufe in Anwendungssoftware,
- zur Unterstützung der strukturierten, partizipativen Vorgehensweise in allen Phasen des Entwicklungsprozesses,
- zur Unterstützung der Kommunikation und Informationsweitergabe der am Prozeß beteiligten Nutzer und Systementwickler,
- zur Bewertung alternativer Systemlösungen,
- unter Verwendung hierzu geeigneter Methoden, Sprachen und rechnergestützter Werkzeuge.

Aus diesem Verständnis leiten sich an die Gesamtheit der einbezogenen Werkzeuge folgende Anforderungen ab:

- nutzergerechte und einheitliche Oberfläche (gilt auch für das zentrale Entwicklungsdatenbank - Repository),
- muß Aufgaben und Abläufe darstellen und simulieren können,
- Ergebnis der Simulation muß bewertbar gemacht werden (operationalisierte Kriterien, Optimierungsmöglichkeit),

- dynamisches Modell (Prototyping) - Regelwerk-Hinterlegung für
  - Ablaufanalysen/Tätigkeitsanalysen/Systemanalysen
  - Datenanalysen
  - Qualitäts-Team-Moderation
  -

- Gruppen-Konzepte müssen erstellbar und simulierbar sein
  Anbindung von Tools für
  - Projektmanagement (Zeiten, Kosten, ...)
  -
  -

Hieraus folgt aber auch, daß - wie Mährländer (1990) ausführt - es sich bei CASE um die Einführung eines komplexen Anwendungssystems handelt, das nur schrittweise aufgrund der verfügbaren technischen Mittel und der Fähigkeiten der betroffenen Mitarbeiter wachsen kann. Es ist demnach nur eine evolutionäre Einführung mit entsprechenden evolutionären Erfolgen realistisch. Hierzu ist im Einzelfall zu analysieren und zu entwickeln, wie ein geeigneter Einführungsprozeß vonstatten gehen kann, um die Fehler, die oft bei der Einführung von Standardanwendungen erfolgen, zu vermeiden (Mährländer 1990):

- es gibt keinen Auftraggeber, der diese Rolle wirklich ernst nimmt (herrenloses Projekt),

- die zukünftigen Nutzer sind nicht genügend einbezogen,

- die Komplexität wird unterschätzt,

- Einführungsunterstützung und Ausbildung der Nutzer werden nicht sichergestellt.

Von ganz besonderer Bedeutung ist es, einer grundsätzlichen Vorgehensweise in nachstehender Struktur zu folgen:

- von zukünftigen Zielsetzungen und Anforderungen (operationalisiert) als Basis sowie

- von den bestehenden Aufgaben und Abläufen ausgehen,

- diese entsprechend optimieren

- und durch geeignete Systeme und Werkzeuge unterstützen

- und gleichzeitig Mitarbeiter und Führungskräfte qualifizieren.

Diese Abfolge bedeutet eine Abkehr von der oft anzutreffenden reinen Beschäftigung mit technischen Artefakten, die für sich alleine keine - und dies sei hier noch einmal betont - optimale Lösung bringen. Dies erfolgt aber über die gleichzeitige, integrierte Optimierung von Arbeitsorganisation, Qualifikation der Betroffenen und System-/Softwaregestaltung - und dies in einem partizipativen, strukturierten Prozeß. Geht man in dieser Art und Weise vor, ist die Wahrscheinlichkeit, gute Ergebnisse im Projekt und in der Folge davon bezüglich Effizienz- und Produktivitätssteigerung zu erhalten, sehr viel höher als unter Vernachlässigung einer gesamtheitlichen Problemsicht und Problembearbeitung.

1.2 Organisatorische Neugestaltung von Unternehmen, abgeleitet aus den Erfahrungen mit Vorgehensweisen, Methoden und Hilfsmitteln in unterschiedlichen betrieblichen Vorhaben

F. J. Heeg

1.2.1 Integrative Gestaltung von Organisation, Qualifikation und Technik

In der internen betrieblichen Gestaltungsarbeit sind die Auslöser meist in folgenden Aspekten zu suchen:

- zu hohe Kosten (mit der Folge des Wunsches nach Straffung von Abläufen, Reduzierung von Personal, Auslagerung von bisher innerbetrieblich wahrgenommenen Aufgaben usw.),

- zu geringe Qualität der erstellten Produkte (mit der Folge des Wunsches nach Änderung der Motivation der Mitarbeiter, der eingesetzten Produktionstechnik und des Qualitätssicherungssystems usw.),

- zu lange Durchlaufzeiten der erstellten Produkte (mit der Folge des Wunsches nach Optimierung der Abläufe, des verstärkten Einsatzes integrierter Rechnersysteme zur Planung und Steuerung usw.).

Weitere Ansatzpunkte finden sich leicht. Sehr oft wird die Lösung dann allein in der Einführung neuer Informationstechniken (z. B. CIM - Computer Integrated Manufacturing) gesucht. Die Folge davon ist, daß die Rechnersystem-Einführung nicht optimal verläuft, die gefundene Lösung nur eine suboptimale Hilfe darstellt und Folgeprobleme organisatorischer Natur sowie Probleme bezüglich der Qualifikation und Motivation der betroffenen Mitarbeiter entstehen bzw. vorhanden waren und durch die Rechnersystem-Einführung nicht beseitigt, sondern beibehalten bzw. noch verstärkt werden.

So gibt es viele Beispiele mißglückter betrieblicher Rechnersystem-Einführungen mit entstandenen Kosten in mehrstelliger Millionenhöhe ohne Erreichung der beabsichtigten Ziele. Daher ist die Änderung von Organisation oder Technik immer als integrativer Prozeß in Verbindung mit qualifikatorischen Maßnahmen zu planen und gemäß den Regeln einer guten Projektarbeit durchzuführen. Hierbei sind alle Betroffenen, zumindest über Vertreter der einzelnen Gruppen, von vornherein zu beteiligen. Reine Information ist nicht ausreichend.

Eine Möglichkeit der Vorgehensweise bei organisatorischen Änderungen soll im folgenden dargestellt werden.

1.2.2 Betriebliche Reorganisation

Gemäß Abbildung 1.2.1 werden im ersten Schritt die Unternehmensziele, die Bereichsziele und die operationalisierten Einzelziele erarbeitet. Dies erfolgt über eine Reihe von moderierten Workshops mit Unternehmensleitung, Bereichsleitungen sowie Mitarbeitern aus den einzelnen Bereichen. Beispiele für derartig erarbeitete Ziele sind in Abbildung 1.2.2 aufgelistet.

Aus jedem allgemeinen Ziel müssen auf Bereichsebene operationalisierte (meßbar gemachte) Ziele entstehen, um eine Überprüfung des Grades der Zielerreichung zu ermöglichen (Controlling; u. a. auch Basis für die Erfolgsbeteiligung der Mitarbeiter als Anreizsystem-Element).

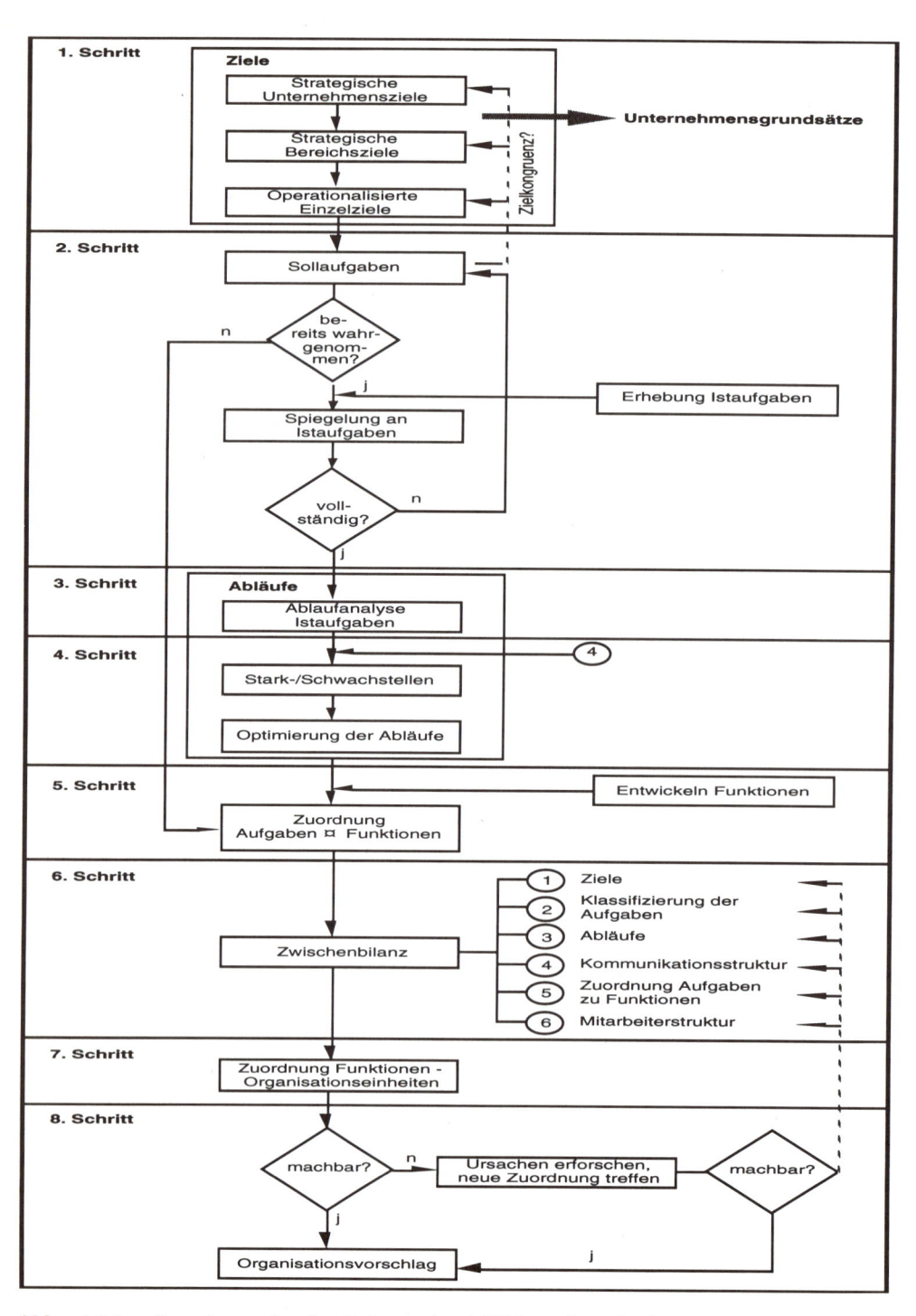

Abb. 1.2.1: Vorgehensweise im Rahmen betrieblicher Organisationsprojekte

• Gewinn von Marktanteilen
• Konzipierung und Umsetzung marktgerechter Produkte und Serviceleistungen unter Beachtung eines günstigen Nutzen-Kosten-Verhältnisses
• Konzipierung und Umsetzung markt- und leistungsgerechter Preise
• Minimierung der Produktionskosten
• Termingerechte Erfüllung der Aufgaben
• Optimierung des Informations-Angebots an Kunden und Öffentlichkeit und der Medien-Penetration
• Entwicklung einer Corporate Identity, Aufbau und Vermittlung eines guten Image bei Kunden und Öffentlichkeit

Abb. 1.2.2: Beispiele für Unternehmens-Zielsetzungen

Im 2. Schritt werden aus den Zielen die wahrzunehmenden Aufgaben abgeleitet, die zur Erreichung dieser Ziele notwendig sind. Des weiteren erfolgt die Erhebung der bereits wahrgenommenen Aufgaben (Ist-Aufgaben). Diese werden überprüft, ob sie zur Erreichung der Ziele erforderlich sind. Ein Abgleich mit der aus den Zielen abgeleiteten Aufgaben ist hierbei sinnvoll mit der Folge von gegebenenfalls durchzuführenden Änderungen bzw. Ergänzungen.

Neben der Klassifizierung der Aufgaben auf zweierlei Art und Weise

a) • bereichsinterne Aufgaben
   • bereichsübergreifende Aufgaben
   • unternehmensübergreifende Aufgaben

und gleichzeitig

   • häufig wiederkehrende Aufgaben
   • einmalige bzw. seltene Aufgaben
   • Aufgaben im Rahmen von Projekten

und

b) • planerische Aufgaben
   • informierende Aufgaben
   • Entscheidungen
   • durchführende Aufgaben
   • kontrollierende Aufgaben

erfolgt für bereits wahrgenommene Aufgaben eine Überprüfung auf Vollständigkeit.

Auch die Erhebung der Aufgaben sowie die Klassifizierung erfolgt im Rahmen von moderierten Workshops. Zur Zielfindung, Ideenfindung generell und Prioritätensetzung finden dabei geeignete Methoden Anwendung.

Im 3. Schritt werden die wesentlichen Abläufe (Geschäftsprozesse) identifiziert und analysiert. Stehen organisatorische Änderungen im Vordergrund, werden geeignete Aufgaben-, Ablaufanalyse-Methoden eingesetzt. Abbildung 1.2.3 zeigt einen kleinen Ausschnitt aus einer Aufgaben- und Ablauf-Analyse. Auch die Aufgaben-/Ablaufanalysen werden in moderierten Workshops mit Führungskräften und Sachbearbeitern (operativ tätige Mitarbeiter) aus den bei den einzelnen Prozessen beteiligten Mitarbeitern durchgeführt. Hierbei werden in einem Schritt (gleichzeitig) die Ist-Aufgaben und -Abläufe erhoben und optimiert (da die Experten für die Durchführung dabei mitmachen, ist dies möglich), d. h. Schwachstellen werden herausgearbeitet und Lösungsansätze zur Optimierung erarbeitet. Maßnahmen zur Umsetzung dieser Verbesserungen werden festgelegt.

Besteht die Absicht, rechnergestützte Informations-Systeme zur Unterstützung der organisatorischen Maßnahmen einzuführen, so müssen neben den Abläufen auch die Funktionen analysiert werden (wiederum mittels geeigneter Methoden (SADT u. ä.) und die betrieblichen Daten (Datenanalyse). Auch hier stehen geeignete Methoden und (rechnergestützte) Hilfsmittel (z. B. die sogenannten CASE-Tools) zur Verfügung.

Generelle Stark- und Schwachstellen bei der Aufgabendurchführung werden ermittelt, die Ursachen der Schwachstellen analysiert und Lösungsansätze zur Beseitigung der Ursachen erarbeitet. Auch dabei hilft ein methodisch fundiertes Vorgehen.

Dieser Prozeß unter Einbeziehung der Führungskräfte und der Mitarbeiter der tangierten Bereiche führt zu einer echten Organisationsentwicklung sowie zu einer aufgabenbezogenen Höherqualifizierung. Ein Teil der Schwachstellen wird bereits während der gemeinsamen Analysearbeit beseitigt, Aufgaben werden teilweise in der Folge hiervon sinnvoller durchgeführt, Abläufe optimiert. Des weiteren verbessert sich über die gemeinsame Erfahrung in den Workshops auch die tägliche Zusammenarbeit. Auch viele "Aha-Erlebnisse" können bei und nach den Workshops registriert werden. So entdecken einige, daß sie überhaupt keine Zielvorstellungen haben, daß sie sich bislang keinerlei Gedanken über den Sinn und die Art und Weise der Aufgaben-Erledigung gemacht haben. Viele entdecken aber auch, daß es möglich ist, bereits lange empfundenen Ärger über unsinnige Aufgaben u. ä. loszuwerden und Vorschläge zur Änderung einbringen zu können.

In dem hier bislang besprochenen Schritt werden auch die den Menschen bei seiner Arbeit belastenden/beanspruchenden Faktoren ermittelt (ebenfalls unter Zuhilfenahme geeigneter Methoden). Die bestehenden Kommunikationsbeziehungen und Entscheidungswege (sowie die Hilfsmittel hierzu - in Papierform und rechnergestützter Form) werden ebenfalls analysiert und optimiert (4. Schritt).

Bei einer Reorganisation werden nun im 5. Schritt aus den bislang erhaltenen Informationen Funktionen gebildet (Aufgabenbündel), die Prozesse oder Prozeßteile logisch abdecken und saubere Schnittstellen zu weiteren Prozeßteilen bilden (Ablaufoptimierung).

Diese Aufgabenbündel (betriebliche Funktionen) werden zunächst ohne Berücksichtigung der bestehenden Aufbau- und Ablaufstrukturen entwickelt - das Ziel besteht hierbei im Erhalt neuer möglichst effizienter Abläufe im Unternehmen. Hierbei sind die folgenden arbeitswissenschaftlichen Forderungen zu erfüllen:

- die Aufgabenbündel müssen durchführbar sein,

- sie müssen gefährdungsfrei sowie belastungs-/beanspruchungsoptimiert sein,

- es darf keine Belastung durch zusätzliche (unnötige) Aufgaben erfolgen,
- die Hilfsmittel müssen so beschaffen sein, daß die Aufgabenerfüllung erleichtert wird,
- es darf keine Belastung durch unnötiges Zusatzwissen auftreten,
- die Aufgabenbündel müssen ganzheitlich sein (planerische und kontrollierende Aufgaben sowie Entscheidungen müssen neben durchführenden Aufgaben vorhanden sein),

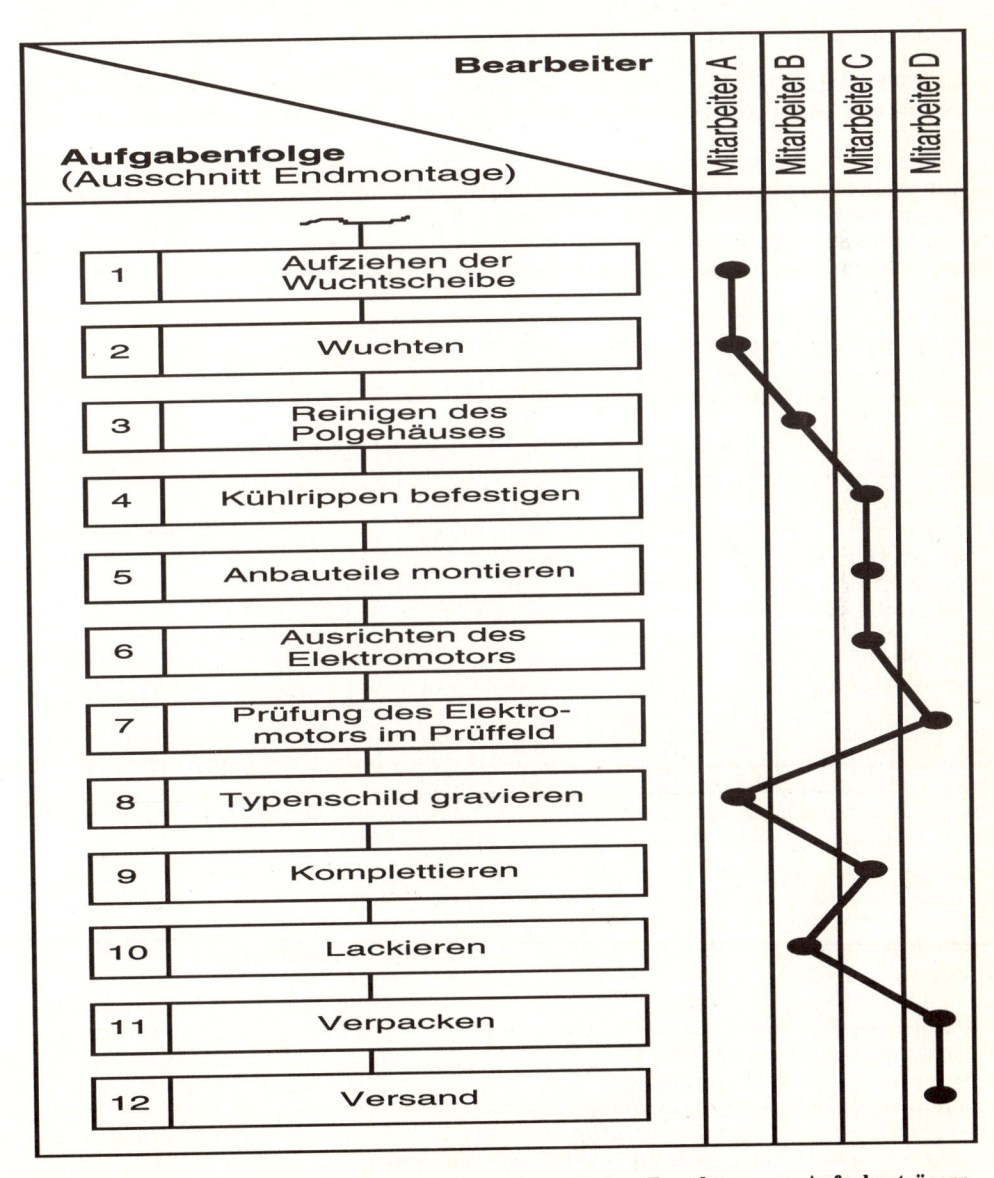

Aufgabenfolge (Ausschnitt Endmontage)	Bearbeiter	Mitarbeiter A	Mitarbeiter B	Mitarbeiter C	Mitarbeiter D
1	Aufziehen der Wuchtscheibe	●			
2	Wuchten	●			
3	Reinigen des Polgehäuses		●		
4	Kühlrippen befestigen			●	
5	Anbauteile montieren			●	
6	Ausrichten des Elektromotors			●	
7	Prüfung des Elektromotors im Prüffeld				●
8	Typenschild gravieren	●			
9	Komplettieren				●
10	Lackieren			●	
11	Verpacken				●
12	Versand				●

Abb. 1.2.3: Beispiel eines Aufgabenfolgenplanes und der Zuordnung zu Aufgabenträgern

- es müssen hinreichende Aktivitäten im Rahmen der einzelnen Aufgabenbündel möglich sein (selbstverantwortete, selbstgesteuerte, selbstinitiierte Prozesse),

- die Einschränkung des Handlungsspielraums der Akteure muß auf ein notwendiges Minimum reduziert werden,

- Kooperationsmöglichkeiten müssen gegeben sein

  sowie

- Lernanforderungen und Lernmöglichkeiten auf den jeweiligen Aufgabengebieten und

- eine Weiterentwicklung der beruflichen Persönlichkeit der Aufgabendurchführenden (Übernahme von Verantwortung, Übernahme neuer Aufgaben usw.) muß gewährleistet sein.

Es sollte hier insbesondere auch keine Zuordnung von Aufgaben in der Art erfolgen, daß Führungskräfte planerische und kontrollierende Aufgaben sowie Entscheidungsbefugnisse erhalten, die Mitarbeiter durchführende Aufgaben. Im Gegenteil sind zunächst ganzheitliche Aufgabenbündel unter Berücksichtigung der vorstehenden Grundsätze auf als geeignet bestimmte Gruppen aufzuteilen. Für diese Gruppen ist dann eine geeignete Organisationsform zu wählen:

- Gruppe als Teil einer neu entstehenden Hierarchie mit einem Leiter,

- Gruppe in der Art einer teilautonomen Gruppe mit oder ohne Sprecher.

Wesentlich ist hierbei auf jeden Fall, daß auch die Leiter oder Sprecher operative Aufgabenteile erhalten und auch der übrige Teil der Gruppe planerische, entscheiderische und kontrollierende Aufgaben. Des weiteren sind die Abläufe sowie die betrieblichen Kommunikationsbeziehungen zu optimieren (Optimierung der Schnittstellen). Ein derartiger intensiver Gestaltungsprozeß schafft dann auch die Grundlagen für eine echte Erfolgsbeteiligung (Bemessungsbasis in individueller und gruppenbezogener Beeinflussungsmöglichkeit ist vorhanden) sowie für die Planung einer systematischen Aufgabenverbesserung und Höherqualifizierung.

Will man dies in systematischer Form machen, müssen gruppen- und gruppenmitgliedbezogene Qualifizierungsziele (resultierend aus den zu erfüllenden Aufgaben und dem noch vorhandenen Qualifizierungsdefizit) festgelegt werden. Die Erreichung dieser Ziele wird mit Weg und Termin vereinbart, geeignete Lernmethoden eingesetzt (hier bieten sich Leittexte, Drehbücher, selbstreflektiertes Lernen usw. an). Der Erfolg wird von der Gruppe über die verbesserte Aufgabenerfüllung ermittelt (Transfererfolg in der täglichen Arbeit; Zielerreichungsgrad). Für die Zuordnung der Sollaufgaben zu den betrieblichen Funktionen (Aufgabenbündel) ergeben sich die in Abbildung 1.2.4 aufgezeigten Möglichkeiten:

a) die Aufgabe läßt sich als Ganzes zuordnen,

b) die Aufgabe wird in Teilaufgaben unterteilt, die sich dann zuordnen lassen,

c) es gibt denkbare Funktionen, denen sich keine Aufgaben zuordnen lassen; hier ist zu überprüfen, ob diese Funktion überflüssig ist oder ob Aufgaben in den vorhergehenden Schritten schlichtweg vergessen wurden.

Die im Laufe der Analyse- und Gestaltungsarbeit erzielten Ergebnisse (Ziele, Aufgaben, Abläufe, Funktionszuordnung, Gruppenstrukturen (Mitarbeiterstrukturen) und Kommunikationsstrukturen) werden im folgenden 6. Schritt zusammengeführt und bewertet. Hieraus ergeben sich dann insgesamt die neuen Abläufe sowie die Aufbauorganisation, die jetzt (wieder) zu den Abläufen paßt und diese unterstützt und nicht (wie oft) behindert.

① Grobkonzeption
② Feinkonzeption

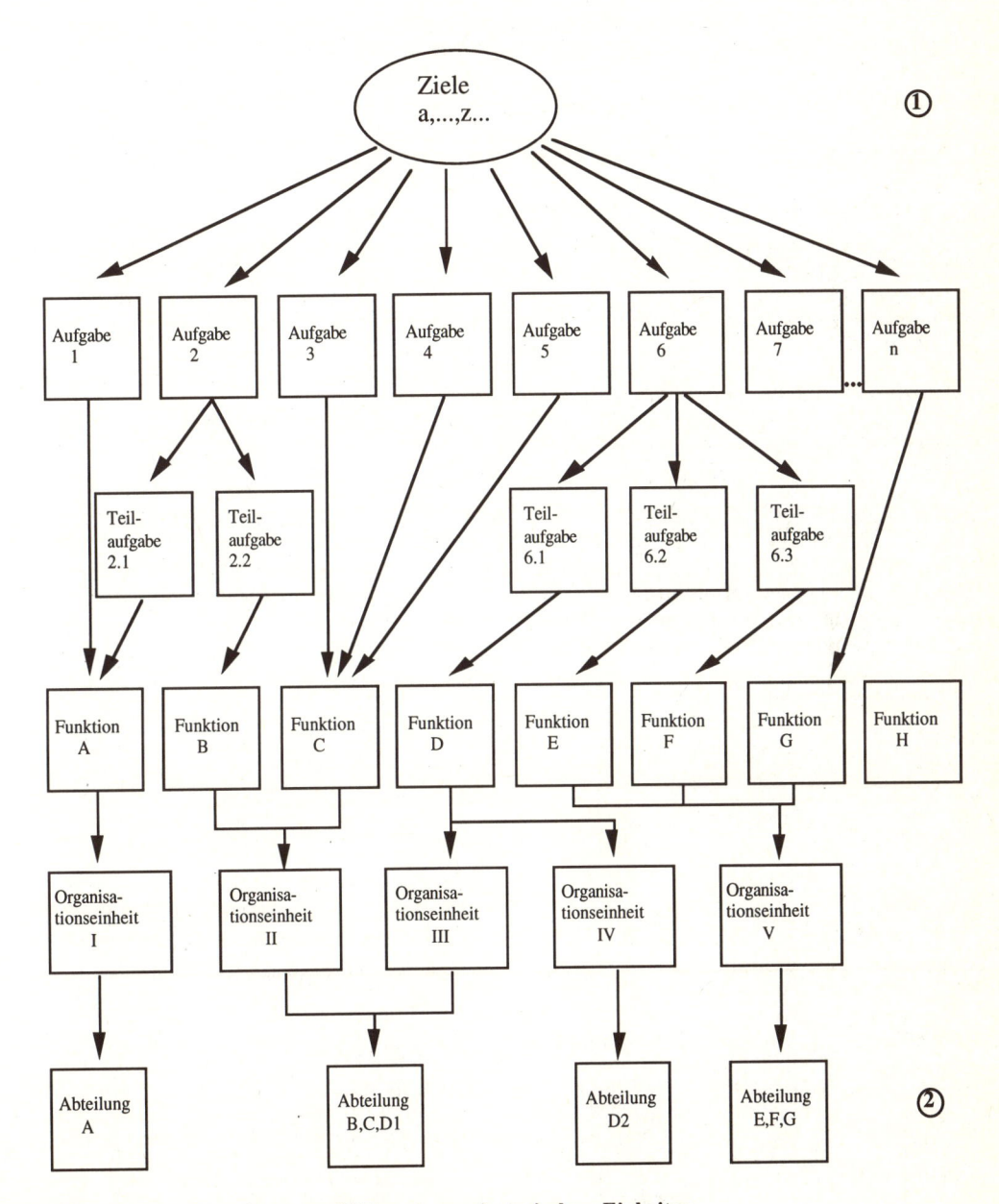

Abb. 1.2.4: Vorgehen zur Bildung organisatorischer Einheiten

Zwei weitere Aspekte sind hierbei von besonderer Bedeutung:
- die Schaffung einer flexiblen Struktur (leicht auf neue Anforderungen abänderbar),

- Ermöglichen einer permanenten selbständigen Weiterentwicklung (Optimierung der Abläufe und der Strukturen (Vorgehensweise, Methodik wurde bei der ersten Neuorganisation von allen Beteiligten erlernt)).

Im 7. Schritt erfolgt die Zuordnung der Funktion zu Organisationseinheiten. Wie bereits zuvor bei der Zuordnung der Sollaufgaben gibt es mehrere Möglichkeiten:

a) eine Funktion entspricht einer Organisationseinheit,

b) mehrere Funktionen entsprechen einer Organisationseinheit,

c) eine Funktion wird auf mehrere Organisationseinheiten aufgeteilt,

d) eine Funktion ist nicht sinnvoll.

Im 8. Schritt werden die Organisationseinheiten unter Berücksichtigung aller gewonnenen Erkenntnisse mit den Zielen

- effiziente Durchführung der Aufgaben in flexiblen Abläufen,
- selbständige, verantwortungsbewußte, zufriedene, gut qualifizierte Mitarbeiter,
- gute Kommunikation und Kooperation,
- überschneidungsfreie Aufgabenstruktur

neu strukturiert (Abbildung 1.2.5).

Eine hierarchiestufenarme Organisation ergibt sich dabei "wie von selbst". Parallel zur bestehenden bzw. besser gesagt neu entstandenen Aufbauorganisation werden strategische und operative Steuerkreise eingerichtet (Abbildung 1.2.6).

Dabei haben die Mitglieder des strategischen Steuerkreises (Mitarbeiter der 1. und 2. Hierarchieebene) gemeinsam

- das Unternehmenskonzept sowie
- die Unternehmensstrategie

zu entwickeln.

Die operativen Steuerkreise (Mitarbeiter der 2. und 3. Hierarchieebene) erstellen die operationale Planung, sorgen für die Ausgestaltung und Umsetzung der aus der Unternehmensstrategie abgeleiteten Einzelstrategien sowie die Delegation der Aufgabenerledigung in die dafür prädestinierten Organisationseinheiten (Linienorganisation, Arbeitsgruppen, Projekte). Die Steuerkreise erhalten von den selbständig arbeitenden Organisationseinheiten Entscheidungsvorlagen und Berichte. Durch diese Einbeziehung der Bottom-up-Planung werden mögliche Schwachstellen des Top-down-Verfahrens wie mangelnde Flexibilität bei sich ändernden Rahmenbedingungen und fehlende Motivation der Mitarbeiter vermieden. Gleichzeitig werden für jede Organisationseinheit Aufgabenbeschreibungen in einem Organisationshandbuch erstellt und die notwendigen Qualifizierungsbedarfe aufgezeigt. Sämtliche Ergebnisse werden gemeinsam mit den von der Umgestaltung Betroffenen erarbeitet (Geschäftsführung, Führungskräfte, operativ arbeitende Mitarbeiter, Betriebsrat).

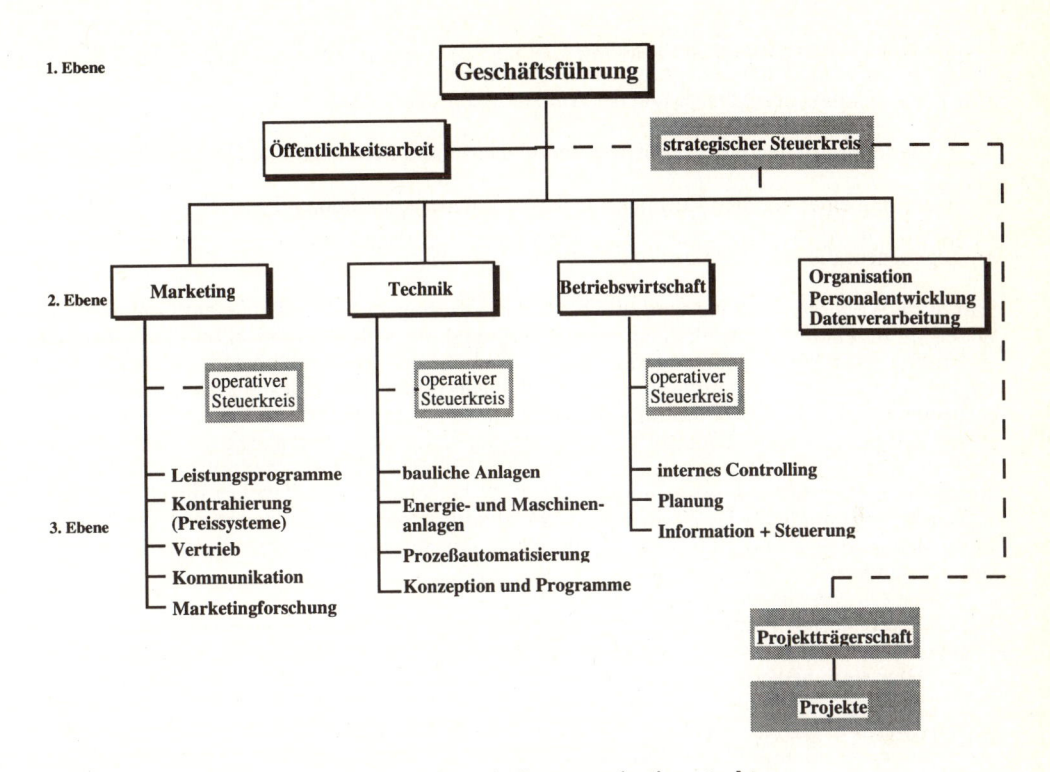

Abb. 1.2.5: Beispiel einer betrieblichen Aufbauorganisationsstruktur

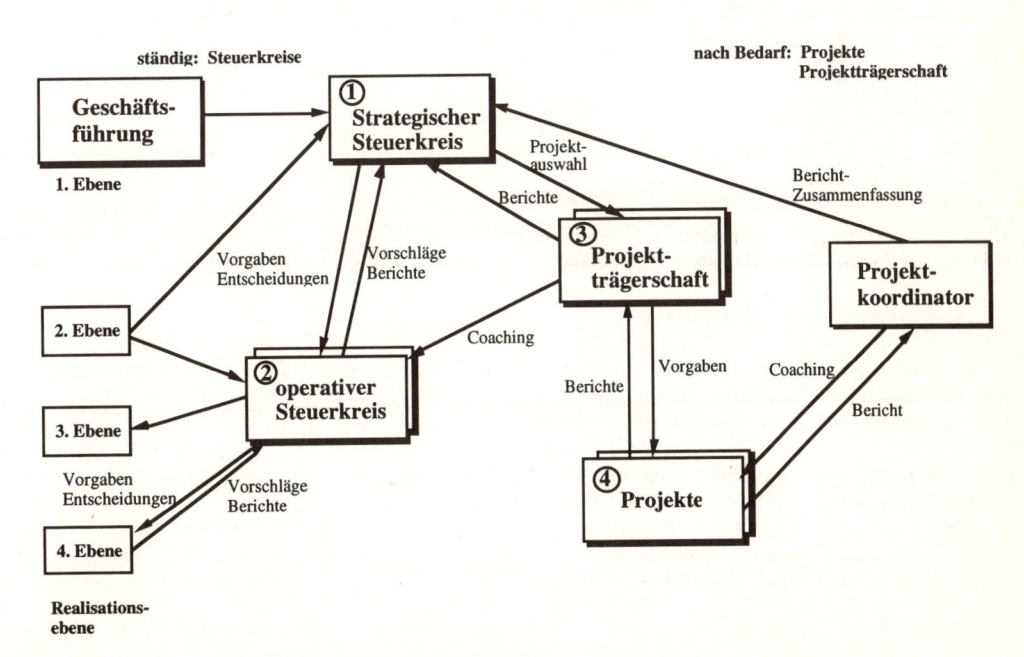

Abb. 1.2.6: Beziehungen und Informationsflüsse zwischen den Organisationseinheiten

Neben dieser Basis-Organisationsstruktur ist die Einrichtung einer wirksamen Projektablaufstruktur von besonderer Bedeutung sowie das Ermöglichen einer permanenten selbständigen Weiterentwicklung der Abläufe und der Aufbauorganisation durch

- Zurverfügungstellen von geeigneten Vorgehensweisen, Methoden und Hilfsmitteln,

- Schaffung einer internen Coaching- und Koordinationsfunktion und

- gegebenenfalls einer externen "Supervision".

Auf diese Weiterentwicklung wird hier besonderer Wert gelegt, da es bei keiner Organisationsänderung möglich ist, abschließend alle Abläufe und die Aufbauorganisation so zu gestalten, daß mittelfristig keine Änderungen mehr erforderlich sind. Wert wird hier auch insbesondere auf die Aufbaustruktur-Optimierung gelegt, da nach Beobachtung des Verfassers viele Organisationsprojekte in der Gestaltung der Abläufe "steckenbleiben" und an die Aufgabe der Neugestaltung der (oft verkrusteten) Aufbauorganisation nicht herangegangen wird (Machtfragen). Hier jedoch steckt dann der Keim für den Mißerfolg der Reorganisation, da eine nicht die Abläufe unterstützende Aufbauorganisation, die beibehalten wird, letztlich die neu geplanten Abläufe verunmöglicht. Es ist unbedingt notwendig, eine nicht die neuen Ablaufstrukturen unterstützende Aufbauorganisation mit dem Ziel der Kompatibilität mit diesen Ablaufstrukturen zu ändern.

Für eine Rechnerunterstützung gilt prinzipiell das gleiche: es ist bei Eigenprogrammierung eine Software-/Hardware-Lösung zu erstellen, die die entwickelten Ablaufstrukturen optimal unterstützt. Hier steht heute auch für gruppenorientierte Organisationsformen geeignete Software zur Verfügung. Wählt man eine Standardsoftware-Lösung, so muß man die Anforderungen der Software bei der Ausgestaltung der Aufgaben und Abläufe berücksichtigen, da eine völlige Anpassung des Standards an jegliche Art der Aufgabendurchführung nicht möglich ist (Widerspruch zum Standardgedanken). Die Abbildungen 1.2.7 bis 1.2.9 beinhalten die Aufgabenbeschreibungen einiger ausgewählter betrieblicher Einheiten.

	Aufgabenbeschreibung	
Teilnehmer:	Jeweiliger Bereichsleiter Leiter der Bereichs-Organisationseinheiten	

Zielsetzung und Einzelaufgaben:

- Entwickeln der für den jeweiligen Bereich relevanten operativen Ziele und Strategie gemäß den Ziel- und Strategievorgaben des strategischen Steuerkreises und unter Einbeziehen der Vorschläge der jeweiligen Fachgebiete

- Einbringen der operativen Ziele und Strategien zur Entscheidung und endgültigen Festlegung in den strategischen Steuerkreis

- Abstimmen, Festlegen, Überprüfen und Steuern der aus den operativen Zielen und Strategien resultierenden Aufgaben

Abb. 1.2.7: Aufgabenbeschreibung der operativen Steuerkreise

	Aufgabenbeschreibung	
Teilnehmer:	Geschäftsführer Bereichsleiter	

Zielsetzung und Einzelaufgaben:

- Festlegen des Unternehmensziels und der hierfür notwendigen Unternehmensstrategien unter Berücksichtigung von Vorschlägen aus den operativen Steuerkreisen sowie Weitergabe an die operativen Steuerkreise zur Detaillierung

- Operationales Formulieren der Unternehmens- und Bereichsziele, d. h. Spezifizierung von Zielinhalt, Zielausmaß, Zeitbezug, Segmentbezug, um eine Kontrolle der Zielerreichung zu ermöglichen

- Regelmäßiges Überprüfen der Zielerreichung unter Zuhilfenahme der Berichte aus den operativen Steuerkreisen sowie gegebenenfalls regulierendes Eingreifen

- Im Rahmen des Projektmanagements:
  - Einbindung in die strategische Unternehmensentwicklung
  - Sicherstellen der Koordination von Führung und Organisation
  - Entwickeln der zur Zielerfüllung erforderlichen Projektvorschläge

- Priorisierung und Budgetierung der Projekte

- Qualifizierung aller Projektbeteiligten als Führungsprozeß implementieren

- Qualitätssicherung der Projektstrategie veranlassen und sicherstellen

Abb. 1.2.8: Aufgabenbeschreibung des strategischen Steuerkreises

	Aufgabenbeschreibung	

Zielsetzung:

- Der Bereich verfolgt das Erreichen einer optimierten Wirtschaftlichkeit des Unternehmens sowie die gesicherte, termingerechte Erfüllung der operativen Aufgaben.

- Dazu wird das interne Rechnungswesen und Controlling, die Finanzierung und der zentrale Einkauf wahrgenommen.

- Weiterhin sind hier die Aufgaben des Rechts angesiedelt.

- Im operativen Steuerkreis arbeitet der Bereichsleiter mit an der operativen Detaillierung der Bereichs- und der Abteilungs-(Gruppen-)ziele und -strategien.

- Dem Bereichsleiter obliegen die Führungsaufgaben gegenüber seinen Mitarbeitern und die Sicherstellung der Ziele und Strategien seiner Organisationseinheit.

Abb. 1.2.9: Aufgabenbeschreibung des Controlling als Beispiel

Die vorstehenden Aussagen beinhalten eine starke Dezentralisierung von Aufgaben wie Datenverarbeitung, Personalentwicklung, Qualitätsmanagement usw. Des weiteren werden etliche Aufgaben in der Form von bereichsübergreifenden (aber auch bereichsinternen) Projekten durchgeführt (Aufgaben, die über die Tagesaufgaben hinausgehen und Einmaligkeitscharakter haben). Hieraus ergibt sich, daß eine zentrale (bereichsübergreifende) Koordinierung dieser Aufgaben durch den strategischen Steuerkreis erforderlich ist. Diesem steht für die hiermit verbundenen durchführenden Aufgaben ein Stabsbereich zur Verfügung (Einheit: Personal- und Organisationsentwicklung, Qualitäts- und Projektmanagement).

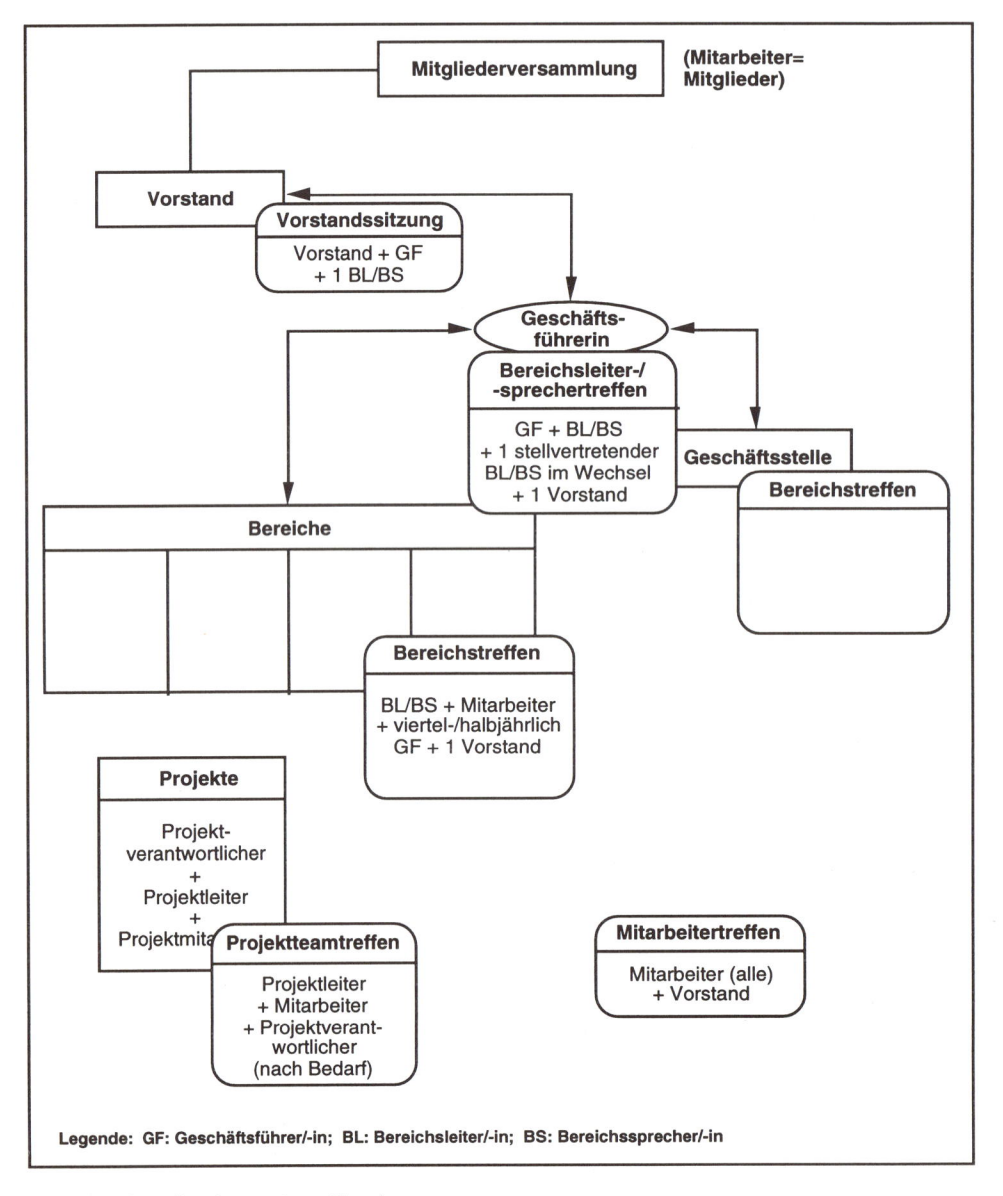

Abb. 1.2.10: Struktur eines Vereins

Die Abbildungen 1.2.10 bis 1.2.12 zeigen die Strukturen eines Vereins. Hierbei entsprechen die Bereichsleiter/-sprechertreffen dem strategischen Steuerkreis, die Bereichstreffen dem operativen Steuerkreis.

Vorstandssitzung

Bereichsleiter-/-sprechertreffen
- vierzehntägig oder monatlich (während Urlaubs-/Ferienzeit weniger)
- Einladung mit Tagesordnung (TOP´s von GF) (Angabe der offenen Punkte)
- Ergebnisprotokoll mit Angabe von Aufgaben + Terminen + Verantwortlichkeiten
- Protokoll an BL/BS, Stellvertreter, GF und Vorstand

Bereichstreffen
- wöchentlich oder vierzehntägig
- Einladung mit Tagesordnung (Angabe von offenen Punkten)
- Ergebnisprotokoll mit Angabe von Aufgaben + Terminen + Verantwortlichen
- Protokoll an Mitarbeiter, BL/BS und GF

Projektteamtreffen
- Jour fixe (in Abhängigkeit vom Projekt)
- Einladung mit Tagesordnung (Angabe von offenen Punkten)
- Ergebnisprotokoll mit Angabe von Aufgaben + Terminen + Verantwortlichen
- Protokoll an Mitarbeiter, Projektleiter, Projektverantwortlichen und GF

Mitarbeitertreffen
- jährlich

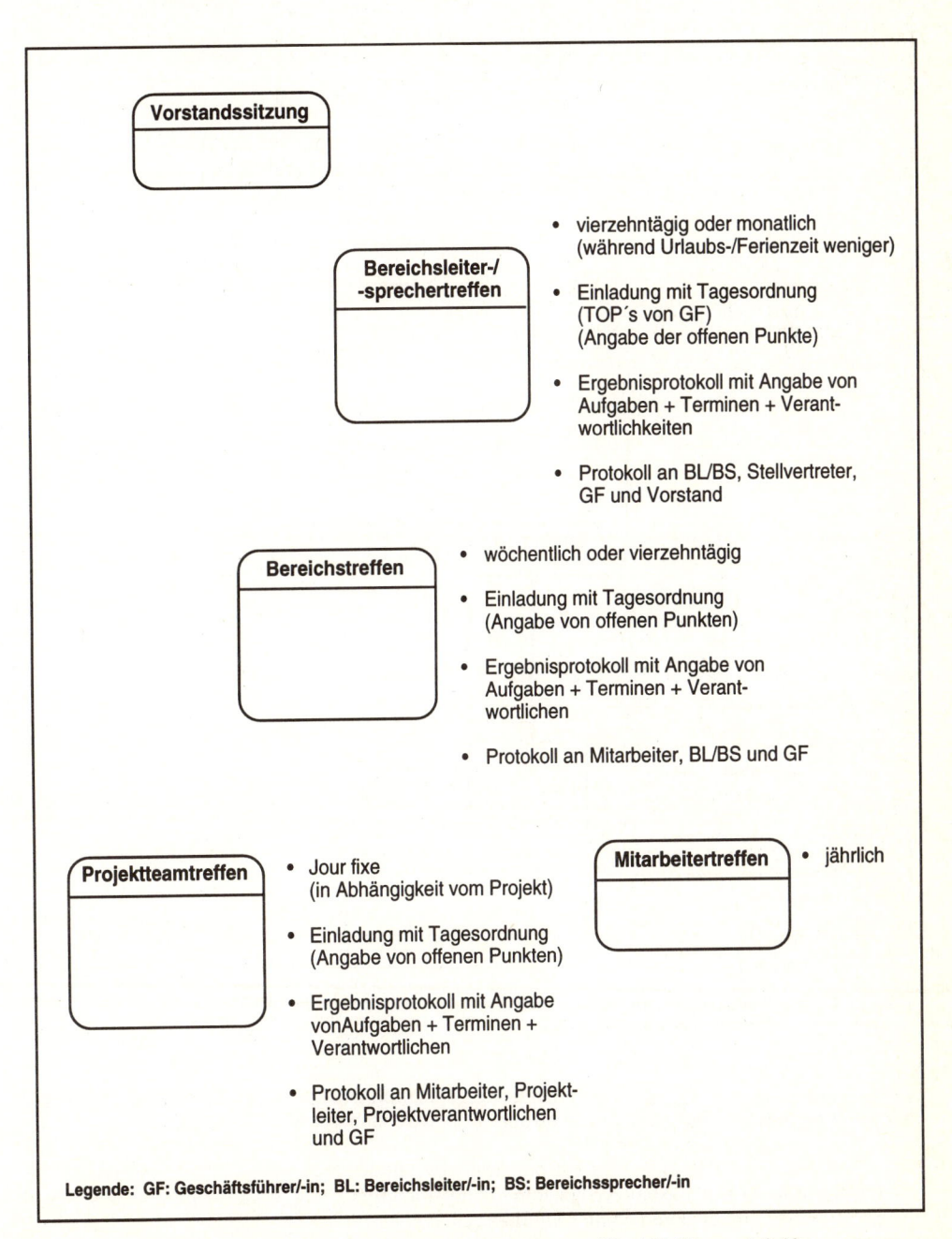

Legende: GF: Geschäftsführer/-in; BL: Bereichsleiter/-in; BS: Bereichssprecher/-in

Abb. 1.2.11: Arbeitskreis-Organisation des Vereins gemäß Abbildung 1.2.10

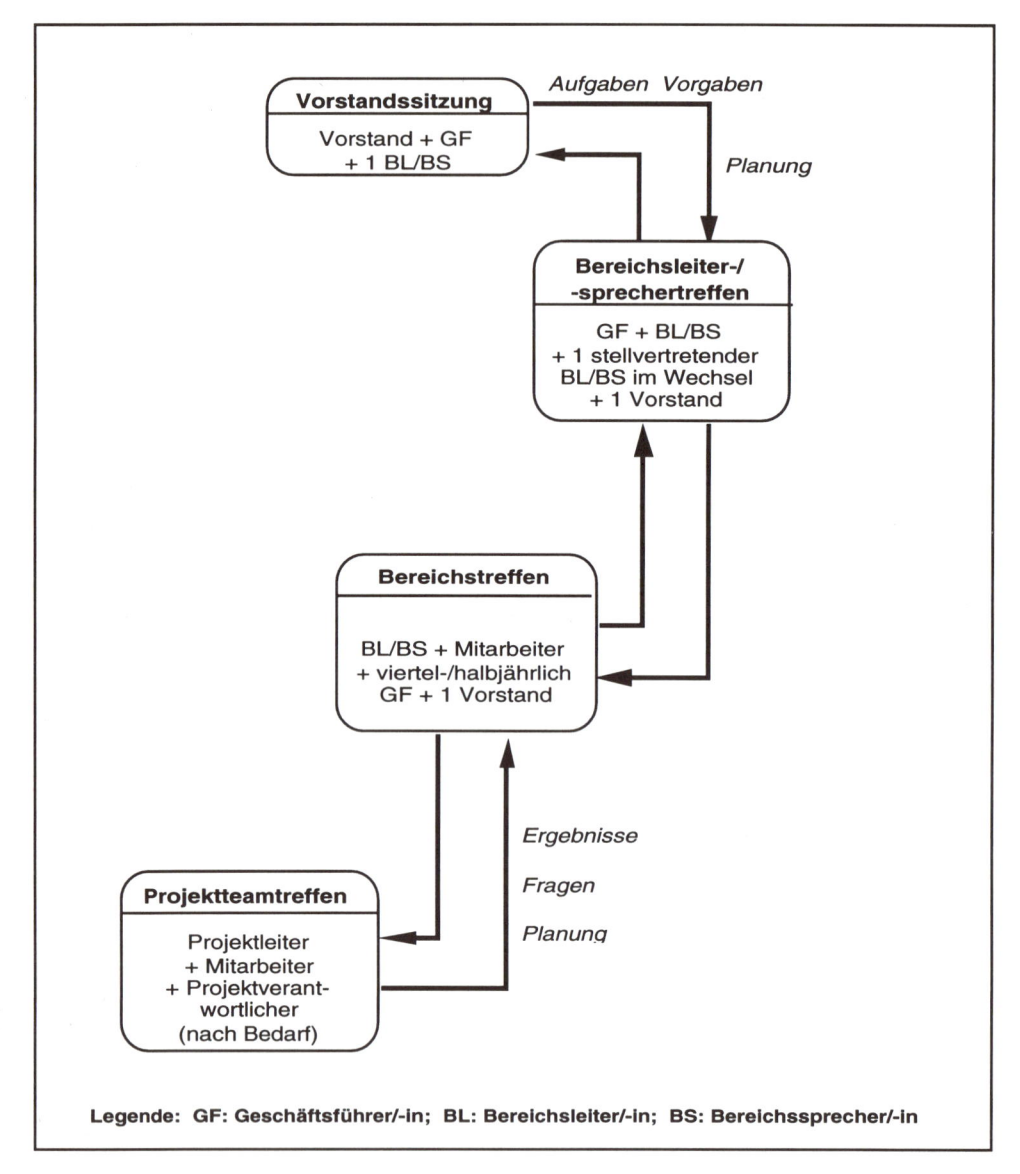

```
┌─────────────────────────────────────────────────────────────────┐
│                                    Aufgaben Vorgaben            │
│         ┌──────────────────┐                                    │
│         │ Vorstandssitzung │ ◄──────┐                           │
│         ├──────────────────┤        │  Planung                  │
│         │   Vorstand + GF  │        │                           │
│         │    + 1 BL/BS     │        ▼                           │
│         └──────────────────┘   ┌──────────────────┐             │
│                                │ Bereichsleiter-/ │             │
│                                │  -sprechertreffen│             │
│                                ├──────────────────┤             │
│                                │   GF + BL/BS     │             │
│                                │ + 1 stellvertretender│         │
│                                │  BL/BS im Wechsel│             │
│                                │   + 1 Vorstand   │             │
│                                └──────────────────┘             │
│                                         ▲                       │
│              ┌──────────────────┐       │                       │
│              │  Bereichstreffen │       │                       │
│              ├──────────────────┤       │                       │
│              │ BL/BS + Mitarbeiter│ ◄───┘                       │
│              │ + viertel-/halbjährlich│                         │
│              │   GF + 1 Vorstand │                              │
│              └──────────────────┘                               │
│                       ▲                                         │
│                       │      Ergebnisse                         │
│                       │      Fragen                             │
│      ┌──────────────────┐    Planung                            │
│      │ Projektteamtreffen│                                      │
│      ├──────────────────┤                                       │
│      │   Projektleiter  │                                       │
│      │   + Mitarbeiter  │                                       │
│      │   + Projektverant-│                                      │
│      │     wortlicher   │                                       │
│      │    (nach Bedarf) │                                       │
│      └──────────────────┘                                       │
│                                                                 │
│  Legende: GF: Geschäftsführer/-in; BL: Bereichsleiter/-in; BS: Bereichssprecher/-in │
└─────────────────────────────────────────────────────────────────┘
```

Abb. 1.2.12: Teilnehmer an den Arbeitskreisen und Informationsflüssen gemäß Abbildung 1.2.11

Ein wesentlicher Aspekt einer Arbeitskreis-Organisation besteht darin, daß eine durchgängige Information über alle Ebenen hinweg erfolgt. Dies wird sichergestellt durch

- wechselseitige Teilnahme von auf höheren bzw. niedrigeren aufbauorganisatorischen Stufen befindlichen Mitarbeitern an den Arbeitssitzungen und Besprechungen der jeweils höheren bzw. niedrigeren Stufe (Abbildung 1.2.11),

- ein einheitliches Dokumentationssystem (Abbildung 1.2.13).

Besprechung von	**Vorstand** **BL/BS** . . .	Seite 1 von x erstellt am xx.xx.xx
Besprechungsprotokoll xy		Besprechung am xx.xx.xx
erstellt von: <u>Verteiler:</u>	....	
Ergebnisse / Aktivitäten		Zuständig/Termin

Abb. 1.2.13: Muster eines Ergebnis-Protokolls im Rahmen eines einheitlichen Dokumentationssystems

Im Rahmen des Bereichsleiter-Treffens können beispielsweise die folgenden Inhalte behandelt werden:

- Information aus Bereichen (was ist geplant, was wurde gemacht?),
- gemeinsame Aktionen/Organisationen von übergeordneten Veranstaltungen,
- Personalfragen (Ärger, Unmut, Einstellungen, Weggehen, Freude),
- inhaltliche Fragen,

- Problemstellungen, Aufgaben, die von außen kommen; verbandspolitische Aufgaben; Umgang mit anderen,

- Finanzierungs-/Etatfragen,

- Planung und Koordination.

(Dauer: 1,5 Stunden, Einladung und Protokoll)

Diese führen beispielsweise zu folgenden Tagesordnungspunkten:

- Ergänzungen zu TOPs

- 1a: Information/Fragen der Bereiche/Bereichsarbeit

- 1b: neue Vorhaben in den Bereichen

- 2: bereichsübergreifende Vorhaben

- 3: Finanzen/Etat

- 4: inhaltliche Fragen

- 5: Unvorhergesehenes/Sonstiges

- 6: Protokoll

Die Bereiche sind somit verantwortlich für

- Planung
  - Aufgaben/Abläufe
  - Personal
  - Mittel
    -- Finanzen
    -- Arbeits-/Sachmittel,

- Durchführung der Aufgaben,

- Ergebniskontrolle,

- Bericht/Information über Planung/Durchführung/Kontrolle an Geschäftsführung,

- Kontakte nach außen.

Die Geschäftsführung ist verantwortlich für die

- Leitung der Geschäftsstelle (der Verwaltungsarbeiten),

- Öffentlichkeitsarbeit
  - Kontakte
  - Sponsoring, Finanzbeschaffung,

- Personalbetreuung der Bereichsleiter.

Der Vorstand ist verantwortlich für

- Ziele und Zielrahmen,
- Gesamtbild (Corporate Identity),
- Geschäftsleitung (Vorgesetzter der Geschäftsführung),
- Öffentlichkeitsarbeit,
- Stellungnahmen nach außen.

Über eine derartige Struktur wird der Versuch unternommen, die Grundsätze moderner Organisationsarbeit zur Tagesroutine werden zu lassen. Diese Grundsätze sind:

- *Jeder* muß neben ausführenden Aufgabenteilen
    - planerische,
    - Entscheidungs-,
    - kontrollierende

  Aufgabenteile haben, d. h. jeder ist im Rahmen der mit ihm vereinbarten Ziele (operationalisiert = meßbar) voll verantwortlich für die Planung, Durchführung und Ergebniskontrolle *seiner* Aufgaben (ganzheitliche Aufgaben).

- Hieraus folgt:
    - klare Ziele über alle Hierarchieebenen hinweg, Delegation von Aufgaben (ganzheitlich) und Verantwortung,
    - klare Kompetenzen und Aufgabenteilung,
    - optimierte Informationen und Informationswege (jeder muß so umfassend wie für die Aufgabenbearbeitung erforderlich informiert sein),
    - Informationen in beiden Richtungen (Regelkreise).

- Hieraus folgt weiterhin:
    - Führung durch Zielvereinbarung und Zielerreichungskontrolle,
    - Gruppenarbeitskonzept,
    - Arbeitskreiskonzept.

1.3 Erarbeitung einer arbeitsorganisatorischen Lösung unter Partizipation der Betroffenen
A. Metz

Die Beteiligung (Partizipation) von Mitarbeitern im Rahmen von betrieblichen Innovationsvorhaben bringt Vorteile sowohl für das Unternehmen als auch für die Mitarbeiter. Die beteiligten Mitarbeiter bekommen die Gelegenheit, als "betriebliche Experten" ihr Erfahrungswissen hinsichtlich Tätigkeit und Arbeitsumfeld aktiv in den Gestaltungsprozeß einzubringen, was sich sowohl auf die Akzeptanz als auch die Güte der erarbeiteten Lösung förderlich auswirken kann. Die Schwierigkeit, der somit berechtigten Forderung nach Partizipation von betroffenen Mitarbeitern bei Innovationsvorhaben zu genügen, liegt in der Frage "Mit welchen Methoden beteilige ich als betrieblicher Planer Mitarbeiter aus verschiedenen Hierarchieebenen mit unterschiedlichsten Qualifikationsniveaus sowie Projekt- und Planungserfahrungen, um auch den weniger Durchsetzungsstarken eine echte Chance zu geben, aktiv am Gestaltungsprozeß mitzuwirken?"

1.3.1 Initiierung einer Arbeitsgruppe in einem Projekt

Die in diesem Kapitel vorgestellte Erarbeitung einer Arbeitsorganisation erfolgt im Rahmen eines Großprojektes in einem Unternehmen der Vakuumbranche. Gegenstand dieses Projektes war die Neuplanung einer Fabrik zur Produktion von Komponenten vakuumtechnischer Anlagen. Um eine "Arbeitsgruppe Arbeitsorganisation" unter Partizipation der Mitarbeiter durchführen zu können, wurde das Institut für Arbeitswissenschaft (IAW) der RWTH Aachen (die arbeitswissenschaftliche Begleitforschung in diesem Projekt) vom Projektlenkungsausschuß (PLA) beauftragt, ein geeignetes Vorgehensmodell zu erarbeiten.

1.3.2 Vorgehensmodell

Das Vorgehensmodell, dessen Durchführung in der nächsten Projektlenkungsausschuß-Sitzung präsentiert und beschlossen wurde, sah - wie in Abbildung 1.3.1 dargestellt - zunächst eine konstituierende Sitzung vor. Zum Einstieg waren in dieser Sitzung die Beteiligten zunächst in Form von Kurzvorträgen über den Gegenstand der Thematik Arbeitsorganisation und den Planungsstand der neuen Fabrik zu informieren. Im nächsten Schritt sollten unter Zuhilfenahme der Moderations-Methode Probleme der Arbeitsorganisation im betrachteten Unternehmen gesammelt, strukturiert und gewichtet werden. Im weiteren sah das Konzept vor, gefundene Problemschwerpunkte einer Ursachen-Wirkungsanalyse zu unterziehen. Als Methode zur Ursachen-Wirkungsanalyse wurde die von Ishikawa (1950) vorgestellte, gleichnamige Ishikawa-Methode eingesetzt (Abbildung 1.3.2). Diese Methode wird traditionell in Qualitätszirkeln eingesetzt und zeichnet sich insbesondere durch ihre einfache Handhabung aus.

Ishikawa-Methode

Das zu untersuchende Problem wird an den Rand eines großen Papierplakates geschrieben (Abbildung 1.3.2). Der Methodenanwender geht davon aus, daß bestimmte Einflußgrößen dazu führen, daß das zu untersuchende Problem auftritt. Ishikawa definiert die vier Standard-Einflußgrößen:

- Mensch,
- Maschine,
- Material und
- Methode.

Es können jedoch auch weitere oder völlig andere Einflußgrößen definiert werden (z. B. Organisation, Umwelt, Führungsstil etc.). Die Einflußgrößen werden mit Pfeilen in die Wirkrichtung eingetragen. Sobald die Einflußgrößen festliegen, werden die Einflußursachen festgelegt, die ihrerseits wieder über die Einflußgrößen in der Wirkrichtung zum Problem zeigen. Die Einflußursachen werden dann weiter in einzelne Ursachen untergliedert (vgl. Abbildung 1.3.2). Wichtig ist, daß einzelne Ursachen nicht nur auf eine Einflußursache oder -größe wirken können, sondern durchaus auf mehrere.

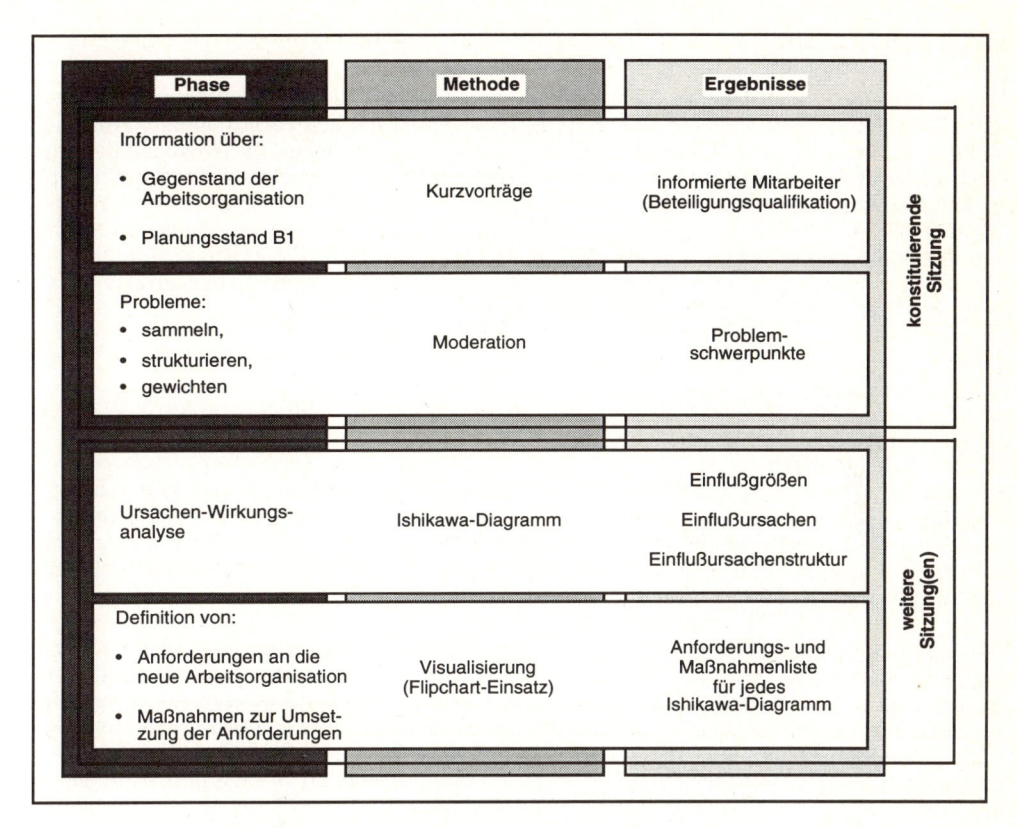

Phase	Methode	Ergebnisse	
Information über: • Gegenstand der Arbeitsorganisation • Planungsstand B1	Kurzvorträge	informierte Mitarbeiter (Beteiligungsqualifikation)	konstituierende Sitzung
Probleme: • sammeln, • strukturieren, • gewichten	Moderation	Problemschwerpunkte	
Ursachen-Wirkungsanalyse	Ishikawa-Diagramm	Einflußgrößen Einflußursachen Einflußursachenstruktur	weitere Sitzung(en)
Definition von: • Anforderungen an die neue Arbeitsorganisation • Maßnahmen zur Umsetzung der Anforderungen	Visualisierung (Flipchart-Einsatz)	Anforderungs- und Maßnahmenliste für jedes Ishikawa-Diagramm	

Abb. 1.3.1: **Vorgehensmodell der Arbeitsgruppe Arbeitsorganisation**
(Quelle: Metz 1992, S. 251)

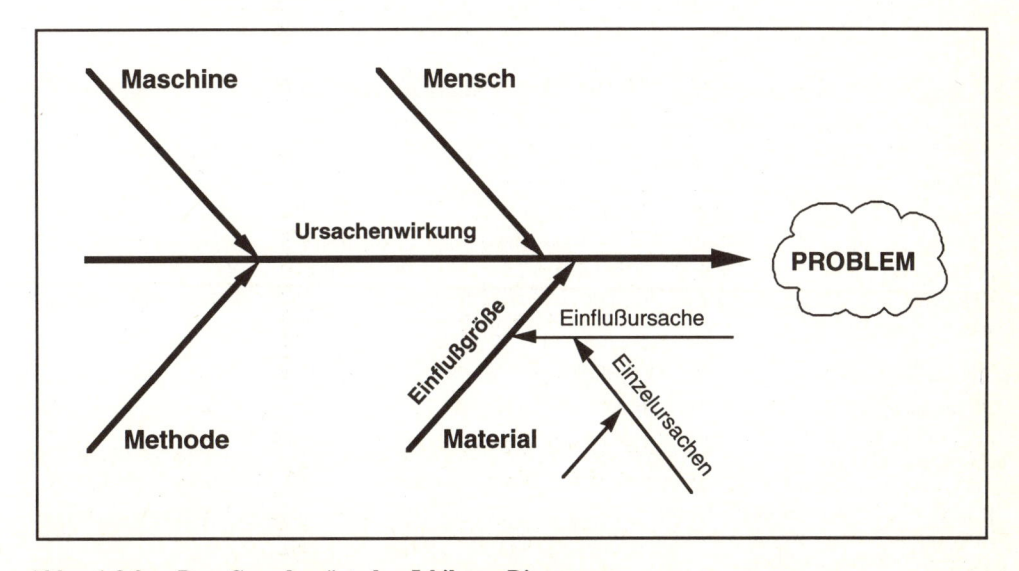

Abb. 1.3.2: **Das Grundgerüst des Ishikawa-Diagramms**

Weitere Vorgehensweise

Anhand der erarbeiteten Ishikawa-Diagramme, die Ursachen-Wirkungs-Strukturen verdeutlichen, werden in einer weiteren Phase Anforderungen an die neu zu gestaltende Arbeitsorganisation und geeignete Maßnahmen zu deren Umsetzung erarbeitet. Basierend auf diesem Katalog von Anforderungen und Maßnahmen werden dann von der arbeitswissenschaftlichen Begleitforschung im Rahmen eines "Wissenschaftler-Workshops" mit einer Reihe von Mitarbeitern des IAW verschiedene arbeitsorganisatorische Alternativen diskutiert und ein Idealmodell für die geplante Fabrik erarbeitet. Die Ergebnisse dieses Workshops werden abschließend in einer geeigneten Form aufbereitet und vor der "Betriebs-Arbeitsgruppe" den Betroffenen im Unternehmen präsentiert und diskutiert.

1.3.3 Durchführung

1.3.3.1 Konstituierende Sitzung

An der konstituierenden Sitzung der Arbeitsgruppe Arbeitsorganisation nahmen insgesamt 15 betroffene Mitarbeiter teil. Es waren von der Werker- über die Meister- bis hin zur Bereichsleiterebene alle Hierarchiestufen vertreten. Aufgrund des abteilungsübergreifenden Charakters der Thematik stammten diese Mitarbeiter aus den unterschiedlichsten Abteilungen von der Konstruktion über das Magazin, die Fertigung und die Montage bis hin zur Qualitätssicherung.

Nach der im Plenum durchgeführten "Input-Phase" wurden drei Kleingruppen gebildet. Kleingruppe I widmete sich der Leitfrage: "Über welche Themen der Arbeitsorganisation soll hier gesprochen werden?" Kleingruppe II erörterte die Leitfrage: "Welche weiteren Aufgaben soll die Arbeitsgruppe übernehmen?" Kleingruppe III erarbeitete mit Hilfe der Mind-Map-Methode Fragen zur Organisation der Arbeitsgruppe. Aus den in der Kleingruppe I zur ersten Leitfrage gesammelten, strukturierten und gewichteten Problempunkten wurden in Abstimmung mit der Arbeitsgruppe vier Problemschwerpunkte abgeleitet:

- unzureichende Abläufe im Unternehmen,
- unklare Verteilung der Aufgaben im Unternehmen,
- zu geringe Beteiligung und Eigenverantwortlichkeit der einzelnen Mitarbeiter und
- zu geringe und schlechte Zusammenarbeit.

Das Ergebnis der dritten Kleingruppe, ein "Mind-Map" zur Organisation der Arbeitsgruppe ist in Abbildung 1.3.3 dargestellt.

1.3.3.2 Analyse von Ursache und Wirkung - Einsatzmöglichkeiten der Ishikawa-Methode

In den folgenden Sitzungen wurde zu jedem der vier vorstehend aufgeführten Problemschwerpunkte jeweils ein Ishikawa-Diagramm erstellt. In Abbildung 1.3.4 ist beispielhaft das erarbeitete Ishikawa-Diagramm für den Problemschwerpunkt "unzureichende Abläufe im Unternehmen" dargestellt.

Korrespondierend hierzu sind in Abbildung 1.3.5 die Anforderungen, die aus den gefundenen Einflußursachen abgeleitet wurden, aufgeführt.

Um nun, basierend auf diesen Ergebnissen, eine geeignete Form der Arbeitsorganisation zu finden, wurde von der arbeitswissenschaftlichen Begleitforschung in Aachen, wie eingangs im geschilderten Vorgehensmodell vorgesehen, ein "Wissenschaftler-Workshop" durchgeführt, an dem eine Reihe wissenschaftlicher Mitarbeiter des IAW und der Projektleiter des Unternehmens teilnahmen.

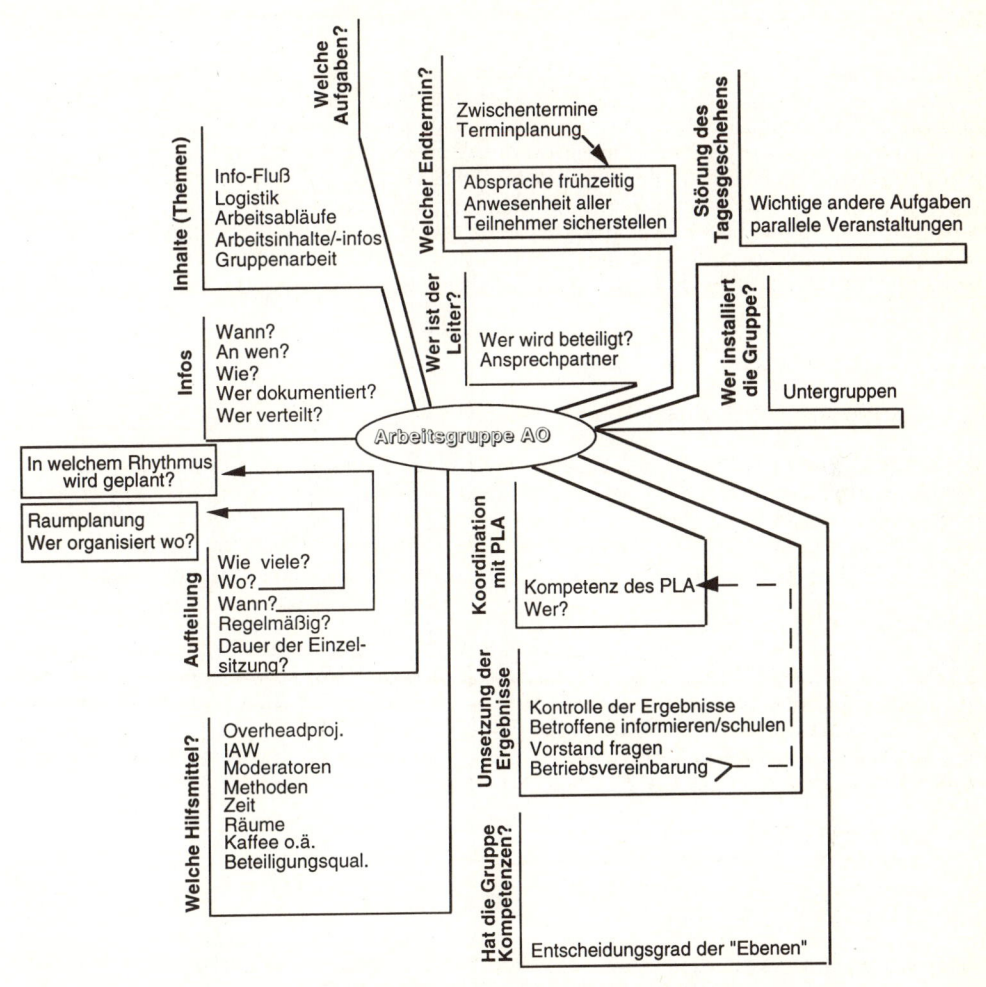

Abb. 1.3.3: Mind-Map "Organisation der Arbeitsgruppe Arbeitsorganisation"

1.3.4 Ableiten eines arbeitsorganisatorischen Modells

Im Rahmen dieses "Wissenschaftler-Workshops" wurde für die Fertigung und Montage jeweils ein morphologischer Kasten zur Erarbeitung unterschiedlicher arbeitsorganisatorischer Alternativen aufgestellt. Die Untergliederung des morphologischen Kastens erfolgte nach den Ordnungsmerkmalen:

- Organisation/Gliederungsprinzip,
- Organisationsregeln/Methoden,
- Arbeitsorganisationsform,
- Aufgabenverantwortung,
- Problemlösegruppen,

- NC-Programmierung (nur für die Fertigung) und
- Entlohnung.

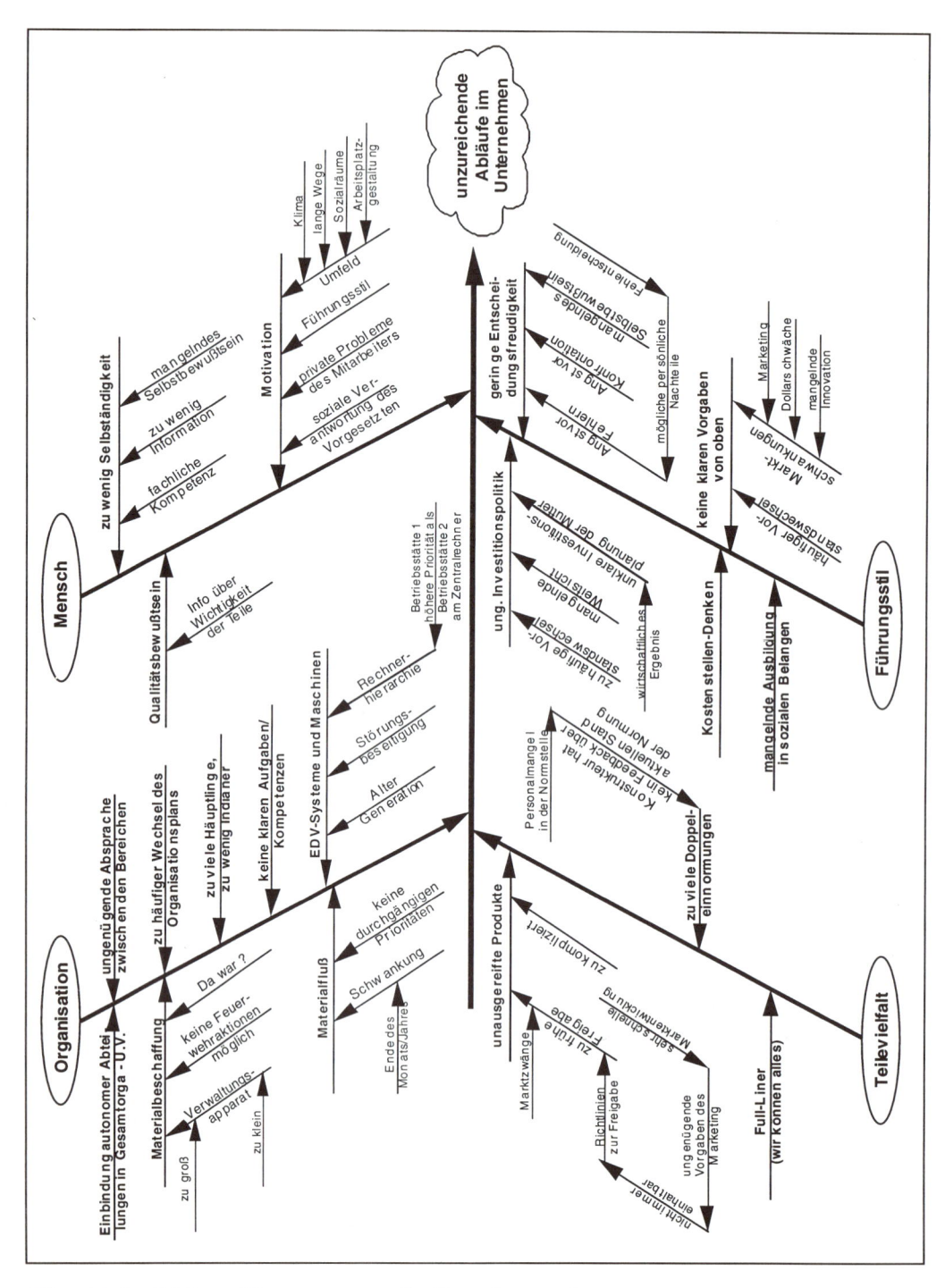

Abb. 1.3.4: Ishikawa-Diagramm zum Problemschwerpunkt "unzureichende Abläufe im Unternehmen"

I.	Mitarbeiter kann das zu fertigende Teil am Produkt einordnen.
I.	Wert des Fachwissens erhalten.
II.	Rückendeckung bei Fehlern/Fehlertoleranz, um aus gemachten Fehlern lernen zu können.
II.	Klare Entscheidungsspielräume.
II.	Möglichkeit, Vorschläge einzubringen/Entscheidungen zu beeinflussen.
III. a	Mitarbeiterbeteiligung bei der Arbeitsgestaltung.
III. a	Entlastung der Vorgesetzten, um Zeit für Personalführung zu haben - kooperativer Führungsstil.
III. b, e	Abteilungsübergreifendes Denken und Handeln.
IV. a	Einfache, verständliche Richtlinien (wenige).
III. c	Sinnvolles Zahlenverhältnis Vorgesetzte/Mitarbeiter.
III. d	Enge Abstimmung der Materialbeschaffung mit der Fertigung.
IV. b	Kontinuität von Entwicklung bis hin zur Fertigung zur Vermeidung von Doppelarbeit.
	Zeit zum Optimieren.
IV. d	Steigerung des Qualitätsbewußtseins - Qualität produzieren und nicht erprüfen.

Abb. 1.3.5: Anforderungen an die Arbeitsorganisation, bezogen auf den Problemschwerpunkt "unzureichende Abläufe"

An dieser Stelle sei mit Abbildung 1.3.6 der erarbeitete morphologische Kasten für die Fertigung beispielhaft dargestellt. Die Alternativen für die verschiedenen Ordnungsmerkmale müssen anschließend diskutiert und für das betrachtete Unternehmen bewertet werden.

1.3.4.1 Ableitung eines Idealmodells für die Arbeitsorganisation in der neuen Fabrik

Aus den Resultaten des "Wissenschaftler-Workshops" wurde eine übergeordnete, "ideale" Arbeitsorganisationsform gemäß Abbildung 1.3.7 erarbeitet, die zunächst der betriebsinternen Arbeitsgruppe präsentiert und dort auch diskutiert wurde.

Das in der Abbildung 1.3.7 illustrierte Modell ist folgendermaßen zu interpretieren: die tragende Basis des Modells stellen die Montage- und Fertigungsgruppen dar. Diese Gruppen, die für die Qualität, Termintreue und die Verteilung der Arbeit auf die einzelnen Gruppenmitglieder verantwortlich sind, werden nach außen hin durch ihren Gruppenleiter in der Gruppenleiterrunde vertreten. Die Gruppen tagen wie die Gruppenleiterrunde einmal wöchentlich (beispielsweise montags) und ad hoc bei Bedarf. Die Gruppenleiterrunde wird koordiniert und moderiert auf der Seite der Fertigung durch den Fertigungskoordinator und auf Seite der Montage durch den Montagekoordinator. Bei jeder Gruppenleiterrunde ist der zuständige AV-Mitarbeiter und ein Disponent anwesend. Bei Bedarf können weitere Vertreter aus Fachabteilungen wie beispielsweise Qualitätssicherung oder Konstruktion zu diesen Gruppenleiterrunden hinzugezogen werden. Diese Form der Organisation soll zum einen dazu führen, die Mitarbeiter zu bewegen, ihre Arbeit, die eingesetzten Prozesse und die hergestellten Produkte zu reflektieren und im Sinne von "kaizen" einen kontinuierlichen, schrittweisen Verbesserungsprozeß zu betreiben (in Anlehnung an Womack, Jones, Roos 1991, S. 61). Darüber hinaus ist ein gerichteter, bidirektionaler Informationsfluß bottum up und top down von der Führungsspitze bis hinunter auf die Werkerebene möglich, was dem gewünschten Zusammenwachsen der direkten und indirekten Bereiche förderlich sein kann. Dieses Idealmodell wurde Mitarbeitern, Betriebsrat, Führungskräften und Vorstand des betrachteten Unternehmens präsentiert und in unterschiedlichen Runden diskutiert.

	A-O-Morphologie-Fertigung			
Organisation: Gliederungs- prinzip	Produkttypische Gliederung • Einzelteilfertigung in einer Fertigungsinsel typspezifisch + komplett • Anbindung an zugeordneten Montagebereich (F)	Teilespezifische Gliederung in Meisterbereiche Steuerung vor Ort mit Fertigungsleitstand (F) bzw. Fertigungsleittechnik und Inseln	Verrichtungsprinzip (Fertigung + Montage)	
Organisations- regeln/ -methoden	(Gruppen-)Sprecher ernannt	Gruppe wählt den Sprecher auf Zeit (gegenüber Disposition verantwortlich)	Sprecher rotiert	
	Meisterebene zwischengeschaltet	keine Meisterebene zwischengeschaltet		
	strenge Rotation	Fix-Vario-Methode	fester Arbeitsplatz innerhalb der Gruppe	
AO-Form	teilautonome Gruppe mit erweiterten Systemgrenzen (AV, QS-Mitarbeiter in der Gruppe) Qualität: QS-Abteilung auf ein Minimum reduzieren (auflösen?) Arbeitsgruppe beinhaltet Qualitätsaufgaben, AV-Aufgaben (Rotation durch AV, AV hat keine eigenen Mitarbeiter) (F+M)	4 teilautonome Gruppen à 6 Mitarbeiter incl. dispositive + QS-Tätigkeiten Gruppenkonzept (teil-autonome Arbeitsgruppe) ¤ Steigerung der Verantwortung ¤ ganzheitliche Tätigkeiten ¤ Motivationssteigerung (F+M)	Einzelarbeitsplatz	
Aufgaben- Verantwortung	Qualitätsverantwortung in der Gruppe	Qualitätsverantwortung an den einzelnen Mitarbeiter		
	Terminverantwortung in der Gruppe	Terminverantwortung an den einzelnen Mitarbeiter		
Problem- lösegruppen	Qualitätszirkel-Ziele: • besseres Miteinander • Qualitätsdenken • Mitdenken • Kreativität	wöchentliche Gruppensitzung Thema: Arbeitsgestaltung/-verteilung	Meisterrunde	Ad hoc-Problem-lösegruppen
NC- Programmierung	Werkstattprogrammierung	zentrale Programmierung	zentrale Programmierung mit Programmoptimierung in der Werkstatt	
Entlohnungs- system	Mengenprämie	Zeitlohn	Mengen-/Qualitätsprämie	
	Einzelprämie	Gruppenprämie		

Abb. 1.3.6: **Morphologischer Kasten "Fertigung"**

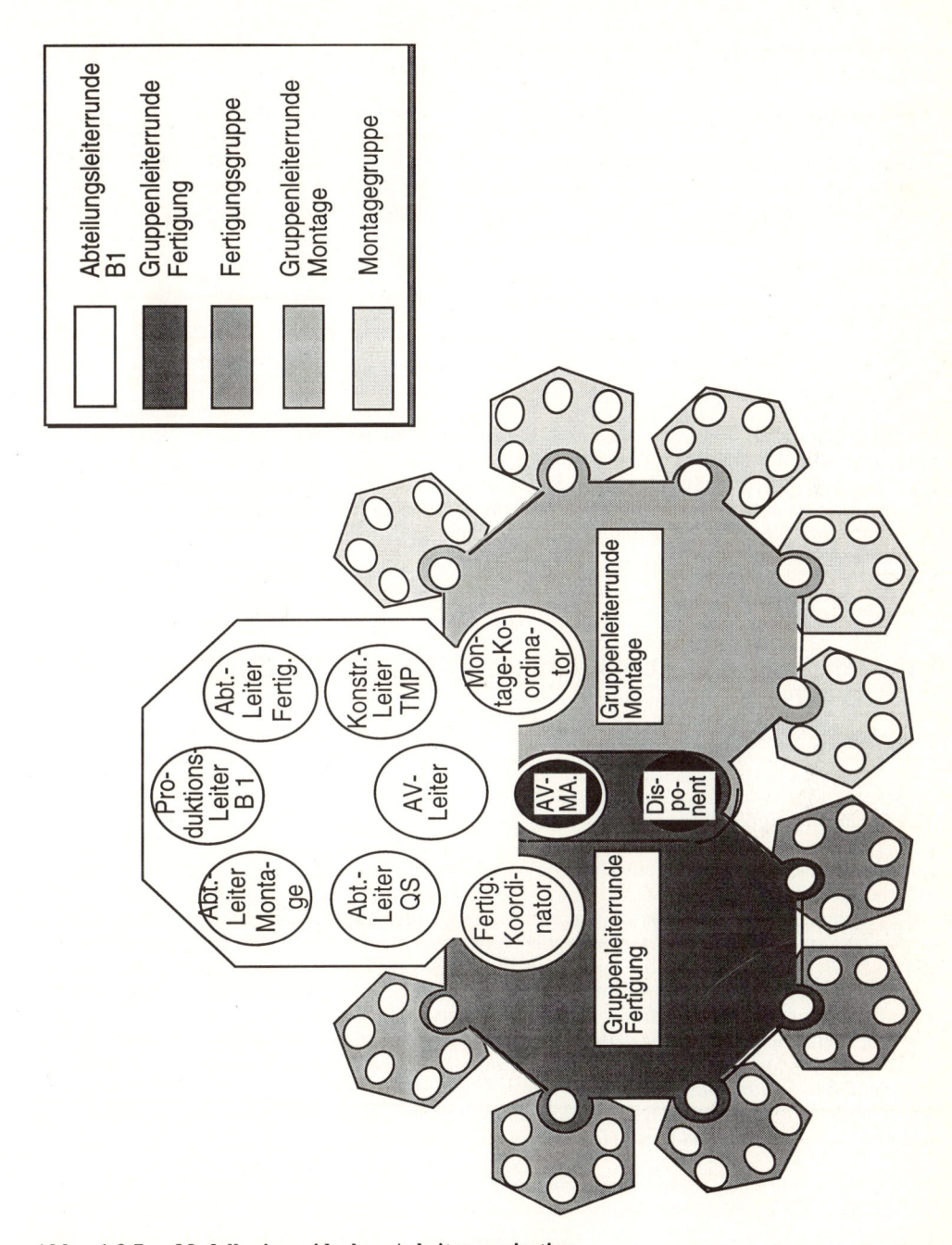

Abb. 1.3.7: Modell einer idealen Arbeitsorganisation

Im Rahmen der weiteren Detaillierung der Arbeitsorganisation für die geplante Fabrik wurde ein sechsköpfiges Gremium gebildet, das paritätisch mit Betriebsratsmitgliedern und Führungskräften des betrachteten Unternehmens besetzt wurde und sich um Detaillösungen von arbeitsorganisatorischen Problemen kümmert wie beispielsweise

- Entlohnungsfragen,
- Arbeitsinhalte innerhalb der Gruppe,
- Weisungsbefugnisse der Gruppenleiter - Vorgesetztenstruktur bei Gruppenarbeit,
- Schichtüberlappungen,
- Verhalten des Gruppenleiters bei Problemen und
- Gestaltung des Übergangs von der bisherigen arbeitsteiligen Organisation zur Gruppenorganisation.

Obwohl durch die Bildung dieses kleinen Kreises die weitere Arbeit der ursprünglichen Arbeitsgruppe aus der Hand genommen wurde, kann hier festgehalten werden, daß durch die gewählte Vorgehensweise ein Prozeß der Entwicklung einer aufgabenangemessenen Arbeitsorganisation eingeleitet wurde, bei dem die Mitarbeiter in hohem Maße beteiligt wurden, was neben einer guten Planungsqualität auch eine hohe Akzeptanz für die gestaltete Lösung bei den Beteiligten schuf.

1.4 Personal- und Organisationsentwicklung - Beispiele aus der Praxis

S. Schreuder

1.4.1 Einleitung

Ziele, Aufgaben, Gegenstand, ausgewählte Methoden und Maßnahmen der Personalentwicklung und der Organisationsenwicklung werden ausführlich in Heeg, Münch 1993 erörtert. So wird *Personalentwicklung (PE)* definiert als *"Inbegriff aller Maßnahmen, die der individuellen beruflichen Entwicklung der Mitarbeiter dienen und ihnen unter Beachtung ihrer persönlichen Interessen die Aneignung der zur optimalen Wahrnehmung ihrer jetzigen und künftigen Aufgaben erforderlichen Qualifikationen ermöglichen"* (Heeg, Münch 1993, S. 74). In Anlehnung an die Definition der Gesellschaft für Organisationsentwicklung wird die *Organisationsentwicklung (OE)* verstanden als *"längerfristig angelegter, organisationsumfassender Entwicklungs- und Veränderungsprozeß von Organisationen und der in ihnen tätigen Menschen. Der Prozeß beruht auf dem Lernen aller Betroffenen durch direkte Mitwirkung und praktische Erfahrung. Sein Ziel besteht in einer gleichzeitigen Verbesserung der Leistungsfähigkeit der Organisation und der Qualität des Arbeitslebens (Humanität)"* (Trebesch 1980, S. 9 f.).

Aus diesen Definitionen sei hier insbesondere hervorgehoben, daß es sich sowohl bei der PE als auch bei der OE um *Veränderungs- und Lernprozesse* handelt. Diese Prozesse sind *fortwährend*. Die zeitliche Abhängigkeit der Veränderungs- und Lernprozesse zueinander kann unterschiedlich ausgeprägt sein. So lösen etliche betriebliche Veränderungsprozesse mehr oder weniger bewußte und gewollte Lernprozesse aus; ebenso stellen Lernprozesse vielfach erst die Ausgangsbasis für Veränderungsprozesse dar.

Die erkennbaren "Ergebnisse" betrieblicher PE und OE sind in aller Regel (spezielle) veränderte Ausgangszustände *und* mehr Wissen bei den Beteiligten (allgemein) über Voraussetzungen und sinnvolle Vorgehensweisen, entsprechende Veränderungsprozesse effektiv zu realisieren. Die kurzfristige Wirksamkeit der Veränderungs- und Lernprozesse hängt im wesentlichen von der systematischen Planung, Ausführung und Steuerung (der speziellen Veränderungen) ab. Die mittel- und langfristige Nützlichkeit der Personal- und Organisations-*Entwicklungen* setzt darüber hinaus eine bewußt gewollte, systematische (institutionalisierte) Reflexion der neu gewonnenen Erfahrungen voraus.

Etliche betriebliche Entwicklungen zur Einführung und dauerhaften Realisierung systematischer Formen der PE und OE werden durch technische und organisatorische Innovationsvorhaben mehr oder weniger *unbewußt* initiiert. Im Vordergrund steht hier zumeist der organisatorische Veränderungsprozeß mit dem Ziel der Steigerung der Wettbewerbsfähigkeit des Unternehmens. Dieser Veränderungsprozeß soll dabei so effektiv und effizient wie möglich sein; er soll so wenig Kosten wie möglich verursachen und einen möglichst hohen unmittelbaren betriebswirtschaftlichen Nutzen aufweisen. Die mittel- und langfristigen strategischen Vorteile einer institutionalisierten, systematischen betrieblichen PE und OE werden von den maßgeblich Beteiligten häufig erst *während der Durchführung* derartiger Innovationsvorhaben erkannt. Hieraus läßt sich ableiten, daß entsprechende, erfolgreich verlaufende *Projekte* häufig die "ersten betrieblichen Schritte" zur konkreten Einführung spezieller Formen der OE und PE in Unternehmen darstellen. In aller Regel sollen betriebsinterne Führungskräfte und Mitarbeiter (zumeist zusätzlich zu ihren übrigen Tätigkeiten) solche Projekte planen, steuern und gestalten. Hierbei treten häufig folgende charakteristische Probleme auf:

- unzureichende Kenntnisse bezüglich des institutionellen Projektmanagements (Wer macht was? Aufgaben, Zuständigkeiten, Kompetenzen innerhalb des Vorhabens und in Abgrenzung bzw. Vernetzung zur Linienorganisation),

- mangelnde Erfahrung bei der Einführung einer Projektorganisation,

- fehlendes Wissen um Vorgehensweisen, Methoden und Instrumentarien zur effizienten Einbeziehung der "Betroffenen" in die Projektarbeit,

- unzureichende Kenntnisse über sinnvolle organisatorische Formen der Institutionalisierung von Gruppen und Zirkeln (insbesondere nach einem Projekt),

- u.v.m.

Die Lösung dieser komplexen Problemstellungen leistet neben der erhofften Zielerreichung für die Unternehmung gerade für die Beteiligten in aller Regel wesentliche Beiträge zur individuellen Weiterentwicklung insbesondere ihrer extrafunktionalen Qualifikationen (Methodenkompetenz, Sozialkompetenz, Mitwirkungskompetenz und Selbstlernkompetenz; vgl. Heeg, Hurtz 1989, S. 886). Wird der Problemlösungsprozeß von allen Beteiligten auch als Lernprozeß wahrgenommen, reflektiert und werden aus den Erkenntnissen entsprechende "Maßnahmen" für zukünftig ähnliche Problemsituationen abgeleitet und umgesetzt (z. B. durch Einführung von Arbeitskreisen, Qualitätszirkeln, Lernstätten oder Moderationsgruppen), so ist gleichzeitig eine betriebliche "Plattform" für die OE und PE geschaffen.

Sicherlich deckt diese "Plattform" nicht das gesamte Spektrum der OE und PE ab. Dennoch zeigen etliche Praxisbeispiele, daß gerade dieser Weg einen pragmatischen "Einstieg" in systematische betriebliche OE- und PE-Arbeit darstellt. Anhand von zwei charakteristischen Fallbeispielen soll dies im weiteren verdeutlicht werden. Dabei wird aus den bekannten Maßnahmen zur Personal- und Organisationsentwicklung (vgl. Heeg, Münch 1993, S. 359 - 402) vornehmlich die Anwendung und Nützlichkeit eines *Maßnahmen-Mixes* aus systematischer *Projektarbeit* in Kombination mit einer *Beratung* beschrieben.
Im ersten Fall handelt es sich um ein technisch-organisatorisches Innovationsvorhaben innerhalb des gesamten Bereiches der Anlagenwirtschaft eines größeren Produktionsunternehmens.

Das zweite Beispiel stützt sich inhaltlich auf ein Projekt eines mittelständischen produzierenden Unternehmens (Sondermaschinenbau). In beiden Fallbeispielen wird zunächst die betriebliche Ausgangssituation als "unbewußter Auslöser" für die anschließenden PE/OE-Prozesse skizziert. Anschließend werden jeweils

- die prinzipielle Vorgehenssystematik,

- die speziellen Formen der Beratung,

- der Projektverlauf (in Auszügen),

- die PE/OE-relevanten Ergebnisse sowie

- wesentliche inhaltliche und methodische Erkenntnisse aus der Projektarbeit für die PE/OE

beschrieben.

Die in Tabellen und Abbildungen aufgeführten Daten wurden auf Wunsch der Unternehmen verfremdet. Auf die Angabe spezieller Unternehmensdaten und detaillierter Ergebnisse wurde ebenfalls weitestgehend verzichtet.

1.4.2 Optimierung der Ablauforganisation im Bereich der Anlagenwirtschaft eines größeren Produktionsunternehmens

1.4.2.1 Die betriebliche Ausgangssituation

Das betrachtete Unternehmen der Papierbranche (im weiteren bezeichnet als Unternehmen A) beschäftigte im Betrachtungszeitraum bundesweit ca. 1.500 Mitarbeiter, verteilt auf zwei Standorte mit drei Werken. Die Aufbauorganisation des Unternehmens ist eindimensional und überwiegend funktionsorientiert ausgeprägt. Alle drei Werke produzieren autonom jeweils einen speziellen Produktbereich. Die wesentlichen Verwaltungsfunktionen sind an einem Standort zusammengefaßt. Die drei Werke des Unternehmens A produzieren an 360 Tagen im Drei-Schicht-Betrieb. Der Wettbewerb innerhalb der Branche verlangt eine hohe Produktivität, die sich insbesondere über die mengenmäßige Ausbringung realisieren läßt. Einer permanenten *Produktionsbereitschaft* der eingesetzten Arbeitssysteme kommt in Unternehmen A somit eine sehr hohe Bedeutung zu. Diese Produktionsbereitschaft wird unter anderem durch hohe Lagerbestände (an Verschleißteilen, Ersatzteilen u. ä.) und zahlreiche Fremdleistungen (externe Monteure, Instandsetzungen etc.) "erkauft". Insgesamt handelt es sich dabei um ca. 50.000 Beschaffungsvorgänge pro Jahr (im "Normalfall", im "Störfall", an Wochenenden, bei Reklamationen etc.).

Eine für das Unternehmen A wesentliche Zielsetzung zur Steigerung der Wettbewerbsfähigkeit lautet im Jahr 1992: "Lagerbestände und Dienstleistungen (Fremdleistungen) sind wert- und mengenmäßig schnellstmöglich zu optimieren." Hierzu sollten im Rahmen eines Innovationsvorhabens unternehmensweit eine optimierte Ablauforganisation sowie eine bestmögliche informationstechnische Unterstützung konzipiert und umgesetzt werden. Im Vordergrund dieser Überlegungen standen demnach, wie in der Einleitung beschrieben, nicht unmittelbar Forderungen hinsichtlich der Gestaltung einer unternehmensspezifischen, systematischen PE und OE, sondern konkrete betriebswirtschaftliche Zielsetzungen.

Die Unternehmensführung war sich bewußt, daß auf dem Weg zur Erfüllung der beschriebenen Zielsetzung ressort- und abteilungsübergreifende Aktivitäten notwendig waren. Betroffen waren alle Mitarbeiter, die in irgendeiner Weise an der Beschaffung von Ersatzteilen und

Fremdleistungen im Unternehmen beteiligt sind (Bedarfe anmelden, Bedarfe prüfen, Bestände prüfen etc.). Dies waren insgesamt 320 *direkt* betroffene Mitarbeiter, die im einzelnen folgenden Organisationseinheiten zuzuordnen sind:

- 116 Lägern,
- Magazin (MAG),
- Zentraler Einkauf (ZE),
- Produktion (PR),
- Technische Instandhaltung (TZA und IH),
- Betriebswirtschaftliche Abteilung (BWA),
- Finanzbuchhaltung (FIBU),
- EDV-Abteilung.

Über Projekterfahrungen (insbesondere in bezug auf organisatorische Veränderungsprozesse) verfügten lediglich einige Führungskräfte und wenige Mitarbeiter. Die im skizzierten Umfeld existierenden Beschaffungsvorgänge von Lagermaterial und Dienstleistungen waren uneinheitlich, komplex (vgl. Abbildung 1.4.1) und teilweise sehr zeit- und kostenintensiv. Ein systematischer Informationsaustausch im Sinne einer abteilungs- und ressortübergreifenden Koordination der einzelnen Materialien und Dienstleistungen bestand nur unzureichend. So wurde beispielsweise eine Vielzahl hinsichtlich der technischen Leistungsmerkmale und geometrischen Abmessungen baugleicher Motoren unterschiedlicher Hersteller in unterschiedlichen Ersatzteillägern gelagert (unnötige Kapitalbindungskosten). Darüber hinaus wurden in zahlreichen Fällen Fremdleistungen (z. B. externe Monteure) von einer Abteilung des Unternehmens A geordert, obgleich in einer anderen Abteilung Eigenpersonal zur Verfügung stand.

Mengenmäßig wurden ca. 80 % aller Beschaffungsvorgänge von den Technischen Betrieben (PR, TZA und IH mit insgesamt 240 Mitarbeitern) ausgelöst.

Die prinzipiellen Merkmale des Projektes bestehen demnach in folgenden Aspekten:

- es handelte sich um eine hohe Anzahl an Beteiligten und Betroffenen,

- die Projektorganisation war in Einklang zu bringen mit einer klassischen, hierarchischen Linienorganisation,

- durch Schaffung von Transparenz während des Projektverlaufs und den möglichen Wegfall von "Fürstentümern" nach Beendigung des Projektes war direkt mit "Blockaden" seitens etlicher betroffener Mitarbeiter und Führungskräfte zu rechnen.

Vor diesem Hintergrund existierten folgende Ausgangsfragen der Geschäftsführung:

- Wie soll das Projekt aufgesetzt werden?

- Wer übernimmt welche Aufgaben im Rahmen des Projektmanagements und der Projektbearbeitung?

- Wie können alle Betroffenen in kürzester Zeit inhaltlich und methodisch bestmöglich in die Projektarbeit integriert werden?

Zur Beantwortung dieser Fragen wurde ein externer Berater in die entsprechenden Überlegungen einbezogen.

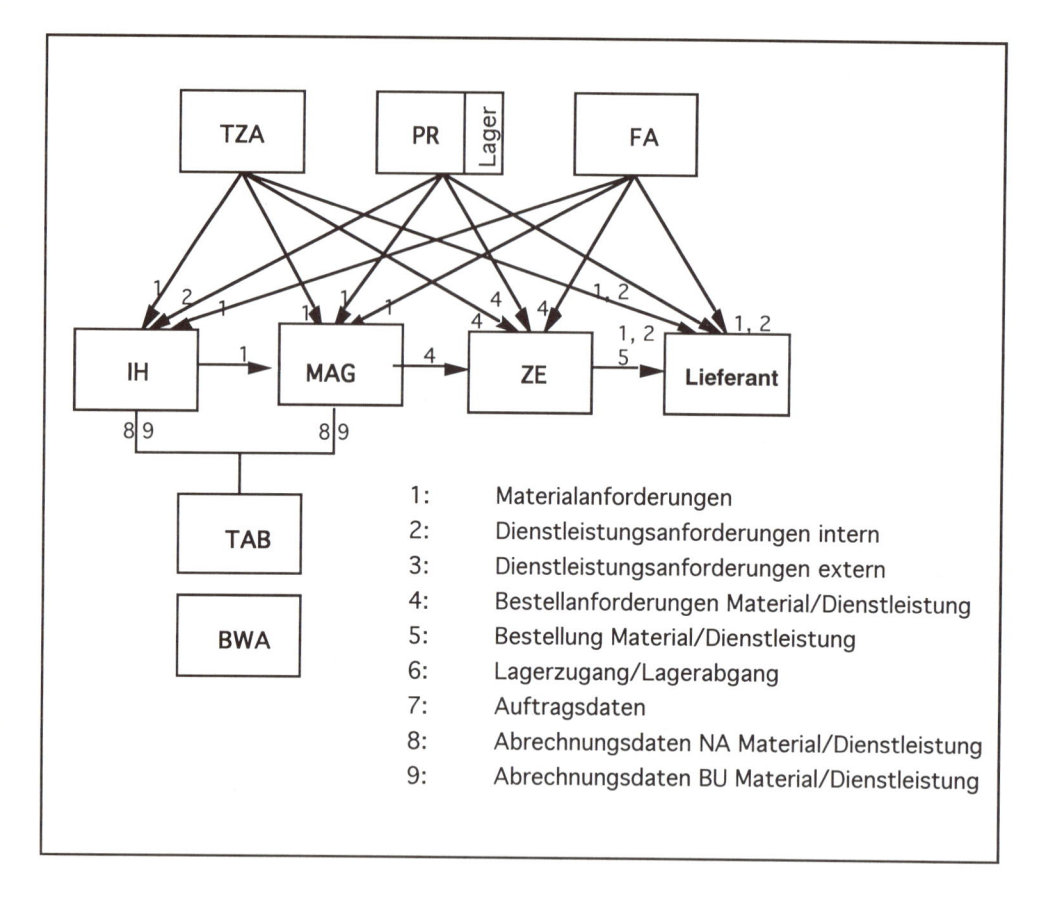

```
                    TZA         PR  Lager       FA


                    IH    →    MAG    4    ZE   1,2   Lieferant
                                                 5
                  8 9         8 9

                  TAB           1:   Materialanforderungen
                                2:   Dienstleistungsanforderungen intern
                                3:   Dienstleistungsanforderungen extern
                  BWA           4:   Bestellanforderungen Material/Dienstleistung
                                5:   Bestellung Material/Dienstleistung
                                6:   Lagerzugang/Lagerabgang
                                7:   Auftragsdaten
                                8:   Abrechnungsdaten NA Material/Dienstleistung
                                9:   Abrechnungsdaten BU Material/Dienstleistung
```

Abb. 1.4.1: Ist-Zustand der Auftragsabwicklung von lagerverwaltetem und nicht-lagerverwaltetem Material sowie Dienstleistungen (Fremdleistungen)

1.4.2.2 Bildung der institutionalen Projektorganisation

1.4.2.2.1 Lenkungsausschuß

Zur Ermittlung der geeignetesten Funktionsträger hinsichtlich der Projektleitung, der Projektbearbeitung und der Mitwirkung in speziellen Arbeitsgruppen wurde ein *Lenkungsausschuß* gebildet. Dieses Gremium setzte sich aus den Ressortverantwortlichen (RL), allen Hauptabteilungsleitern (HAL), den drei Werksleitern (WL), dem Betriebsratsvorsitzenden (BR) sowie dem externen Berater (Abbildung 6.1.2.2) zusammen. Zum Vorsitzenden (Moderator) des Lenkungsausschusses wurde einer der Ressortverantwortlichen (allerdings *nicht* der RL des in der Hauptsache betroffenen Ressorts) gewählt.

Vorbereitend zu den ersten Aktivitäten im Rahmen des Gremiums nahmen alle LA-Mitglieder und die designierte Projektleiterin an einem fünftägigen Intensivtraining "Projektmanagement" teil. Schwerpunkte des überwiegend handlungsorientiert gestalteten Trainings waren:

- das Erarbeiten der generellen Bedeutung von Projekten und Projektarbeit,

- das Aufzeigen typischer Barrieren im Rahmen individueller und betrieblicher komplexer Problemlöseprozesse,

- das Entwickeln der wesentlichen, charakteristischen Aufgaben im Rahmen von Projekten und Zuordnung zu entsprechenden Aufgabenträgern,

- das Veranschaulichen der Bedeutung einer wirkungsvollen Kommunikation im Rahmen von organisatorischen Veränderungsprozessen.

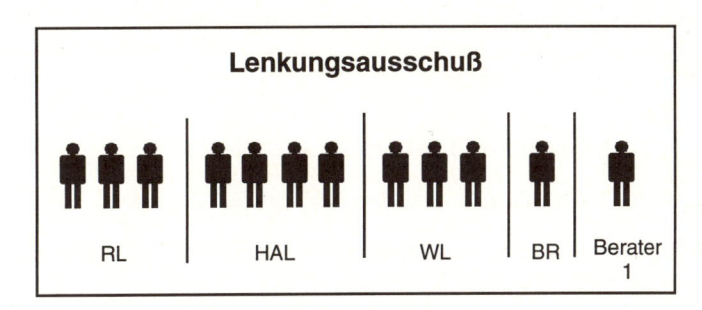

Abb. 1.4.2: Zusammensetzung des Lenkungsausschusses

Im Rahmen dieses Trainings wurden u. a. typische Barrieren deutlich herausgearbeitet, die in einem streng hierarchisch gegliederten Unternehmen auftreten, wenn ziel- und ergebnisorientiert ressort- bzw. abteilungsübergreifende organisatorische Veränderungen durchgeführt werden sollen.

Unmittelbar nach dem Training wurden in einem ersten, vom Berater thematisch vorbereiteten Workshop (Teilnehmer: Mitglieder des LA, PL, Berater) folgende *Aufgaben(-komplexe) des Lenkungsausschusses* definiert:

a) Formulierung des Projektauftrages (allgemein: von Projektaufträgen) mit Grobziel und mit nötigen oder gewünschten Randbedingungen, Abgleich der Projektziele mit übergeordneten Zielen,

b) Ressourcenbereitstellung aus den Fachabteilungen, Ernennung des Projektleiters, Festlegung der grundsätzlichen Projekt-Organisation und der Entscheidungskompetenzen des Projektleiters gegenüber der Linienhierarchie,

c) Betreuung des gesamten (Projekt-)Phasenprozesses, Zustimmung beim Übergang von einer Phase in die nächste,

d) Entscheidung über wesentliche Abweichungen von der ursprünglichen Projektplanung,

e) Vertretung und Entscheidung der Interessen aller Ressorts,

f) Koordination der Führungsverantwortung für die Projektmitglieder (insbesondere Kernteammitglieder) bis zur Wiedereingliederung, Bestätigung oder Änderung der Besetzung des Projektteams, des Projektleiters, des Kernteams und der Projekt-Arbeitsgruppen und Sicherstellung des Qualifizierungsbedarfs,

g) Entscheidung in personellen und sachlichen Konflikt- und Ausnahmesituationen.

Die Aufgaben wurden sowohl angesichts des unmittelbar anstehenden Projektes als auch hinsichtlich zukünftig ähnlicher betrieblicher Problemstellungen definiert. Somit wurde der LA zu einem ersten institutionalisierten Gremium in Unternehmen A, welches sich dauerhaft und systematisch mit der Lösung ressort-/abteilungsübergreifender organisatorischer Problemstellungen beschäftigt. Die dabei auftretenden Veränderungs- und Lernprozesse sollten vom LA systematisch aufbereitet und u. a. zur Ableitung des extrafunktionalen Qualifizierungsbedarfs bei den einzelnen Funktionsträgern der Veränderungsprozesse genutzt werden.

Bezogen auf den selbst definierten Aufgabenkomplex a) wurde vom LA in einem zweiten Workshop das spezielle *Projektziel* erarbeitet: "Entwicklung eines durchgängigen ablauforientierten Konzeptes zur zukünftigen Abwicklung der Beschaffung von allen Dienstleistungen (Fremdleistungen), Ersatzteilen, lagerverwaltetem Verbrauchsmaterial und nicht lagerverwaltetem Material."

Dieses zu erarbeitende Konzept sollte folgende Elemente beinhalten:

- eine Spezifikation und Klassifikation der relevanten Beschaffungsarten,

- eine prinzipielle Ablaufdarstellung der anfallenden Aufgaben/Tätigkeiten von der Erkennung bis zur Abdeckung der jeweiligen Bedarfe,

- eine Zuordnung der hierzu notwendigen Aufgaben, Verantwortlichkeiten und Kompetenzen auf die einzelnen Organisationseinheiten (Stellen und Instanzen),

- einen Vorschlag für eine bestmögliche informationstechnische Unterstützung der optimierten Abläufe in Form eines Pflichtenheftes sowie

- eine entsprechende Wirtschaftlichkeitsabschätzung.

Als wesentliche *Rahmenbedingungen* an das Konzept wurden definiert:

- die Strukturierung der zukünftig anfallenden Aufgaben, Verantwortlichkeiten und Kompetenzen soll ausschließlich innerhalb bereits bestehender Organisationseinheiten (bzw. des bestehenden Zuständigkeitsrahmens) stattfinden,

- die für das Unternehmen als notwendig angesehene Flexibilität bei der Bestellanforderungsabwicklung (beispielsweise bei Störfällen) soll beibehalten werden,

- alle betroffenen Führungskräfte und Mitarbeiter sollen an der Konzepterstellung aktiv mitwirken (partizipativer Gestaltungsansatz).

Insbesondere die letzte Forderung machte im weiteren die Entwicklung und den Einsatz eines speziellen "Instrumentariums" (eines speziellen Vorgehensmodells) notwendig, um bei der Vielzahl der Beteiligten und Betroffenen den partizipativen Ansatz auch effizient umsetzen zu können. Diesem Umstand muß bei der personellen Besetzung der weiteren Projektfunktionen insbesondere Rechnung getragen werden.

1.4.2.2.2 Projektleitung, Projektteam, Kernteam und Arbeitsgruppen

Ein dritter moderierter Workshop des Lenkungsausschusses beschäftigte sich mit dem Aufgabenkomplex Ressourcenbereitstellen, Projektleiter, Projektorganisation. Die *Projektleitung (PL)* wurde einem Mitarbeiter der Abteilung FIBU (dort zuständig für die EDV-Koordination) übertragen, die insbesondere Erfahrungen im Bereich Moderations- und der Präsentationstechniken (sowie ein "anerkannt hohes Maß an Sozialkompetenz") besaß. Diese Mitarbeiterin wurde hinsichtlich der anfallenden Projektmanagementaufgaben von einem zweiten externen Berater unterstützt. Die Projektleitung sollte fachlich durch einen regelmäßigen Statusbericht an den Lenkungsausschuß berichten. Für die personelle Besetzung eines *Projektteams (PT)* wurden die Abteilungsleiter (AL) der hauptsächlich betroffenen Abteilungen vorgesehen. Die Hauptaufgaben des PT sollten im wesentlichen in der Analyse und Detaillierung der projektbezogenen Aufgabenstellung, der Erarbeitung und Bewertung von Lösungskonzepten, der Auswahl einer Bestlösung sowie der Umsetzung dieses Konzeptes bestehen.

Zur Erarbeitung des detaillierten Vorgehensmodells, zur Durchführung der notwendigen Erhebungen und Analysen, zur Verdichtung der ermittelten Informationen, zur Vorbereitung der PT-Sitzungen, zur Erarbeitung von Vorschlägen für eine optimale Zusammensetzung der Arbeitsgruppen u. v. m. wurde ein *Kernteam (KT)* gebildet. Mitglieder des KT waren neben der Projektleiterin und dem zweiten Berater insgesamt fünf ausgebildete Mitarbeiter der Technischen Betriebe und der Organisationsabteilung, die jeweils zu ca. 80 % ihrer Arbeitszeit für diese Aktivitäten freigestellt wurden.

Als Aufgabenschwerpunkte der Projektleitung wurden in Abstimmung zwischen LA und PL im einzelnen festgelegt:

- *hinsichtlich der Projektorganisation, -planung und -steuerung:*

    - Mitwirkung beim Einrichten einer Projektorganisation und Planung und Steuerung des Projektes entsprechend der vereinbarten Regelungen - insbesondere bei der Festlegung der einzelnen (Projekt-)Arbeitsgruppen (AG 1 bis AG n),

    - Erarbeitung eines Planes für den Mitarbeitereinsatz (PL, PT, KT und AG) entsprechend des Projektablaufes und Festlegen von Aufwänden und Terminen gemeinsam mit den PT-Mitgliedern,

    - Ermittlung der Kosten für Projektplanung und -durchführung,

    - Anforderung der Wirtschaftlichkeitsberechnung; Bereitstellung der relevanten Daten,

    - permanenter Vergleich der Soll-Werte mit den Ist-Werten und Analyse von Abweichungen.

- *hinsichtlich der fachlichen Verantwortung für die Aufgabenumsetzung:*

    - Verantwortung für alle Aktivitäten von der Projektauftragsprüfung bis zur Übergabe an die zuständigen Teams (PT und KT) zur weiteren Betreuung,

    - Verantwortung für die Einhaltung aller geltenden Richtlinien und Normen,

    - Wahrnehmung der Qualitätssicherungsfunktion und Etablierung von Qualitätssicherungsprozessen im PT.

- *hinsichtlich der Koordinierung und Information:*

    - Koordination aller im Zuge der Projektabwicklung anfallenden Aufgaben,

    - Information der PT-Mitglieder über alle das Projekt betreffenden Umstände, des Lenkungsausschusses über alle Projektergebnisse, Projektverlauf, drohende Termin- und Kostenüberschreitungen oder sonstige Probleme, die einer Entscheidung bedürfen,
    - rechtzeitige Integration bzw. Beteiligung der vom Projektfortschritt betroffenen Unternehmensbereiche beziehungsweise Abteilungen.

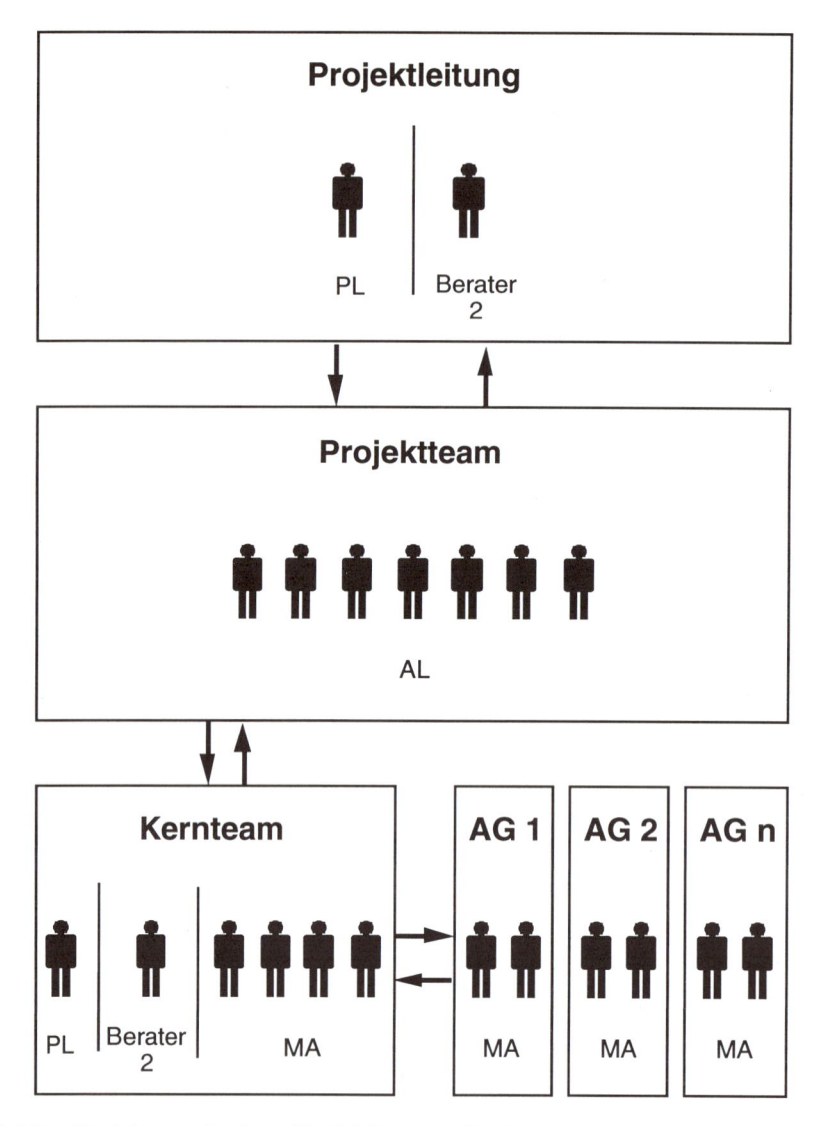

Abb. 1.4.3: Projektorganisation (Projektleitung, Projektteam, Kernteam, Arbeitsgruppen)

- *hinsichtlich spezieller Führungsaufgaben:*

    - Mitspracherecht bei Abwesenheitsplanung der PT- und KT-Team-Mitarbeiter,

    - Übertragung von Aufgaben und Verantwortung unter Berücksichtigung der individuellen Fähigkeiten der Mitarbeiter,

    - Vorschläge für die Qualifizierung der Mitarbeiter, soweit sie der Erreichung des Projektzieles förderlich sind,

- Motivation der Mitarbeiter, um Konfliktlösungen und ausgewogene Arbeitsverteilung zu erreichen.

1.4.2.3 Entwicklung und Umsetzung eines speziellen Vorgehensmodells

1.4.2.3.1 Gliederung des Vorhabens in Phasen

Das Projekt wurde auf Empfehlung des PT durch einen Beschluß des LA in drei *Phasen* gegliedert (Abbildung 1.4.4). In der Phase 1 war von der Projektleitung und dem Projekteam der *prinzipielle Lösungsansatz* sowie eine detaillierte Aktivitäten-, Zeit-, Aufwands-, Ressourcen- und Budgetplanung für die Phase 2 zu erarbeiten.

Ziel der zweiten Projektphase war das vollständige (mit allen Beteiligten und Betroffenen abgestimmte und unmittelbar umsetzbare) *Konzept* sowie eine detaillierte Aktivitäten-, Zeit-, Aufwands-, Ressourcen- und Budgetplanung für die *Umsetzungsphase* (Phase 3).

Als sinnvolle Arbeitszyklen wurden vorgesehen:

- Turnus für LA: 1 Sitzung pro Quartal (in allen Phasen)

- Turnus für PT: 1 Sitzung pro Woche (Phase 1)
                    1 Sitzung vierzehntägig (Phase 2)
                    1 Sitzung pro Monat (Phase 3)

- Turnus für KT: mindestens 2 Sitzungen pro Woche (in allen Phasen)

1.4.2.3.2 Anwendung der Szenariotechnik bei der Entwicklung des prinzipiellen Lösungsansatzes

Zur Entwicklung des prinzipiellen Lösungsansatzes insbesondere durch das PT fand die *Szenariotechnik* Anwendung. In vier dreistündigen moderierten Arbeitssitzungen (erste Moderation durch den Berater, dann jeweils Moderation durch ein PT-Mitglied) wurden auf Meta-Plan-Wänden mit Hilfe einfacher Moderationsmittel (Karten, Stifte etc.) Prinzipdarstellungen der "zukünftig sinnvollen" Abläufe, Entscheidungs- und Informationswege entwickelt. Im Gegensatz zur "klassischen Annäherung" an die Prinziplösung, der überwiegend IST-zustandsorientierten Schwachstellenbetrachtung ("Was könnten wir eigentlich, ausgehend von unseren derzeitigen Strukturen, besser machen?"), fordert die Szenariotechnik die Entwicklung weitestgehend uneingeschränkter Zukunftsperspektiven durch alle Beteiligte ("Wie sähe denn eigentlich ein idealer Zustand aus? Was müßten wir tun, um diesen Zustand zu erreichen? Welche Barrieren müßten wir dabei abbauen?"). Dieser *öffnende* methodische Ansatz hat sich in zahlreichen Projekt als äußerst wirkungsvoll erwiesen, um in kurzer Zeit die beteiligten/betroffenen Führungskräfte zu einer willentlich gemeinsamen Ausrichtung zu führen ("Wir *wollen* diesen (unseren) Veränderungsprozeß.").

Der erste, so erarbeitete prinzipielle Lösungsansatz einer *einzelnen* zentralen Dienstleistungsstelle wurde aus unterschiedlichsten, im PT ausdiskutierten, Gründen verworfen. Der zweite szenarisch entworfene Lösungsansatz wurde vom PT hingegen als sinnvoll angesehen. Er sah einige wenige ausgewählte *Sammelstellen* zur verantwortlichen Bearbeitung von Bestellanforderungen (sowie zur Verwaltung der Bestellanforderungen und Leistungserbringung, zur mengenmäßigen Rechnungskontrolle und zur Erstellung und Pflege relevanter Statistiken) vor, die aufgabenmäßig in die bestehende Aufbauorganisation integriert werden sollten (Abbildung 1.4.5).

PHASE 1	**Lösungsansatz** • Wie sollte prinzipiell die zukünftige Ablauforganisation aussehen? • Welche Qualifikationen werden zur Erfüllung der Aufgaben innerhalb der neuen Ablauforganisation benötigt? • Welcher (Daten-)Integrationsgrad ist sinnvoll? • Welcher Aufwand ist notwendig?
PHASE 2	**Detailliertes Lösungskonzept** • Aufgaben-, Funktionsverteilung, Abläufe • Verantwortlichkeiten, Kompetenzen • DV-Systeme • Qualifizierungskonzept • Kosten-/Nutzenaufstellung • Realisierungs-Zeitplan
PHASE 3	**Umsetzung** • Qualifizierung • Organisatorische Gestaltung • Technologische Gestaltung

Abb. 1.4.4: Phasenmodell des im Text näher beschriebenen Projektes

Um einerseits die Anzahl der ablauforganisatorischen bzw. informationstechnischen Schnittstellen zum Zentralen Einkauf (ZE) zu reduzieren, sollte die Anzahl der Sammelstellen "so klein wie möglich" gehalten werden. Andererseits sollten die Sammelstellen lokal so eingerichtet sein, daß *alle* Leistungsanforderer auch in Störfällen "nur kurze Wege zurücklegen mußten". Aus dieser Forderung ergab sich eine minimale Anzahl von fünf Sammelstellen.

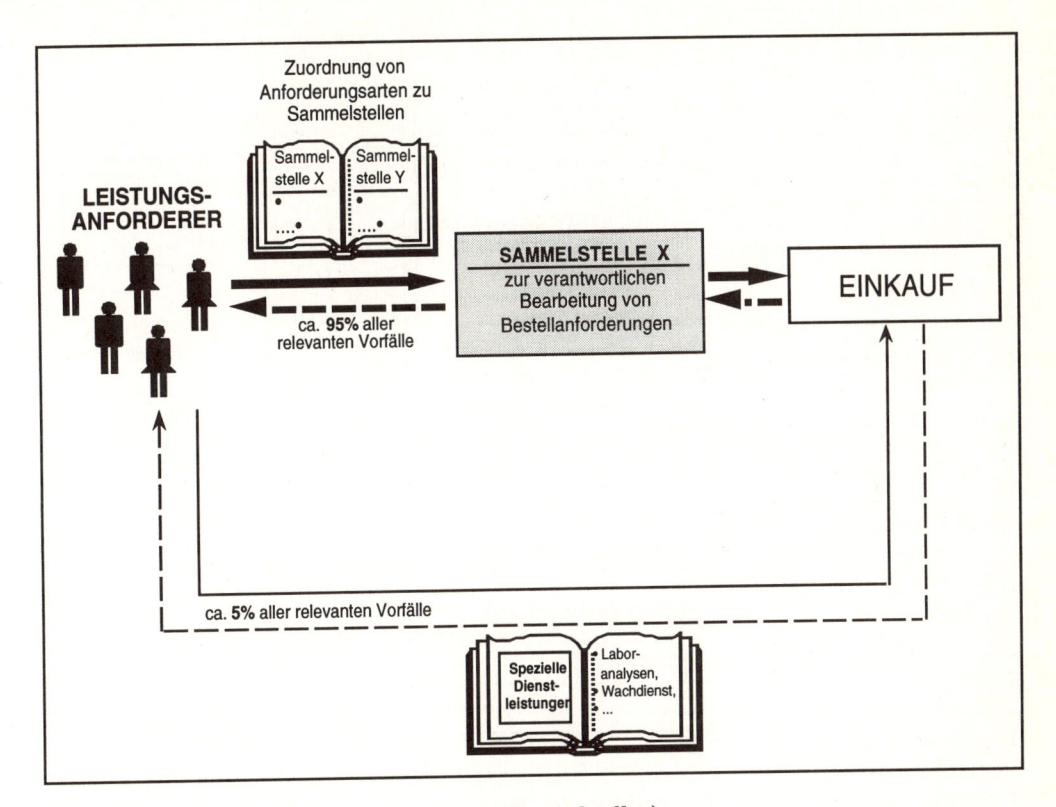

Abb. 1.4.5: Prinzipieller Lösungsansatz (Sammelstellen)

Zunächst sollte *eine* Sammelstelle (und zwar für die Technischen Betriebe) modellhaft konzipiert, eingerichtet und hinsichtlich ihrer Vor- und Nachteile bewertet werden. Die spezielle Vorgehensweise zur Konzeption und Umsetzung dieser ersten Sammelstelle selbst sollte ebenfalls evaluiert und optimiert werden, um diese dann auch auf die übrigen Sammelstellen anwenden zu können (gezielter OE-Lernprozeß). Der bevorzugte Lösungsansatz wurde vom LA bestätigt. In einer einstündigen Informationsveranstaltung wurde anschließend *allen* potentiell betroffenen Mitarbeitern und Führungskräften des Unternehmens A von einem Sprecher des PT das Sammelstellenprinzip vorgestellt und mit ihnen diskutiert. Anregungen aus dem Teilnehmerkreis wurden bei der Entwicklung des speziellen Vorgehensmodells in der nächsten Projektphase einbezogen. Zur Entwicklung des detaillierten Sammelstellen-Konzeptes mußten im einzelnen die in Abbildung 1.4.6 aufgeführten Fragen geklärt werden.

1.4.2.3.3 Erstellung eines Vorgehensrahmenplans für die Konzipierungs-Phase

In drei dreistündigen Workshops, an denen sowohl die Mitglieder des PT als auch des KT teilnahmen, wurde der *Rahmenplan* zur Vorgehensweise innerhalb der Projektphase 2 ("Entwicklung eines detaillierten Konzeptes zur Umsetzung des Sammelstellenprinzips") erarbeitet. Hierzu wurden zunächst vom Berater alternative Möglichkeiten hinsichtlich der notwendigen *Analyse*verfahren vorgestellt und deren Vor- und Nachteile für dieses spezielle Projekt diskutiert. Um der Rahmenbedingung des aktiven Einbeziehens aller Betroffenen bestmöglich nachkommen zu können, wurde die aufgabenorientierte *Geschäftsprozeßanalyse* ausgewählt (Abbildung 1.4.7).

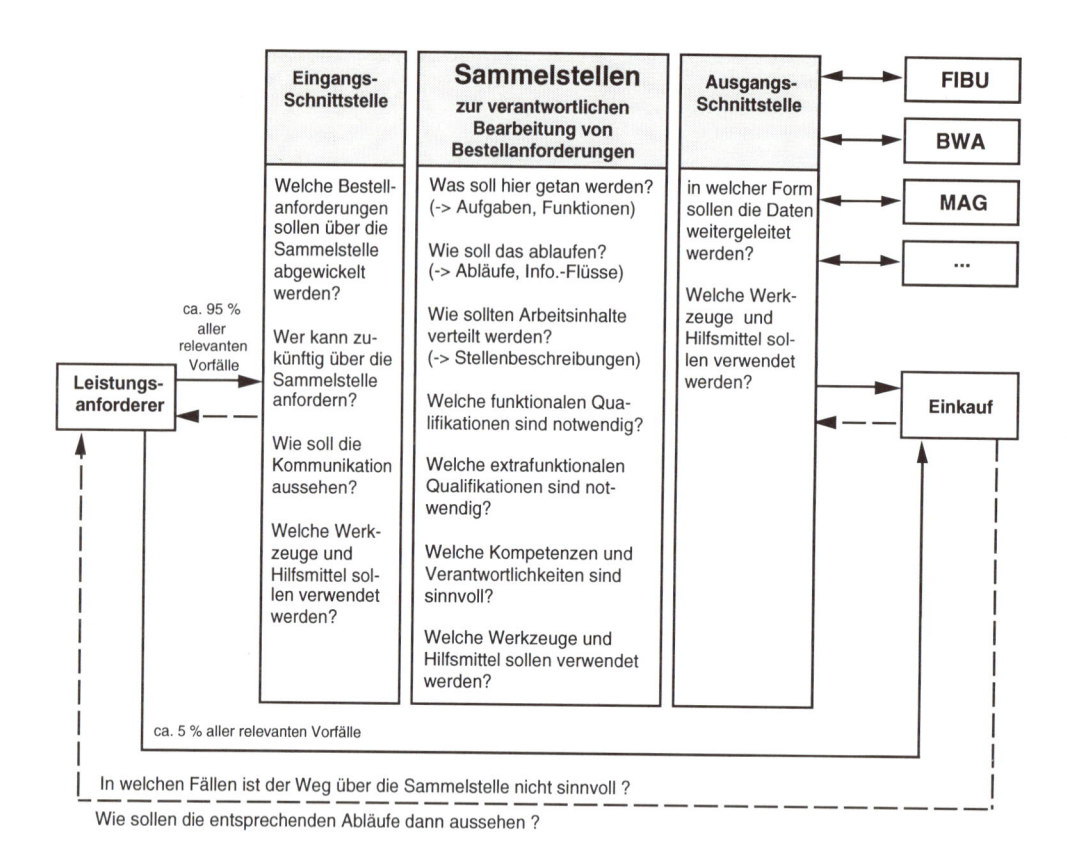

Abb. 1.4.6: Spezielle Anforderungen an die detaillierte Entwicklung des Sammelstellen-Konzeptes

1.4.2.3.4 Durchführung eines Teamtrainings für das Projektteam und das Kernteam

Etliche Aufgaben, die aus diesem Vorgehensrahmenplan abzuleiten waren, setzten bei den maßgeblich Beteiligten (Mitglieder des PT und des KT) spezielle (zumeist extrafunktionale) Qualifikationen voraus, die in diesem Umfang nicht vorhanden waren. Mittels eines an insgesamt fünf Terminen stattfindenden, jeweils dreitägigen*Teamtrainings* sollten vornehmlich *Methoden-* und (soweit möglich) *Sozialkompetenzen* der Beteiligten verbessert werden. Neben der Erarbeitung von Moderations-, Kreativitäts-, Zielformulierungs-, Erhebungs-, Frage-, Szenario-, Präsentationstechniken und Techniken der kritischen Würdigung standen hier (bezogen auf konkrete Problemsituationen der Teilnehmer) insbesondere Formen wirkungsvoller Kommunikation im Mittelpunkt. Die ersten beiden Trainings fanden vor Beginn des Arbeitspaketes "Ermittlung der relevanten Geschäftsvorfälle" statt, die übrigen drei begleitend zum Projekt.

1.4.2.3.5 Ermittlung, Strukturierung und Bewertung relevanter Geschäftsvorfälle

Vom PT wurde ein *Geschäftsvorfall (GV)* definiert als "die vollständige Reaktion eines Systems auf einen Anstoß von außerhalb. Er (der GV) besteht im Normalfall aus mehreren Vorgängen, die zu unterschiedlichen Zeiten an unterschiedlichen technischen Hilfsmitteln ablaufen können. Ein GV erbringt aus der Sicht außerhalb des Systems eine abgeschlossene Leistungseinheit, z. B. eine wertmäßige oder vertragliche Änderung. "Bestellanforderung über Magazin", "Bestellanforderung außerhalb der Regelarbeitszeit", "Sonderbestellung für lagerhaltiges Material", "Anforderung einer Reparaturleistung" sind in diesem Sinne Geschäftsvorfälle. Ein *Geschäftsprozeß* stellt die in einem GV anfallenden Aufgaben im charakteristischen Ablauf dar und ordnet den Aufgaben im Ablauf jeweils spezielle Attribute zu. Wesentliche Attribute sind u. a. "die ausführende Stelle bzw. Instanz", notwendige "Eingangsdaten", "Datenträger", "Ergebnisdaten", übliche "Bearbeitungs-, Liege-, Wegezeiten".

Im Rahmen der Arbeitspakete AP 2 bis AP 4 wurden unter Anwendung von Moderations- und Kreativitätstechniken diejenigen Geschäftsvorfälle jeweils vom KT benannt, vom PT vervollständigt und in Gruppen zusammengefaßt, die für die Beschaffung von Material und Fremdleistungen im Ist-Zustand relevant waren. Mittels einer "Ein-Punkt-Abfrage" und anschließender Diskussion wurden diejenigen GV-Gruppen im PT festgelegt, für die im Anschluß eine detaillierte Geschäftsprozeßanalyse durchgeführt werden sollte (AP 5 bis AP 9).

1.4.2.3.6 Entwicklung der Arbeitsunterlagen zum speziellen Vorgehensmodell

Da die Konzeption und Umsetzung des Sammelstellenprinzips in Stufen erfolgen sollte (Stufe 1: Konzeption und Umsetzung *einer* Sammelstelle für die Technischen Betriebe; Stufe 2: Evaluierung des Planungs- und Einführungsprozesses; Stufe 3: Nutzung der gesammelten Erfahrungen zur Konzeption und Umsetzung der restlichen Sammelstellen) kam der Entwicklung eines *speziellen Vorgehensmodells* in diesem Projekt eine hohe Bedeutung zu. In einem vom zweiten Berater moderierten Workshop wurde hierzu vom KT zunächst das in Abbildung 1.4.7 dargestellte "Raster" entwickelt. Abbildung 1.4.9 gibt einen Auszug aus dem in zwei weiteren moderierten Workshops ausgefüllten Raster wieder.

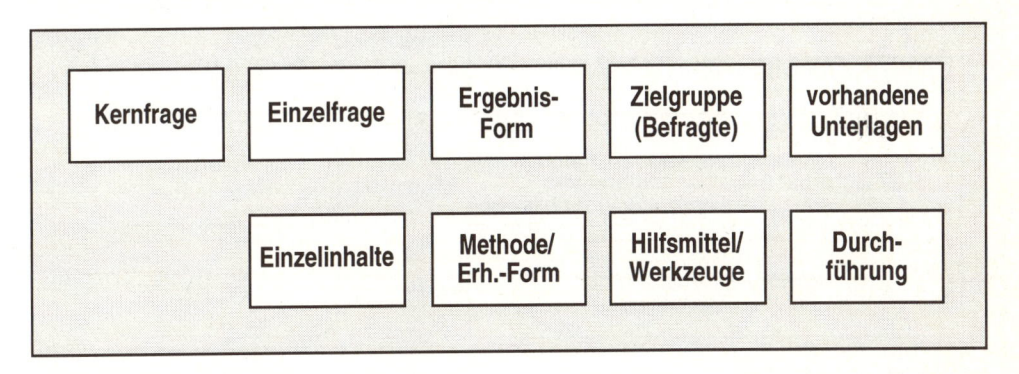

Abb. 1.4.7: Beispielhaftes Raster für ein Vorgehensmodell zur Geschäftsprozeßanalyse (Kopfzeile)

Das ausgefüllte Raster dient sowohl dem KT als auch dem PT als detaillierte Planungsgrundlage. Der (aus Sicht des Autors) wesentliche Effekt der Entwicklung und Anwendung dieses Rasters liegt allerdings darin, daß es auch eine klare, eindeutige Informationsbasis für alle im Projektverlauf Betroffenen darstellt. So können auf einfache Weise häufig zu beobachtende Ängste bei den zu Befragenden verringert werden ("Warum wollen die das jetzt von mir wissen?", "Was machen die denn mit meinen Informationen?"), wenn diese im vorhinein erkennen, zu welchem Zweck (Klärung der *Kern- und Einzelfragen*) und in welcher Form (*Ergebnisform*) ihre Antworten ausgewertet werden. Abbildung 1.4.10 zeigt zwei Beispiele der vorgestellten Ergebnisformen aus dem beschriebenen Vorhaben.

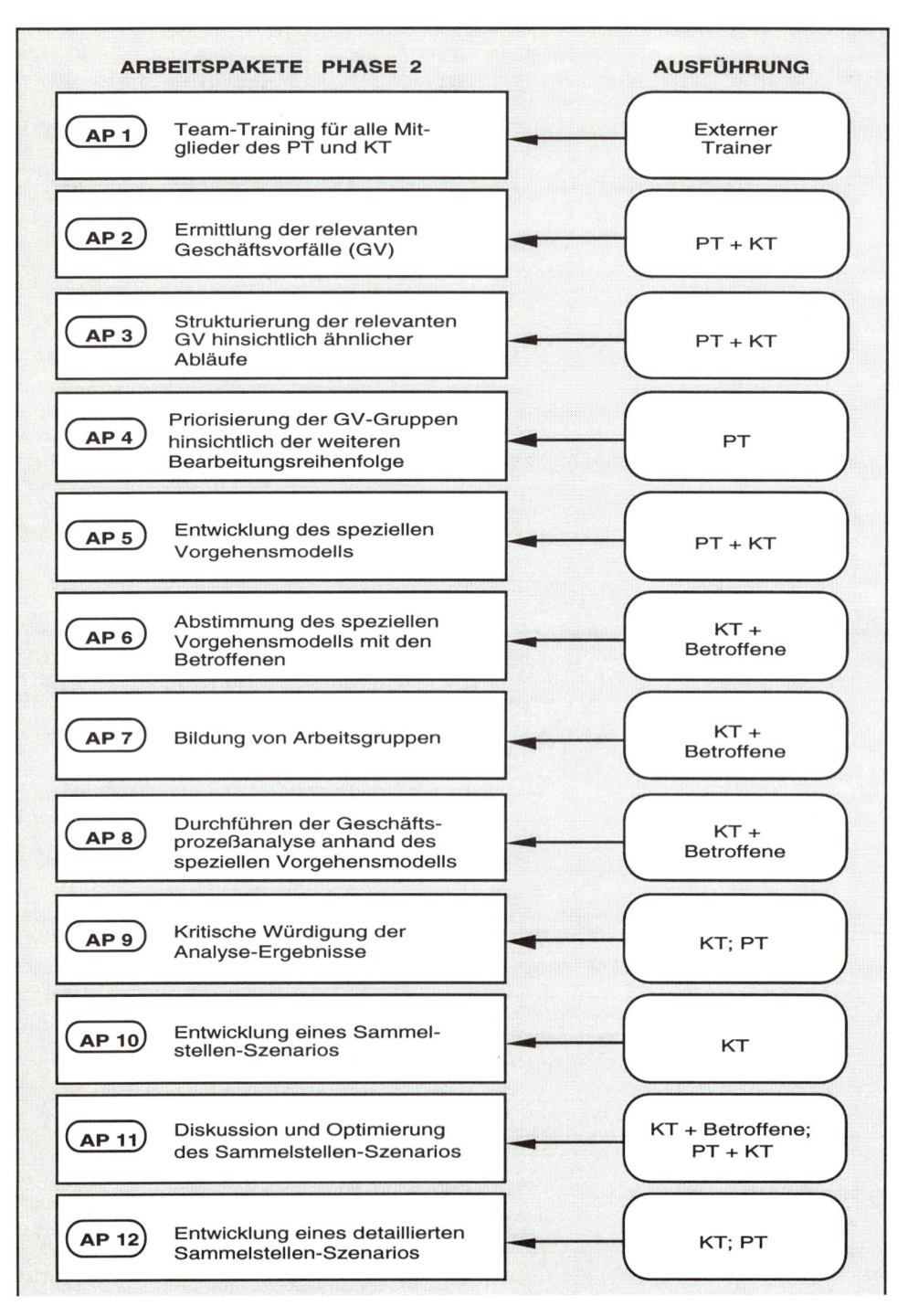

ARBEITSPAKETE PHASE 2		AUSFÜHRUNG
AP 1	Team-Training für alle Mitglieder des PT und KT	Externer Trainer
AP 2	Ermittlung der relevanten Geschäftsvorfälle (GV)	PT + KT
AP 3	Strukturierung der relevanten GV hinsichtlich ähnlicher Abläufe	PT + KT
AP 4	Priorisierung der GV-Gruppen hinsichtlich der weiteren Bearbeitungsreihenfolge	PT
AP 5	Entwicklung des speziellen Vorgehensmodells	PT + KT
AP 6	Abstimmung des speziellen Vorgehensmodells mit den Betroffenen	KT + Betroffene
AP 7	Bildung von Arbeitsgruppen	KT + Betroffene
AP 8	Durchführen der Geschäftsprozeßanalyse anhand des speziellen Vorgehensmodells	KT + Betroffene
AP 9	Kritische Würdigung der Analyse-Ergebnisse	KT; PT
AP 10	Entwicklung eines Sammelstellen-Szenarios	KT
AP 11	Diskussion und Optimierung des Sammelstellen-Szenarios	KT + Betroffene; PT + KT
AP 12	Entwicklung eines detaillierten Sammelstellen-Szenarios	KT; PT

Abb. 1.4.8: Vorgehensrahmenplan für Projektphase 2 auf Basis der Geschäftsprozeßanalyse

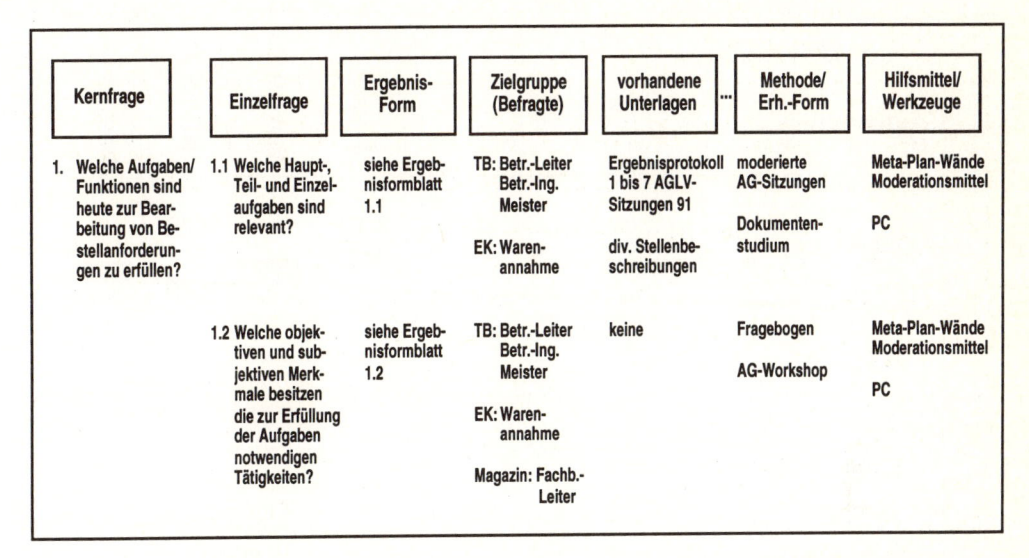

Kernfrage	Einzelfrage	Ergebnis-Form	Zielgruppe (Befragte)	vorhandene Unterlagen	Methode/ Erh.-Form	Hilfsmittel/ Werkzeuge
1. Welche Aufgaben/ Funktionen sind heute zur Bearbeitung von Bestellanforderungen zu erfüllen?	1.1 Welche Haupt-, Teil- und Einzelaufgaben sind relevant?	siehe Ergebnisformblatt 1.1	TB: Betr.-Leiter Betr.-Ing. Meister EK: Warenannahme	Ergebnisprotokoll 1 bis 7 AGLV-Sitzungen 91 div. Stellenbeschreibungen	moderierte AG-Sitzungen Dokumentenstudium	Meta-Plan-Wände Moderationsmittel PC
	1.2 Welche objektiven und subjektiven Merkmale besitzen die zur Erfüllung der Aufgaben notwendigen Tätigkeiten?	siehe Ergebnisformblatt 1.2	TB: Betr.-Leiter Betr.-Ing. Meister EK: Warenannahme Magazin: Fachb.-Leiter	keine	Fragebogen AG-Workshop	Meta-Plan-Wände Moderationsmittel PC

Abb. 1.4.9: Beispielhaftes Raster für ein Vorgehensmodell zur Geschäftsprozeßanalyse (teilweise ausgefüllt)

Basierend auf dem vollständig erarbeiteten und zwischen PT und KT abgestimmten Raster konnten tagesgenaue Aktivitäten-, Zeit- und Ressourcenpläne erstellt werden. Raster und Pläne wurden anschließend in eine Unterlage umgesetzt, die *allen* Beteiligten/Betroffenen in kompakter Form einen strukturierten Überblick über Inhalte, Methode und Zeiten der eigenen Beteiligung gab. Diese Unterlage stellt gleichzeitig die schriftlich fixierte Form des speziellen Vorgehensmodells für die modellhafte Konzeption und Umsetzung des Sammelstellenkonzeptes in den Technischen Betrieben dar.

In Teil A der Arbeitsunterlagen wurden (vorbereitet vom KT) alle für das Verständnis der Erhebungen notwendigen Begriffe ("Bestellanforderungsklassen", "Durchlaufzeit", "Funktionen", "Funktionsträger", "Geschäftsvorfall", "Stellen", "Vorgang" u. v. m.) erläutert. Teil B bildete das bereits beschriebene vollständige Vorgehens-Raster mit allen Ergebnisform-Darstellungen. In Teil C wurden arbeitspaketbezogen die Zeitrahmen zur Bearbeitung für die KT- und AG-Mitglieder sowie für alle zu befragenden Mitarbeiter dargestellt. Teil D beinhaltet für jedes Arbeitspaket und jeden einzelnen Vorgehensschritt eine konkrete Beschreibung hinsichtlich

- Ziel des Vorgehensschrittes,
- Beschreibung des Vorgehensteilschrittes,
- Abwicklungsmodalitäten,
- Ablauf (z. B. der einzelnen Arbeitssitzungen),
- Prozeßfragen,
- Fragen für schriftliche Erhebungen,
- Vorbereitungsaktivitäten sowie
- Kontaktadressen für Rückfragen.

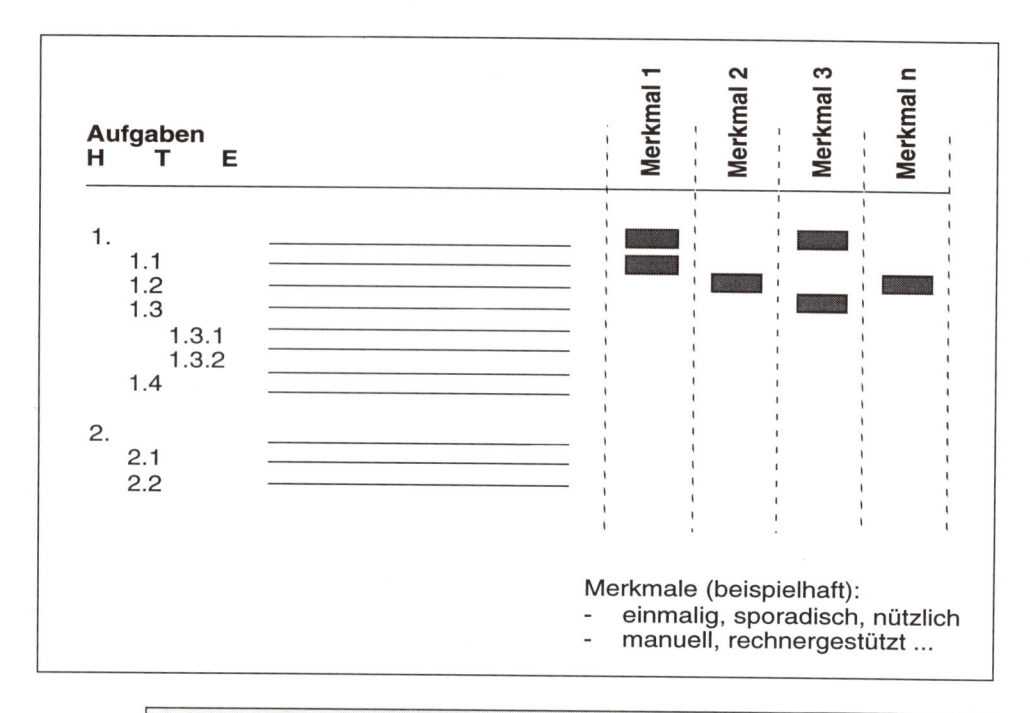

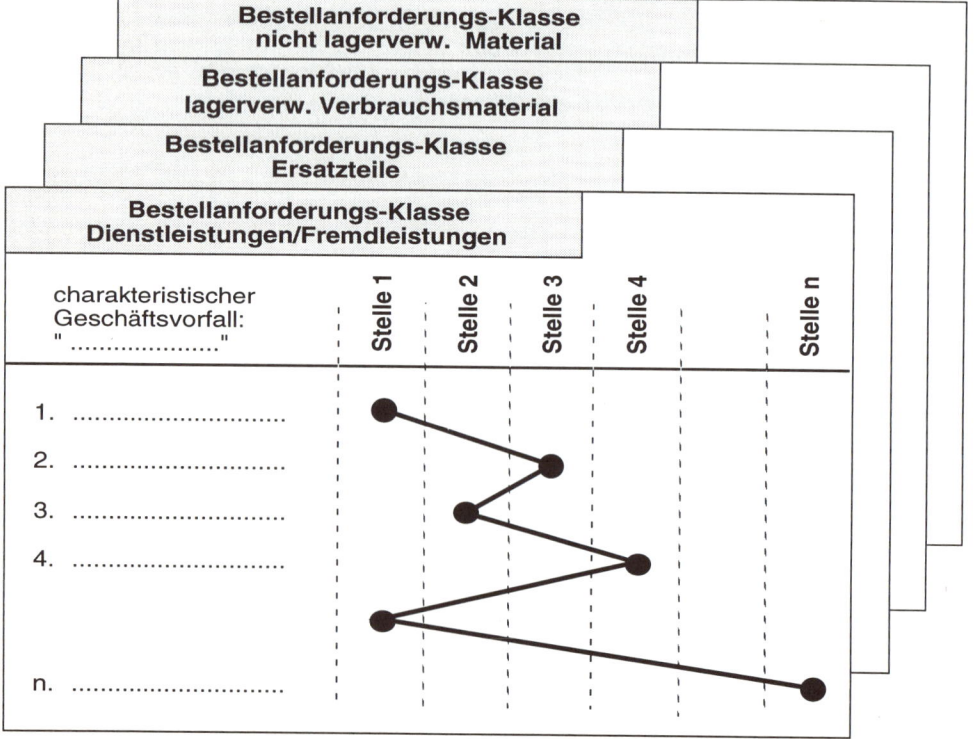

Abb. 1.4.10: Beispielhafte Ergebnisform-Darstellungen

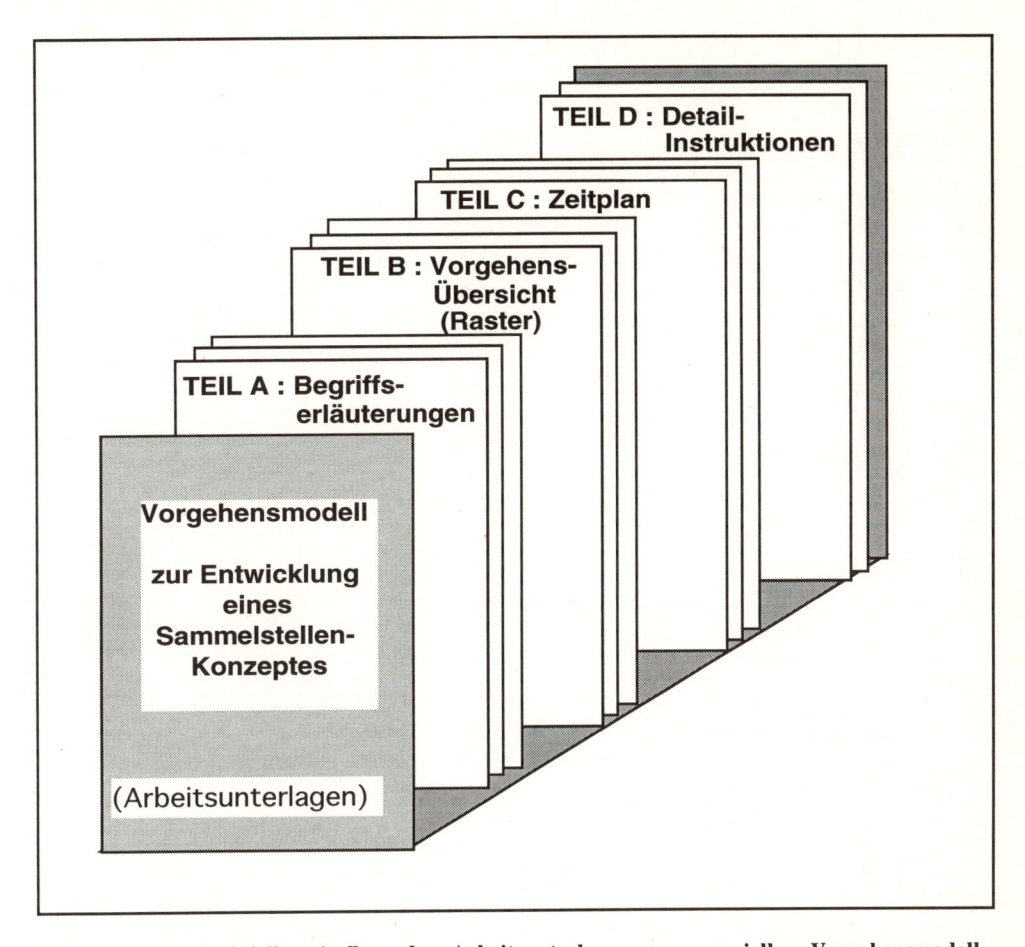

Abb. 1.4.11: Prinzipieller Aufbau der Arbeitsunterlagen zum speziellen Vorgehensmodell

Die Erstellung und Abstimmung dieser Unterlagen dauerte insgesamt drei Wochen. Trotz dieses scheinbar hohen Vorbereitungsaufwandes hat es sich (in diesem wie auch in zahlreichen vergleichbaren Projekten) als ein *wesentlicher Erfolgsfaktor* für den weiteren Projektverlauf und die anschließenden weiteren OE/PE-Aktivitäten des Unternehmens A erwiesen, daß kein Vorgehensmodell "von der Stange" eingesetzt wurde, sondern daß vielmehr die maßgeblichen Projektbeteiligten (in diesem Fall die Projektleitung, die Mitglieder des KT und des PT) gemeinsam (unter Mithilfe des Beraters) die entsprechenden Inhalte und Methoden erarbeitet haben. Hierdurch wurde ein hoher Grad der Identifikation mit dem Veränderungsprozeß und eine hohe Bereitschaft für die notwendigen Lernprozesse erreicht.

1.4.2.3.7 Abstimmung des speziellen Vorgehensmodells mit den Betroffenen

Die beschriebenen Unterlagen wurden über die entsprechenden Führungskräfte an alle Betroffenen geleitet mit der Bitte, innerhalb von 14 Tagen zu prüfen, ob aus ihrer Sicht Änderungen sinnvoll seien oder generell Fragen zum Vorgehensmodell bestehen. Eingehende Änderungsvorschläge wurden mit den Mitgliedern des KT besprochen und eingearbeitet. In einer abschließenden einstündigen Informationsveranstaltung wurde das endgültige Vorgehensmodell von der PL präsentiert und letzte Fragen im Plenum beantwortet.

1.4.2.4 Erfahrungen aus der praktizierten Projektarbeit

Insgesamt wurden in drei Monaten 36 Geschäftsprozesse analysiert. Im Rahmen der anschliessenden kritischen Würdigung (Ist-Zustand der Geschäftsprozesse in bezug auf Projektziel, Rahmenbedingungen und Szenario) wurden zunächst global drei charakteristische "Gruppen von Schwachstellen" festgestellt:

- *Schwachstellengruppe 1:*   Aufgaben und Abläufe

- *Schwachstellengruppe 2:*   Unzureichende Ordnungssysteme
                               (Nummernsysteme, Formulare etc.)

- *Schwachstellengruppe 3:*   Unzureichende Datenintegration der vorhandenen
                               Informationsverarbeitungs-Systeme

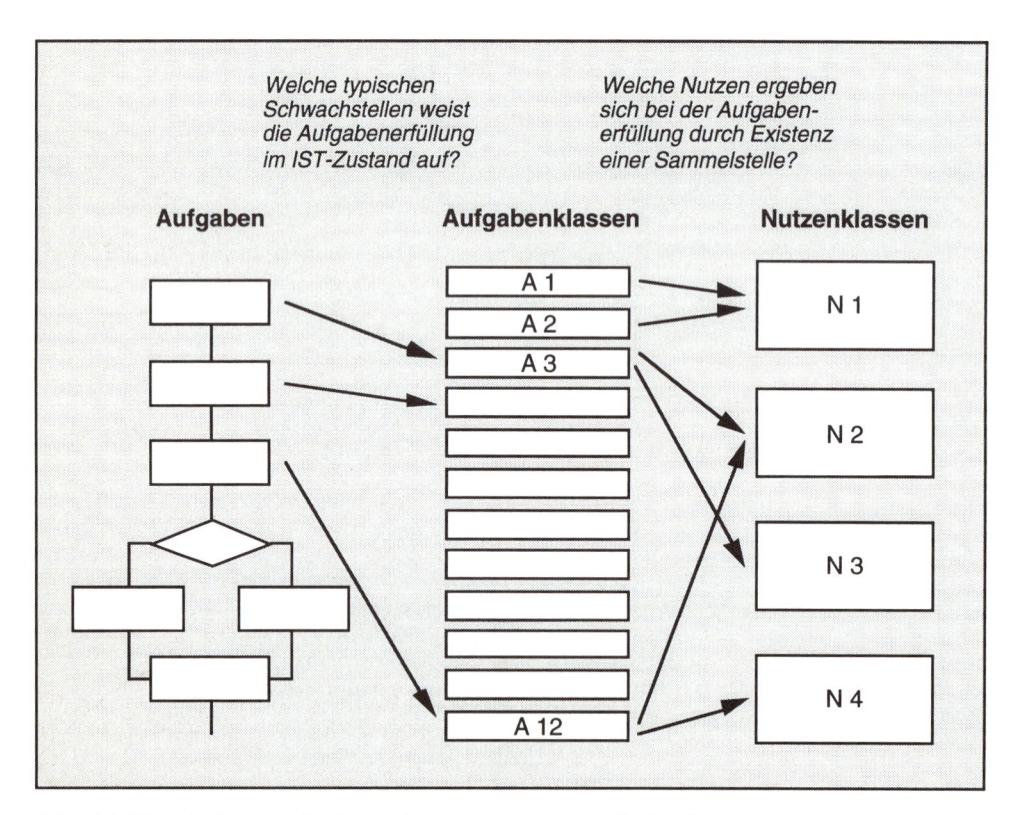

Abb. 1.4.12:   Aufgabenorientierte Auswertungssystematik je Geschäftsprozeß

Die Schwachstellengruppe 2 besaß nicht nur Gültigkeit für die in diesem Projekt betrachteten Geschäftsprozesse. Die Bearbeitung dieser Schwachstellen wurde daher auch vom LA als "dringende und permanente" Aufgabe für das gesamte Unternehmen angesehen. Ein vom PT vorbereiteter Entschluß des LA führte im Rahmen einer Meilensteinsitzung dazu, *neben* dem eigentlichen Projekt *Arbeitskreise* zu installieren. Diese Arbeitskreise sollten sich zukünftig dauerhaft mit der Entwicklung, Anpassung und Pflege entsprechender Ordnungssysteme beschäftigen. Die Organisation der Arbeitskreise selbst sollte effiziente Abstimmungen (der Arbeitskreisergebnisse) mit der Linienorganisation und der Projektorganisation aller Projekte im Unternehmen sicherstellen.

Nutzen-klasse	Bezug zu Aufgabenklassen	Maßnahme	Auswirkung	Nutzen
N1	Für alle Aufgaben, die sowohl vom bisherigen Aufgabenträger (dezentral) als auch in einer Sammelstelle (zentral) "gleich gut" ausgeführt werden können	Verlagerung der Aufgaben/Tätigkeiten in die Sammelstelle; zentrale "gleich gute" Aufgabenerfüllung in der Sammelstelle	zeitliche Entlastung der bisherigen Aufgabenträger (z. B. Meister)	höhere zeitliche Kapazität der bisherigen Aufgabenträger zur Erfüllung höherwertiger Aufgaben
N2	Für alle Aufgaben, die infolge einer verbesserten Informationsgrundlage in der Sammelstelle dort "besser" ausgeführt werden können	Verlagerung der Aufgaben/Tätigkeiten in die Sammelstelle; zentrale "gleich gute" Aufgabenerfüllung in der Sammelstelle; zentrale Aufbereitung von Informationen in der Sammelstelle	zeitliche Entlastung der bisherigen Aufgabenträger (z. B. Meister); verbesserte Informationsbasis für die Aufgaben der Sammelstelle; "bessere" Aufgabenerfüllung	höhere zeitliche Kapazität der bisherigen Aufgabenträger zur Erfüllung höherwertiger Aufgaben; kürzere Bearbeitungs-, Wegezeiten; Einhaltung von Skontofristen; verbesserte Ressourcenübersicht; reduzierte Lagerbestände
N3	Für alle Aufgaben, die beim bisherigen Aufgabenträger verbleiben; die aber durch die Existenz der Sammelstelle als "zentrale Beratungsstelle" "besser" ausgeführt werden können	zentrale Aufbereitung von Informationen in der Sammelstelle; Verbesserung der Informationsmenge (Sammelstelle ist kompetenter Ansprechpartner)	verbesserte Informationsbasis für die Aufgaben der Sammelstelle; direkte Informationsbasis für bisherige Aufgabenträger; "bessere" Aufgabenerfüllung	kürzere Bearbeitungs-, Wegezeiten; Einhaltung von Skontofristen; verbesserte Ressourcenübersicht; reduzierte Lagerbestände
N4	Für alle Aufgaben, die im neuen Ablauf transparenter, schneller, ... werden, ohne daß sie von der Funktion einer Sammelstelle direkt beeinflußt werden	Optimierung des Gesamtablaufes; klare Beschreibung des Gesamtablaufes	transparente Abläufe; schnellere Abläufe	kürzere Bearbeitungs-, Wegezeiten; Einhaltung von Skontofristen; verbesserte Ressourcenübersicht; reduzierte Lagerbestände

Abb. 1.4.13: Schwachstellenorientierte Aufgabenklassen und Nutzenpotentiale

Zur qualitativen und quantitativen Beurteilung des Nutzens einer organisatorischen Veränderung im Sinne des Sammelstellenansatzes entwickelte das KT eine spezielle Auswertungssystematik für die schwachstellenrelevanten Aufgaben innerhalb der betrachteten Geschäftsprozesse (Schwachstellengruppe 1), die in Abbildung 1.4.12 dargestellt ist. Abbildung 1.4.13 gibt auszugsweise die detaillierte Aufgaben- und Nutzenklassenbeschreibungen wieder.

Basierend auf den entsprechenden Auswertungen konnten vom KT und PT diejenigen Aufgaben (verbunden mit Verantwortlichkeiten, Kompetenzen und notwendigen Qualifikationen) definiert werden, die zukünftig sinnvoller von einer Sammelstelle auszuführen waren. Diese Aufgaben wurden von den KT-Mitgliedern in den entsprechenden Projektarbeitsgruppen vorgestellt und mit den potentiell Betroffenen diskutiert. Letztlich wurden vom KT und den Projektarbeitsgruppen im gleichen Detaillierungsgrad wie bei der Analyse Darstellungen szenarischer Geschäftsprozesse bei Existenz einer Sammelstelle entwickelt und mit allen Betroffenen diskutiert.

1.4.2.5 Ergebnisse der Projektarbeit

Den im Rahmen des Projektes letztlich entwickelten, prinzipiellen Ablauf der zukünftigen Auftragsabwicklung im Unternehmen A zeigt Abbildung 1.4.14.

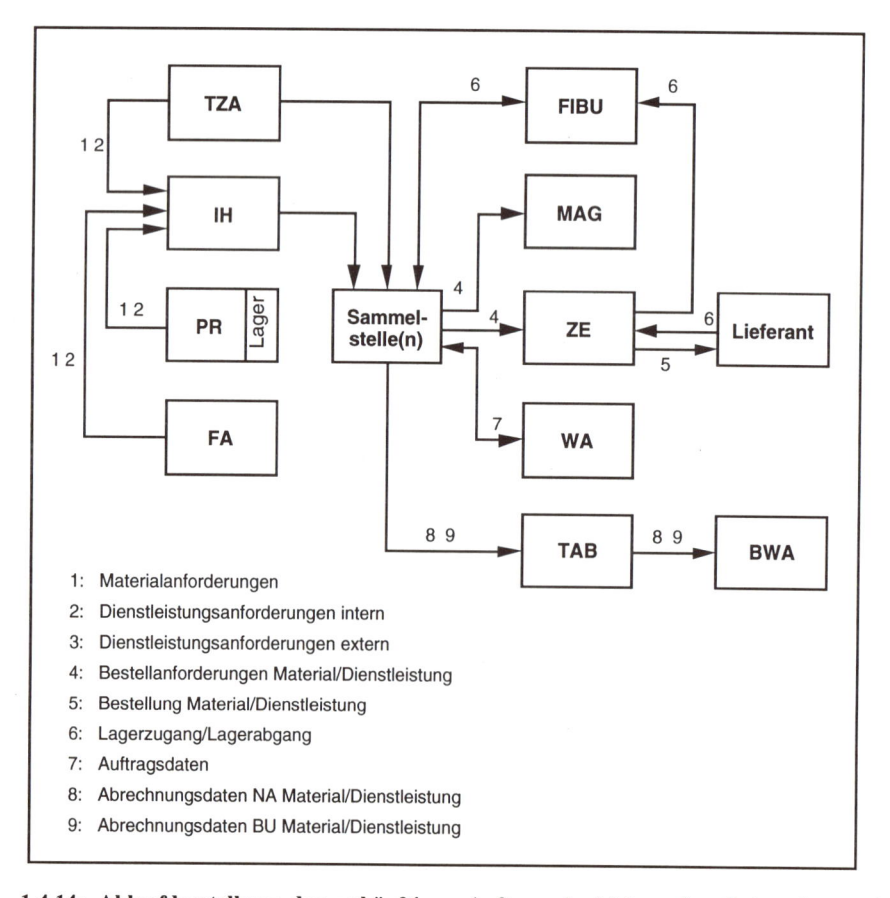

1: Materialanforderungen
2: Dienstleistungsanforderungen intern
3: Dienstleistungsanforderungen extern
4: Bestellanforderungen Material/Dienstleistung
5: Bestellung Material/Dienstleistung
6: Lagerzugang/Lagerabgang
7: Auftragsdaten
8: Abrechnungsdaten NA Material/Dienstleistung
9: Abrechnungsdaten BU Material/Dienstleistung

Abb. 1.4.14: Ablaufdarstellung der zukünftigen Auftragsabwicklung im Unternehmen A

Weitere unmittelbare Ergebnisse des Vorhabens waren:

- eine detaillierte Funktionsbeschreibung für die Sammelstelle(n),

- eine detaillierte Beschreibung aller relevanten Geschäftsprozesse nach Einführung der Sammelstelle(n),

- ein abgeleitetes fachliches Konzept zur informationstechnischen Unterstützung,

- eine qualitative und quantitative Personalplanung (insbesondere für die Mitarbeiter der Sammelstellen),

- ein entsprechendes Qualifizierungskonzept.

Insgesamt führte die Einführung des Sammelstellenkonzeptes zu unmittelbaren Kosteneinsparungen von über 500 TDM/Jahr, denen ein (einmaliger) Projektaufwand von ca. 350 TDM gegenüberstand. Die Gesamtprojektdauer betrug 18 Monate.

Zusätzliche PE- und OE-relevante Ergebnisse des Vorhabens waren:

- die Institutionalisierung eines Projektmanagements im Unternehmen,

- die Realisierung des beschriebenen Arbeitskreiskonzeptes als eine weitere spezielle Form institutionalisierter OE im Unternehmen sowie

- die Berücksichtigung von Projektarbeit und der Beratung als zukünftige PE-Maßnahmen im Unternehmen.

1.4.3 Entwicklung eines rechnerintegrierten Informationssystem-Konzeptes für ein mittelständisches Produktionsunternehmen

1.4.3.1 Die betriebliche Ausgangssituation

Im zweiten Fallbeispiel handelt es sich um ein mittelständisches Unternehmen der Kraftfahrzeugbranche (im weiteren als Unternehmen B bezeichnet). Zum Produktprogramm zählen Auflieger, Anhänger, Kippaufbauen und Pritschenfahrzeuge, die als Standard- oder Sonderfahrzeuge gefertigt werden. Im Betrachtungszeitraum beschäftigte das Unternehmen 70 Mitarbeiter. Die Aufbauorganisation des Unternehmens ist eindimensional und funktionsorientiert ausgeprägt. Weitere betriebstypische Merkmale zeigt Abbildung 1.4.15. Die Ausgangssituation des Unternehmens B wies folgende charakeristische, für den Erhalt der Wettbewerbsfähigkeit kritische Problemstellungen auf:

- steigende Variantenvielfalt aufgrund spezieller Kundenwünsche,

- konstruktive arbeitsplanerische und kalkulatorische Daten *ähnlicher* Nicht-Standard-Produkte konnte für Neukonstruktionen nicht genutzt werden,

- hohe Durchlaufzeiten aufgrund schlechter Planbarkeit der Fertigungsabläufe und Kapazitäten,

- häufig hohe Zusatzkosten (Überstunden-, Feiertagszuschläge) durch Steuerung der Fertigungsabläufe "nach Gefühl",

- hohe Kapitalbindungskosten durch kostenintensive Lagermaterialien (Achsen etc.), die nicht zeitoptimal disponiert werden konnten,

- ungenügende Liefertermintreue.

Innerhalb einiger betrieblicher Abteilungen existierten zu Beginn des Vorhabens rechnergestützte Informationssysteme auf unterschiedlichen Software- und Hardwareplattformen (CAD-System, Einkaufssystem, FiBu-System, Auftragsabwicklungssystem). Ein Datenaustausch bzw. eine Datenintegration zwischen den einzelnen Anwendungssystemen war nicht möglich.

MERKMALE	MERKMALSAUSPRÄGUNGEN			
Erzeugnis-spektrum	Erzeugnis nach Kundenspezifikation	Typisierte Erzeugnisse mit kundenspez. Varianten 20 %	Standarderzeugnisse mit Varianten 60 %	Standarderzeugnisse ohne Varianten 20 %
Erzeugnisstruktur	Einteilige Erzeugnisse	Mehrteilige Erzeugnisse mit einfacher Struktur	Mehrteilige Erzeugnisse mit komplexer Struktur	
Auftragsauslösungsart	Produktion auf Bestellung mit Einzelaufträgen 100 %	Produktion auf Bestellung mit Rahmenaufträgen	Produktion auf Lager	
Dispositionsart	Disposition kundenauftragsorientiert 80 %	Disposition überwiegend kundenauftragsorientiert 20 %	Disposition überwiegend programmorientiert	Disposition programmorientiert
Beschaffungsart	Fremdbezug unbedeutend 20 %	Fremdbezug in größerem Umfang 80 %	Weitestgehend Fremdbezug	
Fertigungsart	Einzelfertigung 70 %	Einzel- und Kleinserienfertigung 30 %	Serienfertigung	Massenfertigung
Fertigungsablaufart	Baustellenfertigung	Werkstattfertigung 100 %	Gruppen- und Linienfertigung	Fließfertigung
Fertigungsstruktur	Fertigung mit geringer Tiefe 20 %	Fertigung mit mittlerer Tiefe 80 %	Fertigung mit großer Tiefe	

Abb. 1.4.15: Betriebstypologische Merkmale des Unternehmens B

Primäre Ausgangsfragen der Geschäftsführung lauteten:

- Welche organisatorischen, informationstechnischen und personellen Veränderungen müssen kurz- und mittelfristig durchgeführt werden, um wettbewerbsfähig bleiben zu können?

- Wie sieht insbesondere ein sinnvolles Konzept zur *rechnerintegrierten* Datenverarbeitung aus?

- Wie sollen Führungskräfte und Mitarbeiter die Problemlösungen bestmöglich angehen? ("Wer kümmert sich dazu wann um was, wenn einerseits alle Führungskräfte und Mitarbeiter ständig aus- (bis über-)lastet sind, andererseits nur ein eng begrenztes Kapital zur Verfügung steht, um externe Hilfe einzukaufen?")

Weder die Führungskräfte noch die Mitarbeiter des Unternehmens B besaßen ausreichende Erfahrungen hinsichtlich systematischer Gruppen- und Teamarbeit. Ebenfalls lagen keinerlei praktische Erfahrungen hinsichtlich Projektarbeit und Beratung bei OE-/PE-bezogenen Themen vor. Durch die Teilnahme an einer Seminarveranstaltung zum Thema "Betriebsinnovation bei kleinen und mittelständischen Unternehmen" wurde der "Juniorchef" (Abteilungsleiter der Fertigung) auf die Möglichkeiten und Nützlichkeiten derartiger OE-/PE-Maßnahmen aufmerksam. Nach einer Abstimmung mit der gesamten Unternehmensführung beauftragte er einen externen Berater, der das Vorhaben begleiten sollte.

1.4.3.2 Einführung einer Projektorganisation

Die Geschäftsführung und alle Abteilungsleiter nahmen an einem ersten, vom externen Berater moderierten "Orientierungs-Workshop" teil. In diesem Workshop wurde beschlossen, ein Projekt durchzuführen, um die erkannten Problemstellungen des Unternehmens weitestgehend zu beseitigen. Folgende Projektorganisation wurde vereinbart:

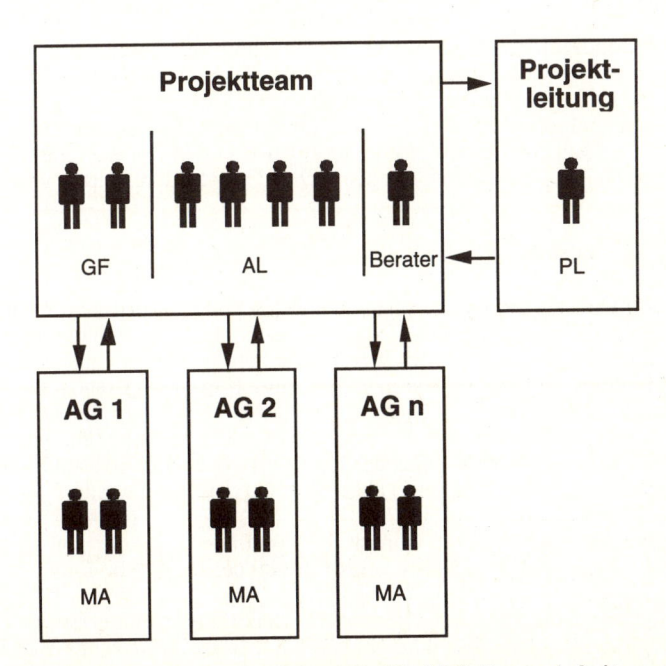

Abb. 1.4.16: Projektorganisation (Projektteam, Projektleitung, Arbeitsgruppen)

- die beiden Geschäftsführer, alle Abteilungsleiter sowie der externe Berater bilden ein Projektteam (PT),

- die Projektleitung (PL) übernimmt der Abteilungsleiter der Fertigung,

- einzelne definierte Arbeitsgruppen (AG) unterstützen das PT im Rahmen spezieller Arbeitspakete.

Die *Spielregeln* ("Wer kümmert sich um was?") wurden anschließend gemeinsam festgelegt. Dem PT in Unternehmen B wurden dabei sowohl die Aufgaben eines Lenkungsausschusses als auch die des Projektteams aus Fallbeispiel 1 zugeteilt (vgl. Kapitel 1.4.2.2.2). Dem Berater kam eine besondere Verantwortung hinsichtlich der Qualitätssicherung des Projektmanagements in der "Anlauf-Phase" zu.

In einem zweiten Workshop des PT wurde das konkrete *Projektziel* definiert: "Entwicklung eines rechnerintegrierten Informationssystem-Konzeptes auf Basis einer verbesserten betrieblichen Ablauforganisation".

1.4.3.3 Entwicklung einer speziellen Vorgehenssystematik

Im Rahmen eines dritten moderierten Workshops wurde vom PT eine inhaltliche und zeitliche Gliederung des Gesamtprojektes in zwei Phasen erarbeitet:

- Phase 1: Konzepterstellung (Dauer: 3 Monate)
- Phase 2: Umsetzung (Dauer: 18 Monate)

Für die Phase 1 wurde in zwei weiteren Workshops eine prinzipielle *Vorgehenssystematik* entwickelt. Die Anwendung dieser Vorgehenssystematik sollte sicherstellen, daß strategisch richtige und betriebswirtschaftlich sinnvolle (finanzierbare) Handlungsempfehlungen hinsichtlich organisatorischer und informationstechnischer Veränderungen entwickelt sowie der kurz- und mittelfristig notwendige Qualifizierungsbedarf (für funktionale und extrafunktionale Qualifikationen) abgeleitet werden konnten. Die einzelnen Vorgehensschritte sind in Abbildung 1.4.17 dargestellt. Für alle Vorgehensschritte wurden moderierte gruppenorientierte Methoden vorgesehen. In einzelnen moderierten Sitzungen (beispielsweise zur Zielfindung, Zielstrukturierung und Teilzielbildung) sollten Erfahrungswerte des Beraters aus vergleichbaren Vorhaben einfließen. Hierzu wurden jeweils entsprechend beschriftete Karten vorbereitet.

1.4.3.4 Umsetzung der speziellen Vorgehenssystematik

Im weiteren wird die Durchführung der wesentlichen Vorgehensschritte beschrieben. Vorgehensschritt 3 begann mit einem vom Berater moderierten ganztätigen Workshop, in dem zunächst die wesentlichen Ziele der geplanten Veränderungsprozesse im Unternehmen aus Sicht des PT festgestellt wurden. Vorbereitet waren dabei einige Karten mit branchenüblichen Zielen ("Qualität", "Flexibilität", "Service" ...). Diese Ziele wurden vom PT größtenteils übernommen und um einige weitere unternehmensspezifische Ziele ergänzt. Anschließend wurden die Ziele untereinander gewichtet. In gleicher (vorbereiteter) Weise konnten rasch Teilziele ("Produktqualität", "Qualität der Zukaufteile" etc.) abgeleitet und gewichtet werden.

Zur Operationalisierung dieser Teilziele wurden Soll- und Ist-Ausprägungen, soweit möglich, beschrieben und ein anzustrebender Realisierungszeitraum definiert (Abbildung 1.4.18).

Bei der Ermittlung der relevanten Geschäftsvorfälle (halbtägiger moderierter Workshop) zu Beginn des Vorgehensschrittes V 4 konnte ebenfalls auf branchentypische Nennungen (vorbereitet auf Karten) zurückgegriffen werden. Die schematische Darstellung eines anschließend in Vorgehensschritt V 4 entwickelten Geschäftsrozesses zeigt Abbildung 1.4.19.

VORGEHENS-SCHRITT	INHALT
V 1	**Orientierung/Situationsanalyse** • Erfassen allgemeiner Unternehmensdaten • Abgrenzung des Unternehmensbereiches • Grobanalyse des Unternehmens (Produktprogramm, Ressourcen, Aufbauorganisation, Mitarbeiterqualifikationen) • Grobanalyse der Unternehmensumwelt (Konkurrenten, Lieferanten, Kunden, Marktentwicklung ...)
V 2	**Geschäftsfeldbetrachtung** • Soll-/Ist-Ausprägung strategischer Geschäftsfelder
V 3	**Ermittlung und Bewertung operationaler Teilziele (kritische Erfolgsfaktoren)** • Zielfindung, Zielstrukturierung, Teilzielbildung • Teilzieloperationalisierung • Ziel- und Teilzielgewichtung
V 4	**Geschäftsprozeßanalyse** • Ermittlung der relevanten Geschäftsvorfälle • Entwicklung von Geschäftsprozeßdarstellungen • Stark-/Schwachstellenbetrachtung
V 5	**Geschäftsprozeßmodellierung** • Entwicklung optimierter Geschäftsprozesse (Szenarien) • Entwicklung eines Datenmodells (auf Basis Entity-Relationship)
V 6	**Maßnahmenplanung (organisatorische, informationstechnische, qualifikatorische Maßnahmen)** • Organisatorische Veränderungen • Informationstechnische Veränderungen (Pflichtenheft) • Qualifizierungsbedarf • Qualifizierungsmaßnahmen • Vorbereitende Maßnahmen zur Umsetzung • (Projekt-)übergreifende OE-/PE-Handlungsempfehlungen • Maßnahmenbewertung anhand der Teilzieloperationalisierung (aus V 3)

Abb. 1.4.17: Vorgehensschritte V1 bis V6 der Vorgehenssystematik für die Konzepterstellungs-Phase

Bewertung	Ziele	Bewertung	Teilziele	Erfolgsfaktoren	Maßnahmen zur Zielerreichung	Quantitative Ausprägung Ist/Soll	Realisationszeit			
							sofort	schnellst-möglich	mittelfristig ca. 93-94	langfristig ab 94
22%	Qualität ↑ (Q)	15%	Produktionsqualität der Informationen • Infoflüsse • Kommunikation • Vorschriften • Normen, Regeln (Q4)	Aktualität ↑	Tägliche Postbesprechung einführen, Fax und andere wichtige Informationen sofort an die entsprechenden Stellen weiterleiten.	60% – 100%		X		
				Zuverlässigkeit ↑	Wichtige Informationen per EDV oder schriftlich weitergeben	70% – 100%		X		
				Vollständigkeit ↑	Durchsicht der AB vor Versand, Durchsprache mit TB. Richtlinien aufstellen für die Materialbereitstellung an Subunternehmen.	80% – 100%		X		
				Informationseffektivität (Informationsfluß) ↑	Tägliche Postbesprechung einführen, Fax und andere wichtige Informationen sofort an die entsprechenden Stellen weiterleiten (wie bei Aktualität)					
			...	...	...					
8%	Service ↑ (S)	30%	Kundenservice, Lieferservice (S3)	Lieferzeiten (gewünschter Termin realisieren) ↑	Exaktere Planung. Siehe F 6. Bei Lieferterminverzögerung schnelle Information an Kunden.	50% – 80%			X	
				Beratung ↑	Schulung der ADM. Regelmäßige Produktbesprechungen VK-Technik-EK.	60% – 90%			X	
				Kundeneinweisung ↑	Betriebsanleitung aufstellen und dem Kunden mitgeben. Einweisung durch den Meister bei Abholung.	60% – 90%			X	
				Bearbeitungszeiten für Kundenanfragen →	Schnellere Bearbeitung der Anfragen. Formular für Angebotsanfrage (typenbezogen) entwickeln und nutzen (wie unter S1 "Zeit für Angebotserstellung").					

Abb. 1.4.18: Beispiel einer Zielfindung, -strukturierung, -operationalisierung und -gewichtung

Prozeßdarstellung je Geschäftsvorfall

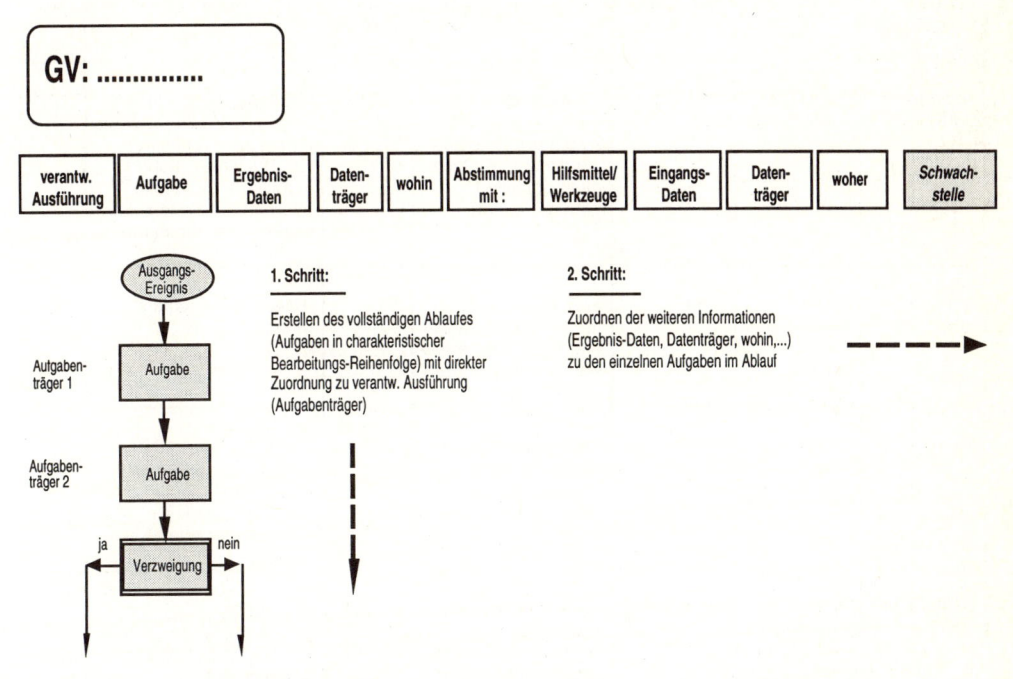

Abb. 1.4.19: Schematische Darstellung eines Geschäftsprozesses mit Angabe der Entwicklungsschritte

Die kritische Würdigung (Stark-/Schwachstellenbetrachtung) aller relevanten Geschäftsprozesse (in drei ganztätigen moderierten Workshops) anhand der vorgegebenen Zielsetzungen aus Vorgehensschritt V 3 ermöglichte neben der Feststellung einzelner organisatorischer, qualifikatorischer und informationstechnischer Schwachstellen innerhalb eines einzelnen Geschäftsprozesses auch deren Zuordnung zu den Einzelzielen im Sinne der Fragestellung: "Auf welche Einzelziele hat die Beseitigung der Schwachstelle eine positive Auswirkung?" Entsprechend der in Vorgehensschritt V 3 durchgeführten Gewichtungen konnten somit letztlich (V 6) auf einfache Weise Prioritäten für die Handlungsempfehlungen abgeleitet werden (Abbildung 1.4.20).

1.4.3.5 Projektübergreifende PE-/OE-relevante Ergebnisse

Am Ende beider Projektphasen wurde vom PT jeweils ein spezieller Workshop zur Aufbereitung (im Sinne einer Reflexion) der von den einzelnen gewonnenen Erfahrungen im Projekt durchgeführt. Dabei stellten sich im wesentlichen zwei projektübergreifende Erkenntnisse heraus:

1. Die Bedeutung der extrafunktionalen Qualifikationen für effektive und effiziente Veränderungsprozesse wurde erkannt. Entsprechend wurde für die Zukunft eine systematische Personalentwicklung aller Führungskräfte und zahlreicher Mitarbeiter angestrebt.

2. Die Wirksamkeit von speziellen Formen der Gruppen- und Teamarbeit für permanente Veränderungs- und Lernprozesse wurde erkannt.

Ge-schäfts-vorfall	Aufgabe	Durch-führende Stelle	Schwachstelle	Betr. Teil-ziele	Handlungs-empfehlung	Prio-rität
Kunden-auftrag	Auftrag annehmen	VK, ADM	fehlende Beratung; technische Möglich-keiten der Produkte werden den Kunden nicht detailliert genug erläutert	Q1, S2, Z3, Z5, Z7, F5, C1, K1, K3	intensivere hausinterne Schulungen durchführen; monatlich Arbeitskreis "Produktinnovationen" installieren; Produkt-informationssystem (auf Datenbank) einrichten	A
Kunden-auftrag	Preise für Angebote (Sonder-Kfz) ermitteln	FiBu	z. Z. keine systema-tische Abstimmung zwischen FiBu und Fertigungsplanung	K3	Ablauf im Geschäfts-prozeß ändern	A
Montage	Chassis-Montage durchführen	Mei	Informationsmangel bei Fertigung	F5, K1, K3, Z7, Q4	Informationsbereitstel-lung durch EK verbes-sern; Datenkopplung von EK-System zu Fertigungsleitstand	B
Fertigungs-planung	Liefer-termine der Bestellteile überwachen	EK	Mangelnde Abstim-mung der Liefer-termine und Bestell-termin mit der Ferti-gungsplanung	K1, K3, Z4, Z7, Q4, F5	Wöchentliche Bauplan-besprechung mit EK und FL; Moderationstraining für alle Teilnehmer	A
Reklama-tionsbear-beitung	Abfrage: Wird Re-klamation anerkannt?	EK	Unklare Zuständig-keiten für Reklama-tionsbearbeitung; keine systematische Auswertung	K3, S2, S6	Zuständigkeiten fest-legen im Arbeitskreis "Organisation und Tech-nologie" relevante Statistiken entwickeln	B

Abb. 1.4.20: Beispielhafte Entwicklung von Handlungsempfehlungen, Zuordnung zu bewerteten Teilzielen und Ableitung von Prioritäten

Auf die anschließende Frage "Wie können wir diese Erkenntnisse in unserem Unternehmen nutzbringend umsetzen?" ergaben sich in einem weiteren Workshop u. a. folgende Antworten:

- Einführung eines moderierten Arbeitskreises "Organisation und Technologie" (vierzehntägig jeweils drei Stunden),

- Einführung einer Lernstatt in beiden Meisterbereichen der Fertigung,

- Einführung einer Supervision für alle PE-/OE-relevanten Aktivitäten im Unternehmen B mit vier speziellen Workshops pro Jahr auf Führungskräfteebene.

Alle drei aus diesen Antworten abgeleiteten projektübergreifenden Ergebnisse wurden im Unternehmen B innerhalb eines Jahres erfolgreich realisiert.

1.5 Entwicklung und Einführung eines Auftragsabwicklungssystems

M. Broschk

1.5.1 Vorgehensprinzipien

Die Effizienz der Leistungsprozesse in Unternehmen wird von der Struktur der Leistungserstellung und der Systematik der Planungs- und Steuerungsprozesse bestimmt. Auftragsabwicklung umfaßt den gesamten Prozeß der Leistungserstellung für Kundenaufträge von der Angebotsbearbeitung über die Auslieferung zum Kunden bis zum nachfolgenden After-Sales-Service. Da die Erfüllung von Markt- und Kundenanforderungen ein immer wichtigerer Wettbewerbsfaktor wird, hat auch die unternehmensindividuelle Gestaltung des Auftragsabwicklungssystems eine zunehmende Bedeutung.

Eine anforderungsgerechte Optimierung der Auftragsabwicklung im Unternehmen erfordert

- die Einbeziehung aller im Abwicklungsprozeß eingebundenen Mitarbeiter in die Konzeption,
- die gesamthafte Optimierung des Abwicklungsprozesses über alle Bearbeitungsstufen.

Die Akzeptanz einer neuen Auftragsabwicklungssystematik durch die Mitarbeiter ist besonders wichtig für die Funktionsfähigkeit des Systems. Daher hat die frühzeitige Einbindung der Mitarbeiter in den Optimierungsprozeß besondere Bedeutung für die Realisierung der erarbeiteten Konzeption. Hierdurch wird gewährleistet, daß

- praxis- und realisierungsorientierte Konzepte und Maßnahmen erarbeitet werden,
- das Know-how über die Konzeptionszusammenhänge bei den Mitarbeitern vorhanden ist,
- die Konzeption von den Mitarbeitern getragen und vertreten wird.

Zielsetzung einer Neukonzeption muß die Realisierung der neuen Ablauforganisation, d. h. die Anwendung durch die Mitarbeiter sein. Um das zu gewährleisten, werden aus allen Funktionseinheiten, die in den Auftragsabwicklungsprozeß eingebunden sind, Mitarbeiter in ein Projektteam zur Neugestaltung der Auftragsabwicklung eingebunden. Die Mitarbeiter des Projektteams müssen über fundierte Kenntnisse der Funktionszusammenhänge des Unternehmens verfügen und entsprechende Akzeptanz im Unternehmen haben. Hierdurch werden die Projektteammitglieder zu den Know-how-Trägern des Unternehmens, die den Mitarbeitern bei der Konzeptumsetzung für Fragestellungen zur Verfügung stehen und mit daran arbeiten, daß Anpassungen und Modifikationen im Sinne der Konzeptzielsetzung durchgeführt werden. Die Ausarbeitung konzentriert sich im wesentlichen auf die Beschreibung der Vorgehensmethodik, weniger auf die Ergebnisse. Die Vorgehensweise ist in Form eines Fallbeispiels dargestellt, das aus den Ergebnissen von Projekten zur Entwicklung und Einführung von Auftragsabwicklungssystemen zusammengestellt ist.

1.5.2 Ausgangslage

Aufgrund der Marktentwicklungen hat sich die Auftragsstruktur eines Maschinenbauunternehmens mit ca. 750 Beschäftigten von einem Kleinserien- und Wiederholteilfertiger zum Kundenauftragsfertiger mit geringem Wiederholfertigungscharakter entwickelt. Die Auftragsabwicklungssystematik ist noch nicht an die Strukturveränderungen angepaßt worden und führt dadurch zu erheblichen Problemen im gesamten Bearbeitungsprozeß.

Zu lange Lieferzeiten, regelmäßige Lieferterminüberschreitungen sowie Abstimmungs- und Koordinationsprobleme sind die wesentlichen Schwachstellen, mit denen das Management im laufenden Tagesgeschäft konfrontiert wird. Für die Neukonzeption der Auftragsabwicklung ist ein Organisationsprojekt eingerichtet worden.

1.5.3 Zielsetzung

Die Zielsetzung des Projekts bestand in der Entwicklung und Einführung eines Auftragsabwicklungssystems über alle Abwicklungsstufen eines Auftrags. Im einzelnen sollten damit die folgenden Verbesserungen erreicht werden:

- Reduzierung des Abwicklungsaufwands,
- Verkürzung der Durchlaufzeit,
- Verbesserung der Lieferzuverlässigkeit,
- Erhöhung der Transparenz über den Auftragsstatus.

Der Auftragsabwicklungsprozeß im Unternehmen umfaßte dabei im wesentlichen folgende Abwicklungsstufen:

- Angebotsbearbeitung,
- administrative Auftragsbearbeitung,
- Konstruktion/Technik,
- Arbeitsvorbereitung,
- Materialbeschaffung,
- Fertigungsplanung und -steuerung,
- Materialbereitstellung,
- Produktion,
- Qualitätssicherung,
- Versand,
- Montage.

Als Ergebnis des Projektes werden neue Abläufe konzipiert, die dazugehörigen Aufgaben und Funktionen definiert und neu zugeordnet sowie die für die Auftragsabwicklung erforderlichen Instrumentarien festgelegt.

1.5.4 Projektorganisation

Für die Projektarbeit wurde ein Projekt mit einer Durchlaufzeit von 5 Monaten eingerichtet. Das Projektteam setzte sich aus zwei Beratern und 14 Mitarbeitern des Unternehmens zusammen. Als Teammitglieder des Unternehmens sind Mitarbeiter der operativen Ebenen mit guten Kenntnissen des Tagesgeschäfts in die Projektarbeit eingebunden worden. Dabei handelt es sich um jeweils einen Vertreter der Organisationseinheiten, die in den Prozeß der Auftragsabwicklung eingebunden sind.

Für die Projektbearbeitung werden funktionsorientierte Arbeitsgruppen gebildet. Die Aufgabe des Beraters bezieht sich bei diesem Vorgehensprinzip im wesentlichen auf das Projektmanagement und die Fachmoderation. Dazu gehört auch das objektive Aufzeigen von Schwachstellen und die Erarbeitung von ersten Verbesserungs- und Lösungsansätzen. Die konzeptionellen Ergebnisse sollen so weit wie möglich aus Lösungsansätzen und Arbeitshypothesen abgeleitet und im Team gemeinsam erarbeitet werden.

Das Projektvorgehen ist in drei Phasen untergliedert:

1. Analyse
2. Konzeption
3. Realisierung

Abbildung 1.5.1 zeigt die wesentlichen Inhalte der drei Projektphasen.

Vorgehensweise

Ist-Analyse
- Zusammenstellung eines interdisziplinären Teams
- Aufnahme der Ist-Situation mit Ablaufanalysen, Funktionserhebungen und Schwerpunktinterviews
- Aufstellung eines Katalogs mit Schwachstellen, Ursachen und Lösungsansätzen

Konzeption
- Zusammenfassung der Lösungsansätze in einem Maßnahmenplan (Unterteilung in Teilprojekte)
- Erarbeitung der Neukonzeption der Auftragsabwicklung in Teilprojekten
- Vorbereitung der Unternehmensentscheidung für die Realisierung

Realisierung
- Aufstellung eines detaillierten Realisierungsplanes (als Checkliste)
- Schulung der Mitarbeiter über veränderte Abwicklungsabläufe und neue oder überarbeitete Hilfsmittel
- Einführungsbegleitung und Realisierungskontrolle sowie Detailanpassungen

Abb. 1.5.1: Wesentliche Inhalte der drei Projektphasen
(Quelle: EC Consulting Group AG 1992)

1.5.5 Ist-Analyse

1.5.5.1 Erfassung der Ist-Situation

Damit für alle Beteiligten ein gemeinsames Verständnis von der Ausgangslage gegeben ist, werden für die Ist-Analyse zuerst Schwerpunktinterviews mit den Führungskräften des Unternehmens geführt. Im Anschluß daran werden die Funktionen der im Abwicklungsprozeß eingebundenen Organisationseinheiten anhand eines Funktionskataloges erhoben. Der Funktionskatalog ist eine Auflistung aller möglichen Aufgaben, die im Rahmen der Auftragsabwicklung in Unternehmen vorkommen können. Mit Hilfe dieses Katalogs werden die Funktionen ermittelt, die innerhalb der jeweiligen Organisationseinheiten ausgeführt werden. Weiterhin können hiermit auch Aufgabendefizite für Funktionen festgestellt werden, die nicht wahrgenommen werden, nach Aufgabenstellung der Funktionseinheit aber erforderlich sind.

Für die Funktionsermittlung in den Organisationseinheiten ist ein gemeinsamer Workshop mit allen Teammitgliedern eine geeignete Vorgehensweise, zumal dabei schon die ersten Diskrepanzen in der Funktionswahrnehmung deutlich werden. Wenn für die Analyse der Abwicklungsfunktionen kein Funktionskatalog zur Verfügung steht, muß dieser mit den Teammitgliedern gemeinsam erarbeitet werden.

Die Abbildung 1.5.2 zeigt einen Auszug aus einem Funktionskatalog für die Auftragsabwicklung. Hierbei ist eine Untergliederung nach Hauptfunktionen, Teilfunktionen und Teilaktivitäten vorgenommen worden, so daß für die Analyse entsprechende Aktivitätenblöcke gebildet werden können. Je nach Detaillierungsgrad können dann für die entsprechenden Funktionsblöcke Leistungsvergleiche anhand von Leistungskennziffern vorgenommen werden.

Funktionsübersicht "Auftragsabwicklung"

Hauptfunktion	Teilfunktion	Aufgabe/Teilaktivität

5 Einkauf   1 Angebotsbearbeitung
- 1 Lieferanten auswählen
- 2 Anfragen erstellen
- 3 Angebote einholen
- 4 Angebote auf sachliche Richtigkeit prüfen
- 5 Angebote vergleichen
- 6 Verhandlungen mit Lieferanten führen
- 7 Bewertung Eigenfertigung/Fremdbezug
- 8 Vergabeentscheidung treffen

2 Bestellaktivitäten
- 1 Prüfung von Bestellanforderungen
- 2 Freigabe der Bestellanforderungen
- 3 Bestellungen schreiben
- 4 technische Prüfung der Auftragsbestätigung
- 5 kommerzielle Prüfung der Auftragsbestätigung
- 6 Terminkontrolle/-sicherung
- 7 Mahnschreiben bei Lieferverzügen
- 8 Werksabnahme beim Lieferanten
- 9 Verhandlung von Abruf-/Rahmenverträgen

Abb. 1.5.2: Auszug aus einem Funktionskatalog für die Auftragsabwicklung (Quelle: EC Consulting Group AG 1992)

In einem weiteren Schritt werden die Ist-Abläufe mit standardisierten Ablaufdiagrammen erfaßt. Dabei sind zwei Aspekte besonders wichtig.

1. Die Dokumentation der Ist-Abläufe erfolgt nach der gleichen Systematik, nach der auch die Soll-Abläufe dokumentiert werden. Dadurch werden die Projektmitarbeiter mit der Dokumentationsmethode vertraut und können bei zukünftigen Änderungen entsprechende Modifikationen im Dokumentationssystem selbständig durchführen.

2. Die Ablauferhebung wird anhand von konkreten Geschäftsvorgängen durchgeführt. Hierfür werden vom Projektteam typische aktuelle Geschäftsvorfälle ausgewählt, die für die Auftragsabwicklung im Unternehmen repräsentativ sind. Die Auftragsabwicklung wird dann entsprechend dem Auftragsdurchlauf im Unternehmen in allen Funktionseinheiten nachvollzogen. Hierzu müssen für die ausgewählten Geschäftsfälle alle Arbeitsunterlagen und Hilfsmittel von den eingebundenen Stellen bereitgelegt werden. Dadurch kann die Erhebung am Arbeitsplatz zügig durchgeführt werden, notwendige Unterlagen müssen nicht erst während der Erhebung am Arbeitsplatz zusammengetragen werden.

Im Gegensatz zur reinen Interviewtechnik ist diese Methode wesentlich objektiver. Beim Interview werden dem Organisator die Abwicklungsprozesse und Schwachstellen aus der Sicht des Anwenders dargestellt, die Ist-Analyse wird dadurch zu einer subjektiven Ist-Darstellung. Häufig werden dabei wesentliche Schwachstellen nicht erkannt, weil sie aus der Sicht des interviewten Mitarbeiters anders dargestellt werden. Bei der Ablaufanalyse auf Basis von konkreten Geschäftsfällen muß sich der Organisator mit dem Ablauf auseinandersetzen. Die daraus abgeleiteten Schwachstellen und Verbesserungsansätze resultieren dadurch aus selbst festgestellten Fakten.

Für die Erarbeitung eines neuen Auftragsabwicklungssystems ist die vollständige und detaillierte Erfassung der Ist-Situation eine wesentliche Voraussetzung, weil sonst die Gefahr besteht, daß die Konzeption auf der Grundlage von falschen oder unzureichenden Basisinformationen erstellt wird.

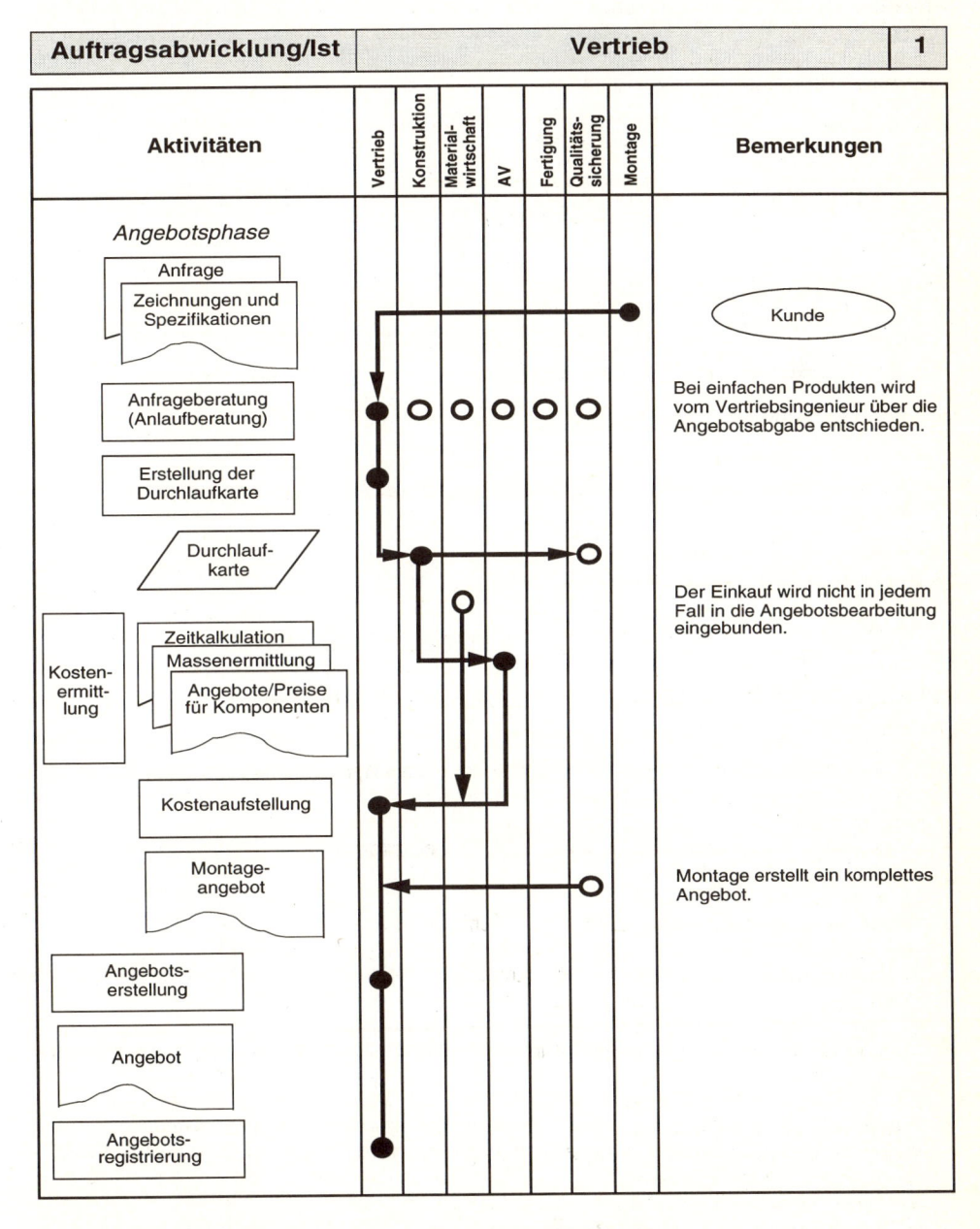

Abb. 1.5.3: Ablaufdokumentation der Auftragsabwicklung/Ist
(Quelle: EC Consulting Group AG 1992)

1.5.5.2 Analyse der Ist-Situation

Die Analyse der Ist-Situation wird im wesentlichen im Rahmen der Schwerpunktinterviews und der Erhebungen durchgeführt. Dabei ist es besonders wichtig, daß die festgestellten Schwachstellen fortlaufend dokumentiert und ausgewertet werden. Die eingesetzten Erhebungsmethoden liefern dabei die Grundlagen für die Ermittlung von Problemen und Schwachstellen. Nachfolgend sind einige typische Beispiele für Schwachstellenergebnisse mit den hierbei eingesetzten Instrumentarien aufgeführt.

Funktionsanalyse:

- gleiche Funktionen werden in unterschiedlichen Abteilungen oder Bereichen wahrgenommen,
- der Aufwand für die Funktionserfüllung ist unverhältnismäßig groß,
- es werden Aufgaben wahrgenommen, die für die Funktionserfüllung nicht mehr erforderlich sind,
- wichtige Funktionen, die im Rahmen der Aufgabenstellung abgedeckt werden müßten, fehlen,
- es besteht Unklarheit zwischen den Beteiligten, in welchen Bereichen bestimmte Aufgaben wahrgenommen werden.

Ablaufanalyse:

- der Gesamtablauf ist in sehr viele kleine Bearbeitungsschritte aufgeteilt,
- in den eingebundenen Bereichen werden separate Auftragsdokumentationen mit nahezu gleichen Inhalten geführt,
- für bestimmte Bearbeitungsschritte sind keine eindeutigen Regelungen vorhanden, so daß die Mitarbeiter nach eigenem Ermessen entscheiden,
- in einzelnen Stellen entsteht ein hoher zusätzlicher Informationsaufwand für Klärungen von Unstimmigkeiten,
- für die Auftragsbearbeitung wird auf unterschiedliche Basisdaten zugegriffen,
- es entsteht ein hoher manueller Bearbeitungsaufwand aufgrund unzureichender technischer Hilfsmittel,
- einfache Ersatzteilaufträge werden nach dem gleichen aufwendigen Schema bearbeitet wie Großaufträge,
- um eine aktuelle Information über den Auftragsfortschritt einzelner Kundenaufträge zu erhalten, müssen aufwendige Recherchen in den Fachabteilungen durchgeführt werden.

Das Ergebnis der Ist-Analyse ist ein Katalog, in dem alle festgestellten Schwachstellen mit Ursachen und möglichen Lösungsansätzen aufgelistet sind (vgl. Abbildung 1.5.4).

Schwachstelle	Ursache	Lösungsansatz
Auftragsmaterial wird in der Abwicklung wie Lagermaterial behandelt (Disposition, Lagerbestandsführung). Die Bearbeitung verursacht entsprechend hohen administrativen Aufwand.	Wechsel von dem Extrem "hohe Lagerbestände" zu dem Extrem "100 % Auftragsmaterial".	Anpassung der Ablauforganisation an die Materialkategorien Auftrags- und Lagermaterial.
Hoher Bestell- und Abwicklungsaufwand für geringwertiges Material mit regelmäßig wiederkehrendem Bedarf.	Materialbeschaffung erfolgt ausschließlich auftragsbezogen.	Aufbau eines Lagersortiments.
Fehlmengen und teilweise hohe Restmengen bei Auftragsmaterial.	Die Materialbedarfsaufgabe erfolgt vor Fertigstellung der Stückliste. Zu diesem Zeitpunkt kann der Materialbedarf erst abgeschätzt werden. Unzureichender Abgleich zwischen Stückliste und Bedarfsaufgabe.	Prinzipiell Bedarfsaufgabe erst nach Fertigstellung der Stückliste aufgeben bzw. Abgleich der Vorab-Bedarfsaufgabe.
Konstruktion gibt Bedarf für Bleche mit Fertigmaß auf (Blechzuschnitt beim Lieferanten), wodurch längere Lieferzeiten verursacht werden und die Fertigungsstunden in der Brennerei fehlen.	Falsches Kostenbewußtsein und Unkenntnis über Ablauf und Probleme in den nachfolgenden Bereichen.	Grundsätze für den Materialeinsatz und die Vergabe von Leistungen festlegen.

Abb. 1.5.4: Katalog Schwachstellen - Ursachen - Lösungsansätze
(Quelle: EC Consulting Group AG 1992)

Wesentliche exemplarische Schwachstellen aus Auftragsabwicklungsprojekten sind in der nachfolgenden Auflistung dargestellt (für Organisationsanalysen kann diese Auflistung als erstes Hilfsmittel zur Ermittlung von Schwachstellen verwendet werden):

- der aktuelle Fertigungsstand eines Kundenauftrags ist nicht bekannt, so daß bei Rückfragen aufwendige betriebsinterne Recherchen erforderlich sind,

- in allen Abteilungen sind Mitarbeiter mit Terminabstimmung und Terminkontrolle beschäftigt,

- häufige Terminverzögerungen in den einzelnen Funktionsbereichen führen zu erheblichen Terminüberschreitungen beim Gesamtauftrag,

- der Auftragsabwicklungsprozeß ist in sehr kleine Arbeitsabschnitte zergliedert, wodurch sehr viele Mitarbeiter in die Bearbeitung eingebunden sind,

- die Mitarbeiter kennen die vor- und nachgelagerten Arbeitsschritte der Auftragsabwicklung nicht und können dadurch auch nicht die Auswirkungen ihrer Entscheidungen beurteilen,

- zum Zeitpunkt des Auftragsstarts sind viele Details noch nicht geklärt und führen zu häufigen Rückfragen beim Kunden und zu Terminverschiebungen,

- die Auftragsergebnisse können erst sehr spät nach Abschluß des Auftrags und dann mit großen Ungenauigkeiten festgestellt werden,

- zwischen Vor- und Nachkalkulation sind hohe Abweichungen vorhanden. Dadurch bestehen große Unsicherheiten für die Preisfindung aufgrund von Vorkalkulationen,

- es sind keine zuverlässigen Informationen über die Auslastung der Fertigungskapazität vorhanden, wodurch den Kunden gegenüber keine verbindlichen Lieferterminzusagen gemacht werden können,

- Materialien mit langen Lieferzeiten werden zu spät bestellt und verzögern damit die Fertigstellung des gesamten Auftrags,

- Materialreservierungen finden nicht statt oder werden umgangen, so daß häufig Produktionsunterbrechungen wegen fehlender Materialien entstehen,

- permanent befinden sich zu viele Fertigungsaufträge gleichzeitig in der Fertigung, dadurch entstehen Platzprobleme und ein hoher Koordinationsaufwand,

- die DV-Unterstützung besteht aus Einzelanwendungen, die nicht kompatibel sind. Durch fehlende Integration müssen Daten mehrfach eingegeben und gepflegt werden, wodurch es zu Datenredundanzen mit erheblichem Abstimmunsaufwand kommt.

1.5.6 Konzeption

1.5.6.1 Erarbeitung von Konzeptionsmaßnahmen

Funktion: Materialbeschaffung

Schwachstelle	Ursache	Lösungsansatz
Terminkontrolle wird nur unzureichend im Einkauf wahrgenommen.	Einkauf hat kein Instrumentarium für eine systematische Terminkontrolle.	Instrumentarium für die Terminkontrolle einführen und konsequent anwenden.
Falsche Warenanlieferungen werden zu spät festgestellt.	In der Warenannahme stehen keine Informationen über ausstehende Bestellungen zur Verfügung.	Bestellinformationen für den Wareneingang zur Verfügung stellen.
Großer Anteil an Fehlteilen bei Fertigungsbeginn.	Eine auftragsbezogene Verfügbarkeitsprüfung findet zu spät statt.	Frühzeitige auftragsbezogene Verfügbarkeitsprüfung durchführen.
Die Kommissionierung von Aufträgen ist aufwendig und erhöht die Durchlaufzeit.	Materialien sind unzureichend gekennzeichnet.	Materialkennzeichnung und systematische Lagerung.
Hoher Aufwand für die Verbuchung von Materialentnahmen.	Auftragsmaterial wrid buchtechnisch wie Lagermaterial behandelt.	Systematik der Materialverbuchung anpassen.
Nicht aufgegebene Bestellungen werden erst bei Produktionsbeginn festgestellt.	Keine Vollständigkeitskontrolle der Bestellaufgabe.	Auftragsbezogene Vollständigkeitskontrolle einführen.

Abb. 1.5.5: Schwachstellen - Ursachen - Lösungsansatz
(Quelle: EC Consulting Group AG 1992)

Aus der Analyse der Ist-Situation ist ein Katalog mit Schwachstellen-Ursachen-Lösungsansätzen erarbeitet worden, in den alle Analyseergebnisse eingeflossen sind. Aus diesem Katalog werden Konzeptionsaufgaben abgeleitet. Hierzu werden die Lösungsansätze zu Gruppen zusammengefaßt, wofür dann einzelne Konzeptionsaufgaben definiert werden. Als Beispiel hierfür wird in Abbildung 1.5.5 eine Gruppe von Schwachstellen-Ursachen-Lösungsansätzen zusammengefaßt, für die eine Neukonzeption in der Materialbeschaffung zu erarbeiten ist.

ARBEITSAUFTRAG für Maßnahme: Organisatorische Regelung für die Materialbeschaffung

Verantwortlicher: Maier	Fertigstellung: 17.01.1992
Weitere Mitarbeiter: Müller Schulze Becker	**Vereinbarte Termine:**

Aufgabenstellung:

Erarbeitung von Regeln und notwendigen Begleitpapieren für die Handhabung von Materialbeschaffung und Wareneingängen. Festlegung von Regeln für Bedarfsaufgaben, Bestellungen und Wareneingangsabwicklung.

Vorgehen:

- Erhebung festlegen
- Analysen durchführen
- Abläufe aufnehmen und konzipieren (Details)
- Systematik erarbeiten bzw. definieren
- Abstimmungen mit anderen Abteilungen
- Entwurf von Formularen
- Entwurf von Organisationsanweisungen, Checklisten
- ...
- ...

Resultate:

- Ablaufdiagramme (Soll)
- Schemadarstellungen
- Aufgabenbeschreibung und -zuordnung bzw. -abgrenzung
- Formularkonzepte
- Konzepte für Organisationsanweisungen und Checklisten
- ...
- ...

Abb. 1.5.6: Arbeitsaufträge
(Quelle: EC Consulting Group AG 1992)

Für die jeweilige Konzeptionsaufgabe werden Arbeitsaufträge erstellt. Die Arbeitsaufträge enthalten:

- die Aufgabenstellung für die Konzeptionsarbeit,
- das jeweils verantwortliche Teammitglied,
- weitere Mitarbeiter, die in die Konzepterarbeitung mit eingebunden sind,
- Vorgehensbeschreibung,
- Ergebnisse und Ausarbeitungsform,
- Fertigstellungstermin und vereinbarte Zwischentermine.

In dieser Form werden für alle Konzeptionsaufgaben Arbeitsaufträge erstellt, die dann gemeinsam in einem Maßnahmenplan aufgelistet werden. Der Maßnahmenplan liefert einen Überblick über alle laufenden Konzeptionsaktivitäten und die darin eingebundenen Mitarbeiter.

Maßnahme / Arbeitsauftrag	Verantwortliche Abteilung/Team	Datum
Anpassung und Aufbau von Planungsinstrumentarien für die Auftragsabwicklung Inhalte und Informationsflüsse für den Haupttermminplan sowie Kapazitätsplanungen erfassen, festlegen und definieren, wer welche Informationen wann zu liefern hat. • Definition von Standarddurchläufen • Durchlaufzeit in der Konstruktion • Rückmeldesystematik (Fertigmeldungen)	Maier Müller Schulze	07.12.1992
Formatiertes Änderungswesen für das gesamte Unternehmen Einheitliches Änderungswesen für alle Produktänderungen definieren, so daß von allen Seiten im Unternehmen nach einem festgelegten Formalismus Änderungen einheitlich gehandhabt werden.	Käfer Fr. Weber Hase	07.12.1992
Aufbau eines Lagersortiments Aufgrund von Verbrauchsstatistiken muß festgestellt werden, welche Materialien, die evtl. heute auftragsbezogen beschafft werden, zukünftig als Lagermaterial disponiert werden sollen.	Mann Müller-Lüdenscheid Fr. Frank	14.12.1992
Im Rahmen der Neugestaltung der Auftragsabwicklung die Aufbauorganisation anpassen • Fertigungssteuerung • Fertigungsplanung • Materialwirtschaft	Berater	07.12.1992

Abb. 1.5.7: Beispiel eines Maßnahmenplans
(Quelle: EC Consulting Group AG Düsseldorf)

1.5.6.2 Konzepterarbeitung

Während der Konzepterarbeitungen werden weitere Mitarbeiter aus den Fachabteilungen des Unternehmens in die Bearbeitung eingebunden. Dabei handelt es sich häufig um Abstimmungen bzw. erforderliche fachliche Ausarbeitungen zu einer anstehenden Problematik. Weiterhin muß während der Konzepterarbeitung eine permanente Abstimmung zwischen den Projektgruppen stattfinden, damit die Ergebnisse der Teilprojekte zu einem schlüssigen Gesamtkonzept zusammenpassen. Dies ist im wesentlichen Aufgabe der Berater und der Projektleitung. In regelmäßigen Projektsitzungen werden Arbeitsfortschritte und Arbeitsergebnisse der Projektgruppen präsentiert und im Gesamtteam besprochen. Dabei stellen sich dann die Überschneidungen bzw. Diskrepanzen zwischen einzelnen Projektergebnissen heraus.

Zum Abschluß der Konzeption werden die Ergebnisse in Form von Funktionsbeschreibungen und Ablaufdiagrammen dokumentiert. Diese Dokumentation bildet die Arbeitsgrundlage für alle Mitarbeiter und sollte in allen Abteilungen zur Verfügung stehen. Für neue Mitarbeiter ist damit auch ein erster Einstieg gegeben, um sich mit den Arbeitsabläufen im Unternehmen vertraut zu machen.

1.5.6.3 Auftragsabwicklungskonzept

Nachfolgend sind aus der Gesamtkonzeption zwei wesentliche Beispiele der neukonzipierten Auftragsabwicklung dargestellt und erläutert. Dabei handelt es sich um die Einrichtung einer Auftragsabwicklungsstelle und der damit verbundenen Aufbauorganistion, den Abläufen und Instrumentarien sowie der Neukonzeption der Ablauforganisation in der Materialbeschaffung.

1.5.6.3.1 Einrichtung einer Auftragsabwicklungsstelle

Die Ist-Situation war dadurch gekennzeichnet, daß eine Vielzahl von Steuerungsfunktionen durch unterschiedliche Stellen im Unternehmen wahrgenommen wurden.

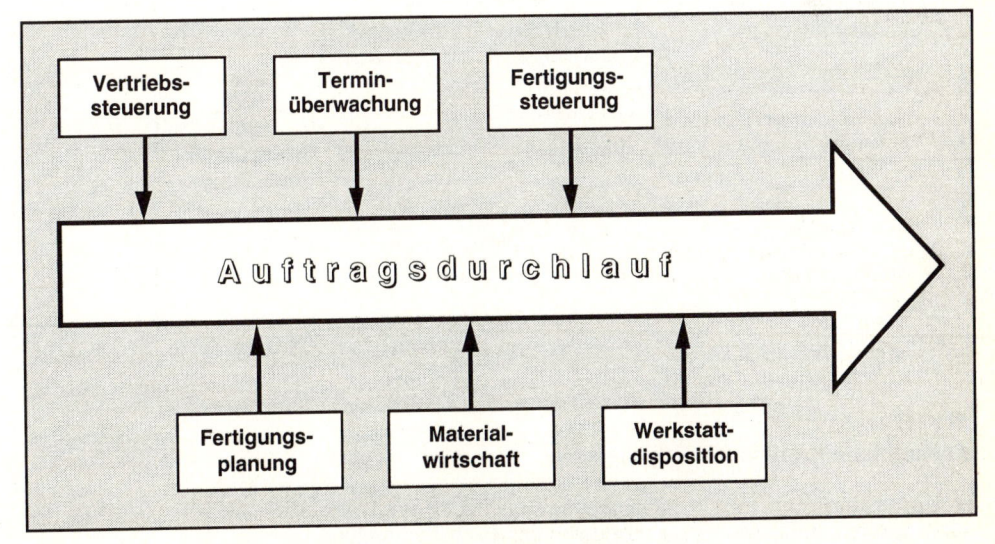

Abb. 1.5.8: Steuerungsfunktionen bei Auftragsdurchlauf
(Quelle: EC Consulting Group AG 1992)

Im Rahmen der Neukonzeption werden alle wesentlichen bereichsübergreifenden Funktionen der Auftragssteuerung durch eine Auftragsabwicklungsstelle wahrgenommen und die entsprechenden Aufgaben in dieser Organisationseinheit zusammengefaßt. Damit ist eine eindeutige Zuständigkeit für die Termin- und Kapazitätsplanung gegeben. Die Auftragsabwicklung legt in Abstimmung mit den Fachabteilungen Ecktermine für die Aufgabenerledigung fest, die dann verbindlich einzuhalten sind. Für die Durchführung und Koordination der Aufgabenwahrnehmung sind die Fachabteilungen selbst verantwortlich, Terminverschiebungen dürfen aber ausschließlich von der Auftragsabwicklungsstelle vorgenommen werden. Für die Aufgabenwahrnehmung sind der Auftragsabwicklungsstelle folgende Funktionen, Kompetenzen und Verantwortungen zugeordnet:

Verantwortung der Auftragsabwicklungsstelle

- Terminauskünfte,
- Informationsbeschaffung und Abstimmung von Eckterminen,
- Aufstellung von Eckterminplänen für Aufträge,
- Feststellen und Aufzeigen von Terminproblemen,
- Anmahnung bei Terminüberschreitungen,
- Überprüfung von Material- und Kapazitätsverfügbarkeit,
- Vollständigkeit der Fertigungsunterlagen.

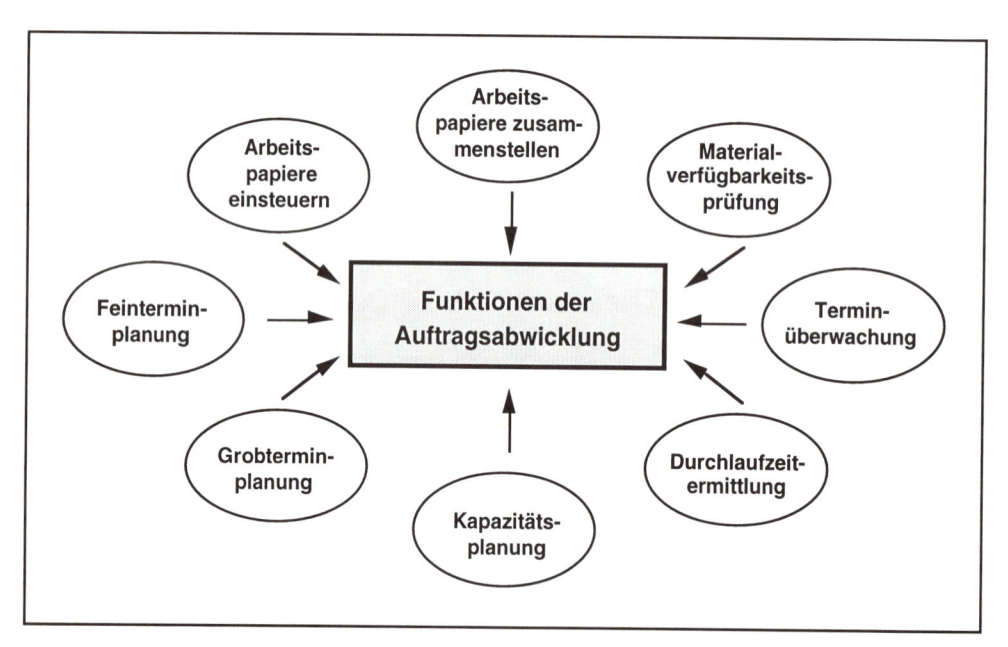

Abb. 1.5.9: Funktionen der Auftragsabwicklung
(Quelle: EC Consulting Group AG 1992)

Kompetenz der Auftragsabwicklungsstelle

- Einberufung von Terminsitzungen und Benennung der Teilnehmer,
- Anforderung der Terminauskünfte von den Fachabteilungen,
- Termin- und Prioritätenverschiebungen in Abstimmung mit dem Vertrieb,
- Einsteuerung von Aufträgen in die Fertigung.

Für die Einbindung der Auftragsabwicklungsstelle in den Abwicklungsprozeß wird ein Sollablauf ausgearbeitet, in dem alle Aktivitäten und die jeweils eingebundenen Stellen aufgeführt sind. In dem Ablauf sind die Papier- und Informationsflüsse sowie alle den Ablauf betreffenden Neukonzeptionen dargestellt. Dieser Ablauf bildet die Grundlage für die Auftragsabwicklung und stellt damit auch das Arbeitshilfsmittel für alle Beteiligten dar. Im Ablauf der Abbildung 1.5.10 sind die verantwortlichen Stellen mit einem ausgefüllten Punkt dargestellt, mitwirkende Stellen sind mit einem Kreis versehen.

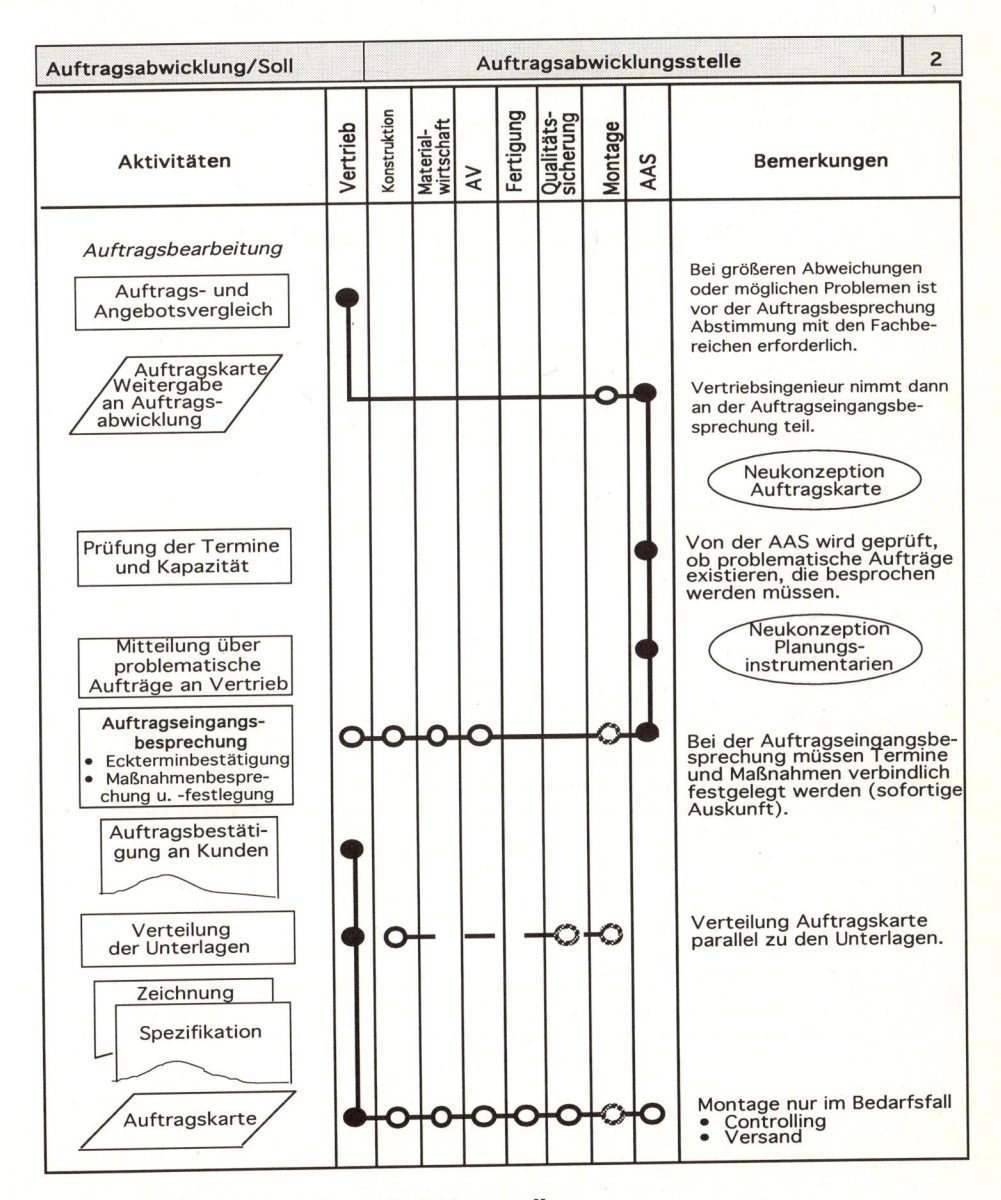

Auftragsabwicklung/Soll	Auftragsabwicklungsstelle								2
Aktivitäten	Vertrieb	Konstruktion	Materialwirtschaft	AV	Fertigung	Qualitätssicherung	Montage	AAS	Bemerkungen

Abb. 1.5.10: Sollablauf Auftragsabwicklungsstelle
(Quelle: EC Consulting Group AG 1992)

Grundlage für die Einplanung und Steuerung von Aufträgen sind Terminpläne, mit denen die erforderlichen Durchlaufzeiten ermittelt und Kapazitätsbetrachtungen durchgeführt werden.

Planungsphase	Anforderung	Instrumentarien
Angebot	Auftragsdurchlaufzeit Kapazitätsüberprüfung	Vorkalkulationszeiten PC-Planungssystem
Auftragsbearbeitung	verbindliche Ecktermine für Konstruktion, AV, Beschaffung, Werkstatt Kapazitätseinplanung	Vorkalkulationszeiten Ablaufterminierung PC-Planungssystem
Fertigung (Fertigstellung der Arbeitspapiere)	verbindliche Ecktermine für die Fertigung Aktualisierung der Planungswerte für die Fertigungsplanung	Vorgabezeiten für die Fertigung PC-Planungssystem

Abb. 1.5.11: **Anforderungen an die Planungsgenauigkeit**
(Quelle: EC Consulting Group AG 1992)

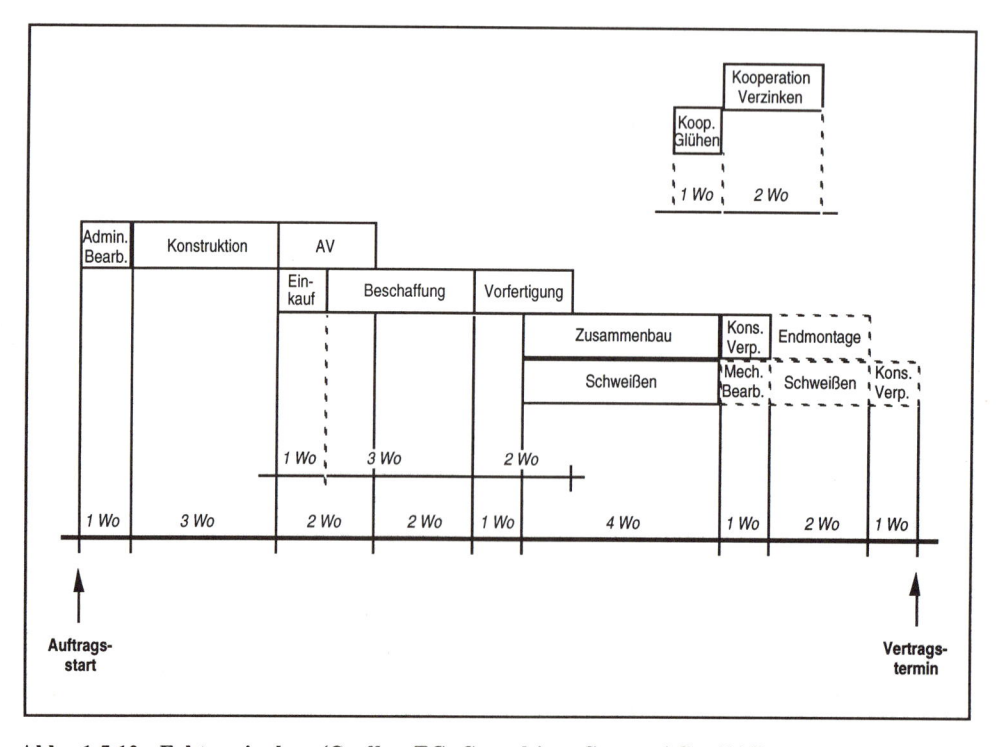

Abb. 1.5.12: **Eckterminplan** (Quelle: EC Consulting Group AG, 1992)

Abhängig vom Bearbeitungsstatus sind unterschiedliche Aussagegenauigkeiten für Termin- und Kapazitätsaussagen notwendig. Für die Auftragsabwicklungsstelle ist die Auftragsterminierung ein wesentliches Instrumentarium. Für die Erstellung der Terminpläne werden weitgehend Standarddurchläufe verwendet, für die auftragsspezifische Durchlaufzeiten und Ecktermine eingesetzt werden. Als wirksames Hilfsmittel können hierfür Projektmanagementprogramme eingesetzt werden, die in den unterschiedlichsten Ausprägungen als Standardprogramme zur Verfügung stehen.

1.5.6.3.2 Neukonzeption der Arbeitsabläufe Materialwirtschaft

Die wesentlichen Probleme in der Materialwirtschaft entstehen aus Informationsdefiziten und den daraus resultierenden Doppelarbeiten. Als Ergebnis der Neukonzeption ist ein durchgängiger Informations- und Papierfluß aufgebaut worden - von der Datenerstellung bis zu allen Stellen der Datenverwendung. Die Bearbeitung erfolgt dabei nach dem Prinzip der Einmalerstellung und Mehrfachverwendung von Daten mit einem manuellem Abwicklungsverfahren auf Basis einer Papierflußorganisation. Die Ablauforganisation und die organisatorischen Hilfsmittel sind nach dem Prinzip einer EDV-Abwicklung aufgebaut. Mit dieser Vorgehensweise ist gewährleistet, daß die Mitarbeiter des Unternehmens die Ablauforganisation und die organisatorischen Zusammenhänge bei der Arbeit mit dem manuellen System kennenlernen und bei der Einführung eines EDV-Systems mit der gleichen Arbeitssytematik weiterarbeiten können. Weiterhin bildet die konzipierte Ablauforganisation auch die Grundlage für ein EDV-Anforderungsprofil.

Im nachfolgenden Beispiel wird dargestellt, wie das Prinzip des durchgängigen Informationsflusses mit der Einmalerstellung und Mehrfachverwendung von Daten in einem Belegsystem realisiert wurde.

1.5.6.3.3 Beschaffung und Wareneingang von Lagermaterial

Aufgrund der Bedarfsaufgabe durch den Disponenten wird im Einkauf einmal eine Bestellung geschrieben, wobei die Bestellkopien die Arbeitsunterlagen für die folgenden weiteren Bearbeitungen sind:

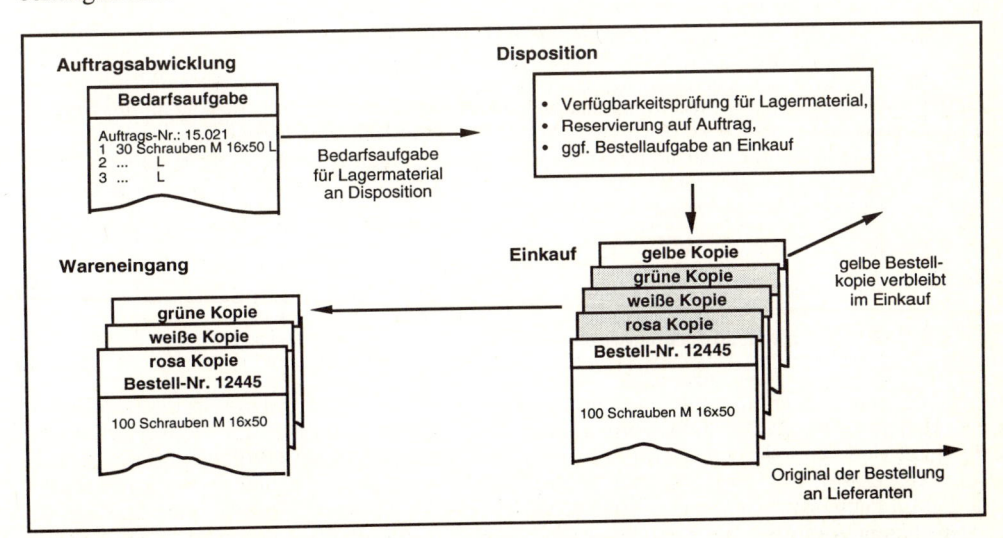

Abb. 1.5.13: Beschaffung Lagermaterial (Quelle: EC Consulting Group AG 1992)

- Lieferterminkontrolle,
- Wareneingangskontrolle,
- Wareneingangsmeldung,
- Qualitätskontrolle,
- Freimeldung,
- Lagerfachkarte.

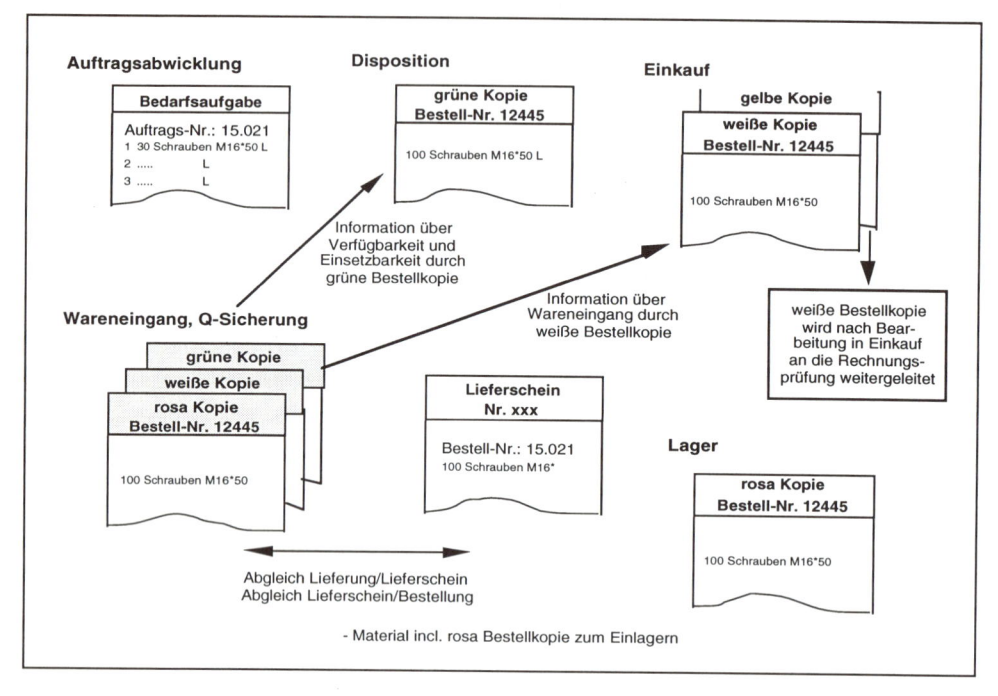

Abb. 1.5.14: Wareneingang Lagermaterial
  (Quelle: EC Consulting Group AG 1992)

Durch diesen Informations- und Belegfluß ist gewährleistet, daß die Information an der Stelle zur Verfügung steht, an der sie benötigt wird und daß kein Beleg zusätzlich geschrieben werden muß, sondern lediglich Zusatzinformationen auf einzelnen Belegexemplaren eingetragen werden. Dadurch wird zusätzliche Arbeit eingespart und das Risiko von Lese- oder Übertragungsfehlern erheblich reduziert.

1.5.7 Realisierung

1.5.7.1 Erstellung eines Realisierungsplans

Für die termingerechte und systematische Umsetzung der Gesamtkonzeption ist ein detaillierter Realisierungsplan aufgestellt worden, in dem alle Einzelaktivitäten für die Realisierung aufgelistet sind. Zu jeder Einzelaktivität sind der Umsetzungsverantwortliche und der Starttermin aufgeführt. Im Prinzip handelt es sich dabei um eine Arbeitsunterlage für die Realisierungsverantwortlichen und das Projektteam. Für das Management stellt dies eine Checkliste zur Umsetzungskontrolle dar.

Aktivität / Aufgabe	Verantwortliche Abteilung/Team	Termin
Lagermaterial wird durch den Disponenten auf Basis von festgelegten Mindestbeständen disponiert. Bei Unterschreitung des Mindestbestandes wird die optimale Bestellmenge beim Einkauf aufgegeben.	Disposition	19. KW
Bestellungen werden in 5facher Ausfertigung erstellt, wovon ein Exemplar im Einkauf verbleibt und im PC-System eingegeben wird.	Einkauf	19. KW
Liefertermkontrolle durch die einzelnen Einkäufer mittels Listenausdruck (Liste sortiert nach Liefertermin wird als Hilfsmittel ebenfalls im WE eingesetzt).	Einkauf	20. KW
Von jeder Bestellung werden 3 Bestellkopien an den Wareneingang weitergeleitet.	Einkauf	19. KW
Bei jeder auftragsbezogenen Beschaffung ist durch den Einkauf in die Bestellung die Auftragsnummer einzutragen.	Einkauf	19. KW
Prinzip für jede Bestellung: **eine** Bestellung nur für **eine** Auftrags-Nr. und **einen** Liefertermin (bei einer Bestellung für mehrere Aufträge sind entsprechend alle Auftrags-Nrn. zu übernehmen).	Einkauf	19. KW

Abb. 1.5.15: **Realisierungsplan (Quelle: EC Consulting Group AG 1992)**

1.5.7.2 Schulung der Mitarbeiter

Damit ein reibungsfreier Arbeitsablauf in der Realisierung gewährleistet ist, müssen bis zum Zeitpunkt der Einführung der neuen Auftragsabwicklungssystematik alle in die Auftragsabwicklung eingebundenen Mitarbeiter mit der neuen Systematik vertraut sein. Um dies zu gewährleisten, wurde ein Schulungsprogramm durchgeführt, bei dem Top-Down alle Führungskräfte und Mitarbeiter in die neue Ablauforganisation eingeführt wurden. Dabei ist es wichtig, daß die Schulungsinhalte auf die Informationsanforderungen der Schulungsgruppe ausgerichtet sind. Auf der Managementebene sind die Gesamtzusammenhänge wichtig, für die Mitarbeiter in den Funktionsbereichen sind hierzu die Kenntnisse der Detailabläufe erforderlich. Die Schulung in den Funktionsbereichen sollte von den Teammitgliedern durchgeführt werden, die an der Konzeption mitgearbeitet haben und die auch zukünftig Ansprechpartner für die Mitarbeiter des jeweiligen Bereichs sind. Dieses Vorgehen ist auch wichtig für die Akzeptanz der neuen Auftragsabwicklungssystematik.

1.5.7.3 Systemeinführung

Bei Reorganisationen ist die Einführung von neuen Konzepten mit der Ablösung von Altsystemen verbunden, mit denen im laufenden Geschäft noch Aufträge abgewickelt werden. Dadurch ist es erforderlich, daß bis zur Auslieferung der im Altsystem laufenden Aufträge beide Auftragsabwicklungssysteme im Unternehmen parallel geführt werden. Da die Auftragsabwicklung mit zwei Systemen grundsätzlich mit Mehrarbeit und größerem Fehlerrisiko verbunden ist, sollte diese Phase einen möglichst kurzen Zeitraum einnehmen. Hierzu besteht die Möglichkeit, einen günstigen Einführungszeitpunkt zu wählen oder laufende Aufträge mit langen Durchlaufzeiten in die neue Abwicklungssystematik zu überführen. Vom festgelegten Startzeitpunkt an werden alle Aufträge, für die noch kein Bedarf aufgegeben worden ist, in der Konstruktion nach der neuen Abwicklungssystematik bearbeitet und von dort an die nachfolgenden Bearbeitungsstufen weitergeleitet.

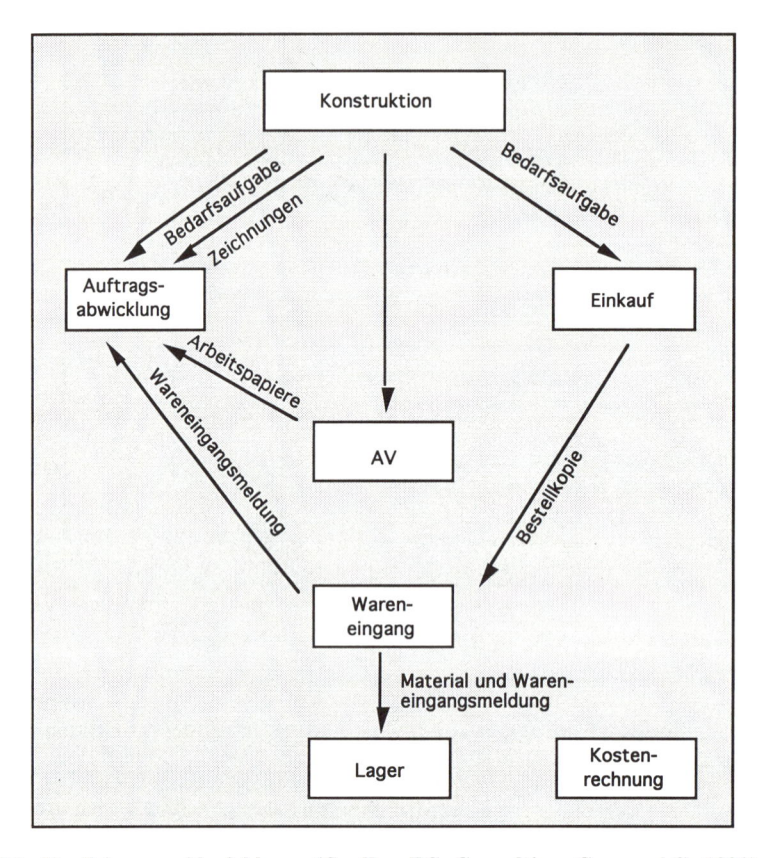

Abb. 1.5.16: Realisierung Abwicklung (Quelle: EC Consulting Group AG 1992)

Damit im laufenden Tagesgeschäft eindeutig ist, nach welcher Systematik die Aufträge zu bearbeiten sind, werden alle Aufträge der neuen Auftragsabwicklungssystematik gekennzeichnet und mit neuen Formularen bearbeitet. Für jeden Mitarbeiter ist damit zusätzlich der Hinweis auf das neue System gegeben. Verwechslungen dürfen hiernach kaum noch möglich sein. Als zusätzliche Information wird eine Auflistung aller Aufträge aufgestellt, die noch nach der alten Systematik bearbeitet werden. Diese Auflistung wird allen Funktionsbereichen zur Verfügung gestellt.

Für die Beantwortung von Fragestellungen und Detailmodifikationen muß das Projektteam über den Zeitraum der Konzepteinführung weiterhin zur Verfügung stehen. Der Projektleitung und dem Management des Unternehmens kommt dabei die Aufgabe zu, den Realisierungsfortschritt in regelmäßigen Zeitabständen zu überprüfen. Nur so kann gewährleistet werden, daß die Projektergebnisse auch entsprechend umgesetzt werden.

1.6 Methoden der Beteiligung künftiger Benutzer an der Gestaltung eines Planungs- und Steuerungsprogramms für die Werkstatt

H. Gottschalch

1.6.1 Benutzer informieren und beraten - oder an Gestaltung beteiligen?

Bis vor zwei Jahren hatte ich mich noch kritisch und ablehnend verhalten zu den vielfach verkündeten Konzepten der Beteiligung künftiger Benutzer an der *Gestaltung* informationstechnischer Systeme. Diese beinhalten einen Anspruch, der weit über Information und Beratung über die neue Technik hinausgeht. Es gab für die Skepsis mehrere gute Gründe:

- ein großer Informationsvorsprung der Ingenieure, Entwickler, Programmierer etc. wäre zunächst aufzuholen,

- die partizipationswilligen Benutzer würden mit Informationen überhäuft, mit denen sie wenig anfangen, die sie kaum auf ihre praktische Situation am Arbeitsplatz beziehen und verarbeiten können,

- da die Informationstechnik selbst für die künftigen Arbeitsinhalte weniger ausschlaggebend ist als die sie einfassende Organisation, erschien Beteiligung an deren Gestaltung weniger dringlich,

- die Informationstechnik wird in System- und Softwarehäusern in unerreichbarer Ferne vom Anwender entwickelt und als fertiges System im Betrieb implementiert,

- man sollte sich mit der Beteiligung an Implementation und Modifikation des Systems im jeweiligen Betrieb bescheiden,

- der Betriebs- oder Personalrat als Interessenvertretung hat andere und wichtigere Aufgaben, als sich an der Gestaltung zu beteiligen, auch fehlt ihm die erforderliche professionelle Qualifikation,

- der Anspruch der Beteiligung an Gestaltung erschien mir insgesamt zu hoch und abstrakt und insofern lähmend für die Benutzer,

- einige gut bekannte Projekte blieben weit hinter ihren humanwissenschaftlichen Ansprüchen der Partizipation an der praktischen Gestaltung zurück (Fricke (1984) kritisiert dies als "Pseudopartizipation"),

- sie erreichten allenfalls eine Einbindung künftiger Benutzer oder der Personalvertretung in die Einführung, lösten Ängste und Widerstände auf und förderten die Akzeptanz der neuen Technik.

- bereits 1960 warnte Baritz (S. 187 ff.) davor, daß Beteiligung häufig nur darauf hinauslief, den Arbeitenden das Gefühl zu geben, sie hätten etwas selbst entschieden, während sie in Wirklichkeit die bereits gefällten Entscheidungen des Managements nur nachvollzogen.

Da die Prozeduren in primär kognitiv zu charakterisierender Tätigkeit heute sehr komplex geworden sind, können die Arbeitsprozesse nicht mehr mit tayloristischen Methoden der Verhaltensbeobachtung und -analyse standardisiert und maschinisiert werden; man ist auf die interessierte Beteiligung der künftigen Benutzer angewiesen, wenn man ihnen ihr Erfahrungswissen entlocken und es in die Systementwicklung aufnehmen will; man beteiligt also, weil man muß, nicht weil man primär interessiert ist, die Arbeit besser zu gestalten und die Qualifikation der Benutzer zu entwickeln; so treten Informationstechniker und Systementwickler für Partizipation ein, denen an Eroberung der Schätze impliziten Wissens gelegen ist und deren Methoden zu ihrer Hebung nicht ausreichen.

Heute erkennen wir jedoch durchaus realistische Möglichkeiten und auch eine gewisse Notwendigkeit für die Beteiligung künftiger Benutzer an der Gestaltung der Arbeit mit einem informationstechnischen System. Der Beteiligung ist nach Volpert (1992, S. 177 f.) vorauszusetzen, daß Manipulationsgefahren und Wissensenteignung mit vier Grundsätzen vermieden werden:

- konfligierende Interessen können offen angesprochen und behandelt werden,

- Benutzer und Betroffene können Auffassungen und Anforderungen frei und kompetent äußern,

- betriebliche Interessen - etwa organisatorische Macht und Profit - können *auch wesentlich* eingeschränkt werden,

- die Initiative zu einer Reorganisation oder Einführung oder Entwicklung von Informationstechnik kann auch von den künftigen Benutzern ausgehen.

Dies sind vier schwerlich zu gewährleistende Bedingungen. Volpert gibt warnend zu bedenken: "So wichtig und unerläßlich das Prinzip der Partizipation ist, verantwortliches Handeln ist durch seine Proklamation nicht erzeugt. Auch hier gibt es Gefährdungen und unerwünschte Nebenwirkungen. Durch Partizipation ist nicht mit Sicherheit zu erreichen, daß das Gestaltete wirklich positiv zu bewerten ist. Ein ungezähmter Gestaltungsdrang kann auch dann in die Irre gehen, wenn er sich 'Betroffene' als Irrweggefährten sucht" (Volpert in Coy 1992).

Wir möchten im folgenden dennoch mit vollem Risikobewußtsein das Beteiligungsthema aufgreifen, weil wir neuartige Chancen erkennen und einige teilweise auch neuartige Methoden darstellen wollen, mit denen wir die Beteiligung der Benutzer an der Gestaltung unterstützten und mit denen wir in den letzten beiden Jahren Erfahrungen sammeln konnten.

So wurde in einem Antrag (Hirsch 1989) an den Projektträger "Arbeit und Technik" des BMFT das Thema "Beteiligungsqualifizierung" aufgegriffen. Unser Thema war zunächst die kognitionspsychologische Erforschung mentaler Modelle der Meister, Fertigungssteuerer und Facharbeiter vom Auftragsfluss in der Werkstatt. Diese subjektiven mentalen Modelle sollten in realistisch simulierten Werkstattsituationen (quasi experimentell) analysiert und in Gestaltungsleitlinien für Organisation, Software und Qualifizierung umgesetzt werden, so daß Programmentwicklern präzise Forderungen gestellt würden an eine handlungs- oder werkstattorientierte, benutzungsgerechte Gestaltung, die adäquat zu subjektiven mentalen Modellen der Benutzer in der Werkstatt ist, und die Meister künftig mit neuartigen Programmen erfahrungsgeleitet handeln könnten und ihre Kompetenz damit unterstützt und bestärkt würde.

Als Arbeitspsychologen wollten wir auf diese Weise einen Beitrag zur Überwindung der Kluft zwischen Herstellern und Anwendern von Software leisten. Wir hielten es aus mehreren Gründen für nützlich und erforderlich, den Menschen nicht nur in den Mittelpunkt einer Gestaltungskonzeption zu stellen (wie in unserem ESPRIT-Projekt "Human-Centered-CIM-Systems", Gottschalch 1991), sondern sie in die Lage zu versetzen, selbst Anforderungen, Vorschläge und Konzeptionen für die Gestaltung zu formulieren und sich an deren Entwicklung zu beteiligen.

Der den Projektantrag beratende Gutachterkreis gab zu bedenken, ein benutzungsfreundliches Planungssystem für die Werkstatt nicht als Ziel aufzufassen und anzustreben, sondern die künftigen Benutzer selbst den Weg der Gestaltung gehen zu lassen und sie dabei wissenschaftlich zu unterstützen.

In dem recht großen Projektverbund beteiligten sich drei Gruppen: zwei Software- oder System-Häuser, die Programme zur Planung und Steuerung von Aufträgen entwickeln, sieben Anwender-Betriebe aus verschiedenen Branchen, die solche Programme in ihre Werkstätten einführen wollen, und drei wissenschaftliche Institute, die übergreifende ingenieurwissenschaftliche, informationstechnische, software-ergonomische, arbeits- und sozialwissenschaftliche Aufgaben im Verbund wahrnehmen. Das Beteiligungskonzept sollte einerseits helfen die Grenze zwischen universitärer Wissenschaft und betrieblicher Praxis zu überwinden und andererseits die Welten der Hersteller und Anwender im partizipativen Gestaltungsprozess zusammenführen.

Im folgenden erläutern wir einige, auch sozialwissenschaftliche und arbeitspsychologische Methoden, mit denen wir die Beteiligung der künftigen Benutzer in den verschiedenen Phasen des Einführungsprozesses vom Konzept, der Ist-Analyse und Erstellung des Pflichtenheftes bis zur Implementierung eines informationstechnischen Systems zum Planen und Steuern von Aufträgen unterstützten bzw. mit denen die Benutzer sich praktisch beteiligten. Sowohl die Gestaltung der Technik und Arbeitsorganisation als auch die Einführung in den Betrieb sind keine primär technischen Entscheidungen und kurzfristigen Vorgänge, sondern langwierige und komplexe *soziale Prozesse* (worauf besonders Schmidt in Weingart 1989 hinwies). Alle hier vorgestellten Methoden (auch die ingenieurwissenschaftlichen oder informationstechnischen) sind in sozialen Prozessen in den Köpfen und Händen der künftigen Benutzer und der unterstützenden und moderierenden Psychologen und Sozialwissenschaftler wirksam gewesen. Die künftigen Benutzer können sich an der Gestaltung nicht "freihändig", ohne Ausdrucks- und Formulierungsmittel, beteiligen. Den hier dargestellten Methoden kommt daher für praktische Beteiligung eine entscheidende Bedeutung zu. Wenn man verstanden hat, *warum* Beteiligung sinnvoll ist, kommt es darauf an zu zeigen, *wie* man Benutzer beteiligen kann.

1.6.2 Erkennen des Gestaltungsbedarfs in der Ist-Analyse: Probleme und Schwachstellen

Wissenschaftler verschiedener Disziplinen und Meister, Fertigungssteuerer sowie Ingenieure aus den Betrieben nahmen den ersten Schritt gemeinsam: sie erlernten mehrere Tage lang eine Methode zur Analyse der Ablauforganisation (Scheel 1990). Mit ihr können organisatorische Verhältnisse einfach und anschaulich abgebildet werden, sie erfordert nur geringe Abstraktion und Systematik, sie ist umstandslos anwendbar, so daß sie - wie wir sahen - auch von Meistern (die zwar erfahrene Organisatoren, aber keine Analytiker sind) direkt auf ihre Werkstattverhältnisse angewandt werden kann. Meister, Fertigungssteuerer und Ingenieure beschrieben und analysierten mit dieser Methode die Informationsflüsse und Auftragsabläufe in ihrem Betrieb so präzise wie noch nie. Dabei traten durchaus differierende Auffassungen zwischen leitenden Ingenieuren und dem Werkstattpersonal über beschriebene Sachverhalte auf. Manche Probleme und Vorgehensweisen erfuhren die Leitenden erst während der gemeinsamen Analysen.

Diese zwar einfache, aber doch zu recht differenzierten und genauen Erkenntnissen führende Methode der Analyse der Ablauforganisation fungierte als *Medium* der Kommunikation. Weniger wichtig als das Resultat (mehrere weitläufige Organigramme im Wandzeitungsformat) war der gemeinsam beschrittene Weg der Analyse, der Verständigung über Probleme, Mißstände und Schwachstellen der Organisation.

Es erwies sich, daß es nur aufgrund informeller Organisationsstrukturen möglich ist, Aufträge trotz widriger Umstände zum geforderten Termin fertigzustellen. Nur weil die Meister und

Facharbeiter nicht immer auf formell vorgeschriebenen Wegen gehen, ist es möglich, gesetzte Termine zu halten; nur weil sie sich beispielsweise entgegen der organisatorischen Vorschrift bestimmte Materialien für den geahnten Bedarfsfall zur Seite gelegt haben, können sie trotz fehlender Ressourcen die gestellte Aufgabe erfüllen; nur weil sie, auf langjähriger praktische Erfahrung gegründet, anders vorgehen als die Arbeitsvorbereitung und das NC-Programmierbüro geplant haben, können sie manche Fertigungsprobleme lösen; nur weil sie sich dezentral Hilfsmittel zur Auftragssteuerung (Dateien über Lagerbestände, Listen zur Verfügbarkeitsprüfung, Kontrollen, Kapazitätsdiagramme) angelegt haben, können sie die schon mit Verzug an die Werkstattschwelle kommenden PPS-terminierten Aufträge letztlich doch fristgerecht fertigen; nur weil die Akkordarbeiter selbst rüstzeitminimierende Auftragsreihenfolgen bilden, haben sie "Vorderwasser" gewonnen und können Eilteile zwischenschieben.

In den ermittelten Ablaufstrukturen konnten die Meister klar und präzise zum Ausdruck bringen, wodurch beispielsweise Zeit verlorengeht, warum doppelt gearbeitet wird, wo Umwege eingeschlagen werden, wie widersprüchliche Abteilungs-Interessen Verzug bedingen (z. B. Qualitätskontrolle vs. Durchlaufzeitverkürzung, Lagerbestand vs. Lieferbereitschaft, Kapazitätsauslastung am Engpaß vs. kleine schnelle Lose).

Im Anschluß an diese Phase, auf ihren Ergebnissen gründend, wurde die Arbeitstätigkeit in zehn Werkstätten mit den beiden arbeitspsychologischen Verfahren zur prospektiven Analyse und Gestaltung der Arbeit VERA (1983) und ATAA (1989) empirisch untersucht. Ein mit diesen Verfahren vertrauter Arbeitspsychologe begleitete die Meister oder Fertigungssteurer zwei Tage lang wie ein Schatten, erhob alle ihre relevanten Handlungen, nahm Informationen über ihre Aufgabenstrukturen auf und führte arbeitsbegleitend Beobachtungs-Interviews durch. Auch hier gilt: der Weg, den die Meister mit dem externen Experten gingen, ihre Verständigung war wichtiger als das Ziel, die fertigen VERA- und ATAA-Analysen. VERA-Analysen drücken aus, auf welchem von zehn Regulationsniveaus, mit wieviel Planungsanteil gehandelt wird. In ATAA-Profilen prägt sich eine Tätigkeit inhaltlich in 24 typische Handlungsarten aus. Aus beiden Analysen können Erfordernisse und Möglichkeiten der Gestaltung der Arbeitstätigkeit und ihrer Bedingungen abgeleitet werden. Man kann der Gestaltung der Arbeit auf diese Weise wissenschaftlich begründete inhaltliche Ziele setzen und Kriterien geltend machen. (Dies ist auch mit der Kontrastiven Aufgabenanalyse im Büro KABA (1993) möglich, welche arbeitspsychologische Leitlinien für die Verteilung von Teilaufgaben und Aktivitäten zwischen Menschen und Informationstechnik für die Arbeitsgestaltung bietet.)

Aber es sind Methoden für psychologische Experten, die Arbeitshandlungen anderer zum Gegenstand haben, sie analysieren und bewerten. Lediglich das ATAA beansprucht, von "Praktikern" selbständig einsetzbar zu sein; das setzt jedoch eine Einweisung in die psychologische Arbeitsanalyse und ein etwa dreitägiges Training voraus; dafür hatten die Meister in den Projektbetrieben jedoch nicht genügend Zeit und Geduld.

Auch diese Verfahren möchte ich in ihrem Einsatz in den Werkstätten eher als *Katalysatoren* für eine intensive Kommunikation und Interaktion zwischen Arbeitspsychologen und Meistern vor dem Hintergrund des Beteiligungsprozesses kennzeichnen statt als Instrumente zur objektiven psychologischen Analyse von Aufgaben und Handlungen. Die Items der Instrumente waren als praktische Hinweise zur Beobachtung nützlich. Die Meister und Facharbeiter stossen den Untersucher im Verlauf des Tages auf viele kleine Ereignisse, Zwischenfälle, Besonderheiten, die er im distanzierten Beobachtungsinterview nie erkennen kann (Gottschalch 1992). Sie erläutern Symptome und Schwachstellen des Planungs- und Steuerungssystems, die ein Außenstehender nicht erkennen kann; organisatorische Strukturen und Prozesse sind nicht sichtbar und "das System" selbst ist abstrakt. Es geht um mehrstufige Auftragsabläufe, simultane Ressourcenplanung und Verfügbarkeit zu einem bestimmten Zeitpunkt, komplexe Wechselwirkungen in Auftragsnetzen, Zeitdruck, Engpässe, Kollisionen und - noch komplizierter - die sozialen Interessen der Arbeitskräfte, ihre Tätigkeit in Grenzen selbst zu regulieren.

Nur weil Wissenschaftler und künftige Benutzer gemeinsam in eine langfristig angelegte Projektarbeit eingebunden waren und in beider Beteiligung Hoffnungen auf Weiterentwicklung und Verbesserung der Situation lagen, kam es zu einer so fruchtbaren Ist-Analyse. In früheren wissenschaftlichen Forschungsprojekten sind unsere VERA- und ATAA-Analysen weniger realitätshaltig, quasi distanzierter und formeller geblieben. Diese Phase könnte man auch als Eingangsphase bezeichnen (Gould 1988, S. 759), (an die sich eine anfängliche Gestaltung, dann wiederholte Entwicklungsschleifen und schließlich die Installationsphase anschließen). Gould formuliert vier Prinzipien der Systemgestaltung:

- frühe und beständige Orientierung auf Benutzer,
- integrierte Gestaltung aller Aspekte der Benutzung ,
- frühe und beständige Erprobung mit Benutzern und
- wiederholte Gestaltung in Zyklen zur Modifikation nach Benutzererprobungen.

Er stellt lapidar fest: "You can't figure out what people want, need, can do, and will do without talking with them" (S. 760). Er empfiehlt folgende Methoden zur Orientierung des Gestaltungsprozesses auf die Benutzer und beschreibt sie sehr anschaulich aus seiner Praxis bei IBM: Mit Benutzern sprechen. Aufsuchen des Betriebes/Büros des Kunden. Benutzer beim Arbeiten beobachten. Benutzer bei der Arbeit mit Video aufnehmen. Die Arbeitsorganisation kennenlernen. Benutzer laut denken lassen. Arbeitshandlungen selbst ausprobieren. Partizipativ gestalten (künftige Benutzer ins Gestaltungsteam aufnehmen). Benutzer-Experten ins Design-Team einbinden. Aufgaben-Analyse. Erhebungen und Fragebögen. Prüfbare Ziele für die Interaktion beim Arbeiten mit dem System aufstellen (Gould 1988). Manche Methoden mögen selbstverständlich erscheinen. Gould weist jedoch in vielen Beispielen aus der Praxis darauf hin, daß die Vernachlässigung des Gestaltungsprinzips der frühzeitigen und beständigen Orientierung am Benutzer zu einer starken Minderung der Qualität des künftigen Systems führt.

1.6.3   Formulierung des Soll-Konzeptes oder Pflichtenheftes

Auf Grundlage der Analysen der Ablauforganisation, mit derselben Ausdrucksweise und Notation, ergänzt durch Kenntnisse aus Kurzlehrgängen und Einführungen in die Werkstattsteuerung (die u. a. auch Mitarbeiter unseres Instituts durchführten) wurden in einer anschließenden Phase des Projekts in den Betrieben - weitgehend selbständig - Soll-Konzepte oder Pflichtenhefte für ein einzuführendes Programmsystem zum Planen und Steuern auf Werkstattebene entwickelt. In ihnen haben die Meister und Steuerer im Detail festgelegt, wo wem welche Informationen zur Verfügung stehen sollen, woher sie kommen, wohin sie gehen, welche Programm-Unterstützung sie zum Planen und Steuern auf Werkstattebene benötigen, auf welche Weise terminiert und mit welchem Dispositionsspielraum die Aufträge künftig an der Werkstatt-Schwelle ankommen sollen (mit frühestem Start- und spätestem Fertigstellungstermin), wie sich die Grobplanung des betriebsumfassenden PPS-Systems zur Feinplanung der Werkstatt-Ebene verhalten soll.

All diese (von den Beteiligten im Betrieb mehr oder weniger gemeinsam) festgelegten Erwartungen und Anforderungen gingen in Pflichtenhefte an ein WSS-Programm ein. Diese wurden sodann selbstbewußt Anbietern solcher Systeme auf dem Markt und innerhalb des Projektes den beiden Entwicklern von WSS-Programmen entgegengehalten, damit sie ihre Software-Gestaltung daran orientieren. Gleichzeitig verglichen und bewerteten wir an der Universität Bremen die Funktionalität von neun WSS-Programmen und stellten sie an acht funktionellen Merkmalen dar (Gottschalch, Vöge 1993). Dabei gingen wir von einem CIM-Fabrikmodell aus und entwickelten - von den Planungs- und Steuerungs-Aufgaben des Meisters ausgehend - eine idealtypische Funktionalität einer WSS mit acht Funktionsgruppen und überprüften während eintägiger Besuche bei den Herstellern, wieweit die Programme der Wunsch-Funktionalität entsprechen.

Dieses Modell der Funktionalität einer WSS als Kranz um die Werkstatt, welcher PPS und Fertigung verknüpft, hat sicher auch bei der Entwicklung der Pflichtenhefte eine induzierende Rolle gespielt: erkannten die Meister doch, was sie realistischerweise im Pflichtenheft erwarten und fordern sollten, welche "Fähigkeiten" und "Eigenschaften" das Steuerungssystem für ihre spezifischen Werkstattverhältnisse aufweisen sollte.

Auch hier kann man zusammenfassen: wichtiger als die Resultate des Vergleichs ist der Weg, den wir gemeinsam gingen: Besuche beim Hersteller, ausführliche Demonstration und Diskussion, gemeinsame Erörterung der idealtypischen Bewertungs-Funktionalität; anschließend unsere Zusammenfassung mit Berücksichtigung von Einwänden und Korrekturen der solchermaßen Beurteilten. So ein Vergleich bleibt an sich statisch, Synopsen der Funktionen und Merkmale der Programme (Hoff 1991, Ploenzke 1992, PDV 1992) sind für Benutzer von geringem Wert, zumal wenn sich die "Eigenschaften" und "Fähigkeiten" des Systems erst im tatsächlichen Prozess mit mehreren hundert Aufträgen und ebensovielen Abweichungen vom Plan erweisen, d. h. wenn die Kapazitäten überlastet sind und das System unter Zeitdruck steht. Mit der Formulierung ihrer Erwartungen an Funktionalität und Leistungsumfang eines Programms in einem Pflichtenheft können die künftigen Benutzer zwar einem Spektrum von Anbietern auf dem Markt entgegentreten, sind aber eventuell beauftragten Entwicklern eines für ihre Werkstatt und ihre betriebliche Situation angepaßten Systems bei weitem noch nicht so weit entgegengegangen, daß dieser auf Grundlage einer Spezifikation mit der Gestaltung oder gar Programmierung beginnen könnte. Für die Entwicklung eines neuen Systems müssen sich Anwender und Analytiker auf einer anspruchsvolleren Ebene treffen und verständigen; über die methodische Unterstützung ihres gemeinsamen Weges denken wir im folgenden nach.

1.6.4 Beteiligen der Benutzer an Analyse und Design eines Systems

Eine Gruppe von Ingenieuren und Informatikern, Mathematikern und Programmierern im Projekt begann zur selben Zeit die Entwicklung eines neuartigen Systems zum Arbeitsplanen und Auftragssteuern mit einem systematischen Data Dictionary, mit Analysen des Datenflusses (Data Flow Diagrams), Modellierung der Datenstrukturen (mittels Entity- Relationship-Model) und Funktionen mit Strukturierter Systemanalyse und Design. Sie legten auf diese Weise auf verschiedenen Ebenen die Grundstrukturen des künftigen Systems, die Objekte, die wichtigsten Funktionen, dessen informationstechnische Architektur sowie Merkmale und Eigenschaften der Benutzbarkeit fest.

Wenn man die vorhandenen Planungs- und Steuerungssysteme einer strukturierten Analyse unterzieht, läuft man Gefahr, sich bei der Modellierung dieser (möglicherweise 15 Jahre) alten, im Betrieb allmählich gewachsenen Systeme in Details zu verlieren, die für die Modellierung unter neuartigen informationstechnischen Voraussetzungen (etwa Objektorientierung) gar nicht relevant sind. So können leicht viele Monate Arbeitszeit verschwinden. Raasch (1991, S. 142) empfiehlt daher die Modellierung des Altsystems zu vermeiden und so schnell wie möglich ein Modell des neuen Systems zu entwickeln, welches dann mit dem künftigen Anwender detailliert abgestimmt werden kann. Er beschreibt für Systementwickler die Methoden der Strukturierten Analyse an vielen Beispielen.

Es scheint uns nur begrenzt möglich und sinnvoll, jedoch in diesem begrenzten Maße absolut verpflichtend zu sein, die künftigen Benutzer an diesen Analysen und der Entwicklung grundlegender Designstrukturen zu beteiligen. Das ist die Domäne des informationstechnischen Experten und Analytikers. Grundlegende und abstrakte Analysen, Modellierungen und Strukturierungen sind dem Anwender fremd. Er bewältigt eine Vielzahl von Problemen in seinem alltäglichen Arbeitshandeln; für die Arbeitsaufgabe und Arbeitssituation ist er Experte; keiner kennt die Besonderheiten und Anforderungen der Aufgabe besser; auch nicht und schon gar nicht der hinzukommende Systemanalytiker. Aber er ist oft betriebsblind, verkennt die Bedeutung von Details, handelt "aus Erfahrung", nach bewährter Weise, intuitiv und ohne explizit die Regeln und Voraussetzungen bestimmter Prozeduren nennen und erklären zu können. Er hat gute Gründe, an den gewohnten Verhältnissen und Vorgehensweisen festzuhalten und hegt unrealistische Vorstellungen über die Anforderungen an das System. "Der Analytiker muß auch wissen, daß der Anwender meist in einer anderen Erfahrungswelt lebt. Durch viele Jahre der Einzelfallbearbeitung kann der Anwender leicht die Fähigkeit und Bereitschaft zur Abstraktion verloren haben. Daher muß man dem Anwender durch Beispiele und Übertragungen von abstrakten Modellinhalten in seine konkrete Erfahrungswelt helfen, die Modelle des Systems im einzelnen zu verstehen" (Raasch, S. 137).

Raasch weist als Hochschullehrer wiederholt kritisch auf die Facharroganz der Analytiker, ihre Ungeduld und Besserwisserei hin. Er warnt vor abschreckendem und einschüchterndem Gebrauch der Fachterminologie; feste präzise Bedeutungen der Fachsprache seien in der Systemanalyse notwendig, aber man müsse die Sachverhalte dem Anwender in dessen Umgangssprache verständlich machen. Der Systementwickler braucht schrittweise die Zustimmung und projektoffizielle Abnahme seines Modellentwurfs (bzw. eines Teils davon) vom Anwender. Wenn dieser die Spezifikationen, Graphiken, Tabellen oder Texte des Analytikers nicht versteht oder sich einfach überfordert fühlt, weil sie seinen zugewiesenen Aufgabenrahmen überschreiten, wird er sie möglicherweise nicht oder auf eine Weise bekommen, die keine zuverlässige Information darüber enthält, ob er die Anforderungen der Benutzer getroffen hat. Der Analytiker ist aus mehreren Gründen auf die Beteiligung des Anwenders an seiner Spezifizierung angewiesen. Für die Modellierung des Systems benötigt er Methoden, die dem Anwender Systemdetails einfach und genau auszudrücken und dargestellte Komponenten zu verstehen erlaubt. Begrenzte, überschaubare Sachverhalte des Anwendungsbereichs müssen für Anwender visualisiert werden, müssen in graphischen Darstellungen ohne lange komplizierte Texte erkennbar werden.

Eine sachlich inhaltlich und benutzerorientierte Kommunikation zwischen Analytikern und Anwendern zu entwickeln und zu entfalten, ist professionelle Aufgabe des Informationstechnikers; sie kann insbesondere mit den Methoden der Strukturierten Analyse SA (McMenamin, Palmer 1988, fortentwickelt aus DeMarco 1978) unterstützt werden. "Dem Anwender fehlen meistens die organisatorischen, technischen und projektbezogenen Erfahrungen, die für die Durchführung eines Analyseprojektes unabdingbar sind. Daher muß der Analytiker (...) den Entwicklungsprozess gestalten und moderieren" (Raasch, S. 139).

Die Methode der Strukturierten Analyse beruht auf einer sehr einfachen und pragmatischen, auch Anwendergruppen schnell verständlichen Modellnotation, die sich intensiv graphischer Mittel bedient. Diese zeigen Komponenten und Schnittstellen des Systems. Die Bedeutungen der Details der Funktionalität und Datenstrukturen werden mit ultra-kurzen standardisierten Texten und Begriffen präzise definiert. Ein SA-Modell eines Systems enthält *alle* zur Beschreibung und Spezifikation notwendigen Informationen und diese können schnell übersehen und überprüft werden. Während der Interaktion des Analytikers mit dem Anwender können umstandslos, einfach und direkt ("ohne einschränkende Formalismen und ohne komplizierte Syntaxregeln", Raasch, S. 85) Informationen notiert und systematisch ins Modell eingefügt werden. Da das Modell eine integrierte Sicht auf Datenflüsse, Datenelemente und Prozesse enthält, ist die Anwendung bestimmter Konsistenzregeln auf die Modellnotation erforderlich und möglich; so können inhaltliche Probleme, Ungereimtheiten oder Fehler des Modells in der Erörterung der Graphiken erkannt werden. Man könnte die SA als ein Medium der Interaktion und Kommunikation bezeichnen, in dem sich Anwender und Analytiker im langwierigen Prozeß der Gestaltung mitteilen und verständigen können. Der Begriff des Verständigungshandelns der aus verschiedenen Bereichen an der gemeinsamen CIM-Gestaltung in solchen Analysen Beteiligten und Kommunizierenden ist bei unserem Institutskollegen Hamacher (1993) zentral; er stellt gemeinsam benutzte Modellierungsmethoden als Vehikel der Verständigung dar.

Für den gemeinsamen Gestaltungsprozeß sollten (nach Raasch, S. 139) folgende Regeln beachtet werden:

- die Anwender müssen während der gesamten Entwicklung mitgestaltend beteiligt werden,
- im Verlauf eines Projektes sollten wiederholt kurze Walkthroughs zur Vermeidung konzeptioneller Fehler erfolgen,
- Entwürfe sollten mit Anwendern persönlich erläutert und besprochen, ihnen nicht einfach zur Kenntnis- oder Stellungnahme zugesandt werden,
- Notationen, Schemata, Graphiken oder Diagramme dürfen nicht vorgelegt werden, bevor der Anwender nicht mit ihnen vertraut gemacht worden ist,
- in Walkthroughs werden Details des Systems verbal konkretisiert und mündlich veranschaulicht, aber nicht formell im Modell notiert (dies ist erst sinnvoll, wenn der Anwender mit der Methode vertraut ist),
- den detaillierten sachlichen Erörterungen sollten Datenfluß-Diagramme zugrundeliegen,
- aber im Gespräch mit dem Anwender soll die informationstechnische Fachterminologie nicht verwendet werden,
- im Verlauf eines Walkthrough hat der Anwender Entscheidungen zu treffen; da ihm dies schwerfällt, muß der Analytiker ihm Entscheidungen erleichtern und zu bestimmten Dingen abfordern.

1.6.5 Vergleichendes Erproben in simulierten Werkstattsituationen

Ob ein Programm zum Planen und Steuern von Aufträgen die notwendigen Handlungen und Operationen unterstützt, Beurteilungen und Entscheidungen erleichtert, Probleme zu lösen hilft, künftige Situationen zu antizipieren und Belegungen zu simulieren erlaubt, ob es also "handlungs- oder werkstatt-orientiert" und "benutzungsfreundlich" ist, kann man als künftiger Benutzer erst beurteilen, wenn man es "in Aktion" erfährt, es beim Steuern des Auftragsflusses erlebt und selbst mit dem Programm interagiert. Erst beim praktischen Handeln mit dem Programm in einer realitätsnah simulierten Werkstattsituation mit zahlreichen Aufträgen (auch eiligen und mit Arbeitsplan neu anzulegenden) erweisen sich die "Fähigkeiten" und "Eigenschaften" des Programms, zeigt sich, wie der Meister den Auftragsablauf beeinflussen kann, erweist sich, inwiefern er mit dem Programm seinen Handlungs- und Entscheidungs-Spielraum erweitern kann, ob und wie er Transparenz gewinnt in der komplexen (um nicht zu sagen chaotischen) Werkstattsituation, ob und wie Simulationsläufe mit verschiedenen Belegungs-Strategien Bewertungen der Planungsergebnisse ermöglichen und unterstützend für Handlungen und Entscheidungen wirken.

Gould (1988, S. 768) schlägt folgende praktischen Methoden vor, um Benutzer in frühen Entwicklungsstadien und fortlaufend an der Erprobung von Systemen zu beteiligen: Geschriebene oder Video-Scenarios, Frühformen des Benutzungsmanuals, Mockups, Simulationen, frühe Prototypen (mit Designer-Toolkits oder User Interface Management Systems), frühzeitige Vorführungen, lautes Denken, Video-Aufzeichnungen, Aufstellen von Vorformen in einer öffentlich zugänglichen Eingangshalle, Computer-Mitteilungsbretter, -Foren, -Netzwerke, -Konferenzen, formeller Test des Prototypen, zum Abstürzen zu bringen versuchen, Probeinstallationen im Feld, Follow-Up Studien. Mehrere dieser Methoden haben wir - ohne Goulds Vorschläge damals schon zu kennen - kombiniert miteinander angewandt und haben ihre Nützlichkeit praktisch erfahren.

Wir installierten in unserer Universitäts-Werkstatt zwei WSS-Programme (von AHP und PSI, das von PS-Systemtechnik kam später hinzu) und legten einen maschinenbau-typischen Auftrags-Pool an (auch Arbeitspläne, Zeichnungen, Stücklisten, Schichtpläne etc.). Die Meister und Steuerer aus den Projektbetrieben erprobten (leider nur) zwei Tage lang beide Programme. Statt ihnen auf dem Trockenen zu zeigen, wie man schwimmt, warfen wir sie nach kurzer Instruktion ins Wasser und halfen gelegentlich vom Ufer aus. Wir begannen die Einführung mit einer kurzen (ca. 30minütigen) Darstellung des Verhältnisses von PPS und WSS, setzten den Rahmen für die Planungs- und Steuerungsvorgänge auf Werkstattebene, stellten allgemein die Aufgaben der Meister und Disponenten sowie die "Funktionalität" der WSS-Systeme dar. Dann stellten wir die Aufgabe, an einer selbstgebauten, konventionellen, manuell zu bestückenden Plantafel einen kleinen Auftragspool über einen Tag auf sechs Arbeitsplätze zu verteilen, d. h. die Aufträge (jeweils mit mehreren Arbeitsgängen) einzulasten.

In dieser viertelstündigen Planungszeit tauchten einige typische Schwierigkeiten und Handlungsweisen auf. Die paarweise am Computer interagierenden Meister belegten die Kapazitätseinheiten mit wohlüberlegten Strategien, die sie auch im Betrieb anwenden, sie berieten, wie sie Kollisionen, Überlastungen, Terminüberschreitungen vermeiden können, d. h. sie handelten unter Einsatz von Methoden und Strategien wie täglich in ihrer Werkstatt. Es entstanden - je nach Intention - verschiedenartige Belegungspläne: lückenlose und lücken-belassende, zu früh fertige und zum spätesten Zeitpunkt abschließende, "Vorderwasser" und "Luft" für erwartete Störungen und Eilteile schaffende.

Später konnten die Meister dieselbe Planungsaufgabe sekundenschnell von den Programmen lösen lassen und konnten deren Pläne mit ihren selbsterzeugten vergleichen. Vor allem konnten sie prüfen, ob und wie ihre Überlegungen, Entscheidungen und Handlungen, ihre Prioritätssetzungen und Strategien mittels des Programms ausführbar sind. Nach einer kurzen Einweisung in die Bedienungsweise begannen die Meister umstandslos in Paaren mit den jeweiligen Programmen zu interagieren. Wir hatten eine Reihe von Aufgaben vorbereitet, die sie lösen konnten, indem sie sich verschiedener Funktionalitäten aus dem Menü bedienten. Während dieser fünf bis sechs Stunden betreuten wir die Benutzer nur noch am Rande und standen auf Anforderung zur Verfügung. Wir konnten uns weitgehend darauf beschränken, sie bei ihren Lernprozessen zu beobachten und gelegentlich zu befragen.

Wir folgten, indem wir Lernen als angeleitete Exploration ermöglichten im wesentlichen dem Konzept der "minimalist instruction" von Carroll (1990), das wir allerdings erst später kennenlernten. Er rät,

- die Lernenden sofort mit für sie bedeutungsvollen, wirklichkeitsnahen Aufgaben beginnen zu lassen,

- das Lesematerial und alles andere passive Verhalten im Training zu reduzieren und

- Fehler und ihre Berichtigung nicht zu traumatischen Erlebnissen, sondern pädagogisch produktiv zu machen (S. 7).

Erwachsene Lernende seien keine unbeschriebenen Blätter; sie hätten auch keinen Nürnberger Trichter im Kopf; sie ließen sich nicht gefallen, als Unwissende behandelt zu werden. Der erwachsene Benutzer eines informationstechnischen Systems sei Experte, zwar nicht bezüglich des Systems, aber im Bereich seiner beruflichen Tätigkeit, aus diesem bringe er seine spezifischen Ziele und Erwartungen mit. Carroll charakterisiert den Lernprozeß neuer Benutzer als ein aktives Vorhaben, sich den Sinn anzueignen. Das steht im krassen Gegensatz zum "systems approach", den Carroll heftig kritisiert (S. 73 f.). Dieser zerlegt zunächst systematisch in eine Vielzahl von einfachen Ziel-Kenntnissen, die in einer Curriculum-Sequenz angeboten und lernschrittweise zusammengefügt werden. Die für erforderlich gehaltenen Kenntnisse und Fähigkeiten läßt man in einer vorgeschriebenen Abfolge durch Lesen und Üben lernen; man erklärt die grundlegenden Begriffe und läßt danach üben bis sie beherrscht werden. Die Lernenden müßten nur korrekt und vollständig in einfachen Schritten dem schematisch ausgelegten Übungsstoff folgen. Das könnten sie zwar, aber genau das tun sie eben nicht.

Die Menschen sind stets in eine Handlungssituation geworfen, die sie nur aufgrund der Auswirkungen ihrer Handlungen in der Welt verstehen können. Diese praktischen, von Zusammenhängen und Gewohnheiten bestimmten Bezüge sind wirklicher für sie als eine Reihe von Lernschritten. Menschen hätten ein angeborenes Bedürfnis, sich Situationen zu erklären und sie zu verstehen; sie seien hochmotiviert, etwas für sie Bedeutungsvolles zu tun; sie hätten ein "basic human drive for achievement and competence" (Carroll 1990, S. 81, stützt sich auf White 1959). Sie seien viel zu beschäftigt mit Lernen, um sich von Unterweisungen aufhalten zu lassen (Carroll 1990, S. 74).

Darin liege ein Lern-Paradox: um praktisch bedeutungsvoll mit einem System interagieren zu können, muß man sich entsprechende Kenntnisse/Fähigkeiten und ein Verständnis des Gegenstands aneignen. Aber man kann sich diese nur oder zumindest am besten in bedeutungsvoller Interaktion mit einem informationstechnischen System aneignen. Aus diesem "paradox of sense-making" resultiert nach Carroll (S. 77) ein fundamentales Mißverhältnis zwischen der Gestaltung der Ausbildung oder Schulung und der Orientierung des Lernenden auf diese Ausbildung. Das Konzept der minimalist instruction will den Anstrengungen der Lernenden möglichst geringe Hindernisse setzen, sich an die Lernstrategien der Benutzer anpassen und sie sogar ausnutzen. "Das Ziel ist, den Lernenden mehr von seiner Lernerfahrung haben zu lassen, indem man ihm eine weniger ausgeprägte Trainingsstruktur bereitstellt" (S. 78). So wird das Lern-Paradox zwar nicht gelöst, aber ein Kompromiß gesucht, indem man dem Bedürfnis des Benutzers nach persönlich bedeutungsvoller Interaktion so weit wie möglich entgegenkommt und weniger Wert auf einen umfassenden, systematisch strukturierten Lehrplan legt. Carroll formuliert sogar eine Heisenbergsche Unschärferelation des Lehrens: "es ist unmöglich, eine Ausbildung zu gestalten, die zugleich benutzbar und umfassend (usable and comprehensive) ist" (S. 93).

Carroll schlägt neun Prinzipien oder Methoden zur Gestaltung von Ausbildung vor:

1. man solle den Benutzer für ihn persönlich bedeutungsvolle Aufgaben bearbeiten und eine Folge von selbstgesetzten Zielen auswählen lassen,

2. man solle die Lernenden möglichst schnell mit für sie bedeutungsvollen und praktischen Tätigkeiten beginnen lassen, um intrinsische Lernanleitung entstehen zu lassen,

3. man solle die Lernenden anregen, das was sie tun, selbstgesteuert zu untersuchen und zu durchdenken (statt sie nur wortreiches fertiges Lehrmaterial konsumieren zu lassen); man solle ihr aktives, selbständiges, detailliertes Ausarbeiten und Improvisieren herausfordern (mit unvollständigen und sehr kurzgefassten Lehrmaterialien, unvollständig spezifizierten und offenen Aufgaben); als Daumenregel: Texte und andere passive Lehrmittel maximal kürzen und kondensieren; Lernen müsse als eine reiche, praktische und reflektierte Erfahrung ermöglicht werden,

4. Lehrmaterialien sollten in beliebig gewünschter Reihenfolge (nicht in vorgeschriebener Sequenz) besehen und gelesen werden können; man solle die Benutzer nicht (vergeblich) zwingen, eine starre systematische Abfolge von Schritten einzuhalten,

5. die Verbindung zwischen dem System und dem Training soll im Lernprozeß flexibel und robust sein, denn es gibt nicht den alles im voraus diszipliniert und folgsam Lernenden. Das Lehrmaterial soll reiche implizite und explizite Verbindungen zum System enthalten (z. B. Bildschirmansichten im Handbuch) oder als on-line Lernen möglich sein, wobei System und Lernen integriert sind,

6. man solle das Erkennen und Ausräumen von Fehlern unterstützen, so daß allfällig eintretende Fehler produktiv für den Lernprozeß werden können. (Fehler bieten reiche und günstige Gelegenheiten zu lernen, man soll sie nicht umgehen oder verschwenden. "Few other experiences motivate people like errors.(...) Why not explore the natural resources of the learning situation?" (Carroll 1990, S. 89)),

7. erwachsene Lernende sind nicht in lerntechnokratischer Arroganz als Novizen zu betrachten, sondern als Experten auf ihrem Gebiet anzuerkennen. (Bei Gestaltung der Ausbildung ist es sehr wichtig, an das berufliche Vorwissen, den vertrauten Erfahrungshintergrund und die Motivation des Benutzers anzuknüpfen und diese zu nutzen (z. B. mit Interface-Metaphern Schreibtisch oder Schreibmaschine)),

8. man solle eine inhaltlich bedeutungsreiche reale Lernsituation schaffen, die voller aktueller Details, konkreter Ereignisse und praktischer Erfahrungen ist, die Gelegenheit zu Entdeckungen bietet und eine echte Leistung zustandezubringen erlaubt. (In solche realen Lernsituationen kann die vielfältige Erfahrung und das detaillierte Wissen der Benutzer eingehen),

9. schließlich: es sei nicht möglich, durch mechanistische Anwendung oder schlichte Deduktion aus den acht Prinzipien eine minimalistische Ausbildung oder z. B. ein Handbuch abzuleiten, vielmehr komme es entscheidend darauf an, das Ausmaß zu minimieren, in dem das Unterrichtsmaterial das Lernen versperre und behindere und dessen Gestaltung auf das Ziel zu konzentrieren, selbstgesteuertes Handeln und das Vollbringen einer Leistung der Lernenden zu unterstützen. Die Gestaltung des Lernprozesses müsse ein stets offener, nicht formeller empirischer Prozeß sein, der von der Frage ausgeht, welche Ziele für die spezifischen Benutzer wichtig und bedeutsam sind. Die Lernziele ermittle und bestimme man, indem man frage: Welche Aufgaben wollen und müssen die Benutzer erlernen, und welche Kenntnisse und Fähigkeiten brauchen sie, um diese Aufgaben auszuführen (S. 92)?

Minimalistische Instruktion versucht einen Kompromiß zu erreichen im wechselseitigen Bedingungs- und Ausschließungsverhältnis, indem das persönlich bedeutungsvolle Handeln gefördert und dafür der grundlegende und umfassende Aufbau systematischer Lehrpläne weitgehend geopfert wird (S.93).

1.6.6 Mentale Modelle der Benutzer vom Programm

In der praktischen Handlungssituation, in der der Benutzer mit dem System an dessen Oberfläche interagiert, treffen seine Erwartungen und Handlungsweisen auf die Benutzungsmöglichkeiten des Programms, Abbildung 1.6.1 (Heeg 1988, Norman & Draper 1986, Streitz 1992). Hinter diesen steht ein Modell vom typischen Benutzer, das sich die Systementwickler gemacht haben (z. B. geht man zuweilen davon aus, daß es sich um einen "Idioten" handle, vor dessen Fehleingriffen das Programm geschützt werden soll, Baldissera 1987), und ein Modell von der Aufgabenstruktur, etwa dem Auftragsablauf in einer Werkstatt (das sich Systemanalytiker oder Ingenieure gemacht haben, wobei sie sich vielleicht auf Ist-Analysen und ingenieurwissenschaftliche Modelle stützten). Beide sind grundlegend und ausschlaggebend für die informationstechnische Gestaltung des Programms und der Bedienungsoberfläche. Beide sind keineswegs immer systematisch, wohlbegründet, formalisiert und klar gegliedert; sie können durchaus auch unbewußt und implizit sein. Dennoch sind sie gestaltungswirksam.

Meister und Facharbeiter andererseits haben sich von der Aufgabe in ihrem Betrieb im Laufe vieler Jahre eine mentale Repräsentation gebildet, die sicher weniger systematisch und allgemeingültig ist als eine ingenieurwissenschaftliche Modellvorstellung, jedoch detailliert, kenntnisreich, problemorientiert, erfahrungshaltig, aktuell und - insgesamt - näher an der Realität ihrer Werkstatt. Diese Repräsentationen oder dieses mentale Modell liegt ihrem Handeln zugrunde, dient ihnen zu dessen Orientierung. Andererseits ist ihre Vorstellung vom Rechner und der Struktur und Funktionsweise eines Programmsystems sicher recht einfach oder auch weitgehend unzutreffend. Diese beiden subjektiven mentalen Modelle liegen dem Handeln und Entscheiden des Benutzers zugrunde, wenn er an das informationstechnische System tritt und es als Werkzeug zum Planen und Steuern in seiner Werkstatt benutzen will (Hacker 1986).

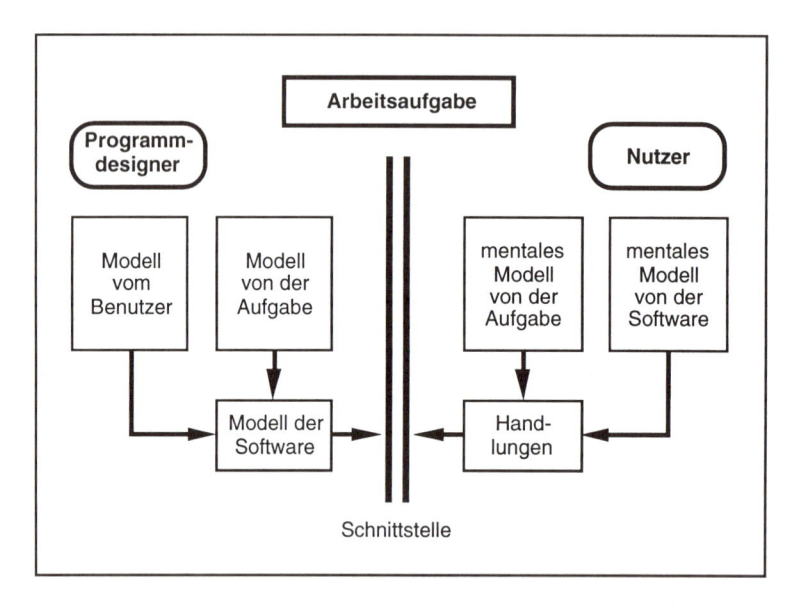

Abb. 1.6.1: Modelle der Designer und Nutzer von der Aufgabe
(in Anlehnung an Heeg 1988, Normann und Draper 1986, Streitz 1992)

Allgemein sprechen Carroll und Olson (S. 51) von mentalen Modellen als kognitiven Repräsentationen eines physikalischen Systems oder einer Software in Form von einigen plausiblen Stufen kausaler Assoziationen, die den Input mit dem Output verbinden. Entsprechend definieren sie ein mentales Modell eines Benutzers vom System als eine reiche und elaborierte Struktur, die das Verständnis des Benutzers vom Inhalt des Systems und seiner Funktionsweise reflektiert (S. 51). Das Wissen über ein System ermöglicht dem Benutzer mentales Probehandeln, bevor er sich für eine Handlungsweise entscheidet.

An der Nahtstelle treffen zwei Welten aufeinander. Zwar beziehen sich beide Modelle vom Auftragsfluß in der Fabrik oder Werkstatt auf die gleiche Aufgabenstruktur, aber sie sehen, erkennen und analysieren sie doch auf ganz verschiedene Weise; so bilden, strukturieren und systematisieren sie sich verschiedenartig.

Ein Mathematiker, Systemanalytiker oder Programmierer faßt die Aufgabenstruktur eines Werkstattmeisters völlig anders auf, begreift sie anders als dieser selber. Wie wir bei den Ist-Analysen der Ablauforganisation mittels der Aufgabenfolge-Analyse-Methode erkannten, faßt oder setzt auch die Betriebsleitung diese Aufgabenstruktur anders, als sie für den Meister tatsächlich ist. Insofern kann man die Frage, welche Definition der Aufgabenstruktur denn nun zutreffend, realistisch und zugrundezulegen sei, letztgültig nicht beantworten.

Man kann (mit Carroll, Olson, S. 47) zwischen deskriptiven und präskriptiven Repräsentationen unterscheiden. Wissenschaftler untersuchen, was der Benutzer jeweils weiß und wie er handelt; sie wollen erklären, warum der Benutzer in bestimmter Weise handelt und lernt. Ein Systementwickler oder Arbeitsgestalter will ein Modell davon entwickeln, was der Benutzer wissen und tun sollte; daran kann er z. B. prüfen, ob das Handeln mit einem vorgeschlagenen System zu schwierig zu erlernen ist oder wo Fehler liegen mögen; auch will er im Denken und Handeln des Benutzers die Bildung eines mentalen Modells unterstützen, das dem von ihm vorgesehenen Dialog und der Interaktion entgegenkommt und dazu passt; sie hätten gern, daß sich der Benutzer ein mentales Modell vom System bildet, das zu den erforderlichen Bedienungshandlungen passt. Die Modelle der Systemgestalter sind präskriptiv, insofern sie dem nahe kommen wollen, was der Benutzer wissen sollte.

Will man die Software wirklich handlungs- oder werkstattorientiert und benutzungsfreundlich gestalten, so muß man zuvor die künftigen Benutzer probeweise mit ihr interagieren lassen, sie prüfen lassen, ob und wie sie damit handeln können, ob sie ihre (natürlich ebenfalls unbewußten, impliziten und keineswegs vollständigen oder systematischen, vielmehr grob vereinfachenden, in manchen Aspekten analogen) mentalen Modelle vom Auftragsfluss und dem Werkstattgeschehen darin wiederfinden können, ob sie ihre Handlungsweise mit dem Programm mindestens wie gewohnt, wenn nicht besser, d. h. mit erweiterten Spielräumen, mehr Transparenz und Freiheitsgraden praktizieren können. Aber auch, ob ihr Handeln andererseits durch die Interaktion mit dem Programm und dessen Logik eine hilfreiche Strukturierung erfährt, gestützt und geführt wird, ob es präziser und lückenloser werden kann, ob es einen festen Rahmen bekommt und formalisiert wird, ohne daß es in sachfremde Formen gezwungen wird.

Es ist durchaus nicht immer das Beste, die Interaktion und das Interface gemäß einem Modell zu gestalten, das dem des "naiven" Benutzers lediglich möglichst nahe zu kommen versucht; das ist ein einfacher und direkt benutzerorientierter Gestaltungsansatz. In Untersuchungen und Vergleichen von Wright und Bason (1982) erwiesen sich Gestaltungslösungen als besser geeignet, die nicht nur maximal mit dem vorgängigen Wissen übereinstimmten, sondern diese Informationen auch für Festlegungen gebrauchten, wie die Benutzer am besten über ihre Daten und Operationen denken sollten. "Naive" Benutzer gestalten nicht notwendigerweise die besseren Systeme.

Die Meister bezogen die Funktionalität der Programme direkt auf ihre praktischen Handlungserfordernisse in der Werkstattsituation. Sie erprobten, ob die Programme bestimmte Handlungen ermöglichen und sie dabei unterstützen (z. B. Einplanungsstrategien, Schichtplan-Änderungen, Prüfen der Verfügbarkeit von Ressourcen, Eilteil-Einsteuerung, Überstunden-Einplanung, zeitliches Auffinden eines Arbeitsganges im Ablauf, Fremdvergeben eines Auftrags). Entsprechend beurteilten sie die Brauchbarkeit des WSS-Programms für ihr alltägliches Arbeitshandeln. Ihre Beurteilung war - insgesamt - durchaus nicht pauschal oder auf ein Hauptmerkmal fixiert, sondern differenziert, abwägend und argumentativ begründet aus den Handlungserfordernissen ihrer Werkstattsituation. Ihre Beurteilungen waren insgesamt uneinheitlich, widersprüchlich, bestimmt von ihren betriebsspezifischen Sichtweisen und Präferenzen. Sie hielten sich kaum an den Merkmalen der Benutzungsoberfläche auf, sondern forderten sehr präzise ganz bestimmte Funktionalitäten und Informationsdarstellungen. (Das erstaunt, da doch die meisten von ca. 20 Teilnehmern (fast noch) EDV-Novizen waren.) Es war viel ergiebiger für die Gestaltung, dieser Vielfalt von Auffassungen und Beurteilungen (etwa Differenzen zwischen älteren und jüngeren Benutzern) nachzugehen, als es gewesen wäre, relative Häufigkeiten für Beobachtungen auf bestimmten Items eines Fragebogens zu sammeln.

Üblicherweise wird ein informationstechnisches System in einen Betrieb (sei es eine Fertigung oder ein Büro) gemäß Entscheidung der Geschäftsleitung eingeführt. Die Mitarbeiter werden kurz in die Bedienungsweise eingewiesen, dann müssen sie mit dem System handeln, obschon sie es nur oberflächlich kennen, nicht wissen, wie es Informationen verarbeitet, welche Logik oder welches Modell dem Programm zugrundeliegt, welche Bedingungen, Voraussetzungen, Restriktionen an das Programm geknüpft sind. Daher können sie die Qualität der Ergebnisse nicht beurteilen und folglich die ermittelten Werte nicht korrigieren oder variieren.

Das Programm andererseits "kennt" nicht die vielen störenden Ereignisse, Besonderheiten, Abweichungen vom geplanten Verlauf in der aktuellen Werkstattsituation, es ist "unbekümmert" um die Interessen der Arbeitenden, es "plant" gemäß seinen Algorithmen, es ist "stur".

Wenn der Benutzer nicht weiß, wie er sein Wissen, seine Erfahrung, einzelne Interessen der Werker, bewährte Methoden, Probleme zu lösen, in das Programmsystem einbringen und sie mit dem Programm geltend machen kann, dann kommt es entweder

- zur blinden Unterordnung unter die unbegriffene, vielleicht als willkürlich wahrgenommene Logik des Programms,

- zu einem Nebeneinander oder partiellen Unterlaufen oder bloßem pro-forma-Handeln mit dem Programm oder

- zum Ignorieren der Informationen und Anweisungen des Programms und unbeirrt konventionellen Planen und Steuern.

Für alle Fälle können die Hersteller von WSS viele Beispiele geben.

1.6.7 Restrukturierung der betrieblichen Organisation

Zu diesem Ergebnis kommen jedoch hauptsächlich Implementationen, die die Informationstechnik als vollendete Tatsache im Betrieb aufstellen, die Standard-Programme installieren, die sich dann die gewachsenen organisatorischen Verhältnisse unterwerfen, sie mit ihren Algorithmen, ihrer Logik überformen, ihre impliziten Modelle von der Fabrik und von den Auftragsabläufen imperativ als Vorschriften geltend zu machen versuchen.

In dem ESPRIT-Projekt MICIM (Methodology for the Introduction of CIM) wird demgegenüber angelsächsisch knapp eine gegenteilige zentrale Projekterfahrung der Ingenieure dreier europäischer Fabriken formuliert: "Before you think IT - think Business. Is the Product right? Is the Organisation right? Is the Process right?" Man müsse die Organisation gründlich durchdenken und restrukturieren. Die Strategie der Einführung von Informationstechnik müsse die gesamtbetriebliche Entwicklungsstrategie ergänzen. Dies ist bei Einführung einer WSS, die Vorgänge im gesamten Betrieb umfaßt, ohne Beteiligung der Mitarbeiter weder sinnvoll noch möglich. "People matter. (...) Involve Users throughout project. Be prepared to spend effort on User Support."

Unsere Projektbetriebe haben sich mittlerweile z. T. für ein bestimmtes System entschieden und sind in eine langwierige Beratungsphase mit dem gewählten Hersteller eingetreten. In ihrem Verlauf wird geklärt, wie die betriebliche Organisation geändert werden muß, wie Informationen fließen sollen, welche Bedingungen für den Auftragsablauf zu schaffen sind. Die Systemanalytiker, Informationstechniker und Ingenieure des Herstellers unterziehen die betriebliche Ablauforganisation einer systematischen Analyse und passen das Programm in vielerlei Aspekten an die betrieblichen Bedingungen an. Dabei erheben sie detailliert Daten zum gegenwärtigen Auftragsablauf und Anforderungen der Mitarbeiter in den Abteilungen zum Informationsfluß.

Die leitenden Ingenieure des Betriebes entwickeln aus der Darstellung ihrer *Probleme* (Durchlaufzeiten, Lieferbereitschaft, Bestände, Engpässe, Flexibilität, Qualität, o. ä.) und ihrer allgemeinen *Gestaltungsstrategie* (etwa Segmentierung, Dezentralisierung, profit centers, Abflachung der Pyramide, Ausdünnung des Overhead) sowie einem *Planungs- und Steuerungskonzept* (Aufteilung in Grob- und Feinplanung, MRP, OPT, Fortschrittszahlen, belastungsorientierte (BOA) oder bestandsgeregelte (BGD) Auftragsfreigabe, Kanban o. ä.) mit den Beratern des Software-Hauses eine Restrukturierung. Dabei sind die Mitarbeiter so intensiv wie möglich zu beteiligen, so daß ihr reiches Wissen um die Details des Prozesses einbezogen werden kann. Es gilt überdies, eine Vielzahl von Interessen in den Abteilungen zu berücksichtigen, sollte sich aber letztlich möglichst einhellig entscheiden und sich notfalls auch über bestimmte Interessen hinwegsetzen. Wie sonst kann man die hohen Mauern um Abteilungen einreißen, wie die kleinen Fürstentümer und Erbhöfe erobern und auflösen, wie die Umwege und Grauzonen beseitigen, die ursächlich für die Hauptprobleme des Planens und Steuerns in den Betrieben sind? Erst wenn unter intensiver Beteiligung der künftigen Nutzer die organisatorischen Strukturen geschaffen wurden, kann die Informationstechnik ihnen sinnvoll angepaßt und implementiert werden.

Die Interaktion oder den langwierigen Dialog der externen Informationstechniker mit den betrieblichen Planern und Steuerern zur Vorbereitung der Einführung kann man mit Elden (1983) auch als gemeinsame Entwicklung einer lokalen Theorie bezeichnen, wobei sich beider Kenntnisse ergänzen sollen. Die betrieblichen Arbeitskräfte haben sehr konkretes, detailliertes Wissen über ihre Arbeitsplätze, sie wissen, wie die Dinge dort zusammenhängen. "The problem is to synthesize the concrete knowledge of the individuals into a 'local theory' of cause and effect relationships" (Elden, S. 22). Externe Berater und Informationstechnik-Fachleute und Insider müssen aktiv zusammenarbeiten, aufeinander zugehen und sich im Dialog verständigen, um eine lokale Theorie der Situation im Betrieb zu entwickeln. Partizipation an der Entwicklung und Gestaltung der Organisation ist wie eine "inquiry from the inside" (S. 22). Die meist unbewußten, unausgesprochenen, unbegriffenen, aber dennoch ihre Realität bestimmenden Relationen und Bedingungen sollen gemeinsam in einer einfachen Sprache beschrieben und definiert werden. Den Arbeitenden wird so die Definitionsmacht zurückgegeben. Auf dieser Grundlage können sie sich an Gestaltung der Organisation aktiv beteiligen.

Elden zeigt, wie empirisch nachgewiesen werden konnte, daß sich das in lokalen Theorien reflektierte Verständnis einer Situation bei Outsidern und Insidern erheblich unterscheidet. Outsider schrieben Ursachen für Probleme primär technischen Mängeln und menschlichen Schwächen zu und verkannten, wie die Arbeitsorganisation Probleme verursacht. Outsider neigten dazu, die Ursachen für Unfälle fast vollständig menschlichem Versagen zuzuschreiben, während diejenigen, die Insider-Wissen und praktische Erfahrung haben, das Zusammenwirken technischer und organisatorischer Bedingungen zum Erklären von Unfallrisiken am Arbeitsplatz geltend machen. Die Gestaltungsvorschläge der ihre Situation analysierenden Werftarbeiter konzentrierten sich entsprechend auf organisatorische Änderungen (andere Planung, Steuerung, Verminderung von Belastungen) (S. 24).

1.6.8 Was zuerst: Technik oder Organisation? Selbstorganisation zugestehen!

Zur Zuspitzung der Frage ein kleiner Exkurs. Von Seiten der IG Metall ist in Diskussionen um Arbeitsgestaltung bei Einführung von Informationstechniken immer wieder geltend gemacht worden, daß es - im Gegenteil - wirksamer sei, wenn ein Betrieb werkstattprogrammierbare CNC-gesteuerte Werkzeugmaschinen einführe und erst allmählich die Organisation geschaffen werde, die diese Technik adäquat zu nutzen erlaube. Die Technik öffne der Arbeitsgestaltung und Qualifizierung organisatorische Spielräume und Optionen, die langfristig ergriffen und ausgeschöpft würden. Die CNC-Technik solle man wie ein Trojanisches Pferd einführen und damit die Möglichkeit setzen, wieder in der Werkstatt vom Facharbeiter programmieren zu lassen und die Programmierbüros allmählich abzubauen. Es sei unmöglich, weil abstrakt und unpraktisch, ohne konkrete Handlungsangebote das Verhältnis von Arbeitsvorbereitung zu Fertigung zu reorganisieren, und dann erst die CNC-Maschinen einzuführen. Man renne dann lediglich vergeblich gegen starke Betonmauern rund um die übergeordneten Abteilungen zur

Planung, Vorbereitung und Programmierung an. Wenn die graphisch-interaktiv programmierbaren CNC-Steuerungen jedoch faktisch und mit Aufforderungscharakter in der Werkstatt stünden und interessierte Facharbeiter sich spielerisch Programmierkenntnisse aneignen könnten und immer selbständiger mit ihnen umgingen, werde die organisatorische Restrukturierung allmählich möglich.

Es scheint uns jedoch ein wichtiger Unterschied zur Einführung von PPS oder WSS vorzuliegen. CNC-Maschinen werden punktuell plaziert, mit ihnen arbeitet ein einzelner Facharbeiter. Ein PPS-System umfaßt alle Vorgänge des Betriebes zu Kunden und Lieferanten sowie im Inneren. Eine WSS informiert, steuert, plant alle auf komplexe Weise interdependenten Variablen im Fertigungsgeschehen. Ist das Planungs- und Steuerungssystem inadäquat und der Organisationsstruktur nicht angepaßt, so geraten die Prozesse (Auftrags- und Materialfluß, Ressourcenplanung, Zeitwirtschaft) ins Stocken oder kommen gar zum Erliegen.

Das Verhältnis von Informationstechnik und Organisationsstrukturen ist sowohl fehlbegriffen, wenn man eine einseitige technische Determination annimmt als auch, wenn man organisatorische Entwicklungen oder Einführung neuer Techniken aus Absichten, Entscheidungen und Setzungen des Managements ableitet. In interaktionistischer Perspektive ist die Anwendung von Informationstechnik das Resultat einer komplexen Interaktion zwischen den technischen Möglichkeiten und den Absichten und Bedürfnissen der Organisation und des Managements. Krowston und Malone (1988) denken, "that in many cases IT acts as an enabling factor that makes certain kinds of organizational change possible. If those changes are desirable, they may then occur" (S. 1054). Vorhersagen auf Grundlage einfacher Ursache-Wirkung-Beziehungen sind dann nicht möglich. Es kommt aber auch gar nicht darauf an vorherzusagen, welche Wirkungen Technik auf Organisation oder umgekehrt haben wird, sondern man sollte Bedingungen vorschlagen, unter denen verschiedene Umsetzungen, Anwendungen oder Implementationen einer Technik wahrscheinlich und wünschenswert sind.

Organisationen entwickeln sich nicht aufgrund äußerer informationstechnischer oder struktureller Anstöße, sie sind nicht außengesteuert sondern selbstreferentiell und autonom; sie reproduzieren sich strukturell selbst und bringen sich selbst hervor, indem die Menschen in ihr Bedingungen aktiv verarbeiten, sich aneignen, sich mit ihnen austauschen oder sie abwehren. Wir folgen hier in aller Kürze der Rezeption des Werkes der beiden Biologen Maturana und Varela (1980, 1987) in einem sehr überzeugenden arbeitspsychologischen Konzept von Baitsch (1993), der diese Theorie auf die Arbeitsorganisation zu übertragen und fruchtbar zu machen versucht, nachdem er in mehreren Projekten empirische Erfahrungen mit einem so fundierten Beteiligungskonzept sammelte. (Dieses Konzept wurde uns leider erst zum Projektende im Dezember 1993 bekannt.) Arbeitsorganisationen sind nicht als mechanisch gesetzte Konstrukte zu verstehen, sondern als selbstorganisierende Systeme; ihre Entwicklung wird bewirkt und gesteuert von den an ihnen teilnehmenden Menschen. Sie können nach Baitsch nur funktionieren, wenn Menschen ein Spielraum zu autonomer Gestaltung ihrer Tätigkeit überlassen wird, "dazu gehören auch individuelle und kollektiv zu gestaltende Spielräume zum eigenverantwortlichen Umgang mit Unsicherheit und Risiken" (S. 3).

"Das Bedürfnis und die Fähigkeit von Menschen zur Mitgestaltung und Definition von Wirklichkeit kann weder restlos unterdrückt noch vollständig in den Dienst der Arbeitsorganisation gestellt werden. Immer bleiben Menschen eine Quelle von Abweichung und Systemstörung. Bereits aus der systemischen Eigenbewegung entwickeln sich Widersprüche" (S. 185), weil die Menschen nicht vollständig in ihrer Organisationszugehörigkeit aufgehen und davon determiniert sind, und weil sie selbstreflexiv und subjektiv interessiert sind und nicht einfache mechanische Rädchen im Getriebe. Daraus ergibt sich, daß eine Arbeitsorganisation entwicklungsfähig ist, wenn sie ihren Mitgliedern weitestgehende Selbstregulation ermöglicht. Einführung neuer informationstechnischer Systeme oder organisatorische Restrukturierungen sollten nicht als Einwirkungen externer Kräfte, beispielsweise Experten Zustandezubringen versucht werden, sondern unter Beteiligung der Arbeitenden in ihr ablaufen, zunächst in einer Phase der Beschreibung und Re-Konstruktion ihrer Organisationswirklichkeit in ihrer Sicht, sodann in einer Phase der Entwicklung von Interessen, Optionen und Alternativen beim Erkunden des Gestaltungsspielraums. Dabei wird die "Formbarkeit von Strukturen, Technologien und Abläufen" (S. 188) deutlich.

Baitsch macht darauf aufmerksam, daß Interventionen etwa von sozialwissenschaftlichen Beratern sowohl die spezifische Entwicklungsweise der Selbstorganisation zu berücksichtigen haben, als auch "das menschliche Bedürfnis nach Autonomie und die menschliche Fähigkeit, sich am Prozeß der organisationalen Selbstorganisation zu beteiligen" (S. 188). Interventionen in diesem Sinne hätten ein generelles Ziel: "die Potenz der Beschäftigten zur Selbstorganisation und damit letztlich jene des Gesamtsystems zu erhöhen" (S. 188). Daraus ergibt sich als methodischer Leitfaden für die Beteiligung der Organisationsmitglieder, d. h. in der Selbstorganisation: "innerorganisationale Variabilität zu erhöhen, individuelle und kollektive Spielräume für den explorativen Umgang mit Arbeitsaufgaben und Strukturen zu vergrößern und die Möglichkeiten für abweichende Handlungsmuster zu erweitern. Dies bedeutet den Verzicht auf rigide organisationale Strukturen und rigide Technikgestaltung und beinhaltet die Forderung nach fehlerfreundlichen Strukturen" (S. 189). "Die Beteiligung an der Gestaltung der eigenen Welt wird zu einer Voraussetzung für die Möglichkeit, in dieser Welt kompetent, d. h. auch verantwortungsvoll zu handeln" (S. 189).

1.6.9 Rapid Prototyping

Vielleicht trifft es den Einführungsprozess unter Beteiligung künftiger Benutzer am besten, wenn man fordert und dafür sorgt, daß sowohl die Organisation vorbereitet, restrukturiert, aufnahmebereit für die Informationstechnik werden muß, als auch die Software den betrieblichen Anforderungen, Bedingungen, Abläufen angepasst wird. Dafür ist in den letzten Jahren die informationstechnische Methode des Rapid Prototyping entwickelt worden (Foidl, Hillebrand, Tavolato 1986, Heilmann 1981, Peschke 1986). Sie besteht darin, daß betriebliche Nutzer eine bestimmte Erwartung an das Programm formulieren; das kann eine Funktionalität, eine bestimmte Information, eine Auswertung und ihre Darstellung oder auch nur eine veränderte Bildschirmmaske sein. Sie teilen dies den Programmierern oder Informationstechnikern umstandslos, aber möglichst präzise, mit. Diese können mit geeigneten Software-Tools innerhalb sehr kurzer Zeit eine entsprechende erste Version des Programmabschnitts zu Zwecken der praktischen Erprobung liefern. Die Benutzer äußern ihr Ge- oder Mißfallen, fordern Änderungen, bis der Prototyp nach mehreren spiralförmigen Entwicklungsdurchläufen als fertig betrachtet wird. Dann wird er noch einmal systematisch programmiert oder - einfach weggeworfen, denn er hat seinen Zweck der Verständigung erfüllt. Wir wollen das Rapid Prototyping als eine Methode der Beteiligung der Benutzer an der Gestaltung betrachten, wobei die Prototypen Medium der Interaktion und Kommunikation von Programmierern und Benutzern sind. Beide können sich am praktischen, anschaulichen Beispiel, das in kurzen, schnellen Rückkopplungsschleifen korrigiert und verändert wird, darüber klar werden, sich konkret am Bildschirm erklären, was genau sie haben wollen.

Es waren eine Reihe wirtschaftlicher Gründe, die diese Methode der Beteiligung der Benutzer an der Gestaltung vorangetrieben haben. Baitsch (1991, S. 91 f.) wies auf die große Bedeutung einer sorgfältigen Durchführung der Anfangsphasen hin, insbesondere auf die Anforderungsermittlung und die Erstellung des Grobkonzeptes. Es ist nachgewiesen worden (Foidl 1986), daß "einem Kostenaufwand von lediglich 6 % für die Ermittlung von Anforderungen und Spezifikationen ein Fehleranteil von 56 % gegenübersteht, der 82 % der Kosten für die Fehlerkorrektur verursacht" (Baitsch, Katz, Spinas, Ulich 1991, S. 91 f.). Dieser Weg der gemeinsamen Gestaltung ist für die künftigen Benutzer auch einer der Qualifizierung. Der Weg, also der soziale Vorgang der Verständigung, ist das Wesentliche, ist das Ziel. Der Prototyp ist als Resultat im späteren Programm nicht zu gebrauchen.

Prototyping ist ein sozialer Prozeß. Er ist eher heuristischer als algorithmischer Natur. Im Prozess des Prototyping können sich Benutzer und Gestalter am konkreten Beispiel ihre Vorstellungen erklären und explizit machen; zugleich können mit den Mitteln des Prototyping die Ideen und Vorschläge getestet und evaluiert werden nach Kriterien, die die Benutzer setzen. Prototyping sei das Bemühen von Menschen (Wilson, Rosenberg 1988, S. 861). Dies ist eine sehr eng auf die Benutzer bezogene, an ihnen orientierte Gestaltungsmethode. Sie setzt seitens der Benutzer recht genaue Vorstellungen, differenzierte Kenntnisse und Problembewußtsein voraus. Seitens der Hersteller wird ein geeignetes Software-Werkzeug und souveräner Umgang mit diesem beim Umsetzen der Erwartungen in Prototypen vorausgesetzt.

Mit dieser Methode der Beteiligung an Gestaltung kann die oben beklagte tiefe Kluft überwunden werden, die die "Welten" der Hersteller und Anwender trennt. Künftige Benutzer können gestalten lassen und sich daran beteiligen oder auch selbständig praktisch gestalten. Aber man sollte Prototyping nicht für einen Selbstläufer oder ein Zaubermittel halten. Es ist nur eine Methode oder ein Werkzeug der Beteiligung künftiger Benutzer an der Gestaltung und beschleunigt den Prozeß von der Spezifikation bis zum fertigen Programm. Auch wenn man sehr leistungsfähige Prototyping-Werkzeuge hätte, könnten diese nicht von selbst die Mensch-Rechner-Interaktion gestalten und mit Gewißheit zu einer qualitativ befriedigenden Gestaltungslösung für das Interface führen. Das bleibt immer die komplexe Aufgabe für Programmentwickler, die sich von künftigen Benutzern in mehreren Erprobungszyklen Anregungen und Unterstützung holen (Wilson, Rosenberg 1988).

1.6.10 Anwender-Hersteller-Workshop

Der Kulminationspunkt unseres Verbundprojektes zur partizipativen Entwicklung und Gestaltung einer WSS war ein zweitägiger gemeinsamer Workshop von Herstellern und Anwendern, wobei die wissenschaftlichen Institute deren Dialog wo begleiteten und moderierten. Die Anwender trugen Erfahrungen, Beobachtungen, Kritik, Vorschläge, Anforderungen aus ihren vergleichenden Erprobungen mit den Systemen vor. Die Hersteller erläuterten die "Philosophie" und Besonderheiten ihrer Programme, nahmen Stellung zur Kritik, gaben Einblick in die Konzepte der Weiterentwicklung am Beispiel ihrer Installationen bei anderen Kunden. Die Wissenschaftler trugen ihre Beobachtungen und Analysen zu den vergleichenden Erprobungen und zur jeweiligen betrieblichen Problemlage bei.

Wir konzipierten diesen Workshop gemäß der Anlage des gesamten Projektes als Versuch zur Überbrückung der Kluft zwischen den "Welten" der Software-Entwickler und der betrieblichen Anwender, sowie zur Verringerung der Distanz der Wissenschaften zu diesen beiden. An den Austausch von Kritik, Anforderungen und Vorschlägen der Anwender gegen Konzeptionen, Erläuterungen und unmittelbar begleitende Programm-Demonstrationen der Hersteller (wobei übrigens keine Konfrontationen zwischen beiden und keine Gegensätze zwischen den - auf dem Markt konkurrierenden - Software-Häusern auftraten) schloß sich eine Phase der gemeinsamen Erarbeitung von Gestaltungsleitlinien:

- für die *organisatorische Restrukturierung* im Vorfeld der Einführung einer WSS (Dezentralisierung, Aufteilung PPS und WSS, Grob- und Feinplanung, erweiterte Handlungs- und Entscheidungsspielräume für die Werkstatt, Heranrücken und enges Verbinden der Planung mit der Fertigung, Durchlässigkeit der Ebenen für Informationen, Abbau der vor- und übergelagerten Ebenen der Verwaltung und Planung, Ausdünnen der Leitungsebenen, "lean management"),

- für die Gestaltung der *Software* (Software-Ergonomie, Menüstrukturen, Funktionalität, Kriterien der Benutzungsfreundlichkeit),

- für den Prozeß der *Beteiligung künftiger Nutzer an der Gestaltung* und Methoden der *Qualifizierung* (Benutzer-Handbuch, Help-System, Lehrgänge, kognitive Trainingsverfahren, Erkennen und Ausschöpfen der erweiterten Handlungs- und Entscheidungsspielräume, Wahrnehmen und Nutzen der neuartigen Informationen).

Diese Methode der Beteiligung an der Gestaltung, ein Hersteller-Anwender-Workshop, ist natürlich in alltäglichen betrieblichen Entwicklungen nicht möglich. Es werden jedoch vergleichbare Formen in Betrieben praktiziert:

- Foren und Demonstrationen auf Messen und Ausstellungen,

- Benchmarks, d. h. quasi-experimentelle Vergleiche oder Testläufe der Leistungsfähigkeit von Programmen verschiedener Hersteller (üblich bei Auswahl eines CAD-Systems),

- user circles, in denen Anwender desselben Programms in verschiedenen (auch konkurrierenden) Betrieben ihre Erfahrungen, Kritik, Verbesserungsvorschläge zusammen mit den jeweiligen Software-Häusern beraten.

1.6.11 Handeln in werkstattähnlichen Lernsituationen

Fertigungssteuerer, Meister und Vorarbeiter sind das qualifizierteste und praktisch erfahrenste Personal in der Produktion. Sie sollen bei Einführung eines Programms zum Planen und Steuern nicht grundlegend ausgebildet werden, sondern lediglich hinzulernen, wie sie mit diesem handeln können, wie sie davon unterstützt werden, welche erweiterten Handlungsspielräume sie wahrnehmen können, welche organisatorischen Beziehungen zu anderen Abteilungen sich eröffnen, wie sie die vielen verfügbaren Informationen nutzen können.

All dies könnte man ihnen - wie in der Industrie üblich - kurz vor der Implementierung einer WSS als *Kenntnisse und Fertigkeiten zur Bedienung* vermitteln, sozusagen "zur Kenntnisnahme" in einem zweitägigen Lehrgang beim Hersteller darstellen. Meist begnügt man sich (um nur nicht zu hohe Kosten für die Ausbildung zu haben) mit einer kurzen Anleitung zur Bedienung und Hinweisen auf das Bedienungs-Handbuch. Den künftigen Benutzern bleibt selbst überlassen, die vor einer Einführung erworbenen abstrakten Kenntnisse während der täglichen Interaktion allmählich in praktische Fertigkeiten umzusetzen. Auf diese Weise sind Wissens-Erwerb und Fertigkeits-Training voneinander getrennt und vereinseitigt.

Ebenso unsinnig erscheint es uns, Industriemeister in speziellen Lehrgängen "Problemlösen", "Denken" oder "Kreativität" zu vermitteln und die solchermaßen geübten Absolventen mit der Erwartung in die betriebliche Praxis zu entlassen, dort innovativ und problemlösend zu wirken zu beginnen (vgl. Sell 1988). Es erfordert eine gewaltige zusätzliche Anstrengung, die beim Lösen formaler, abstrakter Aufgaben möglicherweise erworbenen kognitiven Fähigkeiten auf das praktische Handeln in der betrieblichen Situation zu übertragen, sie darauf anzuwenden und in adäquate Handlungen umzusetzen. Der empirische Nachweis der Wirksamkeit solcher Problemlöse-Trainings konnte noch nicht erbracht werden. Wirklich meisterhafte Go-Spieler in meinem Klub sind völlig außerstande, bestimmte Probleme in ihrem Leben organisatorisch zu lösen oder auch nur die Bedingungen einer einfachen sozialen Situation zu analysieren und sich für eine Handlung zu entscheiden.

Es erscheint uns zwar nicht so abwegig, aber doch überflüssig, etwa Meister im psychologischen Labor einer simulierten komplexen und intransparenten Problemsituation auszusetzen und ihre Fähigkeiten auf die Probe zu stellen, unter diesen Bedingungen zu handeln, zu entscheiden und Probleme zu lösen; vgl. die Arbeiten von Dörner 1983, 1989; auch das Simulationsprogramm "Utopia". Die Meister und Fertigungssteuerer sind bereits erfahrene und effiziente Problemlöser, sie könnten in ihren Werkstätten bestens planen und steuern. Die im Laufe der letzten Jahre veränderte Struktur des Auftragsflusses überfordert jedoch ihre konventionellen, "manuellen" Planungs- und Steuerungshandlungen. Sie sind so sehr mit zeitlichem Rangieren, Kontrollieren und Verfolgen von Aufträgen beschäftigt, daß sie sich kaum den wichtigen organisatorischen Aufgaben und Problemen in ihrer Werkstatt stellen können: der technischen Beratung, der Qualitätssicherung, der Personalführung und Ausbildung, der technisch-organisatorischen Entwicklung. Das Problem ist also, daß sie teils fehlbeansprucht, teils unterfordert sind, wenn man sie auf eine bloße Steuerungsaufgabe in viel zu engem Rahmen beschränkt, wenn sie eine im gesamten betrieblichen Ablauf entstandene Problemsituation, "das dicke Ende" voller terminkritischer Aufträge bewältigen sollen, ohne die verursachenden Faktoren und Bedingungen kontrollieren zu können. Wenn eine computergestützte WSS mehr Transparenz und Planungssicherheit entstehen ließe und die langwierige zeitliche Verteilung von Aufträgen den Strategien und Algorithmen eines Programms überließe, entstünde erst der Handlungs- und Entscheidungsspielraum, sich den Problemen in der Werkstatt zuzuwenden.

Im Gegensatz zu dieser Praxis haben wir das Lernen als "Einheit der Vermittlung von Geschicklichkeit und Planungsfähigkeit im organisierten Lernprozeß" (Volpert 1992, S. 105) zu fördern versucht. In einer realitätsnahen Lernsituation ermöglichten und unterstützten wir auf sechs Weisen das *ganzheitliche Handlungslernen,* das praktisch und selbstgeleitet, aber auch ein sozialer Prozeß sein sollte.

- Die Lernsituation sollte der *betrieblichen Realität* und den *praktischen Handlungserfordernissen* in der Werkstatt möglichst nahe kommen. Wir legten eine größere Menge von terminierten Fertigungsaufträgen (mit jeweils mehreren Arbeitsgängen) an, darin war ein hoher Anteil von Eil-Aufträgen; manche Arbeitsgänge waren nach außen zu vergeben; die simulierte Werkstattsituation war von Kapazitäts-Engpässen und verschiedensten Störungen gekennzeichnet; eingeplante Ressourcen fehlten, für Ausschuß und Qualitätsmängel war nachzuarbeiten; schließlich meldete das fiktive Personal Wünsche zur Schichteinteilung an.

- Wir haben das Handeln-Lernen mit dem Programm als *sozialen Prozeß* ermöglicht, in dem die verschiedenen Interessenlagen des Betriebes präsent und an dem sie beteiligt sind. Fertigungssteuerer, Meister und Vorarbeiter, die im Betrieb täglich zusammen arbeiten, manchmal auch leitende Ingenieure, lernten das Programm zusammen kennen. So war es möglich, sich zu neuartigen Formen der Kooperation und Kommunikation vorzutasten, die entstehenden neuen Formen der Kontrolle des Arbeitsverhaltens abzuwägen, die unterschiedliche Betroffenheit der Interessen durch das neue Planungssystem zu beraten, die neu entstehenden Konfliktlinien um Termine oder geplante Sachverhalte zu beraten.

- In der simulierten Werkstattsituation setzten wir eine *Folge abgestufter Lernaufgaben,* so daß die Lernenden sich die vollständige, komplexe Handlungsstruktur schrittweise aneignen konnten und die Gesamthandlung "Planen-und-Steuern-mit-dem-Programm" nicht überwältigend umfassend und schwierig erschien. Die Funktionalität eines WSS-Programms ist so vielfältig, daß es nicht leicht ist, sie zu überblicken und sich ihrer mit präzisem Zugriff zu bedienen. Wir haben die schrittweise praktische Aneignung von Handlungen beim Lösen zunächst einfacher, allmählich komplexer werdender Aufgaben unterstützt. Aus diesen Lehrmaterialien und Aufgaben haben wir später eine Benutzungsanleitung für ein WSS-Programm entwickelt (zum Schreiben von Software-Handbüchern vgl. auch Boedicker 1990).

- Den Lernprozeß ließen wir von der sogenannten *"genetischen Vorform"* des konventionellen Planens und Steuerns ausgehen, nämlich von einer manuell zu bestückenden Plantafel und einem kleinen Auftragsbestand, der auf sechs Arbeitsplätze in einem 20-Stunden-Intervall zu verteilen ist. Die Meister konnten ihre alltäglich praktizierten Planungs- und Steuerungshandlungen beim Verteilen, ihre Strategien, ihre Methoden, Probleme zu lösen, in der manuellen Plantafel anwenden, offenlegen und diskutieren. Dies war eine lernförderliche wichtige Erfahrung im Vergleich zum anschließenden Veranlassen einer Planung und Steuerung durch das WSS-Programm: zum einen erschienen ihnen die Belegungspläne der Programme an manchen Stellen mangelhaft und nachbesserungsbedürftig, zum anderen konnten sie - in Kenntnis der Belegungsstrategien der Programme - deren Resultate besser nachvollziehen und beurteilen, in sie eingreifen und sie ändern.

- In der simulierten Werkstattsituation boten wir *kognitive Lernmethoden* an, die eine aktive und selbständige Aneignung des neuartigen abstrakten informationstechnischen Arbeitsmittels unterstützen. In vielfältigen Formen (die an anderer Stelle darzustellen sind, vgl. als Beispiel die CAD-Ausbildung, Gottschalch 1986) verbanden wir Elemente verbalen, mentalen, imaginativen Trainings mit den Lernaufgaben und Interaktionen; darüber hinaus regten wir zu explorativem Lernen mit dem weitläufigen und unübersichtlichen Programm an (Rühle 1988, Sonntag 1991).

- Es wurde in besonderer Weise Wert darauf gelegt, nicht nur das WSS-Programm an seiner Oberfläche bedienen zu lehren und Kenntnisse und Fähigkeiten zur Bedienung zu vermitteln, sondern das Planen und Steuern von Aufträgen in (tatsächlich mehr oder weniger systematischen) *betrieblichen Zusammenhängen,* als *Prozesse* und *Strukturen* mit vielen komplex abhängigen Variablen zu begreifen sowie das informationstechnische System (Hardware und Software) als neues Arbeitsmittel in seinem geschichteten *Aufbau* zu verstehen, indem wir *Modelle* betrieblicher Organisationsstrukturen und informationstechnischer Systeme zu Vergleichs- und Demonstrationszwecken anboten.

1.6.12 Ergebnis statt Ausgangspunkt: Leitfäden zur Gestaltung

Obwohl es praxisnahe (und u. E. sehr brauchbare) Leitfäden und Checklisten zur Einführung von Informationstechniken und Gestaltung der Arbeit gibt (Spinas 1983, Duell & Frei 1986, Baitsch 1991) und VDI-Richtlinien zur Software-Ergonomie (1990) und verschiedene Kriterienkataloge über benutzungsfreundliche Software vorliegen, haben wir den partizipativen Gestaltungsprozess unserer künftigen Benutzer nicht mit diesen beginnen lassen.

Bevor sie beurteilen und fordern sollten, wie fehlerrobust, selbsterklärend, verlässlich der "Dialog" oder die Interaktion sei und zu sein habe, sollten sie u. E. den inhaltlichen Kern ihrer künftigen Aufgabe und Arbeit mit dem System und die Verteilung von Aufgaben zwischen Menschen und Rechnern erkennen und bestimmen.

Schon bei solchen strukturellen Festlegungen der Vollständigkeit einer Aufgabe (Ulich 1991, S. 156 f., Baitsch 1993, S. 59) wird entschieden, wie weit künftige Handlungsspielräume, wie anspruchsvoll das Regulationsniveau, wie hoch die Qualifikationsanforderungen für diese Aufgabe und damit die Möglichkeiten der Persönlichkeitsentwicklung sein werden. Alternativen und Optionen der Verteilung von Aufgaben zwischen Mensch und Rechner zur Nutzung wechselseitiger Stärken und Vorzüge sowie ihrer Unterstützung kann man mittels des neuen Leitfadens zur "Kontrastiven Aufgabenanalyse" KABA (1993) entwickeln.

In unseren Projektbetrieben gingen wir so vor, daß die *komplexe Gesamtaufgabe* des Meisters in einer bestimmten Werkstatt im Verhältnis zur Funktionalität von WSS-Programmen diskutiert wurde: beispielsweise entfällt bei Verbindung der WSS mit BDE für den Meister die arbeitsplatzbezogene Auftragsverfolgung und Kontrolle des Fertigungsfortschritts, bei simultaner Ressourcenverplanung entfallen seine Prüfungen der physischen Verfügbarkeit, bei automatischer Auftragseinplanung nach Simulation, Optimierung und Auswahl einer geeigneten Strategie muss er die Aufträge nicht mehr manuell verteilen.

Alle derartigen Festlegungen sind nur betriebsspezifisch zu treffen. Erst im Anschluß daran haben alle Projektbetriebe und die beiden Systemhäuser sowie zwei weitere WSS-Hersteller aus ihren spezifischen Problemlagen und Vorbereitungen der Einführung heraus gemeinsam die oben erwähnten verallgemeinerten *Leitlinien zur Gestaltung* formuliert:

1. zur betrieblichen Organisationsstruktur,
2. zur Software (Funktionalität und Benutzungsoberfläche),
3. zum Prozeß der Beteiligung und den Methoden der Qualifizierung.

Diese von den Meistern und Fertigungssteuerern selbst (mit)formulierten Leitlinien zur Gestaltung sind in unserem Projekt also Resultat, nicht Ausgangspunkt des Prozesses partizipativer Gestaltung. Auf ihrem zweijährigen Weg haben alle Beteiligten eine Spur hinterlassen; haben sich - mit wissenschaftlicher Anleitung und Unterstützung - diese Leitfäden selbst erarbeitet.

Mit einem Leitfaden oder einer Checkliste zu beginnen, erschien uns als zu enger, festgelegter Rahmen. Carroll (1990, S. 303) kritisiert Gestaltungsleitfäden und Checklisten: sie würden als Nürnberger Trichter für Gestalter gehalten. Zwar würden sie die Gestaltung prinzipiell vereinfachen, jedoch steril und mechanisch machen. Gestaltung sei jedoch ein kreativer und schwieriger Prozeß. Sich an eine Checkliste zu halten sei eine typische Schwächung und ein Trugschluß. Ein Leitfaden gebe unweigerlich eine mechanische Orientierung für ein hochgradig kreatives Vorhaben. Aus der beklemmenden Bindung an den Leitfaden entstehe mechanisches Design ohne Raum und Rolle für Kreativität und ohne Möglichkeit, ein Design spezifisch angemessen für die bedeutungsvollen Umstände und Besonderheiten zu machen, die man im Verlauf der Gestaltung entdecken könnte. Checklisten führen zum Ausbreiten der Bestandteile des Gestaltungsgegenstands und Aufblähen des Lehrmaterials. Das ausführliche Verfolgen aller Merkmale etwa eines Leitfadens zur Ausbildungsgestaltung führe zu einem unbrauchbaren Resultat. Carroll gibt, getreu seinem minimalistischen Gestaltungskonzept, nur eine einzige Leitlinie: "Ignoriere so viele vorgegebene und angebotene Leitlinien wie Du kannst" (S. 304). Die Gestaltung der Ausbildung und der künftigen Arbeit benötige keine Checkliste und solle sich nicht an ihr entlanghangeln; sie gehe aus von grundlegender Verpflichtung für ein Ziel und entschiedenem Engagement im Prozeß des Entdeckens und Erfindens beim Verfolgen des Ziels (S. 305).

In unserem Projekt stand die Beteiligung derjenigen an der Gestaltung im Mittelpunkt, die von ihren Resultaten direkt betroffen sein werden und am meisten Interesse haben sollten. Wir erprobten Methoden, mit denen die künftigen Benutzer sich praktisch und selbstgesteuert beteiligen können.

In partizipativen Gestaltungsprozessen werden

- die organisatorischen Strukturen (Aufbau und Abläufe, vertikale und horizontale Arbeitsteilung, Aufgabenstruktur),
- die informationstechnischen Arbeitsmittel und

- die menschlichen Handlungen und Qualifikationen *in ihrem wechselseitigen engen Zusammenhang* begriffen und zu einem gemeinsamen Optimum geführt (Ulich 1993, S. 26).

Wir konzipieren die Gestaltung künftiger Arbeitsaufgaben und -tätigkeiten nicht als einmaligen Akt im Vorfeld einer Implementation sondern als beständigen Prozeß im Betrieb oder der Organisation, und verstehen (mit Volpert 1992, S. 142) die Beteiligung an diesem Gestaltungprozeß selbst als wichtige Arbeitsaufgabe für die Arbeitenden.

1.7 Lernstatt als Instrument integrierter Personal- und Organisationsentwicklung am Beispiel der Einführung neuer Technologien

M. Hesseler, K. Jürgen

1.7.1 Qualifizierte Teamarbeit als wichtige Determinante von Innovationsprozessen

Bekanntermaßen wird gerade die reibungslose Einführung neuer Technologien stark dadurch behindert, daß

- soziale Innovationsfaktoren wie z. B. Arbeitsorganisation, qualifizierter Personaleinsatz nicht ausgeschöpft werden,

- Widerstände wirken (Akzeptanzlücke).

Dann fehlen sowohl die strukturellen Bedingungen (Organisationsentwicklung, Teamarbeit) als auch die individuellen Voraussetzungen (Personalentwicklung, Handlungskompetenz) zum flexiblen und produktiven Einsatz neuer Technologien. Von daher gesehen fallen Formen der betrieblichen Lern- und Problemlösungsgruppen in die Klasse von arbeitsorganisatorischen Gestaltungs- und damit verknüpften Qualifizierungsmaßnahmen hinein. Diese umfassen gruppenbezogene und individuelle Arbeitstrukturierungsmaßnahmen im allgemeinen und neue Formen der Arbeitsorganisation und -gestaltung in Fertigungs- und Bürobreichen im besonderen. Auf der anderen Seite gehen arbeitsorganisatorische Gestaltungsmaßnahmen zwangsläufig mit vorbereitenden Qualifizierungsmaßnahmen einher oder bewirken Veränderungen von Qualifikationen.

Betrachten wir außerdem Arbeitsorganisation im Rahmen eines konseqenten Beteiligungsansatzes als Gegenstand von Interessenauseinandersetzungen oder Verhandlungen, wird der enge Zusammenhang zwischen Qualifikation und Arbeitsorganisation noch deutlicher. Zudem muß auf einer Ebene darüber zur Beteiligung auch befähigt werden (Stichwort: Beteiligungsqualifizierung). Vor diesem Hintergrund lassen sich folgende Einflußgrößen für Innovationsprozesse finden, die allerdings strukturell-situativ und in Abhängigkeit vom Verhalten der Organisationsmitglieder betrieblich sehr stark variieren:

- eine starke Arbeitsteilung hemmt die Innovationsfähigkeit einer Organisation,

- hochspezialisierte Arbeitnehmer sind inflexibler als "Generalisten",

- starke Standardisierung und Formalisierung behindern die Einführung von Neuerungen,

- eine Zentralisierung der Entscheidung ist unter Randbedingungen wie hoher Komplexitätsgrad und Dynamik ungünstiger als dezentrale Entscheidungen, die mehr Aspekte der Teilbereiche berücksichtigen können,

- informelle Gruppen und informelle Führer sowie Referenzgruppen haben sehr großen Einfluß auf die Innovationsfähigkeit,

- Partizipation erhöht die Innovationsfähigkeit,

- schwach entwickelte Kommunikationsbeziehungen, insbesondere von unten nach oben, behindern Rückkopplungsprozesse und wirken sich hierüber negativ auf die Entscheidungs- und Implementierungsphase für Neuerungen aus,

- Umgebungsbedingungen einer Unternehmung beeinflussen in sehr großem Maße die Innovationsfähigkeit auf direktem und indirektem Wege,

- Arbeitnehmer und Führungskräfte rigider Persönlichkeit bewirken große Hemmnisse bei Innovationen,

- eine erwartete Einschränkung der Bedürfnisbefriedigung führt seitens der Betroffenen zu Widerständen" (Heeg 1986, S. 41).

Die Organisation von qualifizierten Gruppenaktivitäten im Rahmen einer rationalen Einführungsstrategie eignet sich hervorragend, um neue Technologien reibungsloser einzuführen.

Man muß allerdings kritisch folgendes hinzufügen (vgl. zur Orientierung Abbildung 1.7.1):

- gerade die Wirksamkeit von Gruppenaktivitäten hängt von der Qualität und der Dauer der Vorbereitung ab,

- der optimale Informationsfluß zwischen den Betroffenen bzw. Beteiligten, der z. B. über häufige Präsentationen erfolgen kann, stellt eine Minimalanforderung dar,

- Präsentationen dienen auch dem Feedback seitens des Managements,

- die Einführung wird umso tragfähiger, je mehr diejenigen, die Problemlösungen erarbeitet haben, diese auch selbst mit umsetzen,

- verstärkend wirken vorbereitende, begleitende und initiierende Qualifizierungsmaßnahmen, die auf die Vermittlung oder Entwicklung von Fach-, Methoden- und Sozialkompetenz angelegt sind,

- die unternehmerischen Geschäftsprozesse sollten von Gruppenaktivitäten durchdrungen sein, vor allem bereichsspezifischen und unternehmensweiten. Dabei stellt die Zusammensetzung der Gruppen einen gewichtigen Erfolgsfaktor dar. Ist z. B. der Vorgesetzte bereit, einfaches Gruppenmitglied zu spielen? Kann jeder Beteiligte moderieren?

Vor dem Hintergrund typischer Einführungsfehler (vgl. die Abbildung 1.7.2) muß der Einführungsprozeß kurz-, und vor allem mittel- und langfristig optimal geplant und gestaltet werden.

1.7.2 Lernstattarbeit als Form von Problemlösungs- und Lerngruppen

In den folgenden Abschnitten geht es schwerpunktsmäßig darum, die Vorteile von Problemlösungs- und Lerngruppen in ihrer Wirksamkeit einschätzen zu lernen.

1.7.2.1 Teamfähige Personalstrukturen für die unternehmerische Innovation

Die Abbildung 1.7.3 demonstriert, wenn auch nur auf die Automobilbranche bezogen, den einhelligen und durchschlagenden Erfolg japanischer Unternehmen. Denn diese haben sehr früh erkannt - auch Kreativität nimmt hier einen vorderen Rangplatz ein -, daß die organisierte und qualifizierte Zusammenarbeit von Menschen gleichrangig mit Technik und Prozeßorganisation einen strategischen Produktions- und Flexibilitätsfaktor darstellt.

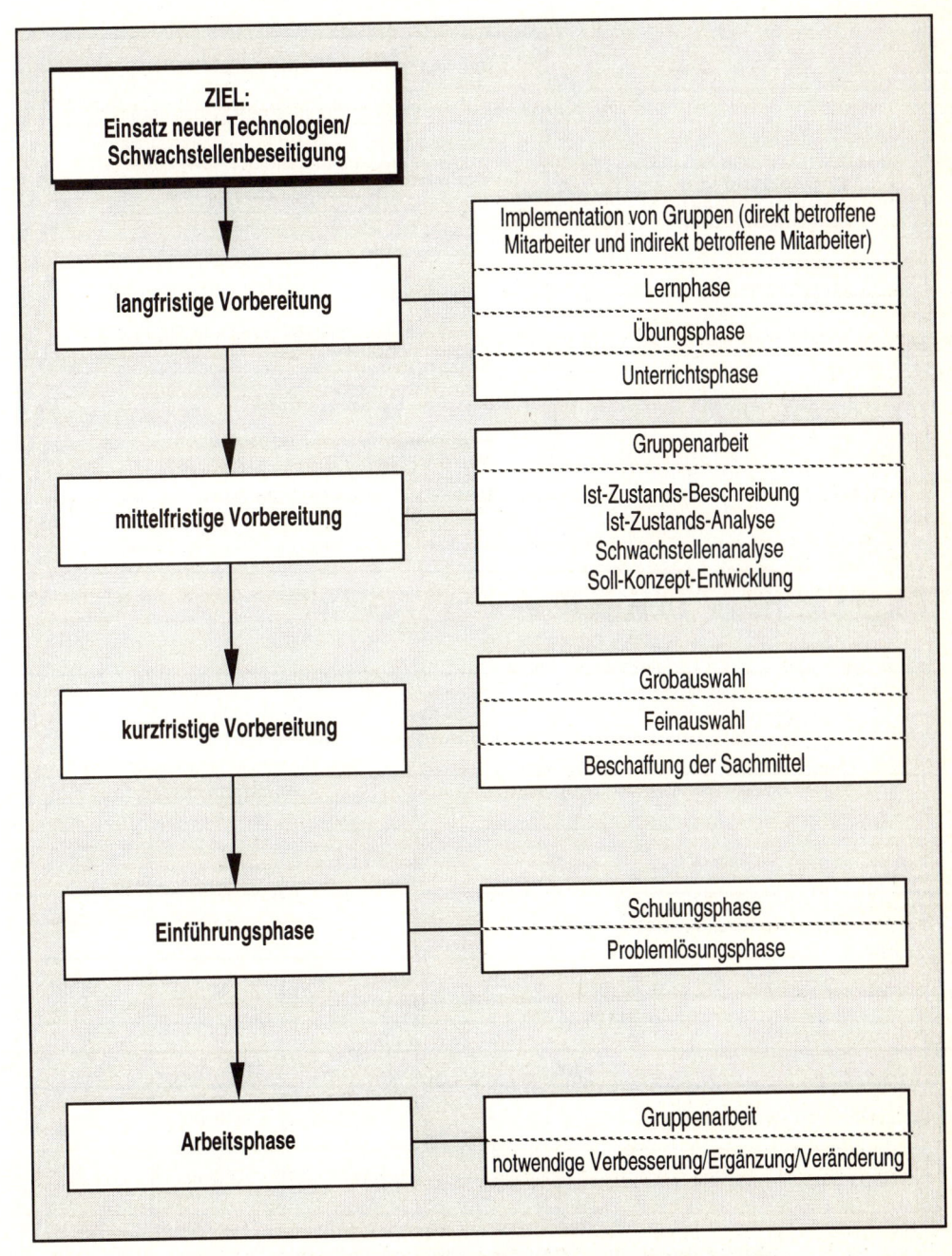

```
ZIEL:
Einsatz neuer Technologien/
Schwachstellenbeseitigung
        │
        ▼
langfristige Vorbereitung ───── Implementation von Gruppen (direkt betroffene
                                Mitarbeiter und indirekt betroffene Mitarbeiter)
                                Lernphase
                                Übungsphase
                                Unterrichtsphase
        │
        ▼
mittelfristige Vorbereitung ─── Gruppenarbeit
                                Ist-Zustands-Beschreibung
                                Ist-Zustands-Analyse
                                Schwachstellenanalyse
                                Soll-Konzept-Entwicklung
        │
        ▼
kurzfristige Vorbereitung ───── Grobauswahl
                                Feinauswahl
                                Beschaffung der Sachmittel
        │
        ▼
Einführungsphase ────────────── Schulungsphase
                                Problemlösungsphase
        │
        ▼
Arbeitsphase ────────────────── Gruppenarbeit
                                notwendige Verbesserung/Ergänzung/Veränderung
```

Abb. 1.7.1: Einführungsstrategie - Beispiel (Quelle: Heeg 1991, S. 188)

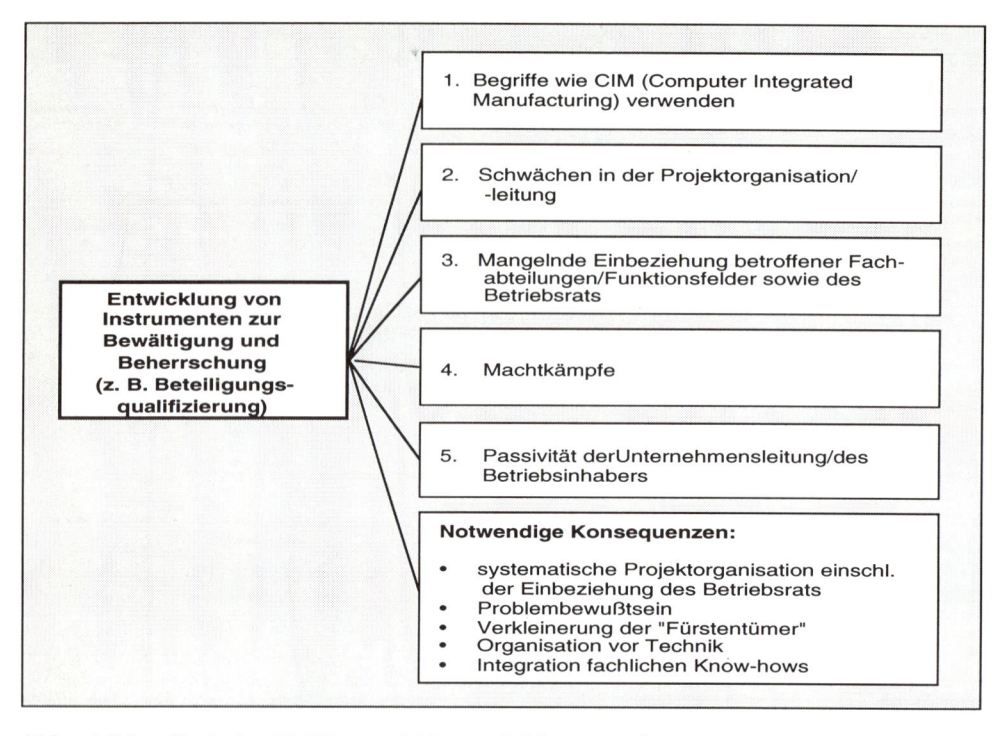

```
                                    ┌─────────────────────────────────────────────┐
                                    │ 1. Begriffe wie CIM (Computer Integrated    │
                                    │    Manufacturing) verwenden                 │
                                    └─────────────────────────────────────────────┘

                                    ┌─────────────────────────────────────────────┐
                                    │ 2. Schwächen in der Projektorganisation/    │
                                    │    -leitung                                 │
                                    └─────────────────────────────────────────────┘

                                    ┌─────────────────────────────────────────────┐
   ┌──────────────────────┐         │ 3. Mangelnde Einbeziehung betroffener Fach- │
   │ Entwicklung von      │         │    abteilungen/Funktionsfelder sowie des    │
   │ Instrumenten zur     │         │    Betriebsrats                             │
   │ Bewältigung und      │         └─────────────────────────────────────────────┘
   │ Beherrschung         │         ┌─────────────────────────────────────────────┐
   │ (z. B. Beteiligungs- │         │ 4. Machtkämpfe                              │
   │ qualifizierung)      │         └─────────────────────────────────────────────┘
   └──────────────────────┘
                                    ┌─────────────────────────────────────────────┐
                                    │ 5. Passivität derUnternehmensleitung/des    │
                                    │    Betriebsinhabers                         │
                                    └─────────────────────────────────────────────┘

                                    Notwendige Konsequenzen:
                                    • systematische Projektorganisation einschl.
                                      der Einbeziehung des Betriebsrats
                                    • Problembewußtsein
                                    • Verkleinerung der "Fürstentümer"
                                    • Organisation vor Technik
                                    • Integration fachlichen Know-hows
```

Abb. 1.7.2: Typische Einführungsfehler und Lösungsansätze

Zunehmender Konkurrenzdruck zwingt zu kurzen Produktentwicklungszeiten Zeitindikatoren zur Verkürzung des time-to-market			
	Automobilproduktion		
	Japan	Nord-Amerika	Europa
Ingenieurstunden pro Auto (Mill.)	1,7	3,1	2,9
Entwicklungszeit pro Auto (Monate)	46,2	60,4	57,3
Verspätete Modelleinführung im Markt (%)	16,7	50	33,3
Werkzeugentwicklung (Monate)	13,8	25	28
Pilotserie-Vorlaufzeit (Monate)	6,2	12,4	10,9
Zeit vom Produktionsbeginn bis zum ersten Verkauf (Monate)	1	4	2

Abb. 1.7.3: Zeitindikatoren zur Verkürzung des time-to-market
(Quelle: IAO-Forum 1992, S. 12)

	KAIZEN	Innovation
Effekt	langfristig und stetig, aber undramatisch; detaillierte Verbesserung	kurzfristig, aber dramatisch, große Fortschritte in kurzer Zeit
Tempo	kleine Schritte	große Schritte
Zeitlicher Rahmen	kontinuierlich und steigend	unterbrochen und befristet
Erfolgschance	gleichbleibend hoch	abrupt und unbeständig
Protagonisten	jeder Mitarbeiter	wenige "Auserwählte"
Personalentwicklung	Generalisten	Spezialisten
Vorgehensweise	Teamgeist, Gruppenarbeit, Systematik Anpassungsfähigkeit intensives Feedback	"Ellbogenverfahren", individuelle Ideen und Anstrengungen Kreativität eingeschränktes Feedback

	KAIZEN	Innovation
Devise	Erhaltung und Verbesserung, Mitarbeiter- und Kundenorientierung	Abbruch und Neuaufbau Technologieorientierung
Erfolgsrezept	konventionelles Know-how und aktueller Stand der Technik	technologische Errungenschaften, neue Erfindungen und Theorien
Praktische Voraussetzungen	kleines Investment, großer Einsatz zur Erhaltung	großes Investment, geringer Einsatz zur Erhaltung
Erfolgsorientierung	Menschen	Technik
Bewertungskriterien	Leistung und Verfahren für bessere Ergebnisse	Profitresultate
Informationen	öffentlich und gemeinsam	geheim und intern
Organisation	abteilungs- und bereichsübergreifend	funktional
Vorteil	gut geeignet für langsames Wirtschaftswachstum	hauptsächlich geeignet für rasches Wirtschaftswachstum

Abb. 1.7.4: Merkmale von Kaizen und Innovation (nach: IAO-Forum 1992, S. 23)

Geeignete Arbeits- und Kommunikationsstrukturen, unter Verfügbarkeit der dazu passenden Qualifikationen, führen daher dazu, daß individuelle und kollektive Eigeninitiative, Leistungsmotivation und Kreativität einen herausragenden Stellenwert gewinnen. Innerhalb eines ganzheitlichen Konzepts wird Wert darauf gelegt, die ständige Bereitschaft zur Verbesserung zu fördern, zu diesem Zweck die Mitarbeiter und Führungskräfte zu qualifizieren und einzusetzen. Damit wird aber eine übergreifende Zielperspektive vorgegeben, die über westliches Verständnis von Innovation hinausgeht, wesentliche Ergänzungen oder sogar Absetzungen verlangt. Dies soll in der Abbildung 1.7.4 zum Ausdruck kommen. Unabhängig von den nationalen Besonderheiten und den individuellen Betriebsprofilen ist es daher wichtig:

- unternehmerische Geschäfts- und Leistungsprozesse zukünftig von der permanenten Verbesserung abhängig zu machen,

- dies in einem unauflöslichen Zusammenhang mit der Motivation und dem Engagement der Mitarbeiter zu stellen.

Lean-Management erfordert also ein Umdenken im Personaleinsatz:

"Adäquates Personaleinsatzmanagement im schlanken Unternehmen bedeutet vor allem ein mitarbeiterorientiertes Handeln. Mitarbeiter zu beraten, statt anzuweisen, heißt die Devise. Das setzt einen offenen und kooperativen Umgang miteinander voraus. Beispielsweise sind Fehlerdiskussionen so zu führen, daß als Ergebnis nicht eine Schuldzuweisung an einen Mitarbeiter oder eine Abteilung steht, sondern daß konsequente und grundlegende Ursachenforschung nach dem Entstehen eines Fehlers betrieben wird, um ein zweites Auftreten des Fehlers zu verhindern. Dieses Ziel kann aber nur in fach- und abteilungsübergreifender Arbeitsweise erreicht werden. Einem Mitarbeiter sollte deshalb auch die Möglichkeit gegeben werden, benachbarte oder angelagerte Abteilungen zu besuchen, um deren Arbeitsweisen kennzulernen und in gemeinsamer Arbeit eventuelle Fehlerquellen zu beseitigen. Dem Management kommt hier die Aufgabe zu, Wegbereiter zu sein. Arbeitsrelevante Informationen in ausreichender Menge bereitzustellen und für deren Verbreitung im Betrieb Sorge zu tragen, muß ein wichtiges Anliegen sein. Auch die Zusammenarbeit zwischen Betriebsrat und Geschäftsleitung ist auf eine neue, vertrauensvolle Grundlage zu stellen. Mitarbeiter sind nicht länger als Störgröße im betrieblichen Ablauf zu definieren, sondern als kreative Kraft, die sich für den Erhalt des Unternehmens in vielfacher Hinsicht einsetzt. Umgekehrt erwarten Mitarbeiter von ihrer Tätigkeit und ihrem Unternehmen eine Herausforderung an die persönliche Leistungsfähigkeit, wobei eben auch Perspektiven für die eigene berufliche Entwicklung zu geben sind. Mit zu entscheiden, bei den sich auf den Entwickler selbst betreffenden Problemen erfordert zielorientierte Führung unter Wahrung von Entscheidungsspielräumen und Kompetenzen.

Konsequentes Lean Management versucht, einerseits das Unternehmen effizient am Markt agieren zu lassen und andererseits die Beschäftigten zufrieden zu machen, indem zentralistische und hierarchisch geordnete Organisationsformen so umgestaltet werden, daß sie bei Mitarbeitern, Betriebsrat und Geschäftsführung gleichermaßen an Akzeptanz gewinnen. Manager mit traditionellem Führungsverständnis werden sich naturgemäß schwertun mit der Vorstellung, daß sich wirtschaftlicher Erfolg und partnerschaftlicher Umgang miteinander eben doch nicht unbedingt ausschließen. Im Gegenteil: beim Lean Management sind es nur die zwei Seiten einer Medaille" (IAO-Forum 1992, S. 26, 27).

1.7.2.2 Kurze Skizzierung der Lernstattarbeit

Vorherrschende Formen der betrieblichen Weiterbildung klammern zumeist die arbeitsplatz-nahe Qualifizierung oder die Nutzung vorhandenen Erfahrungswissens aus. Gerade der Einsatz neuer Technologien geht mit Qualifikationsanforderungen einher, die im Abgleich mit dem vorhandenen Qualifikationspotential einen anderen oder neuen Qualifikationsbedarf ergeben. Dieser läßt sich mit traditionellen Lehr- und Lernmethoden nicht decken. Der Unselbständigkeit der Lernenden im Lernprozeß tritt im Rahmen neuer Arbeitsstrukturen ein Lernender gegenüber, der sich selbständig, flexibel und kooperativ mit neuen Problemsituationen auseinandersetzen muß.

Die selbstorganisierte, selbstlernende Problemlösungsgruppe wird zur Lernform für die Entwicklung von extrafunktionalen und Schlüsselqualifikationen. Die projektbezogene Lernstatt wird neben dem Lernen der Arbeitsinhalte über Erkunden und Präsentieren zur neuen Methode, im Sinne einer auch die Pädagogik ergänzenden organisationsbezogenen und prozeßbegleitenden Aktivität. Damit wird der Weiterbildungsprozeß über kurzfristige Notlösungen hinaus an das problemlösungsorientierte betriebliche Umfeld angepaßt. So können z. B. notwendige Zusatz- und Anpassungsqualifikationen aus dem Problemlösungsprozeß schrittweise erwachsen.

Betriebliche Problemlösungs- und Lerngruppen arbeiten gerade bei Umstellungen im technisch–organisatorischen Bereich meist in Projektform (vgl. DIN 69901). Von daher gesehen lassen sich Problemlösungsgruppen allgemein folgendermaßen kennzeichnen (wobei dies als Idealmuster zu verstehen ist):

"• Die Mitarbeit in einer Problemlösungsgruppe ist grundsätzlich freiwillig,

- die Gruppengröße ist auf 8 bis 18 Mitglieder begrenzt,

- die Mitglieder einer Gruppe kommen aus einem gemeinsamen Bereich oder mehreren Bereichen (die von dem jeweilgen Problem betroffen sind),

- Problemlösungsgruppen bearbeiten nur arbeitsbezogene Probleme und sind für die gesamte Problembearbeitung verantwortlich und

- die Gruppensitzungen finden unter der Führung eines Leiters, Sprechers oder Moderators und regelmäßig während der Arbeitszeit statt" (Heeg 1991, S. 155).

Wir wollen einige Anmerkungen zur Qualität des Problemlösens hinzufügen, um den Problembezug von Arbeit und Lernen zu erhellen. "Einsichtsvolles Lernen fördert insofern die zielgerichtete Lösung von Entscheidungs- und Arbeitsproblemen als es in Erwartungen über mögliche Handlungsfolgen gründet und somit Eigenverantwortlichkeit erst ermöglicht. Strenge Vorschriften und Kontrolle führen dagegen eher zu passivem Arbeitsverhalten und mangelnder Initiative. Muß der Einzelne letztlich den Zusammenhang zwischen Lernbedingungen und Lernen nicht immer wieder neu bewußt wiederherstellen, dann verschmilzt der persönliche Sinn, der der eigenen Arbeit und dem Auftrag zugemessen wird, mit der objektiven Bedeutung für das Unternehmen. Dieses Lernen von für die eigene Identität in der Arbeit wichtigen erfahrungsgeleiteten "Arbeitskonzepten" ist ein wichtiger Katalysator für das Arbeitshandeln in der Unikatproduktion. Dabei bleiben Erfahrungen als geistige Momente von Lernen auch innerhalb der Verständniswelt anderer Aufgabenfelder verwertbar. Nur so helfen sie, den flexibilitätsbedingten Informationsdruck gerade in neuen Arbeits- und Lernsituationen auf Dauer auszugleichen. Gerade kooperatives, einsichtiges Lernen erhöht die Chance, ein funktionales Verständnis von neuen Technologien zu erzeugen und sie mitzugestalten. Die Sinnhaftigkeit ihrer Anwendung zu begreifen schließt aber bewußte Distanz und begründete Kritik in Verbindung mit der Suche nach alternativen Lösungen mit ein.

Die Qualität von Lernen in der Arbeit weist von daher gesehen ein Spannungsverhältnis auf. Zum einen kann es auf der Abfrage von Versuch und Irrtum aufbauen und/oder sich auf das Abrufen von Wissen und Erfahrung beschränken. Dies mag auch für die Routinetätigkeiten in der Unikat-Produktion ausreichen. Zum anderen hängt aber innovative Arbeit sehr stark davon ab, ob die Fähigkeit vorhanden ist, "kreative Ideen gemeinsam zu erzeugen

und effektiv in den Problemlösungsprozeß einzubringen" (Hartmann und Sell 1991). Denn gerade abstraktes Wissen und kreative Denkleistungen sind gefordert, wenn z. B. wegen der Unbestimmtheit der Vorinformationen und der Vorgaben in der Phase der Produktdefinition Aufgaben nicht einfach routinemäßig bearbeitet werden können. Geeignete Informationen und Qualifikationen zur Problembearbeitung müssen dann verfügbar sein. Je nach Komplexität und Ungewißheit der Aufgabensituation muß auch schon einmal der Pfad des „Bewährten" verlassen werden und mehr oder weniger „erfinderisch" vorgegangen werden. An Tatsachen überprüfbare Vermutungen müssen ständig formuliert, überprüft, sowie, aufgrund neuer Informationen, verworfen werden. Unter Umständen muß das Problem völlig neu formuliert werden. Z. B. in der unmittelbaren Fertigung und Montage wird unter Umständen nicht immer das gleiche Material verarbeitet. Die Beschäftigten müssen dafür eine Lösung finden, die zu den anderen Produktionsfaktoren paßt. Diese Arbeitsprozedur hat viel mit "forschendem Lernen" gemeinsam (Skowronek 1972)" (Hesseler 1992, S. 137/8).
Dies will abschließend auch Abbildung 1.7.5 verdeutlichen, die einen von einem Moderator verwendbaren - wenn auch zu operationalisierenden - Ablaufplan wiedergibt. Vor diesem Hintergrund läßt sich die folgende Grundstruktur der Organisation des Problemlösungsprozesses (Zirkelbewegungen wie z. B. Qualitätszirkel und Lernstatt) beschreiben, die immer wieder in dieser Form anzutreffen sind. Gemeinsam sind diesen Formen der Zirkelbewegung oft der Aufbau und Ablauf von Gruppenaktivitäten an der Unternehmensbasis. Zirkelbewegungen sind "kleine, auf freiwilliger Basis entstandene Gruppen, die in den unteren Hierarchieebenen der Unternehmung arbeiten. Sie treffen sich regelmäßig und analysieren bei diesen Sitzungen arbeitsbezogene Probleme, erarbeiten Lösungsvorschläge und leiten diese entweder an die für die Realisierung zuständigen Stellen weiter oder setzen sie selbst in die Tat um" (BBW o. J., S. 13). Die Unterschiede z. B. zwischen Qualitätszirkel und Lernstatt ergeben sich zunächst aus folgenden Zitaten:

"Ein Quality Circle ist eine kleine Gruppe, die freiwillig Qualitätskontrollaktivitäten innerhalb ihrer Arbeitsumgebung durchführt. Diese kleine Gruppe betreibt unter Mitwirkung aller Mitglieder kontinuierlich, als Teil der unternehmensweiten Qualitätskontrollaktivitäten Selbstentwicklung, gegenseitige Entwicklung, Kontrolle und Entwicklung des Arbeitsgebiets, und zwar unter Verwendung von Qualitätskontrolltechniken" (Übersetzt nach: Imaizumi, o.J., S. 9, nach: BBW, Band 12, S. 13).

"Lernstatt ist ein Konzept, das die Rahmenbedingungen für den Aufbau und den Ablauf von Gruppenaktivitäten an der Unternehmensbasis schafft. Diese Gruppen bearbeiten auf freiwilliger Basis regelmäßig während der Arbeitszeit arbeitsbezogene Probleme ihrer Wahl und versuchen, diese unter Zuhilfenahme erlernter Techniken zu lösen. Die Gruppenarbeit ist dabei so konzipiert, daß sie im Einklang mit betrieblichen, sozialen und mitarbeiterbezogenen Zielen steht" (BBW o. J., S. 14). Danach ermitteln Mitglieder der Lernstatt sogar den Lernbedarf, dessen Deckung für die Problemlösung notwendig ist. Die Lernstatt ist also verstärkt auf Miteinander-Lernen ausgerichtet, schließt Gedanken der Aus- und Weiterbildung mit ein. In Abbildung 1.7.6 werden die oben angestellten Überlegungen auf einen direkten Vergleich hin verdichtet.

Die Lernstatt-Bewegung startete relativ unabhängig von den japanischen Versuchen bei Hoechst und vor allem BMW. Das Prinzip Lernen in der Werkstatt = Lernstatt, entstanden im Institut für kooperative Arbeitsdidaktik, wurde bei BMW zu Beginn der 70er Jahre zunächst zugeschnitten auf einen Sprachunterricht zur Beseitigung fehlender struktureller und personeller Integration ausländischer Mitarbeiter, die 55 - 90 % der Belegschaft bildeten. Zur fachlich-sozialen Integration wurden in der Anlernstatt nicht nur sprachliche Grundkenntnisse, sondern auch Wissen über betriebliche Zusammenhänge vermittelt. Das Lernstattmodell wurde auf Dauer hinsichtlich der Zielgruppen (auch deutsche Arbeitnehmer, schließlich Führungskräfte), des Bereichs (z. B. auch Büro) und der funktionalen Zwecksetzung im Sinne der obigen Darstellung erweitert. Es muß aber zumindest vor dem Hintergrund der noch zu behandelnden Fallstudie angezweifelt werden, ob das gemeinsame Lernen in jedem Fall Ziele der Problemlösung und Qualitätsverbesserung wirklich verdrängen muß (Heeg 1991, S. 177).

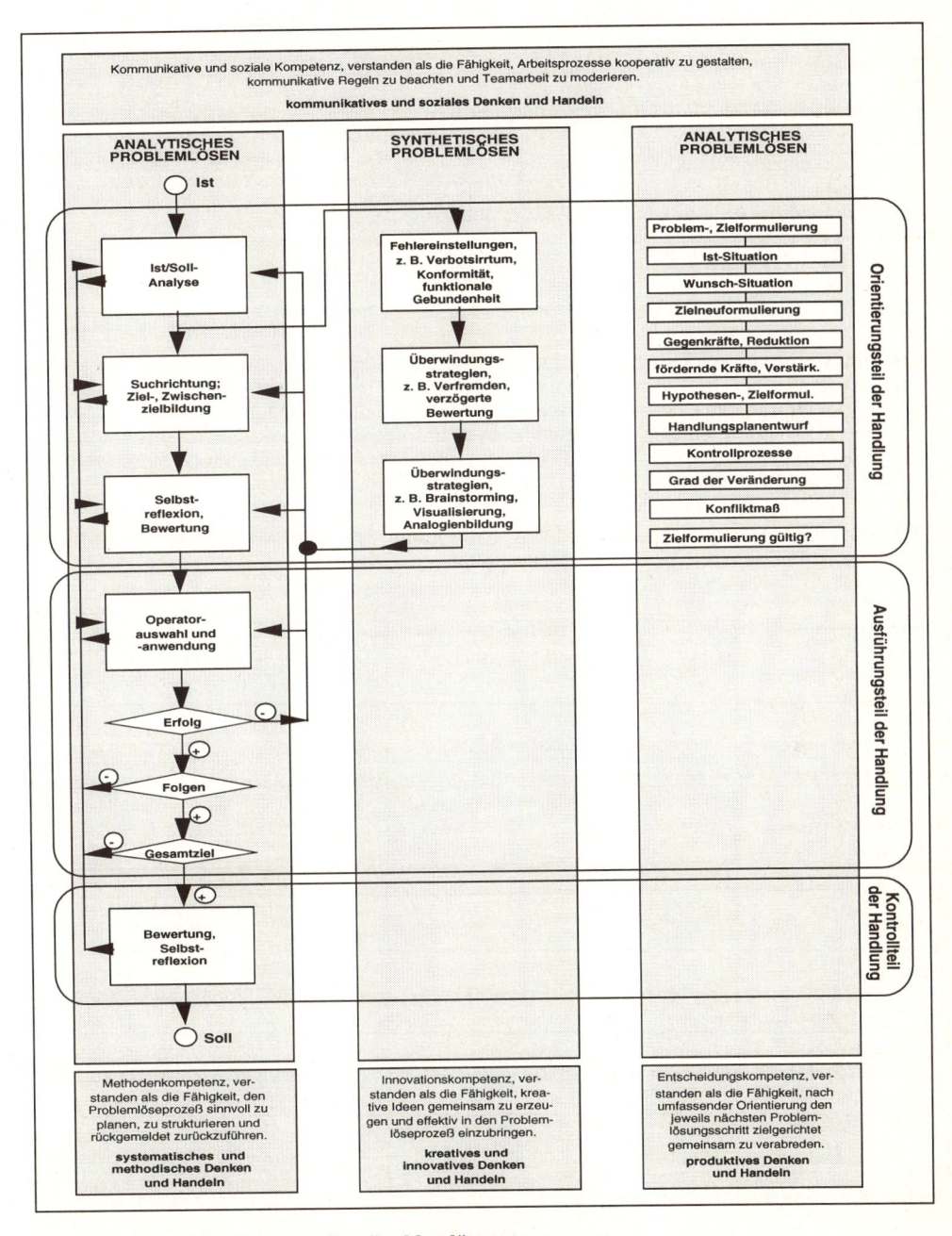

Abb. 1.7.5: Ablaufschema des Problemlösungsprozesses
(Quelle: Hartmann, Sell 1991, S. 5)

Zusammenfassend scheinen folgende positive Wirkungen verzeichnet werden zu können (nach: Heeg 1991, S. 177):

• Vereinfachung von Arbeitsabläufen,

• ausgereifte Verbesserungsvorschläge,

• erhöhtes Sicherheits- und Umweltbewußtsein,

• bessere Kooperation und Kommunikation,

• bessere Identifikation mit den Zielen des Unternehmens,

• mehr Selbstvertrauen und individuelle Handlungsautonomie,

• größere Befriedigung der persönlichen und beruflichen Interessen,

• reibungslosere Entwicklung, Gestaltung, Einführung komplexer rechnergestützter Produktionssysteme über die Lösung technischer (Konzeption, z. B. Störungsvorbeugung/-beseitigung in Umsetzung), organisatorischer (Konzeption, Umsetzung von Teamarbeit), personeller (Konzeption, Umsetzung technische/organisatorischer Qualifizierung) sowie konsequente Verankerung in der Alltagsarbeit mit Hilfe eines Projektes (Schmitz, Hesseler 1989, siehe Fallstudie Kapitel 1.7.3).

Die prinzipielle Aufgabenstruktur/Rollenverteilung und Ablaufstruktur (methodenorientiert) fassen die Abbildungen 1.7.7 und 1.7.8 zusammen.

	Qualitätszirkel	**Lernstatt**
Problem	vorgegeben und selbst gestellt	frei gewählt
Durchführung	stark strukturiert	halbstrukturiert
Dauer	eher begrenzt	eher langfristige Einrichtung
1. Ziel	Verbesserung der Produktqualität	Mitarbeitermotivation/-qualifikation
2. Ziel	Verbesserung der Zusammenarbeit	Verbesserung der Zusammenarbeit
3. Ziel	Mitarbeitermotivation/-qualifikation	Verbesserung der Produktqualität

Abb. 1.7.6: Unterschiede zwischen Qualitätszirkel und Lernstatt
(nach: BBW o. J., S. 16)

Funktionsträger	Aufgaben
Teilnehmer	• Sachgerechtes Lösen von Arbeitsproblemen in der Gruppe und dabei die geeigneten Instrumente systematisch nutzen • Kooperation mit Moderator, Koordinator, Situationsberater, Vorgesetztem und Kollegen • Informationen, auch aus anderen Abteilungen, einholen • Lernstatt-Arbeit organisieren
Moderator	• Personalführungswissen sachgerecht anwenden, Arbeitsprozesse steuern, Persönlichkeitsentwicklung fördern • Organisatorische Probleme wie z. B. Teilnehmerzahl lösen • Gruppenarbeit/-lernen situationsgerecht organisieren u. methodisch sachgerecht fördern • Kooperieren mit Koordinator, Fachvorgesetzten, Situationsberater, Management
Koordinator	• Planen, organisieren, steuern der Lernstatt-Aktivitäten • Gespräche mit Fachvorgesetzten führen, Kontakte zu Situationsberatern herstellen • Lernstatt-Arbeit auch pädagogisch konzipieren und planen • Ergebnisse präsentieren, Umsetzung fördern • Moderatoren ausbilden und Erfahrungsaustausch von Moderatoren untereinander regeln
Steuerungsgruppe	• Regeln der Zusammenarbeit mit Lernstatt-Zentrum bzw. Koordinationsstelle in der Zentralabteilung, mit Berater- und Arbeitskreisen sowie der Kommission für betriebliches Vorschlagswesen • Gestalten der prinzipiellen Struktur der Lernstatt und organisieren der grundsätzlichen Bedingungen der Beteiligung
Situationsberater	• Zur Verfügung stellen von fachlichem Beratungswissen • Bewerten, modifizieren der Problemlösungen, besprechen von Arbeitsproblemen
Kommission für betriebliches Vorschlagswesen	• Unterstützen der Koordination
Koordinationsstelle	• Erfüllen von organisatorischen, koordinativen und evaluativen Aufgaben
Beraterkreise	• Integrieren bereichsübergreifender Lernstatt-Aktivitäten in Unternehmensstruktur
Arbeitskreise	• Systematisches Heranführen Vorgesetzter der Moderatoren an Lernstatt-Idee

Abb. 1.7.7: Funktionsträger und Aufgaben in der Lernstatt
(Quelle: Hesseler 1988)

1.7.2.3 Situationsbedingungen zur erfolgreichen Einführung des Konzeptes der Lernstatt

Folgende Bedingungen fördern den Erfolg des Konzeptes der Lernstatt:

- Entscheidung für ein geeignetes Organisationskonzept, also letzlich für teamartige Strukturen und einen Beteiligungsansatz, damit Festlegung der Verantwortlichkeiten einschließlich der Verhandlungszonen.

- Die gewählte Arbeitsorganisation muß nicht nur auf Qualität möglichst entlang der gesamten Auftragsabwicklung ausgelegt sei, sondern:
  - die Arbeit muß qualifikationsgerecht und relevant organisiert sein,
  - die Arbeitsorganisation dient als Rahmen der Umsetzung z. B. für ein Lernstattkonzept.
- Die Durchführung der Gruppenarbeit muß von möglichst einem Mitarbeiter und einer Führungskraft begleitet werden, die durch Beobachtung Organisations- und Qualifizierungsdefizite registrieren helfen und so zu einer Optimierung beitragen können.

Anwendungs-zeitraum	Methode	Anwendungsbereich
Einführung	• Gesprächsführungstechniken • Transaktionsanalyse • ...	**Gruppenentwicklung** • aktive Gesprächsführung durch Beteiligung aller Teilnehmer • besseres Verständnis für zwischenmenschliche Transaktionen • besseres Verständnis der prozeßbedingten bzw. innerbetrieblichen Zusammenhänge
Problemerfassung	• Interviews • Fragebogen • Dokumentenanalyse • ...	**Informationsbeschaffung** • Ermittlung von Problemen und Problemschwerpunkten • Sammeln und Systematisieren von Daten
Problembearbeitung	• Brainstorming • Pareto-Analyse • Ursache-Wirkungs-Diagramm • Nutzwert-Analyse • Erweiterte Wirtschaftlichkeitsrechnung • ...	**allgemeine Informationsbearbeitung** • Kreativitätstechniken zum Aufspüren von neuen Problemlösungsmöglichkeiten • Ermittlung und graphische Darstellung der Fehlerhäufigkeiten, Überwachung der Problemlösung • Trennung der wesentlichen von weniger bedeutenden Problemen • Erfassung und Zuordnung von Einflußgrößen, die auf wenige Hauptfehlerquellen zurückzuführen sind • Bewertung von alternativen Lösungen
Problempräsentation	• Präsentationsstrategie • ...	**Berichterstattung** • einfache und verständliche Darstellung von Lösungsvorschlägen oder Ergebnissen der Gruppenarbeit

Abb. 1.7.8: **Gruppenarbeitstechniken** (Quelle: Heeg 1991, S. 165)

- Die zur Verfügung gestellte Zeit hängt auch ab von der Komplexität der einzuführenden Produktions- oder Bürosysteme und den damit verbundenen Aufgaben. Außerdem muß unter Umständen eine Abstimmung mit dem System der Schichtarbeit erfolgen.

- Zumindest eine verantwortliche Person sollte praxisgerecht geschult sein, d. h. bezogen auf die sachlichen Erfordernisse und die Zielgruppen.

- Es sollte vorab und immer wieder zwischendurch der Belastungs- und Qualifizierungsstand abgefragt werden, um von daher gesehen unnötigen Störungen vorbeugen zu können.

- Zu klären ist, welche Abteilung, welches Funktionsfeld primär z. B. für die Lernstattarbeit zuständig ist. Dabei sollten auch Erfahrungen mit der Organisation, Qualifizierung und dem Vorschlagswesen berücksichtigt werden.

- Um vorschnellen Absagen an freiwilliger Teilnahme vorzubeugen, müssen mögliche Adressaten in jedem Fall erst einmal tiefergehend über das Vorgaben und die Absichten informiert und aufgeklärt werden.

- Es sollte die Entscheidung, ob Gruppenmitglieder zusätzlich für Problemlösungen (Vorschläge) bezahlt werden, nicht dogmatisch, sondern flexibel entschieden werden, z. B. in Abhängigkeit vom Gehalts- und Lohnniveau. In jedem Fall sollte dies offengelegt und mit dem Betriebsrat erörtert werden.

- Es müssen auch methodische Potentiale im Unternehmen selbst erkundet und genutzt werden, ehe aufwendige Beratungsleistungen in Kauf genommen werden müssen.

- Die Lernstatt-Arbeit muß auch als Initialzündung für unternehmensweiten Erfahrungsaustausch und Gespräche genutzt werden. Dies sollte ebenfalls in der Zielperspektive festgelegt werden. Dies kann auch im Zusammenhang mit einem Denken stehen, wie es z. B. EKS verlangt (Engpaßkonzentrierte Strategie). Damit verbunden ist z. B. ein Wechsel der Orientierung am maximalen Profit zur Orientierung am maximalen Nutzen für den Kunden. Ansatzpunkt wäre dann aber der jeweilige Minimalfaktor, der gemeinsam angesteuert wird.

- Es muß den Beteiligten bewußt sein, wie wichtig häufige Präsentationen für die Rückkopplung zum Management und die Kontrolle der eigenen Arbeit sind. Dazu müssen die Ergebnisse jedenfalls sorgfältig festgehalten werden.

- Es muß vereinbart werden, daß die Zirkelmitglieder die Umsetzung ihrer Vorschläge mit verfolgen können.

- Vorab muß untersucht werden, welche Hilfestellungen gegeben werden können, falls zu wenig Erfahrungen mit Gruppenarbeit existieren.

- Die Räumlichkeiten müssen vorhanden sein, die störungsfreies und entspanntes Arbeiten erlauben, ohne daß allerdings der Ernstfall "Fertigung" aus den Augen verloren wird.

- Es müssen die sach- und zielgruppengerechten Arbeitshilfen und -mittel verfügbar sein, z. B. zur Visualisierung oder zur Förderung des Gespräches. In jedem Fall müssen Pin-Wand, Schreib- und Zeichenmaterial und Zirkelordner zum Abheften der Protokolle vorhanden sein. Es stellt sich die Frage, ob und wann beispielsweise ein Moderatorenkoffer für die Sitzungen genutzt werden muß.

- Der Stellenwert der Zirkelarbeit muß allen Beteiligten bewußt werden. Daraus muß eine explizite Einführungsstrategie entwickelt werden, die folgende Voraussetzungen impliziert:

- Beteiligung der Betroffenen mit ihren unterschiedlichen Erwartungen, Wünschen, Interessen und Qualifikationen, z. B. hinsichtlich der Ermittlung des Problemlösungs- und Qualifizierungsbedarfs sowie der Abstimmung mit den Unternehmenszielsetzungen (Personal- und Organisationsentwicklung).

- Ein positives Verhältnis zwischen Aufwand und Ertrag nach einer längerfristigen Eingewöhnungsphase (Selbstläufer-Effekt) unter Nutzung von Verfahren der erweiterten Wirtschaftlichkeitsrechnung und Arbeitssystemwertbetrachtung.

- Teamorientierte, mitarbeiter- und beteiligungsorientierte Managementstrategien einschließlich des angemessenen Führungsstils und praktischen Engagements (Vorbildfunktion) müssen vorhanden sein.

Die Abbildung 1.7.9 gibt eine exemplarische Einführungsstrategie wieder.

10 Schritte zur Lernstatt

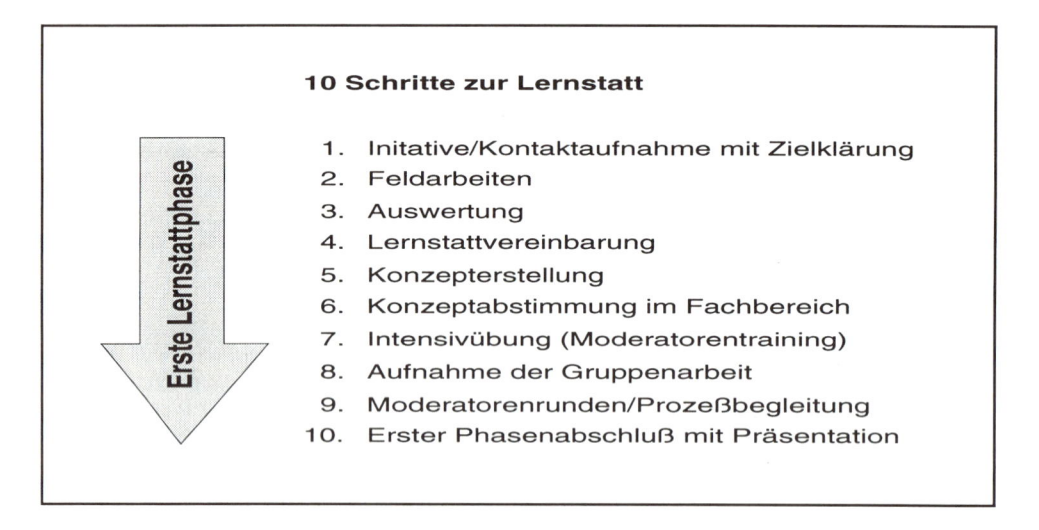

Erste Lernstattphase

1. Initiative/Kontaktaufnahme mit Zielklärung
2. Feldarbeiten
3. Auswertung
4. Lernstattvereinbarung
5. Konzepterstellung
6. Konzeptabstimmung im Fachbereich
7. Intensivübung (Moderatorentraining)
8. Aufnahme der Gruppenarbeit
9. Moderatorenrunden/Prozeßbegleitung
10. Erster Phasenabschluß mit Präsentation

Abb. 1.7.9: Schritte zur Lernstatt (Quelle: BMW-Lernstatt 1985, S. 29)

Es wird deutlich, daß Lernstatt mehr impliziert als eine Weiterbildungsmethode. Im Gegenteil stellt sie eine Form integrierter Personal- und Organisationsentwicklung dar. Insofern fällt sie in die Klasse arbeitswissenschaftlich begründbarer PE/OE hinein.

Im folgenden Fallstudienteil sollen diese vorstehenden Gedanken aufgegriffen werden, bereichsbezogen heruntergebrochen auf die Bedingungen des Unternehmens Hoogovens Aluminium GmbH. Dementsprechend ist das Lernstatttmodell sowohl inhaltlich als auch organisatorisch praxis- und anwendungsbezogen ausgelegt. Dabei steht Lernstatt strukturell für ein System von Modulen lernorientierten Arbeitens (Lernen in der Arbeit) und arbeitsorientierten Lernens (Lernen für die Arbeit), in dem Qualifizierung und Organisation (als Arbeitsorganisation, Organisieren und Organisationsentwicklung) konzeptionell und praktisch in einem unauflöslichen Zusammenhang stehen. Dieses Modell kam innerhalb eines HdA-Projektes (Humanisierung des Arbeitslebens) bei Hoogovens Aluminium GmbH (zu Beginn noch Kaiser Aluminium GmbH) zur Anwendung: Und zwar bei der Entwicklung und der Einführung eines rechnergestützten, komplexen Produktionssystems in der Probenfertigung der Qualitätssicherung im Versand (Projektlaufzeit von Oktober 1984 bis Februar 1989). Die Begleitforschung (Projektleiter: Dr. Michael Hesseler) entwickelte das Organisations- und Schulungs- sowie das

Lernstattkonzept. Außerdem hatte es beratende und koordinierende Funktionen bei der Entwicklung und Umsetzung der technischen Konzeption für die flexible Fertigungslinie sowie Erprobung der Lernstatt, beginnend mit einem Training der Geschäftsführung/des Managements (Repräsentanten des Personal-, Ingenieurwesens/Instandhaltung, der Qualitätssicherung) sowie des Betriebsrats. Es schlossen sich dann problembezogene Lernstattrunden auf Werkstattebene an.

1.7.3 Lernstatt für die flexible Fertigung von Aluminiumproben: beteiligungsorientierte Organisations- und Personalentwicklung in und für kooperative Arbeits- und Organisationsstrukturen

Die Fallstudie, die komplett veröffentlicht wurde (Schmitz, Hesseler 1989), kann an dieser Stelle nur auswahlweise und exemplarisch behandelt werden. Sie würde ansonsten den Rahmen sprengen. Außerdem erfolgt eine strategische Verallgemeinerung, die modellhaft auf die Planungssystematik abhebt.

1.7.3.1 Betriebliche Ausgangssituation, Problemlage, Vorgehensweise

Der Anwenderbetrieb hat aus Gründen der Erweiterung seines Produktspektrums die "Probenfertigung" modernisiert. Dort werden Proben aus versandfertigen Aluminiumblöcken vor allem für die physikalische Qualitätsprüfung vorgefertigt. Die zunächst angedachte Lösung einer Höhertechnisierung der einzelnen Bearbeitungsstationen würde bei erhöhtem Personalbestand wegen der sehr häufigen Handling-Vorgänge zu Arbeitsplätzen mit sehr starker Maschinenbindung und kurzzyklischen einseitigen Arbeitsinhalten führen. Es wurde daher die Möglichkeit einer höhertechnisierten Lösung (CNC-Maschinen, Anlagenrechner) mit einer Verkettung durch Handlingsautomaten geprüft und umgesetzt, die wirtschaftlich tragbar ist und eine wesentliche Verbesserung für die Arbeitssituation und damit die Systemverfügbarkeit mit sich bringt. Zu diesem Zweck wurde innerhalb der Projektlaufzeit ein betriebspezifisches Organisations- und Schulungskonzept entwickelt und im Rahmen einer Lernstatt umgesetzt.

Folgende Beratungsaufgaben wurden dabei erfüllt:

- Die Veränderung der Arbeitsituation wurde dokumentiert und evaluiert. Zu diesem Zweck wurden in deskriptiv-analytischer Form die Verschiebungen in den Anforderungsstrukturen bezüglich der Belastung und Qualifikation z. B. mit Hilfe des TBS-K (Tätigkeitsbewertungssystem Kurzform) und eines Supplements zur Belastungsanalyse analysiert. In Form eines Szenarios wurde die zukünftige Entwicklung der Technikanwendung ohne Arbeitsgestaltung und Qualifizierung auf den Skalen des TBS-K "simuliert". Zusätzlich wurden die Zeitstrukturen der verbleibenden Aufgaben auf Prozeßebene im Sinne eines Vergleichs der konventionellen mit der automatisierten Probenfertigung produktbezogen erfaßt. Dies geschah vor dem Hintergrund von unvorhersehbaren Ereignissen und der Eingriffstiefe.
- Der Anwenderbetrieb wurde bei der konzeptionellen Grob-, Feinplanung und Realisierung der gewählten Systemlösung beraten:
    - hinsichtlich der kooperativen Erarbeitung der endgültigen technischen Gesamtlösung bis hin zu Gestaltung der PC-Oberfläche im Rahmen der Integration CAQ/PPS-Fertigungssteuerung (Computer-Aided-Quality/Produktionsplanungs- und -steuerungssystem) für die Fertigung von Aluminum-Prüflingen (Rund- und Flachzugproben aus dem AC = Aircraft-Bereich), d. h. hinsichtlich der Beseitigung des Engpasses vor dem Hintergrund der ständigen Änderung der Kundennormen,

- bezüglich der Entwicklung eines betriebsspezifischen Organisationskonzepts (Integration dispositiver, Instandhaltungs- und Programmieraufgaben in das Aufgabenspektrum der Bedienmannschaft; Teamarbeit einschließlich Job Rotation) auf Grundlage identifizierter Handlungsspielräume und hinsichtlich

- der Entwicklung eines Qualifizierungskonzepts über die Herstellerschulungen hinaus, entsprechend den Veränderungen im Aufgaben- und Organisationsgefüge und im Rahmen der verfügbaren materiellen und personellen Ressourcen.

• Die Betroffenen (Führungskräfte, Mitarbeiter/Betriebsrat) trugen den Prozeß der Systemkonzeption und der Systemeinführung bis Produktionsbeginn im oben beschriebenen Zusammenhang gleichberechtigt mit. Um die Beteiligung sicherzustellen, wurde der Planungsprozeß dementsprechend organisiert.

1.7.3.2 Anforderungen an Organisations- und Schulungskonzepte für komplexe Produktionssysteme

Angesichts der komplexen Arbeits- und Qualifikationsanforderungen in vernetzten, rechnergestützten Produktionssystemen (siehe Abbildung 1.7.10) sind die vorhandenen Hersteller- und Entwicklerschulungen in mehrfacher Hinsicht als unangemessen zu bezeichnen:

• Die Schulungen in den angewandten Technologien erfolgen meist ohne die Vermittlung von theoretischen Grundlagen.

• Im Vordergrund steht die einzeltechnologiebezogene, gerätespezifische Qualifizierung. Dabei beschränkt sich die arbeitspädagogische Konzeption meist auf technisches Fingerspitzengefühl. Die Veränderungen der Struktur der Qualifikationsanforderungen wird in methodischer Hinsicht nur unangemessen mit den eher anschauungsgebundenen Vorerfahrungen und dem eher manuellen Arbeitsstil des Bedienpersonals vermittelt.

• Zusätzlich wird häufig zu wenig die Verknüpfung der Einzelkomponentenqualifikationen (CNC = Computer numerically controlled, Handhabungsautomaten) zu Systemqualifikationen (gesamte Anlage einschließlich Steuerung, Organisation und Personaleinsatz/Qualifizierung) sichergestellt.

• Außerdem müssen diese systemspezifischen Qualifikationen im betrieblich organisierten Arbeitsablauf angewandt werden (Organisationslernen). Überhaupt kommt gegenüber dem Bearbeitungslernen dem Organisationslernen, dem Gewußt-Wie, eine besondere Bedeutung zu.

• Im Mittelpunkt der personellen Maßnahmen steht daher die organisatorische Umsetzung als praktische Stufe der Schulung für und in dieser flexiblen Fertigungslinie. Dabei ergibt sich der Lernerfolg aus der praktischen Lösung von aktuellen Arbeitsproblemen. Probleme in den technischen Qualifizierungen können auf diese Weise erkannt und im Sinne einer Nachschulung gelöst werden, aber im Rahmen einer übergreifenden Qualifizierung, die auch auf die Vermittlung von extrafunktionalen Qualifikationen und Schlüsselqualifikationen ausgerichtet ist. In jedem Fall stellt die eigene Qualifizierung ein zentral zu lösendes Problem dar. Besondere Anforderungen stellt das Organisationslernen. Denn entlang einem detaillierten 'Plan' sollten Lernarrangements entstehen, nach denen im Laufe der Zeit 'Organisation' nicht mehr verbal ausgesprochen werden muß, sondern psychologisch automatisierter Bestandteil individueller Handlungsmuster und der Zusammenarbeit wird. Dann braucht man sich über Organisation nur noch im Sonderfall explizit verständigen.

- Die Qualität der Planung von Organisation und Schulung muß sich vor diesem Hintergrund verändern (siehe dazu Abbildung 1.7.11) und folgt eher den Handlungsmustern der 'Planung ohne Ziele' als einem "Muddling Through" im Rahmen grober Vorgaben.
- Alle Einführungsschritte werden nach den Beteiligungszielen in Abbildung 1.7.12 aufgelistet.

Die erforderlichen Entscheidungen oder Maßnahmen - einschließlich der zugrundeliegenden Analysen und Gestaltungen werden im folgenden behandelt.

(1) Zur Orientierung soll erst einmal der folgende Arbeitsablauf dienen:

1. Zwischen 6.00 - 8.00 Uhr der Frühschicht (6.00 - 14.00 Uhr Frühschicht, 14.00 - 22.00 Uhr Spätschicht) Arbeit mit dem CNC-Drehautomaten (Nachproben), da das Instandhaltungspersonal zu diesem Zeitpunkt noch nicht verfügbar ist; Emulsionskontrolle (Regelwartung)

2. Einschalten der Anlage, sofern der Prozeß noch nicht läuft:

    - Betriebsbereitschaft prüfen, d. h. Reaktionen am Systemdrucker (Störungen im Prozeß/ der Systemsoftware) beobachten; Überprüfen des Datenverkehrs

    - Vorbeugender Kontrollgang entlang der Anlage

    - Maschinen in Ausgangsstellung bringen (ähnlich läuft das Wiederanfahren nach der Störungsbeseitigung ab), dabei Störungen am Terminal der jeweiligen Maschine beobachten

    Dauer: ca. 1/2 Stunde

3. Entgegennahme der antransportierten Rohplatten und der beigefügten Arbeitsunterlagen wie Loskarte, Arbeitsvorschriften und statistische Prüftermine für zusätzliche metallurgische Anforderungen aus dem Laborrechner (mit einigen vom Meister hinzugefügten Angaben über Sonderproben); der Meister stellt bei gegebener räumlicher Trennung heute noch einen Ist-Soll-Vergleich der Ein- und Ausgänge der Anlage an

4. Aufheben (leichterer) Platten (bis auf das erste Mal), während der Prozeß bereits läuft

5. Abwischen der Platten

6. Prüfen auf Rechtwinkeligkeit

7. Beschriften jeder Rohplatte in dem Abschnitt, der nicht zersägt und für Archivzwecke aus der Anlage ausgeschleust wird

8. Sofern vorhanden, Eingabe der Losdaten der Rohplatten (wenn Los noch nicht eingegeben) während des Prozesses und der Nummer der Sägedatei am Bedienterminal in den Rechner bzw. parallel dazu Sägezeichnungen für andere Lose heraussuchen (in Abhängigkeit vom Programmierungsgrad)

9. Auflegen der Platte in der programmierten Reihenfolge vor die Abnahmestation der Anlage

10. Tastendruck: Platte wandert auf einem Staurollgang in die Anlage zu der Entnahmestation, von der sie dreidimensional vermessen wird

    Dauer der Arbeitsschritte 3 - 10: max. 20 Minuten

11. Erstellen/Vortesten (per graphischer Simulation des Ablaufs und möglicher Crash-Situationen) der Sägedateien und Übermittlung an den Anlagerechner

    Dauer: max. 15 Minuten

12. In Verbindung mit der Handhabung der Störungsperipherie eindeutiges Lokalisieren der Fehler der einzelnen Komponenten und/oder im gesamten Prozeß sowie mögliche Fehlerbeseitigung:

    - Setzen jeder einzelnen Maschine an den Anfang

    - Genaue Beachtung der Reihenfolge im Ablauf

    - Geistige Vorwegnahme des gesamten Prozesses und seiner Teilabschnitte (ständige Präsenz)

    - Richtiges Anfahren der Anlage zur Vermeidung von Folgestörungen an anderen Einzelkomponenten

    - Besondere Berücksichtigung der Überlastung der Steuerung des 1. Industrieroboters (Einleiten des Einschleusvorganges, wenn der Industrieroboter steht und sich in der Meßstation keine Rohplatte befindet; größter Bedienfehler: Initiierung der richtigen Reihenfolge der Fahrtwege des Handhabungsroboters 1 im Tipp-Betrieb),

    - Störklassen-Identifikation (elektrische/programmtechnische Störungen, Plattenmängel, in der Vergangenheit Blockierung durch Späne; 1 - 2 Störungen pro Tag)

    - Benachrichtigung der Instandhaltungselektroniker

      Dauer: schlecht vorhersehbar

13. Stichprobenhafte Probenkontrolle an den einzelnen Ausschleusstationen in den Drehproben- und Sonderproben-Kassetten je Rohplatte (zusätzlich Überprüfung der Zuordnung von Kästen/Proben nach Los/Platten anhand des Druckerausdrucks für Drehproben und Nicht-Drehproben)

14. Verpackung der ST-Proben (Gewindeproben) in Tüten

    Dauer der Arbeitsschritte 13 und 14: ca. 10 Minuten

15. Archivierung bearbeiteter, zu verschrottender Stücke in Kästen, Zwischenlagerung (u. U. Nachproben), einmal pro Tag Abtransport ins Endlager (auf Dauer in Holzkästen)

    Dauer: max. 1/2 Stunde

16. Abtransport der Proben mit Loskarten sicherstellen (beifügen auch unvollständig bearbeiteter Platten sowie von eingesägten Platten zur Vorbehandlung, die der Industrieroboter nicht halten konnte)

    Dauer: max. 10 Min.

17. Reinigungsarbeiten Freitags ab 16.00 Uhr, 4 Std.

Qualifizierungskonzept

Organisationslernen
- Gesamtlemaufgabe: Organisierte Zusammenarbeit der Arbeitsgruppenmitglieder im System
- Lemziel: Problemlösungsverhalten
- Leminhalte: Analyse Problemsituation, Ursache/Wirkung, Lösung, Nutzung von Hilfsmitteln, Fertigungssteuerung, betriebliche/ situative Regelungen, Organisationsmittel
- Diskursiv (aktiv mit Trainer); konkret (nicht akademisch); motivierend (Verwendung/ Einsicht); handlungsorientiert (Lernen und Handeln); Denkleistungen, Systematik/Methodik fördernd (Sprache/Kognition); Wissen strukturierend (Zusammenhang)
- Wegen Selbstorganisation nach Anlaufzeit nur punktuelle Supervision und Unterstützung anstatt andauernder Unterweisung

Lern- und Leistungsvoraussetzungen
- Anschauungsgebundenes Denken und Handeln
- Vorerfahrung aus arbeitsteiligem Arbeiten
- Manuelle, sensumotorisch bestimmte Arbeitstätigkeiten
- Anweisungsgebundener, empirisch-adaptiver Arbeitsstil

Bearbeitungslernen
- Ausgangspunkt und Ziel: individuelles Arbeitshandeln
- Lemziel: Nutzung des BM für Bearbeitung
- Inhalte: Ganzheitliche Arbeit an Einzeltechnologie / System
- Überblick, Anwendung, Verarbeitung, praktische Aufgabenbewältigung/Erfolgskontrolle
- Festigung von Wissensbeständen und Verbindung mit Arbeitsausführung

Aufgabenbezug
- Organisationsform
- Umfeld/Systemumgebung
- Regelungscharakter der Disposition
- Kommunikation/Kooperation
- Verfahrensweisen
- Betriebsmittel/Qualität
- Informationsaufnahme, Informationsverarbeitung, Informationsweitergabe

Qualifikationsanforderungsstruktur
- Systematisch-vorbedenkender Arbeitsstil
- Analytisch-diagnostische, reproduktive, synthetisch-konzeptuelle, Entscheidungs-/Beurteilungs-, übergreifende Leistungen

Aufgabenbezug
- Bearbeitung
- Betriebsmittel
- Verfahren
- Produkt
- Arbeitssystem
- Arbeitsmethode

Organisationsbezogene Anforderungen
- Konkret-praktische Aufgabenerfüllung
- Geistige Situationsbewältigung
- Integration von Bearbeitungsanforderungen und Systembewältigung im Ablauf
- Gegenständliches Probehandeln
- Planung der eigenen Arbeit und des eigenen Lernens in der Arbeitsgruppe
- Systematik der Problemanalyse und -lösung
- Nicht-arbeitsteiliger Erfahrungsaustausch

Aufbauorganisation:
- Stellenbildung
- Kompetenzen

Ablauforganisation:
- sachliche und zeitliche Handlungsspielräume

Kooperative Organisationsmodelle:
- Teamkonzepte
- Lernstatt
- Qualitätszirkel

Bearbeitungsbez. Arbeitsanforderungen
- Umgang mit formal-abstrakten Objekten
- Ganzheitliche Arbeitsvollzüge
- Kognitiv bestimmte Tätigkeiten
- Selbständiges, verantwortliches Handeln
- Systematisch-vorbedenkender Arbeitsstil

Instandhaltungs-, Programmier- und dispositive Aufgaben

Bearbeitende Aufgaben

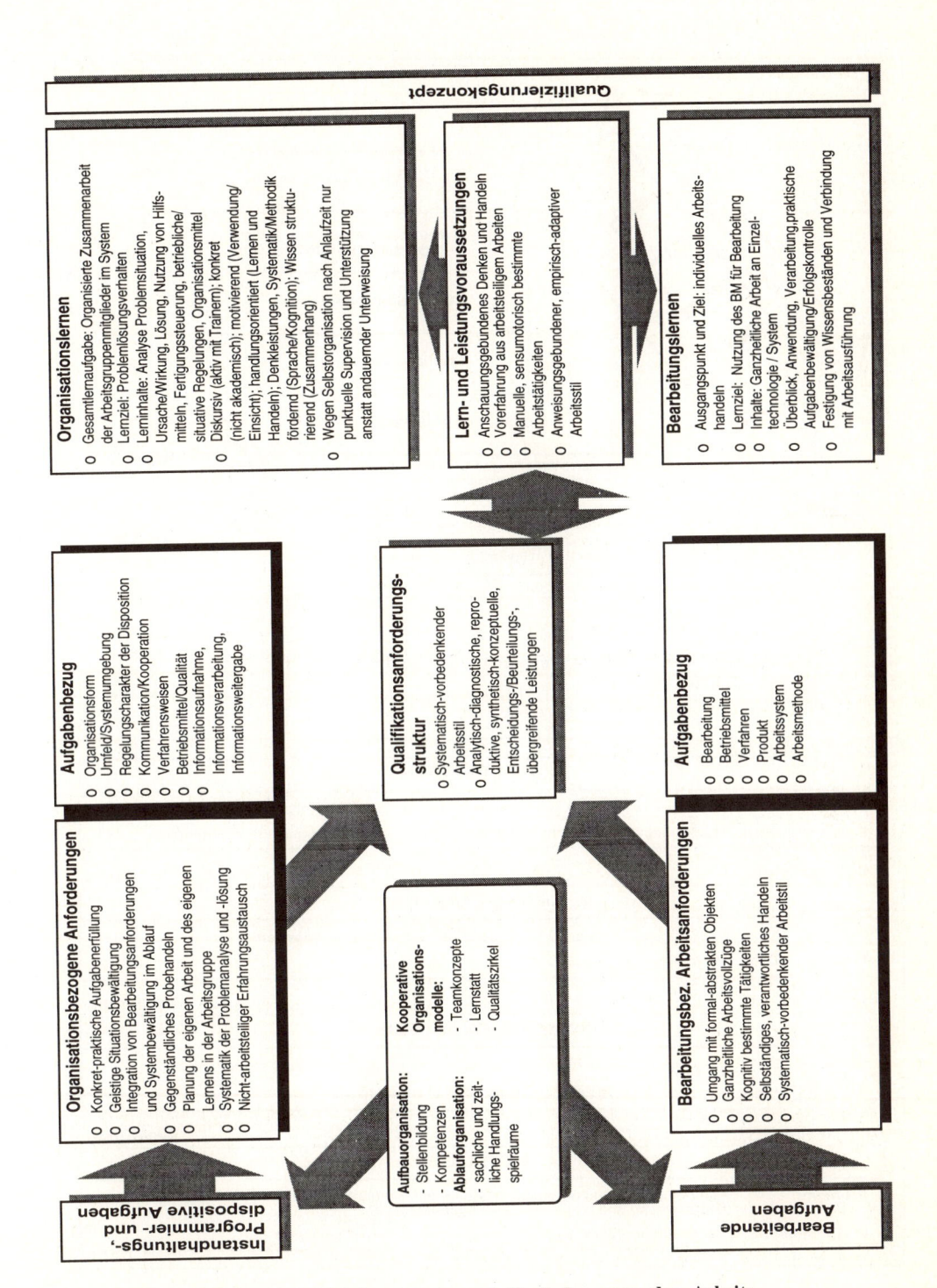

Abb. 1.7.10: Komplexe Produktionsysteme und Veränderungen der Arbeits-, Qualifikationsanforderungen (Quelle: Hesseler 1988)

```
                                    ┌─ Modifizierte/neue Aufbauorganisation
                                    ├─ Neue Arbeitsablauf- und -aufbau-
                                    │   organisation im Arbeitssystem
                                    ├─ **Arbeitsstrukturierung**
                                    ├─ Personaleinsatz
                                    ├─ Qualifizierung (kurzfristig)
                                    ├─ Prospektive Arbeits- und Qualifikations-
                                    │   anforderungsanalysen und
                                    │   Qualifikationsbedarfsfeststellung
                                    └─ Planung/Realisierung der Personal-
                                        und Organisationsentwicklung
                                        (lang- und mittelfristig)
```

(Neue funktionsübergreifender Auftragsdurchfluß ↔ Richtungswandel in der Planung)

(Technik / Organisation / Personal)

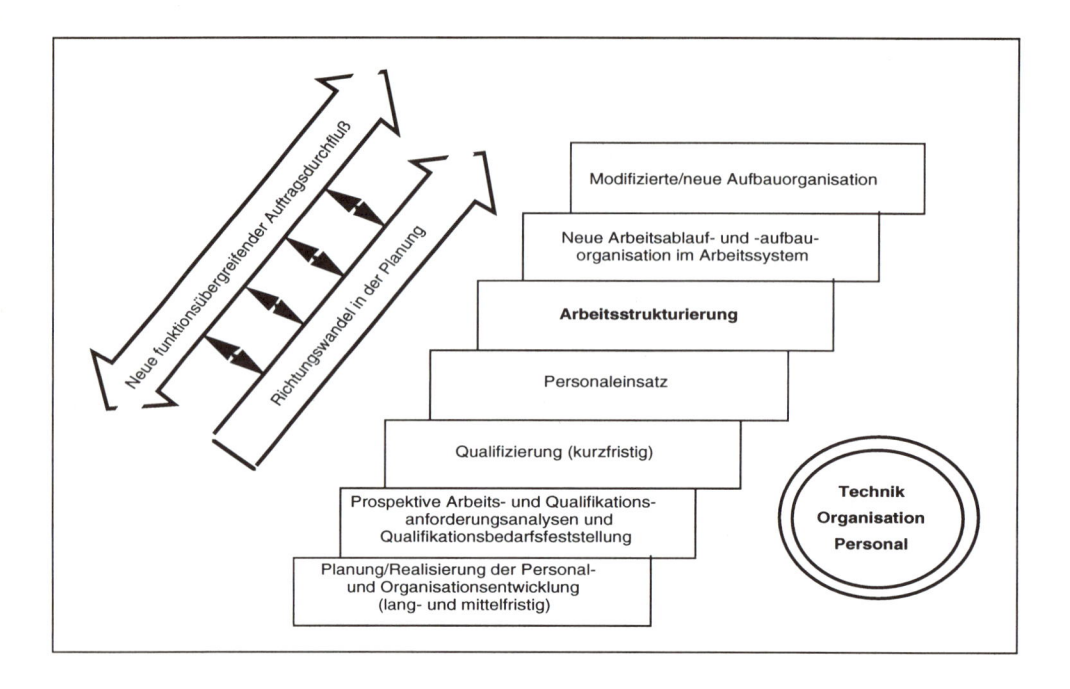

Abb. 1.7.11: Planung der Arbeitsorganisation und Qualifizierung für komplexe Produktionssysteme

1. INFORMIEREN	
Problem:	Unvorhergesehene Veränderungen führen zu Schwierigkeiten!
Problemlösung:	Rechtzeitig die betroffenen Mitarbeiter/-innen und Führungskräfte informieren!

Informationen — **Vertrauen**

2. DENKEN ANREGEN	
Problem:	Willkürlich erscheinende Veränderungen werden nicht akzeptiert!
Problemlösung:	Veränderungen begründen!

Ideen — **Akzeptanz**

3. MITREDEN LASSEN	
Problem:	Ungewisse Arbeitssituationen gehen oft mit Angst und Widerständen einher!
Problemlösung:	Verdeutlichen, daß die Chancen die Risiken überwiegen!

Diskussion — **Gewißheit**

4. BETEILIGEN	
Problem:	Mangelnde Mitwirkung an der Planung und Einführung neuer Technologien führt zu Desinteresse und fehlender Leistungsbereitschaft!
Problemlösung:	Selbständige Beiträge annehmen und positiv berücksichtigen!

Abb. 1.7.12: Beteiligungsziele (in Anlehnung an Schmitz, Hesseler 1989)

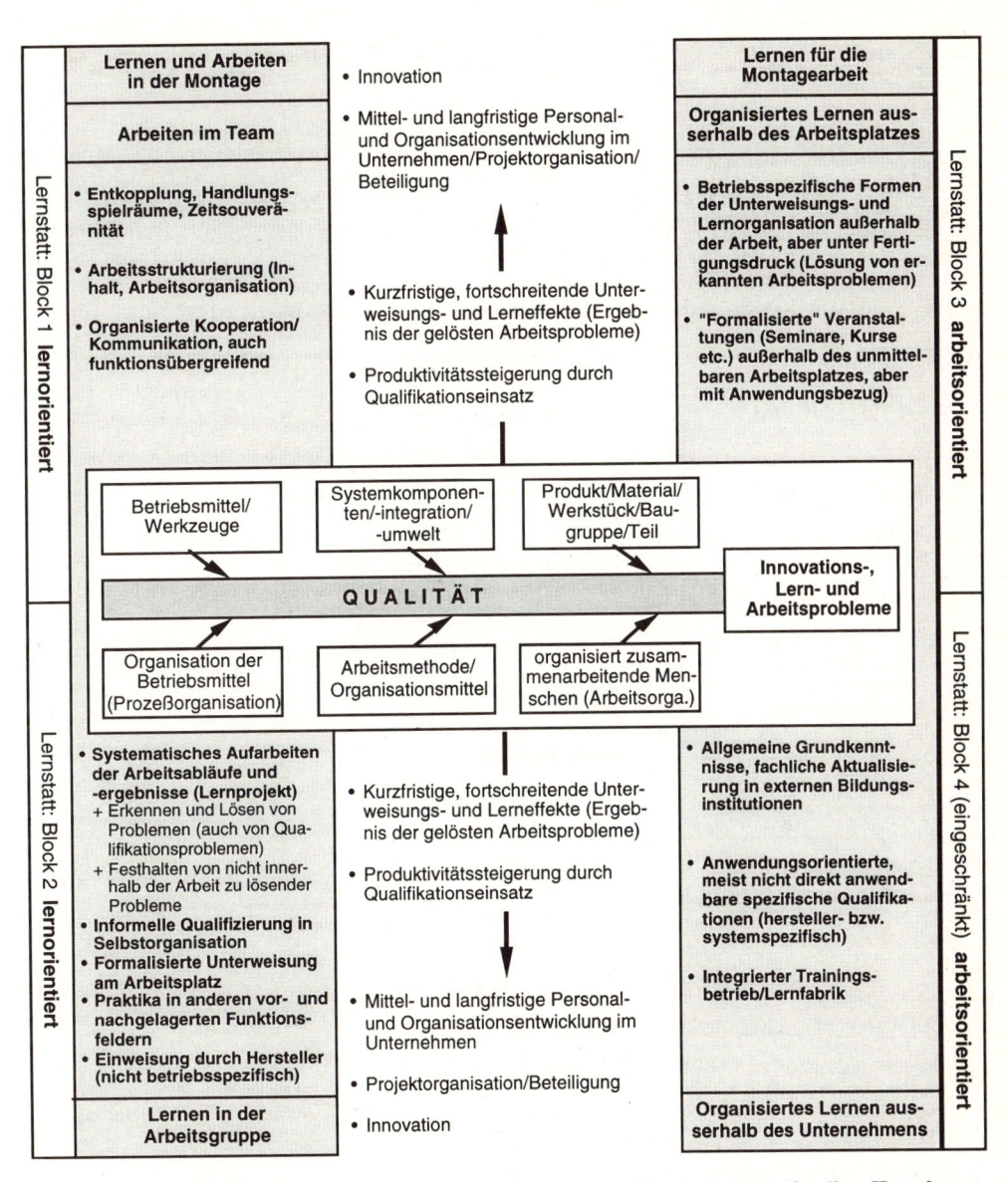

Lernstatt: Block 1 lernorientiert	**Lernen und Arbeiten in der Montage**	• Innovation	**Lernen für die Montagearbeit**	Lernstatt: Block 3 arbeitsorientiert
	Arbeiten im Team	• Mittel- und langfristige Personal- und Organisationsentwicklung im Unternehmen/Projektorganisation/Beteiligung	**Organisiertes Lernen ausserhalb des Arbeitsplatzes**	
	• Entkopplung, Handlungsspielräume, Zeitsouveränität • Arbeitsstrukturierung (Inhalt, Arbeitsorganisation) • Organisierte Kooperation/Kommunikation, auch funktionsübergreifend	• Kurzfristige, fortschreitende Unterweisungs- und Lerneffekte (Ergebnis der gelösten Arbeitsprobleme) • Produktivitätssteigerung durch Qualifikationseinsatz	• Betriebsspezifische Formen der Unterweisungs- und Lernorganisation außerhalb der Arbeit, aber unter Fertigungsdruck (Lösung von erkannten Arbeitsproblemen) • "Formalisierte" Veranstaltungen (Seminare, Kurse etc.) außerhalb des unmittelbaren Arbeitsplatzes, aber mit Anwendungsbezug)	
	Betriebsmittel/Werkzeuge — Systemkomponenten/-integration/-umwelt — Produkt/Material/Werkstück/Baugruppe/Teil → **QUALITÄT** ← Organisation der Betriebsmittel (Prozeßorganisation) — Arbeitsmethode/Organisationsmittel — organisiert zusammenarbeitende Menschen (Arbeitsorga.) → Innovations-, Lern- und Arbeitsprobleme			

Lernstatt: Block 2 lernorientiert	• Systematisches Aufarbeiten der Arbeitsabläufe und -ergebnisse (Lernprojekt)
	  + Erkennen und Lösen von Problemen (auch von Qualifikationsproblemen)
	  + Festhalten von nicht innerhalb der Arbeit zu lösender Probleme
	• Informelle Qualifizierung in Selbstorganisation
	• Formalisierte Unterweisung am Arbeitsplatz
	• Praktika in anderen vor- und nachgelagerten Funktionsfeldern
	• Einweisung durch Hersteller (nicht betriebsspezifisch)
		• Kurzfristige, fortschreitende Unterweisungs- und Lerneffekte (Ergebnis der gelösten Arbeitsprobleme)
		• Produktivitätssteigerung durch Qualifikationseinsatz
		• Mittel- und langfristige Personal- und Organisationsentwicklung im Unternehmen
		• Projektorganisation/Beteiligung
		• Innovation
			• Allgemeine Grundkenntnisse, fachliche Aktualisierung in externen Bildungsinstitutionen
			• Anwendungsorientierte, meist nicht direkt anwendbare spezifische Qualifikationen (hersteller- bzw. systemspezifisch)
			• Integrierter Trainingsbetrieb/Lernfabrik
				Lernstatt: Block 4 (eingeschränkt) arbeitsorientiert

	Lernen in der Arbeitsgruppe		**Organisiertes Lernen ausserhalb des Unternehmens**	

Abb. 1.7.13: Grundbausteine der Lernstatt (verallgemeinertes Modell) (Quelle: Hesseler 1988)

Unter anderem wurde auf dieser Grundlage eine Untersuchung nach dem TBS-K (Tätigkeitsbewertungssystem-Kurzform + Supplement) durchgeführt. Ihre Ergebnisse sind insgesamt ungünstiger zu bewerten, als der aufgrund von Zielvorstellungen in der Ist-Analyse (Szenario) „simulierte" Soll-Zustand dokumentiert.

(2) Informelles Lernen, organisiertes Arbeiten im Team (Lernen in der Arbeit) und Lernen für die Arbeit sind eng im Kontext der Arbeitsorganisation und Lernstatt (vgl. Abbildung 1.7.13) miteinander verknüpft. Die Lösung von Arbeitsproblemen bringt auch Lerneffekte mit sich.

Eine besondere Problemklasse stellt die eigene technisch-organisatorische und systemspezifische Qualifizierung einschließlich des sozialen Wachstums extrafunktionaler Qualifikationen dar.

(3) Objektive Belastungen und psychische Beanspruchungen (Ebene Ausführbarkeit/Schädigungslosigkeit) müssen beseitigt werden, ehe erfolgreich organisiert und qualifiziert werden kann. Zudem müssen prinzipielle Entscheidungen hinsichtlich der Ablauforganisation und Schulung gefällt sein, ehe das Bearbeitungs- und Organisationslernen systematisch durchgeführt werden kann. Denn Fehlbeanspruchungen (Monotonie durch Unterforderung, Streß durch Überforderung) und damit Fehlhandlungen führen leicht zu Fehlhandlungen, die die Sicherung der Verfügbarkeit und Wirtschaftlichkeit gefährden können (siehe Abbildung 1.7.14).

Wissen und Können	Ablauforganisation	Belastung/Beanspruchung
• **Voraussetzungen** - fachlich-technisches (System, Verfahren, Produkt), sozialorganisatorisches Basiswissen - nach Aufgabenumfang und Komplexität des Arbeitssystems systemspezifisches Aufbauwissen	• **Räumliche und zeitliche Entkopplung** - örtliche Gebundenheit an Arbeitsplatz - Durchsichtigkeit des Layout für die Arbeitsausführung - Vorhersehbarkeit des Prozesses - Pausenregelung - Variation der Tätigkeit	• **Somatisch** - körperliche Belastungen bei Restarbeit - Schichtarbeit - Informationstechnische Belastungen durch Hardwaregestaltung
• **Anwendung/Ergänzung des vorhandenen Wissens und Könnens bzw. Neuqualifizierung** - Anteil direkter und indirekter Arbeitstätigkeiten (Organisationskonzept) - fachlich-technische und sozial-organisatorische Qualifikationen im Produktionssystem - Lernrate im Feld und Nutzbarkeit von Qualifikationen	• **Kommunikation/Kooperation** - Handlungsspielräume - Informationsangebot - Möglichkeit zur Teamarbeit - Überschneidung und Abgrenzung von Arbeitstätigkeiten - Arbeitsplatzwechsel (Rotation)	• **Psychisch, psychomental** - Belastungen und Arbeitsinhaltsgestaltung vor Ort - qualifikationsbedingte psychische Unter- und Überforderung - quantitative und qualitative Überforderung (Prozeßüberwachung, Verantwortungsdruck, Parallelarbeit etc.) • softwarebedingte psychische Beanspruchung • soziale Belastungen (z. B. infolge Informationsmangel) • Systemtransparenz • abstrakte Arbeitssicherheitsregelungen

Abb. 1.7.14: Prinzipien zur Gestaltung des Organisationsfeldes der eigenen Arbeit (Quelle: Hesseler 1988)

Funk-tions-bereiche	Arbeitsinhalte	Bedien-personal	Werkstatt Instand-haltung	Führungs-kraft	Sonstige

Disposition über/Ver-waltung von	• Fertigungsfortschritt
	  - Terminierung
	  - Menge, Qualität
	  - Personaleinsatz
	
	• Fertigungsvoraussetzungen
	  - Auftragsreihenfolge
	  - Material, Werkzeuge bereitstellen
	
	• Arbeitsverteilung
	
	• Fertigungsüberwachung
	  - Terminüberwachung
	  - Kapazitätsausgleich
	  - Qualitätsprüfung
	  - Nacharbeit
	
	• Einarbeitung/Unterweisung
	
	• Programm- u. Systempflege				

Produktions-vorbereitung	• Einrichten
	  - Rüsten/Umrüsten
	  - z. B. Nachrüsten
	
	• Programmierung
	  - Programm laden/wechseln
	  - Programmtest/-korrektur
	  - Programmoptimierung
	  - Teachen
	
	• Anlagenoptimierung				

Direkte Produktion	• Konventionelle Bearbeitung • (N-AC) • Nacharbeit (AC)				
Produktions-unterstützung	• Transport Schrottkübel/-lagerkästen • System beladen (nach Abwischen, Sortieren, Dateneingabe) • Bedienende Steuerung der Produktion einschl. Über-wachung und Eingriff				
Produkt-kontrolle	• Prüfung auf Maß- und Oberflächengüte				
Instand-haltung	• Turnusgemäße Regelwartung • Ablaufbedingte(s) Hilfsstoff-zufuhr, Reinigen/Pflegen • Überwachung/Störungs-beseitigung nach Diagnose • Reparatur (Instandsetzung)				

Abb. 1.7.15: Verteilung von Arbeitsinhalten auf Funktionsträger (Raster)(Quelle: Hesseler 1988)

Disposition	<ul><li>Fertigungsfortschritt (Menge/Qualität)</li><li>Auftragsreihenfolge</li><li>Material/Werkzeuge bereitstellen</li><li>Kapazitätsausgleich</li><li>Qualitätsprüfung</li><li>Nacharbeit</li><li>Einarbeitung/Unterweisung (Lernstatt)</li></ul>
Produktionsvorbereitung	<ul><li>Einrichten</li><li>Ablauf (Sägedateien)</li><li>Programmtest/-korrektur</li><li>Programmoptimierung</li><li>Anlageoptimierung</li></ul>
Direkte Produktion	<ul><li>Konventionelle Bearbeitung</li><li>Nacharbeit</li></ul>
Produktionsunterstützung	<ul><li>Transport Schrottkübel/Lagerkästen</li><li>System beladen (nach Abwischen, Sortieren, Dateneingabe)</li><li>Bedienende Steuerung der Produktion (einschl. Überwachung und Eingriff)</li></ul>
Produktkontrolle	<ul><li>Prüfung auf Maß- und Oberflächengüte (z. T.)</li></ul>
Instandhaltung	<ul><li>Turnusgemäße Regelwartung</li><li>Ablaufbedingte(s) Hilfsstoffzufuhr, Reinigen/Pflegen</li><li>Überwachung/Störungsbeseitigung nach Diagnose (z. T.)</li></ul>

Abb. 1.7.16: Aufgabenbereich des Bedienpersonals (Quelle: Schmitz, Hesseler 1989)

Disposition über/Verwaltung von	<ul><li>Einarbeitung/Unterweisung/Lernstatt</li></ul>

Produktionsvorbereitung	<ul><li>Programm- und Systempflege</li><li>Einrichten</li><li>Ablaufprogrammierung (Sägedateien)</li><li>Systemprogrammierung
	   - Programmoptimierung
	   - Programmtest/-korrektur</li><li>Anlagenoptimierung</li></ul>

Instandhaltung	<ul><li>Überwachung/Störungsbeseitigung nach Diagnose</li><li>Reparatur (Instandsetzung)</li></ul>

Abb. 1.7.17: Aufgabenbereich des Instandhaltungspersonals (Quelle: Schmitz, Hesseler 1989)

So wurde beispielsweise in Planungssitzungen die mögliche Verteilung von Arbeitsinhalten auf Funktionsträger (Arbeitsorganisation, Abbildung 1.7.15) besprochen und anhand personalwirtschaftlich-humaner Gestaltungskriterien eine Lösung ausgewählt. Diese Form der Arbeitsorganisation bildet sowohl die Grundlage für die Aufgaben der Instandhaltungs- und Bedien-

Probleme	Wer ist (soll) für die Problemlösung zuständig (sein)?
Terminsituation (z. B. Verzögerung)	
Qualität (z. B. Optimierung)	
Schwankende Kapazitätsauslastung (z. B. Maschinenstillstand)	
Umlaufbestände (z. B. Reststücke)	
Personal (z. B. Qualifikation, Bedienfehler)	
Lager und Transport (z. B. Transportaufwand)	
Zusammenarbeit mit Fertigungshilfsstellen (z. B. Instandhaltung)	
Fertigungsvorbereitung (z. B. Informationsfluß zu vor- und nachgelagerten Bereichen)	
Fertigungssteuerung (z. B. Eilaufträge)	
Technische Ausstattung (z. B. Qualität der Benutzeroberfläche)	
Layout (z. B. Platzmangel)	
Fertigungsüberwachung (z. B. Auftragsstand)	
Entlohnungssystem (z. B. Vorschläge)	
Methoden/Hilfsmittel (z. B. Formulare, Statistiken)	

Abb. 1.7.18: Checkliste zur Klassifizierung von Produktionsproblemen (Quelle: Schmitz, Hesseler 1989)

mannschaft (Abbildung 1.7.16 und 1.7.17) als auch für die Bestimmung der Qualifikationsanforderungen. Diese können mit dem vorhandenen Qualifikationspotential abgeglichen werden und ergeben dann den zu deckenden individuellen Qualifikationsbedarf.

(4) Die Lösung von Arbeitsproblemen (Technik, Organisation, Personal) muß schrittweise im grob vorgegebenen organisatorischen Rahmen trainiert werden. Dabei wird der selbstorganisierten Eigeninitiative der Mitglieder der Lern- und Arbeitsgruppe eine vorrangige Bedeutung beigemessen. Dementsprechend "einfache" organisatorische Hilfsmittel (z. B. zur Problemerkennung und -dokumentation) müssen rechtzeitig entwickelt, bereitgestellt und erprobt werden (Abbildung 1.7.18).

Organisatorischer Rahmen	Aufgaben (Was?)	Funktionsträger (Wer?)	Zeithorizont (Wann?)	Bemerkungen
Einführungsvoraussetzungen	Akzeptanz, Beteiligung, Nutzen, Führungsstil	Erwartungen aller Beteiligtengruppen	langfristig	Schulungszielsetzungen
Einführungsstrategie	top-down **und** bottom-up	Konzeptabsicherung "oben"; Realisierung "unten"	mittel- und kurzfristig (in diesem Fall ca. 4,5 Jahre)	ganzheitliche Planung (Technik, Organisation, Personal)
Situationsbedingungen Gratifikation	organisatorisch-personelles Grobkonzept, Verantwortlichkeiten, Zusammensetzung, Zeitpunkt, Gratifikation	Projektkoordination, externe fachliche Beratung, Geschäftsführung/ Werksleitung	eher mittelfristig (entlang der technischen Entwicklung, ca. 4,5 Jahre); Umsetzungsbedingungen kurzfristig	technische Konzeption/Realisierung
Aufbau und Rollenverteilung	organisatorische Einbettung, Machtpromotoren, interne Fachspezialisten, Betriebsrat, Koordination, Moderation, "Formalisierung"	Personalwesen/ Aus- und Weiterbildung, Vorschlagswesen, Instandhaltung und Ingenieurwesen, Qualitätswesen	kurzfristig grobe Festlegung	offene Struktur
Ablauf der Durchführung	Einbindung in Projektorganisation, teilnehmergerechter Problemlösungsprozeß, Erfolgskontrolle/ Optimierung	"Moderator" aus Laborfertigung, Information der Nichtteilnehmer (vertikale, horizontale Organisation), Fachspezialisten	sehr kurzfristig im Prozeß; Übertragbarkeit	Selbstorganisation/ Eigeninitiative der Teilnehmer, Dokumentationswille

Abb. 1.7.19: **Organisation der Lernstatt im engeren Sinne (Systematik) und Ergebnisse der Lernstatt unter strategischem Blickwinkel (Quelle: Schmitz, Hesseler 1989)**

(5) Der Aufbau und die Rollenverteilung und die Struktur der Lernstattarbeit müssen strategisch, konzeptionell und hinsichtlich der Durchführungsmodi "hautnah" auf die Erfordernisse des Unternehmens zugeschnitten werden (vgl. kritisch hierzu die Abbildung 1.7.19). Der situative Rahmen der Lernstattarbeit muß dabei rechtzeitig festgelegt werden; gleichzeitig darf der Problemlösungsprozeß jedoch nicht 'verplant' werden.

Mögliche zu lösende Probleme	Daraus ableitbare Ziele/Funktionen	Mögliche Lösungswege	Zu erwartende Wirkungen
Wer ist in welcher Zeit für welche Aufgaben zu schulen?	• Bestimmung des Nutzens des Personals • Aufgabenerklärung • Personalplanung • Qualifizierungserfordernisse	Nach Abschätzung des Umfangs, der Qualität und Reichweite vorhandener Qualifizierungsmöglichkeiten: • entweder externe Weiterbilder • oder interne Schulung • oder eine abgewogene Mischung zwischen beiden Formen der Lernorganisation • oder lediglich "learning by doing"	Entsprechend der nebenstehenden Reihenfolge: • Transfer auf betriebliche Situation? Pädagogisches Konzept? Vorkenntnisse? • Aufwand? Eigene Sachkompetenz? Zeithorizont? • Ressourcen? Vorlauf? • Fehlerrisiko, Grundkenntnisse, Anlaufzeit

Abb. 1.7.20: **Festlegung des Entscheidungsrahmens für die Qualifizierung im Orientierungsstadium** (Quelle: Hesseler 1988)

(6) Die Planung der Technologieentwicklung/des Technikeinsatzes, der Prozeß-/Arbeitsorganisation und Qualifizierung für komplexe Arbeitssysteme sollte enger als in der Vergangenheit aufeinander abgestimmt werden. Dies gelingt vor allem dann, wenn der Entscheidungsrahmen für die Qualifizierung rechtzeitig, d. h. schon im Orientierungsstadium festgelegt wird (Abbildung 1.7.20).

Schulungsmaßnahmen (Personalentwicklung) und ihre organisatorische Absicherung (Organisationsentwicklung) stellen dabei zwei Seiten ein und derselben Medaille "Einführung" dar. Es empfiehlt sich also, von der "klassischen" Bildungsplanung abzurücken und die berufliche Qualifizierung über die Lernstatt anhand ihres funktionalen Beitrags für die technische Nutzungsoptimierung, die Personal- und Organisationsentwicklung und letztlich für die Unternehmensentwicklung zu bemessen. Der aktuelle "Qualifikationsbedarf" und seine Deckung stellen das Ergebnis eines Organisationsentwicklungsprozesses dar, der nur auf Grundlage der mittel- und langfristigen Personalentwicklung aller Beteiligten tragfähig ist. Auf nichts anderes zielen Maßnahmen des Lernens in der Arbeit und für die Arbeit im Rahmen von Strategien zum lernenden und problemlösenden Unternehmen (Organisation) an. Gemeinsam kann man Berge versetzen. Dies verdeutlicht die Abbildung 1.7.21.

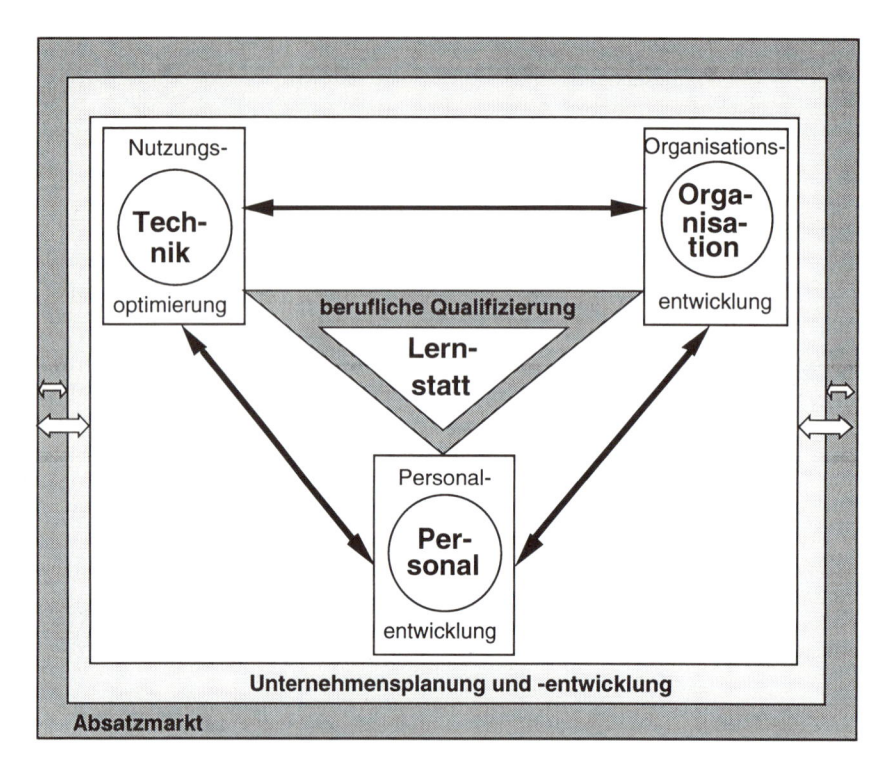

Abb. 1.7.21: Lernstatt im Kontext von Technik-, Organisations- und Personalentwicklung (Quelle: Hesseler 1988)

1.8 Teamarbeit

H. Bottenberg, T. Dalic

1.8.1 Definition

Die einfache Aneinanderreihung von Einzelarbeitsleistungen mehrerer Personen zur Fertigstellung eines Produkts oder Erbringung einer Dienstleistung genügen längst nicht mehr. Der bekannte Satz: *"Die Summe aller Noten ist noch keine Melodie"* trifft im Kern auch auf die Arbeitswelt der heutigen Zeit zu. Wer heute überleben will, kommt an der Schaffung von *Teams,* die die Entfaltung und Ausschöpfung von kreativen Gesamtleistungen ermöglichen, nicht mehr vorbei. Man kann die Teamleistung in der mathematisch zwar fragwürdigen, psychologisch aber richtigen Gleichung 2 + 2 = 5 ausdrücken.

Wir wollen *Team* nach Francis, Young (1992, S. 9) definieren, die sagen: "Ein Team ist eine aktive Gruppe von Menschen, die sich auf gemeinsame Ziele verpflichtet haben, harmonisch zusammenarbeiten, Freude an der Arbeit haben und hervorragende Leistungen erbringen."

Eine solche Gruppe konstituiert sich aus Personen mit den für die Erledigung der Aufgabe notwendigen Fachkenntnissen. Grundgedanke bei der sogenannten Teamarbeit ist die Erkenntnis, daß die Summe von Einzelarbeitsleistungen wesentlich geringer ist als die Gesamtleistung einer motivierten Gruppe. Hinzu kommt die Tatsache, daß die heutige Arbeitswelt Anforderungen stellt, die niemand mehr als Einzelperson erfüllen kann. Dies gilt auch für die Kontrolle der für den jeweiligen Arbeitsprozeß notwendigen Aktivitäten. Selbst das spezifische Fachwissen einzelner Personen ist bereits so komplex geworden, daß die Feststellung, ob die vorhandenen Fähigkeiten und Möglichkeiten maximal und sinnvoll genutzt wurden, nur schwer möglich ist. Die Zusammenstellung eines Teams bietet die Möglichkeit, die Fachkenntnisse und Leistungsbereitschaft der Mitarbeiter optimal zu nutzen, da die betreffenden Personen nicht nur ausführendes Organ sondern am gesamten für sie relevanten Ablaufprozeß beteiligt sind. Dabei darf aber nicht vergessen werden, daß alle Gruppenmitglieder eine feste Vorstellung von ihrem eigenen Leistungsvermögen und dem Leistungsvermögen des Teams haben. Die bekannte Aussage: "Nur informierte und beteiligte Mitarbeiter können zusammenhalten und sind auch gute Mitarbeiter" hat zweifellos etwas für sich. Um dies zu gewährleisten, muß das spezifische Gruppenziel jeweils speziell definiert werden.

Als Faustformel zur Darstellung kann nach folgendem Muster vorgegangen werden:

1. Zieldefinition: Was soll insgesamt erreicht werden?

2. Delegation der Aufgabe: Wer (welche Person) macht was?

3. Delegation der Person: Mit wem?

4. Erklärung: Wozu?

Ein Team kann aber nur dann positiv funktionieren, wenn der jeweiligen Führungskraft vorab bereits einige grundlegende Faktoren klar sind, die im folgenden vorgestellt werden:

1.8.2 Grundlagen für den Teamaufbau

1.8.2.1 Bedürfnishierarchien

Alle Menschen unterliegen bestimmten Bedürfnissen wie Essen, Trinken, Sicherheitsstreben, Kontakt zu anderen Menschen, Anerkennung und Selbstverwirklichung. Ebenso versuchen alle Menschen, diese Bedürfnisse zu befriedigen. Als grobes Gedankenmodell lassen sich die Bedürfnisse hierarchisch gliedern.

Nahezu jeder Mensch ist bereit, sich in Lebensgefahr zu begeben, um seine physiologischen Grundbedürfnisse wie z. B. den Nahrungserhalt zu gewährleisten. Sobald diese Bedürfnisse einigermaßen befriedigt sind, wird der Betreffende um seine Sicherheit bemüht sein. Ist auch diese gewährleistet, so strebt der Mensch gemeinhin nach Kontakt zu anderen Menschen. Dieser Kontakt führt zwangsläufig zu dem Bedürfnis, von anderen Wertschätzung zu erhalten. Wird diese erhalten, so meldet sich als Letztes das Bedürfnis nach Selbstverwirklichung. Jeder Mensch kann sich, bezogen auf verschiedene Situationen, gleichzeitig auf verschiedenen Ebenen bewegen, wobei die Ebenen I und II in unserer Gesellschaft weitgehend gesetzlich und sozial abgedeckt sind. Diese Bedürfnishierarchie ist nicht als unveränderbar zu verstehen, sondern als Modell. Es gibt sehr wohl Menschen, die bereit sind, zugunsten der Selbstverwirklichung auf sozialen Kontakt zu verzichten, bzw. solche, die für eine entsprechende Wertschätzung das Risiko der Lebensgefahr auf sich nehmen.

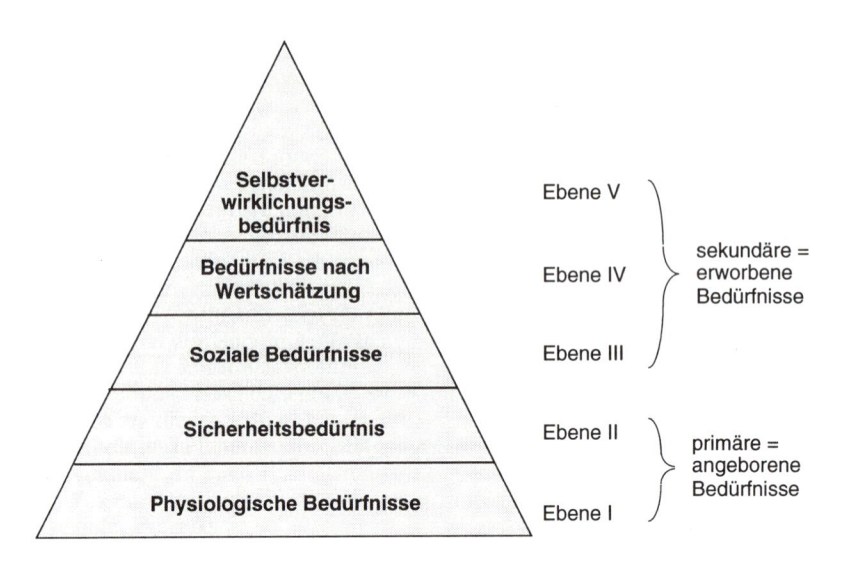

Abb. 1.8.1: Bedürfnispyramide nach Maslow (Quelle: Gordon 1985, S. 30 ff)

Pyramide (von oben nach unten):
- Selbstverwirklichungsbedürfnis — Ebene V ⎫
- Bedürfnisse nach Wertschätzung — Ebene IV ⎬ sekundäre = erworbene Bedürfnisse
- Soziale Bedürfnisse — Ebene III ⎭
- Sicherheitsbedürfnis — Ebene II ⎫ primäre = angeborene Bedürfnisse
- Physiologische Bedürfnisse — Ebene I ⎭

Betrachtet man einmal die Standardstrukturen betrieblicher Abläufe genauer, so läßt sich feststellen, daß oftmals nur die beiden untersten Stufen der Bedürfnishierachie durch die Zugehörigkeit zu einem Unternehmen abgedeckt werden. Wer aber in seinem Arbeitsleben bestimmte Bedürfnisse nicht befriedigen kann, wird dies während seiner Freizeit tun. Auf den ersten Blick scheint dies nichts Negatives zu sein. Bedenkt man allerdings, welche Energien teilweise zur Erreichung der einzelnen Ebenen der Bedürfnishierachie eingesetzt werden, bzw. vergegenwärtigt man sich einmal, mit welch ungleich höherem Engagement sich die Mitarbeiter im Betrieb einsetzen würden, wenn die Bedürfnisse der o. g. Hierarchie in größerem Ausmaß durch/bzw. über die Unternehmenszugehörigkeit abgedeckt würden, erscheint das Ganze in einem völlig anderen Licht. Diese Problematik und die daraus resultierenden Folgen werden zur Zeit immer mehr zum Gegenstand von Fachdiskussionen. Man hat inzwischen die Auswirkungen dieser Nichtabdeckung der oberen Bedürfnisebenen (positive soziale Kontakte, Wertschätzung, Selbstverwirklichung) im betrieblichen Alltag erkannt. Tatsache ist, daß Menschen, die nicht in der Lage sind, ihre Bedürfnisse innerhalb des jeweiligen Arbeitsverhältnisses zu befriedigen, die Tendenz haben, auch weniger Leistung zu zeigen. Das kann bis zum völligen Desinteresse an ihrer Tätigkeit gehen. Untersuchungen neueren Datums zeigen die Folgen dieser Problematik sehr deutlich. Hier steht als Hauptkriterium für eine Arbeit die Aussage im Vordergrund: "Die Arbeit muß Spaß machen". Erst an zweiter Stelle steht die Forderung nach höherer Bezahlung. Die Schaffung funktionierender Teamstrukturen kann solch negativen Prozessen entgegenwirken.

1.8.2.2 Funktion und Aufgabe des Teamarbeitens

Überträgt man die Bedürfnishierachie auf arbeitsrelevante Strukturen, so erhält man die Zusammenhänge in Abbildung 1.8.2. Grundüberlegung dieser Struktur ist die Erkenntnis, daß mehr als 70 % aller sozialen Kontakte im Leben eines erwachsenen Menschen im Arbeitsleben stattfinden. Eine entspechende Wertigkeit ist diesen sozialen Kontakten zuzuordnen. Allgemein gilt: Der Mensch sucht sozialen Kontakt. Er braucht ihn sogar. Darin eingebunden ist das Bedürfnis nach einem Mit-dazu-gehören, bzw. dem Bedürfnis nach Geborgenheit. Dieses Gefühl der Geborgenheit, des Mit-dazu-gehörens, mit Verantwortlich-seins, führt gleichzeitig zu einer starken emotionalen Beteiligung am Erfolg oder Mißerfolg der Gruppenleistung. Außerdem ermöglicht eine hohe Einbindung des Einzelindividuums in eine Gruppe ein besseres Umgehen des Einzelnen mit Korrektur und Kritikgesprächen.

Bedürfnisse der Mitarbeiter im Betrieb	So können die Bedürfnisse befriedigt werden
Selbstverwirklichung	Ideenverwirklichung
Bedürfnisse nach Wertschätzung	Lob, Status, gute Bezahlung
Soziale Bedürfnisse	Teamarbeit, Kollegenkontakt, Information
Sicherheitsbedürfnis	Weiterbildung, Altersversorgung, Kündigungsschutz
Physiologische Bedürfnisse	Ausreichende Bezahlung, gesunder Arbeitsplatz

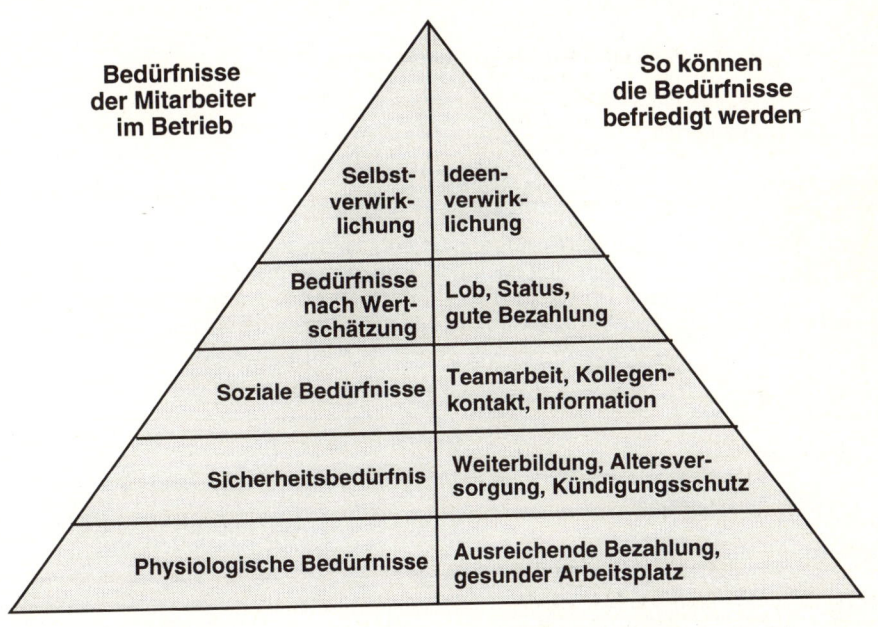

Abb. 1.8.2: Bedürfnispyramide nach Maslow (in Anlehnung an Maeck, S. 66)

1.8.3 Der Teamaufbau

In den Bereich der Grundlagen zur Teamarbeit gehört der Teamaufbau, der sich an folgenden Fragen ausrichtet:

- Welches Ziel hat das Team?

- Welche Aufgaben und welche Fähigkeiten, Fertigkeiten oder Eigenschaften sind dazu notwendig?

- Wer bzw. welche Person(en) verfügt (verfügen) darüber? (Anforderungsprofil)

In einem Team sollte neben der fachlichen Kompetenz auch die eigentliche Teamfähigkeit berücksichtigt werden. Es ist relativ nutzlos, Personen in ein Team einbinden zu wollen, die von ihrer Grundeinstellung her keinerlei Teampotential besitzen, sondern mehr auf Einzelarbeit/ Einzelleistung ausgerichtet sind. Die in Frage kommenden Personen sollten konkret nach ihrer Bereitschaft, in einem Team arbeiten zu wollen, gefragt werden. Dabei ist es wichtig, jedem Einzelnen klar darzulegen, welche Aufgabe das Team haben wird und was genau unter der gewünschten Teamarbeit zu verstehen ist. Es ist sinnlos, solche Verfahren anzuwenden, wenn bei Nichtzustimmung den einzelnen zukünftigen Teammitgliedern negative Sanktionen drohen oder von diesen vermutet werden können oder müssen. Die unausgesprochene Drohung: "Wenn Sie nicht teamfähig sind, dann werden Sie auch nicht...................!" führt zwangsläufig zu nicht brauchbaren Ergebnissen. Solche Gespräche sollten also grundsätzlich in einer zwangsfreien Atmosphäre geführt werden.

Die ideale Vorgehensweise beim Teamaufbau gliedert sich in drei Stufen:

A) Auswahl nach erforderlicher Fachkompetenz

B) Auswahl nach Gruppenfähigkeit

C) Herstellung eines entsprechenden Kooperationsgefüges

1.8.3.1 Auswahlkriterien

A) Die Auswahl nach erforderlicher Fachkompetenz

Hier wird sinnvollerweise mit der Erstellung der notwendigen Anforderungsprofile begonnen. Die Anforderungsprofile richten sich nach den Tätigkeiten, die für die einzelnen Positionen erforderlich sind. In einem Praxisbeispiel wurde folgendes Anforderungsprofil unter der Zielvorgabe "Schaffung einer Vertriebsstrukur" für einen Einkäufer erstellt:

```
Einsatzgebiet:          ............................................................................
notwendige Personenzahl: ...................................................................
männlich:               ............................................................................
weiblich:               ............................................................................
notwendige Ausbildung:  ...................................................................
Berufserfahrung:        ........................   Dauer:   ........................
Alter:                  ............................................................................
Warenkenntnis:          ............................................................................
Marktkenntnis:          ............................................................................
Verhandlungsgeschick:   ...................................................................
EDV-Kenntnisse:         ............................................................................
Fremdsprachen:          ............................................................................
Auftreten:              ............................................................................
Sonstige:               ............................................................................
```

Abb. 1.8.3: Profilliste eines Einkäufers

Anforderungsprofil Einkäufer:

- Warenkenntnis
- Marktkenntnis (Anbietermarkt, Käufermarkt)

- Verhandlungsgeschick
- Auftreten
- Fremdsprachen
- Preis- und Kostenbewußtsein
- Logistik
- Sprachgewandtheit
- Treueverhältnis
- Ehrlichkeit
- Flexibilität
- Innovationsfreude
- EDV-Kenntnisse

Die notwendigen Grunddaten der in Frage kommenden Personen wurden in eine entsprechende Profilliste übertragen, die in Abbildung 1.8.3 wiedergegeben ist.

Das Fähigkeitenprofil wurde mittels einer entsprechenden Matrix umgesetzt. Hier wird in der ersten Zeile eine Idealvorstellung (welche Voraussetzung müßte die ideale Person mitbringen) eingetragen. Die Daten aller in Frage kommenden Personen werden entsprechend eingetragen. So ergibt sich eine übersichtliche Entscheidungshilfe (Abbildung 1.8.4).

Eigenschaften / Person	Ausbildung	Berufs-erfahrung in Jahren	Alter	Waren-kenntnis	...
IDEAL					
Herr xxx					
Frau yyy					
Frau zzz					
...					

Abb. 1.8.4:   Matrix zum Fähigkeitenprofil

B) Die Auswahl nach Gruppenfähigkeit

Ein weiteres Auswahlkriterium ist die Fähigkeit des oder der Einzelnen, an echter Teamarbeit teilzunehmen. Jeder Mensch gehört im Laufe seines Lebens verschiedenen Gruppen an. Mit diesen Gruppen, seien es Vereine, Arbeitsgruppen etc. verbindet jeder Mensch auch entsprechende subjektive Erfahrungen. Diese können sowohl positiv als auch negativ sein. Da in unserer Gesellschaftsform grundsätzlich das Einzelindividuum im Vordergrund steht, durchlaufen wir während unserer Entwicklung, zu der die verschiedenen Gruppenzugehörigkeiten gehören, auch entsprechende Lernprozesse. Diese führen zwangsläufig zu einem mehr oder minder individualistischen Leistungsdenken des Einzelnen. Entsprechend schwer fällt es vielen, sich in ein Team einzubringen und die eigenen Leistungen in ihrer Bedeutung zugunsten der Teamleistung unterzuordnen.

Der Mensch ist es gewohnt, für eine Einzelleistung gelobt oder getadelt zu werden und nicht für die Leistung einer Gruppe. Dieses individualistische Denken trägt oft seltsame, äußerst negative Früchte. Häufig nach dem Prinzip: Je schlechter der andere abschneidet, umso höher werden meine eigenen Leistungen bewertet werden. Gemeinsame Ziele wie beispielsweise eine hohe Produktivität werden dabei völlig aus den Augen verloren.

Da die Anwendung kompletter psychologischer Testreihen qualifizierte Spezialisten erfordert und darüber hinaus sehr zeit- und kostenaufwendig ist, empfiehlt sich hier die Möglichkeit, diesen Punkt (Teamfähigkeit) über ein persönliches Gespräch zu klären. Ein solches Erstgespräch sollte grundsätzlich in einer möglichst zwangsfreien Atmosphäre stattfinden und idealerweise in einem Kreis von nicht mehr als insgesamt drei Personen. In unserem Beispiel sind die für die Teamfähigkeit relevanten Grundfragen in einen entsprechenden Fragenaufbau eingebunden:

1. Haben Sie schon einmal einem Team angehört, wenn ja zu welchem Zweck?

2. Uns wurde die Aufgabe gestellt, ein Projektteam zu schaffen, dessen Ziel es sein wird, ein komplettes Vertriebssystem zu entwickeln. Hätten Sie Interesse in einem leistungsorientierten Team als (...jeweilige Position angeben...) mitzuwirken?

3. Was bedeutet für Sie persönlich "Teamarbeit"?

4. Wären Sie bereit, sich auch mit den Themengebieten anderer Aufgabenbereiche zu befassen?

5. Glauben Sie, sich in eine Gruppe von sechs Personen einbringen zu können?

6. Was würden Sie von Ihren Kolleginnen und Kollegen erwarten?

7. Können Sie sich an gemeinsam Erarbeitetem erfreuen?

8. Werden Sie lieber als Team oder als Individuum beurteilt?

9. Gefällt oder mißfällt Ihnen Lob/Tadel, der dem Team gilt und nicht Ihnen persönlich?

10. Was stört Sie an Gleichberechtigung?

11. Was erwarten Sie von Ihren Kollegen/Kolleginnen?

Diese Fragen sind, je nach Aufgabenbereich, noch erweiterbar. Sie sollten aber nie die Privatsphäre eines Menschen verletzen. Es empfiehlt sich, hier sogenannte Kontrollfragen (zwei Fragen gleichen Inhalts mit unterschiedlichen Formulierungen) zu stellen, da davon ausgegangen werden muß, daß jeder "Bewerber" sich so positiv wie möglich darstellen wird. Das ist selbstverständlich völlig legitim. Gleichzeitig darf aber nicht vergessen werden, daß man natürlich versuchen wird, aus allen in Frage kommenden Personen jene zu selektieren, mit denen sich ein möglichst optimales Team aufbauen läßt. Besonders wichtig in diesem Zusammenhang ist die Frage: *Was erwarten Sie von Ihren Kolleginnen und Kollegen?* Die jeweiligen Antworten darauf sind die Ausgangspositionen für die Herstellung eines positiven Gruppengefüges, da sich daraus ableiten läßt, wer erwartet was von wem. Hier lassen sich schon erste Tendenzen des jeweiligen Engagements ablesen, bzw. inwieweit jemand überhaupt bereit ist, auf andere Gruppenmitglieder einzugehen.

Auf diese Weise wird ein Team zusammengestellt, in unserem Beispiel bestehend aus einem Einkäufer, zwei Lageristen, einem Verkäufer sowie einem Auslieferungs- und einem Werbungsverantwortlichen. Als Beispiel sollen im folgenden die *Primärfunktionen des Einkäufers* aufgeführt werden:

Der Einkäufer muß über das von den Herstellern angebotene Sortiment, spezifisch für sein Unternehmen und seine Kunden, Kenntnis haben. Das verlangt neben der reinen Warenkenntnis (wieviele Ausführungen eines Artikels gibt es bei Hersteller X, wieviele Ausführungen auf dem Markt insgesamt) natürlich auch Kenntnisse über den vom Verkauf seines Unternehmens angesprochenen Kundenkreis. Weiterhin nimmt er durch seinen Sachverstand und sein Handeln auch direkten Einfluß auf die Kalkulation und Preispolitik des Unternehmens. Kauft er vom absoluten Preis her gesehen zu teuer ein, kann das Produkt nur mit einem geringen Aufschlag verkauft werden, da der Mitbewerber preiswerter anbieten und verkaufen kann. Das beeinträchtigt in hohem Maß die Liquidität des Unternehmens und somit die Gewinnsituation. Dabei darf nicht vergessen werden, daß sein Teamkollege im Verkauf die Kunden nicht so bedienen kann wie diese es erwarten.

Fast zwangsläufig stellt sich die Frage nach der eigentlichen Funktion des Vertriebsleiters. Tatsache ist, daß die traditionelle Form der Führung in der heutigen Zeit nicht mehr realisierbar ist. Kaum eine Führungskraft ist noch in der Lage, den gesamten Aufgabenbereich der Mitarbeiter zu überblicken, geschweige denn sämtliche notwendigen Fachkenntnisse auf sich zu vereinigen. Führung hat heute ganz konkrete Funktionen, die in Abbildung 1.8.5 aufgeführt werden.

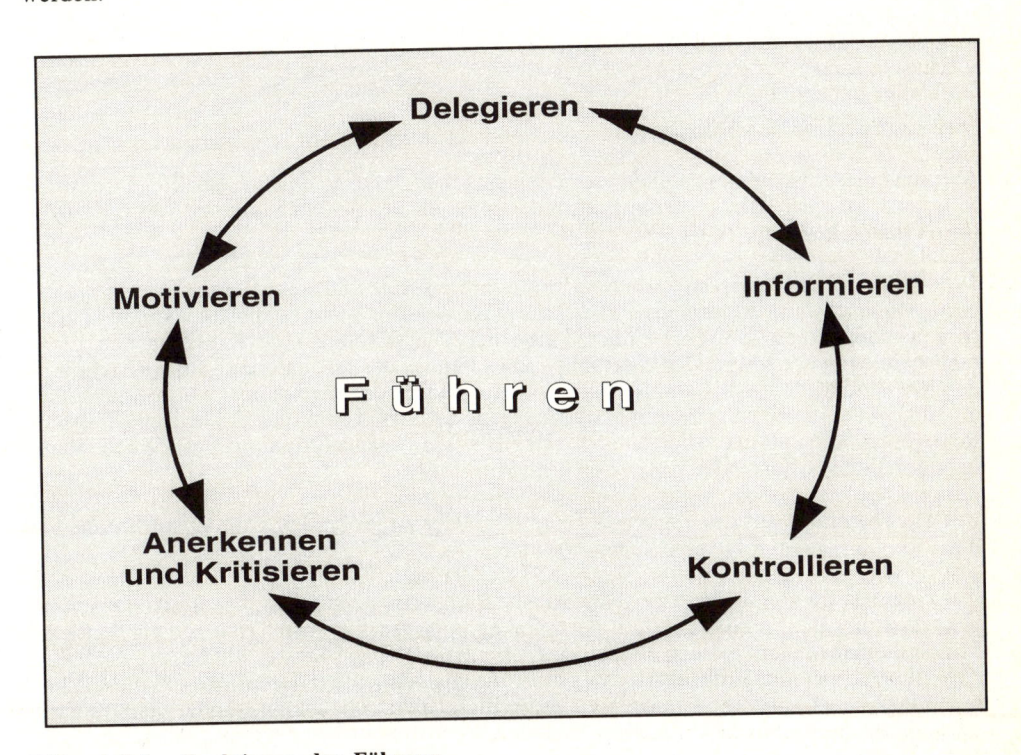

Abb. 1.8.5: Funktionen der Führung

Den Auswahlverfahren, nach denen man bei der Teamzusammenstellung vorgegangen ist, haftet ein hohes Maß Theorie an. Ein Team entsteht trotz dieser positiven Voraussetzungen noch nicht. Den Mitgliedern eines Teams muß dargelegt werden, *daß* sie ein Team bilden sollen, *warum* dies erforderlich ist und was von ihnen erwartet wird. Einleuchtend ist hier der Beweis: *Gemeinsam erarbeitete Methoden, Inhalte, Ziele und Leistungen sind grundsätzlich sinnvoll, notwendig und auch produktiver als Einzelleistungen.*

C) Herstellung eines Kooperationsgefüges

Die "Herstellung eines Kooperationsgefüges" erlangt für den Arbeitsprozeß eine immer höhere Bedeutung, denn gerade im "Anfangsstadium eines Teams" durchläuft jedes Mitglied eine Orientierungsphase. Diese Situation erzeugt beim Einzelnen Unsicherheit und Angst. Es entsteht ein hohes Maß an Orientierungs- und Sicherheitsbedürfnis. Die einzelnen Personen suchen ihre *"Position"* in der Gruppe. Dabei entsteht gleichzeitig ein - zumeist unbewußtes - *"Ringen"* um die zukünftige Gruppenstruktur. Den einzelnen Personen werden durch den jeweiligen Arbeitsplatz bestimmte Positionen zugewiesen. In formeller Hinsicht ist eine solche Positionsbesetzung automatisch mit einer ganz bestimmten formellen Kontaktform verbunden. Gleichzeitig findet jedoch in jeder formellen Gruppe auch eine *informelle Gruppenbildung* statt. Diese Gruppenbildung beruht auf der Basis von Sympathie/Antipathie/Kontakthäufigkeit und gegenseitiger Akzeptanz. In diesen Gruppen findet die o. g. Positionssuche statt. Solange es gelingt, sowohl formelle als auch informelle Gruppenstrukturen auf das Teamziel ausgerichtet zu halten, besteht weder für das Arbeitsklima noch für die Leistungsbereitschaft irgendeine Gefahr. Problematisch wird die Situation in dem Augenblick, in dem informelle Gruppen gegen die formellen Gruppenstruktur vorgehen. Als Hinweis auf solche Problemsituationen können folgende Merkmale angesehen werden:

- Cliquenbildung innerhalb des Teams,
- Gegeneinander-Arbeiten einzelner Teilnehmer,
- häufige unbegründete Beschwerden,
- Aufbau von Stereotypen.

Aufgrund dieser Kenntnisse sollten vor der eigentlichen Arbeitsaufnahme des Projektteams alle Mitglieder zu einer Arbeitssitzung zusammenkommen und darlegen, was sie von der zukünftigen Gruppe erwarten.

Dem Punkt, Nichtkritisierung der Erwartungshaltung eines Gruppenmitgliedes von anderen Gruppenmitgliedern, ist besondere Beachtung zu schenken. So ist es absolut sinnvoll, dafür zu sorgen, daß gerade in dieser frühen Phase der Teambildung jede Kritik an den Erwartungshaltungen der Mitglieder unterbleibt. Dies liegt in der fast automatischen Reaktion, die durch abweichende Kritik hervorgerufen wird, begründet. Im allgemeinen wird nämlich Kritik als Angriff auf die eigenen Person bzw. das eigene Selbstbild empfunden. Die darauffolgenden Reaktionen fallen ausnahmslos unter die Begriffe wie Gegenaggression, Verletztheit, Verteidigungshaltung, offene oder verdeckte Gegenkritik usw.

Um die Teamfähigkeit der einzelnen Teammitglieder zu testen, kann die *Quadratübung* benutzt werden, die im folgenden kurz vorgestellt wird.

Aus einem Team von sechs Personen wird eine Fünfergruppe gebildet. Die übrige Person fungiert als stiller Beobachter. Die fünf Personen gruppiert er um einen Tisch und händigt jedem Mitglied einen verschlossenen Umschlag (A bis E) aus. Dann liest er die Regeln vor, an die sich alle Gruppenmitglieder halten sollen. Er weist ausdrücklich daraufhin, daß diese Übung nicht dazu da ist, einzelne Personen zu überprüfen bzw. zu bewerten, sondern daß es darum geht, Gruppenprozesse, bzw. die Notwendigkeit des Teamdenkens deutlich zu machen.

Jeder der Umschläge enthält verschieden geformte Pappteile, die dazu verwendet werden müssen, fünf gleich große Quadrate zu bilden. Die Aufgabe ist nicht eher beendet bis jedes Mitglied ein vollständiges Quadrat von genau gleicher Größe wie alle anderen Gruppenmitglieder vor sich liegen hat.

Während der Übung halten sich alle Mitglieder an folgende Regeln:

- Kein Gruppenmitglied darf sprechen.

- Kein Gruppenmitglied darf ein anderes um ein Teilstück bitten oder in irgendeiner Weise deutlich machen, daß es ein bestimmtes Teilstück einer anderen Person benötigt.

- Kein Gruppenmitglied darf direkt in die Figur eines anderen hineingreifen.

- Jedes Gruppenmitglied kann, wenn es will, Teilstücke in die Mitte des Tisches legen.

- Jedes Gruppenmitglied darf Teilstücke aus der Mitte des Tisches entnehmen, aber niemand darf Quadrate in der Mitte des Tisches montieren.

Primäres Ziel der Übung ist, bei den Teilnehmern die Erkenntnis hervorzurufen, daß jeder ein Teil der Gruppe ist, es aber von jedem einzelnen abhängt, ob die Gruppe erfolgreich sein kann.

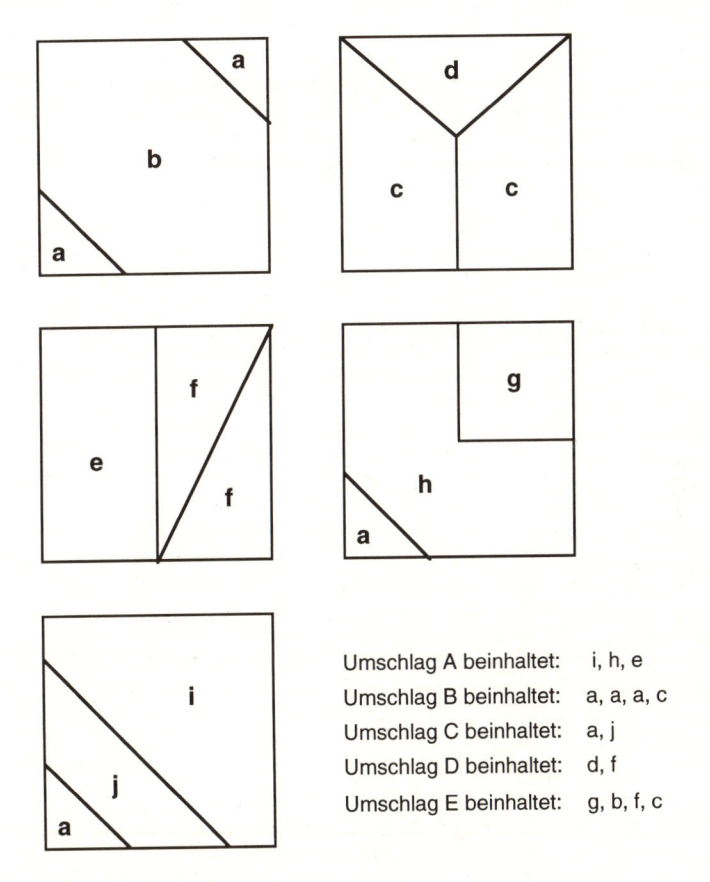

Umschlag A beinhaltet: i, h, e
Umschlag B beinhaltet: a, a, a, c
Umschlag C beinhaltet: a, j
Umschlag D beinhaltet: d, f
Umschlag E beinhaltet: g, b, f, c

Abb. 1.8.6: Die Quadratübung (Quelle: Antons 1976, S. 117 ff)

Die Motivation des Teams

Motivation geht meist mit anschaulichen Zielvorstellungen des Einzelnen einher, d. h., Motive werden über die Vorstellung *was* will ich, *wie, wozu,* mit welchen Mitteln und bis *wann* erreichen, umgesetzt. Ein Team zu *motivieren bedeutet,* alle Mitglieder über die als nächstes zu erreichenden Ziele zu *informieren* und über bereits durchgeführte Schritte zu unterrichten. Nur so ist eine Veranschaulichung der angestrebten Ziele und damit eine konkretere Motivation der Mitglieder zum Erreichen eines bestimmten Zieles überhaupt möglich. Dabei wird auch der Tatsache Rechnung getragen, daß Informationen allein schon aus sozialen Gründen erforderlich sind.

Fast alle Menschen haben den Wunsch nach positivem Kontakt zu Mitarbeitern der eigenen Gruppe. Man möchte sich aussprechen, eigene Probleme darlegen können oder sogar eigene Ideen anbringen. Ebenso möchte man Wünsche und Erwartungen anderer Mitarbeiter kennenlernen bzw. auch Kenntnisse über deren Probleme im Arbeitsablauf erhalten. Zudem benötigt der Einzelne Informationen über ablaufende Prozesse, um ein Gefühl der Sicherheit entwickeln zu können. Dazu gehören Informationen über die wirtschaftliche Lage des Betriebes/der Abteilung und die Produktivität bzw. die Wertigkeit im Gesamtbetrieb. All das läßt sich unter dem daraus resultierenden Gefühl zusammenfassen: *"Wer informiert ist, ist wichtig und hat Anteil am Erfolg!"*

Es gibt Personen, die akustische Botschaften wesentlich besser verarbeiten als optische bzw. umgekehrt. Bei manchen spielt das Fühlen bzw. die Vorstellung, etwas zu fühlen, eine herausragende Rolle. Will man jedes Teammitglied möglichst optimal informieren, so sollte die Information möglichst viele Sinneskanäle abdecken (mindestens den akustischen und optischen Sinneskanal).

Die Kommunikationsstrukturen

Den meisten "sogenannten" Teams liegt eine hierarchische Kommunikationsstruktur zugrunde. Person B wird von A informiert, C von B usw. A, die Führungsperson steht immer an der Spitze bzw. im Zentrum der Kommunikationsstruktur. A empfängt Nachrichten und gibt sie weiter. Diese Kommunikationsstrukturen nennt man, je nach Aufbau, Kommunikations-Kette, -Gabelung oder -Kreis (Abb. 1.8.7). In dieser Form der Kommunikationsstruktur hat die jeweilige Führungsperson eine entsprechend hohe Machtposition. Der Preis dafür ist jedoch recht hoch, denn *für Teamarbeit haben sich diese Strukturen als weitgehend unbrauchbar erwiesen.* Das Schaubild macht sehr deutlich warum. Durch diese Kommunikationsstrukturen wird die Verwässerung einer Information provoziert, zusätzlich ist die völlige Überlastung von A eine fast zwingende Konsequenz. Negativer Nebeneffekt solcher Strukturen ist zugleich, daß hier die Verwirklichung motivationsfördernder Strukturen, wie sie durch die Bedürfnishierarchie prinzipiell vorgegeben sind, nahezu unmöglich werden.

Die einzelnen Personen (Teammitglieder) sind in diesen Strukturen überhaupt nicht in der Lage, Anteil am Gesamtgeschehen zu nehmen, d. h. aber auch, daß der Bezug der eigenen Tätigkeit/ Leistung zum Unternehmensziel kaum noch gegeben ist. So wird eine Störung des inneren Gruppenzusammenhaltes oftmals nicht erkannt. Ursachen für solche Störungen können z. B. sein:

- permanente Unter- oder Überforderung der Mitarbeiter,

- dem Team wird eine Aufgabe übertragen, die von der Mehrheit der Mitarbeiter nicht akzeptiert wird,

- die Unternehmensleitung hat ihre Glaubwürdigkeit verloren, weil Mitarbeiter über Entscheidungen oder Pläne nicht ausreichend informiert wurden.

Für Aufbau und Funktion eines leistungsfähigen Teams ist eine Kommunikationsstruktur wie die Sternstruktur sinnvoll (Abb. 1.8.8).

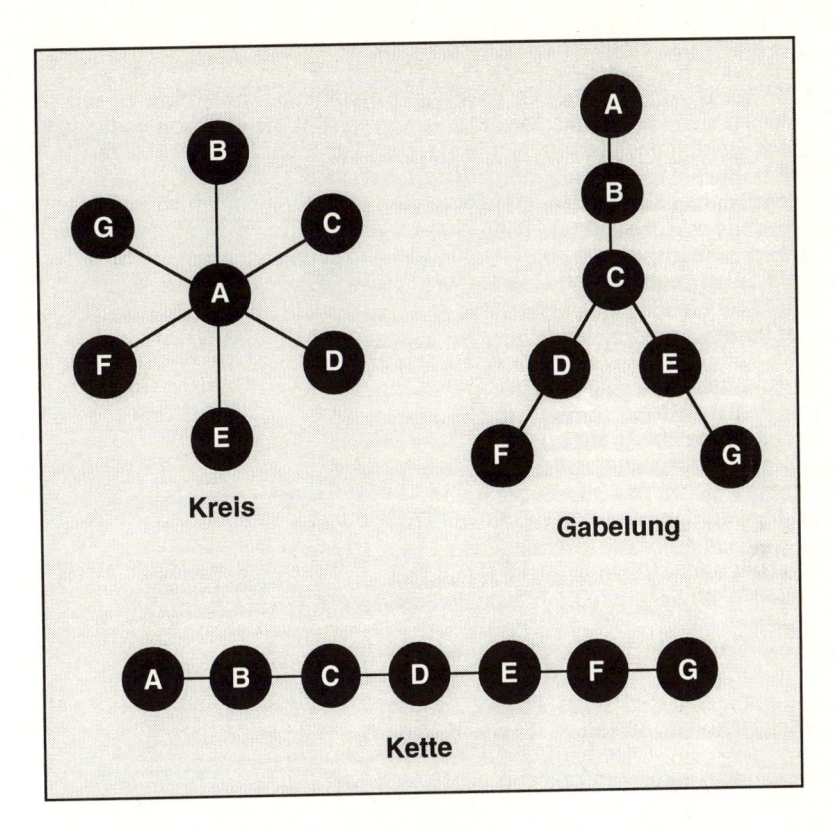

Abb. 1.8.7: Arten von Kommunikationsstrukturen

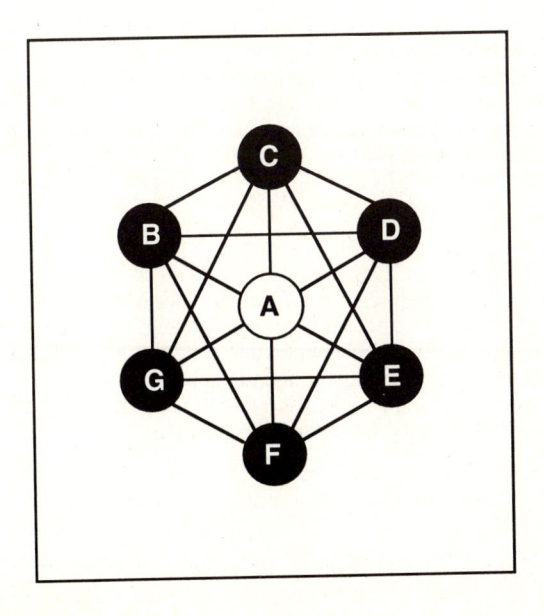

Abb. 1.8.8: Sternstruktur

Meetings

Als sinnvolle Basis zur Anwendung positiver Kommunikationsstrukturen und zur Teammotivation haben sich sogenannte Meetings erwiesen. Ein Meeting sollte alle zwei Wochen anberaumt werden und nach bestimmten Regeln erfolgen, um die notwendige Effektivität zu gewährleisten. Dabei ist eines ganz besonders zu beachten: Grundsätzlich muß die Führungskraft dafür sorgen, daß allen Teammitgliedern absolut bewußt ist, um was es genau geht. Die Information oder das zu lösende Problem müssen genau definiert werden. Man kann von niemandem erwarten, daß er eine sinnvolle Arbeitsleistung erbringt, wenn die betreffende Person nicht genau weiß, um was es geht.

Regeln für Meetings

1. Meetings sind aufzuteilen in:
    A) Informationsmeetings
    B) Problemfindungsmeetings
    C) Problemlösungsmeetings

2. Ein Meeting darf kein Gemisch aus den Stufen A, B und C sein.

3. Meetings sollen nie mit anderen Tätigkeiten, z. B. Essen, oder anderen Veranstaltungen gekoppelt werden.

4. Meetings sollen nie länger als zwei Stunden ohne Pause dauern.

5. Die Teilnehmer müssen früh genug über die Themen informiert sein, um sich entsprechend vorbereiten zu können.

6. Ein Meeting muß immer ein Ergebnis haben (z. B. wer macht was bis wann?).

7. Ein Meeting muß protokolliert werden.

Bei *Managementmeetings* sollte berücksichtigt werden, daß es sich bei den Teilnehmern um die Vertreter größerer Gruppen handelt. Es ist daher notwendig, ein Gesamtgefüge herzustellen (Information aller Beteiligten), d. h. die Meetingteilnehmer informieren ihre jeweiligen Gruppenmitglieder und bringen die Rückmeldungen in das nächste Meeting mit ein (Abwärts - Aufwärts). Die dort erzielten Ergebnisse werden wieder weitergegeben und die Folgemeldung im nächsten Meeting umgesetzt (Abwärts - Aufwärts).

A) Das Informationsmeeting

Diese Meetingform dient ausschließlich zur Information der Mitarbeiter. Wie wichtig allgemeine Informationen für die Mitarbeiter sind, ist bereits aufgezeigt worden. Das Team erhält hier die Möglichkeit, Anteil am allgemeinen Geschehen des Unternehmens zu haben. Die tradierte Einstellung, daß Mitarbeiter morgens kommen, abends gehen und ansonsten keinerlei Interesse an dem Unternehmen haben, ist schlichtweg falsch und eigentlich nur eine Reaktion auf die mangelnden Informationsstrukturen innerhalb der Unternehmen.

B) Das Problemfindungsmeeting

Diese Meetingform dient dazu, vorhandene Probleme aufzudecken und darzulegen. Ganz wichtig ist, daß in dieser Phase keine Lösungen erarbeitet werden. Die Gründe dafür sind einleuchtend. Die Erfahrung hat gezeigt, daß es oftmals schon ausreicht, ein Problem verschwinden zu lassen, wenn alle Teammitglieder lediglich über das Problem informiert sind. Die Probleme, die sich in einem solchen Problemfindungsmeeting herauskristallisieren, werden später in den sogenannten Problemlösungsmeetings bearbeitet.

C) Das Problemlösungsmeeting

Hier werden vorliegende Probleme systematisch bearbeitet.

Die Meetingprotokolle

Protokolle können nach folgender Faustformel erstellt werden:

- Zieldefinition
- Wer
- macht was
- mit wem
- bis wann
- wozu

Die Protokolle werden vervielfältigt und an alle Beteiligten ausgehändigt. Unter jedem Protokoll steht die Aufforderung, falls ein wichtiger Punkt (Vorschlag etc.) im Protokoll nicht erwähnt ist, dies im nächsten Meeting sofort zur Sprache zu bringen. Die Protokolle haben eine Mehrfachfunktion.

1. Sie dienen dazu, angestrebte Veränderungen durchzusetzen.

2. Sie enthalten relativ klare Aufgabenverteilungen.

3. Sie dienen der Information aller Beteiligten und tragen so zu dem Gefühl des "in Entscheidungen eingebunden seins" bei.

4. Anhand dieser Protokolle ist auch eine Kontrolle angestrebter Veränderungen möglich. Z. B. Darstellung was wurde bisher umgesetzt, was nicht, warum nicht auf dem jeweils folgenden Meeting. So lassen sich längerfristige systematische Änderungen unter voller Mitarbeiterbeteiligung erzielen.

1.9 Gruppenarbeit
H. Ernst, U. Reuther

1.9.1 Gruppenarbeit als Instrument der Personalentwicklung

Bei Durchsicht relevanter Literatur zur Personalentwicklung und Organisationsgestaltung wird man häufiger mit einem Instrument, das u. a. der Personalentwicklung dient, konfrontiert - der Gruppenarbeit. Dabei wird Gruppenarbeit in mehreren Dimensionen definiert:

- zum einen als Organisationsstruktur im betrieblichen Arbeitsprozeß, d. h. Gruppen werden gebildet, um Innovationsprozesse zu fördern sowie Organisationsentwicklung und Arbeitsgestaltung zu initiieren und zu realisieren (Theerkorn 1991, S. 105 - 158; v. Eckardstein 1992, S. 272 - 286; Pohner 1990, S. 30 - 47),

- zum anderen wird Gruppenarbeit als Instrument der Personalentwicklung, insbesondere betrieblicher Weiterbildungsprozesse, gesehen (Heeg 1991, S. 141 - 151; Decker 1985, S. 162 - 170, S. 196 ff.),
- ein dritter Ansatz verweist auf die Integration dieser beiden Ansätze, indem aufgabenbezogene Gruppenarbeit im Unternehmen gleichermaßen der Personal- und Organisationsentwicklung dienen (Heeg, Münch 1993, S. 324 - 329).

Wie unsere Recherchen erbrachten, sind auf dem ostdeutschen Arbeitsmarkt durchaus Ansätze von Gruppenarbeit zu erkennen. Zu nennen sind hier u. a.

- erstens erfolgreiche Versuche, Gruppenarbeitskonzepte in solchen Unternehmen zu implementieren, die im Zuge der Investitionstätigkeit großer westdeutscher Stammunternehmen entstanden sind,
- zweitens Bemühungen in Treuhandunternehmen, z. B. des Werkzeugmaschinenbaus, über Projektgruppenarbeit neue, innovative, marktfähige Produktlösungen zu finden bzw. leistungsfähige Teile von Unternehmen auszugliedern und ihnen auf diesem Wege neue wirtschaftliche Chancen zu eröffnen,
- drittens Projektgruppen in Beschäftigungs- und Qualifizierungsgesellschaften zur Entwicklung und Umsetzung neuer Projektideen sowie zur Ausgründung einzelner leistungsfähiger Projekte als selbständig geführte Unternehmen,
- des weiteren gibt es Ansätze, Gruppenarbeit gezielt als Personalentwicklungs- und Weiterbildungsinstrument zu nutzen sowohl bei der curricularen Entwicklung von Maßnahmen als auch als didaktisch-methodisches Instrumentarium.

In Anknüpfung an die im Handbuch Personal- und Organisationsentwicklung gemachten Ausführungen zur Gruppenarbeit (Heeg, Münch 1993, S. 363 - 370) wollen wir nun in Auswertung unserer Erfahrungen in ostdeutschen Unternehmen idealtypische Verläufe von Gruppenprozessen skizzieren.

1.9.2 Projektarbeit mit Hilfe von Problemlösegruppen

Jeder konkrete Innovationsprozeß stellt die Frage nach der zweckmäßigsten Arbeitsteilung, Kooperation und Kommunikation zur Sicherung einer effektiven Aufgabenerfüllung. Traditionelle aufbauorganisatorische Strukturen sind in der Regel mit straffen Ordnungsrichtlinien verknüpft. Dadurch kann einerseits die notwendige Stabilität des Unternehmens gesichert werden, andererseits erfordern tiefgreifende Neuerungsprozesse Flexibilität sowohl der Gesamtorganisation als auch einzelner Glieder, vor allem solcher, die mit Produktinnovation und Einführung neuer wirtschaftlicher Instrumentarien befaßt sind. Bei diesen flexiblen Elementen handelt es sich vorzugsweise um zeitweilige Gruppen (Themenkollektive, Projektgruppen u. ä.), die durch eine sich in Abhängigkeit von Thema, Aufgabenstellung und Arbeitsfortschritt ändernde Gruppierung gekennzeichnet sind und in konkreter Abhängigkeit vom jeweiligen Problemlösungsprozeß und vom erreichten Bearbeitungs- und Realisierungsfortschritt ein hohes Maß an Kooperation und Kommunikation begründen.

Bei der personellen Zusammensetzung dieser Gruppen empfiehlt es sich,

- Gruppenmitglieder zu gewinnen, die fachlich kompetent, flexibel und disponibel sind,

- erforderliche Mitarbeiter mit speziellen Kenntnissen ggf. kurzzeitig in die bestehenden Gruppen zu integrieren,

- Moderatoren auszuwählen, die möglichst über Erfahrungen und strukturelle Kenntnisse in der Projektdurchführung sowie über Fähigkeiten zur Koordinierung und sozialen Wahrnehmung verfügen,

- die Zusammensetzung möglichst projektübergreifend zu gestalten und z. B. Mitarbeiter einzubeziehen, die künftig an der Überführung und Anwendung der innovativen Lösung beteiligt sein werden.

Die Stabilität der internen und externen Beziehungen dieser zeitweiligen Projektgruppen hängt in besonderem Maße von der gegenseitigen Akzeptanz und Verständigung ab. In diesem Sinne ist auch ein von traditionellen Vorstellungen geprägtes Gruppenleiterverhalten zugunsten einer partizipativen Beteiligung aller Mitarbeiter durch Moderation zu überwinden.

In Anlehnung an eine bereits in der ehemaligen DDR erschienene Publikation schlagen wir folgenden Fragenkatalog zum Erfassen von Ansatzpunkten zur Weiterentwicklung von Problemlösegruppen vor (Pohle et al. 1987, S. 239 - 247):

- Entstehen ungünstige Voraussetzungen oder Schwierigkeiten für die Gruppenentwicklung und Problemlösung durch falsche Auffassungen über die eigene Position und Verantwortung, durch unterschiedliche Denkweisen oder das unterschiedliche Qualifikationsniveau?

- Existieren unterschiedliche Interessen der Gruppenmitglieder, die eine reibungslose Zusammenarbeit behindern?

- In welchem Arbeitsstadium beginnt die Gruppenarbeit: Bereits in der konzeptionellen oder erst in der Realisierungsphase, so daß möglicherweise Belange einzelner Gruppenmitglieder unterschiedlich motiviert sind?

- Besteht die Tendenz gleichberechtigter Partizipation aller Gruppenmitglieder oder des einseitigen Forderns durch einzelne?

- Führen unklare Perspektiven über die weitere Entwicklung des Unternehmens und daraus möglicherweise resultierende personelle Konsequenzen zu Meinungsverschiedenheiten und Mißstimmigkeiten zwischen den Gruppenmitgliedern?

- Wodurch werden Schwierigkeiten in der Gruppenarbeit begünstigt? Z. B.
    - Unterschiede in der Leistungsbewertung und Entlohnung,
    - Bevorzugung einzelner Gruppenmitglieder durch den Moderator,
    - Abgrenzung und gegenseitige Ablehnung,
    - Lücken oder Schwächen in den Spielregeln, die ein gegenseitiges Zuschieben von Aufgaben, Übervorteilen, Ausspielen u. ä. zulassen.

Idealtypisch stellen sich die Phasen der Problembearbeitung durch die Gruppe wie in Abbildung 1.9.1 aufgelistet (vgl. auch Heeg 1991, S. 157).

Innovationshemmnisse in Projektgruppen:

Häufig werden Problemlösung und -realisierung von Gruppenleitern dominiert, die - nach dem Top-Down-Prinzip von der Unternehmensleitung eingesetzt - aufbauorganisatorisch hierarchische Strukturen schaffen, die der Entfaltung der Gruppen, der partizipativen Teilnahme aller Mitglieder sowie der Ideengenerierung und Ideenprüfung durch alle entgegenwirken.

Phasen der Problembearbeitung	Konsequenzen für die Gruppe

1. Zielfindungsphase auf der Grundlage einer umfassenden Situationsanalyse	• Rasche Präzisierung der Aufgaben und der Stellung der Gruppe im Gesamtunternehmen sowie Interiorisierung der Ziele durch die Gruppenmitglieder. Zu beachten sind:
	  - Prinzip der Freiwilligkeit,
	  - Gruppengröße und
	  - qualifikationsgerechte Zusammensetzung.

2. Erfassen der Aufgabenstellungen: Analyse und Bewertung der Aufgabenstellungen	• Entwicklung leistungsfähiger Kommunikations- und Informationsbeziehungen. • Identifizieren personenbezogener Aufgaben und Verantwortung.
3. Partizipative Aufgabenlösung, ausgehend von der detaillierten Problem- und Aufgabenerkenntnis unter zielgerichteter Wahl geeigneter Methoden und informationeller Arbeitsmittel	• Rechtzeitiges Erkennen von Spannungen und Unzufriedenheiten und ihre schnelle Überwindung. • Einflußnahme auf die Herausbildung günstiger Beziehungen durch den Moderator. • Gewährleistung eines von der Gruppe getragenen Controllings. • Feedback. • Identifizieren möglicher Qualifikationsdefizite im Prozeß der Aufgabenlösung - Implementieren von Qualifizierung im Prozeß der Aufgabenrealisierung.
4. Bewerten der Problemlösung sowie Gewährleistung und Prüfung des Transfers der Lösung in den Anwendungsbereich	• Prüfung der Notwendigkeit der Fortsetzung der Gruppenarbeit in der Transferphase. • Umsetzen einzelner Gruppenmitglieder in die Anwenderbereiche. • Mögliches Initiieren neuer Gruppen im Anwendungsbereich. • Prüfen von Möglichkeiten des Fortbestehens der Gruppe.

Abb. 1.9.1: Phasen der Problembearbeitung

Weiterhin werden Ideengenerierung, Ideenprüfung und Ideenrealisation durch unsichere Perspektiven der einzelnen sowie durch Verhaltensmuster behindert, die auf Beharrung, Festhalten an betriebsorganisatorischen Vorstellungen, die vor allem den "festen Arbeitsplatz" präferieren, einem hohen Bedürfnis nach sozialer Sicherheit und fest umrissenen Aufgabenstrukturen gekennzeichnet sind. Vor allem die Ungewißheit über die eigene Perspektive führt zur Reserviertheit gegenüber Veränderungen. Neben den hier aufgeführten Hemmnissen für innovatives Handeln von Gruppen werden in der Fachliteratur eine Reihe weiterer Ursachen und Bedingungen genannt (vgl. Heeg 1991, S. 150).

In ostdeutschen Unternehmen dominiert vor allem der Typ der Problemlösegruppen mit befristeter, häufig sehr kurzer Lebensdauer.

Vorrangige *Ziele* zum Installieren solcher Gruppen sind vor allem

- die Nutzung von Wissen und Erfahrung der Mitarbeiter,

- die Verbesserung von Arbeitsabläufen und -verfahren,

- die Förderung der Identifikation mit dem Unternehmen bzw. der Beschäftigungs- und Qualifizierungsgesellschaft,

- die Schaffung dezentraler Förder- und Entwicklungszentren sowie regionaler Entwicklungswerkstätten für Produktentwicklung und Innovation sowie

- Erhaltung und Entwicklung des Leistungspotentials der Arbeitnehmer durch sinnvolle Verknüpfung von Lern- und Arbeitsprozessen.

Die Gruppenwirksamkeit erfährt je nach Partizipation der Gruppenmitglieder unterschiedliche Ausformung. Folgende Typen konnten wir in diesem Zusammenhang bisher beobachten:

1. Gruppen, die sich in zu liquidierenden Treuhandunternehmen bildeten, um sich über Management buy out eine neue Unternehmensexistenz aufzubauen,

2. Gruppen, die unter dem Dach von Beschäftigungs- und Qualifizierungsgesellschaften Konzepte zur Ausgründung entwickeln und umsetzen,

3. Gruppen, die Projekte zur Umschulung und Fortbildung bei Bildungsträgern realisieren,

4. Gruppen, die vom Management eines Unternehmens ins Leben gerufen, in zeitlich befristeten Projekten, an Vorhaben der Produktinnovation, an Maßnahmen der Organisationsentwicklung sowie der betrieblichen Schwachstellenforschung arbeiten,

5. Gruppen, die unter arbeitsmarkt- und sozialorientierten Gesichtspunkten gebildet, relativ kurzfristig an Projekten zur Überwindung der Perspektivlosigkeit und Selbstfindung arbeiteten.

Die beiden erstgenannten Gruppen zeichnen sich durch eine besonders hohe Beteiligung am Entscheidungs- und Lösungsprozeß aus. Das bezieht sich vor allem auf

- die Projektvorbereitung,

- die Einflußnahme auf die Projektinhalte,

- die Bestimmung der Projektmethodik und den Projektablauf,

- die Verantwortung für die planungsgerechte Realisierung des Projektes.

Aber auch in Gruppen mit weniger ausgeprägter Partizipation erhöhen sich durch die Gruppenarbeit

- die Entfaltungs- und Entwicklungsmöglichkeiten,

- der Handlungs- und Entscheidungsspielraum sowie

- die Entscheidungs- und Beratungskompetenz.

Bei einer Analyse der Faktoren, die Gruppenarbeit in besonderem Maße fördern oder hemmen, ergibt sich folgende Übersicht:

- Anspruchsniveau und Umfang der Aufgabe,

- Vorhandensein gut entwickelter sozialer Beziehungen in der Organisation,

- Dauer der Gruppenarbeit (Kurz-, Mittel-, Langfristigkeit),

- Vorhandensein geeigneter Moderatoren,

- Unterstützung und positive Einstellung des Managements zur Gruppenarbeit,

- Freiwilligkeit der Teilnahme,

- Vorhandensein bzw. Entwicklung eines Gruppenkonzeptes mit Festlegung von Regeln, Terminen u. a.,

- Einbindung bzw. Engagement des Betriebsrates bzw. der Gewerkschaften,

- Unterstützung der Personal- und Organisationsentwicklungskonzepte für Gruppenarbeit durch externe Berater,

- Vorhandensein mittel- und langfristiger Perspektiven für das Unternehmen bezüglich der Beschäftigungs- und Qualifizierungsgesellschaft/bezüglich des Projektes,

- unterstützende Anteilnahme durch Treuhand, Kammern, Verbände, Arbeitsamt.

1.9.3 Beispielhafte Ansätze zum Implementieren von Gruppenarbeit

1.9.3.1 Zum ersten Beispiel

Hierbei handelt es sich um die Darstellung von Möglichkeiten für Gruppenarbeit beim Kreieren neuer Projektideen, insbesondere in den Beschäftigungs- und Qualifizierungsgesellschaften bzw. für Ausgründer aus diesen. Erste Erfahrungen besagen, daß in Gruppenarbeit beachtliche innovative Potentiale freigesetzt werden. Durch frühzeitig initiierte Arbeitsgruppen zur Projektvorbereitung werden jedoch nicht nur innovative Projektideen entwickelt, sondern die für deren Erfolg erforderliche Akzeptanz gefördert, indem Identifikation und die Bereitschaft zu eigenverantwortlichem Handeln erhöht werden. Das so entstehende Verantwortungsbewußtsein hat einen beachtlichen Einfluß auf die Motivation. Darüber hinaus werden auf diese Weise an die Teilnehmer Anforderungen bezüglich Kooperation, Entscheidungsfindung und Problemlösung in der Gruppe gestellt, die letztlich die Herausbildung extrafunktionaler Qualifikationen beeinflussen.

Wir meinen, daß folgendes Szenario denkbar wäre: Die Beschäftigten finden eigene sinnvolle Arbeitsfelder. In der Konfrontation mit den daraus erwachsenden Arbeitsaufgaben wird aktives und erprobendes Lernen gefördert, Eigeninitiative und Engagement der lernend Arbeitenden werden herausgefordert. Durch Verstärkung der Eigenaktivität der Lernenden können Fremd- und Außensteuerung des Lernprozesses zurücktreten. Letztlich kann auf diese Weise umfassende Handlungskompetenz entwickelt werden.

Nachfolgend soll dargestellt werden, auf welche Weise dieser Mechanismus in Gang gesetzt wird: Ernst und Schröder (1992) haben dazu in einer Reihe von Beschäftigungs- und Qualifizierungsgesellschaften bzw. in Treuhandunternehmen Vorgehensweisen zur Einführung von Gruppenarbeit analysiert und initiiert, die idealtypisch wie folgt beschrieben werden können:

- *1. Phase:*

  Kontakt zwischen Beschäftigungs- und Qualifizierungsgesellschaften und Unternehmen mit externem Berater zur Einleitung des Prozesses und zur Motivierung und Aktivierung der potentiellen Gruppenmitglieder.

- *2. Phase:*

  Initiieren und Durchführen eines Ideenfindungsseminars, das - vom externen Berater moderiert - etwa nach folgendem Schema abläuft:

  - Nach kurzer Erklärung der Seminarziele wird mittels Kartenabfrage und Moderation folgendes herausgearbeitet:

    a) Worin liegen die Stärken der Teilnehmer, was wissen und können sie?
    b) Welche Vorstellungen haben sie bezüglich ihrer eigenen Zukunft?
    c) Was hindert sie an der Verwirklichung ihrer Zukunftsvorstellungen?

  - Identifizieren der Hindernisse und Diskussion möglicher Lösungsstrategien.

  - Identifizieren des Mangels an möglichen Zukunftsperspektiven.

  - Ideenfindungsphase zu örtlichen Bedarfsfeldern und Produkt- bzw. Dienstleistungsideen.

  - Abgleich persönlicher Potentiale und Wünsche mit Bedarfen vor Ort.

- *3. Phase:*

  Problemlösung und Szenarienbildung:

  - Zuordnung der einzelnen Teilnehmer zu den von ihnen bevorzugten Projektfeldern.

  - Bildung von Kleingruppen entsprechend der ausgewählten Projektfelder.

  - Selbständige Gruppenarbeit, in der sich nach bisheriger Kenntnis folgende Abschnitte identifizieren lassen.

    a) Formierung der Gruppe und Einigung über Spielregeln zum Umgang in der Gruppe und zur Problembearbeitung.
    b) Präzise Problembeschreibung (Zielstellung), indem sich die Gruppenmitglieder mit dem Problem auseinandersetzen, Einbringen der differenzierten Sichtweisen.
    c) Konkrete Lösungsansätze nennen und ggf. planen.
    d) Ableiten von Aufgabe für einzelne Gruppenmitglieder für die weitere Problembearbeitung.

- *4. Phase:*

  Einbeziehen von Experten, offiziellen Stellen und Gesellschaften, um Möglichkeiten zu erkunden, mit welcher Finanzierung und welchen Möglichkeiten des Projekt bearbeitet werden kann.

- *5. Phase:*

  Gruppenentscheidung über Perspektiven und weitere Arbeit am Projekt herbeiführen. Bei positiver Entscheidung Gruppenarbeit unter Hinzuziehung von Experten bis zur Projektreife fortsetzen.

Diese Vorgehensweise führte, wie bisherige Projekte belegen, dazu, daß Teilnehmer in die Lage versetzt werden,

- eigene Stärken zu erkennen und als solche zu reflektieren,
- Vertrauen in die eigene Fähigkeit zu gewinnen, Ideen im Team realisieren zu können,
- Projekte durch eigene Mitarbeit wachsen zu sehen.

Der Erfolg der Gruppenarbeit hängt insbesondere von folgenden Gestaltungsgrundsätzen ab:

1. Die Gruppe entsteht nach dem Prinzip der Freiwilligkeit, wird vom Management bestätigt und in ihrer formellen Struktur anerkannt.
2. Am Anfang ist Moderation und Projektsteuerung von außen unabdingbar, im Prozeßverlauf kann Außensteuerung in Abhängigkeit von der zunehmenden Befähigung des Gruppenleiters zurücktreten.
3. Die Gruppenmitglieder dürfen inhaltlich nicht überfordert werden, d. h. sie müssen über die für die Projektbearbeitung notwendigen Kenntnisse, Fähigkeiten und Fertigkeiten verfügen; ansonsten ist verstärkte Außensteuerung bzw. Qualifizierung im Prozeß der Projektbearbeitung erforderlich.
4. Gruppengröße und Regelmäßigkeit der Gruppensitzungen beeinflussen die Effizienz der Gruppenarbeit (höchstens 10 Mitglieder, mindestens einmal wöchentlich).

Die Verantwortung des externen Moderators besteht vor allem darin, den Gruppenmitgliedern bereits von Beginn an zu helfen, Aufgaben, Regeln und geeignete Methoden zu definieren und systematische Kooperation zu entwickeln. Auf welche Weise er dabei die Akzeptanz der Gruppe gewinnt, hängt stark von seinem Moderatorenverhalten ab. Er sollte zunächst

- gruppendynamische Prozesse initiieren und steuern,
- Qualifizierung für Projektbewältigung implementieren,
- Zusammenarbeit und Konfliktbewältigung fördern und sich zugunsten selbststeuernder Mechanismen zurücknehmen.

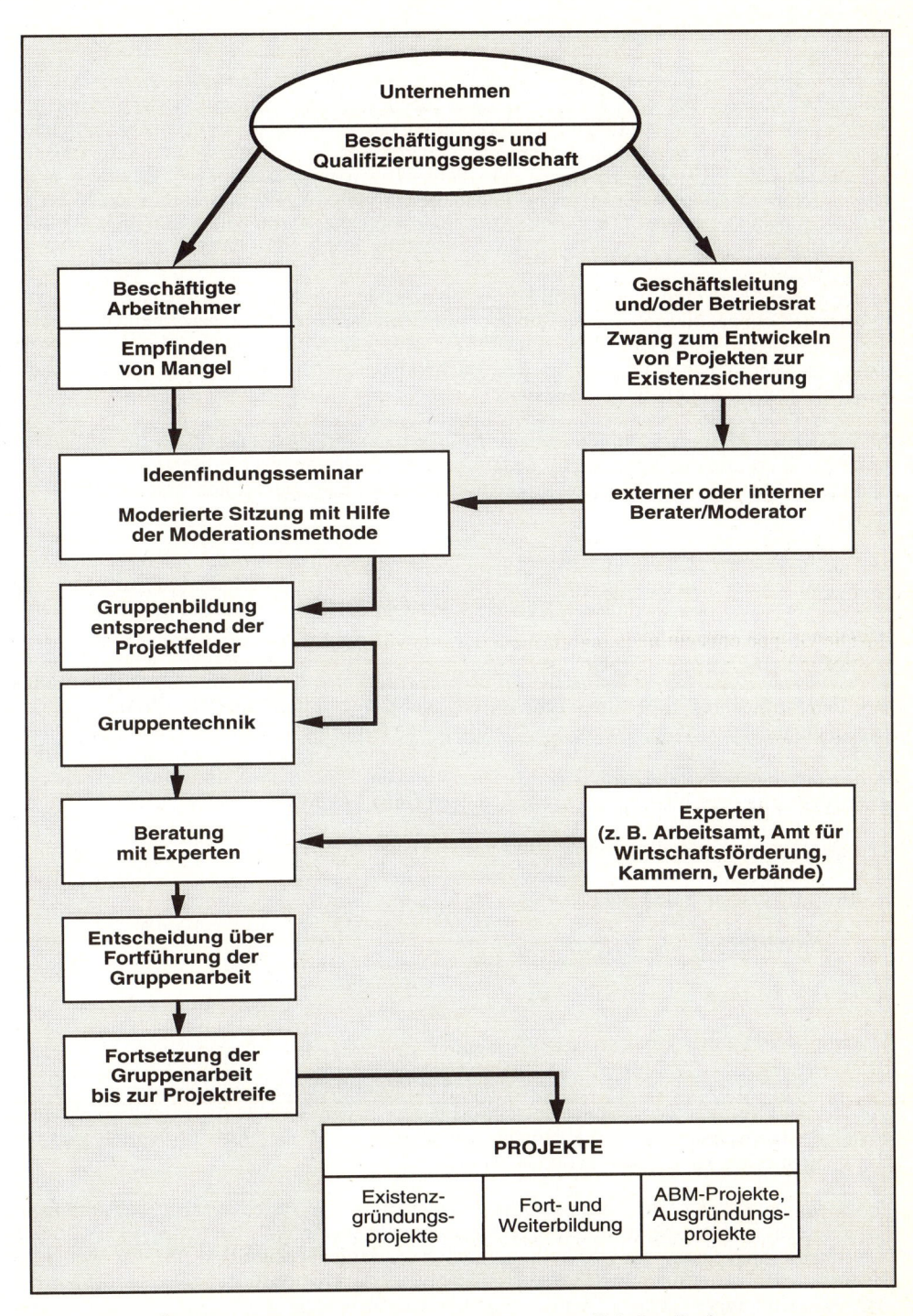

```
                    ┌─────────────────────────────┐
                    │        Unternehmen          │
                    │    Beschäftigungs- und      │
                    │   Qualifizierungsgesellschaft│
                    └─────────────────────────────┘
                      ↙                         ↘
┌──────────────────────┐                ┌──────────────────────────┐
│     Beschäftigte     │                │     Geschäftsleitung     │
│     Arbeitnehmer     │                │   und/oder Betriebsrat   │
│                      │                │                          │
│     Empfinden        │                │   Zwang zum Entwickeln   │
│     von Mangel       │                │    von Projekten zur     │
└──────────────────────┘                │     Existenzsicherung    │
           │                            └──────────────────────────┘
           ↓                                          ↓
┌──────────────────────────┐            ┌──────────────────────────┐
│   Ideenfindungsseminar   │            │    externer oder interner│
│  Moderierte Sitzung mit  │ ←────────  │    Berater/Moderator     │
│  Hilfe der Moderations-  │            └──────────────────────────┘
│       methode            │
└──────────────────────────┘
           │
           ↓
┌──────────────────────┐
│    Gruppenbildung    │
│    entsprechend der  │
│     Projektfelder    │
└──────────────────────┘
           │
           ↓
┌──────────────────────┐
│    Gruppentechnik    │
└──────────────────────┘
           │
           ↓
┌──────────────────────┐                ┌──────────────────────────┐
│       Beratung       │                │         Experten         │
│     mit Experten     │ ←────────────  │  (z. B. Arbeitsamt, Amt  │
└──────────────────────┘                │  für Wirtschaftsförderung│
           │                            │    Kammern, Verbände)    │
           ↓                            └──────────────────────────┘
┌──────────────────────┐
│  Entscheidung über   │
│   Fortführung der    │
│    Gruppenarbeit     │
└──────────────────────┘
           │
           ↓
┌──────────────────────┐
│  Fortsetzung der     │
│   Gruppenarbeit      │
│ bis zur Projektreife │
└──────────────────────┘
                     │
                     ↓
          ┌───────────────────────────────────────────┐
          │                 PROJEKTE                  │
          ├──────────────┬──────────────┬─────────────┤
          │  Existenz-   │   Fort- und  │ ABM-Projekte│
          │  gründungs-  │Weiterbildung │ Ausgründungs│
          │   projekte   │              │   projekte  │
          └──────────────┴──────────────┴─────────────┘
```

Abb. 1.9.2: Übersicht über den Problembearbeitungsprozeß beim Kreieren neuer Arbeitsfelder

1.9.3.2 Zum zweiten Beispiel

In dem nachfolgend dargestellten Beispiel handelt es sich um ein Treuhandunternehmen, das bis zur Wende vorwiegend Steuerungssysteme für Werkzeugmaschinen entwickelte und produzierte. Im Prozeß der tiefgreifenden Umgestaltung des Wirtschaftssystems in Ostdeutschland verlor auch dieses Unternehmen zunehmend seine Perspektive. Es hatte somit die Aufgabe, bis zur anstehenden Privatisierung eigene neue Perspektiven aufzubauen. Dazu gehörte u. a. die Umgestaltung der Aufbauorganisation, so daß die verbliebenen Funktionseinheiten zu Profitcentern umgebildet wurden. Der größte Mangel bestand aber darin, daß marktfähige Produktideen fehlten.

In der *ersten Phase (Initialphase)* bildet sich eine aus den Leitern der Profitcenter bestehende informelle Gruppe, die sich das Ziel stellte, die scheinbare Perspektivlosigkeit zu überwinden. Sie stellte sich in der ersten Phase ihres Zusammenwirkens die Aufgabe, eine Bestandsaufnahme des verbliebenen Forschungs- und Entwicklungspotentials sowie der entsprechenden Kompetenzen der Mitarbeiter vorzunehmen.

In der *zweiten Phase (Ideenfindungsphase)* wurde dann in Gruppenarbeit ein Ideenfindungsprozeß initiiert und durchgeführt, an dem vor allem Fachkräfte aus den Bereichen Forschung und Entwicklung, Technologie und Produktion sowie der kaufmännischen Abteilung mitarbeiteten.

Die gefundenen Ideen wurden in der *dritten Phase (systematische Marktforschung)* durch eine mittlerweile gebildete Untergruppe einer systematischen Marktforschung unterzogen. Im Ergebnis dieses Prozesses wurde schließlich ein Produkt der Telekommunikation als aussichts- und chancenreich identifiziert.

In der *vierten Phase (Erarbeitung des Pflichtenheftes)* wurde durch eine weitere Untergruppe aus dem Profitcenter "Forschung, Entwicklung und Konstruktion" ein Pflichtenheft erarbeitet (in Analogie zu der in der ehemaligen DDR üblichen Forschungs- und Entwicklungsordnung). Auf der Grundlage dieses Pflichtenheftes wurde dann ein Gesamtteam mit mehreren Teilarbeitsgruppen gebildet, die nach ihrer Konstituierung das Pflichtenheft umfassend diskutierten, es hinsichtlich der zu realisierenden arbeitsteiligen Aufgaben präzisierten und verabschiedeten.

Das Gesamtteam bestand im wesentlichen aus vier Untergruppen:

- Gruppe Forschung und Entwicklung,

- Gruppe technologische Vorbereitung,

- Gruppe kaufmännische Bearbeitung,

- Gruppe Fertigung.

Geleitet wurden diese vier Untergruppen durch ein Koordinierungs- und Steuerungsteam, das aus je einem Vertreter der Untergruppen bestand. Das an der Gesamtentwicklung des Produkts beteiligte Team bestand aus 30 Personen, von denen etwa 10 die Qualifikation Facharbeiter, die anderen eine höhere Qualifikation hatten.

In der *fünften Phase (Arbeit nach Pflichtenheft)* erfolgte eine systematische Realisierung des Pflichtenheftes, die insbesondere dadurch gekennzeichnet war, daß sich in der jeweils erreichten Realisierungsphase - zum einen initiiert durch das Projektsteuerungsteam, aber auch durch Eigeninitiative - kurzfristig bestehende problemorientierte Arbeitsgruppen bildeten, die aus Forschungsingenieuren, Technologien und Facharbeitern bestanden.

In der *sechsten Phase (Überleitungsphase)* konnte das hochinnovative Produkt nach Test und entsprechender Verbesserung in die Serienproduktion überführt werden und sich gut auf dem Markt plazieren.

Nach Aussagen der Mitarbeiter des Unternehmens hing der Erfolg dieser in elf Monaten vollzogenen Produktinnovation zum einen von der systematischen Arbeit nach Pflichtenheft, zum anderen aber vor allem auch von der Bildung einer leistungsfähigen Projektgruppe ab, die in dieser Umbruchphase relativ restriktionsfrei und unabhängig von betrieblichen Hierarchien arbeiten konnte.

Nach erfolgreicher Projektrealisierung zeichnen sich für künftige Projekte vor allem folgende Schlußfolgerungen ab:

- Es ist darauf zu achten, daß in jeder Phase eine ausreichende Abstimmung untereinander und eine Einbindung aller Gruppenmitglieder gesichert werden muß.

- Die Flexibilität der Organisationsstrukturen sowie eine angemessene problembezogene Detailplanung im Pflichtenheft sind zu gewährleisten.

- Gefördert wird die Gruppenarbeit, wenn sich die Kollegen, die miteinander kooperieren, gut kennen und selbständig Arbeits- und Sozialrollen verteilen und akzeptieren sowie die im Pflichtenheft vorgesehenen Kontrolltermine in der Gruppe realisieren (Kontrolle durch die Gruppe).

- Zu beachten ist, daß keine qualifikatorische Überforderung einzelner Gruppenmitglieder erfolgt und notwendige Qualifikationen zur Verfügung gestellt werden.

2 Projekt- und Zeitmanagement

2.1 Projektmanagement zur Planung und Steuerung betrieblicher Personalentwicklungs- und Organisations-entwicklungs-Maßnahmen (F. J. Heeg, H. Töller) 191
    2.1.1 Definition 191
        2.1.1.1 Projekt 191
        2.1.1.2 Management 191
        2.1.1.3 Projektmanagement-Aufgaben 192
    2.1.2 Die Bedeutung des Projektmanagements für die betriebliche Personal- und Organisationsentwicklung 196
    2.1.3 Projektorganisation im Unternehmen 198
        2.1.3.1 Aufbauorganisation 198
        2.1.3.2 Ablauforganisation 210
        2.1.3.3 Projektmanagement-Aktivitäten 214
    2.1.4 Projektmanagement-Aufgaben 222
        2.1.4.1 Projekt-Zieldefinition 223
        2.1.4.2 Projektplanung 233
        2.1.4.3 Projekt-Controlling 269
    2.1.5 Abschlußbetrachtung des Projektmanagements 279
        2.1.5.1 Merkmale erfolgreicher Projekte 280
        2.1.5.2 Merkmale eines erfolgreichen Projektmanagements ... 281
    2.1.6 Dokumentation der Ergebnisse und des Weges 282
    2.1.7 Methodenüberblick 288
        2.1.7.1 Methoden der Zieldefinition 288
        2.1.7.2 Methoden der Projektplanung 289
        2.1.7.3 Methoden des Projekt-Controlling 290

2.2 Zeitmanagement (M. Frühwacht, B. Haenschke) 290
    2.2.1 Zeit - Zeitmanagement - Selbstmanagement 290
        2.2.1.1 Zeit 290
        2.2.1.2 Zeitmanagement 292
    2.2.2 Ziele 294
        2.2.2.1 Zielsetzung-Zielbildung-Zielvereinbarung 294
        2.2.2.2 Anforderungen an Ziele 294

		2.2.2.3	Zielarten..296
	2.2.3	Zeitfallen und Zeitfresser 297	
		2.2.3.1	Sachbedingte Störung..297
		2.2.3.2	Störungen durch Andere/personenbedingte Störungen................298
		2.2.3.3	Eigenstörungen..298
		2.2.3.4	Beseitigung von Störungen..301
	2.2.4	Prioritäten setzen..301	
		2.2.4.1	Pareto-Prinzip..301
		2.2.4.2	ABC-Analyse..303
		2.2.4.3	Eisenhower-Prinzip...305
		2.2.4.4	Praxisbeispiel "Portfolio-Management".......................306
	2.2.5	Planung...306	
		2.2.5.1	60 : 40-Regel...307
		2.2.5.2	Pufferzeit..307
		2.2.5.3	Die ALPEN-Methode..308
		2.2.5.4	Praktische Tips..308

2.3 Beispielhafte Innovation in der betrieblichen Projektarbeit (C. Lindinger)..345

	2.3.1	Zum Inhalt..345	
		2.3.1.1	Innovationsfähigkeit..345
		2.3.1.2	Erlebniswert..346
		2.3.1.3	Konsequenzen für den OE/PE-Experten 347
	2.3.2	Fallbeispiel 1: Das Quality Operating System (QOS)...........348	
	2.3.3	Struktur versus Prozeß...352	
	2.3.4	Fallbeispiel 2: Eine "problemlösende" Projektorganisation......353	

2.4 Strategisches Projektmanagement (C. Heidack)..............356

	2.4.1	Rahmenbedingungen eines Qualifikations-Entwicklungs-Projekts in einem Großbetrieb...356	
		2.4.1.1	Kennzeichnung der Situation und der Zielvorgaben im Leitungskreis sowie Einbeziehung des Betriebsrats......................356
		2.4.1.2	Unternehmenszielsetzung 358
		2.4.1.3	Akzeptanz und kooperative Selbstqualifikation 360
	2.4.2	Implementation der Projektarbeit 361	
		2.4.2.1	Projektgremien und Projektcontrolling...................362
		2.4.2.2	Interdisziplinäre Kraftfeldanalyse zur Bedarferhebung und Programmentwicklung 363
	2.4.3	Phasen und Interventionen 364	
		2.4.3.1	Phase 1: Informationsprogramm des Managements mit Bildungsveranstaltungen im Sinne der Top-down Strategie 364
		2.4.3.2	Systementwicklung: Engpaßstrategie und innovations-orientierte Änderungen der Organisation 365
		2.4.3.3	Phase 2: "Qualität" als Prinzip der Arbeitsgestaltung und Motto des zweiten Progamms...366
		2.4.3.4	Systemintegration: BWI als Gestaltungselement im Unternehmen367
	2.4.4	Effektivität des Projektmanagements für das Humanpotential . 367	
		2.4.4.1	Wirkweisen der kooperativen Selbstqualifikation.....................367
		2.4.4.2	Folgen der Projekt-Qualifikation im Rahmen der Personalentwicklung..369

2.4.4.3 Folgerungen für die Ansätze der Organisationentwicklung..........369
2.4.4.4 Beachtung des Konfliktpotentials...369

2.5 Planung und Organisation von PE/OE-Maßnahmen in einem ostdeutschen Bauunternehmen (C. Heidack).................... 370

    2.5.1 Einrichtung von Instrumentarien der Personalarbeit am Beispiel eines Personalbeurteilungs- und Förderungssystems...........370

    2.5.2 Schwerpunkte der Projektarbeit zur Gestaltung der PE-Instrumente...371

        2.5.2.1 Anlaß und Projektidee..371
        2.5.2.2 Konzept und Projektorganisation 371
        2.5.2.3 Projektarbeit: Schwerpunkte und Ergebnisse 372

2.1 Projektmanagement zur Planung und Steuerung betrieblicher Personalentwicklungs- und Organisationsentwicklungs-Maßnahmen

F. J. Heeg, H. Töller

2.1.1 Definition

2.1.1.1 Projekt

Komplexe Probleme werden in der betrieblichen Praxis hauptsächlich in der Form von Projekten gelöst. Nach DIN 69901 (DIN 1988) sind Projekte komplexe Vorhaben, die durch folgende Kriterien gekennzeichnet sind:

- Zielvorgabe durch Beschreibung der Aufgabe oder des Objektes,

- personelle, sachliche, finanzielle und zeitliche Abgrenzungen gegenüber anderen Vorhaben,

- Beteiligung mehrerer Organisationseinheiten, die in einer projektspezifischen Organisation zusammengefaßt werden und

- Einmaligkeit der Bedingungen.

Darüber hinaus lassen sie sich wie folgt charakterisieren (Kummer, Spühler, Wyssen):

- Der Projektcharakter ändert sich von Phase zu Phase. Die Nahtstellen zwischen den Phasen können klar getrennt sein durch formelle Bewilligungsschritte zu Beginn einer neuen Phase und/oder "Meilenstein-Konferenzen" am Ende der vorhergehenden Phase.

- Projekte sind mit Unsicherheiten bezüglich Zeit und Kosten verbunden. Die Unsicherheit nimmt im allgemeinen mit zunehmender Projektdauer ab.

- Projekt-Aufholkosten steigen mit zunehmender Projekt-Dauer exponentiell an, d. h. eine gute Kostenkontrolle von Anfang an spart Geld (und Nerven), sofern der Kontrolle auch Korrekturmaßnahmen folgen.

2.1.1.2 Management

Unter Management-Aufgaben versteht man die im Management-Zyklus zusammengefaßten Aufgaben (Abbildung 2.1.1), die von einzelnen Personen oder Gruppen von Personen im Betrieb durchgeführt werden und die sich von den operativen Aufgaben, den durchführenden Aufgaben, abgrenzen lassen.

Auf die Funktion Zielsetzung folgt die Planung; über die Planungsalternativen wird entschieden, bevor zur Realisation übergegangen wird. Die Realisation wird dann kontrolliert, ob sie zielgerecht durchgeführt wird. Bei Abweichungen können sich wiederum Auswirkungen auf die Zielsetzung ergeben. Der Kreis schließt sich. Alle diese Management-Funktionen werden letztlich durch Kommunikation ermöglicht.

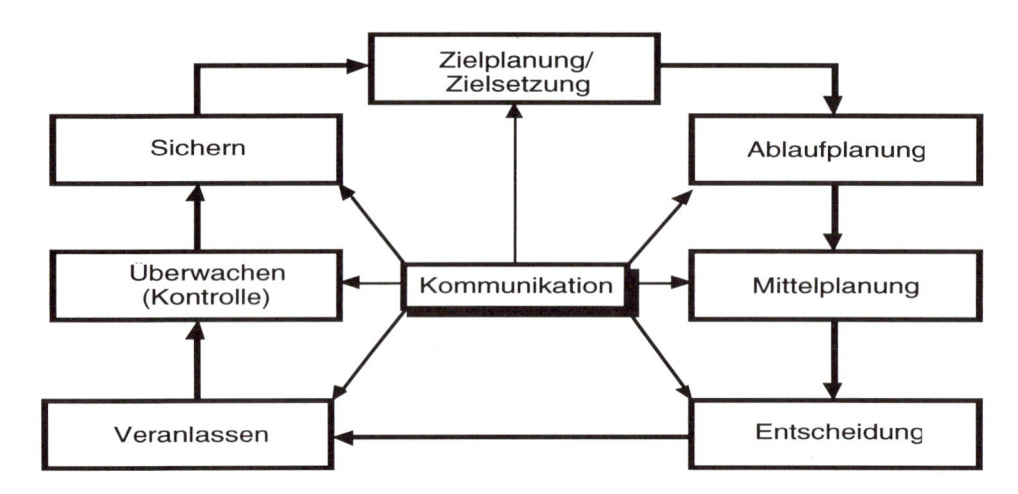

Abb. 2.1.1: Der Management-Zyklus (in Anlehnung an Management für alle Führungskräfte in Wirtschaft und Verwaltung 1972)

2.1.1.3 Projektmanagement-Aufgaben

Um die Unternehmensziele durch Lösung der anstehenden Aufgaben in Projektgruppen zu erreichen, müssen die Projekte geplant, gestaltet und gesteuert werden (siehe Abbildung 2.1.2).

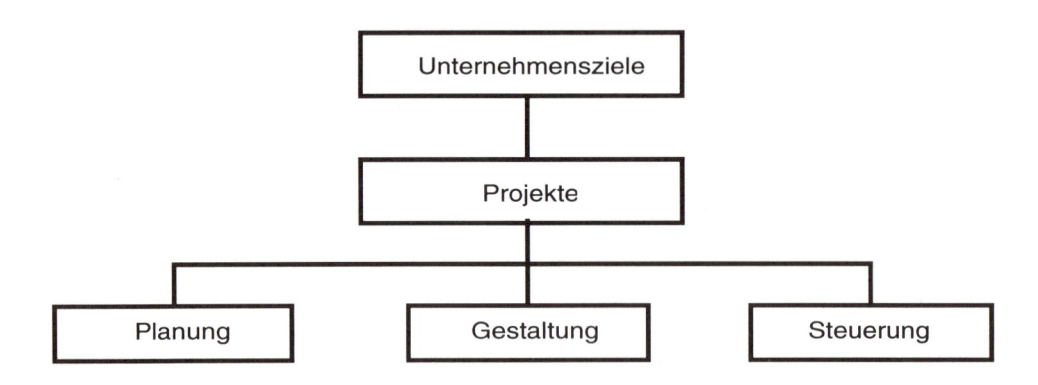

Abb. 2.1.2: Planung, Gestaltung und Steuerung

2.1.1.3.1 Planung

Im allgemeinen ist die Planung in die Zukunft gerichtet, denn sie soll Entscheidungen und Handlungen vorbereiten. Bei der Planung wird voraus gedacht und versucht, Informationen über die Zukunft zu gewinnen. Wird das Planen unterlassen, muß beim späteren Handeln improvisiert werden. Planen kann als systematisches Suchen und Festlegen von Zielen sowie als Vorbereitung von Aufgaben, deren Durchführung zum Erreichen der Ziele erforderlich ist, definiert werden (REFA 1974). Die Planung kann wie in Abbildung 2.1.3 unterteilt werden.

Die Zielplanung legt meist in Form von Soll-Daten fest, was erreicht werden soll. Die Aufgabenplanung bestimmt, wie, von wem, womit und wo, das heißt mit Hilfe welcher Vorgehensweisen, Methoden und Werkzeuge und in welcher Zeit das Ziel erreicht werden kann. Die Aufgabenplanung kann wiederum in Ablaufplanung und Mittelplanung unterteilt werden. Die Ablaufplanung umfaßt die Planung der erforderlichen Arbeitsvorgänge und Zeitaufwände, während die Mittelplanung die Planung der benötigten Menschen, Betriebsmittel und Arbeitsgegenstände beinhaltet.

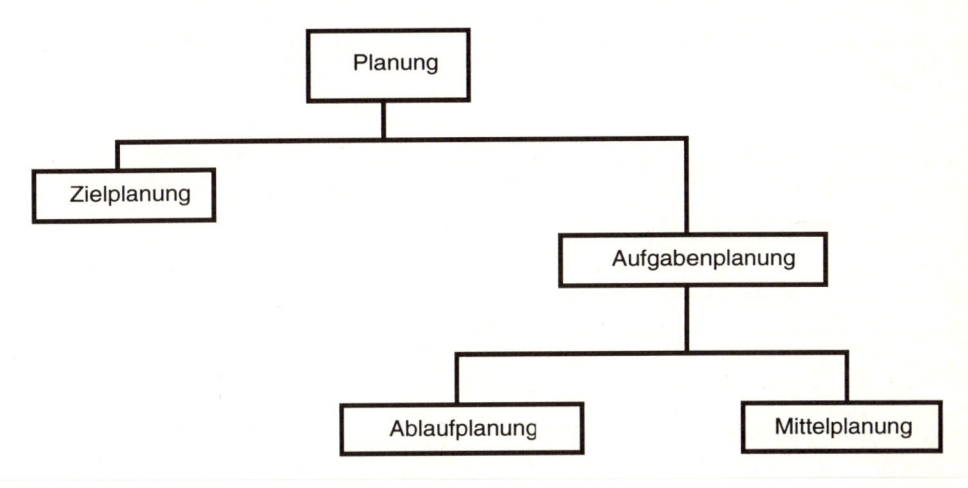

Abb. 2.1.3: Planung (in Anlehnung an REFA 1974)

2.1.1.3.2 *Gestaltung*

Gestalten ist die schöpferische Formgebung und Ordnung der Elemente von Arbeitssystemen und ihrer Beziehungen. Dieser kreative Prozeß hat immer ein konkretes, materielles Ergebnis, das nicht genau voraussagbar ist. Dabei lassen sich in der Regel Planen und Gestalten phasenmäßig schlecht voneinander trennen (REFA 1974).

Es ist zu vermerken, daß sich Gestalten sowohl auf das Projekt selber als auch auf den Problemlöseprozeß bezieht (siehe Abbildung 2.1.4). Das Gestalten des Projekts ist beispielsweise zu vergleichen mit der Ausgestaltung einer Einbauküche. Dagegen beinhaltet in diesem Fall die Gestaltung der Problemlösung die Planung, Steuerung und Kontrolle des Prozesses der Lösungsfindung, d. h. den Weg zur Lösung (die Essenzubereitung).

Bei der Gestaltung des Projektes werden die einzelnen Aufgaben des Projektes durchgeführt. Das Gestalten der Problemlösung ist die vorrangige Projektmanagement-Aufgabe. Hierbei werden die Ergebnisse der Problemlöseprozesse, sowie die Vorgehensmodelle, Methoden und Managementwerkzeuge, die beim Problemlöseprozeß angewendet werden sollen, gestaltet. Auch das Arbeitssystem, in dessen Rahmen das Problem gelöst werden soll, muß gestaltet werden. Dabei will überlegt sein, wie der Problemlöseprozeß organisiert werden soll. Einerseits muß festgelegt werden, wie der Aufbau des Prozesses organisiert sein soll; andererseits muß sein Ablauf gestaltet werden. Deswegen muß überlegt werden, welche Arbeitsmittel während der Lösungsfindung zur Verfügung stehen und in welcher Umgebung das Problem bearbeitet werden soll. Schließlich muß auch der humane Aspekt der Problemlösung gestaltet werden. Dabei muß festgelegt werden, welche Mitarbeiter, je nach ihrer individuellen Qualifikation, dem Projektteam angehören sollen. Die Auswirkung der Projektarbeit hinsichtlich der

Belastung/Beanspruchung der Mitarbeiter ist zu bedenken. Als letztes werden die Kommunikation und die Kommunikationsbeziehungen gestaltet. Dabei werden u. a. die Kommunikationsregeln und die Berichtswege aufgestellt (Heeg 1992, S. 180 f).

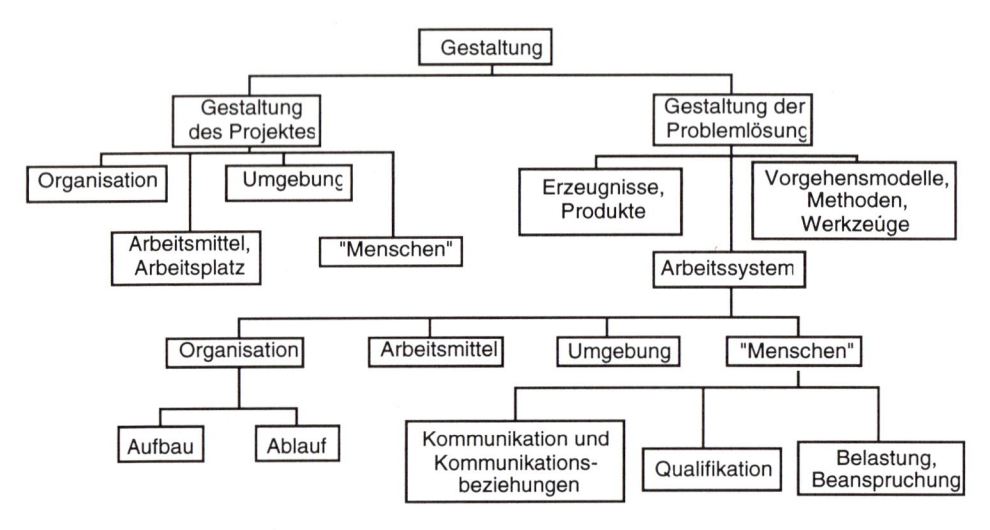

Abb. 2.1.4: Gestaltung (Quelle: Heeg 1992, S. 180)

2.1.1.3.3 Steuerung

Im Gegensatz zur Planung spielt sich die Steuerung in der Gegenwart ab und baut auf Erkenntnissen aus der Vergangenheit auf. Die Steuerung soll gewährleisten, daß die Aufgaben in der geplanten Weise durchgeführt werden und daß beim Auftreten von Störungen entsprechend reagiert wird. Sie besteht im Veranlassen, Überwachen und Sichern der Aufgabendurchführung in bezug auf Menge, Termine, Qualität, Kosten und Arbeitsbedingungen. Die Steuerung kann wie in Abbildung 2.1.5 unterteilt werden (REFA 1974).

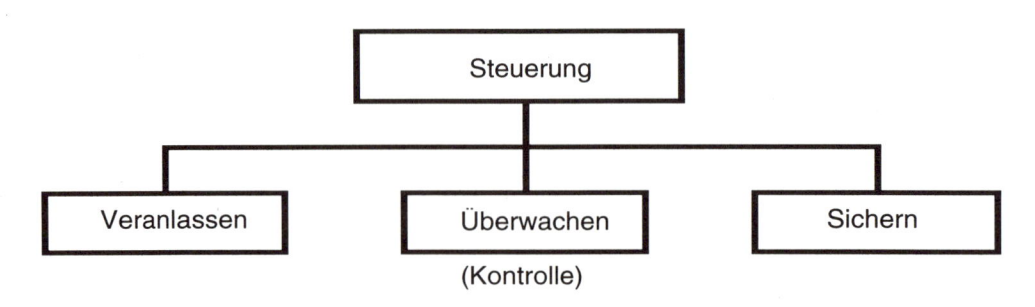

Abb. 2.1.5: Steuerung (in Anlehnung an REFA 1974)

Veranlassen ist ein terminorientierter Anstoß, ein Auslösen der Aufgabendurchführung. Es findet vor der Aufgabendurchführung statt und mündet meist in eine Anweisung bzw. in eine Aufforderung, eine Aufgabe durchzuführen. Das Überwachen besteht im Feststellen der Aufgabenerfüllung bzw. der Abweichungen der Ist- von den Soll-Daten. Sichern besteht in Maßnahmen zum Vermeiden oder Vermindern der Abweichungen der Ist- von den Soll-Daten.

Zum Projektmanagement (PM) gehören demnach alle Aktivitäten, die zur Organisation, Planung, Steuerung und Koordination der Problemlösung benötigt werden. Abzugrenzen von diesen Aufgaben ist die eigentliche Projektarbeit, d. h. die Lösung der in dem Projekt zu bearbeitenden Sachprobleme bzw. -aufgaben (Danzer 1986, S. 121). Die Durchführung von Projekten verlangt ein Management, das es ermöglicht, eine Balance der relevanten Zeit-, Kosten- und Qualitätsziele mit den vorhandenen Ressourcen zu erreichen (Abbildung 2.1.6) (vgl. Kett 1990, S. 50 - 55).

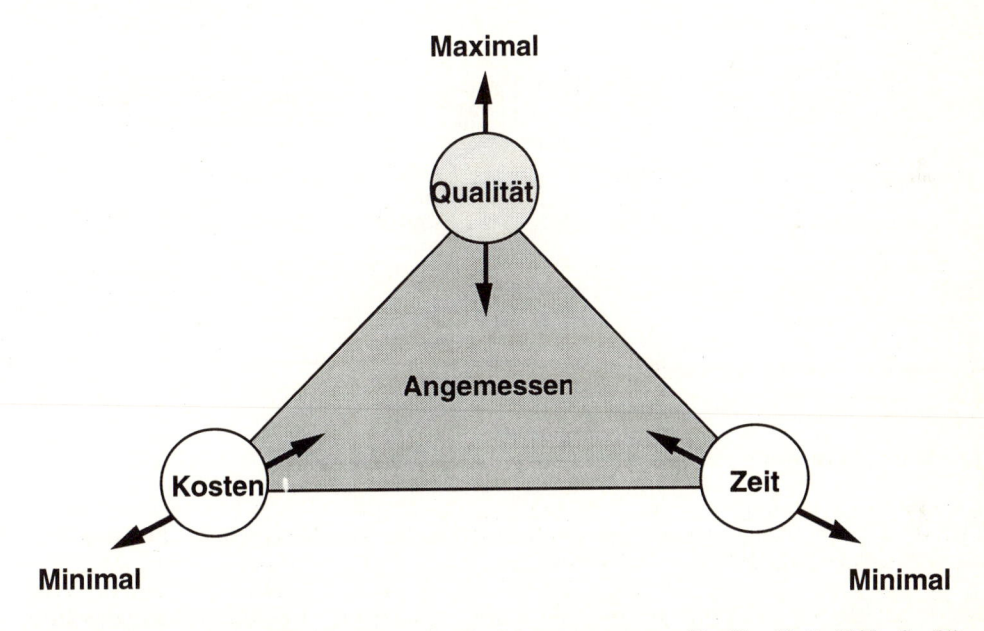

Abb. 2.1.6: Das magische Dreieck des Projektmanagements (Quelle: Kett 1990, S. 51)

- *Projektarbeit (Systemgestaltung):* Problemlösung im eigentlichen Sinne; ihre Abgrenzung, die fachlichen und technischen Aspekte der Lösung stehen im Vordergrund.

- *Projektmanagement:* Im Vordergrund stehen die Vorgehensweise und die organisatorische Abwicklung des Prozesses zur Lösungsfindung. Dazu müssen die erforderlichen Personen und Mittel koordiniert sowie deren Einsatz geplant und gesteuert werden.

Betrachtet man das Projektmanagement als ganzheitliches Führungskonzept, so kann man die Aktivitäten in sechs Hauptfunktionen unterteilen (Abbildung 2.1.7) (Platz 1990, S. 48). Orientiert an der Definition der Projektzielsetzung sind geeignete temporäre Formen der Aufbau- und Ablauforganisation auszuwählen und im Unternehmen zu realisieren. Darauf aufbauend erfolgt die zielorientierte Planung und das Controlling des Projektes (Hansjosten 1992, S. 3).

Personell erfordert eine effektive Aufgabendurchführung die leistungsorientierte, konzentrierte Zusammenarbeit von unterschiedlich qualifizierten Mitarbeitern in interdisziplinären Arbeitsgruppen. Ein effizientes Projektmanagement wird daher nicht nur durch die Anwendung geeigneter Vorgehensweisen, Methoden und Techniken bestimmt, sondern in erheblichem Maße von der Mitarbeiterführung determiniert (vgl. Graham 1992, S. 16).

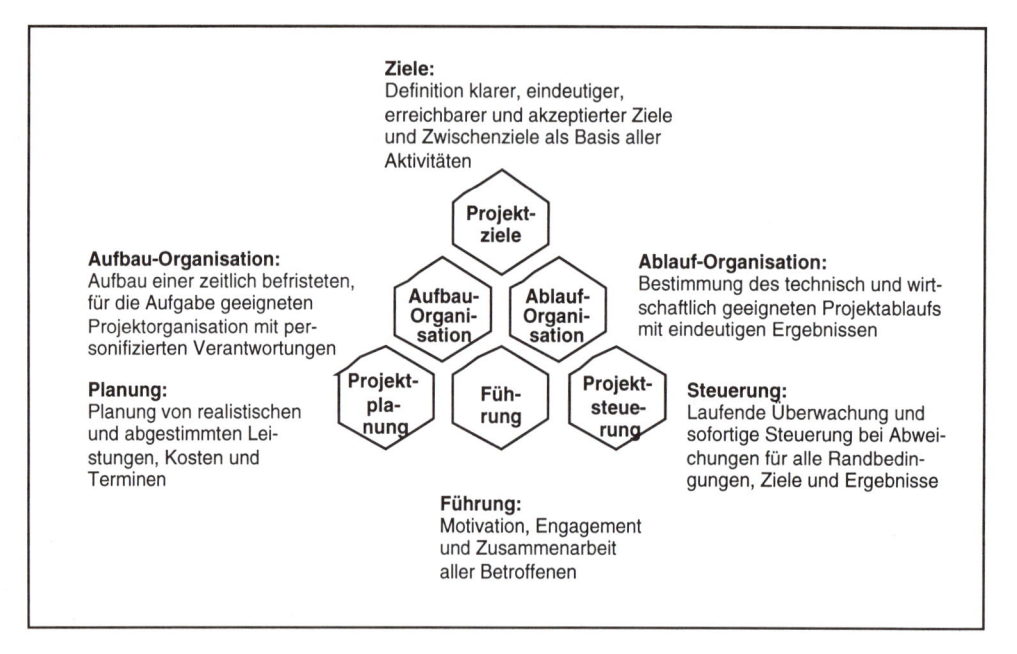

Ziele:
Definition klarer, eindeutiger, erreichbarer und akzeptierter Ziele und Zwischenziele als Basis aller Aktivitäten

Aufbau-Organisation:
Aufbau einer zeitlich befristeten, für die Aufgabe geeigneten Projektorganisation mit personifizierten Verantwortungen

Planung:
Planung von realistischen und abgestimmten Leistungen, Kosten und Terminen

Ablauf-Organisation:
Bestimmung des technisch und wirtschaftlich geeigneten Projektablaufs mit eindeutigen Ergebnissen

Steuerung:
Laufende Überwachung und sofortige Steuerung bei Abweichungen für alle Randbedingungen, Ziele und Ergebnisse

Führung:
Motivation, Engagement und Zusammenarbeit aller Betroffenen

Abb. 2.1.7: Hauptaufgaben des Projektmanagements (Quelle: Platz 1990, S. 48)

2.1.2 Die Bedeutung des Projektmanagements für die betriebliche Personal- und Organisationsentwicklung

Im Rahmen der Durchführung von Maßnahmen zur Änderung der betrieblichen Organisation (der Änderung von Aufgaben, Abläufen und der zugeordneten Stellen und der Aufbaustrukturen) oder der Einführung neuer Technologien oder neuer Techniken (mit der damit verbundenen Änderung der Organisation) finden Projektmanagement-Aufgaben zunehmend Anwendung in den Unternehmen. Dies bedeutet, daß derartige Änderungs-Maßnahmen in Form von Projekten im Unternehmen durchgeführt werden.

Da Organisationsentwicklungs-Vorhaben eine spezielle Form von Organisationsänderungs-Vorhaben sind, gilt hierfür sinngemäß gleiches. Auch die Entwicklung neuer Produkte und Dienstleistungen wird zunehmend in Form von Projekten durchgeführt.

In allen Bereichen komplexer Aufgaben- und Problemstellungen lassen sich in Vergangenheit und Gegenwart viele mißglückte Lösungsversuche aufzeigen, die zumindestens zu hohen Kosten und unzufriedenen Mitarbeitern und Kunden führen. In sehr ungünstigen Fällen können auch Konkurse von Unternehmen die Folge sein. Die Hauptursachen für diese gar nicht so selten anzutreffenden negativen Beispiele lassen sich wie folgt auflisten (Heeg, Kleine 1990):

1. Die Kenntnis über Möglichkeiten der Optimierung der organisatorischen Abwicklung der eigenen Aufgaben, der betrieblichen Leistungserstellungsprozesse und der Aufgabenteilung mit anderen Beschäftigten ist gering oder nicht vorhanden.

2. Die Kommunikation und Informationsweitergabe im Auftragsabwicklungsprozeß sowie über die hierarchischen Ebenen hinweg ist zu gering (mangelnde Zusammenarbeit).

3. Das Wissen um den gesamten Auftragsabwicklungsprozeß (technisch-organisatorische Abwicklung) ist zu gering.

4. Die Sicht der anderen Beschäftigten (der Mitarbeiter und Vorgesetzten) als "achtenswerte Mitmenschen" und als Partner ist zu schwach ausgeprägt. Oftmals wird die betriebliche Zusammenarbeit mit anderen als Nebeneinander oder gar Gegeneinander, nicht als Miteinander, gesehen.

5. Die Entscheidungsfähigkeit und die Fähigkeit der Analyse, der Problemlösung und der strukturierten Bearbeitung von Aufgaben und Prozessen ist zu gering ausgeprägt.

6. Die Kenntnis der Aufgaben anderer vor- und nachgelagerter Stellen und Mitarbeiter im Auftragsabwicklungsprozeß ist zu gering oder nicht vorhanden.

7. Das Wissen um aufgabengerechte und benutzergerechte Ausgestaltung der erstellten Produkte ist zu gering.

Zu diesen grundlegenden Problemen aller Beschäftigten im Unternehmen kommen die Probleme im Führungsverhalten etlicher Vorgesetzter hinzu:

8. Das Verständnis für die Aspekte des betrieblichen Leistungserstellungsprozesses, die ausserhalb der eigenen Aufgaben (berufsspezifische Aufgaben, technisch oder kaufmännisch ausgerichtet) liegen, ist teilweise relativ schwach ausgeprägt. Das Wissen hierzu ist nur in beschränktem Umfang vorhanden.

9. Die Sicht der eigenen Person als "bester Sachbearbeiter" ist noch weit verbreitet. Die Aufgaben der Koordination, der Förderung der Gruppe und des einzelnen Mitarbeiters in der Gruppe sind zu schwach ausgeprägt.

Diese Ursachen liegen in der Qualifikation der am Problemlöseprozeß beteiligten Menschen und deren Handlungen, die wegen der nicht hinreichenden Qualifikation nicht problemadäquat sind. Dementsprechend müssen Menschen, die komplexe Aufgaben zu bewältigen haben, sich in dieser Form der Problemlösung üben. Sie müssen lernen, in komplexen Systemen zu denken und zu handeln und längerfristiger zu denken als es in der Vergangenheit oftmals üblich war (Heeg 1983). In komplexen Zusammenhängen zu denken ist vielleicht nicht schwerer als in vielen voneinander unabhängigen Ursache-Wirkungs-Beziehungen zu denken; es ist aber auf jeden Fall ungewohnt und muß erlernt werden. Ebenso muß eine optimale Einbettung dieser Problemlöseprozesse in die übrigen betrieblichen Abläufe und Aufgaben erlernt und in der Praxis geübt werden. Hierzu wurden verschiedene Vorgehensmodelle, Methoden und Werkzeuge zur Problembearbeitung und -lösung sowie zur Führung dieser Problembearbeitungs- und -lösungsprozesse entwickelt, die insgesamt unter der Bezeichnung Projektmanagement-Vorgehensweisen, -Methoden und -Werkzeuge zusammengefaßt werden.

Hierüber ergibt sich auch die mehrfache Beziehung zwischen Personalentwicklung und Projektmanagement.

Zum einen führt eine Qualifizierung in den Vorgehensweisen, Methoden und Werkzeugen des Projektmanagements zu einer verbesserten Projektbearbeitung und dies

- bezüglich der Planung und Steuerung der Problemlöseprozesse und
- bezüglich einer systematischen, strukturierten Bearbeitung des Problems selber.

Zum anderen kann eine Projekterfahrung und insbesondere eine Projektmanagement-Erfahrung (Erfahrung in der Leitung von Projekten oder Teilprojekten) als Management-Erfahrung angesehen werden und zur Vorbereitung von Aufgaben höherer betrieblicher Hierarchiestufen dienen.

Darüber hinaus bestehen bei einer zielgerichteten, systematischen Projektarbeit sehr viele Möglichkeiten, überfachliche Kompetenzen zu erwerben (insbesondere Methoden-, Sozial-, Problemlöse- und Entscheidungskompetenz sowie Mitwirkungskompetenz) - neben dem Erwerb der Erfahrung im Umgang mit verschiedenen betrieblichen Bereichen. Daher bietet sich die Projektarbeit auch als Alternative zu den betrieblichen Trainee-Programmen für Hochschulabsolventen an. Ihnen wird hier Gelegenheit geboten, als Projektteam-Mitglied in einer definierten Zeit eine genau definierte Aufgabe oder Problemstellung zu bewältigen und dies bereichsübergreifend in Zusammenarbeit mit Spezialisten verschiedener Bereiche - immer vorausgesetzt, die Projektarbeit verläuft optimal, da die Projektmanagement-Methodik im Unternehmen beherrscht wird und die Projektleitung strukturiert und systematisch arbeitet.

2.1.3 Projektorganisation im Unternehmen

Das Zusammenwirken unterschiedlicher Abteilungen und Ressorts ist innerhalb der traditionellen Linienorganisation oft durch Schwerfälligkeit und fehlende Flexibilität geprägt. Dies hat zur Folge, daß als Grundlage eines effektiven Projektmanagements eine temporäre, dem jeweiligen Projekt angepaßte Organisation geschaffen werden muß. Diese soll es ermöglichen, die Aufgaben, Funktionen und Rechte der am Projekt beteiligten Organisationseinheiten und Personen eindeutig zu definieren. Nur auf dieser Basis können die notwendigen Fachaufgaben zusammengefaßt werden, so daß eine optimale Koordination, Kommunikation und zielorientierte Führung der Mitarbeiter gewährleistet werden kann.

Innerhalb der Projektorganisation wird im deutschsprachigen Raum zwischen Aufbau- und Ablauforganisation unterschieden, wobei eine optimal angepaßte Aufbauorganisation die Grundlage für eine erfolgreiche Projektabwicklung darstellt (Rinza 1985, S. 118).

2.1.3.1 Aufbauorganisation

Es können zwei aufbauorganisatorische Bereiche einer Projektorganisation unterschieden werden: Einerseits wird durch die Wahl der Organisationsform die Integration des Projektmanagements in das Unternehmen determiniert, andererseits wird durch die interne Aufbauorganisation das Zusammenwirken der Projektbeteiligten festgelegt (vgl. Bühler 1991, S. 205 ff).

2.1.3.1.1 Projekt-Organisationsformen (Hansjosten 1992, S. 13 ff)

Nach Art und Ausmaß der Kompetenzen des Projektleiters gegenüber den am Projekt beteiligten Mitarbeitern lassen sich drei prinzipielle Formen der Projektorganisation unterscheiden.

2.1.3.1.1.1 Einfluß-Projektorganisation

In dieser Organisationsform besitzt der Projektleiter kein formales Weisungs- und Entscheidungsrecht und wird deswegen auch als Projektkoordinator bezeichnet. Die Projektleitung arbeitet als Stab mit Beratungsfunktion, der die Linieninstanzen koordinierend und fachlich unterstützt sowie für die Unternehmensleitung berichtend tätig ist. Die Projektverantwortung und die Entscheidungsbefugnisse liegen bei den Linieninstanzen (vgl. Reschke 1983, S. 63).

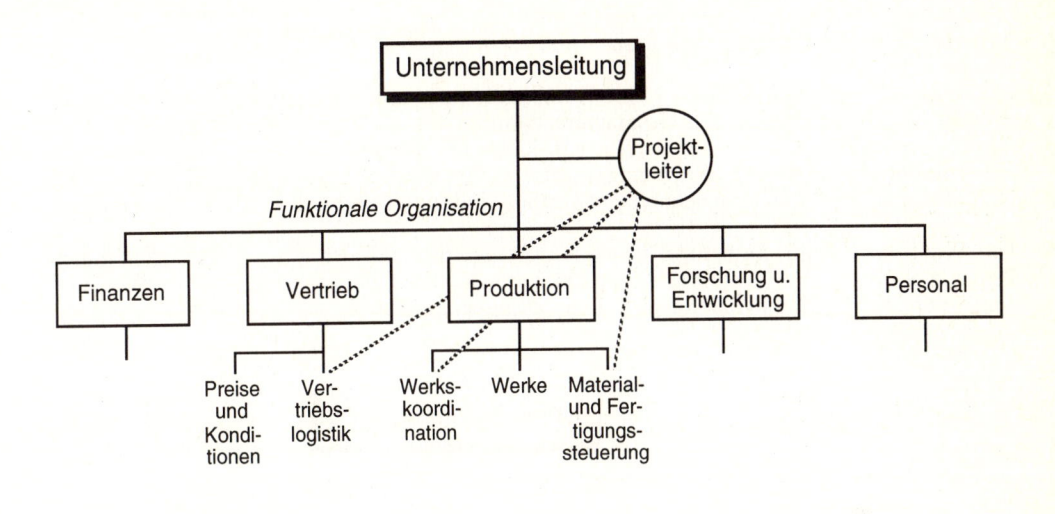

[Diagram: Einfluß-Projektorganisation with Unternehmensleitung at top, Projektleiter connected via Informationskompetenz (dashed lines) to Funktionale Organisation boxes: Finanzen, Vertrieb, Produktion, Forschung u. Entwicklung, Personal. Sub-units: Preise und Konditionen, Vertriebslogistik, Werkskoordination, Werke, Material- und Fertigungssteuerung.]

——— Linienkompetenz
-------- Informationskompetenz

Abb. 2.1.8: Einfluß-Projektorganisation (Quelle: Bühler 1991, S. 206)

2.1.3.1.1.2 Reine Projektorganisation

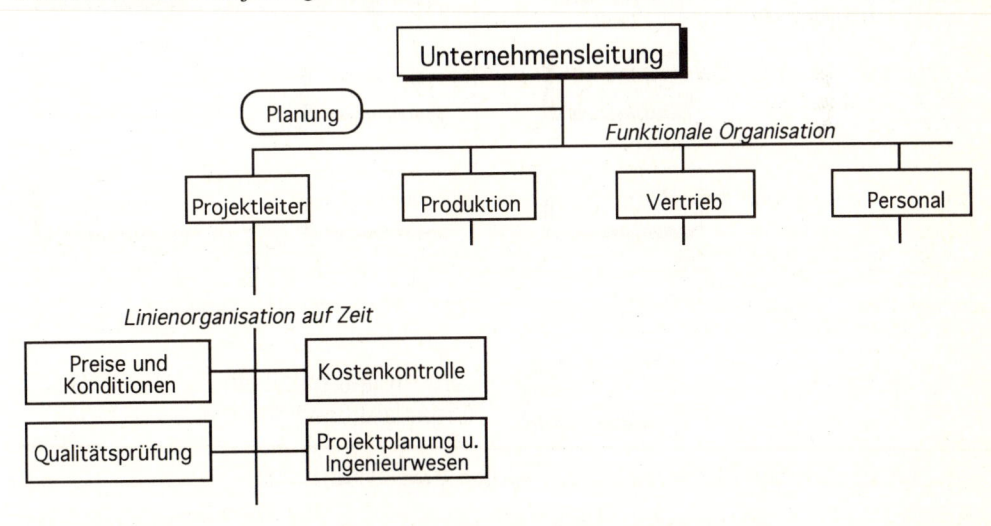

[Diagram: Reine Projektorganisation with Unternehmensleitung at top, Planung as staff unit, Funktionale Organisation branches: Projektleiter, Produktion, Vertrieb, Personal. Unter Projektleiter (Linienorganisation auf Zeit): Preise und Konditionen, Kostenkontrolle, Qualitätsprüfung, Projektplanung u. Ingenieurwesen.]

Abb. 2.1.9: Reine Projektorganisation (Quelle: Bühler 1991, S. 206)

Der Projektleiter besitzt in dieser Organisationsstruktur die vollständige Weisungsbefugnis gegenüber den Projektmitarbeitern. Alle personellen und materiellen Ressourcen sind in einer temporären Organisationseinheit zusammengefaßt, welche in die Linienorganisation eingegliedert ist. Die Projektverantwortlichkeit liegt bei der Projektleitung. Nur bei der Personalbeschaffung und -integration arbeitet der Projektleiter mit den Linieninstanzen zusammen (Heeg 1992, S. 76).

2.1.3.1.1.3 Matrix-Projektorganisation

Die Matrix-Projektorganisation ist eine Kombination aus reiner Projektorganisation und der Einfluß-Projektorganisation. Die Gesamtverantwortung für das Projekt trägt die Projektleitung, die Weisungsstruktur ist jedoch zweidimensional. Der Projektleiter besitzt die Weisungsbefugnis für die Aufgaben des Managements, während die Linienverantwortlichen für die Durchführung der Projektaufgaben verantwortlich sind (vgl. Burghardt 1988, S. 78).

Die Wahl der Organisationsform ist vom Unternehmen und der Art der abzuwickelnden Projekte abhängig. Vor- und Nachteile dieser drei Modell-Organisationsformen sowie Auswahlempfehlungen sind in Abbildung 2.1.11 zusammengestellt.

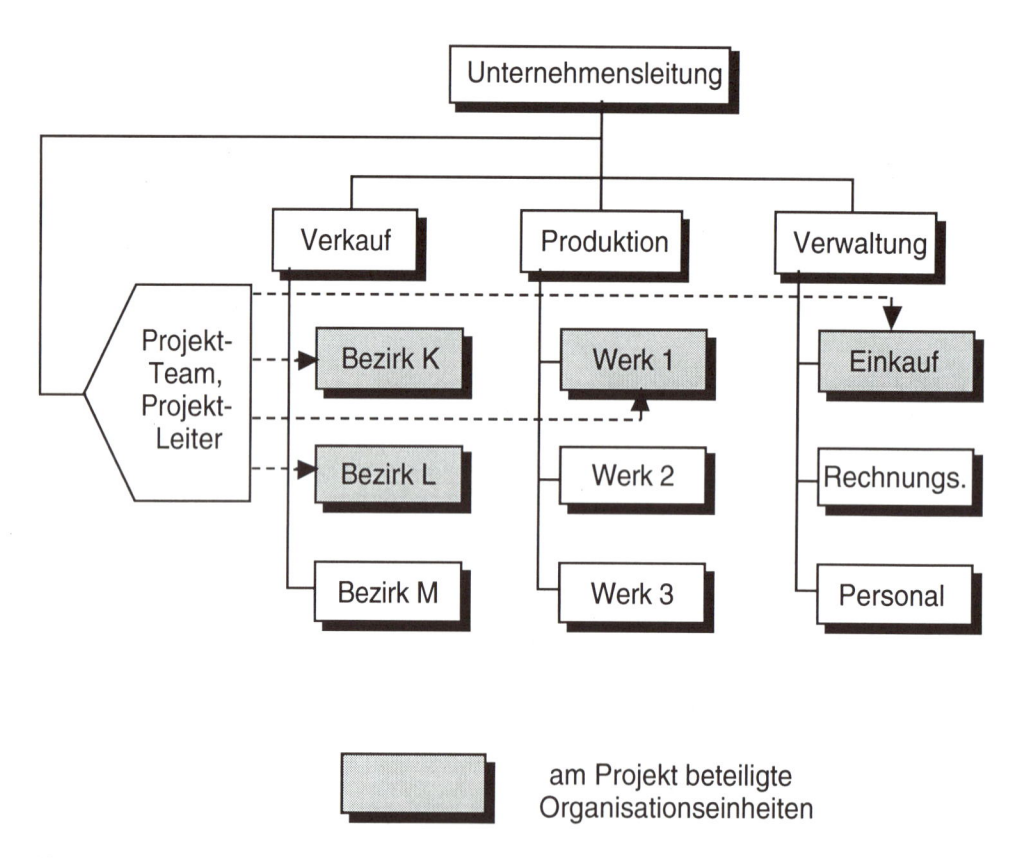

Abb. 2.1.10: Matrix-Projektorganisation (Quelle: Heeg 1992, S. 78)

2.1.3.1.1.4 Andere Organisationsformen

Bei den vorstehend aufgeführten drei Grundformen der Projektorganisation wird traditionsgemäß davon ausgegangen, daß es ein Projektteam gibt, das die operativen Projektaufgaben erledigt, und einen Projektleiter (bzw. Projektleiter sowie Teilprojektleiter bei größeren Projekten), dem die Projektmanagement-Aufgaben obliegen. Managementaufgaben sind aber zunächst neben den durchführenden Aufgaben ohne Zuordnung zu einer Hierarchie vorhanden und auch anders verteilbar, wie auch viele Beispiele aus dem industriellen Bereich zeigen, in denen Gruppenarbeitsformen eingeführt wurden, in denen planerische, entscheiderische und kontrollierende Aufgaben (d. h. Management-Aufgaben) auf die auch operativ tätigen Gruppenmitglieder verteilt wurden (vgl. Heeg 1992).

Organisations-form	Vorteile	Nachteile	Auswahl-empfehlung
Einfluß-Projekt-organisation	• gute Kooperations-möglichkeiten • flexibler Personal-einsatz • geringe organisatori-sche Veränderungen	• geringe Weisungs-befugnis des Projekt-leiters • keine personifizierte Verantwortung • lange Kommunika-tionswege	• kleinere Projekte • geringe Unsicher-heiten • geringe Komplexität • geringer Zeitdruck
Reine Projekt-organisation	• Projektleiter hat volle Kompetenz • kürzeste Kommuni-kationswege • schnelle Reaktions-möglichkeiten • geringster Overhead • optimale Zielausrich-tung • hohe Identifikation mit dem Objekt	• Loslösung der Projektgruppen im Unternehmen • Reintegrationspro-bleme der Mitarbeiter nach Projektende • Koordinations- und Kompetenzprobleme zwischen Projekt und Linie	• bedeutende Projekte • hohe Unsicherheiten • hohe Komplexität
Matrix-Projekt-organisation	• schnelle Teambildung • flexibler Personal-einsatz • keine Versetzungs-probleme • Personalsicherheit für die Mitarbeiter • Förderung des Synergieeffektes • ganzheitliche Pro-blembetrachtung • optimale Ressourcen-nutzung	• hohe Konfliktträchtig-keit zwischen Projekt und Linie • hohe Anforderung an die Kommunikations-bereitschaft	• große, bedeutende Projekte • große Zielunsicher-heiten • mittlere Komplexität • Verhinderung von Personalversetzun-gen • Ressourcen-Knapp-heit

Abb. 2.1.11: Vor- und Nachteile der einzelnen Arten der Projektorganisation
(Quelle: in Anlehnung an Burghart 1988, S. 81, Kerzner 1984, S. 69 ff, Kummer, Spühler, Wyssen 1986, S. 41 ff)

Auch bei der Projektarbeit ist eine Zuteilung aller Aufgaben (inklusive der Projektmanagement-Aufgaben) auf die Gruppenmitglieder denkbar - entsprechende Qualifikation vorausgesetzt. Hierbei wird dann ein fester oder zeitlich wechselnder Gruppensprecher gewählt oder bestimmt werden, der die Gruppe nach außen vertritt (falls erforderlich). Hierfür gibt es mannigfache Beispiele im sozialen Bereich, in dem Projekte mit nebenberuflichen oder ehrenamtlichen Mitgliedern durchgeführt werden und die durchaus zu einem guten Teil erfolgreich verlaufen.

Im Bereich der Wirtschaft sind derartigen Formen ebenfalls durchaus denkbar, aber noch selten anzutreffen - es sei denn, man interpretiert manche Formen der Qualitätszirkel-Arbeit als Projektarbeit, was in den Fällen möglich ist, in denen neben der Planung von Maßnahmen auch deren Umsetzung von der Gruppe vorgenommen wird sowie von ihr die Ergebniserreichung überwacht wird.

Ob eine derartige Form erfolgreich in einem Unternehmen installiert werden kann, hängt von der Akzeptanz nicht als offiziell zum Führungskreis gehörender Personen in der Rolle eines Projektleiters ab und damit vom gesamten Betriebsklima und der Wertvorstellungen im Unternehmen. Es muß sichergestellt werden, daß die Linien-Verantwortlichen, in deren Bereich Projektergebnisse umgesetzt werden und/oder deren Mitarbeiter am Projekt beteiligt sind, sich für dieses Projekt verantwortlich fühlen (und es auch formal sind). Ansonsten wird keine Akzeptanz von Projektarbeit und -ergebnissen erzielt werden können. Dementsprechend ist eine Organisationsform zu wählen, die dieses gewährleistet.

2.1.3.1.2 Einbindung von Projektgruppen in ein Unternehmen

2.1.3.1.2.1 Organisatorische Einbindung

Im vorherigen Abschnitt 2.1.3.1.1 (Projekt-Organisationsformen von Projektgruppen) wurden die Grundformen der Projektorganisation aufgeführt.

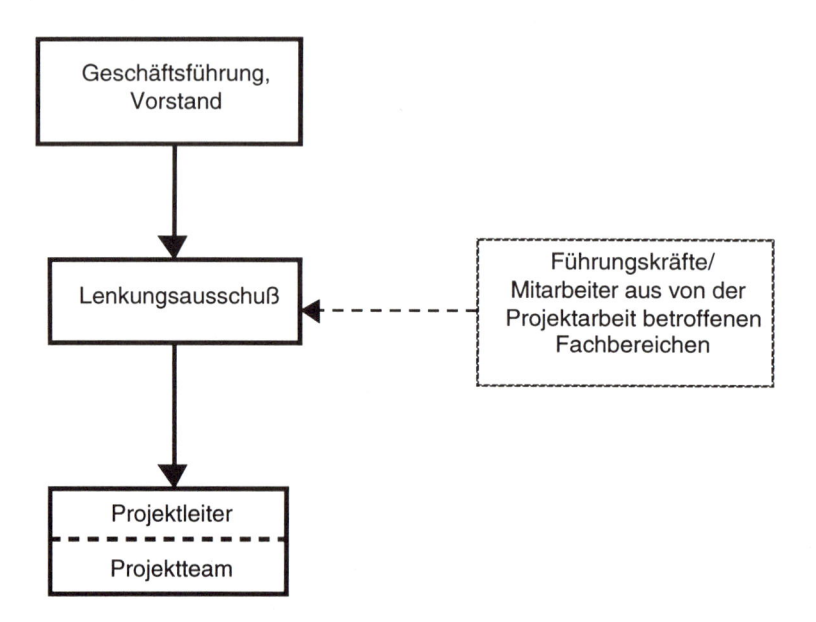

Abb. 2.1.12: Betriebliche Einbindung eines Projektes (Quelle: Heeg 1992, S. 150)

Projektgruppen, die gemäß einer dieser Formen gebildet werden, stehen während ihrer Arbeit als Projektgruppe außerhalb der üblichen betrieblichen Hierarchie. Daher muß eine Einbindung der Projektgruppe, des Projekts, in geeigneter Art und Weise erfolgen, um sicherzustellen, daß die Projektergebnisse nicht nur "erdacht", sondern auch umgesetzt werden können. Hierzu kann eine Struktur wie in Abbildung 2.1.12 Einsatz finden, d.h. ein Lenkungsausschuß agiert als "Vorgesetzter" des Projektleiters/-sprechers. Das Lenkungsteam ist mit den betrieblichen

Führungskräften besetzt, deren Mitarbeiter im Projektteam arbeiten und/oder in deren Bereich die Projektergebnisse umgesetzt werden und die daher die Verantwortung für das Projekt tragen sollen.

Da normalerweise mehrere Projekte gleichzeitig durchgeführt werden, wird ein Lenkungskreis eingesetzt, der die einzelnen Lenkungsausschüsse steuert. Es ergibt sich dann eine Struktur wie die in Abbildung 2.1.13.

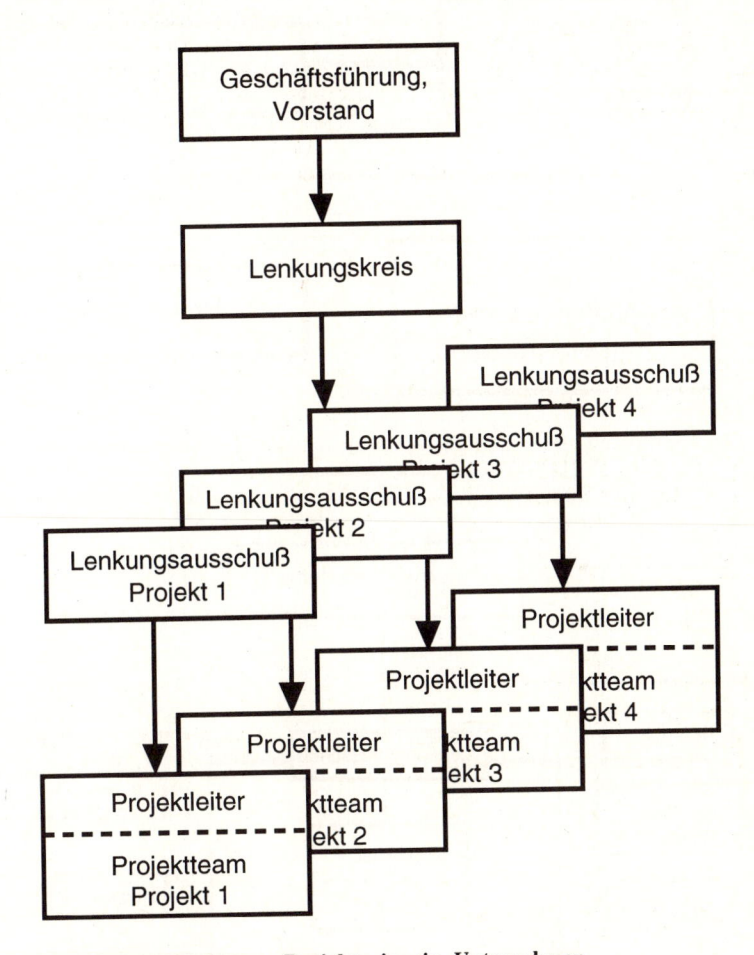

Abb. 2.1.13: Einbindung mehrerer Projekte in ein Unternehmen
(Quelle: Heeg 1992, S. 151)

Werden im Rahmen des Projektes jedoch komplexe Aufgaben bearbeitet, ist es oft unerläßlich, neben dem eigentlichen Projektteam Arbeitsgruppen zu installieren, die die konkreten Aufgaben, die vom Projektteam formuliert werden, bearbeiten (Abbildung 2.1.14).

Ein Beispiel aus der stahlverarbeitenden Industrie für eine Struktur in einem Projekt zur Einführung eines Bürokommunikationssystems unter gleichzeitiger Neugestaltung der betrieblichen Auftragsabwicklung zeigt Abbildung 2.1.15.

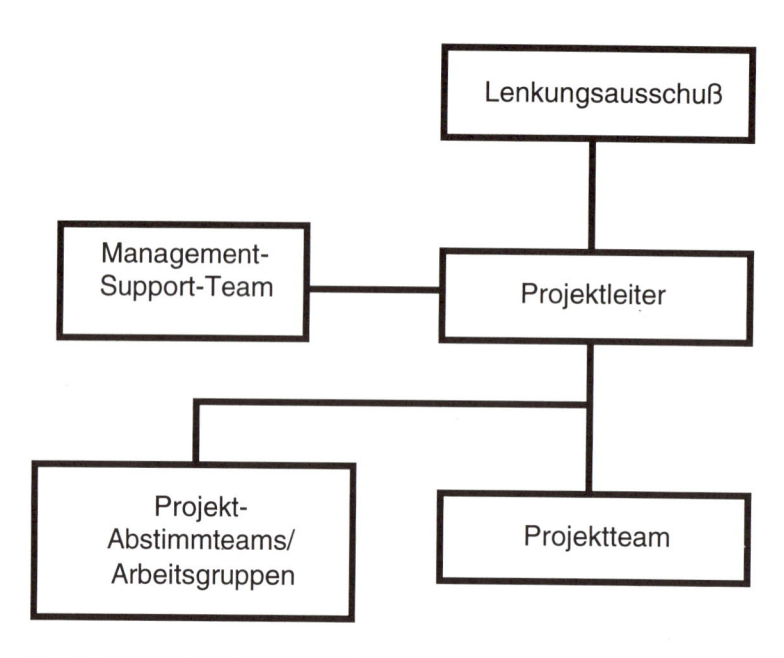

Abb. 2.1.14: Einbindung eines komplexen Projektes in ein Unternehmen (Quelle: GMO 1990)

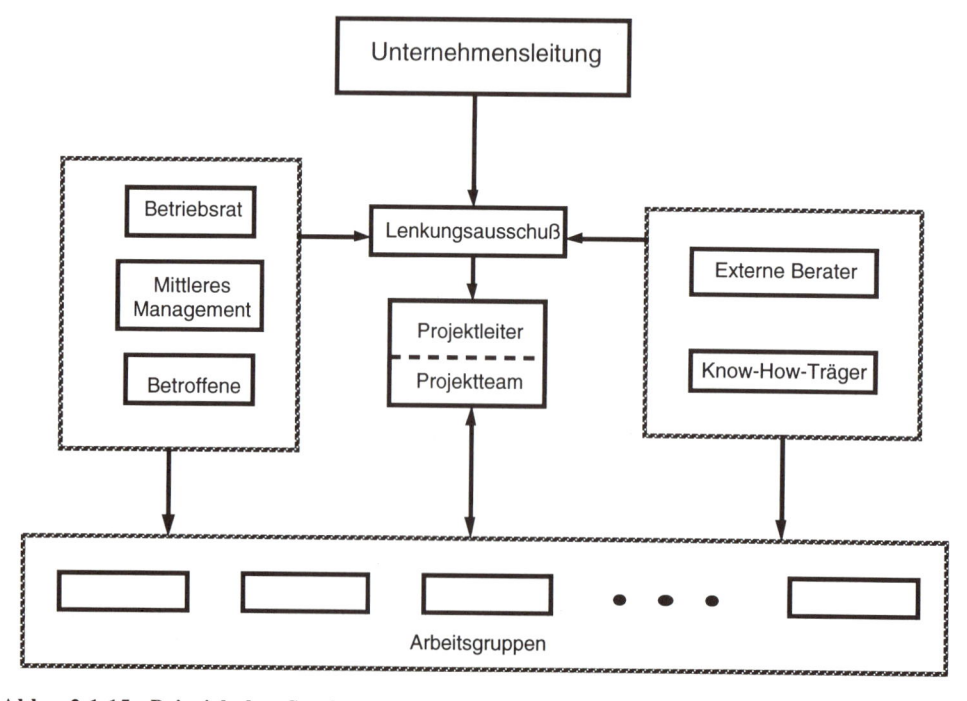

Abb. 2.1.15: Beispiel der Struktur eines komplexen Projektes (Quelle: Heeg 1988)

2.1.3.1.2.2   Aufgaben der "Projekt-Beteiligten" (Heeg 1992, S. 155 ff)

2.1.3.1.2.2.1   Lenkungskreis

Die Aufgaben des Lenkungskreises sind u. a.:

- Sicherstellung der Koordination von Führung-Organisation-Information,
- Sicherstellen, daß die kritischen Erfolgsfaktoren durch die festgelegten Maßnahmen beeinflußt werden,
- Kriterien für Entscheidungen hinterfragen,
- Qualifizierung für Projektmonitoring (Aufgabenerfüllung von Lenkungskreis und Lenkungsausschuß; in Abgrenzung zu Projektmanagement-Aufgaben von Projektleitung und Projektteam) und Projektmanagement kontrollieren,
- Qualifizierung für Informationsmanagement als Führungsprozeß implementieren,
- Kriterien für Team-Besetzung hinterfragen,
- Prioritäten für Projekte und Vorhaben festlegen (Bewertung von Projekten),
- Kommunikation Unternehmensleitung/-gremien,
- Förderung von Zusammenarbeit und Konfliktbewältigung,
- Wissensstand des Gremiums aktuell halten - bei Fluktuation in regelmäßigen Zeitabständen.

Der Lenkungskreis erhält vom Lenkungsausschuß den detaillierten Projektbericht des Projektleiters mit Stellungnahme des Lenkungsausschusses. Der Sprecher des Lenkungsausschusses stellt den Bericht dem Lenkungskreis vor und begründet eventuelle Anträge.

2.1.3.1.2.2.2.   Lenkungsausschuß

Die Aufgaben des Lenkungsausschusses sind:

- Formulierung des Projektauftrages mit Grobziel und mit nötigen oder gewünschten Randbedingungen, Abgleich der Projektziele mit übergeordneten Zielen,
- Ressourcenbereitstellung aus den Fachbereichen, Ernennung des Projektleiters, Festlegung der grundsätzlichen Projekt-Organisation und der Entscheidungskompetenzen des Projektleiters gegenüber der Linienhierarchie (es muß auch dafür gesorgt werden, daß diese Regelung den betroffenen Linien-Führungskräften bekannt ist und von diesen respektiert wird),
- Betreuung des gesamten Phasenprozesses von der Idee bis zur "Entsorgung"; Zustimmung beim Übergang von einer Phase in die nächste,
- Entscheidung über wesentliche Abweichungen von der ursprünglichen Planung,
- Vertretung und Entscheidung der Interessen aller Bereiche, z. B. zur Notwendigkeit von Anforderungen oder der Wirtschaftlichkeit,
- Koordination der Führungsverantwortung für die Projektteammitglieder bis zur Wiedereingliederung; Bestätigung oder Änderung der Besetzung der Projekt-Arbeitsgruppen,

des Management-Support-Teams und des Projektleiters; Sicherstellung des Ausbildungsbedarfs,

- Entscheidung in personellen und sachlichen Konflikt- und Ausnahmesituationen.

Fixtermine für Zusammenkünfte des Lenkungsausschusses werden phasenabhängig zu Beginn der Projektarbeit festgelegt. Zu diesen Zeitpunkten wird der Statusbericht des Projektleiters entgegengenommen. Die außerordentliche Einberufung des Lenkungsausschusses erfolgt durch den Projektleiter. Der Lenkungsausschuß berichtet schriftlich mit Stellungnahme an den Lenkungskreis (Kummer, Spühler, Wyssen 1986; GMO 1990).

2.1.3.1.2.2.3 Management-Support-Team

Das Management-Support-Team hat u. a. folgende Aufgaben:

- inhaltliche Unterstützung des Projektleiters bei der Durchführung seiner Aufgaben,

- organisatorische Beratung des Projektleiters,

- Qualitätssicherung der Arbeitsergebnisse in regelmäßigen Reviews.

Das Managment-Support-Team wird bei Bedarf durch den Projektleiter oder ein Mitglied des Management-Support-Teams einberufen. Fixtermine für Zusammenkünfte des Management-Support-Teams werden zu Beginn der Projektarbeit festgelegt (GMO 1990).

2.1.3.1.2.2.4 Projektleiter/-sprecher

Der Projektleiter bzw. -sprecher berichtet fachlich durch einen regelmäßigen Statusbericht an den Lenkungsausschuß. Im einzelnen hat er folgende Aufgabenschwerpunkte:

- Projektorganisation, -planung und -steuerung:

    - Mitwirkung beim Einrichten einer Projektorganisation und Planung und Steuerung des Projektes entsprechend der vereinbarten Regelungen,
    - Erarbeitung eines Planes für den Mitarbeitereinsatz entsprechend dem Projektablauf und Festlegen von Aufwänden und Terminen gemeinsam mit den Teammitgliedern,
    - Ermittlung der Kosten für Projektplanung und -durchführung.

Fachliche Verantwortung für Aufgabenumsetzung:

- Verantwortung für alle Aktivitäten von der Projektauftragsprüfung bis zur Übergabe an die zuständigen Teams zur weiteren Betreuung,
- Verantwortung für die Einhaltung aller geltenden Richtlinien und Normen,
- Wahrnehmung der Qualitätssicherungsfunktion und Etablierung von Qualitätssicherungsprozessen im Team.

Koordinierung und Information:

- Koordination aller im Zuge der Projektabwicklung anfallenden Aufgaben,
- Information der Teammitglieder über alle das Projekt betreffenden Umstände, des Lenkungsausschusses und Management-Support-Teams über alle Projektergebnisse, Projekt-

verlauf, drohende Termin- und Kostenüberschreitungen oder sonstige Probleme, die einer Entscheidung bedürfen,
- rechtzeitige Integration bzw. Beteiligung der vom Projektfortschritt betroffenen Unternehmensbereiche beziehungsweise Abteilungen und ihrer Mitarbeiter.

Wirtschaftlichkeitsüberlegungen:

- Anforderung der Wirtschaftlichkeitsberechnung; Bereitstellung der relevanten Daten,
- permanenter Vergleich der Sollwerte mit den Ist-Werten und Analyse von Abweichungen.

Führungsaufgaben:

- Mitspracherecht bei Abwesenheitsplanung der Team-Mitarbeiter,
- Übertragung von Aufgaben und Verantwortung unter Berücksichtigung der individuellen Fähigkeiten der Mitarbeiter,
- Vorschläge für Aus- und Weiterbildung der Mitarbeiter, soweit sie der Erreichung des Projektzieles förderlich sind,
- Motivation der Mitarbeiter, Konfliktlösungen und ausgewogene Arbeitsverteilung.

Verantwortung für die Durchführung von Qualifizierungsmaßnahmen im Rahmen des Qualifikationskonzeptes sowohl fachspezifisch als auch organisatorisch (GMO 1990).

2.1.3.1.2.2.5 Projektteam

Das Projektteam analysiert die Aufgabenstellung, erarbeitet Lösungsalternativen und führt die Neuorganisation oder Änderung ein.

Die nachstehend beschriebenen Aufgaben gehören zu den Verpflichtungen aller Teammitglieder:

- Einarbeiten in die Zielsetzungen und Thematik des Projektes,

- Aufwandschätzung der zugeteilten Aktivitäten zusammen mit dem Projektleiter,

- Durchführung der zugeteilten Aufgaben laut des vom Projektleiter und dem Team aufgestellten Aktivitätenplanes,

- Teilnahme an Projektbesprechungen, um Informationen über Arbeitsergebnisse, Besonderheiten oder Störungen des Aufgabenbereiches auszutauschen,

- Teilnahme an Sitzungen der Projekt-Abstimmteams, Arbeitsgruppen und an Reviews, wenn sie gewünscht wird,

- Teilnahme an Qualitätskontrollen,

- Aufwandserfassung je durchgeführter Aktivität beziehungsweise Durchführung von Bestzeitschätzung o. ä.,

- Soll-Ist Vergleich der einzelnen Aufgaben (GMO 1990).

2.1.3.1.2.2.6 Projekt-Abstimmteams und Arbeitsgruppen

Die Aufgaben der Projekt-Abstimmteams liegen in der Koordination und Abstimmung der projektbezogenen Belange und in der Unterstützung des Projektleiters und des Projektteams bei ihren Aufgaben.

Im Einzelnen sind dies folgende Aufgabenstellungen:

- Mitverantwortung sowohl für die Vollständigkeit der fachlichen Anforderungen als auch für die Überprüfung und Beurteilung ihrer Notwendigkeit im Hinblick auf eine wirtschaftlich vertretbare Realisierung,

- Mitarbeit bei der Entscheidungsvorbereitung für Konzeptionsinhalte des Projektes und erarbeitete Problemlösungen des Projektteams,

- Unterstützung bei Pilotinstallationen, Experimenten, Nutzerevaluationen und Systemimplementationen,

- fachliche Evaluierung von Ergebnissen,

- Entwicklung von Lösungsansätzen (besonders auch für Problemfälle),

- Vorschläge von Maßnahmen in Ausnahmesituationen (GMO 1990).

2.1.3.1.3 Kommunikationswege

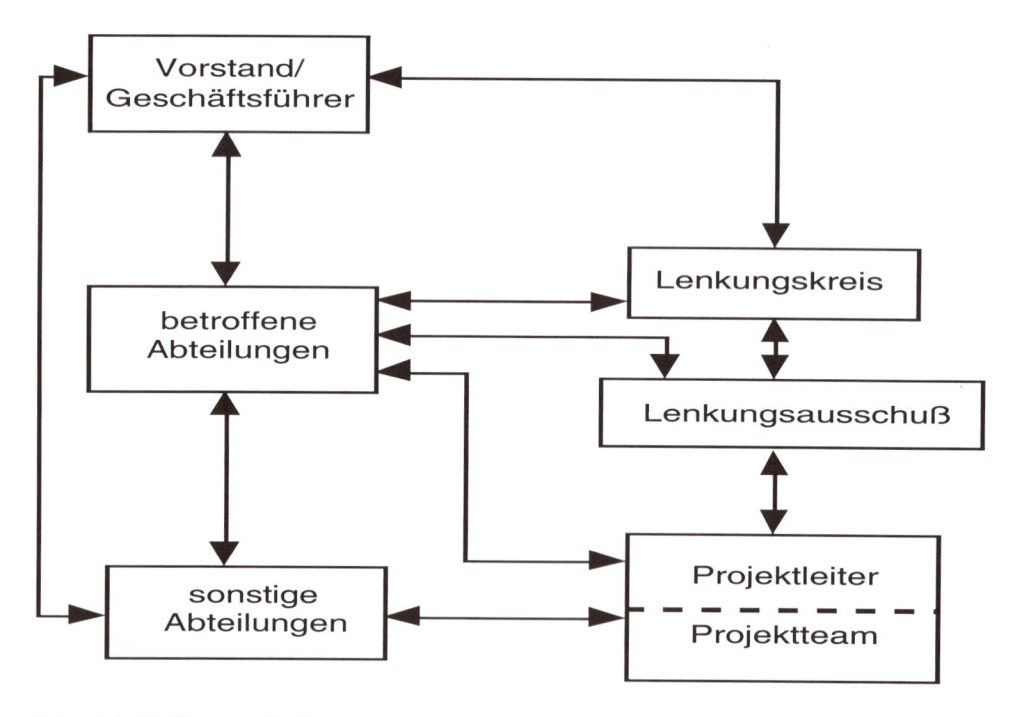

Abb. 2.1.16: Kommunikationswege (in Anlehnung an GMO 1989)

Die Hierarchie aller Projektbeteiligten läuft parallel zu der normalen Unternehmenshierarchie. Der Lenkungskreis, bestehend aus Entscheidungsträgern des Unternehmens, sorgt für die Einbindung in die strategische Unternehmensplanung und -entwicklung.

Der Lenkungsausschuß ist für die Einbindung in die operationale Unternehmensentwicklung verantwortlich. Abbildung 2.1.16 veranschaulicht die Kommunikationswege zwischen den Projektbeteiligten und der Unternehmenshierarchie. So ist das Projektteam während der Projektbearbeitung nicht von der Organisation abgekapselt, sondern kann sich nützliche bzw. notwendige Informationen von allen Ebenen einholen.

2.1.3.1.4 Betriebliche Projektgruppen-Konzepte

In einer steigenden Zahl von Unternehmen werden immer mehr Aufgaben und Probleme durch Projektgruppen bearbeitet (auch die Aufgaben, die vorher von den Linien-Mitarbeitern als Teil ihrer Tages-Arbeit mehr oder weniger mit erledigt werden mußten), so daß hier ständig etliche Projekte parallel bearbeitet werden. Insbesondere trifft dies auf Unternehmen der Beratungsdienstleistungsbranche zu (z. B. Unternehmensberatung, Systemhäuser), aber auch auf Anlagenbauer, Unternehmen des Sondermaschinenbaus usw. Hierbei existieren Projektgruppen nicht nur parallel zur Unternehmenshierarchie, sondern auch auf verschiedenen Ebenen. Für nähere Informationen hierzu sei auf Heeg 1992 und auf Heeg, Münch 1993 verwiesen.

2.1.3.2 Ablauforganisation (Hansjosten 1992, S. 11 ff)

Betrachtet man die zeitliche Komponente eines Projektes, so ist es sinnvoll, einerseits das Projekt ablaufstrategisch in Lebensphasen zu unterteilen, andererseits kann das Projektmanagement funktionell in seinem Ablauf betrachtet werden.

2.1.3.2.1 Phasenkonzept eines Projektes

Unterteilt man ein Projekt in zeitlich aufeinanderfolgende Abschnitte, die Projektphasen, so ist ein an diesen Phasen orientiertes Management möglich. Jede Phase besitzt definierte Voraussetzungen und Ergebnisse, welche zum Übergang in die nächste Phase erfüllt sein müssen (siehe Abbildung 2.1.17). In den jeweiligen Entscheidungsstufen werden aktuelle Projektdaten dem Lenkungsausschuß präsentiert, die Zielerfüllung bewertet und über den weiteren Projektablauf entschieden.

Ziel dieser Formalisierung des Projektablaufs ist die stufenweise Verringerung der Unsicherheiten durch die zielorientierte Planung, Definition und Dokumentation jeder Phase. Dadurch wird eine wirkungsvolle Projektsteuerung ermöglicht (vgl. Saynisch 1991, S. 709).

2.1.3.2.2 Projektphasen eines Organisationsprojektes

Das in Abbildung 2.1.17 dargestellte idealtypische Phasenschema dient als Orientierungshilfe zur Entwicklung eines der jeweiligen Aufgabenstellung angepaßten Phasenkonzeptes. Beispielhaft ist in Abbildung 2.1.18 ein Phasenkonzept für ein Organisationsprojekt dargestellt. Es wird zwischen Konzeptions-, Definitions- und Realisierungsphase unterschieden. Innerhalb dieser Phasen werden Teilsysteme gebildet, welche wiederum durch Entscheidungsstufen voneinander getrennt sind. Aufgabe des Projektmanagements ist es, die Abgrenzung und Ziele der Phasen festzulegen und die innerhalb der Phasen durchzuführenden Aufgaben zu planen und zu steuern (Glaubitz 1989, S. 163).

2.1.3.2.3 Funktionsorientierter Ablauf des Projektmanagements

Betrachtet man die im Abschnitt 2.1.1 beschriebenen Hauptaufgaben des Projektmanagements in ihrem Handlungszusammenhang, so bilden die Funktionen Zieldefinition, Planung und

Controlling den Regelkreis des Projektmanagements (s. Abbildung 2.1.19). Abzugrenzen davon ist die objektbezogene Projektarbeit, welche die Realisierung der vom Projektmanagement geplanten Vorgaben umfaßt.

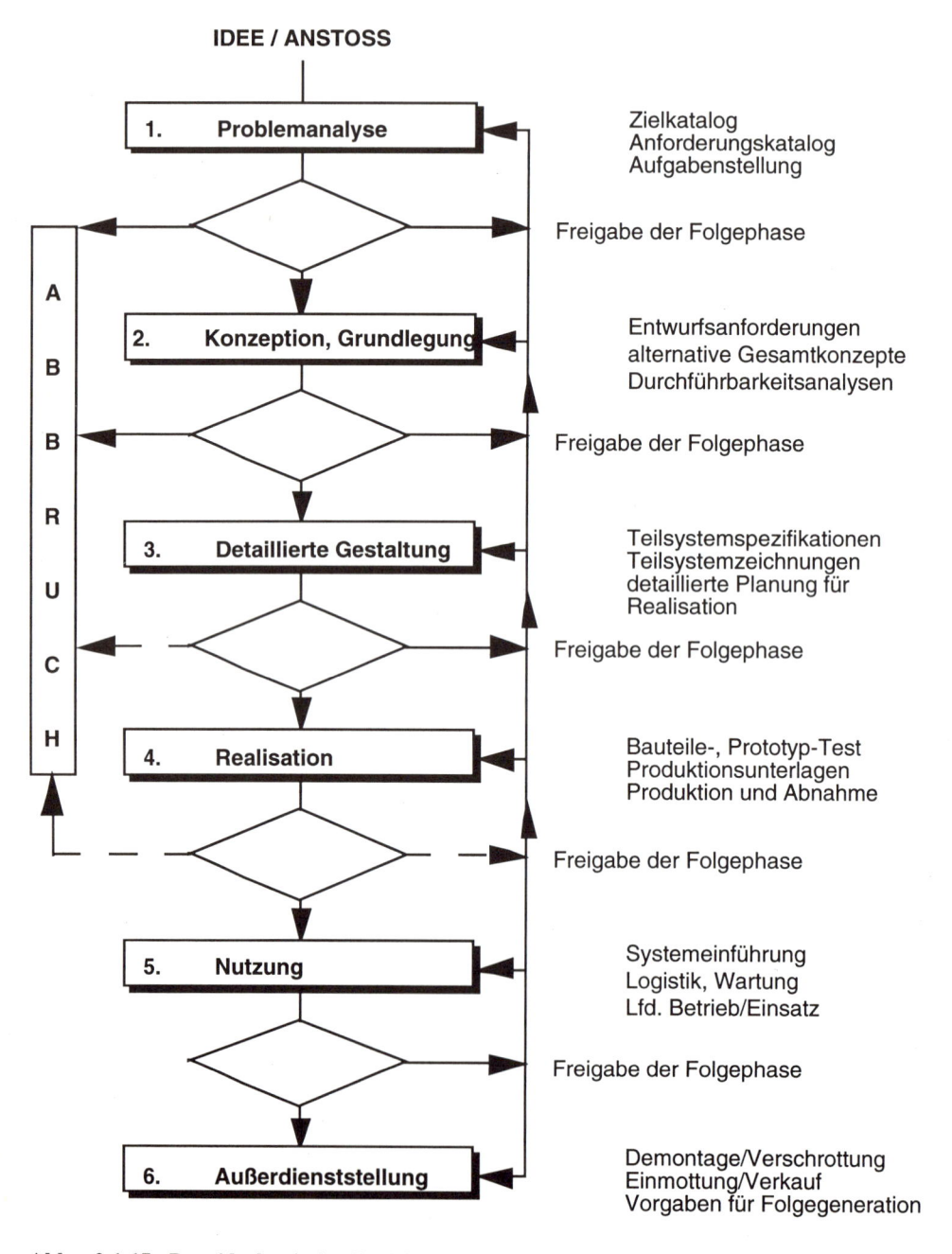

```
                        IDEE / ANSTOSS
                              │
                              ▼
              ┌──────────────────────────┐
              │ 1.   Problemanalyse      │◄─────    Zielkatalog
              └──────────────────────────┘          Anforderungskatalog
                              │                     Aufgabenstellung
                              ▼
                           ◇◇◇◇◇        ─────►     Freigabe der Folgephase
                              │
        A                     ▼
                  ┌──────────────────────────┐
        B         │ 2. Konzeption, Grundlegung│◄──  Entwurfsanforderungen
                  └──────────────────────────┘     alternative Gesamtkonzepte
        B                     │                    Durchführbarkeitsanalysen
                              ▼
                           ◇◇◇◇◇        ─────►     Freigabe der Folgephase
        R                     │
                              ▼
        U         ┌──────────────────────────┐
                  │ 3. Detaillierte Gestaltung│◄──  Teilsystemspezifikationen
                  └──────────────────────────┘     Teilsystemzeichnungen
        C                     │                    detaillierte Planung für
                              ▼                    Realisation
                           ◇◇◇◇◇        ─────►     Freigabe der Folgephase
        H                     │
                              ▼
                  ┌──────────────────────────┐
                  │ 4.   Realisation         │◄──  Bauteile-, Prototyp-Test
                  └──────────────────────────┘     Produktionsunterlagen
                              │                    Produktion und Abnahme
                              ▼
                           ◇◇◇◇◇        ─────►     Freigabe der Folgephase
                              │
                              ▼
                  ┌──────────────────────────┐
                  │ 5.   Nutzung             │◄──  Systemeinführung
                  └──────────────────────────┘     Logistik, Wartung
                              │                    Lfd. Betrieb/Einsatz
                              ▼
                           ◇◇◇◇◇        ─────►     Freigabe der Folgephase
                              │
                              ▼
                  ┌──────────────────────────┐
                  │ 6. Außerdienststellung   │◄──  Demontage/Verschrottung
                  └──────────────────────────┘     Einmottung/Verkauf
                                                   Vorgaben für Folgegeneration
```

Abb. 2.1.17: Der idealtypische Projektphasenablauf (Quelle: Saynisch 1991, S. 712)

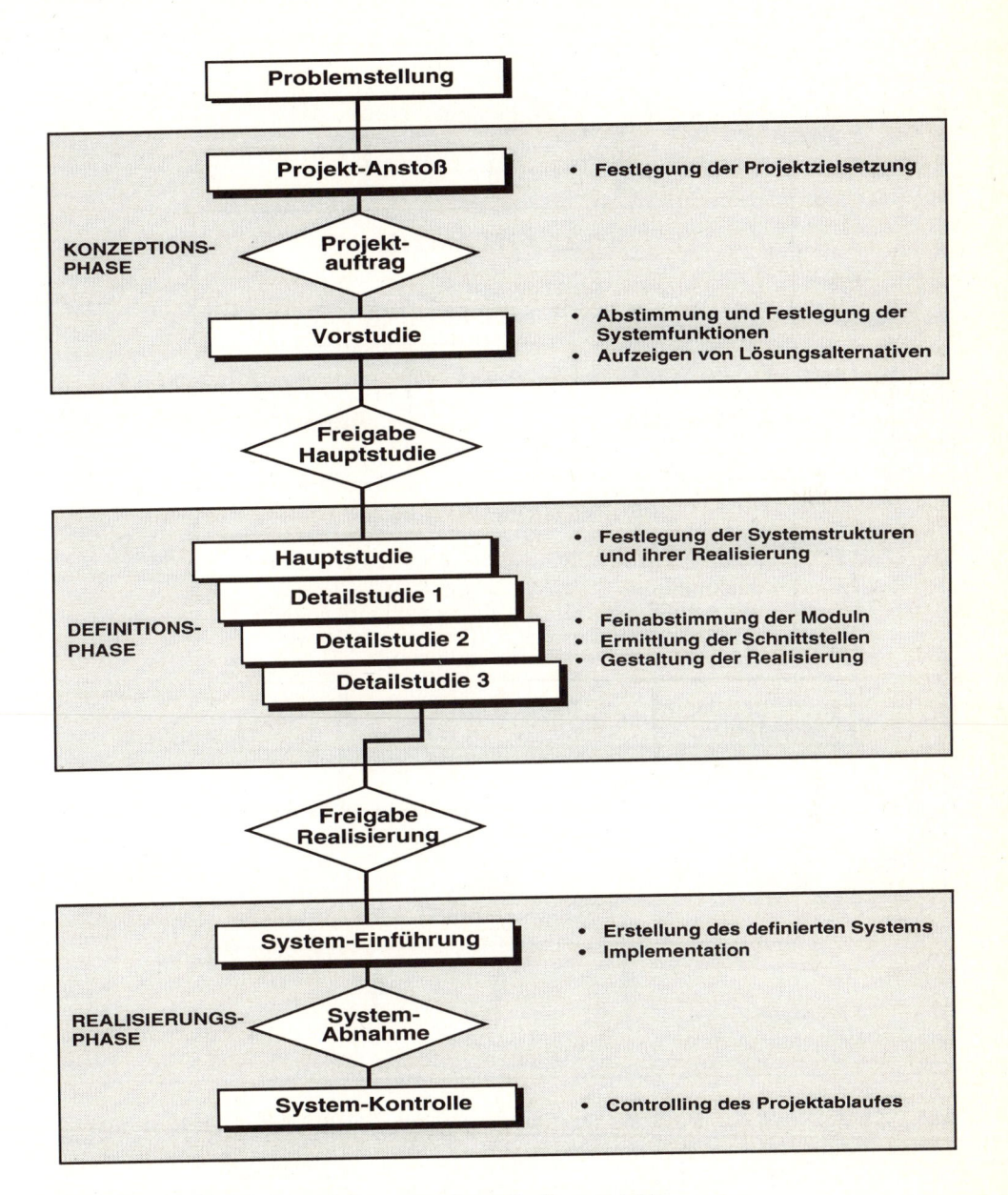

```
                    ┌─────────────────────┐
                    │   Problemstellung   │
                    └──────────┬──────────┘
                               │
    ┌──────────────────────────┼──────────────────────────────────────┐
    │                ┌─────────┴─────────┐                             │
    │                │  Projekt-Anstoß   │    • Festlegung der Projektzielsetzung
    │                └─────────┬─────────┘                             │
    │ KONZEPTIONS-        ╱ Projekt- ╲                                 │
    │    PHASE           ╱  auftrag   ╲                                │
    │                    ╲            ╱                                │
    │                     ╲          ╱                                 │
    │                ┌─────────┴─────────┐    • Abstimmung und Festlegung der
    │                │     Vorstudie     │      Systemfunktionen
    │                └─────────┬─────────┘    • Aufzeigen von Lösungsalternativen
    └──────────────────────────┼──────────────────────────────────────┘
                          ╱ Freigabe ╲
                          ╲Hauptstudie╱
```

Abb. 2.1.18: Projektphasenplan eines Organisationsprojektes
           (Quelle: Glaubitz 1989, S. 150)

Der Zieldefinition und der Projektplanung folgt die Steuerung und Überwachung der durchzuführenden Aufgaben. Da die Planung nur einen begrenzten zukunftsbezogenen Charakter besitzt und die Projektarbeit vielfältigen Störgrößen unterworfen ist, wird das Projektmanagement zu einem iterativen Prozeß. Durch mehrmaliges Durchlaufen des Projektmanagement-Regelkreises wird versucht, die Zielerreichung zu optimieren (vgl. Patzak 1991, S. 48 ff).

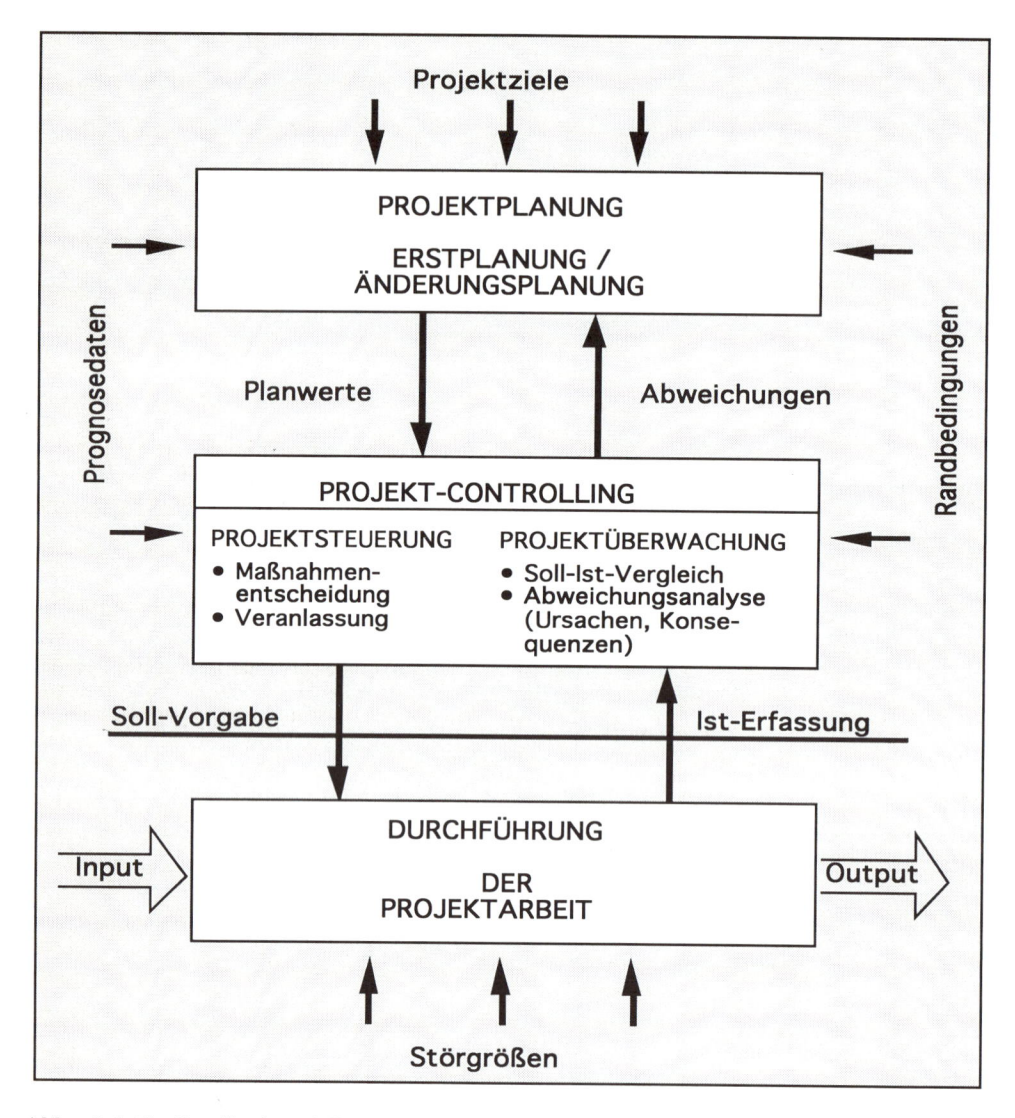

Abb. 2.1.19: Regelkreismodell des Projektmanagements (Quelle: Patzak 1991, S. 50)

Auf den Ablauf des Projektes bezogen, ist eine konsequente sequentielle Einteilung der Projektmanagementaufgaben nicht möglich. In jeder Lebensphase wird je nach Problemstellung der Projektmanagement-Regelkreis in unterschiedlichen Ausprägungen eingesetzt. In Anlehnung an das in Abbildung 2.1.18 dargestellte Phasenkonzept liegt in der Konzeptionsphase der Schwerpunkt der Tätigkeiten des Projektmanagements in der Zieldefinition und in der Projektinstallation. Während der Definitionsphase stehen die Planungsaufgaben im Vordergrund, die in der Realisationsphase zunehmend durch das Projekt-Controlling verdrängt werden. Das Auftreten von Realisationsproblemen, Änderung der Rahmenbedingungen, Phasenentscheidungen usw. erfordert während des Projektablaufes einen flexiblen Einsatz des Projektmanagement-Regelkreises (vgl. Danzer 1986, S. 49).

Typische Aufgaben im Rahmen der gesamten Projektmanagement-Aktivitäten seien im folgenden veranschaulicht.

2.1.3.3 Projektmanagement-Aktivitäten (Heeg 1992, S. 167 ff)

Die konkreten Projektmanagement-Aktivitäten im einzelnen Projekt, angefangen bei der Projekt-Initialisierung, über die Projektplanung und Projektsteuerung, bis zum Ablauf des Projektes, durchlaufen viele Schritte. Diese können wie in den Abbildungen 2.1.20 bis 2.1.23 dargestellt werden.

2.1.3.3.1 Projekt-Initialisierung

Voraussetzung für ein Projekt ist, daß irgendjemand im Unternehmen eine "Idee" hat, die im Rahmen eines Projektes zu verwirklichen ist. Da diese Idee in der Regel nur eine vage Vorstellung ist, wird sie erst nach etlicher Bearbeitung zu einem konkreten Vorschlag. Hierbei sollten bereits die von den möglichen Ergebnissen der Umsetzung der Idee betroffenen Entscheidungsträger und Mitarbeiter (Sachpromotoren), sowie die für die Realisierung wichtigen Führungskräfte (Machtpromotoren) einbezogen werden (keine Projekte nach der "Bombenwurftaktik" implementieren). Nach Revidierung und Optimierung durch die Mitarbeiter wird die Projektidee dem Lenkungskreis vorgestellt.

Der Lenkungskreis einer Organisation verantwortet alle Projekte, die in einem Unternehmen durchgeführt werden und besteht aus dem Vorstand und qualifizierten Führungskräften, bzw. aus vom Vorstand beauftragten Führungskräften. Der Lenkungskreis muß überprüfen, ob der ihm vorgestellte Vorschlag in seiner derzeitigen Form akzeptabel ist oder nicht (ob er den strategischen Zielen des Unternehmens entspricht, ob er dazu dient, Technik, Organisation und Qualifikation im Unternehmen zu optimieren).

Für die Initiierung und Verfolgung der weiteren Vorgehensweise ernennt der Lenkungskreis einen Lenkungsausschuß. Dieser Ausschuß besteht aus Vertretern der späteren Benutzer, fachlichen Spezialisten und Managementrepräsentanten, deren fachliche Kenntnisse und Anforderungen berücksichtigt werden müssen. In festgelegten Abständen trifft sich der Ausschuß mit dem Projektleiter, um den Verlauf der Projektbearbeitung zu besprechen. Auch ungeplante Sitzungen können erforderlich werden, z. B. beim Auftreten unvorhergesehener Störungen oder Änderungen. Eine weitere Funktion des Lenkungsausschusses besteht in der Verbindung zwischen dem Lenkungskreis und dem Projektleiter.

Der Lenkungskreis muß entscheiden, ob der Vorschlag im Rahmen eines "großen" Projektes oder eines "kleinen" Projektes zu realisieren ist, denn je nach Größe des Projekts verläuft die Projektinitialisierung anders. Ob das Projekt "groß" oder "klein" ist, hängt von dem gegebenen Problem, der Branche, in der das jeweilige Unternehmen tätig ist, und der Erfahrung des Lenkungskreises ab. Wenn das Projekt "groß" ist, muß von dem Projektleiter eine Voruntersuchung durchgeführt werden, bevor der Projektauftrag erteilt werden kann. Bei "kleinen" Projekten kann der Projektauftrag sofort ausgearbeitet werden.

Bei "großen" Projekten muß der Lenkungskreis zuerst eine Skizze des Projektes erstellen. Diese Skizze beinhaltet die wesentlichen Eckdaten bezüglich der Ziele, des Aufwands und der Termine und führt zu einer Voruntersuchung. Hierzu ernennt der Lenkungskreis den Projektleiter und das Projektteam und erteilt ihnen den Auftrag zur Voruntersuchung. Zu diesem Zeitpunkt ist das Projektteam in der Regel jedoch noch nicht vollständig besetzt, denn nur einige qualifizierte Mitarbeiter wirken bei der Voruntersuchung mit. Die Teambesetzung wird später vom Projektleiter ergänzt und mit dem Lenkungskreis abgestimmt.

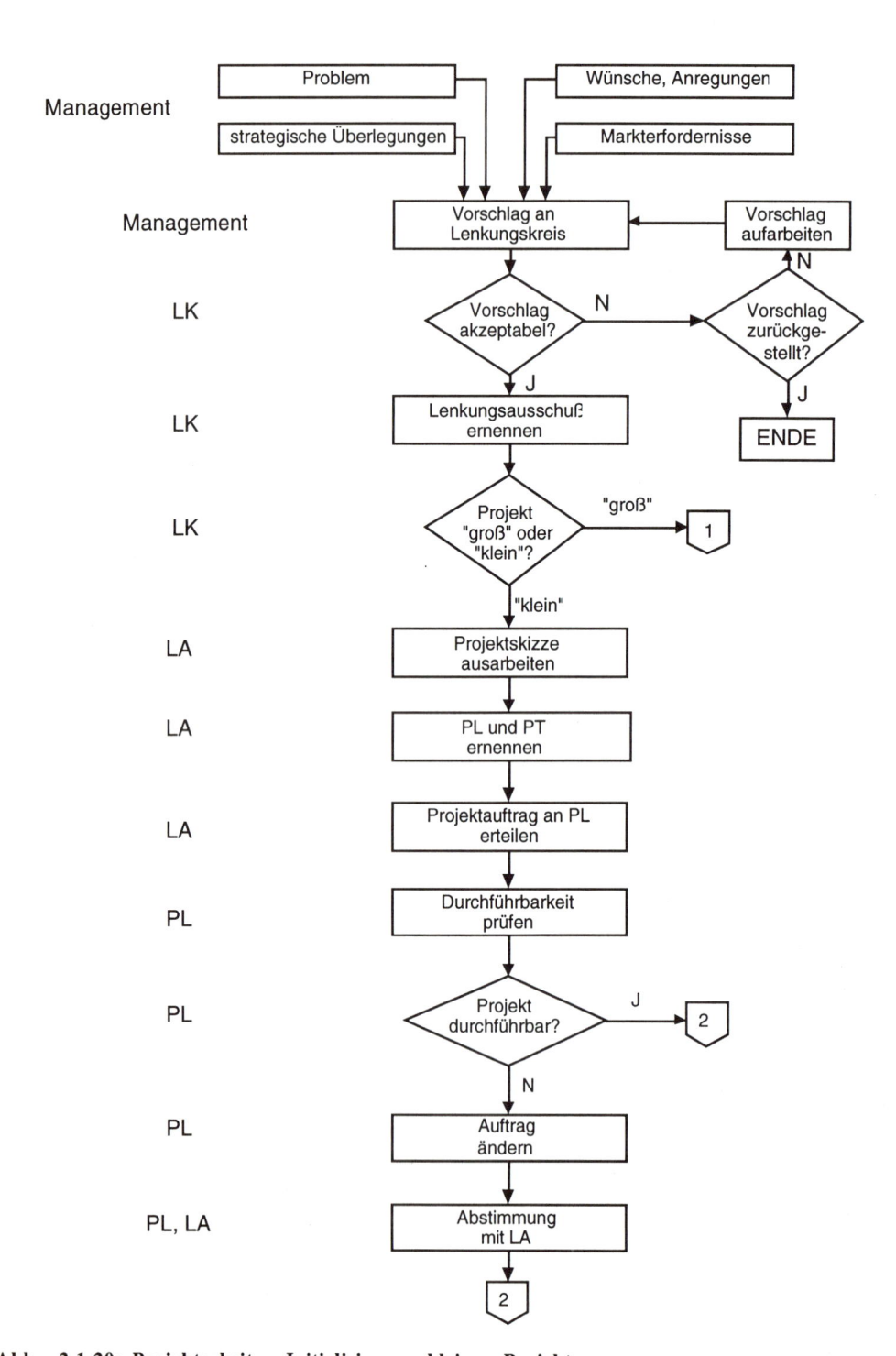

Management	Problem / strategische Überlegungen / Wünsche, Anregungen / Markterfordernisse	
Management	Vorschlag an Lenkungskreis ← Vorschlag aufarbeiten ↑N	
LK	Vorschlag akzeptabel? —N→ Vorschlag zurückgestellt? →J→ ENDE	
LK	Lenkungsausschuß ernennen	
LK	Projekt "groß" oder "klein"? —"groß"→ 1	
LA	Projektskizze ausarbeiten	
LA	PL und PT ernennen	
LA	Projektauftrag an PL erteilen	
PL	Durchführbarkeit prüfen	
PL	Projekt durchführbar? —J→ 2	
PL	Auftrag ändern	
PL, LA	Abstimmung mit LA → 2	

Abb. 2.1.20: Projektarbeit - Initialisierung kleiner Projekte

- 215 -

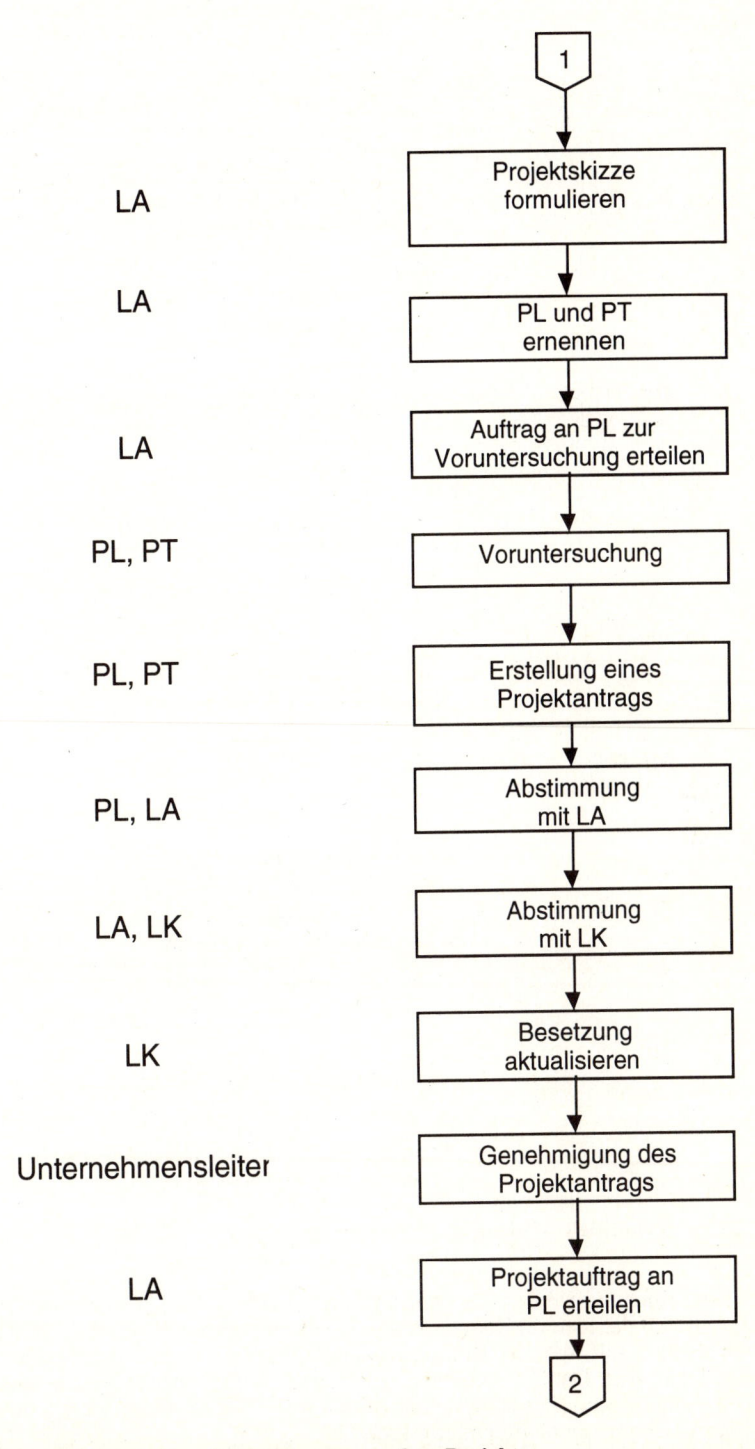

Rolle	Aktivität
	①
LA	Projektskizze formulieren
LA	PL und PT ernennen
LA	Auftrag an PL zur Voruntersuchung erteilen
PL, PT	Voruntersuchung
PL, PT	Erstellung eines Projektantrags
PL, LA	Abstimmung mit LA
LA, LK	Abstimmung mit LK
LK	Besetzung aktualisieren
Unternehmensleiter	Genehmigung des Projektantrags
LA	Projektauftrag an PL erteilen
	②

Abb. 2.1.21: Projektarbeit - Initialisierung großer Projekte

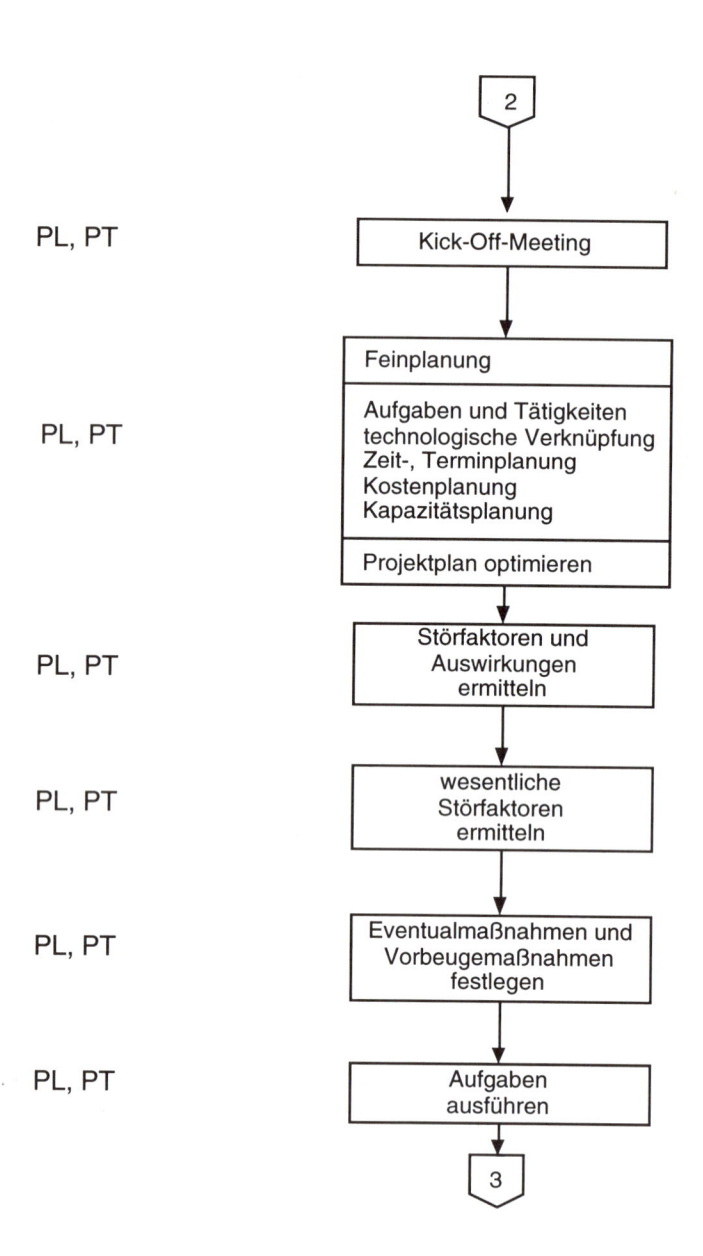

```
                          ┌───┐
                          │ 2 │
                          └─┬─┘
                            ▼
PL, PT              ┌──────────────────┐
                    │ Kick-Off-Meeting │
                    └──────────────────┘
                            │
                            ▼
                    ┌──────────────────────────────┐
                    │ Feinplanung                  │
                    ├──────────────────────────────┤
                    │ Aufgaben und Tätigkeiten     │
PL, PT              │ technologische Verknüpfung   │
                    │ Zeit-, Terminplanung         │
                    │ Kostenplanung                │
                    │ Kapazitätsplanung            │
                    ├──────────────────────────────┤
                    │ Projektplan optimieren       │
                    └──────────────────────────────┘
                            │
                            ▼
                    ┌──────────────────┐
                    │ Störfaktoren und │
PL, PT              │ Auswirkungen     │
                    │ ermitteln        │
                    └──────────────────┘
                            │
                            ▼
                    ┌──────────────────┐
                    │ wesentliche      │
PL, PT              │ Störfaktoren     │
                    │ ermitteln        │
                    └──────────────────┘
                            │
                            ▼
                    ┌───────────────────────┐
                    │ Eventualmaßnahmen und │
PL, PT              │ Vorbeugemaßnahmen     │
                    │ festlegen             │
                    └───────────────────────┘
                            │
                            ▼
                    ┌──────────────────┐
PL, PT              │ Aufgaben         │
                    │ ausführen        │
                    └──────────────────┘
                            │
                            ▼
                          ┌───┐
                          │ 3 │
                          └───┘
```

Abb. 2.1.22: Projektarbeit - Planung

Bei der Voruntersuchung werden der Umfang und der Inhalt des Projektes definiert. So wird z. B. festgestellt, ob die Idee im Rahmen eines Projektes, mehrerer Projekte oder Teilprojekte verwirklicht werden soll, was die Konsequenzen des Projektes sind und welche alternativen Lösungen denkbar sind. Das Ergebnis der Voruntersuchung ist der ausgearbeitete Projektantrag, der mit dem Lenkungsausschuß abgestimmt wird. Der Lenkungsausschuß stimmt den Projektantrag wiederum mit dem Lenkungskreis ab.

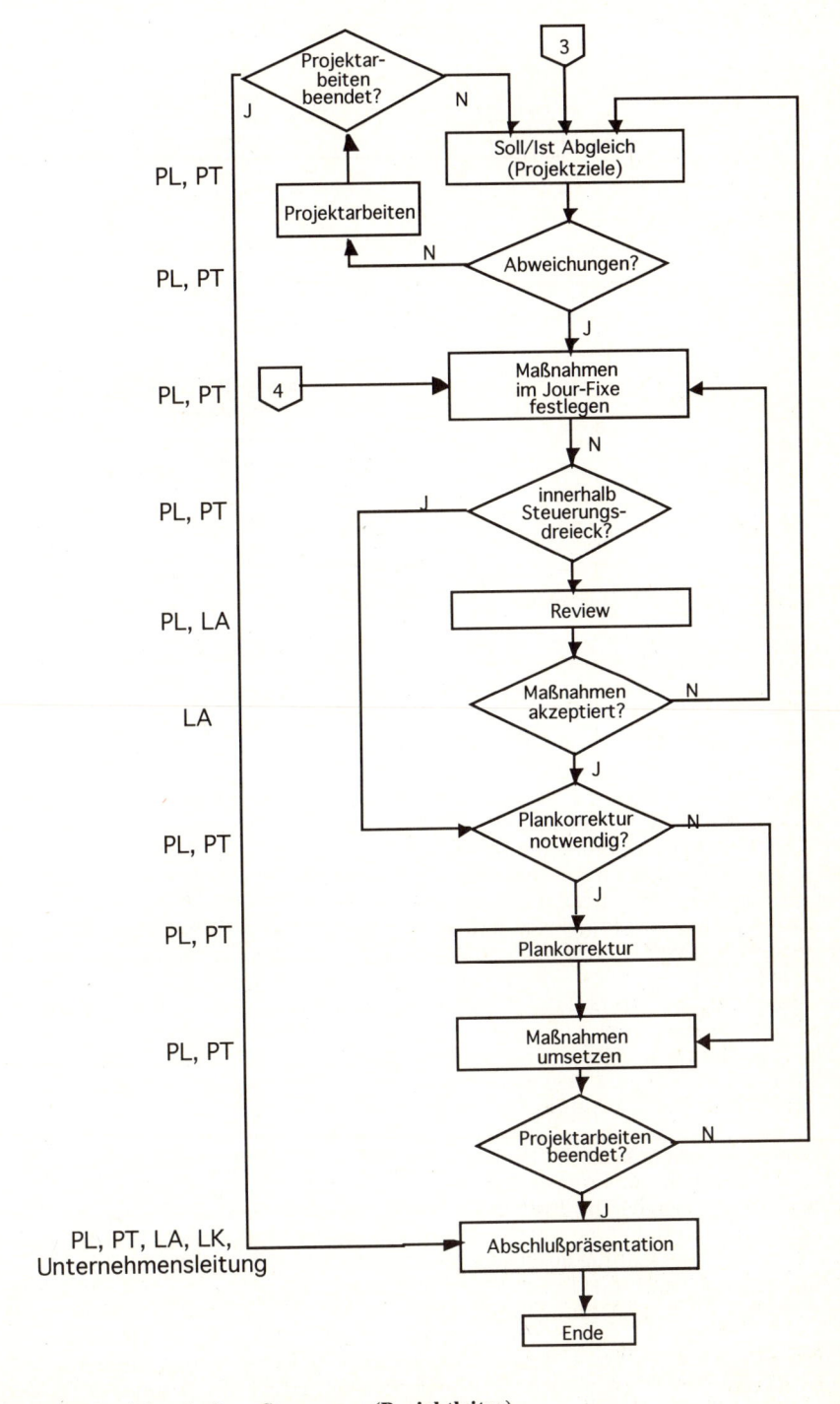

Abb. 2.1.23: Projektarbeit - Steuerung (Projektleiter)

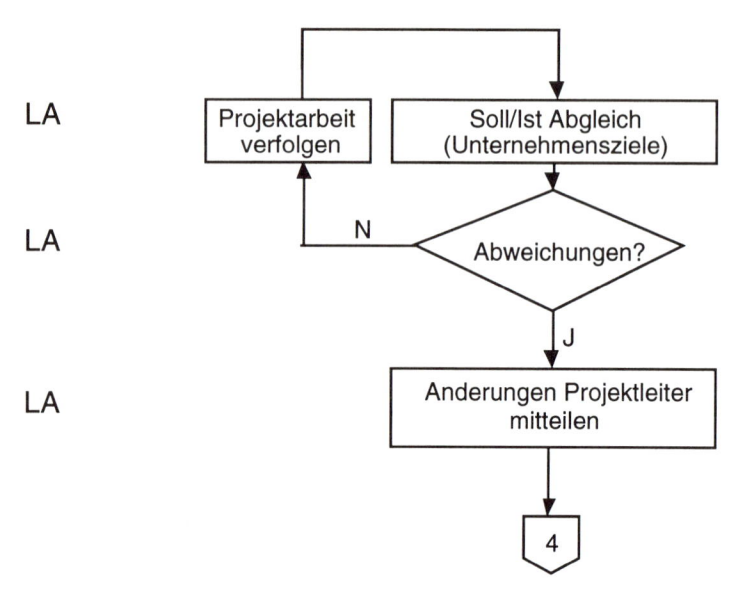

```
                    ┌─────────────────────┬──────────→
                    ↓                     │         ↓
LA          ┌──────────────┐         ┌──────────────────┐
            │ Projektarbeit│         │  Soll/Ist Abgleich│
            │  verfolgen   │         │(Unternehmensziele)│
            └──────────────┘         └──────────────────┘
                    ↑                         ↓
LA                  └────N────◇ Abweichungen? ◇
                                     │
                                     │ J
                                     ↓
LA                          ┌──────────────────┐
                            │Änderungen Projektleiter│
                            │    mitteilen     │
                            └──────────────────┘
                                     ↓
                                    (4)
```

Abb. 2.1.24: Projektarbeit - Steuerung (Lenkungsausschuß)

Legende zu Abbildungen 2.1.20 - 2.1.24:   LK = Lenkungskreis
                                          LA = Lenkungsausschuß
                                          PL = Projektleiter
                                          PT = Projektteam

Als nächstes muß die endgültige Besetzung des Projektteams festgelegt werden. Dabei wird das Projektteam, das die Voruntersuchung durchgeführt hat, durch weitere Mitarbeiter ergänzt, deren Kenntnisse und Erfahrung für die weitere Projektarbeit nützlich sind. Hier kann auch die Bildung von Arbeitsgruppen, die spezielle Probleme bearbeiten, vorgesehen werden (bestehend z. B. aus Projektteam-Mitgliedern und von der Projektarbeit betroffenen Mitarbeitern, die nur temporär im Rahmen des Projekts mitarbeiten). Ein Ergebnis der Voruntersuchung kann darin bestehen, daß das Projekt nicht mehr so definiert wird wie zum Zeitpunkt der Ernennung des Lenkungsausschusses. Dies wiederum macht eine Aktualisierung der Besetzung des Lenkungsausschusses erforderlich. Bevor der Projektauftrag jedoch an den Projektleiter erteilt werden kann, muß er vom Auftraggeber bzw. Unternehmensleiter genehmigt werden. Der Auftrag soll dem Projektleiter jeweils nur für eine Phase des Projektes übergeben werden. Nach jeder Phase besprechen der Lenkungsausschuß und der Projektleiter die Ergebnisse der Phase, wobei der Projektleiter den Auftrag für die nächste Phase bekommt.

Bei "kleinen" Projekten kann der Projektauftrag direkt vom Lenkungsausschuß ausgearbeitet werden. Hierbei wird der Projektinhalt und der Projektumfang definiert. Dabei werden die Aufgaben, die Ressourcen, die Termine und der Ablauf grob geplant. Wichtig ist, daß ein Endtermin festgelegt wird und die Ressourcen soweit geplant sind, daß sie bereitgestellt werden können. Ist der Projektauftrag ausgearbeitet, ernennt der Lenkungsausschuß den Projektleiter mit seinem kompletten Projektteam und erteilt ihnen den Projektauftrag. Auch hier wird dem Projektleiter der Auftrag nur phasenweise erteilt.

Sobald der Projektleiter den Auftrag erhält, prüft er, ob er ihn so durchführen kann, wie er ihm übertragen worden ist. Er stellt hier beispielsweise fest, ob er mit den vorgegebenen Ressourcen den Endtermin einhalten kann. Falls der Projektleiter den Auftrag, so wie er ihm erteilt worden ist, nicht durchführen kann, muß er Änderungen vornehmen und diese mit dem

Lenkungsausschuß abstimmen. Hierbei stellt er z. B. fest, wie weit er den Endtermin überziehen muß, wenn er nur die gegebenen Ressourcen zur Verfügung hat. Wenn es wichtiger ist, den Endtermin einzuhalten, legt er fest, wie sich die Verfügbarkeit der Ressourcen ändern muß. Danach stimmt er diese Änderungen des Auftrages mit dem Lenkungsausschuß ab. Gibt es keine Änderungen, kann der Projektleiter mit der Durchführung der Projektplanung beginnen.

2.1.3.3.2 Projektplanung

Der Beginn der eigentlichen Projektarbeit, der Projektplanung, besteht immer im Kick-Off-Meeting. Dieses Meeting dient als erste Information für die Mitglieder des Projektteams, denn hier werden alle Fragen besprochen, die für das Projekt von Bedeutung sind. Die Struktur und die Eckdaten des Projektes, die Qualifikationsanforderungen und -lücken, notwendige Trainingsmaßnahmen, das generelle Vorgehen, die Form der Zusammenarbeit und die Spielregeln für die Kommunikation und das Berichtswesen werden dabei besprochen. Das Kick-Off-Meeting dient auch zum Kennenlernen der Mitglieder des Projektteams untereinander. Als weiteres hat der Projektleiter hier die Möglichkeit, aus Mitarbeitern aus zum Teil verschiedenen Bereichen ein arbeitsfähiges Team zu formen (dies gilt auch für gegebenenfalls zu gründende weitere Arbeitsgruppen, die hier unter dem Begriff Projektteam subsummiert werden).

Die Feinplanung des Projektplanes wird vom Projektleiter und hierzu qualifizierten Mitgliedern des Projektteams durchgeführt. Der erste Schritt der Feinplanung besteht im Aufstellen einer Tätigkeitsliste, die alle Teilaufgaben mit ihrer jeweiligen Dauer beinhaltet. Für jede Teilaufgabe werden die anzuwendenden Methoden und Hilfsmittel sowie die Qualitätsanforderungen festgelegt. Der zweite Schritt besteht in der technologischen Verknüpfung der Teilaufgaben. Hierbei wird ermittelt, welche Aufgaben von welchen anderen Aufgaben abhängig sind, die ihnen voraus gehen müssen. Als nächstes werden Zeitaufwände und Termine (in der Regel mit Hilfe der Netzplantechnik) ermittelt. Als Eingabe dienen hierfür die Tätigkeitsliste mit den ermittelten Zeiten der Tätigkeiten und die technologische Verknüpfung der Tätigkeiten.

Danach wird die Kostenplanung durchgeführt, indem für jede Tätigkeit der Tätigkeitsliste die zutreffenden Kosten ermittelt werden. Schließlich wird die Kapazitätsplanung durchgeführt, die auf den Ergebnissen der Netzplantechnik basiert und zu einer gleichmäßigen Belastung der Projektmittel (Ressourcen) führen muß. Als letzter Schritt der Feinplanung wird der Projektplan optimiert, indem die vorhergegangenen Schritte der Feinplanung aufeinander abgestimmt werden. Das Ziel besteht hierbei darin, daß die Gesamtkosten und die Gesamtdauer des Projektes minimiert werden. Weiterhin müssen die Qualifikation und Motivation der Mitarbeiter berücksichtigt werden, denn nicht jeder Mitarbeiter ist für jede Aufgabe geeignet. Der so optimierte Projektplan muß die Einhaltung des Aufwandes, der Termine und der Kosten im weiteren Verlauf des Projektes ermöglichen.

Genauso wichtig wie das Erstellen des Projektplanes ist das Ermitteln der Störfaktoren. Der Projektleiter muß die Aufgaben, die auf dem kritischen Weg des Netzplanes liegen, genau überprüfen und über geeignete Verfahren und mit Unterstützung geeigneter Teammitglieder ermitteln, welche Faktoren den Ablauf des Projektes stören können. Von den ermittelten Störfaktoren haben nicht alle die gleiche Auswirkung. Einige haben eine so extreme Auswirkung, daß sie für die erfolgreiche Ausführung des Projektes kritisch werden. Auf diese Faktoren muß sich der Projektleiter im weiteren konzentrieren. Damit eine Störung des Projektablaufes schnell behoben werden kann, sollten Eventualmaßnahmen für die wesentlichen Störfaktoren schon im voraus festgelegt werden. Vorhergesehene Schwierigkeiten können zum Teil durch Vorbeugemaßnahmen verhindert werden.

Ist all dies getan, kann die Ausführung der geplanten Aufgaben beginnen. Hierbei entscheidet der Projektleiter mit seinem Projektteam, wer für welche Aufgaben zuständig ist. Da die Mitglieder des Projektteams nach ihren individuellen Erfahrungen und Kenntnissen ausgesucht worden sind, werden sie auch Aufgaben übernehmen, die ihren speziellen Qualifikationen entsprechen. Bevor die einzelnen Aufgaben ausgeführt werden, erarbeiten Projektteam und Projektleiter, welche Methoden und Hilfsmittel anzuwenden sind und welche Qualitäts- und Terminvorgaben verbindlich sind.

2.1.3.3.3 Projektsteuerung

Nicht nur der Projektleiter und das Projektteam, sondern auch der Lenkungsausschuß spielt eine wichtige Rolle bei der Steuerung des Projektes. Der Projektleiter steuert das Erreichen der Projektziele, indem er den planmäßigen Verlauf des Projektes überwacht. Der Lenkungsausschuß steuert das Erreichen der Unternehmensziele, indem er überprüft, ob die Entwicklung des Projektes den Zielvorstellungen des Unternehmens entspricht.

2.1.3.3.3.1 Projektsteuerung - Projektleiter/-sprecher

Der Projektleiter muß ständig kontrollieren, ob die Ist-Daten des Projektes von den Soll-Daten abweichen. Diese Daten, z. B. Termine, Qualität, Kosten oder Leistung, können sich auf eine einzelne Teilaufgabe oder auch auf eine ganze Projektphase beziehen. Der Projektleiter kalkuliert, wie hoch der Restbedarf für die Ausführung der Tätigkeiten ist, bei denen eine Abweichung von Ist-Daten zu Soll-Daten aufgetreten ist.

Nicht nur Abweichungen vom Projektplan beeinflussen den Projektablauf, sondern auch Änderungswünsche, die vom Lenkungsausschuß geäußert werden. Diese Änderungen bestehen beispielsweise aus Auftragserweiterungen, Auftragsminderungen und Aufgabenänderungen. Für solche Störfaktoren muß der Projektleiter festlegen, welche Maßnahmen durchzuführen sind, um das geplante Projektziel noch zu erreichen und dies mit dem Lenkungsausschuß abklären.

Ein wichtiges Steuerungshilfsmittel für den Projektleiter ist das sogenannte Steuerungsdreieck. Dieses Dreieck besteht aus den Eckpunkten Umfang/Qualität, Realisierungsressourcen und Terminen, wobei Umfang und Qualität als unveränderbare Fixdaten angesehen werden. Die anderen beiden Eckpunkte, Ressourcen und Termine, werden in der Projektplanung festgelegt und beeinflussen sich gegenseitig. Innerhalb dieses Dreiecks kann sich der Projektleiter frei bewegen, d. h. wie er die verfügbaren Ressourcen verwendet, um die geplanten Termine einhalten zu können, bleibt ihm überlassen. Benötigt er mehr Zeit oder eine größere Anzahl an Ressourcen als vorgesehen, ist eine Absprache mit dem Lenkungsausschuß erforderlich.

Der Projektleiter muß also abwägen, ob er die von ihm festgelegten Maßnahmen innerhalb des Steuerungsdreiecks durchführen kann oder nicht. Die Eventualmaßnahmen, die vorausgesehene Störfaktoren beseitigen sollen, sollten auch innerhalb des Dreiecks durchzuführen sein, da sie unter Berücksichtigung der vorgegebenen Ressourcen und Termine geplant wurden. Andere Maßnahmen, die unvorhergesehene Störfaktoren beseitigen oder Änderungswünsche des Lenkungsausschusses realisieren sollen, können zum Teil nicht mit den geplanten Ressourcen und Terminen durchgeführt werden und erfordern eine Absprache mit dem Lenkungsausschuß.

Die Abweichungen und/oder Änderungen führen in der Regel zu einer Plankorrektur. So können sich z. B. die Pufferzeiten des Netzplanes so verändern, daß sich ein neuer kritischer Weg bildet, für den neue Termine festgelegt werden müssen. Auch wenn es keinen Terminverzug oder kein Überschreiten der Mitarbeiterkapazitäten gibt, muß der Plan gegebenenfalls korrigiert werden, indem Aufgaben je nach Qualifikation der Teammitglieder neu zugeordnet werden. Nach Durchführung der Plankorrektur können Projektleiter und Projektteam die festgelegten Maßnahmen umsetzen. Ist dies getan, wiederholt sich der Steuerungsprozeß für Projektleiter und Projektteam.

2.1.3.3.3.2 Projektsteuerung - Lenkungsausschuß

Zu rechtzeitig vorher festgelegten Terminen berichtet der Projektleiter dem Lenkungsausschuß über die Fortschritte im Ablauf des Projektes. Der Ausschuß muß kontrollieren, ob die Entwicklung des Projektes den Zielvorstellungen des Unternehmens entspricht. Ist dies der Fall, so ist kein Eingriff des Lenkungsausschusses notwendig. Es kann aber auch vorkommen, daß zwar das Projekt genau nach Plan läuft, daß sich jedoch die strategischen Vorstellungen geändert haben oder die Rahmenbedingungen bzw. Voraussetzung der Unternehmensstrategien, z. B. Marktgegebenheiten.

Auf dieser Basis müssen von Lenkungskreis, Projektleiter und Projektteam Änderungen in der Bearbeitung des Projektes geplant werden. Wie diese Änderungen in den Projektplan einbezogen werden, d. h. welche Maßnahmen festgelegt werden müssen, wird vom Projektleiter und dem Projektteam erarbeitet und mit dem Lenkungsausschuß abgestimmt. Nachdem die Maßnahmen mit dem Projektleiter abgesprochen sind, wiederholt sich der Steuerungsprozeß auch für den Lenkungskreis bei der Verfolgung der weiteren Projektarbeit.

2.1.4 Projektmanagement-Aufgaben, -Methoden und -Werkzeuge

Wie bereits in Kapitel 2.1.1 angeführt, bestehen die wesentlichen Aufgaben des Projektmanagements in den folgenden:

- Planung
  - Zielplanung
  - Aufgabenplanung
    -- Ablaufplanung
    -- Mittelplanung

- Steuerung
  - Veranlassen der Durchführung der Gestaltungsaufgaben
  - Überwachen
  - Sichern

Auf diese Aufgaben und die Methoden und Werkzeuge zur Unterstützung der Aufgabenerfüllung soll nun im folgenden näher eingegangen werden. Hierbei soll noch einmal besonders hervorgehoben werden, daß eine Verwendung von einheitlichen Methoden und Werkzeugen im Rahmen des gesamten Projektes besonders wichtig ist - als Basis zur Sicherstellung der Erreichung der Projektziele. Ohne von allen Projektbeteiligten gemeinsam vereinbarte und verwendete Methoden und Hilfsmittel ist es nicht oder nur zufällig möglich, Projektteilergebnisse aufeinander abzustimmen und in einem zielgerichteten und termingerechten Prozeß einem gewünschten Gesamtergebnis zuzuführen.

Die Effizienz der eingesetzten Projektmanagement-Methoden wird zu einem nicht unerheblichen Teil von der Methodenakzeptanz determiniert. Diese hängt nach Bauermann weniger von der Methode selbst ab, sondern wird zu großen Teilen von der Methodeneinführung bestimmt. Deswegen ist eine langfristige Planung des Methodeneinsatzes sowie die Schulung

und Unterstützung der Mitarbeiter durch entsprechende Support-Teams oder Fachpromotoren zu empfehlen (vgl. Bauermann 1986, S. 54 ff).

Eine Methoden- und Werkzeugeinführung kann in die Phasen Auswahl, Implementation und Nutzung gegliedert werden (vgl. Platz, Schmelzer 1986, S. 296 ff). Innerhalb der Methodenauswahl soll eine dem Projekt angepaßte, realisierbare Projektmanagementmethode bestimmt werden. Dabei sind z. B. Aspekte der Methodenkompatibilität, -handhabung, -leistungsfähigkeit und des Einführungsaufwandes abzuschätzen. Die Einführung einer nicht angepaßten Methode um ihrer selbst willen wird auch während der Nutzung zu keinen wirtschaftlichen und motivierenden Ergebnissen führen. Der Auswahl folgt eine Methodenimplementation, die eine Information, Schulung und exemplarische Anwendung der ausgewählten Methode umfaßt. Eine Partizipation der Methodenanwender erhöht in dieser Phase insbesondere deren Motivation und damit die spätere Akzeptanz.

Als Weg einer Methodenimplementierung wird das Pilotprojekt bevorzugt. Durch Auswahl und Einsatz von motivierten Mitarbeitern in einem Projekt kann eine erfolgreiche Methodendemonstration für Beteiligte und Kritiker realisiert werden. Zudem wird dadurch eine spätere Know-How-Weitergabe nach dem Schneeballprinzip ermöglicht (vgl. Bauermann 1986, S. 83 f).

Die Methoden- und Werkzeugnutzung muß hauptsächlich in der Startphase durch einen begleitenden Support verbessert und gesichert werden. Insbesondere Anfangsprobleme führen oft aufgrund von Termin- und Erfolgsdruck zur Aufgabe neuer erfolgversprechender Methoden und Werkzeuge. Die Tabelle in Abbildung 2.1.25 gibt einen Überblick über die unterschiedlichen Aspekte der Einführung von Projektmanagement-Methoden und -Werkzeugen (Platz, Schmelzer 1986, S. 31).

Aspekte der Methoden- und Werkzeugeinführung
• Gestaltung, Anpassung der Methoden und Werkzeuge an das Projekt
• Aufbau einer Gesamtstrategie zur Methoden- und Werkzeugeinführung
• Berücksichtigung der Unternehmenskultur
• Berücksichtigung der betroffenen Personen und Organisationseinheiten
• Ernennung eines verantwortlichen Fachpromotors
• Umfassende laufende Information aller Betroffenen
• Klare Einführungszielsetzung
• Beteiligung aller Betroffenen an den Entscheidungen
• Schaffung personenbezogener Einführungsanreize
• Teamarbeit und laufender Erfahrungsaustausch

Abb. 2.1.25: Methoden- und Werkzeugeinführung
(Quelle: in Anlehnung an Hansjosten 1992, S. 28)

2.1.4.1 Projekt-Zieldefinition

Nach Vergabe des Projektauftrages wird die eigentliche Projektproblematik untersucht. Die Projektzielsetzung ist zu Projektbeginn normalerweise noch sehr ungenau formuliert, so daß operationalisierte Projektziele angelehnt an das "Magische Dreieck des Projektmanagements" (siehe Abbildung 2.1.6) definiert werden müssen. Die Zielplanung selektiert und koordiniert die nachfolgenden Aufgaben des Projektmanagements. Sie stellt die Grundlage für eine effektive Projektplanung und -kontrolle dar. Im Projektablauf besitzen die definierten Ziele folgende Hauptfunktionen (vgl. Reschke, Svoboda 1983, S. 31 ff).

- *Orientierungsfunktion:* Leitlinie für die nachfolgenden Aktivitäten des Projektmanagements,

- *Selektionsfunktion:* Grundlage von Bewertungs- und Auswahlprozessen,

- *Koordinationsfunktion:* Abstimmung der zur Zielerreichung durchzuführenden Aktivitäten,

- *Kontrollfunktion:* Überprüfung von Planung und Realisation anhand der Zielvorgaben.

Zusätzlich werden die Projektziele mit den Unternehmenszielen und den zur Verfügung stehenden Ressourcen, d. h. mit den Rahmenbedingungen der Organisation, abgestimmt. Theoretisch kann die Zielplanung als ein Problemlösungsprozeß betrachtet werden, der durch große Unsicherheiten und hohe Komplexität gekennzeichnet ist. Als ein geeignetes, grundlegendes Vorgehensmodell zur Lösung derartiger Aufgabenstellungen kann der Problemlösungszyklus nach Danzer (1986) verwendet werden.

2.1.4.1.1 Der Problemlösezyklus (Hansjosten 1992, S. 75 ff)

Der Ansatz des "Systems Engineering" ist nach Danzer ein Modell zur zweckmäßigen und zielgerichteten Gestaltung komplexer Systeme, in deren Zentrum der Problemlösungsprozeß steht (siehe Abbildung 2.1.26). Dieser wird durch die Systemgestaltung (Projektarbeit) und das Projektmanagement realisiert.

Das allgemeine Vorgehensmodell des Systems Engineering beeinflußt sowohl die Projektarbeit als auch das Projektmanagement. Grundsätzlich sind drei Grundregeln des Vorgehensmodells zu unterscheiden (vgl. Danzer 1986, S. 26 ff):

- schrittweises Einengen des Betrachtungsfeldes durch das Vorgehen vom Groben zum Detail,

- der Prozeß der Systemgestaltung ist nach zeitlichen Gesichtspunkten zu gestalten (Lebensphasenkonzept),

- auftretende Probleme werden nach einem formalen Vorgehensleitfaden, dem Problemlösungszyklus, bearbeitet.

Der Problemlösungszyklus ist als Strategie zur Bearbeitung von komplexen Teilproblemen zu verstehen, wie sie auch innerhalb des Projektmanagements auftreten. Die prinzipielle Vorgehensweise wird in diesem Exkurs betrachtet; die exemplarische, inhaltliche Darstellung und die aufgabenbezogene Anpassung erfolgt anhand der Projekt-Zieldefinition. Der Problemlösungszyklus kann in die charakteristischen Teilprozesse Zielsuche, Lösungssuche und Auswahl gegliedert werden, die wiederum in verschiedene Arbeitsschritte unterteilt werden können (Abbildung 2.1.27) (vgl. Danzer 1986, S. 40 ff).

Ausgehend von der Problemstellung, die konkret oder auch nur vage formuliert sein kann, erfolgt eine Zielsuche. Dazu wird in der Situationsanalyse versucht, das Problem zu verstehen. Dies bedeutet die Aufdeckung von Problemursachen, Analyse von Entwicklungspotentialen und die Ermittlung von Lösungsmöglichkeiten. Eine Festlegung und Operationalisierung der zur Problemlösung zu erreichenden Ziele, z. B. hinsichtlich Leistung, Kosten und Terminen, wird in der Zielformulierung durchgeführt. Dabei ist die Vollständigkeit, Verständlichkeit und Realisierbarkeit der Ziele zu gewährleisten.

Die Lösungssuche gliedert sich in Synthese und Analyse. Aufgabe der Synthese ist es prinzipiell mögliche Systemlösungen zu erarbeiten, welche das Zielkonzept erfüllen und die einander gegenübergestellt werden können. Im Schritt der Analyse erfolgt eine Überprüfung der ausgearbeiteten Lösungsalternativen. Spezifische Systemeigenschaften und konkrete Realisierungsbedingungen werden bestimmt und überprüft. Wenn keine optimale Lösung direkt ersichtlich ist, wird innerhalb der Systemauswahl eine Bewertung der Alternativen vorgenommen. Aufbauend auf den Bewertungsergebnissen erfolgt die Auswahl der optimalen Systemlösung.

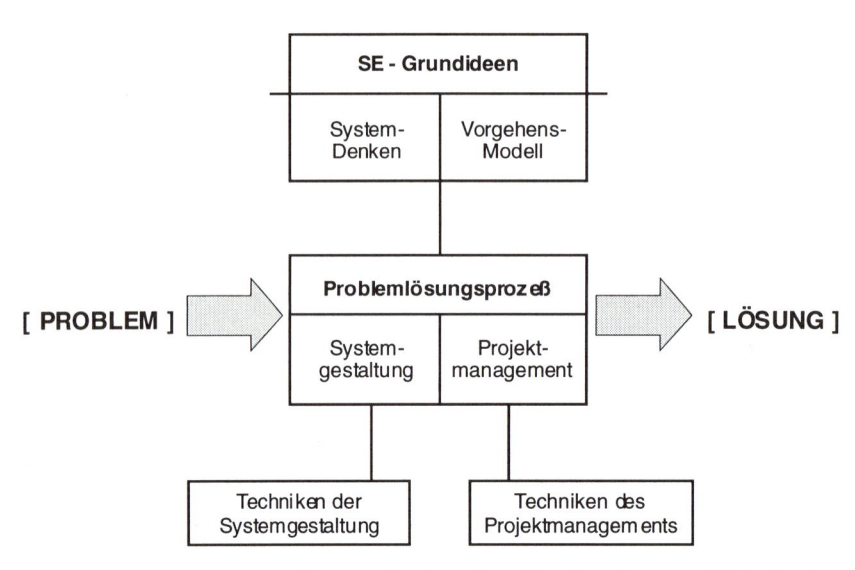

Abb. 2.1.26: Komponenten des Systems-Engineering (Quelle: Danzer 1986, S. 6)

Die einzelnen Schritte des Problemlösungszyklusses sind als iterative Prozeßbestandteile zu verstehen, die je nach Problemstellung mehrmals zu durchlaufen sind, um ein optimiertes Ergebnis zu erzielen. Das Resultat kann eine zufriedenstellende Problemlösung sein. Es kann aber auch festgestellt werden, daß eine Lösung mit den zur Verfügung stehenden Mitteln nicht erreicht werden kann. Betrachtet man den Problemlösungszyklus innerhalb des Lebensphasenkonzeptes, so wird die Systematik je nach Art und Komplexität der Probleme mit unterschiedlicher Gewichtung der einzelnen Vorgehensschritte angewandt (Abbildung 2.1.28). Die kreativen, komplexen und durch große Unsicherheiten gekennzeichneten Phasen der Vor-, Haupt- und Detailstudie sind die Hauptanwendungsbereiche dieser Problemlösemethodik (vgl. Danzer 1986, S. 48 ff).

2.1.4.1.2 Vorbereitung der Planung

Der Zielplanungsprozeß ist ein iterativer Prozeß, der im Laufe des Projektes ständig verfeinert durchgeführt wird. Angelehnt an das Phasenkonzept wird die in der Konzeptphase festgelegte grobe Gesamtzielsetzung anhand der nachfolgenden Phasenergebnisse detailliert, modifiziert und überprüft. Die sich daraus ergebenden Detailziele sind die Grundlage der nächsten Ablaufphase.

Die Zieldefinition kann in die Stufen Vorbereitung, Situationsanalyse, Zielformulierung und Projektprüfung untergliedert werden (Abbildung 2.1.29) (Kummer, Spühler, Wyssen 1986 S. 59).

In der Vorbereitung müssen die organisatorischen, personellen und inhaltlichen Rahmenbedingungen für die Zieldefinition geschaffen werden. Institutionell wird das Management der Projekt-Zieldefinition vom Projektleiter und dem Projekt-Team in Abstimmung mit dem Lenkungsausschuß durchgeführt. Als Grundlage erfordert dies die Bildung einer angepaßten Projektorganisation mit allen notwendigen Kompetenzen sowie einer klaren Zuordnung der Verantwortlichkeiten (vgl. Heeg 1992, S. 168 ff). Inhaltlich muß der Projektauftrag eindeutig definiert sein. Auftraggeber und Zielgruppe müssen feststehen. Nur dadurch ist eine Zieldefinition ohne grundlegende spätere Revision möglich.

- 225 -

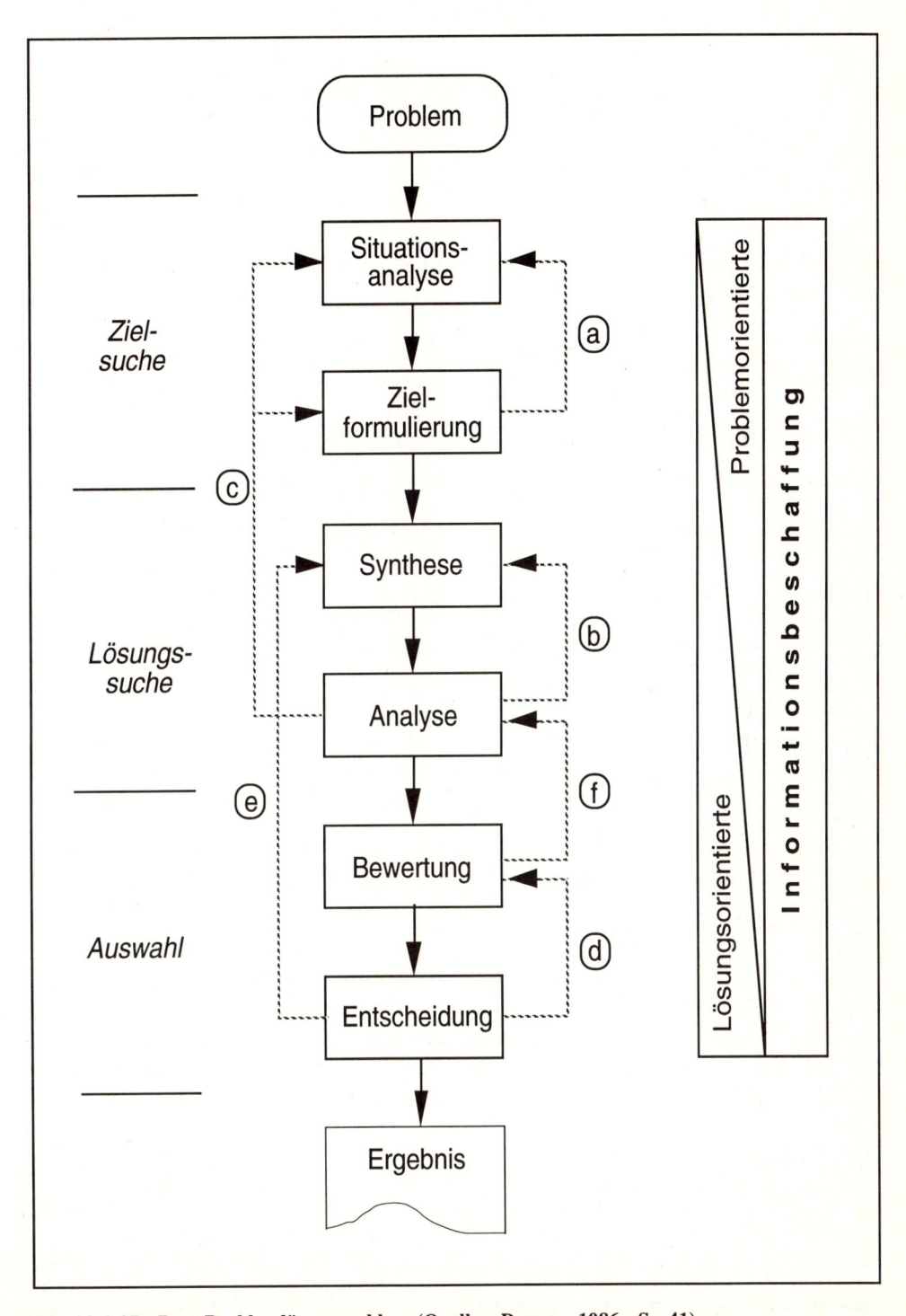

Abb. 2.1.27: Der Problemlösungszyklus (Quelle: Danzer 1986, S. 41)

VORGEHENSMODELL (abstrakt)

Problemlösungszyklen

Ziel-suche
- Situations-analyse
- Zielsetzung

Lösungs-suche
- Synthese
- Analyse

Auswahl
- Bewertung
- Entscheidung

Lebensphasen

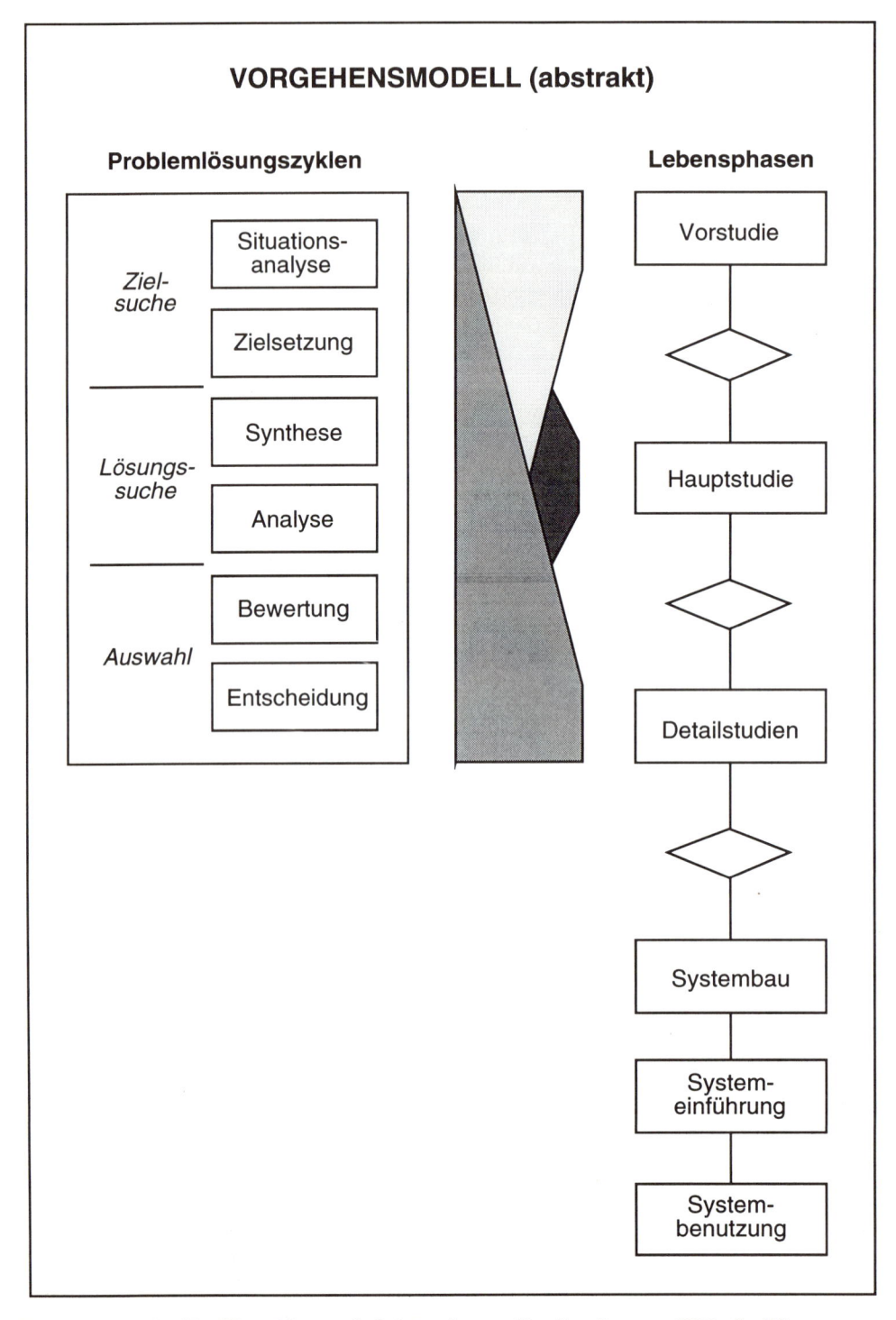

- Vorstudie
- Hauptstudie
- Detailstudien
- Systembau
- System-einführung
- System-benutzung

Abb. 2.1.28: Problemlösezyklus und Lebensphasen (Quelle: Danzer 1986, S. 50)

PROJEKT-ZIELDEFINITION

Vorbereitung
- Bestimmung der Projektgruppe
- Ermittlung der Zielgruppe
- Festschreibung der Aufgabenstellung

Situationsanalyse
- systemorientierte Strukturierung
- ursachenorientierte Analyse
- zukunftsbezogene Analyse
- Ermittlung von Lösungsansätzen

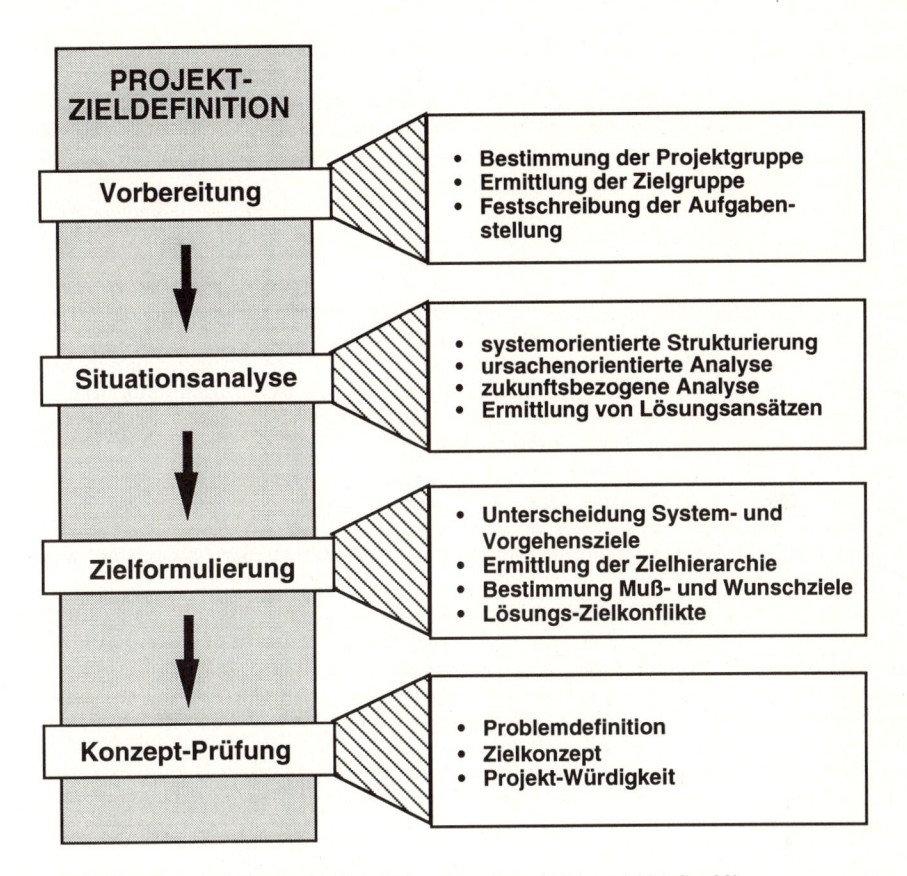

Zielformulierung
- Unterscheidung System- und Vorgehensziele
- Ermittlung der Zielhierarchie
- Bestimmung Muß- und Wunschziele
- Lösungs-Zielkonflikte

Konzept-Prüfung
- Problemdefinition
- Zielkonzept
- Projekt-Würdigkeit

Abb. 2.1.29: Stufen der Zieldefinition (Quelle: Hansjosten 1992, S. 20)

2.1.4.1.3 Situationsanalyse

Während der Situationsanalyse wird eine systematische Betrachtung der Projektaufgabenstellung vorgenommen, welche die Ist-Situation darstellt und bewertet. Das Ziel ist dabei die Strukturierung des betrachteten Bereichs, so daß Problemdefinitionen möglich werden und die dazugehörigen Hintergründe klar ersichtlich sind. Dadurch ist ein Ursachen-/Maßnahmenkatalog zu erarbeiten, der die notwendigen Informationen für die spätere Zielformulierung bereitstellt. Die Situationsanalyse kann in vier Betrachtungsstufen unterteilt werden (Abbildung 2.1.29), die durch eine Vielzahl von Techniken unterstützt wird (vgl. Aggteleky 1991, S. 86).

Während der systemorientierten Strukturierung werden durch Blackbox-, Einflußgrößen-Analysen und Ablaufuntersuchungen Prozeß- und Funktionszusammenhänge geklärt. Dadurch soll eine Strukturierung der Projektproblematik ermöglicht werden. Untersuchungsbereiche der Situationsanalyse werden abgegrenzt und Problemfelder definiert. In der ursachenorientierten Betrachtung der definierten Problembereiche werden Hintergründe und Zusammenhänge offengelegt, die für die aktuelle Ist-Situation entscheidend sind. Als Techniken können in Zusammenarbeit mit den betroffenen Bereichen Checklisten, Interviews und Fragebögen benutzt werden.

Da die Situationsanalyse nicht nur den Ist-Zustand beschreibt, werden zukunftsbezogene Entwicklungen und Änderungsmöglichkeiten betrachtet. Zur Erschließung der Potentiale können die Erfahrungen der beteiligten Führungskräfte genutzt werden, aber auch Kreativitätstechniken, z. B. Brainstorming oder Morphologie, im Projekt-Team angewandt werden. Die vorhandenen Eingriffsmöglichkeiten, ermittelte Randbedingungen und der Gestaltungsspielraum bzgl. vorhandener Mittel bestimmen die groben Lösungsansätze, die für die einzelnen Problembereiche relevant sind. Dazu werden Techniken wie ABC-, Nutzwert- und Sensitivitätsanalysen angewandt.

2.1.4.1.4 Zielformulierung

Die Projektziele müssen verbindlich formuliert und zu einem ausgewogenen Zielkonzept zusammengefaßt werden. Die Gesamtheit aller Ziele bildet das Zielsystem, das die bisherige Projektidee ersetzt und die Grundlage für den weiteren Verlauf des Projektes bildet. Auf Basis der Situationsanalyse müssen die ermittelten groben Lösungsansätze (Zielfaktoren) eindeutig, verständlich und operationalisierbar beschrieben werden. Grundsätzliche Fragestellungen der Zieloperationalisierung sind (Danzer 1986, S. 43):

- Was soll erreicht werden?
- Welches feststellbare Ereignis zeigt die Zielerfüllung an?
- Welche Meßgröße beschreibt die Zielerfüllung? Welches Zielausmaß muß erreicht werden?

Jedoch sind nicht alle Zielfaktoren quantifizierbar, was eine Operationalisierung durch Indikatoren erfordert. Zum Beispiel kann die Zielformulierung "Verbesserung des Betriebsklimas" durch den Indikator Personalfluktuationsquote beschrieben werden.

Methodisch kann zwischen System- und Vorgehenszielen unterschieden werden. Als Systemziele werden Ziele bezeichnet, die sich auf den Projektgegenstand und die geforderten Leistungen beziehen. Vorgehensziele determinieren den Projektablauf, z. B. die Festsetzung von Meilensteinen und Endterminen, und sind insbesondere für das Projektmanagement von erheblicher Bedeutung.

Die ermittelten Ziele können wiederum in Muß- und Wunschziele aufgeteilt werden. Mußvorgaben sind obligatorisch, d. h. sie beschreiben nicht einschränkbare Leistungen oder nicht änderbare Termine, während Wunschziele so optimal wie möglich realisiert werden sollten (vgl. Kummer, Spühler, Wyssen 1986, S. 58).

Eine Strukturierung des Zielsystems wird durch die Ermittlung einer Zielhierarchie erreicht. Dies ermöglicht einen besseren Überblick über die Anforderungen und hilft bei der Aufdeckung von Widersprüchen und Zielunklarheiten. In Abhängigkeit von der Bedeutsamkeit und den Zusammenhängen werden die Systemziele nach der Top-Down-Methode in verschiedene Zielebenen aufgegliedert. Zur Erstellung der Zielhierarchie gibt es keine festen Methoden und Techniken, da jedes Projekt unterschiedliche Zielkriterien besitzt. Als Hilfestellungen können Zielschemata für bestimmte Projektarten benutzt werden (Kummer, Spühler, Wyssen 1986, S. 5.8) (Abbildung 2.1.30).

Die unterschiedlichen Zielfaktoren können im Widerspruch zueinander stehen, z. B. die möglichst kostengünstige Deckung der Transportbedürfnisse gegenüber einer möglichst hohen Transportleistung. Neben sachlichen Widersprüchen treten Interessenkonflikte der an der Zielsuche beteiligten Mitarbeiter auf, die normalerweise versuchen ihre Zielvorstellungen durchzusetzen. Diese Zielkonflikte müssen vor Projektbeginn gelöst werden. Mußziele, die sich gegenseitig ausschließen, müssen eliminiert werden, während Wunschziele durch Gewichtung priorisiert werden können (Aggteleky 1991, S 93). Als Hilfsmittel zur Zielformulierung kann die Grundsatzcheckliste der Abbildung 2.1.31 benutzt werden (vgl. Danzer 1986, S. 67 ff).

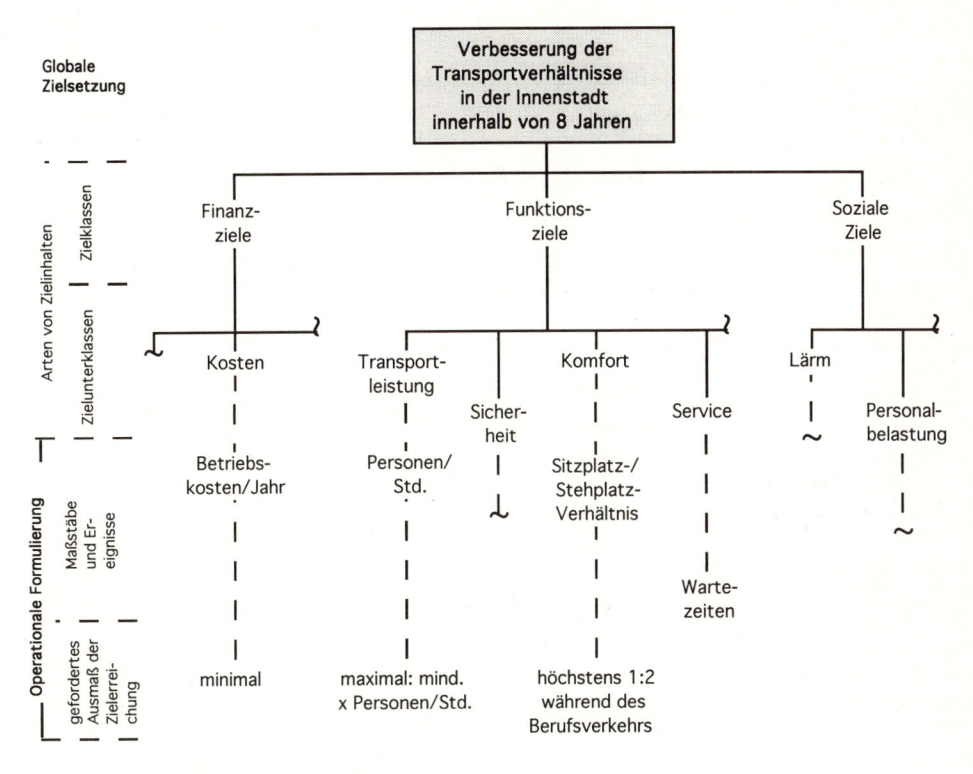

Abb. 2.1.30: Beispiel einer Zielhierarchie
(Quelle: Kummer, Spühler, Wyssen 1986, S. 5.9)

2.1.4.1.5 Projektprüfung

Zum Abschluß der Zieldefinition wird eine Überprüfung des ermittelten Zielkonzeptes und der dadurch ermittelten genaueren Projektdefinition vorgenommen. Eine ganzheitliche Projektprüfung wird durch Beteiligte und Auftraggeber in Zusammenarbeit mit dem Lenkungsausschuß durchgeführt. Als Ergebnis der Projektprüfung wird ein Projektkonzept definiert, welches die Grundlage für die nachfolgenden Planungs- und Steuerungsaufgaben des Projektmanagements darstellt.

Beispielhaft können als grobe Beurteilungskriterien der Projektprüfung folgende Bereiche und Projekteigenschaften abgegrenzt werden (Aggteleky 1991, S. 108):

- Problemdefinition:

    - Beurteilung der ermittelten Zieldefinition,
    - Abgrenzung zu anderen Projekten,
    - Prioritäten und Restriktionen des Projektes,
    - Prüfung des zeitlichen und finanziellen Rahmens.

- Zielkonzeption:

    - Kosten-/Nutzen-Relationen der Ziele,

- Beurteilung des Risikos,
- Prüfung auf Opportunität des Projektes.

• generelle Beurteilung des Projektes:

- Konsequenzen bei Unterlassung/Aufschub der Realisierung,
- mögliche Folgekosten,
- personelle, kapazitätsbezogene Auswirkungen,
- Auswirkungen auf andere Projekte.

Grundsätze der Zielformulierung
• **lösungsneutrale Zielformulierung**: keine Einschränkung des Lösungsspielraumes; Orientierung an den Zielauswirkungen
• **Berücksichtigung nicht wertneutraler Wirkungen**: Festlegung der Wirkungen die der Zielsetzende beeinflussen kann
• **Festlegung positiver und negativer Ziele**
• **Strukturierung der Ziele**: Ziele sollten als strukturiertes Zielsystem transparent zusammengefaßt werden
• **verständliche, operationale Zielformulierung**: eine Zielerreichung muß eindeutig feststellbar sein; die Ziele müssen eine eindeutige Kommunikation ermöglichen
• **Differenzierung von Wunsch- und Mußzielen**
• **Lösung von Zielkonflikten**
• **Berücksichtigung von Zieländerungen**: notwendige Änderungen bereits beschlossener Ziele sollten formal, für alle ersichtlich durchgeführt werden

Abb. 2.1.31: Zielformulierungs-Grundsätze (Quelle: Hansjosten 1992, S. 24)

2.1.4.1.6 Fallstudie

In einem Unternehmen des chemischen Anlagenbaus sind einschneidende Veränderungen der Aufbauorganisation sowie der Produktstrukturen durchgeführt worden. Es wurden drei Geschäftsbereiche gebildet, die verbunden mit einer räumlichen Optimierung der Produktionsstätten eine verbesserte Nutzung der Ressourcen ermöglichen sollen. Durch die Veränderung der Unternehmensstrategie wird eine stärkere Orientierung an kundenspezifischen Produktlösungen angestrebt, was eine erhöhte Flexibilität der Auftragsbearbeitung erfordert. Bisher wurde jedoch keine durchgehende Ablauforganisation konzipiert, so daß insbesondere die Auftragsabwicklung ineffizient und durch vielfältige Reibungspunkte gekennzeichnet ist.

Aufgabenstellung für das Projekt ist die Erarbeitung einer Auftragsabwicklungssystematik. Soweit möglich sollen bestehende Instrumentarien und die vorhandene Organisationsstruktur benutzt werden. Die zu realisierenden Abläufe sollen auf einen zukünftigen EDV-Einsatz abgestimmt werden. Im Rahmen der Zieldefinition wurden die Methoden der Situationsanalyse und Zielformulierung angewandt.

Situationanalyse

Eine Strukturierung des Auftragsablaufs bezüglich der beteiligten Unternehmensbereiche und des funktionellen Zusammenwirkens wurde durchgeführt. Neben einer Prozeßanalyse, welche den Ablauf der Auftragsabwicklung darstellt, wurden die beteiligten Steuerungsstellen bestimmt sowie deren Einflüsse auf den Auftragsdurchlauf ermittelt. Es ergaben sich folgende Steuerungsfunktionen der Auftragsabwicklung, die von unterschiedlichen Fachbereichen teilweise gemeinsam durchgeführt wurden:

Steuerungsfunktionen	beteiligte Abteilungen
Vertriebssteuerung	Vertrieb; Vorstand
Fertigungsplanung	Fertigungsplanung; Konstruktion
Terminüberwachung	Terminüberwachungsabteilung; Fertigungsplanung; Projektierung; Materialwirtschaft
Materialplanung	Materialwirtschaft; Einkaufsabteilung; Fertigungsplanung
Fertigungssteuerung	Produktion
Werkstattdisposition	Produktion

Grundsätzliche Problembereiche konnten im Zusammenwirken der betroffenen Abteilungen bzgl. Informationsfluß und Verantwortlichkeiten gesehen werden. Ein fehlendes Gesamtkonzept für den EDV-Einsatz im Unternehmen erschwerte zudem eine effektive Zusammenarbeit. Die Betrachtung der Schwachstellen und die Analyse der Ursachen wurde durch Schwerpunktinterviews mit Führungskräften durchgeführt. Die Ablauferhebung eines konkreten Auftrages ermöglichte die Erfassung vorhandener Informationsflüsse und Schnittstellen. Dies wurde für jeden Fachbereich detailliert und tabellarisch in Schwachstellen-/Ursachenaufstellungen dokumentiert (Abbildung 2.1.32).

Zukunftsbezogene Entwicklungspotentiale mußten insbesondere aufgrund der Unternehmensstrategie im Bereich der Produkt- und Auftragsstrukturen analysiert werden. Interviews mit den Beteiligten und die Anwendung von Ideenfindungstechniken ermöglichte die Nutzung von vorhandenem Fachwissen. Die Ergebnisse wurden den jeweiligen Schwachstellen-/Ursachentabellen hinzugefügt. Aus den ermittelten Ursachen ergaben sich bereits teilweise grobe Zielvorstellungen, die in der Zielformulierung strukturiert, geprüft und ergänzt werden mußten.

Zielformulierung

Systemisch konnten aus der Situationsanalyse folgende grobe Zielklassen des Reorganisationsprojektes abgegrenzt werden:

- Ziele der Datenverwaltung und Informationsverarbeitung,
- funktionale Ziele,
- organisatorische Ziele.

Diese Zielklassen wurden nach dem Top-Down-Prinzip in Zielunterklassen gegliedert, die wiederum in operationale Teilziele zerlegt wurden. Exemplarisch ist dies für die Zielklasse der Organisation dargestellt (Abbildung 2.1.33).

Interdependenzen zwischen den Teilzielen, der Aufgabenabgrenzung und den Kapazitäten ergeben Zielkonflikte, die durch Definition von Muß- und Wunschzielen gelöst werden müssen. Als Beispiel kann das maximal zur Verfügung stehende Personal versus einer zusätzlich möglichen Funktionsübernahme durch die Auftragsabwicklungsstelle aufgeführt werden.

Projektprüfung

Ist das Zielkonzept definiert, wird es in Zusammenarbeit mit der Unternehmensleitung und den Führungskräften der betroffenen Abteilungen verifiziert. Eine effektive Kommunikation zwischen den Beteiligten ist insbesondere in dieser Phase wichtig, da nur so ein von allen getragenes Zielkonzept verabschiedet werden kann. Projektzielsetzungen, die durch Partizipation gebildet wurden, können später leichter realisiert werden und sind Grundvoraussetzung für ein erfolgreiches Projektmanagement (vgl. Kupper 1991, S. 155 ff).

2.1.4.2 Projektplanung

Projektplanung bedeutet die systematische Informationsgewinnung über den zukünftigen Ablauf des Projektes. Ziel der Planung ist die möglichst differenzierte Festlegung der Projektaktivitäten und dadurch die Ermittlung des Aufwandes, der Termine und des Kapazitätsbedarfs für das in der Zieldefinition grob festgelegte Projekt (Platz, Schmelzer 1986, S. 132).

Die Qualität der Planung determiniert in erheblichem Umfang den Erfolg des Projektes, da ein sehr großer Teil der zukünftigen Kosten in der Konzeptions- und Definitionsphase festgelegt wird (siehe Abbildung 2.1.34) (Burghardt 1988, S. 132).

Zeitlich betrachtet, ist die Planung ein sich innerhalb der verschiedenen Projektphasen wiederholender Prozeß. Nach dem Regelkreismodell des Projektmanagements erfordern Abweichungen von den Planwerten sowie die Modifikation der Randbedingungen und der Prognosen Änderungsplanungen. Trotz großen, schwer abzuschätzenden Unsicherheiten ist bereits in der Definitionsphase eine möglichst umfassende Planung durchzuführen, die grundsätzliche Fehler aufdeckt und mit dem Projektfortschritt aufgrund genauerer Informationen in zunehmendem Maße detaillierter wird. Generell kann der Planungsablauf in die Stufen Ablauf-, Projektmittelplanung sowie Risikoanalyse unterteilt werden (Abbildung 2.1.35) (Heeg 1992, S. 182).

VERTRIEB	
Schwachstellen	**Ursachen**
Für die Bearbeitung "neuer Märkte" sind keine passende Ergebnisse in der Angebotspalette vorhanden.	Das Unternehmen verfügt über keine Spezialverfahren oder -erzeugnisse.
Der wirtschaftliche Erfolg eines abgewickelten Auftrags ist nur mit hohem manuellen Aufwand und geringer Aussagekraft feststellbar.	Es wird keine konsequente und permanente Auftragsnachkalkulation und -analyse durchgeführt.
Die mechanischen Werkstätten fahren Kurzarbeit, während die Blechbearbeitung und Schweißerei ihre Kapazitätsgrenzen erreicht haben.	Die derzeitige Auftragsstruktur entspricht nicht der Fertigungsstruktur.
Die Abwicklung der Materialbereitstellung ist aufwendig und unsicher.	Es sind keine ablauforganisatorischen Regelungen gegeben.
Kein eindeutiger Informationsfluß bei der Angebotsbearbeitung.	Eindeutige organisatorische Regelungen sind nicht vorhanden.
Keine optimale Gestaltung der verwendeten Arbeitshilfsmittel.	Unzureichende Arbeitsorganisation.

PROJEKTIERUNG	
Schwachstellen	**Ursachen**
Netzwerkkonzept für PCs, die jedoch alle lokal in einem Büro installiert sind.	Falsche EDV-Anforderung und -realisierung, kein durchdachtes EDV-Konzept.
Fertigungsstand wird durch Begehung der Werkstätten ermittelt.	Fehlende aktuelle Fortschrittsmeldungen.

Abb. 2.1.32: Exemplarische Schwachstellen-/Ursachenaufstellung eines Reorganisationsprojektes (Quelle: EC Consulting Group AG 1992)

```
                    ┌─────────────────────┐
                    │   Anpassung und     │
                    │  Verbesserung der   │
                    │  Auftragsabwicklung │
                    │ innerhalb von 2 Monaten │
                    └─────────────────────┘
```

- **Ziele der Datenverwaltung und Informationsverarbeitung**
- **Organisatorische Ziele**
- **Funktionale Ziele**

Unter den organisatorischen Zielen:

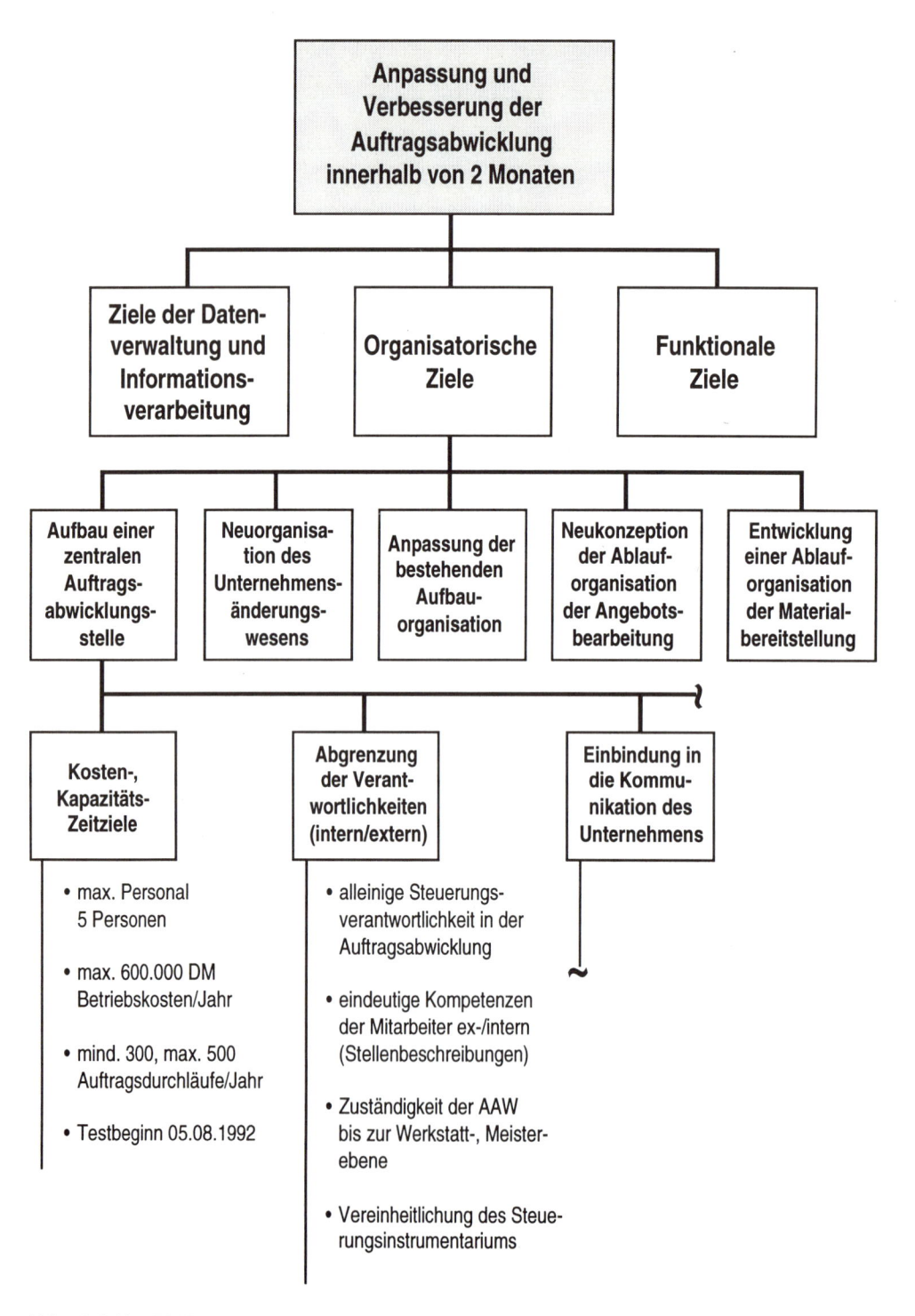

- Aufbau einer zentralen Auftragsabwicklungsstelle
- Neuorganisation des Unternehmensänderungswesens
- Anpassung der bestehenden Aufbauorganisation
- Neukonzeption der Ablauforganisation der Angebotsbearbeitung
- Entwicklung einer Ablauforganisation der Materialbereitstellung

Unter "Aufbau einer zentralen Auftragsabwicklungsstelle":

Kosten-, Kapazitäts-Zeitziele
- max. Personal 5 Personen
- max. 600.000 DM Betriebskosten/Jahr
- mind. 300, max. 500 Auftragsdurchläufe/Jahr
- Testbeginn 05.08.1992

Abgrenzung der Verantwortlichkeiten (intern/extern)
- alleinige Steuerungsverantwortlichkeit in der Auftragsabwicklung
- eindeutige Kompetenzen der Mitarbeiter ex-/intern (Stellenbeschreibungen)
- Zuständigkeit der AAW bis zur Werkstatt-, Meisterebene
- Vereinheitlichung des Steuerungsinstrumentariums

Einbindung in die Kommunikation des Unternehmens

Abb. 2.1.33: Zielhierarchie eines Reorganisationsprojektes

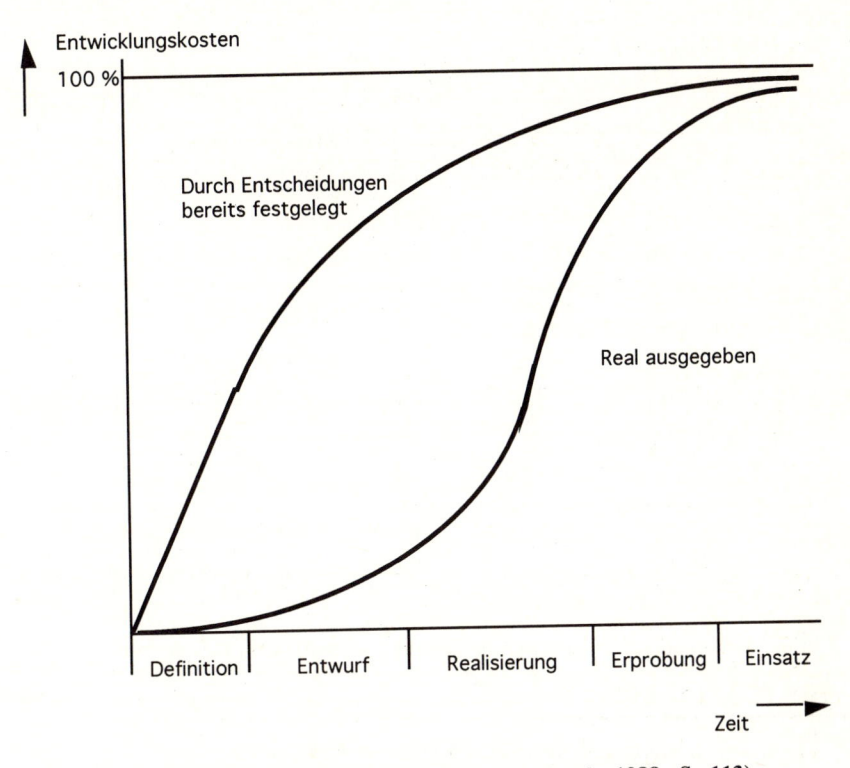

Abb.2.1.34: Hysterese der Projektkosten (Quelle: Burghardt 1988, S. 113)

Während der Ablaufplanung wird eine Projektstrukturierung erarbeitet, auf deren Basis eine Abfolge- und Terminplanung vorgenommen wird. Sind Aufwände und deren zeitliche Verteilung bekannt, werden in der Projektmittelplanung die Kosten bestimmt und die Kapazitäten abgeglichen.

Der Bewertung der Risiken der bisherigen Planung folgt eine Optimierung, die je nach Ergebnis einen erneuten Durchlauf der Planungsstufen erfordern kann. Abschließend wird der Projektplan verabschiedet, der die Überwachung und Steuerung des Projektes in den folgenden Phasen ermöglichen soll.

2.1.4.2.1 Ablaufplanung

2.1.4.2.1.1. Projekt-Strukturplanung

Projekte sind komplexe Systeme, die durch vielfältige, schwer überschaubare Wirkungszusammenhänge gekennzeichnet sind. Ein erfolgreiches Management erfordert eine Zerlegung der Gesamtaufgabe in übersichtliche, planbare und steuerbare Teilaufgaben. Die Ermittlung aller erforderlichen Arbeitsvolumina und die Einteilung in sinnvolle Teilaufgaben ist das Ziel des Projektstrukturplanes (PSP). Der Aufbau des PSP ist je nach Projekt sehr unterschiedlich. Grundsätzlich können die in Abbildung 2.1.36 aufgelisteten Ziele der Projektstrukturierung abgegrenzt werden (Platz 1991, S. 242). Für das Projektmanagement besitzt der PSP eine zentrale Bedeutung, da er die Basis für nachfolgende Planungsschritte und für die Projektsteuerung darstellt.

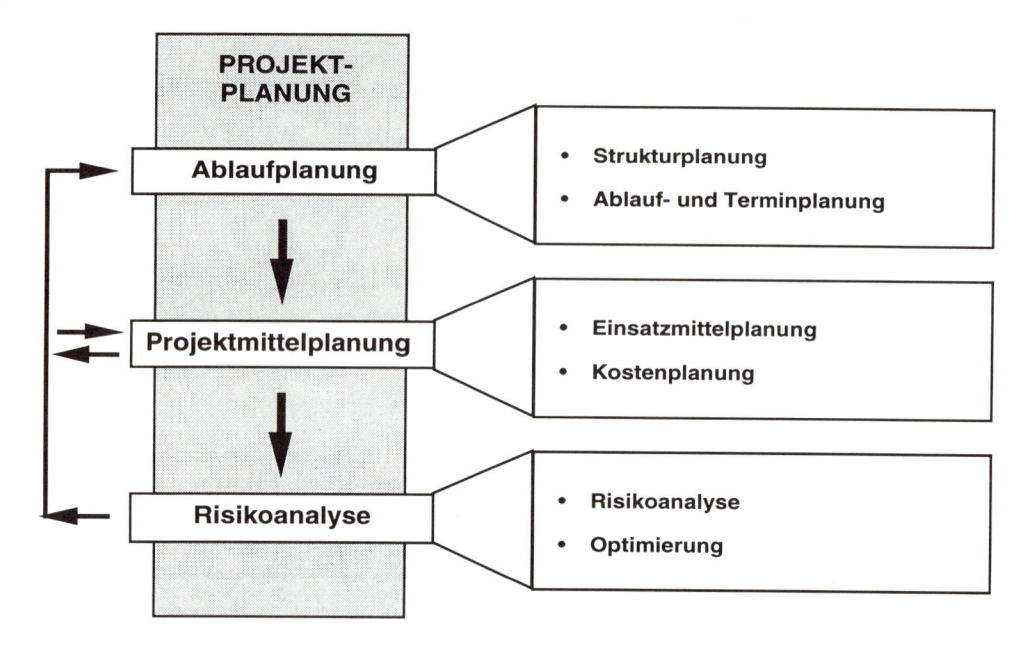

Abb. 2.1.35: Stufen der Projektplanung (Quelle: Hansjosten 1992, S. 29)

Ziele der Projektstrukturierung
• Vollständigkeit aller Teilaufgaben
• Erkennen von Unklarheiten der Zieldefinition
• Schaffung der Transparenz im Projekt
• Erkennen der Risiken innerhalb der Teilaufgaben
• Zuordnung der Aufgaben zu Aufgabenträgern und Abgrenzung der Verantwortlichkeiten
• Ermittlung der notwendigen Ressourcen

Abb. 2.1.36: Projektstrukturierungs-Ziele

Strukturplanaufbau

Im Projektstrukturplan wird das Projekt nach dem Top-Down-Prinzip von der obersten Ebene bis zum gewünschten Detaillierungsgrad in einem Strukturbaum aufgegliedert. Dabei muß darauf geachtet werden, daß die einzelnen Stukturelemente so unterteilt werden, daß keine funktionellen oder logischen Überschneidungen bzw. Deckungslücken vorhanden sind. Die systematische Zerlegung des erforderlichen Arbeitsaufwandes erfolgt durch Anwendung horizontaler und vertikaler Strukturregeln (Abbildung 2.1.37). Die vertikale Strukturregel legt die Abfolge der horizontalen Regeln fest, die z. B. objekt-, phasen- oder funktionsorientiert sein können. Die Auswahl der zu verwendenden Regeln ist vom Projekt abhängig und muß den speziellen Gegebenheiten angepaßt werden.

Ziel der Strukturierung ist die Festlegung von *Arbeitspaketen (AP)*. Diese Strukturelemente beschreiben einen abgeschlossenen Vorgang mit eindeutigem Ergebnis, der einer verantwortlichen Organisationseinheit zugeordnet werden kann. Formal werden die Arbeitspakete in AP-Beschreibungen definiert (Abbildung 2.1.63). Die Größe des AP (Aufwand, Dauer) hängt vom Detaillierungsgrad der Planung ab. Dieser ist vom Projektablauf und der Ungewissheit abhängig, mit der die Teilaufgabe zum Zeitpunkt der Planung festgelegt werden kann (vgl. Platz 1991, S. 233 ff). Praktische Regeln zur Detaillierung des PSP sind im folgenden aufgeführt (Reschke, Svoboda 1983, S. 17):

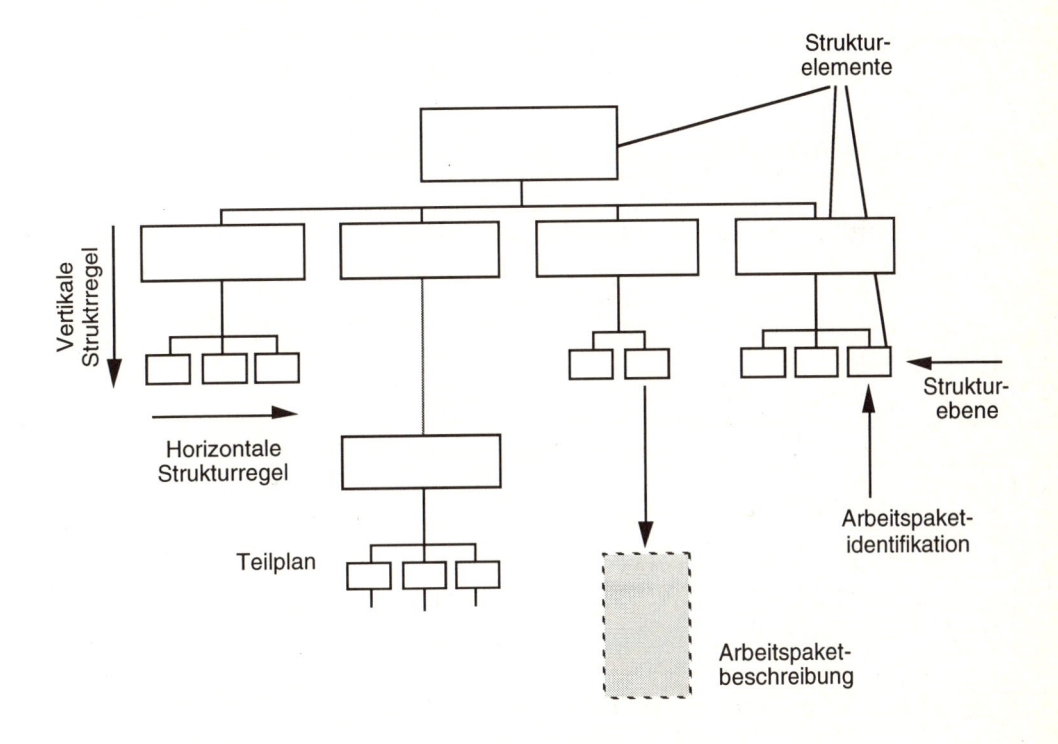

- Je Strukturebene eine Strukturregel strikt einhalten
- Auf jeder Strukturebene muß die Vollständigkeit überprüfbar sein
- Reihenfolge der Strukturregeln je nach Aufgabenstellung
- Nicht mehr als 6 Strukturebenen

Abb. 2.1.37: **Aufbau des Projektstrukturplanes** (Quelle: Platz 1991, S. 240)

- Die Unterteilung in Teilaufgaben und Arbeitspakete sollte beendet werden, wenn die Arbeitspakete einer organisatorischen Einheit verantwortlich zur Realisierung übergeben werden können.

- Der Zeitbedarf und das Kostenvolumen je Arbeitspaket sollte im Vergleich zur Projektbearbeitungszeit und den Gesamtkosten so gering sein, daß eine wirkungsvolle Steuerung durch das Projektmanagement möglich ist. Zudem wird dadurch das Risiko von Fehlplanungen und einer mängelbehafteten Realisierung verringert.

- Die Teilaufgaben sollten so formuliert sein, daß nach der Durchführung ein klar definiertes und kontrollierbares Arbeitsergebnis vorliegen sollte.

- Ist die Projektlaufzeit sehr lang, so kann für jede Projektphase ein separater PSP erstellt werden, statt mit einem PSP das gesamte Projekt zu erfassen.

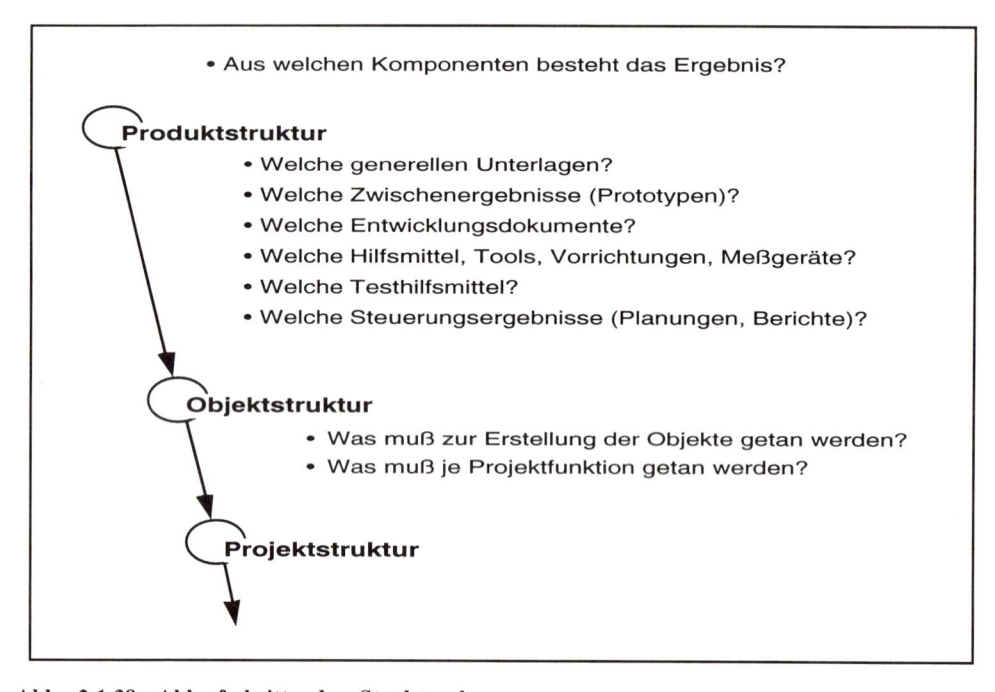

```
• Aus welchen Komponenten besteht das Ergebnis?
Produktstruktur
        • Welche generellen Unterlagen?
        • Welche Zwischenergebnisse (Prototypen)?
        • Welche Entwicklungsdokumente?
        • Welche Hilfsmittel, Tools, Vorrichtungen, Meßgeräte?
        • Welche Testhilfsmittel?
        • Welche Steuerungsergebnisse (Planungen, Berichte)?
  Objektstruktur
        • Was muß zur Erstellung der Objekte getan werden?
        • Was muß je Projektfunktion getan werden?
  Projektstruktur
```

Abb. 2.1.38: Ablaufschritte der Strukturplanung
        (Quelle: Platz, Schmelzer 1986, S. 144)

Ablauf der Strukturplanung

Die Verarbeitung und Koordination der Informationen zur Erstellung des PSP kann in die Ablaufschritte Produkt-, Objekt- und Projektstrukturplan gegliedert werden (vgl. Platz, Schmelzer 1986, S. 142 ff). Im Produktstrukturplan werden die Elemente des Projektes ergebnisorientiert und hierarchisch geordnet dargestellt. Aufgaben, die nicht direkt aus dem Projektergebnis ableitbar sind, z. B. Voruntersuchungen, Testpläne oder andere Zwischenergebnisse, werden im Objektstrukturplan festgelegt (Abbildung 2.1.39). Diese Pläne bilden Vorstufen des PSP, in dem der Übergang von einer ergebnisorientierten zu einer tätigkeitsorientierten Projektstrukturierung durchgeführt wird. Projektstrukturpläne werden in der Praxis meist nach kombinierten objekt- und funktionsorientierten, horizontalen Strukturregeln gegliedert (Abbildung 2.1.40). Da die Erstellung des PSP alle Projektbeteiligten betrifft und vielfältiges Spezialwissen erfordert, ist eine Zusammenarbeit im Team empfehlenswert. Zusätzlich zu dem Wissen und den Erfahrungswerten kann durch Anwendung entsprechender Ideenfindungstechniken die Kreativität der Mitarbeiter genutzt werden.

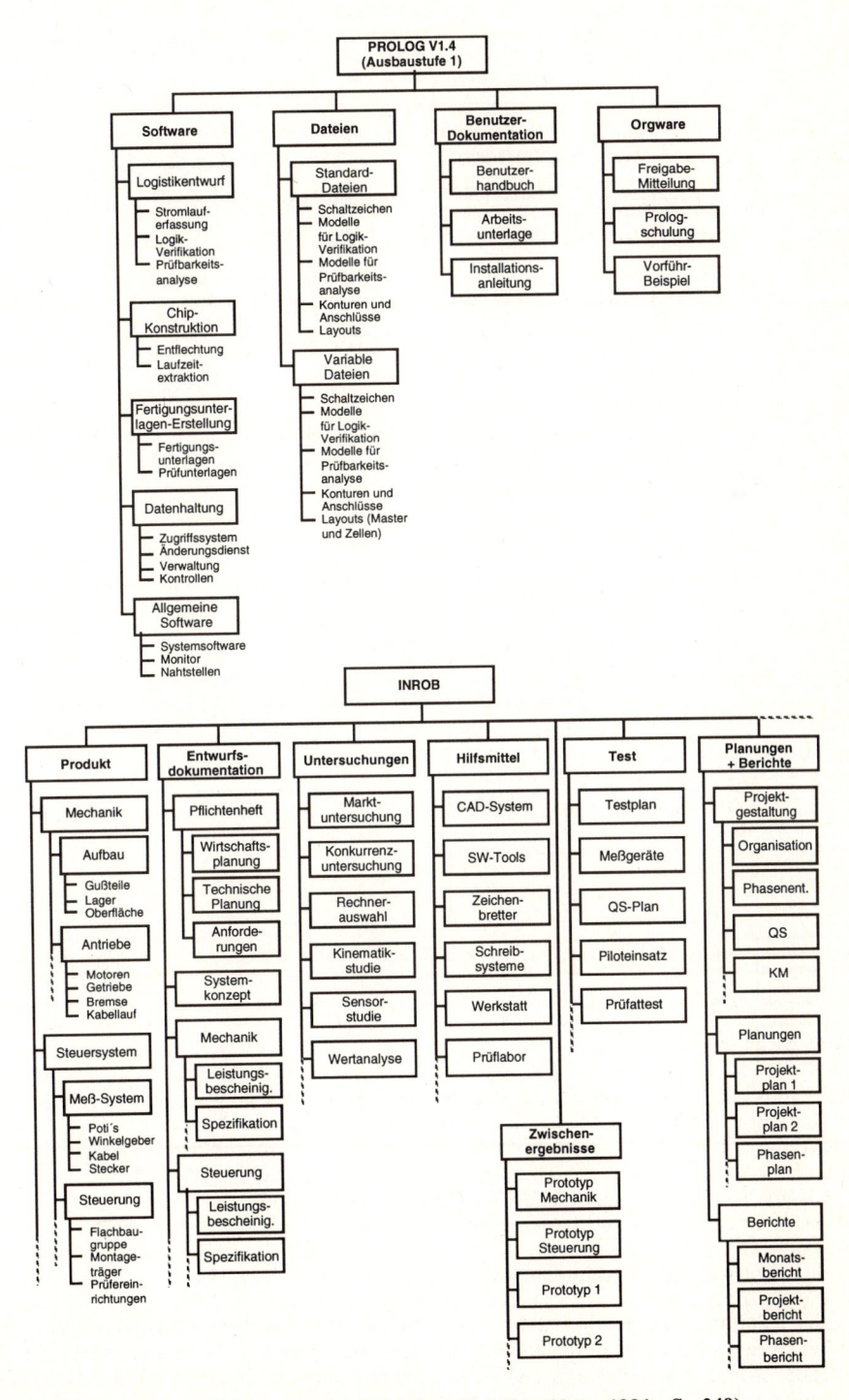

Abb. 2.1.39: Objektstruktur- und Produktplan (Quelle: Platz 1991, S. 249)

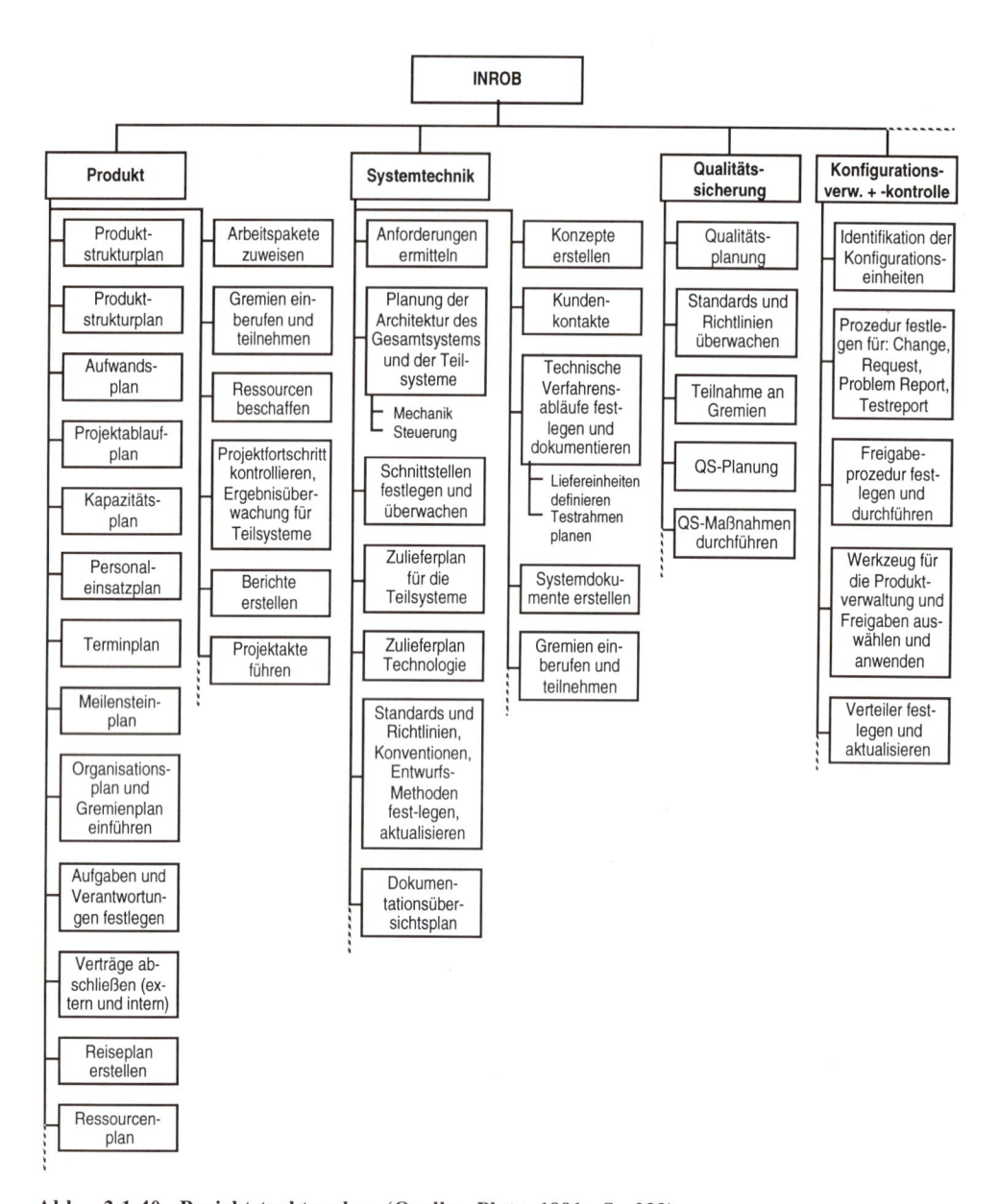

Abb. 2.1.40: Projektstrukturplan (Quelle: Platz 1991, S. 233)

2.1.4.2.1.2 Abfolge- und Terminplanung

Neben der Kenntnis der Projektstruktur und dem damit verbundenen Überblick über die zu leistenden Aufgaben ist der Ablauf des Projektes mit determinierten Terminen festzulegen. Der entstehende Ablauf- und Terminplan stellt somit den "Fahrplan" zur Projektdurchführung und die Grundlage des weiteren Projektmanagements dar. Die Stufen der Ablauf- und Terminplanung sowie deren Zielsetzung sind in Abbildung 2.1.41 dargestellt (Müller 1991, S. 264).

ABLAUFPLANUNG

- **Vorgangsermittlung**: Detaillierung der Arbeitspakete in Vorgänge
- **Vorgangszuordnung**: Ordnung der Vorgänge in eine Ausführungsreihenfolge
- **Zeitanalyse**: Bestimmung der Durchführungsdauer der Vorgänge

TERMINPLANUNG

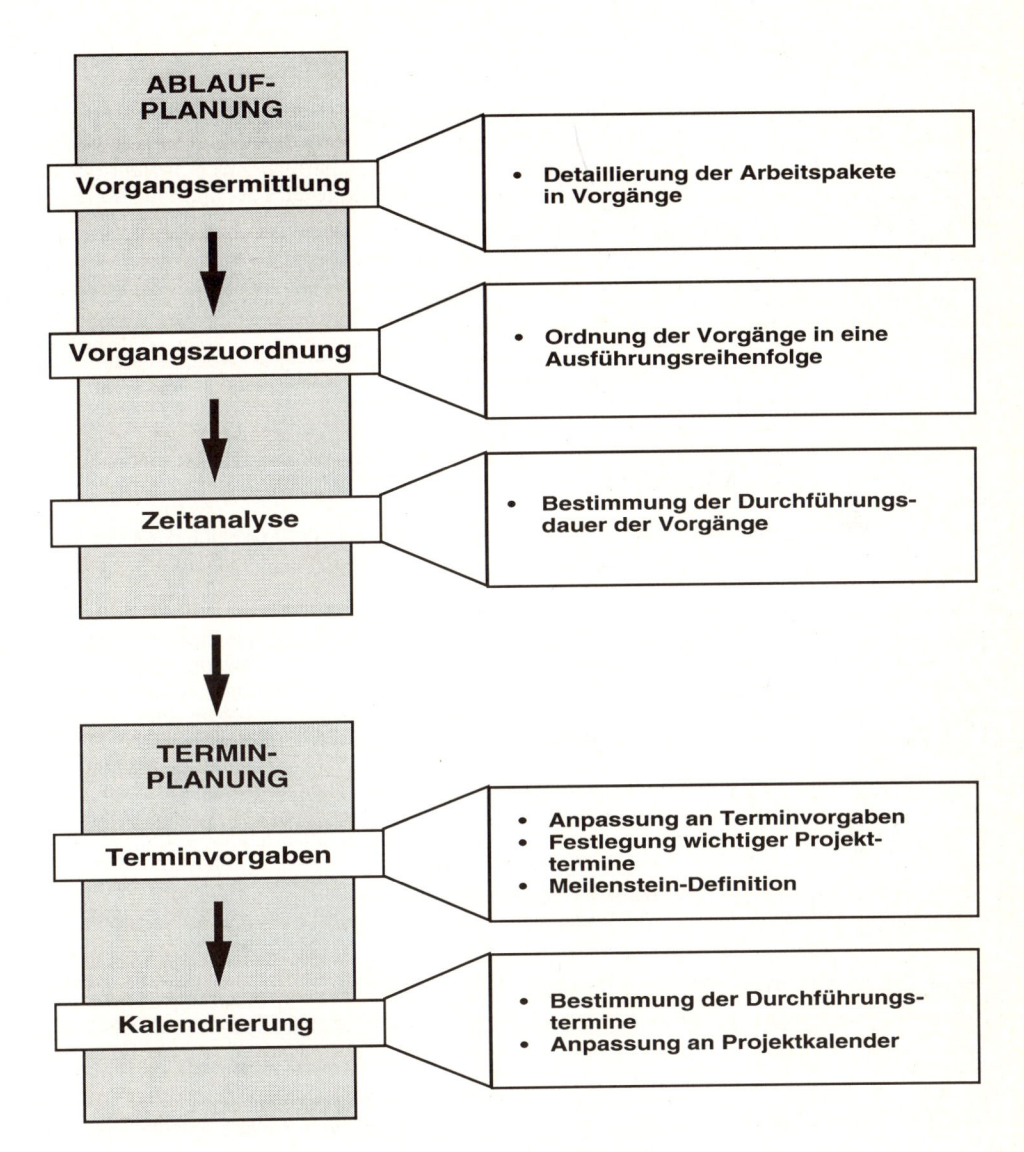

- **Terminvorgaben**:
  - Anpassung an Terminvorgaben
  - Festlegung wichtiger Projekttermine
  - Meilenstein-Definition
- **Kalendrierung**:
  - Bestimmung der Durchführungstermine
  - Anpassung an Projektkalender

Abb. 2.1.41: Stufenkonzept der Ablauf- und Terminplanung
(Quelle: Hansjosten 1992, S. 34 in Anlehnung an Müller 1991, S. 264 ff).

Projekt-Meilensteine

Ein an das Phasenkonzept angelehntes Hilfsmittel der Ablauf- und Terminplanung sowie der Projektsteuerung ist die Meilenstein-Technik. Als Meilensteine werden definierte Projektergebnisse verstanden, die an konkrete Termine gekoppelt sind. Meilensteine können sowohl Phasenergebnisse darstellen als auch einzelne wichtige Zwischenergebnisse, z. B. Arbeitspaketergebnisse, beschreiben. Innerhalb der Ablauf- und Terminplanung werden die wichtigsten Vorgangsergebnisse durch Meilensteine gekennzeichnet, so daß eine eindeutig ergebnisorientierte Projektabwicklung und Terminsteuerung ermöglicht wird (vgl. Madauss 1990).

Planungstechniken

Zur Durchführung einer komplexen Ablauf- und Terminplanung sind verschiedene graphische Techniken entwickelt worden. Man kann zwischen der Netzplantechnik, der Balkenplantechnik und deren Mischformen, z. B. der Transplan-Technik, unterscheiden. Zur Auswahl der zu verwendenden Technik sollten die in Abbildung 2.1.42 aufgeführten Vor- und Nachteile abgewogen werden.

Techniken	Vorteile	Nachteile
Netzplantechnik	Sind Vorgangsfolgen exakt darstellbar, kann eine getrennte Ablauf- und Zeitanalyse durchgeführt werden. Der Netzplan ist Grundlage der Projektsteuerung. Die übersichtliche, festgelegte Darstellungsweise erleichtert die Kommunikation der Beteiligten. Der Netzplan ermöglicht einen allgemein verständlichen Überblick über Engpässe und Störungsquellen. Eine exakte und detaillierte Gliederung der Aufgaben und Abhängigkeiten muß zur Netzplanerstellung durchgeführt werden. Eine EDV-unterstützte Durchführung ist bei mehr als 200 Vorgängen sinnvoll.	Zentralisierung der Netzplanerstellung und -verwaltung durch EDV-Einsatz. Der Arbeitsaufwand steigt mit der Anzahl der Aktivitäten stark an. Zeitgerechte Darstellung der Aktivitäten bezogen auf die Zeitachse nur eingeschränkt möglich. Hoher Einarbeitungsaufwand für die Netzplantechnik bzw. die unterstützenden PM-Tools. Möglichkeiten der Netzplantechnik können zu einer extrem detaillierten Planung führen, die einen hohen Überwachungs- und Aktualisierungsaufwand hervorruft.
Balkenplantechnik	Einfache technische Voraussetzungen. Auch ohne EDV-Einsatz leicht durchführbar. Universelle Anwendbarkeit. Große Übersichtlichkeit. Zeitkonforme Darstellung der Aktivitäten im Ablauf. Leichte Erlernbarkeit.	Geringe Möglichkeiten der Darstellung von Abhängigkeiten. Anordnungsbeziehungen sind nicht getrennt vom Zeitablauf darstellbar. Fehlende Erkennbarkeit von Zeitreserven. Bedingte Anbindung einer Einsatzmittelplanung. Eignung nur für kleinere Projekte.

Abb. 2.1.42: Graphische Methoden der Ablauf- und Terminplanung
(Quelle: Hansjosten 1992, S. 35, in Anlehnung an Burghardt 1988, S. 206 ff, Heeg 1992, S. 192, Cleland 1990, S. 183 ff)

Im folgenden wird die Netzplantechnik betrachtet, die neben der eindeutigen Zuordnung der Vorgänge den Vorteil einer definierten graphischen Darstellungsweise besitzt.

Der Einsatz von Projektmanagement-Tools ermöglicht heute eine vereinfachte Handhabung der Netzplantechnik und eine schnelle Erstellung der erforderlichen Unterlagen. Die Nachteile eines erhöhten Einarbeitungsaufwandes werden in komplexen Projekten mit hohen Änderungswahrscheinlichkeiten durch die langfristigen Nutzungsvorteile aufgewogen.

2.1.4.2.1.3 Netzplantechnik

2.1.4.2.1.3.1 Einleitung

Die Netzplantechnik wurde in den letzten zwanzig Jahren zur verbreitetsten Planungsmethode von Projekten. Die Anwendung der Netzplantechnik erweist sich dabei immer dann als vorteilhaft, wenn Vorgangsfolgen in ihrer Abhängigkeit zueinander exakt darstellbar sind.

In DIN 69900 werden die Begriffe Netzplantechnik und Netzplan wie folgt definiert (DIN 1988):

> Die Netzplantechnik umfaßt Verfahren zur Projektplanung und Projektsteuerung. Der Netzplan ist die graphische Darstellung von Ablaufstrukturen, die die logische und zeitliche Aufeinanderfolge von Vorgängen (Ablaufabschnitten) veranschaulicht.

Diese graphische Darstellung ergibt ein netzartiges Gebilde, in dem kleine Felder (Rechtecke oder Kreise) durch Pfeile miteinander verbunden sind. Aufgrund dieses Netzes hat sich der Name Netzplantechnik eingebürgert (siehe Abbildung 2.1.43).

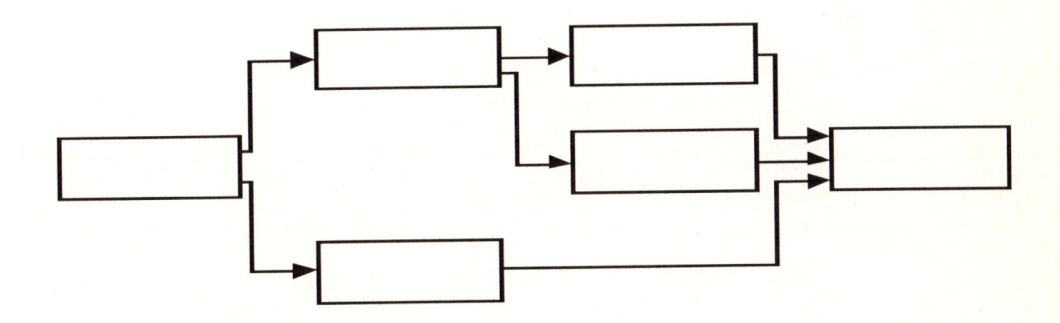

Abb. 2.1.43: Darstellung eines Projektes in Netzform

Die leichte Erlernbarkeit der verschiedenen Netzplantechnik-Verfahren sowie ihre Übertragbarkeit auf immer neue Projekttypen führte dazu, daß diese Verfahren in viele Bereiche der Technik, Wirtschaft, Wissenschaft und in der öffentlichen Verwaltung Eingang fanden.

Als wesentlichste Vorteile der Netzplantechnik gelten:

1. Genaue Ablaufanalyse eines Projekts sowie die umfassende Ermittlung seines Zeitverhaltens schaffen die Voraussetzung für eine optimale Projektablaufplanung.

2. Die übersichtliche, für jedes Netzplantechnik-Verfahren festgelegte Darstellungsweise ermöglicht eine zweifelsfreie Verständigung zwischen allen Beteiligten.

3. Der Netzplan liefert in der Planungs- und Steuerungsphase des Projektes einen raschen, allgemein verständlichen Überblick und läßt Engpässe und mögliche Störungsquellen frühzeitig erkennen.

4. Ein weiterer Nutzen der Netzplantechnik wird schließlich darin gesehen, daß in der Planungsphase eines Projektes der Zwang besteht, Aufgaben klar zu gliedern und ihre gegenseitige Abhängigkeiten eindeutig darstellen zu müssen.

Andererseits soll eindringlich davor gewarnt werden, von der Netzplantechnik organisatorische Wunderdinge zu erwarten. Im Netzplan ist ein Projekt nur so genau, so aktuell, so übersichtlich dargestellt, wie der Planer es erarbeitet hat. Er ist nicht mehr als ein Ablaufmodell des Projektes, das Informationen in Form quantitativer Daten liefert, und zwar um so mehr und um so genauer, je detaillierter und präziser die Eingabedaten waren. Ein Netzplan, der falsch aufgebaut, falsch interpretiert oder durch fehlenden bzw. mangelhaften Änderungsdienst nicht auf dem aktuellen Stand gehalten wird, verliert seinen Wert als Hilfsmittel der Steuerung.

2.1.4.2.1.3.2 Netzplanelemente und Netzplanarten

Die Aufgabe aller Netzplantechnik-Verfahren besteht darin, die logische und technisch bedingte Struktur eines Projektes wiederzugeben, so daß deren zeitliches Neben- und Hintereinander zu erkennen ist. Bei der Darstellung eines Projekts in Netzplanform kann zwischen funktionalen und formalen Elementen unterschieden werden.

Funktionale Elemente sind Vorgänge, Ereignisse und Anordnungsbeziehungen (AOB). Ein Vorgang ist ein zeitbeanspruchender Ablaufabschnitt (Teilarbeiten, Tätigkeiten) mit definiertem Anfang und Ende. "Endfassung des Jahresabschlußberichtes erstellen", "Schaden feststellen", "Genehmigung einholen" werden z. B. als Vorgänge bezeichnet. Ein Ereignis ist ein definierter Zustand im Projektablauf. Jeder Vorgang beginnt mit einem Anfangsereignis und endet mit einem Endereignis. Der Vorgang "Endfassung des Jahresabschlußberichtes herstellen" beginnt z. B. mit dem Anfangsereignis "Manuskript an Sekretärin übergeben" und endet mit dem Endergebnis "Jahresabschlußbericht an Wirtschaftsprüfer übergeben". Anordnungsbeziehungen sind personelle, fachliche und terminliche Abhängigkeiten zwischen zwei Vorgängen bzw. Ereignissen. Die formalen Elemente eines Netzplanes sind Knoten und Pfeile. Knoten sind Rechtecke oder Kreise, die als Verknüpfungselemente dienen, während Pfeile die Verbindungselemente zwischen den Knoten sind. Vorgänge können sowohl den Knoten als auch den Pfeilen zugeordnet werden. Ereignisse sind jedoch nur als Knoten darstellbar (Burghart 1988).

Bei der Darstellung von Netzplänen können drei Arten unterschieden werden: der Vorgangspfeilnetzplan, der Vorgangsknotennetzplan und der Ereignisknotennetzplan (siehe Abbildung 2.1.44). Beim Vorgangspfeilnetzplan werden vorwiegend Vorgänge beschrieben, die als Pfeile im Netz dargestellt sind. Eine Anordnungsbeziehung zwischen Ende und Anfang von zwei aufeinanderfolgenden Vorgängen ist wegen der unmittelbaren Abhängigkeit nicht darstellbar. Die Knoten fungieren damit als Ereignisse. In einem Vorgangsknotennetzplan werden (wie beim Vorgangspfeilnetzplan) vorwiegend Vorgänge beschrieben und als Knoten dargestellt. Eine wesentliche Erweiterung entsteht durch Einbeziehen der logischen Abhängigkeiten, indem die Verbindungspfeile der Knoten die Anordnungsbeziehungen für die Vorgänge bestimmen. Bei einem Ereignisknotennetzplan werden vorwiegend Ereignisse beschrieben und als Knoten eines Netzes dargestellt. Die Verbindungspfeile dieser Knoten stellen die Tätigkeiten dar, die notwendig sind, um von einem Ereignis zu dem anderen zu gelangen. Die Pfeile kennzeichnen also die Zeitabstände zwischen jeweils zwei Ereignissen.

```
                            ┌─────────────────┐
                            │  Netzplanarten  │
                            └─────────────────┘
```

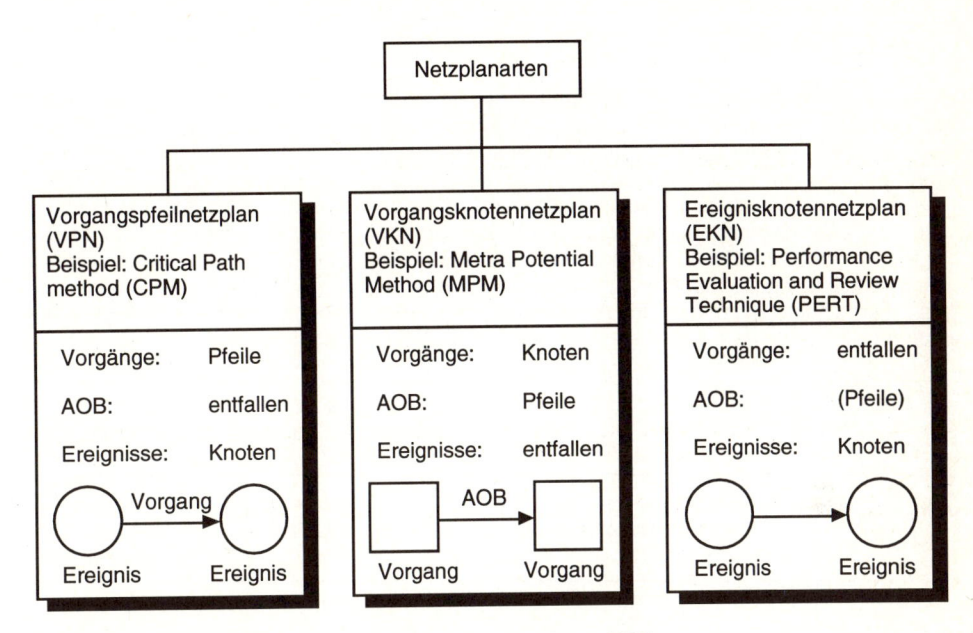

Vorgangspfeilnetzplan (VPN) Beispiel: Critical Path method (CPM)	Vorgangsknotennetzplan (VKN) Beispiel: Metra Potential Method (MPM)	Ereignisknotennetzplan (EKN) Beispiel: Performance Evaluation and Review Technique (PERT)
Vorgänge: Pfeile	Vorgänge: Knoten	Vorgänge: entfallen
AOB: entfallen	AOB: Pfeile	AOB: (Pfeile)
Ereignisse: Knoten	Ereignisse: entfallen	Ereignisse: Knoten
Ereignis —Vorgang→ Ereignis	Vorgang —AOB→ Vorgang	Ereignis → Ereignis

Abb. 2.1.44: Netzplanarten (in Anlehnung an Burghart 1988)

2.1.4.2.1.3.3 Vorgehensweise in der Netzplantechnik

1. Vorbereitung

Das Durchführen der Netzplanmethode sollte gut vorbereitet sein. So ist z. B. zu überlegen, welche Methode angewendet werden soll, und ob manuell oder rechnergestützt gearbeitet werden soll. Als Faustregel gilt, daß sich eine DV-Anwendung bei Projekten mit mehr als 200 Vorgängen lohnt. Es ist auch zu klären, wer für welche Daten verantwortlich ist. Die folgenden Daten werden zur Anwendung der Netzplantechnik benötigt: Vorgänge, Abhängigkeiten (Anordnungsbeziehungen) der Vorgänge und Dauer der Vorgänge.

Eine weitere Voraussetzung für das Erstellen eines Netzplanes ist der Projektstrukturplan. Die einzelnen Arbeitspakete, die durch die Projektstrukturierung ermittelt wurden, werden in Vorgänge aufgelöst. Diese Vorgänge werden wiederum in den Netzplan übernommen.

2. Vorgangsliste erstellen

Bevor der Netzplan gezeichnet werden kann, müssen die Vorgänge in der Vorgangsliste gesammelt werden. Diese Liste enthält je Vorgang folgende Informationen: Vorgangs-Nr., Vorgangs-Bezeichnung, Vorgangsdauer und Vorgänge, die unmittelbar vorher beendet sein müssen (Vorgänger), damit ein betrachteter Vorgang beginnen kann, oder Vorgänge, die unmittelbar nach Abschluß eines betrachteten Vorgangs beginnen können (Nachfolger). Bei der Ausarbeitung der Vorgangsliste werden die Vorgänger jedes Vorganges festgelegt, d. h. es wird angegeben, welche Vorgänge unmittelbar beendet sein müssen. Dazu werden folgende Fragen gestellt: Welche Vorgänger hat ein Vorgang, welche Vorgänge können unabhängig parallel zu einem betrachteten ablaufen und welche Vorgänge können überlappend zu einem betrachteten ablaufen?

3. Vorgangsdauer ermitteln

Die Vorgangsliste gibt zwar Abhängigkeiten der Vorgänge untereinander wieder, liefert jedoch keine Hinweise über die zeitliche Dimension der Vorgänge. Die jeweilige Vorgangsdauer wird mit Hilfe vorhandener Planzeiten oder durch Befragen bzw. Vergleichen und Schätzen bestimmt. Die Zeiteinheit, in der die Vorgangsdauer angegeben wird, soll so gewählt werden, daß sie zwischen 0,2 % und 2 % der Projektdauer beträgt. Im allgemeinen wird eine Zeiteinheit von Wochen (Tagen, Stunden) gewählt, wenn die Projektdauer in Jahren (halben Jahren, Monaten) bemessen wird. Im Netzplan werden nur Arbeitstage oder -wochen angegeben. Bei der späteren Terminierung, dem Umsetzen des Netzplanes in eine Terminliste, werden dann Arbeitstage oder Arbeitswochen in Kalendertage umgerechnet. Die jeweilige Vorgangsdauer wird in die Vorgangsliste eingetragen, so daß nunmehr die Dauer und jeweiligen Vorgänger für die einzelnen Vorgänge zu erkennen sind (siehe Abbildung 2.1.45).

Vorgangs-Nr.	Vorgangsbezeichnung	Vorgänger	Dauer in Zeiteinheiten (Tage)
10	Requirements	-	2
20	Studie	-	1
30	Systementwurf	10,20	4
40	Hardware-Entwurf	30	3
50	Funktionsmuster	30	2
60	Software-Entwurf	30	3
70	Prototypentwicklung	40,50	5
80	Programmierung	50,60	6
90	Hardware-Test	70	4
100	Software-Test	80	5
110	Integration	90,100	2
120	Systemtest	110	3

Abb. 2.1.45: Beispiel einer Vorgangsliste (in Anlehnung an Burghart 1988)

4. Netzplan zeichnen

Die Vorgangsliste enthält alle Daten, die zum Zeichnen des Netzplanes erforderlich sind. Die graphische Darstellung des Ablaufes im Netzplan besteht im Aneinanderreihen von Knoten und Pfeilen. Knoten in einem Netzplan ohne zulaufende Pfeile heißen Startknoten, pfiehlt es sich, in Zehnersprüngen vorzugehen (10, 20, 30, ..., 560, ..., n), um später eventuell zusätzliche Vorgänge einfügen zu können. Eine bestimmte Reihenfolge der Numerierung ist nicht einzuhalten, allerdings darf eine Vorgangsnummer nie mehrfach vergeben werden. Die Vorgangsliste in Abbildung 2.1.44 führt zu dem in Abbildung 2.1.46 dargestellten Netzplan.

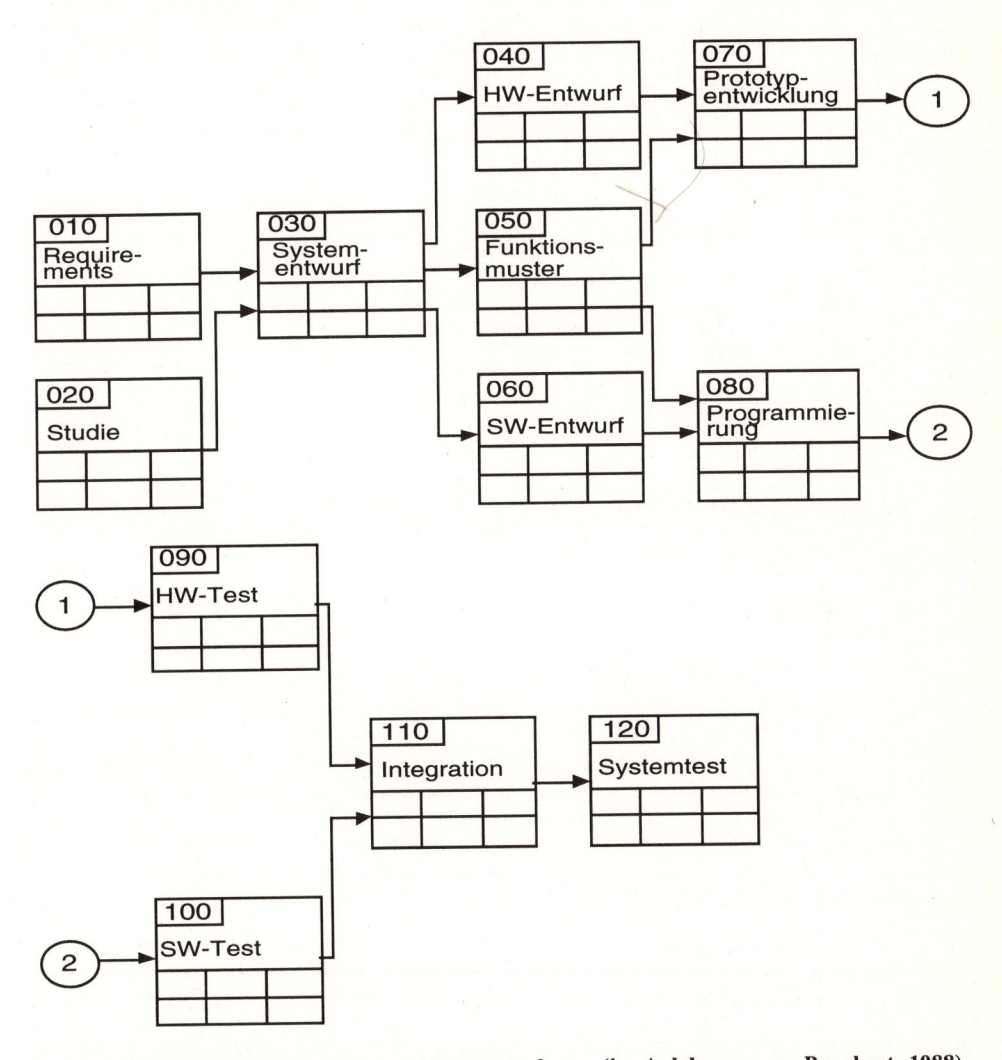

Abb. 2.1.46: Beispiel eines Vorgangsknotennetzplanes (in Anlehnung an Burghart 1988)

5. Zeitpunkte, Pufferzeiten der Vorgänge und kritischen Weg ermitteln

Bei der Vorgangsknotennetzplanung wird ein Knoten, wie in Abbildung 2.1.47 gezeigt, dargestellt.

Vorgangs-Nr. i		
Vorgangsbezeichnung		
FAZ(i)	D(i)	FEZ(i)
SAZ(i)	GP(i)	SEZ(i)

FAZ(i)	=	frühester Anfangszeitpunkt des Vorganges i
SAZ(i)	=	spätester Anfangszeitpunkt des Vorganges i
FEZ(i)	=	frühester Endzeitpunkt des Vorganges i
SEZ(i)	=	spätester Endzeitpunkt des Vorganges i
GP(i)	=	Gesamtpufferzeit des Vorganges i
D	=	Dauer

Abb. 2.1.47: Knoten des VKN-Verfahren

Aus der Vorgangsliste wird die jeweilige Vorgangsdauer in den Netzplan übertragen. Sobald die Anfangs- und Endzeitpunkte durch die Vorwärtsrechnung und Rückwärtsrechnung erstellt sind, werden auch sie in die Knoten eingetragen (siehe Abbildung 2.1.48).

Bei der Vorwärtsrechnung werden die frühesten Zeitpunkte (FAZ(i) und FEZ(i)) eines Vorganges ermittelt. Der Startknoten erhält den frühesten Anfangszeitpunkt und den frühesten Endzeitpunkt. Dieser wird ermittelt, indem FAZ[Projektstart]=0 gesetzt wird (gilt gemäß Definition). Die FAZ(j) und FEZ(j) aller weiteren Nachfolger (j) werden dann wie folgt ermittelt: FEZ(i) = FAZ(i) + D(i). Der FAZ wird in das linke obere Feld eingetragen und der FEZ in das rechte obere Feld. Hat ein Vorgang mehrere Vorgänger, dann werden, ausgehend von allen Vorgängern (i), alle möglichen FAZ(j) errechnet und das Maximum der so errechneten Zeitpunkte verwendet, so daß die vorstehende Formel dann wie folgt zu modifizieren ist: FAZ(j) = Max {FEZ(i)}. So ergibt sich für Vorgang Nr. 80 in Abbildung 7.23 als FAZ 9 Zeiteinheiten; der FEZ(50) für Vorgänger Nr. 50 beträgt 8 Zeiteinheiten und der für Vorgänger Nr. 60 9 Zeiteinheiten. Das gesamte Ergebnis der Vorwärtsrechnung ist die Gesamt-Projektdauer von 25 Zeiteinheiten.

Bei der Rückwärtsrechnung werden die spätesten Zeitpunkte (SAZ(i) und SEZ(i)) eines Vorganges ermittelt. Im rechten unteren Feld des Endknotens wird der SEZ (hier 25 Zeiteinheiten) eingetragen. Der SAZ(i) wird nach den Regeln SEZ[Projektende] = FEZ [Projektende] und SAZ(i) = SEZ(i) - D(i) errechnet und in das linke untere Feld eingetragen (REFA 1974). Hat ein Vorgang mehrere Nachfolger (z. B. Vorgang 50), dann werden, ausgehend von allen Nachfolgern(j) alle möglichen SEZ(i) errechnet und das Minimum der Zeitpunkte verwendet, so daß die vorstehende Formel dann wie folgt zu modifizieren ist: SEZ(i) = Min {SAZ(j)}. In Abbildung 2.1.47 führen beim Vorgang Nr. 50 die Nachfolger Nr. 70 mit SAZ(70) = 11 Zeiteinheiten und Nachfolger Nr. 80 mit SAZ(80) = 9 Zeiteinheiten zu einer SEZ(50) = 9. Am Schluß der Rückwärtsrechnung wird für Vorgang Nr. 10, der Startknoten, der SAZ(10) = 0 errechnet, was FAZ(10) = 0 entsprechen muß.

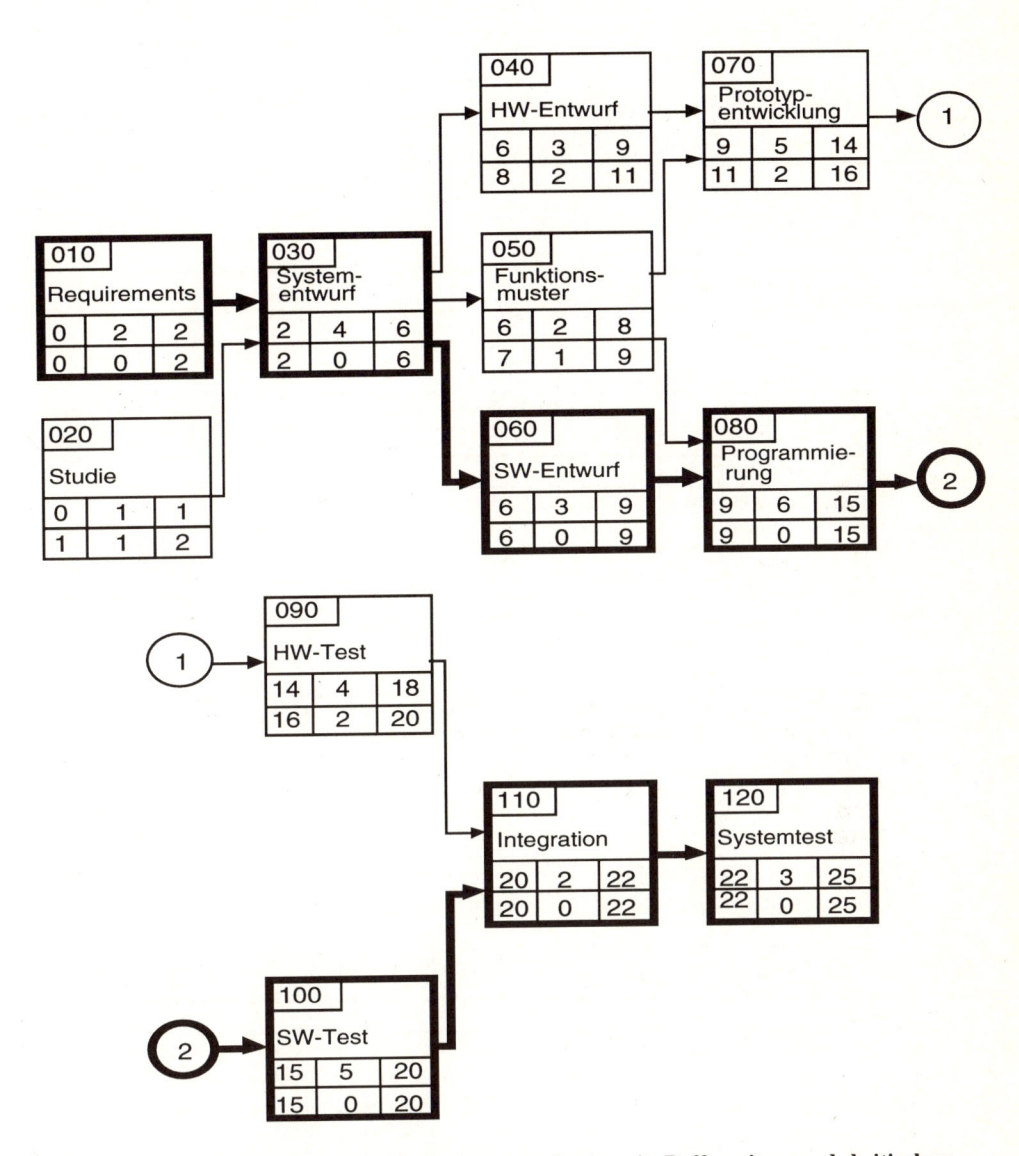

Abb. 2.1.48: Beispiel eines Vorgangsknotennetzplanes mit Pufferzeiten und kritischem Weg (in Anlehnung an Burghart 1988)

Als gesamte Pufferzeit GP wird die Zeitspanne zwischen frühester und spätester Lage eines Vorganges bezeichnet. Die Pufferzeit kann durch die Formeln GP(i) = SAZ(i) - FAZ(i) oder GP(i) = SEZ(i) - FEZ(i) ermittelt werden. Für Vorgang Nr. 50 in Abbildung 2.1.44 ergibt sich die gesamte Pufferzeit zu GP(50) = SAZ(50) - FAZ(50) = 7 - 6 = 1 oder GP(50) = SEZ(50) - FEZ(50) = 9 - 8 = 1. Bei Kenntnis der Pufferzeiten aller Ereignisse kann der kritische Weg bestimmt werden, der aus einer Folge kritischer Vorgänge besteht, deren gesamte Pufferzeiten GP = 0 sind. Die Pufferzeiten werden in das mittlere untere Feld der Knoten eingetragen. Der kritische Weg wird im Netzplan dick nachgezogen (siehe Abbildung 2.1.47).

2.1.4.2.1.3.4 Terminplanung

Aus dem erstellten Netzplan lassen sich Termine ableiten, die für die Projektsteuerung erforderlich sind. Ein wesentlicher Vorteil der Netzplantechnik besteht auch darin, daß Terminverschiebungen bei organisierter Datenrückmeldung frühzeitig erkannt werden. Mit der Hilfe eines Projekt-Terminkalenders können die Projektfristen des Netzplanes in Projekttermine umgesetzt werden (siehe Abbildung 2.1.49).

Projektwochen-Nr.	1	2	3	4	5
Arbeitswochen-termine	1.4 - 5.4.73	8.4 - 16.4	17.4 - 23.4	24.4 - 30.4	2.5 - 8.5
Projektwochen-Nr.	6	7	8	9	10
Arbeitswochen-termine	9.5 - 15.5	16.5 - 22.5	24.5 - 30.5	31.5 - 10.6	11.6 - 19.6
Projektwochen-Nr.	11	12	13	14	15
Arbeitswochen-termine	20.6 - 26.6	27.6 - 3.7	4.7 - 10.7	11.7 - 17.7	18.7 - 24.7
Projektwochen-Nr.	16	17	18	19	20
Arbeitswochen-termine	25.7 - 31.7	1.8 - 7.8	8.8 - 14.8	16.8 - 22.8	23.8 - 29.8
Projektwochen-Nr.	21	22	23	24	25
Arbeitswochen-termine	30.8 - 5.9	6.9 - 12.9	13.9 - 19.9	20.9 - 26.9	27.9 - 3.10

Abb. 2.1.49: Projekt-Terminkalender

Ist der Projekt-Terminkalender einmal erstellt, kann der Netzplan in Abbildung 2.1.48 auch in eine Terminliste umgesetzt werden (siehe hierzu Abbildung 2.1.50).

Vorgangs-Nr.	Dauer in Wochen	FAT	FET	SAT	SET	GP in Wochen
10	2	1.4	16.4	1.4	16.4	0
20	1	1.4	5.4	8.4	16.4	1
30	4	17.4	15.5	17.4	15.5	0
40	3	16.5	10.6	31.5	26.6	2
50	2	16.5	30.5	24.5	10.6	1
60	3	16.5	10.6	16.5	10.6	0
70	5	11.6	17.7	27.6	31.7	2
80	6	11.6	24.7	11.6	24.7	0
90	4	18.7	14.8	1.8	29.8	2
100	5	25.7	29.8	25.7	29.8	0
110	2	30.8	12.9	30.8	12.9	0
120	3	13.9	3.1	13.9	3.10	0

FAT = frühester Anfangs-Termin SAT = spätester Anfangs-Termin
FET = frühester End-Termin SET = spätester End-Termin

Abb. 2.1.50: Terminliste

Mit Hilfe der Terminliste kann dann wiederum ein Balkendiagramm erstellt werden, das die Projekttermine nach frühesten Zeitpunkten darstellt (siehe Abbildung 2.1.51). Das Balkendiagramm ermöglicht die leichte Erkennung von Terminverschiebungen und stellt daher für die Steuerung von Projekten ein wichtiges Hilfsmittel dar.

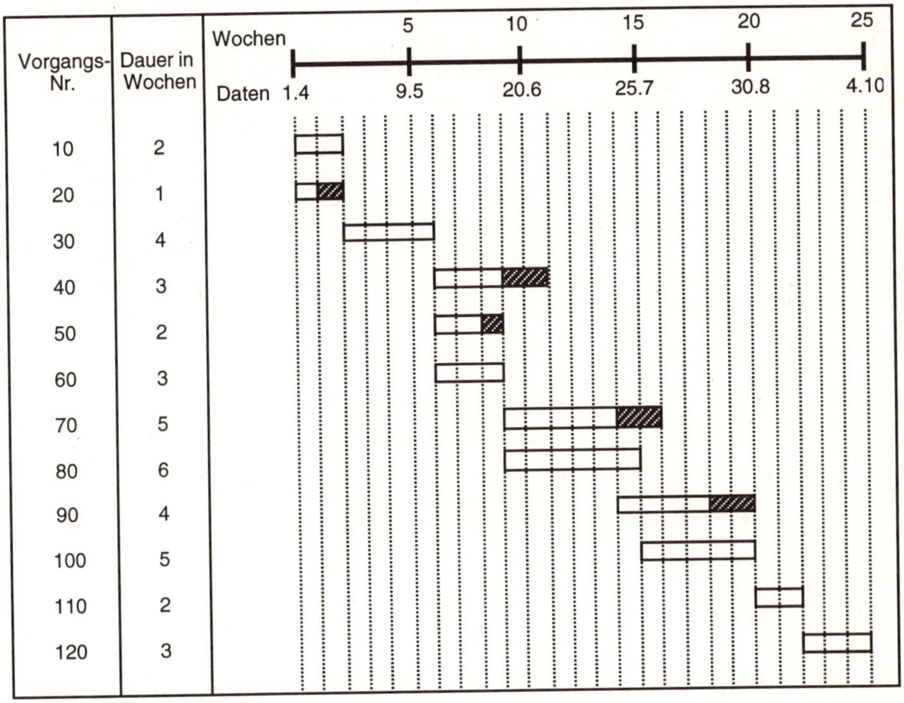

Abb. 2.1.51: Projekttermine als Balkendiagramm-Übersicht

2.1.4.2.1.4 Fallstudie zur Netzplantechnik

In einem Unternehmen (A) der Fahrzeugzulieferindustrie aus den neuen Bundesländern soll ein integriertes computergestütztes Qualitätssicherungskonzept (CAQ) eingeführt werden. Das Unternehmen ist hauptsächlich auf die Herstellung von Blechbaugruppen spezialisiert, die in drei räumlich getrennten Produktionsstätten hergestellt werden. Die Qualitätssicherung (QS) wurde bisher nach vorgegebenen Qualitätssicherungshandbüchern und Prüfplänen zu einem großen Teil manuell durchgeführt. Hohe Bearbeitungszeiten und ein langsamer Informationsfluß verhinderten eine sofortige Reaktion auf Qualitätsstörungen im Produktionsprozeß.

Die Zielsetzung des CAQ-Projektes wurde in zwei Zielkomponenten untergliedert. Technisch soll die QS eine unmittelbare ständige Kontrolle des Produktionsprozesses ermöglichen, so daß die Produktqualität und die Flexibilität der Produktion erhöht werden können. Durch Vernetzung wird eine zentrale Prüfdatenverarbeitung realisiert, die allen Unternehmensbereichen zugänglich sein sollte. Diese wird als Basiszelle für ein zukünftiges CAX-System geplant.

Arbeitswissenschaftlich soll ein Qualitätssicherungssystem realisiert werden, das durch ganzheitliche Arbeitsinhalte und begleitende Qualifikationsmaßnahmen eine verantwortliche Integration der Mitarbeiter ermöglicht. Zur Nutzung aktuellen, westlichen Know-Hows wird die organisatorische und qualifikatorische Einführung des CAQ-Systems gleichzeitig in einem Unternehmen (B) der alten Bundesländer durchgeführt (vgl. Heeg, Kleine 1991).

2.1.4.2.1.4.1 Strukturplanung

Eine ergebnisorientierte Betrachtung des CAQ-Projektes soll es ermöglichen, den Leistungsumfang der Aufgabe zu definieren. Der entstehende Produktstrukturplan (Abbildung 2.1.52) dient als Kommunikationsbasis zwischen Auftraggeber und Projektmanagement.

Die Ermittlung der zur Ergebnisrealisierung benötigten Arbeitsvolumina und die Aufspaltung in Arbeitspakete wurde während der Erstellung des Projektstrukturplanes durchgeführt (Abbildung 2.1.53). Die Zwischenstufe des Objektstrukturplanes wurde für die Planungsphase nicht dargestellt. In der ersten Strukturebene führte eine phasenorientierte Einteilung zur Gliederung in Planungs-, Realisations- und Nutzungsphase. Einer objektorientierten Strukturregel folgte die Aufspaltung in Funktionen und Arbeitspakete. Die Arbeitspakete wurden durch eine einheitliche Numerierung gekennzeichnet, die für die weitere Projektplanung verbindlich ist.

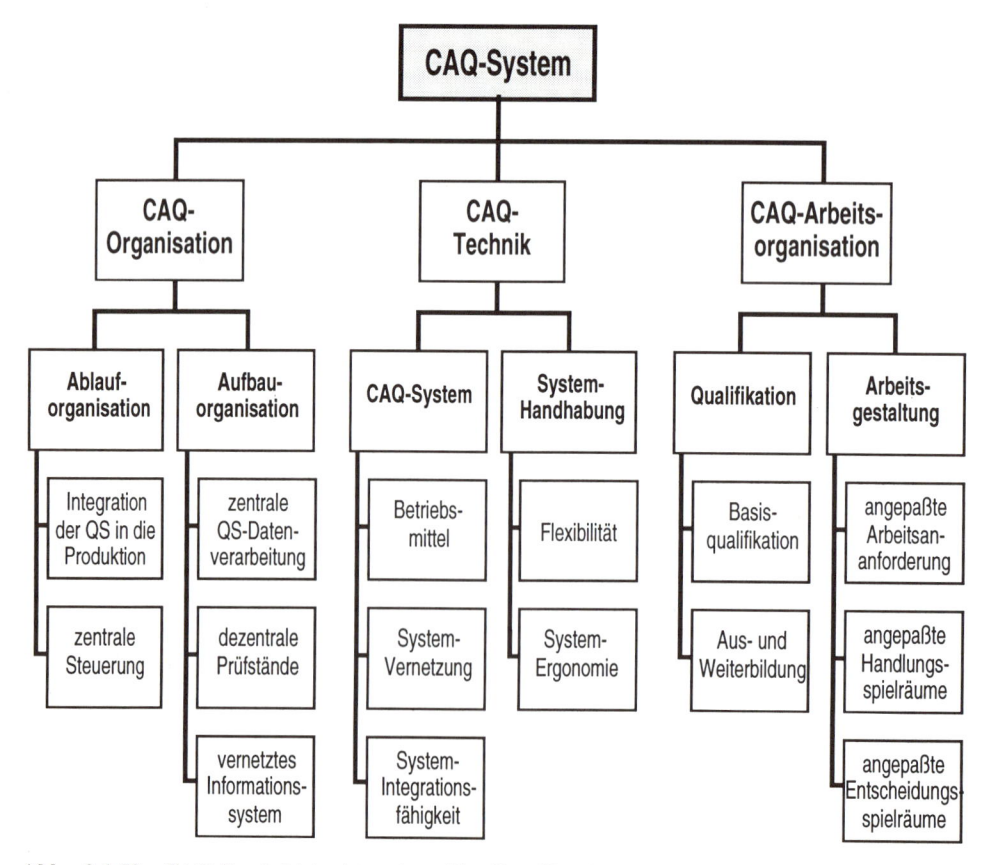

Abb. 2.1.52: CAQ-Produktstrukturplan (Quelle: Hansjosten 1992, S. 42)

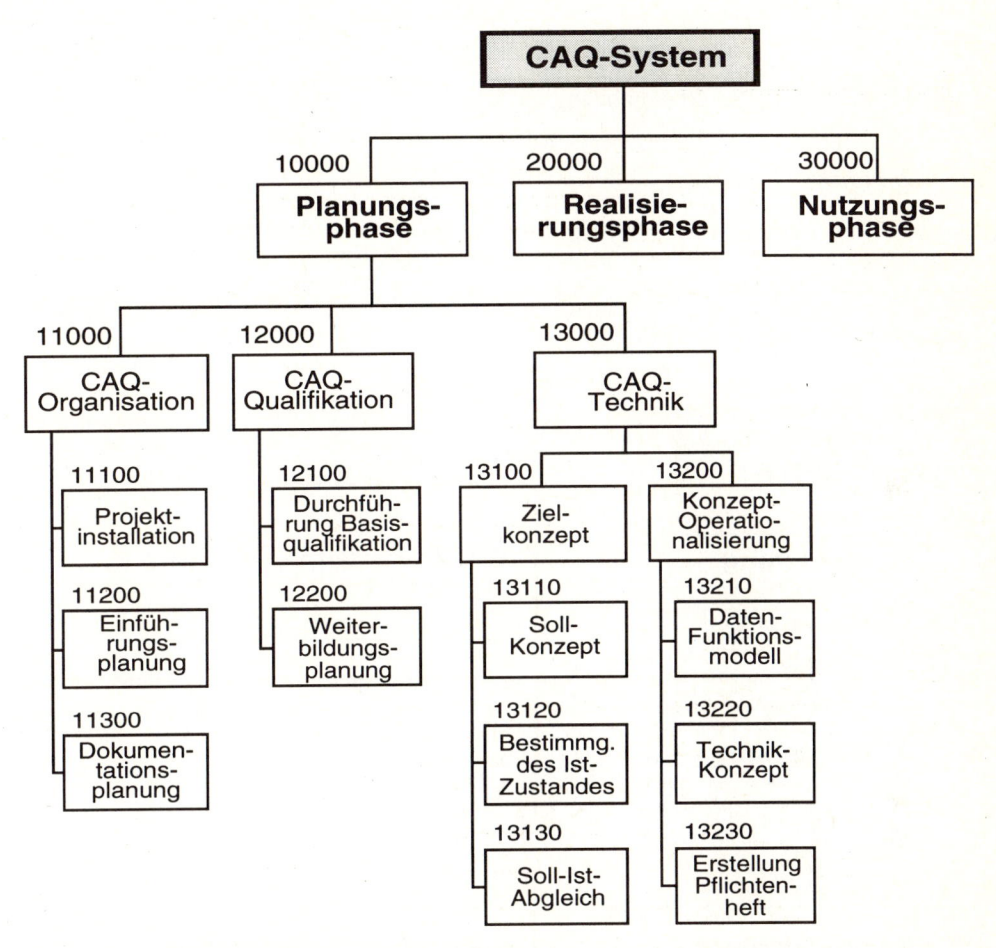

Abb. 2.1.53: CAQ-Projektstrukturplan (Quelle: Hansjosten 1992, S. 42)

2.1.4.2.1.4.2 Netzplantechnik

Zur Ablauf- und Terminplanung wurde die Netzplantechnik nach der VKN-Methode benutzt. In Anlehnung an die in Abbildung 2.1.54 dargestellten Arbeitsschritte wurden innerhalb der Ablaufplanung die Arbeitspakete in Vorgänge detailliert. Im folgenden werden exemplarisch die Arbeitspakete *Ist-Soll-Abgleich*, *Daten-Funktionenmodell* und das *Technik-Konzept* im Rahmen der Netzplanung betrachtet.

Als Ergebnis der Vorgangsermittlung und -zuordnung sowie der Vorgangszeitanalysen ergibt sich eine Teilvorgangsliste (siehe Abbildung 2.1.55), die in einen Teilablaufnetzplan umgesetzt werden kann (vgl. Heeg 1992, S. 62 ff).

Einige Vorgänge, z. B. die Ist-Soll-Überprüfungen (Vorgänge 13131, 13132), werden parallel in den Unternehmen A und B durchgeführt. Um einen besseren Wissens- und Erfahrungstransfer von B nach A zu gewährleisten, werden diese Vorgänge zeitversetzt zuerst in B begonnen. Im Netzplan wird dies durch eine Verknüpfung der Vorgänge berücksichtigt, so daß die Ist-Soll-Überprüfung in A 25 % später als in B beginnt. Ermittelte Gesamtpufferzeiten und der kritische Pfad der Vorgänge sind im resultierenden Netzplan in Abbildung 2.1.56 dargestellt. Eine abschließende Terminplanung ergibt die im Balkenplan dargestellte Terminsituation für das CAQ-Projekt (Abbildung 2.1.57).

2.1.4.2.2 Projektmittelplanung

Die Aktivitäten innerhalb eines Projektes erfordern Mittel, deren Bedarfsvorhersage und Einsatzoptimierung Aufgabe des Projektmanagements ist. Man kann zwischen Personal, Betriebsmitteln und den zur Verfügung stehenden Geldmitteln unterscheiden. Personal und Betriebsmittel werden in der Einsatzmittelplanung (Kapazitätsplanung), die Geldmittel in der Kostenplanung betrachtet (Burghart 1988, S. 226).

NETZPLANTECHNIK

- **Vorbereitung**
  - Wahl der Netzplanmethode

- **Ablaufplanung**
  - Vorgangsermittlung
  - Vorgangszuordnung
  - Zeitanalysen

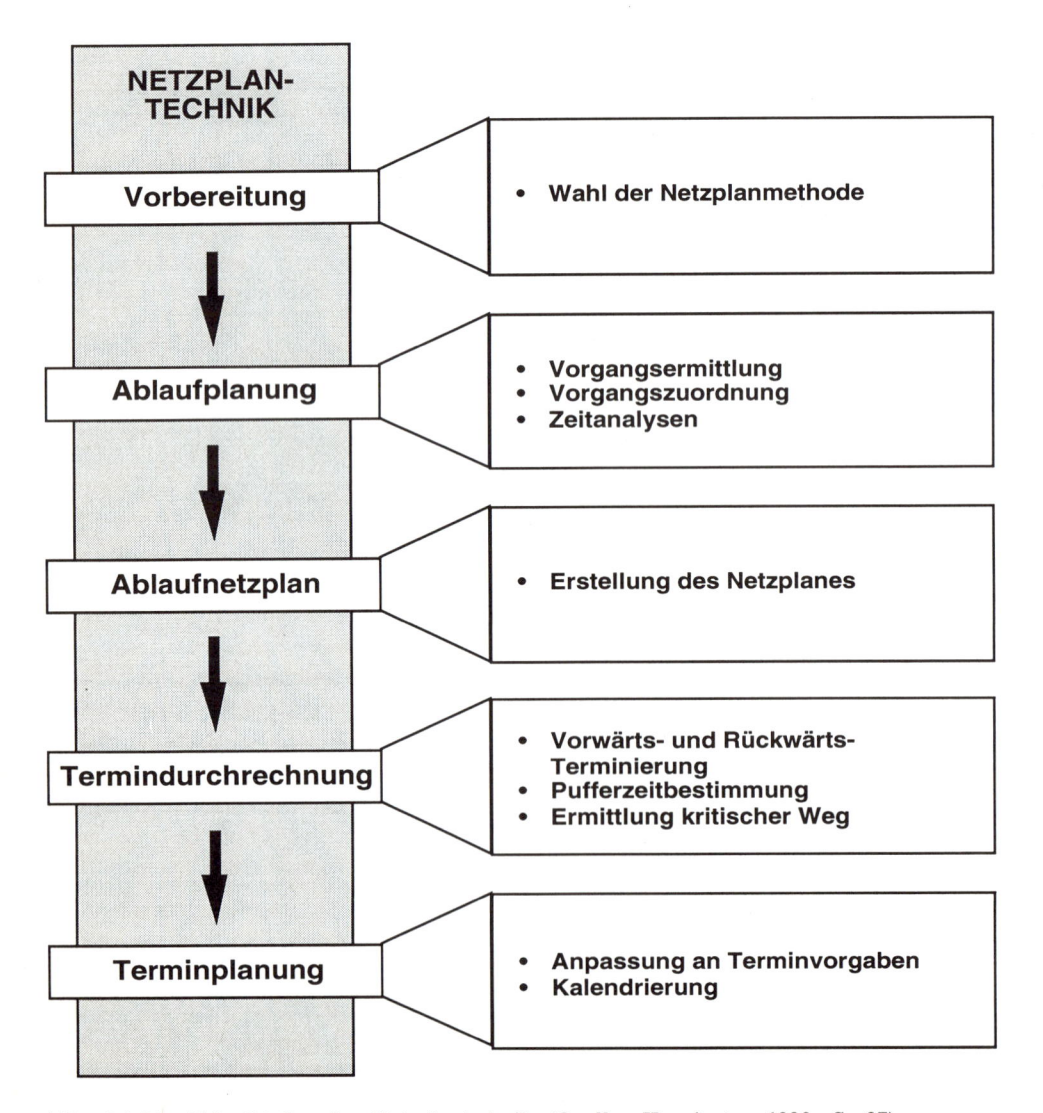

- **Ablaufnetzplan**
  - Erstellung des Netzplanes

- **Termindurchrechnung**
  - Vorwärts- und Rückwärts-Terminierung
  - Pufferzeitbestimmung
  - Ermittlung kritischer Weg

- **Terminplanung**
  - Anpassung an Terminvorgaben
  - Kalendrierung

Abb. 2.1.54: Ablaufstufen der Netzplantechnik (Quelle: Hansjosten 1992, S. 37)

VORGANGSLISTE				
Vorgangs-Nr.	Vorgangs-bezeichnung		Vor-gänger	Dauer [MT]
13131	Ist-Soll-Überprüfung bei A		13120	4
13132	Ist-Soll-Überprüfung bei B		13120	4
13133	Arbeitskreis zur Konzeptübertragung von B nach A		13131	25
13211	Schulung Daten-/Funktionsmodellierung		13131 13132	10
13212	Erstellung eines Daten-/Funktionenmodells bei A		13211	30
13213	Erstellung eines Daten-/Funktionenmodells bei B		13211	30
13214	Abgleich der Daten-/Funktionenmodelle		13212 12213	6
13221	Planung der Übertragung günstiger Konzepte von B nach A		13133	20
13222	Operationalisierung des Daten-/Funktionenkonzeptes und Erstellung eines Organisationskonzeptes bei A		13221 13223	30
13223	Operationalisierung des Daten-/Funktionenkonzeptes und Erstellung eines Organisationskonzeptes bei B		13214	30
13224	Erarbeitung eines Gesamtkonzeptes		13222 13223	15

Abb. 2.1.55: Teilvorgangsliste des CAQ-Projektes

2.1.4.2.2.1 Einsatzmittelplanung

Im Rahmen der Terminplanung des Projektes werden oft die zur Verfügung stehenden oder beschaffbaren Einsatzmittel nicht berücksichtigt. Dies führt zu nicht realisierbaren Vorgangs-terminen, da Tätigkeiten aufgrund von Kapazitätsengpässen nicht oder nur verzögert realisiert

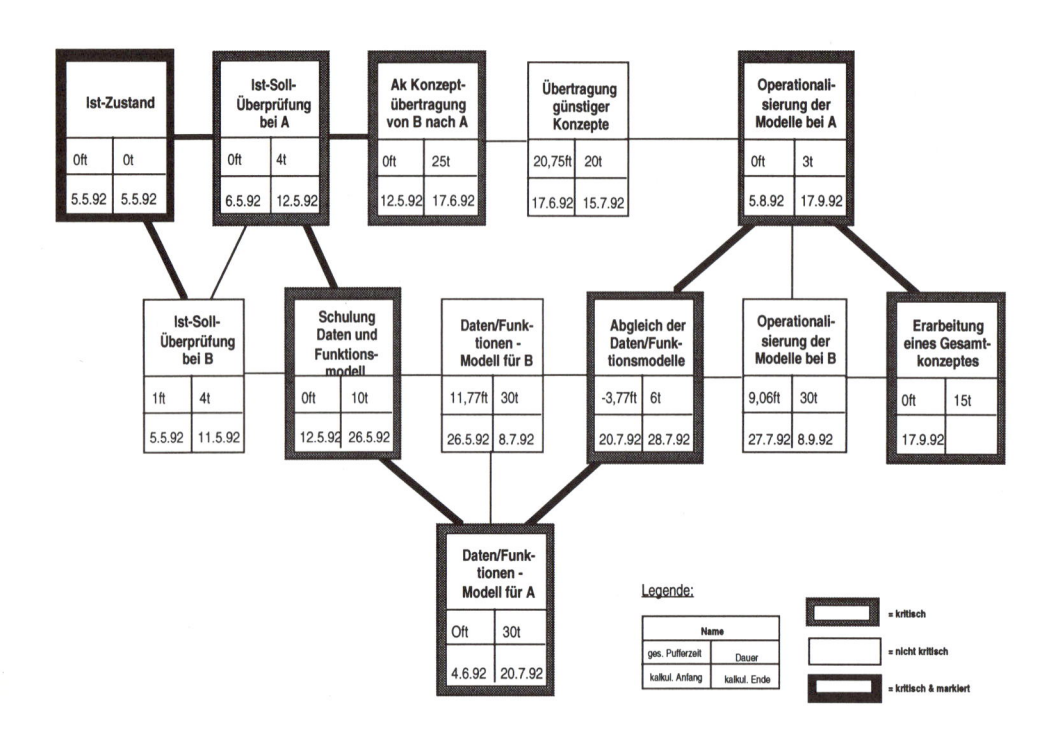

Abb. 2.1.56: Teilprojekt CAQ-System (Quelle: Hansjosten 1992, S. 44)

Abb. 2.1.57: Teilprojekt CAQ-System (Quelle: Hansjosten 1992, S. 45)

```
KAPAZITÄTS-
PLANUNG

Voraussetzungen  →  • Detaillierte Ablauf- und Termin-
                       planung (Netzplan)

        ↓

Kapazitätsbestimmung  →  • Ermittlung des Einsatzmittelbedarfs
                          • Bestimmung der verfügbaren
                            Kapazitäten

        ↓

Kapazitätsdiagramme  →  • Diagramme früheste Lage
                         • Diagramme späteste Lage

        ↓

Kapazitätsanpassung  →  • Nutzung von Pufferzeiten
                         • Ermittlung kapazitiver Zeitabstände
```

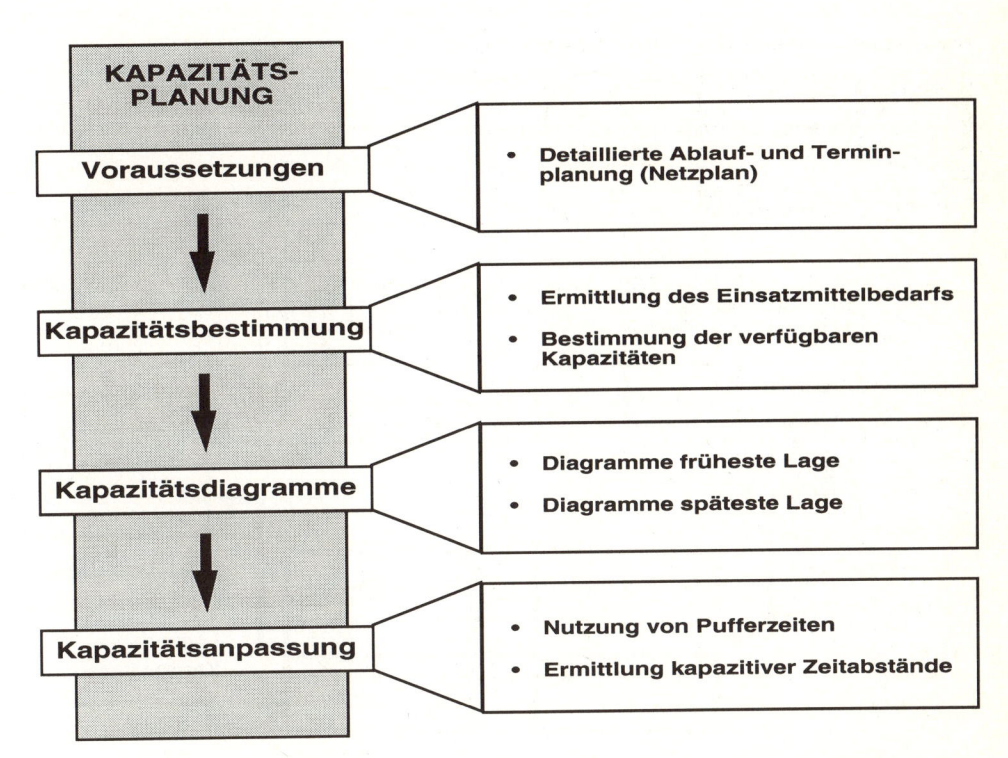

Abb. 2.1.58: Vorgehensschritte der Kapazitätsplanung (Quelle: Hansjosten 1992, S. 47 in Anlehnung an Müller-Ettrich 1991, S. 314 ff)

werden können. Zur Auflösung dieser Problematik wird eine Kapazitätsplanung durchgeführt, die eine optimale Reihenfolge der Vorgänge mit den zur Verfügung stehenden Ressourcen ermitteln soll. Die Planung der Kapazitäten kann prinzipiell in die in der Abbildung 2.1.58 dargestellten Vorgehensschritte untergliedert werden. Grundlage der Kapazitätsplanung sind der Ablauf- und der Terminplan (in dieser Darstellung der Netzplan), in dem Dauer, Pufferzeiten und Abhängigkeitsbeziehungen der Vorgänge festgelegt sind (Müller-Ettrich 1991, S. 313).

Aus diesen Informationen und der Vorgangsbeschreibung wird der Bedarf an Einsatzmitteln quantitativ und qualitativ festgelegt. Personal, Maschinen und Materialien werden in Mengeneinheiten definiert, z. B. als Ingenieur- und Maschinenstunden. Diese Informationen werden in den Netzplan integriert und stellen die Basis der Kapazitätsplanung dar (Abbildung 2.1.59). Parallel werden für die benötigten Einsatzmittel die zur Verfügung stehenden maximalen Kapazitäten bestimmt. Hierbei muß zwischen idealem Kapazitätsbestand und dem durch Ausfälle und Störungen realistisch verplanbaren Kapazitätsbestand je Einsatzmittel differenziert werden (Abbildung 2.1.59) (Heeg 1992, S. 204).

Die Einsatzmittelauslastung wird durch Summation des Bedarfs der einzelnen Vorgänge pro Zeiteinheit ermittelt. Dies wird jeweils für die früheste und späteste Lage durchgeführt und in Auslastungsdiagrammen dargestellt. Für ein Einsatzmittel, z. B. "Anzahl Ingenieure", ist dies exemplarisch in Abbildung 2.1.59 über den Verlauf des Projektes dargestellt. Kann der benötigte Kapazitätsbedarf des Projektes durch den verplanbaren Kapazitätsbestand nicht gedeckt werden, ist eine Kapazitätsanpassung notwendig. Diese kann in zwei Stufen durchgeführt werden (Heeg 1992, S. 206):

- Nutzung der Pufferzeiten nicht kritischer Vorgänge, was die Vorgangsdauer der angepaßten Tätigkeit verlängert, jedoch die Projektdauer und Vorgangsabfolge nicht beeinflußt.

- Veränderung kritischer Anordnungsbeziehungen durch Einführung von kapazitätsbedingten Zeitabständen.

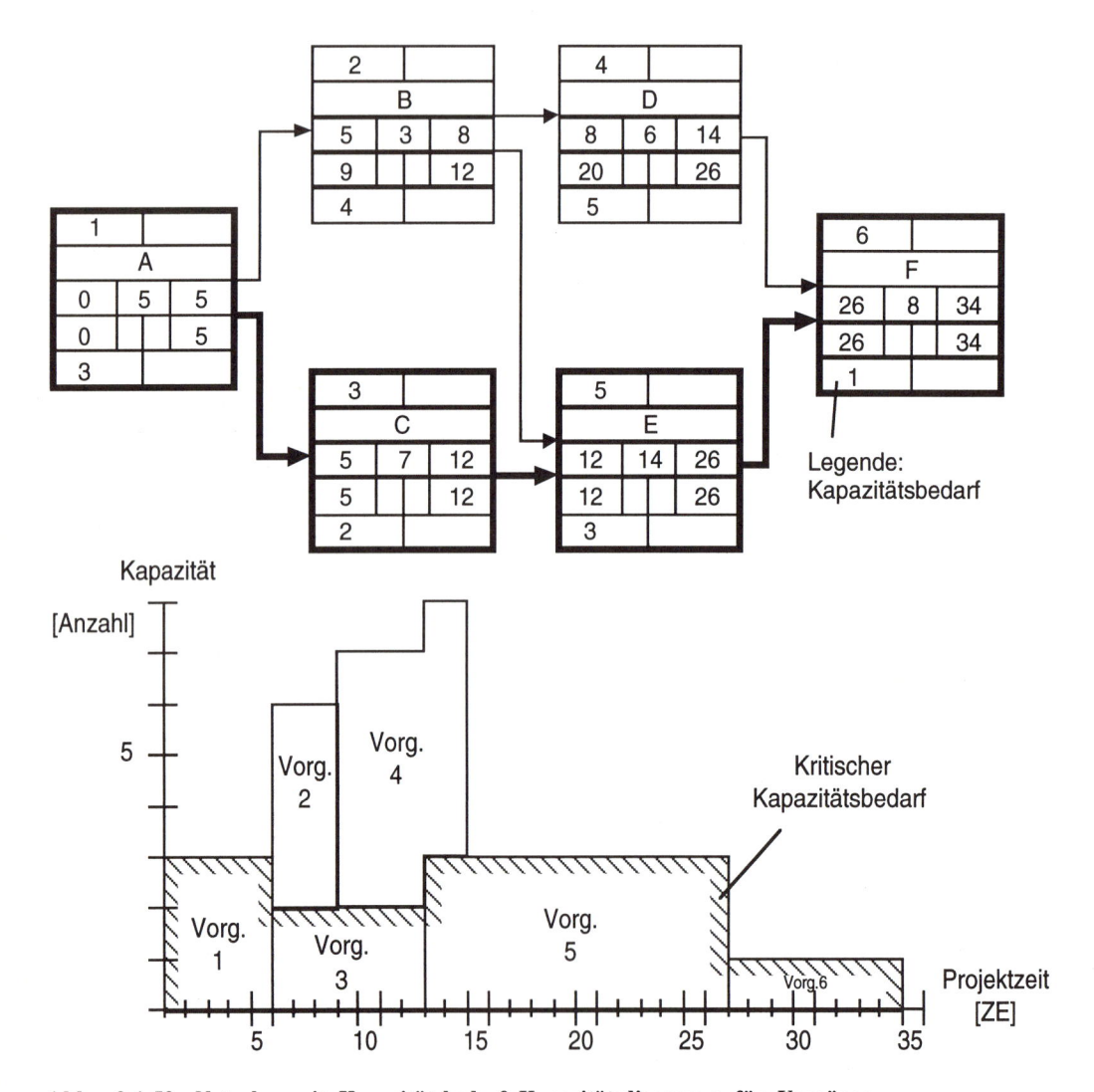

Abb. 2.1.59: Netzplan mit Kapazitätsbedarf Kapazitätsdiagramm für Vorgänge in frühester Lage (Quelle: Heeg 1992, S. 204)

In Abbildung 2.1.60 ist dies beispielhaft für Vorgang 4 durchgeführt worden. Eine Verlängerung der Ausführungsdauer ermöglicht im ersten Schritt eine Kapazitätsanpassung. Ist dies jedoch aufgrund externer Vorgaben nicht möglich, z. B. ist ein Testsystem nur von der 8. bis zur 15. Zeiteinheit verfügbar, so wird in Stufe 2 ein zusätzlicher Zeitabstand zur Anpassung des Kapazitätsbedarfs eingeführt, der die Projektdauer verlängert.

Die Einsatzmittelplanung wird heute meist von EDV-gestützten Projektmanagement-Tools durchgeführt, die bei umfangreichen Projekten eine schnelle und effektive Kapazitätsanpassung ermöglichen. Die prinzipiellen Ablaufschritte, insbesondere die Ermittlung des Einsatzmittelbedarfs und der vorhandenen Ressourcen, entsprechen jedoch der manuellen Vorgehensweise.

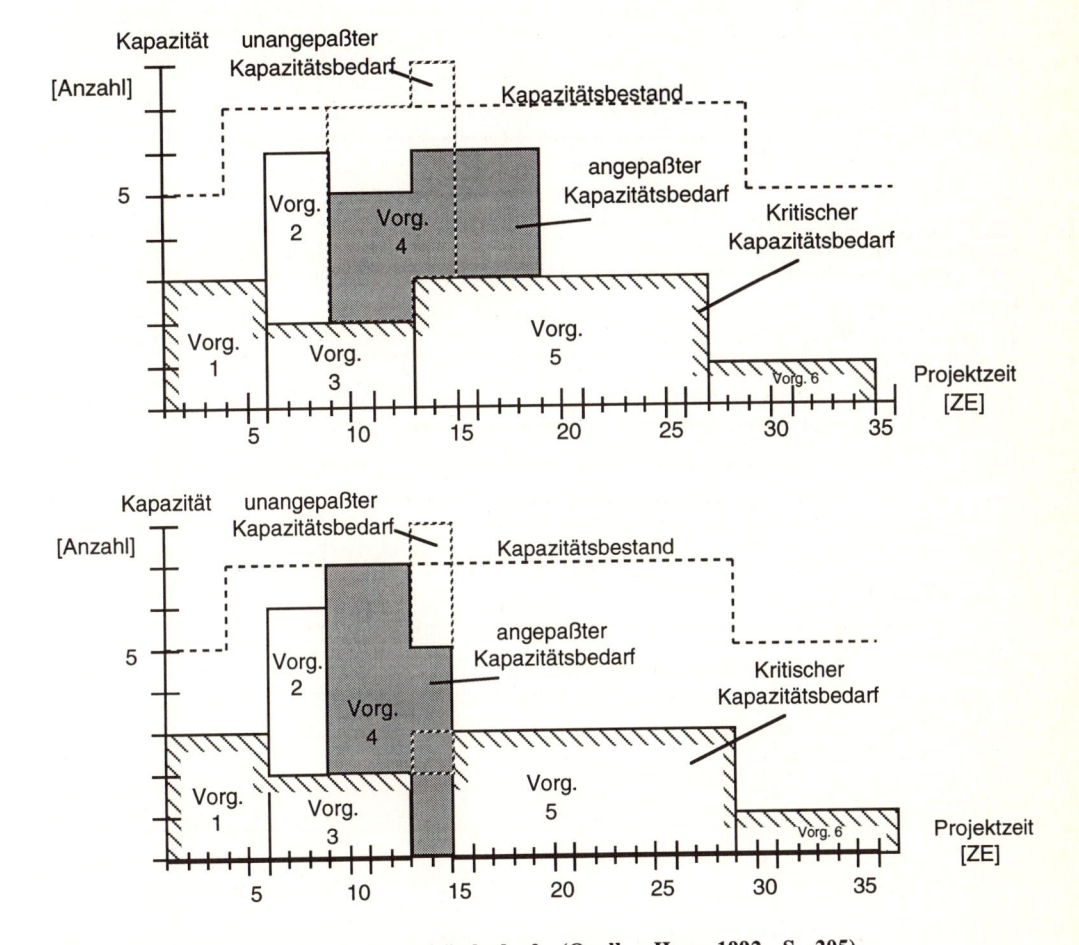

Abb. 2.1.60: Anpassung des Kapazitätsbedarfs (Quelle: Heeg 1992, S. 205)

2.1.4.2.2.2 Kostenplanung

Die Minimierung der Kosten eines Projektes sind eines der drei Hauptziele des Projektmanagements und gleichzeitig je nach Projektungewißheit und -komplexität eine der am schwierigsten bestimmbaren zukunftsbezogenen Größen. Die Kostenplanung determiniert in erheblichem Maße die Wirtschaftlichkeit des Projektes, da die geplanten Kosten oft die Grundlage für Angebotserstellung und Auftragsannahme sind.

Innerhalb der Planungsaufgaben des Projektmanagements ist die Kostenplanung eine betriebswirtschaftlich geprägte Aufgabe, die eine intensive Zusammenarbeit des Projekt-Teams mit dem internen Rechnungswesen des Unternehmens erfordert. Diese Zusammenarbeit wird insbesondere durch eine gesamtheitliche Kostenbetrachtung über den gesamten Projektlebenszyklus von der Idee bis in die Nutzungphase notwendig (Reschke, Svoboda 1983, S. 43). Die Kostenplanung wird auf der Basis der in der Ablaufplanung erstellten Arbeitspakete des Projektstrukturplanes durchgeführt. Diese ermöglichen eine Schätzung der Durchführungskosten, die umso genauer ist, je detaillierter die Ablaufplanung durchgeführt werden konnte (Madauss 1990, S. 246). Je nach Projekttyp (z. B. Grundlagenforschungsprojekt) ist eine detaillierte Planung in der Konzeptphase nicht möglich, so daß die Kostenschätzverfahren große Unsicherheiten bewältigen müssen. Viele Verfahren versuchen daher möglichst umfassend die vielfältigen Einflußgrößen, z. B. Material-, Personal-, Finanz- und Lizenzkosten, zu berücksichtigen. Die Kostenschätzverfahren wie in Abbildung 2.1.61 klassifiziert werden (Schelle 1991, S. 335).

Zu den Verfahren, die Einflußgrößeninformationen nicht explizit nutzen, zählen strukturierte Expertenbefragungen z. B. die Delphi-Methode oder die Schätzklausur. Kosteneinflußgrößen werden explizit in Kennzifferverfahren (durch Nutzung von Kostendatenbanken) und in parametrischen Schätzverfahren verwendet (vgl. Madauss 1990, S. 214 f.).

Kostenschätzverfahren <u>ohne</u> explizite Angabe der Kosteneinflußgrößen
Schätzklausur
Delphi-Methode
Kostenschätzverfahren <u>mit</u> expliziter Information über die Kosteneinflußgrößen
Funktionswertmethode
COCOMO-Methode
CER-Methode (Cost Estimation Relationship)
RCA-Price-Methode

Abbildung 2.1.61:   Kostenschätzverfahren (Quelle: Hansjosten 1992, S. 50 in Anlehnung an Schelle 1991, S. 335)

Im folgenden wird auf der Basis des in Abbildung 2.1.63 dargestellten Arbeitspaketes *Technik-Konzept* (AP-Nr.: 13220) eine detaillierte Kostenplanung erläutert, in der die Kostenschätzung nach der Methode der Schätzklausur durchgeführt wird.

Exemplarische Darstellung der detaillierten Kostenplanung

Eine detaillierte Kostenplanung auf Basis eines in Arbeitspakete aufgegliederten Projektstrukturplanes kann in vier grundsätzliche Ablaufstufen eingeteilt werden (Abbildung 2.1.62) (vgl. Heeg 1992, S. 214 f.).

DETAILLIERTE KOSTENPLANUNG

- Vorbereitung
  - Arbeitspakete des Projektstrukturplanes
  - Termin- und Ablaufplanung

- Arbeitspaketbeschreibung
  - Vorgangsermittlung
  - detaillierte Vorgangsbeschreibung
  - Aufwandsbestimmung
  - Arbeitsmittelbestimmung

- Kostenschätzung
  - Auswahl der Kostenschätzmethode
  - Kostenermittlung

- Kostenplan
  - Arbeitspaketkostenpläne
  - Kumulierte Kostenpläne

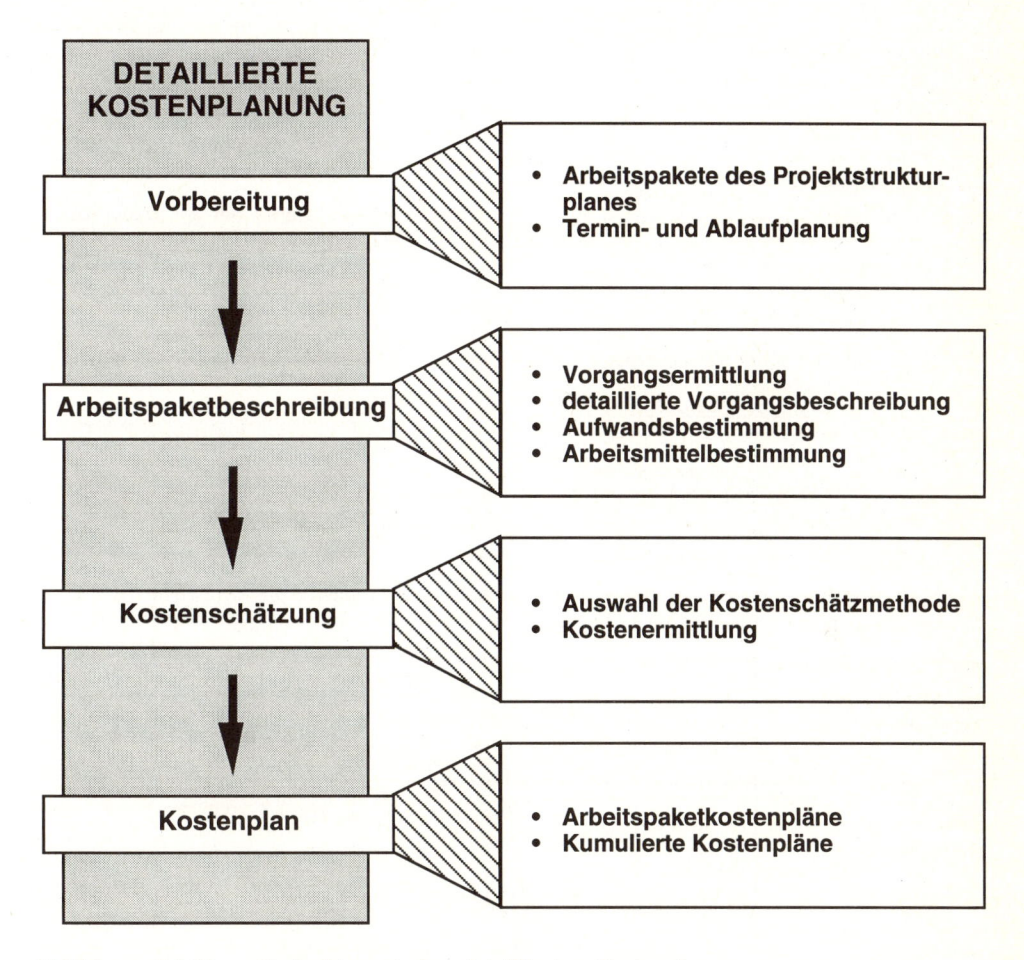

Abbildung 2.1.62: Stufenkonzept der detaillierten Kostenplanung
(Quelle: Hansjosten 1992, S. 51)

Als Voraussetzung müssen die Arbeitspakete vollständig definiert sein. Bei Anwendung der Netzplantechnik kann die Kostenplanung auch auf Grundlage der Arbeitspaketvorgänge durchgeführt werden, was eine größere Genauigkeit ermöglicht, jedoch einen erhöhten Aufwand mit sich bringt. Eine bereits durchgeführte Termin- und Einsatzmittelplanung vervollständigt die vorhandene Datenbasis.

In einer Arbeitspaketbeschreibung werden alle für eine Kostenschätzung relevanten Daten aus Ablauf-, Termin- und Kapazitätsplänen sowie anderen technischen Unterlagen zusammengefaßt. Für das betrachtete Arbeitspaket ist dies in Abbildung 2.1.64 zusammengefaßt.

Firma	Projekt-Bezeichnung	Projekt-Nr.:
Arbeitspaket-Nr.: 13220	**Arbeitspaket-Bezeichnung:** Technik-Konzept Operationalisierung eines Qualitätssicherungs-Gesamtkonzeptes für Unternehmen A und B, unter Beteiligung eines externen Projekt-Koordinators	**Blatt:** 1 von 1
Verantwortlicher: Herr Schmidt		**Ausgabe-Datum:** 06.07.92
Anfangs-Termin (geplant): 17.06.92		**End-Termin (geplant):** 12.10.92

Vorg.-Nr.	Vorgangs-Beschreibung	Dauer bei A: [MT]	Dauer bei B: [MT]	Dauer bei C: [MT]
13221	Planung der Übertragung günstiger Konzepte von B nach A	DI: 20 FI: 20 TM: 20	DI: 10	PK: 8
13222	Operationalisierung des Daten-/Funktionenkonzeptes und Erstellung eines Organisationskonzeptes bei A	DI: 15 FI: 10 TM: 10	DI: 5	PK: 4
13223	Operationalisierung des Daten-/Funktionenkonzeptes und Erstellung eines Organisationskonzeptes bei B	DI: 15 FI: 10 TM: 10	DI: 5	PK: 4
13224	Erarbeitung und Darstellung eines Gesamtkonzeptes	DI: 15 FI: 15 TM: 15	DI: 15	PK: 8

Notwendige Voraussetzungen:	Voraussetzung ist der Abschluß der Arbeitspakete 13130 und 13120. Die einzelnen Vorgänge werden am Standort A im Team abgewickelt.
Angaben zum Arbeitsumfang:	Der Arbeitsumfang (in Manntagen) teilt sich bei A und B in Aufwände für Diplomingenieure (DI), Fachschulingenieure (FI) und Techniker/Meister (TM) auf. Der Projekt-Koordinator ist unter C aufgeführt.
Kosten-, Einsatzmittelangabe:	Die Kosten/MT: A: [DI: 800 DM; FI: 600 DM; TM: 400 DM]; B: [DI: 743 DM]; C: [PK: 1.625 DM]; Reisekosten: km-Geld: 0,42 DM; Spesen: 46 DM/Tag; Übernachtung: 140 DM pro Person/Tag; Entfernungen: B-A: 1.000 km; C-a: 1.200 km
Ergebnisse:	praxisrelevantes Gesamtkonzept für A und B; Abgleich auf einem gemeinsamen Workshop
Projekt-Leiter	Arbeitspaket-Leiter

Abb. 2.1.63: Arbeitspaket-Beschreibung Technik-Konzept
(Formular in Anlehnung an Müller 1991, S. 263)

	Projekt-Bezeichnung	
Arbeitspaket-Nr.: 13220	**Arbeitspaket-Bezeichnung:** Technik-Konzept Operationalisierung eines Gesamt- konzeptes für A und B	**Blatt:** 1 von 1
Verantwortlicher: Mister X		**Ausgabe-Datum:** 06.07.92
Anfangs-Termin (geplant): 17.06.92		**End-Termin (geplant):** 12.10.92

Personalaufwand [MT]	Vorgang 13221	Vorgang 13222/13223	Vorgang 13224	Gesamt Aufwände/Kosten
Fachingenieur	20	20	15	55
Diplomingenieur A	20	30	15	65
Meister/Techniker	20	20	15	55
Diplomingenieur B	10	10	15	35
Projekt-Koordinator	8	8	8	16
Gesamt-Aufwand	78	88	68	224
Personalkosten [DM]				
Fachingenieur	12.000	12.000	9.000	33.000
Diplomingenieur A	14.000	24.000	12.000	50.000
Meister/Techniker	8.000	8.000	6.000	22.000
Diplomingenieur B	7.000	7.000	10.500	24.500
Projekt-Koordinator	12.800	12.800	12.800	38.400
Gesamtkosten	53.800	63.800	50.300	167.900
Sonstige Kosten [DM]				
Material	2.000	1.000	1.500	4.500
Reisen	10.830	13.400	9.000	33.230
Zulieferungen	0	0	0	0
Andere	0	500	0	500
Sonstige Kosten	12.830	14.900	10.500	38.230
Gesamtkosten [DM]	**66.630**	**78.700**	**60.800**	**206.130**

Abb. 2.1.64: Arbeitspaket-Kostenplan
(Formular in Anlehnung an Madauss 1990, S. 250)

Aufgrund dieser Daten werden die Kosten für das Arbeitspaket geschätzt und in einem Kostenplan festgehalten, der die Grundlage der Kostenkontrolle im weiteren Projektablauf darstellt (Abbildung 2.1.64).

Zwei Grundprinzipien müssen bei der Erstellung beachtet werden:

- Die geschätzten Kosten müssen in Anlehnung an die Kostenkategorien des internen Rechnungswesens eingeordnet werden. Nur so ist eine effektive Weiterverarbeitung der Daten bzgl. Kostenstellenrechnung und Kalkulation möglich.

- Zeitlich sollten die Kosten dem Zyklus der Kostenkontrolle angepaßt werden, da nur auf gleichen Zeitbasen eine effektive Überprüfung durchführbar ist.

Neben den Kosten für Personal und Reisen, die hier exemplarisch dargestellt sind (Abbildung 2.1.64), sind insbesondere bei Entwicklungsprojekten viele Kosten- und Aufwandsarten zum Planungszeitpunkt nicht mit solcher Genauigkeit bestimmbar. Eine einfache Methode zur Schätzung solcher nicht detailliert festzulegenden Kosten ist die Schätzklausur.

Schätzklausur

Die Schätzklausur ist ein systematisches und strukturiertes Verfahren der Expertenbefragung. Grundlage der Klausuren sind die Arbeitsvorgänge des aufgegliederten Projektstrukturplans, die geschätzt werden müssen (vgl. Schelle 1991, S. 338 ff.). Innerhalb der Gruppendiskussion einer Schätzklausur lassen sich vier verschiedene Rollen definieren: die Schätzer, die fachlichen Berater, der Moderator und der Protokollführer.

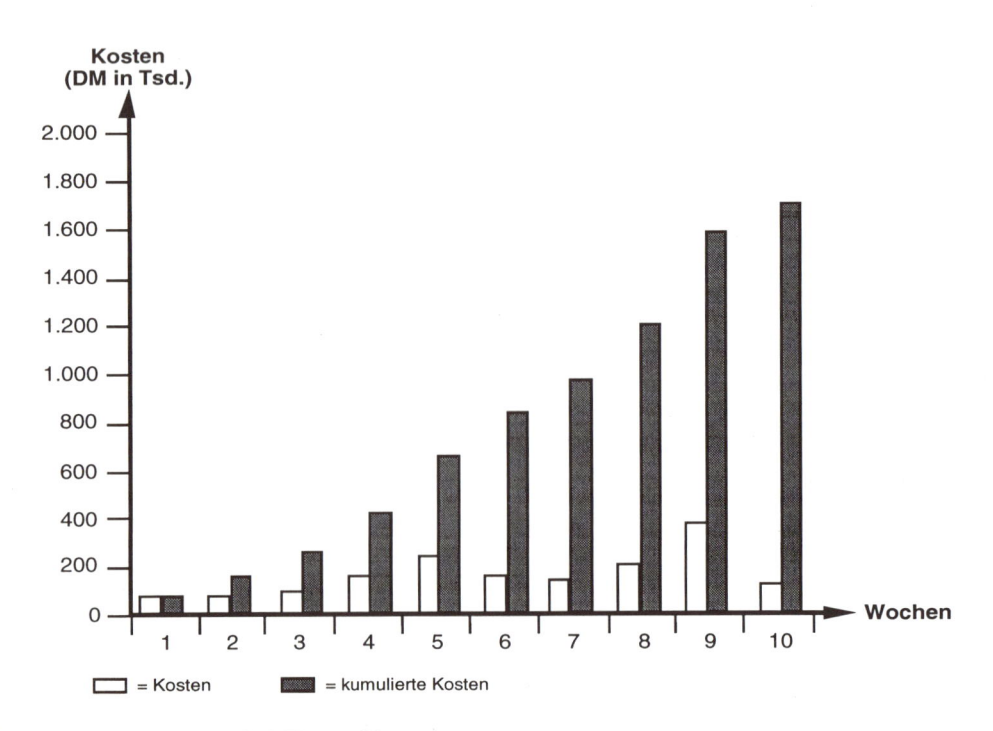

Abbildung 2.1.65:   Soll-Kosten-Plan

Nach Klärung der Projektvoraussetzungen wird von jedem Schätzer für die betrachtete Teilaufgabe ein Schätzwert abgegeben. Diese werden durch festgesetzte Regeln, z. B. dem arithmetischen Durchschnitt oder dem Median, zu einem Gesamtschätzwert zusammengefaßt. Besitzen die Einzelschätzwerte sehr große Abweichungen, die über einen vorher definierten Prozentsatz hinausgehen, können folgende Regeln angewandt werden:

- Die Schätzer mit dem höchsten und niedrigsten Schätzwert begründen ihre Schätzergebnisse und versuchen, durch Diskussion ein gemeinsames Ergebnis festzulegen.

- Ist dies nicht möglich, muß der betrachtete Vorgang weiter untergliedert werden, bis eine Übereinstimmung innerhalb der festgesetzten Toleranzen möglich ist.

Die ermittelten Schätzwerte werden protokolliert und für abgeschlossene Teilsysteme abschließend beurteilt. Ziel der Schätzklausur ist es, durch Nutzung unterschiedlicher Expertenpotentiale innerhalb eines Teams eine Gesamtschätzung durchzuführen, deren Fehler weniger als 20 % beträgt. Zusammenfassend werden die geschätzten Projektkosten aller Arbeitspakete zeitlich in einer Soll-Kosten-Kurve dargestellt. Diese ermöglicht einen Überblick über die je Zeiteinheit, z. B. Projektwochen, anfallenden Kosten. Zusätzlich können die kumulierten Projektkosten über den gesamten Projektablauf dargestellt werden (Abbildung 2.1.65 (vgl. Schwarze 1990, S. 217 f.).

2.1.4.2.3 Risikoanalyse und Projektoptimierung

2.1.4.2.3.1 Risikoanalyse

Kennzeichnend für Projekte ist ihre Komplexität und Zukunftsorientierung. Dies hat zur Folge, daß viele unbekannte Faktoren vorhanden sind und Projekte mit erheblichen Unsicherheiten behaftet sind. Aufgabe des Projektmanagements ist es, diese Risiken zu bestimmen und durch Planung kalkulierbar zu machen. Die Methode der Risikoanalyse kann im zeitlichen Projektablauf phasenbezogen angewendet werden. Der Einsatz ist jedoch in frühen Planungsphasen besonders effektiv, da durch das Erkennen von Planungsrisiken und die Einleitung von Korrekturmaßnahmen aufwendige spätere Nacharbeiten verhindert werden können.

Das Gesamtrisiko eines Projektes kann in vier Risikogruppen unterteilt werden, die jedoch vom Projekt abhängen und durch starke Interdependenzen gekennzeichnet sind (Rinza 1985, S. 56):

- technische Risiken (Realisations-, Materialrisiken)
- wirtschaftliche Risiken
- politische Risiken (Steuer-, Import-, Exportrisiken)
- soziokulturelle Risiken (Wertvorstellungen, Akzeptanzrisiken).

Grundsätzlich basiert die Risikoanalyse auf Erfahrungswerten, da Tätigkeiten zukunftsbezogen analysiert werden müssen. Zur Nutzung der vorhandenen Erfahrungspotentiale ist daher eine Partizipation der Betroffenen innerhalb des erweiterten oder modifizierten Projekt-Teams anzustreben. Eine Beurteilung durch den Projektleiter kann demgegenüber nur dessen persönliche Kenntnisse nutzen.

Eine effiziente, umfassende Analyse kann in die Stufen Risikoidentifikation, -bewertung und -selektion untergliedert werden (Abbildung 2.1.66). Grundlage der Risikoanalyse ist das Erkennen der projektspezifischen Unsicherheiten, die in einem Risikokatalog zusammengestellt werden. Neben Realisationsunsicherheiten müssen mögliche Störfaktoren des Projektes ermittelt werden und deren mögliche Auswirkungen auf den Projektablauf beurteilt werden.

Besonderes Augenmerk ist hierbei auf die in der Planung bestimmten kritischen Arbeitspakete und Vorgänge zu legen (vgl. Franke 1991, S. 615 ff.).

Zur Risikoidentifikation können verschiedene Techniken verwendet werden, z. B. die Arbeitspaketanalyse auf Basis des Projektstrukturplanes, Sensitivitätsanalysen oder empirische Checklisten. Exemplarisch ist das Ergebnis einer Arbeitspaketanalyse in Abbildung 2.1.67 dargestellt. Innerhalb der Risikobewertung werden die ermittelten Unsicherheiten quantifiziert. Eine einheitliche Bewertungsbasis muß definiert werden, um eine spätere Risikoselektion zu ermöglichen. Normalerweise wird eine monetäre Bewertung durchgeführt, wobei sich das Risiko aus der Kostensumme des betrachteten Vorgangs multipliziert mit der Eintrittswahrscheinlichkeit des Risikos ergibt.

Verschiedene Instrumente der Expertenbefragung, z. B. die Delphi-Methode oder die Schätzklausur, können zur Bestimmung der Eintrittswahrscheinlichkeiten benutzt werden. Gemeinsamkeit dieser Techniken ist die Bildung von Expertenteams mit 4 - 8 Schätzern, um so Erfahrungswerte optimal nutzen zu können und die Schätzsicherheit zu erhöhen. Abschließend erfolgt eine Selektion der im Risikokatalog bestimmten und bewerteten Unsicherheiten. Durch eine graphische Analyse werden aus der Gesamtzahl der Risiken diejenigen bestimmt, die das größte Risikopotential und somit den größten Einfluß auf das Projekt besitzen (Franke 1991, S. 622).

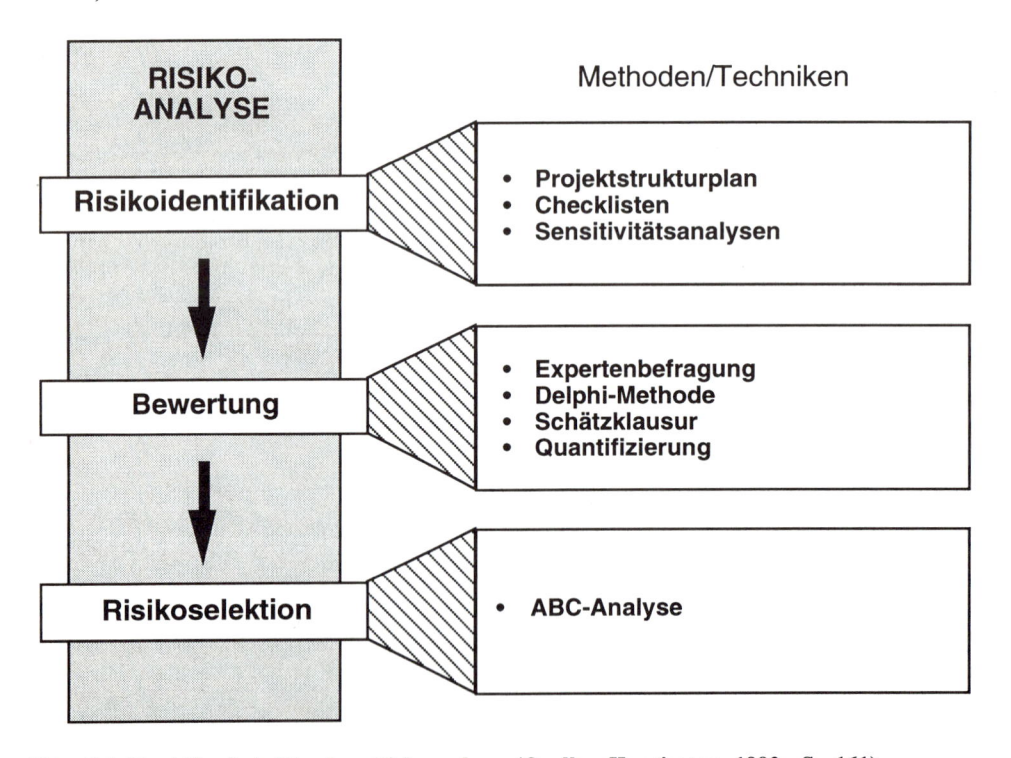

Abb. 2.1.66: Ablaufschritte der Riskoanalyse (Quelle: Hansjosten 1992, S. 161)

Für die Risikokosten aus Abbildung 2.1.67 wird das Ergebnis in Form einer ABC-Analyse graphisch dargestellt (Abbildung 2.1.68). Die bewerteten Risiken werden nach ihrer Größe geordnet den Gesamtkosten, die durch Risiken verursacht werden, gegenübergestellt.

Eine 75 %-Analyse ergab, daß die Risiken 1. bis 5. drei Viertel der gesamten Unsicherheiten abdecken, die Risiken 1. bis 8. schon 90 % des Gesamtrisikos. Die Risiken 1. bis 5. sollten demnach unbedingt beim Einsatz korrektiver Maßnahmen berücksichtigt werden, die Risiken 6. bis 8. sollten genauer untersucht werden, während die Unsicherheiten 9. bis 12. normalerweise ohne Korrekturmaßnahmen in Kauf genommen werden.

2.1.4.2.3.2 Projektoptimierung

Risikoanalyse				
Arbeitspaket	mögliche Schwierigkeiten	Wahrscheinlichkeit	Kosten	wahrscheinliche Kosten
1107: Konstruktion Verdichter	• konstruktiver Mehraufwand	0,8	90 TDM	72 TDM
1112: Konstruktion Bergewinde	• Umkonstruktion auf ein stufenlos regelbares Getriebe • geforderte Zugkräfte nicht realisierbar	0,1 0,6	150 TDM 80 TDM	15 TDM 48 TDM
1602: Beschaffung Pumpenantrieb	• Auslegung wird zu spät fertig • geeigneter Lieferant wird nicht gefunden • Lieferzeit wird nicht eingehalten	0,3 0,4 0,3	120 TDM 60 TDM 70 TDM	36 TDM 24 TDM 21 TDM
1607: Beschaffung Hydraulikanl.	• Anlage wird nicht rechtzeitig geliefert	0,6	80 TDM	48 TDM
1504: Auslegung Getriebe	• Terminüberschreitung bei der Zulieferung der Auslegungsdaten • Kostenüberschreitung bei der Beschaffung der Zulieferteile	0,3 0,4	40 TDM 20 TDM	12 TDM 8 TDM
1303: Beschaffung Motor	• Spezifikationen werden für die Bestellung zu spät zur Verfügung gestellt	0,3	20 TDM	6 TDM
1304: Beschaffung Getriebe	• geplante Kosten lassen sich nicht einhalten	0,2	50 TDM	10 TDM
3402: Fertigung Drehwerk	• geplanter Fertigungstermin kann nicht eingehalten werden	0,4	30 TDM	12 TDM

Abb. 2.1.67: Ergebnisse einer Arbeitspaketanalyse (Quelle: Rinza 1985, S. 61)

Nach Durchlauf der bisherigen Planungsschritte und der Erstellung der unterschiedlichen Pläne wird abschließend eine Abstimmung und Optimierung durchgeführt. Eine wirkungsvolle Projektoptimierung erfordert eine integrierte Betrachtung der einzelnen das Projekt beeinflussenden Parameter. Die Aussagefähigkeit und Transparenz der unterschiedlichen Pläne (Ablauf-, Termin-, Kosten-, Kapazitätsplan usw.) wird in Abstimmungsgesprächen zwischen Teilverantwortlichen überprüft, und vorhandene Unstimmigkeiten werden beseitigt. Insbesondere muß die Projektplanung durch den Lenkungskreis mit der Unternehmensleitung oder den Auftraggebern abgestimmt und verabschiedet werden (Reschke, Svoboda 1983, S. 45). Der optimierte Projektplan wird verabschiedet und in einem Organigramm festgelegt, in dem die Aufgabenzuordnung und die Verantwortlichkeiten für die nachfolgenden Projektphasen definiert sind.

2.1.4.3 Projekt-Controlling

Die Planung determiniert den Projektablauf nur theoretisch, so daß Abweichungen zwischen der Systemrealisierung und den Planwerten auftreten. Aufgabe des Projekt-Controllings ist es daher, durch Überwachung und Steuerung die Abweichungen frühzeitig zu erkennen und geeignete, wirkungsvolle Maßnahmen einzuleiten. Grundsätzlich können zwei Problemtypen unterschieden werden (Platz 1991, S. 634):

- Abweichungen, die aus einer Projektplanung mit unsicheren oder falschen Vorgaben resultieren.

- Abweichungen, die sich aus der Änderung der Randparameter des Projektes ergeben.

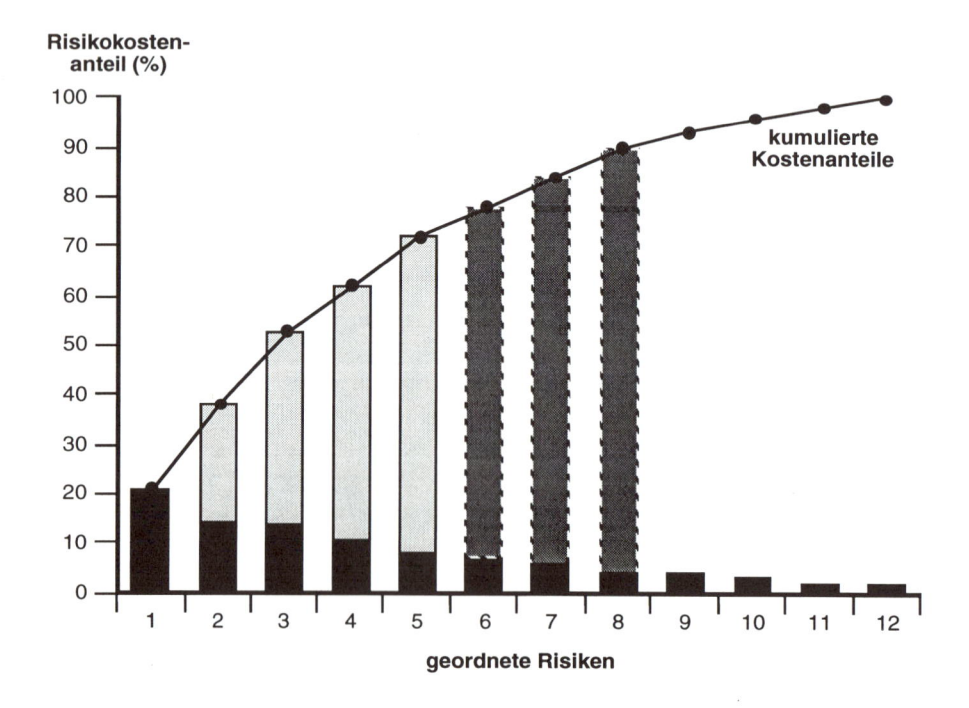

Abb. 2.1.68: ABC-Analyse der Arbeitspaketrisiken

Ablauforientiert kann das Projekt-Controlling auf der Grundlage der Arbeitspakete des Projektstrukturplanes wie in Abbildung 2.1.69 dargestellt werden. Innerhalb der Projektüberwachung werden durch das Berichtswesen die aktuellen Projektdaten bereitgestellt, welche, kombiniert mit den Planungsdaten, die Grundlage für die Projektsteuerung darstellen. Die Steuerung umfaßt das Treffen der notwendigen Entscheidungen und regulierende Maßnahmen oder die Einleitung weiterer Auftragsfreigaben.

Institutionell ist das Projekt-Controlling Aufgabe des Projektleiters in Verbindung mit dem Projekt-Team sowie übergeordnet des Lenkungsausschusses. Der Projektleiter berichtet dem Lenkungsausschuß periodisch über den Projektfortschritt. Der Lenkungsausschuß kann durch Änderung der Planungsvorgaben in den Steuerungsprozeß eingreifen.

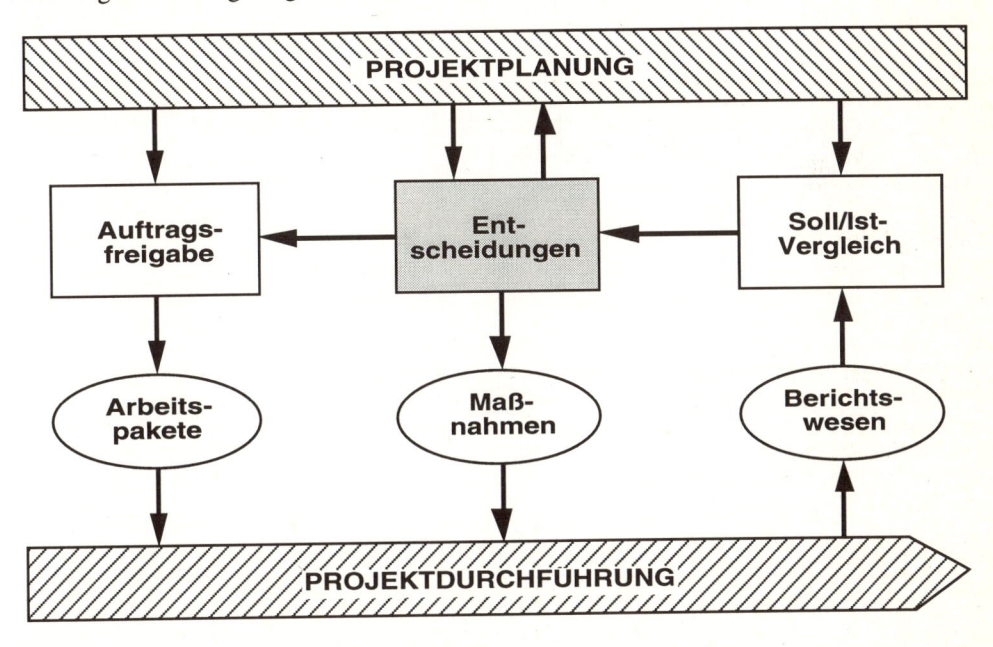

Abb. 2.1.69: Modell des Projekt-Controllings (Quelle: Platz 1991, S. 636)

2.1.4.3.1 Überwachung des Projektes

Die Projektüberwachung orientiert sich an den Zielgrößen des "Magischen Dreiecks". Aktuelle Kosten-, Termin- und Leistungs-/Qualitätsdaten bilden die Grundlage einer wirkungsvollen, integrierten Projektsteuerung. Die Gewichtung der einzelnen Zielgrößen innerhalb der Überwachung hängt vom Projektablauf ab. Tendenziell werden am Projektanfang hauptsächlich Terminziele betrachtet, deren Gewichtung sich im weiteren Projektablauf zugunsten von Kosten- und Leistungs-/Qualitätszielen verringert (Keplinger 1992, S. 99).

Ein effektives Controlling setzt ein schnellstmögliches Erkennen von Abweichungen zwischen Realisierung und Planung voraus. Ziel der Ablaufgestaltung des Controllings ist es, den Zeitraum zwischen Eintritt einer Abweichung und der Wirkung der eingeleiteten Steuerungsmaßnahme zu minimieren (vgl. Platz 1991, S. 634 ff.). Grundlage des Projekt-Controllings ist die Feststellung des aktuellen Standes und der transparenten Aufbereitung der als relevant erkannten Daten. Diese Funktion übernimmt das Berichtswesen des Projektmanagements. Alle Projektbeteiligten werden gemäß ihren individuellen Informationsbedürfnissen durch das Berichtswesen mit Daten versorgt. Dabei werden neben operativen, steuerbaren Größen auch "weiche Daten", z. B. Verhalten, Motivation, erfaßt. Die Gewinnung der Ist-Daten kann prinzipiell auf sechs Arten erfolgen (vgl. Platz 1991, S. 645 f.):

1. Formale Abfragen
    - Kostenerfassungsbelege
    - Stundenschreibungen
    - Rückmeldelisten

2. Teamorientierte Datengewinnung
    - Trendanalysen

3. Beobachtung
    - Erfassung weicher Daten

4. Reviewtechniken
    - definierte, vollständige Statuserfassung des Projektes, z. B. die Walk-Through- und Development-Document-Control-Technik

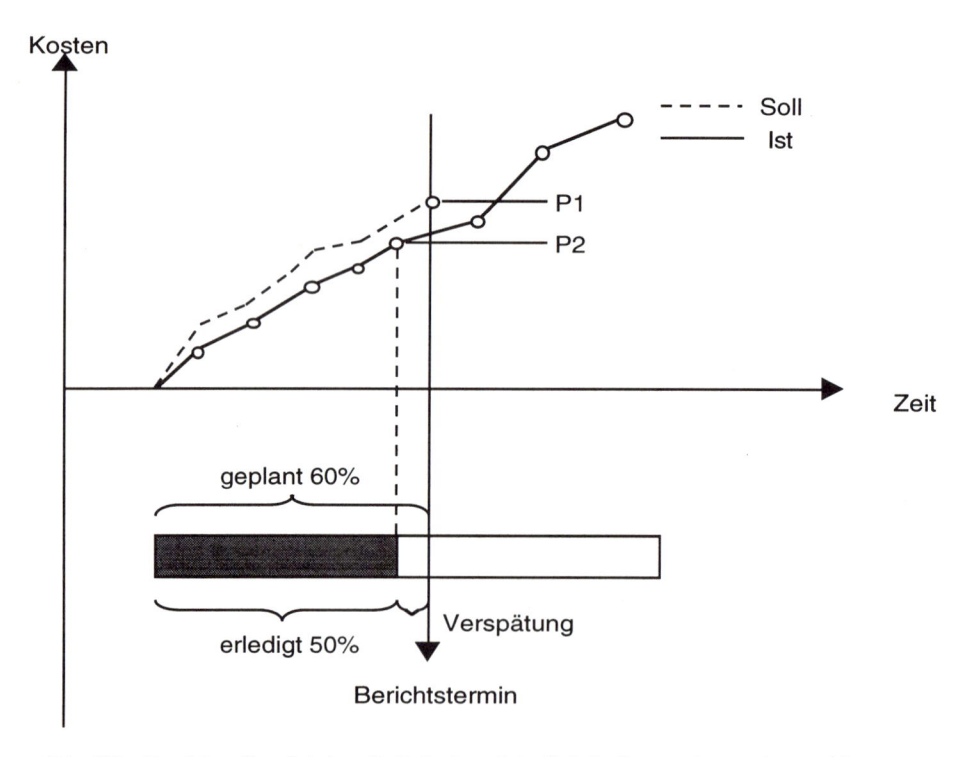

P1, P2: Punkte, die sich bezüglich des Arbeitsinhaltes entsprechen, d.h. gleichartige durchgeführte Tätigkeiten

Abb. 2.1.70: Graphische Darstellung zur Überwachung von Termin- und Kostenabweichungen eines Teilprojektes
(Quelle: Kummer, Spühler, Wyssen 1986, S. 8.5)

5. Konfigurationsmanagement
   - formalisierte, kontrollierende Systematik zur Durchführung von Änderungen in der Projektkonfiguration

6. Tests
   - Qualitätsüberwachung durch Funktionsprüfungen

Basis der Datenerfassung sind die in Auftrag gegebenen Arbeitspakete. Die pro Arbeitspaket gewonnen Termin-, Kosten- und Qualitätsinformationen werden für die entsprechenden Adressaten komprimiert und visualisiert. Parallel erfolgt ein Vergleich der Berichtsdaten mit den Planwerten. Für die betrachteten Arbeitspakete werden Termine, Kosten und Qualität gegenübergestellt (Abbildung 2.1.70).

Die Terminüberwachung ermittelt den Arbeitsfortschritt des betrachteten Vorgangs oder Arbeitspaketes und bestimmt daraus z. B. den relativen Fertigstellungsgrad, der die prozentuale Fertigstellung des Vorgangs beschreibt. Die Kostenüberwachung vergleicht die effektiven mit den geplanten Projektkosten für die erbrachten Leistungen und Qualitäten. Innerhalb der Qualitätsüberwachung wird geprüft, inwieweit die erarbeiteten Pläne, Produkte usw. den geforderten Anforderungen entsprechen. Treten Abweichungen auf, müssen in einer Abweichungsanalyse die Ursachen bestimmt werden. Die Ermittlung der Abweichungsursachen (z. B. Planungsfehler, Zieländerungen) ist die Basis für die Auswahl geeigneter Steuerungsmaßnahmen.

2.1.4.3.1.1 Qualitätssicherung

Die Sicherung der Qualität des zu erstellenden Projektergebnisses (z. B. Produkt, Rationalisierungsplan) ist heute ein bedeutender Bestandteil des Projektmanagements. Die Produktqualität ist ein wichtiger Wettbewerbsfaktor und je nach Produktrisiko (Flugzeuge, Kernkraftwerke) projektbestimmend.

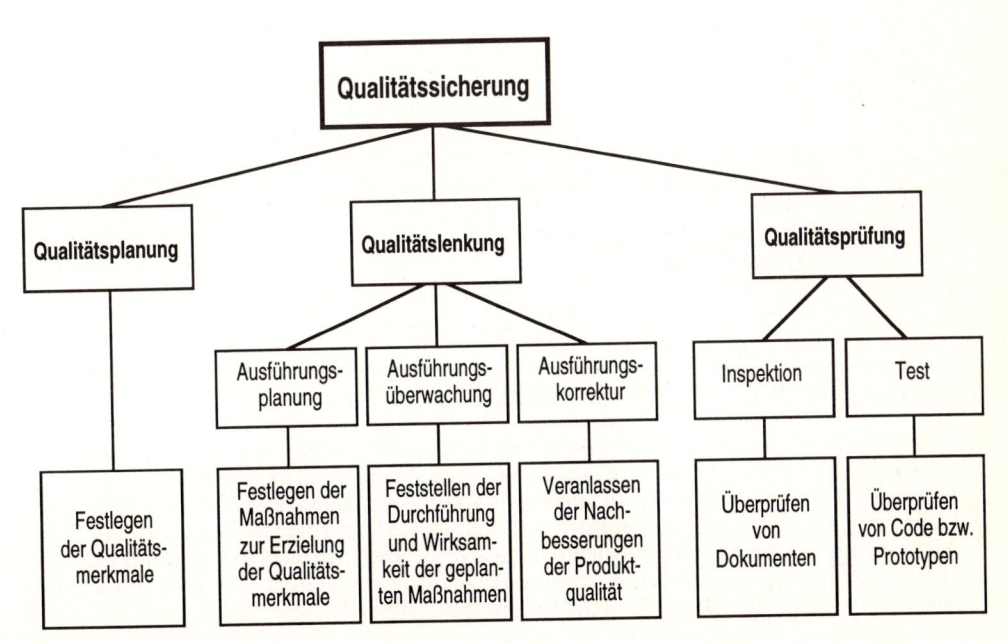

Abb. 2.1.71: Bestandteile der Qualitätssicherung (Quelle: Burghardt 1988, S. 318)

Innerhalb des Projektmanagements wird die Qualität durch eine projektbegleitende Qualitätssicherung gewährleistet. Diese umfaßt die Teilaufgaben der Qualitätsplanung, Qualitätslenkung und Qualitätsprüfung (Abbildung 2.1.71). Die Teilaufgaben sind in die Projektmanagementfunktionen integriert. So erfolgt z. B. die Qualitätslenkung teilweise innerhalb der Projektplanung (Ausführungsplanung) und durch das Projekt-Controlling (Ausführungsüberwachung, Ausführungskorrektur) (vgl. Burghardt 1988, S. 317 ff.).

Aufgabe des Projektmanagements ist es, durch organisatorische Maßnahmen (Qualitätsaudit, -zirkel) sowie durch Gestaltung und Durchführung von Planungs- und Steuerungsmaßnahmen eine effektive Qualitätssicherung zu ermöglichen. Innerhalb der Qualitätsüberwachung werden die in der Planungsphase festgelegten Qualitätsmerkmale in ihren Ausprägungen überprüft. Werden Abweichungen festgestellt, müssen entsprechend dem Modell des Projekt-Controllings Planänderungen oder Steuerungsmaßnahmen veranlaßt werden. Ein wichtiger Ansatzpunkt der Qualitätsüberwachung stellt die kontinuierliche Überprüfung der Qualität während des gesamten Projektablaufs dar. Qualitätsmängel der Planungsdokumente haben meist Realisierungsfehler zur Folge, welche hohe Fehlerbehebungskosten nach sich ziehen (vgl. Madauss 1990, S. 158 ff.).

2.1.4.3.1.2 Trendanalysen

Neben den Plan-/Ist-Vergleichen, die den aktuellen Zustand der Projektdaten darstellen, sind durch Trendanalysen zukunftsorientierte Aussagen über den Projektverlauf möglich. Dazu werden vergangene Plankorrekturen im zeitlichen Verlauf extrapoliert, so daß eine Prognose über den wahrscheinlichen Verlauf der betrachteten Größen ermöglicht wird. Diese Methodik wird zur Terminverfolgung (Meilenstein-Trendanalyse) sowie zur Kostenüberwachung (Kosten-Trendanalyse) eingesetzt. Exemplarisch wird dies im folgenden an einer Meilenstein-Trendanalyse (MTA) dargestellt (vgl. Albert, Högsdahl 1987, S. 4 ff.).

Planungsvoraussetzung

Die Planungsvoraussetzung für die MTA ist die Festlegung eines Meilensteinplanes. Dieser kennzeichnet die wichtigsten Abschnitte des Projektfortschritts und wird durch entsprechende Meilensteindokumente beschrieben. Grundlage des Meilensteinplanes ist eine durchgeführte Ablauf- und Terminplanung. Abhängig von der Dauer des Projektes und dem Abstand der Meilensteine werden Berichtzeitpunkte bestimmt, an denen Terminüberprüfungen durchgeführt werden. Allgemein lassen sich Zeiträume von zwei bis vier Wochen realisieren. Wichtigstes Hilfsmittel der Meilenstein-Trendanalyse ist das Meilenstein-Trendanalyse-Chart (MTA-Chart). Die Zeitachsen werden entsprechend der Laufzeit des Projektes eingeteilt und um eine zusätzliche Pufferzeit vergrößert. Auf der horizontalen Achse sind die Berichtzeitpunkte, auf der vertikalen Achse die Meilensteintermine gekennzeichnet. Für das Beispiel eines Chip-Entwicklungsprojektes ist das MTA-Chart in Abbildung 2.1.74 dargestellt (Albert, Högsdahl 1987, S. 22).

Trendanalysen: Beispiel Chipentwicklung

Die Entwicklung eines neuen "Integrierten Bauelementes" sollte vom Planungsbeginn am 01.01.1986 bis zur Fertigstellung des ersten Prototypen 6 Monate in Anspruch nehmen. Zur Entwicklung des Chips sollte ein vorhandenes CAD-System genutzt werden, welches jedoch zunächst an die Aufgabe angepaßt werden mußte. Daher erfolgte die CAD-Anpassung parallel zur Entwicklung der Konstruktionsunterlagen. Der Projektstrukturplan (Abbildung 2.1.72) stellt die definierten Arbeitspakete des Projektes *Chipentwicklung* dar. Der Termin- und Ablaufplan ist in Abbildung 2.1.73 dargestellt (Albert, Högsdahl 1987, S. 94).

Durchführung und Interpretation

An den jeweiligen Berichtzeitpunkten wird überprüft, ob die gesetzten Meilensteintermine eingehalten werden können. Ist dies nicht möglich, wird auf Basis der vorhandenen Daten geschätzt, zu welchem Zeitpunkt die Meilensteine voraussichtlich erreicht werden. Die so bestimmten Termine werden im MTA-Chart visualisiert. Sie veranschaulichen die geschätzte Terminentwicklung des Meilensteins (Abbildung 2.1.73). Die Schätzung der Meilensteintermine kann durch Projektmitarbeiter oder die Benutzung formaler Verfahren durchgeführt werden. Zu empfehlen ist in Anlehnung an Albert und Högsdahl die Ermittlung der Terminsituation in Lagebesprechungen, wodurch neben der Terminschätzung eine intensive Kommunikation der Verantwortlichen angeregt wird.

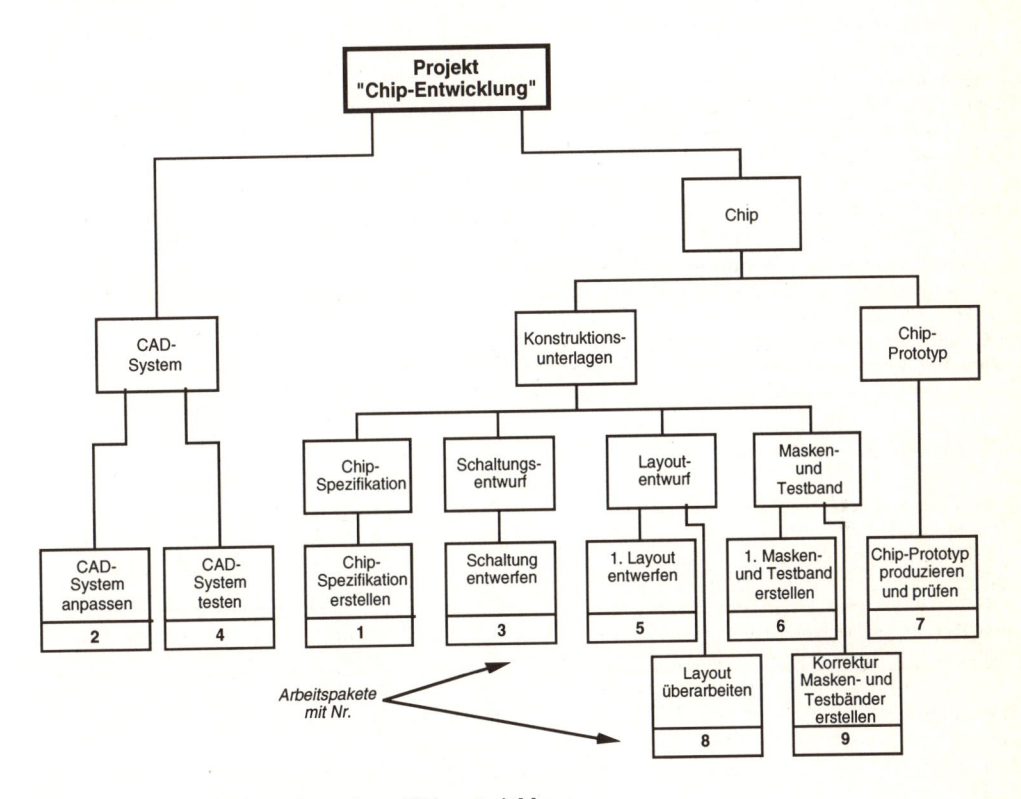

Abb. 2.1.72: Projektstrukturplan Chipentwicklung
(Quelle: Albert, Högsdahl 1987, S. 16)

Die sich in den MTA-Charts ergebenden Verläufe können prinzipiell drei Tendenzen aufweisen (Albert, Högsdahl 1987, S. 24):

- Bei Terminverzug steigt die Meilensteinkurve an.

- Kann der Termin gehalten werden, verläuft der Kurvenzug horizontal.

- Wird der Meilenstein voraussichtlich früher erreicht, fällt die Kurve ab.

Typische Kurvenverläufe sind in Abbildung 2.1.75 dargestellt. Verlauf 1 stellt die Meilensteinentwicklung von innovativen Projekten dar. Eine anfänglich unsichere Entwicklung mit großen Terminverzügen stabilisiert sich im weiteren Projektablauf. Unrealistische Planungen oder große Störeinflüsse sind durch starke, konstante Meilensteinverschiebungen gekennzeichnet (s. Bsp. 2). Eine Gefährdung des Projektes ist zu erwarten. Ist die geschätzte Meilensteinentwicklung ideal (s. Bsp. 4), müssen meist zum Projektende massive Korrekturmaßnahmen durchgeführt werden. Diese sind jedoch zu diesem Zeitpunkt kaum mehr realisierbar, so daß die Projektziele terminlich nicht mehr zu erreichen sind. Als Ursache sind Ignoranz von Terminproblemen und unkritische Terminschätzungen der Verantwortlichen zu nennen. Normale Meilensteinverläufe sind durch geringe Schwankungen um die Planwerte gekennzeichnet (s. Bsp. 3).

Die MTA ist für alle Projekte geeignet, in denen zukünftige Meilensteine sinnvoll geschätzt werden können. Im allgemeinen wird ein maximaler Planungszeitraum von 2 bis 3 Jahren empfohlen. Neben der Terminverfolgung dient die MTA als Kommunikationsmittel zwischen den Projektbeteiligten. Termindiskussionen im Rahmen der Schätzung tragen zur Verbesserung des Terminbewußtseins bei.

Eine Kosten-Trendanalyse wird nach den gleichen Prinzipien durchgeführt, jedoch werden die geschätzten Projektkosten über gewählte Berichtzeitpunkte dargestellt. Eine Kombination beider Analysen ermöglicht es, die Interdependenzen zwischen Kosten und Terminen darzustellen und stellt ein wichtiges Instrument des Projektmanagements innerhalb des integrierten Controllings dar. Beispielhaft ist dies für die betrachtete Entwicklung eines Chips in Abbildung 2.1.74 dargestellt.

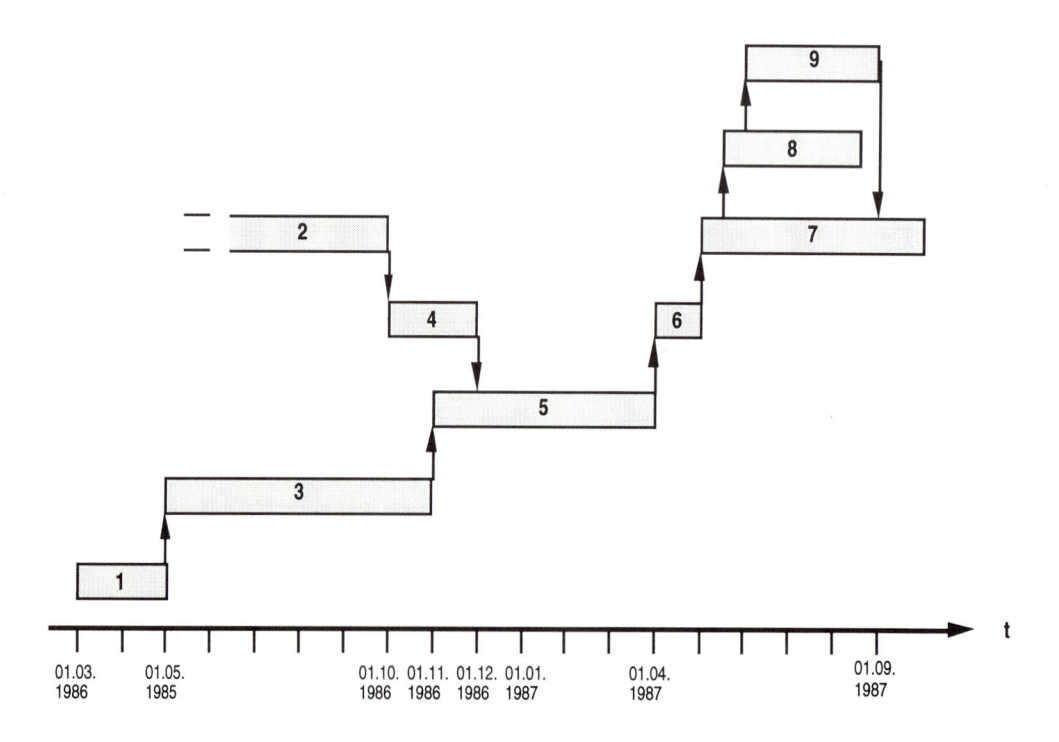

Abb. 2.1.73: Terminplan Chipentwicklung
     (Quelle: Albert, Högsdahl 1987, S. 20)

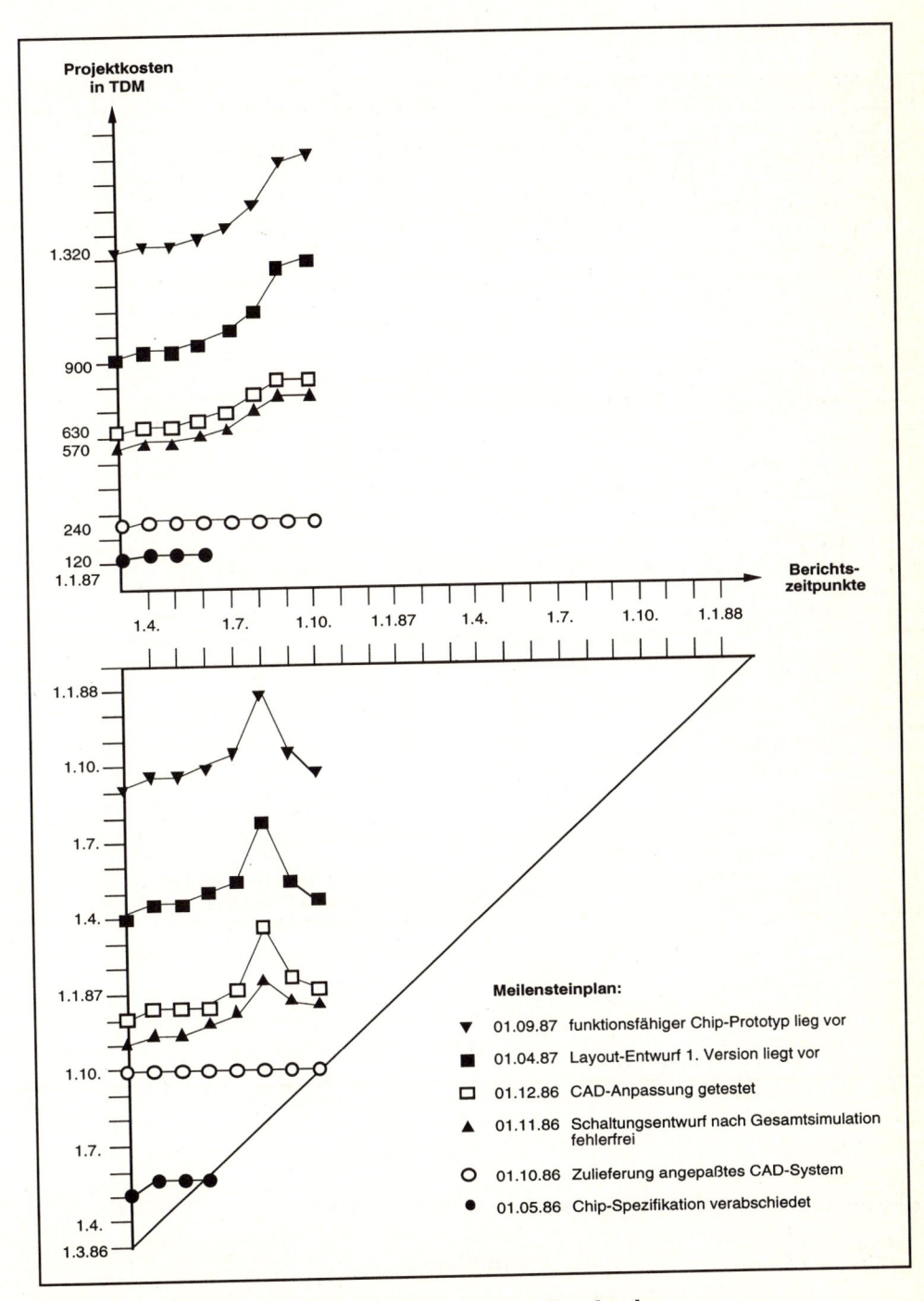

Abb. 2.1.74: Kombinierte Meilenstein- und Kosten-Trendanalyse
(Quelle: Albert, Högsdahl 1987, S. 40)

2.1.4.3.2 Projektsteuerung

Innerhalb des Projektablaufes sind eine Vielzahl von Entscheidungen zu treffen, die teilweise auf geplanten Ereignissen, z. B. Phasenentscheidungen, beruhen oder durch Planabweichungen entstehen. Im folgenden sind einige typische Entscheidungen aufgeführt (Platz, Schmelzer 1986, S. 231):

- Freigabe von Projektergebnissen/Meilensteinergebnissen,
- Phasenabschlüsse,
- Freigabe von Arbeitspaketen,
- Auswahl und Einsatz von Steuerungsmaßnahmen,
- Durchführung von Planungsänderungen.

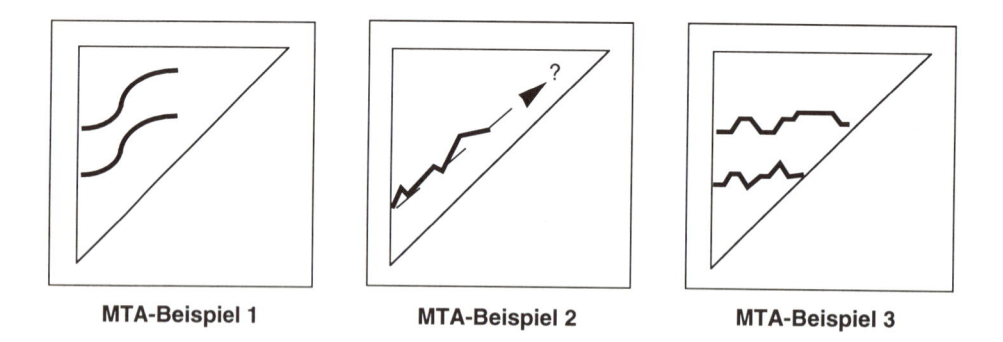

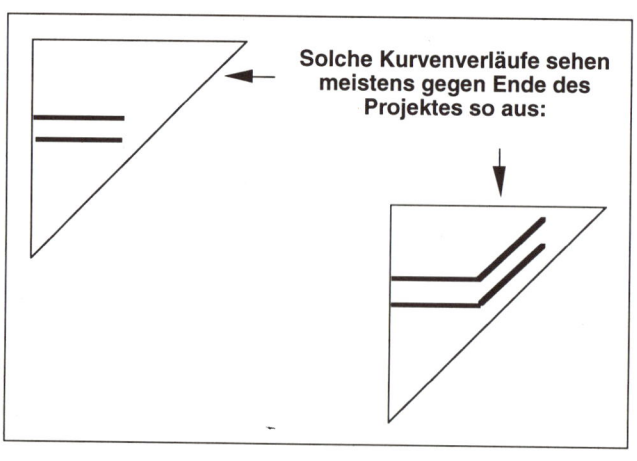

MTA-Beispiel 1 **MTA-Beispiel 2** **MTA-Beispiel 3**

MTA-Beispiel 4

Abb. 2.1.75: Typische Verläufe von MTA-Charts (Quelle: Hansjosten 1992, S. 66 in Anlehnung an Albert, Högsdahl 1987, S. 25 ff.)

Die Durchführung der Entscheidungen ist an die in der Projektorganisation festgelegte Kompetenzverteilung gebunden. Prinzipiell gilt, daß es für jede Entscheidung einen Verantwortlichen geben muß. Grundsätzlich ist dies für die operativen Aufgaben des Projektmanagements der Projektleiter. Insbesondere entscheidet er über die Auswahl und den Einsatz der Steuerungsmaßnahmen, die aufgrund von Abweichungsanalysen durchgeführt werden müssen. Ausgewählte Steuerungsmaßnahmen sind in Abbildung 2.1.76 aufgelistet.

Steuerungsmaßnahmen

Maßnahmen der Leistungsreduzierung
- Einschränkung der geforderten Qualität
- Leistungsreduzierung
- Versionsbildung mit vorläufiger Leistungsreduzierung
- Prioritätenänderung der Leistungsmerkmale
- Ablehnung von Änderungswünschen

Maßnahmen zur Aufwandsreduzierung
- Suche nach technischen Alternativen
- Zukauf von Teilprodukten
- Alternative Lieferanten
- Änderung der Prozeßabwicklung
- Einsatz anderer Werkzeuge
- Streichen von Arbeitspaketen
- Veränderung des Leistungsumfangs

Maßnahmen zur Kapazitätsvergrößerung
- Einstellung zusätzlicher Mitarbeiter
- Nutzung externer Kapazitäten
- Zusätzliche Ressourcen bereitstellen
- Überstunden
- Abbau anderer Belastungen der Projektmitarbeiter

Maßnahmen zur Produktivitätserhöhung
- Aus- und Weiterbildung der Mitarbeiter
- Austausch von Mitarbeitern
- Einsatz von Spezialisten
- Verbesserung der Kommunikation
- Erhöhung der Motivation
- Neuorganisation des Projektes
- Projekt-Team räumlich zusammenfassen

Maßnahmen zur Durchlaufzeitverkürzung
- Erhöhung der Kapazität
- Erhöhung der Produktivität
- Verlagerung von Aufgaben
- Parallelität von Vorgängen
- Zusammenlegung von Arbeitspaketen

Abb. 2.1.76: Ausgewählte Steuerungsmaßnahmen
(Quelle: Hansjosten 1992, S. 85 in Anlehnung an Platz 1991, S. 655 ff.)

Neben den technischen Steuerungsmaßnahmen beinhaltet die Projektsteuerung zusätzlich Führungs- und Koordinationsaufgaben. Die arbeitsorganisatorische Gestaltung der Projektaufgaben, verbunden mit entsprechenden Führungsprinzipien, stellt einen wichtigen Faktor der Projektsteuerung dar. Nur motivierte und entsprechend geschulte Mitarbeiter können die ihnen gestellten Aufgaben termingerecht und qualitätsbewußt erfüllen (vgl. Heeg 1988).

Da die eigentliche Projektarbeit von unterschiedlichen Fachabteilungen realisiert wird, ist eine Koordination der geplanten Abläufe nötig. Koordinieren bedeutet, die zwischen den Teilprojekten bestehenden Nahtstellen zu bestimmen und zu gestalten. Abteilungsübergreifende Kommunikation durch Projektbesprechungen sowie die Bildung von Problem- und Konfliktlösungsgruppen sollte durch das Projektmanagement initiiert und kontrolliert werden (vgl. Rinza 1985, S. 26 ff.).

Methodik der Entscheidungsfindung

Erfordern Abweichungen den Einsatz von Steuerungsmaßnahmen, so ist eine geeignete Maßnahme auszuwählen und deren Einsatzzeitpunkt zu bestimmen. Jede Steuerungsmaßnahme ist mit Bedingungen und Nebenwirkungen verbunden, deren Konsequenzen für das Projekt berücksichtigt werden müssen. Soll z. B. zur Produktivitätserhöhung eine neue Projektmanagementmethode eingeführt werden, sind Kosten, Rentabilität, Einführungsaufwand usw. als Teilkriterien der verschiedenen, möglichen Methoden zu bewerten. Neben diesen monetär bewertbaren Kriterien müssen zusätzlich schwer oder monetär nicht quantifizierbare Kriterien berücksichtigt werden. Beispiele dafür sind die Bestimmung der Flexibilität einer Lösung, ihrer Zuverlässigkeit und der durch die Anwendung bedingten personenbezogenen Auswirkungen. Während kostenbezogene quantifizierbare Kriterien z. B. durch die Wirtschaftlichkeitsrechnung bewertet werden, ist die Nutzwertanalyse eine grundlegende Technik zur Bewertung monetär schwer quantifizierbarer Zielkriterien (vgl. Kapitel 5.1.3.3).

2.1.5 Abschlußbetrachtung des Projektmanagements

Ist das Projekt in seine Endphase eingetreten, so ist die systematische Planung und Organisation des Projektabschlusses Aufgabe des Projektmanagements. Innerhalb der Abschlußbetrachtung können die in Abbildung 2.1.77 dargestellten Aktivitäten unterschieden werden (vgl. Burghart 1988, S. 373 ff.).

Aktivitäten der Projektabschlußbetrachtung

| Präsentation der Projektergebnisse | Projektabschlußanalyse | Auflösung der Projektorganisation | Projektdokumentation |

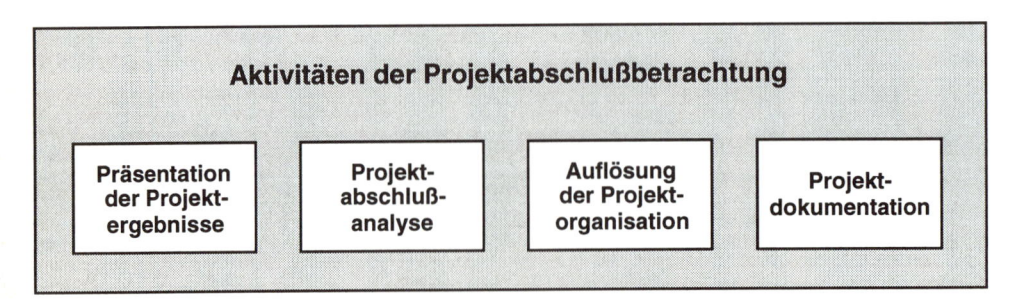

Abb. 2.1.77: Projektabschlußbetrachtung (Quelle: Hansjosten 1992, S. 70)

Je nach Art des Projektes ist das Projektergebnis (Rationalisierungsplan, Produktneuentwicklung) dem Auftraggeber zu präsentieren. Formal kann dies auf vielfältige Weise durchgeführt werden: Abnahmetests können durchgeführt werden, Prototypen installiert oder Forschungsberichte veröffentlicht werden. Gleichzeitig werden Nachfolgeverpflichtungen, z. B. Wartungsverträge oder Einführungsunterstützungen, festgelegt.

Innerhalb der Abschlußanalyse soll eine Gegenüberstellung der ursprünglich geplanten Vorhaben und der eingetretenen Ist-Werte durchgeführt werden. Eine Wirtschaftlichkeitsanalyse ermöglicht die Beurteilung des kaufmännischen Erfolges des Projektes. Gleichzeitig wird in einer Abweichungsanalyse versucht, mögliche Ursachen aufgetretener Differenzen aufzudecken. Ziel ist es, Maßnahmen und Lösungsansätze aus den Ergebnissen abzuleiten, so daß entsprechende Planabweichungen in zukünftigen Projekten verhindert werden können.

Zur Dokumentation von den im Projekt gemachten Erfahrungen und Erkenntnissen des Projektmanagements müssen die relevanten Daten gesichert werden. Dies ist insbesondere zur Nutzung des erworbenen Know-hows für nachfolgende Projekte wichtig.

Abschließend wird die Projektorganisation aufgelöst. Je nach gewählter Projektorganisationsform erfolgt eine Reintegration der Mitarbeiter in die Linie sowie eine Auflösung der Projektressourcen.

2.1.5.1 Merkmale erfolgreicher Projekte

Zur Gegenüberstellung geplanter und realer Daten müssen Erfolgskriterien festgelegt werden, die in der Abschlußanalyse eine Beurteilung des Projektergebnisses ermöglichen. Nach Keplinger können ergebnisorientierte, "harte" Beurteilungskriterien und prozeßorientierte, "weiche" Erfolgsfaktoren unterschieden werden (Abbildung 2.1.78).

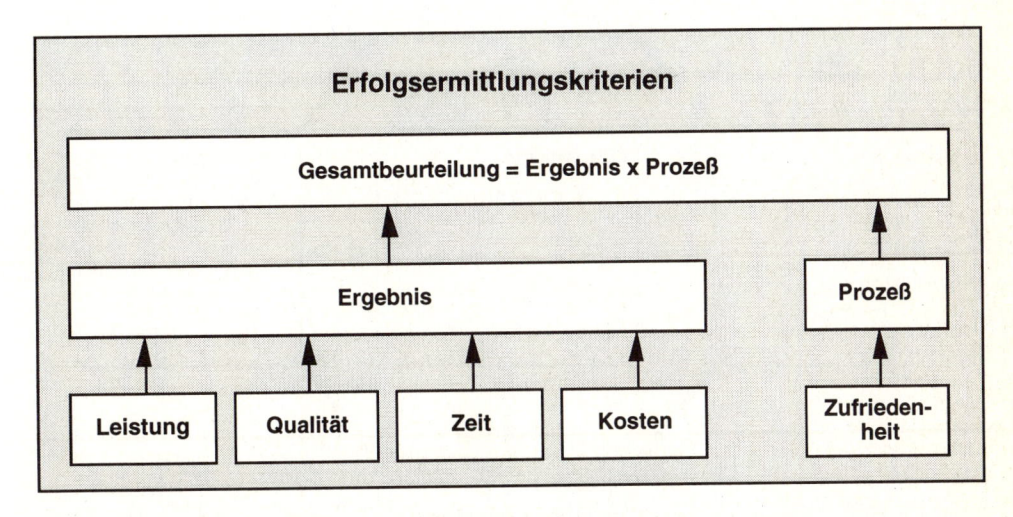

Abb. 2.1.78: Erfolgsmerkmale eines Projektes   (Quelle: Keplinger 1992, S. 100)

Die ergebnisorientierten Kriterien - Leistung, Qualität, Zeit und Kosten - orientieren sich an der Gesamtzielsetzung des Projektmanagements, während in die prozeßorientierten Faktoren z. B. die Zufriedenheit der Projektbeteiligten und die Akzeptanz der erarbeiteten Lösungen einfließen.

Die Beurteilung der betrachteten Erfolgskriterien ist wesentlich von den gewählten Vergleichsbasen abhängig. Werden dazu die ermittelten Zielwerte benutzt, so ist deren Veränderung im evolutionären Projektablauf zu beachten. Insbesondere für die weichen Faktoren ist eine solche Operationalisierung sehr schwierig, so daß diese Kriterien in der Abschlußbetrachtung des Projektes selten beachtet werden. Für den Projekterfolg sind die weichen Faktoren, z. B. die Akzeptanz einer Abteilungsreorganisation, jedoch längerfristig von großer Bedeutung.

2.1.5.2 Merkmale eines erfolgreichen Projektmanagements

Betrachtet man die Merkmale eines erfolgreichen Projektes, so fließen darin sowohl die Faktoren der Projektarbeit als auch des Projektmanagements ein. Eine differenzierte Untersuchung erfolgreich gemanagter Projekte ergab nach Keplinger eine Anzahl "kritischer Erfolgsmerkmale des Projektmanagements" (Abbildung 2.1.79) (vgl. Keplinger 1992, S. 100 ff.).

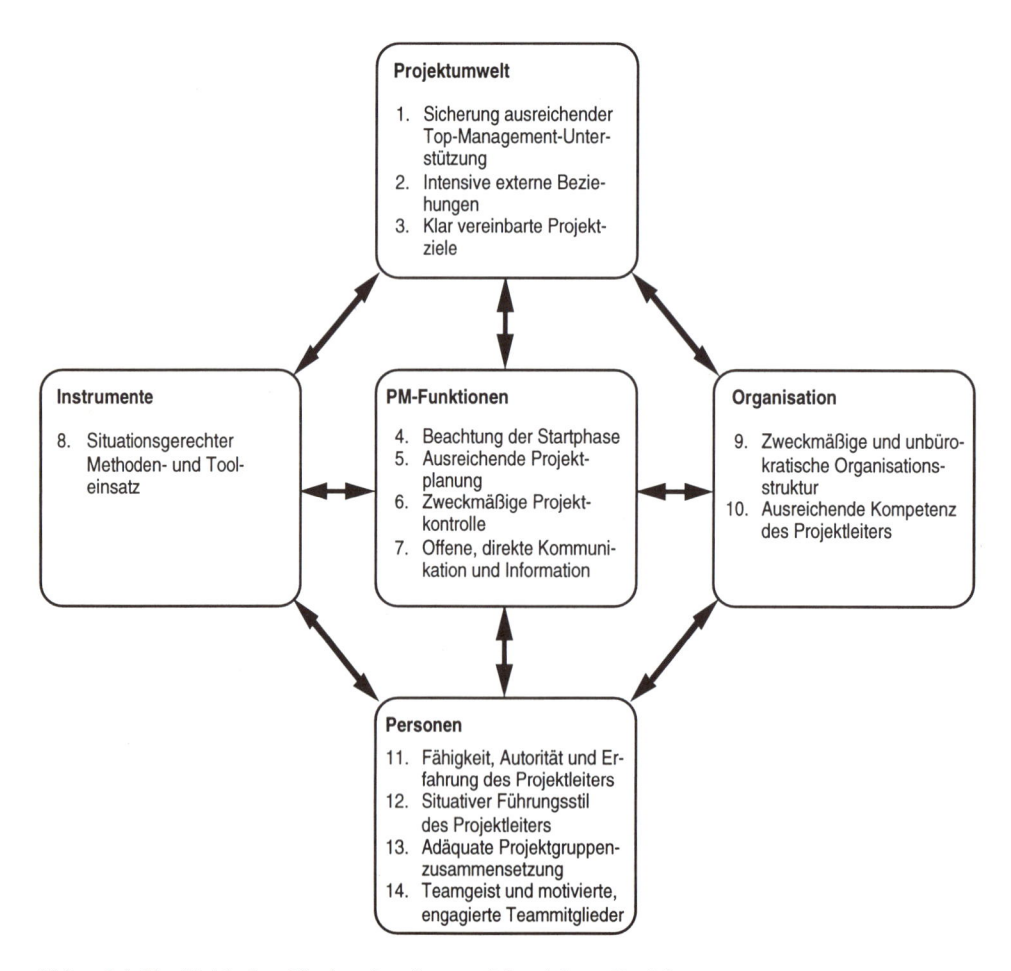

Projektumwelt
1. Sicherung ausreichender Top-Management-Unterstützung
2. Intensive externe Beziehungen
3. Klar vereinbarte Projektziele

Instrumente
8. Situationsgerechter Methoden- und Tooleinsatz

PM-Funktionen
4. Beachtung der Startphase
5. Ausreichende Projektplanung
6. Zweckmäßige Projektkontrolle
7. Offene, direkte Kommunikation und Information

Organisation
9. Zweckmäßige und unbürokratische Organisationsstruktur
10. Ausreichende Kompetenz des Projektleiters

Personen
11. Fähigkeit, Autorität und Erfahrung des Projektleiters
12. Situativer Führungsstil des Projektleiters
13. Adäquate Projektgruppenzusammensetzung
14. Teamgeist und motivierte, engagierte Teammitglieder

Abb. 2.1.79: Kritische Merkmale eines erfolgreichen Projektmanagements (Quelle: Keplinger 1992, S. 100)

2.1.6 Dokumentation der Ergebnisses und des Weges der Erzielung der Ergebnisse

Entscheidend für eine positive Unterstützung der Projektarbeit ist, daß ein durchgängig einheitliches Layout für die Dokumentation verwandt wird. Dies bewirkt einen hohen Wiedererkennungswert bei den Projektbeteiligten und stellt damit eine schnelle Zuordnung und Priorisierung sicher. Darüber hinaus wird durch die professionelle Aufmachung die „Vermarktung" bzw. Darstellung der Projektergebnisse und die Identifikation der Projektmitarbeiter mit diesen unterstützt. Die hierzu einzusetzenden DV-Werkzeuge sind projektspezifisch auszuwählen, sollen aber die Kriterien

- unkomplizierte Bedienung,

- Nutzung vorhandener Resourcen und

- Akzeptanz der Beteiligten

erfüllen.

Im folgenden werden exemplarisch Ausdrucke von Projektmanagement-Software Produkten aus verschiedenen Projekten gezeigt (Heeg 1992, S. 235 ff). Die in Abbildung 2.1.80 dargestellte Aktivitätenliste zeigt eine Übersicht der in einem Projekt notwendigen Aktivitäten und deren organisatorische Informationen. Hierdurch wird eine Zeit-, Resourcen- und Aufwandsplanung ermöglicht. Zur Veranschaulichung der chronologischen Zusammenhänge dieser Aktivitäten kann - wie in Abbildung 2.1.81 gezeigt - ein Balkendiagramm gewählt werden.

Einen hohen Stellenwert in der Projektdokumentation nehmen Protokolle ein, da sie zur Dokumentation verbindlicher Vereinbarungen zwischen den Projektbeteiligten dienen. Daher sollte eine einheitliche Struktur die Lesbarkeit und Konzentration auf das Wesentliche verbessern. In Abbildung 2.1.82 ist ein Beispiel für ein Protokoll abgebildet. Ein Beispiel zur Dokumentation der Phasenergebnisse zeigt Abbildung 2.1.83.

Zur Darstellung komplizierter oder umfangreicher Sachverhalte empfiehlt sich der Einsatz einer aus Grafik und Text kombinierten Dokumentationsform. Entscheidend ist, daß die in den Grafiken verwandte Symbolik mit allen Projektbeteiligten gemeinsam vereinbart wurde, da ansonsten leicht Mißverständnisse (Fehlinterpretationen) entstehen können. In den Abbildungen 2.1.84 und 2.1.85 sind Beispiele solcher Dokumente dargestellt.

In Abbildung 2.1.84 wird der geplante Fertigungsablauf eines Maschinenbauteils dargestellt. Die reine Ablauffolge wird mit Hilfe der Grafik durch eine Zuordnung zu den realen räumlichen Gegebenheiten im Betrieb überlagert, so daß der Betrachter in die Lage versetzt wird den rein technischen Ablauf in den realen Betriebsablauf zu „denken" (Heeg 1992, S. 238).

Bei der in Abbildung 2.1.85 gezeigten Darstellung handelt es sich um die Dokumentation des IST-Ablaufes in der Lagerverwaltung eines Produktionsbetriebes. Die Symbolik erlaubt bei dieser Darstellung ein rasches Erkennen der Stärken und Schwächen des Ablaufes und eignet sich daher gut zur Gegenüberstellung von IST- und SOLL-Abläufen.

Projekt Anlagenwirtschaft

Seite 1 v. 1
02.08.91

Projektplan Aktivität	Start PLAN	Ende	Start IST	Ende	Verantwortlich	Fertig in %	Code
1. Vorbereiten Übernahme Altdaten	3. Jan.	29. Juni	3. Jan.	29. Juni	Schmidt	100	Ca
2. Beschreibung Geschäftsvorfälle/Testfälle	3. Jan.	28. Feb.	3. Jan.	28. Feb.	Müller	100	Cb
3. Anforderungsdefinition durch Prototyping	14. Jan.	30. Apr.	14. Jan.	30. Apr.	Meier	100	Cc
4. Erstellen Abweichungskatalog	2. April	30. Apr.	2. April	30. Apr.	Schulz	100	Da
5. Festlegen notwendiger Standard-Ergänzungen	4. März	30. Apr.	4. März	30. Apr.	Schulz	100	Db
6. Detailkonzept für Standard-Ergänzungen	2. Mai	29. Juni	2. Mai	29. Juni	Schulz	100	Dc
7. Realisierung notwendiger Standard-Ergänzungen	3. Juni	31. Aug.	3. Juni	31. Aug.	Schulz	100	Dd
8. Beschreibung Benutzerschnittstelle	1. Juli	21. Dez.	1. Juli	21. Dez.	Meier	100	De
9. Technische Systemeinführung							
- Vorbereitung	2. April	29. Juni	2. April	29. Juni	Schmidt	100	Ea
- Übernahme Altdaten in Produktion	1. Juli	31. Juli	1. Juli	31. Juli	Schmidt	100	Eb
- Buchen Bewegungen	1. Aug.	--->	1. Aug.	--->	Schmidt	70	Ec
10. Schulung	11. Feb.	28. März	11. Feb.	28. März	Müller	100	F
11. Systembetreuung in Produktion	1. Okt.	--->	1. Okt.	--->	Winter	50	G
12. Projektplanung/-steuerung, Qualitätssicherung	3. Jan.	--->	3. Jan.	--->	Sommer	30	A
13. ...							

Abb. 2.1.80: Aktivitätenplan (Quelle: Heeg 1992, S. 235)

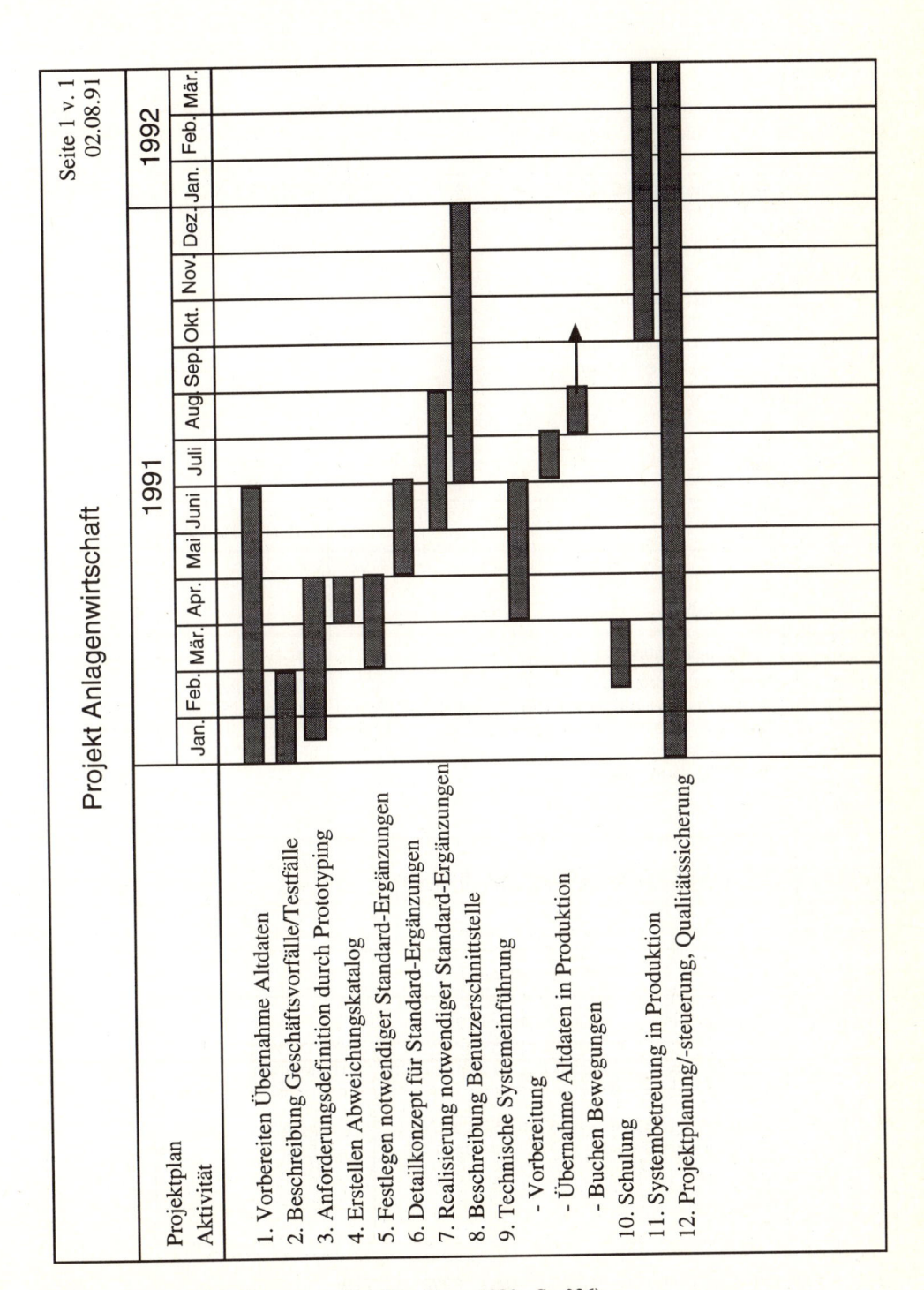

Abb. 2.1.81: Balkendiagramm (Quelle: Heeg 1992, S. 236)

Projekt:	Anlagenwirtschaft	Seite 1 v. 1 27.08.91
Projektgruppe:	Organisation	
Besprechungsprotokoll 60		Projektsitzung am 26.08.91
von: J. R. Penner <u>Verteiler</u>: Frau Meier Herr Müller Frau Schmidt Herr Schulz		
Aktivität		Zuständig/Termin
1. MARK 1.1 Projektstatus Herr Schulz legt den aktuellen Projektstatus vor. Danach wurde ein einheitliches Darstellungskonzept für die Vorgaben erarbeitet Die Übernahme der konzipierten Titel erfolgt schrittweise. Für die Verarbeitung von ...		Herr Müller Termin: 15.1.92

Abb. 2.1.82: Protokoll (Quelle: Heeg 1992, S. 237)

Projekt:	Anlagenwirtschaft	Seite 1 v. 1 02.08.91
Projektgruppe:	Anlagenbuchhaltung	
Phasenergebnis: Test Batch-Buchungsprogramm		Erläuterungen
Abstimmung muß noch erfolgen. Wird nach Abnahme der Testdaten in VSP7 durchgeführt. ...		5. - 9.8. 91 Frau Meier

Abb. 2.1.83: Phasenergebnisse (Quelle: Heeg 1992, S. 238)

Basisflansch TMP 100		Nr. 300 34 0123-1/90

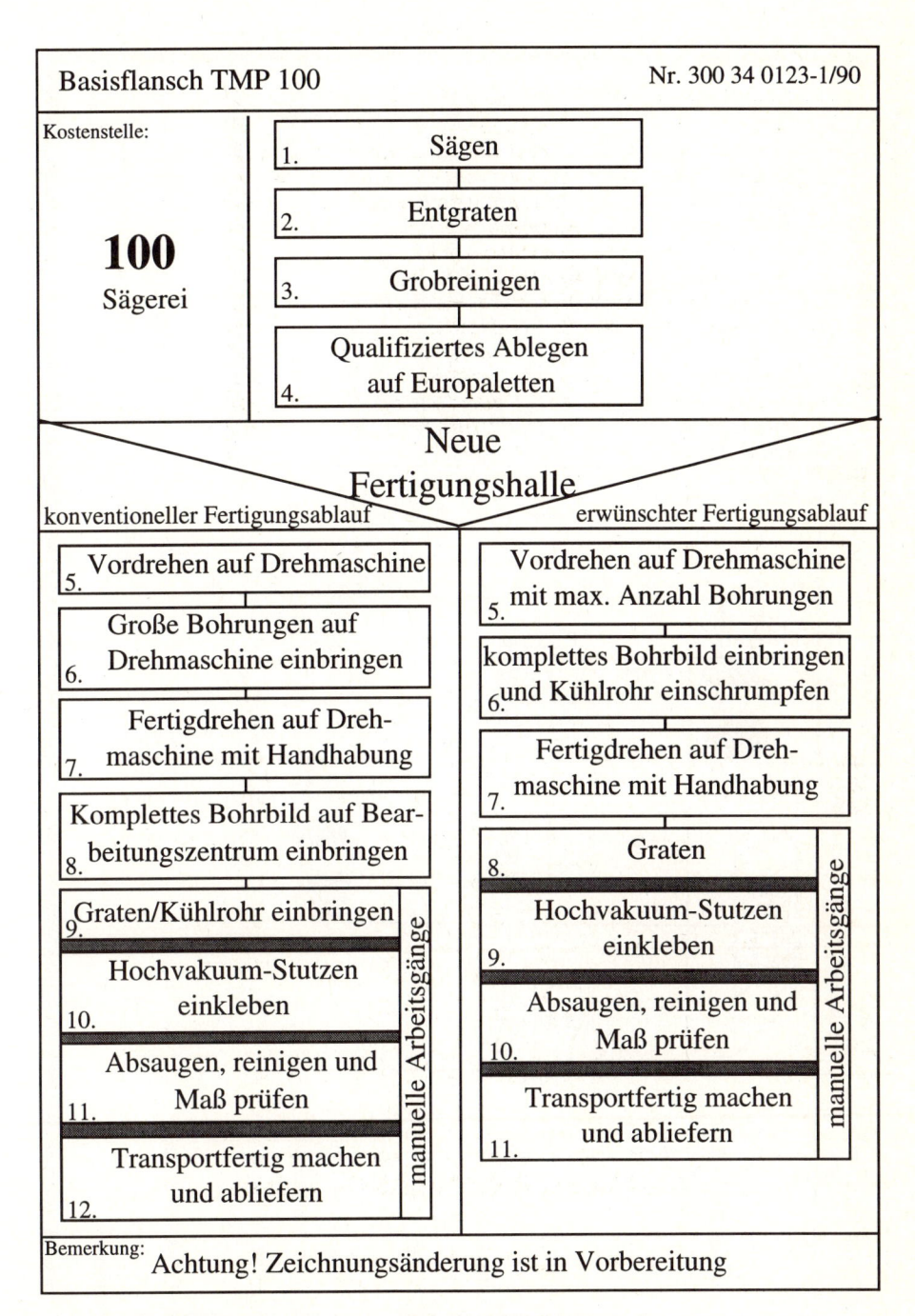

Kostenstelle:	
100 Sägerei	1. Sägen
	2. Entgraten
	3. Grobreinigen
	4. Qualifiziertes Ablegen auf Europaletten

Neue Fertigungshalle

konventioneller Fertigungsablauf	erwünschter Fertigungsablauf
5. Vordrehen auf Drehmaschine	5. Vordrehen auf Drehmaschine mit max. Anzahl Bohrungen
6. Große Bohrungen auf Drehmaschine einbringen	6. komplettes Bohrbild einbringen und Kühlrohr einschrumpfen
7. Fertigdrehen auf Drehmaschine mit Handhabung	7. Fertigdrehen auf Drehmaschine mit Handhabung
8. Komplettes Bohrbild auf Bearbeitungszentrum einbringen	8. Graten
9. Graten/Kühlrohr einbringen	9. Hochvakuum-Stutzen einkleben
10. Hochvakuum-Stutzen einkleben	10. Absaugen, reinigen und Maß prüfen
11. Absaugen, reinigen und Maß prüfen	11. Transportfertig machen und abliefern
12. Transportfertig machen und abliefern	

(manuelle Arbeitsgänge)

Bemerkung: Achtung! Zeichnungsänderung ist in Vorbereitung

Abb. 2.1.84: Fertigungsablauf mit räumlicher Zuordnung
(Quelle: Heeg 1992, S. 239)

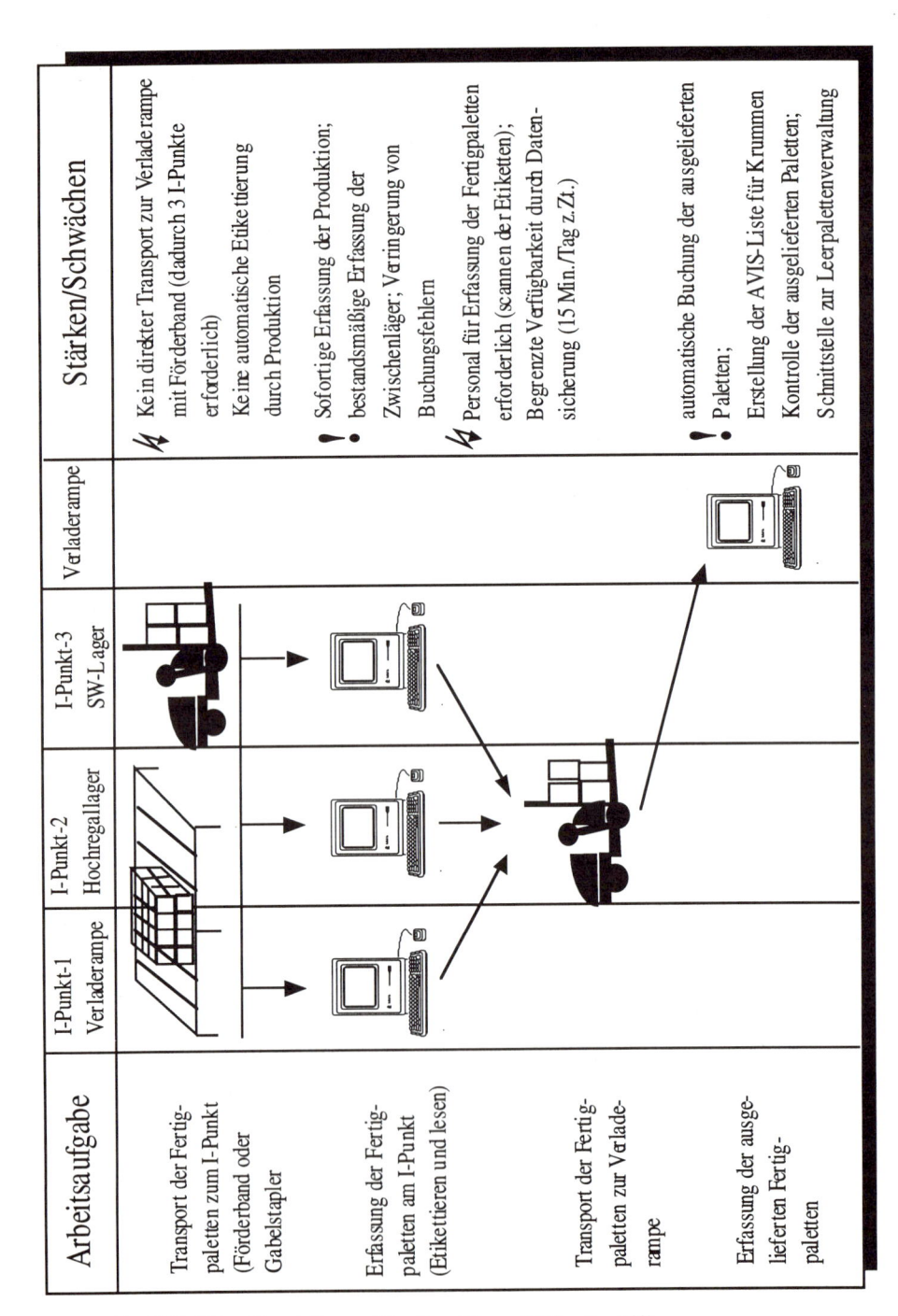

Arbeitsaufgabe	I-Punkt-1 Verladerampe	I-Punkt-2 Hochregallager	I-Punkt-3 SW-Lager	Verladerampe	Stärken/Schwächen
Transport der Fertigpaletten zum I-Punkt (Förderband oder Gabelstapler)					⚡ Kein direkter Transport zur Verladerampe mit Förderband (dadurch 3 I-Punkte erforderlich) Keine automatische Etikettierung durch Produktion
Erfassung der Fertigpaletten am I-Punkt (Etikettieren und lesen)					❗ Sofortige Erfassung der Produktion; bestandsmäßige Erfassung der Zwischenlager; Verringerung von Buchungsfehlern
Transport der Fertigpaletten zur Verladerampe					⚡ Personal für Erfassung der Fertigpaletten erforderlich (scannen der Etiketten); Begrenzte Verfügbarkeit durch Datensicherung (15 Min./Tag z.Zt.)
Erfassung der ausgelieferten Fertigpaletten					❗ automatische Buchung der ausgelieferten Paletten; Erstellung der AVIS-Liste für Krummen Kontrolle der ausgelieferten Paletten; Schnittstelle zur Leerpalettenverwaltung

Abb. 2.1.85: IST-Ablaufdarstellung (Quelle: Heeg 1992, S. 240)

2.1.7 Methodenüberblick

In den folgenden Tabellen ist eine Auswahl von Methoden und Techniken des Projektmanagements übersichtlich zusammengestellt und den einzelnen Aktivitäten zugeordnet. Die Methoden sind allgemeingültigen Sammelbegriffen zugeordnet. Entsprechende Literaturangaben ermöglichen eine weitere Methodenbetrachtung (vgl. Danzer 1986, S. 182 ff).

2.1.7.1 Methoden der Zieldefinition

Sammelbegriff: Methode/Technik	Situations-Analyse	Ziel-Formulierung	Projekt-Prüfung	Literatur
Kreativität:				
Analogiemethode	o			Danzer
Brainstorming	o			Cleland
Metaplantechnik	o			Heeg 1992
Methode 635	o			Kummer, Spühler, Wyssen
Morphologie	o			Kummer, Spühler, Wyssen
Synektik	o			Danzer
Systembeschreibung:				
Blackbox-Methode	o			Danzer
Ablaufdiagramme	o			Danzer
Graphen	o	o		Schwarze
Input-/Output Modelle	o			Danzer
Informationsbeschaffung:				
Interview	o			Heeg 1992
Fragebogen	o			Heeg 1992
Statistik	o			
Panel-Befragung	o			Danzer
Trend-Extrapolation	o			Albert, Högsdahl
Delphi-Methode	o			Schelle 1991
Scenario-Beschreibung	o			Danzer
Analyse:				
ABC-Analyse	o		o	Burghart
Pareto-Analyse	o		o	Heeg 1992
Sensibilitätsanalysen			o	Danzer
Checklisten-Technik	o	o	o	Danzer
Ursache-/Wirkungsdiagramm	o		o	Heeg 1992
Operationalisierung		o	o	Danzer
Bewertung/Entscheidung:				
Wirtschaftlichkeitsrechnung			o	Heeg 1989
Nutzwertanalyse			o	Heeg 1989
Entscheidungsbaumverfahren			o	Danzer

2.1.7.2 Methoden der Projektplanung

Sammelbegriff: Methode/Technik	Struktur-planung	Ablauf-planung	Termin-planung	Einsatz-mittel-planung	Kosten-planung	Risiko-analyse	Literatur
Kapazitätplanung:							
Vorwärtsrechnung				o			Schwarze
Rückwärtsrechnung				o			Schwarze
Kapazitätsabgleich				o			Heeg 1992
Analyse:							
ABC-Analyse						o	Burghart
Sensibilitätsanalysen						o	Danzer
Checklisten						o	Rinza
detaillierte AP-Analysen					o	o	Rinza
Kostenermittlung:							
Delphi-Methode					o	o	Schelle 1991
detaillierte AP-Schätzung					o		Madauss
Schätzklausur					o	o	Schelle 1991
andere Schätzmethoden					o		DeMarco 1989
Analogiemethode					o		Platz, Schmelzer 1986
Funktionswertmethode					o		Heeg 1992
Zeitabhängige Kostenmodelle					o		Page-Jones
COCOMO-Methode					o		Burghart
CER-Methode					o		Madauss
RCA-Price-Methode					o		Madauss
Systembeschreibung:							
Strukturanalyse	o						Platz 1991
Ablaufdiagramme	o	o					Danzer
Balkenplantechnik		o	o				Burghart
Netzplantechnik		o	o	o	o		Schwarze
Transplantechnik	o	o	o				Schwarze
Projektphasenkonzept		o	o				Saynisch
Bewertung/Entscheidung:							
Wirtschaftlichkeitsrechnung						o	Heeg 1989
Nutzwertanalyse						o	Heeg 1989
Entscheidungsbaumverfahren						o	Danzer

2.1.7.3 Methoden des Projekt-Controllings

Sammelbegriff: Methode/Technik	Projekt-überwachung	Projekt-steuerung	Literatur
Ist-Datengewinnung:			
formale Abfragen (Belege)	o		Platz 1991
Beobachtung	o		
Trend-Extrapolation	o		Albert, Högsdahl
Review-Techniken	o		Kupper
Basis von Plan-Ist-Vergleichen:			
Netzpläne	o	o	Schwarze
Balkenpläne	o	o	Schwarze
Trendanalysen	o		Albert, Högsdahl
Meilensteinpläne	o		Burghardt
Projektphasenkonzept	o	o	Reschke, Svoboda 1983
Bewertung/Entscheidung:			
Wirtschaftlichkeitsrechnung		o	Heeg 1989
Nutzwertanalyse		o	Heeg 1989
Führung und Koordination:			
Gruppenarbeitstechniken	o	o	Heeg 1992
Führungsstile, -mittel	o	o	Kossbiel
Kommunikationstechniken	o	o	Heeg 1989
Koordinationsinstrumente	o	o	Danzer
Koordinationsmaßnahmen	o	o	Platz, Schmelzer 1986
Qualitätssicherung:			
Stichproben, Tests	o		Burghart
Inspektionen	o		Burghart
Qualitäts-Audit, -gruppen	o	o	Heeg 1989
Projektdokumentation:			
Projekt-Datenbanken	o	o	Burghart
Projekt-Tagebuch	o	o	Cleland

2.2 Zeitmanagement

M. Frühwacht, B. Haenschke

2.2.1 Zeit - Zeitmanagement - Selbstmanagement

2.2.1.1 Zeit

Zu diesem Thema schreibt Seiwert (1984a, S. 5):

"Zeit ist das wertvollste Gut, das wir besitzen. Es ist das meist benutzte Hauptwort der deutschen Sprache. Zeit ist mehr wert als Geld. Unser Zeit-Kapital muß sorgfältig angelegt werden. Wir können unser Leben als die Zeit beschreiben, die uns hier auf Erden zugeteilt ist. Unsere wichtigste Aufgabe im Leben ist es, so viel wie möglich aus dieser Zeit zu machen."

- Zeit ist ein absolut knappes Gut.
- Zeit ist ein einzigartiges, wertvolles Kapital.
- Zeit kann nicht gespart oder gelagert werden.
- Zeit kann nicht vermehrt werden.
- Zeit verrinnt kontinuierlich und unwiderruflich.
- Zeit kann gut oder schlecht verwendet werden.
- Verlorene Zeit kann nicht wiedergewonnen werden.

Fazit:

Nichts ist schlimmer als Zeitverschwendung. Daher muß unser Lebensmotto heißen:

Sinnvolle Zeitverwendung statt nutzloser Zeitverschwendung!

Geld wächst mit der Zeit, aber Zeit ist nicht durch Geld vermehrbar. Zeit kann man sich nicht kaufen, es gibt auch keine Zinsen darauf.

Prozent zusätzliche Zeit	Zahl der Nennungen absolut	Prozent
0	64	9,7
10	87	13,2
15	58	8,8
20	141	21,4
25	54	8,2
30	93	14,1
40	43	6,5
50	59	9,0
60	19	2,9
70	4	0,6
80	5	0,8
90	0	0,0
100	16	2,4
	659	100,0

Vier zusätzliche Führungskräfte geben an, sie würden 200 % mehr Arbeitszeit benötigen!

Abb. 2.2.1: Zusätzlich benötigte Arbeitszeit (Quelle: Stroebe 1982, S. 12)

Auf die Frage:

- *Wieviel Zeit hätte ich gerne jeden Tag zusätzlich für meine Arbeit zur Verfügung, um sie optimal zu erledigen?*

gaben 663 deutsche Manager auf diese Frage in den Jahren 1976 bis 1982 die Antwort (Stroebe 1982, S. 12), aufgeführt in Abbildung 2.2.1.

2.2.1.2 Zeitmanagement

Erfolgreiche Manager unterscheiden sich von den weniger erfolgreichen dadurch, daß sie ihre vorhandene Arbeitszeit effektiver nutzen. Zeit ist für den Manager das knappste Kapital, hier kann er durch gute Nutzung die höchsten Gewinne für sich und das Unternehmen erzielen. Damit kann aber nicht das hemmungslose Überziehen der täglichen Arbeitszeit durch Mehrstunden gemeint sein. Peter Drucker (1984b, S. 20, zitiert in Seiwert 1984b, S. 20) schreibt:

"Wer seine Zeit nicht managen kann, kann auch nichts anderes managen."

Wir müssen wissen, daß es dabei aber nicht um das Management der Uhr geht, sondern um das Management unserer Person im Hinblick auf die Uhr. Überstunden und damit die Überbetonung der Arbeit gehen zu Lasten der Freizeit, der Erholung, der Gesundheit und des Familienlebens. Auch wenn sie es nicht offen zugeben, so arbeiten die "vielbeschäftigten und gestreßten" Manager manchmal auch, damit sie nicht auffallen beim frühen Verlassen des Arbeitsplatzes. Sehr oft sind sie sogar unfähig, ihre Freizeit sinnvoll zu nutzen. Pearse (1984, S. 22, zitiert in Mackenzie 1984, S. 22) von der Boston University räumt auf mit dem Mythos der Schwerarbeit, wonach der, der härter und länger arbeite, auch mehr erledige. Vielmehr müsse das Sprichwort heißen:

"Arbeite intelligenter, nicht härter!"

Zwischen harter Arbeit und guten Ergebnissen besteht kein Zusammenhang. Schließlich müssen wir uns die Frage stellen, ob an einem 8-Stunden-Arbeitstag auch tatsächlich 8 Stunden aktiv gearbeitet wird.

- *Wieviel Prozent meiner Arbeitszeit arbeite ich aktiv?*

Die Antworten von 568 deutschen Führungskräften aus dem oberen und mittleren Management (Stroebe 1982, S. 15) zeigt Abbildung 2.2.2.

Das Gesetz von Parkinson lautet: "Jede Arbeit zieht sich so lange hin, wie man ihr Zeit dazu läßt." Wir sollten uns daher nicht zu viel an Arbeit vornehmen, aber auch nicht zu viel an Zeit dafür einplanen. Insbesondere Besprechungen, die meist noch von anderen einberufen werden, dehnen sich häufig ziellos und endlos lange aus. Der Nutzungsgrad des menschlichen Leistungspotentials in der Wirtschaft wird auf nur 30 - 40 % geschätzt. Viel Energie und Zeit verpuffen, weil klare Ziele, Planung, Prioritäten und Übersicht fehlen. Über die Ergebnisse wollen wir gar nicht reden ...

Schließlich jammern selbst Führungskräfte darüber, daß sie nicht arbeiten, sondern daß "sie gearbeitet werden". Sie sprechen von fremdbestimmter statt selbstbestimmter Tätigkeit. Fremdbestimmung als Alibi für die eigene Desorganisation herangezogen signalisiert mangelnden Gestaltungswillen und die Kapitulation vor der Umwelt! Viele Manager sind zu stark tätigkeitsorientiert und zu wenig zielorientiert (W. J. Riddin, zitiert in Seiwert 1984b, S. 13).

Der Fragebogen in Abbildung 2.2.4 vermittelt Ihnen erste Eindrücke über Ihren bisherigen Arbeits stil. Lassen Sie sich von den Ergebnissen nicht entmutigen, sondern sehen Sie den Abbau Ihrer Schwachstellen als ersten Schritt auf dem Weg zu einem guten und erfolgreichen *Selbstmanagement*. Selbstmanagement ist die konsequente und zielorientierte Anwendung bewährter Arbeitstechniken in der täglichen Praxis, um sich selbst und die eigenen

Lebensbereiche so zu führen und zu organisieren, zu managen, daß die zu Verfügung stehende Zeit sinnvoll und optimal genutzt wird (Seiwert 1984a, S. 15).

Prozent der aktiven Arbeitszeit	Nennungen absolut	Prozent
0	20	3,5
10	52	9,2
20	82	14,4
30	95	16,7
40	110	19,4
50	91	16,0
60	57	10,0
70	46	8,1
80	11	2,0
90	4	0,7
100	----	----
	568	**100,0**

Abb. 2.2.2: Anteil der aktiven Arbeitszeit an der Gesamtarbeitszeit
(Quelle: Stroebe 1982, S. 15)

Tätigkeitsorientierung (Effizienz)	im Vergleich zu	Zielorientierung (Effektivität)
Viele Manager ziehen es vor,		
• Dinge richtig zu tun	anstatt	die richtigen Dinge zu tun
• Probleme zu lösen	anstatt	kreative Alternativen zu schaffen
• Mittel zu bewahren	anstatt	die Mittelnutzung zu optimieren
• Pflichten zu befolgen	anstatt	Ergebnisse zu erzielen
• Kosten zu reduzieren	anstatt	den Gewinn zu erhöhen

Abb. 2.2.3: Gegensatz von Tätigkeits- und Zielorientierung
(Quelle: Stroebe 1982, S. 16)

Die 10 Vorteile des Selbstmanagements (Seiwert 1984b, S. 15):

1. Aufgaben werden mit weniger Aufwand erledigt.

2. Eigene Arbeit wird besser organisiert.

3. Arbeitsergebnisse sind besser.

4. Hektik und Streß werden weniger.

5. Arbeitsmotivation und -zufriedenheit werden größer.

6. Arbeits- und Leistungsdruck werden geringer.

7. Weniger Fehler bei der Aufgabenerledigung entstehen.

8. Freiraum für Kreativität nimmt zu.

9. Mehr Freizeit für sich, Familie und Freunde bleibt übrig.

10. Arbeits- und Lebensziele werden besser erreicht.

2.2.2 Ziele

Ohne Ziele im Leben geht es nicht. Keine Reise, ob mit Auto, Bahn, Schiff oder Flugzeug, beginnt im Normalfall, ohne daß der Zielort bekannt ist. Sonst kann der Weg nicht gewählt werden, die Etappenziele sind nicht festzulegen und auch die Pausen sind unklar. Ziele sind eine Herausforderung für alle Beteiligten und lösen Handlungen aus: Wir wissen, wohin wir wollen und welchen Endzustand es zu erreichen gilt. Ziele sind auch gleichzeitig Maßstab zur Beurteilung der erreichten Leistungen.

Führung durch Zielsetzung - Management by objectives - ist in der heutigen Zeit eine wirksame und kooperative Methode der Unternehmens- und Mitarbeiterführung. Erfolgreiche Persönlichkeiten zeichnen sich dadurch aus, daß sie sehr früh konkrete Zielvorstellungen (Visionen) haben. Wer bewußt Ziele hat, richtet seine unbewußten Kräfte auf sein Tun aus. So entsteht Selbstdisziplin und Eigenmotivation. Unsere Kräfte konzentrieren sich auf den Schwerpunkt, den gewünschten Endzustand. Wir behalten in der Hektik des Tagesgeschehens dadurch den Überblick und können stets die richtigen Prioritäten setzen. Wenn wir Ziele haben, können wir unsere Fähigkeiten optimal einsetzen, um schnell und sicher das Gewünschte zu erreichen. Dies gilt im Beruf wie in der Freizeit und in der Familie. Durch Ziele kann ein direkter Zusammenhang zwischen den vielfältigen Aktivitäten und Aufgaben von heute und dem Erfolg und der Zufriedenheit von morgen hergestellt werden.

2.2.2.1 Zielsetzung - Zielbildung - Zielvereinbarung

Für Ziele ist es wichtig, daß sie von dem gebildet werden, der sie auch erreichen muß. So ist die höchste *Identifikation* gegeben. Ziele, die von anderen - ohne Zustimmung des Betroffenen - gesetzt, vorgegeben werden, stoßen meist auf *Ablehnung*. Daher ist die Zielvereinbarung im *Dialog* die demokratische, kooperative Form der Mitarbeiterführung (Management by objectives). Die Mitarbeiter müssen die Ziele des Unternehmens und der Vorgesetzten nicht nur *kennen*, sondern sie auch erreichen *können, dürfen und wollen!* Wichtig ist, daß die Zielerreichung belohnt wird und damit die Ergebnisse des Tuns, nicht aber die Aktivitäten. Sonst werden die Bediener von Stechuhren belohnt statt der Ergebnis-Produzenten.

2.2.2.2 Anforderungen an Ziele

Ein Ziel muß

- klar, d. h. inhaltlich eindeutig (mißverständnisfrei) definiert sein,

- positiv formuliert sein (kein "nicht" enthalten),

- realistisch, d. h. erreichbar sein (sonst Überforderung/Traum),

- quantifiziert, d. h. meßbar und überprüfbar sein (was, wieviel soll erreicht werden?),
- zeitlich fixiert sein (bis wann?).

Selbstmanagement: Wie gut beherrschen Sie Ihre Arbeit?

Selbsteinschätzung:

1. Vor jedem Arbeitstag reserviere ich mir einen Teil für vorbereitende, planerische Arbeit.
   (0) fast nie *(1) manchmal* *(2) häufig* *(3) fast immer*

2. Ich delegiere alles, was delegierbar ist.
   (0) fast nie *(1) manchmal* *(2) häufig* *(3) fast immer*

3. Ich lege schriftlich Aufgaben und Ziele mit Erledigungsterminen fest.
   (0) fast nie *(1) manchmal* *(2) häufig* *(3) fast immer*

4. Ich bemühe mich, jedes Schreiben nur einmal und abschließend zu bearbeiten.
   (0) fast nie *(1) manchmal* *(2) häufig* *(3) fast immer*

5. Ich erstelle täglich eine Liste mit zu erledigenden Aufgaben, geordnet nach Prioritäten. Die wichtigsten Dinge bearbeite ich zuerst.
   (0) fast nie *(1) manchmal* *(2) häufig* *(3) fast immer*

6. Ich versuche, den Arbeitstag von störenden Telefonanrufen, unangemeldeten Besuchern und plötzlich einberufenen Besprechungen möglichst frei zu halten.
   (0) fast nie *(1) manchmal* *(2) häufig* *(3) fast immer*

7. Ich versuche, die Arbeiten täglich nach meiner Leistungskurve zu disponieren.
   (0) fast nie *(1) manchmal* *(2) häufig* *(3) fast immer*

8. Mein Zeitplan hat Spielräume, um auf akute Probleme reagieren zu können.
   (0) fast nie *(1) manchmal* *(2) häufig* *(3) fast immer*

9. Ich versuche, meine Aktivitäten so auszurichten, daß ich mich zunächst auf die "lebenswichtigen wenigen" Probleme konzentriere.
   (0) fast nie *(1) manchmal* *(2) häufig* *(3) fast immer*

10. Ich kann auch nein sagen, wenn andere meine Zeit beanspruchen wollen und ich wichtigere Dinge zu erledigen habe.
    (0) fast nie *(1) manchmal* *(2) häufig* *(3) fast immer*

Auflösung:

Wenn Sie nun die Punkte zusammenzählen, die Sie beim Überprüfen Ihrer Arbeitsweise erzielt haben, kommen Sie zu folgendem Ergebnis:

- 0 - 15 Punkte: Sie haben keine Zeitplanung und lassen sich von anderen treiben. Einige Ihrer Ziele könnten Sie jedoch erreichen, wenn Sie eine Prioritätenliste führen und einhalten.
- 15 - 20 Punkte: Sie versuchen, Ihre Zeit in den Griff zu bekommen, sind aber noch nicht konsequent genug, um damit auch Erfolg zu haben.
- 21 - 25 Punkte: Ihr Selbstmanagement ist gut.
- 26 - 30 Punkte: Sie sind ein Vorbild für jeden, der den Umfang mit der Zeit lernen will. Lassen Sie Ihre Mitmenschen (und auch den Autor) von Ihren Erfahrungen profitieren!

Abb. 2.2.4: Selbstmanagement (Quelle: Seiwert 1984b, S. 14, in Anlehnung an "Topics" 4 (1980))

Neben diesen fünf Mindestanforderungen sollten Ziele außerdem

- sinnvoll sein,
- Herausforderungen bedeuten,
- human und sozial glaubwürdig sein,
- mit den persönlichen und beruflichen Bedürfnissen übereinstimmen,
- in freier Arbeitsatmosphäre erreicht werden (ohne Druck).

Es sollten aber nicht zu viele Ziele gesetzt werden.

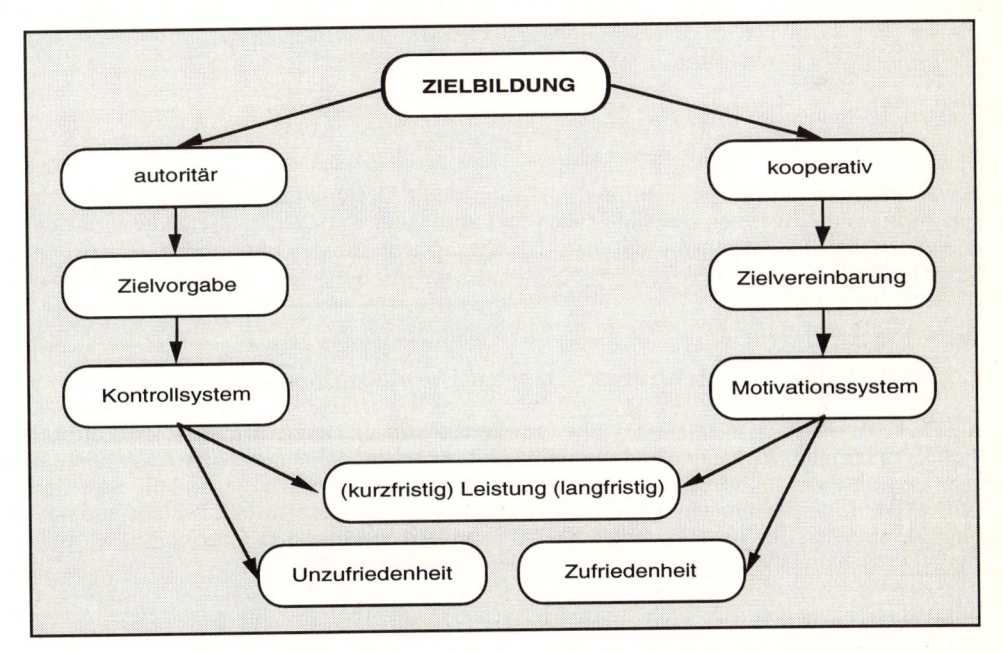

Abb. 2.2.5: Autoritäre und kooperative Zielbildung (Quelle: Stroebe 1982, S. 29)

2.2.2.3 Zielarten (Stroebe 1982, S. 32 - 34):

Wir unterscheiden

- unsere Lebensziele (meist langfristig angelegt),
- unsere beruflichen Ziele sowie Firmenziele (oft mittelfristig),
- unsere privaten/persönlichen Ziele (sollen häufig schon bald erreicht werden).

Langfristig ist alles, was über 3 Jahre hinausgeht. Mittelfristig ist der Zeitraum zwischen 6 Monaten und 3 Jahren. Kurzfristig ist die Zeitspanne bis zu 6 Monaten.

Weiterhin gibt es noch die Trennung in

- Rahmenziele,
- strategische Ziele,
- taktische Ziele,
- operative Ziele (sie führen zu genau formulierten Aufgaben).

Um die Zielerreichung zu messen, verwendet man

- Zeit-Standards = Bis wann? / Wie lange? / Wie oft?
- Kosten-Standards = Wie teuer?
- Quantitäts-Standards = Wie viele?
- Qualitäts-Standards = Wie gut?

Veränderungen von Umwelt, Familie, Unternehmen und Gesellschaft fordern möglicherweise eine Neuformulierung von Leitbild, Zielen und Strategien. Persönliche Ziele und Strategien orientieren sich an Umwelt, Gesellschaft, Familie, Arbeitssituation und - direkt - am persönlichen Leitbild.

2.2.3 Zeitfallen und Zeitfresser - Hindernisse und Störungen

Auf unserem Weg zum Ziel lauern zahlreiche "Feinde", die uns immer wieder von der direkten Strecke abbringen. Es handelt sich um Hindernisse und Störungen, die den Tagesablauf so zerreißen, daß wir immer wieder neu beginnen müssen. Man spricht auch vom "Sägeblatt-Effekt" der Unterbrechungen. Dieser Effekt führt zu Leistungsverlusten, Fehlern und mehr Energieverbrauch - er kostet mitunter 30 - 40 % an Zeit. An manchen Tagen leben wir mehr von Störungen und ihrer Bewältigung als von der eigentlichen Arbeit!

Wir unterscheiden drei Arten von Störungen: sachbedingte Störungen, Störungen durch Andere und Eigenstörungen.

2.2.3.1 Sachbedingte Störungen

- fehlende oder falsche Informationen,
- Mangel an Arbeitsmitteln,
- Zwänge durch falsche Organisation ("Schleifen"),
- fehlende Gesprächsunterlagen,
- störendes Umfeld (Lärm, Großraumbüro).

```
┌─────────────────────────────────────────────────────────────────┐
│  ┌──┐  ┌──────────────────────┐      ┌──────────────────────┐  │
│  │  │  │ Persönliches Leitbild│ ◄─►  │ Wer will ich sein?   │  │
│  │  │  │ (= persönliche       │      │ Wo will ich was      │  │
│  │  │  │   Philosophie)       │      │ leisten?             │  │
│  │  │→ │                      │      │ Wer ist/wird         │  │
│  │  │  │ Randbedingungen ...  │      │ Empfänger meiner ... │  │
│  └──┘  └──────────────────────┘      └──────────────────────┘  │
└─────────────────────────────────────────────────────────────────┘
```

Persönliches Leitbild (= persönliche Philosophie)

Randbedingungen für Ziele und Strategien aufgrund von persönlichen Wertvorstellungen. Persönliche Stärken als Erfolgspotential. Haupt-Tätigkeitsfelder beruflich und privat.

Wer will ich sein?
Wo will ich was leisten?
Wer ist/wird Empfänger meiner Leistungen?
Was sind meine zentralen Wertvorstellungen?
Was ist für mich gut?
Was ist schlecht?
Wie will ich leben?

Ziele

Längerfristige (strategische) Ziele, eher qualitativ.
Kürzerfristige (taktische) Ziele, möglichst beobachtbar, meßbar.

Was will ich bis wann erreicht haben?

Warum dies tun?   Wie Ziel erreichen?

Strategien/Maßnahmen

Strategien sind längerfristige Verhaltensmuster zum Erreichen von übergeordneten Zielen. Maßnahmen sind eher kürzerfristige/taktische Aktivitäten mit konkreten Terminen, Ablaufplan, Budget und Kapazitäten.

Wie, auf welchem Weg will ich die gesetzten Ziele erreichen?

Umwelt - Gesellschaft - Familie - Arbeitssituation - Vorgesetzte beeinflussen ...

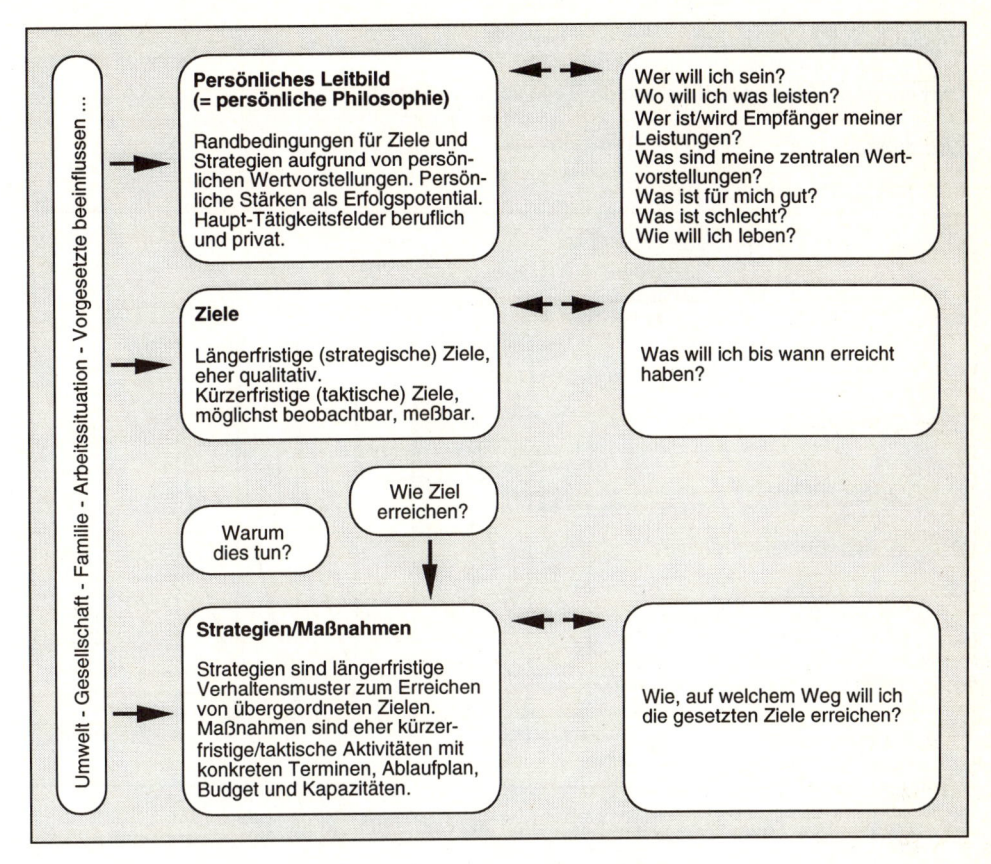

Abb. 2.2.6: Vergleich Leitbild - Ziele - Strategien/Maßnahmen
(Quelle: Ochsner 1990, S. 19)

2.2.3.2 Störungen durch Andere/personenbedingte Störungen

- unnütze Rückfragen von Kollegen,
- immer neue Chefaufträge,
- unerwartete Besucher,
- Privatgespräche von Kollegen,
- Unschlüssige, Vielredner, Besserwisser.

2.2.3.3 Eigenstörungen

- Unlust,
- Müdigkeit,

- mangelnde Konzentration,
- Arbeiten im Leistungstief (gegen die Tagesleistungskurve),
- Ablenkung.

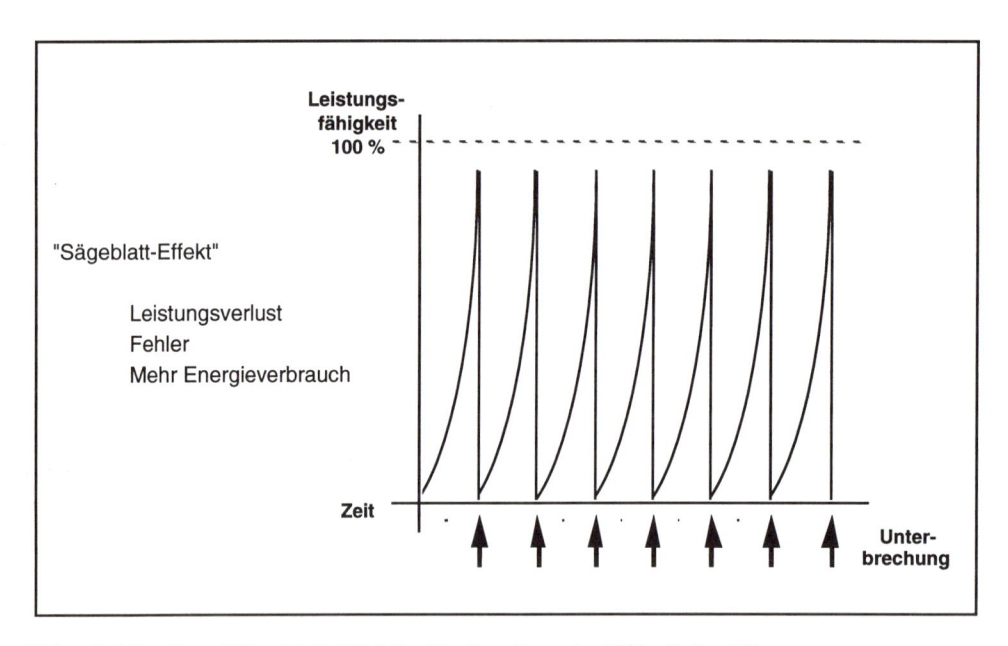

Abb. 2.2.7: Der "Sägeblatt-Effekt" (Quelle: Barrois 1982, Folie 25)

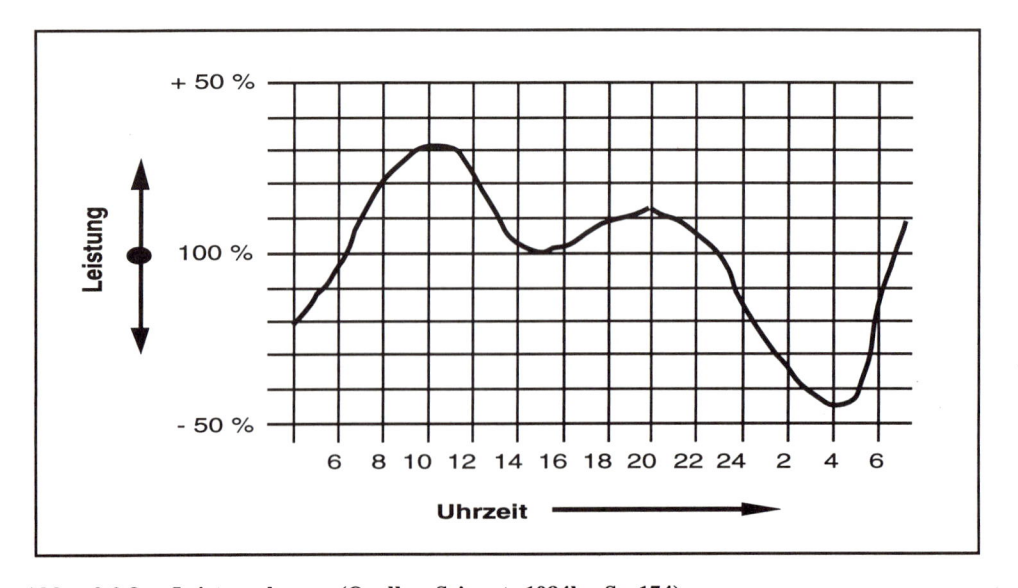

Abb. 2.2.8: Leistungskurve (Quelle: Seiwert 1984b, S. 174)

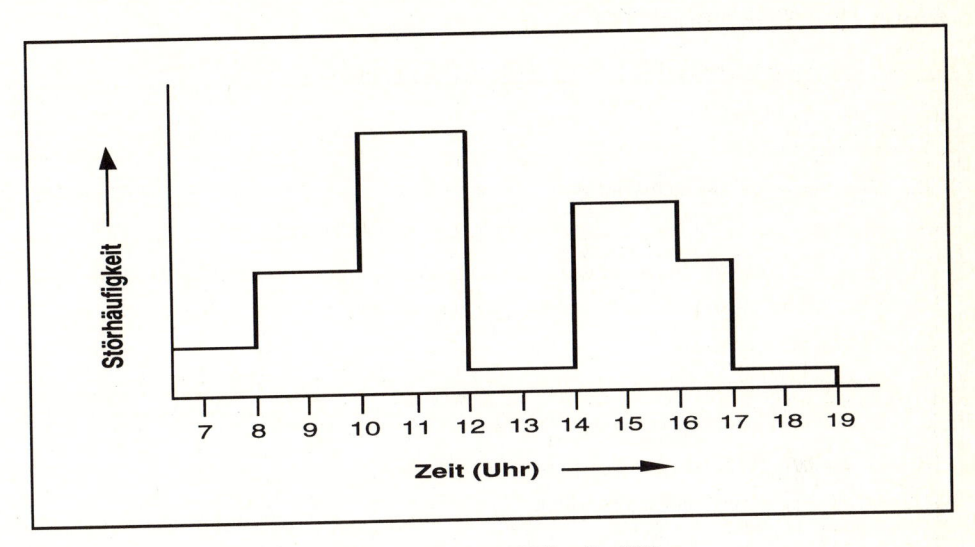

Abb. 2.2.9: Tagesstörkurve (Quelle: Seiwert 1984b, S. 169)

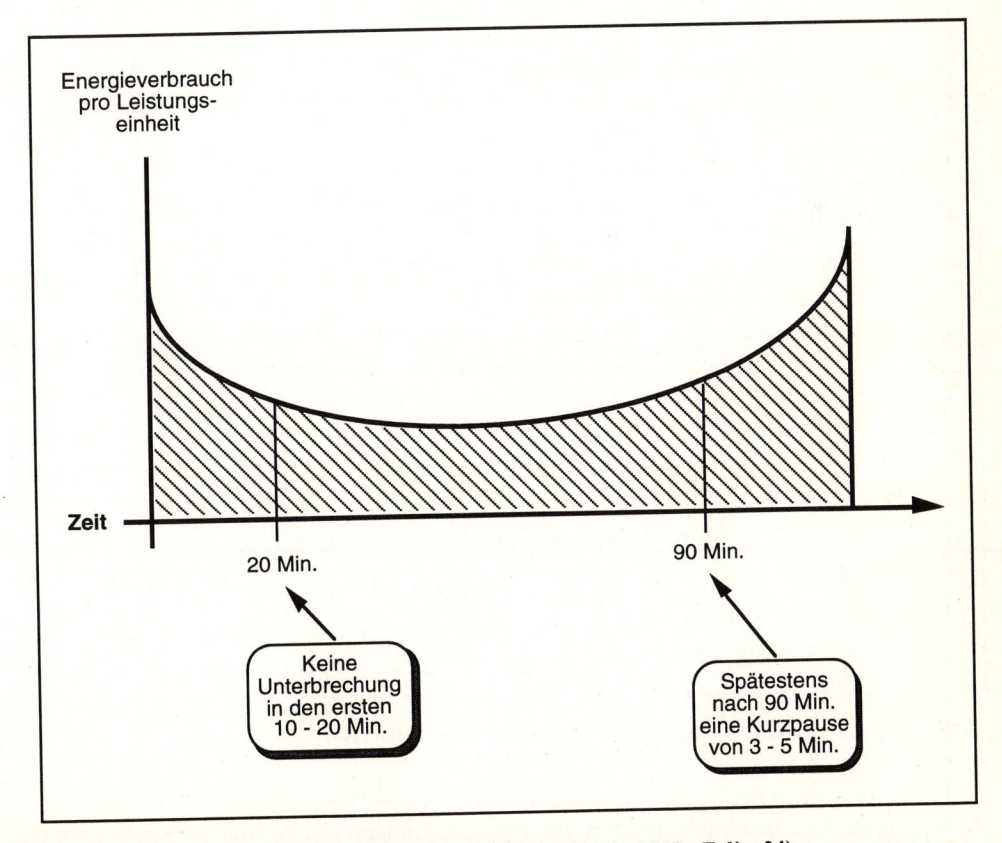

Abb. 2.2.10: Der "Badewannen-Effekt" (Quelle: Barrois 1982, Folie 24)

2.2.3.4 Beseitigung von Störungen

1.	Unklare Zielsetzung	o
2.	Keine Prioritäten	o
3.	Versuch, zu viel auf einmal zu tun	o
4.	Fehlende Übersicht über anstehende Aufgaben und Aktivitäten	o
5.	Schlechte Tagesplanung	o
6.	Persönliche Desorganisation / überhäufter Schreibtisch	o
7.	Papierkram und Lesen	o
8.	Schlechtes Ablagesystem	o
9.	Suche nach Notizen, Merkzetteln, Adressen / Telefonnummern	o
10.	Mangelnde Motivation / arbeitsindifferentes Verhalten	o
11.	Mangelnde Koordination / Teamwork	o
12.	Telefonische Unterbrechungen	o
13.	Unangemeldete Besucher	o
14.	Unfähigkeit, nein zu sagen	o
15.	Unvollständige, verspätete Informationen	o
16.	Fehlende Selbstdisziplin	o
17.	Aufgaben nicht zu Ende führen	o
18.	Ablenkung / Lärm	o
19.	Langwierige Besprechungen	o
20.	Mangelnde Vorbereitung auf Gespräche und Besprechungen	o
21.	Keine oder unpräzise Kommunikation	o
22.	Privater Schwatz	o
23.	Zu viel Kommunikation	o
24.	Zu viele Aktennotizen	o
25.	Unentschlossenheit	o
26.	Alle Fakten wissen wollen	o
27.	Wartezeiten (z. B. bei Verabredungen, Terminen)	o
28.	Hast, Ungeduld	o
29.	Zu wenig Delegation	o
30.	Mangelnde Kontrolle delegierter Arbeiten	o

Abb. 2.2.11: Die bedeutsamsten 30 Zeitfallen und Zeitfresser
(Quelle: Seiwert 1984b, S. 36)

Um Störungen zu beseitigen, müssen wir versuchen, ungestörte Zeitblöcke aufzubauen und abzusichern. Das bedeutet: Es muß Zeiten geben, in denen wir konsequent und abgeschirmt weiterarbeiten dürfen. Zu anderen Zeiten müssen Störungen zugelassen werden, denn sie sind zum Teil ja sogar lebenswichtig und existenzsichernd. Z. B. sind die Kunden für den Vertrieb enorm wichtig - sie als Störung zu betrachten, wäre eine Gefährdung für das Unternehmen. Kundenfreundlichkeit und Mitarbeiternähe (Personalabteilung, Weiterbildung) sind damit gleichrangig mit der Störungsfreiheit. Um Störungen auszuschalten, gibt es vier Maßnahmen:

- Ausweichen/Abblocken (sich verleugnen lassen),

- Vermeiden (sehr schwierig, da Störquelle aufzuspüren ist und ausgeschaltet werden muß),

- Störungen kanalisieren, z. B. Sprechzeiten einrichten, Telefonzeiten und Rückruf vereinbaren, klare Terminabsprachen treffen, Kollegen vertretungsweise einschalten,

- Störungen minimieren, d. h. so kurz wie möglich halten, durch vorbereitete Fragen (Checkliste), vorbereitete Telefonate, festgesetzte *und* eingehaltene Besprechungszeiten, echte Motive des Störenden herausfinden.

2.2.4 Prioritäten setzen

Was ist wichtig? Was ist eilig?

Eines unserer Hauptprobleme im Alltag ist der ständige Versuch, zu viel auf einmal zu tun, und damit die Gefahr, sich zu verzetteln. Dadurch bleiben wichtige Dinge oft liegen, während dringende, aber nicht so wichtige, erledigt werden. Wir müssen also lernen, *Wichtiges von dem Dringenden zu unterscheiden und das Wichtige vor dem Dringenden auszuführen*. Dies nennt man Prioritätensetzung, d. h., wir müssen Aufgaben mit höchster Priorität zuerst erledigen. Auch dürfen wir immer nur eine einzige Aufgabe anpacken.

Prioritäten setzen bedeutet, daß wir entscheiden müssen, welche Aufgabe erstrangig, zweitrangig und welche nachrangig zu behandeln ist. Die anstehenden Aufgaben erledigen wir dann konsequent und systematisch nacheinander in der von uns festgelegten Rangreihe. Um die "wenigen lebenswichtigen" Probleme vor den "vielen nebensächlichen" Problemen in Angriff nehmen zu können, helfen uns 3 Methoden:

- das Pareto-Prinzip (80 : 20-Regel),

- die ABC-Analyse,

- das Eisenhower-Prinzip.

2.2.4.1 Pareto-Prinzip

Der italienische Ökonom Vilfredo Pareto (zitiert in Seiwert 1984b, S. 129) entdeckte Ende des letzten Jahrhunderts, daß

- 80 % des Vermögens in Händen von 20 % der Bevölkerung lag,
- 80 % der Verbrechen von 20 % der Mitmenschen verübt wurden.

Im Unternehmen können wir sehr häufig beobachten, daß

- 80 % des Umsatzes mit nur 20 % der Kunden getätigt wird,
- 80 % der Ausschußmenge durch 20 % der Fehler verursacht wird,
- 80 % der Beschlüsse in nur 20 % der Konferenzzeit gefaßt werden.

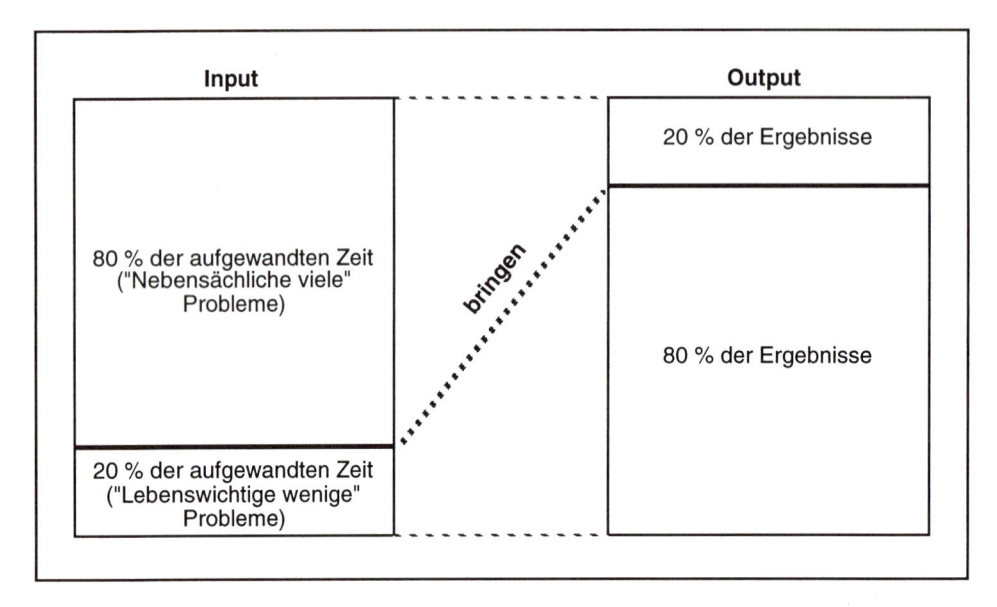

Abb. 2.2.12: Pareto-Zeitprinzip (80 : 20-Regel) (Quelle: Seiwert 1984b, S. 130)

Übertragen wir das Pareto-Prinzip ins Zeitmanagement, so werden wir feststellen, daß

- *80 % unserer Arbeitsergebnisse mit nur 20 % unseres Zeitaufwandes erzielt werden.*

Wir sollten uns daher - entsprechend der Regel - auf die 20 % wichtigen, erforderlichen Tätigkeiten konzentrieren, da hiervon unser wesentlicher Arbeitserfolg abhängt. Leider verschwenden wir 80 % unserer Energie auf 20 % überwiegend unwichtige, aber zahlreiche nebensächliche Probleme. Hier sollten wir zu einer

kontrollierten Vernachlässigung mit dem Mut zur Lücke

kommen. Wie schon vorher erwähnt, müssen wir zielorientiert und nicht tätigkeitsorientiert entscheiden und arbeiten.

2.2.4.2 ABC-Analyse

Im Vertrieb ist festzustellen, daß häufig

- 20 % der Produkte ca. 70 % des Umsatzes bringen (A),
- 40 % der Produkte ca. 20 % des Umsatzes ausmachen (B),
- 40 % der Produkte ca. 10 % des Umsatzes erbringen (C).

Ein Verkäufer muß sich daher sehr stark um die A-Kunden bemühen, dagegen kann er die C-Kunden "kontrolliert vernachlässigen".

Die ABC-Analyse soll uns helfen, unsere täglichen Aufgaben in 3 Kategorien einzuteilen:

- *A-Aufgaben*
  können nur von der betreffenden Person selbst ausgeführt werden. Sie sind nicht delegierbar. Sie machen nur 20 % der Arbeiten aus, jedoch 70 - 80 % des Arbeitserfolges! Wir sollten uns pro Tag max. 2 A-Aufgaben vornehmen, jedoch dafür 3 Stunden einplanen.

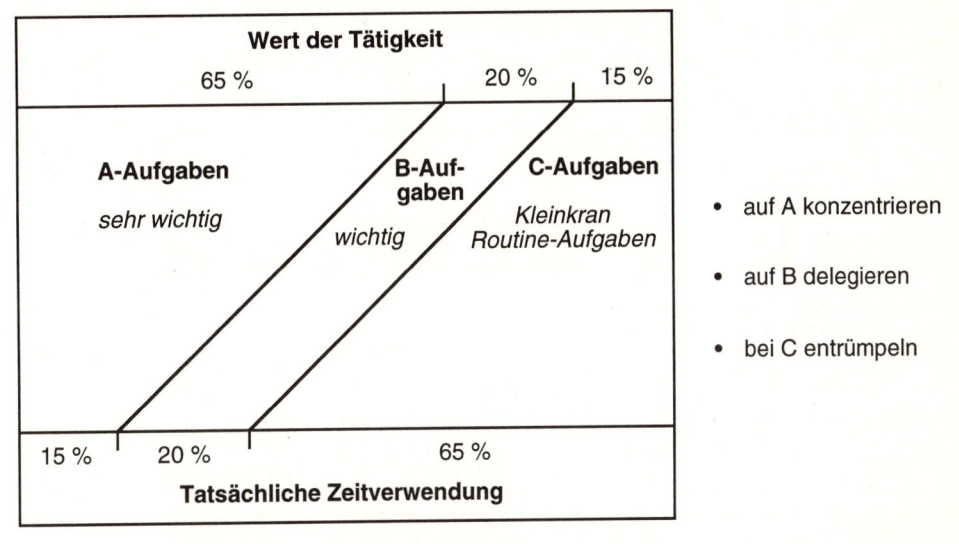

```
                    Wert der Tätigkeit
            65 %                20 %      15 %

                              B-Auf-     C-Aufgaben
        A-Aufgaben            gaben
                                         Kleinkran          • auf A konzentrieren
        sehr wichtig          wichtig    Routine-Aufgaben
                                                            • auf B delegieren

                                                            • bei C entrümpeln


         15 %    20 %                65 %
                Tatsächliche Zeitverwendung
```

Abb. 2.2.13: **Wertanalyse der Zeitverwendung (ABC-Analyse)**
(Quelle: Seiwert 1984a, S. 25)

- *B-Aufgaben*
  sind auch wichtig, aber nicht so dringend. Sie müssen nicht so schnell erledigt werden wie die A-Aufgaben. Daher können wir sie leichter terminieren. Auch müssen die B-Aufgaben nicht unbedingt persönlich vom Stelleninhaber wahrgenommen werden - sie sind delegierbar. Wir sollten uns pro Tag max. 2 B-Aufgaben vornehmen, dafür aber nur 1,5 Stunden vorsehen.

- *C-Aufgaben*
  sind Aufgaben mit dem geringsten Wert für die Erfüllung einer Funktion, nehmen mengenmäßig allerdings die meiste Zeit in Anspruch (Lesen, Telefonieren, Ablage, Korrespondenz). Wir sollten versuchen, C-Aufgaben zu delegieren; wenn nicht möglich, dann zu straffen (Blöcke bilden). Wir sollten uns pro Tag max. 1,5 Stunden für C-Aufgaben nehmen, mehr auf keinen Fall!

So sehr sich die ABC-Analyse eignet, die A (= Muß)-Aufgaben von den B = (Soll)-Aufgaben und vor allem von den C (= Kann)-Aufgaben abzugrenzen, so wenig bedeutet das, daß wir in Zukunft nur noch A-Aktivitäten erledigen und auf die C-Aufgaben ganz verzichten. Mit der ABC-Analyse erreichen wir aber, daß alle Aktivitäten in eine richtige Reihenfolge gebracht werden können. So können wir aktiv unseren Arbeitsablauf steuern, Prioritäten setzen und uns auf die jeweils wichtigen Dinge konzentrieren. Viele C-Aufgaben sind nach aller Erfahrung so unwichtig, daß es sich lohnt, mehr Mut zum Risiko zu zeigen. Vieles erledigt sich durch langes Liegen von selbst.

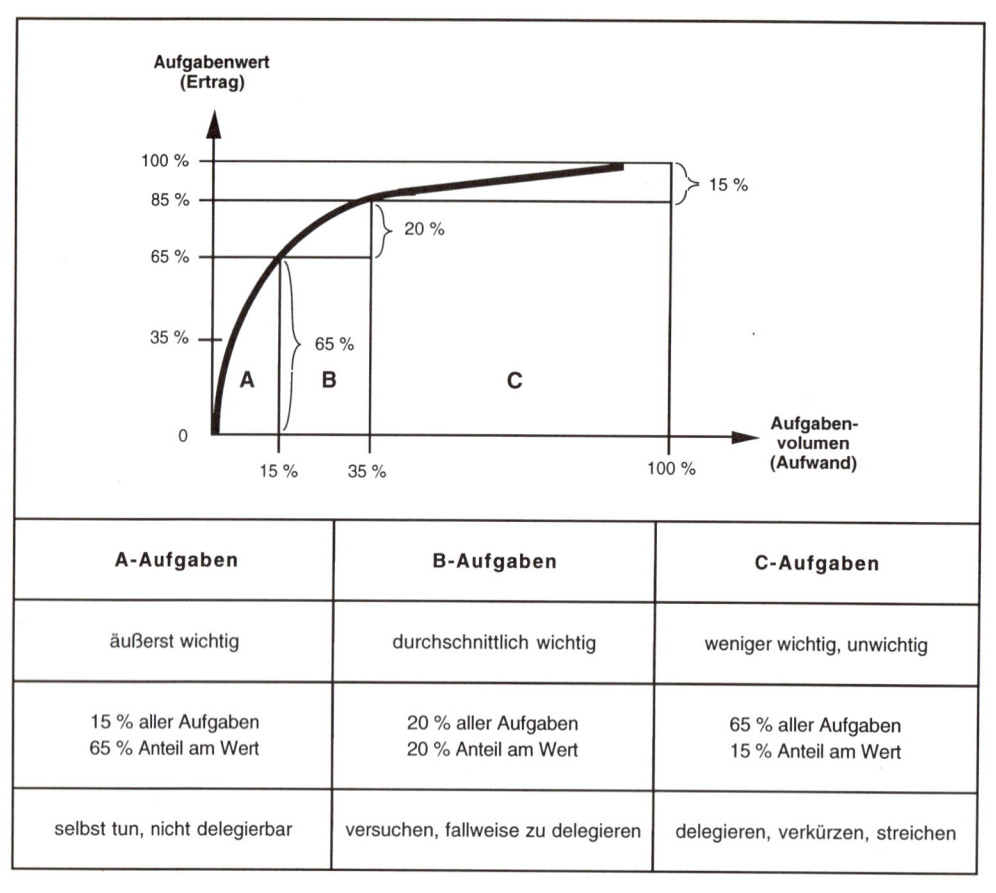

A-Aufgaben	B-Aufgaben	C-Aufgaben
äußerst wichtig	durchschnittlich wichtig	weniger wichtig, unwichtig
15 % aller Aufgaben 65 % Anteil am Wert	20 % aller Aufgaben 20 % Anteil am Wert	65 % aller Aufgaben 15 % Anteil am Wert
selbst tun, nicht delegierbar	versuchen, fallweise zu delegieren	delegieren, verkürzen, streichen

Abb. 2.2.14: Aufteilung der Aufgaben in 3 Kategorien (Quelle: Seiwert 1984b, S. 132)

2.2.4.3 Eisenhower-Prinzip

Die auf den US-General und späteren Präsidenten Dwight Eisenhower zurückgehende Entscheidungsregel hilft uns vor allem, *Wichtigkeit und Dringlichkeit* besser zu unterscheiden.

Mit der Eisenhower-Matrix können wir 4 Arten von Aufgaben gut voneinander trennen:

a) Sehr wichtige/sehr dringende Aufgaben (A-Aktivitäten)
   = selbst tun, sofort erledigen

b) Sehr dringende/weniger wichtige Aufgaben (B-Aktivitäten)
   = nicht selbst tun, delegieren

c) Sehr wichtige/weniger dringende Aufgaben (C-Aktivitäten)
   = selbst später tun (terminieren) oder auch delegieren

d) Weniger dringende/weniger wichtige Aufgaben (D- oder P-Aktivitäten)
   = sofort Ablage P (Papierkorb) oder einfach liegen lassen (erledigt sich oft von selbst)

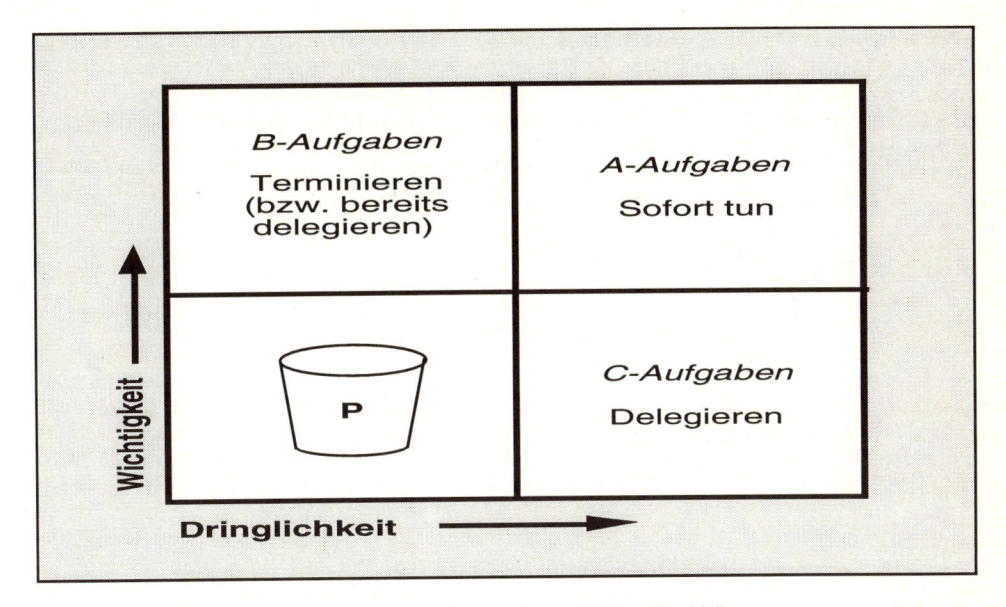

```
                B-Aufgaben              A-Aufgaben
                Terminieren             Sofort tun
                (bzw. bereits
                delegieren)

   ↑
                    ⌣
                    P                   C-Aufgaben
Wichtigkeit                             Delegieren

   Dringlichkeit  →
```

Abb. 2.2.15: Eisenhower-Prinzip (Quelle: Seiwert 1984b, S. 136)

2.2.4.4 Praxisbeispiel "Portfolio-Management in der Weiterbildung"

alte/bewährte Seminare für "alte" Kunden (Stammkunden)	neue Seminare (Prototypen) für "alte" Kunden (Stammkunden)
alte/bewährte Seminare für "neue" Zielgruppen	neue Seminartypen für "neue" Kundengruppen

Abb. 2.2.16: Praxisbeispiel "Portfolio-Management in der Weiterbildung"

2.2.5 Planung

"Planung bedeutet Vorbereitung zur Verwirklichung von Zielen" (Seiwert 1984b, S. 84). Je besser wir unsere Zeit einteilen und je mehr Zeit wir für eine genaue Planung unserer Aufgaben und Ziele verwenden, um so besser werden unsere Ergebnisse bei der Durchführung sein. Die Zeit, die wir für die Planung verwenden, sparen wir meist bei der Durchführung leicht wieder ein. *Planung bedeutet Zeitgewinn!*

Wer seinen Arbeitstag 8 - 10 Minuten vorbereitet, kann oft täglich 1 Stunde Zeit gewinnen.

Wer seine Zeitplanung nur im Kopf hat, vergißt leicht Termine und verliert auch schnell die Übersicht ("Aus den Augen, aus dem Sinn").

Daher sollten wir täglich am Abend unseren Zeitplan für den kommenden Tag schriftlich fixieren und Engpässe dabei frühzeitig erkennen. Diese können durch Verschieben von Terminen bzw. Wegfallen lassen oder Delegieren beseitigt werden. Noch besser ist es, Wochenpläne zu führen und daraus die Tagespläne durch Übertragen der einzelnen Aktivitäten abzuleiten. Trotz aller Planung wollen wir das "Domino-Prinzip" nicht vergessen:

"Je exakter die Planung, desto härter trifft der Zufall."

2.2.5.1 60 : 40-Regel

"Erstens kommt es anders, zweitens als man denkt."

Wegen Verschiebungen, die sich durch Überziehen von Terminen und durch nicht planbare Störungen ergeben können, kommt es zu einem "Umkippen" aller folgenden Termine (Domino-Effekt). Daher sollten wir nur einen bestimmten Anteil unserer Arbeitszeit, ca. 50 - 60 %, verplanen. Die anderen 40 - 50 % Arbeitszeit müssen als Pufferzeit für unvorhergesehene Ereignisse/Störungen, aber auch für eigene spontane Tätigkeiten, reserviert bleiben.

Wenn wir die Pufferzeiten immer als "Polster" zwischen die max. 8 geplanten Tätigkeiten pro Tag (A-, B-, C-Aktivitäten) einbauen, haben wir einmal Zeit für uns selbst, zum anderen können wir Terminüberschreitungen leichter ausgleichen, ohne daß es zum Domino-Effekt kommt.

Grundregel der Zeitplanung

- ca. 60 % geplante Aktivitäten
- ca. 20 % unerwartete Aktivitäten
  (Reserve für Pufferzeiten und nicht planbare Aktivitäten)
- ca. 20 % für spontane Aktivitäten
  (Führungstätigkeiten, kreative Zeiten)

⟶ **Arbeitszeit** ⟵

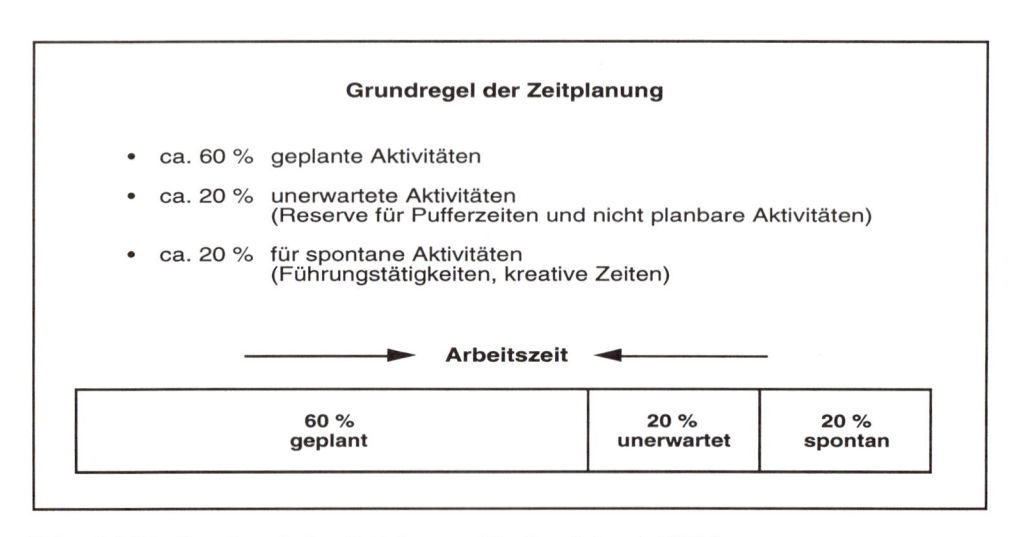

60 % geplant	20 % unerwartet	20 % spontan

Abb. 2.2.17: Grundregel der Zeitplanung (Quelle: Seiwert 1984c)

2.2.5.2 Pufferzeit / Störarme Zeit / Stille Stunde

Um Pufferzeiten zu schaffen, sollten wir erkennen, daß es sinnvoll ist, zusammenhängende Zeitblöcke einzuplanen, in denen wir ohne Störungen nachdenken, kreativ sein können. Ausserdem ist es erforderlich, bestimmte Arbeiten konzentriert und ohne Störungen "durchzuziehen". Hierfür sollten wir Arbeitsblöcke und Pufferzeiten in sogenannten störarmen Zeiten zusammenfassen. In der Praxis hat es sich bewährt, täglich eine *Stille Stunde* als Sperrzeit für Andere einzurichten. Man sollte diese *Stille Stunde* als Termin mit sich selbst in den Tagesplan/Terminkalender eintragen, damit er nicht von anderen belegt wird (z. B. Sekretärin).

2.2.5.3 Die ALPEN-Methode

Als gute Möglichkeit, mit 10 Minuten täglicher Planungszeit den kommenden Tag und auch "Berge von Arbeit" in den Griff zu bekommen, hat sich die ALPEN-Methode von Seiwert (1984c) bewährt. Die fünf Stufen dieser Methode sehen wir folgt aus:

A = Aktivitäten, Aufgaben aufschreiben

> Notieren Sie auf einem Blatt alle Aufgaben, die Sie erledigen wollen oder müssen. Dazu kommen noch unerledigte Arbeiten vom Vortag sowie wiederkehrende Aufgaben (z. B. Telefonate, Post, Gruppenbesprechungen).

L = Länge der Tätigkeiten schätzen

> Notieren Sie hinter jeder Aktivität den Zeitbedarf, den Sie dafür ungefähr veranschlagen müssen. Achten Sie schon jetzt darauf, daß die Summe 8 Stunden nicht überschreitet.

P = Pufferzeit reservieren

> Denken Sie daran, daß Sie nur max. 60 % Ihrer täglichen Arbeitszeit verplanen sollten, das sind 5 Stunden und nicht mehr. Die restliche Zeit ist die Reserve für spontane und unerwartete Aktivitäten, also die Pufferzeit (ca. 3 Stunden).

E = Entscheidungen treffen

> Um die Anzahl der Aufgaben auf max. 8 pro Tag und den Zeitbedarf auf 5 Stunden zu reduzieren, müssen Sie Prioritäten setzen (mit Hilfe der ABC-Analyse oder der Eisenhower-Methode). Außerdem können Sie die veranschlagte Zeit kürzen (jede Arbeit zieht sich so lange hin wie man ihr Zeit läßt). Schließlich könnten Sie ja auch delegieren!

N = Notieren im Terminkalender, Nachkontrollieren am Tagesende

> Notieren Sie die von Ihnen ausgewählten Aufgaben im Kalender, möglichst die A-Aufgaben am Morgen (Tagesleistungskurve). Die B- und C-Tätigkeiten können Sie meistens blocken bzw. in Serienproduktion erledigen (Telefonate, Diktate, Ablage). Denken Sie auch an die *Stille Stunde*, die schriftlich im Tagesplan zu verankern ist.

Denken Sie daran, daß *"Rom auch nicht an einem Tag erbaut wurde"* und daß *"der erste Schritt oft schon die Hälfte des Weges"* ist!

2.2.5.4 Praktische Tips

2.2.5.4.1 Vier wichtige Fragen

Vor dem Beginn jeder Aktivität sollten wir uns 4 Fragen stellen:

1. Ist die Tätigkeit *überhaupt* notwendig?
   Hierbei hilft die Kontrollfrage: Was kann im schlimmsten Fall passieren, wenn diese Arbeit nicht getan wird? Viele Tätigkeiten sind unnötig, weil sie aus Gewohnheit, übermäßigem Mißtrauen, überspanntem Prestigedenken oder übertriebenem Informationsbedürfnis verrichtet werden. Müssen wir alles lückenlos lesen oder bei jeder Besprechung vertreten sein?

Heißt die Antwort auf die 1. Frage allerdings "ja" und die Aufgabe ist notwendig, so ist zu klären:

2. Muß ich die Arbeit *selbst* tun?

Nun ist zu fragen, ob die Tätigkeit an einen oder mehrere Mitarbeiter delegiert werden kann. Neben der Aufgabe sollten dann aber auch im Sinne von "management by delegation" die Kompetenz und die Verantwortung übertragen werden. Bei komplexen Aufgaben ist zu überlegen, ob ein Projekt-Team gebildet werden muß.

Machen wir Dinge, die andere auch tun könnten? Unterschätzen wir Qualifikation und Leistungsfähigkeit unserer Mitarbeiter? Haben wir zu wenig Vertrauen zu ihnen? Ist aber die Arbeit wirklich nicht delegierbar, stellt sich die nächste Frage:

3. Muß ich die Tätigkeit *sofort* tun?

Nur wenn es sich um eine wichtige und dringende Aufgabe handelt, also um eine A-Aktivität, muß ich sofort beginnen. Ansonsten ist es möglich, die Arbeit aufzuschieben, also zu terminieren. Bei eigener Überlastung ist auch zu überlegen, ob nicht delegiert werden kann. Schließlich bleibt noch die Frage:

4. Muß ich die Arbeit *perfekt* tun?

Nicht alle Aufgaben müssen sich endlos lange ausdehnen (Parkinson: "Jede Arbeit zieht sich so lange hin wie man ihr Zeit läßt."). Vieles kann verkürzt und vereinfacht werden. Durch die optimale Nutzung von Methoden, Techniken und Hilfsmitteln lassen sich die meisten Tätigkeiten auf ein Minimum an Zeit reduzieren.

Merke:
Nicht die aufgewandte Zeit zählt, sondern nur die Qualität, das Ergebnis, der Erfolg!

2.2.5.4.2 Delegieren

Nachstehend finden Sie einige *Grundregeln der Delegation:*

1. Was heißt delegieren?

- Übertragen von Aufgabe, Kompetenz und Verantwortung,
- unmittelbar zwischen dem, der delegiert und dem, an den delegiert wird,
- Kontrolle des Ergebnisses, aber nicht des Weges.

2. Was ist delegierbar?

- Routinearbeiten und Normalfälle,
- echte Detailaufgaben,
- Spezialistentätigkeiten.

3. An wen kann delegiert werden?

- Grundsätzlich nur an direkt unterstellte Mitarbeiter,
- nicht nur an ausgelastete und fähige Mitarbeiter, sondern
- auch an solche, die über freie Arbeitszeit verfügen,
- mehr Erfahrung erwerben müssen und
- solche, deren Fähigkeiten geprüft werden sollen.

4. Warum sollte delegiert werden?

- Entlastung von Routine- und Detailaufgaben,
- Ausschöpfen der Fachkenntnisse und Erfahrungen Anderer,
- Motivation,
- Förderung und Entwicklung von Leistungsfähigkeit, Initiative und Selbständigkeit sowie Verantwortungsbewußtsein.

5. Wie wird delegiert?

Bestimmen Sie frühzeitig, klar und deutlich

- Was soll getan werden?	Ziel, Inhalt
- Wer soll es tun?	Person, Gruppe
- Warum soll er es tun?	Sinn, Motivation
- Wie soll er es tun?	Umfang, Menge
- Bis wann soll er es tun?	Termin, Zeit
- Welche Befugnisse hat er dabei?	Kompetenzen

2.2.5.4.3 Organisieren der Telefonarbeit

Wichtig ist hier ein aktives, bewußtes, selbstgesteuertes Telefonverhalten. Dies beginnt bereits bei der

- zeitlichen Plazierung von Telefonaten.

Wir müssen den Partner dann anrufen, wenn es für *uns und ihn* günstig ist. Bewährt hat es sich, feste Telefonzeiten zu vereinbaren (insbesondere Rückrufzeiten).

Auch sollten wir nicht unbedingt in unserem Leistungshoch telefonieren, sondern möglichst im Leistungstief (antizyklisch).

Daß wir dabei vorher

- in der Telefondatei/im Telefonbuch die aktuelle Rufnummer des Partners heraussuchen (lassen) und
- die Wählarbeit delegieren

gehört ebenso zu einer guten Vorbereitung wie das Bereitlegen der notwendigen Unterlagen.

Vor dem Anruf bzw. dem Anwählen sind folgende Fragen zu überdenken:

- Was will ich erreichen?
- Was habe ich zu bieten?
- Welche Einwände sind zu erwarten?

- Welche Alternativen gibt es?

In der Praxis hat es sich gezeigt, daß es von Vorteil ist, mehrere Telefonate hintereinander zu führen. Man nennt dies

- Sammelanrufe/Bündelung von Telefonaten.

So entsteht durch einen Telefonblock ein gewisser Übungseffekt.

Neben einer guten Vorbereitung hängt der Erfolg eines Telefongespräches auch von einer guten Nachbereitung ab. Ein mündliches Gespräch ohne schriftliche Dokumentation bleibt oft unbeachtet. Für die Nachbearbeitung eingehender und ausgehender Telefonate haben sich

- Gesprächs-Notiz-Formulare/-Blöcke

bewährt (Abbildung 2.2.18).

Bei eingehenden Telefonaten müssen wir uns vorher Klarheit verschaffen und mit Kollegen absprechen, ob gestört werden darf oder nicht. Um den "Sägeblatt-Effekt" der Störungen zu vermeiden, müssen bestimmte Arbeiten (z. B. Terminarbeiten, Besprechungen, Statistiken) "durchgezogen" werden. Für solche Fälle empfiehlt es sich, eine "Hürde" aufzubauen. So antwortet der Kollege am Telefon: "Herr X ist leider momentan nicht am Platz. Kann er Sie zurückrufen?" Oder: "Herr Y ist in einer wichtigen Besprechung. Soll ich stören?" Durch diese höflichen und freundlichen "Hürden" wird in der Regel ein Rückruf gewünscht, der dann zeitlich in den Telefonblock/Sammelblock integriert werden kann. Überhaupt gilt für das Verhalten am Telefon das Motto:

"Wie man in den Wald hineinruft, so schallt es heraus!"

Das bedeutet, daß wir immer mit einer freundlichen Stimme und mit einem lächelnden Gesicht telefonieren sollten - oft ist die Telefonstimme der erste Eindruck, den der Anrufer von uns hat (und meist ist der erste Kontakt entscheidend).

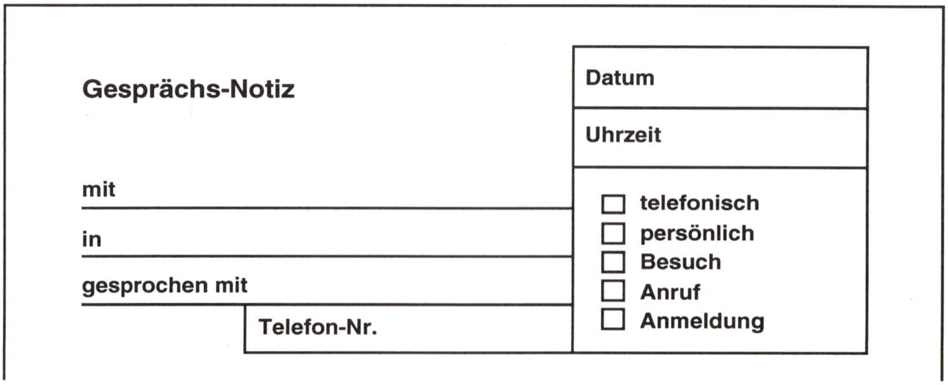

Gesprächs-Notiz

mit _____

in _____

gesprochen mit _____

Telefon-Nr. _____

Datum
Uhrzeit

☐ telefonisch
☐ persönlich
☐ Besuch
☐ Anruf
☐ Anmeldung

Abb. 2.2.18: Beispiel für Gesprächs-Notiz-Formular

2.2.5.4.4 Systematisieren der Papierflut

Einige Tips für die Eingangspost:

- Eingangspost nach Wichtigkeit und Dringlichkeit vorsortieren lassen,
- zugehörige Unterlagen sofort zusortieren lassen,
- wichtige Textstellen markieren,
- unwichtiges sofort in den Papierkorb,
- sofort Bearbeitungsvermerke anbringen,
- bei Zuständigkeit Anderer Post sofort weiterleiten,
- Eingangspost bei Durchsicht sofort/abschließend bearbeiten.

Für den Postausgang sollten wir alle möglichen Korrespondenzhilfen nutzen wie z. B. Kurz-Briefe, Sofort-Anfragen, handschriftliche Antwort auf Original und Fotokopie anfertigen. Weiterhin ist es empfehlenswert, die Möglichkeiten der Technik voll auszuschöpfen. Das bedeutet z. B. Direkt-Diktat in den PC, Arbeiten mit Textbausteinen und Schemabriefen bei sich wiederholenden Vorgängen, Verwendung von Telefax und Telefon. Grundsätzlich gilt für die Korrespondenz die Regel: "So viel Information wie nötig auf so wenig Papier wie möglich!"

2.2.5.4.5 Unerledigtes sichtbar machen

"Aus den Augen, aus dem Sinn!"

Um die laufenden Vorgänge und die noch zu erledigenden Arbeiten übersichtlich zu halten und überhaupt sichtbar zu machen, haben sich in der Praxis folgende Hilfsmittel/Techniken bewährt:

- *Farbige Klarsichthüllen*
  für Korrespondenzstücke, die zu bearbeiten, noch zu klären oder nur zu fotokopieren sind, z. B. rote Hüllen für eilige Vorgänge, grüne Klarsichtfolien für Besprechungsfälle, gelbe für Fotokopierstücke.

- *Farbige Aufkleber*
  eignen sich besonders für kurze Notizen unterschiedlicher Art. Auch hier verwenden wir rot für dringende Informationen, gelb für "normale Botschaften".

- *Lose-Blatt-Hängemappen/Pendelmappen*
  finden insbesondere Anwendung bei laufenden Vorgängen, bei denen ständig noch Schriftwechsel hinzukommt, z. B. Projekte. Erst wenn der Vorgang abgeschlossen ist, wird gelocht und abgelegt.

- *Flip-Charts*
  sollten bei jeder Besprechung vorhanden sein. Auf ihnen können die Diskussionsergebnisse für alle Teilnehmer sichtbar visualisiert werden.

- *Pin-Wände/Magnet-Tafeln*
  Hier lassen sich insbesondere Termine gut sichtbar "festmachen". Auch wichtige und eilige Vorgänge, bei denen man auf eine Antwort wartet, können so "geparkt" werden.

- *Wiedervorlage-Mappe*
  für Zeitvorgänge, die zu einem bestimmten Zeitpunkt wieder sichtbar werden sollen, eignet sich noch immer am besten die "klassische Wiedervorlage-Mappe", entweder numerisch von 1 - 31 oder alphabetisch von A - Z.

2.2.5.4.6 Rationalisieren von Besprechungen

Einer der größten Zeitfresser bei Managern sind die zahlreichen, endlosen Besprechungen. Manche Führungskräfte verbringen 50 - 70 % ihrer Arbeitszeit in Konferenzen und Sitzungen, die oft mangelhaft vorbereitet, schlecht durchgeführt und häufig sogar ohne Ergebnis enden. Würde man die Kosten einer zweistündigen Besprechung mit zehn Teilnehmern einmal - unter Berücksichtigung der jeweiligen Gehälter - ermitteln, so kämen leicht DM 2.000,-- zusammen. Nicht berücksichtigt dabei sind die Kosten für die liegengebliebene Arbeit, evtl. entgangene Aufträge oder entstandene Schäden durch Abwesenheit bzw. nicht getroffene Entscheidungen. Es gibt kaum eine andere Tätigkeit, bei der so viele Leute gleichzeitig so viel Zeit verschwenden wie bei Besprechungen! Es folgen einige Tips für rationelle Besprechungen:

Vor der Besprechung

"Die besten Besprechungen sind die, die gar nicht erst stattfinden müssen!"

- Ist die Sitzung überhaupt notwendig?
- Was ist das Ziel der Besprechung?
- Gäbe es andere Möglichkeiten (z. B. Zweiergespräche, Telefon)?
- Ist die Tagesordnung/das Gesprächsziel allen Teilnehmern bekannt und klar?
- Müssen es so viele Teilnehmer sein? (Die Anzahl von 7 sollte keinesfalls überschritten werden.)
- Ist der Ort bekannt, eindeutig für die Teilnehmer und auch geeignet für den Anlaß?
- Ist der Zeitpunkt richtig gewählt (Tages-Leistungskurve!)?
- Ist die Zeitdauer begrenzt (max. 90 Minuten)?
- Sind die notwendigen Medien (Flip-Chart, Metaplan-Wand, Overhead-Projektor) vorhanden?
- Haben die Teilnehmer die erforderlichen Unterlagen/Vorabinformationen?
- Sind die Einladungen rechtzeitig verschickt worden?

Während und nach der Besprechung

- Gibt es einen Diskussionsleiter, der auf die Einhaltung der "Spielregeln" achtet?
- Gibt es einen Protokollführer, der die Ergebnisse auf der Flip-Chart sofort notiert und damit visualisiert?
- Wird das Besprechungsziel von allen Teilnehmern im Auge behalten und wird bei Abschweifungen abgeblockt (Leiter!)?
- Wird pünktlich begonnen, die Tagesordnung straff durchgezogen und pünktlich geendet?

	zu erledigen (bis)	verantwortlich
• Empfang und Begrüßungsgespräch	....	....
• Informationsmaterial übergeben, Aufgabenbeschreibung besprechen, Einarbeitungsplan übergeben, besprechen, ggf. anpassen	....	....
• Termine für Mitarbeiter-Gespräche vereinbaren und Nutzen dieser Gespräche klären	....	....
• Information über Betriebliches Vorschlagswesen	....	....
• Mit dem "Paten" bekanntmachen und dessen Funktion erläutern	....	....
• Bekanntmachen mit den nächsten Kollegen, Funktion und Aufgaben der Kollegen kurz beschreiben	....	....
• Bekanntmachen mit den zuständigen Gehaltssachbearbeitern/Gleitzeitbeauftragten	....	....
• Einstellungsformalitäten erledigen - Arbeitspapiere abgeben - Firmenausweis/Gleitzeituhr - Unterrichtung nach § 81 - Verpflichtung Datenschutz (sofern erforderlich) - Konto bei Hausbank einrichten (wenn gewünscht) - Essens- und Einkaufsmöglichkeiten, ggf. Kantine/Cafeteria vorstellen - ggf. GiroVendkarte anbieten	....	....
• In Arbeitsumgebung einweisen (Arbeitsplatz, Garderobe, Sanitärräume, Teeküche, Schwarzes Brett, Bücherei, Magazin, Poststelle, evtl. Betriebsrundgang, Parkmöglichkeiten)	....	....
• Über Arbeitszeit, Pausen, Urlaubsplan, Verhalten bei Krankheit und Unfällen, allgemeines Verhalten im Betrieb (z. B. Rauchen, Alkohol, private Telefongespräche) informieren	....	....
• Mit Arbeitsschutzmitteln/-kleidung (Arbeitsschuhe, Gehörschutz, Gesichtsmaske usw.) ausrüsten	....	....
• Erste Arbeitsaufgabe nach Einarbeitungsprogramm	....	....

Abb. 2.2.19: Checkliste für den 1. Arbeitstag von neuen Mitarbeitern
(Quelle: Seiwert 1984/85c)

- Wird das Ergebnis noch einmal zusammengefaßt und ein Aktionsplan erstellt (*Wer* tut *was* bis *wann?*)?

- Bis wann liegt das Protokoll vor?

"Der schlimmste Fehler nach Sitzungen sind gar keine Protokolle, der zweitschlimmste schlechte Protokolle" (Mackenzie 1984, S. 134).

2.2.5.4.7 Verwenden von Checklisten

Aufgaben, die immer wiederkehren, führen auch zu einem sich wiederholenden Arbeitsablauf. Diese Routinearbeiten oder auch sporadisch auftretenden Tätigkeiten lassen sich mit Hilfe von Checklisten (Prüf-/Kontroll-Listen) sehr gut planen und abarbeiten. Um eine Checkliste zu erstellen, müssen wir vorher alle Teilaufgaben, die mit dem wiederkehrenden Vorgang verbunden sind, sammeln. Anschließend sind sie zu sortieren und in die typische zeitliche Abfolge zu bringen. Es ist darauf zu achten, daß die Arbeitsschritte nicht zu umfangreich, aber auch nicht zu klein sind. So entsteht z. B. für den ersten Arbeitstag eines neuen Mitarbeiters ein "Fahrplan". Wir können Einarbeitungspläne in Checklistenform bringen und auch Jubiläen auf diese Art vorplanen, ohne daß wir gravierende Dinge vergessen.

Eine gute Checkliste enthält

- eine Kurzbeschreibung der zu erledigenden Aufgabe,

- Termine/Zeitangaben,

- Handzeichen/Namen der ausführenden Person,

- Erledigungsvermerke.

Der große Vorteil einer Checkliste ist, daß solche Routinearbeiten dadurch delegierbar und kontrollierbar werden.

2.3 Beispielhafte Innovationen in der betrieblichen Projektarbeit
C. Lindinger

2.3.1 Zum Inhalt

Der vorliegende Beitrag gibt einen kurzen Überblick über aktuelle Entwicklungen bei der Generierung und Umsetzung von betrieblichen Innovationen. Sie werden an zwei typischen Beispielen wie der Einführung eines kundenorientierten Managementsystems (Fallbeispiel 1: das Quality Operating System von Ford) und der Einführung neuer Arbeitsstrukturen mit Hilfe einer "problemlösenden" Projektorganisation (Fallbeispiel 2: Betrieb der Automobilzulieferindustrie) illustriert.

2.3.1.1 Innovationsfähigkeit

In Zeiten sich rasch ändernder Markt- und Umweltbedingungen kommt auf Seiten der Betriebe und Verwaltungen dem dort verfügbaren Mitarbeiterpotential größte Bedeutung zu. Die Menschen in der Organisation werden dringender denn je als Problemlöser bzw. Ideenlieferanten und später auch als Garanten einer erfolgreichen Umsetzung von Neuerungen benötigt. Jeder, der sich professionell mit Organisations- und Personalentwicklung beschäftigt, kennt die Vielzahl möglicher Hindernisse, die einer vormals von allen akzeptierten Idee entgegengebracht werden. Am Ende wird eine Neuerung, ob geeignet oder nicht, häufig vorschnell ablehnend beschieden und gute Konzepte werden ohne Not aufgegeben. Eine schlechte, aber gewohnte Ausgangslage scheint besser zu ertragen zu sein als eine ungewohnte neue Lösung. Ein häufig zitiertes Phänomen läßt sich in solchen Momenten beobachten:

Mit Killerphrasen (vgl. dazu u. a. auch Böning 1990, S. 43 ff.) wie z. B.

- "Zur Zeit haben wir ganz andere Sorgen ",

- "Theoretisch ist das in Ordnung, aber die Praxis ist ganz anders" oder, wenn das Kind dann in den Brunnen gefallen ist,

- "Ich habe es doch schon vorher gewußt",

werden sämtliche Versuche abgewehrt, die möglichen Vorzüge einer Neuerung überhaupt an sich herankommen zu lassen.

Das organisatorische Umfeld ist in erheblichem Maße für ein solches Negativklima verantwortlich. So sind Strategien zur Veränderung des Innovationsverhaltens von Individuen innerhalb einer Organisation nur dann erfolgsversprechend, wenn sie jeweils von Veränderungen in deren Rahmenbedingungen begleitet werden oder aber dort bereits auf ein förderliches Umfeld treffen. Daß Veränderungen für den Einzelnen durchaus negative Folgen haben können, Vorbehalte daher teilweise bestens begründet sein können, zeigt der massive Abbau von Arbeitsplätzen in den letzten Jahren. Verlustängste sind vermutlich die stärksten individuellen Gegenkräfte bei einem Neuerungsversuch, z. B. die Angst, Macht, Status, Sicherheit oder Selbstbestätigung zu verlieren.

Welche *förderlichen* Indikatoren können auf der anderen Seite genannt werden? Es sind dies beispielsweise

- die Förderung des individuellen Selbstvertrauens,

- kooperationsorientierte Führungsstile,

- offene Kommunikationsmöglichkeiten,

- zukunftsbezogene Perspektiven der Organisation und der Einzelnen,

- passende Leitbilder und

- eine erfolgreich praktizierte Beteiligung der Mitarbeiter am betrieblichen Entscheidungs- und Planungsgeschehen.

Im konstruktiven Zusammenspiel dieser Indikatoren zeigt sich die *Innovationsfähigkeit* einer Organisation, die von der Vielfalt wirksamer Umweltbedingungen (z. B. Markt, Gesetzesänderungen) und natürlich auch bewußten externen Organisations- bzw. Personalentwicklungsimpulsen angeregt werden kann und sollte.

2.3.1.2 Erlebniswert

Die bisherige Betrachtung muß noch um die wichtige Dimension des *intra- und interindividuellen Erlebens* ergänzt werden. Wie neuere Forschungsergebnisse der Kultursoziologie (vgl. Schulz 1992, S. 34 ff.) nahelegen, gewinnt der Erlebniswert von Handlungsalternativen gesellschaftlich und damit auch innerhalb von Organisationen zunehmend an Bedeutung. Die direkten Auswirkungen sind für jedermann sichtbar. In allen gesellschaftlichen Schichten sind z. T. gravierende Veränderungen der allgemeinen Lebensplanung und -gestaltung (z. B. in der zunehmenden Freizeitorientierung) zu beobachten. Übereinstimmend wird heute von einem "Wertewandel" (vgl. auch Warnecke 1992) bzw. von Wertebrüchen und einer damit einhergehenden veränderten Einstellung zur Arbeit gesprochen. Moderne Organisationen reagieren bereits auf diesen Wandel. Sie erkennen die zentrale Bedeutung des individuellen Erlebens für das Überleben bei immer unberechenbarer und komplexer werdenden Rahmenbedingungen. In einer "Erlebnisgesellschaft" (Schulz 1992, S. 735), in der der Erlebniswert einer Alternative zum Entscheidungskriterium wird, muß die Organisation ihren Mitgliedern einen entsprechend hohen Erlebniswert bieten, um sie zur Entfaltung und Nutzung ihres Potentials zu animieren.

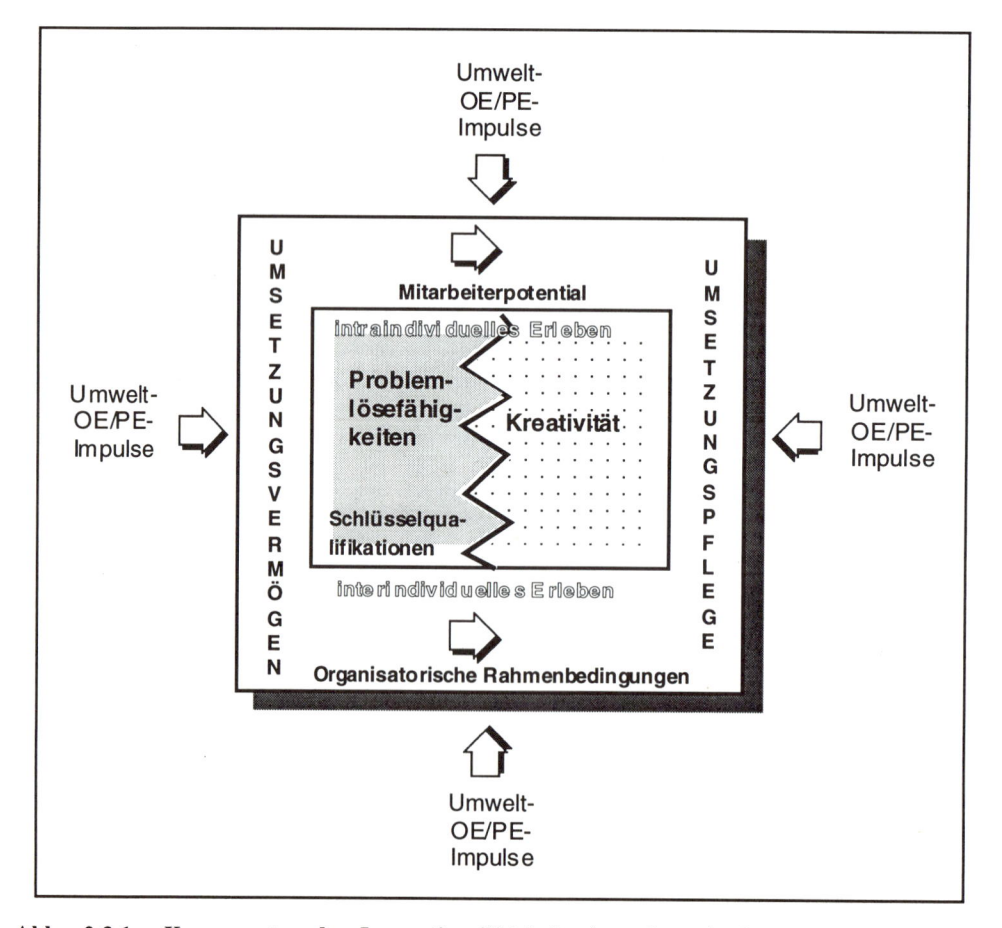

Abb. 2.3.1: Komponenten der Innovationsfähigkeit einer Organisation

Aus Sicht der Organisations- und Personalentwicklung (OE/PE) gilt es daher, diese aktiv verarbeitende Erlebnisfähigkeit intra- und vor allem auch interindividuell auszubilden und zu verfeinern. Ziel der notwendigen Maßnahmen und Impulse bleibt es, mit der Förderung

- intraindividueller (Schlüsselqualifikationen, Persönlichkeit) und

- interindividueller Erlebnisfähigkeit (z. B. Teamentwicklung, Teamfähigkeit)

die Innovationskraft (vgl. Abbildung 2.3.1) einer Organisation zu erhöhen.

2.3.1.3 Konsequenzen für den OE/PE-Experten

Um *kontinuierliche Verbesserung* (vgl. Bösenberg, Metzen 1993, S. 107 ff.), also die permanente Bereitschaft der Organisation zur Veränderung, in einem Betrieb umzusetzen und zu etablieren, reicht eine isolierte Förderung von Problemlösefähigkeiten mittels Problemlösemethoden und Kreativität mittels Kreativitätstechniken nicht aus.

Häufig begegnet dem Experten bei entsprechenden Weiterbildungsmaßnahmen (z. B. Moderationstrainings) die Aussage, man könne sich zwar mit den vorgestellten Methoden anfreunden, da jedoch im Betrieb ein Klima der Angst (um den Arbeitsplatz, vor Kritik, vor den Vorgesetzten usw.) bestehe, wäre der Einsatz des erworbenen Wissens vor Ort unwahrscheinlich. Niedergeschlagen hat sich diese Transferproblematik (vgl. Dahms und Gerl 1991, S.234 ff) in verstärkten Bemühungen um neue teilnehmeraktivierende Lehr- und Lernmethoden, die einen hohen intra- und interindividuellen Erlebniswert liefern können, sofern die Teilnehmer bereit sind, eigeninitiativ zu werden. So wird z. B. im Rollenspiel versucht, zumindest einen Ausschnitt der betrieblichen Problemwelt erfahrungsnah nachzubilden. Im Spiel selbst werden zudem häufig massive emotionale Reaktionen provoziert. Die anschließende Reflexion (Feed back) soll dann zu einer Bewußtmachung dieser Reaktionen führen, um im Idealfall diese als Ansatz einer neuen Sicht- und Verhaltensweise zu nutzen.

Für den Zustand der betrieblichen Problemerkennung bzw. -diagnose kann eine "erlebnisorientierte" Feststellung getroffen werden. In Analogie zum "Leidensdruck eines Individuums", der den entscheidenden Input zur Änderung eines bestimmten, problembehafteten Verhaltens liefert, muß in einer Organisation ein von vielen geteiltes *Problembewußtsein* ausgebildet sein, um überhaupt die Notwendigkeit von Neuerungen einzusehen. Ohne dieses "Problemerleben" wird es keine Bemühungen um Innovationen geben. Der OE/PE-Experte muß daher sein begleitendes Schulungsprogramm auf die betriebliche Entwicklung abstimmen und zunächst schrittweise

- sensibilisieren,
- informieren,
(= Förderung des Problemerlebens)

- motivieren und
- qualifizieren
(= Förderung des Problembewältigens).

Die aktuelle Diskussion um "schlanke"Konzepte wie ′lean production′ (schlanke Fertigung) und ′lean management′ (schlankes Management) zeigt (vgl. dazu Bösenberg, Metzen 1993, S. 35 ff.), daß sich auf oberer Management-Ebene relativ schnell die nötige Akzeptanz für grundlegende Veränderungen in der Organisation gewinnen läßt, während weitere Bemühungen häufig im Nadelöhr der Hierarchien stecken bleiben. Sie werden dort ausgehöhlt, verschleppt, und u. U. bis zur Unkenntlichkeit verstümmelt. Am Ende, im ungünstigsten Fall, bezahlt der ′Mann an der Maschine′, also die unterste Hierarchie-Ebene, den Preis für eine Problemlösung, die diesen Namen nicht verdient (nicht selten mit seinem Arbeitsplatz). In solchen Projekten gilt die Devise, daß nicht der Gesamtbetrieb, dessen Umstrukturierung das Gebot der Stunde gewesen wäre, sondern derjenige Teil, der sich am schlechtesten wehren konnte, schlank werden muß. An den entscheidenden Stellen jedoch ändert sich auf diese Weise nichts. Ebenso bleibt die Forderung nach verbesserter Teamarbeit, die einen zentralen Pfeiler aller aktuellen Organisationskonzepte darstellt, solange leer und widersinnig, soweit sie nicht auf allen Hierarchiestufen mit dem gleichen Nachdruck verfolgt wird.

Aus diesen Überlegungen läßt sich ableiten:

- betriebliche Innovation und betriebliche Weiterbildung müssen in einer unmittelbaren Wechselwirkung stehen,

- beide können nur erfolgreich wirken, wenn sie einen hohen Erlebniswert aufweisen,

- intra- und interindividuelle Erlebnisfähigkeit ist Voraussetzung für jedes betriebliche Problemlösen und damit für jede Innovation,

- Problembewußtsein bzw. -erleben und der komplexe individuelle Umgang mit den Problemstellungen muß auf allen Hierarchiestufen einer Organisation entwickelt sein.

2.3.2 Fallbeispiel 1: Das **Q**uality **O**perating **S**ystem (QOS)

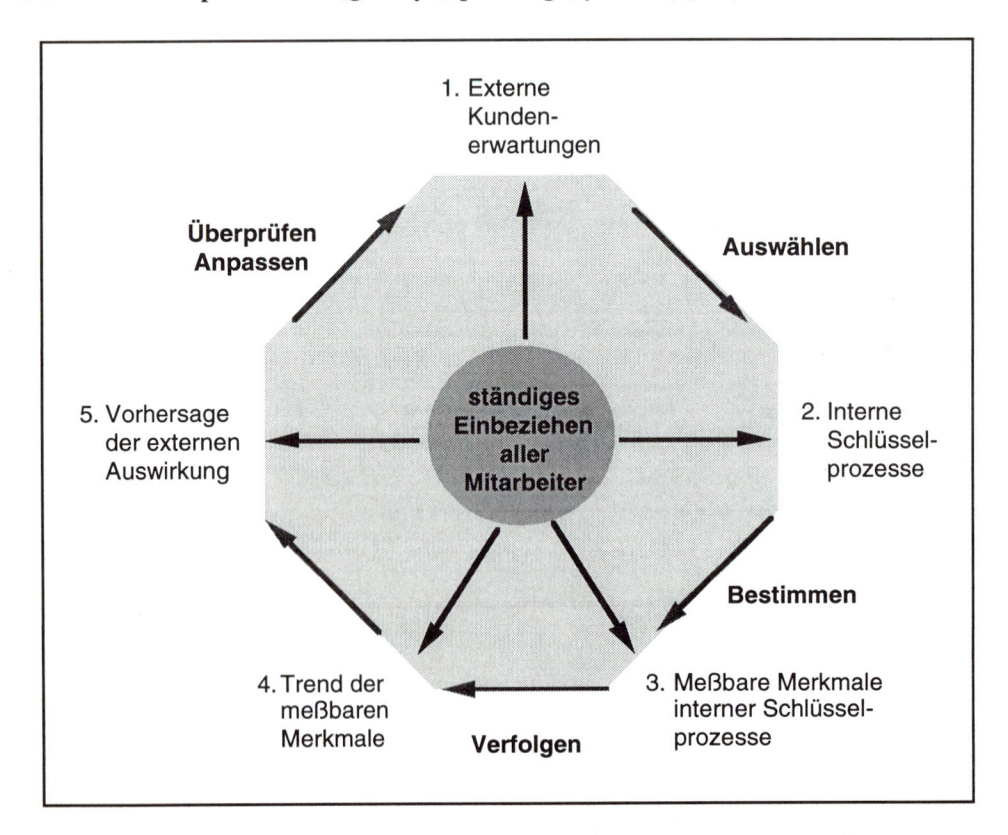

Abb. 2.3.2: QOS-Zyklus

Die Forderung nach einer parallelen Betrachtung aller Hierarchiestufen eines Unternehmens (die nicht mit simultan verwechselt werden sollte) wird bereits in den neueren Entwicklungen berücksichtigt, wie das Beispiel des QOS zeigt, das im November 1992 von der FORD AG in Deutschland vorgestellt wurde (Ford AG 1992). Es handelt sich hierbei um ein standardisiertes Problemlöseprogramm mit Schwerpunkt Qualität und Kundenbeziehung, wobei beide Begriffe sehr weit gedeutet werden. In der vom Entwickler vorgeschlagenen Vorgehensweise werden insgesamt 5 Schritte zyklisch durchlaufen (vgl. Abbildung 2.3.2).

Als Besonderheit gegenüber vergleichbaren Modellen (Total Quality Management, TQM), die ein umfassendes Qualitätsmanagement auf allen betrieblichen Ebenen beabsichtigen (vgl. auch Töpfer, Mehdorn 1993, S. 27), soll hierbei nicht neues Datenmaterial gesammelt werden, sondern vielmehr auf bestehende Daten zurückgegriffen werden. Diese sind als meßbare Merkmale einem von insgesamt ca. 15 auszuwählenden Schlüsselprozessen zuzuordnen, standardisiert aufzubereiten und als Trend darzustellen. Jeder wesentliche Ablauf im Betrieb kann hierbei als Schlüsselprozeß gelten. Aufgabe ist es hierbei nun, die relevanten Abläufe in einem *Brainstorming* zusammenzustellen und auf 15 +/- 3 signifikante zu verdichten.

Das QOS ruht auf zwei wesentlichen Fundamenten. Es fordert

- einerseits eine inhaltlich *parallele* Bearbeitung der Schlüsselprozesse für externe und interne Kundenanforderungen an das Unternehmen und

- andererseits eine Beteiligung *aller* Hierarchieebenen mit der konkreten Aufforderung, diese in Teamarbeit zu realisieren.

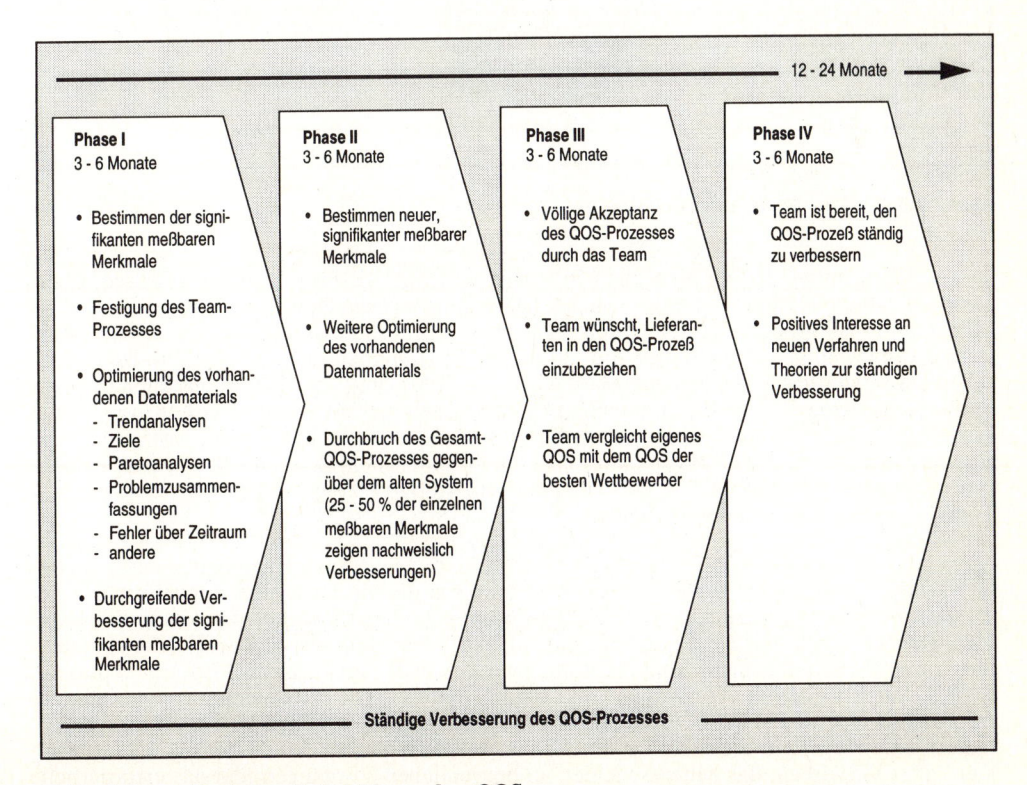

Abb. 2.3.3: **Typische Entwicklung des QOS**

Das QOS sieht eine Entwicklungsdauer von 12 - 24 Monaten vor, die sich in vier verschiedene Phasen einteilen lassen (vgl. Abbildung 2.3.3) und eine ständige Verbesserung des Systems zum Ziel hat. Nach etwa einem Jahr soll das System im Betrieb fest etabliert sein.

Innerhalb des QOS sieht eine Präventivmaßnahme vor, mit Hilfe mehrerer, vom Management bestimmter "Champions" einem frühzeitigen Versanden entgegenzuwirken. Ein "Champion" sollte möglichst eine Leitungsfunktion bekleiden und Verantwortung für Umsetzung und Fortbestand des QOS im Betrieb übernehmen. Ob der Titel "Champion" überall auf ein positives Echo stößt, sei dahingestellt (Abbildung 2.3.4).

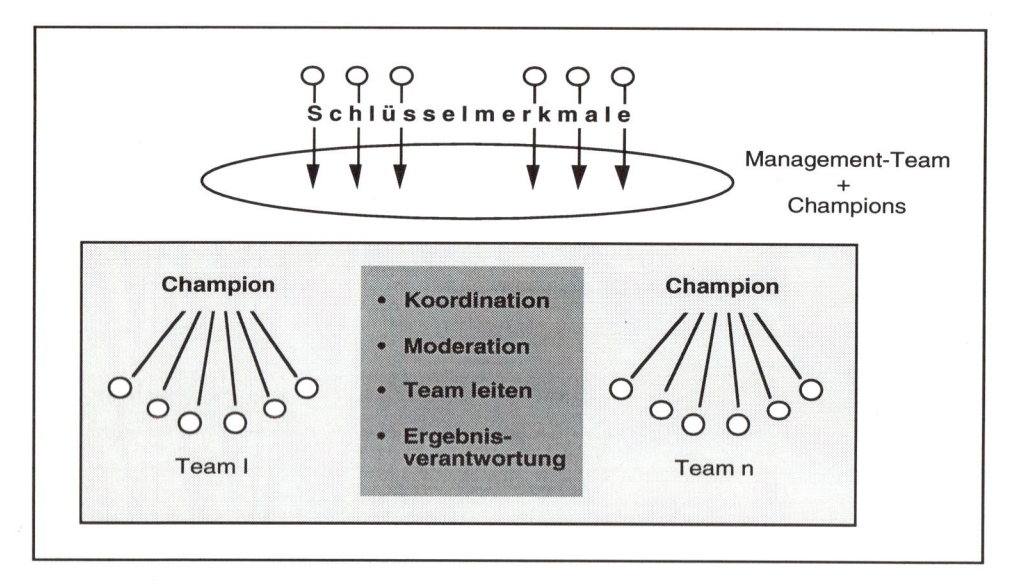

Abb. 2.3.4: Die Rolle des Champions

Diese "Promotoren" haben eine auch in vielen anderen OE-Projekten festgestellte, überlebenswichtige Funktion zu erfüllen. Sie können Impulse geben, überzeugen, antreiben und als Moderatoren bei größeren Hindernissen vermitteln. Ihre Rolle ist umso bedeutsamer, je massiver in der jeweiligen Organisation die "drohende" Projektarbeit im QOS als "Zusatzaufgabe" neben der "eigentlichen" Arbeit aufgefaßt wird. Die Einsetzung von Champions kann dann als sinnvolle Strategie für eine Kontinuität im QOS betrachtet werden, solange diese Aufgabe vom Einzelnen nicht als Rolle des autoritären Befehlsgebers mißverstanden wird. Unterstützt von einer parallelen Arbeit aller Hierarchieebenen in verschiedenen, sich teilweise überschneidenden Teams (vgl. Abildung 2.3.5), entsteht außerdem im Betrieb eine wesentlich verbesserte Transparenz des Problemlösegeschehens.

Nicht "die da oben" hecken im stillen Kämmerlein intransparente Gemeinheiten aus, sondern sie verfolgen notwendige betriebliche Verbesserungen, die für jeden nachvollziehbar in einer *standardisierten* Form anhand bestehenden Datenmaterials aufbereitet worden sind. *"Visual management"* heißt hier das Stichwort, das im Zusammenhang mit schlanken Management-Strukturen als Führungsinstrument empfohlen wird. Es hält Ergebnisse und Lösungen präsent, führt sie auch weiterhin "vor Augen" und schafft mittels einer permanenten (ungeschönten) Information eine wesentliche Voraussetzung für einen kontinuierlichen Verbesserungsprozeß, indem jeder Beteiligte dieselbe Datenbasis als Ausgangspunkt seiner Überlegungen nutzen kann. Das Mitwirken, das Mitentscheiden an betrieblichen Vorgängen und das erforderliche

Problemlösen können auf diese Weise von den Mitgliedern der Organisation als alltägliche Teile der betrieblichen Erlebniswelt akzeptiert werden. Visuelles Management ist immer auch Teil eines insgesamt erlebnisnahen Managements, wenn es sich nicht auf das Abfassen von Diagrammen beschränkt. Zusammengefaßt bedeutet dies

- eine Managementstrategie, die die Erlebnisfähigkeit einer Organisation verbessern soll, muß erlebnisnah ausgerichtet sein, d. h. mit die Sinne ansprechenden Methoden (z. B. Visua-lisierung) und motivierenden Anreizen (aktive Beteiligung) operieren.

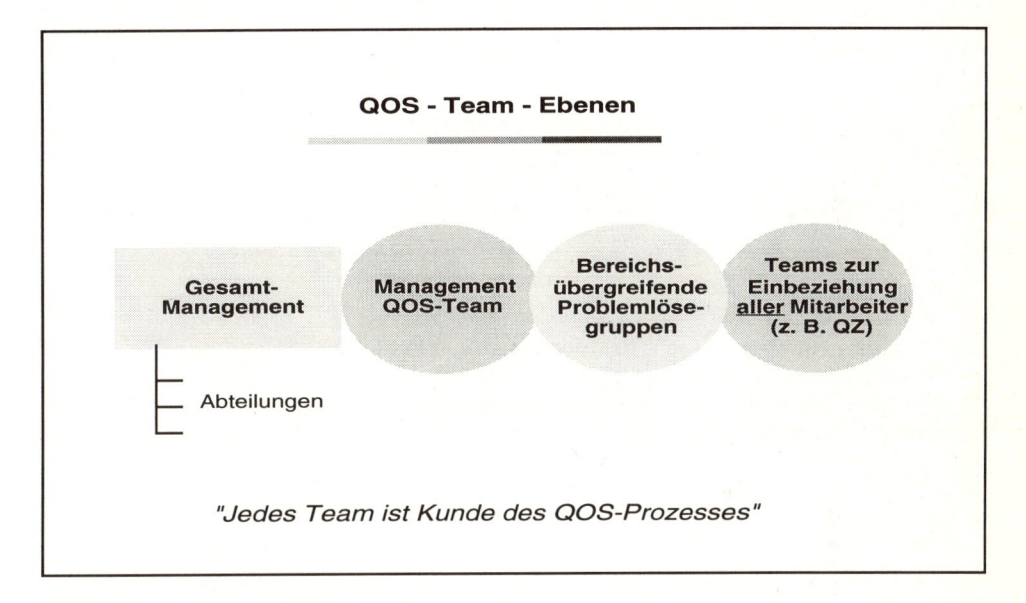

Abbildung 2.3.5: Team im QOS

2.3.3 Struktur versus Prozeß

Eine innovationsfähige Organisation bewegt sich zwangsläufig in einem Spannungsfeld, dessen Extrempositionen einerseits durch starre, veränderungs-resistente Strukturen, und andererseits durch einen chaosartigen, offenen Prozeßcharakter definiert werden, die beide ungeeignet für die Umsetzung einer wie auch immer gearteten Problemlösung sind.

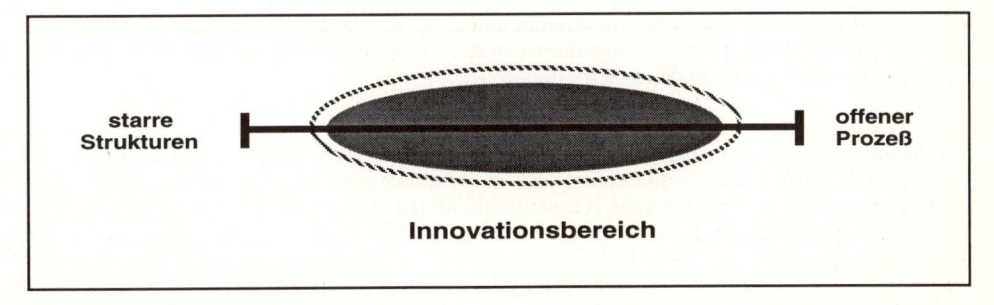

Abb. 2.3.6: Innovationsbereich

Im Regelfall nimmt daher eine spezifische Organisation einen variablen Platz auf dem Kontinuum zwischen beiden Extremen ein. Sie muß in der jeweiligen Situation einen angemessenen Anteil an Struktur und Prozeßorientierung (vgl. Abbildung 2.3.6) aufweisen können.

Die Devise heißt hier: so flexibel wie nötig zu werden. Auch hier kann eine Verbindung zum Ausmaß der Erlebnisfähigkeit einer Organisation geknüpft werden:

- Eine erlebnisfähige Organisation bewegt sich innerhalb des Innovationsbereichs zwischen starren Strukturen und einem offenen Prozeß und nimmt hierin einen variablen Standpunkt ein.

Indikatoren für einen solchermaßen definierten Innovationsbereich können z. B.

- die Eigeneinschätzung der organisatorischen Einheiten,
- die Anzahl an umgesetzten Verbesserungsvorschlägen,
- die Anzahl erfolgreich verlaufener organisatorischer Veränderungen sowie
- die Bereitschaft zur Weiterbildung bei Mitarbeitern und Führungskräften

darstellen.

2.3.4 Fallbeispiel 2: Eine "problemlösende" Projektorganisation

Erklärtes Projektziel des mittelständischen Betriebes der Automobilzuliefererindustrie war die Einführung von Gruppenarbeit und Teamstrukturen in einem Bereich der Fertigung. Die gesamte geplante Projektdauer beträgt 12 Monate. Sie unterteilt sich in drei Phasen:

- Grobplanung (siehe Abbildung 2.3.7)
- Feinplanung (siehe Abbildung 2.3.8) und
- Umsetzung.

Die auf den ersten Blick unnötig komplex erscheinende Projektorganisation in Abbildung 2.3.7 kann bei entsprechender Vorbereitung nicht nur erstaunlich robust sein - sie ermöglicht eine effiziente und gleichzeitig von vielen getragene Analyse und Lösungsfindung zu notwendigen organisatorischen Veränderungsprozessen. Wichtigste Bestandteile dieser Lösung sind:

1. Verschiedene *Projektgruppen* (Arbeitsgruppen), die sich mit den wesentlichen Gestaltungsthemen im Projekt beschäftigen. Sie werden jeweils von einem Moderatorenpaar geleitet und extern von einem OE/PE-Experten unterstützt.

2. Ein vom Betrieb ernannter *Projektleiter,* der eine wichtige Promotorenrolle übernimmt. Er ist stellvertretender Abteilungsleiter der Arbeitswirtschaft und verfügt über einen profunden Einblick in das gesamte betriebliche Geschehen.

3. Ein *Prozeßbegleiter,* der innerhalb der Grobplanungsphase benannt wird. Hier ist eine sorgfältige Auswahl dringend erforderlich, da für diese Aufgabe nur eine Person mit grosser Sozialkompetenz in Frage kommt. Sie sollte gleichzeitig nicht zu hoch in der betrieblichen Hierarchie angesiedelt sein. Hauptaufgabe ist die Betreuung aller Projektbeteiligten bei "menschlichen" Problemen, die zwischen und innerhalb verschiedener Hierarchieebenen auftreten können.

4. Ein *Projektlenkungsausschuß* (PLA), in dem Zwischenergebnisse präsentiert und jeweils notwendige Entscheidungen getroffen werden. In diesem PLA sitzen neben Vorstand und

Betriebsrat des Unternehmens auch Vertreter der unmittelbar betroffenen Fertigungsmitarbeiter.

5. *Beteiligungsgruppen* (BG), in denen sich die betroffenen Fertigungsmitarbeiter jeweils einmal wöchentlich nach der Frühschicht treffen. Insgesamt gibt es im Drei-Schicht-Betrieb drei Beteiligungsgruppen. Sie werden zunächst von externen OE/PE-Experten moderiert. Im Projektverlauf geht diese Aufgabe in die Hand von gewählten Gruppensprechern über. Die Beteiligung der betroffenen Mitarbeiter in der Phase der Grobplanung wäre zwar denkbar, könnte jedoch zumindest in beteiligungsunerfahrenen Betrieben zunächst eher für Verwirrung denn für einen konstruktiven Beitrag zum Gestaltungsergebnis sorgen. Im vorliegenden Beispiel wurde mit den BG in der Feinplanungsphase begonnen.

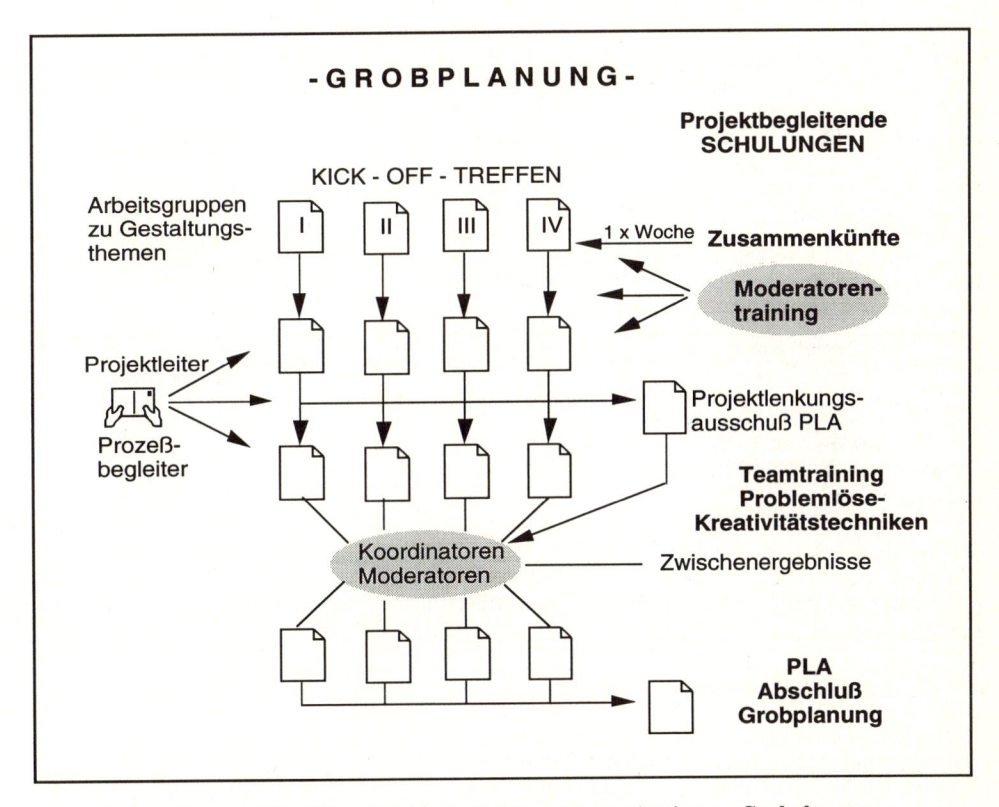

Abb. 2.3.7: Eine problemlösungsorientierte Projektorganisation - Grobplanung -

6. Die *externen OE/PE-Experten,* die alle erforderlichen begleitenden Schulungsmaßnahmen durchführen und innerhalb des Projektgeschehens mit ihrer Methoden- und Prozeßerfahrung hilfreich zur Seite stehen.

In der Grobplanungsphase geht es in erster Linie um die breite Umsetzung der vier Anfangsschritte "sensibilisieren, informieren, motivieren und qualifizieren", um ein gemeinsames Problemerleben der verschiedenen Projektbeteiligten in den Arbeitsgruppen zu erreichen. Es sollen zudem die wesentlichen inhaltlichen Orientierungspunkte gesetzt werden, bevor dann in der Feinplanung sämtliche hierarchische Ebenen des Betriebs einbezogen sein müssen. Themenschwerpunkte sind z. B.

- Ist- bzw. Schwachstellenanalysen,
- Entlohnung,
- Ablauforganisation,
- Auswahl der Mitarbeiter,
- Gestaltung des Arbeitssystems,
- Erarbeitung eines Qualifizierungsprogramms,
- Information.

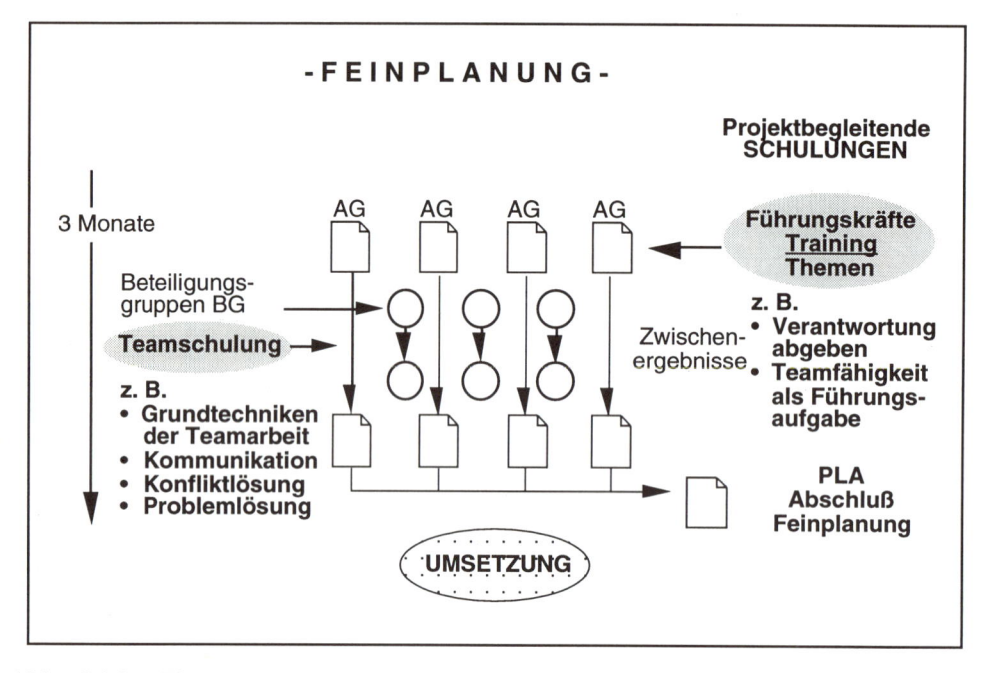

Abb. 2.3.8: Eine problemlösungsorientierte Projektorganisation - Feinplanung -

Während zur Einstimmung des Projektes ein eintägiger Workshop (Kick-off-Treffen) zu einer gemeinsamen Zielformulierung der Entscheider führt, wird ausgewählten Mitarbeitern in Moderatorentrainings das notwendige methodische Rüstzeug für die Betreuung der Projekt- bzw. Arbeitsgruppen vermittelt, in denen die angesprochenen thematischen Orientierungspunkte für den weiteren Projektverlauf gesetzt werden. Einen besonders großen Effekt weisen in diesem Fall überbetriebliche, bzw. organisationsübergreifende Trainings auf. Über die erlebnisnahe Vermittlung von Inhalten kann auch ein praxisorientierter Erfahrungsaustausch der Teilnehmer ermöglicht werden. Die Einsicht, daß bestimmte Problemstellungen auch in anderen Organisationen bestehen, dort auch mit ähnlichen Konsequenzen verbunden und auch dort als "Stein des Anstoßes" betrachtet werden, fördert ein Selbstverständnis der potentiellen Problemlöser. Man fühlt sich nicht mehr lange allein auf verlorenem Posten, sondern kann sich als aktiver Teilhaber an einer allgemein notwendigen Entwicklung betrachten.

In der Feinplanung beginnt die aktive Beteiligung der Fertigungsmitarbeiter. Spätestens zu diesem Zeitpunkt muß der Prozeßbegleiter ausgewählt sein. Er oder sie kann sich auch über die Sitzungen der Beteiligungsgruppen hinaus um die Sorgen und Nöte der Mitarbeiter kümmern und an verschiedenen Stellen den Projektfortschritt anmahnen. Unterstützt wird er darin vom Projektleiter und den externen Experten. In dieser Phase sind begleitende Führungskräftetrainings unerläßlich. Wird Teamarbeit nicht auch auf dieser Ebene vorgelebt, wird die Umsetzung auf der Ebene der Fertigungsmitarbeiter nur schleppend vorangehen.

Teamschulungen der Schichtgruppen kurz vor Beginn der Umsetzungsphase beenden die Feinplanung. Diese Intensivseminare sind Vorbereitung und Starttschuß für die neue innovative Arbeitsform. Natürlich endet die Betreuung nicht an dieser Stelle. Auch in der ca. sechsmonatigen Probephase werden die Gruppen betreut. In Person des Prozeßbegleiters geschieht dies sogar kontinuierlich über den Projektzeitraum hinaus.

2.4 Strategisches Projektmanagement
C. Heidack

2.4.1 Rahmenbedingungen eines Qualifikations-Entwicklungs-Projekts in einem Großbetrieb der Elektro-Industrie

2.4.1.1 Kennzeichnung der Situation und der Zielvorgaben im Leitungskreis sowie Einbeziehung des Betriebsrats

2.4.1.1.1 Kennzeichnung der Situation und Problemstellung

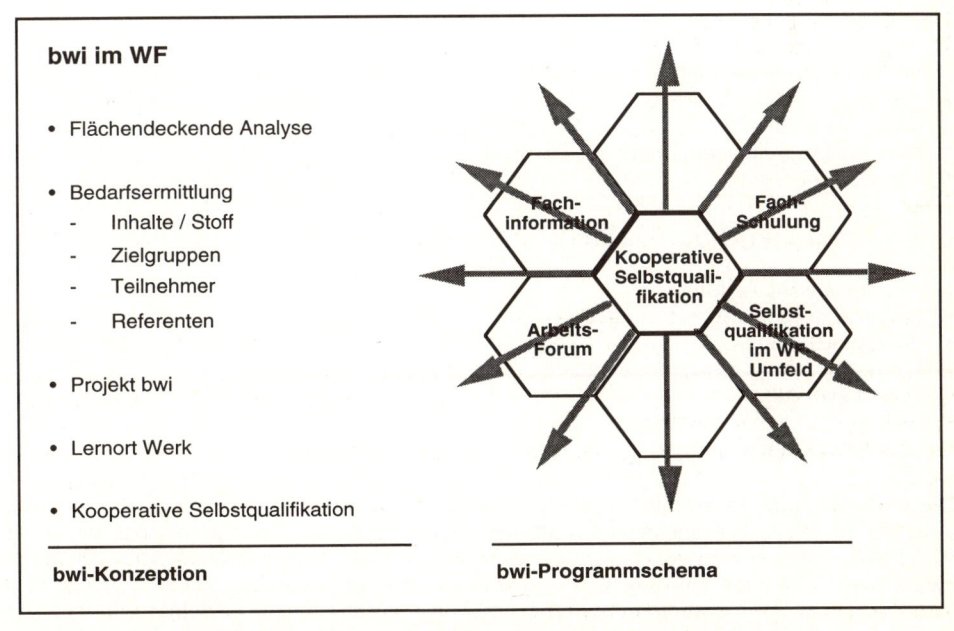

Abb. 2.4.1: Schritte der Konzeption und Felder der Weiterbildung im Werk: BWI-Konzeption und BWI-Programmschema

Durch das Aufheben des Fernsprechmonopols der Deutschen Bundespost ändert sich die geschäftspolitische Position für einen Telephongeräte-Hersteller (WF), der bereits vorher mit der wesentlich kostengünstiger produzierenden Konkurrenz aus Korea und Japan zu kämpfen hat. Diese sich in einem Jahr verändernde Situation ist Anlaß und Ausgangspunkt eines umfassenden Projekts dieses Telefongeräte-Herstellers. Es gilt, Markt- und Kostendenken aus den Bahnen eines "Postlieferanten" in ein modernes Marketing-Denken für ein Hochtechnologie-Unternehmen umzuwandeln. Dieser Wandlungsprozeß sollte sich nicht nur in den vertriebsnahen Abteilungen vollziehen, sondern das ganze Betriebsgeschehen miteinbeziehen. Ganzheitliches, vorsteuerndes Denken als Merkmal strategischer Geschäftspolitik ist bisher nicht geübt worden. Projektarbeit war als flexibles Instrument bekannt. Allerdings war es in den Ausmaßen, das ganze Werk einzubinden, außergewöhnlich, hatte aber auch einen außergewöhnlichen Anlaß - denn es ging um das "Überleben". Das dafür eingerichtete Projektmanagement hatte als Schwerpunkt die selbstgesteuerte Qualifizierung der Mitarbeiter durch das Projekt "Bildungswesen und Information" (BWI). *Ziel dieses Projektes war die institutionelle Einrichtung des BWI nach Abschluß der Projektphase in einem Betrieb als "lernendes System".*

Eine überragende Technik ist vorhanden. Ein strategisches Projektmanagement soll seine Effektivität für die Entwicklung des Humanpotential im Werk sowohl in der übergreifenden strategischen Planung der Unternehmensführung wie auch durch den operativen Gestaltungsprozeß erweisen. Hierbei spielen die Teamarbeit und die Synergie durch kooperative Selbstqualifikation eine besondere Rolle.

Zielvorgaben zur Übersicht über den Verlauf der Untersuchung zur Situationserfassung und Projektplanung

Die *Implementation* des Projektteams und Information über die *Projektidee* und Festlegung der allgemeinen *Zielvorgaben* im Leitungskreis (= erweitertes Projektteam) erfolgte nach den Schritten der Konzeption in Abbildung 2.4.1.

Zum *Kernteam* gehörten

- der Geschäftsleiter (GL),
- der Projektberater (extern),
- der Projektleiter,
- der Projektkoordinator (Leiter des GL-Büros) sowie
- ein Projektassistent.

Zum *erweiterten Projektteam* (12 Personen) gehörten auch alle Mitglieder des Leitungskreises:

- Kaufmännische Leitung,
- Entwicklungsleitung (zwei Leiter),
- Fertigungsleitung,
- Leitung des Auftragszentrums und der Vertriebslogistik,
- Personalleitung,
- Leitung der Qualitätssicherung,
- Leitung des WL-Büros.

Die Analyse und Bedarfsermittlung begann durch Einarbeitung des Projektteams in das Werksgeschehen mittels Dokumentenstudium und entsprechenden Informationsgesprächen (vgl. Abbildung 2.4.1). Hierzu gehörte ein persönliches Gespräch (Interview) mit allen oberen und (bestimmten) mittleren Führungskräften, ferner gleichzeitig laufende gezielte *Teilstudien* aus dem Prozeß der Beobachtung und Ergebnissen von Klausurtagungen einzelner Bereiche (z. B. Fertigungstechnik, Logistik des Auftragszentrums).

Der Leitungskreis wurde laufend unterrichtet, schon vor der Auswertung und Präsentation der Ergebnisse für den Leitungskreis und der Dokumentation durch Erstellung eines Berichts. Durch eine kontinuierliche Berichterstattung und eigenes Mitmachen kam es zur Festlegung der Systementwicklung gemäß der Bedarfsfeststellung: Implementation und Erprobung von "Bildungswesen und Information (BWI)" für das Werk.

Der Grundgedanke der Systementwicklung des Projektes ging zunächst von einer Top-Down-Strategie der Organisationsentwicklung (OE) aus. Im Programm sollen die Mitglieder des Leitungskreises selbst über die Aufgaben, Ziele und Schwierigkeiten ihres Ressorts informieren. Im Rahmen der Zielvorstellungen des Projekts ist das System schon durch die Thematik "Einführung von Bildungswesen und Information (BWI)" vorgegeben. Die Leitungskräfte werden in erster Linie mit der Systemaufgabe "Information" betraut. Die Veranstaltung wurde in ein Wabenmuster (vgl. Abbildung 2.4.2) hineingenommen, das die Offenheit des Systems für weitere Elemente des BWI-Programmes, aber auch gleichzeitig die Vernetzung der Elemente untereinander darstellen soll.

Von vornherein ist für den Erfolg wichtig: die Betroffenen müssen zu Beteiligten gemacht werden. Die Akzeptanz muß bereits in den in den Plänen zu dem Programm im Planungsprozeß bedacht werden. Beim Leitungskreis wurde angefangen. Die Grundprinzipien und Hintergründe der Planung wurden vom Leitungskreis als "Grundsätzliche Überlegungen zur Situation" zusammengefaßt und einvernehmlich akzeptiert.

Einbeziehung des Betriebsrats

In den ersten Phasen ist der Betriebsrat zu wenig eingebunden gewesen. Viele unwägbare Konflikte rühren daher. Es fehlte neben dem guten Willen über den "normalen Alltag", d. h. Routinesitzungen mit Routinegesprächen, ein differenziertes Bewußtsein für die Besonderheiten der Projekte. Seit stärkerer Einbeziehung in die Reflexionen ist der Betriebsrat eher konstruktiv eingestellt. Er verbessert die Unterlagen, diskutiert in den Klausurtagungen mit, macht eigene Vorschläge und bringt Projektideen.

2.4.1.2 Unternehmenszielsetzung

Festlegung der Leitgedanken zur Qualifikation und Qualität im "lernenden System Betrieb" im erweiterten Leitungskreis (obere Führungskräfte)

Die Zielvorgaben wurden mit den Gedanken zur Unternehmenszielsetzung *im erweiterten Leitungskreis*, zu dem auch die Hauptabteilungsleiter gehören, diskutiert und in ihren Leitgedanken zur Qualifikation und Qualität als Potentialanalyse festgelegt. Der übergreifende *Leitgedanke* ist gleich von Anfang an die Mobilisierung des eigenen Potentials im Werk und der Versuch, durch Zusammenfassung aller Kräfte und durch übergreifende Maßnahmen Synergien freizusetzen. In der Persönlichkeitsentwicklung soll Lernen und Leisten durch gegenseitige Achtung getragen sein. Insbesondere der letzte Gedanke greift die Akzeptanz auf und weist auf die persönliche Kompetenz hin, die notwendig ist, Betroffene zu Beteiligten zu machen, die auf die Qualität ihres Tuns selbst achten und sich dafür qualifizieren.

Die folgenden Planungsüberlegungen sind bereits mit konkreten Maßnahmen verbunden und entsprechen in ihren strategischen Prinzipien den Kriterien strategischen Handelns (vgl. hierzu Harlander, Heidack, Köpfler, Müller 1991, S. 201), die schon durch v. Clausewitz festgelegt wurden:

- Ganzheitliches Denken und Gestalten: Integration von Projektmanagement und Unternehmensführung im gesamten Unternehmen bzw. auf die Planung bezogen: im Gesamtplan des Unternehmens mit der zusammengehörigen Entscheidungs- und Verhaltensfolge der Durchführung von Entscheidungen.

- Langfristige Sicherung der Leistungs- und Erfolgspotentiale. Gerade hier drohte das bisherige Konzept "keine Rezepte" zu liefern.

- Vorsteuerung der strategischen Ziele durch übergeordnete Zielvorgaben.

- Kontingenz der Planung der erforderlichen Schritte gleich von Anfang an bis zum erfolgreichen Ende.

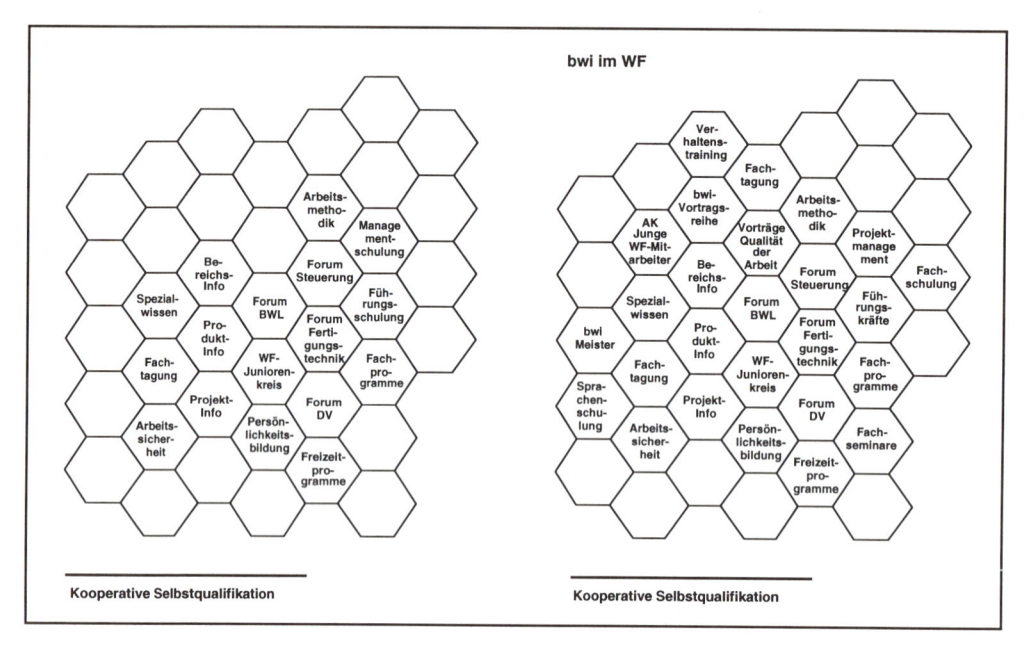

Abb. 2.4.2: Wabenmusterdarstellung der Programmübersicht: Gegenüberstellung des ersten und zweiten Programms im BWI-Projekt (Rückseiten des 1. und 2. Bildungsprogramms)

Projekte, die auf Personal- bzw. Organisationsentwicklung hinarbeiten, müssen die Kontingenz besonders im Auge behalten. Sie dürfen nicht nur Spielwiese sein. Die einmal als richtig erkannte Notwendigkeit, etwas zu tun, kann nicht für einige Zeit nutzlos auf's Eis gelegt werden. Just-in-time ist das Zeitmaß. Das BWI-Projekt als Personalentwicklungs- und Organisationsentwicklungs-Projekt hatte eine übergreifende strategische Funktion, die letztendlich alle im Unternehmen laufenden Projekte vernetzen sollte, darüber hinaus aber vor allem die Humanaspekte von Projekten fördern sollte.

Nur durch Berücksichtigung der

- humanen Erfolgspotentiale, wie
  - Know how oder
  - Qualität der Arbeit

und der

- Leistungspotentiale, wie
  - Führung,
  - Organisation
  - Steuerungssysteme und
  - Personal-Strukturen sowie
  - Anlagestrukturen

war der entscheidende Durchbruch zu erreichen.

2.4.1.3 Akzeptanz und kooperative Selbstqualifikation

2.4.1.3.1 Überlegungen zur Akzeptanz und Beteiligung der Betroffenen

Die Einbindung in die Projektziele ergab sich aus folgenden Überlegungen:

Grundsätzlich und schwerpunktmäßig sollte sich die BWI-Projektarbeit auf die Weiterbildung und Qualifikation der Führungskräfte beziehen, wobei der Leitungskreis voll involviert war. Im Vordergrund standen, wie die Abbildung 2.4.1 aus dem Bildungsprogramm graphisch verdeutlicht, Maßnahmen, die sich in den Programmen (= Teilprojekten) für

- Fachinformation,
- Projekt- und Qualitätsmanagement,
- fachliche Schulung und
- Arbeitsmethodik sowie
- Selbstqualifikation im Sinne der Persönlichkeitsstärkung

niederschlugen.

Auf organisatorische und kommunikative Vernetzung wurde ein besonderes Augenmerk gerichtet. Der *Aspekt des Führens* wurde, da es sich um *Führungskräfte* handelt, stets im Auge behalten. Der ganzheitliche Aspekt der BWI-Projektarbeit führte allerdings sehr bald dazu, daß *auch andere Zielgruppen, letztlich das gesamte Humanpotential* des Werkes, einbezogen wurden. Der ursprüngliche Ansatz diente sicherlich dazu, die Akzeptanz des erweiterten Leitungskreises für das Projekt zu gewinnen. Mit der Frage nach dem Bedarfs-Potential stellte sich die Frage nach dem Nachwuchs. Die Auszubildenden und die neuen Mitarbeiter sowie die Junioren waren wichtige Zielgruppen, die sehr bald im Projekt bedacht wurden und in das Programm hineingenommen wurden (vgl. Abbildung 2.4.2).

2.4.1.3.2 Individuelle Ansprache der Führungskräfte (Interviews)

Um speziell eine hohe Akzeptanz des Projektes und der Programme bei den Führungskräften zu gewährleisten, wurde als stützende Maßnahme eine individuelle Ansprache der Führungskräfte in Form eines mindestens 2- bis 3stündigen Interviews mit folgenden Zielvorstellungen festgelegt:

Mit Blick auf die konkrete Gestaltung der Arbeit und Leistung im Werk soll die Maßnahme im Gespräch unter vier Augen mit den Führungskräften durch persönlichen Input des externen Interviewers eine brauchbare Motivationsgrundlage und Akzeptanz

- für die eigene Qualifikation schaffen wie auch
- für die Wünsche nach Information und Weiterbildung der Mitarbeiter.

Methodisch gestaltete sich das Interview als ein nicht strukturiertes exploratives Gespräch nach folgendem inhaltlichen Leitfaden:

1. Aufgabenverständnis und soziales Umfeld,

2. Problembereiche der Zielsetzung, Motivation und Entscheidungsfindung,

3. Konfliktbereiche der Kommunikation und Kooperation,

4. aktuelle Möglichkeiten der betrieblichen Weiterbildung im Lern- und Funktionsfeld (kooperative Selbstqualifikation als Ausweitung im Interaktionsfeld "Teamarbeit"),
5. eigene Potentiale und Möglichkeiten, an einem Bildungsprogramm mitzuwirken.

2.4.1.3.3 Die besondere Bedeutung der kooperativen Selbstqualifikation (Teamarbeit)

Die kooperative Selbstqualifikation wurde im Vorwort des Programms eigens als Qualifikationsprinzip hervorgehoben. Sie hat sich bei der Teamarbeit der Vorbereitung als besonders effektiv für die Akzeptanz und schnelle Zielerreichung für alle Beteiligten (etwa 80 Mitarbeiter quer durch das Werk) sichtbar bewährt. Betrachtet man diesen Prozeß der kooperativen Selbstqualifikation als Ganzes, so kann man von einer Einheit von Lernen und Lehren, aber auch von Arbeiten und Lernen on-the-job bzw. near-the-job sprechen. Es handelt sich dabei nicht nur um einen Wissensaustausch, d.h. lediglich um einen kognitiven Prozeß, sondern auch um einen Handlungsvollzug auf der emotionalen und der instrumental-organisatorischen Verhaltensebene. Sie erfordern zur optimalen Leistungserstellung neben der Fachkompetenz und Methodenkompetenz vor allem Sozialkompetenz und Selbst-Lern-Kompetenz:

- lernen zu lernen (autonom, interaktiv und intermedial),

- lernen zu lehren (eigenes vorhandenes und gerade gelerntes Wissen an andere weiterzugeben),

- lernen zu helfen,

- helfen zu lernen,

- die Motivation, "permanent zu lernen" d. h. "lernend zu leben und zu arbeiten" (Heidack 1993, S. 29).

2.4.2 Implementation der Projektarbeit

2.4.2.1 Projektgremien und Projektcontrolling: Zusammenstellung und Umgestaltung des Projektteams

Überwindung von Eingangsbarrieren bei der Personalleitung

Die Verwirklichung der Projektidee stieß zunächst auf heftigen Widerstand der Personalleitung. Die Bedenken und Widerstände konnten nach Darlegung der Ziele und der möglichen Vorgehensweisen in persönlichen Gesprächen ins Gegenteil gekehrt werden: der Personalleiter stand positiv zum Projekt und brachte konstruktive Beiträge. Zu den Projektstudien wurde von der Personalleitung bereitwillig Auskunft gegeben und darüber hinaus meist jedwede Hilfe gewährt.

Ausgliederung der Weiterbildungsarbeit aus der Personalabteilung und die Rolle des Betriebsrates

Die gesamte Weiterbildungsarbeit, einschließlich der besonderen persönlichkeitsfördernden Betreuung der Auszubildenden wurde nach Abstimmung mit dem Betriebsrat in das Projekt "Einführung von BWI" hineingegeben und sollte nach der Systementwicklung und Erprobung in neuer organisatorischer Form gestaltet und wieder in die Personalabteilung eingegliedert werden. Der Betriebsrat (BR) verzichtete darauf, mit BR-Mitgliedern im Projektteam selbst mitzumachen. Nach eigener Aussage behielt er sich dadurch bessere Möglichkeiten für das Projekt-Controlling vor.

Installation der Projektleitung

Der Projektleiter sollte ursprünglich aus der Personalabteilung kommen. Diese erste Idee mußte durch persönliche Umstände und mangelnde Eignung aufgegeben werden. Mit Beginn der Bedarfsanalyse und der eigentlichen Projektplanung wurde auf Vorschlag des Projektberaters und mit Hilfe der Personalabteilung der Fertigungs-Controller zum Projektleiter ernannt. Zu seiner Abteilung gehörten auch das Betriebliche Vorschlagswesen (BVW) und die Qualitätsgruppen sowie die Wertanalyse und das Projekttraining. Der Vorschlag wurde allgemein akzeptiert, nachdem der Projektleiter und seine Abteilung dem WL direkt unterstellt wurden und der Leiter des Büros der Geschäftsleitung als Projektkoordinator dem Leitungskreis gegenüber berichtete und eine gewisse Controlling-Funktion für den Geschäftsleiter übernahm, der auch Mitglied des Projektteams blieb.

Die *Projektgremien* waren, wie bereits geschildert:

1. das Projektkernteam,

2. das durch den Leitungskreis erweiterte Projektteam.

Controlling durch Evaluation und Berichts-Transparenz

Dem Controlling diente eine umfangreiche, sofort erfolgende visualisierte Dokumentation der Vorbereitung und der Durchführung in ihrem Verlauf und Ihren Ergebnissen. Man folgte den Gedanken der umfassenden Evaluation und der Transparenz der zielführenden BWI-Programme: Fachinformation, Arbeitsforen, fachliche Expertenschulung und Programme des Projektmanagements zur Entwicklung und Qualität der Produkte. Jedes Leitungskreismitglied wurde Pate eines dieser Projekte und berichtete dem BWI-Projekt-Gremium.

2.4.2.2 Interdisziplinäre Kraftfeldanalyse zur Bedarferhebung und Programmentwicklung für ein "Bildungswesen und Information (BWI)"

Zielführung durch Bedarfsanalyse

Die Diskussion der Bedarfstudien nach Präsentation und Dokumentation der Ergebnisse im erweiterten Projektteam ergaben, daß über die Arbeitsgebiete der Ressorts jeweils Fachinformationen notwendig waren. Die Meinungsbildung im BWI-Projektteam führte zu der fast einhelligen Meinung, daß die Leitungskreismitglieder, angefangen beim Geschäftsleiter, top-down die Information über ihr Verantwortungsgebiet gestalten.

Fachinformation über die Funktionsbereiche top-down

Die Information sollte aus einem Vortrag bestehen, der so dokumentiert werden sollte, daß auch Mitarbeiter, die an der Informationsveranstaltung nicht teilnehmen konnten, sich einen guten Überblick über das Funktionsgebiet verschaffen konnten. Außer der eigenen Funktionsaufgabe mit ihren derzeitigen Problemen und Planungen sollten die Vernetzungen zu den anderen Gebieten in der Zielbetrachtung für die nächsten fünf Jahre dargestellt werden. In der anschließenden Diskussion sollten von den Teilnehmern offene Probleme mit dem Projektberater diskutiert werden. Die Ressortchefs übernahmen die Information und Diskussion über ihren Bereich als wichtigste Größe des Systemelements "Information" im BWI.

Bereichsübergreifende Arbeitsforen

Ressortübergreifend ergaben sich vier komplexe Bedarfsfelder, deren Bedarf in folgenden vier Arbeitsforen gedeckt werden sollte:

- Betriebswirtschaft,
- Steuerung,
- Fertigungstechnik,
- Datenverarbeitung (DV).

Ihre Inhalte und Organisation wurden durch ein Bedarfsermittlungsteam nach der Kartenabfrage-Methode erarbeitet und an Pinwänden visualisiert. Dies ging wie folgt vor sich: Für jedes Arbeitsforum bestimmte das BWI-Projektteam für die Bedarfsanalyse einen Team-Leiter mit Erfahrung auf diesem speziellen Gebiet. Das Team war interdisziplinär mit sieben bis acht Mitarbeitern aus verschiedenen Arbeitsbereichen und Hierarchiestufen besetzt und wurde vom Projektleiter oder vom Projektberater moderiert. Die Voraussetzungen der kooperativen Selbstqualifikation, ein breites Erfahrungsfeld und verschiedene Fachgebiete, die das Problemfeld berühren, waren für eine Bedarfsanalyse hervorragend gegeben. Für die Gliederung der Ergebnisse, um die einzelnen Programmpunkte zu erstellen, gilt das Gleiche. Das *Konzept für das Programm eines jeden Arbeitsforums* wurde wie folgt entwickelt:

Die Defizite und Potentiale zu jedem Arbeitsgebiet wurden gemäß einer Kraftfeldanalyse gegliedert nach

- Stärken und Schwächen,
- Chancen und Risiken,

sodann in ihren Zielvorgaben aufbereitet, inhaltlich und organisatorisch strukturiert und einschlägig den Fachleuten zugeordnet.

Bedarfsaufbereitung und Progammerstellung

Die Ergebnisse wurden im Leitungskreis präsentiert und fanden hohe Anerkennung. Als Programmteil wurden die Arbeitsforen für ein Jahr geplant und für einen bestimmten ausgewählten Mitarbeiterkreis mit höchster Priorität bedacht. Ein Mitglied des Leitungskreises sollte in jeder Sitzung dabei sein. Die Bedarfsaufbereitung und Programmentwicklung der Konzeptphase erbrachte nicht nur gute stoffliche und organisatorische Ergebnisse, sondern schuf durch die hohe Identifikation der Mitglieder des Planungsteams quer durch das Werk eine hohe Akzeptanz für das gesamte Programm sowie für das ganze Projekt und machte neugierig.

Personalpolitische und methodische Hinweise im Programmheft

Darüber hinaus war die Leistungsfähigkeit der kooperativen Selbstqualifikation in der Konzeptphase deutlich geworden und ging als Leitlinie in die Präambel des Bildungsprogramms ein. Erfolgreich sein wurde mit dem Begriff der Bildung und der kooperativen Selbstqualifikation verbunden.

2.4.3 Phasen und Interventionen
   (vgl. auch den Masterplan in Abbildung 2.4.3)

Beim Systemaufbau und Systemausbau des Projekts lassen sich zwei Programmphasen unterscheiden, die zeitlich mit der Veröffentlichung zweier Bildungsprogramme umrissen werden können, allerdings bereits als Ganzes geplant waren. Dies ergibt sich daraus, daß vor allem die Fachinformation als das grundlegende Element "Information" des "Bildungswesens und Information (BWI)" sich über beide Programmphasen erstreckt und eine Fülle von Interventionen hervorrief, die zu PE- und OE-Maßnahmen führten. Die kooperative Selbstqualifikation als Gestaltungsprinzip und Qualifikationsinstrument trug wesentlich zur Akzeptanz und zum Transfer "just-in-time" der Projektarbeit bei. Sie förderte insbesondere die Qualität der Arbeit vor Ort und das Erlebnis der Qualität des Arbeitsumfeldes. Der wertmäßig meßbare Rationalisierungsgewinn stieg über das Dreifache im ersten Jahr und um das Vierfache gegenüber der Ausgangsgröße im zweiten Jahr. Nach 5 Jahren hatte man die Kosten der Telephonfertigung auf 7 % gesenkt.

2.4.3.1 Phase 1: Informationsprogramm des Managements mit Bildungsveranstaltungen im Sinne der Top-down Strategie

Das erste Programm baute Information und Transparenz der Funktions- und Arbeitszusammenhänge auf und prägte das Systemelement "Information" durch eine top-down-Strategie, die den Leitungskreis und die oberen Führungskräfte herausforderte.

Durchführung der Fachinformation:

Funktions-Bereiche:

Teilnehmer bis 80 Mitarbeiter - darunter nach Möglichkeit der gesamte Leitungskreis (mit Wiederholungen des GL und KL)

Die *Leiter der oberen Führungsebenen und der kritischen Funktionsbereiche* informierten in einem Vortrag über ihren Verantwortungsbereich etwa 40 Minuten bis eine Stunde. Der Vortrag wurde mit Video aufgenommen und konnte bei Bedarf (z. B. in den Abteilungen) benutzt werden. Darüber entschied der Projektleiter in Abstimmung mit dem betroffenen Vortragenden. Danach folgte eine vom externen Projektberater und dem Projektleiter moderierte Diskussion mit den Teilnehmern. Probleme und weiterer Qualifikationsbedarf wurden an der Pinnwand in einem Problemspeicher auf Meinungskärtchen gespeichert. Gemäß der Top-down-Strategie begann der Geschäftsleiter. Auch der Betriebsratsvorsitzende und sein Stellvertreter sprachen in der Woche nach dem Vortrag des Personalleiters über die BR-Aufgaben und den Beitrag des Betriebsrats zur Projektarbeit.

Durchführung der Arbeitsforen:

Zielgruppe ist ein fest eingeladener Teilnehmerkreis, der aus den unmittelbar betroffenen Partnern mit hoher Erwartung und kritischer Einstellung besteht. Die *Inhalte* beziehen sich auf die im Team erarbeiteten Bedarfsstrukturen des Unternehmens, die insbesondere Defizite an Information und Transparenz aufweisen. Die Themen wurden entsprechend vorhandener Probleme zunächst von Teams erarbeitet und für die Forumsitzung im Betrieb vorbereitet. Dabei machte man häufig vom Angebot des Projektleiters bzw. des Projektberaters, zu moderieren, Gebrauch.

Forum "Betriebswirtschaft"

Den Vorwurf mangelnder Transparenz von betriebswirtschaftlichen Kennzahlen und ihrer Bedeutung für das Controlling und der Planung und Berichterstattung räumte der kaufmännische Leiter nach vielen Runden - die "just-in-time" Verbesserungen wurden bereits während der Vorbereitung vollzogen - in den Einführungs- und Abschlußveranstaltungen selbst aus. Das Gleiche gilt für die Veranstaltungen zur Stück- und Zeitrechnung, zu Spezialkalkulationen und zum Kostenmanagement. Letztlich wurden nicht nur die Defizite nach Möglichkeit beseitigt, sondern Potentiale aufgezeigt.

Forum "Steuerung"

Schon das erste Thema "revolvierende Planung" erbrachte eine Fülle von Anregungen und Problemen, die man aufarbeiten mußte, so daß die Themen Auftragsbeabeitung, Zusammenspiel der Verfahren, Produktablösung und -anlauf, Änderungen und Störungen, Steuerungsinstrumente des Werkes für den Vertrieb nach einer längeren Interventionspause im zweiten Programm von Teams, die durch kooperative Selbstqualifikation gereift waren, veranstaltet wurden.

Forum "Fertigungstechnik"

Die Probleme der Arbeits- und Zeitwirtschaft sowie die Integration von Fertigung und Qualitässicherung waren durch die Bedarfsanalyse im interdisziplinär besetzten Team so offensichtlich, daß die gesamte Abteilung "Fertigungstechnik" zwei Intensivklausuren kurz hintereinader machte, um auf die Forumsveranstaltungen vorbereitet zu sein und auch bereits schnell umgesetzte Ergebnisse aus ihren Erkenntnissen vorweisen zu können.

Forum "DV"

Die DV- Abteilung hatte mit der Koordinierung von drei Systemen zu kämpfen, was der interdisziplinär von drei Personen vorgetragene erste Beitrag: "DV-Landschaft aus WF-Arbeitsprozessen" mit direkten Konsequenzen verdeutlichte. Der Leiter der DV bemerkte in der Reihe Fachinformation zu seinem Arbeitsgebiet, daß die Forumsarbeit, insbesondere die Vorbereitung, ihn und seine Mitarbeiter und Partner so gefordert habe, daß ohne kooperative Selbstqualifikation die Einleitung der Integration der Systeme und der hohe Standard, der bereits jetzt erreicht ist, nicht möglich gewesen wäre. Es sei mittlerweile der überwiegende Arbeits-/Lernstil seiner Abteilung.

2.4.3.2 Systementwicklung: Engpaßstrategie und innovations-orientierte Änderungen der Organisation

Hierzu gehörten u. a.

- *Intensiv-Klausuren* am Wochenenende oder auch eine ganze Woche, wie von der Fertigungstechnik z. B. über Zeitwirtschaft durchgeführt,

- *Problemlösungssitzungen*, die über das Programm hinaus geplant wurden, z. B. über die Probleme im Forum Steuertechnik,

- *Besichtigung* anderer Standorte bei der Konkurrenz oder Diskussion mit Kunden,

- *organisatorische Eingriffe* (personelle Konsequenzen und gezielte Versetzungen) und Veränderungen der Organisationsstruktur in *Engpaßsituationen* .

Besondere Problemfelder waren

- das *Kostenmanagement in der Forschung und Entwicklung* und

- die *Bereinigung der Produktpalette* in den beiden Entwicklungsbereichen.

Beide Bereichsleiter der Entwicklungsabteilungen mußten abgelöst werden. Lean-Management kam durch Zusammenfassung unter einer Leitung und Umstellung der Entwicklungsprojekte in einem Projektverbund, der die Ganzheitlichkeit der Produktpalette in den Vordergrund rückte, zur Anwendung. Im Sinne von OE können diese Maßnahmen als Engpaßstrategie und Intervention in der Organisationsstruktur gewertet werden.

Alle Führungskräfte des neuen Entwicklungsbereiches erarbeiten in einer fünftägen Intensiv-Klausur die neuen Zielvorstellungen mit ihrem neuen Leiter und dem Geschäftsleiter. Die Moderation hatte der externe Projektberater des BWI-Projektes. Der GF machte die Klausur sehr engagiert mit. Die Ergebnisse und ihre allseitige Akzeptanz durch das gemeinsame Erlebnis trugen wesentlich zum Erfolg des Projektes bei.

2.4.3.3 Phase 2: "Qualität" als Prinzip der Arbeitsgestaltung und Motto des zweiten Progamms

Die entscheidende Bedeutung der Entwicklungsabteilungen für die Qualität der Produkte wurde mit der genannten Aktion als eine wesentliche Komponente ins Bewußtsein gerufen und wirkte sich in der zweiten Programmphase aus. Schon rein äußerlich wurde im zweiten Programmheft ein Qualitätsslogan für jeden Programmteil gefunden, z. B. für die noch anstehenden Veranstaltungen der Arbeitsforen:

"Qualität des Rechenwerks" für das Forum Betriebwirtschaft,
"Qualitätsfertigung" für das Forum Fertigungswirtschaft,
"Qualität bis in den Markt" für das Forum Steuerung,
"DV stützt Qualität" für das Forum DV.

Die Erweiterung des Programms ist durch die Gegenüberstellung der beiden Wabenmuster in Abbildung 2.4.2 zu erkennen.

2.4.3.4 Systemintegration: BWI als Gestaltungselement im Unternehmen

Auf der letzten Seite des Programms werden die wesentlichen, existenzsichernden Ziele nochmals im Rahmen von Aufforderungen und Erwartungen genannt:

- erfolgreiche Produkte herstellen,
- Marktanteile ausbauen,
- Verbund-Effekte zwischen den Produktprojekten erhöhen,
- Führungskräftepotential steigern.

Nachdem das Projekt in zwei Phasen:

- Information,
- Qualität

gestaltet worden war, wurde das BWI als Projekt mit der letztlich übergreifenden Phase

- Management

beendet und in die Personalabteilung eingegliedert oder anders ausgedrückt: reorganisiert. Die Ertragslage hatte sich gut entwickelt, so daß man absehen konnte, wann wieder "schwarze

Zahlen" geschrieben wurden. Zu dieser Zeit wurde das Projekt "BWI" als institutionalisierte Weiterbildung im Rahmen der Personalarbeit weitergeführt. Schon einige Zeit vorher hatte sich der Projektleiter gemäß einem Einarbeitungsprogramm nach und nach in eine andere Aufgabe zurückgezogen und gemeinsam mit der Personalabteilung und dem Projektteam einen Bildungsleiter für BWI ausgesucht. Dieser wurde eingesetzt und gestaltete das dritte Bildungsprogramm (vgl. Masterplan Abb. 2.4.3).

Im Vorwort des Programms BWI wurde bemerkt, daß nach zwei Jahren Betonung der kooperativen Selbstqualifikation der institutionelle Aspekt der Weiterbildung wieder in den Vordergrund rückt - wobei die Kooperative Selbstqualifikation als zentrale Methode der Teamarbeit in vielen Bereichen zum Selbstläufer geworden war.

Zu fragen ist: Hatte sich der große Aufwand gelohnt?

2.4.4 Effektivität des Projektmanagements für das Humanpotential

Die *Effektivität des Projektmanagements für das Humanpotential* hat sich nicht zuletzt durch die Wirkweisen der kooperativen Selbstqualifikation erwiesen, die - wie soeben erwähnt - teilweise ein Selbstläufer geworden war. Vieles ist auf der Meta-Ebene erklärungsbedürftig. Die interaktive Lernkultur wurde wurde dort voll angesprochen, wenn sie auch nicht immer voll bewußt war. Die Folgerungen für die Qualifikation im Rahmen der Personalentwicklung sowie für die Ansätze der Organisationsentwicklung und Beachtung des Konfliktpotentials sind hier noch nicht ausgeschöpft und bedürfen insbesondere von der instrumentalen und organisatorischen Seite weiterer Ausführungen.

2.4.4.1 Wirkweisen der kooperativen Selbstqualifikation

Wirkweisen der kooperativen Selbstqualifikation zeigten sich vor allem darin, daß sie nach einiger Zeit des Einübens zum Selbstläufer wurde.

bei der Projektplanung

Bei der Projektplanung wurden wie in den Planungs-Vorgesprächen und den Gesprächen der Vorstudie Visualisierungs- und Präsentationstechniken eingesetzt, so z.B. im Rahmen des Überzeugungsgespräches beim Personalleiter. Die Effekte des "Transfer-just-in-time" sind wirksam geworden. Bei dem explorativen Interview mit den Führungskräften stand die Bedarfsanalyse im Zeichen der kooperativen Selbstqualifikation. Gezielt eingesetzt wurde die kooperative Selbstqualifikation bei der Bedarfsfindung und begleitete die gesamte Evaluation vorher und während des laufenden Prozesses.

bei der Programmvorbereitung

Bei der Programmvorbereitung zur Fachinformation über ihren Funktionsbereich haben sich die Bereichsleiter über ihr Gebiet zunächst einmal selbst qualifizieren müssen und haben, um die Akzeptanz der Kollegen und Mitarbeiter zu erhalten, sich mit denselben abgestimmt. Man könnte dies auch als eine Metaebene sehr intensiver Weiterbildung bezeichnen. Das Gleiche gilt für die Fachinformation über Produkte und Projekte. Die Intensität der kooperativen Selbstqualifikation scheint hierbei jedoch noch stärker gewesen zu sein, da meist Teams die Fachinformation gegeben und dies manchmal unter methodischer Hilfe des Projektleiters und seiner Mitarbeiter bzw. mit dem Projektberater vorher "eingeübt" haben. Für die Fachschulung wurden Zielvorgaben für den Bedarf gemacht.

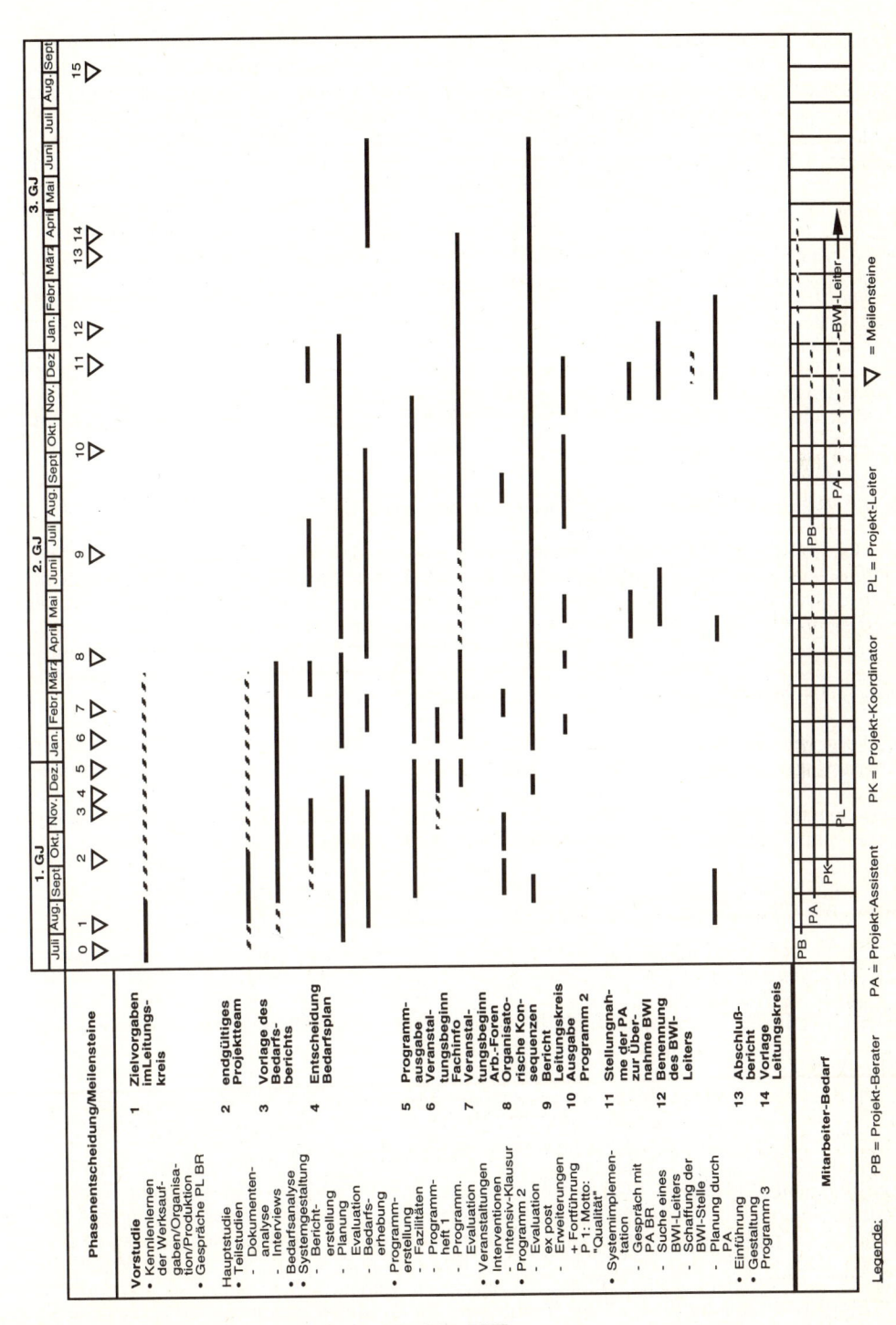

Abb. 2.4.3: Der Masterplan für das Projekt BWI

Besonders erfolgreich war die Effektivität der kooperativen Selbstqualifikation bei den Arbeitsforen, wie bereits dargestellt wurde. Die Folge war, daß überall im Unternehmen über die neuen Initiativen durch das BWI-Projekt diskutiert wurde. Durch die informelle Botschaft und die formelle Teamarbeit erhielt das gesamte Programm hohe Akzeptanz und nach und nach wurde es als selbstverständlich angesehen, konstruktive Kritik und Ideen zur Verbesserung vorbringen zu können. Zunehmend mehr Mitarbeiter identifizierten sich mit dem Programm und nutzten die kooperative Selbstqualifikation.

2.4.4.2 Folgen der Projekt-Qualifikation im Rahmen der Personalentwicklung

Die *qualifikatorischen Aspekte* der Personalentwicklung mit Stärkung der unterschiedlichen persönlichen und sozialen Kompetenz wurden auf allen betrieblichen Ebenen wahrgenommen und nach einigen organisatorischen Interventionen auch ernstgenommen. Das Projekt hatte dem Qualifikationsinstrument BWI zu einem hohen Stellenwert in der individuellen und interaktionellen Personalarbeit (vgl. hierzu Harlander, Heidack, Köpfler, Müller 1991, S. 260 f.) sowie der institutionellen Personalarbeit verholfen: man identifizierte sich mit der eigenen Planung.

2.4.4.3 Folgerungen für die Ansätze der Organisationentwicklung

Man kann aus den vorstehenden Darstellungen folgern, daß sich durch die top-down-Strategie der Fachinformation Ansätze der Organisations-Entwicklung deutlich geworden sind, die ihre irreversiblen *Folgen im Qualifikations- und Informationsprozeß* hatten. Es hat sich durch die Akzeptanz und Identifikation mit den Programmen im Projekt eine Corporate Identity gebildet, die auch Ansätze der Organisations-Entwicklung in Richtung Unternehmenskultur zeigten. Vehikel war in den meisten Fällen die kooperative Selbstqualifikation. Mehr als Anstöße zu geben, kann und soll ein derartiges Projekt nicht leisten.

Bei *Folgerungen im organisatorischen Bereich* selbst ist bei gewachsenen Strukturen ein Beharrungsververmögen festzustellen. Ohne den nötigen "Leidensdruck" sind OE-Maßnahmen durch Projekte, wie es sich auch durch Interventionen im Organisationsbereich zeigte, kaum möglich und wirksam. Ob sie bei anderer Machtkonstellation nicht reversibel in Richtung des "Althergebrachten" sind, ist bei anhaltender kooperativer Selbstqualifikation zweifelhaft.

2.4.4.4 Beachtung des Konfliktpotentials

Für die Folgen und Folgerungen von Personal- und Organisations-Entwicklungsprojekten sind die Machtkonstellationen und das entsprechende Konfliktpotential beharrender Kräfte gegenüber Veränderungen und Neuerungen wachsam zu beachten und zu analysieren. Meist ergeben sich in der Bedarfsanalyse für die Systemgestaltung Meilensteine, die eine notwendige organisatorische Intervention anzeigen. Durch die latent konfliktäre, d. h. verdeckt negative Einstellung der Entwicklungsleiter zum Kostenmanagement und einer "Fassadeneinstellung" zu den BWI-Projektzielen (nach außen scheinbare Akzeptanz zu signalisieren, nach innen unter allerlei Vorwänden diese zu unterbinden) war das BWI-Projekt sowie die Projektarbeit an neuen Produkten und damit der Unternehmenserfolg bis hin zur Existenz in hohem Grade gefährdet. Bei derart starken Interventionen wie der Ablösung von Führungskräften muß das Konfliktpotential genau im Auge behalten werden, daß die positiven Effekte nicht durch die entstehenden negativen Effekte überdeckt werden. Durch intensive Verständigung mit dem Leitungskreis und im erweiterten Projektteam, in dem auch die Abteilungsleiter vertreten sind, können Mißverständnisse verhindert werden. Entscheidend war jedoch eine moderierte Intensivklausur, die der Geschäftsführer mit der neuen Mannschaft im Sinne der kooperativen Selbstqualifikation eine Woche lang durchführte, auf der die bestehenden und neu entstandenen Konflikte zu handhaben waren - was auch mit Erfolg bei steigender Sozialkompetenz/ Lernkompetenz gelang.

2.5 Planung und Organisation von PE/OE-Maßnahmen in einem ostdeutschen Bauunternehmen

C. Heidack

2.5.1 Einrichtung von Instrumentarien der Personalarbeit am Beispiel eines Personalbeurteilungs- und Förderungssystems

Die systematische Gestaltung der Personalstrukturen und von PE/OE in den Betrieben in Ostdeutschland wird im Übergang von Plan zu Markt bei der Umorganisation der Betriebe nicht in dem Maße wahrgenommen, wie es unbedingt erforderlich wäre. Die Konzentration auf den Abbau von Personal nimmt die Aufmerksamkeit voll in Anspruch, so daß der Aufbau und Ausbau von notwendigen Personalstrukturen in der systematischen Form, wie es eine PE/OE verlangt, vernachlässigt wird. Für die Sicherung des Leistungs- und Erfolgspotentials im Bereich der Human-Ressourcen der Unternehmen sind jedoch funktionierende Personalinstrumente und systematische PE-Maßnahmen eine unabdingbare Voraussetzung.

Dieser Beitrag zeigt Aspekte für eine effektive Einführung von Personalinstrumenten im Sinne der PE/OE auf. Die Anregungen für die Erstellung eines Personalbeurteilungs- und Förderungssystems in Anlehnung an praktizierte Beispiele stellen konkrete Hilfen bereit, die eine hohe Akzeptanz in einem größeren Unternehmen der Baubranche gefunden haben, das hier "BAU AG" genannt wird. Interessant ist nicht nur das Ergebnis, sondern auch der Weg dahin, der sich in einem Projekt darstellt, in dem durch Zusammenarbeit in teilweise moderierten, ansonsten jedoch weithin sich selbstqualifizierenden Teams Betriebsvereinbarungen erarbeitet wurden, die als Personalinstrumentarien für die PE/OE des Unternehmens grundlegend sind. Die zunehmend selbstgesteuerte Gestaltung des Instrumentariums für die betriebliche Personalarbeit bestimmte wesentlich die Akzeptanz durch die Mitarbeiter in der BAU AG, insbesondere dadurch, daß Unterlagen und Maßnahmen mit dem Betriebsrat gemeinsam erarbeitet wurden.

2.5.2 Schwerpunkte der Projektarbeit zur Gestaltung der PE-Instrumente

2.5.2.1 Anlaß und Projektidee

Zehn Bauunternehmen in der Gesellschaftsform der GmbH, die zu Zeiten der DDR Teile eines Kombinats bildeten, wurden durch einen Gesellschaftsvertrag zu einer AG zusammengefaßt. Die einzelne GmbH ist als Profitcenter für ihren Ertrag selbst verantwortlich, muß jedoch Gewinn abführen und kann nicht selbständig bilanzieren. Ferner gibt es zentrale Aufgaben der Unternehmenspolitik, zu denen die Personalpolitik gehört. Um eine einheitliche Unternehmens- und somit auch Personalpolitik betreiben zu können, bedarf es gemeinsamer Richtlinien und Grundsätze. Viele auftretende Einzelprobleme machten es notwendig, für die gesamte Personalarbeit einheitliche Personalinstrumente zu schaffen.

2.5.2.2 Konzept und Projektorganisation

Der Vorstand, die zentrale Personalabteilung mit allen Personalleitern, Betriebsräten aus den einzelnen Gesellschaften sowie der Gesamtbetriebsrat sollten für die weitere Projektarbeit die inhaltlichen Aspekte und entsprechende Teams festlegen. Einheitlichkeit und ganzheitliches Denken wurde als unternehmenspolitisch übergreifendes Ziel in den Vordergrund gestellt. Strategisches Ziel war die Gestaltung des Unternehmens als Ganzes, um nicht in Teilen (nach dem Filetierungsprinzip) verkauft zu werden. Es sollten dafür Instrumente geschaffen werden, mit denen die Mitarbeiter so hoch qualifiziert werden, daß sie nicht ohne weiteres zu ersetzen wären. Dafür sollte ein Personal-Entwicklungs-Konzept aufgebaut werden, das mit einer modernen Personal–Datenbank einerseits als Personal-Informations-System funktioniere, andererseits aber auch so offen angelegt sein müsse, daß es für das Konzernberichtswesen Verwendung finden kann. Hiermit wollte man den Gedanken von PE/OE verwirklichen. Für die Projektorganisation ergab sich daraus die Konsequenz, zwei Projektteams einzurichten:

- Das erste Projektteam befaßte sich mit den Richtlinien und Grundsätzen der Personalarbeit und war damit inhaltlich auf Grundlagen der PE ausgerichtet. Es wurde als übergeordnetes Team oder "Kernteam" angesehen, das auch die Kernarbeit leistete. Von der Projektidee her war der Auftrag auf ein "Beurteilungs- und Fördersystem" gerichtet, weshalb der Arbeitstitel "Beurteilungs- und Fördersystem" für dieses Projektteam auch beibehalten wurde.

- Das zweite Projektteam hieß "Informations- und Personal-Planungs-System (IPPS)" und befaßte sich vor allem mit den organisatorischen Aspekten, die mit der EDV-Verwirklichung zusammenhängen. Die organisatorischen Unterlagen, die vom ersten Team verabschiedet wurden, wurden vom zweiten Team auf die "Datenbank-Relevanz" hin besprochen und verabschiedet:
  - Stellenbeschreibung und Stellenumfeld,
  - Beurteilungs- und Förderungssystem,
  - Richtlinien für die Personalentwicklung.

Ein dritter konzeptioneller Schwerpunkt übergreifender Art und von höchster Priorität war die Formulierung von Führungsgrundsätzen für das gesamte Unternehmen. Ein drittes, hierarchisch gesehen "Top-besetztes Team", sollte innerhalb kürzester Zeit eine schon weitgehend verbindliche Fassung der Führungsrichtlinien vorlegen, die in Einzelheiten in allen Gremien durchgesprochen und verfeinert werden sollte.

2.5.2.3 Projektarbeit: Schwerpunkte und Ergebnisse

2.5.2.3.1 Grundsätze über Führung und Zusammenarbeit im Unternehmen

Für die Projektarbeit war entscheidend, daß das Kernteam während der konstituierenden Sitzung einvernehmlich erkannte, daß für den Erfolg der Projektarbeit sowie generell für die Leistungserstellung im gesamten Unternehmen Führungsgrundsätze vorhanden sein müßten. Ihre Erstellung wurde sofort in Angriff genommen: Auf einer konstituierenden Sitzung mit dem Vorstand der AG und allen Hauptgeschäftsführern der GmbH´en wurden die Hauptaspekte durchgesprochen und von einer dort bestimmten Kommission innerhalb von zwei Wochen in eine schriftliche Form gebracht, die allgemeine Akzeptanz fand und zur Arbeitsgrundlage und Richtlinie der Teamarbeit für alle anderen Instrumente der Personalarbeit wurde, d. h. das personalpolitische Führungssystem prägte.

Die unterste Hierarchieebene der Führungskräfte wurde bereits bei den Vorarbeitern, Meistern und Gruppenführern angesetzt. Der Betriebsrat wirkte mit, die Grundsätze offiziell in Kraft zu setzen. Sie wurden in den Betriebsvereinbarungen den anderen Instrumenten der Personalarbeit vorangestellt.

2.5.2.3.2 Zur Methodik in der Projektarbeit

Die Projektgruppen wurden aufgrund bestimmter Zielvorgaben und Rahmenaufträge gemäß des bestehenden und festgestellten Bedarfs bestellt. Sie organisierten sich selbst durch Wahl eines Teamleiters, der für Protokollerstellung und die Präsentation ihrer Ergebnisse sorgte. Darüber hinaus koordinierte in der Regel ein Moderator bzw. Supervisor die gesamte Projektarbeit. Während der Beteiligung vollzog sich aufgrund eigener Erfahrung sowie der aktuellen Diskussion im Betrieb, in laufenden Schulungen, bei Studien von Praxis-Unterlagen und dem Lesen von einschlägigen Schriften zu den anstehenden Problemen innerhalb und außerhalb der Projektarbeit eine intensive individuelle und kooperative Selbstqualifikation.

In den Sitzungen wurde die Kommunikations- und Visualisierungstechnik an der Pinwand und mit Meinungskärtchen erst eingeübt und dann selbststeuernd angewandt.

2.5.2.3.3 Überblick über die Arbeit und Ergebnisse der Projektteams

Das "Kernteam" diskutierte den Bedarf an Instrumenten der Personalarbeit im Vergleich verschiedener praktizierter Modelle und aktueller theoretischer Aussagen zur PE und OE. Es versuchte sich einen Überblick über die Zusammenhänge und Möglichkeiten zu verschaffen, um die unbedingt notwendigen Grundlagen für eine schnell wirksame Gestaltung der Personalarbeit zu schaffen, die den strategischen Denk- und Planungsprinzipien genügt.

Teamarbeit:

Es wurden folgende weitere *Arbeitskreise* gebildet, die sich arbeitsteilig in kleinere Gruppen aufteilten, die einzelne Aufgaben weiterhin aufteilten und/oder weitere Fachleute hinzuzogen:

Für das Beurteilungs- und Förderungssystem (Leistungsbewertung):

- *AK Beurteilungswesen* mit den Untergliederungen
    - Rahmenbedingungen und Grundsätze,
    - Beurteilungsmerkmale und Kriterien sowie Profile für Führungs- und Führungsnachwuchskräfte,
    - Beurteilungsmerkmale und Kriterien sowie Profile für Mitarbeiter ohne Führungsverantwortung.

In den Diskussionen in der BAU AG um die geeignete Form der Beurteilung tendierte man eher zu der traditionellen Art der Mitarbeiterbeurteilung, in der der Fragebogen im Mittelpunkt steht, im Gegensatz zu der neueren Form, in der das Beurteilungsgespräch mit einem Protokoll geführt wird. Man war der Meinung, da die Beurteilungen bisher nicht bekannt waren und geübt wurden, daß durch die Leitlinie des Fragebogens Hilfestellungen geboten werden und dadurch ein bestimmter Lernerfolg und ein besseres Gespür für Beurteilungssituationen und Beurteilungsvorgänge entsteht.

- *AK PE und Weiterbildung* mit Spezialaufgaben
    - PE-Grundsätze und PE-Planung (Koordination mit EDV),
    - systematische Weiterbildungsplanung und Weiterbildungsprogramm.

Für die Arbeitsbewertung und die Anforderungsprofile:

- *AK für Arbeitsplatzbeschreibung und Stellenumfeld,* der sich
    - mit der Stellen- und Funktionsbeschreibung der Führungskräfte und
    - den Arbeitsplatzanforderungen und den tariflichen Bestimmungen in ihren Rahmenbedingungen befaßte

(und der nach Projektende zunächst als eigenes Projekt neben dem IPPS-Projekt, danach als eigene, ständige Kommission weiterarbeitete).

Für das Projektteam IPPS

- *AK Kennzahlen (Strategie)*

- *AK "Datenbank" (operative Gestaltung)*
    - Hardware/Software und einheitliche Beschaffung,
    - Richtlinien für die Schulung und Betreuung der Datenbank,
    - Personalerfassung und operative Einweisung.

Der Zeitplan:

Alle Teams arbeiteten weitgehend selbstgesteuert bis zu einem festbestimmten Zeitpunkt (Meilenstein) und legten termingerecht nach etwa zweieinhalb Monaten verwendungsfähige Unterlagen vor. Auch der geplante Zeitraum von sechs Wochen zur Verabschiedung der Dokumente wurde eingehalten.

Der Vorstand verabschiedete die Grundsätze innerhalb weniger Tage mit seinen Änderungswünschen und leitete die Unterlagen sofort den örtlichen Betriebsräten und dem Gesamtbetriebsrat zur Beratung und Beschlußfassung zu. Trotz heftiger Diskussionen in ihren Gremien und auf Betriebsversammlungen fanden die Betriebsräte einvernehmliche Regelungen und verabschiedeten das Paket mit der Maßgabe, daß es nach einem Monat endgültig in Kraft treten sollte. Diese Zeit bot die Möglichkeit, schriftlich formulierte, konstruktive Vorschläge einzureichen.

Ergebnis:

Das gesamte Instrumentarium wurde durch drei getrennte Betriebsvereinbarungsbeschlüsse und einen Rahmenbeschluß für das gesamte Paket als PE verabschiedet mit der Maßgabe, die bereits entstandene Personaldatenbank als ein Informations- und Personalplanungssystem (IPPS) auszubauen. Auch für die Arbeitsbewertung und Stellenplanung für Mitarbeiter ohne Führungsverantwortung wurden zunächst Rahmenbedingungen geschaffen. In Nachfolgeprojekten wurden die Detailprobleme behandelt, wobei die Projektgruppen nach einiger Zeit in ständige Kommissionen umgewandelt wurden.

3 Qualitätsmanagement

3.1 Qualitätssicherung von Personal- und Organisations-entwicklungs-Maßnahmen (F. J. Heeg, G. Kleine, U. Zefferer, J. Landwehr) 345

    3.1.1 Ziele von Personal- und Organisationsentwicklungs -Maßnahmen 345

    3.1.2 Qualitätssicherung von Personal- und Organisationsentwicklungs-Maßnahmen 346

    3.1.3 Prämissen für ein Weiterbildungs-Qualitätssicherungs-konzept 348
        3.1.3.1 Regelwerke zur Qualitätssicherung 349
        3.1.3.2 Qualitäts-Audits 350

    3.1.4 Beschreibung von Methoden der industriellen Qualitätssicherung 352
        3.1.4.1 Übersicht über Methoden der Qualitätssicherung 352
        3.1.4.2 Quality Function Deployment (QFD) 353
        3.1.4.3 Die Failure Mode and Effect Analysis 356
        3.1.4.4 Der Qualitätszirkel 361
        3.1.4.5 Statistische Prozeßüberwachung 363

    3.1.4 Vorüberlegungen zur Übertragbarkeit der Qualitätssicherungsmethoden 364

    3.1.5 Bisherige Ansätze und Instrumente zur Qualitätssicherung von Qualifizierungsmaßnahmen 365

    3.1.6 Übertragung der Methoden industrieller Qualitätssicherung auf Qualifizierungsmaßnahmen 370
        3.1.6.1 Qualität 370
        3.1.6.2 Die Anwendung von QFD bei Qualifizierungs-maßnahmen 371
        3.1.6.3 Die Anwendung von FMEA bei Qualifizierungsmaßnahmen 375
        3.1.6.4 Qualitätszirkel für Qualifizierungsmaßnahmen 381
        3.1.6.5 Die Anwendung der statistischen Qualitätsprüfung (SPC) für Qualifizierungs-maßnahmen 383
        3.1.6.6 Integrierte Vorgehensweise zur Qualitätssicherung 384

3.2 Betriebswirtschaftliche, inhaltliche und methodische
    Qualitätssicherung (R. Schöne).. 385
    3.2.1 Qualitätsmanagement für Personal- und
          Organisationsentwicklungsprozesse.............................385
    3.2.2 Qualitätssicherung in Personal- und Organisationsent-
          wicklungsprozessen unter dem Aspekt der betrieblichen
          Weiterentwicklung..385
          3.2.2.1 Der Qualitätsbegriff...385
          3.2.2.2 Qualitätsmanagement 387
    3.2.3 Rechnergestützte Personalinformationssysteme zur Unterstützung
          der betrieblichen Weiterbildung....................................398
    3.2.4 Innerbetriebliche Kostenstellenrechnung für
          Weiterbildungsmaßnahmen - Bildungstransfer - Profitcenter für
          die betriebliche Weiterbildung......................................399

3.3 Strategieorientierte Evaluierung von betrieblichen
    Weiterbildungs- und Personalentwicklungsmaßnahmen
    (M. Hesseler, G. Hoffmann)... 402
    3.3.1 Problemstellung..402
    3.3.2 Einführung in die 'klassische' Evaluationsforschung:
          Evaluierung und Erfolgskontrolle 403
          3.3.2.1 Zur 'Meßbarkeit von Bildungsmaßnahmen..............................403
          3.3.2.2 Evaluierung..405
          3.3.2.3 Integriertes "klassisches" Kontrollkonzept für die Bewertung......409
    3.3.3 Bedarfsorientierte Evaluierungsstrategie........................412
          3.3.3.1 Bedarfsorientierter Strategieansatz in der Evaluierung 412
          3.3.3.2 Aspekte der Transfersicherung 417

3.1 Qualitätssicherung von Personal- und Organisationsentwicklungs-Maßnahmen

F. J. Heeg, G. Kleine, U. Zefferer, J. Landwehr

3.1.1 Ziele von Personal- und Organisationsentwicklungs-Maßnahmen

Personalentwicklung in einem modernen Unternehmen hat zur Aufgabe, daß jeder Mitarbeiter seine Aufgaben optimal bewältigen kann und in der Lage ist, diese Aufgabendurchführung selbständig, aber in Kommunikation mit den übrigen Aufgabenträgern zu verbessern bzw. alternative Aufgabenbewältigungs-Strategien zu erarbeiten und umzusetzen.

Organisationsentwicklung hat zur Aufgabe, die organisatorischen bzw. technisch-organisatorischen Rahmenbedingungen zu schaffen, so daß die oben genannten Ziele der Personalentwicklung auch in Realitas umgesetzt werden können.

Konkret bedeutet dies, der einzelne Mitarbeiter muß in die Lage versetzt werden - und vor allem sich selber in die Lage versetzen - die folgenden grundsätzlichen Fragestellungen anzugehen:

- Was will ich tun (was sind meine Interessen; wo liegen meine Fähigkeiten, die es lohnt weiterzuentwickeln)?

- Wie gestalte ich den Weg zu diesem Ziel?

- Was tue ich heute (welche Aufgaben habe ich heute und welchen Sinn haben diese Aufgaben - für den Einzelnen, für das Unternehmen ...)?

- Wie tue ich dies?

- Wie kann ich die Aufgaben besser tun?

Diese selbstreflektive individuelle Ziel- und Aufgaben-Analyse kann unterstützt werden durch entsprechend gestaltete kommunikative Lern- und Problemlösegruppen, die on the job (Projektgruppen, teilautonome Gruppen, Gruppen im Rahmen der differentiell-dynamischen Arbeitsorganisation, Coaching usw.), near the job (Qualitätszirkel, Lernstatt, Werkstattkreise usw.) oder off the job (Erfahrungsaustausch-Gruppen, Förderkreise, Selbsterfahrungs-Gruppen usw.) eingerichtet werden können.

Die "on the job" eingerichteten Gruppen stellen dabei den Übergang zur Organisationsentwicklung dar, wobei unter Organisationsentwicklung hier ein permanenter Prozeß zur Optimierung der Aufgaben und Abläufe verstanden wird, der unter Beteiligung oder besser gesagt unter Teilnahme an der Verantwortung für die Planung und Steuerung der Optimierungsprozesse durch die Aufgabenträger selber erfolgt (Selbstverantwortung und Selbstbestimmung). Insgesamt stellt sich somit als Ziel ein modernes Unternehmen als ein System dar, dessen Elemente, die Mitarbeiter, als selbständige, selbstverantwortliche Unternehmer handeln und in überschaubaren Gruppen vollständige Aufgaben/Prozesse planen, steuern, realisieren und kontrollieren - und dies in Kooperation und Kommunikation mit anderen Gruppen.

Die gesamte Arbeitsorganisation (Art der Aufgabendurchführung, Arbeitsbewertung, Arbeitsentlohnung usw.) muß hierauf abgestellt sein bzw. entsprechend entwickelt werden (Organisationsentwicklung). Die Art und Weise der Durchführung der Qualitätssicherung hat in diesem Zusammenhang eine besondere Bedeutung.

3.1.2 Qualitätssicherung von Personal- und Organisationsentwicklungs-Maßnahmen

Die Qualitätssicherung der Aufgaben, der Prozesse und der erstellten Produkte bzw. Dienstleistungen ist eine Aufgabe, die mit den vorstehend beschriebenen permanenten Personal- und Organisationsentwicklungs-Prozessen eng verknüpft ist - im Sinne eines nicht abtrennbaren integrativen Ganzen. Dies bedeutet, daß jeder an seinem Platz für eine ständige Optimierung der Qualität seiner Aufgabendurchführung, der Ergebnisse seiner Aufgaben und der Prozesse, in die er eingebunden ist, verantwortlich ist und diese Verantwortung auch übernimmt. Die Organisation (Aufbau- und Ablauforganisation) ist so beschaffen, daß diese Optimierung auch gelingt - im Sinne eines kommunikativen, kooperativen Prozesses: hiermit schließt sich der Kreis zu den Ausführungen im ersten Abschnitt.

Gleichzeitig sind hier die Ziele von Total Quality Management, Kaizen, ständigen Verbesserungsprozessen usw. skizziert.

Wenn man die betriebliche Aufgabenerfüllung und Personal- und Organisationsentwicklungs-Prozesse in integrierter Art und Weise (als Einheit) einbezieht, sind auch für beide gleichartige Qualitätssicherungs-Methoden und -Instrumente anzuwenden. Gleiches gilt dann auch für die unterstützenden Einheiten (Funktionen) dieser Prozesse, seien es nun betriebsinterne oder -externe Funktionen, z. B. innerbetriebliche koordinierende Stabseinheiten, die die Bezeichnung Personalentwicklung, Aus- und Weiterbildung, Organisation usw. tragen oder externe Weiterbildungsträger, Berater u. ä.

Qualifizierung ist unter verschiedenen Aspekten von herausragender Bedeutung:

- Sie sichert den Menschen einen aktuellen Wissens- und Könnensstand und trägt dazu bei, bis ins hohe Lebensalter den ständig neuen Bedingungen und Anforderungen des Arbeitsmarktes entsprechen zu können,

- sie leistet einen entscheidenden Beitrag zur allgemeinen und beruflichen Persönlichkeitsentwicklung der Menschen,

- sie stellt für die Unternehmen einen wichtigen Faktor dar, den jeweiligen Bedingungen angepaßt qualifizierte Mitarbeiter zu haben und darüber hinaus über selbständig und selbstverantwortlich handelnde Mitarbeiter zu verfügen,

- sie ist für die Volkswirtschaft ein unerläßlicher (und oft kostenintensiver) Faktor, um die Wettbewerbsfähigkeit zu erhalten und gezielt auszubauen.

Die Qualitätssicherung bei der Durchführung von Qualifizierungsmaßnahmen ist eine Aufgabe, vor der Unternehmen, Teilnehmer und Bildungseinrichtungen gleichermaßen stehen. Von den zum Einsatz kommenden Methoden und Verfahren zur Qualitätssicherung wird erwartet, daß sie

- moderne Sichtweisen der Weiterbildung und ihrer Gestaltung in Verbindung mit neuen Erkenntnissen der Arbeitsorganisation, der Kognitions- und Verhaltenspsychologie sowie der Berufspädagogik innovativ aufnehmen,

- überschaubar, einfach und praktikabel zu handhaben sind und

- möglichst alle wesentlichen Strukturelemente des Qualifizierungsprozesses im allgemeinen ausreichend abdecken (Heeg, Kleine, Zefferer, Buggenhagen 1993, S. 1).

Das Strukturmodell des Qualifizierungsprozesses hat in genügend ausreichenden Teilbereichen zwingend Ähnlichkeiten mit dem industriellen Produktionsprozeß, die über Analogieschlüsse zu sicheren Aussagen führen könnten. Während für die Konzipierung von Qualifizierungsmaßnahmen eine relativ günstige Übereinstimmung mit Elementen des Planungsprozesses (Produktanforderungen - Qualifizierungsanforderungen, Marktanalyse - Bedarfsanalyse, Prozeßplanung - didaktisches Konzept) vorliegt, ist eine solide Konstellation bei der (entscheidenden) Phase der Durchführung der Qualifizierungsmaßnahmen nicht gegeben. Die Berücksichtigung der Individualität der Teilnehmer, der Besonderheit im Lehr- und Führungsverhalten von Lehrkräften und der nicht planbaren Einflüsse gruppendynamischer Prozesse auf den Vermittlungs- und Aneignungsprozeß ist nur teilweise mit dem Verständnis von Produktionsprozessen erfaßbar, so daß hier Ergänzungen, Erweiterungen der Methoden der industriellen Qualitätssicherung erforderlich sind.

Die Analyse der folgenden Methoden der industriellen Qualitätssicherung:

- Quality Function Deployment (QFD)
  (Methode der Qualitätsplanung),

- Failure Mode and Effects Analysis (FMEA)
  (Fehlermöglichkeiten- und Einflußanalyse),

- Quality Circle (QC)
  (Qualitätszirkel),

- Statistische Prozeßkontrolle (SPC),

führt zu einer Reihe von Übereinstimmungen im Wesen und Ziel der Qualitätssicherung von Qualifizierungsmaßnahmen und der industriellen Qualitätssicherung.

Im einzelnen können die Qualitätssicherungsmethoden, auf eine Qualifizierung angewendet, diese in folgenden Aspekten unterstützen:

- Planung eines Qualifizierungsprozesses: FMEA,

- Übereinstimmung des Grobziels mit den Lernzielen einer Qualifizierungsmaßnahme: FMEA, QFD,

- Verminderung störender Einflüsse auf den Qualifizierungsprozeß: FMEA, QFD,

- Auswahl und Einsatz didaktisch richtiger Methoden, bezogen auf kritische Aspekte einer Qualifizierungsmaßnahme: QC, QFD,

- individuelle Lernzielüberprüfung: SPC und Testgruppe.

Aus dieser Auflistung ist zu erkennen, daß insbesondere eine Kombination einiger Aspekte dieser Qualitätssicherungsmethoden die Sicherheit des Qualifizierungsprozesses verbessern kann. Am Beispiel der Weiterbildung soll ein Qualitätssicherungssystem im folgenden abgeleitet und dargestellt werden. Hierbei resultieren die wesentlichen Aussagen aus einem einschlägigen, vom Bundesminister für Bildung und Wissenschaft geförderten Projekt (Heeg, Kleine, Zefferer, Buggenhagen 1993).

3.1.3 Prämissen für ein Weiterbildungs-Qualitätssicherungskonzept

Ein modernes Verfahren zur Qualitätssicherung in der Weiterbildung muß u. a. von folgenden Prämissen ausgehen:

1. Der Weiterbildungsprozeß läßt sich modellhaft über personelle und sachliche Momente vereinfachen und so praktikabel erfassen. Während die sachlichen Momente (Ziel, Inhalt, methodisches Vorgehen, Organisationsformen, Resultatsermittlung und -beratung) relativ leicht - zumindest in der Planungsphase - einer vorbeugenden Qualitätssicherung zugänglich sind, trifft gleiches auf die personellen Momente (Lernender und Lehrender) nicht im gleichen Umfang zu.

2. Die Weiterbildung ist ein Prozeß der Vermittlung und Aneignung von Inhalten, der zur Ausprägung der Fach-, Methoden- und Sozialkompetenz bei den Teilnehmern führt und so die funktionale und extrafunktionale Qualifikation des Personal sichert. Sie hat einen ausgeprägten motivationalen Aspekt.

3. Die Aneignung von Inhalten (im weitesten Sinne) ist ein zutiefst individueller Prozeß, der in seinem Verlauf nicht voll vorher bestimmbar ist. Es lassen sich mit Sicherheit eine Reihe von denkbaren Fehlern voraussagen; die Ursachen dafür und insbesondere die Fehlerauswirkungen im kognitiven Bereich lassen sich im Sinne einer Qualitätssicherung mit wissenschaftlichem Anspruch kaum bestimmen. Die Ebenen der psychischen Handlungsregulation können formal einen äußeren Rahmen für Kriterien und Indikatoren bieten; Denkvermögen selbst ist nicht zu erfassen und qualitativ zu werten.

4. Die Gestaltung von Weiterbildungsprozessen hat in den letzten Jahren eine grundsätzliche Änderung erfahren. Neue Elemente kamen aus pädagogischen Grenzwissenschaften hinzu und brachten eine deutliche Verlagerung des Aktivitätsprofils auf die Seite des Teilnehmers, des Lernenden. Aus dem Verständnis eines kognitions- und handlungsorientierten Konzepts für die didaktische Projektierung von Weiterbildungsmaßnahmen läßt sich die Qualität daran messen, wie selbstgesteuerte Lernprozesse ausgelöst und moderiert, kooperatives Lernen im Team gefördert und individuelle Problemlösungsprozesse methodisch begleitet werden. Die Methodenvielfalt hat stark zugenommen und in ihrer sinnvollen Kombination und Variation liegt heute das kreative Element in der Tätigkeit von Lehrern, Moderatoren und Trainern.

5. Der Schwerpunkt für die Qualität von Weiterbildungsmaßnahmen liegt in der Sicherung eines Zuwachses an allgemeiner und (hier insbesondere) beruflicher Handlungskompetenz. Die Fähigkeit, selbständig und schöpferisch zu denken und zu arbeiten und sich dabei angemessen sozial zu verhalten, ist ein wesentliches Kriterium für den Erfolg und damit die Qualität der Weiterbildung.

6. Die Vermittlung und Aneignung von Inhalten ist eine gemeinsame Tätigkeit von Lehrenden und Lernenden. Daher ist die Teamarbeit und die Fähigkeit dazu ebenfalls entscheidend für die Qualität der Weiterbildung. Das bedeutet auch, daß beide Akteure des Prozesses gleichermaßen eine Verantwortung für die Zielrealisierung und deren Qualitätssicherung haben.

7. Ein Qualitätsverfahren für den Bereich der Weiterbildung muß einerseits auf den bisherigen angewandten Evaluations-Vorgehensweisen und -Methoden aufbauen, andererseits die ansonsten üblicherweise im betrieblichen Bereich angewandten Qualitätssicherungsvorgehensweisen und -methoden berücksichtigen und in eine Gesamt-Qualitätsmanagement-Vorgehensweise passen, um Verständigungsprobleme, Mehrfacharbeit bei der Ermittlung der erforderlichen Datenbasis zu vermeiden usw. Hierbei ist der sich in den letzten Jahren stark entwickelnde Bereich der EG-Normung besonders zu berücksichtigen, da hier Vor-

schriften und Rahmenbedingungen für Vorgehensweisen entwickelt werden, die im Bereich der Qualitätssicherung und speziell auch im Bereich der Qualitätssicherung von Weiterbildungsverfahren durchaus Anwendung finden können.

3.1.3.1 Regelwerke zur Qualitätssicherung

Daneben müssen die Überlegungen zur Übertragung von industriellen Qualitätssicherungsmethoden und -instrumenten, die einschlägigen Regelwerke und deren übertragbare Aussagen berücksichtigt werden. Hier sind insbesondere zu nennen:

- DIN 55350 Teil 11,
- DIN ISO 9000,
- DIN ISO 9004,
- DIN ISO 8402 und
- DIN ISO 10011.

Diese Normen beinhalten im einzelnen:

- DIN 55350 Teil 11:
  Begriffe der Qualitätssicherung und Statistik

- ISO 8402:
  Qualitätsmanagement und Qualitätssicherung - Begriffe

- ISO 9000:
  Qualitätsmanagement und Qualitätssicherungsnormen; Leitfaden zur Auswahl und Anwendung

- ISO 9001:
  Qualitätssicherungssysteme - Modell zur Darlegung der QS in Entwicklung, Produktion, Montage, Kundendienst

- ISO 9002:
  Qualitätssicherungssysteme - Modell zur Darlegung der QS in Produktion, Montage

- ISO 9003:
  Qualitätssicherungssysteme - Modell zur Darlegung der QS bei der Endprüfung

- ISO 9004:
  Qualitätsmanagement und Elemente eines Qualitätssicherungssystems - Leitfaden
  - Teil 2:   Leitfaden für Dienstleistungen

- ISO 10011:
  Leitfaden für das Audit von Qualitätssicherungssystemen
  - Teil 1:   Auditdurchführung
  - Teil 2:   Qualifikationskriterien für Auditoren
  - Teil 3:   Management von Auditprogrammen
  - Teil 4:   Leitfaden für Qualitätsverbesserungen

Dies bedeutet insbesondere, daß eine Überprüfung des Vorhandenseins und der Wirksamkeit eines Qualitätssicherungs-Systems überprüft wird (Selbstprüfung oder/und Fremdprüfung).

3.1.3.2 Qualitäts-Audits

In der DIN 55350 Teil 11 "Begriffe der Qualitätssicherung und Statistik" ist das Qualitäts-Audit definiert als "Beurteilung der Wirksamkeit des Qualitätssicherungssystems oder seiner Elemente durch eine unabhängige systematische Untersuchung". Daraus folgt, daß die Durchführung eines Qualitäts-Audits zum Ziel hat, Schwachstellen des Qualitätssicherungssystems aufzuzeigen, zu Verbesserungsmaßnahmen anzuregen und die Wirksamkeit dieser Verbesserungsmaßnahmen zu überwachen. Hierzu differenziert man in der Praxis drei Arten von Qualitäts-Audits, die im folgenden dargestellt werden.

Gemäß Definition nach DIN 55350 wird bei der Durchführung eines Qualitäts-Audits entweder das gesamte Qualitätssicherungssystem oder einzelne Elemente daraus untersucht. Hierzu stehen drei verschiedene Arten von Qualitäts-Audits zur Verfügung, deren Anwendungsbereich und Basisunterlagen dieser Zielsetzung angepaßt sind. Die Abbildung 3.1.1 gibt einen Überblick darüber.

Art des Qualitäts-Audits	Zweck	Grundlagen	was wird beurteilt?
System-Audit	Beurteilt wird die Wirksamkeit eines Qualitätssicherungssystems durch • Feststellung, ob die notwendigen Bestandteile existieren, mittels Beurteilung der Kenntnisse des Personals und durch Prüfung der praktischen • Anwendung der einzelnen Elemente, aus denen das Qualitätssicherungssystem besteht.	Qualitätssicherungs-Handbuch, Qualitätssicherungs-Anweisungen, Richtlinien der Unternehmensleitung, Checklisten, Prüfunterlagen, Qualitätskosten, Qualitätsbereiche	alle Bereiche des Unternehmens
Verfahrens-Audit	Beurteilung der Wirksamkeit von Qualitätssicherungselementen, Bestätigung der Qualitätsfähigkeit, der Einhaltung und Zweckmäßigkeit bestimmter Verfahren, Ermittlung von Verbesserungsmaßnahmen	Unterlagen für die Durchführung, Überwachung und Prüfung des Verfahrens, Anforderungen an die Personalqualifikation	spezielle Herstellungsverfahren
Produkt-Audit	Beurteilung der Wirksamkeit von Qualitätssicherungselementen durch die Untersuchung einer bestimmten Anzahl von Endprodukten und/oder Teilen, Bestätigung der Qualitätsfähigkeit anhand der Produktqualität, Ermittlung von Verbesserungsmaßnahmen	Qualitätsrichtlinien, Prüf- und Fertigungsunterlagen, Prüf- und Fertigungsmittel, die für die Herstellung vorgegeben sind	spezielle Teile, Bauelemente, Endprodukte

Abb. 3.1.1: Grundarten des Qualitäts-Audits (Quelle: Gaster 1987, S. 16)

Zur Darstellung der Vorgehensweise bei der Durchführung eines Qualitäts-Audits wird nun die tiefgreifendste Art der Auditierung, das System-Audit, dargestellt. Qualitäts-Audits werden in der Regel planmäßig, d. h. in festen Abständen von ca. einem Jahr, durchgeführt. Bei der Aufstellung von Qualitäts-Audits-Teams ist zum einen darauf zu achten, daß die Mitglieder in den zu prüfenden Stellen, Funktionen und Bereichen keine Linien- oder Stabsverantwortung haben; zum anderen müssen sie nachfolgende Qualifikationen besitzen:

- die Technik des System-Audits beherrschen,

- über Kenntnisse der system- und produktbezogenen QS-Maßnahmen verfügen,

- Kenntnisse und Erfahrungen in der Auftragsabwicklung, Konstruktion, Berechnung sowie in den anzuwendenden Fertigungs- und Prüfverfahren haben,

- die Interviewtechnik beherrschen.

Zweckmäßigerweise sollten die Qualitäts-Audit-Teams daher aus je einem Fachmann für Konstruktion und Berechnung, einem Fachmann für prüftechnische Fragen und einem Fachmann für fertigungstechnische Fragen bestehen. Diesen Fachleuten muß als Leiter des Qualitäts-Audit-Teams ein Spezialist für Qualitätssicherung zugeordnet sein. Zusätzlich zu diesen Fachkenntnissen müssen die Teammitglieder menschliche Qualitäten wie psychologisches Einfühlungsvermögen und Kontaktfähigkeit mitbringen.

Sind die entsprechend ausgebildeten Teams zusammengestellt, kann mit der Arbeit begonnen werden. Sie erfolgt anhand von Verfahrensanweisungen, die von der Unternehmensleitung genehmigt und an die Unternehmensstruktur angepaßt sein müssen. Als Basisunterlagen dienen beim System-Audit die Auftragsanforderungen, das QS-Handbuch, QS-Verfahrensanweisungen, Organisationsanweisungen, Anweisungen über die Qualitätsberichterstattung sowie Unterlagen über die Organisationsstruktur des zu prüfenden Bereichs. Um dem Qualitäts-Audit-Team Gelegenheit zu geben, sich in die Gegebenheiten des zu prüfenden Bereichs einzuarbeiten, muß zu Beginn eine sorgfältige Durcharbeitung dieser Unterlagen stehen.

Im nächsten Schritt folgt ein Gespräch mit dem Leiter des zu prüfenden Bereichs. In diesem Gespräch muß dem Verantwortlichen Gelegenheit gegeben werden, sich zu seinem Bereich und den hier vorhandenen Qualitätssicherungs-Aktivitäten aus seiner Sicht zu äußern. Nach diesem Gespräch erfolgt die eigentliche Überprüfung vor Ort. Hier ist es zu aufwendig, jedes Detail genau zu überprüfen. Daher bedient man sich in dieser Phase der Stichprobenbeurteilung, die nicht im Team, sondern von den einzelnen Mitgliedern getrennt an ausgewählten Arbeitsplätzen durchgeführt wird. Die Arbeit erfolgt mit Hilfe von Frage- bzw. Checklisten. Beispiele zu diesen Frage- und Checklisten sind in der DGQ-Schrift Nr. 12-63 (System-Audit) dargestellt und erläutert.

Nach Abschluß der Ist-Zustands-Ermittlung erfolgt die Beurteilung der Prüfergebnisse, d. h. der Vergleich der Vorgaben des Qualitätssicherungshandbuchs mit dem ermittelten Ist-Zustand. Stellt der Auditor Abweichungen fest, muß er diese bewerten und entsprechende Korrekturmaßnahmen erarbeiten.

Ist die Prüfphase abgeschlossen und der Ist-Zustand bewertet, setzt sich das Qualitäts-Audit-Team mit dem Verantwortlichen des beurteilten Bereichs zu einem Abschlußgespräch zusammen. An dieser Sitzung sollte nach Möglichkeit der Leiter des Qualitätswesens und ein Mitglied der Geschäftsleitung teilnehmen. Inhalt der Sitzung ist das Ergebnis des System-Audits. Das heißt, das Auditteam trägt die ermittelten Fehler und die erarbeiteten Korrekturmaßnahmen vor. In der anschließenden Diskussion muß sichergestellt werden, daß sich der Leiter des beurteilten Bereichs mit dem Ergebnis der Untersuchung und den einzuleitenden Korrekturmaßnahmen identifiziert. Wenn daran Zweifel bestehen oder wenn das Qualitäts-Audit-Team Zusammenhänge in der Qualitätsarbeit des Bereichs falsch beurteilt hat, muß dies im Qualitäts-Audit-Bericht festgehalten werden und Anlaß zu weiteren, genaueren Untersuchungen sein.

Im folgenden ist es die Aufgabe des Qualitäts-Audit-Leiters, die termingerechte Einführung der Korrekturmaßnahmen zu überwachen sowie ein Wiederhol-Audit einzuleiten, in dem das Auditteam die Korrekturmaßnahmen auf ihre Wirksamkeit hin überprüft. Sind die Ergebnisse des Wiederhol-Audits zufriedenstellend, muß der Qualitäts-Audit-Bericht fertiggestellt werden. Je eine Ausgabe dieses Berichts muß der Geschäftsleitung und dem Leiter des geprüften Bereichs zugesandt werden. Ein weiteres Exemplar wird archiviert.

3.1.4 Beschreibung von Methoden der industriellen Qualitätssicherung

3.1.4.1 Übersicht über Methoden der Qualitätssicherung

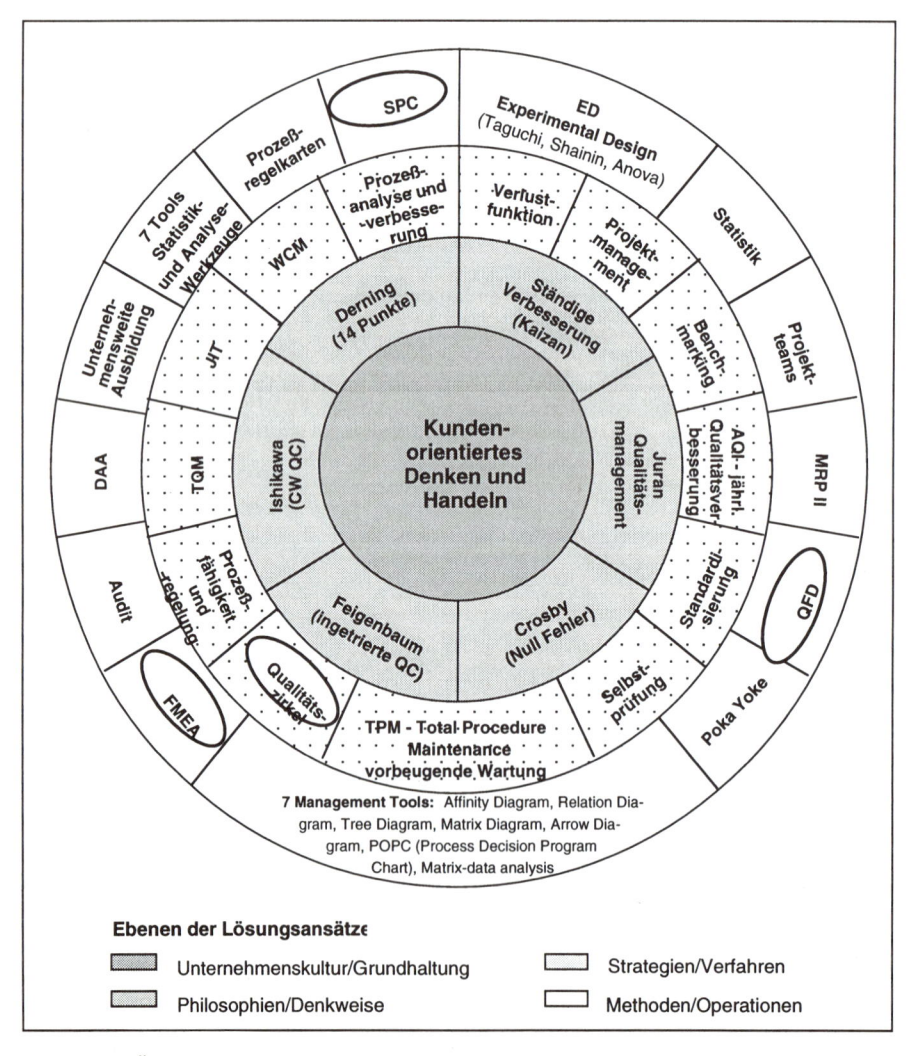

Abb. 3.1.2: Übersicht über Konzepte zur Qualitätssicherung (Quelle: Masing 1988)

Exemplarisch werden in den folgenden Abschnitten einige Methoden (siehe Abbildung 3.1.2) dargestellt, deren Vorgehen sich in großen Teilen von industriellen Anwendungen auf Anwendungen für Qualifizierungsmaßnahmen übertragen läßt.

3.1.4.2 Quality Function Deployment (QFD)

Quality Function Deployment ist eine Methode, die darauf gerichtet ist, die Wünsche der Kunden an ein Produkt in den Mittelpunkt der Qualitätsplanung zu stellen. Die Zielerreichung dessen, was die Kunden möchten, ist somit ein Maßstab für die Qualität des Produkts. Durch diese Festlegung des Qualitätsbegriffs wird die Planung dieser kundenbezogenen Qualität bereits in der Entwicklungsphase beginnen und, durch QFD methodisch unterstützt, bis zur Herstellungsfreigabe eines Produkts fortgeführt werden. Um sicherzustellen, daß die Kundenwünsche in jeder Phase einer Produktentstehung richtig integriert werden, ist das Arbeiten in einem interdisziplinär zusammengesetzten Team ein Grundsatz bei der Anwendung von QFD. Dieses Team arbeitet unter Anleitung eines Moderators und dem Einsatz bekannter Moderations- und Problemlösetechniken die einzelnen Arbeitsschritte des Quality Function Deployments ab. Hierbei ist es für die Anwendung der Methode unbedeutend, ob es sich um ein materielles oder immaterielles Produkt handelt.

Entwicklung der Methode:

- Begründer der Methode ist der Japaner Yoji Akao,

- erste Anwendung des QFD 1972 bei Mitsubischi Heavy Industries in Kobe,

- 1977 Weiterentwicklung der Methode durch Mitarbeiter der Firma Toyota und hieraus resultierend Weiterverbreitung des QFD in Japan und Amerika.

Zielsetzung:

- Planung der Qualität aus Sicht des Kunden,

- Verkürzung der Entwicklungszeiträume materieller und immaterieller Produkte,

- Entwicklung marktgerechter Produkte,

- Vermeidung von Kosten durch Fehlentwicklungen.

Anwendungsfeld:

- Qualitätsplanung von der Produktidee bis zur Produktfreigabe.

Vorgehensweise bei industrieller Anwendung:

- Die Basis für das Quality Function Deployment bildet ein Formblatt (Abbildung 3.1.4), das "House of Quality". Über die Entwicklungsstufen eines Produkts wird dieses Formblatt in einem interdisziplinär zusammengesetzten Team insgesamt viermal aufgebaut und über verschiedene Kriterien bewertet.

  Das Ziel des ersten "House of Quality" ist es, Kundenwünsche bzw. -forderungen zu erfassen und hieraus wichtige und kritische Produktanforderungen (Qualitätsanforderungen) abzuleiten.

```
┌─────────────────────────────────────────────────┐
│  ┌───────────────────────────┐                  │
│  │  PLANUNGSSYSTEM MIT QFD   │                  │
│  └───────────────────────────┘                  │
│                                                 │
│              Neues Produkt                      │
│             "Stimme des Kunden"                 │
│                    │                            │
│       ┌────────────▼──────────────┐             │
│       │   I Qualitätsplan Produkt │             │
│       └───────────────────────────┘             │
```

I Qualitätsplan Produkt

wichtige Kunden- → kritische Merkmale
forderungen   am Produkt
Produkt

Auf dieser Basis, den erfaßten kritischen Produktanforderungen, wird das nächste "House of Quality" entwickelt. Hierbei werden aus den Anforderungen für das Produkt als Ganzes Qualitätsanforderungen für die Baugruppen und Einzelteile entwickelt.

II Qualitätsplan Baugruppen/Teile

kritische   → kritische Merkmale
Merkmale   Baugruppen/Teile
Produkt

Im dritten "House of Quality" muß das Team zu den kritischen Baugruppen und Einzelteilen Prozeß- und Prüfpläne entwickeln.

III Prozeß-/Prüfablaufplan

kritische   → kritische Prozeß-
Merkmale   merkmale
Baugruppen/Teile   Prüfmerkmale

Der logische letzte Schritt erfolgt im vierten "House of Quality". In dieser Phase des QFD werden zu den Prozeß- und Prüfplänen, die kritisch erscheinen, Arbeits- und Prüfanweisungen formuliert.

IV Arbeitsanweisung/Prüfanweisung

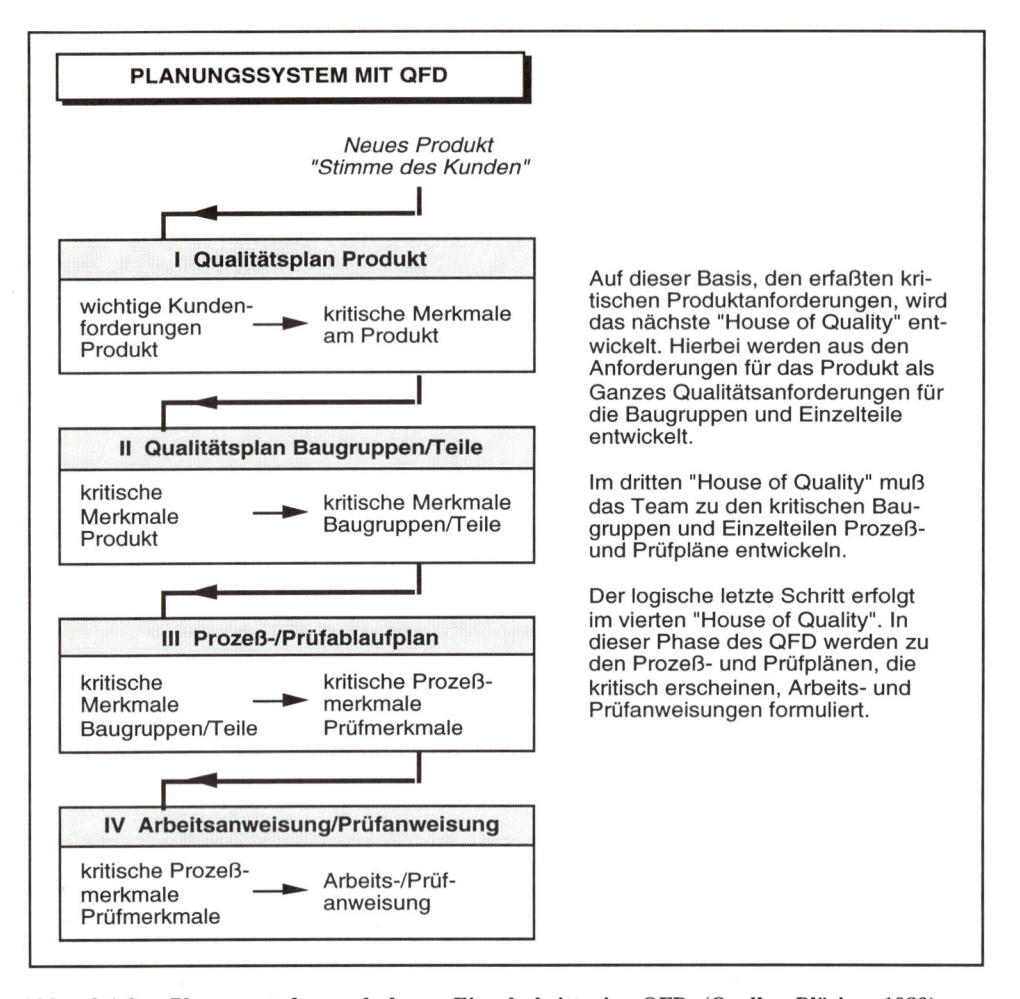

kritische Prozeß- → Arbeits-/Prüf-
merkmale   anweisung
Prüfmerkmale

Abb. 3.1.3: Planungsstufen und deren Einzelschritte im QFD (Quelle: Bläsing 1989)

- Ist dieser Prozeß abgeschlossen, gilt die QFD als beendet, es folgt die Serienfreigabe. Die einzelnen Arbeitsschritte, die bei der Anwendung des QFD durchgeführt werden müssen, gliedern sich wie folgt auf:

  - Erfassung und Gewichtung der Kundenwünsche (KW),
  - Kundenwünsche in Qualitätsforderungen (QF) umsetzen,
  - Kundeneinschätzung der QF im Vergleich zum Wettbewerb dokumentieren,
  - Ableiten qualitativ oder quantitativ meßbarer Qualitätsmerkmale (QM) aus den KW,
  - Abhängigkeiten zwischen den KW und den QM erarbeiten,
  - Wirkungen zwischen den QM untereinander erarbeiten,
  - objektive Konkurrenzeinschätzung der QM-Ausprägung ermitteln,
  - relative Realisierungsschwerpunkte der QM abschätzen,
  - qualitative und/oder quantitative Vorgabewerte für die QM-Ausprägung festlegen,
  - Übertragung der QM-Werte des gesamten Produkts auf Baugruppen und Einzelteile,
  - Arbeits- und Prüfanweisungen für kritische QM erstellen.

Hilfsmittel:

- Moderations- und Kreativitätstechniken,
- EDV-Tool zur Datenerfassung und -verwaltung.

Organisatorische Einbindung:

- das QFD kann als Projektmanagement-Tool angesehen werden,
- Jour-fixe der "QFD-Anwender" zum Erfahrungsaustausch.

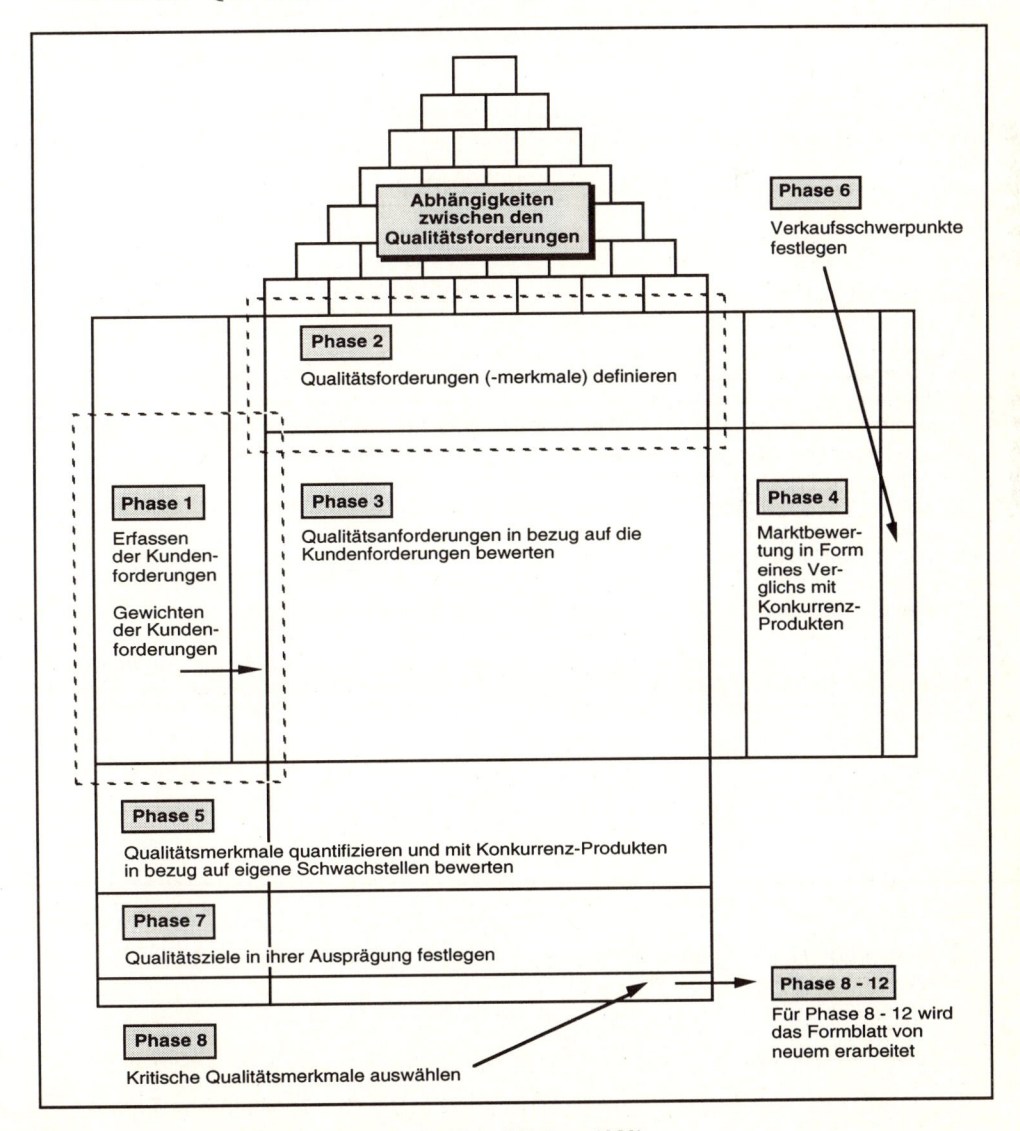

Abb. 3.1.4: Das QFD-Formblatt (Quelle: Bläsing 1989)

3.1.4.3 Die Failure Mode and Effect Analysis
Fehlermöglichkeits- und Einflußanalyse (FMEA)

Vor dem Hintergrund, daß Qualität nicht geprüft werden kann, sondern erzeugt werden muß, entstand die Methode der Fehlermöglichkeits- und Einflußanalyse. Wie das Quality Function Deployment ist auch die FMEA eine Methode der Qualitätsplanung, bei der ein interdisziplinär zusammengesetztes Team unter Anwendung bekannter Moderations- und Kreativitätstechniken arbeitet.

Primäres Ziel einer FMEA ist die Fehlervermeidung. Diese erfolgt auf der Basis einer Analyse, in deren Verlauf eine materielle oder immaterielle Leistung (z. B. eine Kaffeemaschine oder eine Dienstleistung) bezüglich möglicher Fehler, deren Auswirkungen und Ursachen, betrachtet wird. Diese Betrachtung findet in der Planungsphase einer solchen Leistung statt. Ein Expertenteam erarbeitet Fehler, die auftreten könnten, um schon in der Planung entsprechende "Verbesserungen" entwickeln zu können. So werden potentielle Fehler im Vorfeld vermieden.

Der Ausdruck FMEA ("Failure Mode and Effect Analysis") wird bei der Übersetzung ins Deutsche verschieden interpretiert (Graupner 1989):

- Analyse potentieller Fehler und Folgen   FORD Q 101

- Fehler-Möglichkeits- und Einfluß-Analyse   VDA 4

- Ausfalleffektanalyse   DIN 25448

Entwicklung der Methode:

- Entstanden ist das Verfahren der FMEA in den 60er Jahren. Im Zuge des damals aktuellen Apollo-Projekts wurde es von der NASA der Vereinigten Staaten entwickelt.

- Nach der ursprünglichen Anwendung in der Luft- und Raumfahrttechnologie sowie der Kerntechnik findet die FMEA seit Anfang der 80er Jahre immer breitere Anwendung in der Automobil- und deren Zulieferindustrie.

- 1980 wurde sie dann als Ausfalleffektanalyse in der DIN 25448 genormt.

- *Die FMEA ist eine "weitgehendst formalisierte analytisch präventive Methode zur systematischen und vollständigen Erfassung und Verminderung potentieller Risiken, Probleme und Fehler (Scheucher 1990).*

- Bei allen FMEAs handelt es sich um "lebende Dokumente", die stets den aktuellen Stand widerspiegeln müssen und deshalb einer ständigen Aktualisierung bedürfen.

Anwendungsfeld:

- Unabhängig von dem jeweiligen Anwendungsgebiet (Prozeß-, Konstruktions-, Software-, System-, Produkt-, Logistik-, Instandhaltungs-FMEA) enthält die FMEA immer die in Abbildung 3.1.5 dargestellten drei Fragmente.

- Einleitend erfolgt in der *Systemanalyse* eine funktionelle Abbildung des zu analysierenden Systems. In der *Trichterfunktion* wird das Gesamtsystem auf wesentliche Systembestandteile reduziert und damit die Tiefe der Analyse festgelegt. Dies geschieht in Form einer Schwachstellen- und Risikobewertung. Die strukturierte Dokumentation in Form einer

Datenbank sorgt für die Zusammenführung sämtlicher systemrelevanter Informationen und steht als Basis für Untersuchungen an vergleichbaren Systemen zur Verfügung.

```
SYSTEMANALYSE
  • Systemdefinition
  • Funktionale/zeitliche Zuordnungen
    und Abhängigkeiten

     TRICHTERFUNKTION
       • Konzentration auf das Wesentliche
         durch Priorisierung
       • Schwachstellen- und Risikobewertung

            DATENBANK
              • Zusammenführung und Dokumentation
                der Informationen
              • Erfahrungsrückfluß vergleichbarer
                Systeme
```

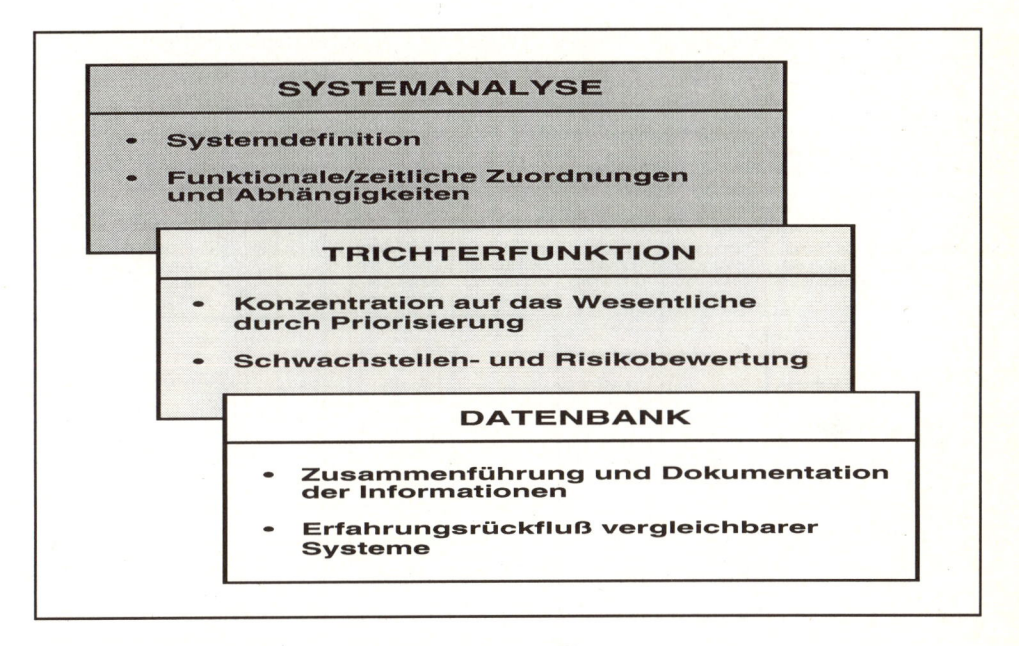

Abb. 3.1.5: Fragmente der FMEA (Scheucher 1990)

Vorgehensweise:

- Im Rahmen von mehreren Projektteamsitzungen (die Anzahl ist projektabhängig) zergliedert ein interdisziplinäres Team unter Leitung eines Moderators ein komplexes System in überschaubare Komponenten (z. B. eine Maschine in seine Baugruppen und ggf. Einzelteile). Diese Teilsysteme (z. B. Baugruppen) werden nacheinander auf möglicherweise (theoretisch) auftretende Fehler hin analysiert. Die Reihenfolge der Arbeitsschritte ist im FMEA-Formblatt (Abbildung 3.1.6) festgelegt. Zunächst stellt das Team fest, welche Funktionen das Teilsystem wahrnehmen muß. In den nächsten Schritten werden mögliche Fehler, deren Auswirkungen und Ursachen erarbeitet. Danach erfolgt eine dreistufige Bewertungsphase, für deren Bewertung in einigen Industriebereichen Standardkataloge zu Hilfe genommen werden. Je nach Höhe der Bewertung ist der Fehler mehr oder weniger wichtig. Je nach Gewicht des Fehlers erarbeitet das Team adäquate Verbesserungsmaßnahmen, um den Fehler zu vermeiden.

- Die Arbeitsschritte, die bei der Anwendung der FMEA im einzelnen durchzuführen sind, gliedern sich wie folgt auf:

    - FMEA-Objekt (System und hieraus resultierende Teilsysteme) definieren,
    - erforderliche Funktionen, die das FMEA-Objekt erfüllen muß, erarbeiten,
    - alle denkbaren Fehler, die bei einer Funktion auftreten könnten, für jede der Funktionen getrennt analysieren,
    - alle denkbaren Auswirkungen, die ein Fehler haben könnte, für jeden Fehler getrennt erarbeiten und gemäß Abbildung 3.1.8 bewerten,
    - mögliche Ursachen für die analysierten, denkbaren Fehler erarbeiten,

- vorhandene Maßnahmen der Fehlervermeidung und Fehlerentdeckung pro Fehlerursache zuordnen,
- Bewertung für A/B und E und daraus resultierend den RPZ-Wert (siehe Legende Abbildung 3.1.6) berechnen,
- Verbesserungsmaßnahmen erarbeiten, Termine und Verantwortliche festlegen,
- Soll-Konzept bewerten.

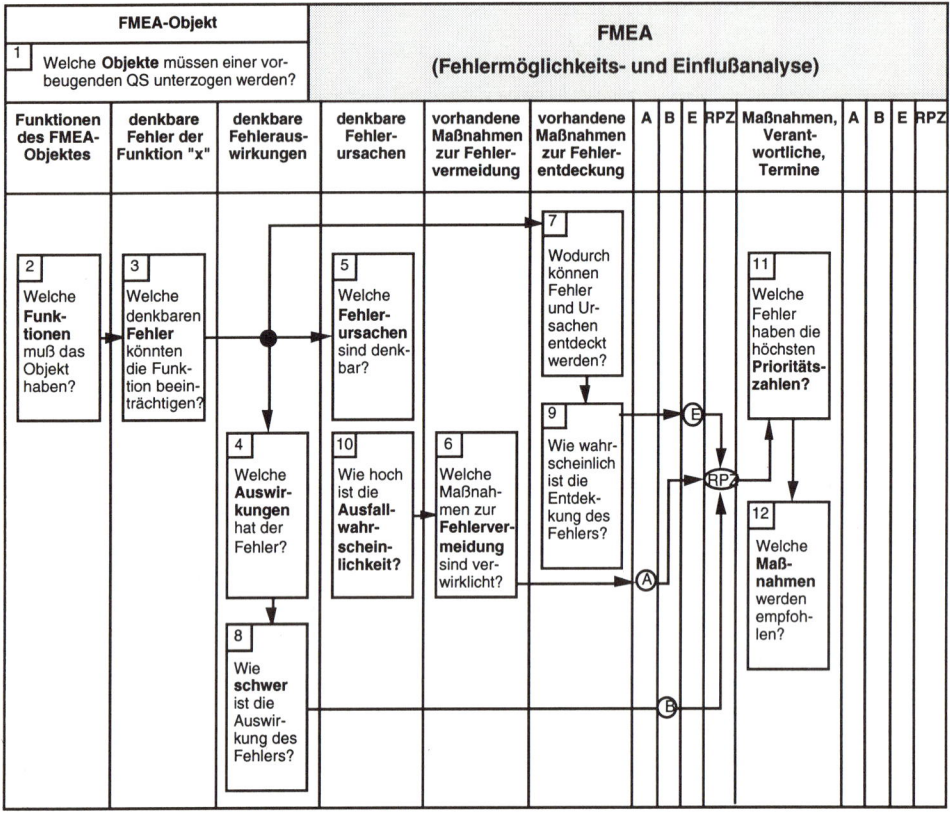

Abb. 3.1.6: Das FMEA-Formblatt (nach DIN 25448)

Hilfsmittel:

- Moderations- und Kreativitätstechniken,
- EDV-Tool zur Datenerfassung und -verwaltung.

Organisatorische Einbindung:

- innerhalb der Abteilung "Qualitätswesen" muß die Aufgabe des FMEA-Koordinators wahrgenommen werden,

Wahrscheinlichkeit	Bewertungs-punkte	mögliche Fehlerrate
Sehr gering Es ist unwahrscheinlich, daß ein Fehler auftritt.	1	0
Gering Konstruktion entspricht generell früheren Entwürfen, für die verhältnismäßig geringe Fehlerzahlen gemeldet wurden.	2 3	1/20.000 1/10.000
Mäßig Konstruktion entspricht generell früheren Entwürfen, bei denen gelegentlich, aber nicht in größerem Maße, Fehler auftraten.	4 5 6	1/2.000 1/1.000 1/200
Hoch Konstruktion entspricht generell Entwürfen, die in der Vergangenheit immer wieder Schwierigkeiten verursachten.	7 8	1/100 1/20
Sehr hoch Es ist nahezu sicher, daß Fehler in größerem Umfang auftreten werden.	9 10	1/10 1/2

Abb. 3.1.7: Bewertungskriterien für das Auftreten von Fehlerursachen (Quelle: Bläsing 1987)

Auswirkung	Bewertungs-punkte
Es ist unwahrscheinlich, daß der Fehler irgendeine wahrnehmbare Auswirkung auf das Verhalten des Fahrzeugs oder Systems haben könnte. Der Kunde wird den Fehler wahrscheinlich nicht entdecken.	1
Der Fehler ist unbedeutend und der Kunde wird nur geringfügig belästigt. Der Kunde wird wahrscheinlich nur eine geringe Beeinträchtigung des Systems oder der Fahrzeugleistung bemerken.	2 - 3
Mittelschwerer Fehler, der Unzufriedenheit bei einigen Kunden auslöst. Der Kunde fühlt sich durch den Fehler belästigt oder ist verärgert. Mittelschwere Fehler sind z. B: Lautsprecher brummt; hohe Pedalbetätigungskräfte o. ä. Der Kunde wird Beeinträchtigung des Systems oder der Fahrzeugleistung bemerken.	4 - 5 - 6
Große Unzufriedenheit des Kunden aufgrund der Art des Fehlers: z. B. ein nicht fahrbereites Fahrzeug oder nicht funktionierende Teile der Ausstattung (Radio, Tacho o. ä.) oder Fehler an Teilen, die von gesetzlichen Vorschriften betroffen sind. Die Fahrzeugsicherheit oder eine Nichtübereinstimmung mit den Gesetzen ist hier nicht angesprochen.	7 - 8
Äußerst schwerwiegender Fehler, der möglicherweise die Sicherheit und/oder die Einhaltung gesetzlicher Vorschriften beeinträchtigt.	9 - 10

Abb. 3.1.8: Bewertungskriterien für die Bedeutung der Folgen eines Fehlers für den Kunden (Quelle: Bläsing 1987)

- Jour-fixe der "FMEA-Moderatoren" zum Erfahrungsaustausch.

Die hierzu erforderlichen Prozeßänderungen sind jedoch häufig kostenintensiv und führen nicht immer zu einer Qualitätsverbesserung. Die Erhöhung der Prüffrequenzen ist keine sinnvolle Abstellmaßnahme und sollte nur als Übergangslösung angewendet werden. Unter Umständen ist eine Konstruktionsänderung zur besseren Fehleridentifikation notwendig.

Wahrscheinlichkeit, daß ein bestimmter Fehler den Kunden erreicht		Bewertungspunkte
Sehr gering Es ist unrealistisch zu erwarten, daß ein Fehler während einer Prüfung, eines Tests oder einer Montage nicht entdeckt wird.	0 - 5 %	1
Gering	6 - 15 %	2
	16 - 25 %	3
Mäßig	26 - 35 %	4
	36 - 45 %	5
	46 - 55 %	6
Hoch	56 - 65 %	7
	66 - 75 %	8
Sehr hoch	76 - 85 %	9
	86 - 100 %	10

Abb. 3.1.9: Bewertungskriterien für die Wahrscheinlichkeit, daß ein Fehler den Kunden erreicht (Quelle: Bläsing 1987)

Bei der Beurteilung des Ist-Zustandes orientiert sich die Beurteilung der *Wahrscheinlichkeit des Auftretens* an der Prozeßfähigkeit des Verfahrens.

Bei der Bewertung der *Bedeutung* und der *Wahrscheinlichkeit des Entdeckens* eines Fehlers gelten die im Rahmen der Konstruktions-FMEA in Abbildung 3.1.7 und Abbildung 3.1.8 dargestellten Bewertungskriterien.

Anhand der *RPZ* (siehe Abbildung 3.1.6) für jede Prozeßfunktion werden anschließend Prioritäten für notwendige Verbesserungsmaßnahmen festgelegt. Die *empfohlenen Abstellmaßnahmen* können sowohl konstruktiver als auch fertigungstechnischer Art sein.

Ausgehend von der Analyse des Ist-Zustands können Abstellmaßnahmen eingesetzt werden, um

- *die Wahrscheinlichkeit des Auftretens zu reduzieren,*
  Hierzu sind Konstruktions- und Prozeßänderungen erforderlich. Statistische Methoden (SPC) sollten zur Prozeßuntersuchung eingesetzt werden und den zuständigen Bereichen als Grundlage zur ständigen Verbesserung und Fehlervermeidung zur Verfügung stehen.

- *die Bedeutung des Fehlers zu reduzieren,*
  Dies ist nur durch Konstruktionsänderungen am betreffenden Teil zu realisieren.

- *die Wahrscheinlichkeit des Entdeckens zu erhöhen.*

3.1.4.4 Der Qualitätszirkel

Quality-Circle, QZ

Unter Qualitätszirkel versteht man Teams von Mitarbeitern, die sich unter der Leitung eines Moderators während der regulären Arbeitszeit zusammenfinden und zielgerichtet Probleme lösen. Qualitätszirkel haben den Zweck, verdeckte Potentiale an Erfahrungen und Fähigkeiten der Mitarbeiter in allen Bereichen eines Unternehmens zur Optimierung von Arbeitsprozessen zu entfalten. Grundgedanke ist hierbei, daß Schwachsellen und Probleme in einem Unternehmen am ehesten dort gelöst werden, wo sie entstehen. Alles, was den Mitarbeitern (im klassischen Sinne nur den gewerblichen Mitarbeitern) bei der täglichen Arbeit störend oder verbesserungswürdig erscheint, kann in den Qualitätszirkeln zur Sprache gebracht werden. Die Probleme können hierbei in unterschiedlicher Weise zur reibungsloseren Gestaltung des Arbeitsprozesses oder zur Verbesserung von Produkten und somit zur Steigerung der Qualität beitragen. Qualitätszirkel dienen damit der Lösung einfacher, alltäglicher, aber doch kostenintensiver Probleme. Man rechnet heute mit einem Kosten-Nutzen-Verhältnis der QZ-Arbeit von eins zu sechs. Das heißt, die Kosten, welche durch die Arbeit der QZ entstehen, z. B. Lohnkosten, Kosten für Arbeitsmaterial etc., werden durch Kosteneinsparungen, die aus den Verbesserungsmaßnahmen resultieren, um das Sechsfache übertroffen.

Entwicklung:

- erste "Quality-Control-Circle" im Japan der 50er Jahre zu Fragen der Arbeitsstrukturierung mit dem Ziel, Fehlerquoten zu senken,
- 1962 erste Publikationen zur Quality-Circle-Arbeit in Japan,
- 1974 erste Anwendung in den USA bei der Lockheed Missiles and Space Company,
- Ende der 70er Jahre erste Quality-Circle in Europa bei Rolls-Royce und Volvo,
- Anfang der 80er Jahre Verbreitung in der deutschen Industrie.

Zielsetzung:

- Steigerung der Produkt- und Prozeßqualität durch Nutzung des Mitarbeiter-know-hows.

Anwendungsfeld:

- Alle Bereiche des Unternehmens.

Vorgehensweise:

- QZ-Arbeit ist Teamarbeit. Das Team sollte eine Größe von acht Personen nicht überschreiten. Die Zusammensetzung kann sowohl homogener als auch heterogener Natur sein. Der Quality-Circle trifft sich während der regulären Arbeitszeit acht- bis zehnmal für zwei bis drei Stunden, um aktuelle, selbstgewählte Problemstellungen unter Einsatz von Moderations- und Kreativitätstechniken zielgerichtet einer Lösung zuzuführen. Die Präsentation der Lösungsergebnisse erfolgt im Team vor einem Leitungsgremium des Unternehmens.

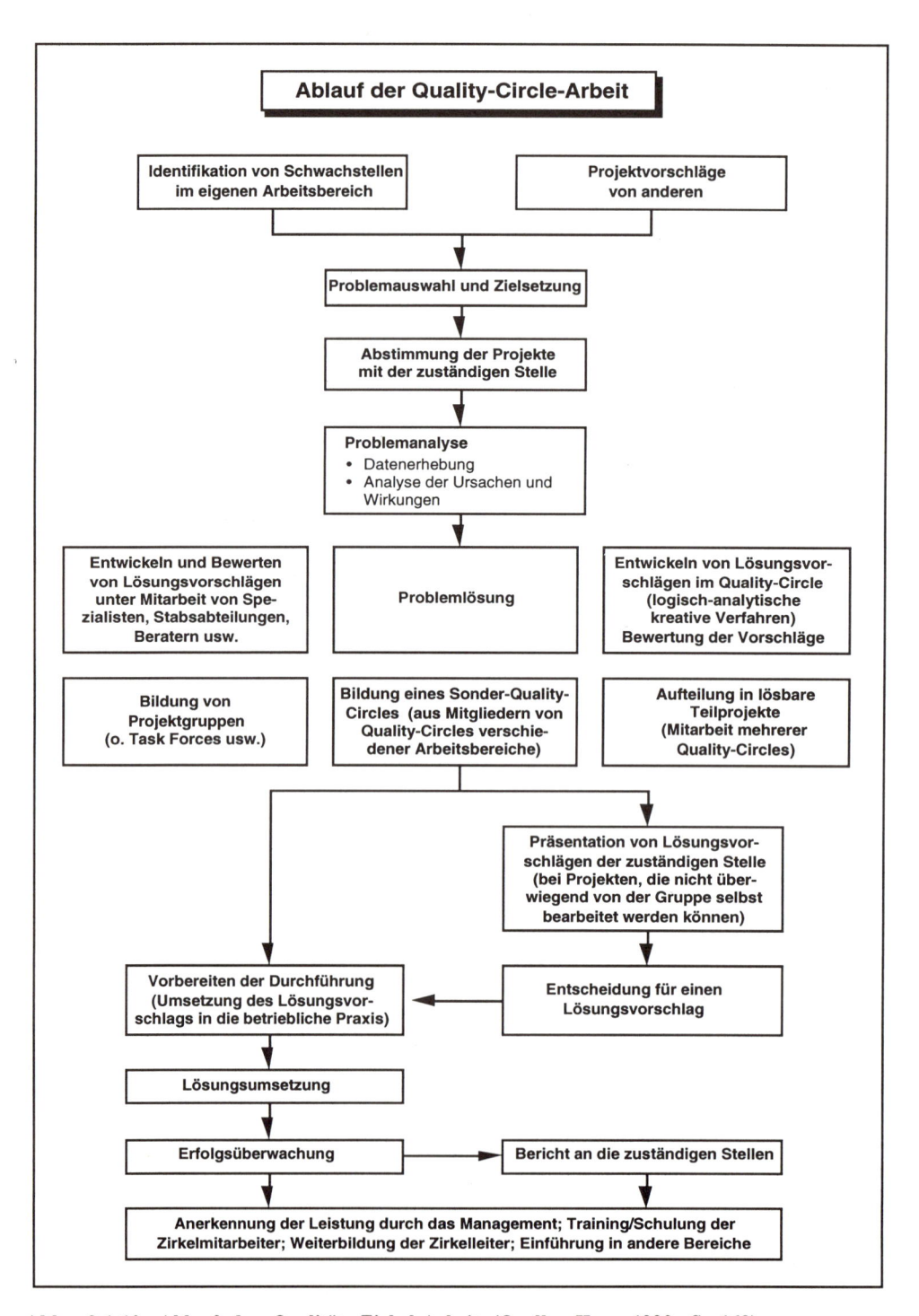

```
┌─────────────────────────────────────────────────────────────────────────┐
│                    ┌──────────────────────────────┐                     │
│                    │ Ablauf der Quality-Circle-Arbeit │                 │
│                    └──────────────────────────────┘                     │
│                                                                         │
│   ┌──────────────────────────┐        ┌──────────────────────────┐     │
│   │ Identifikation von       │        │   Projektvorschläge      │     │
│   │ Schwachstellen           │        │   von anderen            │     │
│   │ im eigenen Arbeitsbereich│        │                          │     │
│   └────────────┬─────────────┘        └─────────────┬────────────┘     │
│                │                                    │                   │
│                └──────────────┬─────────────────────┘                   │
│                               ▼                                         │
│                 ┌─────────────────────────────┐                         │
│                 │ Problemauswahl und Zielsetzung │                      │
│                 └─────────────┬───────────────┘                         │
│                               ▼                                         │
│                 ┌─────────────────────────────┐                         │
│                 │ Abstimmung der Projekte     │                         │
│                 │ mit der zuständigen Stelle  │                         │
│                 └─────────────┬───────────────┘                         │
│                               ▼                                         │
│                 ┌─────────────────────────────┐                         │
│                 │ Problemanalyse              │                         │
│                 │ • Datenerhebung             │                         │
│                 │ • Analyse der Ursachen und  │                         │
│                 │   Wirkungen                 │                         │
│                 └─────────────┬───────────────┘                         │
│                               ▼                                         │
│  ┌──────────────────┐  ┌──────────────┐  ┌─────────────────────────┐   │
│  │ Entwickeln und   │  │              │  │ Entwickeln von Lösungs- │   │
│  │ Bewerten von     │  │ Problemlösung│  │ vorschlägen im Quality- │   │
│  │ Lösungsvorschlägen│ │              │  │ Circle (logisch-analyt. │   │
│  │ unter Mitarbeit  │  │              │  │ kreative Verfahren)     │   │
│  │ von Spezialisten,│  │              │  │ Bewertung der Vorschläge│   │
│  │ Stabsabteilungen,│  │              │  │                         │   │
│  │ Beratern usw.    │  │              │  │                         │   │
│  └──────────────────┘  └──────────────┘  └─────────────────────────┘   │
│                                                                         │
│  ┌──────────────────┐  ┌──────────────────────┐  ┌──────────────────┐  │
│  │ Bildung von      │  │ Bildung eines Sonder-│  │ Aufteilung in    │  │
│  │ Projektgruppen   │  │ Quality-Circles (aus │  │ lösbare          │  │
│  │ (o. Task Forces  │  │ Mitgliedern von      │  │ Teilprojekte     │  │
│  │ usw.)            │  │ Quality-Circles ver- │  │ (Mitarbeit       │  │
│  │                  │  │ schiedener Arbeits-  │  │ mehrerer         │  │
│  │                  │  │ bereiche)            │  │ Quality-Circles) │  │
│  └──────────────────┘  └──────────────────────┘  └──────────────────┘  │
│                                                                         │
│                              ┌─────────────────────────────────────┐    │
│                              │ Präsentation von Lösungsvor-        │    │
│                              │ schlägen der zuständigen Stelle     │    │
│                              │ (bei Projekten, die nicht über-     │    │
│                              │ wiegend von der Gruppe selbst       │    │
│                              │ bearbeitet werden können)           │    │
│                              └───────────────┬─────────────────────┘    │
│                                              ▼                          │
│  ┌──────────────────────────┐       ┌──────────────────────────┐       │
│  │ Vorbereiten der Durch-   │◄──────│ Entscheidung für einen   │       │
│  │ führung (Umsetzung des   │       │ Lösungsvorschlag         │       │
│  │ Lösungsvorschlags in die │       └──────────────────────────┘       │
│  │ betriebliche Praxis)     │                                          │
│  └────────────┬─────────────┘                                          │
│               ▼                                                         │
│  ┌──────────────────────────┐                                          │
│  │ Lösungsumsetzung         │                                          │
│  └────────────┬─────────────┘                                          │
│               ▼                                                         │
│  ┌──────────────────────────┐       ┌──────────────────────────┐      │
│  │ Erfolgsüberwachung       │──────►│ Bericht an die zuständigen│     │
│  └────────────┬─────────────┘       │ Stellen                   │     │
│               ▼                     └──────────────────────────┘      │
│  ┌─────────────────────────────────────────────────────────────────┐  │
│  │ Anerkennung der Leistung durch das Management; Training/Schulung│  │
│  │ der Zirkelmitarbeiter; Weiterbildung der Zirkelleiter; Einführung│ │
│  │ in andere Bereiche                                              │  │
│  └─────────────────────────────────────────────────────────────────┘  │
└─────────────────────────────────────────────────────────────────────────┘
```

Abb. 3.1.10: Ablauf der Qualitäts-Zirkel-Arbeit (Quelle: Heeg 1992, S. 163)

Hilfsmittel:

- Moderations- und Kreativitätstechniken
- Analysetechniken
- Bewertungstechniken
- Zielfindungstechniken
- Entscheidungstechniken
- Projektmanagementtechniken

Organisatorische Einbindung:

- von der Unternehmensgröße abhängig,
- Einrichtung eines Jour-fixe als Erfahrungsaustausch für die Moderatoren.

3.1.4.5 Statistische Prozeßüberwachung

Statistical Process Control (SPC)

Die statistische Prozeßüberwachung ist eine Methode der Qualitätsprüfung. Unter Qualitätsprüfung ist hierbei zu verstehen, daß im Rahmen einer laufenden Fertigung Probestücke entnommen und überprüft werden. Verläuft die Überprüfung positiv (d. h. stichprobenartig sind die Probestücke ohne Fehler), so kann die Fertigung weiterlaufen; andernfalls müssen Prozeßparameter verändert werden.

Auf der Basis dieses Vorgehens kann auf eine zeit- und kostenintensive 100 %ige Kontrolle verzichtet werden, weil angenommen wird, daß die Stichprobe repräsentativ für die Gesamtheit ist. Eine Fehlervermeidung mit einer ausreichenden statistischen Genauigkeit (i.d.R. 99,5 % Aussagesicherheit) wird durch SPC über frühzeitiges regelndes Eingreifen in den Prozeß ermöglicht.

Die Grundlage dieser Methode besteht in der Annahme, daß die Abweichungen von einem vorgegebenen Sollwert während eines definierten Prozesses der statistischen Normalverteilung folgen. Auf Basis dieser Annahme läßt sich das theoretische Verhalten eines Prozesses unter Zuhilfenahme von statistischen Verfahren berechnen und mit dem tatsächlichen Verhalten vergleichen. Weicht das tatsächliche Verhalten eines Prozesses von der theoretischen Kennlinie ab, so kann regelnd in den Prozeß eingegriffen werden. Auf diese Weise läßt sich Ausschuß und Nacharbeit auf ein Minimum reduzieren.

Entwicklung:

- Erste Ansätze zur statistischen Prozeßüberwachung wurden in den 30er Jahren von W. A. Shewart mit dem Einsatz der Regelkartentechnik entwickelt. Bei dieser Technik werden Meßwerte manuell auf spezielle Formblätter eingetragen. Der Verlauf des Prozesses wird hierüber visualisiert. Läuft der Prozeß nicht mehr innerhalb der auf dem Formblatt vorgegebenen Grenzen, wird der Prozeß neu geregelt.
- SPC konnte sich aufgrund der Menge der anfallenden Daten zunächst nicht durchsetzen.

- Aufgrund der heutigen Computertechnologie, die eine schnelle Erfassung und Auswertung der Daten (Meßwerte) ermöglicht, fand SPC in den letzten zehn Jahren viele Anwender; die Methode ist heute integraler Bestandteil von industriellen Qualitätssicherungssystemen.

Zielsetzung:

- Ermittlung und Nachweisführung, daß eine Maschine oder ein Fertigungsprozeß in einer vorgegebenen Toleranz fertigen kann.
- Kontinuierliche Erfassung und Auswertung von Meßwerten während der Fertigung, um bei Abweichung der Meßwerte gezielt steuernd eingreifen zu können.

Anwendungsfeld:

- Steuerung von Abläufen in der industriellen Fertigung.

Hilfsmittel:

- Regelkarten zur Dokumentation der Meßwerte.
- EDV-Tools zur Datendokumentation und -auswertung.

3.1.4 Vorüberlegungen zur Übertragbarkeit der Qualitätssicherungsmethoden

Es steht außer Frage, daß eine Qualitätssicherung im Sinne einer Fehlervorbeugung, wie sie sich in der Fertigungsindustrie bereits erfolgreich etabliert hat, auch im Bereich der Qualifizierung (oder vielleicht gerade hier) höchst erforderlich ist. Bei der Entwicklung eines solchen Systems bzw. einer solchen Methodik ist es nicht sinnvoll, völlig neue Vorgehensweisen zu erstellen. Man muß vielmehr nach Analogien suchen, mit Hilfe derer altbewährte Methoden aus der Fertigungsindustrie entweder komplett oder in modifizierter und für die neue Anwendung optimierter Form in den Bereich der Qualifizierung übertragen werden können.

An dieser Stelle stellen sich die folgenden Fragen:

1. Was ist im Rahmen einer Qualifizierungsmaßnahme das Produkt?
2. Wer sind die Kunden?
3. Kann man bei Qualifizierungsmaßnahmen von einem Produktionsprozeß sprechen?

Um diese Fragen zu beantworten, soll der Entstehungszyklus eines materiellen Produkts in der Fertigungsindustrie neben den eines Qualifizierungsprojekts gestellt werden und, vom Endergebnis ausgehend, retrospektiv betrachtet werden. Das Ergebnis eines Fertigungsprozesses ist das Produkt. Im Rahmen eines Qualifizierungsprojekts ist das Produkt der Teilnehmer, welcher die Maßnahme durchläuft.

Die Qualifizierungsmaßnahme als solche ist lediglich der Produktionsprozeß, dessen Prozeßschritte abgesichert werden müssen.

Kunden sind diejenigen, welche ein Produkt nachfragen. Auf betriebliche Qualifizierungsmaßnahmen übertragen heißt das, daß der zu qualifizierende Mitarbeiter der Kunde ist. Er ist es, der sich zu einer solchen Maßnahme "anmeldet", der sie "nachfragt".

Der "Qualifizierungsbedarf", das heißt die Differenz zwischen der Ist-Qualifikation und der Soll-Qualifikation des Menschen, wird letztlich durch die (neuen) Gegebenheiten, die Nachfrage von Unternehmen definiert. Somit ist der Kunde bei betrieblichen wie über- bzw. außerbetrieblichen Qualifizierungsmaßnahmen das Unternehmen bzw. der Arbeitsmarkt, der das Produkt "qualifizierter Mensch" nachfragt.

3.1.5 Bisherige Ansätze und Instrumente zur Qualitätssicherung von Qualifizierungsmaßnahmen (Sauter 1990)

Bei Überlegungen zur Übertragung von industriellen Qualitätssicherungsverfahren ist der Frage der Qualität von Bildungsmaßnahmen generell nachzugehen. So muß u. a. die Frage beantwortet werden, inwieweit eine verbesserte Qualität auf bestimmte kostenverursachende Faktoren zurückzuführen ist; es ist deshalb erforderlich, solche Faktoren zu identifizieren und zu analysieren. Die Arbeit führt dann zur Entwicklung von Instrumenten für die Beurteilung von Qualität.

Es wurden zwei Qualitätsmodelle entwickelt: Den Erfolg bzw. die Endqualifikation der Teilnehmer eines Bildungsgangs versucht man mit dem "Modell der Outputqualität" zu erfassen. Diese Messung, z. B. anhand von Prüfungsnoten, gibt kein ausreichendes Bild der Bildungsqualität; die Endqualifikation sagt z. B. nichts über die Eingangsqualifikation aus, mit der der Bildungsprozeß begonnen wurde. Außerdem gibt die Endqualifikation keinen Aufschluß über den Bildungsprozeß selbst und die Einflußgrößen, die ihn im einzelnen bestimmen. Mit Hilfe des "Modells der Inputqualität" wird dagegen die Qualität der Bildung indirekt über die Faktoren erfaßt und bewertet, die für die Bildung konstitutiv sind. Jeder der beiden Qualitätsmaßstäbe hat seine spezifische Bedeutung und Aussagekraft.

Außerdem ist zu berücksichtigen, daß die beiden Qualitätsgrößen nicht unabhängig voneinander sind: Die Inputqualität ist als die Voraussetzung für eine qualitativ ausgeprägte Endqualität anzusehen. Unter dem Aspekt, die Bildungsqualität zu verbessern, ist deshalb die Inputqualität die wichtigere der beiden Größen; sie gibt Aufschluß darüber, wo die Verbesserung der Bildung anzusetzen hat.

Beim "Modell der Inputqualität" wird davon ausgegangen, daß die Qualität der Bildung aufgrund eines Zusammenwirkens unterschiedlicher Faktoren zustandekommt. Bei der Inputqualität werden als Qualifiktionsfaktoren die folgenden angesehen:

- Organisation,
- Technik,
- Intensität,
- Personal und
- Methode.

Jeder dieser Qualifikationsfaktoren wird durch eine Reihe von Qualitätskomponenten definiert (Abbildung 3.1.11). Erst nachdem jede der Qualifikationskomponenten in weitere, abfragbare Elemente zerlegt ist - und das heißt, in ein Fragenprogramm umgesetzt ist - kann die *Qualität im Rahmen einer Befragung erhoben werden. Die 15 Qualifikationskomponenten der Übersicht in Abbildung 3.1.11 wurden durch insgesamt 140 Fragen operationalisiert. Erhoben wird die Qualität von einzelnen Ausbildungsgängen durch Fragebögen bei Ausbildungsleitungen, Auszubildenden und Ausbildern.* Zum Teil sind die Fragen an diese drei Gruppen identisch, zum Teil werden aber auch unterschiedliche Fragen an diese Gruppen gerichtet.

Aufgrund der Befragung ergeben sich zunächst Ergebnisse, die sich auf die einzelnen Qualifikationskomponenten beziehen (Organisation, Technik, Intensität, Personal, Methode). Es stellt sich das Problem, die fünf Dimensionen der Inputqualität zu einer eindimensionalen

Größe zusammenzufassen. Die zur Entwicklung des Verfahrens eingesetzte Sachverständigenkommission löste dieses Problem mit Hilfe eines Qualitätsindex, der sich aus den fünf Subindices für die einzelnen Qualitätsfaktoren zusammensetzt. Auf der Grundlage eines Punktverfahrens kann jeder der Qualitätsfaktoren (Subindices), die als gleichwertig angesehen werden, mit maximal 100 Punkten bewertet werden, so daß der Gesamtqualitätsindex maximal 500 Punkte ausmachen kann.

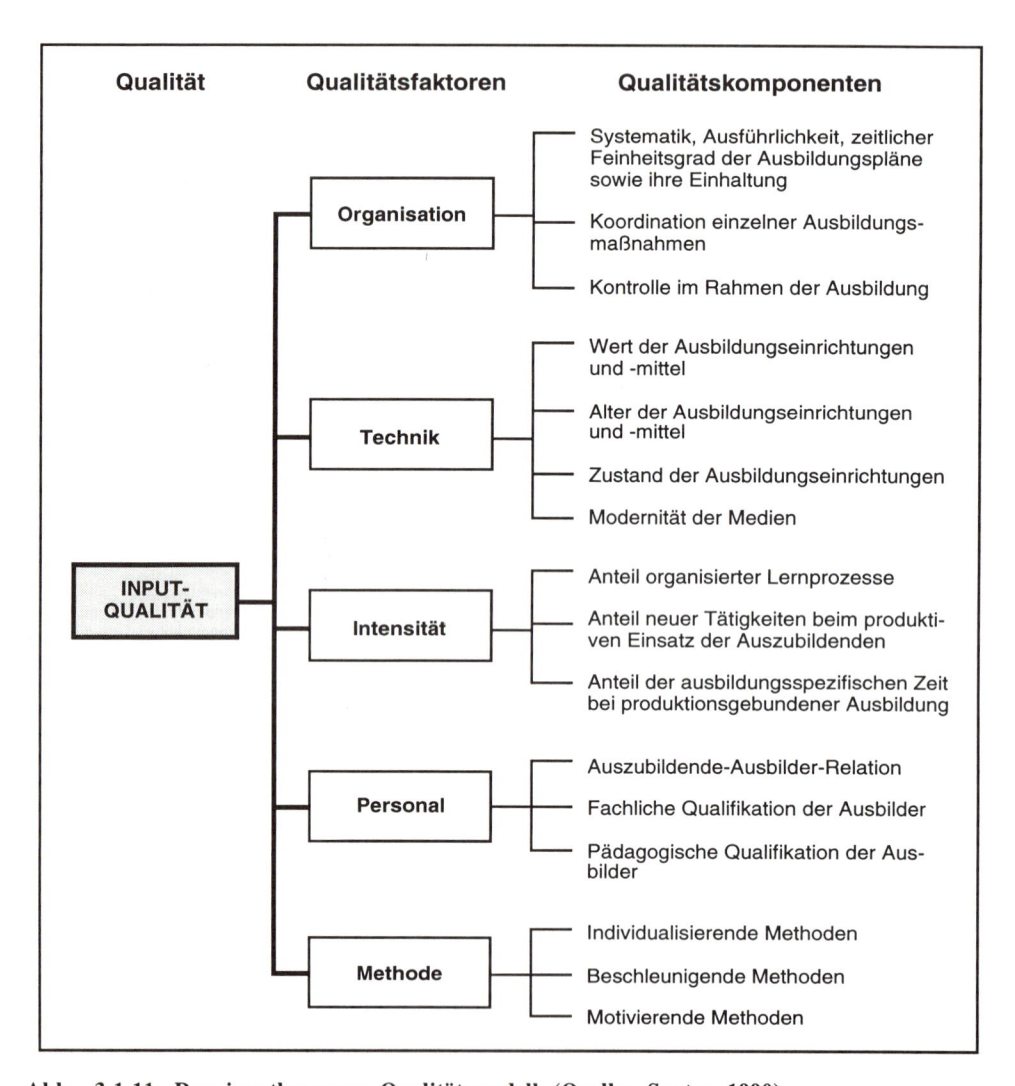

Qualität	Qualitätsfaktoren	Qualitätskomponenten
INPUT-QUALITÄT	Organisation	Systematik, Ausführlichkeit, zeitlicher Feinheitsgrad der Ausbildungspläne sowie ihre Einhaltung
		Koordination einzelner Ausbildungsmaßnahmen
		Kontrolle im Rahmen der Ausbildung
	Technik	Wert der Ausbildungseinrichtungen und -mittel
		Alter der Ausbildungseinrichtungen und -mittel
		Zustand der Ausbildungseinrichtungen
		Modernität der Medien
	Intensität	Anteil organisierter Lernprozesse
		Anteil neuer Tätigkeiten beim produktiven Einsatz der Auszubildenden
		Anteil der ausbildungsspezifischen Zeit bei produktionsgebundener Ausbildung
	Personal	Auszubildende-Ausbilder-Relation
		Fachliche Qualifikation der Ausbilder
		Pädagogische Qualifikation der Ausbilder
	Methode	Individualisierende Methoden
		Beschleunigende Methoden
		Motivierende Methoden

Abb. 3.1.11: Das inputbezogene Qualitätsmodell (Quelle: Sauter 1990)

Entsprechend dem Ansatz bei der Inputqualität wird auch die Outputqualität als ein mehrdimensionaler Begriff verstanden. Die einzelnen Dimensionen werden durch vier Qualitätsbereiche repräsentiert (Abbildung 3.1.12):

- die formelle Eignung,

- die berufsbezogene Eignung,
- die arbeitsweltbezogene Eignung,
- die gesellschaftsbezogene Eignung.

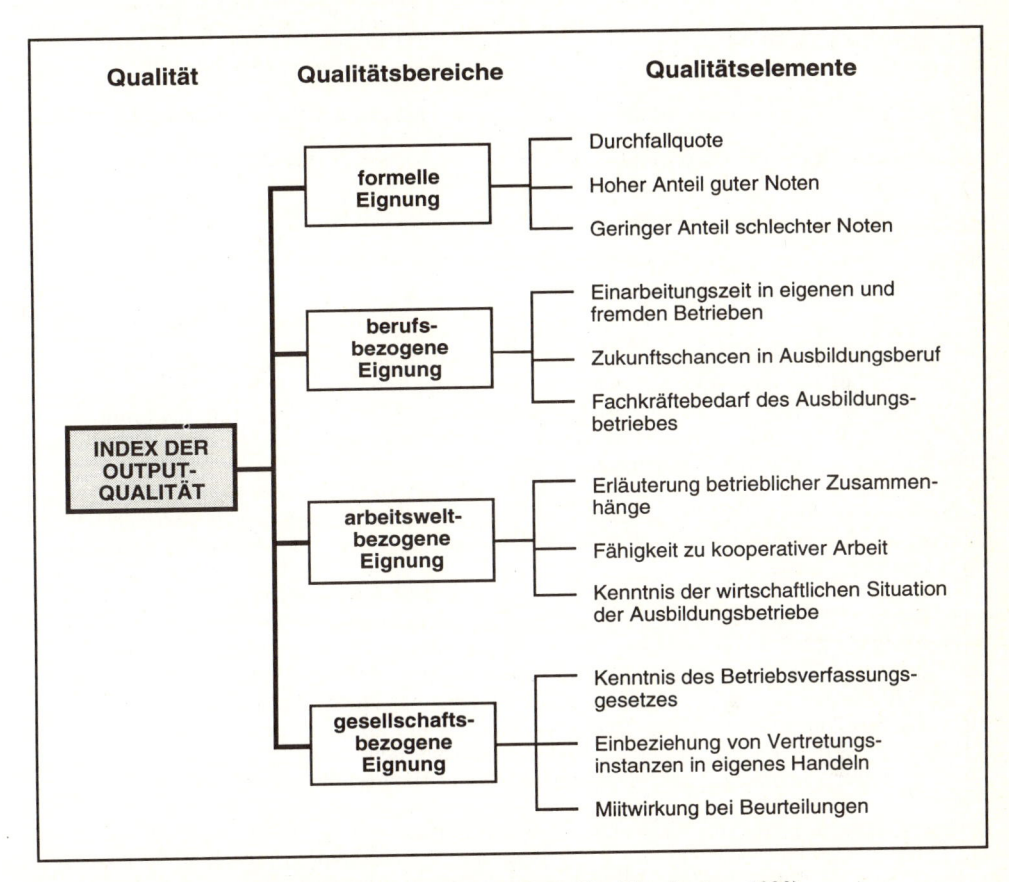

Qualität	Qualitätsbereiche	Qualitätselemente
INDEX DER OUTPUT-QUALITÄT	formelle Eignung	Durchfallquote; Hoher Anteil guter Noten; Geringer Anteil schlechter Noten
	berufsbezogene Eignung	Einarbeitungszeit in eigenen und fremden Betrieben; Zukunftschancen in Ausbildungsberuf; Fachkräftebedarf des Ausbildungsbetriebes
	arbeitsweltbezogene Eignung	Erläuterung betrieblicher Zusammenhänge; Fähigkeit zu kooperativer Arbeit; Kenntnis der wirtschaftlichen Situation der Ausbildungsbetriebe
	gesellschaftsbezogene Eignung	Kenntnis des Betriebsverfassungsgesetzes; Einbeziehung von Vertretungsinstanzen in eigenes Handeln; Miitwirkung bei Beurteilungen

Abb. 3.1.12: Das outputbezogene Qualitätsmodell (Quelle: Sauter 1990)

Ebenso wie beim Inputmodell werden auch beim outputbezogenen Qualitätsmodell die einzelnen Qualitätsdimensionen (die oben genannten Eignungsbereiche) durch Qualitätselemente und diese weiter in Fragen operationalisiert.

Auf der Ebene der Qualitätselemente zeigt sich beispielsweise, daß die formelle Eignung vor allem anhand der Prüfungsnoten (Durchfallquote, Quote sehr guter und guter Noten und Quote ausreichender Noten) gemessen wird. Für die berufsbezogene Eignung ist vor allem die Einsatzfähigkeit nach Abschluß der Berufsausbildung ausschlaggebend.

Der Qualitätsindex für die Outputqualität wird nach dem gleichen Verfahren wie beim inputbezogenen Modell gebildet. Für die einzelnen Qualitätsdimensionen (Eignungsbereiche) werden Subindices berechnet, die jeweils maximal 50 Punkte erreichen können. Der Qualitätsindex im outputbezogenen Modell kann danach maximal 200 Punkte umfassen.

Auf dieser Basis wurde von der Bundesanstalt für Arbeit ein Instrumentarium entwickelt, das der Qualitätsüberprüfung von Weiterbildungsmaßnahmen dient.

Begutachtungskatalog (seit 1976)	**FuU-Qualitätsstandards** (Grundsätze der BA vom Februar 1989)
• primär auf freie Maßnahmen bezogen	• auf freie und Auftragsmaßnahmen bezogen
• orientiert am Modell der Inputqualität	• umfassende Qualitätssicherung (Input-, Output-, Durchführungsqualität)

Abb. 3.1.13: **Instrumente der Qualitätsprüfung** (Quelle: Harke, Sauter 1989, S. 9)
(BA: Bundesanstalt für Arbeit)

Der Ansatz des Instrumentariums folgt dem oben genannten Inputmodell für die Qualität, d. h. es baut auf der Annahme auf, daß die Qualität und damit der Erfolg einer Maßnahme im wesentlichen durch die in das Bildungsangebot eingehenden Faktoren bestimmt wird. Anhand des Instrumentariums werden allerdings nur die Eingangsgrößen eines beruflichen Bildungsangebots bewertet, die den schriftlichen Unterlagen und Angaben zu einer geplanten Bildungsmaßnahme zu entnehmen sind. Das bedeutet, daß der Beitrag des Unterrichtsprozesses zum Lernerfolg ebenso wie der tatsächlich erzielte Lehrgangserfolg, d. h. die erreichte Endqualifikation der Teilnehmer, bei der Beurteilung und Bewertung der Maßnahme unberücksichtigt bleiben müsen.

Nicht alle der im Begutachtungsinstrumentarium enthaltenen Anforderungen gehen mit gleichem Gewicht in die Beurteilung der Inputqualität der Maßnahme ein. Es wurden *drei Verbindlichkeitsstufen* eingeführt, um die Praxis bei der Einführung des Katalogs nicht zu überfordern. Es war geplant, das Qualitätsniveau nach und nach anzuheben. Die einzelnen Normen gelten als *"unabdingbar"*, als *"erforderlich"* oder nur als *"wünschenswert"* im Hinblick auf den zu erwartenden Erfolg der Maßnahme. Entsprechend unterschiedlich sind auch die Sanktionsmöglichkeiten der Arbeitsverwaltung bei ihrer Nichterfüllung abgestuft.

Im Unterschied zum ausschließlich inputorientieten Begutachtungskatalog umfaßt das Konzept der FuU-Qualitätsstandards auch den Prozeß und die Ergebnisse der Maßnahme. Dies bedeutet, daß neben der Inputqualität auch die Prozeßqualität und die Outputqualität berücksichtigt werden müssen. Die Verantwortung der Bundesanstalt für Arbeit für den Erfolg einer Maßnahme ist dabei nicht auf den Lernerfolg der Teilnehmer zu beschränken, sie umfaßt vielmehr auch deren Arbeitsmarkt- und Praxiserfolg. In der Übersicht der Abbildung 3.1.14 wird eine systematische Darstellung des Zusammenhangs der unterschiedlichen Erfolgsbegriffe gegeben.

In der Übersicht der Abbildung 3.1.14 wird davon ausgegangen, daß der Erfolg einer Maßnahme an unterschiedlichen Maßstäben gemessen werden kann. Die Erfolgsbegriffe werden in der Form einer "Treppe" dargestellt, um zu verdeutlichen, daß die Ansprüche an den Erfolg umfassender werden. Die "Treppe" kann jedoch nicht so interpretiert werden, daß eine höhere Stufe die jeweils vorausgehenden Stufen zwingend voraussetzt. Der Arbeitsmarkterfolg ist ohne Lern- bzw. Prüfungserfolg möglich, wenn auch nicht sehr wahrscheinlich.

- *Zufriedenheits- bzw. Teilnahmeerfolg*
  Maßstab ist die - z. B. durch Befragungen ermittelte - subjektive Zufriedenheit der Teilnehmer mit einer Bildungsmaßnahme (Bildungsträger, Lehrkräfte etc.); es ist hier insbesondere

an Kurzzeitmaßnahmen ohne Abschluß zu denken, z. B. Informations- und Orientierungskurse nach § 31a AFG.

```
+-----------------------------------------------------------+
|                                                           |
|                                           Praxis-         |
|                                           erfolg          |
|                                                           |
|                           Arbeitsmarkt-                   |
|                           erfolg                          |
|                                                           |
|              Lern-/                                       |
|              Prüfungs-                                    |
|              erfolg                                       |
|   Zufrieden-                                              |
|   heits- bzw.   § 34 AFG       § 36 AFG                   |
|   Teilnahme-                                              |
|   erfolg                                                  |
|                                                           |
|         LERNFELD           FUNKTIONSFELD                  |
|                                                           |
+-----------------------------------------------------------+
```

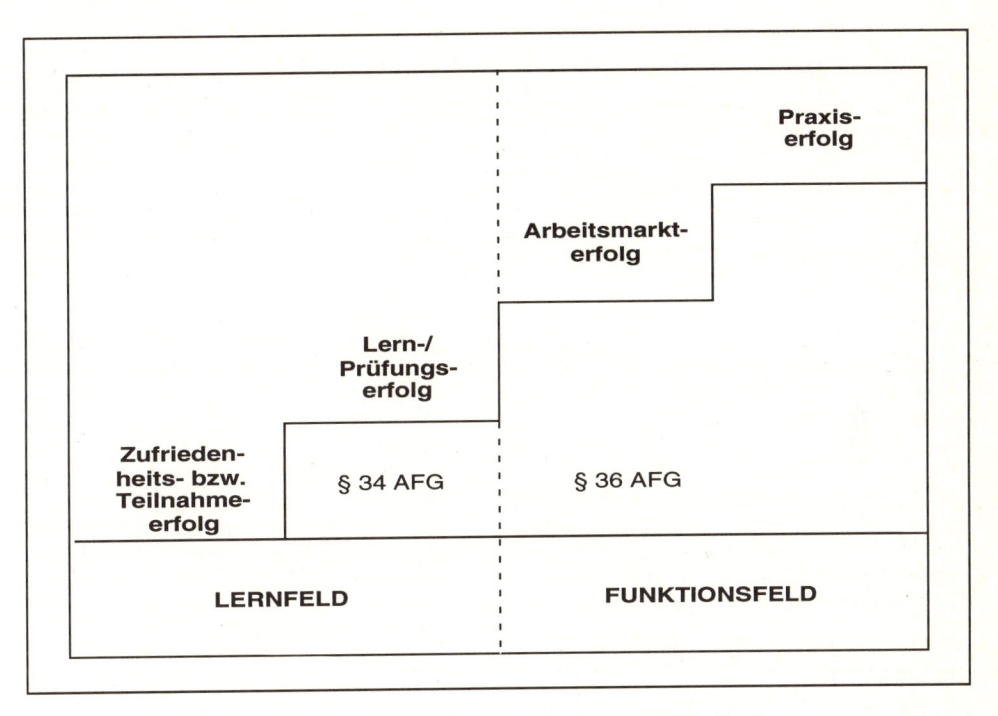

Abb. 3.1.14: Maßstäbe des Erfolgs (Quelle: Harke, Sauter 1989, S. 4)

- *Lern- und Prüfungserfolg*
  Zentrales Merkmal ist hier der pädagogische Erfolg einer Maßnahme, der in der Regel mit Hilfe von mündlichen und/oder schriftlichen Prüfungen bzw. Tests nachgewiesen wird.

- *Arbeitsmarkterfolg*
  Maßstab ist hier die Vermittlung von Weiterbildungsabsolventen in Arbeit; dabei kann z. B. nach Merkmalen des vermittelten Arbeitsplatzes unterschieden werden (z. B. weiterbildungsadäquater Dauerarbeitsplatz etc.).

- *Praxiserfolg*
  Dieser Maßstab bezieht sich auf den Erfolg der Weiterbildungsabsolventen am Arbeitsplatz; Merkmale des Praxiserfolgs im Funktionsfeld sind z. B. Aufstieg, höheres Einkommen, Anerkennung durch Vorgesetzte und Kollegen.

Angesichts der veränderten Aufgaben bei der Gestaltung von Auftragsmaßnahmen liegt dem Konzept der Qualitätsstandards ein umfassendes Verständnis von der Steuerung der Qualität des Bildungsangebots zugrunde. Es resultiert aus der Erkenntnis, daß im einzelnen nicht festgestellt werden kann, mit welchem Gewicht einzelne Faktoren die Qualität oder den Erfolg einer Maßnahme bestimmen, da die beteiligten Einflußfaktoren zum Teil zeitlich nacheinander, zum Teil wechselseitig zusammenwirken und sich verstärken, aber auch neutralisieren können. Es ist deshalb nicht möglich, einzelne Einflußgrößen aus diesem Faktorenkomplex so zu isolieren, daß ihr Beitrag zur Qualität einer Maßnahme eindeutig bestimmt werden könnte.

3.1.6 Übertragung der Methoden industrieller Qualitätssicherung auf Qualifizierungsmaßnahmen

3.1.6.1 Qualität - eine Begriffsbestimmung

Wie die Übersicht in Abbildung 3.1.15 zeigt, wird der Begriff "Qualität" aus verschiedenen Blickwinkeln unterschiedlich gesehen. Die im Zusammenhang mit Qualifizierung wesentlichen Definitionen sind die beiden letzten:

- Qualität als Erfüllung von Kundenforderungen und

- Qualität als Gesamtverlust, den die Gesellschaft durch die Qualifizierungsmaßnahme erleidet (Ziel: Minimierung dieses Gesamtverlustes).

Dies bedeutet für den Qualifizierer (der, der die Qualifizierungsmaßnahme plant und durchführt), daß er die Anforderungen seiner Kunden genauestens ermittelt und seine Maßnahmen entsprechend ausgestaltet. Er ermittelt die Ziele gemeinsam mit den Kunden, operationalisiert sie und hat dann die Möglichkeit, den Erfüllungsgrad dieser vereinbarten Ziele als Maß für die Qualität der Maßnahme zu ermitteln.

Hierbei gibt es keine generell gute oder schlechte Qualität, sondern eine am Zielerfüllungsgrad gemessene Qualität. Wenn die vereinbarten Ziele, die vereinbarten Anforderungen, voll erfüllt sind, liegt eine qualitativ hervorragende Maßnahme vor. Einzelne Kunden haben mit Sicherheit andere Anforderungen als andere; sie haben verschiedene Ziele, so daß auch für inhaltlich ein und dieselbe Maßnahme je nach Kunden unterschiedliche Qualitätskriterien heranzuziehen sind. Dementsprechend sind die Maßnahmen ggf. jeweils anders auszugestalten.

Umgangssprache	Ein besonders haltbares, gut aussehendes, zweckentsprechendes, ... , aber auch teures Produkt.
DIN 55350, Teil 11 (Begriffe der Qualitätssicherung und Statistik)	Beschaffenheit einer Einheit bezüglich ihrer Eignung, festgelegte und vorausgesetzte Erfordernisse zu erfüllen.
F. Weigand	Qualität mit den "Augen des eigenen Unternehmens": Vermeidung von Produktmängeln = Realisierte Spezifikation -------- Qualität von Kundenforderungen = Geplante Entwicklungsqualität
G. Taguchi	Die Qualität eines Produkts ist der Gesamtverlust, den die Gesellschaft durch das Produkt erleidet.

Abb. 3.1.15: Begriffsdefinitionen "Qualität"

So hat die Bundesanstalt für Arbeit an Qualifizierungsmaßnahmen andere Anforderungen als ein spezielles Unternehmen; und dieses wiederum andere als die Teilnehmer einer Qualifizierungsmaßnahme, die diese "freiwillig" und selbst-bezahlend besuchen. Dies stellt den Beginn des Qualitätskreises nach DIN ISO 9000 bzw. der Qualitätskreise in der Abbildung 3.1.16 dar.

Für jeden der Schritte in Abbildung 3.1.16 greifen die beiden Verfahren FMEA und QFD bzw. eine Kombination aus beiden Verfahren.

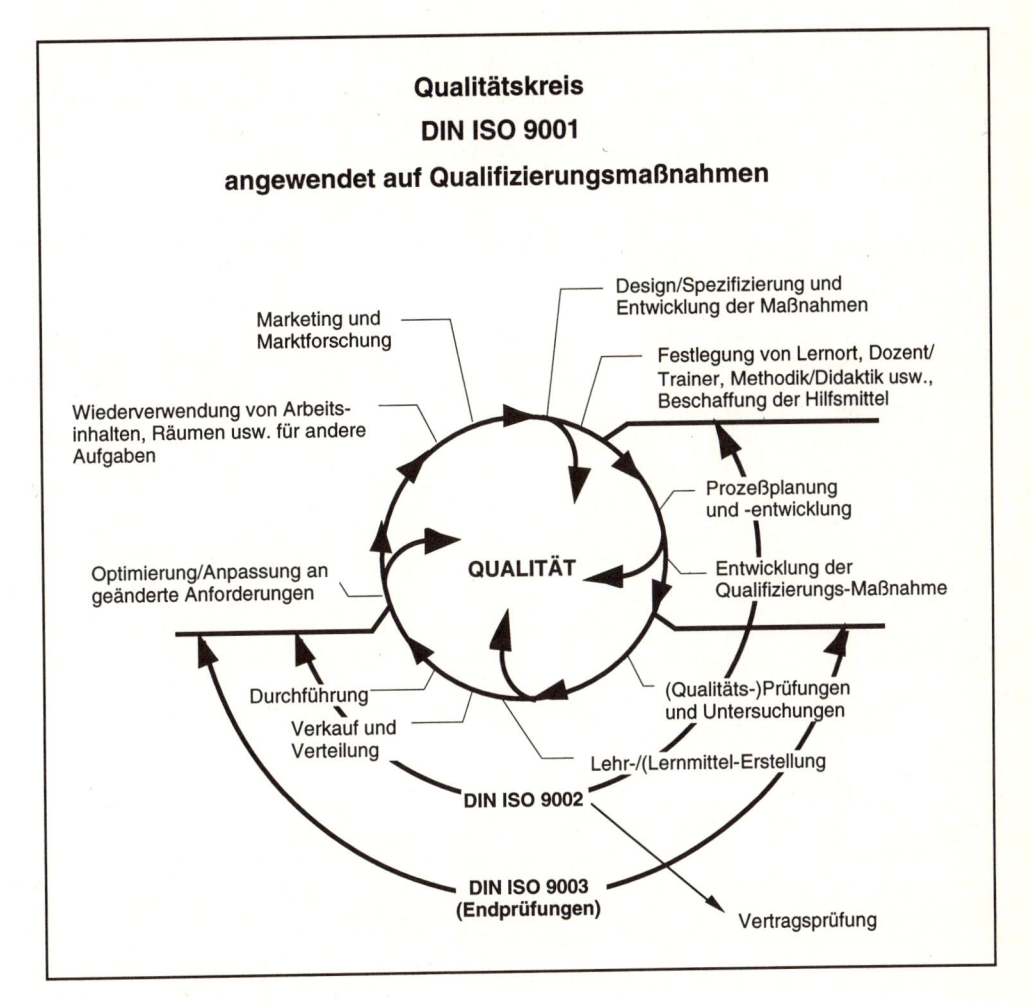

Abb. 3.1.16: Qualitätskreis

3.1.6.2 Die Anwendung von QFD bei Qualifizierungsmaßnahmen

Gemäß Definition ist das Quality Function Deployment anwendungsneutral. QFD kann demnach sowohl auf materielle als auch auf immaterielle Produkte angewendet werden. Analysiert man aber den Aufwand und die Ausführlichkeit, mit welcher das Quality Funciton Deployment im Bereich der industriellen Qualitätssicherung Anwendung findet, so stellt sich die Frage, ob die Methode in ihrer sehr aufwendigen Art, d. h. mit allen zwölf Phasen, überhaupt sinnvoll in die Planung von Qualifizierungsmaßnahmen integriert werden kann.

Zieht man jedoch die Vorüberlegungen aus dem Qualitätszirkeleinsatz in Form eines Projektteams mit in die Betrachtung ein, so ergibt sich mit QFD in einer modifizierten, stark gestrafften Form eine hervorragende Methode, welche sich als Projektmanagementinstrument wie ein roter Faden durch die gesamte Entwicklung einer Qualifizierungsmaßnahme zieht. Mit Hilfe der Methode entsteht ein Qualitätskreis für Qualifizierungsmaßnahmen. Hierbei wird das

"House of Quality" sechsmal von neuem ausgearbeitet. Die Ausarbeitung erfolgt dabei jeweils nur bis zur Phase 3 der industriellen Anwendung von QFD (Abbildung 3.1.17).

Die Sinnfälligkeit dieses Vorgehens wird im folgenden durch eine Darstellung des Ablaufs deutlich. Im Vordergrund der Darstellung steht hierbei der Ablauf der Methode. Auf die Darstellung begleitender Methoden, z. B. der Bildungsbedarfsermittlung oder der Kleingruppenmoderation etc., wird verzichtet.

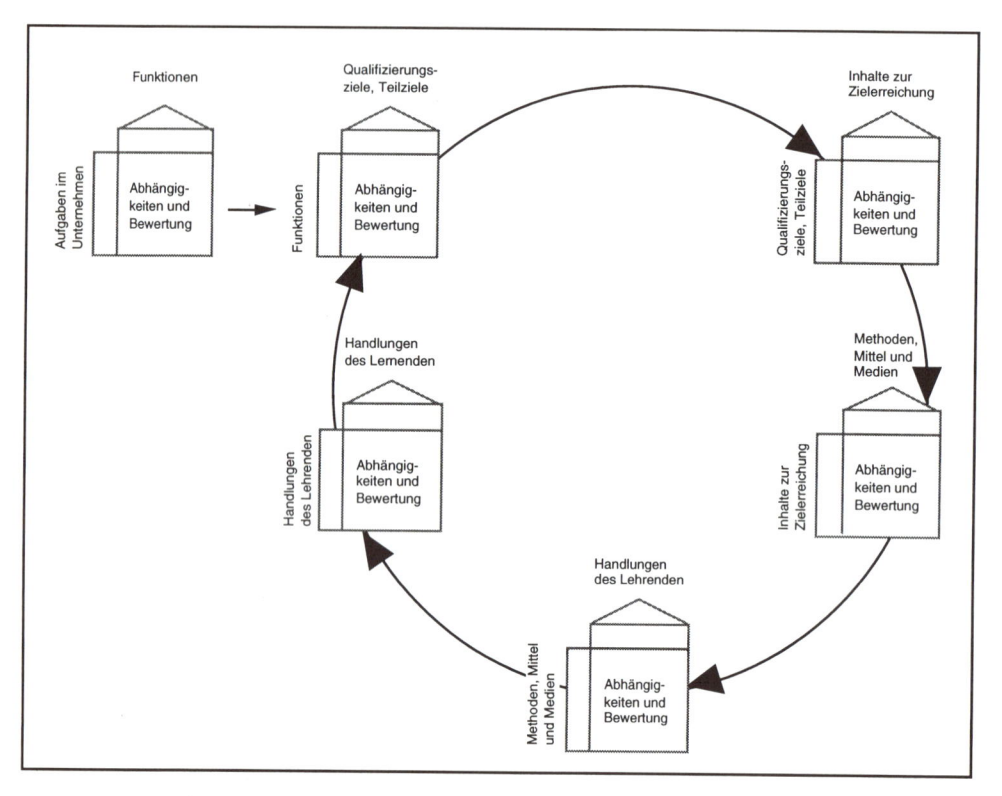

Abb. 3.1.17: **Der Qualitätskreis einer Qualifizierungsmaßnahme**

Baustein 1

Phase 1:
In einem Unternehmen entstehen z. B. durch die Einführung neuer Technologien veränderte Anforderungen an die Mitarbeiter. Die hieraus resultierenden Aufgaben müssen in der ersten Phase dieses Bausteins erfaßt und festgehalten werden. Die erhobenen Daten müssen nun in der linken Spalte des Formblatts (Abbildung 3.1.18), z. B. nach Aufgaben- bzw. Qualifikationsschwerpunkten sortiert und dokumentiert werden. Sind die Aufgaben definiert, erfolgt im Team eine Gegenprüfung, ob die Aufgaben noch durch Forderungen Dritter, z. B. Handwerkskammern oder Gewerbeaufsichtsämter, ergänzt werden können.

Phase 2:
Zu jeder Aufgabe müssen in dieser Phase die Funktionen abgeleitet werden, die der zu qualifizierende Mitarbeiter im Anschluß an die Maßnahme wahrnehmen muß. Die Dokumentation erfolgt in der Kopfzeile des Formblatts (Abbildung 3.1.18). Die Funktionsdefinition kann hierbei sowohl Tätigkeiten, Handlungen oder auch Verhaltensweisen beinhalten. Sind die Funktionen definiert, können im Dach des "House of Quality" positive bzw. negative Beziehungen zwischen den Funktionen herausgearbeitet werden.

Phase 3:
In Phase 3 werden in der Mitte des Formblatts (Abbildung 3.1.18) zum einen Abhängigkeiten zwischen den Aufgaben und den sich hieraus ergebenden Funktionen dargestellt, zum anderen deren Gewichtung in bezug auf die Aufgaben durchgeführt. Die Bewertung der Funktionen erfolgt in bezug auf die Aufgaben, z. B. in folgender Form:

- starker Beitrag   1
- normaler Beitrag   2
- schwacher Beitrag   3

Baustein 2

Phase 1:
In der ersten Phase dieses Bausteins werden die kritischen Funktionen des Bausteins 1 in die linke Spalte des nächsten auszuarbeitenden Formblatts (Abbildung 3.1.18) übertragen. Haben die Funktionen im ersten Formblatt noch die Operationalisierung der Aufgaben dargestellt, so muß hier die Frage gestellt werden: "Wie lassen sich die Funktionen in Qualifizierungsziele umsetzen?"

Phase 2:
Für jede Funktion (Tätigkeit, Handlung und Verhaltensweise) müssen in diesem Arbeitsschritt Qualifizierungsziele, Teilziele und Feinziele erarbeitet werden. Im Dach des Formblatts (Abbildung 3.1.18) können auch hier mögliche positive bzw. negative Abhängigkeiten zwischen den Zielen dargestellt werden.

Phase 3:
In der Mitte des Formblatts (Abbildung 3.1.18) muß in der Phase 3 dieses Bausteins dargestellt werden, wie sich die Qualifizierungsziele zu den Funktionen verhalten. Hier wird daher herausgearbeitet, welches Ziel einen Beitrag zur Aneignung welcher Funktion leisten kann und wie groß dieser Beitrag ist. Die Bewertung sollte hierbei, wie bei Phase 3 des Bausteins 1, nur dreistufig sein.

Baustein 3

Phase 1:
Nachdem die Qualifizierungsziele im vorangegangenen Baustein festgelegt und gewichtet sind, müssen sie in diesem Formblatt (Abbildung 3.1.18) in die linke Spalte übertragen werden. In diesem Baustein stellen die Qualifizierungsziele die Forderungen dar.

Phase 2:
Zu jedem Ziel der linken Spalte müssen hier, wiederum im Team, Inhalte zur Zielerreichung festgelegt werden. Hier ist die Frage zu beantworten: "Wie, mit welchen Lerninhalten, lassen sich die aus den Funktionen abgeleiteten Qualifizierungsziele erreichen?" Auch hier können sowohl positive als auch negative Beziehungen zwischen den Inhalten auftreten. Sie können im Dach des Formblatts herausgearbeitet werden.

Phase 3:
Welchen Beitrag die verschiedenen Lerninhalte zur Erreichung der Qualifizierungsziele leisten, muß in Phase 3 dieses Bausteins erarbeitet werden. Hiermit ist zum einen sichergestellt, daß alle Ziele in ausreichendem Maße abgedeckt sind, zum anderen werden redundante Inhalte deutlich.

Baustein 4

Phase 1:
In Baustein 4 wird wiederum ein neues Formblatt (Abbildung 3.1.18) erarbeitet. Die aus den Qualifizierungszielen abgeleiteten Lerninhalte stehen hier im Vordergrund. Sie müssen in die linke Spalte des neuen Formblatts übertragen werden.

Phase 2:
Zu den in der linken Spalte stehenden Lerninhalten müssen in dieser Phase des Bausteins 4 Methoden, Mittel und Medien zugeordnet werden, mit denen sich diese Inhalte am sinnvollsten vermitteln lassen. Bestehen zwischen diesen Methoden, Mitteln und Medien wiederum Abhängigkeiten, müssen diese dargestellt werden.

Phase 3:
In der Mitte des Formblatts wird dargestellt, mit welchen Mitteln, Methoden und Medien sich die verschiedenen Lerninhalte vermitteln lassen.

Baustein 5

Phase 1:
Methoden, Mittel und Medien aus der Kopfzeile des vorangegangenen Formblatts werden in die linke Spalte des neuen Formblatts (Abbildung 3.1.18) übertragen.

Phase 2:
Den in Baustein 4 dargestellten Methoden, Mitteln und Medien müssen unter Berücksichtigung der zu vermittelnden Inhalte Handlungen des Lernenden zugeordnet werden. Bestehen auch hier die Zielerreichung erleichternde oder erschwerende Beziehungen, so sind diese im Dach des Formblatts darzustellen.

Phase 3:
Im mittleren Teil des Formblatts muß herausgearbeitet werden, welche Methoden, Mittel und Medien zu welchen Handlungen des Lernenden herangezogen werden. In einer dreistufigen Bewertung kann hierbei gleichzeitig verdeutlicht werden, inwieweit die Methoden, Mittel und Medien die Handlungen des Lehrenden unterstützen.

Baustein 6

Phase 1:
Im letzten Baustein, im Baustein 6, werden die Handlungen der Lernenden wiederum von der Kopfzeile des vorangegangenen Bausteins in die linke Spalte des neu zu erarbeitenden Formblatts (Abbildung 3.1.18) übertragen. Sie stellen nun die zu erfüllenden Forderungen dar.

Phase 2:
In diesem Arbeitsschritt muß erarbeitet werden, mit welchen Handlungen der Lehrende die Handlungen des Lernenden unterstützen kann. Auch hier müssen wiederum Korrelationen zwischen diesen Aktivitäten aufgezeigt werden.

Phase 3:
Der letzte Arbeitsschritt besteht darin, in der Mitte dieses Formblatts darzustellen, welche Handlungen des Lehrenden die des Lernenden mit welcher Bedeutung unterstützen.

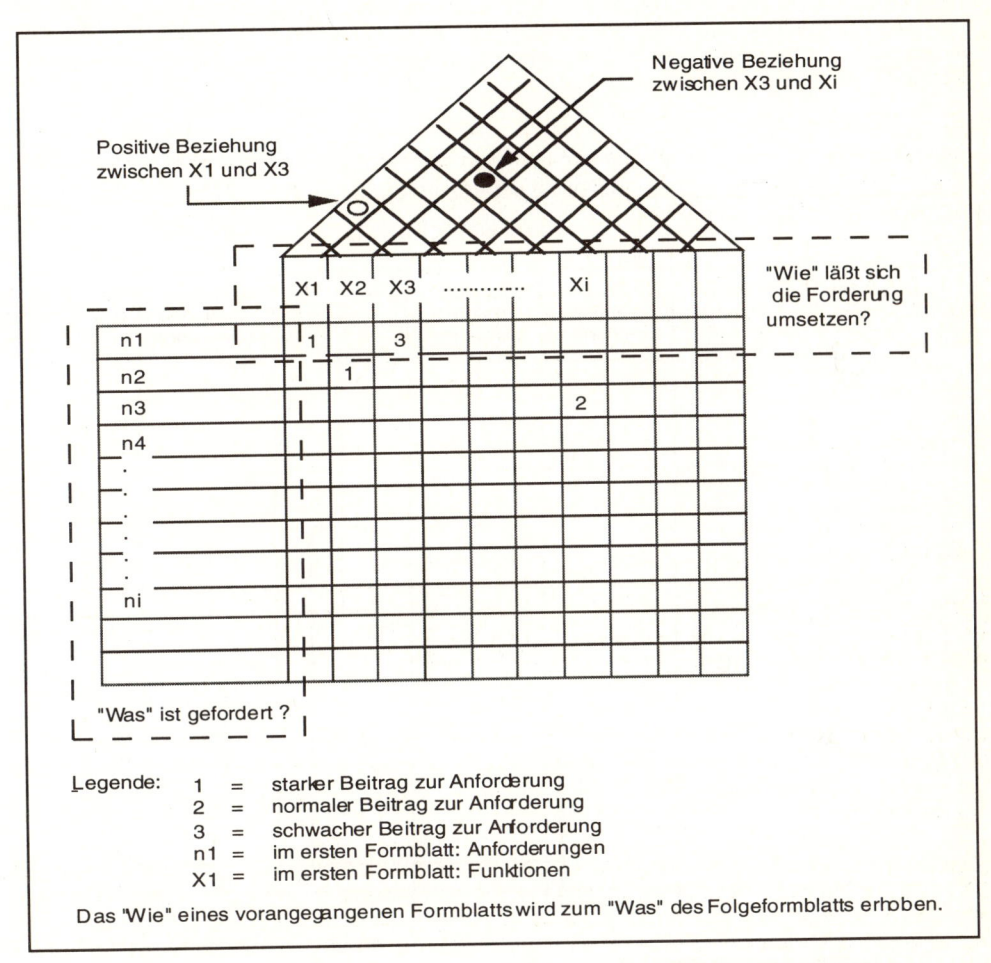

Abb. 3.1.18: Basisformblatt der Qualitätssicherung bei Qualifizierungsmaßnahmen

3.1.6.3 Die Anwendung von FMEA bei Qualifizierungsmaßnahmen

Wie auch schon beim Quality Function Deployment steht man auch bei der Fehlermöglichkeits- und Einflußanalyse vor dem Problem, daß der in Kapitel 3.1.2.3 beschriebene Aufwand, der bei der Anwendung dieser Methode im Bereich von Qualifizierungsmaßnahmen auftritt, zu groß ist. Auch hier ist es zweckmäßiger, auf der Basis dieser Methode ein Vorgehen zu entwickeln, welches ein genauso wirkungsvolles, aber effizienteres Handeln ermöglicht. Vorstellbar ist hier ein Vorgehensmodell, welches sich in drei modular zusammengesetzte Bausteine aufgliedert. Im Baustein 1 (Abbildung 3.1.19) wird die Basis für das weitere Vorgehen gelegt. Hier müssen zunächst aus den Anforderungen, die das Unternehmen an den Arbeitsplatz stellt, Funktionen (Aufgabe (Qualifizierungsziele, -tielziele), Inhalte usw., siehe QFD-Vorgehensweise in Abbildung 3.1.1.17) definiert werden.

Diese Funktionen können in Form von Handlungen, Verhaltensweisen oder auch Tätigkeiten formuliert sein. Zu den einzelnen Funktionen, die zu Funktionsgruppen zusammengefaßt werden sollten, muß das Team im nächsten Schritt in Form eines Brainstormings alle denkbaren Fehler der einzelnen Funktionen (eventuell auch Funktionsgruppen) erarbeiten. Nach diesem Schritt kann sofort die Bewertung des Ist-Zustands erfolgen, deren Resultat festlegt, zu welchen Fehlern Verbesserungsmaßnahmen erarbeitet werden. Der nächste Arbeitsschritt im Baustein 1 stellt die Bewertung des Soll-Konzepts dar. Hier wird festgelegt, mit welchem der beiden Module weitergearbeitet werden muß.

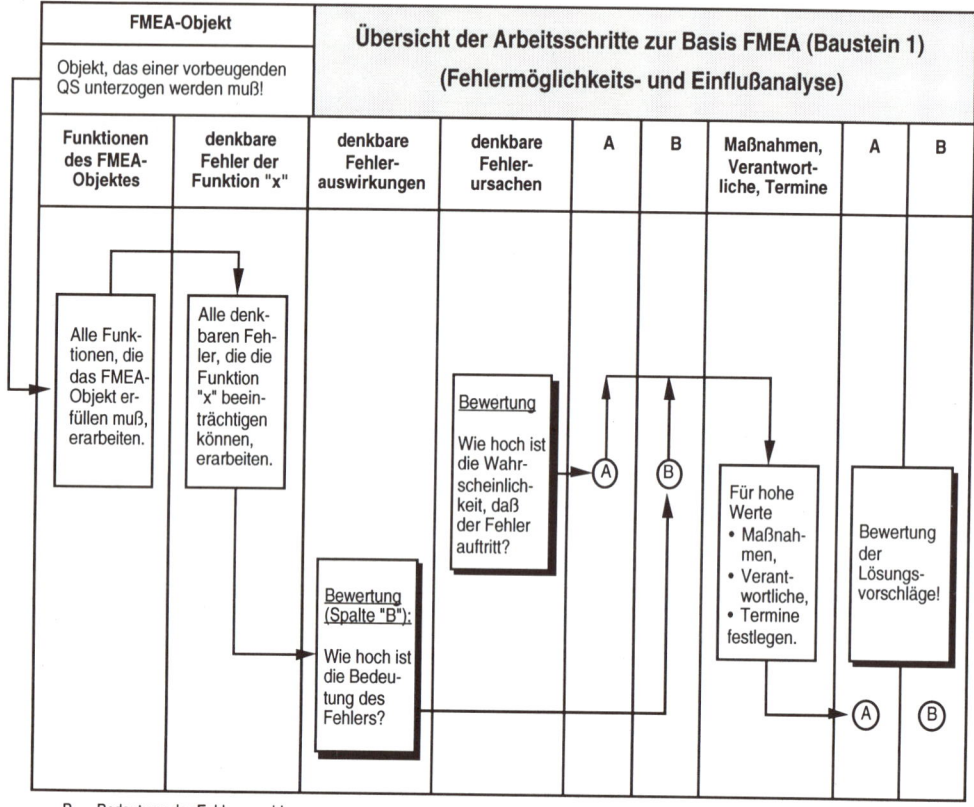

B = Bedeutung der Fehlerauswirkung
A = Auftretenswahrscheinlichkeit der Fehlerursache

Abb. 3.1.19: **FMEA-Baustein 1**

Treten bei der Bewertung des Soll-Konzepts noch hohe Bewertungen im Bereich der "Bedeutung der Fehlerauswirkung" auf, so muß mit dem Baustein 2, der B-Optimierung, fortgefahren werden. In diesem Fall müssen zu den Fehlern, welche im Soll-Konzept hohe B-Werte aufweisen, mögliche Fehlerauswirkungen analysiert werden. Die Erarbeitung der Fehlerauswirkungen kann wiederum moderiert, in Form einer Kartenabfrage, erfolgen. Die erarbeiteten Fehlerauswirkungen müssen im Ist-Zustand bewertet werden und erfahren je nach Wertzahl Verbesserungsmaßnahmen. Der letzte Arbeitsschritt ist auch hier die Bewertung des Soll-Zustands. Liegen hier noch immer hohe B-Werte vor, so müssen noch weitere Verbesserungsmaßnahmen erarbeitet werden.

Der Baustein 3 kommt zum Einsatz, wenn in der Soll-Konzeptbewertung hohe Auftretenswahrscheinlichkeiten vorliegen. In diesem Fall müssen zu den Fehlern, bei denen die hohen Wertzahlen aufgetreten sind, die Fehlerursachen analysiert werden. Auch diese Analyse erfolgt gemeinsam im Team. Genau wie in Baustein 2 erfolgt auch hier im Anschluß an die Analyse die Bewertung des Ist-Zustands, die Erarbeitung von Verbesserungsmaßnahmen sowie die anschließende Bewertung des Soll-Konzepts. Liegen noch immer hohe Wertzahlen für "A" vor, so müssen auch hier ergänzende Verbesserungsvorschläge angedacht werden.

Durch die Aufgliederung des Vorgehens in drei Bausteine ist der Aufwand für eine fehlervorbeugende Analyse von Qualifizierungsmaßnahmen bereits erheblich minimiert. Durch die Optimierung des Bewertungsschemas ist jedoch noch eine weitere Beschleunigung der Methode möglich. Die Optimierung erfolgt hier durch zwei Änderungen im Ablauf (Abbildung 3.1.20).

FMEA-ARBEITSSCHRITTE		
Baustein 1: **Basis-FMEA**	**Baustein 2:** **B-Optimierung**	**Baustein 3:** **A-Optimierung**

• Situation analysieren
   - Qualifikationsmerkmale definieren
• denkbare Probleme bearbeiten
   - denkbare Fehler erarbeiten
 	
   - Ist-Situation bewerten
• Lösungsvorschläge erarbeiten
• Lösungsvorschläge bewerten
   A/B-Bewertung
	• denkbare Probleme bearbeiten
	   - denkbare Fehlerauswirkungen erarbeiten
	   - Ist-Situation bewerten
	• Lösungsvorschläge erarbeiten
	• Lösungsvorschläge bewerten
	   B-Bewertung
		• denkbare Probleme bearbeiten
		
		   - denkbare Fehlerursachen erarbeiten
		   - Ist-Situation bewerten
		• Lösungsvorschläge erarbeiten
		• Lösungsvorschläge bewerten
		   A-Bewertung

Abb. 3.1.20: Arbeitsschritte der FMEA-Bausteine 1 - 3

1. Eine Bewertung über drei Faktoren ist nicht erforderlich. Im Rahmen von Qualifizierungsmaßnahmen reicht die Bewertung von zwei Faktoren völlig aus. Bewertet wird hier lediglich:

   B: die Bedeutung der Fehlerauswirkung und
   A: die Auftretenswahrscheinlichkeit der Fehlerursache.

2. Die Unterteilung der Bewertungstabelle in Werte von 1 - 10 bringt im Gegensatz zur industriellen Anwendung keinerlei Vorteile. Sinnvoller und schneller ist sowohl für B- als auch für A-Werte eine Abstufung in drei Gruppen. Für die B-Werte ist hier folgendes denkbar:

Unwesentliche Bedeutung   B = 1
Mittlere Bedeutung   B = 2
Hohe Bedeutung   B = 3

Für die Bewertung der Auftretenswahrscheinlichkeit der Fehlerursache ist nachfolgendes Bewertungstableau vorstellbar:

Fehlerursache tritt selten auf   A = 1
Fehlerursache tritt häufig auf   A = 2
Fehlerursache tritt sehr häufig auf   A = 3

Entsprechend den Änderungen im Ablauf muß das FMEA-Formblatt den neuen Gegebenheiten angepaßt werden (Abbildung 3.1.21). Die Durchführung der Analyse stellt sich nun wie folgt dar.

Zu jedem erarbeiteten Qualifikationsmerkmal analysiert das Team in Form eines Brainstormings alle denkbaren "Fehler", die bis zur Erreichung der Soll-Qualifikation auftreten können. Hierbei sind alle denkbaren Fehlerarten zu berücksichtigen. Nach diesem Schritt erfolgt die Bewertung des Ist-Zustandes, deren Resultat festlegt, zu welchen Fehlern Verbesserungsmaßnahmen erarbeitet werden. Ratsam ist hierbei für alle Fehlerursachen, die mit einer zwei oder drei bewertet wurden, Änderungen am Konzept, d. h. Verbesserungsmaßnahmen zu erarbeiten. Diese Verbesserungsmaßnahmen fließen direkt in das Qualifikationskonzept ein.

Die im Rahmen der Analyse erarbeiteten Verbesserungsvorschläge bilden den Rahmen für die globalen Qualifizierungserfordernisse und können in dem zu bildenden Curriculum berücksichtigt werden. Zur Sicherung der Qualität (vorbeugende Qualitätssicherung und Qualitätskontrolle) einer Qualifizierungsmaßnahme ist die Formulierung und Operationalisierung der Ziele der Maßnahmen der erste wichtige Schritt. Dieser Vorgang ist u. a. deshalb besonders wichtig, da ohne eine klare Festlegung von Zielen keine solide Grundlage existiert, Methoden, Medien und Inhalte einer Maßnahme festzulegen. Ebenso wird erst durch klar definierte Ziele die Möglichkeit der Kontrolle einer Qualifizierungsmaßnahme gegeben. Ein weiterer qualitätsbeherrschender Aspekt ergibt sich in einer klaren Zielbeschreibung für den Lernenden, der damit ebenso seine Lernabsicht und damit seine Motivation mit den aus den Zielen klar erkennbaren Nutzen für sich verstehen kann.

In der Praxis sind allerdings einige Probleme mit einer klaren Zieldefinition verbunden. Meist wird ein zu hohes Abstraktionsniveau bei der Zielbeschreibung gewählt, da dies zunächst einfacher ist. Allerdings ist gerade eine zu hohe Abstraktion der Zielbeschreibung für eine Evaluation einer Maßnahme ungünstig, da für die hierfür notwendigen Messungen Kriterien benötigt werden, die sich nur aus möglichst eindeutig operationalisierten Zielen ableiten lassen. Die Evaluation einer Qualifizierungsmaßnahme ist somit auf die ausreichende Operationalisierung von Lernzielen angewiesen. Eine Lernzielbeschreibung sollte demnach die folgenden Gesichtspunkte berücksichtigen (Mager 1983, S. 49, 69 und 87):

1. Eine Zielbeschreibung bezeichnet ein beabsichtigtes Ergebnis von Unterricht oder Ausbildung, nicht ein Unterrichts- oder Ausbildungsverfahren.

2. Eine Zielbeschreibung bezeichnet immer eine Tätigkeit, etwas, was der Lernende TUT, wenn er zeigt, daß er das Ziel erreicht hat, daß er das Ziel beherrscht.

3. Zu einer Zielbeschreibung gehört:

   a) eine Aussage, die die Hauptabsicht des Lehrenden oder die vom Lernenden erwartete Tätigkeit bezeichnet, und falls diese Tätigkeit nicht geäußert wird,

b) die Benennung eines Indikatorverhaltens, durch das die Haupttätigkeit erkennbar wird (einfachste und direkteste),
c) die Beschreibung relevanter oder wichtiger Bedingungen, unter denen die Tätigkeit ausgeführt werden soll. Wenn es zweckmäßig erscheint, kann diese Beschreibung auch unter der Angabe einer Beispielaufgabe ersetzt werden. Die Beschreibung sollte so ausführlich gemacht werden, daß andere die Absichten des Lehrenden verstehen.

Qualifizierungs-projekt Nr.:	Projektteam Nr.:	Datum:					Seite:	
Qualifizierungs-merkmal	denkbare Fehler	denkbare Fehler-auswirkungen	denkbare Fehler-ursachen	A	B	Maßnahmen, Verantwortliche, Termine	A	B

B = Bedeutung der Fehlerauswirkung
A = Auftretenswahrscheinlichkeit der Fehlerursache

Abb. 3.1.21: FMEA-Formblatt für Qualifizierungsmaßnahmen

4. Eine Zielbeschreibung ist eine Ansammlung von Wörtern, Symbolen und/oder Bildern, die die wichtigsten Absichten beschreiben.

5. In einer Zielbeschreibung werden die Absichten um so deutlicher mitgeteilt, je genauer der Lehrende beschreibt, was der Lernende TUN wird, wenn er zeigt, daß er das Unterrichtsziel erreicht hat, je genauer die wichtigsten Bedingungen für die Ausführung angegeben und je präziser die Kriterien bestimmt wurden, nach denen die Leistung bewertet wird.

6. Damit die Zielbeschreibung als brauchbar gelten darf, muß der Entwurf so lange überarbeitet werden, daß die folgenden Fragen beantwortet werden:
  - Was sollen die Lernenden können?
  - Welches sind die wichtigsten Bedingungen oder Schwierigkeiten, unter denen sie es tun?
  - Wie gut muß die Ausführung sein, daß der Lehrende zufrieden ist?

7. Für jedes wichtige Ergebnis oder jede wichtige Absicht wird ein eigener Abschnitt geschrieben, so viel, wie benötigt wird, um die Absicht mitzuteilen.

8. Wenn die Beschreibungen der Ziele den Lernenden gegeben werden, so kann es geschehen, daß der Lehrende gar nicht mehr viel zu tun haben wird. Warum? Weil die Lernenden häufig schon können, was ihnen beigebracht werden soll; in einem solchen Fall werden sie darauf brennen, ihre Fähigkeiten auch zu zeigen, nachdem sie nun wissen, was von ihnen erwartet wird.

Die Formulierung der Lernziele sollte so konkret wie möglich sein. Hierbei ist die Wahl der Worte wichtig. Die folgende Übersicht verdeutlicht dies (Mager 1983, S. 201).

Worte, die viele Deutungen zulassen	Worte, die wenig Deutung zulassen
• wissen	• schreiben
• verstehen	• auswendig hersagen
• wirklich verstehen	• identifizieren
• zu würdigen wissen	• unterscheiden
• voll und ganz zu würdigen wissen	• lösen
• die Bedeutung von etwas erfassen	• konstruieren
• Gefallen finden	• bauen
• glauben	• vergleichen
• vertrauen	• gegenüberstellen
• verinnerlichen	• lächeln

Um operationalisierte Ziele zu erhalten, kann eine Zielanalyse durchgeführt werden. Dabei werden die abstrakten komplexen Ziele in "untergeordneten" Zielen abgebildet, die wiederum notwendige "Unterhandlungen" des Lernenden beschreiben, bis sinnvoll bedeutsame Fertigkeiten formuliert sind.

Neben der richtigen Formulierung (und damit der operationalisierten Beschreibung) der Lernziele ist ebenso die Operationalisierung von Lernzielen bezüglich ihrer "Lerntiefe" wichtig. Als Hilfestellung zur Operationalisierung von Lernzielen bezüglich ihrer Lerntiefe kann die Unterteilung "Wissen" und "Können" dienen (Groh 1993):

WISSEN
- passiv: verstehend zuhören
- reproduzierend: wiedergeben
- aktiv: schlußfolgern

KÖNNEN
- passiv: geleitet anwenden
- aktiv: selbständig anwenden

Wissen ist aufgebaut aus Begriffen, Theorien und Methoden. Eine Theorie besteht aus Relationen zwischen Begriffen. Eine Methode besteht aus einzelnen Handlungsanweisungen, die zu einem sinnvollen bzw. nützlichen Resultat führen. Beispielsweise kann das Wissen von "Begriffen" in verschiedenen Operationalisierungsstufen in seiner Tiefe erreicht werden. Die Operationalisierung von Begriffen zeigt das Schema der Abbildung 3.1.22, die Operationalisierung von Methoden die Abbildung 3.1.23.

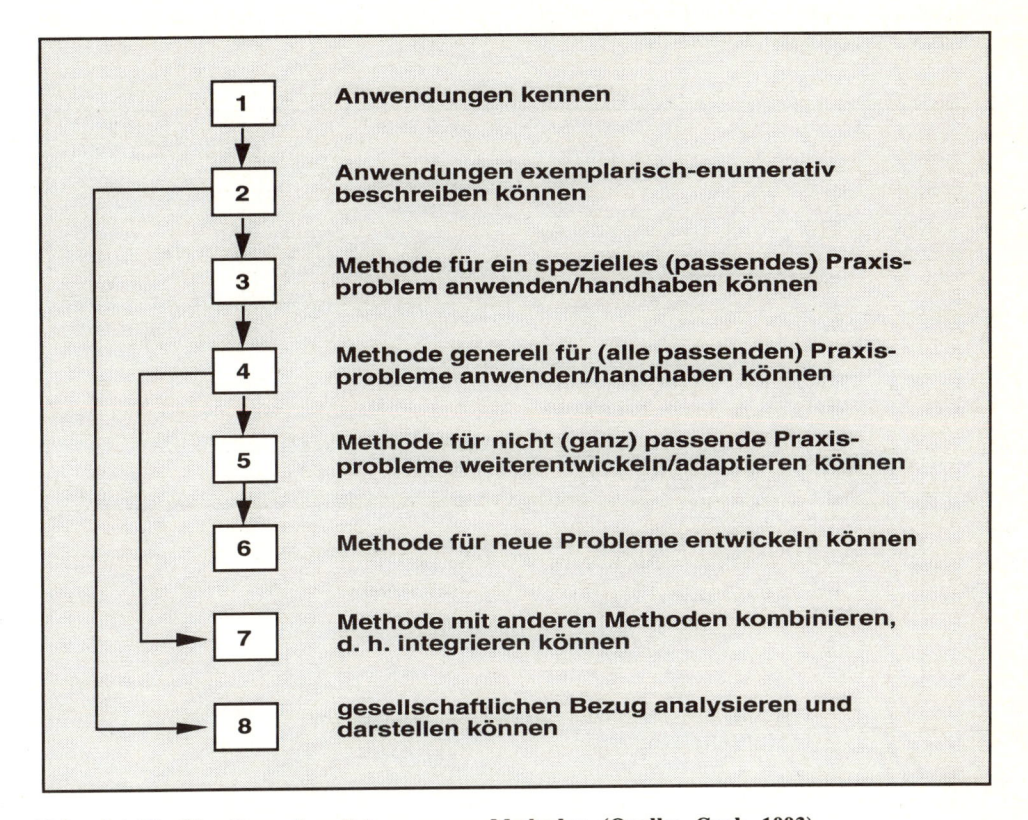

```
┌─────────────────────────────────────────────────────────────────┐
│      ┌───┐   Anwendungen kennen                                 │
│  ┌──▶│ 1 │                                                      │
│  │   └─┬─┘                                                      │
│  │     ▼                                                        │
│  │   ┌───┐   Anwendungen exemplarisch-enumerativ                │
│  │   │ 2 │   beschreiben können                                 │
│  │   └─┬─┘                                                      │
│  │     ▼                                                        │
│  │   ┌───┐   Methode für ein spezielles (passendes) Praxis-     │
│  │   │ 3 │   problem anwenden/handhaben können                  │
│  │   └─┬─┘                                                      │
│  │     ▼                                                        │
│  │   ┌───┐   Methode generell für (alle passenden) Praxis-      │
│  ├──▶│ 4 │   probleme anwenden/handhaben können                 │
│  │   └─┬─┘                                                      │
│  │     ▼                                                        │
│  │   ┌───┐   Methode für nicht (ganz) passende Praxis-          │
│  │   │ 5 │   probleme weiterentwickeln/adaptieren können        │
│  │   └─┬─┘                                                      │
│  │     ▼                                                        │
│  │   ┌───┐   Methode für neue Probleme entwickeln können        │
│  │   │ 6 │                                                      │
│  │   └───┘                                                      │
│  │                                                              │
│  │   ┌───┐   Methode mit anderen Methoden kombinieren,          │
│  └──▶│ 7 │   d. h. integrieren können                           │
│      └───┘                                                      │
│                                                                 │
│      ┌───┐   gesellschaftlichen Bezug analysieren und           │
│ ────▶│ 8 │   darstellen können                                  │
│      └───┘                                                      │
└─────────────────────────────────────────────────────────────────┘
```

Abb. 3.1.22: Die Operationalisierung von Methoden (Quelle: Groh 1993)

3.1.6.4 Qualitätszirkel für Qualifizierungsmaßnahmen

Wie bereits erläutert, liegt die Zielsetzung von Qualitätszirkel-Aktivitäten vor allem in der Steigerung der Produkt- und Prozeßqualität. Bezogen auf die Steigerung der Prozeßqualität ist eine Übertragbarkeit der Qualitätszirkel auf Qualifizierungsmaßnahmen ohne weiteres denkbar. Arbeitsergebnisse aus Qualitätszirkeln können ohne weiteres Einfluß auf zukünftige Qualifizierungsprozesse nehmen, so daß die Vermittlung der Lerninhalte verbessert (stabilisiert) werden kann. Nach der Beendigung einer Qualifizierungsmaßnahme, eventuell auch schon während des Prozesses, ist es denkbar, daß sich eine Gruppe von Teilnehmern zusammenfindet, um Verbesserungsvorschläge zu erarbeiten. Diese Form der Qualitätszirkelarbeit hat jedoch stark den Charakter einer Evaluierung und kann nicht dazu beitragen, von vornherein ein qualitativ hochwertiges Ergebnis zu erzielen. Schwieriger wird die Übertragbarkeit in bezug auf die Steigerung der Produktqualität. In der Fertigungsindustrie wird ein materielles Produkt von Grund auf neu erstellt bzw. ein Halbzeug weiterverarbeitet. Die Eingangsvoraussetzungen zur "Bearbeitung" sind im Idealfall konstant bzw. unterliegen leichten Schwankungen. Die Produktqualität wird von einem bekannten Ist-Zustand ausgehend optimiert.

Bei Qualifizierungsprojekten ist dieser Ist-Zustand absolut variabel. Das Produkt "Mensch" kommt mit sich stark ändernden und sehr unterschiedlichen Grundvoraussetzungen in den Prozeß der Qualifizierung. Trotzdem wird erwartet, daß das Ziel, die qualitativ hochwertige Qualifikation des Menschen, erreicht wird. Dieses Ziel kann nur erreicht werden, wenn die zu qualifizierenden Menschen so früh wie möglich in den Planungsprozeß einer Qualifizierungsmaßnahme mit eingebunden werden.

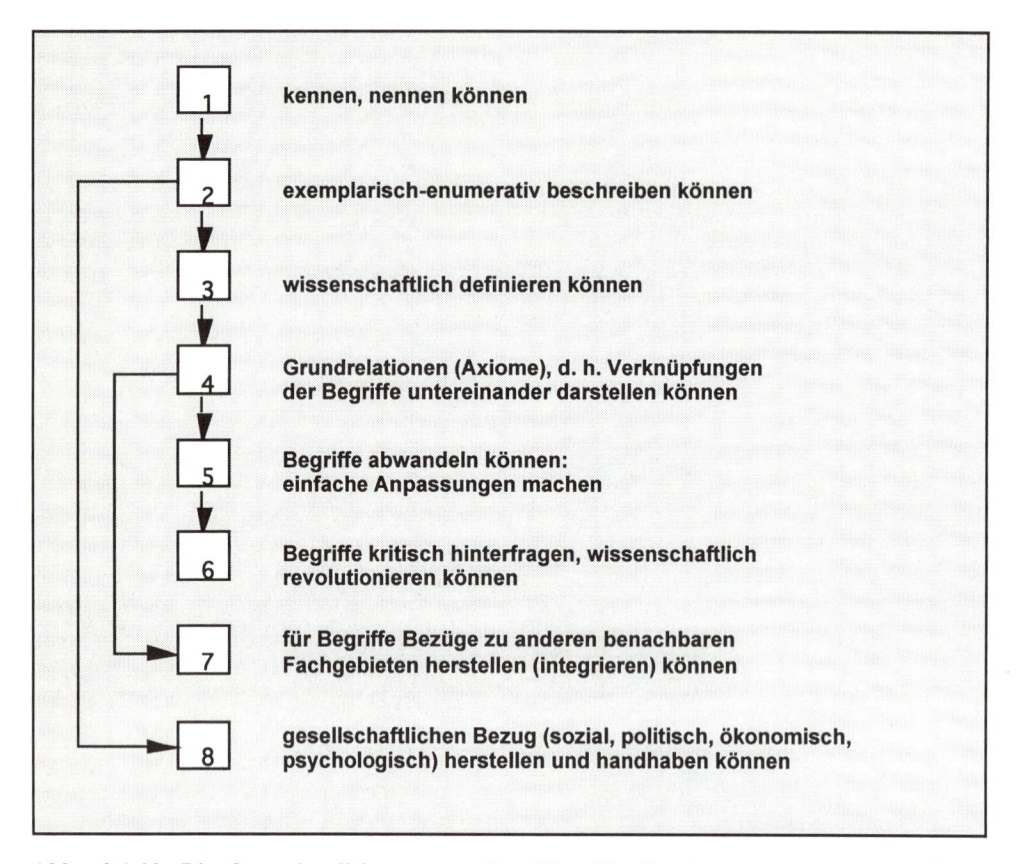

```
1 → kennen, nennen können
2 → exemplarisch-enumerativ beschreiben können
3 → wissenschaftlich definieren können
4 → Grundrelationen (Axiome), d. h. Verknüpfungen
    der Begriffe untereinander darstellen können
5 → Begriffe abwandeln können:
    einfache Anpassungen machen
6 → Begriffe kritisch hinterfragen, wissenschaftlich
    revolutionieren können
7 → für Begriffe Bezüge zu anderen benachbarten
    Fachgebieten herstellen (integrieren) können
8 → gesellschaftlichen Bezug (sozial, politisch, ökonomisch,
    psychologisch) herstellen und handhaben können
```

Abb. 3.1.23: Die Operationalisierung von Begriffen (Quelle: Groh 1993)

Wirkungsvolle Arbeit im Sinne einer Fehlervorbeugung wird von Qualitätszirkeln im Rahmen von Qualifizierungsprojekten demnach nur geleistet, wenn man von ihrem klassischen Ansatz der unabhängig arbeitenden Problemlösegruppe abgeht. Qualitätszirkel müssen in der Projektierungsphase von Qualifizierungsmaßnahmen als Projektteam initiiert werden und das Qualifizierungsprojekt bis zur Durchführung der Qualifizierungsmaßnahme begleiten. Der Qualitätszirkel ist dafür verantwortlich, daß die Maßnahme "produktgerecht" geplant und durchgeführt wird. Neben den üblichen Methoden z. B. zur Ermittlung des Bildungsbedarfs oder der Ausgestaltung einer Qualifizierungsmaßnahme wendet das Team zusätzlich Methoden der Qualitätssicherung an und kann somit sowohl die "Produkt"- als auch die "Prozeßqualität" planen und absichern.

Die Zusammensetzung des Qualitätszirkels muß in jedem Fall inhomogen sein, d. h., das Team muß sowohl aus potentiellen Teilnehmern als auch aus Dozenten und bereits qualifizierten Mitarbeitern zusammengesetzt sein. Hierbei ist es wichtig, daß zunächst ein Stammteam gebildet wird, welches mit maximal drei Personen besetzt ist und das Projekt von der ersten Idee bis zur Durchführung begleitet. Dies gilt für alle Arten von Qualifizierungsmaßnahmen, wobei sich das Stammteam aus folgenden Personen zusammensetzen muß:

1. der Personalentwicklungsverantwortliche,
2. ein Mitarbeiter des Unternehmens, der die geforderte Qualifikation besitzt,
3. ein Mitarbeiter aus der Zielgruppe, welche qualifiziert werden soll.

Dieses Team wird moderiert durch den gesamten Prozeß geleitet werden. Es liegt nun auf der Hand, daß dieses Team in seiner Zusammensetzung nicht in der Lage ist, ohne die Mitarbeit weiterer Know how-Träger eine Qualifizierungsmaßnahme zu entwickeln. Sie stellen lediglich den Teil des Teams dar, welches inhaltlich in jeder Phase mitarbeiten kann. Die gesamte Planung der Qualifizierungsmaßnahme gliedert sich weiter in zwei Teilschritte auf, in denen das Stammteam jeweils andere Fachleute mit in das Team aufnimmt. Hierbei ist eine Einteilung in ein Strategieteam und ein Prozeßteam denkbar. Das Strategieteam arbeitet hierbei von der ersten Idee bis zur Definition der Qualifizierungsziele zusammen. Danach wechseln, bis auf das Stammteam, die Teilnehmer; nun werden auf der Basis der Qualifizierungsziele die Inhalte der Qualifizierung sowie deren Umsetzung geplant. Die genauere Zusammensetzung von Strategie- und Prozeßteam ist von der Art der Qualifizierungsmaßnahme abhängig.

3.1.6.5 Die Anwendung der statistischen Qualitätsprüfung (SPC) für Qualifizierungsmaßnahmen

SPC als Methode der Qualitätsprüfung ist sehr eng mit dem Produktionsprozeß und mit dessen technischen Regelungen verbunden. Umso weniger kann diese Methode auf den Qualifizierungsprozeß angewendet werden. Allerdings können einige Ideen, die mit dieser Methode verbunden sind, auf die Qualitätssicherung von Qualifizierungen übertragen werden. Wie bereits dargestellt, bedeutet SPC auch, daß die Qualitätsprüfung nicht 100 %ig jedes Teil erfassen muß, sondern daß unter gewissen (statistischen) Rahmenbedingungen eine Auswahl stellvertretend geprüft werden kann und trotzdem eine hohe Sicherheit ähnlich der der 100 %igen Kontrolle erzielt werden kann. Ein weiterer wichtiger Aspekt ist darin zu sehen, daß die Stichprobenprüfung nicht nur dazu verwendet wird, eine Fehlerabschätzung für die Gesamtmenge durchzuführen, sondern besser zu regeln und sie damit qualitätssicher zu machen.

Für eine Qualifizierungsmaßnahme bedeutet dies: stichprobenartige Qualitätsprüfungen von ausgewählten Teilnehmern ergeben unter Umständen (pauschale) Hinweise auf den Lernfortschritt der gesamten Lerngruppe. Die Rahmenbedingungen, der Stoff und die Auswahl der Kandidaten sind hierbei besonders wichtig. Hiermit kann eine sehr tiefe Prüfung einer Auswahl von Teilnehmern oder einer öfteren oberflächlichen, stichprobenartigen Prüfung verschiedener Teilnehmer wichtige Informationen über den Lernfortschritt der Gruppe bieten. Je homogener die Gruppen, je gleichmäßiger die Motivation und Beteiligung der einzelnen Teilnehmer ist, umso relevanter sind die Informationen, die man aus stichprobenartigem Prüfen verschiedener Teilnehmer erhält. Eine derartige Maßnahme läßt keine Aussage über den Qualifizierungsstand der Einzelnen direkt zu, verbessert allerdings die Sicherung des Qualifizierungsprozesses insoweit, als daß die Berücksichtigung des Lernfortschritts die Qualifizierungsmaßnahme besser steuerbar macht und hierbei nicht der Aufwand einer ständigen Prüfung und Auswertung der Prüfungen aller Teilnehmer erforderlich ist.

Zur Seminargruppe kann begleitend eine Kontrollgruppe eingerichtet werden. Die Teilnehmer der Kontrollgruppe werden aus der Qualifizierungsgruppe ausgewählt. Bezogen auf die einzelnen Lernziele der Qualifizierungssequenz können nun in kurzen Abständen Prüfungen, Besprechungen und Anregungen innerhalb und durch die Kontrollgruppe stattfinden. Die Ergebnisse hieraus fließen direkt in die didaktische Gestaltung der Qualifizierungsmaßnahmen ein. Zur besseren Validierung dieser Methode können zu Beginn und während der Qualifizierungsmaßnahme die Teilnehmer der Kontrollgruppe darüber ermittelt werden, daß Gesamttests durchgeführt werden und typische Vertreter der Gruppe als Mitglieder der Kontrollgruppe ermittelt werden. Ein derartiges Vorgehen lohnt sich allerdings erst bei längeren und umfangreicheren Qualifizierungsmaßnahmen.

3.1.6.6 Integrierte Vorgehensweise zur Qualitätssicherung

Die integrierte Qualitätssicherung soll im folgenden in aller Kürze am Beispiel der betrieblichen Qualifizierung dargestellt werden. Wie die Abbildung 3.1.17 zeigt, werden gemäß QFD-Methodik aus den betrieblichen Aufgaben die Anforderungen an die Qualifizierungsmaßnahme ermittelt, diese im nächsten Schritt in Qualifizierungsziele umgesetzt und diese in Inhalte usw. Bei jedem Schritt werden Abhängigkeiten und deren Bewertung ermittelt. Hierbei wird gemäß dem Formblatt in Abbildung 3.1.18 gearbeitet. Für jeden Schritt wird dabei eine Fehleranalyse gemäß FMEA durchgeführt, wie die Abbildung 3.1.24 zeigt.

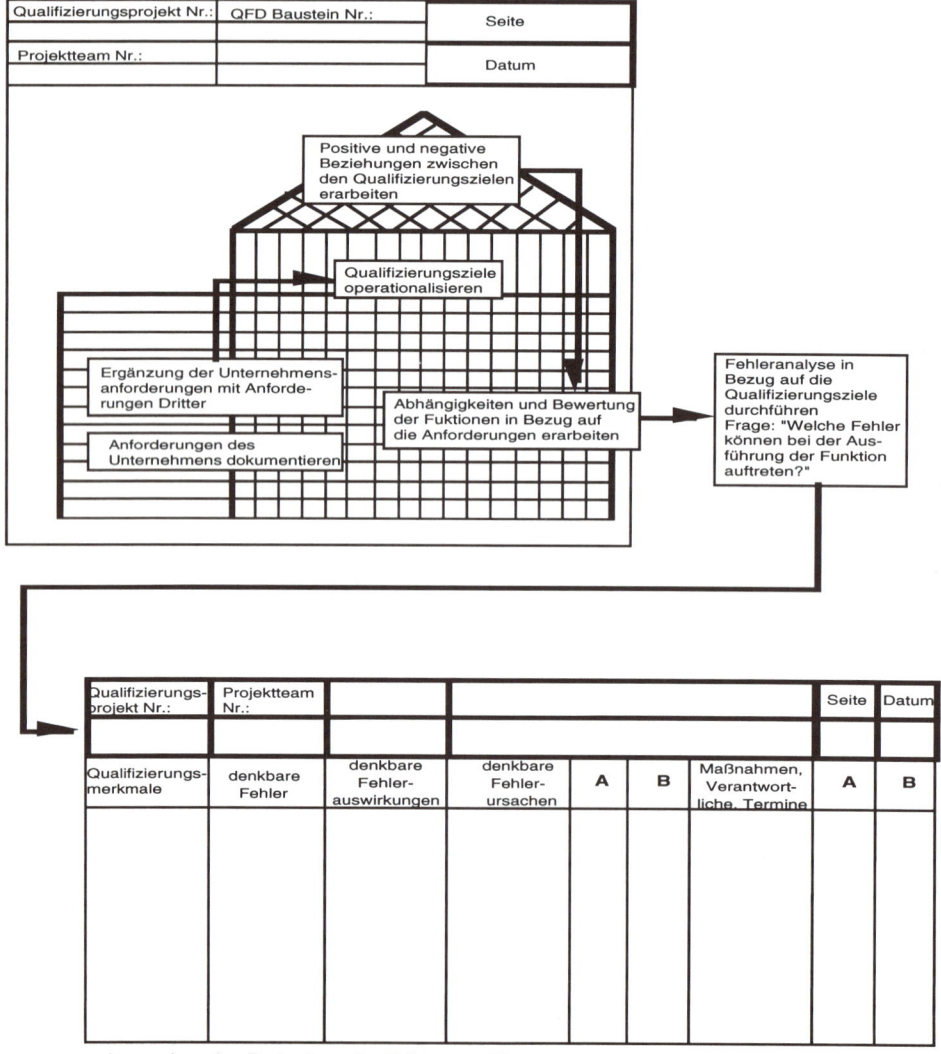

Abb. 3.1.24: Zusammenhang zwischen QFD und FMEA

3.2 Betriebswirtschaftliche, inhaltliche und methodische Qualitätssicherung

R. Schöne

3.2.1 Qualitätsmanagement für Personal- und Organisationsentwicklungsprozesse

Der vorliegende Beitrag soll Anregungen vermitteln, wie Personal- und Organisationsentwicklungsprozesse mit dem Ziel der begleitenden sukzessiven Optimierung und des Wissenstransfers wirksamer gestaltet werden können. In den Mittelpunkt der Darstellung werden dabei Möglichkeiten des Bildungscontrollings bzw. der Qualitätssicherung in der betrieblichen Weiterbildung gestellt, die in Personal- und Organisationsentwicklungsprozesse eingeordnet sind. Weitere Schwerpunkte sind der gegenwärtige Trend nach innerbetrieblicher Kostenrechnung und Profitcenterorientierung sowie die Förderung des Wissenstransfers aus der betrieblichen Fortbildung in die Tätigkeitsbereiche der Teilnehmer. Aussagen über rechnergestützte Informationssysteme für die betriebliche Weiterbildung ergänzen diese Darstellung.

3.2.2 Qualitätssicherung in Personal- und Organisationsentwicklungsprozessen unter dem Aspekt der betrieblichen Weiterentwicklung

3.2.2.1 Der Qualitätsbegriff

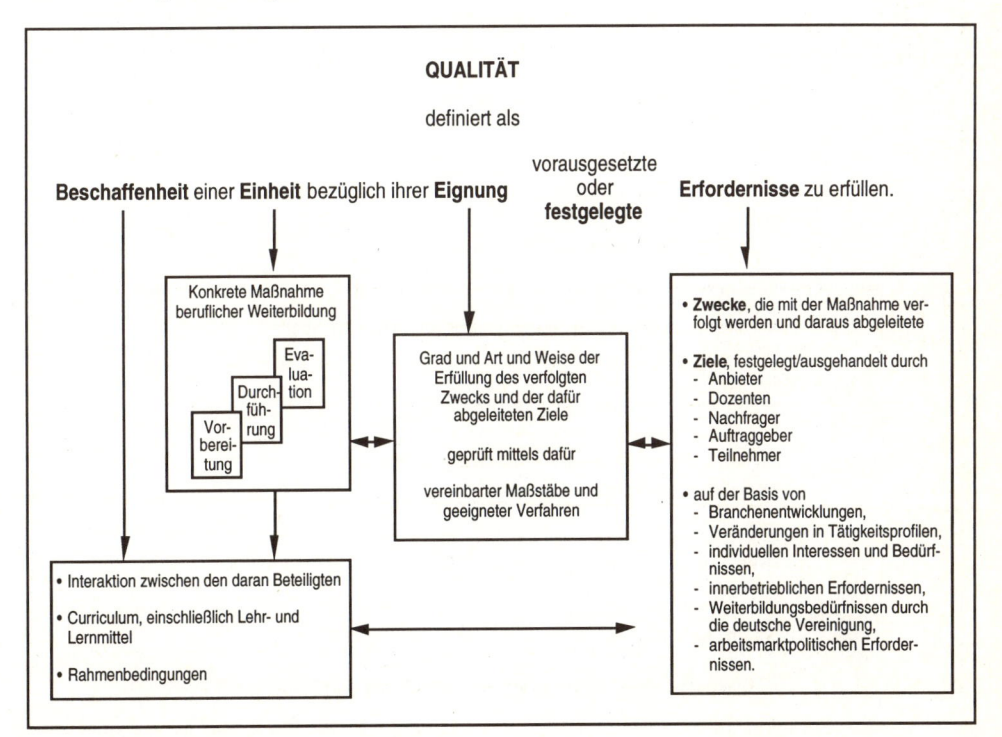

Abb. 3.2.1: Aspekte des Qualitätsbegriffs in der beruflichen Weiterbildung (Quelle: Stephan 1993, S. 20)

Es ist notwendig, sich eingangs über den Begriff "Qualität" in der Weiterbildung zu verständigen. Hierzu ist es sicher eine Grundlage, von der branchenunabhängigen Definition des Begriffes "Qualität" auszugehen, den die Deutsche Gesellschaft für Qualität e. V. (DGQ) in folgender Weise definiert:

"Qualität ist die Beschaffenheit einer Einheit bezüglich ihrer Eignung, bestehende Forderungen zu erfüllen. Entscheidend ist dabei, die Qualitätsanforderung eindeutig zu definieren. Erst dann kann die tatsächlich vorhandene Qualität gemessen und beurteilt werden" (DGQ 1992).

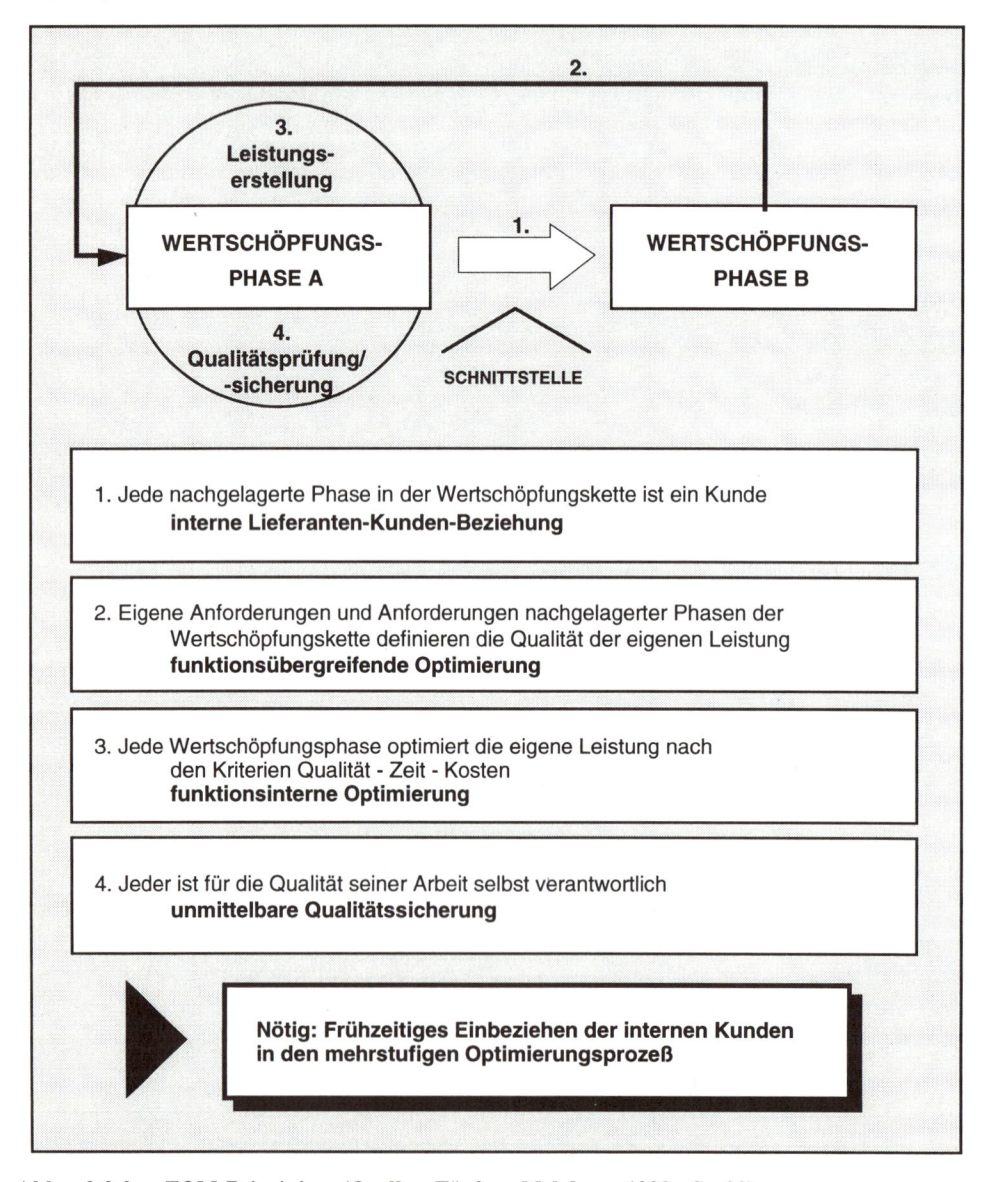

Abb. 3.2.2: TQM-Prinzipien (Quelle: Töpfer, Mehdorn 1993, S. 22)

Weiter wird hervorgehoben:

"Qualitätserzeugung verlangt nach systematischer Qualitätssicherung in allen Phasen des Lebenszyklus eines Produktes" (DGQ 1992).

Hier ist noch die Erweiterung auf Dienstleistungsprozesse notwendig, da sich Qualitätssicherung nicht nur auf Produkte beschränken kann. Für den Bildungsprozeß bedeutet die Orientierung an diesem definierten allgemeinen Qualitätsbegriff nicht nur eine Nachkontrolle der Erfüllung von Bildungszielen und anderen Kriterien im Sinne einer Evaluation, sondern auch eine begleitende sukzessive Optimierung im laufenden gesamten Bildungsprozeß, ein Gegensteuern bei erkennbaren Zielabweichungen. In Abbildung 3.2.1 sind diese Aspekte des Qualitätsbegriffs für die berufliche Weiterbildung dargestellt.

3.2.2.2 Qualitätsmanagement - Personalcontrolling - Bildungscontrolling - Evaluation - Qualitätssicherung

Im folgenden werden unterschiedliche Ansätze zur Qualitätssicherung dargestellt, die hilfreich sein können, eine ganzheitliche Qualitätsstrategie im Bereich Personal- und Organisationsentwicklung zu erarbeiten.

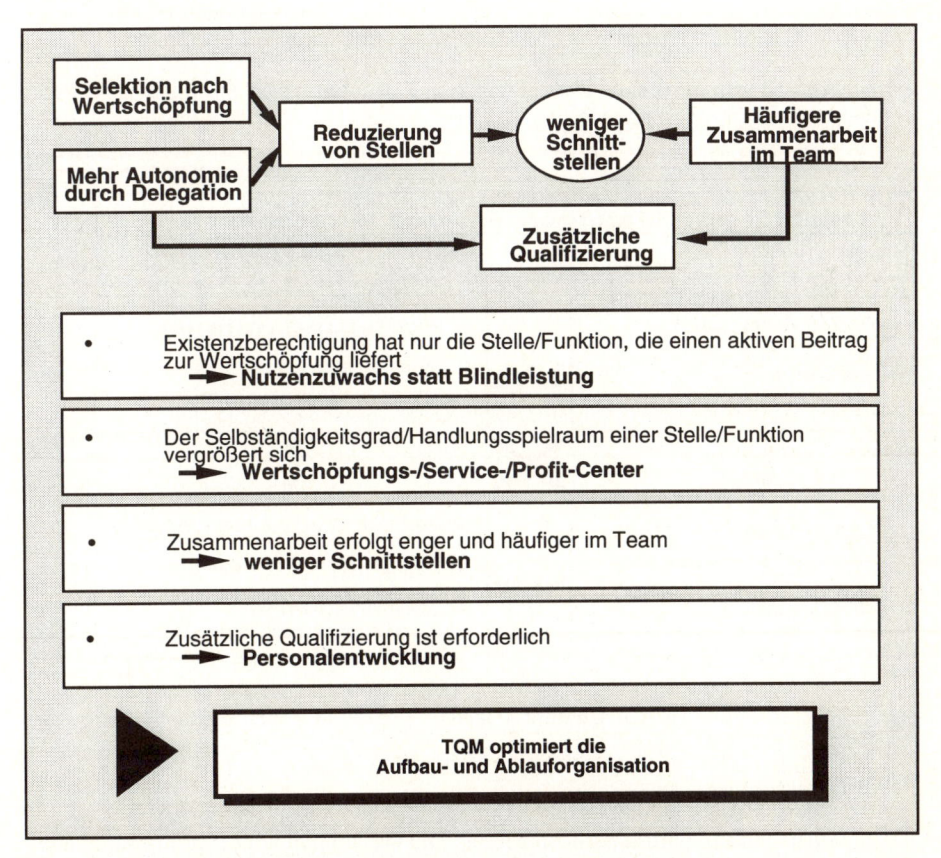

Abb. 3.2.3: Organisatorische Konsequenzen des TQM-Denkens (Quelle: Töpfer, Mehdorn 1993, S. 25)

3.2.2.2.1 Qualitätsmanagement (TQM)

Das "Total Quality Management" (TQM) ist ein ganzheitlicher Denk- und Handlungsansatz für ein umfassendes Qualitätsmanagement, das von allen Führungskräften und Mitarbeitern getragen wird. TQM schafft ein Qualitätsbewußtsein und eine Qualitätssicherung in allen Phasen der Wertschöpfungskette. TQM muß sich in der Unternehmenszielsetzung, also dem Selbstverständnis und Leitbild eines Unternehmens, sowie im konkreten Führungskonzept für das gesamte Unternehmen niederschlagen (vgl. Töpfer, Mehdorn 1993, S. 8). In Abbildung 3.2.2 sind vier grundlegende TQM-Prinzipien dargestellt.

Aus diesen 4 Prinzipien wird die Konsequenz deutlich, daß frühzeitig die internen Kunden in den mehrstufigen Optimierungsprozeß einzubeziehen sind. Zusätzliche Folgerungen für die Aufbau- und Ablauforganisation zeigt die Abbildung 3.2.3.

Die fünf Dimensionen der Qualität des ganzheitlichen TQM-Ansatzes sind in Abbildung 3.2.4 visualisiert. Neben der klassischen Produkt- und Fertigungsqualität kommen die Kontaktqualität, interne Prozeßqualität und die Qualität von Management und Mitarbeitern hinzu.

Am Beispiel der Deutschen Aerospace Airbus wird das Qualitätsmanagement dieses Unternehmens durch die Darstellung seiner 10 TQM-Grundsätze (Abbildung 3.2.5) erläutert.

Als weiterführende und sehr anregende Darstellung zum TQM-Ansatz sei abschließend auf die Ausführungen von Oess (1993) hingewiesen.

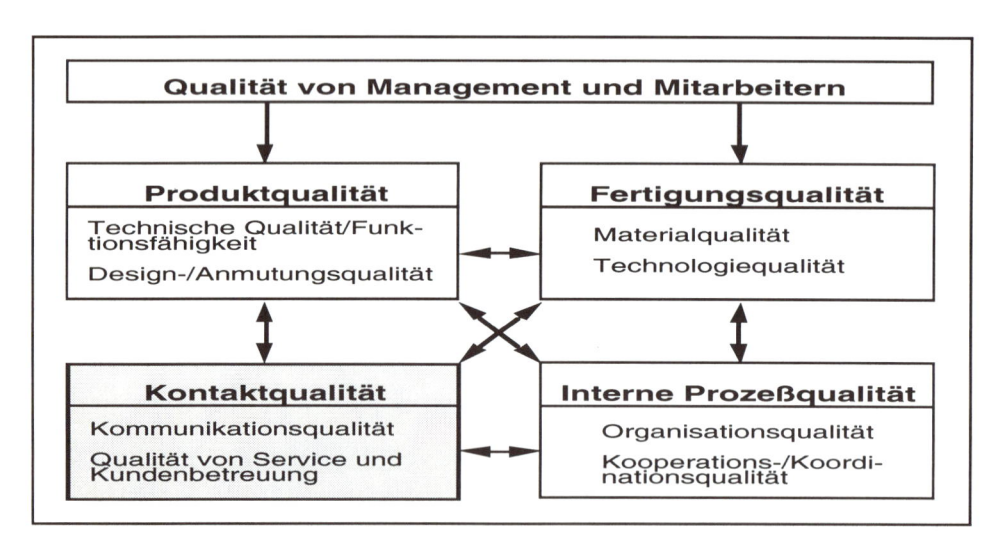

Abb. 3.2.4: Fünf Dimensionen der Qualität (Quelle: Töpfer, Mehdorn 1993, S. 92)

3.2.2.2.2 Das Controllingkonzept

In der Unternehmensführung wird unter Controlling "die Gesamtheit aller führungsunterstützenden Aufgaben, die die Koordination und Informationsversorgung der Führung zum Gegenstand haben", verstanden. Controlling ermöglicht der Führung, "das Unternehmen durch Planung an Umweltveränderungen anzupassen und die dispositiv-koordinierenden Aufgaben der Unternehmenssteuerung wahrzunehmen" (Horvath 1991, S. 366).

Der klassische betriebswirtschaftliche Controllingbegriff umfaßt die Planung, Kontrolle und Informationsversorgung einer betriebliche Einheit. Die 6 W-Fragen des Controlling lauten:

- Wer?   z. B. Controller
- Bei wem?   z. B. Bildungsbereich
- Was?   z. B. Erfüllung Qualitätskriterien
- Wie?   z. B. Methoden, Instrumente
- Wann?   z. B. Eingriffszeitpunkt
- Warum?   z. B. Unternehmensziele

Das Controlling wurde zuerst zur Unterstützung der finanziellen Unternehmensführung und -steuerung entwickelt. Ein solches finanzorientiertes Konzept kann nicht alle Zielstellungen eines Unternehmens hinreichend umfassen. Deshalb wurde das Controllingkonzept auf weitere Subsysteme der Unternehmensführung angewandt.

1. Grundsatz:	Qualität wird definiert durch die • physikalischen Einsatzbedingungen des Produkts, • internationalen flugtechnischen Vorschriften, • spezifischen Wünsche der Kunden-Airline.
2. Grundsatz:	Qualität wird zusätzlich definiert durch die Erfüllung ökologischer Anforderungen an das Produkt und das Unternehmen.
3. Grundsatz:	Qualität der Wertschöpfungskette ist Schnittstellenqualität jeder internen Lieferanten-Kunden-Beziehung.
4. Grundsatz:	Jeder Mitarbeiter der Deutschen Aerospace Airbus ist ein Qualitätssicherer in eigener Sache.
5. Grundsatz:	Die Umsetzung von TQM ist nicht nur eine Organisationsaufgabe, sondern auch eine Führungsaufgabe jedes Vorgesetzten.
6. Grundsatz:	Ein Qualitätsdefizit, das aufgedeckt wird, ist eine Herausforderung und Chance für die Zukunft.
7. Grundsatz:	Qualität ist auf der einen Seite Einzelaufgabe und auf der anderen Seite Gruppenergebnis im Team.
8. Grundsatz:	Eine offene Kommunikationskultur ist ein wichtiger Baustein für eine gelebte TQM-Kultur.
9. Grundsatz:	Die Personalentwicklung hat die Rolle des Change-Agent bei der Kultur-Evolution zu übernehmen.
10. Grundsatz:	Veränderungen sind keine Krisensymptome, sondern ein natürlicher Prozeß der Unternehmensentwicklung zur Sicherung der Wettbewerbsfähigkeit.

Abb. 3.2.5: **Zehn TQM-Grundsätze bei der Deutschen Aerospace Airbus**
(Quelle: Töpfer, Mehdorn 1993, S. 160)

Problemstellung	Geeignete Modelle
• Bewertung des Humanvermögens im Rahmen der Unternehmensbewertung *(Wieviel soll für den übernommenen Mitarbeiterstamm bezahlt werden?)*	• Replacement Cost Model *(historische Anschaffungskosten oder geschätzte Wiederbeschaffungskosten)*
• Maßnahmen zum Ausgleich von Beschäftigungsschwankungen *(z. B. externe Aufträge vs. Einstellungen, Kurzarbeit vs. Personalabbau)* • Arbeitsmarktprognosen *(Rationalisierungsinvestitionen)*	• Kostenvergleichsrechnungen • Investitionsrechnung • Replacement Cost Model • Wirtschaftlichkeitsvergleiche
• Auswahl, Einsatz und Gestaltung von Selektionsinstrumenten	• Kostenvergleichsrechnung • Utility Analysis
• Evaluation und Optimierung von Ausbildungs- und Personalentwicklungsprogrammen	• Stochastic Rewards Model for Human Resource Valuation • Utility Analysis • Effizienzkennziffern
• Personalplanung *(Einstellungs- und Entwicklungsplanung)* • Personalstrukturplanung	• Stochastic Rewards Model for Human Resource Valuation • Markov-Modelle
• Human Capital Budgeting	• Replacement Cost Model *(Wiederbeschaffungswerte)*
• Effizienzmessung der Personalabteilung	• Transfer Pricing
• Effizienzmessung der Personalarbeit	• Effizienzkennziffern • Transfer Pricing *(innerbetriebliche Leistungsverrechnung)*
• Sozialbilanzen	• Replacement Cost Model • Effizienzindikatoren

• Optimierung der Personalausstattung
   - *Experten vs. Allrounder*
   - *Flexible Workforce*
   - *Quantitative Kapazität*
   - *Rationalisierungsstrategie*
   - *Make or buy*
   - *Stellenprofile*
	• Replacement Cost Model
	• Investitionsrechnung
	• Stochastic Rewards Model for Human Resource Valuation

• Entlohnungspolitik
   - *Lohn-/Gehaltsstrukturen*
   - *Leistungsabhängige Prämien*
   - *Monetäre Anreize*
	• Utility Analysis
	• Stochastic Rewards Model for Human Resource Valuation

Abb. 3.2.6: Anwendungsmöglichkeiten verschiedener ökonomischer Modelle zum Personalcontrolling (Quelle: Sailer 1988, S. 22)

3.2.2.2.2.1 Personalcontrolling

Unter Personalcontrolling verstehen Wunderer und Sailer (1987, S. 322) "die bewußte, integrierte und systematische Planung (Soll) und Kontrolle (Ist) personalwirtschaftlicher Tatbestände, ... wobei die Ergebnisse der Abweichungsanalyse Grundlagen des Planungsprozesses sowie die Entwicklung und Koordination von Verbesserungsmaßnahmen sind."

Controlling-**Funktionen**:	• Informationsverdichtung • Informationsbedarfsanalyse • Stärken-/Schwächenanalyse • Erfolgsbeurteilung (Evaluation) • Steuerung
Controlling-**Kalküle**:	• Kosten • Kosten/Nutzen/Risiko • Wirtschaftlichkeit • Effizienz • Rentabilität • Sozialkalküle • Flexibilität/Anpassungsfähigkeit • Potentialkalküle
Controlling-**Instrumente**:	• Datenerfassungs- und -verarbeitungssysteme • Bewertungsmodelle • Entscheidungsmodelle • Management-Control-Systeme
Controlling-**Aufgaben**:	• Aufbau und Betrieb des Informationssystems • Controllinggerechte Gestaltung des Rechnungswesens • Beratung und Unterstützung der Entscheidungsträger • Reports • Forschung und Entwicklung (z. B. Bewertungsmodelle) • Marketing der Controlling-Konzeption
Controlling-**Inhalte**:	• Investitionsrechnung • Wirtschaftlichkeitsrechnung • Personalplanung • Nutzwertanalyse • Kennziffern • Validitätsuntersuchung • Szenarien

Abb. 3.2.7: Elemente von Personalcontrolling-Konzeptionen (Quelle: Sailer 1988, S. 4)

Ziel des Personalcontrolling ist es insbesondere,

- ein Instrument für die strategische Personalentwicklung zu schaffen und
- die Personalarbeit ökonomisch zu fundieren.

Zwei Ansätze, die sich mit ökonomischen Analyse-, Bewertungs- und Entscheidungsmodellen für personalwirtschaftliche Fragestellungen beschäftigen, sind hervorzuheben:

- Human Resource Accounting (HRA) (Bewertung von Humanvermögen),

- Utility Analyse (Nutzenanalyse).

Die Human Resource Accounting hat sich als hilfreich bei der Kostenanalyse von Personalentscheidungen, z. B. bei Entlassungen oder Personalentwicklungsprogrammen (Flamholz 1985), erwiesen.

Die Nutzenanalyse ist ein Verfahren der klassischen Testtheorie. Schmidt et al. entwickelte 1979 diese Analyse weiter zur Schätzung der monetären Standardabweichung des Leistungswerts des Mitarbeiters. Kritisch ist die ausschließlich monetäre Sicht ohne Beachtung der die Ausprägung des Leistungspotentials bezogenen Faktoren wie z. B. die Motivation, Arbeitssituation oder auch der Absatzmarkt. In Abbildung 3.2.6 sind Anwendungsmöglichkeiten verschiedener ökonomischer Modelle zum Personalcontrolling nach Sailer zusammengestellt.

Nach Sailer stellen sich folgende 3 Fragen:

- Welche personalwirtschaftlichen Entscheidungen können und sollen auf der Basis ökonomischer Analysen getroffen werden? • *Anwendungsbezug*

- Welche Analysen und Bewertungsmodelle sind für die Einzelentscheidungsprobleme geeignet? • *Analyse- und Bewertungsmodelle*

- Welche Daten und welcher Informationsbedarf ergeben sich aus den Modellen?
  • *Informationssystem*

In Abbildung 3.2.7 sind die Elemente von Personalcontrolling-Konzeptionen nach Sailer (1988, S. 4) zusammengestellt.

3.2.2.2.2.2 Bildungscontrolling

Unter Bildungscontrolling soll ein ganzheitliches-integratives Instrument der Unternehmensführung zur prozeßbegleitenden Optimierung der Erfüllung von bildnerischen Anforderungen in PE/OE-Prozessen verstanden werden. Klassisches betriebliches Bildungscontrolling orientiert sich am Funktionszyklus betrieblicher Bildungsarbeit (vgl. Abbildung 3.2.8).

Controlling erfolgt prozeßbegleitend in jeder Phase des Funktionszyklus wie in Abbildung 3.2.9 aufgelistet. Nach Ansicht des Verfassers sollte die enge betriebliche Sicht beim Bildungscontrolling auf folgende drei Bereiche erweitert werden:

a) individuelles Bildungscontrolling

b) betriebliches Bildungscontrolling

c) gesellschaftliches Bildungscontrolling

In den folgenden Abschnitten wird dieser Ansatz ausgeführt.

a) Individuelles Bildungscontrolling

In einer humanistischen Gesellschaft steht die ganzheitliche Selbstverwirklichung eines Menschen im möglichen gesellschaftlichen Rahmen als eine sehr wichtige Wertorientierung im Vordergrund. Erfolgreiche Unternehmen haben diesen Grundsatz erkannt und unterstützen in unterschiedlicher Weise Bemühungen ihrer Mitrbeiter um ganzheitliche Selbstverwirklichung. Gelingt es, individuelle Entwicklungsziele mit der betrieblichen Karriereentwicklung in Übereinstimmung zu bringen, profitieren davon die Mitarbeiter und das Unternehmen. Eine solche individuelle Lebens- und Karriereplanung sollte auch allgemeinbildende Maßnahmen umfassen, z. B. Fremdsprachen, Schlüsselqualifikationen, die nicht arbeitsplatzspezifisch sind, oder auch ein Verhaltenstraining zur Streß- und Konfliktbewältigung.

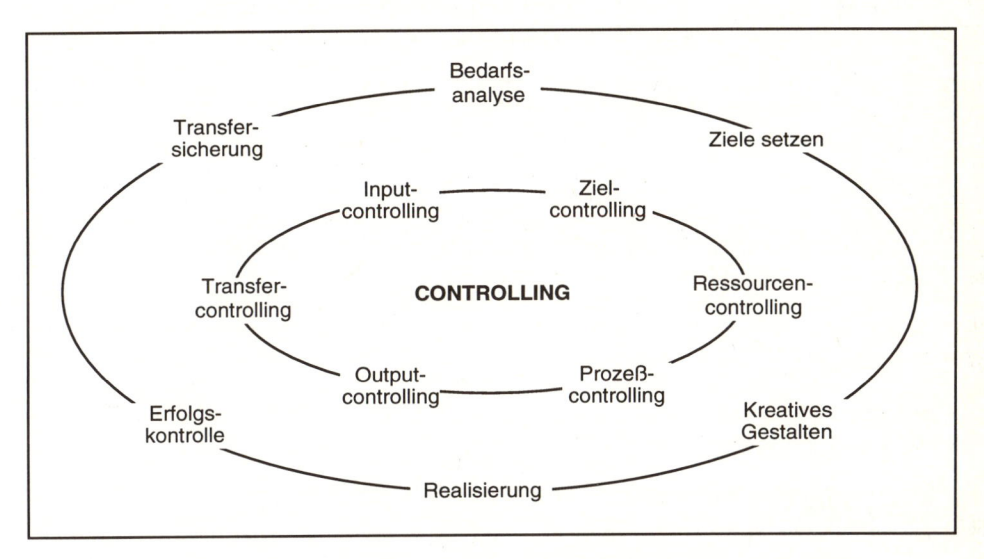

Abb. 3.2.8: Ganzheitliches Bildungscontrolling im Funktionszyklus betrieblicher Bildungsarbeit (Quelle: Becker, Schöne 1991, S. 87)

b) Betriebliches Bildungscontrolling

Aus betrieblicher Sicht wird der Bildungsbedarf oft noch eng aus den aktuellen Arbeitsplatzanforderungen und der Verwendungssituation heraus abgeleitet. Hierfür gibt es eine Reihe von mehr oder weniger gründlichen und zuverlässigen Analysemethoden, um die konkrete arbeitsplatzbezogene Fachqualifikation zu bestimmen. Unterschätzt werden noch die "nicht sichtbaren" Qualifikationen, wie z. B. Schlüsselqualifikationen (vgl. Nuissl, Siebert, Weinberg 1988, S. 33 ff). Außerfachliche Qualifikationen bleiben als Qualifikationspotentiale unerkannt, werden z. T. erst in Ausfallsituationen zu spät entdeckt.

Der betriebliche Bildungsbedarf ist mehr als das momentane arbeitsplatz- und funktionsbezogene Qualifikationsdefizit. Vorteile eines ganzheitlichen Bildungscontrolling bestehen insbesondere in der

- Transparenz bedarfs- und zielorientierter Bildungsmaßnahmen im Betrieb,
- Entwicklung eines qualitäts- und kostenorientierten Denkens in der Bildungsarbeit,
- prozeßorientierten sukzessiven Optimierung der Bildungsarbeit,
- Planung und Bewertung des Beitrags der Bildungsarbeit für den unternehmerischen Erfolg und zur Selbstverwirklichung der Mitarbeiter und Führungskräfte,

- erhöhten Akzetanz der Bildungsarbeit bei den noch vorwiegend betriebswirtschaftlich denkenden Führungskräften,

- Integration der Personalentwicklung in das gesamte Unternehmenscontrolling und die Unternehmensphilosophie.

Phase	Überprüfung und Korrektur der
Input-Controlling	• Zielgruppenanalyse • Bedarfsanalyse • Bedingungsanalyse
Ziel-Controlling	• Zielübereinstimmung • Zielgenauigkeit • Zielformulierung • Kontrollierbarkeit der Zielangabe
Ressourcen-Controlling	• Analyse der zur Verfügung stehenden Methoden, Lehr- und Lernmittel und Trainer • Curriculum • Ablaufplanung • Bildungsmarktanalyse
Prozeß-Controlling	• Verlaufsanalyse • Erfassung der Zwischenergebnisse • Korrekturmaßnahmen bei Abweichungen
Output-Controlling	• Ergebnisanalyse • Kosten-Nutzen-Analyse
Transfer-Controlling	• Anwendung am Arbeitsplatz • Analyse der Transferbedingungen

Abb. 3.2.9: Prozeßbegleitendes Bildungscontrolling
(Quelle: Becker, Schöne 1991, S. 80/81)

c) Gesellschaftliches Bildungscontrolling

Ein punktuelles situationsbezogenes Eingreifen des Staates in die Weiterbildung (als Reparaturaufgabe) ohne eine Langzeitstrategie und konkrete Förderkonzepte führt zu ineffektivem Potentialeinsatz. Aus diesem Grunde sind kontinuierliche, begleitende ordnungspolitische Maßnahmen und damit verbundene Finanzierungshilfen für die Weiterbildung und Umschulung durch den Staat zu entwickeln - und zwar solche, die fördern und nicht hemmen.

3.2.2.2.3 Evaluation und Qualitätssicherung in der betrieblichen Weiterbildung

In der Unterrichtsforschung geht man vom Ansatz der "Evaluation" aus. Man versteht darunter ein formales Vorgehen unabhängig vom Inhalt, welches aus dem "Sammeln und Kombinieren von Verhaltensdaten mit einem gewichteten Satz von Skalen, mit denen entweder vergleichende oder numerische Beurteilung erlangt werden soll, ... und Rechtfertigung (a) der Datensammlungsinstrumente, (b) der Gewichtung, (c) der Kriterienwahl" (Scriven 1972,

S. 61). Die Evaluation wird von der Wertermittlung bis zur Anwendung als Planungs- und Entscheidungsmittel genutzt. Im Unterschied zum Controlling steht hierbei nicht eine begleitende Prozeßsteuerung im Vordergrund. In Abbildung 3.2.10 wird die Evaluation als letzte Phase eines abgelaufenen Funktionszyklus in der Weiterbildung eingeordnet.

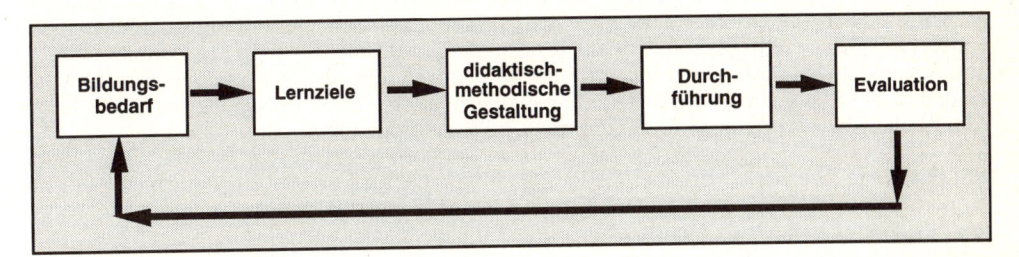

Abb. 3.2.10: Zur Einordnung der Evaluation in den Funktionszyklus in der Weiterbildung

Evaluationsmethoden, wie z. B. Befragungen, Hospitationen und Leistungsanalysen, Beobachtungen, videogestützte Selbstkonfrontation u. a., werden sowohl zur Auslösung von Feedback-Prozessen als auch für Evaluationen im Sinne der Erfolgskontrolle einer durchgeführten Bildungsmaßnahme genutzt. Der Evaluationsansatz ist zugleich Grundlage für die seit vielen Jahren laufenden Bemühungen um Qualitätssicherung in der betrieblichen Weiterbildung. Für die Qualitätssicherung in der beruflichen/betrieblichen Aus- und Weiterbildung werden folgende Vorgehensweisen genutzt:

- Fremdeinschätzung von Bildungsmaßnahmen durch die Auftraggeber, z. B. durch Prüfgruppen der Arbeitsämter bei Umschulungsmaßnahmen entsprechend dem Qualitätserlaß oder

- verbandsinterne Qualitätssicherung, z. B. Vereinigung von Bildungsträgern entsprechend dem verbandseigenen Qualitätskodex,

- Selbstkontrollen durch die Bildungsträger.

Zur Beurteilung der Güte dieser qualitätssichernden Aktivitäten ist die Beantwortung der 6 W-Fragen des Bildungscontrolling eine Hilfe.

Entscheidend ist, *"wer?"* prüft die Qualität, welche Kompetenz haben die Qualitätsprüfer. Nur bei entsprechender methodischer und fachlicher Kompetenz und Erfahrung kann ein sachgerechtes Urteil abgegeben werden. Zu beachten ist hiebei auch der Versuchsleitereffekt, der subjektiv die Fragestellung, Einführung der Befragung und Auswertung wesentlich beeinflussen kann.

Die Frage *"bei wem?"* zielt auf die Klärung der Repräsentanz der geprüften Stichprobe für die Qualitätsprüfung ab. Nur wenn gesichert ist, daß alle bzw. eine repräsentative Stichprobe der Untersuchungspopulation von den Beteiligten (Lernende, Lehrende und Vorgesetzte der Lernenden) in die Analyse einbezogen sind, kann ein umfassendes Ergebnis erzielt werden. In den meisten Fällen beschränkt sich die Analyse leider auf die Teilnehmerbefragung.

Mit der Frage *"was?"* wird eine Aussage zu den Qualitätskriterien als Meßlatte erwartet. Je umfassender, aber handhabbar, verständlich und prüfbar diese Kriterien sind, desto genauere Ergebnisse sind zu erwarten. Es besteht die Gefahr, daß leicht quantifizierbare und einfach zu messende Kriterien überwiesen und schwierig zu beurteilende qualitative Kriterien (z. B. die didaktisch-methodische Gestaltung) zu wenig Beachtung finden.

Entscheidend ist die Frage *"wie?"* zu den Methoden der Qualitätssicherung, auf die bereits eingegangen wurde. Die relativ aufwendigen Verfahrensweisen haben noch oft den breiteren Einsatz verhindert bzw. es besteht noch nicht die zwingende Notwendigkeit, dafür einen angemessenen Aufwand für die Qualitätssicherung zu investieren.

Auch der Eingriffszeitpunkt, der mit der Frage *"wann?"* benannt werden muß, ist von Bedeutung. Eine Teilnehmerbefragung vor der Prüfung durch den Weiterbildungsanbieter (Abhängigkeitsphase) fällt ganz anders aus als die gleiche Befragung nach der Zeugnisausgabe und mit ersten Erfahrungen in der praktischen Anwendung des erworbenen Wissens und Könnens. Hier ist auch zu hinterfragen, wie die Anonymität der Teilnehmer z. B. bei handschriftlicher Beantwortung in Seminargruppengröße zu sichern ist.

Mit der Frage *"warum?"* wird das Ziel der Qualitätssicherung erfragt. So stellt man hier eine größere Bereitschaft zur Qualitätssicherung bei den Bildungsträgern fest, wenn die Ergebnisse nur zur abteilungsinternen Optimierung einer Bildungsmaßnahme oder Befähigung der Lehrenden verwendet werden. Sind aus der Auswertung gravierende Entscheidungen (Auftragsvergabe, Personalentscheidungen, Finanzierung u. a.) zu erwarten, besteht oft nur eine zögerliche Bereitschaft zur Mitarbeit.

Die Selbstkontrolle der Bildungsträger und verbandsinterne Qualitätsprüfungen üben einen deutlich spürbaren Einfluß auf die Qualität von Maßnahmen beruflicher Weiterbildung aus. Ein recht oft auftretender Mangel besteht darin, daß die Qualitätsproblematik von der Geschäftsführungsebene nach unten verlagert wird. Weiterhin wird festgestellt, daß die Aufgabe, Qualitätsprüfungen fachgerecht durchzuführen, Spezialisten verlangt. Diese Aufgabe ist nicht nebenbei mitzuerledigen (vgl. Klarhöfer u. a. 1993, S. 5).

3.2.2.2.4 Ein ganzheitlicher Ansatz für ein Qualitätsmanagement in der Personal- und Organisationsentwicklung

Angeregt durch die dargestellten Ansätze und Erfahrungen soll der Versuch unternommen werden, einen ganzheitlichen Ansatz für ein Qualitätsmanagement in der betrieblichen Weiterbildung zu skizzieren. Als Ausgangspunkt werden folgende Thesen gesetzt:

1. Die Bestimmung der aktuellen und zukunftsorientierten Qualitätsansprüche an betriebliche Weiterbildung ist aus der Sicht der sich Bildenden, der Unternehmen und staatlichen Vertreter zur Sicherung gesellschaftlicher Anforderungen und Werte vorzunehmen und im erforderlichen Umfang den Anforderungen entsprechend zu aktualisieren.

2. Die Sicherung einer hohen definierten ganzheitlichen Qualität ist Ziel und Rahmen für alle gestaltenden, innovativen und optimierenden Aktivitäten der am Bildungsprozeß Beteiligten. Dabei ist zu beachten, daß innerhalb bestimmter, relativ einheitlicher Rahmenanforderungen ein großer Freiraum für differenzierte Qualitätsansprüche einzelner sich bildender Menschen, einzelner Gruppen und lernender Organisationen bestehen muß.

3. Betriebliche Weiterbildung soll sowohl dem humanistischen Ziel der Selbstverwirklichung von Individuen und Gruppen innerhalb zu beachtender gesellschaftlicher Rahmenbedingungen dienen, aber auch notwendigerweise dazu beitragen, den unternehmerischen Erfolg zu sichern, um daraus auch Bildung finanzieren zu können.

4. Für die Erfüllung der Bildungsqualität sind alle am Prozeß Beteiligten in unterschiedlicher Weise mitverantwortlich - dies setzt die Entwicklung eines hohen ganzheitlichen Qualitätsbewußtseins voraus.

5. Eine Bildungseinrichtung bzw. ihre Mitarbeiter und Führungskräfte sind ein kundenorientiertes Dienstleistungszentrum mit einem spezifischen pädagogischen/sozialen Auftrag auf dem Gebiet der Information, Beratung, Unterstützung, Realisierung und Auswertung von Bildung im Rahmen von Personal- und Organisationsentwicklungsprozessen.

6. Es wird von einem Bildungsverständnis ausgegangen, wobei der bildungsinteressierte Kunde selbständig individuell oder in Gruppen lernt. Dabei wird er vom betrieblichen Weiterbildner informiert, beraten, unterstützt im Sinne von "Hilfe zur Selbsthilfe" zu geben. Um hinreichend selbständig über den eigenen Lernprozeß bzw. die eigene Karriereentwicklung entscheiden zu können, ist dazu eine Grundbefähigung (Schlüsselqualifikation) zu entwickeln.

7. Das Überwinden von Schwachpunkten, die Beseitigung von Fehlern, das Lösen von Problemen sind notwendige Veränderungen und keine Krisensymptome, sondern ein natürlicher Prozeß der Personal- und Organisationsentwicklung. Qualitätsdefizite, Bearbeitung von Kritiken und Reklamationen sind eine Herausforderung und Chance zur Sicherung der Wettbewerbsfähigkeit.

8. Die Umsetzung der Qualitätsstrategie ist in den Unternehmenszielsetzungen zu verankern; sie ist Führungsaufgabe jedes Vorgesetzten, sie erfordert Beteiligungsqualifizierung durch jeden Mitarbeiter und kann durch eine offene Kommunikationskultur wesentlich gefördert werden.

Für die praktische Einführung eines solchen ganzheitlichen Qualitätsmanagements bedeutet dies insbesondere folgende Aktivitäten auszulösen:

- differenzierte Analyse der Bildungsbedürfnisse von "Bildungskunden" (Lerner, Gruppen, Organisationen),

- Prognosetätigkeit über mögliche Bedürfnisveränderungen,

- Information und Transparenz über mögliche Bildungsleistungen, den Nutzen von Bildungsleistungen für den Bildungskunden verdeutlichen, Erfolge und Referenzen aufzeigen,

- Kundenberatung über Bildungstrends, unterschiedlichste Bildungsangebote, Anwendungssituation, Probleme, Hilfe zur Selbsthilfe, Entscheidung durch den Kunden,

- Entwicklung von kundenspezifischen Bildungsangeboten (Varianten) im Dialog mit dem Bildungskunden unter Nutzung vorhandener bzw. zu entwickelnder Module (Ziele, Inhalte, Methoden, Organisationsformen, Lernorte u. a.),

- Abschätzung der Aufwendungen und des Kundennutzens für die entwickelten Bildungsangebote als Entscheidungsgrundlage,

- Gestaltung einer dem Bildungskonzept und den Kundenwünschen und -möglichkeiten entsprechenden Lernumwelt,

- prozeßbegleitendes Controlling mittels quantitativer und qualitativer Kriterien, um rechtzeitig Abweichungen vom Ziel zu erkennen und gegensteuern zu können,

- begleitende ganzheitliche Betreuung und Service des Bildungskunden.

3.2.3 Rechnergestützte Personalinformationssysteme zur Unterstützung der betrieblichen Weiterbildung

Personalinformationssysteme werden in zwei Bereichen genutzt:

- Zur Administration
  (Datenpflege, Abwicklung der Verwaltungsfunktionen wie Einstellung, Versetzung, Entgeltabrechnung, Melde- und Berichtswesen, Zeitdatenführung, Erstellung von Personalstatistiken) und

- zur Disposition
  (Personalbedarfsplanung, Organisationsplanung, Personalbeschaffungsplanung, Aus- und Fortbildung, Entwicklungsplanung und Aufwandsplanung) (vgl. Bellgardt 1990, S. 70).

Personalinformationssysteme erlauben ständig eine aktuelle Übersicht und die statistische Auswertung betrieblicher Kennzahlen für Weiterbildung, die zugleich eine Grundlage für betriebswirtschaftliche Controllingprozesse bilden.

Typische Kennzahlen sind:

- Bildungskennzahlen:
  - Gesamtzahl der Mitarbeiter,
  - Teilnehmerzahlen,
  - Weiterbildungsstunden,
  - Trainertage,
  - Abbrecherzahl,
  - Durchschnittsalter.

- Verhältniszahlen:
  - Frauenanteil, insgesamt und je Bereich,
  - durchschnittliche Bildungskosten/Mitarbeiter,
  - Indexzahlen (um auf den Basiswert bezogene jährliche Wachstumstendenzen aufzuzeigen).

- Vergleichszahlen:
  - Betriebsvergleiche (z. B. Ausbildungsquoten),
  - Soll/Ist-Vergleiche (z. B. Übernahmequote),
  - Zeitvergleiche (z. B. Entwicklung der Weiterbildungskosten),
  - Strukturvergleiche (z. B. Anteil der Mitarbeitergruppen),
  - Rangfolgevergleiche (z. B. Teilnehmerrangfolgezahlen für bestimmte Mitarbeitergruppen),
  - Korrelationsvergleiche (z. B. Fluktuationsquote),
  - Häufigkeitsvergleiche (z. B. Häufigkeit der Weiterbildungsteilnahme).

Personalinformationssysteme erlauben eine große Transparenz, termingetreue Überwachung und kostenstellenorientierte Abrechnung der betrieblichen Weiterbildung. Durch die Erfassung der Weiterbildungsberichte der Teilnehmer in jedem Seminar können diese Bewertungen verdichtet werden. Sie signalisieren mögliche Probleme im Trainereinsatz und belegen stabile erfolgreiche Bildungsarbeit der einzelnen Referenten. Für die Planung und Überwachung durch die Weiterbildungsabteilung besteht eine ständig aktuelle Übersicht, Änderungen können kurzfristig vorgenommen werden. Mit einer derartigen Unterstützung wird die Personalarbeit erleichtert und beschleunigt, Informationen werden in größerem Umfang und in verbesserter Qualität verfügbar gemacht, die Transparenz und Flexibilität erhöht und die Entscheidungsprozesse erleichtert (Bellgardt 1990, S. 71).

3.2.4 Innerbetriebliche Kostenstellenrechnung für Weiterbildungsmaßnahmen - Bildungstransfer - Profitcenter für die betriebliche Weiterbildung

Wie bereits ausgeführt, setzt sich mehr und mehr der Trend zur Analyse und Optimierung der Wertschöpfung in jeder Phase als interne Lieferanten-Kunden-Beziehung durch. Deshalb teilen immer mehr Unternehmen das Gesamtbudget für Weiterbildung auf dezentrale Weiterbildungsbudgets für die Fachabteilungen auf. Die zentrale Bildungsabteilung wird dann zum internen Anbieter von Bildungsleistungen - auch im Wettbewerb mit externen Anbietern.

PROFITCENTER-ORIENTIERUNG

Ganzheitliche Betrachtung

Was ändert sich?
- Verkauf der Leistungen im Wettbewerb zu externen Anbietern und Bereichsweiterbildnern
- Ausgleich des Kostenstellenergebnisses durch Deckung der Bildungskosten mit Erlösen

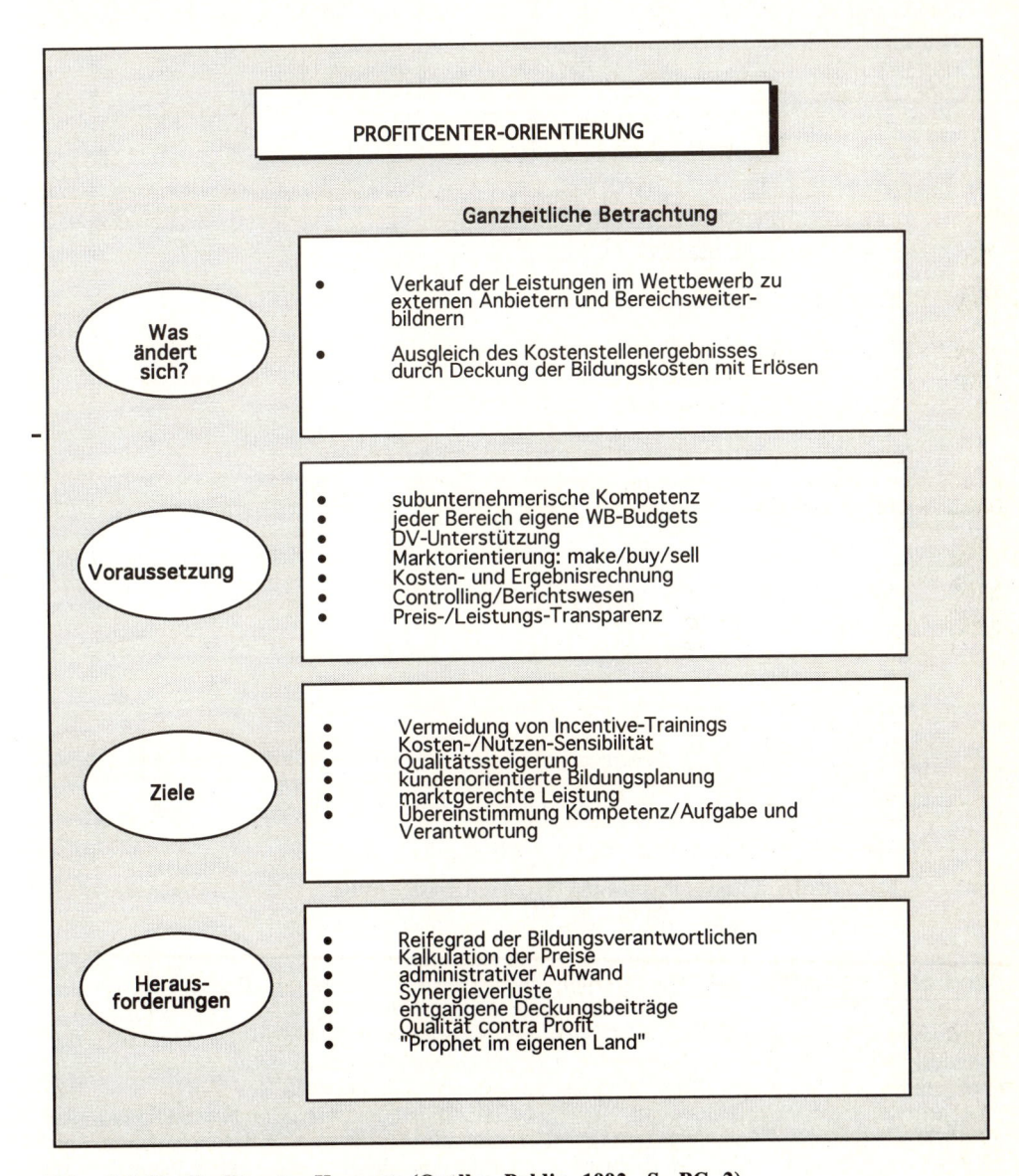

Voraussetzung
- subunternehmerische Kompetenz
- jeder Bereich eigene WB-Budgets
- DV-Unterstützung
- Marktorientierung: make/buy/sell
- Kosten- und Ergebnisrechnung
- Controlling/Berichtswesen
- Preis-/Leistungs-Transparenz

Ziele
- Vermeidung von Incentive-Trainings
- Kosten-/Nutzen-Sensibilität
- Qualitätssteigerung
- kundenorientierte Bildungsplanung
- marktgerechte Leistung
- Übereinstimmung Kompetenz/Aufgabe und Verantwortung

Herausforderungen
- Reifegrad der Bildungsverantwortlichen
- Kalkulation der Preise
- administrativer Aufwand
- Synergieverluste
- entgangene Deckungsbeiträge
- Qualität contra Profit
- "Prophet im eigenen Land"

Abb. 3.2.11: Profitcenter-Konzept (Quelle: Baldin 1992, S. PC 2)

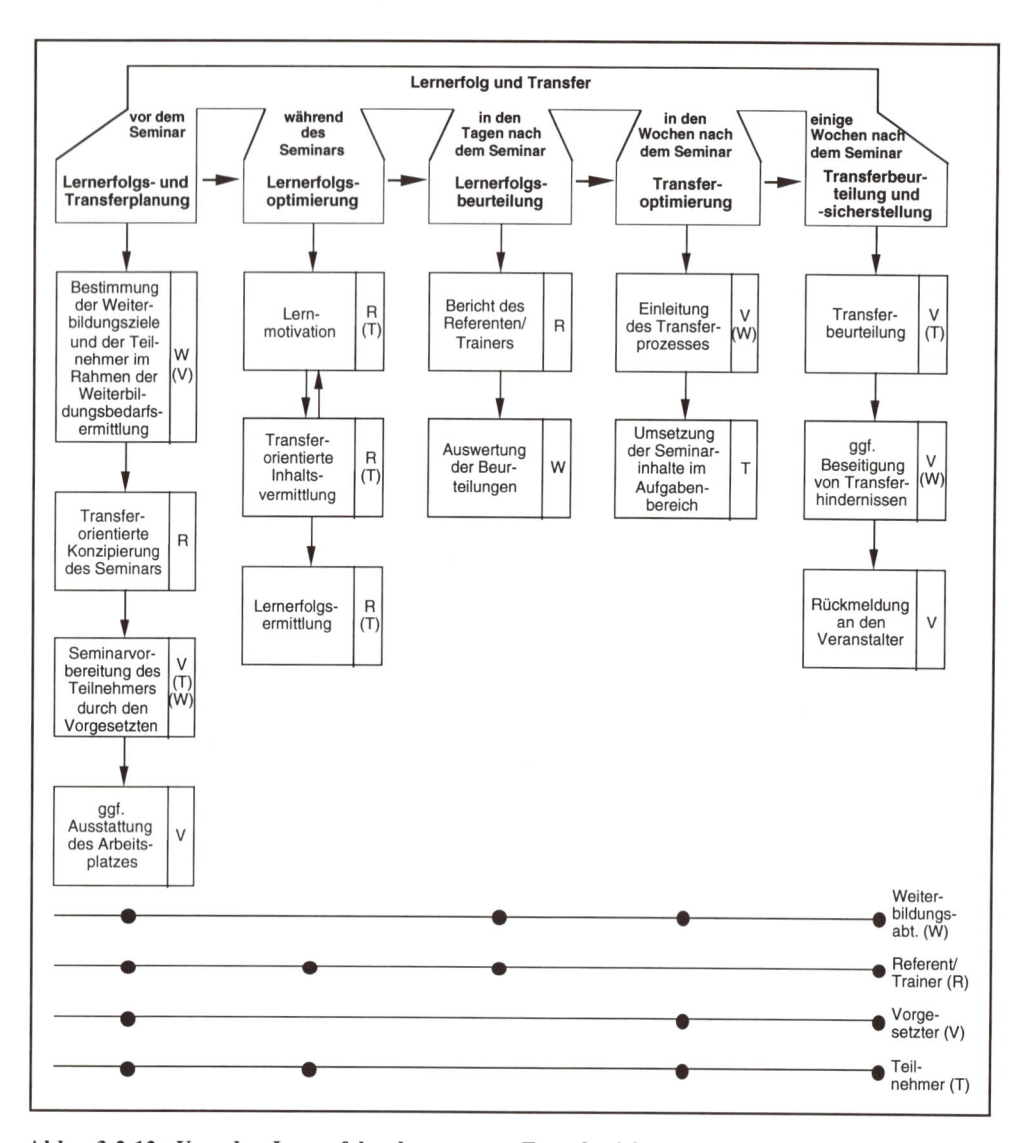

Abb. 3.2.12: Von der Lernerfolgsplanung zur Transfersicherung
(Quelle: AEG o. Jahrg., S. 2/3)

Die hausinternen Kunden entscheiden jetzt über die Auftragserteilung entsprechend ihren Wünschen und wählen aus den internen und externen Angeboten das günstigste aus. Schrittweise entwickeln sich aus Teilen dieser zentralen Bildungsabteilungen selbständige Profitcenter für Weiterbildung, die auch für externe Kunden tätig werden. Trotz der Schwierigkeiten, Bildungsergebnisse in einer Kosten-Nutzen-Rechnung zu berücksichtigen, muß man auch feststellen, daß es noch zu wenige Versuche in der Praxis gibt, dafür schrittweise Kostenkalkulationen, Nutzenabschätzungen und vor allem Nachkalkulationen nach Einschätzung der Transferergebnisse vorzunehmen. Diese noch bestehende Zurückhaltung der Weiterbildner bei der Erarbeitung von betriebswirtschaftlichen Kennzahlen im Personalentwicklungsprozeß wird sich erst dann ändern, wenn durch eine eindeutige Profitcenterorientierung diese Forderung durchgesetzt wird. Die Notwendigkeit, ernsthafte Schritte in diese Richtung zu gehen, diktiert die Kostenentwicklung in der Weiterbildung. Zunehmend sind Angebotsvergleiche zwischen externen und internen Bildungsanbietern vorzunehmen.

Es ist die Tendenz zu beobachten, daß der Anteil des fest angestellten Personal für die Weiterbildung, besonders das nicht hinreichend ganzjährig ausgelastete Trainingspersonal, in betrieblichen Weiterbildungszentren reduziert wird. Verstärkt arbeitet man mit externen Bildungsanbietern. Dabei muß man jedoch sehr darauf achten, daß sich dieser externe Trainer sehr genau auf die betrieblichen Bedürfnisse einstellt und eine langfristige Zusammenarbeit angestrebt wird. Damit kann der Vorteil hauseigener Trainer, die das Unternehmen, seine hausinternen Probleme und spezifischen Inhalte sehr gut kennen, zum Teil kompensiert werden. Durch eine Profitcenterbildung können hauseigene Trainer mit zusätzlichen Trainingsaufträgen von anderen Auftraggebern besser ausgelastet werden - zugleich sammeln sie Erfahrungen in anderen Unternehmen (vgl. Abbildung 3.2.11).

Wenn auch die Richtigkeit der Abschätzungen des Bildungstransfers und der Rentabilitätsberechnung zum Teil noch mit Fragezeichen zu versehen sind, zeigen sie doch gegenüber den betriebswirtschaftlich denkenden Führungskräften in der Unternehmensleitung die Bemühungen um eine betriebswirtschaftliche Durchdringung des Weiterbildungsbereichs. Budgetanträge von Fachabteilungen für geplante Bildungsmaßnahmen, die in der Anlage eine solche Abschätzung enthalten, haben eine viel größere Realisierungschance. Ebenso ist die zu beobachtende Nebenwirkung der Akzeptanz von Weiterbildung als ein betriebswirtschaftlicher Kosten-Nutzen-Faktor bei Führungskräften sehr wichtig. Im allgemeinen ist die zielgerichtete Planung der Transfersicherung noch in vielen Unternehmen ein Schwachpunkt. Ein beispielhaftes System zeigt Abbildung 3.2.12.

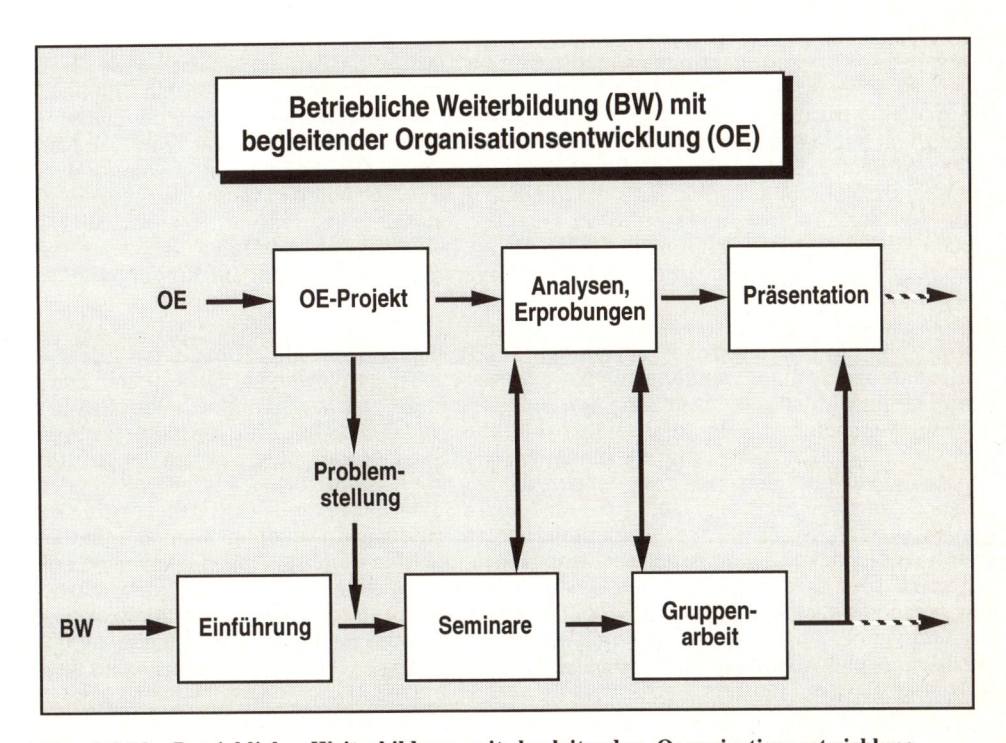

Abb. 3.2.13: Betriebliche Weiterbildung mit begleitender Organisationsentwicklung

Daraus wird ersichtlich, daß Transfersicherung ein sich durchziehender Schwerpunkt durch alle Phasen der Planung, Realisierung und Auswertung sein muß. Durch ein die Bildungsmaßnahmen begleitendes Transfercontrolling ist laufender Einfluß auf eine zielgerichtete Umsetzung zu nehmen. In der Transferbeurteilung sollte es nicht nur um eine quantitative und qualitative Beschreibung gehen, sondern auch der Versuch einer betriebswirtschaftlichen Auswertung der Aufwendungen und Transferergebnisse unternommen werden. Noch umfassender sollte eine projektorientierte betriebliche Weiterbildung konzipiert werden. Wie Abbildung 3.2.13 zeigt, werden aus betrieblichen Organisationsentwicklungsprojekten konkrete Aufgabenstellungen abgeleitet, die in Seminaren der betrieblichen Weiterbildung, z. B. in der Gruppenarbeit oder Projektarbeit, bearbeitet werden. Notwendige Analysen und Erprobungen der entwickelten Problemlösungsansätze werden von den Seminarteilnehmern in den OE-Projekten vorgenommen. Das Gesamtergebnis wird von der Gruppe vor der OE-Projektleitung präsentiert und verteidigt.

3.3 Strategieorientierte Evaluierungvon betrieblichen Weiterbildungs- und Personalentwicklungsmaßnahmen

M. Hesseler, G. Hoffmann

3.3.1 Problemstellung

Im Vordergrund der folgenden Betrachtungen steht die Bewertung betrieblicher Qualifizierungsprozesse, so daß nicht nur formalisierte bzw. institutionalisierte, sondern auch Organisationsformen des Lernens und der Sozialisation in der Arbeit behandelt werden. Mit anderen Worten wird es nicht nur darum gehen können, die Wirkungen (intendierte Zielerreichung) von Implementierungen auf Grundlage eines Programms (intendierte Ziele) zu beurteilen (Wollmann, Hellstern 1978). Ebenso wichtig ist es, die Evaluierung ungeplanter Folgen intendierter Weiterbildung wie auch die qualitative Einschätzung der Wirtschaftlichkeit von Lern- und Sozialisationsprozessen in der organisierten Arbeit von ressourcenschwachen Betrieben zu erörtern (vgl. Hartmann 1979). Damit befinden sich Strategien, Konzepte und Instrumente der Transfersicherung bis hin zur Organisationsentwicklung im Vordergrund der Betrachtungen.

Selbst wenn die Planung und Realisierung von Maßnahmen von allen Beteiligten getragen wird, sind regelmäßige Evaluierungen bzw. Erfolgskontrollen notwendig. Dies ist zum einen darin begründet, daß die Umsetzung des Gelernten meist erst langfristig sichtbar wird und Wirkungen ohnehin schlecht zurechenbar sind. Zum anderen wohnt 'Bildungsprozessen und ihrer organisatorischen Absicherung' immer eine gewisse Dynamik inne. Formen der Arbeitsorganisation und des Personaleinsatzes, letztlich die Arbeitsbedingungen, verändern sich. Permanente Anpassungsleistungen der Lern- und Sozialisationsprozesse müssen daher organisiert werden, damit das gesamte Wechselwirkungssystem 'Bildung/Anwendung' nicht empfindlich gestört wird. Uneffektivität, Arbeitsunzufriedenheit und Motivationseinbußen können die Folgen sein. Aber nicht nur die Lernprozesse müssen unter dem Blickwinkel von Arbeitsbedingungen gestaltet werden. Auch Arbeitsprozesse müssen mit Blick auf Lernmöglichkeiten gestaltet werden, damit die Anwendung des Gelernten nicht ins Leere läuft. Inhaltliche und organisatorische Arbeitsgestaltungsmaßnahmen - u. U. sogar Technikgestaltung - sind dann Voraussetzung des Transfers.

Organisationsentwicklungsprozesse, die die Suche nach dem Personalentwicklungsbedarf zum Ziel haben können und gleichzeitig als Lernprozeß organisierbar sind, können das System 'Bildung/Anwendung' optimieren helfen. Da damit auch Einstellungs- und Verhaltensänderungen verbunden sind, nähert sich dieser Lernprozeß einem Sozialisationsprozeß in der 'Organisation' an. Abzusichern ist dieser Prozeß durch die Bereitstellung geeigneter Daten oder besserer Informationen: sei es z. B. hinsichtlich der Aufwendungen/Erträge, sei es hinsichtlich des aktuellen Personal- und Qualifikationsbedarfs, sei es hinsichtlich sozialer Indikatoren wie z. B. Fluktuationsrate, Krankenstand, Einstellungen zur und Zufriedenheit mit der eigenen Arbeit, Akzeptanz etc. Erst so gewinnt die Erfolgsabsicherung, ohne daß damit ein ausschließlich quantitatives Bildungscontrolling befürwortet werden müßte, eine sichere Basis. Denn man kann sich nicht mit folgenloser Output- oder Produktevaluierung begnügen, sondern im Sinne einer formativen oder Prozeßevaluierung müssen

- sowohl positive Entwicklungen und Veränderungen laufend bestärkt und fortgeführt werden

- als auch negative Veränderungen - einschließlich ungeplanter Folgen - schonungslos aufgedeckt (Zwischenergebnisse), bewertet und Lösungsmöglichkeiten (Steuerung des Prozesses auf Grundlage der Bewertung der Zwischenergebnisse) gefunden werden.

Erst auf diese Weise wird Qualität (vgl. Mizuno 1989, Bergmann, Klefsjö 1991) im Zusammenhang zwischen Produkt (das Gelernte) und Kunden (Abnehmer des Produktes, z. B. eine Fachabteilung) hergestellt. Die Fähigkeit des Bildungsprodukts besteht darin, die Bedürfnisse und Erwartungen der 'Kunden' zu befriedigen. Die Qualität des Bildungsprozesses ergibt sich also daraus, Ergebnisse (Produkte oder Dienstleistungen) zu erzeugen, die die Bedürfnisse und Erwartungen von Kunden befriedigen. Dabei geht es sowohl darum, den Prozeß als ganzen hinsichtlich der Transformation des Inputs in den Output des Lernfeldes sowie die Umsetzung in das Funktionsfeld als auch einzelne Subprozesse (z. B. Methoden der Mikrostrukturierung) oder Beziehungen zwischen ihnen (z. B. zwischen den Aktivitäten der Vermittler und Adressaten) zu betrachten.

3.3.2 Einführung in die 'klassische' Evaluationsforschung: Evaluierung und Erfolgskontrolle

Da der Sachverhalt eng mit Problemen der Meßbarkeit von Bildungsmaßnahmen verbunden ist, werden wir uns zunächst diesem Problem zuwenden.

3.3.2.1 Zur 'Meßbarkeit' von Bildungsmaßnahmen

In der klassischen Evaluationsforschung, genauer an der Grenzfläche zur Erfolgkontrolle, wurde immer wieder versucht und behauptet, den Zielerreichungsgrad über einen Vergleich zwischen IST (Wirkungen) und SOLL (Zielen) messen zu können. Dies findet heute auch im quantitativ-monetär orientierten Bildungscontrolling Anklang, sieht man von der qualitativen Variante ab.

An dieser Stelle gehen wir von der relativen Nicht-Meßbarkeit qualitativer Bildungsprozesse aus, versuchen aber durchaus, der betrieblichen Realität durch Bezüge zum quantitativen Bildungscontrolling gerecht zu werden. Die Lösung der mit der 'Messung' verbundenen Probleme hängt damit zusammen, welche Prioritäten man setzt. Geht man auf der einen Seite davon aus, daß Bildung Geld kostet, eine Investition demnach eine Geldanlage in Humanvermögen darstellt und deshalb rechenschaftspflichtig ist (von Landsberg 1991, S. 5), müssen Fragen nach dem Verhältnis von Aufwänden und Erträgen unter Beteiligung aller Handelnden im Betrieb detailliert beantwortet werden:

- Werden die Ziele von Bildungsmaßnahmen erreicht?

- Sind
  - die Bildungsarbeit,

- das Bildungsvolumen,
- der Lernort,
- der Ablauf,
- der Bildungsaufwand

angemessen?

• Sind die geeigneten personellen und materiellen Bildungsressourcen vorhanden?

• Müssen zusätzliche Bildungsinvestitionen getätigt werden?

Hält man sich z. B. den Bildungsaufwand von 354 Mio. DM und 92 Mio. DM, den Daimler-Benz und BMW AG in 1987 bzw. 1988 getätigt haben, vor Augen, drängt sich die Berechtigung eines Bildungscontrollings auf. "Egal wie, wann, wo, wer und wozu: In dem Moment, wo Bildung Werte verzehrt, die auch in andere Vermögensformen investiert werden könnten, entsteht Rechenschaftspflicht: "Das Leben besteht daraus, Rechenschaft abzulegen!" (Iacocca 1988; von Landsberg 1991, S. 6). Selbst wenn man Controlling als betriebliche Erziehung zu zielgerichtetem Handeln auf Ebene pädagogisch-psychologischer Feinsteuerung und die betriebswirtschaftliche Grobsteuerung als quantitativ-monetäres Unterstützungssystem ansieht, müssen doch "Erfolgsmessungen" sehr vorsichtig und sorgfältig durchgeführt werden. Sicherlich müssen Bildungsverantwortliche ihre Aktivitäten im Unternehmen auch kostenmäßig begründen. Denn Bildung ist nur ein zusätzliches Hilfsmittel, um das Zusammenspiel der unterschiedlichen Produktionsfaktoren im Unternehmen zum Zwecke der Herstellung von Produkten für Kunden zu optimieren. Ob es aber Sinn macht, dies in sogenannten unantastbaren Zahlen zu leisten, kann angezweifelt werden.

```
                        BILDUNGSCONTROLLING
                    ┌──────────┴──────────┐
                 ex ante                ex post
              ┌─────┴─────┐          ┌─────┴─────┐
          Qualitativ  Quantitativ  Qualitativ  Quantitativ
```

Qualitativ	Quantitativ	Qualitativ	Quantitativ
• Bildungsstrategie	• Mengengerüst	• Strategiecontrolling	• Wirtschaftlichkeitsprüfung
• Zielbildungsprozeß	• Budgetplanung	• Beitrag zu den Unternehmenszielen	• Kennzahlenrechnung
• Einbeziehen des Managements		• Steuerung	• Kontrolle
• Steuerung			

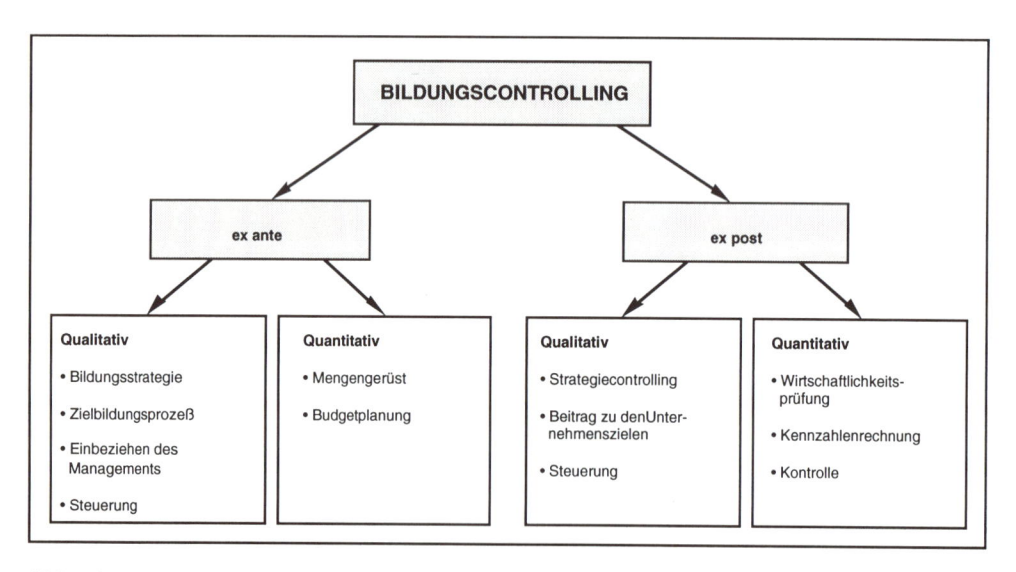

Abb. 3.3.1: **Bildungscontrolling (Quelle: Schick, Schick 1992, S. 5)**

Statt dessen mag die folgende Position hilfreicher sein: "Beweisen Sie die Wichtigkeit Ihrer Bildungsabteilung mit dem probaten Mittel der unternehmenszweckorientierten Argumentation im Rahmen Ihres von Ihnen selbst gesteuerten Bildungscontrollings. Bringen Sie die Bildungsarbeit in Ihrem Unternehmen von einem nice-to-have-Artikel zu einer strategischen Erfolgsposition. ...Bildungscontrolling aber nicht im Sinne einer verzweifelten Zahlensucherei, die krampfhaft versucht, Dinge in Zahlen zu fassen, die schwierig faßbar sind: zum Beispiel Lernerfolge von Menschen nach Seminaren. Wir schlagen dagegen ein Bildungscontrolling vor, das alte Denkmuster in Frage stellt und auf der Basis systematischer Analysen ideenreiches Handeln des Bildungsmanagers ermöglicht" (Schick, Schick 1992, S. 4). Die Abbildungen 3.3.1 und 3.3.2 geben den Rahmen eines solchen strategischen Verständnisses wieder, nach dem Bildungsmaßnahmen möglichst früh transparent und begründet (qualitative Zielerreichung als Prozeß) sowie die Unternehmensleitung und andere Betroffene einbezogen werden müssen. "Bevor irgendeine Bildungsmaßnahme durchgeführt wird, müssen alle Beteiligten von der Sinnhaftigkeit und der Notwendigkeit überzeugt sein" (Schick, Schick 1992, S. 13).

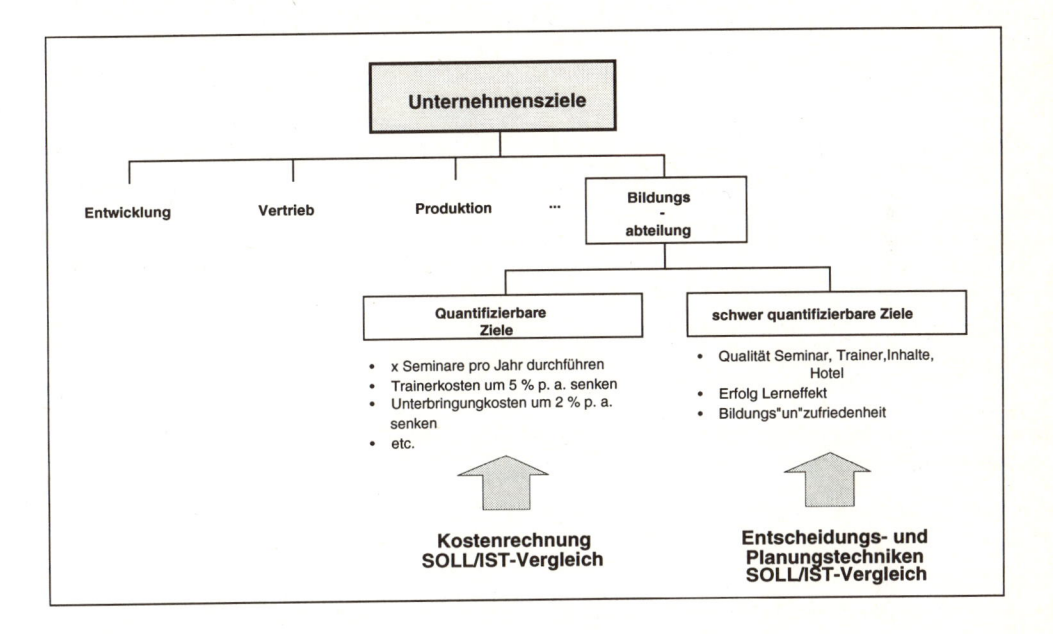

Abb. 3.3.2: Bildungscontrolling - ein Modell (Quelle: Schick, Schick 1992, S. 12)

Zu Abbildung 3.3.2 ist anzumerken, daß hier lediglich die direkten Ziele der Bildungsabteilung angegeben sind, die wesentlich wichtigeren Ziele, die die Bildungsmaßnahmen erfüllen müssen, um die Mitarbeiter und Führungskräfte in die Lage zu versetzen, ihre Aufgaben bestmöglich durchzuführen und permanent zu optimieren sind nicht aufgeführt.

3.3.2.2 Evaluierung und Erfolgskontrolle

"Die Begriffe ´Evaluation´ und ´Evaluierung´ entsprechen dem englischen Begriff ´evaluation´. Dieser angloamerikanische pädagogische Begriff bedeutet soviel wie "Einschätzen eines Wertes" oder "etwas einen Wert beimessen". Dabei muß sich die Wertbemessung nicht unbedingt auf einen Lernerfolg beziehen; sie kann sich genauso gut auch auf den Lernprozeß, den Lerntransfer im Funktionsfeld oder auf die gesamte Bildungsmaßnahme beziehen. Diese Wertbeimessung beinhaltet sicherlich mehr als die reine "Kontrolle".. und stellt daher wohl den Oberbegriff dar. Somit ist es wohl sinnvoll, wenn man statt des deutschen Begriffs "Erfolgskontrolle" das Fremdwort "Evaluation" verwendet, wenn man nicht den Kontrollaspekt, das heißt die überwachende, beaufsichtigende und meist nur reagierende Tätigkeit zu stark betonen will" (Schindler 1979, S. 8 - 9).

Der ´Erfolg´ von Bildungsmaßnahmen muß auch geplant, gesteuert und unterstützt werden. Aber gerade, wenn die Ursachen von SOLL-IST-Differenzen nicht bekannt sind und wenige Handlungsalternativen zur Abstellung dieser Differenzen erprobt werden können, empfiehlt sich eine Abweichungsanalyse zum Nachregeln. "Die Abweichungsanalyse kann zu Veränderungen im gesamten Handlungsprogramm führen, also in der Zielsetzung, der Planung und der Realisierung" (Schubert 1972, S. 98). Erfolgskontrollen als Rückinformation über den Grad der Zielerreichung oder die Art der Abweichung werden allgemein als notwendig und wichtig erkannt" (Schubert 1972, S. 100). Dabei sind aber folgende Voraussetzungen zu überdenken, die wir *checklistenartig* in Frageform kleiden wollen:

- Werden Verhalten (Verfahren, Methode) oder Ergebnisse kontrolliert?

- Können Kontrollstandards festgelegt werden (generelle Normen, Plandaten, betriebliche Erfahrung)?

- Wie lassen sich Kontrollstandards darstellen, z. B. hinsichtlich der Qualitätskontrolle von Bildungsmaßnahmen?

- Wie sieht der Kontrollumfang aus:

    - Was ist der erste strategische Kontrollpunkt; wurde z. B. der Bedarf festgestellt und gedeckt?
    - Wo und wie können sich Störgrößen auswirken ?
    - Führt die Umsetzung des Gelernten zu gegenteiligen Effekten?
    - Reicht die Kontrolle des Endergebnisses aus?

- Finden Rückmeldungen statt und werden daraufhin Korrekturen vorgenommen (vgl. das Verursacherprinzip)?

- Wer kontrolliert? Wie ist das Verhältnis zwischen Selbst- und Fremdkontrolle?

- Läßt sich der Sachverhalt, der bewertet werden soll, eindeutig feststellen?

- Bringt der Sachverhalt Nutzen? Läßt sich die Effizienz feststellen (Kosten-Nutzen-Analyse)?

- Bilden Bildungsmaßnahmen wirklich die "Ursache" für Auswirkungen im Funktionsfeld (Zurechnungsproblem)?

- Welchen Reifegrad besitzt die Bildungsarbeit; ist nur eine partielle Evaluation oder schon eine Gesamt-Evaluation möglich:

    - Herrscht eine Angebotsorientierung vor, die nur Zufriedenheitsfeststellungen erlaubt?
    - Werden nur die Wirkungen im Lernfeld aus Sicht ausdifferenzierter Interessengruppen erfaßt?
    - Herrscht eine integrierte Vorgehensweise beginnend mit der Bedarfsfeststellung vor, bezogen auf Betriebs- und Mitarbeiterinteressen?

Vor dem Hintergrund, daß Programme (Zielmanifestation) implementiert werden und dies zu Ergebnissen führt, kann die Evaluation auch noch folgendermaßen differenziert werden (nach Wollmann, Hellstern 1978):

- werden alle Wirkungen, auch die "unintended consequences" erfaßt, spricht man von Wirkungsanalyse,

- vergleicht man den IST-Wert der Programm-/Projektrealisierung mit dem Sollwert (Ziele), spricht man von Erfolgskontrolle,

- werden die Wirkungen insgesamt erfaßt, kann von einer Programmwirkungsanalyse gesprochen werden,
- die Erfassung der Zusammenhänge zwischen Programmelementen und bestimmten Programmwirkungen läßt sich unter den Begriff Programmstrategieanalyse fassen,
- werden Wirkungszusammenhänge einzelner Projekte erfaßt, spricht man von Projektevaluation,
- bezogen auf den Zeitpunkt der Evaluation läßt sich zwischen summativer und formativer Evaluation unterscheiden:
  - summativ: durchgeführt nach Ablauf des Handlungsprogramms,
  - formativ: möglichst früh in der Implementationsphase, um mit der Rückkopplung der Zwischenergebnisse den Prozeß noch steuern zu können.
- Es lassen sich dabei unterschiedliche Phasen unterscheiden (vgl. Abbildung 3.3.3).

Ohne näher auf die Methoden und Instrumente der Evaluation einzugehen, wollen wir die Betrachtung 'klassischer' Evaluierung mit der Darstellung dreier prinzipieller Sachverhalte abschließen; diese werden in einem späteren Abschnitt um den Aspekt der "Qualitätssicherung" erweitert.

(1) Hauptgegenstand der Evaluation

Produktevaluation macht es sich zur Aufgabe, die Beziehungen zwischen Zielen und Resultaten (Wirkungen auf unterschiedlicher Ebene) zu erfassen und zu bewerten. Dies ist nicht nur schwer zu messen, auch wenn Ziele ausreichend operationalisiert sind; die Ergebnisse der 'Messungen' sind auch intersubjektiv schlecht vermittelbar. Außerdem nähert sich eine Operationalisierung der Ziele in Gestalt der Wirkungen einer Self-Fullfulling-Prophecy an. Derartige Ansprüche versagen endgültig vor der Prognose langfristiger Veränderungen und Effekte. Daher scheint es aussichtsreicher zu sein, den Vorher-Nachher-Vergleich zu definierender Situationen über die Beurteilungen von Vorgesetzten oder Kollegen zu organisieren.

Die *Prozeßevaluation* konzentriert sich auf die Bewertung des Bildungsprozesses als solchen. Sie stellt eine wichtige Informationsquelle zur Verbesserung und Vervollkommnung von Trainingsaktivitäten und des Trainingsmaterials dar. Gegenstand ist die Gestaltbarkeit des gesamten Prozesses von der Vorbereitung über die Planung bis zur Durchführung.

(2) Ebenen der Evaluation

Meist werden individuelle Effekte bzw. ihre Entstehung evaluiert. Evaluation dient aber auch der Bewertung des Gelernten und seiner Umsetzung in soziale Interdependenzzusammenhänge in Betrieben, z. B. in Arbeitsgruppen. Erfahrungen zeigen z. B., daß teure Managementkurse zwar die individuelle Beteiligungsfähigkeit verbessern können, dies aber oft weitgehend unabhängig von Kollegen und von den Mitarbeitern (Belegschaft) geschieht. Bilden dagegen größere organisatorische Einheiten wie z. B. Abteilungen den Gegenstand von Lernprozessen, können unter Umständen auch Kosten eingespart werden. Evaluierungen, die sich auf derartige Prozesse konzentrieren, sollten sich darauf beschränken, zuverlässige und gültige Evaluationsergebnisse zu erzeugen und die Produktion von "Massendaten" zu vermeiden. Denn generalisierbare und qualitätsvolle Aussagen werden benötigt.

(3) Rang der Evaluation

Bildungsmaßnahmen verschlingen Kosten, etwa 10 % dieser Kosten sollten für eine in den Bildungsprozeß integrierte Evaluierung verwendet werden. Dies sollte aber nicht zu einer Zunahme der Bedürfnisse und verfügbaren Ressourcen führen. Es geht lediglich darum, das Verhältnis zwischen den rangmäßig zuerkannten Evaluationsanstrengungen und den Entscheidungen für eine rangmäßig zuerkannte Zunahme verfügbarer Daten angemessen auszubalancieren. Die Beurteilung der Qualität von Bildungsmaßnahmen erschöpft sich nicht in quantitativen Daten.

---

1. **KONTEXT (Vorfeld)**
   - Qualifizierungsbedarfsermittlung
   - Bildung von Richtzielen, z. B. Verbesserung von PE/OE

   Wichtig: z. B. Dringlichkeit der Maßnahme

2. **INPUT (Programmplanung)**
   - Festlegung der Grobziele, z. B. Verbesserung der Kommunikation zwischen Vorgesetztem-Untergebenem in Abteilung
   - Definition der Lernziele, z. B. Verständnis der Richtigkeit wechselseitiger Information
   - Definition von Arbeitszielen, z. B. Einführung von regelmäßigen Projektbesprechungen

   Wichtig: Aufstellung von Kriterien, z. B.: Wie oft ist es sinnvoll, Besprechungen durchzuführen?

3. **PROZESS, OUTPUT (Durchführung, Ergebnisse im Lernfeld)**
   - Feststellung des Zielerreichunggrads

     - manifester, eher kognitiver Lernerfolg, z. B. Know how über PE/OE
     - latente, ungeplante Lernergebnisse, z. B. negative Einstellung gegenüber Thema (vorprogrammierte Einführungshemmnisse)

   Wichtig: Erfassungsinstrumente, z. B. Methoden, die Einbeziehung der Teilnehmer ermöglichen
   a) Evaluierung wird Teil der Maßnahme;
   b) z. B. Aktionspläne am Ende der Maßnahme

4. **TRANSFER (Anwendung im Funktionsfeld)**
   - frühzeitige Festlegung von Transfer- und Arbeitszielen, die sich aus Arbeitsproblemen oder Mängeln der Mitarbeiter/Führungskräfte ableiten
   - Instrumente wie z. B. Interview, Beobachtung, Profile, Kennzahlen
   - Maßnahmen:

     - Unterstützung, z. B. hinsichtlich des Setzens von Transferzielen im Lernfeld; OE im Funktionsfeld

     - Steuerung, z. B. anhand der Daten zusätzlicher Einbau betriebsspezifischer Komponenten

     - Kontrolle, z. B. Bewertung der Ergebnisse hinsichtlich von vereinbarten Betriebszielen

     Problem: z. B. Bewertung von Grundlagenkursen

Abb. 3.3.3: Integriertes Evaluierungsprogramm (Struktur)

Folgende grobe Kriterien können eine Grundlage bilden:

- sinnvolle Verbindung und Integration qualitativer und quantitativer Daten,

- Offenlegung der allgemeinen und besonderen Bedingungen,

- Offenlegung der Struktur und Verfahrensweisen in Bildungsmaßnahmen (Stichwort: Subjekt der Evaluation) und im Evaluationsprozeß.

3.3.2.3 Integriertes "klassisches" Kontrollkonzept für die Bewertung

Die vorstehenden Erkenntnisse müssen in integrierte Konzepte zur Evaluierungs- und Erfolgskontrolle einfließen, die von komplexen Wirkungszusammenhängen ausgehen (vgl. Abbildung 3.3.4). Dabei bildet die Analyse der gesamten Fortbildungssituation und -organisation in Industrieunternehmen letztlich den Rahmen für ein Kontrollkonzept und einzelne Evaluationskriterien. Dann kommt in den Blick, inwieweit Betriebe gleichzeitig relativ autonom nach Bestandssicherung streben können und mit welchem Erfolg Ziele kundenorientierten Innovationsverhaltens zu erreichen sind.

Auf diese Weise erst läßt sich auch beantworten, ob unter bestimmten Bedingungen organisierte (formalisierte) Bildungsmaßnahmen auch zu ungeplanten Folgen führen können, z. B. die Erreichung von Sozialisationszielen wie Leistungsmotivation sowie Integration oder Loyalität (Rollenkonformismus) und damit die Bestandssicherung auf Ebene der ´Organisation´ gefährdet wird.

Die "Organisation" versucht, über die Mittel der Abstraktion von konkreten Interessen und Integration von Einzelzielen eine Art Gesamtinteresse und konsistente Zielstruktur zu entwickeln, um den Anforderungen der externen und internen Umwelt (die Mitglieder) gerecht zu werden" (Hesseler, van Weert-Frerick 1982, S. 389). Vor diesem Hintergrund muß analysiert werden, wie Fort- und Weiterbildung als Sozialisationsprozeß organisiert ist und wirkt. Fort- und Weiterbildung ist dann auch ein Spiel, an dem unterschiedliche Akteure mit ihren Interessen teilnehmen bzw. involviert sind. Im Rahmen dieses Spiels entscheidet sich der Erfolg oder Nicht-Erfolg von Fortbildungsmaßnahmen nach den eingesetzten Mitteln in dieser sozialen Situation. Auf der einen Seite stehen die Vermittler von qualifizierten Bildungsgütern als Teil von Unternehmens- und Personalführung, auf der anderen Seite die Adressaten als Organisationsmitglieder. Daraus ergibt sich ein Fragenkomplex, dessen Beantwortung entscheidend zur Bewertung der Qualität von Evaluierungs- und Erfolgskontrollstrategien beiträgt; hierbei gilt die Aussage, daß selbst die Vermittlung sach- oder fachbezogener Weiterbildungsinhalte auch "sozialisatorische" Funktionen erfüllt.

(1) Organisation stellt auf der Ebene von Fortbildung ein konkretes Handlungssystem dar, das durch Rollenvorschriften gesteuert wird. Es stellt sich vor dem Hintergrund einer professionellen Bildungsorganisation dann die Frage, nach welchen organisatorischen Sozialisationsmustern diese Koordination betrieben wird. Es sind von daher gesehen eher Strukturen zu identifizieren, die bestimmte Wirkungen geplanter Fortbildungsmaßnahmen bedingen. Entstehende Wirkungen sind daher nicht nur Bestandteil der intendierten Ziele (angestrebte Wirkungen) der an der betrieblichen Fortbildung beteiligten Akteure. Von daher gesehen ergeben sich folgende Fragen im Detail:
   - Wie läßt sich allgemein die Stellung und Bedeutung einschließlich der Machtposition der Bildungsabteilung beurteilen? Gibt es überhaupt eine ausdifferenzierte Stelle/Abteilung? Wie wird berufliche Bildung organisiert?
   - Welcher Grad an Bürokratismus, Professionalisierung, Planung läßt sich beobachten?
   - Welche materiellen und personellen Ressourcen sind verfügbar?
   - Welche Strategien, Konzepte, Instrumente werden eingesetzt?

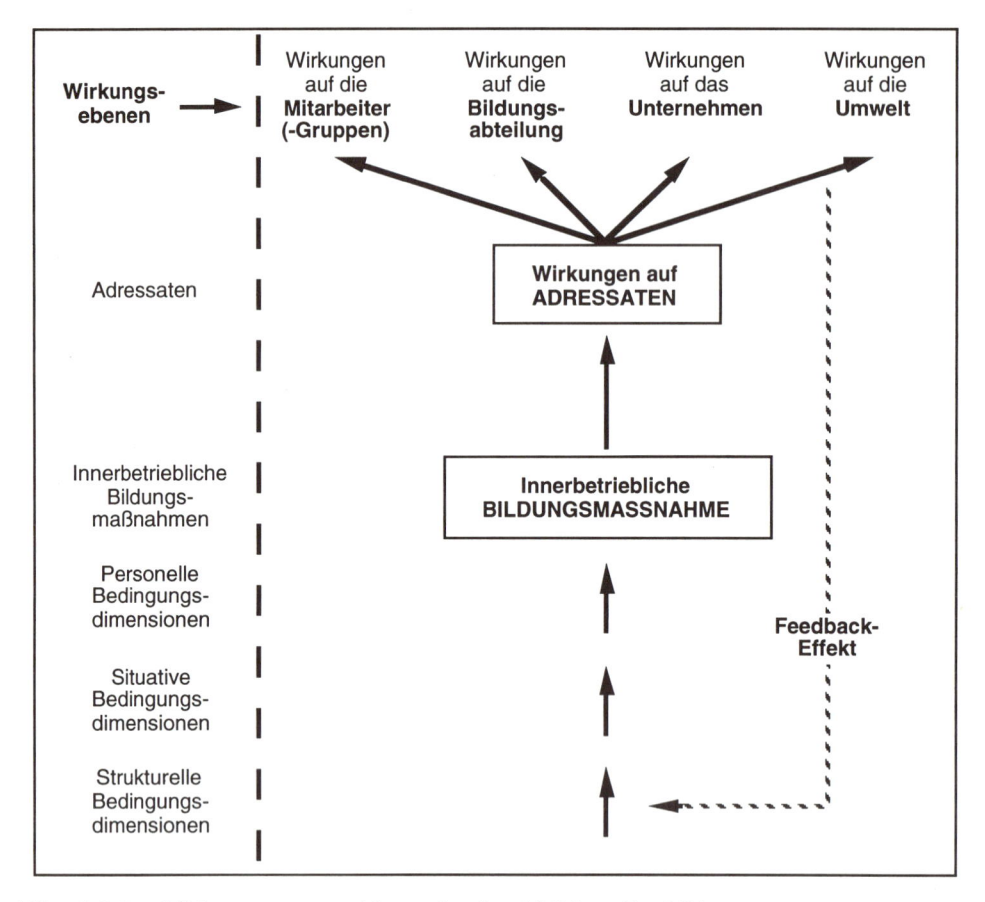

Abb. 3.3.4: Wirkungszusammenhänge der betrieblichen Fortbildung
(Quelle: Hesseler, van Weert-Frerick 1982, S. 553)

(2) Wie wirkt die "Fortbildungsorganisation" als Sozialisationsagentur?

- Welche Sozialisationsfunktionen, bezogen auf Aufgabenbereiche, hierarchische Positionen und interpersonelle Beziehungen, werden erfüllt?
- Welche Sozialisationspraktiken führen eher zu Rollenkonformismus, zur Neuerung im System von Wissen, Strategien, "mission" oder zu Rollenänderungen (Umdefinition von Zielen, nach denen Rollen funktionieren)?
- Wie lassen sich von daher gesehen auch bestimmte Grenzsituationen in der Unternehmenskultur der neuen Bundesländer identifizieren, auf die mit Sozialisationspraktiken reagiert werden kann (vgl. Abbildung 3.3.5)?

(3) Wie löst die Fortbildungsorganisation letzlich den Konflikt zwischen Unternehmens- und individuellen Interessen konstruktiv und produktiv auf, unter Berücksichtigung auch der Eigeninteressen?

(4) Welche Erfolgsdefinitionen verwenden die beteiligten Akteure im Spiel berufliche Bildung?

Bereich	Unternehmenskultur im Wandel: Struktur der organisatorischen Grenzsituation				
	Fehler-akzepanz	Nonkonformismus/Individualismus	Institutionalisierung von Selbstorganisation/-lernen	Transparenz	Management von Kommunikation
Aufgaben	Experimentierfreude/Bastelmentalität	Professionelle Subkultur	Ständiges Lernen/ Verlernen	Lern- und Kommunikationskultur (Unternehmenserfolg)	Sozialkompetenzen (Kommunikator/ Moderator)
Hierarchie	Lern- und Veränderungschance	Untenehmensweite Individualitäts- und Nonkonformismusansprüche	Rücknahme aller Kontroll- und Steuerungsansprüche/Dezentralisierung	Wegfall von Statussymbolen / Veredlungs- und Überzeugungsarbeit	Orientierung an Wertepluralismus (nicht Einheitswerten)
Interpersonelle Beziehungen	Kommunikation über Fehlerverhalten	Vielfältigkeit/ Buntheit	Wechselseitige Anerkennung von Selbstorganisation	Offen, leger, locker, direkt	Aufgreifen von Widersprüchen, Differenzen, Reibereien, Widerständen, Risiken
Grenzsituationen und Wirkungsbereiche					

Abb. 3.3.5: Grenzsituationen und Wirkungsbereiche (Quelle: Hesseler 1993)

(5) Reicht den Fort- und Weiterbildungsverantwortlichen und u. U. auch der Unternehmensführung aus, daß Maßnahmen von den Teilnehmern akzeptiert werden? Welche Rolle spielen dabei die Vorgesetzten der Teilnehmer?

(6) Wie läßt sich die Situation der Fort- und Weiterbildungsverantwortlichen einschätzen, wenn sie selbst als 'Trainer' auftreten?

(7) Welche Funktionen kann letztlich Fort- und Weiterbildung (Erfolgsebene) im einzelnen und zusammengenommen erfüllen?

- Loyalitätssicherung, soziale Integration?
- Informationsbeschaffung?
- Belohnung?
- Prestige, Status?
- Problemlösung durch die Anwendung des Gelernten?
- Freizeitwert?
- Persönlichkeitsentwicklung?

- Fachliche Weiterbildung?
- Verbesserung der Leistungsfähigkeit und -motivation?

Der Sozialisationsaspekt sollte aus methodologischen und praktischen Erwägungen stets mitbedacht werden, auch wenn in den folgenden Abschnitten der Lernaspekt im Vordergrund steht. Denn gerade, wenn es um komplexe Prozesse integrierter Personal- und Organisationsentwicklung geht, gewinnen Verhaltens- bzw. Handlungsdimensionen an Bedeutung. Auch muß in Abhängigkeit von zu identifizierenden strukturellen Bedingungen mit ungeplanten Folgen der Einführung von Maßnahmen gerechnet werden, die den Erfolg - je nach Sicht der Akteure - relativieren.

3.3.3 Bedarfsorientierte Evaluierungsstrategie: Erfolgsplanung und -steuerung sowie qualitätsorientierte Transfersicherung aus der Sicht von Personal- und Organisationsentwicklung

3.3.3.1 Bedarfsorientierter Strategieansatz in der Evaluierung

Die Thematik ist eingespannt in folgenden Bedeutungswandel der Qualifizierung:

- Ein Unternehmen ist nicht nur eine lehrende Organisation mit einer breiten Palette an Bildungsmöglichkeiten. Es ist auch eine lernende Organisation, die über die permanente Wissensakquisition und -vermittlung funktioniert.

- Wissen und Know-how müssen ständig verbessert werden (Kaizen-Prinzip), um kontinuierliche Veränderungsprozesse zu begleiten und zu fördern (beispielsweise muß jeder Mitarbeiter jedes Jahr sein Wissen um ca. 12 % erneuern).
- Auch Führungskräfte werden zu Coachs, die die Qualifikation und das Verhalten der Mitarbeiter fördern müssen.

- Weiterbildung steigert auch den Wert des Kundennutzens, d. h. beginnend mit kreativen Produkten bis hin zur besseren Kommunikation mit den Kunden.

Von daher gesehen ist es nicht mehr angemessen, Personalentwicklung nach alten Schablonen zu kritisieren. Eher ist ein Spannungsverhältnis zwischen reinem Bildungscontrolling und qualitativerem Procedere in der Integrationsphase nachfrageorientierter, nicht delegierbarer Personalentwicklung als Teil potentialorientierter strategischer Unternehmensführung erkennbar (vgl. Becker 1993, S. 194 - 195). Dieser Sachverhalt kommt in folgendem Zitat zum Ausdruck: "Vor zwei Irrtümern sei deshalb bereits an dieser Stelle gewarnt. Vor dem Irrtum einerseits, die Personalentwicklung könne sich bei zunehmender Mittelbindung für diesen Bereich aus dem Legitimationszwang heraushalten. Wenn Unternehmer und Manager Geld für Personalentwicklung bereitstellen, fordern sie auch den Nachweis wirtschaftlicher Verwendung und Belege für die Wirksamkeit der Personalentwicklungsmaßnahmen. Andererseits ist vor dem Aktivismus des unreflektierten "Erbsenzählens" zu warnen. Die Experten in den Bildungsabteilungen sollten Versuchen widerstehen, alles mit Zahlen belegen zu wollen. Personalentwicklung ist ihrem Wesen nach eine qualitativ ausgerichtete Teilfunktion der Personalwirtschaft, deren Erfolg größtenteils nur mittelbar in problemfreier Erledigung anfallender Arbeiten durch die Belegschaft sichtbar wird. Die zwangsweise Rückführung qualitativer Werte auf Zahlenwerke wie "Teilnehmer-Tage", "Trainer-Mann-Tage", "Prozentuales Wachstum der Bildungsanstrengungen",... ist dann Rückschritt, wenn nur Zahlen zählen. Allerdings sind Zahlen nach wie vor die Grundlage und erster Beleg für Effizienz und Effektivität der Personalentwicklung. Ein wirtschaftliches Argument für systematische Bildungsbedarfsanalyse lautet: Erst die umfassende Ermittlung des Bedarfs bildet eine entscheidende Voraussetzung für ertragreiche Weiterbildung. Personalentwicklung der Zukunft soll nach dem Grundsatz erfolgen: Nicht zeigen, was die Bildungsabteilung alles zu leisten vermag, sondern den Betriebsabteilungen an Unterstützung geben, was notwendig ist und was verlangt wird" (Becker 1993, S.187).

Erst vor diesem Hintergrund gewinnen individuumbezogene (z. B. Coaching und Verhaltensfeedback), gruppenbezogene (z. B. Problemlösungsgruppen), allgemeine (z. B. Kundenbefragung), zentrale (z. B. Bedarfsermittlung durch Befragung von Führungskräften), dezentrale (z. B. Befragung der Vorgesetzten und Mitarbeiter), direkte/indirekte, auf den Einzelfall oder auf Bildungskataster bezogene Analysen ihren Stellenwert - im Sinne von

- Trendanalysen und Szenarien,

- Qualifikationsanforderungs- und Adressatenanalysen,

- Qualifikationsbedarfsanalysen.

Innerhalb eines wertorientierten integrativen Managements läßt sich eine anforderungsgerechte Personalentwicklung dann folgendermaßen kennzeichnen: "Personalentwicklung ist an die Unternehmensentwicklung gekoppelt. Die Verantwortlichen des Personalentwicklungsbereichs können Unternehmensfortschritt durch proaktive Personalentwicklung initiieren und fördern. Allerdings darf der inhaltliche und methodische Vorlauf (Expandereffekt) der Personalentwicklung vor der Unternehmensentwicklung die Mitarbeiter und das Management nicht überfordern:

- Personalentwicklung muß an den Denk- und Handlungsmustern der Mitarbeiter und des Managements anknüpfen; oder anders ausgedrückt

- Belegschaft und Unternehmen sind dort abzuholen, wo sie stehen" (Becker 1993, S. 193).

"Faßt man die Bildungsbedarfsanalyse als strategisches Instrument zur besseren Erfassung und Erfüllung von Kundenwünschen auf, so sind die Methoden der Bedarfserklärung Teil von "Methoden und Systemen", wie sie im "Quality Network-Modell" dargestellt sind (...)" (Becker 1993, S. 189).

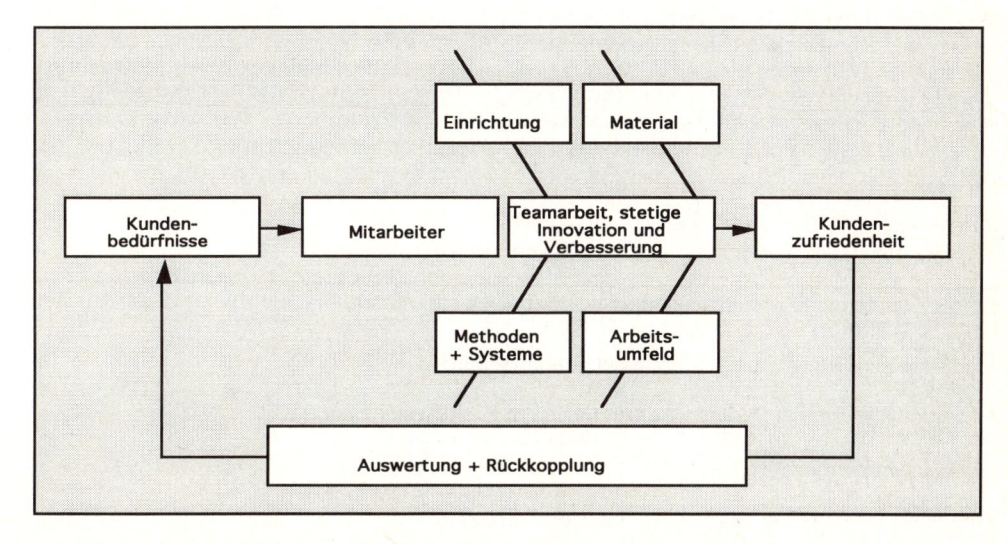

Abb. 3.3.6: Quality-Network- Modell (Quelle: Becker 1993, S. 189)

Von daher gesehen wird proaktive Bildungsanalyse einerseits zum Ausgangspunkt für qualitätsorientierte Rahmenentscheidungen von Bildungsmaßnahmen:

- für die Entscheidung Make or Buy,
- für die Initiierung von Rahmenbedingungen im lernenden Unternehmen,
- für die Ausschöpfung des Profitcenter-Gedankens,
- für professionelle Wertschöpfung mit Hilfe von EDV,
- für die Entscheidung zum angemessenen Bildungscontrolling.

Andererseits muß die gesamte Bildungsmaßnahme als Prozeß gestaltet werden. Dabei empfiehlt sich eine Vorgehensweise nach der Quality-Function-Deployment-Methode (QFD), ergänzt um die Fehlermöglichkeits- und Einflußanalyse (FMEA) sowie um Qualitätszirkel-Elemente und Elemente der statistischen Qualitätskontrolle (siehe Abschnitt 3.1).

Die einzelnen Schritte seien dabei wie folgt kurz vorgestellt:

(1) Identifizierung der Bedürfnisse und Erwartungen der Kunden

Dies bedeutet zum einen die regelmäßige Marktanalyse externer Kunden, zum anderen die konsequente Orientierung an den Fachvorgesetzten und Aufgaben der Abteilungen als internen Kunden im eigenen Unternehmen. Im Fall angebotsorientierter externer Weiterbildung ist die systematische Marktbeobachtung ein Muß, gerade vor dem Hintergrund, daß Marketingstrategien nur bedingt mit dem Transfererfolg argumentieren können. Meist sind Lern- und Funktionsfeld zu weit entfernt voneinander, weil die Maßnahmen nicht maßgeschneidert sein können. Davon ausgenommen sind Spezialkurse oder technische Bedienerschulungen, in denen das technische Gerät im Mittelpunkt steht.

Der Transfer von Wissen aus allgemeinbildenden Grundlagenkursen läßt sich dagegen ebenso schwer wie Kompetenzen aus innerbetrieblichen Aufstiegsfortbildungsmaßnahmen bewerten. Ein anderes Bild ergibt sich u. U. dann, wenn der Problembezug von externen Maßnahmen erhöht wird (vgl. das ESF-Projekt "PROCIM" des Bremer Instituts für Betriebstechnik und angewandte Arbeitswissenschaft (BIBA) und des Bildungszentrums der Wirtschaft im Unterwesergebiet (BWU) und das ESF-Projekt "TIF" (Trainingsbetrieb integrierte Fertigung) des BIBA und der Angestellten-Kammer).

(2) Ordnen und Gewichten der Aussagen der Kunden

Dieser Sachverhalt läßt sich anhand folgender Fragen eingrenzen:

- Lassen sich Kunden nach Merkmalen klassifizieren?
- Werden bestimmte Bedürfnisse von mehreren Kunden signalisiert?
- Welchen Wert legen sie darauf?
- In welcher Situation wurden die Aussagen formuliert?
- Können Aussagengruppen gebildet werden?

(3) Identifizierung der Produktmerkmale

Das Produkt sollte systematisch und genau beschrieben werden. Vor dem Hintergrund, daß qualitative Bildungsgüter schlecht 'meßbar' sind, scheint es hilfreich zu sein, alternative Produktkonzepte zu diskutieren. Es sind aber auch Kriterien aufzustellen, nach denen im Abgleich mit dem nächsten Schritt eine Alternative ausgewählt werden kann.

(4) Identifizierung von Beziehungen

Von zentraler Bedeutung ist es, die Relationen zwischen Produktmerkmalen (z. B. Anwendungsbezug) und Kundenwünschen (z. B. Aufgabenänderung) sowie die Beziehungen zwischen den Produktmerkmalen selbst, z. B. zwischen Makrosequenzierung (z. B. Stundenplan) und Mikrostrukturierung (z. B. Methoden zum selbständigen Arbeiten) in der Bildungsmaßnahmeplanung möglichst genau zu beschreiben. Sie müssen korrespondieren; Konflikte sind zu vermeiden.

(5) Produktvergleiche

Gerade externe Anbieter müssen auf Grundlage der bisherigen Entscheidungen und Beschreibungen Angebote vergleichen. So können sie herausfinden, inwieweit und warum diese Kundenwünsche befriedigen. Aber auch aus Sicht betrieblicher Weiterbildung ist es notwendig, die eigenen Produkte mit den externen zu vergleichen. Gewissermaßen treten auch interne mit externen Dienstleistungen so in einen Wettbewerb ein.

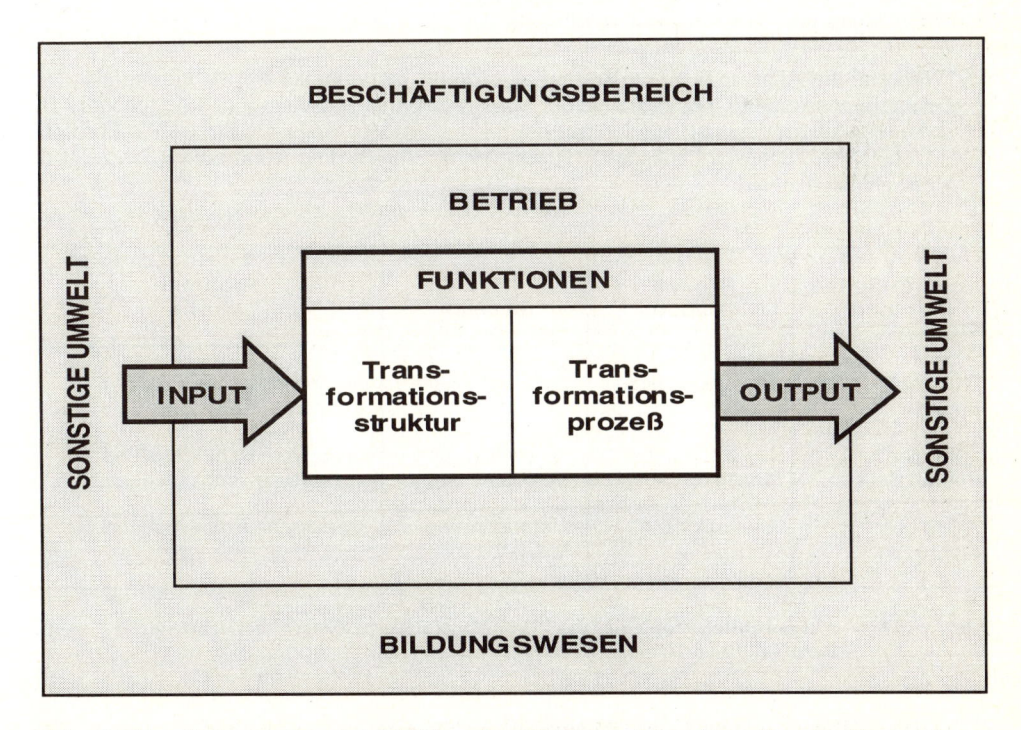

Abb. 3.3.7: Systemanalyse betrieblicher Berufsbildung (Transformationsstruktur und Transformationsprozeß) (Quelle: Hertel 1976, S. 270)

(6) Zielbildung

Ziele müssen bezogen auf die Schlüsselmerkmale der Produkte gebildet werden. Das Zielsystem kann dann strukturiert werden. Damit erst ist eine Grundlage für die weitere Maßnahmeplanung und -durchführung gegeben. Die Maßnahmeplanung und -durchführung, in die auch die Evaluierung und Erfolgskontrolle eingeschlossen ist, läßt sich im Rahmen einer Systemanalyse beruflicher Bildung als komplexe Transformationsstruktur und -prozeß darstellen. Dies gibt die Abbildung 3.3.7 wieder.

Dies läßt sich folgendermaßen erläutern:

- Die Transformationsstruktur ist über die Subfunktionen der Planung, Durchführung und Kontrolle beschreibbar. Diese Subfunktionen sind z. B. von situativen Faktoren wie Betriebsgröße, betriebliche Leistungserstellung und Personalpolitik abhängig. Außerdem läßt sich die Transformationsstruktur über Subsysteme und ihre Beziehungen beschreiben.

"Damit kann die Transformation des Input (z. B. vorhandenes Qualifikationspotential) der betrieblichen Berufsbildung in das Output (z. B. Lerntransfer) dahingehend beschrieben werden, daß

- über "Vermittler" betrieblicher Berufsbildung
- durch Austausch von *Informationen*
- unter Einsatz von "Methoden" bzw. "Medien"
- durch "Ziele" bzw. "Inhalte" näher bestimmte
- *Änderungen des Verhaltens bzw. Verhaltenspotentials*
- der "Adressaten" betrieblicher Berufsbildung
- *bewirkt* werden soll "(Hertel 1976, S. 283).

- "Während die Analyse der Transformationsstruktur betrieblicher Berufsbildung als "Momentaufnahme" möglicher Zustände der Subsysteme und zwischen ihnen bestehender Beziehungen aufzufassen ist, werden mit der nachstehenden Analyse ausgewählte Probleme einzelner Prozeßphasen behandelt" (Hertel, 1976, S. 310). Die Abbildung 3.3.8 zeigt die Mehrschichtigkeit auf.

Ausgewähltes Problem	Prozeß- phase	Subsystem- bereich	Problem- ebene
Baukasten- prinzip	Planungsphase	Ziele und Inhalte	bildungspolitische Problem- ebene
optimaler Führungsstil	Durchführungs- phase	Adressaten und Vermittler	personalwirtschaftliche und didaktische Problemebene
aktive Lehr- methoden	Kontrollphase	Methoden und Medien	didaktische Problemebene

Abb. 3.3.8: Ausgewählte Probleme des Transformationsprozesses betrieblicher Berufsbildung (Quelle: Hertel 1976, S. 310)

Vor diesem Hintergrund ist zu erwähnen, daß vor allem aktive Lehrmethoden wie z. B. Fallmethode, Planspiel, Rollenspiel und gruppendynamische Methoden in der Durchführungsphase erfolgsrelevant sind, wenn sie einen konkreten inhaltlichen Bezug haben.

3.3.3.2 Aspekte der Transfersicherung: Der Erfolg von Lern- und Sozialisationsprozessen im Prozeß lernorientierten Arbeitens (Lernen in der Arbeit) und arbeitsorientierten Lernens (Lernen für die Arbeit)

Nehmen wir als Produkt die Maßnahme insgesamt, stellt sich die Frage, ob sie sich bezahlt macht, d. h. nachweisbare Verbesserungen

- in der Aufgabenbewältigung von Mitarbeitern und
- im Unternehmensergebnis

zeigen.

Der Begriff Transfer ist schillernd. Wir wollen an dieser Stelle aber als Kompromißformel "die Übertragung des Gelernten in Anwendungssituationen" als Lerntransfer bezeichnen (Ruschel 1991, S. 9). Daß damit auch ein problematischer Vorgang gemeint ist, der mit dem Bewirken von sachgerechtem und verantwortungsvollem Handeln in bisherigen und neuen Bereichen verbunden ist, drückt sich im Begriff Transferproblematik aus. Damit gewinnt der Begriff Lerntransfer umfassende Dimensionen: "Lerntransfer umfaßt alle Interventionen vor, während und nach der Weiterbildungsmaßnahme, die zur Aufnahme neuer Lerninhalte bzw. zur Einübung von Veränderungen und zur wirksamen innerbetrieblichen Umsetzung notwendig sind" (Zander, Reinke nach Ruschel 1991, S. 4). Die Komplexität des Sachverhalts demonstriert auch die Abbildung 3.3.9.

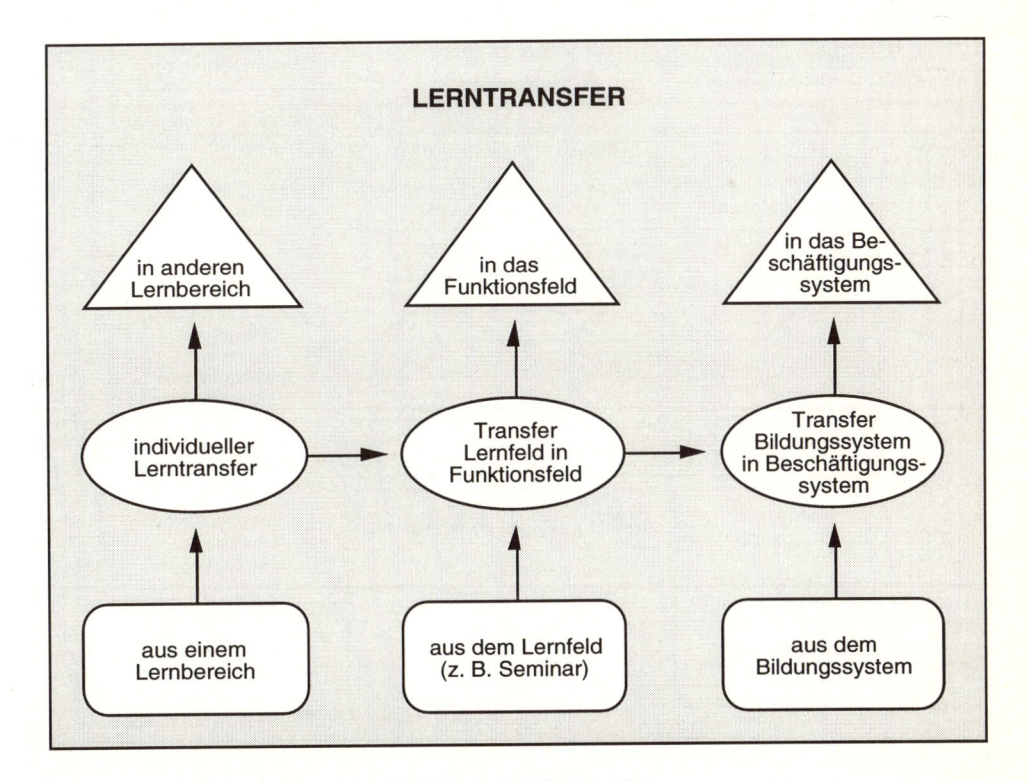

Abb. 3.3.9: Lerntransfer (Quelle: Ruschel 1991, S. 4)

Von daher bestimmt sich auch das Bildungscontrolling und darin eingeschlossen die Erfolgskontrolle im Sinne integrierter Transferevaluation, gerade für die integrierte Personal- und Organisationsentwicklung. Noch 1990 bestätigen Conrad und Pieper eine alte Feldstudie von 1975 mit folgenden Worten: "Methodisch und konzeptionell bisher nicht ausgereift ist der gesamte Bereich der Erfolgskontrolle von Personalentwicklungsmaßnahmen" (Ruschel 1991, S. 10). Als Erklärungsmuster die bekannten Time-Lag- und Zurechnungsprobleme anzuführen reicht wohl nicht aus. Es scheint, daß vor allem die Lernsituation (Lernfeld) und die Arbeitssituation (Funktionsfeld) bis hin zur Präzisierung von Lernzielen oder organisatorischen Vorbereitungs-, Absicherungs- und Nachbereitungsmaßnahmen nicht genügend aufeinander abgestimmt sind.

Die frühzeitige Bildungsbedarfsanalyse im Sinne einer feed-forward-Strategie, die ex ante auf die steering control Wert legt, ist sicherlich ein Ansatzpunkt, den Lerntransfer zu verbessern. Anwendungsmöglichkeiten im Sinne von Arbeitsprozessen, die Lernmöglichkeiten bieten, müssen aber als eng verschränkt mit der Gestaltbarkeit von Lernprozessen aus Sicht von Arbeitsbedingungen gedacht werden (vgl. dazu Abbildung 3.3.10). Mit anderen Worten, Maßnahmetypen müssen differenziert werden, vor allem mit Blick auf die Integration von Personal- und Organisationsentwicklungsmaßnahmen, die auf die Vermittlung von Know-how, auf die Entwicklung von Handlungskompetenz, Selbst- und Wertekonzepten ausgerichtet sind.

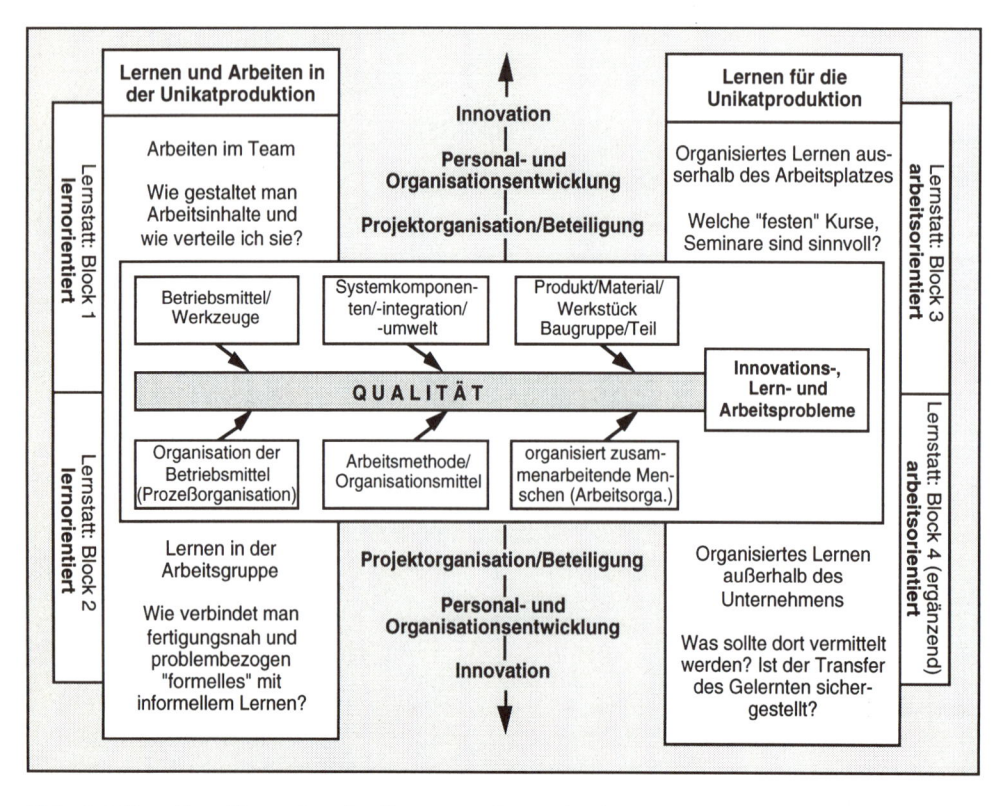

Abb. 3.3.10: Grundbausteine der Lernstatt: Lernorientiertes Arbeiten (Lernen in der Arbeit), arbeitsorientiertes Lernen (Lernen für die Arbeit)
(Quelle: Hesseler 1992)

"Dem ist nichts hinzuzufügen als die Hoffnung, daß sich alle Probleme der Transfersicherung und -kontrolle in Zukunft reduzieren werden angesichts der Erkenntnis, wonach die erfolgreichste Organisationsform von Weiterbildung das Lernen am Arbeitsplatz ist. Die moderne Unternehmung muß Arbeits- und Lernprozesse integrieren, muß selbst zur lernenden Organisation werden. *Organisationsentwicklung* ist weniger eine Funktion von formalisiertem Lernen, sondern Ergebnis gelebter und praktizierter Führung und Zusammenarbeit" (Sattelberger, nach Ruschel 1991, S. 31). Es lassen sich vor diesem Hintergrund - der eng mit der behandelten Sozialisationsproblematik zusammenhängt - Qualifizierungs- und Organisationsmaßnahmetypen mit unterschiedlicher praktischer Durchschlagskraft und Erfolgsaussichten identifizieren. Wir wollen vor allem die beschreiben, die mit einem qualitativen Wandel verbunden sind (vgl. auch Heeg 1993):

- Die aufgabenbezogene Qualifikations- und Qualifizierungsbedarfsanalyse bildet die Grundlage für die Konzeption von Maßnahmen und deren Kontrolle. Meist wird dies über Gespräche mit Führungs- und Fachkräften organisiert.

- Qualifizierungsmaßnahmen und Arbeitskreise, die organisatorische Veränderungen zum Gegenstand haben, laufen im Wechsel ab. Auf der Umsetzungsebene können Elemente der Lernstatt/Qualitätszirkel mit Elementen aus den vorstehenden Punkten verbunden sein. Meist sind die Betroffenen an der Maßnahmenplanung und -durchführung beteiligt, so daß z. B. Inhalte und Kriterien der Erfolgsanalyse gemeinsam entstehen.
- Gemeinsam geplante Maßnahmen werden zum Teil im Prozeß der Arbeit angewendet, geübt, optimiert. Der Transfer ins Funktionsfeld wird so sichergestellt. Ansätze dazu sind:

    - klassische Arbeitstrukturierung,
    - das Konzept der differentiell-dynamischen Arbeitsorganisation,
    - die Gestaltung der Tagesarbeit als Projekt mit unterstützenden Instrumenten (vgl. Schmitz, Hesseler 1989).

"Im Idealfall führt dies zu einer Optimierung der Abläufe und der gesamten Organisation (auch der Aufbau-Strukturen), so daß in dieser Form der lernorientierte Ansatz von Organisationsentwicklungsmaßnahmen zu sehen ist (Heeg 1993, S. 6).

- Veränderungen der Aufgaben-, Ablauforganisation, des Technikeinsatzes erfolgen meist aus unterschiedlichsten Gründen isoliert voneinander, so daß der gewünschte Gesamterfolg nicht eintritt. Oft genug werden die Betroffenen nicht konsequent genug beteiligt, sind die unterstützenden Informations- und Qualifizierungsprozesse brüchig, mangelt es an der systematischen Projektorganisation. Selbst wenn eine integrierte Organisationsänderung erfolgt, ist dies nicht mit OE gleichbedeutend.

- Organisationsentwicklung liegt erst dann vor, wenn:

    - die von Änderungen betroffenen Mitarbeiter durchgängig in die Planung einschließlich der Erfolgssicherung einbezogen und wirklich beteiligt werden. Zeit- und kostenoptimale Veränderungen müssen dann auf der Ebene der Aufbau- und Ablauforganisation, der Aufgaben- und Entscheidungsdurchführung sowie der Technikentwicklung/des Technikeinsatzes gleichermaßen und aufeinander abgestimmt erfolgen;
    - dieser Wandlungsprozeß konsequent mit der Tagesarbeit verknüpft wird, so daß integrierte Personal- und Organisationsentwicklung gelebt wird.

Von daher gesehen ist der Bezugspunkt für Erfolgskontrolle und Evaluierung die effiziente Erfüllung von Arbeits- und Entscheidungsprozessen. Dies läuft über die miteinander gekoppelte und abgestimmte Entwicklung von Personal, Organisation und Technik ab:

- Wie sind demnach Lernprozesse mit Blick auf Arbeitsprozesse zu gestalten?

- Wie sind Arbeitsprozesse mit Blick auf Lernen zu gestalten?

- Wie ist Technik angepaßt an die Durchführung von personellen und organisatorischen Maßnahmen zu gestalten?

- Wie können an der Lösung der damit verbundenen Probleme die Betroffenen konsequent beteiligt werden (Stichwort: Beteiligungsqualifizierung), d. h. wie kann permanente Organisationsentwicklung installiert werden, durchsetzt mit befristeten Projekten, innerhalb derer z. B. auch der Qualifikationsbedarf und seine Deckung bis hin zur Erfolgsabsicherung eruiert werden können?

- Wie kann dies im Rahmen eines "Programms" zum kreativen und produktiven Handeln behandelt werden, in dem selbstorientiertes Handeln (Ich), das interaktionsorientierte Handeln (Wir) und das aufgabenorientierte Handeln ('Thema') ausbalanciert sind?

Schlußbemerkung

Praktische Erfahrungen zeigen, daß die Qualität von Maßnahmen sowohl einen Problemlösungs- als auch einen sozialen Prozeß darstellt. Damit werden auch die Grenzen eines rationalistischen Erfolgsbegriffs deutlich, der am Problemlösungsprozeß allein ansetzt. Vielmehr bilden den Ausgangspunkt der Erfolgsbetrachtung die miteinander im Prozeß der Qualifizierung und Organisierung - und letztlich der Technikentwicklung und des Technikeinsatzes - zusammenwirkenden Akteure in sozialen Strukturen (arbeits- oder lernorientiert). Auch die erfolgreiche Gestaltung von Wandlungsprozessen durch intergrierte Personal- und Organisationsentwicklung muß dieses Spannungsverhältnis aufnehmen.

4 Basistechniken

4.1	Kommunikation (F. J. Heeg, H. Töller)............................423	
	4.1.1 Handlungssysteme und Kommunikation.........................423	
	4.1.2 Kommunikationsmodelle und -metaphern......................424	
	4.1.2.1 Kommunikation als Informationsübertragung..........424	
	4.1.2.2 Kommunikations-Metaphern................................425	
	4.1.2.3 Das Konstruktivistische Kommunikationsmodell....426	
	4.1.3 Sprache und Kommunikation 427	
	4.1.3.1 Die Konstruktion von Sinn und Bedeutung.............427	
	4.1.3.2 Wie kommt es, daß wir uns (miß)verstehen?.........428	
	4.1.3.3 Wir verstehen uns doch?.......................................429	
	4.1.3.4 Sprache als Medium..431	
	4.1.3.5 Schrift als Medium..432	
	4.1.4 Verstehen und Verstehenshandeln.................................432	
	4.1.4.1 Was ist Verstehen?...432	
	4.1.4.2 Verstehenshandlungen 433	
	4.1.4.3 Das kommunikationstheoretische Modell 434	
	4.1.5 Kommunikation in der Praxis 435	
	4.1.5.1 Zuhören, Darstellen, Fragen.................................435	
	4.1.5.2 Darstellung..436	
	4.1.5.3 Fragen...438	
	4.1.5.4 Konferenzen..438	
	4.1.6 Kooperation und Konflikt...441	
	4.1.6.1 Die mathematische Spieltheorie............................441	
	4.1.6.2 Das Gefangenendilemma 442	
	4.1.6.3 Die Analyse des Gefangenendilemmas..................444	
	4.1.6.4 Menschliches Verhalten in Konfliktsituationen: Das Dilemma der Kooperation..445	
	4.1.6.5 Grundlegende Konzepte für die Analyse von Kooperation...........445	
	4.1.6.6 Zielerreichung in der Interaktion 446	
	4.1.6.7 Eskalation von Konflikten......................................448	
	4.1.7 Betriebliche Intrigen, Mobbing und Kooperation................449	

4.2	Moderation (C. Lindinger)		451
	4.2.1	Grundgedanken	451
		4.2.1.1 Besprechungen und Beratungen	451
		4.2.1.2 Probleme	451
		4.2.1.3 Auswirkungen	451
		4.2.1.4 Chancen	451
		4.2.1.5 Moderation als Lösung?	452
	4.2.2	Was ist Moderation?	452
		4.2.2.1 Grundlegendes	452
		4.2.2.2 Anforderungen an Moderator	453
		4.2.2.3 Anforderungen an die Teilnehmer, Gruppenmitglieder, Mitarbeiter	455
	4.2.3	Die Gestaltung einer Moderation	458
		4.2.3.1 Das richtige Thema	458
		4.2.3.2 Die richtigen Fragen	459
		4.2.3.3 Das richtige Drehbuch	459
	4.2.4.	Wegweiser für den Moderator	462
		4.2.4.1 Moderation als Visualisierungstechnik	462
		4.2.4.2 Phasen der Moderation	463
		4.2.4.3 Das Drehbuch	464
		4.2.4.4 Methoden der Moderationstechnik	465
		4.2.4.5 Drehbuchbeispiele aus der Praxis: "Scheren im Kopf	471
		4.2.4.6 Schlußbemerkung	474
4.3	Präsentation (B. Haenschke, M. Frühwacht, R. Schöne)		474
	4.3.1	Gegenstand und Ziel einer Präsentation	474
		4.3.1.1 Was ist, was will Präsentation?	474
	4.3.2	Präsentationsvorbereitung	477
		4.3.2.1 Analyse der Präsentationssituation	477
		4.3.2.2 Konzepterstellung	479
		4.3.2.3 Vorbereitung des Medieneinsatz	480
	4.3.3	Regeln für die Durchführung von Präsentationen	484
	4.3.4	Beispiele für Präsentationen	485

4.1 Kommunikation
F. J. Heeg, H. Töller

4.1.1 Handlungssysteme und Kommunikation

Alle betrieblichen Prozesse erfolgen unter Kommunikation zwischen den an diesen Prozessen beteiligten Menschen. Darüber hinaus "kommunizieren" auch technische Sachsysteme miteinander. Mensch (personales System) und technisches Sachsystem bilden ein erweitertes personelles Handlungssystem (Abb. 4.1.1, Kennziffern 1 und 2) (soziales Mikrosystem). Diese bilden dann soziale Mesosysteme und schließlich soziale Makrosysteme.

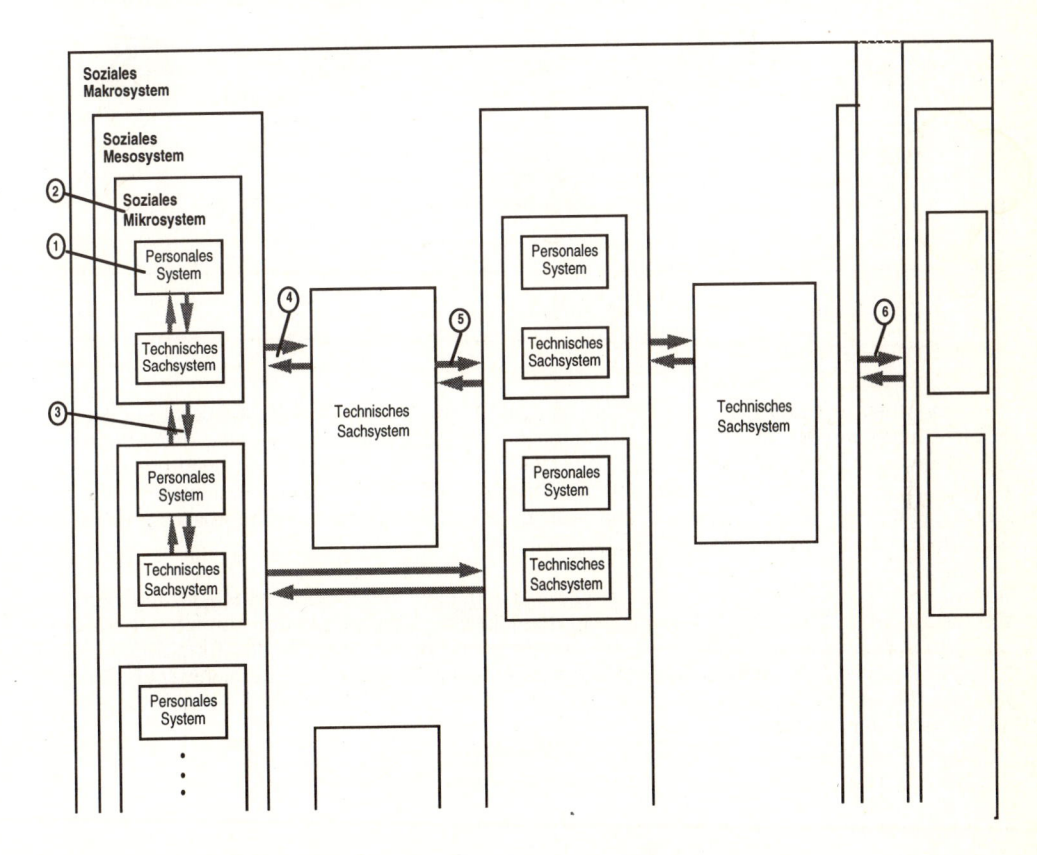

Abb. 4.1.1: Handlungssystem auf Mikro-, Meso- und Makroebene
(Quelle: Heeg 1985, S. 394)

Die Kommunikation stellt grundsätzlich ein bedeutsames Element jeglichen Miteinander-in-Beziehung-Tretens von Menschen der Handlungssysteme dar, sei es in informellen oder formellen Kommunikationssituationen (z. B. im Führungsprozeß). Diese Kommunikation kann entweder direkt (face to face) oder unterstützt durch technische Systeme (von Telefon bis zu anderen Informations- und Kommunikationstechniken) erfolgen.

4.1.2 Kommunikationsmodelle und -metaphern

4.1.2.1 Kommunikation als Informationsübertragung

Wenn heute von Kommunikation gesprochen wird, dann fallen immer wieder Begriffe wie "Sender", "Empfänger", "Code", "Zeichen", "Kanal", "Information", "Redundanz", "verschlüsseln" (encodieren) und "entschlüsseln" (decodieren). Diese Begriffe stammen aus einem informationstechnischen Kommunikationsmodell (Abbildung 4.1.2), das vor vierzig Jahren Claude E. Shannon und Warren Weaver entworfen haben und das seither in vielen Disziplinen verbreitet ist und dort angewendet wird.

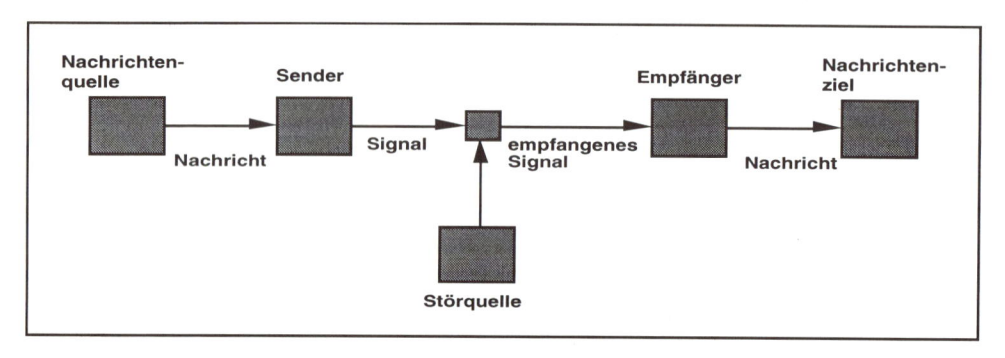

Abb. 4.1.2: Claude E. Shannons allgemeines Kommunikationsmodell
(in Anlehnung an Shannon, Weaver 1976, S. 16 (1949))

Bei den Anwendungen dieses mathematisch exakt formulierten Modells außerhalb des technischen und naturwissenschaftlichen Bereiches wurde aber meist übersehen, daß Shannons und Weavers Kommunikationstheorie eine Theorie der Signalübertragung sein sollte und nichts anderes. "Information" bedeutete für Shannon und Weaver nicht "Bedeutung" im umgangssprachlichen Sinne, sondern bezog sich auf physikalisch genau bestimmbare Signalmengen, die technisch handhabbar sind" (Schmidt 1991).

Sprachwissenschaftliche und psychologische Vorstellungen von menschlicher Kommunikation führten zu einem "geänderten Modell", bei dem der eine Kommunikationsteilnehmer sowohl die Funktion der Nachrichtenquelle und des Senders, der andere die des Empfängers und Nachrichtenziels übernimmt. Man bezeichnet jetzt diese Kommunikationsteilnehmer als Sender und Empfänger. Wenn beide erfolgreich kommunizieren wollen, müssen sie über folgende Voraussetzungen verfügen:

- annähernd gleicher Vorrat an mentalen Repräsentationen (Bedeutungen),

- annähernd gleicher Vorrat an Zeichen und

- annähernd gleiche Regeln für die Zuordnung von (Folgen von) Repräsentationen und Zeichen (Grabowski, Herrmann, Pobel 1991).

Die Kommunikationsteilnehmer benötigen demnach ein gleiches "internes Lexikon", gemeinsame grammatische Regeln und gemeinsame Aussprachregeln. Durch dieses einfache Kommunikationsmodell sind folgende Punkte jedoch nicht berücksichtigt:

- die Kommunikation ist nicht nur ein Informationstransport zwischen den Kommunikationsteilnehmern,

- die Funktionen des Senders und des Empfängers sind nicht spiegelbildlich,

- die Kommunikation ist wesentlich situationsabhängig,

- die Kommunikation dient der Erreichung individueller Handlungsziele und der Einhaltung sozialer Konventionen (Grabowski, Herrmann, Pobel 1991).

Der Vorteil dieser Kommunikationsmodelle liegt in ihrer Anschaulichkeit, und sie lassen sich durchaus zur Darstellung verwenden, wenn man beispielsweise die Erkenntnisse des Konstruktivismus berücksichtigt.

4.1.2.2 Kommunikations-Metaphern

Bei Shannon handelt es sich um ein Modell, das weitgehend der Technologie entlehnt ist. Modelle können aber auch sprachlicher Natur sein oder Aussagensysteme darstellen, die eine schlüssige Bearbeitung des WAS, WIE und WARUM zur Kommunikation liefern. Sie stellen dabei metaphorische Beziehungen zu mechanischen Feldern, physikalischen Prozessen oder gesellschaftlichen Rollen her, die uns gut bekannt sind. So ist die Sicht von Kommunikation als dem Nervensystem der Gesellschaft eine biologische Metapher. Metaphern haben generell die Eigenschaft, eine erklärungsbedürftige Struktur aus einem bekannten Erfahrungsbereich in einem anderen anzuwenden, der entweder noch erklärungsbedürftig ist oder den es neu zu verstehen gilt (Krippendorff 1990, S. 17). So gibt es verschiedene Metaphern von Kommunikation

- Metapher der Übertragung von Botschaften,
- Container-Methapher,
- Metapher des Mitteilens von Gemeinsamkeiten,
- Metapher vom Kanal,
- Kontroll-Metapher,
- Metapher vom Argument als Krieg,

die im folgenden durch ein Beispiel vertreten sind:

- **Die Metapher vom Argument als Krieg**

    "Aus dem oppositionellen Klima, dem die griechische Rhetorik entstammt, oder vielleicht auch gegründet auf die britische Tradition öffentlichen Debattierens, entstand eine Metapher, die vermutlich sehr viel enger am Sprechen als am Schreiben anknüpft und Kommunikation oder Argumentation als Kriegsführung sieht. Die amerikanischen Sprachwissenschaftler George Lakoff und Mark Johnson haben gezeigt, daß diese Metapher in einer Vielzahl alltäglicher Redewendungen anzutreffen ist:

    - "Ihre Behauptungen sind *unhaltbar*."
    - "Er *griff jeden schwachen* Punkt in meinem Argument *an*."
    - "Seine Kritik hat *genau getroffen*."
    - "Ich habe seine Argumente *zunichte gemacht*."
    - "Du stimmst nicht zu? Dann *schieß mal* los."
    - "Wenn Du diese *Strategie* wählst, wird er Dich *fertigmachen*."
    - "Er hat alle meine Argumente *abgeschmettert*."

    Es ist sehr wichtig zu erkennen, daß wir mit Argumenten in der Sprache des Krieges nicht bloß *reden*. Viele der Dinge, die wir beim Argumentieren *tun*, sind durch das Konzept "Krieg" teilweise strukturiert. Wenn es auch keine physischen Schlachten sind, so sind es doch verbale Schlachten, die sich in der Struktur des Argumentierens - Angriff, Verteidigung, Gegenangriff usw. - spiegeln. In diesem Sinne ist die Metapher ARGUMENT ALS

KRIEG eine der Metaphern von und mit denen wir in unserer Kultur leben. Sie strukturiert die Handlungen, die wir beim Argumentieren ausführen" (Krippendorff 1990).

4.1.2.3 Das Konstruktivistische Kommunikationsmodell

4.1.2.3.1 Bewußtsein und Kommunikation

Nach Meinung von etlichen Psychologen und Biologen bilden wir aufgrund der Bau- und Arbeitsweise unseres Gehirns die Wirklichkeit nicht durch Wahrnehmen und Erkennen ab, sondern konstruieren sie selbst (konstruktivistisches Denken) (Maturana 1982, Roth 1987, S. 399 f.).

Wir sehen also nicht mit den Augen, sondern mit dem Gehirn. Dabei ist das Gehirn nach Erkenntnissen der Neurobiologen kein für sämtliche Umweltreize offenes System (mit einem solchen System könnten wir wegen Reizüberflutungen auch gar nicht überleben!), sondern ein funktional geschlossenes, auf sich selbst bezogenes (selbstreferentielles) System, das nur mit seinen eigenen inneren Zuständen umgehen, also nur seine eigene "Sprache" verstehen kann. Mit der Außenwelt ist das Gehirn über bereichsspezifisch arbeitende Sinnesorgane verbunden. Diese übersetzen Ereignisse der Außenwelt in die "Sprache" des Gehirns.

Da im Gehirn der signalverarbeitende und bedeutungserzeugende Teil eins sind, können die Signale für den einzelnen Menschen nur das bedeuten, was entsprechende Gehirnteile ihnen an Bedeutung zuweisen, d. h. das Original geht bei dieser "Übersetzung" verloren. Dabei arbeitet das Gehirn auf der Grundlage früherer interner Erfahrungen sowie stammesgeschichtlicher Festlegungen. Das bedeutet, daß nur das bewußt wird, was zuvor bereits vom Gehirn gestaltet und geprägt worden ist (Schmidt 1991, S. 50 - 78). Das reale Gehirn konstruiert eine kognitive Welt, die in sich abgeschlossen ist; nur in ihr gibt es Raum und Zeit, Außen und Innen, Ursache und Wirkung (Roth 1987, S. 399 f.).

Aus diesem konstruktivistischen Verständnis folgt, daß Wissen radikal auf den einzelnen Menschen bezogen wird. Damit fällt Objektivität als letzter Maßstab fort, und Verantwortlichkeit - insbesondere auch Eigenverantwortlichkeit - rückt in den Vordergrund (Schmidt 1991). Diese Einsicht in die Subjektabhängigkeit aller Erkenntnisse, Wahrheiten und Werte hat wichtige Konsequenzen:

1. Das Individuum ist einzigartig und unentbehrlich als empirischer Ort individueller wie gesellschaftlicher Wirklichkeits-, Sinn- und Werteproduktion. Die alteuropäischen dualistischen Vorstellungen von Subjekt/Objekt und Subjekt/Gesellschaft werden durch ganzheitliche Vorstellungen ersetzt (Subjekt als Teil von Natur und Gesellschaft).

2. Unterschiedliche Kulturen sind nicht unterschiedliche Formen der Bearbeitung ein und derselben objektiven Wirklichkeit, sondern unterschiedliche Formen der Konstruktion von Wirklichkeit.

4.1.2.3.2 Sprache und Kommunikation

Aus konstruktivistischer Sicht muß man davon ausgehen, daß es im strengen Sinne überhaupt keine Informations-Übertragung durch Sprache gibt. Sprache verweist nicht mit unabhängigen Zeichen auf unabhängige Gegenstände. Was man hört oder liest, stellt einen Orientierungsanlaß und eine Orientierungshilfe dar; Information wird erst aufgebaut, erst konstruiert, aber nicht als fertiges Informations-Stück von außen bezogen.

Die Geschlossenheit (die Autonomie) ihrer jeweiligen Selbstsysteme wird bei den Kommunizierenden nicht durchbrochen. Auch dies erklärt den außerordentlichen Anteil emotionaler Faktoren bei jeder Kommunikation: Wo Sympathie, Freundschaft oder Liebe fehlen, wo die Aversion bereits vorherrscht oder durch die ersten Worte eines Text-Angebotes ausgelöst wird, werden vom Rezipienten alle weiteren Begründungen und Vorschläge nicht mehr oder nunmehr schwerlich akzeptiert (Scheffer 1991).

4.1.2.3.3 Bedeutung des Konstruktivismus

Aus dem bisher Gesagten folgt: Es geht bei einer umfassenden Kognitionstheorie, wie sie der Konstruktivismus darstellt, nicht um Fakten und Tatsachen der "Realität", es geht auch nicht um die "objektiven Gegebenheiten" der Kommunikations-Realität, es geht nicht um realitätsadäquate Erkenntnisse. Von Interesse sind allein Prozesse, Modelle, Relationen und Mechanismen der Konstruktion von Wirklichkeit. Es geht - und dies ist der entscheidende erkenntnistheoretische Sprung - ausschließlich um eine Theorie des Wissens, nicht mehr um eine Theorie des Seins (bzw. des Seienden). Wenn man bestimmen will, wie Wirklichkeit beschaffen ist, wird man sich eingestehen müssen, daß wir gleichsam immer nur uns selbst vorfinden; wir entdecken nicht die "Realität", sondern unsere eigenen Wirklichkeitskonstruktionen. Die sorgfältige Analyse von Wahrnehmungen enthüllt die Eigenschaften des Beobachters, nicht die Eigenschaften der "Realität".

Wir können, indem wir zu Beobachtern werden, lediglich "simulieren", als seien die von uns konstruierten Objekte unabhängig von unserem Zutun bereits von der "Realität" selbst ausgesagt. Natürlich ist diese Simulation gerechtfertigt in der alltäglichen, gleichsam krisenlosen Routine des Erkennens; erkenntnistheoretische Überlegungen indessen haben diese "Täuschung" - so wie es hier versucht wird - aufzudecken (Scheffer 1991).

Es gibt den Vorwurf an den Konstruktivismus, daß die Konstruktivität menschlicher Erlebniswelten unmittelbar deren Beliebigkeit bedeutet. Kein Konstruktivist würde ernsthaft behaupten, daß die Ausgestaltung der Erlebniswirklichkeit - auch wenn sie letztlich in ihren Ordnungsbildungen und Bedeutungszuweisungen von individuellen kognitiven Systemen hervorgebracht wird - von diesen kognitiven Systemen völlig willkürlich verändert werden kann. Auch Anhänger des radikalen Konstruktivismus versuchen für gewöhnlich nicht, über das Wasser oder durch Wände zu gehen.

Der zweite Vorwurf, daß der Standpunkt des Konstruktivismus mit einer nicht zu tolerierenden Relativität gesellschaftlicher und persönlicher Werte einhergeht, entspringt ebenfalls mehr dem Mißverständnis einer Gleichsetzung von Konstruktivität und Beliebigkeit als logischer Notwendigkeit. Wenn Handlungen, Vorstellungen oder Theorien nicht mehr pauschal über das Kriterium der Wahrheit sanktioniert werden können, sind sie deshalb nicht unbewertbar.

4.1.3 Sprache und Kommunikation (Schmidt 1991, S. 69 ff.)

4.1.3.1 Die Konstruktion von Sinn und Bedeutung

Nach Auffassung Maturanas besteht die Funktion der Sprache nicht in erster Linie darin, auf sprachunabhängige Gegebenheiten zu verweisen, sondern darin, Orientierungen auszulösen. Der Kommunikationspartner wird veranlaßt, aufgrund von Textwahrnehmungen Sinn zu konstruieren. Diese vielen linguistischen und informationstheoretischen Modellen widersprechende These ist im Lichte der kognitionstheoretischen Überlegungen völlig plausibel, und sie erweist sich für verschiedene wissenschaftliche Forschungsbereiche als höchst kreativ. Plausibel ist sie deshalb, weil Kommunikation gebunden ist an Kommunikationsmittel (akustische, optische und andere), die über sinnliche Rezeptoren aufgenommen werden. Was die Rezeptoren dem Gehirn mitteilen, wird - wie vorher ausgeführt - in dessen "Sprache" übersetzt. Mitgeteilt werden also elektrische Impulse und nicht etwa Gedanken oder Informationen. Diese entstehen allein im kognitiven Bereich des jeweils handelnden Subjekts, unter dessen körperlichen, geistigen und sozialen Kognitionsbedingungen, also subjektabhängig (was nicht mit "subjektiv" verwechselt werden darf).

Wir müssen also unterscheiden zwischen Texten (bzw. anderen Kommunikationsangeboten wie Bildern oder Tönen) und dem, was ein Individuum in seinem kognitiven Bereich mit/aus solchen Texten macht. Um diese Unterscheidung auch terminologisch festzumachen, kann für das Resultat kognitiver Operationen aus Anlaß der Wahrnehmung eines Textes der Ausdruck Kommunikat verwendet werden (Schmidt 1980, S. 43 ff.).

Am Kommunikat müssen drei Dimensionen unterschieden werden:

- die erzeugte Information,

- Assoziationen, Imaginationen und Gefühle,

- die ständig "mitlaufende" Einschätzung der lebenspraktischen Relevanz der Beschäftigung mit einem Text.

Wird damit nicht die Wichtigkeit der Sprache geleugnet und alles nur in die Köpfe der Leute verlegt? Wird jegliche Sinnproduktion der subjektiven Willkür ausgeliefert?

Natürlich spielt Sprache eine bedeutsame Rolle für den Einzelnen wie für die Gemeinschaft. Eben deshalb wird sprachliche Sozialisation ja auch ein Leben lang vollzogen. Aber der Erwerb der Muttersprache vollzieht sich ja nicht als Vokabel- und Grammatiklernen: das Kind lernt im gesamten Lebenszusammenhang sprechen, und es lernt sprechend einen ganzen Lebenszusammenhang. Es lernt Verhaltensweisen, die Verhaltensweisen auslösen bzw. beeinflussen.

Die scheinbaren Selbstverständlichkeiten im Umgehen mit Sprache, die sich in Formeln ausdrücken wie: "wir wissen doch alle" oder "hier steht doch eindeutig", beziehen sich also notwendig auf erlernte Sicherheiten im gemeinsam erlebten und "geregelten" Sprachumgang, im Sprach-Leben (oder "languaging", wie Maturana mit einem englischen Kunstwort andeutet). Je gewohnter, gefährlicher oder gefühlsbeladener eine Kommunikationssituation ist, desto weniger scheint uns Sprache kommunikativen Erfolg zu verbürgen - wir verzweifeln am Reden.

4.1.3.2 Wie kommt es, daß wir uns (miß)verstehen?

Die bisherigen Überlegungen laufen auf zwei scheinbar paradoxe Forderungen hinaus:

- Als Menschen können wir in einer Umwelt überleben, gerade weil wir diese Welt nicht wie durch Fenster und Türen direkt in uns aufnehmen, sondern Wirklichkeitsmodelle allein nach den spezifischen Arbeitsbedingungen unseres Gehirns konstruieren. Wäre unser Gehirn ein Reiz-Reflex-System, würden wir von Umweltreizen wehrlos überflutet.

- Als Menschen können wir miteinander kommunizieren, gerade weil wir nicht wie durch Röhren und Kanäle Gedanken und Informationen austauschen, sondern diese aufgrund bestimmter Wahrnehmungsanlässe (wie Texte und Bilder) jeweils selbst konstruieren, wobei die Anlässe nicht immer in voraussagbarer Weise die Ergebnisse erzwingen, die wir als Sprecher beabsichtigen.

Kommunikation heißt nicht: geben und nehmen, oder austauschen; es heißt vielmehr, sich gegenseitig Chancen der kognitiven Veränderung, der Auswahl und Konstruktion der von uns selbst abhängigen Informationen einzuräumen, eben weil jeder Kommunikationspartner für sich eine selbständige, autonome und organisatorisch geschlossene Wesenheit ist. Gerade die "Unwahrscheinlichkeit" von Kommunikation macht sie erst möglich und erträglich; denn wäre Kommunikation Informationsaustausch, dann wäre damit Kommunikation auch ein Kontrollinstrument "par excellence" und würde in kürzester Zeit zu einer völligen Nivellierung aller Menschen führen. Es wäre dann unmöglich, sich gegen Kommunikation zu wehren; sie würde uns überwältigen. Kommunikation ist aber nur dann erfolgreich, wenn Kommunikationspartner beim Produzieren wie Rezipieren von Kommunikationsangeboten hinreichend parallelen Gebrauch von ihren kognitiven Möglichkeiten machen können und machen wollen. Denn Kommunizieren heißt nicht nur, etwas mitteilen, sondern auch den Anspruch erheben, daß das Mitgeteilte mitteilenswert ist und man Anspruch auf die Aufmerksamkeit und Verstehenstätigkeit eines anderen erheben kann.

Fassen wir zusammen: Kommunikation konstituiert und etabliert die Welt, in der wir leben, indem sie drei Dimensionen miteinander vermittelt:

- die Dimension subjektiver Kognitionen, in denen Individuen ihre Wirklichkeitsmodelle konstruieren,

- die Dimension inter-subjektiver Interaktion, in der die Individuen ihre je subjektgebundenen Wirklichkeitskonstrukte mit anderen abgleichen, erproben, bestätigen oder verwerfen,

- die Dimension gesellschaftlicher Organisation von Interaktionen in Institutionen wie Familie, Schule, Betrieb, Partei, Verein usw.

Die Beziehungen zwischen diesen drei Dimensionen können sinnvollerweise als Selbstorganisation modelliert werden. Ohne die anderen ist subjektgebundene Wirklichkeitskonstruktion nicht möglich. Meine Wirklichkeitsmodelle müssen sich in der Interaktion bestätigen, um als gemeinsame Wirklichkeit zum Bezugspunkt von Erleben und Handeln werden zu können. Dieser Prozeß braucht einerseits Kommunikation und bestimmt andererseits Themen und Formen der Kommunikation wie der Kommunikation über Kommunikation (Meta-Kommunikation). Um die grundsätzlich unendliche Menge möglicher Kognitionen und Interaktionen auf ein gesellschaftlich handhabbares Maß zu verringern, müssen gewissermaßen Stabilisierungseinrichtungen entstehen, die Interaktionen organisieren: Institutionen. Auch deren Entstehen und Wirken sind ohne Kommunikation undenkbar und wirken gleichzeitig wieder zurück auf Formen und Themen gesellschaftlicher Kommunikation.

4.1.3.3 Wir verstehen uns doch?

Bewußtseinsprozesse sind in der Zeit ablaufende, also "flüchtige" Prozesse. Sie passieren und sind in ihrer jeweils aktuellen Form nie wiederholbar. Verstehen läuft ohne begleitendes Bewußtsein ab - solange man weiterweiß und keine Störungen auftreten, die das Gefühl der Stimmigkeit und Angemessenheit des Erlebens im Umgang mit einem Medienangebot irritieren. Im Verstehen verfügt man also nicht bewußt über das Verstehen. Erst wenn der Verstehensprozeß unterbrochen wird, wenn Störungen auftreten oder der Verstehende aufgefordert wird, sich im Verstehensprozeß zu äußern ("Wir verstehen uns doch!?"), stellt sich begleitendes Bewußtsein ein. Dann werden im Bewußtsein Prozeß und Beobachtung voneinander getrennt, und das Bewußtsein arbeitet als innerer Beobachter. Welche Fortsetzungsmöglichkeit gewählt wird bzw. sich durchsetzt, das hängt wesentlich von der jeweiligen

Situation und von den sozialen Voraussetzungen ab. Diese legen schon zu Beginn der Wahrnehmung eines Medienangebotes mehr oder weniger verbindlich fest,

- welche Voraussetzungen erfüllt sein müssen, damit ein Verstehensprozeß überhaupt in Gang kommt (Verstehensvoraussetzungen, z. B. ausreichendes Sprachvermögen),

- welche Erwartungen an Verstehensprozesse und ihre Ergebnisse geknüpft sind (Verstehenserwartungen, z. B. einen gelesenen Text zu rezensieren),

- welche Anforderungen an das Verstehen gestellt werden (Verstehensanforderungen, z. B. Kenntnis einer Fachsprache).

"Hartnäckige" Verstehensprobleme erfordern einen Rückgriff auf Kommunikation; das heißt, das psychische System "importiert" Gründe und Möglichkeiten fürs Weitermachen aus dem Sozialbereich. Dabei dürfte die Maxime gelten: Je unwahrscheinlicher eine kognitive Operation ist, desto abhängiger ist sie von sozialen Bedingungen. Um Verstehen als Mißverstehen hervortreten zu lassen, ist Kommunikation erforderlich; denn die Differenz zwischen Verstehen und Mißverstehen tritt nicht im Verstehensprozeß auf, sondern erst bei Beobachtungen bzw. Vergleichen.

Bildlich ausgedrückt könnte man also sagen: beim Lesen (und das gilt auch für die Wahrnehmung anderer Medienangebote) ist das Bewußtsein "ganz beim Text". Aber es nimmt ihn nicht intentional, nicht zielgerichtet, wahr (so wie es ihn auch nicht bewußt strategiegeleitet verarbeitet), sondern es "ist" ganz konzentriert auf sein eigenes Weitermachen. Texte sind also - pointiert gesagt - nicht zum Verstehen da, sondern um dem Bewußtsein ein Fortsetzen seiner Operationen zu ermöglichen. Verstehen ist immer lebenspraktisch eingebunden in den Prozeß der Selbsterhaltung des lebenden Systems. An diesem Prozeß können analytisch drei Aspekte unterschieden werden: ein rationaler Aspekt des Informationsaufbaus, ein emotionaler Aspekt des Lust-Unlust-Ausgleichs und ein Aspekt der wertenden Abschätzung der lebenspraktischen Wichtigkeit kognitiver Prozesse.

Damit Kommunikation ein Bewußtsein zu systemspezifischen Operationen "anreizen" kann, müssen Medienangebote, also etwa sprachliche Texte, verwendet werden, auf die das Bewußtsein gemäß seiner Organisationsform reagieren kann. Natürliche Sprache bietet dabei den Vorteil, daß sie fast allen anderen Umweltereignissen gegenüber auffällt und ein formbares Medium ist, das fast endlose "Verdichtungen" durch subjektive Handhabung (z. B. Textbildung) erlaubt. Sprachliche Texte koppeln Bewußtsein und Kommunikation aneinander. Was aber das Bewußtsein mit den Medienangeboten macht, ist nach den vorangegangenen Überlegungen nicht genau vorhersagbar, da Medienangebote nicht "ins Bewußtsein eindringen", sondern lediglich Anlässe für selbstorganisierende kognitive Operationen bieten.

Im Rezeptionsprozeß ist nur das Bewußtsein, nicht aber das Medienangebot aktiv. Demgemäß sind Medienangebote als konventionalisierte Anlässe zur Durchführung kognitiver Operationen zu verstehen. Ihre Resultate hängen nicht allein vom Medienangebot, sondern vom jeweiligen Gesamtzustand des kognitiven Systems ab. Oder noch einmal anders gewendet: Verstehen ist nicht ausschließlich mit Medienangeboten beschäftigt und in seinen Resultaten nicht ausschließlich davon abhängig.

Die Frage, wie ein anderer ein Medienangebot "wirklich" versteht, ist so unbeantwortbar wie die Frage, wie man selber es versteht; denn der Verstehensprozeß ist weder bewußtseinspflichtig noch "objektiv beobachtungsfähig". Wenn wir in ein Gespräch über Texte, Filme, Bilder oder Hörspiele eintreten, sprechen wir strenggenommen nicht über Texte, Hörspiele oder Bilder, sondern über Konstanten, Stereotypen und Werte unserer sprachlichen und ästhetischen Sozialisation; denn es gibt keine Berufung auf Text, Hörspiel oder Bild als Entscheidungsinstanzen über Kontroversen, weil wir uns stets nur auf Gehörtes und Gesehenes, also auf kognitive Prozesse, beziehen, wenn wir miteinander kommunizieren: wir handeln kommunikativ als beobachtete Beobachter.

4.1.3.4 Sprache als Medium (Merten 1990, S. 17 ff.)

Gemessen an nonverbaler Kommunikation ist sprachlich geführte Kommunikation eine ganz neue Errungenschaft, denn hier wird ein neues Medium der Kommunikation etabliert. Doch gemessen an den Leistungen von Kommunikation in der heutigen Mediengesellschaft erscheint uns diese Leistung fast schon primitiv. Das erkennt man am besten, wenn man nach den Funktionen von Kommunikation für Gesellschaft fragt. Denn wenn es richtig ist, "daß Gesellschaft nicht nur aufrechterhalten wird durch Kommunikation, sondern (...) überhaupt (erst) durch Kommunikation existiert", wie dies John Dewey bereits 1916 behauptet hat, dann muß der Zustand einer Gesellschaft in enger Abhängigkeit von den zur Verfügung stehenden Medien der Kommunikation gesehen werden.

Mit der Sprache verfügt der Mensch bereits über ein Medium, ein Instrument, durch das und mit dem sich Kommunikation entfalten läßt. Sprache erlaubt zunächst Abstraktion durch Formulierung von Begriffen und Definitionen, die durch ihre explizite Normierung die Übereinstimmung bei der Sprachverwendung steigern. Des weiteren erlaubt Sprache die Ausbildung von Regeln (Normen). Dies sind nicht nur Regeln sozialen Verhaltens, der friedlichen Zusammenkunft, der Vorbereitung der Jagd oder Zeremonien anläßlich von Festen, Entscheidungen oder Bestattungen, sondern vor allem auch Regeln des Umgangs mit Sprache. Bereits hier, am Medium Sprache, wird eine wesentliche selbstreferentielle Struktur aller Medien sichtbar: Jede Verbesserung der Kommunikation durch Medien hat nicht nur eine positive Funktion für die Gesellschaft, sondern immer auch eine positive Funktion für die weitere Verbesserung von Kommuikation.

In schriftlosen (illiteraten) Gesellschaften ist die Größe einer Gesellschaft (Clan, Stamm) noch durch die Wahrnehmbarkeit ihrer Mitglieder begrenzt: Entscheidungen über Jagd und Fischfang, über Krieg und Frieden, müssen alltäglich verbal kommuniziert werden - was ständig die Erreichbarkeit und Anwesenheit aller Mitglieder voraussetzt. Diese notwendige Erreichbarkeit in illiteraten Gesellschaften läßt sich noch heute erkennen - etwa an der Größe von mittelalterlichen Marktplätzen. Diese waren so groß angelegt, daß sich zwei Personen, die in äußerster Entfernung zueinander auf dem Platz anwesend waren, gerade erkennen konnten: Noch im Mittelalter, wo längst Schrift und auch Buchdruck erfunden waren, konnte der überwiegende Teil der Bevölkerung weder lesen noch schreiben. Briefeschreiben oder Anruf waren unmöglich - man brauchte den Markt als Treffpunkt, als Ort für Sehen und Gesehen-werden.

Da Informationsangebote nur durch Personen - von Mund zu Mund - übermittelt werden können, ist die korrekte Weitergabe nicht zweifelsfrei zu sichern, sondern bietet immer Anlaß für subjektiv unvermeidliche oder aber erwünschte Verfälschungen. Wenn Adressaten von Botschaften nicht identifizierbar, sondern letztlich anonym bleiben und die Inhalte der Botschaft nicht verbürgt, also an Wahrheit oder Richtigkeit zu binden sind, sind Informationsangebote oft verbales "Freiwild": Jeder muß sie unkontrolliert, so wie sie sind, akzeptieren, jeder kann sie, so wie sie sind oder auch ganz nach eigenem Belieben, weitergeben. Das, was wir noch heute als "Gerücht" mit all seinen unkontrollierbaren Folgen, zum Beispiel in Krisenzeiten, kennenlernen, war früher möglicherweise die Regel.

Mangelnde Gewißheit machte Informationsangebote jedoch nicht nur unsicher, sondern garantierte - paradoxerweise - deren Weiterbestand: Was nicht als authentisch bewiesen werden kann, kann auch nicht widerlegt werden. So hielt sich solches Wissen als vermeintliche Wahrheit oft Jahrhunderte. Die schriftlose Gesellschaft war daher prädestiniert für Gerüchte, Märchen, Mythen, für Aberglauben und Magie. Daher mußten zusätzlich weitere Absicherungen für die Übermittlung von Botschaften ersonnen werden, die etwa an der übermittelten Person festgemacht wurden: das Bekanntsein des Boten, das Tragen von Emblemen oder die Benutzung von Codewörtern.

4.1.3.5 Schrift als Medium (Merten 1990, S. 21 ff.)

Die genannten Unsicherheiten der informellen (sprachlichen) Kommunikation müssen einen erheblichen Druck auf die Erfindung eines weiteren Mediums der Konmmunikation ausgelöst haben: Zwar weiß man bis heute nicht, wo und wann die Schrift zum ersten Mal erfunden worden ist. Aus der Tatsache jedoch, daß dies an verschiedenen Orten und jeweils unabhängig voneinander geschehen ist, kann man ermessen, daß dieses Problem überall vorhanden war - und auf Lösungen drängte.

Die Verfügbarkeit von Schrift erlaubt es, den Wirkungskreis von Gesellschaften fast beliebig auszudehnen:

- in zeitlicher Hinsicht, weil durch die Fixierung von Aussagen eine Dauerwirkung dieser Aussagen garantiert werden konnte, die etwa für die Sammlung und Anhäufung von Wissen notwendig war,

- in sozialer Hinsicht, weil durch Schrift Aussagen für im Prinzip beliebige und beliebig viele Personen bereitgestellt werden konnten,

- in sachlicher Hinsicht, weil Schrift Wiedergabetreue (Authentizität) der fixierten Aussagen garantierte.

Diese drei Typen kommunikativer Leistung von Schrift sind aufeinander bezogen und machen zusammen erst ihre Leistung als neues Medium der Kommunikation deutlich.

4.1.4 Verstehen und Verstehenshandeln

4.1.4.1 Was ist Verstehen? (Rusch 1990, S. 27 ff.)

Verstehen ist als ein soziales Phänomen im Handeln der beteiligten Individuen durch jeweils subjektiven Handlungserfolg hervorgehoben und daher positiv ausgezeichnet. Verstehen ist dann nicht ein Vorgang, beispielsweise eine intellektuelle Leistung, ein psychischer, kognitiver Prozeß oder ähnliches, auch nicht das Ergebnis solcher Vorgänge (obwohl eine ihrer Folgen). Verstehen ist vielmehr ein Zustand, besser noch eine Eigenschaft, und zwar die Eigenschaft, den Orientierungserwartungen eines Orientierenden in einer Orientierungssituation zu entsprechen. Ob (und wann im Verlauf einer Orientierungsinteraktion) dem Orientierten diese Eigenschaft zukommt, entscheidet der Orientierende aufgrund seiner Erwartungen und Beobachtungen. Verstehen bzw. verstanden haben ist dann eine dem Orientierten zugeschriebene, nur in der Orientierungsinteraktion mögliche und nur aus der Sicht des Orientierenden feststellbare Eigenschaft.

Entspricht ein Orientierter den Erwartungen eines Orientierenden schnell und leicht, häufig, oft oder fast immer, so wird er diesem als verständig gelten, als jemand, an dessen Verstand nicht zu zweifeln ist. Verstehen ist an den Rahmen von Orientierungsinteraktionen, an die jeweiligen Situationen und an die beteiligten Personen gebunden. Verstehen ist daher auch kein unabhängig von sozialer Interaktion und Erfahrung durch besondere kognitive Qualitäten hervorgehobener oder ausgezeichneter mentaler oder geistiger Zustand. Vielmehr ist - z. B. in der zwischenmenschlichen Interaktion - die Möglichkeit von Verstehen bzw. Verstanden-haben selbst ein Kriterium zur Bewertung der (beobachteten) Leistungen der Interaktionspartner. Verstehen ist somit ein soziales (sozusagen "externes") Qualitätskriterium für intellektuelle und physische Leistungen autonom operierender kognitiver Systeme.

Für den Orientierenden ist es ein jeweils subjektives Maß für die Bewertung seiner Interaktionspartner, ein subjektives Maß für soziale und persönliche Nähe oder Distanz, kognitive Normalität oder Abnormität. Auf der Ebene von Gruppen und Gesellschaften ist Verstehen das Maß und der Mechanismus, nach dem und in dem akkulturiert und sozialisiert, gelehrt und gelernt wird, indem die Leistungen der Einzelnen unter dem Gesichtspunkt des Verstehens bewertet und selektiert, die zum Verstehen führenden Leistungen verstärkt und stabilisiert werden.

Wie die geschilderten Zusammenhänge aber klargemacht haben, handelt es sich beim Verstehen um eine gleichermaßen soziale und individuale Angelegenheit. Ohne soziale Partner gibt es kein Verstehen. Gerade in der Sozialisation kommt es deshalb darauf an, den zu orientierenden Partnern Gelegenheit und Chancen für das Erleben des Verstehens und Verstanden-werdens zu geben.

4.1.4.2 Verstehenshandlungen (Rusch 1990, S. 35)

In dem Maße, wie ein Interaktionspartner seine Erfahrungen des Interaktionsgeschehens in der Rolle des Orientierenden und in der Rolle des Orientierten konzeptualisiert und systematisiert, in dem Maße, wie er das Verstehen bzw. das Verstandenwerden als implizites Ziel jeder Interaktion und Kommunikation begreift, und in dem Maße, wie er seine Interaktions- und Kommunikationserfahrungen unter dem Aspekt des Verstehens organisiert, in eben dem Maße wird auch eine autonome Selbstzuschreibung von Verstehen möglich. Zugleich wird sie scheinbar auch immer unabhängiger von der Feststellung oder Bestätigung des Verstehens durch einen Orientierenden. Die kognitive Grundlage solcher Selbstzuschreibungen von Verstehen ist ein sich entwickelndes Schema des Verstehenshandelns.

Verstehenshandlungen sind dann solche Handlungen, in denen ein Beobachter (in der Rolle des Orientierenden oder des Orientierten) in einer gegebenen Situation seine Aufmerksamkeit auf eine Orientierungshandlung richtet, um in bezug darauf solche Verhaltensweisen (z. B. Tätigkeiten, Auffassungen, Vorstellungen usw.) zu erzeugen, die er unter dem Aspekt des Verstehens selbst für positiv bewertbar hält.

Im Rahmen eines solchen Verstehensschemas können dann die in der Beobachtung des jeweiligen Interaktionspartners gewonnenen Anzeichen für Verstehen, die bewährten Kontrolltechniken und die Hinweise für die Bewertung des jeweils eigenen Verhaltens (z. B. auch hinsichtlich seiner Verständlichkeit für andere) als Kriterien und Prüfverfahren für das eigene Verstehen operationalisiert werden. Die von seiten des Orientierenden in konkrete Interaktionen eingebrachten Erwartungen sind dem Orientierten faktisch unzugänglich. Was dieser daher nur als Verstehenserwartung bzw. als Ziel seiner Verstehenshandlung formulieren kann, ist:

- das unspezifische (inhaltlich sozusagen leere) allgemeine Ziel, überhaupt zu verstehen, oder

- die spezifische Erwartung (d. h. die Hypothese), daß sich das allgemeine Ziel mit ganz bestimmten eigenen Verhaltensweisen oder Vorstellungen (die z. B. gedanklich oder sprachlich repräsentiert sein können) erreichen lassen werde, oder

- eine Hypothese über die Orientierungserwartungen in der jeweiligen Interaktion, das heißt eine Hypothese über die Erwartungen oder Ziele des Orientierenden bzw. darüber, was gemeint ist.

Bis zu einem gewissen Grade sind solche Verstehenserwartungen aufgrund der Konventionalität von Orientierungsinteraktionen ableitbar. Im Verstehenshandeln können dann solche, aus dem subjektiven Wissen "erschlossenen" Strukturen als Hypothesen über Orientierungsintentionen funktionalisiert werden. Verstehenshandlungen können aber auch in der Rolle des Orientierenden ausgeführt werden. Neben den bereits bekannten Ortientierungserwartungen, die (als Zielvorstellungen und Verstehenskriterien) auf das beobachtete Verhalten des Orientierten gerichtet sind, treten dann Verstehenserwartungen, die an das eigene Orientierungsverhalten (als "Gegenstand des Verstehens") gebunden werden. Damit verfügt der Orientierende über das Maximum möglicher verstehensrelevanter Informationen. Weil er die Absichten seiner eigenen Orientierungshandlungen genau kennt, kann er ganz konkrete Verstehenserwartungen mit seinem Handeln verbinden: Er handelt für sich selbst verständlich. Aus der Perspektive des Orientierten betrachtet, muß das beobachtete Orientierungsverhalten aber keineswegs verständlich sein.

4.1.4.3 Das kommunikationstheoretische Modell (Jacobi 1975, S. 47 ff.)

Die kalifornischen Kommunikationsforscher der Palo-Alto-Schule, deren in Deutschland prominentester Vertreter Paul Watzlawick ist, sehen in der menschlichen Kommunikation viele Möglichkeiten, psychische Probleme entstehen zu lassen. Der Kommunikation kommt eine bedeutende Rolle in allen Bereichen menschlichen Lebens zu, vor allem aber auch in der familiären Sozialisation. Die für die Entwicklung des Menschen wichtigen familiären Bedingungen werden entscheidend geprägt von den Beziehungen zwischen Eltern und Kindern.

Die Kommunikationsforschung geht von der Grundannahme aus, daß die Beziehungen zwischen Menschen als Regelkreise betrachtet werden können - das heißt: Das Verhalten jedes einzelnen wirkt auf die Verhaltensweisen der anderen Personen ein und wird selbst wiederum auch von den Handlungen aller anderen bedingt. Man stellt diesen System-Aspekt dar, indem man die Personen im System als Empfänger und Sender von Botschaften versteht. Botschaften oder Kommunikationen können sprachlich (verbal) oder nicht-sprachlich (nonverbal: durch Mimik, Gestik, Tonfall usw. vermittelt) sein.

Kernsätze der Kommunikation

Nach der Palo-Alto-Schule gibt es 5 Kennzeichen der Kommunikation, d. h. ihre Kommunikationstheorie baut auf 5 Kernsätzen ("Axiomen") auf:

1. Kernsatz: Es ist unmöglich, nicht zu kommunizieren.

Jede Person drückt sich zu jeder Zeit ihres Lebens durch ihr Verhalten aus und diese Verhaltenszustände sind beschreibbar.

2. Kernsatz: Jede Kommunikation hat einen Inhalts- und einen Beziehungsaspekt.

Eine Mitteilung enthält einmal eine inhaltliche Information über einen Sachverhalt, zum anderen jedoch einen weniger auffälligen Aspekt, der über die Beziehung zwischen dem "Sender" und dem "Empfänger" informiert, z. B. durch Mimik, Gestik, Tonfall.

3. Kernsatz: *Jede Kommunikation enthält in der unterschiedlichen Sicht der verschiedenen Partner eine Struktur, die als Interpunktion (Gliederung) einer Ereignisabfolge erscheint.*

4. Kernsatz: *Die menschliche Kommunikation kann in "digitaler" (genau bezeichenbarer) oder in "analoger" (übertragener) Weise erfolgen.*

Digitale Kommunikation ist dann gegeben, wenn der Inhalt der Mitteilung in Zeichen verschlüsselt ist, deren gegenständliche und/oder begriffliche Bedeutungen eindeutig sind; digitale Kommunikation ist daher meist mit verbaler (Sprachzeichen verwendender) Kommunikation gleichzusetzen.

Analoge Kommunikation liegt dann vor, wenn die Information mit Mitteln verschlüsselt wird, die nur eine ungefähre, indirekte oder "übertragene" Darstellung erlauben; meist sind diese Mittel Bestandteil non-verbaler Kommunikation wie z. B. Mimik, Gebärden oder der Tonfall einer Äußerung.

Beziehungsaspekte werden meist über analoge Kommunikation ausgedrückt.

5. Kernsatz: *Zwischenmenschliche Kommunikationsmodelle sind entweder symmetrisch oder komplementär, je nachdem, ob die Beziehung zwischen den Partnern auf Gleichheit oder Unterschiedlichkeit beruht.*

Im Falle der symmetrischen Kommunikation verhalten sich die einander ebenbürtigen Partner sozusagen spiegelbildlich. Im Falle der komplementären Kommunikation stehen die unterschiedlichen Verhaltensweisen der Partner in einem Ergänzungsverhältnis, z. B. Schüler-Lehrer-Verhältnis.

4.1.5 Kommunikation in der Praxis (Lay 1989b)

Um in der Praxis erfolgreich kommunizieren zu können, müssen nicht nur die grundsätzlichen Aspekte der Kommunikation bekannt sein, sondern auch richtiges Zuhören, Darstellen und Fragen, sowie Aspekte der Gesprächsführung und Aspekte der Konfliktbewältigung.

4.1.5.1 Zuhören, Darstellen, Fragen

In der Praxis stellen sich Menschen viel zu wenig auf ihre Kommunikationspartner ein. Sie können ihrem Partner nicht richtig zuhören, sich dem Partner verständlich darstellen und Fragen stellen, die die Kommunikation fördern.

Zuhören

Zuhören kann in drei Stufen erlernt werden: geduldiges Zuhören, genaues Zuhören und analytisches Zuhören.

Geduldiges Zuhören

Die meisten Menschen können nicht geduldig zuhören, sondern sind ungeduldig oder dulden das Sprechen des Partners nur resignierend. Sie empfinden die Worte des Andern eher als ein Warten aufs eigene Wort, ein Planen der eigenen Darstellung, das nur durch die Worte des Anderen ausgelöst, modifiziert oder bestenfalls erweitert wird.

Die elementarste Form des geduldigen Zuhörens ist die Fähigkeit, andere ausreden zu lassen und sie nicht zu unterbrechen. Diese elementare Form läßt sich durchaus trainieren, indem erst gesprochen wird, wenn der andere ca. drei Sekunden schweigt. Geduldiges Zuhören kann aber auch trainiert werden durch die Beherrschung nicht-direktiver Techniken des Sprechens. Das soll heißen, der Zuhörende stellt nur Fragen, die den Partner dazu führen, in der von ihm selbst gewünschten Art weiter zu sprechen. Hierbei dient das Sprechen dem Hören.

Auf die Dauer gesehen wird geduldiges Zuhören nur gelingen, wenn die Ungeduld behoben ist. Ein häufiger Grund für die Ungeduld aber ist eine falsche Einschätzung der eigenen Bedeutung, des formalen Führens, der Bedürfnisse und Erwartungen anderer Menschen.

Genaues Zuhören

Mit genauem Zuhören ist gemeint, daß der Zuhörende herauszufinden versucht, was der andere gemeint hat und wie er es gemeint hat. Der Zuhörende steht vor der Aufgabe festzustellen, ob der Schwerpunkt der Kommunikation auf der Inhaltsebene oder auf der Beziehungsebene liegt. Dieses festzustellen ist gar nicht so einfach, weil das Verstandene immer von eigenen Erwartungen, Interessen, Kenntnissen usw. beeinflußt wird. Ungenaues Zuhören hat zum Teil Ursachen, die oft nicht einfach zu beheben sind (z. B. falsche Einstellung zum Partner, Müdigkeit und starke Emotionen wie Liebe oder Haß).

Analytisches Zuhören

Mit analytischem Zuhören ist gemeint, daß der Zuhörer schnell und sicher die sachlichen und logischen Voraussetzungen, Implikationen und Konsequenzen des Gesagten erkennt und mitbedenkt. Der Faktsatz "Bankaktien sind rentabel" und der Schlußsatz "Also sollten Bankaktien gekauft werden" sind mit der logischen Voraussetzung, daß alles, was rentabel ist, gekauft werden sollte, verbunden. Der Zuhörer sollte in der Lage sein, das Gehörte während des Hörens nicht assoziativ, sondern analytisch zu bedenken. In den meisten Fällen hören Menschen nur assoziativ zu: sie hören nur mit "halbem Ohr" zu, während sie sich schon auf ihr eigenes Sprechen vorbereiten.

Die sachliche Analyse des Gehörten sollte jedoch nicht soweit gehen, daß sie allein den Gesprächsverlauf bestimmt. Das würde zumeist ein Überwiegen informatorischer Anteile im Gespräch bedeuten. Das Gehörte sollte nicht nur sachlich, sondern auch logisch analysiert werden. Die meisten Menschen schließen einen Sachverhalt mit einer Konsequenz aus dem Sachverhalt kurz. Solche Schlüsse sind zumeist unstatthaft. Die Fähigkeit, stillschweigende logische Voraussetzungen zu erkennen, muß erst erlernt werden.

4.1.5.2 Darstellung

Wenn der Sprechende sich nicht richtig darstellen kann, kann die Kommunikation zwischen Menschen schwierig werden. Die Beteiligten sollten wissen, wie sie sich richtig darstellen, damit der Prozeß so reibungslos wie möglich verlaufen kann. Damit der Sprechende etwas und sich selbst richtig verbal darstellt, muß er Informationen sachlich und verständlich wiedergeben. Weiterhin sollte er überflüssige Redundanzen unterlassen und einen Sprechstil wählen, der dem des Hörers entspricht. Auch muß er darauf achten, daß Inhalt und Ausdruck übereinstimmen.

Verständliches Sprechen

Informationen müssen sachlich und verständlich gegeben werden. Sachlichkeit ist vor allem dann anzustreben, wenn die Weitergabe und der Umfang von Informationen im Mittelpunkt der verbalen Interaktion stehen. Sachlich meint, daß der Austausch von Informationen und Argumenten auf ein Sachziel bezogen wird und frei von der Beeinflussung von Gefühlen, Stimmungen und Vermutungen ist. Da Kommunikation aber auf der sachlichen Ebene und der Beziehungsebene stattfindet, können Gefühle, Vorurteile etc. nicht eliminiert werden. Oft wird jedoch unter dem Vorwand der Sachlichkeit Unsachlichkeit geboten. Daher sollte versucht werden, die nicht-sachlichen Anteile der Kommunikation nicht zu unterdrücken, da sie sich sonst oft als Information sachlich maskiert vorstellen.

Die bloß sachliche Darstellung allein genügt nicht, um Informationen optimal weiterzugeben. Sie müssen auch verständlich sein, d. h. der Partner muß in der Lage sein, die Information im wesentlichen richtig zu wiederholen. Dies kann erreicht werden, indem einfach (mit kurzen Sätzen, bekannten Worten und anschaulichen Formulierungen), geordnet, kurz, prägnant und ohne zu übertreiben gesprochen wird. Dabei sollte der Sprecher versuchen, auch zusätzliche Stimuli wie Beispiele, Fragen und Zitate zu verwenden.

Vermeiden überflüssiger Redundanzen

Wiederholungen und Ausführungen, die überflüssig sind, sollten vermieden werden. Hierzu sind die folgenden Regeln nützlich:

- man sollte nur das sagen, was man sagen wollte, ehe man zu sprechen begonnen hat, und dann aufhören,
- der bloße Verdacht, sich unklar ausgedrückt zu haben, ist noch kein Grund, sich zu wiederholen,
- es sollte ein Gesprächsklima geschaffen werden, in dem der Partner sofort fragt, wenn ihm etwas unklar ist.

Einheit von Inhalt und Ausdruck

Ausdruck kann als dasjenige an einer Wahrnehmung, was ohne Mitwirkung des Denkens eine positive oder negative Stellungnahme auslöst, beschrieben werden. Während gesprochene Worte täuschen können, ist die Täuschung über den Ausdruck kaum möglich. Daher ist das Ausdrucksverhalten von fast größerer Bedeutung als das Sprechen selbst.

Um erfolgreich mit anderen Menschen zu kommunizieren, ist es wichtig zu beachten, daß nicht zu, sondern mit dem Partner gesprochen wird. Das Zu-Sprechen ist vom Mit-Sprechen zu unterscheiden, in dem die Ausdrucksweise einen höheren Grad an Anonymität und somit eine größere Distanz aufweist. Eine dialogische Gesprächssituation, die das Mit-Sprechen ermöglicht, kann jedoch erst erzeugt werden, wenn die eigenen sozialen Ängste, die Distanzwünsche erzwingen, nicht mehr vorhanden sind. Auch optische Distanz sollte vermieden werden. So sollte der Sprechende sich nicht hinter einem Podium "verstecken", sondern frei mit seinen Gesprächspartnern kommunizieren. Weiterhin muß sich der Sprecher seiner eigenen mimischen, gestischen und stimmlichen Ausdrucksmittel bewußt werden und diese einsetzen.

Einstellen auf unterschiedliche Sprachstile

Es wird vermutet, daß Unterschiede im Sprachstil nicht nur von der verschiedenen Weise der Sprachbeherrschung abhängen, sondern Ausdrucksweise des ganzen Menschen sind, unabhängig von seiner sonstigen Begabung oder Intelligenz. Die Art der Sprache gibt zugleich auch die Weise und die Grenze des Wahrnehmens wieder, denn das Unsprachliche läßt sich nicht denken, und Menschen sprechen wie sie denken. Sprache betrifft auch zugleich die Möglichkeiten und Grenzen des begrifflichen Verstehens. Will jemand mit seinem Partner erfolgreich kommunizieren, sollte er sich des eigenen Sprachstils sowie des Sprachstils des Partners bewußt sein und sich darauf einstellen.

4.1.5.3 Fragen

Fragen können aus sehr verschiedenen Gründen gestellt werden. Dabei sind manche Fragen gesprächsfördernd, während andere die Kommunikation behindern.

Falsche Fragen

Falsche Fragen sind beispielsweise Fragen, die Antworten provozieren, mit denen der Fragende nicht einverstanden ist. Weitere falsche Fragen sind die, die offensichtlich den Zweck haben, andere hereinzulegen oder ihnen zu beweisen, daß sie dumm, eingebildet oder arrogant sind. Solche Fragen oder Fragen, die die Intelligenz des Fragenden und die Dummheit des Befragten zeigen sollen, tragen in keiner Weise zur Kommunikation bei. Auch Fragen, die vom Befragten falsch verstanden werden, erschweren die Kommunikation. Zum Beispiel kann ein Befragter bei Fragen, die aus reiner Neugierde gestellt wurden, wie sie beispielsweise in einem Verhör vorkommen, seinen Intimbereich bedroht sehen. Beantwortet der Befragte die Fragen nur widerwillig oder abwehrend, kann der Fragende nicht davon überzeugt sein, daß die Antworten die gewünschten Informationen enthalten.

Richtiges Fragen

Richtige Fragen sind solche, bei denen eine optimale Disposition für die Beantwortung der Frage geschaffen wurde. Dies wiederum ist unter anderem nur möglich, wenn der Befragte ausreichend informiert ist und die Tragweite der Frage versteht. Auch muß ein Fragestil gewählt werden, der dem Befragten mitteilt, daß seine Antwort für wichtig gehalten wird. Es sollte auch nie aus der Position des Besserwissens gefragt werden. Bei der Auswahl der Frage ist das Ziel, das mit der Frage erreicht werden soll, zu beachten. Die unterschiedlichen Fragen und ihre jeweiligen Ziele können wie in der Abbildung 4.1.3 strukturiert werden.

4.1.5.4 Konferenzen

Ein Großteil der Fragestellungen wird durch Konferenzen gelöst. Damit eine Gruppe die Probleme schnell und reibungslos lösen kann, ist es nützlich, wenn die Teilnehmer Kenntnisse der Kommunikation mitbringen und sich so auf ihre Gesprächspartner einstellen können.

Die drei Regeln des Platon (Lay 1989c)

Diese drei Regeln, in moderner Sprache ausgedrückt, sind nützliche Richtlinien für die Kommunikation in Konferenzen. Richtet man sich nach ihnen und beachtet so die grundsätzlichen Aspekte der Kommunikation, so sollte eine Konferenz zielorientiert verlaufen.

Wer? Was? Warum? Wann? Wo? Wie? Wohin? usw.	Ziel: z. B.	**Offene Fragen** Informationen, Gedanken, Wünsche oder Meinungen erfragen Welche Vorstellungen haben Sie? Wie denken Sie darüber? Warum wollen Sie das so machen? Wann wollen Sie kommen?	
Entweder - oder	Ziel: z. B.	**Alternative Fragen** durch Alternativen die Entscheidung erleichtern zwei oder mehr Möglichkeiten zur Wahl stellen Diese Woche oder nächste Woche? Möchten Sie Kaffee oder Tee?	
Ja Nein	Ziel: z. B.	**Geschlossene Fragen** Entscheidungen oder Kontrollen erfragen Sind Sie mit diesem Vorschlag einverstanden? Stimmen Sie mir hierbei zu?	
Sie doch auch ...	Ziel: z. B.	**Suggestive Fragen** Entscheidungen oder Kontrollen mit Nachdruck erfragen Sie sind doch auch der Meinung, daß ... Sie wissen doch auch, daß ... Ihnen ist doch auch bekannt, daß ...	

Abb. 4.1.3: Fragen

1. Verhalte dich alterozentriert

"Alterozentrik" ist der komplementäre Begriff zu "Egozentrik" und bezeichnet ein Verhalten, das nicht die Befriedigung der eigenen emotionalen oder sozialen Bedürfnisse in den Mittelpunkt stellt, sondern die des Partners. Der Sprecher konzentriert sich dabei auf das Ziel, d. h. die Problemlösung, und die Menschen, von denen das Erreichen des Ziels abhängig ist.

2. Erreiche eigene und fremde Emotionalität

Um glaubwürdig zu erscheinen, muß der Sprechende selbst von seiner Sache überzeugt sein. Er ist aber nur von ihr überzeugt, wenn sie ihm auch emotional wichtig ist. Das setzt voraus, daß er sich sein Anliegen, z. B. die Lösung des Problems, nicht nur rational, sondern auch emotional zu eigen macht. Wie überzeugt der Sprechende von seinem Anliegen ist, ist durch den Ausdruck seiner Sprache zu erkennen. Vor allem der verbale und semantische Ausdruck des Sprechenden macht dem Hörenden deutlich, ob und wie er das Gesagte, das immer auch emotional besetzt ist, internalisiert. Die Einheit von Inhalt und Ausdruck setzt ein gewisses Maß von physischem, sozialem und psychischem Wohlbefinden voraus, weil nur in der Situation des Wohlbefindens die psychisch-physische Einheit der Person sich unverstellt ausdrücken kann.

Um mit anderen besser kommunizieren zu können, muß die Emotionalität des Partners erreicht werden. Diese fremde Emotionalität ist über den Inhalt und den Ausdruck des Gesagten anzusprechen. Der Inhalt des Gesagten kann den Erwartungen, Stimmungen, Interessen des Hörers entsprechen oder nicht. Weiterhin kann der Inhalt auch mit den Vorurteilen des Hörers gegenüber der Sache oder der mitteilenden Person übereinstimmen oder nicht.

3. Stelle dich auf die kommunikativen Bedürfnisse deines Partners ein

Wie schon vorstehend erläutert wurde, wird auf der Sach- oder Inhaltsebene sowie der Beziehungsebene kommuniziert. Obwohl sich bei der Kommunikation stets Wesentliches auf der Beziehungsebene abspielt, wird dies nicht selten als sachlich maskiert. Werden personalkommunikative Bedürfnisse und Darstellungen regelmäßig unterdrückt oder abgewiesen, hat dies nicht selten den Aufbau von Antipathiewiderständen zur Folge. Zu oft kommt nur die Sach- oder Inhaltsebene zum Ausdruck, während die Beziehungsebene im Hintergrund steht. Das kann sehr viel Zeit kosten, weil keiner dem anderen mitteilt, was er vor allem erreichen will.

Konsensbildung

Damit Gruppen Probleme lösen und Entscheidungen fällen können, müssen sie Konsens bilden. Das folgende Verfahren ist dabei von Nutzen:

- es ist der Basiskonsens festzustellen,

- über den verbleibenden Dissens wird mit dem Willen, Konsens zu erzielen, diskutiert,

- es wird der Diskussionskonsens festgestellt,

- der verbleibende Dissens, sofern er nicht dogmatischen Quellen entspringt, wird festgestellt (meist handelt es sich um verschiedene Prioritätssetzungen innerhalb einer Güterabwägung oder um unterschiedliche Umwelterwartungen im Bereich von Entscheidungen unter Unsicherheit),

- Rahmenbedingungen, Vor- und Nachteile, besonders zu bestehenden Aspekten der einzelnen Aussagen, werden herausgearbeitet,

- es wird ein Kompromiß angestrebt (Lay 1989c).

Der Fortschritt der Zusammenarbeit hängt häufig von der Kompromißbereitschaft und dem Umfang der erforderlichen Konzessionen ab. Da diese "freiwilligen" Einschränkungen vorgenommen werden müssen, ehe der Erfolg der Zusammenarbeit sichtbar wird, ist es besonders schwer, bei tiefgreifenden Grundsatzentscheidungen einen gerechten Kompromiß zu erzielen. Die Aus- und Folgewirkungen lassen sich oft nicht voll überschauen. Das Risiko einer etwaigen Fehlentscheidung oder eines sogenannten "faulen" Kompromisses trifft zwar alle Kooperationspartner, aber mit unterschiedlichem Gewicht (Endress 1975).

Fehler bei Konferenzen

Bei einer Konferenz zur Klärung einer Fragestellung treten oft Fehler auf. Diese Fehler behindern die Kommunikation in der Gruppe, die Konsensbildung, sowie das zielorientierte Anstreben der Lösung. Die häufigsten Fehler sind die folgenden:

- der Informationsstand der Teilnehmer ist zu unterschiedlich,

- einige Teilnehmer tragen ihre privaten Konflikte aus,

- Sachprobleme werden personalisiert,

- das Siegenwollen wird überbewertet,

- der Leiter der Konferenz ist in Verfahrensfragen unsicher,

- die Partner sprechen aneinander vorbei, weil zentrale Worte anders emotional besetzt sind oder keine sauberen Definitionen vorgegeben sind,

- einzelne Teilnehmer verhalten sich undiszipliniert,

- die Autorität des Leiters wird nicht akzeptiert,

- die Konferenz dauert zu lange (verläuft ermüdend) (Lay 1989a).

4.1.6 Kooperation und Konflikt(Hammerstein, Bierhoff 1987, S. 21 ff.)

4.1.6.1 Die mathematische Spieltheorie

Einen Konflikt wissenschaftlich zu analysieren bedeutet insbesondere, sich dessen wesentliche Züge modellhaft vor Augen zu führen. Dies wirft sogleich die Frage auf, wie man bei einer Modellierung von Konflikten möglichst systematisch vorgehen kann. Um Antworten zu dieser Frage hat sich vor allem ein verhältnismäßig junger Forschungszweig der angewandten Mathematik bemüht, der unter dem Namen "Spieltheorie" bekannt ist. Die Spieltheorie ist trotz ihres mathematischen Gehalts weit mehr als eine trockene Rechenkunst, da sie ein Instrumentarium der strategischen Analyse von Konflikten zu entwickeln sucht und dabei die verschiedensten wissenschaftlichen Fächer miteinbezieht. Die klassische Spieltheorie wurde geschaffen, um der Frage nachzugehen, wie Menschen sich in interpersonellen Konflikten rational verhalten sollten, und welcher Sinn dem Begriff der rationalen Entscheidung im Kontext der strategischen Interaktion überhaupt verliehen werden kann. Gegründet wurde sie in den Wirtschafts- und Sozialwissenschaften durch John von Neumann und Oskar Morgenstern (1944).

Paradoxerweise zeigt sich in der Literatur über experimentelle Spiele (Selten 1979), daß Menschen sich faktisch nur in sehr begrenztem Umfang rational verhalten, während die von Maynard Smith und Price aus der Taufe gehobene biologische Variante der Spieltheorie (1973) das Verhalten von Tieren oft recht gut erklären kann. Sind Tiere deshalb rationaler als wir

Menschen? Dies soll nun in der Tat nicht behauptet werden. Die evolutionsbiologische Spieltheorie nimmt auch gar nicht an, daß Tiere vernunftsmäßige Überlegungen anstellen können oder gar in der Lage seien, zwischen einer großen Zahl strategischer Verhaltensalternativen abzuwägen. Vielmehr wird die strategische "Entscheidung" dem Prozeß der natürlichen Selektion im Sinne Darwins in die Hand gelegt. Die Leistung, die dem Tier selbst unterstellt wird, besteht nur im Ausführen eines ererbten strategischen Verhaltensprogramms.

4.1.6.2 Das Gefangenendilemma - ein spieltheoretisches Modell

Zur Einführung des mathematischen Gefangenendilemmas wird gern die folgende Geschichte erzählt: In einem fiktiven Staat haben zwei Gefangene zwar gemeinsam ein Kapitalverbrechen begangen, sie konnten aber dennoch nur angesichts eines harmloseren Delikts, des verbotenen Waffenbesitzes, hinter Schloß und Riegel gebracht werden. Für eine Verurteilung wegen des Kapitalverbrechens fehlt der Justiz hinreichendes Belastungsmaterial. Dieses Verbrechen würde im Falle einer Verurteilung mit immerhin 9 Jahren Gefängnis bestraft, während der unerlaubte Waffenbesitz lediglich eine Strafe von 1 Jahr nach sich zieht. Insgesamt droht den beiden jeweils eine Maximalstrafe von 10 Jahren. Die Situation läßt sich, wie in der Abbildung 4.1.4 dargestellt, festhalten.

gemeinsames Vergehen	drohendes Strafmaß	Belastungsmaterial
Kapitalverbrechen	9 Jahre	unzureichend
unerlaubter Waffenbesitz	1 Jahr	völlig ausreichend
Summe der Strafen: 10 Jahre (falls beider Taten überführt)		

Abb. 4.1.4: Grundsituationen des Gefangenendilemmas

Der Staatsanwalt glaubt, die Gefangenen mit Hilfe einer List zu einem Geständnis bewegen zu können. Zu diesem Zweck werden beide zugleich in getrennten Räumen verhört. Es winkt dabei folgender Anreiz für ein Geständnis: gestehen beide das Kapitalverbrechen, so wird ihnen je ein Jahr Gefängnis von der Gesamtstrafe erlassen, was bedeutet, daß sie dann für den unerlaubten Waffenbesitz nicht mehr bestraft werden. Gesteht nur einer das gemeinsame Kapitalverbrechen, so soll er dafür besonders belohnt werden. Er wird dann für keines der Delikte mehr bestraft, und statt dessen sofort freigelassen. In diesem Fall muß aber sein Komplize die vollen 10 Jahre im Gefängnis verbringen. Das Angebot des Staatsanwalts läßt sich wie in Abbildung 4.1.5 zusammenfassen.

Der Staatsanwalt hat mit seinem Angebot den Gefangenen einen Konflikt beschert, den sie miteinander auszutragen haben, ohne daß sie dabei miteinander kommunizieren können.

Diesen Konflikt gilt es nun modellhaft zu erfassen. Wir müssen vorgehen, als wollten wir ein neuartiges Gesellschaftsspiel konstruieren, dessen Spielregeln gerade das Wesentliche des Konflikts der Gefangenen wiederspiegeln. Drei Fragen bedürfen dabei einer präzisen Klärung:

1) Die Frage nach den Spielern:
   Wer ist an dem Konflikt beteiligt?

sein Verhalten	Verhalten des Partners	sein Straferlaß	seine Strafe
gesteht	leugnet	10 Jahre	keine!
gesteht	gesteht	1 Jahr	9 Jahre
leugnet	leugnet	–	1 Jahr
leugnet	gesteht	–	10 Jahre

Abb. 4.1.5: Die Anreize für das Geständnis des einzelnen Gefangenen

(2) Die Frage nach den Strategien:
Welche Handlungsmöglichkeiten stehen den Spielern offen?

(3) Die Frage nach den Auszahlungen:
Wie hängt der Erfolg des einzelnen vom Verhalten aller ab?

Zu Frage (1) ist zu bemerken, daß wir den Staatsanwalt hier nicht in den Konflikt miteinbeziehen wollen. Er hat nun einmal das Anreizsystem für ein Geständnis der Gefangenen festgelegt, und diese Entscheidung soll von uns nicht weiter thematisiert werden. Als Spieler treten somit nur die beiden Gefangenen auf.

Auch bei Frage (2) wollen wir es uns einfach machen und jeden Spieler nur vor die Wahl zwischen zwei Verhaltensmöglichkeiten stellen: die Tat entweder zu gestehen oder zu leugnen. Es stehen jedem damit nur zwei Strategien zur Verfügung.

Frage (3) erfordert die wichtige Klarstellung dessen, was hier überhaupt als Erfolg eines Spielers gewertet werden kann bzw. was die beiden Gefangenen eigentlich anstreben. Es soll davon ausgegangen werden, daß jeder Gefangene für sich persönlich einen möglichst kurzen Gefängnisaufenthalt anstrebt. Als Auszahlung kann dann die Anzahl der Jahre betrachtet werden, die der Spieler gegenüber der Höchststrafe von 10 Jahren einspart. Wichtig ist beim spieltheoretischen Auszahlungsbegriff, daß er tatsächlich den von einem Spieler bevorzugten Ausgang widerspiegeln muß. Andernfalls gilt ein spieltheoretisches Modell als fehlspezifiziert. Die Abhängigkeit des Erfolgs der einzelnen Spieler von der Strategienwahl beider läßt sich in einem übersichtlichen Schema darstellen, das "Auszahlungsmatrix" genannt wird (Abbildung 4.1.6).

		Strategien des Spielers 2	
		Leugnen	Gestehen
Strategien des Spielers 1	Leugnen	9 , 9	0 , 10
	Gestehen	10 , 0	1 , 1

Abb. 4.1.6: Auszahlungsmatrix für das Gefangenendilemma

Die jeweils linke Eintragung in einem der vier Felder stellt die aus dem Verhalten beider Konfliktpartner resultierende Auszahlung an Spieler 1 dar, die rechte Eintragung jene an Spieler 2. Das Leugnen kann in diesem Spiel der beiden Gefangenen als kooperatives Verhalten gedeutet werden, während das Gestehen unkooperatives Verhalten darstellt.

Wenn im folgenden vom Gefangendilemma die Rede ist, so soll daher nicht nur speziell an die hier erzählte Geschichte von den beiden Komplizen und der List des Staatsanwalts gedacht werden. Gemeint ist, abstrakter, ein Konflikt, dessen Auszahlungsstruktur durch eine Matrix zum Ausdruck gebracht werden kann, die jener in Matrix 1 ähnelt. Es ist daher auch vorteilhaft, nicht mehr von den Strategien "Leugnen" und "Gestehen" zu sprechen, sondern allgemeiner von der kooperativen und der unkooperativen Strategie.

4.1.6.3 Die Analyse des Gefangenendilemmas

Bei naiver Betrachtung der Auszahlungsmatrix in Abbildung 4.1.6 drängt sich förmlich der folgende Verhaltensvorschlag für die Spieler auf: beide sollten kooperieren (leugnen), um in den Genuß der jeweils hohen Auszahlung von 9 Einheiten zu gelangen. Es mutet auch zunächst nahezu absurd an, die Spieler könnten sich etwa beide unkooperativ verhalten (gestehen), da jeder von ihnen in diesem Fall nur einen Bruchteil der eben genannten Auszahlung erhalten würde.

Ein klarer Fall also, der keiner weiteren Diskussion bedarf? Nein, denn die soeben ausgeführte Argumentation erweist sich bei genauer Betrachtung als nicht stichhaltig. Denken wir hierzu einmal für den Spieler 1 nach, der sich doch Folgendes sagen muß: Das Verhalten des anderen Spielers kann er wegen der Unabhängigkeit der Entscheidungen nicht durch sein eigenes Verhalten beeinflussen (zur Erinnerung: die Gefangenen werden getrennt verhört, so daß keiner von ihnen weiß, ob der andere gesteht). Ob Spieler 2 kooperiert oder nicht, hängt damit gar nicht vom Verhalten des Spielers 1 ab. Darum zahlt es sich aber für Spieler 1 aus, selbst die Kooperation zu verweigern (d. h. zu gestehen). Er ist dann bei jeder der möglichen Entscheidungen des anderen besser gestellt, als wenn er selbst kooperiert hätte; kooperiert (leugnet) nämlich Spieler 2, so erhält Spieler 1 dann 10 Auszahlungseinheiten anstelle von 9 Einheiten; verhält sich Spieler 2 hingegen unkooperativ, so erhält Spieler 1 dann eine ganze Auszahlungseinheit anstelle von 0 Einheiten. Als rational entscheidendes Wesen muß sich Spieler 1 damit fraglos für die unkooperative Strategie entscheiden, da diese die unter allen Umständen jeweils höchsten Auszahlungen erwarten läßt. Die Rationalität zwingt ihn also, ein Geständnis abzulegen.

Denken wir nun für den anderen Spieler nach. Das haben wir eigentlich schon getan; denn für ihn stellt sich der Konflikt ja in analoger Weise dar. Auch er muß sich - unter den gegebenen Annahmen - unkooperativ verhalten (gestehen). Beide Spieler bekommen dann die niedrige Auszahlung, die aus nur je 1 Einheit besteht, obwohl beide je 9 Einheiten hätten erzielen können, wenn sie gemeinsam die Kooperation (das Leugnen) vorgezogen hätten.

Das Ergebnis dieser aus dem Blickwinkel der Entscheidungstheorie nüchtern durchgeführten Analyse ist zunächst außerordentlich überraschend: Die Gefangenen müssen gerade bei einer rationalen Wahl ihrer Vorgehensweise genau dasjenige Verhalten an den Tag legen, welches uns bei naiver Betrachtung nahezu absurd erschien. Hierin besteht das Dilemma der Gefangenen. Die Spieltheorie nimmt das Ergebnis der Analyse des Gefangenendilemmas sehr ernst und betrachtet Auszahlungsschemen wie in Abbildung 4.1.5 als bedeutsames Hindernis für das Zustandekommen der Kooperation. Zumindest tut sie es dort, wo man davon ausgehen kann, daß Individuen die Vor- und Nachteile ihres Handelns annähernd rational in Rechnung stellen. Natürlich gibt es darüber hinaus wichtige spieltheoretische Ansätze zur Auflösung des Gefangenendilemmas. Hier wird ebenfalls von der Idee einer vernünftigen Entscheidung ausgegangen. Es wird auch die soeben vorgetragene Analyse des in Abbildung 4.1.4 dargestellten

Modells gar nicht angezweifelt. Was dagegen in Frage gestellt wird, ist die Art und Weise, in der hier ein Konflikt modelliert wurde. Vor allem ist es die nur einmalig stattfindende Interaktion der Konfliktpartner, die das Gefangenendilemma für viele tatsächliche Konflikte unrealistisch macht. Man denke etwa an die Auseinandersetzungen der Bewohner benachbarter Häuser, bei denen normalerweise nicht davon ausgegangen werden kann, daß eine einzelne Konfliktsituation zugleich auch die letzte ist. Gerade dies kann aber Konflikte entschärfen und Kooperation auch aus der Sicht einer rationalen Entscheidung dort ermöglichen, wo sie sonst irrational wäre.

Betrachten wir hierzu das wiederholte Gefangenendilemma. Dieselben Individuen spielen jetzt mehrfach hintereinander das Spiel in Abbildung 4.1.5, und zwar ganz so, als würden sie in einer Serie von Schachspielen gegeneinander antreten. Es hält in diesem "Superspiel" eine besonders interessante Strategie den wichtigsten spieltheoretischen Rationalisierungsanforderungen stand: Sie wird in der englischen Sprache "Tit-for-Tat" genannt (Axelrod 1984), was mit: "Wie du mir, so ich dir" übersetzt werden kann. Unter dieser Bezeichnung verbirgt sich folgender exakter Verhaltensplan für das soeben beschriebene Spiel:

In der ersten Periode wird kooperativ gespielt. In jeder weiteren Periode wird genau dasjenige Verhalten gewählt, welches der andere Spieler gerade eine Runde vorher an den Tag gelegt hat. Die Tit-for-Tat-Strategie beinhaltet also zum einen eine Kooperationsbereitschaft für den Beginn der wiederholten Auseinandersetzungen. Zum anderen enthält sie ein Imitationsprizip, das Kooperation mit Kooperation beantwortet und umgekehrt Abweichungen von der Kooperation mit ebensolchen Abweichungen erwidert.

Spielen zwei Konfliktpartner die Strategie "Tit-for-Tat" im Superspiel des Gefangenendilemmas, so kommt es zu einer dauerhaften Kooperation. Damit löst sich das Dilemma auf. Problematisch wird es allerdings, wenn die Spieler wechselseitig ihr Verhalten nur ungenau beobachten können. Ob und in welchem Umfang dann noch auf rationaler Basis kooperiert werden kann, diese Frage führt tief in sehr schwierige mathematische Problemstellungen hinein.

4.1.6.4 Menschliches Verhalten in Konfliktsituationen: Das Dilemma der Kooperation

Kooperatives Verhalten der Menschen orientiert sich im Alltag häufig an der Norm der Reziprozität (Gegenseitigkeit). Diese Regel: "Wie du mir, so ich dir" stellt ein weitverbreitetes Muster sozialen Verhaltens dar. Gegenseitige Nachbarschaftshilfe ist ein Beispiel für dieses in der menschlichen Gesellschaft weit verbreitete Prinzip. Auch moralisch umstrittenere Verhaltensmuster - wie etwa das Zuschanzen von Vorteilen nach dem Motto "Eine Hand wäscht die andere" - lassen sich als Beispiele für die Norm der Gegenseitigkeit nennen. Die sozialen Beziehungen der Menschen werden durch wechselseitige Hilfsbereitschaft und Bereitschaft zu Kooperation, die auf persönlichen oder verwandtschaftlichen Bindungen beruht, gefestigt. Insbesondere entsteht auch ein Zukunftsbezug, der durch die Entstehung gegenseitiger Verpflichtungen zu einer langfristigen Abstimmung des sozialen Verhaltens führen kann (Gouldner 1984).

4.1.6.5 Grundlegende Konzepte für die Analyse von Kooperation

Die Motive der Menschen, die im Verhalten gegenüber anderen Menschen eine Rolle spielen, liegen zwischen solchen, die Opferbereitschaft zum Vorteil anderer Personen hervorrufen, und solchen, welche die Schädigung anderer Personen zur Folge haben (Bierhoff 1984, Kap. II). Die Analyse der Kooperationsbereitschaft geht von der Annahme aus, daß die Personen (die sogenannten Akteure) in ihrem sozialen Verhalten individualistisch orientiert (auf sich selbst bezogen) sind und ihr Verhalten rational planen. Eine individualistische Orientierung (Einstellung) ist dann gegeben, wenn ein Akteur daran interessiert ist, die eigenen Ziele zu verwirklichen.

In einer Hypothese von Kelley und Stahelski (1970) wird zum Ausdruck gebracht, daß sich kooperationswillige und wettbewerbsorientierte Personen in ihrer Sicht anderer Menschen unterscheiden. Kooperationswillige Personen gehen von der Annahme aus, daß ihre Mitmenschen verschiedene Grade von Kooperationswilligkeit bis hin zu Wettbewerbsorientierung aufweisen. Hingegen wird von wettbewerbsorientierten Personen angenommen, daß sie dazu neigen, andere Menschen als wettbewerbsorientiert einzustufen. Je wettbewerbsorientierter eine Person ist, desto stärker ist ihre Tendenz, andere Menschen einheitlich als wettbewerbsorientiert wahrzunehmen. Die vereinheitlichte Einschätzung anderer Menschen als wettbewerbsorientiert wird darauf zurückgeführt, daß kooperationswillige Personen in Interaktion mit wettbewerbsorientierten auf Wettbewerb "umschalten", so daß ihre eigentliche Orientierung bis zur Unkenntlichkeit verzerrt wird. Daher sollten wettbewerbsorientierte Personen den Schluß ziehen, daß Menschen überwiegend wettbewerbsorientiert sind (gleichförmige Sicht). Andererseits sollten kooperationswillige Personen annehmen, daß die Kooperationsbereitschaft von Mensch zu Mensch erheblich schwankt (ungleichförmige Sicht).

Wettbewerbsorientierte Personen, die auf kooperationswillige Partner treffen, finden ihre Erwartungen oftmals tatsächlich bestätigt. Denn Personen, die Wettbewerb in sozialen Interaktionen erwarten, stoßen auch auf Wettbewerb, ohne sich der Tatsache bewußt zu sein, daß sie ihn selbst durch ihr wettbewerbsorientiertes Verhalten hervorrufen (Kelley, Stahelski 1970).

Die Bedeutung sich selbst erfüllender Vorhersagen für die Personenwahrnehmung in der sozialen Interaktion wurde in den letzten Jahren zunehmend erforscht (Bierhoff 1984). Unter bestimmten Bedingungen treten erwartete Ereignisse tatsächlich eher ein. Das gilt insbesondere für aggressives Verhalten: Wenn eine Person eine feindselige Interaktion erwartet, verhält sie sich selbst aggressiv, worauf der Partner mit Aggression antwortet. So wird die ursprüngliche Erwartung bestätigt. Außerdem neigt dieser Partner in der Interaktion mit einer dritten Person dazu, diese Aggression auf die neue Beziehung zu übertragen (Snyder, Swann 1978).

4.1.6.6 Zielerreichung in der Interaktion

Im Gefangenendilemma gibt es keine Patentlösung. Vielmehr unterscheiden sich die individuellen Verhaltensweisen, die zur Lösung des Dilemmas eingesetzt werden, voneinander. Unterschiedliche Strategien sind anwendbar, um sich an das Dilemma anzupassen. Die Grundannahme lautet, daß Menschen in Gefangenendilemmasituationen individualistisch orientiert und daran interessiert sind, möglichst hohe Gewinne zu erzielen und Verluste zu vermeiden. Die Analyse des wiederholten Gefangenendilemmas zeigt, daß die naheliegende Strategie des Wettbewerbs hohe Verluste nach sich zieht, wenn sie von beiden Parteien eingeschlagen wird. Kooperation setzt aber Vertrauen in die Kooperationsbereitschaft der anderen Partei voraus.

Die Erwartungen erwiesen sich als abhängig von der Orientierung der Spieler. Wurden sie angewiesen, als Partner zusammenzuarbeiten, fanden sich sehr hohe Kooperationswerte. Wurden sie aufgefordert, hohe Gewinne zu erzielen, war die Kooperationsbereitschaft geringer. Allerdings konnte die Häufigkeit kooperativer Wahlen gesteigert werden, wenn man eine getroffene Entscheidung rückgäng machen konnte, nachdem man von der Wahl der anderen Partei Kenntnis erhalten hatte (Reversibilität). Außerdem kooperierten individualistisch beeinflußte Spieler mehr, wenn sie die Möglichkeit hatten, sich vor der Wahl zu besprechen (Kommunikation). Die Norm der Reziprozität wurde in anthropologischen Studien als ein Prinzip beschrieben, das in menschlichen Kulturen universelle Verbreitung gefunden hat (Triandis 1978). Sie beruht auf einer Verinnerlichung (Internalisierung) von Erwartungen der Gegenseitigkeit, aus denen ein Verpflichtungsgefühl entsteht, mit den Personen zu kooperieren, die sich als kooperationswillig gezeigt haben. Reziproke Orientierungen führen zu einem

System von persönlichen Beziehungen, die die Entwicklung einer langfristigen Kooperation ermöglichen. Voraussetzung ist aber, daß dies nicht durch Abweichungen von der Norm gegenseitiger Kooperation oder durch verzerrte Wahrnehmung des Verhaltens des Partners gestört wird.

Die Ziel/Erwartungs-Theorie

Von der Idee ausgehend, daß Kooperation im Gefangenendilemma Vertrauen voraussetzt, entwickelten Pruitt und Kimmel die Ziel/Erwartungs-Theorie (1977). Ausgangspunkt ist die Beobachtung, daß Kooperation im wiederholten Gefangenendilemma häufig nach einer Phase des Wettbewerbs entsteht. Wenn eine individualistische Orientierung gegeben ist, geht die erste Wahl im allgemeinen in Richtung Wettbewerb, außer wenn Reversibilität und Kommunikation eine effektive Abstimmung des Verhaltens ermöglichen (Deutsch 1973). Durch die nachfolgende Eskalation des Konflikts, welche die Folge gegenseitigen Wettbewerbs ist, wird die Einsicht erzeugt, daß eine kooperative Beziehung geeignet ist, Verluste zu vermeiden und Gewinne zu erzielen.

Die Entwicklung von Kooperation läßt sich als zweischrittiger Prozeß darstellen: Entstehung des Ziels, sich kooperativ zu verhalten, und Entwicklung von Vertrauen. Vertrauen bedeutet im Gefangenendilemma, daß man von der anderen Partei Kooperation erwartet. Wichtig ist, daß beide Voraussetzungen gleichzeitig erfüllt sind. Denn wenn nur das kooperative Ziel besteht, verhindert das Mißtrauen die Wahl einer kooperativen Alternative. Die Struktur des Gefangenendilemmas läßt es nämlich nur dann als ratsam erscheinen, kooperativ zu handeln, wenn man erwartet, daß die andere Partei kooperationswillig ist. Das Vertrauen in die Kooperationsbereitschaft der anderen Partei kann durch eine Reihe von Faktoren gefördert werden:

- Hinweise darauf, daß die andere Partei mit Dritten in der Vergangenheit kooperiert hat,

- Kooperation der anderen Partei bei der ersten Begegnung in der Serie,

- Kooperationen, in denen die andere Partei ihre kooperative Absicht zu erkennen gibt,

- Hinweise darauf, daß die andere Partei erkannt hat, daß sie kooperieren muß, weil beide Seiten voneinander abhängig sind.

Drohungen und Konflikte

Während Drohungen, die gut begründet sind durch die Norm der Fairneß und der Reziprozität, offensichtlich nur geringe negative Nebeneffekte hervorrufen, sind Drohungen, die eingesetzt werden, um sich gegen die Ansprüche der anderen Parteien durchzusetzen, mit Problemen behaftet. Deutsch und Krauss (1960) führten eine Untersuchung durch, in der die Nachteile von Drohungen für die soziale Lösung von interpersonellen Konflikten deutlich wurden. Generell kann man feststellen, daß Drohmöglichkeiten, wenn sie zur Verfügung stehen, auch eingesetzt werden. Bilaterale Drohmöglichkeiten wirken sich noch ungünstiger als unilaterale aus. Drohungen führen zu einer Spirale von Drohungen und Gegendrohungen, die sich in einem engen Zusammenhang zwischen den Häufigkeiten der Drohungen durch jede der beiden Parteien zeigt. Je mehr die eine Partei drohte, desto häufiger antwortete die andere Partei mit Drohungen. Diese Gegenseitigkeit der Drohungen beruht nicht zuletzt darauf, daß jemand, der durch Drohungen eingeschüchtert wird, das Ziel hat, sein "Gesicht zu wahren", um sich nicht als Schwächling zu blamieren (Brown 1968). Die Spirale von Drohung und Gegendrohung kann zu einer gegenseitigen Blockierung führen. Von einem bestimmten Punkt an scheinen die Parteien die Frage, ob sie Gewinne oder Verluste erzielen, mehr und mehr zu ignorieren. Statt dessen konzentrieren sie sich zunehmen auf die Frage, ob sie die andere Seite zum Nachgeben zwingen können.

Teger (1980) stellte die Annahme auf, daß sich die Wahrnehmung eines Konfliktes ändert, wenn er eskaliert. In der ersten Phase scheinen rationale Überlegungen noch vorzuherrschen, während in der späteren Phase, wenn der Konflikt schon schwere Verluste hervorgerufen hat, das Streben dominiert, das Gesicht zu wahren. In Übereinstimmung mit dieser Annahme wurde festgestellt, daß Individuen sich nur noch wenig durch Informationen über die persönlichen Nachteile ihres Verhaltens beeinflussen lassen, wenn sie schon eine erhebliche Summe in ein Ziel investiert haben (Brockner, Rubin 1985).

Reziprozität als erfolgreiche Strategie der Konfliktlösung

Welche Spielregel ist am besten geeignet, günstige Konsequenzen in einer Gefangenendilemmasituation zu erzielen? Die Meinungen von Fachleuten gingen weit auseinander. Axelrod führte ein Computerturnier durch, um festzustellen, welche Spielstrategie in einer Gefangenendilemmasituation am erfolgreichsten abschneidet (Axelrod 1985). Das Turnier hatte ein überraschendes Ergebnis: Insgesamt schnitten die Programme, die von sich aus kooperierten, besser ab als die Programme, die versuchten, Kooperationswahlen der anderen Seite auszunutzen, um hohe Gewinne zu erzielen. Sieger wurde Tit-for-Tat. Alle Techniken, sich einen Vorteil durch die Wettbewerbswahl zu sichern, schlugen offensichtlich fehl. Dieses Ergebnis wurde in einem zweiten Turnier bestätigt.

Warum ist Tit-for-Tat erfolgreicher als andere Programme? Die Antwort liegt in der direkten Reziprozität begründet: Tit-for-Tat ist ein klares und eindeutiges Programm, dessen Züge voraussagbar und kalkulierbar sind, so daß sich die Partner darauf einstellen können. Außerdem "vergibt" Tit-for-Tat Ausbeutungsversuche der Gegner (Axelrod 1985). Der Vorteil von Tit-for-Tat liegt vor allem darin, daß es mit kooperativen Programmen gut abschneidet. Demgegenüber sind Wettbewerbsprogramme nur erfolgreich, wenn sie auf kooperative Programme treffen, die nicht gegen Ausbeutung gesichert sind.

4.1.6.7 Eskalation von Konflikten und Möglichkeiten der Konfliktlösung

Wenn Konflikte bestehen, wie sie sich durch das Gefangenendilemma darstellen lassen, besteht die Möglichkeit, durch Verhandlungen zu einer Lösung zu kommen, welche die Ansprüche beider Parteien möglichst weitgehend befriedigt. In Verhandlungen stehen unterschiedliche Taktiken zur Verfügung: Einerseits kann Druck (wie Drohung oder Abwertung der anderen Partei) angewandt werden. Zum zweiten besteht die Möglichkeit, einen offenen oder indirekten Informationsaustausch durchzuführen, in dem die Bedürfnisse und vorrangigen Ziele der beiden Parteien direkt oder verschlüsselt angesprochen werden. Schließlich können auch ein Versuch/Irrtum-Verfahren und vorsichtige Zugeständnisse angewandt werden, wobei häufig Angebote ausgetauscht werden, um herauszufinden, welche Ziele die andere Partei hat (Kimmel, Pruitt, Magenau, Konar-Goldband, Carnevale 1980).

Empirische Untersuchungen zeigen, daß durch Druck ungünstige Gesamtgewinne erzielt werden. Demgegenüber wird das Verhandlungsergebnis verbessert, wenn Informationsaustausch und Versuch/Irrtum-Verhalten eingesetzt werden. Während Vertrauen den direkten Austausch von Informationen über die jeweiligen Ziele ermöglicht, kann bei fehlendem Vertrauen auf indirekte Kommunikationen zurückgegriffen werden, die nur die Richtung angeben, in die sich die Verhandlungspartner bewegen sollten, ohne daß Details offengelegt werden. Auch in Verhandlungen zeigt sich das Prinzip der Reziprozität: Die Verhandlungstechniken (wie Zugeständnisse, direkte und indirekte Kommunikationen und Druck) korrelieren in jedem Paar von Verhandlungspartnern positiv. Die Interaktionspartner neigen also dazu, dieselbe Taktik einzusetzen.

4.1.7 Betriebliche Intrigen, Mobbing und Kooperation

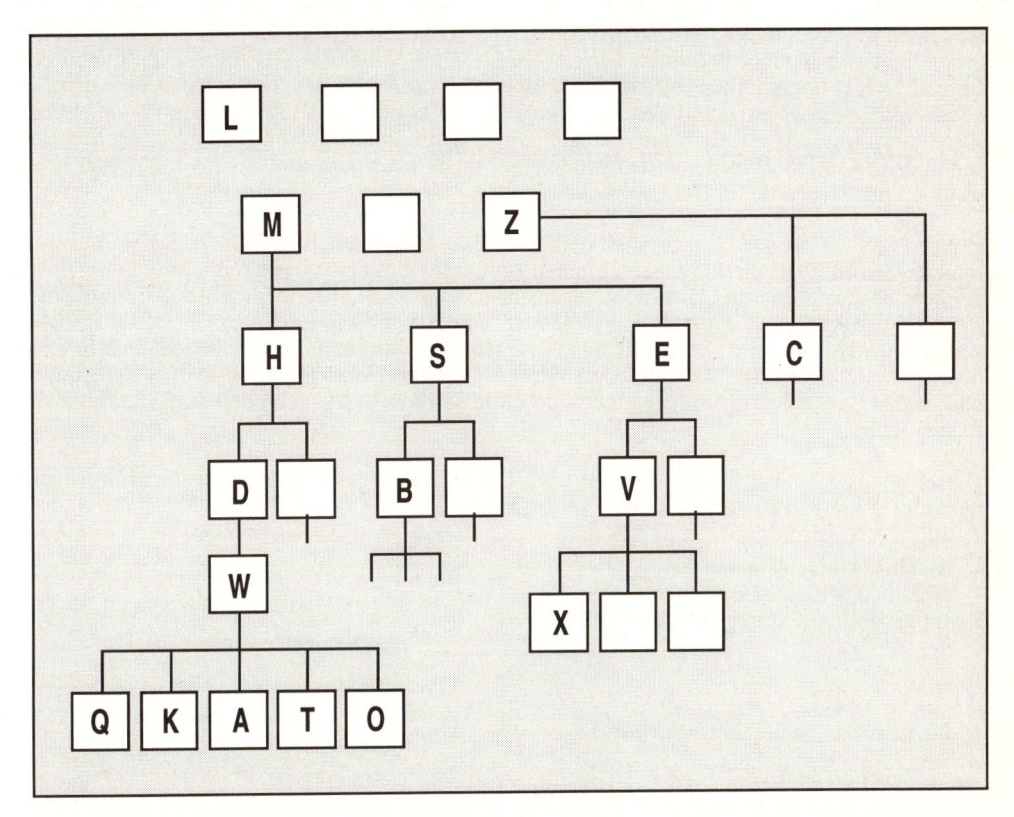

Abb. 4.1.7: Organigramm zum Fallbeispiel im Text

Zwischenmenschliche Konflikte im Betrieb haben in etlichen Fällen ihre Ursachen in Neid, Mißgunst, Haß bzw. Machtstreben, "besser sein wollen als der andere", "besser angesehen sein wollen als der andere" usw. In diesen Fällen entstehen dann häufig Intrigen, geplant und gesteuert von Einzelnen. Wenn sich etliche andere hieran beteiligen [oftmals aus dem Grund, sich mit dem scheinbar Mächtigen (dem, der intrigiert) gut zu stellen und hiervon Vorteile zu haben oder schlichtweg aus Boshaftigkeit und anderen Gründen, die in der theologischen und philosophischen Betrachtung oft als "das Böse" im Menschen bezeichnet werden], bezeichnet man derartige Intrigen heute als Mobbing. Die Entwicklung derartiger Vorgänge sei an einem Beispiel vorgestellt (realer Fall, jedoch verfremdet).

Situation

H ist Leiter eines erfolgreichen Produktionsbereiches. S und E sind neidisch, da er aufgrund des höheren Ertrags seines Bereichs eine höhere Tantieme hat als sie, angesehen ist und viel reist. Sie berichten sich zunächst gegenseitig von angeblichen Fehlern von H, z. B. von doppelt abgerechneten Spesen u. ä. und greifen begierig Berichte von O an X über Unstimmigkeiten zwischen A und W auf und verbreiten diese Informationen in leicht negativ modifizierter Weise an ihre Mitarbeiter weiter. Gleichzeitig stellen sie das Produkt von H als schlecht dar - es kann nichts sein, da hier W und K mitwirken. So entwickeln sich im Vorstandsbereich von M zwei "Lager", die Mitarbeiter von S und E (bis auf wenige sich neutral verhaltende) auf der einen und die Mitarbeiter von H auf der anderen Seite. Verstärkt wird dies noch dadurch, daß A, W und D von der negativen Einstellung einiger Mitarbeiter von S und E ihnen gegenüber berichtet. Über diese Situation wird C von Q informiert. C will den Bereich von H übernehmen (um die mit dem Produkt verbundenen Tantiemen zu erhalten, da der Bereich von H aufgrund der Arbeiten in der Vergangenheit über einen festen, treuen Kundenstamm verfügt). Er kennt das Aufsichtsratsmitglied L persönlich und informiert diesen über angebliche Probleme des Produktes von H im Markt und daraus möglicherweise resultierende Nachteile für das Unternehmen.

L spricht M an und dieser fragt S und E. Diese sehen nun ihre Stunde gekommen und informieren M über alle möglichen kleinen Probleme und Unstimmigkeiten, über die sie angeblich Bescheid wissen. M ist sehr verunsichert und bittet D schriftlich um Stellungnahme zu einigen angeblichen Pannen. Hiervon wird nun H von D unterrichtet. Gleichzeitig bietet sich C an, das Produkt und damit das Ansehen des Unternehmens zu retten, indem er es übernimmt. Z unterstützt dies, da er glaubt, daß C diesen Bereich dann in kurzer Zeit ruiniert und er dann anstelle von M, der eigentlich dafür vorgesehen war, in den Aufsichtsrat nachrücken kann.

Dieser reale Fall (allerdings in verfremdeter Form hier dargestellt) zeigt das Zusammenspiel mehrerer Faktoren beim betrieblichen "Intrigenspiel" auf:

- Macht- und Geldstreben,
- Neid und Mißgunst Einzelner einerseits,
- Informations-Zuträger andererseits

sowie

- die hierüber "fehl-geleitete" Masse,

die den Prozeß fördert und das Betriebsklima vollends zerstört. Hinzu kommt die Unfähigkeit vieler Menschen zur direkten Kommunikation mit den Betroffenen.

So befragt hier M nicht H direkt, sondern S und E und fördert hiermit, wenn auch ungewollt, das gesamte unschöne Spiel. Möglichkeiten, diesen "Teufelskreis" an Intrigen und "Getratsche" zu durchbrechen, beispielsweise von Seiten des H, bestehen z. B. darin, allen gegenüber die Situation offenzulegen - nach vorhergegangenem Einholen der entsprechenden Informationen.

Interessant und wichtig zur Förderung derartiger Situationen ist die Eigenschaft vieler Menschen, wenn sie erfahren, daß jemand etwas über sie selbst in negativer Art und Weise sagt, dieses nicht zur Rede zu stellen (und die Situation öffentlich zu machen), sondern ihrerseits in das Intrigenspiel "einzusteigen". In diesem Zusammenhang ist auch von Bedeutung, daß oftmals derjenige, der etwas Negatives über andere von anderen erfährt, dies weitergibt oder wiederum andere danach befragt, aber nicht diejenigen einlädt, in den Diskurs gemeinsam mit ihm einzutreten, die an diesen "Spielen" beteiligt sind (als Täter wie als Betroffene). In vielen Fällen ermöglicht eine offene Aussprache, das Netz von Vermutungen, Vorurteilen und Mißverständnissen u.a. aufzuhellen und hiermit für besseren Umgang miteinander zu sorgen.

4.2 Moderation
C. Lindinger

4.2.1 Grundgedanken

4.2.1.1 Besprechungen und Beratungen

Eine Besprechung bzw. Beratung ist ein unverzichtbares Mittel, Informationen und Ideen in einem Unternehmen, in einer Abteilung oder anderen organisatorischen Einheiten auszutauschen. Die Situationen, in denen Besprechungen eingesetzt werden, können sehr vielfältig sein. Ob im kleinen Kreis ad hoc einberufen, ob abteilungsintern zu Beginn einer Arbeitswoche, abteilungsübergreifend im Rahmen von Projektarbeit oder gar unternehmensübergreifend in Arbeitskreisen von Fachverbänden: Diese Veranstaltungen haben bei aller Vielfalt einige hervorstechende Gemeinsamkeiten. *Es wird mit unterschiedlichen Erfolgen mehr oder weniger kommuniziert.* Sämtliche dieser Veranstaltungsformen weisen eine starke Anfälligkeit für Störungen und Mißerfolge auf. Schlecht organisiert, schlecht vorbereitet und schlecht durchgeführt, können sie zur Tortur für alle Beteiligten werden und schließlich zum Gegenteil ihres ursprünglichen Ziels führen.

4.2.1.2 Probleme

Jeder einzelne Teilnehmer vertritt unter Umständen Interessen, die sich nicht integrieren lassen, die nicht berücksichtigt, übergangen oder ignoriert werden. Die Folgen: destruktive Stimmung, aggressives Klima und Resignation. Besprechungen sind auch bei guter Vorbereitung stets dem Risiko des Scheiterns ausgesetzt. Diese Gefahr steht allerdings in krassem Widerspruch zu betrieblichen Notwendigkeiten. Hier wird zumeist eine direkte Problemlösung verlangt.

4.2.1.3 Auswirkungen

In vielen Betrieben überwiegt ein negativer Eindruck bezüglich Besprechungen. Die Gründe sind offensichtlich. dominierende Teilnehmer, die sich auf Kosten anderer profilieren, hierarchiebedingtes Diktieren oder zähneknirschendes Zustimmen, Abschweifen vom eigentlichen Thema, Zerreden der Inhalte, Verdrängen der Probleme - um nur einige Beispiele des alltäglichen Ärgers zu nennen. Meist wird zwar ein Protokoll verfaßt, aber selbst gute Ideen verlaufen häufig im Sande.

4.2.1.4 Chancen

Gut verlaufende Besprechungen, sprich erfolgreiche Kommunikation, sind zugleich ein effizientes Instrument zur Organisationsentwicklung (OE). Methoden, die die innerbetriebliche Kommunikation fördern, können daher stets auch hierzu einen Beitrag leisten. Mit ihnen wird die "Unternehmenskultur" verändert bzw. beeinflußt, d. h. die Art und Weise, wie in einem Betrieb Problemlösung, Innovation und Kommunikation aufgefaßt und praktiziert werden. Verlaufen sie effektiv, machen sie die unterschiedlichen Ausgangspositionen der Teilnehmer transparent und führen zu neuen Ideen bzw. Möglichkeiten.

Zusammengefaßt fördern effektive Besprechungen

- die individuelle Motivation,

- die Identifikation des Einzelnen mit dem Betrieb/der Abteilung/der Arbeitsgruppe,

- das allgemeine Betriebsklima,

- das innerbetriebliche Miteinander und

- die Entwicklung der Organisation, indem Probleme erkannt und gelöst werden.

4.2.1.5 Moderation als Lösung?

Aufgrund dieser Erkenntnisse hat sich auch das aktuelle Weiterbildungsprogramm gewandelt. Moderations- und Präsentationstechniken, Rhetorik und Kommunikationsübungen aller Art nehmen einen immer größeren Stellenwert ein. Es handelt sich hierbei um Techniken, die das Individuum oder die betriebliche Gruppe befähigen sollen, Kommunikationschancen in Besprechungen wahrzunehmen und Kommunikationsqualifikationen zu erwerben. Moderation wird in diesem Zusammenhang als Denkweise und Methode betrachtet. Anders formuliert könnte man vom "Verbindung schaffen" zwischen Teilnehmer, Thema und der Organisation, innerhalb derer sich das Geschehen abspielt, sprechen. "Ausgleichen" und/oder "Anleiten ohne zu Dirigieren" sind weitere Facetten dieses buntschillernden Begriffs.

Die nachfolgenden Abschnitte geben Ratschläge, sie beschreiben verschiedene Regeln und weisen auf Techniken hin, die im Besprechungsalltag helfen können. Keine dieser Regeln stellt ein "Muß" dar, sie sind in verschiedenen Situationen mehr oder weniger sinnvoll einzusetzen. Die eigene Erfahrung und der Mut, alles Gewohnte immer wieder in Frage zu stellen, sind dem Leser stets mehr von Nutzen als das blinde Befolgen von Anweisungen.

4.2.2 Was ist Moderation?

4.2.2.1 Grundlegendes

Moderation ist eine von mehreren möglichen Methoden zur Durchführung von Besprechungen, Seminaren und anderen betrieblichen Veranstaltungen, in denen die Kommunikation im Vordergrund steht. Eine der Besonderheiten dieser Vorgehensweise liegt in der großen Vielfalt des möglichen Erscheinungsbilds. Nahezu jeder, der moderiert, schafft sich seine eigene Version. Einverständnis herrscht über Kernpunkte wie die "Visualisierung" (sichtbar machen) und die Aufforderung "Jede Idee zählt". Im Unterschied zu anderen Methoden wird das Geschehen nicht von einem Leiter bestimmt, sondern von einem Moderator begleitet.

Moderation entspricht einer bestimmten Denkweise. Grundlage ist ein humanistisch geprägtes Menschenbild, das von den Prinzipien der Eigenverantwortlichkeit, der Gleichberechtigung, der Handlungsorientierung und der Ganzheit ausgeht. Diese Individualprinzipien lassen sich für die Arbeit in Gruppen umsetzen. Für den Einzelnen lassen sich weitere Leitlinien formulieren, die den Idealfall beschreiben. Es sind dies z. B. Toleranz, Souveränität der Gruppe nach außen, Transparenz nach innen, Effizienz und ein demokratisches Grundverständnis (Demokratie).

Mittels Moderation schafft man den Raum, um unkonventionelle Ideen oder sonst undenkbare Veränderungen ansprechen und durchdenken zu können, denn nach den Grundregeln der Moderation werden alle gefragt und alle Ideen gleichberechtigt behandelt. Moderation nutzt das kreative Potential und die sachliche Kompetenz der gesamten Gruppe. Um überhaupt dieses Potential zu mobilisieren, sollte der Moderator wiederum Techniken beherrschen und einige Grundanforderungen erfüllen (die im herkömmlichen Fall an den Leiter einer Besprechung gestellt werden). Auch die Teilnehmer und das Thema sind an bestimmte Voraussetzungen gebunden. Welche dies sind, beschreibt der folgende Abschnitt.

4.2.2.2 Anforderungen an Moderatoren

4.2.2.2.1 Aufgaben des Moderators

Die Aufgabe des Moderators besteht darin, die Teilnehmer zur konstruktiven Kommunikation zu motivieren. Ziel ist es, das kreative und sachliche Wissen der Gruppe optimal zu nutzen, den eingangs vereinbarten Sachzielen näher zu kommen und eine positive Atmosphäre während der Arbeit zu erzeugen. Er ist nicht für die Lösung des Problems verantwortlich, sondern er betreut den Problemlöseprozeß, indem zunächst überhaupt eine Gesprächsbereitschaft, ein Kommunikationsprozeß aufgebaut und dann erhalten wird. Geeignete Mittel hierbei sind z. B. die Kanalisierung und Reflektion von gruppendynamischen Prozessen. Der "ideale" Moderator ist ein Experte für Problemlösungen und verfügt über genügend Sensibilität für Strömungen und Störungen in der Gruppe.

Die "Kunst" der Moderation besteht hauptsächlich aus genügend Erfahrung und der Bereitschaft, sich mit allen Ereignissen und Konsequenzen auf diesem Gebiet auseinanderzusetzen. Wichtig ist zudem fundiertes Wissen über Abläufe in Gruppen (Gruppendynamik). Moderation ist, wie viele Techniken, vor allem auch ein Lernprozeß. Man braucht als Moderator daher hauptsächlich folgende Eigenschaften,

- sich freies Reden vor größeren Gruppen zuzutrauen (Selbstvertrauen), *an sich und seine Qualitäten glauben,*

- Fehler zu erkennen und aus ihnen zu lernen (Lernbereitschaft),

- auch in kritischen Situationen einen klaren Kopf behalten (Übersicht), *stets die Gruppenprozesse im Auge behalten,*

- auf das Gesagte und nicht Gesagte eingehen zu können (Zuhören können),

- nach Rückschlägen die Lust nicht verlieren und mit Enttäuschungen fertig werden (Frustrationstoleranz), *sich nicht "jeden Schuh anziehen".*

4.2.2.2.2 Das Profil eines "idealen" Moderators

Eine Moderation kann je nach Thema, Teilnehmer oder Randbedingungen sehr komplex werden. Um dies als Moderator bewältigen zu können, hilft eine gute Vorbereitung. Welche wesentlichen Aspekte sind nun für einen "guten" Moderator zu berücksichtigen?

- *Thematische und persönliche Neutralität*

    Neutralität ist ein wichtiger Anspruch an den Moderator. Einerseits sollte er dem Thema neutral gegenüberstehen. Ist er selber sehr interessiert am Thema der Sitzung und hat eine eindeutige Meinung dazu, wird ihm eine neutrale Moderation schwerfallen. Die Versuchung, mitzudiskutieren und die Beiträge anderer zu kommentieren, ist dann sehr groß. Andererseits sollte er persönliche Neutralität anstreben. Läßt er sich beispielsweise sehr von Sympathie und Antipathie leiten, behandelt er die Teilnehmer unterschiedlich. Dies führt dann wiederum zu Spannungen in der Gruppe und kann das Arbeitsergebnis beeinflussen.

- *Thematische und kommunikative Kompetenz*

    Thematische und kommunikative Kompetenz benötigt der Moderator, um die Teilnehmer durch die Sitzung zu führen. Die kommunikative Kompetenz dient dazu, die Stimmung in der Gruppe zu erkennen und bei Fehlentwicklungen rechtzeitig eingreifen zu können. Das bedeutet, Dauerredner zu bremsen, ohne sie zu beleidigen, große Schweiger zum Reden zu bringen oder Bewegung in festgefahrene Diskussionen zu bringen.

Die fachliche Kompetenz ist, wie schon erwähnt, nicht so bedeutend. Ein Moderator kann eine Sitzung gut moderieren, ohne Fachkenntnisse zu dem Thema zu haben. Fachliche Kompetenz erleichtert die Formulierungen für Einstiegsfragen etc., ist aber für eine erfolgreiche Moderation nicht unbedingt nötig. In manchen Fällen ist sie sogar eher schädlich (vgl. thematische Neutralität: Wer fundierte Fachkenntnisse in einem Bereich hat, hat auch eine Meinung dazu!).

- *Flexibilität*

  Flexibilität ermöglicht es dem Moderator, von seinem vorbereiteten Konzept abzuweichen, wenn es die Entwicklung in der Gruppe fordert. Werden z. B. Antworten auf Fragen, die der Moderator erst später stellen wollte, schon vorweggenommen, so sollte er flexibel reagieren und kurzfristig neue, dem Arbeitsstand der Gruppe angemessene Fragen stellen können.

VERHALTENSANFORDERUNGEN AN MODERATOREN		
bezüglich der Gruppe	bezüglich der eigenen Person	bezüglich des Ablaufs
• schafft Atmosphäre	• wirkt positiv, ruhig und gelassen	• wirkt als Spielmacher, Steuermann
• baut Hemmungen ab	• ist ablauforientiert, hört zu	• hält den roten Faden
• stellt keinen in der Gruppe bloß	• zeigt persönliche Autorität	• berät, vermittelt
• bremst die Schwätzer	• wirkt nicht autoritär	• fördert Meinungen
• fördert die Schweiger	• zeigt Durchsetzungsvermögen	• stellt Fragen
• vermittelt allen das Gefühl, zur Gruppe zu gehören	• manipuliert nicht	• führt Konsenz herbei
• hält Blickkontakt zur Gruppe	• formuliert klar, zeigt Sachkenntnis	• zeigt gute Rahmenbedingungen
• stellt sich auf die Gruppe ein	• zeigt sicheres Auftreten	• bleibt neutral
	• zeigt Ausstrahlung	• macht transparent
	• hat eine gute Rhetorik	
	• kann Fehler zugeben	

Abb. 4.2.1: **Verhaltensanforderungen an Moderatoren** (Quelle: Böning 1991, S. 32)

Wie nun kann man sich als Anfänger diesen vielfältigen Anforderungen stellen?

- *Hören Sie aktiv zu, lassen Sie andere ausreden.*
  Achtung: Vielredner sollten frühzeitig und dezent gebremst werden.

- *Aktivieren Sie die Teilnehmer, stellen Sie Fragen.*
  Fragen sind das beste Steuerungsmittel.

- *Fassen Sie die Beiträge zusammen, lassen Sie Schlußfolgerungen der Teilnehmer begründen, behalten Sie dabei einen neutralen Standpunkt!*
  Achtung: Kleine Hilfestellungen sind je nach Lage sinnvoll, ansonsten lassen Sie besser die Zusammenhänge von der Gruppe erläutern.

- *Sorgen Sie dafür, daß alle Aussagen von allen verstanden werden, bleiben Sie dabei verbindlich!*
  Achtung: Der Moderator darf kein Oberlehrer sein.

- *Schauen Sie sich das Thema aus verschiedenen Blickwinkeln an, bleiben Sie dabei flexibel!*
  Achtung: Wichtig ist, daß auch und gerade die Teilnehmer diese flexible Sichtweise einnehmen. Bewahren Sie die Atmosphäre in der Gruppe. Ihre Präsenz ist dabei entscheidend.

- *Machen Sie genügend Pausen!*
  Achtung: Pausen können/sollten auch vor oder nach inhaltlichen Höhepunkten gemacht werden.

Abbildung 4.2.2 zeigt ein Plakat einer Seminargruppe, die sich mit den Anforderungen an einen "idealen" Moderator beschäftigt hat.

4.2.2.3 Anforderungen an die Teilnehmer, Gruppenmitglieder, Mitarbeiter

"Bei uns im Büro (in der Abteilung) ist das aber nicht so" und "Das haben wir noch nie so gemacht" sind sogenannte Killerphrasen, die sicherlich jeder schon mal gehört oder gar gesagt hat. Mit einer solchen (destruktiven) Haltung seitens der Teilnehmer ist jede Besprechung zum Scheitern verurteilt. Besonders unangenehm wird es, wenn sich zudem noch eine ablehnend-passive Haltung dazugesellt. Wenn Teilnehmer nicht zur Lösung beitragen wollen oder glauben, daß ihre Meinung nicht gefragt ist, weil z. B. der Vorgesetzte ohnehin alles kritisiert und Einzelkämpferentscheidungen trifft, kann keine gemeinsame Lösung am Ende der Besprechung entstehen.

Um also ziel- und ergebnisorientiert arbeiten zu können, sollte auch die teilnehmende Gruppe idealerweise bestimmte Anforderungen erfüllen. Gefragt ist nicht mehr der in Hierarchien denkende, nur zuhörende Teilnehmer, dem am Ende einer Besprechung eine Teilaufgabe zugewiesen wird, sondern ein Teilnehmer, der offen für neue Gedanken ist, außerdem Bereitschaft und Fähigkeit zum eigenständigen Nachdenken zeigt. Dafür ist allerdings auch eine offene Gruppenatmosphäre notwendig. Eine Gruppe kann nur dann ihr gesamtes Potential entfalten, wenn alle Gruppenmitglieder ihre Meinung äußern können. Gruppen, deren Arbeitsergebnisse auf den Beiträgen einiger weniger beruhen, verschenken nicht nur viele Ideen und Anregungen, sondern auch die Unterstützung der Gesamtgruppe bei der Umsetzung der ausgearbeiteten Lösungen.

Damit nun eine solche offene Gruppenatmosphäre entstehen kann, sollte zunächst bei den Teilnehmern Einverständnis über die wesentlichen Leitlinien bestehen. Sie sollten die daraus abgeleiteten Gruppenspielregeln akzeptieren und einhalten. Geschieht dies nicht, so ist ein gleichberechtigtes Arbeiten in Gruppen, in denen meistens Mitarbeiter aus unterschiedlichen

Bereichen des Unternehmens und aus verschiedenen Hierarchiestufen zusammenkommen, nur schwer möglich. Eine weitere Grundvoraussetzung, die leider allzu oft vergessen wird, sollte erfüllt sein. Die Arbeit in den betreffenden Gruppen sollte Spaß machen. Spaß an der Sache läßt sich z. B. damit wecken, daß den Gruppenmitgliedern Gelegenheit gegeben wird, sich aktiv und eigeninitiativ mit dem betreffenden Thema auseinanderzusetzen. Im Vorfeld sollte dabei immer die Relevanz dieses Themas für jeden Einzelnen geklärt werden.

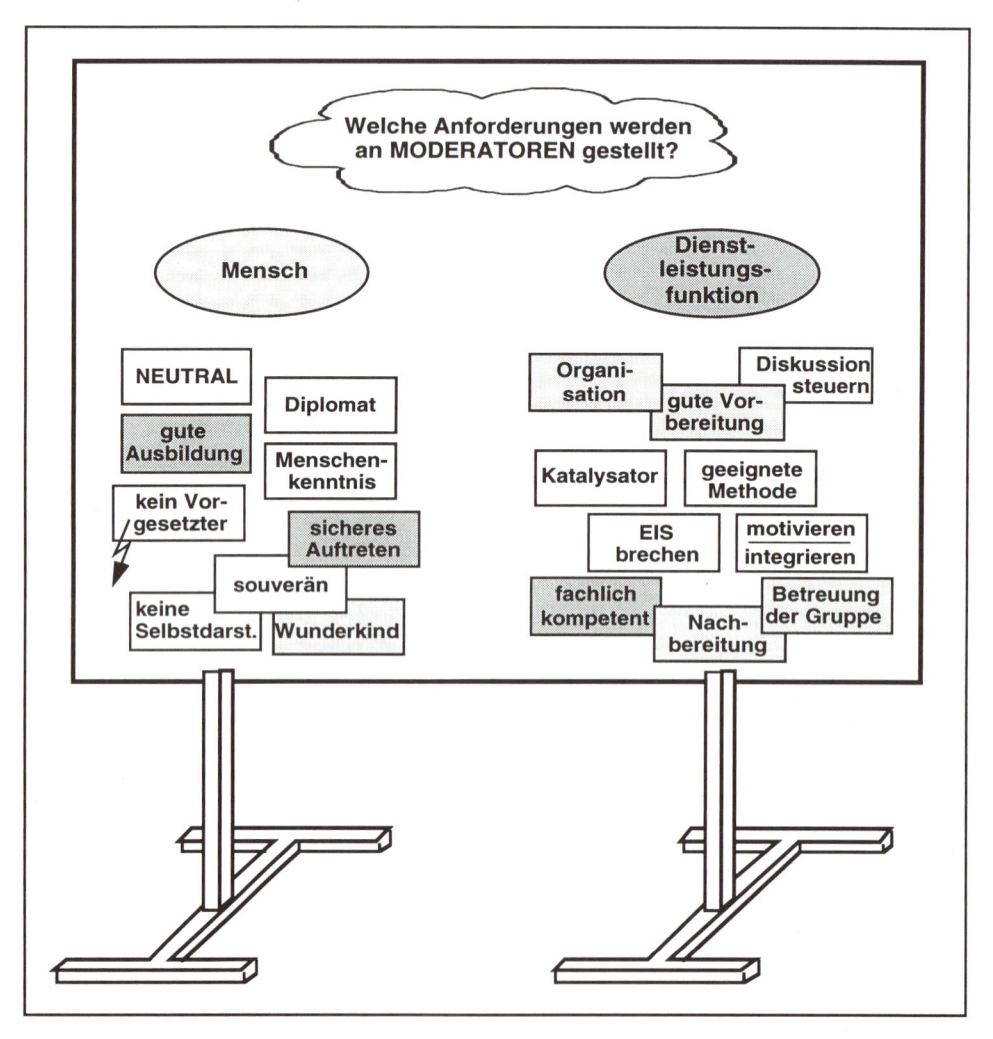

Abb. 4.2.2: Anforderungen an Moderatoren aus Sicht einer Gruppe
(Quelle: Seminarprotokoll "Team leiten, betreuen, moderieren" 1992, S. 15)

Die Arbeitsatmosphäre in einer Gruppe kann sich stufenlos zwischen produktivem Chaos und destruktiver Abwehrhaltung bewegen. Welche Voraussetzungen müssen nun erfüllt sein, damit eher produktives Chaos vorherrscht? Die drei wichtigsten Faktoren hierfür sind Offenheit, Toleranz und Konfliktfähigkeit der Teilnehmer.

- *Offenheit* ist notwendig, damit alle Gruppenmitglieder ihre Meinung und nicht vorgeschobene Argumente frei äußern.
- *Toleranz* von Seiten aller Teilnehmer ist nötig, damit kein Beitrag sofort kritisiert wird. Geschieht dies trotzdem, werden viele Teilnehmer Selbstzensur üben, bevor sie einen Beitrag leisten. Damit gehen viele Ideen verloren und die Offenheit ist gefährdet.
- *Konfliktfähigkeit:* Wenn viele gefragt werden, gibt es viele Antworten, die z. T. widersprüchlich sein können. Mit diesen Konflikten müssen die Teilnehmer umgehen können.

Hier beginnt meist schon der Ärger: Was ist zu tun, wenn diese wünschenswerten und notwendigen Voraussetzungen nicht gegeben sind?

Zunächst versucht der Moderator festzustellen, warum die Teilnehmer sich nicht an die Spielregeln halten. Sind ihnen die Voraussetzungen überhaupt bekannt? Oder wurden Erklärungen falsch oder gar nicht verstanden? Oder werden die Regeln einfach nicht eingehalten?

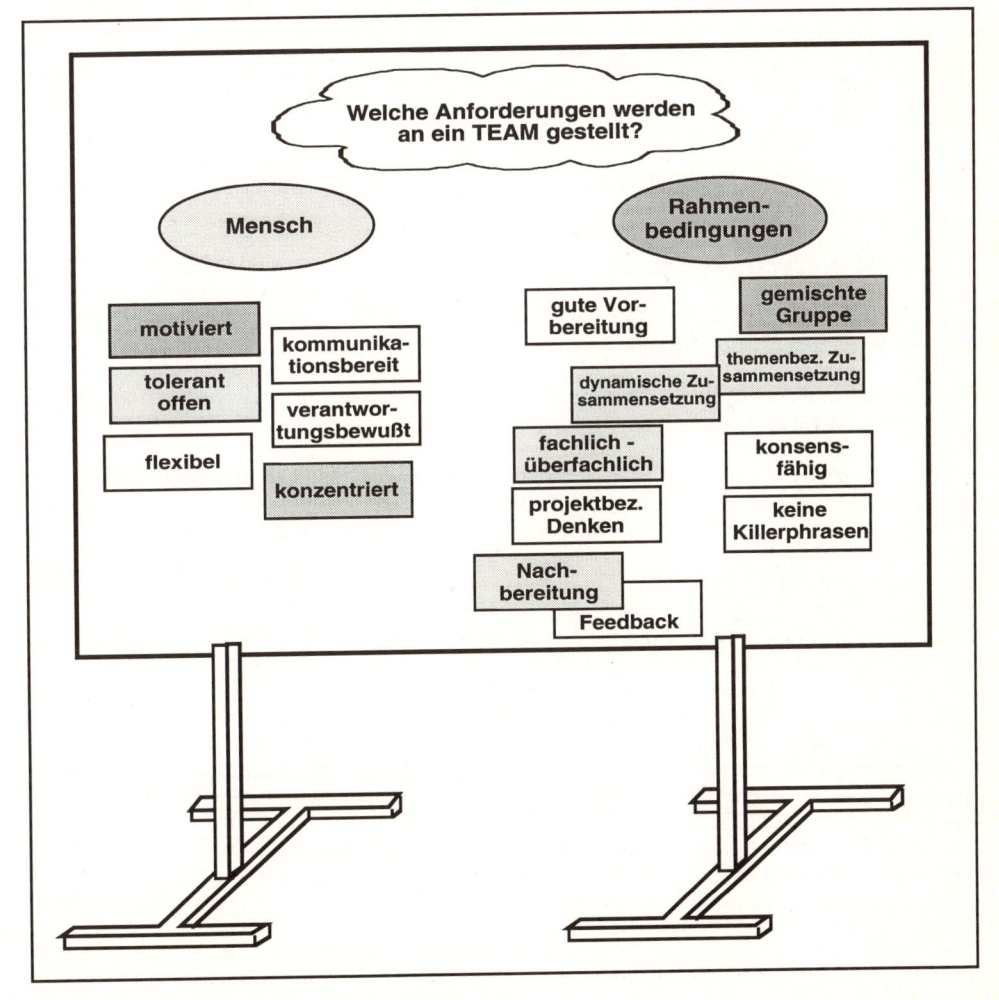

Abb. 4.2.3: Anforderungen an die Gruppe
(Quelle: Seminarprotokoll "Team leiten, betreuen, moderieren", 1992)

Eine Gruppe, die sich nicht an die vereinbarten Regeln hält, kann er z. B. durch Fragen zu steuern versuchen. Wichtig ist es dabei, herauszufinden, warum sich die Teilnehmer nicht an die Regeln halten und ob eventuell andere Störungen die Moderation behindern. Treten solche Schwierigkeiten und Störungen auf, muß der Moderator reagieren. Anderenfalls kann aus einer scheinbaren Kleinigkeit ein u. U. explosives Gemisch entstehen.*Störungen haben Vorrang*, nicht jede muß direkt vollständig beseitigt werden, sie müssen jedoch beachtet und kanalisiert werden. Eine Seminargruppe stellte ein Idealbild wie in Abbildung 4.2.3 gezeigt zusammen.

4.2.3 Die Gestaltung einer Moderation

Entscheidend für die Eignung eines Themas für eine Moderation ist nicht das Thema als solches, sondern dessen Bearbeitbarkeit. Unangemessen ist die Moderationstechnik bei Routineaufgaben, die hauptsächlich von Individualleistungen abhängen. In diesem Fall existiert ein vorgegebener Lösungsweg, der Schritt für Schritt abgearbeitet werden sollte. Moderation könnte hierbei nur aus pädagogisch-didaktischen Gründen sinnvoll sein. Reine Informationsvermittlung kann sogar besonders gut mittels Moderationstechnik gestaltet werden. Hierbei hilft z. B. eine angemessene Visualisierung. Unterschiedliches Ausgangswissen kann abgefragt und ausgeglichen werden. Insgesamt erstrecken sich die Einsatzmöglichkeiten der Moderation über ein weites Spektrum von Themen und Teilnehmern.

Ein erfolgreicher Verlauf einer Moderation hängt von der Balance, vom Zusammenspiel dieser Elemente ab. Es sind dies

- *die Mitglieder des Teams:* Ohne ihre aktive Mitarbeit kann kein gutes Ergebnis entstehen.

- *das Thema:* Alle Teammitglieder müssen erkennen können, worum es in der Sitzung geht und was verändert werden kann.

- *die richtigen Fragen:* Stellt der Moderator gute Fragen, auf die viele Antworten möglich sind, unterstützt er die Arbeit der Gruppe sehr.

- *das richtige Drehbuch:* Das Drehbuch legt den Ablauf der Sitzung weitgehend fest. Es hilft, Pannen zu vermeiden und verhindert Frustrationen bei den Teilnehmern.

4.2.3.1 Das richtige Thema

Vor einer Moderation müssen drei wesentliche Fragen geklärt werden. Welches Thema (Inhalt), welches Ziel und welche Teilnehmer treffen aufeinander. Um eine Moderation vorbereiten zu können, sollte das Thema und damit alle relevanten Inhalte schon vorab geklärt werden. Auswahl und Formulierung sind dabei entscheidend für das spätere Gelingen der Sitzung. Sind Thema und Inhalte klar und eindeutig beschrieben, wissen die Teilnehmer schon bei Erhalt der Einladung, was sie erwartet. Diskussionen am Beginn der Sitzung, worum es von heute überhaupt gehen soll, erübrigen sich. Da sich zwischen Einladung und Sitzungstermin oder im Verlauf der Sitzung noch neue Gesichtspunkte ergeben können, sollte das Thema durch die Teilnehmer beeinflußbar sein. Der Moderator hat kein Monopol auf die Formulierung des Themas. Zu Beginn kann von daher noch einmal kurz rückgefragt werden, ob alle Teilnehmer mit der gewählten Formulierung einverstanden sind. Ist dies der Fall, sollte dann allerdings auch ohne weitere Diskussionen begonnen werden.

Außerdem empfiehlt es sich, weitere Erkundigungen zur Auswahl des Themas einzuholen. Sind die Teilnehmer an diesem Thema überhaupt interessiert oder werden nur Dinge besprochen, die ohnehin klar sind? Anschließend sollte überprüft werden, ob das Ergebnis der Sitzung bei den Teilnehmern angekommen ist und ob sie etwas dazugelernt haben.

MODERATION	
Thema	**Teilnehmer**
Klarheit des Themas sichern	Interesse der Teilnehmer am Thema klären
Konkretheit des Themas festlegen	Wissensstand der Teilnehmer klären
Beeinflußbarkeit des Themas sichern	Auswirkungen auf Teilnehmer klären

Abb. 4.2.4:   Aufgaben des Moderators

Ein wesentliches Steuerungsinstrument und damit Handwerkszeug des Moderators sind Fragen. Gut und gezielt gefragt, ist halb gewonnen. Auch hier gibt es einige grundsätzliche Anforderungen, da "richtige" und "falsche" Fragen den Kontext einer Moderation festlegen.

4.2.3.2 Die richtigen Fragen

Die richtigen Fragen sind offene Fragen, die viele Antworten zulassen. Offene Fragen sind sogenannte W-Fragen, d. h. Fragen, die mit den Fragewörtern WIE, WELCHE, WAS, WARUM beginnen. Fragen, die die Teilnehmer nur mit Ja/Nein oder mit einem Wort beantworten können, sind geschlossene Fragen und für die Suche nach Information nicht geeignet. Diejenigen Fragen, die Sie den Teilnehmern stellen möchten, sollten vor der Sitzung abgeklärt werden. Sofern Sie als externer Moderator in eine Firma kommen, sprechen Sie die Inhalte mit dem Verantwortlichen des Unternehmens ab. Sie erfahren so bereits vorher, worum es in der Moderation geht, was das Ziel der Sitzung ist und wer eingeladen ist. Vor diesem Hintergrund können Sie Fragen formulieren, um der Gruppe beim Einstieg in das Thema und bei der weiteren Bearbeitung Unterstützung zu bieten. Bei internen Moderationen gilt im Prinzip das gleiche, da die Themen schon vor der Sitzung feststehen.

4.2.3.3 Das richtige Drehbuch

- Gute **Vorbereitung** ist alles . . .
  . . . **Erfahrungen** noch mehr
- Moderationsphasen festlegen und beachten
- Checkliste anlegen und durchgeben
- Passenden Zeitplan festlegen
- Auf Einhaltung der Schritte und Zeiten achten
- Flexibel bleiben und Raum für offene Fragen lassen
- Dokumentation und Folgeaktivitäten klären

Abb. 4.2.5:   Merkmale des "richtigen" Drehbuchs (Details und weitere Hinweise werden in den Abschnitten 4.2.4.2 und 4.2.4.3 ausführlich erläutert)

Das Drehbuch ist ein Ablaufplan für Teamsitzungen. Es legt fest, welcher Schritt wann und in welcher Zeit zu erledigen ist. Bei Bedarf kann das Drehbuch während der Sitzung abgeändert werden. Das "richtige" Drehbuch ermöglicht es, eine Teamsitzung zu moderieren.

Bereits zu Beginn dieses Abschnitts wurde darauf hingewiesen, daß Moderation im Sinne einer ausgefeilten Methode mit Regelwerk und Ablaufplan nicht immer sinnvoll eingesetzt werden kann. Nicht nur, daß nach allzu häufigem Einsatz sichtbare Ermüdungserscheinungen bei den Teilnehmern zu beobachten sind, die bis zur offenen Ablehnung führen können. Es gibt außerdem eine Reihe von Randbedingungen, die für einen sinnvollen Einsatz der Methode erfüllt sein sollten. Die folgende Aufstellung gibt hierfür Hinweise:

- *Was kann überhaupt mit Moderation gemacht werden?*
  - Ideenfindung,
  - Analyse,
  - Problemlösung,
  - Entscheidungsfindung,
  - Lernen und Lehren.

- *In welchen Veranstaltungen ist Moderation denkbar?*
  - Besprechungen/Konferenzen,
  - Lehr- und Lernveranstaltungen,
  - Diskussionen,
  - Präsentationen.

- *Wann kann moderiert werden?*
  - Bei offenen Fragen und Problemen,
  - wenn anschließend die Ergebnisse Anwendung finden,
  - wenn viele unterschiedliche Meinungen und Ideen bestehen,
  - wenn neue Ideen gesucht werden,
  - wenn Einigung bei strittigen Fragen in einer Gruppe erzielt werden soll.

- *Wann sollte besser nicht moderiert werden?*
  - Wenn mit den Ergebnissen nichts angefangen wird,
  - bei eindeutig vorgegebenen Aufgaben, bei denen jeder Arbeitsschritt bekannt ist und
  - wenn nur eine Meinung erlaubt ist.

Auch in diesem Zusammenhang gilt die Feststellung, daß Sie selbst entscheiden müssen (am besten gemeinsam mit der Arbeitsgruppe), wann, wie und zu welcher Gelegenheit Sie die Moderations-Methode einsetzen wollen.

Eine gute Vorbereitung beginnt mit der jeweiligen genauen Prüfung aller wesentlichen Elemente der Moderation für den vorliegenden Fall. Abgesehen vom Thema und den passenden Fragen läßt sich meist ein konkretes Ziel zu Beginn einer Sitzung oder eines Sitzungszyklusses formulieren. Dieses kann bewußt sehr offen gestaltet sein. Angefangen mit den konkreten Zielvorstellungen der Arbeit und der Gruppensitzung, sollten die sich daraus ergebenden Inhalte grob umrissen werden und anschließend ein angemessenes Vorgehen, Methoden, Spielräume und Freiheitsgrade ausgewählt werden, um einen produktiven Weg zum Ziel zu finden. Sinnvoll ist immer der Hinweis, daß sich das Ziel im Laufe der Wegstrecke ändern kann. Neue Gesichtspunkte lassen z. B. ein Problem im anderen Licht erscheinen.

In vereinfachter Form beschäftigt sich eine moderierte Veranstaltung mit drei Aspekten:

```
ZIEL ◄─────────────► INHALT
        ◄───► WEG
```

Jedes Thema läßt sich aufschlüsseln. Ob Moderation am Ende der geeignete Weg ist, hängt von Inhalten und Zielen (und natürlich von der Gruppe und dem Moderator) ab! Es ist wichtig, die jeweilige Abhängigkeit der Begriffe Ziel - Inhalt - Weg untereinander zu betrachten. Es kann z. B. Ziel einer Sitzung sein, Ziele zu erarbeiten, ebenso wie es Ziel sein kann, verschiedene Inhalte zu behandeln. Abhängig von Zielen und/oder Inhalten kann es z. B. sinnvoller sein, bestimmte Aktivitäten in Einzelarbeit, andere Arbeitsabschnitte am besten in der Gruppe zu bearbeiten.

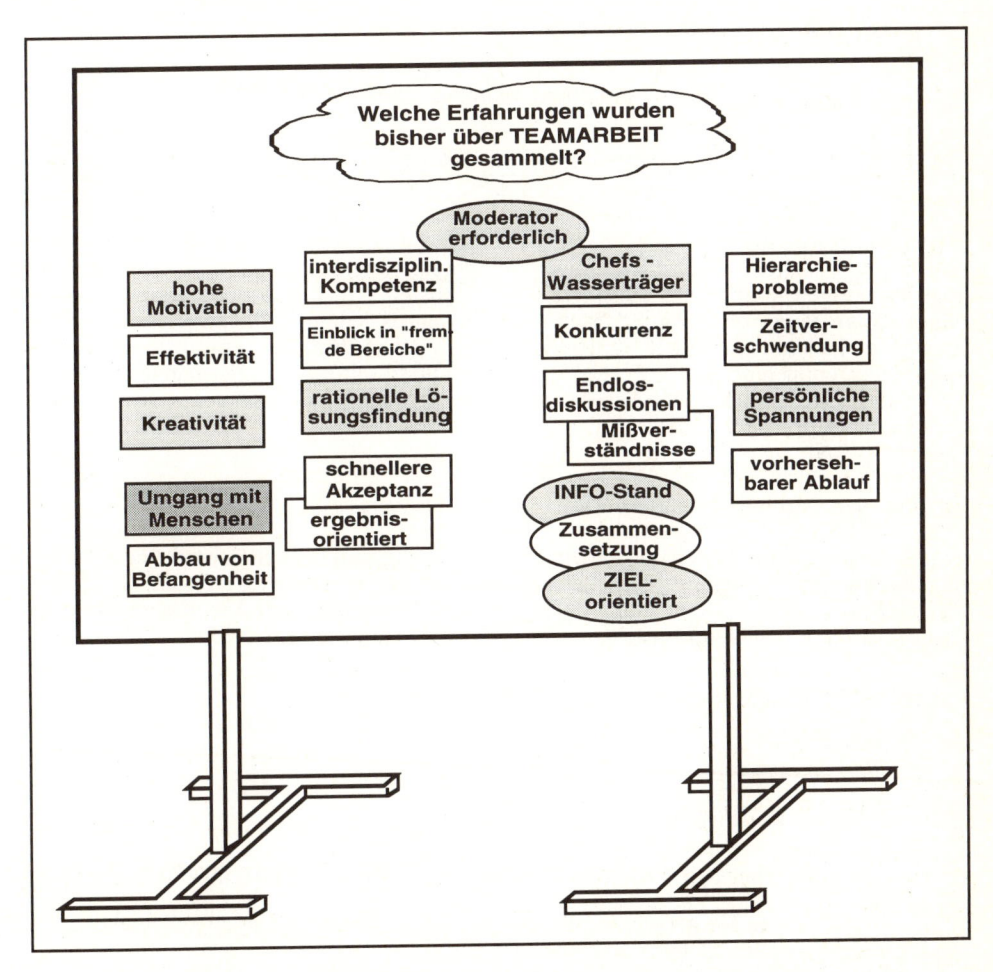

Abb. 4.2.6: Erfahrungen mit Gruppenarbeit
(Quelle: Seminarprotokoll "Team leiten, betreuen, moderieren", 1992)

4.2.4. Wegweiser für den Moderator

4.2.4.1 Moderation als Visualisierungstechnik

Die Moderationsmethode nutzt als zentrales Element die Visualisierung von Kommunikation, Entscheidungsfindung und Ideensammlung in Arbeits- bzw. Projektgruppen. Visualisieren bedeutet, komplexe und einfache Zusammenhänge, Details, Meinungen, Ideen und Fragen, die in Gesprächen geäußert werden, bildlich darzustellen. Auf diese Weise gehen Informationen nicht mehr verloren, werden Zusammenhänge deutlich und lassen sich neue Ideen einfacher als bisher finden und weiterentwickeln.

(VISUALISIERUNG)

WARUM ?	Jeder kann sehen, worum es geht
	Jeder kann seine Meinung / seine Ideen einbringen
	Zusammenhänge werden klarer, Beiträge gehen nicht verloren

Visualisierung im Rahmen der Moderationsmethode basiert auf einfachen Hilfsmitteln wie beispielsweise Plakaten, verschiedenfarbigen Filzschreibern und Klebepunkten. Gedanken, Ideen und Meinungen können auf diese Weise "visualisiert", d. h. bildlich dargestellt werden. Mehrfarbige Papp- oder Papierkarten ermöglichen es jedem Teilnehmer, seine Meinung anonym zu äußern. Das weitere Sortieren der Karten auf Stellwänden verhilft zu besserer Übersicht; jeder Teilnehmer weiß, worüber gerade diskutiert wird, Zusammenhänge werden frühzeitig klar. Die damit erzielten Ergebnisse können so übersichtlich, prägnant, strukturiert und verständlich aufbereitet werden.

Regeln der Moderationsmethode

Durch die Arbeit mit Karten und anderen Visualisierungsmöglichkeiten wird eine Beteiligung aller Teilnehmer am Sitzungsgeschehen gewährleistet. Dabei ist es aber erforderlich, bestimmte *Regeln* einzuhalten, um eine einheitliche und für alle verständliche Visualisierung zu erreichen. Auf deren Einhaltung zu achten, ist eine zentrale Aufgabe des Moderators.

Allgemeines

- Die Sitzung lebt von der Aktivität der Teilnehmer.
- *Es gilt: Jede Idee zählt.*

Umgang mit den Visualisierungsmitteln

- Es wird mit Plakaten, verschiedenfarbigen Karten, Filzschreibern und Klebepunkten gearbeitet.
- Ideen, Antworten, Meinungen werden von den Teilnehmern auf Karten geschrieben.
- Die Beiträge sollten stichwortartig abgefaßt sein.
- Auf jeder Karte sollte nur ein Stichwort notiert werden.
- Empfehlenswert ist eine Schrift, die aus Druckbuchstaben (Groß- und Kleinbuchstaben) besteht - es fördert die Lesbarkeit.

- Für die Abfassung von Karten darf es keine Selbstzensur geben.
- Anonymität der Beiträge soll gewährleistet sein.
- Klebepunkte werden zur Bewertung oder zu kurzen Meinungsäußerungen auf gesondert vorbereiteten Plakaten eingesetzt.
- Gibt es keine Einigung über die Zuordnung von Karten, sollte dies mit einem Blitz auf einer gesonderten Karte vermerkt und diese neben der strittigen Karte angebracht werden. (Der Kartenautor hat im Zweifelsfall die Möglichkeit, seinen Strukturierungswunsch vorzubringen. Es sollte aber unbedingt vermieden werden, jemand wegen einer Karte zur Rechenschaft zu ziehen.)

Umgang der Teilnehmer miteinander

- Reden ist Silber, Schreiben ist Gold.
- Längere Diskussionen sind im Plenum zunächst unerwünscht.
- Die Dauer eines Wortbeitrages sollte 30 Sekunden nicht überschreiten. 30 Sekunden - Regel !
- Für den Fall eines wichtigen, unverzichtbaren Wortbeitrags gibt es das VETO; ein Teilnehmer kann dann innerhalb von 2 Minuten seine Meinung ausführlich formulieren.
- Störungen haben Vorrang.
- Über die Methode sollte zunächst nicht diskutiert werden.

Der Moderator

- Der Moderator bleibt neutral.
- Der Moderator moderiert, er diktiert nicht.

4.2.4.2 Phasen der Moderation

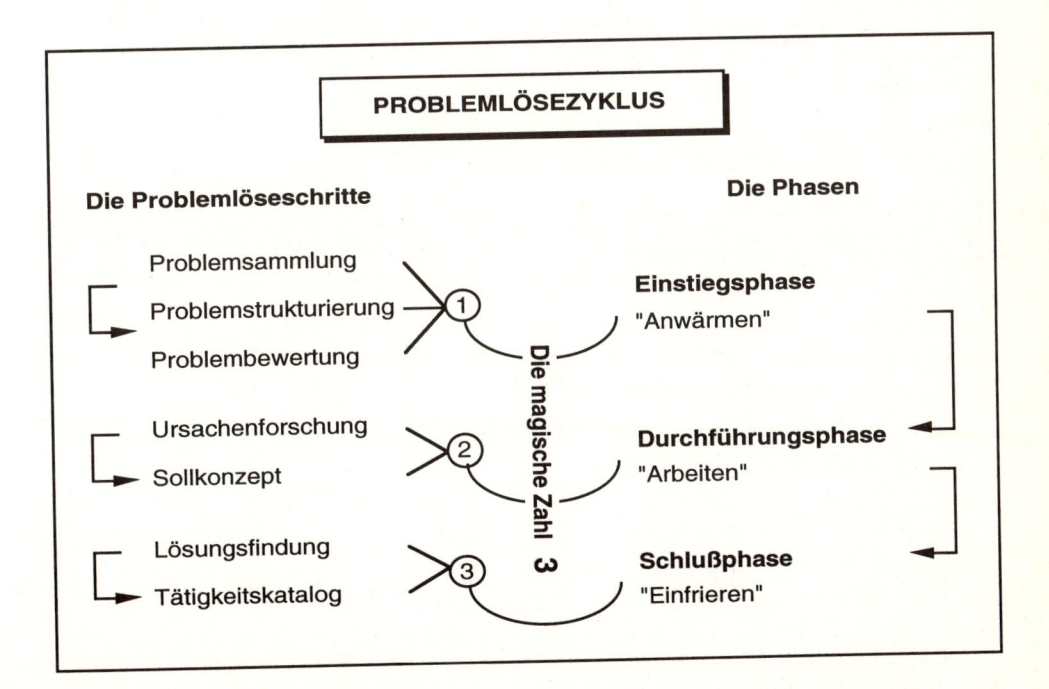

Abb. 4.2.7: Phasen der Moderation

Für den Problemlöseprozeß müssen zunächst neue Denkrichtungen ermöglicht werden. Denkblockaden, die bisher eine Lösung verhinderten, müssen überwunden werden. Die gefundene Lösung muß dann am Ende umgesetzt werden. Anwärmphase, Durchführungsphase und Schlußphase finden sich als immer wiederkehrende Merkmale eines Drehbuchs wieder. Dieses Phasenkonzept läßt sich auch als Problemlösezyklus aufschlüsseln.

In der ersten Phase sollte es hauptsächlich darum gehen, das Problem zu erfassen. Zu Beginn stellt der Moderator eine offene Frage, die die Teilnehmer zur Auseinandersetzung mit dem Thema bringen soll (Einstiegsfrage). Eine weitere, nun zielgerichtetere Frage des Moderators eröffnet dann die Problemsammlung (Problemfrage). Die auf Karten geschriebenen Antworten werden nach Schwerpunkten sortiert, die sich nach und nach aus den auf Karten geschriebenen Antworten ergeben (Problemstrukturierung). Im Anschluß daran bewertet die Gruppe die Probleme z. B. nach Bedeutsamkeit, Dringlichkeit oder Erfolgswahrscheinlichkeit und entscheidet, welche Probleme in der heutigen Sitzung besprochen werden sollen.

In der folgenden zweiten Phase, die zu einem anderen Zeitpunkt (z. B. eine Woche später) stattfinden kann, werden Ursachen für das aktuelle Problem gesucht. Aus den gefundenen Ursachen läßt sich ein Sollkonzept erarbeiten, aus dem sich ebenfalls mit Hilfe der Karten Lösungen formulieren lassen.

Als abschließende Maßnahme wird der Tätigkeitskatalog erstellt. Hier wird festgehalten, "wer was mit wem und bis wann" zu erledigen hat. Auf diese Weise wird dafür gesorgt, daß gefundene Lösungen auch wirklich in die Tat umgesetzt werden oder mindestens Versuche in dieser Richtung unternommen werden. Es ist dabei von großer Bedeutung, daß die Teilnehmer Eigenverantwortung übernehmen. Ansonsten besteht häufig die Gefahr, den Moderator gerne auch noch als Präsentator und Anwalt der Ergebnisse (aus-) zunutzen.

In allen drei Phasen muß bedacht werden, daß nicht nur rationale Argumente die Diskussion beeinflussen. Menschen argumentieren nicht immer auf der Sachebene, sondern bringen auch Befürchtungen, Ängste und Erwartungen in die Diskussion mit ein. Beachtet der Moderator diese Signale nicht, so kann eine Sitzung alleine deshalb schon scheitern, weil z. B. der gefundene Kompromiß nicht wirklich von allen getragen wird. In jeder Phase muß den Teilnehmern deshalb die Möglichkeit geboten werden, auch ihre emotionalen Anliegen auszudrücken, die ggf. vom Moderator für die Gruppe transparent gemacht werden sollten.

4.2.4.3 Das Drehbuch

Das Drehbuch ist, wie bereits ausgeführt, ein genauer Ablaufplan der Veranstaltung. Der Moderator legt die einzelnen Schritte und die jeweils dafür vorgesehene Zeit fest. Das Phasenschema

der moderierten Arbeitstreffen bietet eine Orientierungshilfe für die Erstellung eines Drehbuches. Bei der Vorbereitung einer moderierten Sitzung kann man sich an sieben Leitfragen orientieren, die am besten schriftlich beantwortet werden sollten:

- Wie lautet das Ziel der Sitzung / des Sitzungszyklus - wie lauten mögliche Teilziele? (Ziel)
- Was soll bearbeitet werden? (Inhalt)
- Wie könnte das Thema bearbeitet werden? (Ablauf, Weg, Methoden)
- Wer? (Teilnehmer)
- Wo? (Ort)
- Wann und wie lange? (Datum)
- Womit? (Medien)

Die Vorbereitung sollte an der Thematik und am Ziel ausgerichtet sein. Der konkrete Ablauf einer Moderation und damit ein vollständiges Drehbuch kann gemäß dem Beispiel in Abbildung 4.2.8 vorbereitet werden. Wichtige Informationen, wie Zeiten (Dauer eines Programmpunktes) und Hilfsmittel (z. B. Anzahl der Stellwände), dienen dabei zur genauen Vorbereitung vor Ort und erinnern an mögliche Besorgungen (nach Klebert, Schrader, Straub 1984, S. II.C.12c).

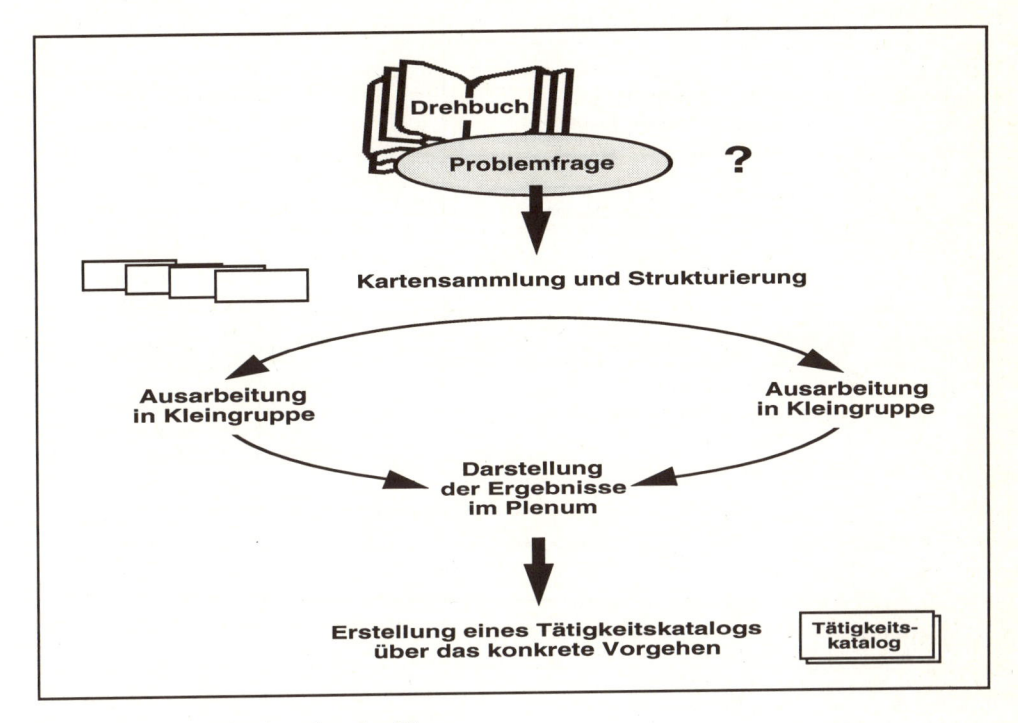

Abb. 4.2.8: Drehbuch - Standardlösung

4.2.4.4 Methoden der Moderationstechnik

4.2.4.4.1 Vorbereitung der Fragen

Bislang sind die wesentlichen Elemente der Moderationsmethode, von der Visualisierung bis zum Drehbuch aufgezählt worden. Was würde jedoch geschehen, wenn Sie morgen eine eigene moderierte Sitzung vorbereiten müßten? Gehen wir zu Beginn von einer einfachen "Standardsituation" aus. Ein betriebliches Problem soll gelöst werden. Die ersten Fragen eines angehenden Moderators werden sich zunächst mit Thema und Frageformulierungen beschäftigen.

Bevor der Moderator an die konkrete Formulierung herangeht, muß er sich, wie bereits mehrfach erwähnt, über die genaue formale Zielsetzung der gesamten Veranstaltung, ebenso auch über einzelne Moderationsschritte im Klaren sein. Das bedeutet zum Beispiel:

- Soll die Gruppe alle zum Thema gehörenden Probleme sammeln?

- Soll die Gruppe neue Ideen und Lösungsansätze zu schon bekannten Problemstellungen erarbeiten?

- Sollen die Teilnehmer die unterschiedlichen Interessenlagen einander transparent machen?

- Sollen die Beziehungen zwischen den Teilnehmern geklärt werden?

Nr.	Was?	Wie?	Wer?	Zeit?	Hilfsmittel
1	Begrüßung	• Ansprache	M	2 Min.	Mund + Hände
2	Anwärmen	• Frage • Spaß/Erfolg • Einstiegsfrage	M M	3 Min. 5 Min.	Plakat, Punkte, Gesprächsrunde

3	Problemsammlung
	
	Problemstrukturierung
	Problembewertung
		• Problemfrage
		  Karten schreiben
		• Strukturieren
		  Problemliste
		• Liste bewerten
			M
			TN
			M/TN
				5 Min.
				
				10 Min.
					Plakat (Überschrift),
					Karten, Nadeln
					Leerplakat
					vorbereitete Liste
					Punkte

4	Problemdiskussion	• Kleingruppen (KG) bilden • KG-Szenario vorstellen • KG-Arbeitsanweisungen • Arbeit der KG • KG-Ergebnisse vorstellen • Problemliste fortschreiben	M M M TN TN TN	5 Min. 2 Min. 2 Min. 20 Min.	Kreise, vorbereitetes Szenario Plakat mit Anweisungen ausreichend Stell- tafeln/Ecken Material Problemliste
5	Ergebnisteil	• Ergebnisse bewerten • Tätigkeitskatalog	M M		Punkte Plakat
6	Abschluß	• Frage (Ein-Punkt)	M		Plakat

M = Moderator   TN = Teilnehmer   KG = Kleingruppe

Abb. 4.2.9: Phasen eines moderierten Problemlöseprozesses

Geeignete Fragen	Ungeeignete Fragen
• offene Fragen • Fragen, die eine differenzierte Antwort ermöglichen • Fragen, die zur Beantwortung reizen • für alle verständliche Fragen	• rhetorische Fragen • peinliche Fragen (Fragen, die zu Gesichtsverlust führen) • Ja/Nein-Fragen • Fangfragen, inquisitorische Fragen • Lehrerfragen (Oberlehrer-Pädagogen-Fragen, deren Ergebnis richtig oder falsch sein kann) • Fragen, deren Ergebnis selbstverständlich ist

Abb. 4.2.10: Fragen im Moderationsprozeß

Geeignet sind solche Fragen, die der Gruppe einen tatsächlichen Handlungsspielraum einräumen, ungeeignet sind dagegen Fragen, die die Gruppe schon durch ihre Formulierung in eine bestimmte inhaltliche Position drängen.

4.2.4.4.2 Die Einstiegsfrage

Mit einer Einstiegsfrage kann man etwas über die Stimmung in der Gruppe und die Einstellung zu Thema oder Sitzung erfahren. Wenn der Moderator die Stimmung in der Gruppe kennt, kann er leichter darauf eingehen. Ist die Stimmung ausgesprochen gut, kann er von motivierten Teilnehmern ausgehen, die ihre Sitzungszeit effektiv nutzen möchten. Hier muß er sogar darauf achten, die Erwartungen der Teilnehmer nicht zu enttäuschen. Sitzt ihm hingegen eine Gruppe gegenüber, die außerordentlich schlecht gelaunt ist, weil sie z. B. viel dringendere Dinge zu tun hätte oder nur auf Anordnung erschienen ist, muß er sich zunächst um ein vernünftiges Arbeitsklima bemühen. Er kann z. B. versuchen, die Ursache für die schlechte Stimmung transparent zu machen und sie mit der Gruppe über eine gemeinsame Aussprache zu verändern. Die beiden Plakate in der Abbildung 4.2.11 zeigen zwei mögliche Stimmungsfragen.

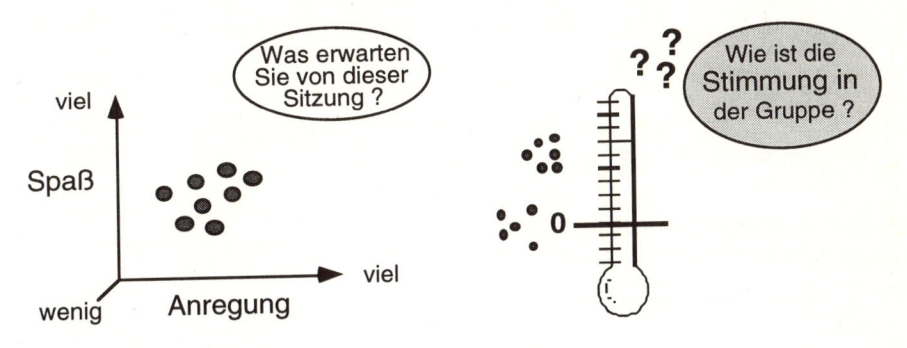

Abb. 4.2.11: Einstiegsfragen

Über solche Frageversionen hinaus, die mit Klebepunkten (Einpunkt-Fragen) beantwortet werden können, sind häufig auch am Thema orientierte Einstiegsfragen sinnvoll, die z. B. in einer kurzen Gesprächsrunde (2 Sätze pro Teilnehmer) Raum für eine eigene Einschätzung der Lage lassen. Jeder Einzelne kann kurz seine Meinung wiedergeben, hat sich dabei auf das Thema konzentriert und kann sich im weiteren auch in der Gruppe besser einordnen. Er/sie weiß jetzt, wo er/sie mit der eigenen Sichtweise steht. Es empfiehlt sich hierbei von Beginn an auf kurze und präzise Aussagen zu achten, u. U. schon einmal zu unterbrechen oder rückzufragen, wenn eine Antwort unkonkret bleibt. Wichtig ist es, niemand vor der Gruppe bloßzustellen. Gerade in der Anwärmphase führen solche Ereignisse schnell zu einem irreparablen Vertrauensbruch zwischen Moderator und Gruppe!

4.2.4.4.3 Die Problemfrage

Im Anschluß an die Einstiegsfragen folgt die Problemfrage. Sie beschäftigt sich mit dem Thema der Sitzung. Sinnvoll ist es, nach einer allgemeinen Einstiegsfrage zunächst eine Einstiegsfrage bezüglich des Problems zu stellen (siehe oben). Mit dieser Frage werden keine Lösungen erwartet, sondern den Teilnehmern soll z. B. klar werden, wie bedeutend das Thema ist oder wie schwierig Lösungen dafür zu finden sind. Außerdem werden sie so zum eigentlichen Thema hingeführt und nicht z. B. von der Bedeutsamkeit oder Komplexität des Themas überrascht. Auch hierfür können wiederum Einpunktfragen formuliert werden.

Die "eigentliche" Problemfrage ermöglicht nun nach einer geglückten "Anwärmphase" die Sammlung der bedeutsamen Aspekte des Problems. Jetzt gilt es abzuwägen. Sind die Informationen zum Thema eher noch ungenau, unscharf oder relativ allgemein gehalten, empfiehlt es sich auch eine entsprechend allgemeine globale Problemfrage zu formulieren. Die Gefahr besteht dabei natürlich, zunächst über eine Problemsammlung, -strukturierung und -bewertung nicht hinaus zu kommen. Kennen Sie die Gruppe und das Thema gut, kann von Beginn an gezielter, konkreter gefragt werden. Es gibt generell zwei Möglichkeiten, eine Problemfrage zu beantworten. Man unterscheidet zwischen *Karten-Fragen* und *Zuruf-Fragen*.

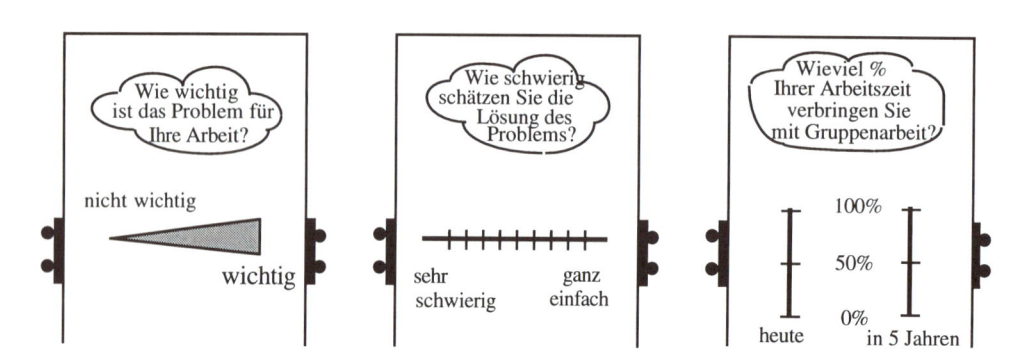

Abb. 4.2.12: Problemfragen

4.2.4.4.4 Problemfrage - Problemsammlung

Abb. 4.2.13: Problemsammlung

Bei der *Karten-Frage* schreiben die Teilnehmer ihre Antworten auf Karten. Die Karten werden eingesammelt, mit der Gruppe gemeinsam sortiert und entsprechende Rubriken gebildet. Die Schwerpunkte, die sich beim Sortieren ergeben, werden Oberbegriffe genannt. Sie werden mit einer Überschrift versehen. Diese Überschriften können dann in eine vorbereitete Liste, den sogenannten Problemspeicher, übernommen werden, um dort bewertet werden zu können. Dieser letzte Punkt ist jedoch "Geschmackssache".

Bei *Zuruf-Fragen* notiert der Moderator die ihm zugerufenen Antworten auf einer Tafel, auf einer Flipchart oder auch auf Karten, die dann später sortiert werden können.

Alle Karten-Fragen können auch als Zuruf-Fragen verwendet werden, wenn

- das Problem für den Teilnehmer klar ist,
- kein Bedarf nach Anonymität besteht,
- gegenseitige Anregung durch Zurufe erreicht werden soll,
- kein unbedingter Bedarf besteht, die Häufung von Aussagen sichtbar zu gestalten.

Auch bei Zuruf-Fragen kann im Anschluß an die Sammlung ein Problemspeicher erstellt werden. In jedem Fall sollte auch hier eine Bewertung vorgenommen werden.

Die vorformulierten Problemfragen, die zur Problemsammlung nötig sind, können auch in Kleinstgruppen (Zweiergruppen) beantwortet werden. Die Ergebnisse werden anschließend im Plenum vorgestellt und im Themenspeicher (einer weiteren vorbereiteten Liste) gesammelt. Bewährt hat es sich, die Problemfrage(n) gut sichtbar auf Wolken oder Papierstreifen zu schreiben. So "schwebt" sie über der Gruppe und ist stets präsent. Es ist durchaus möglich, mehrere Problemfragen zu stellen, solange sie eindeutig voneinander trennbar sind und wichtige Aspekte des Themas beleuchten. Mögliche Formen sind z. B. "pro/contra" und zielgruppenspezifische Ausrichtungen. Sinnvollerweise stellt man diese Fragen in einer Reihenfolge, und nicht simultan.

4.2.4.4.5 Die Bewertungsfrage

Bei der *Bewertung* eines zusamengetragenen Problem- oder Themenspeichers muß die Gruppe oder der Moderator unmißverständlich festlegen, unter welchen Gesichtspunkten die Auswahl getroffen werden soll. Hier gilt es also eine dritte Frage, die Bewertungsfrage (vgl. Abbildung 4.2.14) zu formulieren. Diese Frage sollte ebenso wie die Problemfrage auf eine Karte geschrieben und für alle sichtbar auf das Plakat, das bewertet wird, gehängt werden. Die Bewertung selbst erfolgt per Klebepunkte. Als Faustregel kann man sagen, daß sich die Anzahl ausgegebener Klebepunkte aus der Hälfte der Zahl gesammelter Oberbegriffe ergibt, maximal jedoch 6 betragen sollte, da sonst die Übersicht verloren geht.

Mit welchen Themen wollen wir beginnen?	Welche Themen sind am dringendsten ?
Bei welchen Themen bestehen die gr. Schwierigk.?	Wo liegen die kreativsten Ansätze ?
Welche Probleme sind am leichtest. lösbar ?	Was interessiert Sie jetzt am meisten ?
Für welche Probleme gibt es Lösungsansätze?	

Abb. 4.2.14: Bewertungsgesichtspunkte der Problemsammlung

Ein Einwand, der oft gegen Bewertungen vorgebracht wird, besagt, daß per Mehrheitsentscheid wichtige Details ausgeklammert werden können. Hierzu ein Hinweis: Zweck der Bewertung ist hauptsächlich eine momentane Auswahl zu treffen. Zwangsläufig können Themen nicht bis ins letzte Detail behandelt werden. Es sollte jedoch gerade bei brisanten Fragen geklärt werden, was mit Stichworten geschieht, die kaum berücksichtigt wurden.

4.2.4.4.6 Problembearbeitung in Kleingruppen

Die im Problemspeicher gesammelten und bewerteten Themen können in Kleingruppen bearbeitet werden. Je nach Zahl der Themen wurde über die Bewertung bereits die Auswahl getroffen. Aufgabe der Kleingruppe kann nun eine Detaillierung, eine Ursachen- oder Lösungsfindung sein. Die Ergebnisse stellen die Kleingruppen anschließend im Plenum vor.

Für jede Kleingruppenarbeit muß eine klare Aufgabenstellung gegeben werden, die dem Ziel der Arbeitsphase entspricht, in der sich die Gruppe befindet. Die Arbeitsanweisung kann z. B. über vorgegebene Plakate erfolgen, d. h. über verschiedene ausformulierte Fragestellungen, die chronologisch bearbeitet werden sollen. Diese Vorformulierung sollte themenneutral erfolgen. Sie muß für alle zur Auswahl stehenden Themen passen. Diese Einheitlichkeit erleichtert es später dem Plenum, sich in den Aussagen der Kleingruppe zurecht zu finden. Auf diese Weise wird außerdem der jeweilige Weg zum Ergebnis deutlich.

Es ist angebracht, auf den Plakaten Raum für Reaktionen der Gesamtgruppe vorzusehen. Kritische Kommentare und Ergänzungen können so problemlos aufgenommen werden. Abbildung 4.2.15 zeigt einige Beispiele.

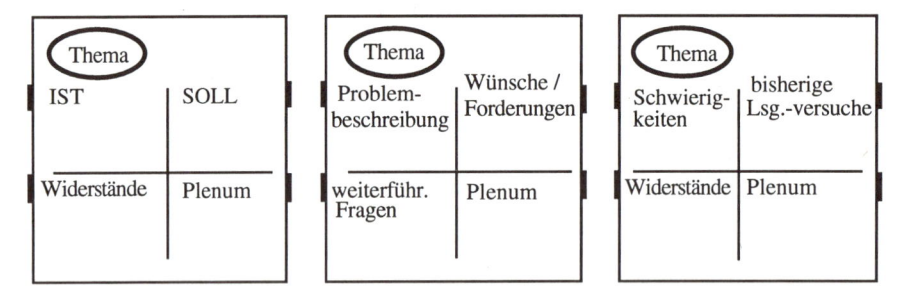

Abb. 4.2.15: Kleingruppen-Szenarien

4.2.4.4.7 Der Tätigkeitskatalog

Der Großteil an Arbeit ist meist noch zu leisten. Wird jedoch nicht dafür gesorgt, daß diese Aufgaben auch wirklich erledigt werden, verlaufen viele mit Schwung begonnenen Moderationen im Sande. Für alle Moderationen ist daher der Tätigkeitskatalog ein entscheidender Programmpunkt. In ihm wird aufgelistet, wer was, mit wem und bis wann zu erledigen hat.

Abb. 4.2.16: Tätigkeitskatalog

Er sollte durch Kleingruppenarbeiten vorbereitet sein, damit die häufig sehr ermüdende Suche nach sinnvollen Folgeaktivitäten nicht im manchmal schwerfälligen Plenum durchgeführt werden muß. Bei der Erstellung des Tätigkeitskatalogs ist darauf zu achten, daß zu jeder Tätigkeit auch die dazugehörigen Spalten ausgefüllt werden. Findet sich niemand aus dem Teilnehmerkreis, der bereit ist, sich in die Wer-Spalte eintragen zu lassen, so wird die Tätigkeit wieder gestrichen. Beim Ausfüllen der Bis-wann-Spalte zeigt sich häufig, ob die Tätigkeit konkret genug beschrieben ist, ob sie also in einem überschaubaren Zeitraum durchgeführt werden kann. Ein Tätigkeitskatalog, in dem diese Punkte nicht ausreichend geklärt sind, hat selten Chancen, auch realisiert zu werden. Manche Lösungsvorschläge können gerade im Betrieb nicht sofort umgesetzt werden. Meist wird eine gesonderte Präsentation vor der Geschäftsführung oder anderen entscheidenden Gremien erforderlich sein. Dies muß entsprechend vorbereitet werden. Der Moderator kann hierbei unterstützen, sollte aber nur eine Beraterrolle übernehmen.

Stehen im Mittelpunkt einer Sitzung nicht so sehr ein Sachergebnis, sondern z. B. bei einem Führungskräftetraining Verhaltensweisen der Teilnehmer, so können Lösungsvorschläge in bestimmten Verhaltensvereinbarungen liegen, die die Teilnehmer miteinander treffen. Auch diese Vereinbarungen können in einem Katalog zusammengefaßt werden. Welche langfristigen Wirkungen allerdings von solchen Vereinbarungen ausgehen, ist umstritten. Für die Moderatoren ist es wichtig, darauf zu achten, daß nicht zu viele Verhaltensweisen aufgenommen werden und daß die Selbstansprüche der Gruppe und jedes Einzelnen nicht zu hoch sind. Nur dann haben sie Chancen, in Zukunft beachtet zu werden (kleine Brötchen backen!).

4.2.4.5 Drehbuchbeispiele aus der Praxis: "Scheren im Kopf"

In einem mittelständischen Unternehmen des Maschinenbaus traten gehäuft Probleme in der Auftragsabwicklung auf. Schwierigkeiten bei der Fertigung, im Lager oder mit dem Personal summierten sich, aber niemand kannte die Ursachen. Eine fundierte Stärken- und Schwachstellenanalyse sollte Abhilfe schaffen. Bei der Entscheidung für eine solche Analyse war der Geschäftsleitung bewußt, daß möglichst alle Mitarbeiter beteiligt werden sollten. Probleme in der alltäglichen Arbeit sind leitenden Mitarbeitern nicht in vollem Umfang bekannt; nur der, der täglich mit bestimmten Maschinen und an bestimmten Stellen in der Produktion arbeitet, kann genaue Auskunft über diese Probleme geben. Aus diesem Grund sollten möglichst alle Mitarbeiter befragt werden. Für die Geschäftsleitung stellte sich die Frage, wie dieser Anspruch umgesetzt werden könnte. Mit den im Betrieb üblichen Besprechungs- und Befragungsformen konnte dies nicht erreicht werden. Nach eingehender Informationssammlung entschied sich die Geschäftsleitung schließlich für die Moderationsmethode.

Die Stärken- und Schwächenanalyse wurde innerhalb der Abteilungen durchgeführt. In vier moderierten Sitzungen erarbeiteten die Teilnehmer mit Hilfe der Karten und Plakate die Stärken und Schwächen ihrer eigenen Abteilung sowie bei der Zusammenarbeit mit anderen Abteilungen. Vier weitere Sitzungen brachten Vertreter verschiedener Abteilungen zusammen und beschäftigten sich mit Informationsflüssen und möglichen Störungen. Am Ende entstand ein umfangreicher Katalog mit Stärken und Schwächen des Unternehmens, zu dem jeder Mitarbeiter einen Teil beigetragen hatte. Insgesamt acht moderierte Sitzungen hatten ein weiteres wichtiges Ergebnis gebracht. Alle Abteilungen hatten jeweils das eigene und auch das ihnen von anderen vorgehaltene Bild zu sehen bekommen. Bei einigen Mitarbeitern setzte ein erkennbarer Aha-Effekt ein. Einfache Schuldzuweisungen, wie vor den Sitzungen im Unternehmen üblich waren, blieben merklich aus. Manche Probleme wurden überhaupt zum erstenmal als gemeinsame Probleme erkannt. Mit der Bestandsaufnahme war es nicht getan. Es mußten Lösungen für die anstehenden Probleme gefunden werden. Auf welche Weise sie gefunden werden sollten, war das Thema einer wichtigen Sitzung, zu der sich der Projektlenkungsausschuß (PLA), bestehend aus der Geschäftsleitung sowie Mitarbeitern der externen Begleitung, zusammenfand. Weil diese Sitzung für das gesamte Projekt entscheidend war, soll sie hier näher erläutert werden.

Ausgangspunkt der entscheidenden Sitzung des Projektlenkungsausschusses war der Schwachstellenkatalog, den die Mitarbeiter der Firma aufgestellt hatten. Er enthält viele einzelne Probleme, die zum Teil untereinander in Beziehung stehen. Gegliedert war nur nach Abteilungen. Die Teilnehmer der Sitzung haben das umfangreiche Drehbuch in dieser Form nicht erhalten. Für sie sah die Tagesordnung folgendermaßen aus:

Titel: "Scheren im Kopf"

TOP 1: Probleme stukturieren
TOP 2: Ziele für Problembereiche definieren
TOP 3: Aufgaben für Arbeitsgruppen aus Zielen ableiten
TOP 4: Zeitplan aufstellen, Arbeitspakete definieren
TOP 5: Arbeitsgruppen bilden

Als Einführung wurden kurz die "Scheren im Kopf" vorgestellt. Gemeint sind damit Einschränkungen, die entstehen, weil die beteiligten Personen bestimmte Vorannahmen machen. Hierzu zählen z. B. Sätze wie "Das ist alles viel zu teuer" oder "Eigentlich ist das Problem schon erledigt". Weil dadurch schon im Vorfeld wichtige Lösungsansätze und notwendige Maßnahmen ausgeschlossen werden oder eine sinnvolle Festlegung der Reihenfolge von Maßnahmen erschwert wird, sollte man diese Vorannahmen zunächst ausschalten. Nach der Einführung wurden die Teilnehmer aufgefordert, globale Problembereiche aus ihrer Kenntnis der Ergebnisse der moderierten Sitzungen heraus zu nennen und auf Karten zu schreiben. Die Karten wurden dann anschließend strukturiert. Es ergaben sich acht Problembereiche: Lager, Auftragsabwicklung, Personal, Verwaltung, Fertigung, Kommunikation, Kompetenzen und Produkte. Jeder einzelne Bereich wurde noch weiter erläutert. Probleme im Lagerbereich bereiteten die Lagerverwaltung und die Disposition, im Bereich Fertigung fiel besonders der überaltete Maschinenpark auf. Im weiteren Verlauf sollten die Teilnehmer Ziele für die einzelnen Problembereiche nennen, um von dort aus Globalziele zu definieren. Auch hier wurden die Ziele zunächst auf Karten geschrieben und dann den einzelnen Problembereichen zugeordnet. Das Ergebnis für den Lagerbereich sah folgendermaßen aus:

Lagerorganisation:

- EDV-gestützte und robotergesteuerte Auftrags- und Lagerverwaltung
- Verbesserung der Organisation
- Zentrallager
- Verbesserung Lagerzugriff
- moderne Lagereinrichtung
- *Globalziel: Lagerorganisation optimieren*

Lagerbestand:

- optimaler Lagerbestand
- Bestandsreduzierung
- Standardisierung
- *Globalziel: Lagerbestand minimieren*

Im Anschluß daran bewerteten die Teilnehmer die Problembereiche. Zum Einsatz kam hier die Punktabfrage, d. h. die Teilnehmer vergaben Punkte für die Bereiche, die für sie am wichtigsten waren. Dadurch war festgelegt, in welcher Reihenfolge die Bereiche bearbeitet werden sollten. Anschließend erarbeiteten die Teilnehmer mögliche Aufgaben für Arbeitsgruppen, indem zunächst jeder seine Ideen auf Karten schrieb und diese dann an die Stellwand heftete. Diese Aufgaben wurden anschließend noch teilweise strukturiert und Oberbegriffen zugeordnet. Als mögliche Aufgaben für eine Arbeitsgruppe "Lager" ergaben sich:

Drehbuch für Moderation der 2. PLA-Sitzung

Hilfsmittel

Hr 10 min	• Begrüßung • Kurze Erläuterung zu den vorliegenden Materialien, kurze Darstellung der heutigen Vorgehensweise	2 Folien
AKE 10 min	• Aufforderung an Teilnehmer, globale Problembereiche zu benennen • Strukturieren	3 leere Plakate
Hr 10-15 min AKE 15 min	Kurzvortrag: Problembereiche aus Sicht Hr Problemstrukturierung ergänzen in Diskussion mit Teilnehmern	1 Folie, Aussagen auf ca 10 Karten einbringen

- -

• **Imaginäres Brainstorming einleiten:**
"Tun Sie so, als hätten Sie alles Geld, alle Zeit der Welt zur Verfügung. Z.B.: das Unternehmen wurde verkauft an jemand mit Geld. Alles wird verändert. Was könnte passieren?"
Auf "Killerphrasen achten, z.B.: "Das schaffen wir nicht. Da kann uns der Externe nicht bei helfen. Usw. ..."

20 min • Ziele für einzelne Problembereiche erarbeiten

Dr. E.• Dr. E, BRV auffordern, Ziele
BRV   zu nennen
15 min

AKE • Kurze Diskussion, gefundene
10 min Ziele ergänzen/cutten

10 min Problembereiche bewerten mit Punkten (Prioritäten setzen)
        Anm. machen: "Alles wird bearbeitet. Soll nur die Reihenfolge darstellen."

Pause 20 min

2 Plakate

Rang	Gewichtung	Problembereiche	Ziele
3	••••	☐	☐☐☐☐
4	••	☐	☐☐☐

→ Flipchart

- -

30 min• Mögliche Aufgaben aus den Zielen ableiten und auf die einzelnen Problembereiche übertragen

2 Kleingruppen arbeiten, die je ein Plakat mit Aufgaben auf Zeitplan übertragen. Die beiden Gruppen sollen sich gegenseitig abstimmen.

2 Plakate

Rang	Problembereiche	Aufgaben
3	☐	☐☐☐☐
4	☐	—

- -

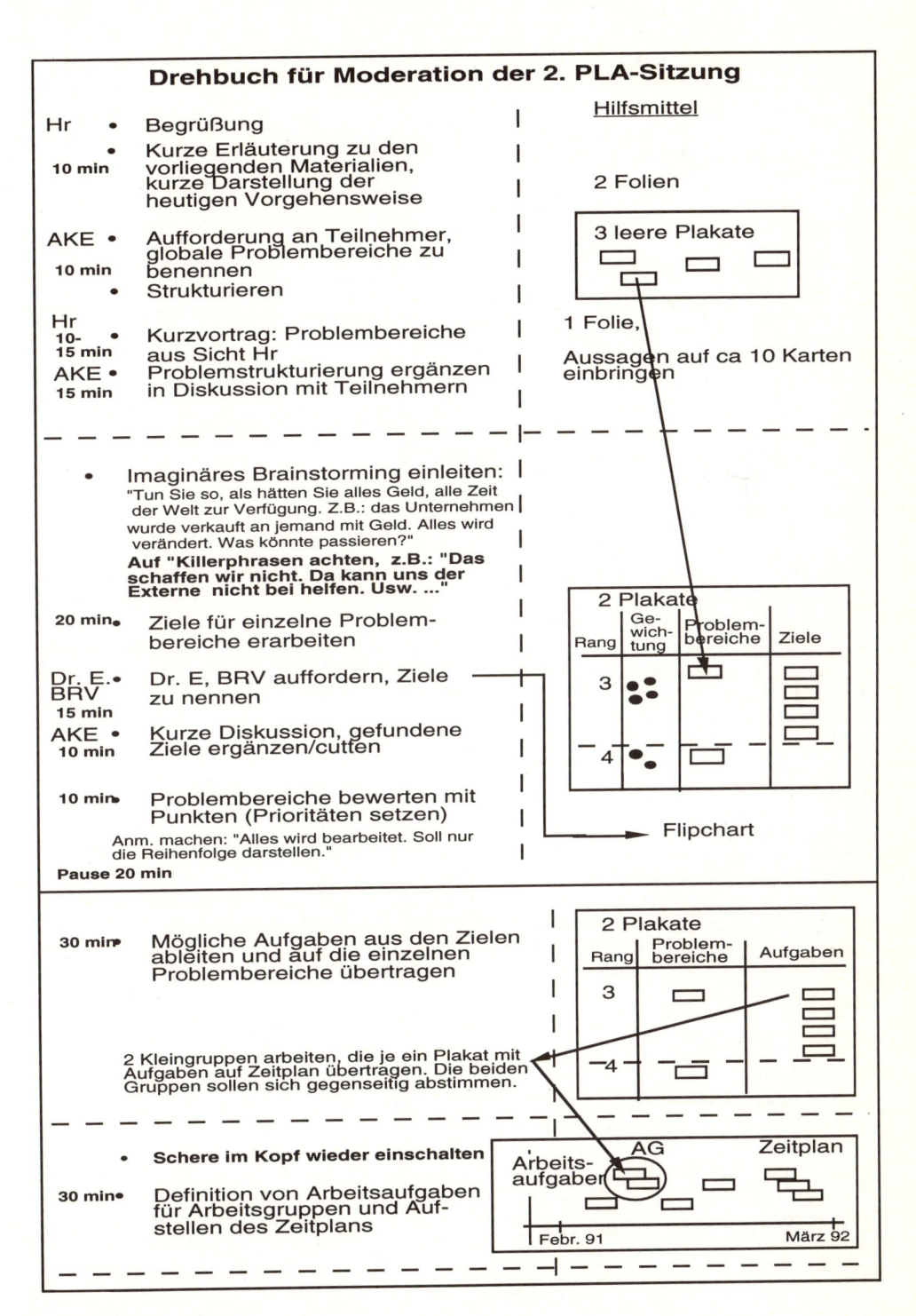

• **Schere im Kopf wieder einschalten**

30 min• Definition von Arbeitsaufgaben für Arbeitsgruppen und Aufstellen des Zeitplans

Arbeitsaufgaben	AG	Zeitplan
Febr. 91		März 92

Abb. 4.2.17: Drehbuch

- Erarbeitung Lagerkonzept,
- Analyse, Definition Mindestbestand,
- eindeutiges Festlegen von Kompetenzen,
- kein Lager, nur auftragsgebundene Fertigung,
- Bestandsreduzierung nach Auftragsziffer,
- Festlegung Lagerteil.

Das Drehbuch der Sitzung sah wie in Abbildung 4.2.17 dargestellt aus.

Zwei Kleingruppen erarbeiteten nun einen Zeitplan. Hierzu sollten die Karten mit den Aufgaben in einem vorbereiteten Zeitplan auf den Stellwänden eingeordnet werden. Innerhalb kurzer Zeit entstand ein Zeitplan, der alle bis dahin besprochenen Gesichtspunkte berücksichtigte. An dieser Stelle wurde die Sitzung geschlossen. Die Ergebnisse konnten sich sehen lassen. Innerhalb kurzer Zeit entstand aus einer Flut relativ ungeordneter Informationen zunächst eine strukturierte Darstellung aller Problembereiche. Anschließend konnten Ziele definiert werden, die sich aus den bestehenden Problemen ergaben. Hieraus wiederum leiteten die Teilnehmer Aufgaben ab, die zur Erreichung der Ziele erledigt werden müssen. Damit diese Ergebnisse auch umgesetzt werden können, wurde noch ein Zeitplan erstellt.

4.2.4.6 Schlußbemerkung

Jeder gute Moderator wechselt im Laufe einer moderierten Sitzung oft genug die Methode. Nicht immer müssen Karten geschrieben, Pinnwände gefüllt und Tätigkeitskataloge aufgestellt werden. Ein Vortrag, eine Gesprächsrunde, ein provokanter Text, ein Film können sich abwechseln. Die Aufmerksamkeit der Gruppe bleibt hoch. Ein(e) gute(r) Moderator(in) ist ein Werkzeug der Gruppe und des Themas. Natürlich hat ihre/seine Persönlichkeit einen wichtigen Einfluß auf das Gelingen der Moderation. Aber sie/er sollte nicht den Anlaß für eine perfekte Selbstdarstellung mißbrauchen.

Wenn Sie sich jedoch entschlossen haben, eine Problemanalyse durchzuführen, dann empfiehlt es sich - allem Methodenwechsel zum Trotz - konsequent die einzelnen Schritte zu durchlaufen. Am Ende darf dann auch der Tätigkeitskatalog nicht fehlen.

Ansonsten sind Ihrer Fantasie kaum Grenzen gesetzt. Solange Sie die Geduld der Teilnehmer nicht überstrapazieren oder (was auch passieren kann) die Gruppe unterfordern, wird es Ihnen sehr gedankt. Viele - gerade betriebliche Problemstellungen - brauchen Belebung, brauchen manchmal frischen Wind, um dann am Ende - zu aller Verwunderung - zu neuen, verblüffenden Lösungen zu führen. Als Lenker und Betreuer des Prozesses dürfen Sie sich freuen. Aber vergessen Sie nie, das Problem wurde von der Gruppe gelöst, sie waren "nur" ein entscheidender Helfer.

4.3 Präsentation
B. Haenschke, M. Frühwacht, R. Schöne

4.3.1 Gegenstand und Ziel einer Präsentation

4.3.1.1 Was ist, was will Präsentation?

Die Präsentation ist eine Methode, die es gestattet, wichtige Informationen in logischer und konzentrierter Form darzustellen. Jeder Mensch präsentiert ständig sich selbst, seine Ideen, seine Arbeit, seine Projekte. Er sendet ständig verbale und nonverbale Signale aus. Die gezielte

Präsentation einer Idee, eines Projektes oder eines Produktes vor einem Publikum verlangt eine sorgfältige Vorbereitung, um die wesentlichen Informationen in der oft sehr begrenzten Zeit so darstellen zu können, daß sie überzeugend wirken und zum Gedächtnisbesitz des Angesprochenen werden.

Präsentation ist also zielgerichtete Kommunikation und nutzt Techniken der Rhetorik und Moderation. Hierhold (1990) definiert Präsentation als den "persönlichen Vortrag einer strukturierten Folge von Gedanken, unterstützt durch visuelle Hilfsmittel an ein überschaubares Publikum."

Es geht bei der Präsentation immer um:

1. eine gezielte **Information** mit

2. angemessener **Visualisierung** zum Zwecke der

3. **Motivation** und

4. **Überzeugung**

des Gesprächspartners.

Abb. 4.3.1: Ziele einer Präsentation

Um diese Ziele zu erreichen, muß die Präsentation gedanklich ausgewogen, verständlich und rhetorisch geschickt sein. Angemessene visuelle Hilfsmittel unterstützen ihre Wirkung. Sie untermauern die geäußerten Gedanken in bildgestützter Form. Wie die Abb. 4.3.2 zeigt, gestattet die Visualisierung eine größere Informationsaufnahme in kürzerer Zeit und unterstützt die Leistung der Wahrnehmungskanäle.

Vermitteln der gleichen Informationsmenge

ohne 50 min   und   mit 10 min

Visualisierung

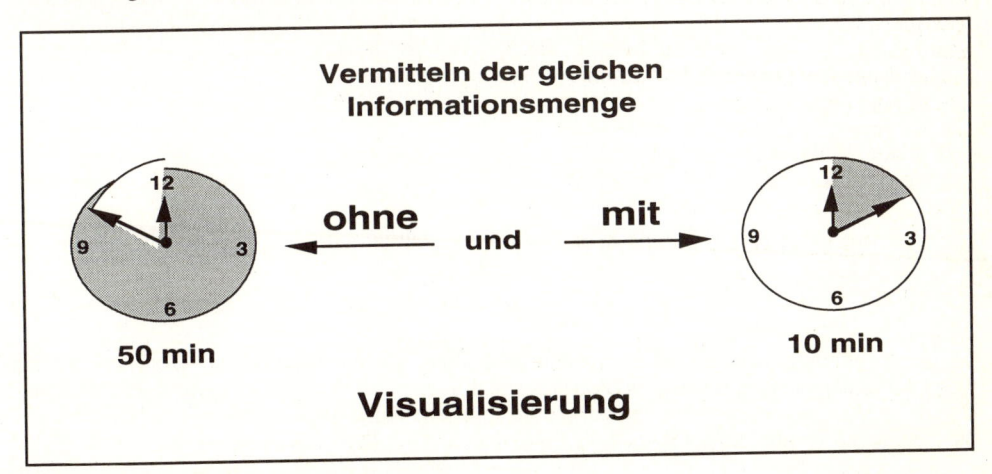

Abb. 4.3.2: Vorteile der Visualisierung

Eine Information, ein Vortrag oder eine Idee wird dann eher im Gedächtnis behalten, wenn sie über mehrere Informationseingangskanäle (Wahrnehmungskanäle) gesendet wird. Der Mensch ist in erster Linie auf optische Informationsaufnahme ausgerichtet. Abbildung 4.3.3 macht die unterschiedliche Leistung der Wahrnehmungskanäle für die Informationsaufnahme deutlich.

Mit dem Auge nehmen wir ca. 83 %, mit dem Ohr 11 %, mit der Nase 3 %, mit dem Tastsinn 2 % und mit dem Geschmack 1 % der Informationen auf. Der Mensch als "Augentier" erhält die meisten Informationen über den visuellen Sinn, doch haben die anderen Sinnesorgane wichtige Funktionen.

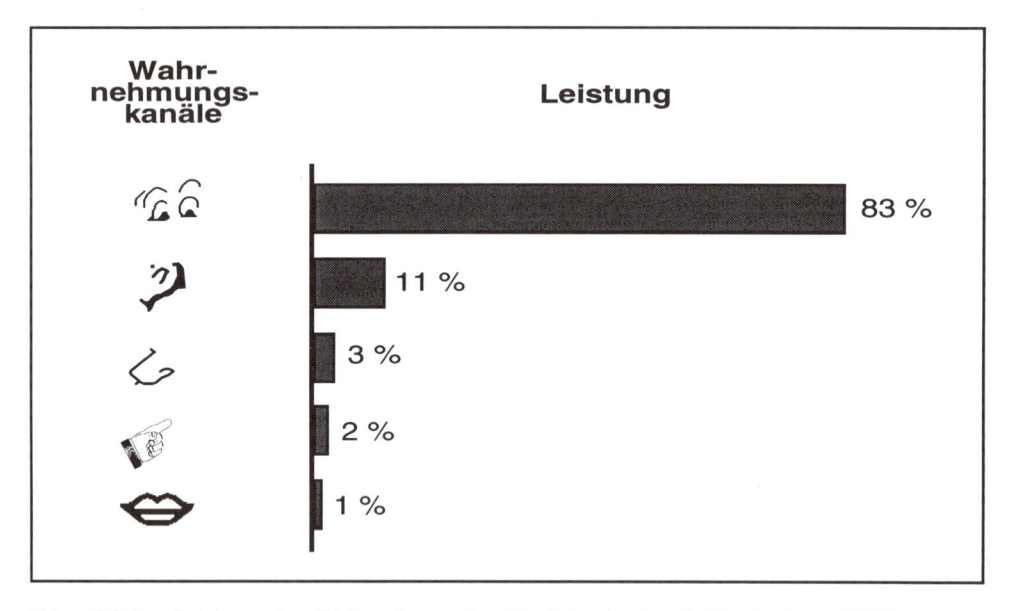

Abb. 4.3.3: Leistung der Wahrnehmungskanäle (Quelle: Fendrich, Jochem 1984)

Hinzu kommt, daß der Gehalt (die Wirkung) einer Aussage nach dem mehrabianischen Gesetz (Geissner 1986) zu

- 38 % aus stimmlicher Verlautbarung (verbale Kommunikation)
  (**Phonetik**),

- 7 % aus Wortbedeutung und Botschaft
  (**Semantik**),

- aber zu 55 % aus visueller = nonverbaler Kommunikation
  (**Optik**)

besteht.

Wir kommunizieren also zu einem wesentlich größeren Anteil visuell (nonverbal) als uns im täglichen Leben bewußt ist. Bei der Vortragsgestaltung ist die Visualisierung deshalb das A und O einer guten Präsentation. Sie unterstützt die sinnliche Aufnahme einer Botschaft und fördert die Behaltensleistung maßgeblich, wie Abbildung 4.3.4 deutlich macht.

4.3.2 Präsentationsvorbereitung

4.3.2.1 Analyse der Präsentationssituation

In der Vorbereitungsphase ist das strategische Konzept, welches Analyse, Zielsetzung und Inhaltsstrukturierung umfaßt, das Instrument, das über Erfolg oder Mißerfolg einer Präsentation entscheidet. Am Anfang einer Konzepterarbeitung steht die Analyse der Gesamtsituation. Zeit, Ort, Anlaß, Ziel, Inhalt, Methode, Präsentator und Publikum sind im Hinblick auf die Zielstellung der Präsentation zu analysieren. Abbildung 4.3.5 zeigt die Gesamtsituation einer Präsentationsvorbereitung; Tabelle 4.3.1 die Leitlinie zur Planung und Durchführung einer Präsentation.

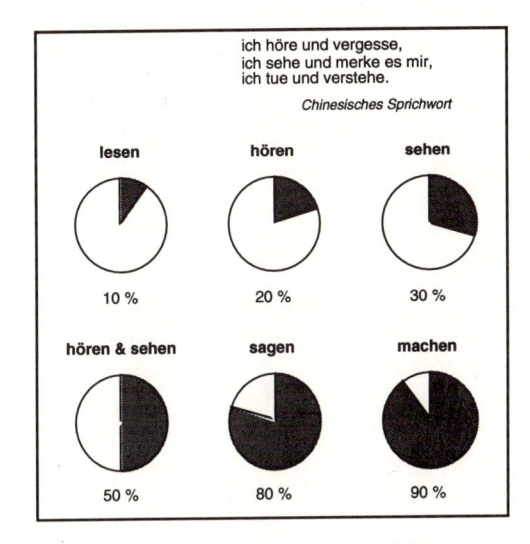

Abb. 4.3.4: Behaltensleistung (Quelle: Team Connex 1985)

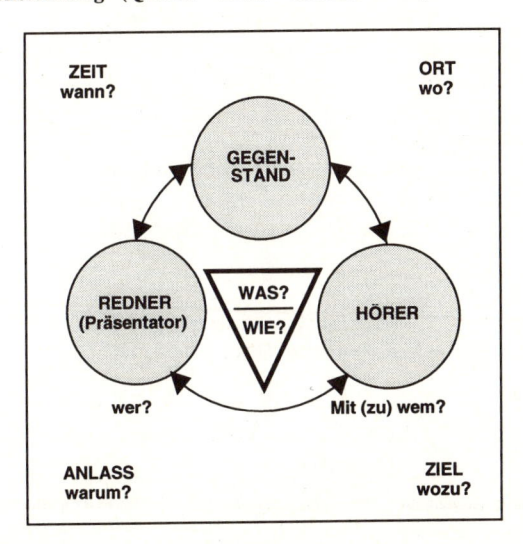

Abb. 4.3.5: Gesamtsituation einer Präsentationsvorbereitung

Der Präsentator muß seine Ideen, seinen bildgestützten Vortrag auf das Publikum abstimmen. Die Hauptfragen sind:

Was präsentiere ich wie vor wem?

Von **MEINER** Präsentations-Idee . . .

↓

Vorentscheidung
(Publikumsanalyse, Zielsetzung, Mediawahl . . .)

↓

Konzeption
(Materialsammlung, "Visualisierung" = Übersetzung in bildhafte Gestalt, "Strukturierung" = Ordnung der Argumente und Informationen . . .)

↓

Produktion
(Herstellung oder Auftragsvergabe/Delegation von Folien, Dias . . .)

↓

Regie
(von der Agenda bis zur Zuhörersitzordnung, von der Technik bis zum Pausenkaffee . . .)

↓

Persönliche Vorbereitung
(Optimierung der kritischen Phasen, insbesondere Einstieg und Abschluß, Umgang mit Lampenfieber, Probelauf . . .)

↓

Handhabung der Medien
(Sicherstellen, daß "Hilfsmittel" keine Belastung werden - für Präsentator und Publikum)

↓

Interaktionsstrategie
(Vorbereitung auf Fragen, Einwände, Störaktionen . . .)

↓

. . . zu **DEINER** Überzeugung

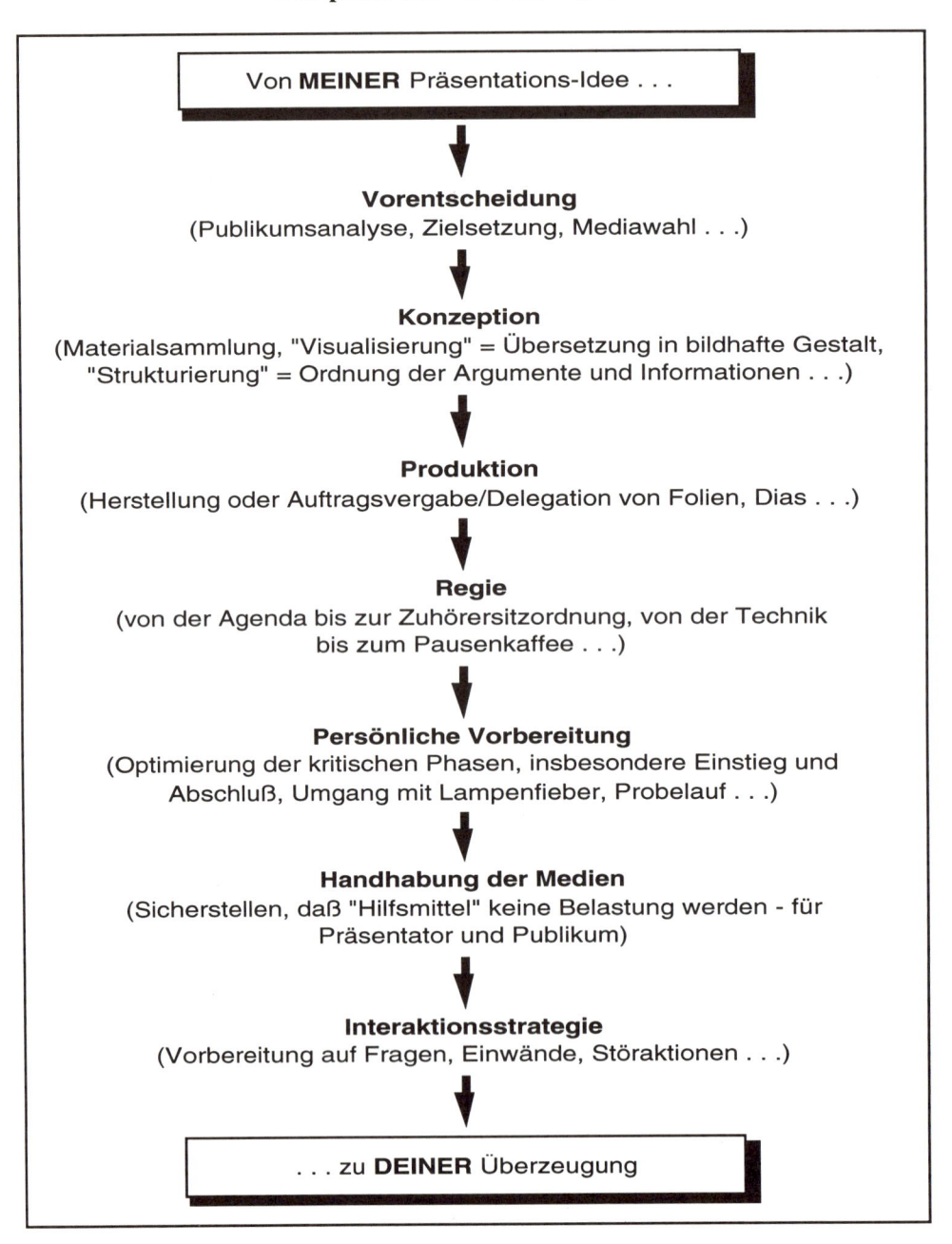

Tab. 4.3.1:   Präsentationsleitlinie (nach Hierhold 1990, S. 21)

Wenn die Hörer Nutzen und Vorteile der präsentierten Idee, des präsentierten Produkts erkennen, sind sie auch interessiert und motiviert; sie veranlassen aus ihrer Überzeugung heraus die Handlungen, Entscheidungen, um die es dem Präsentator geht.

4.3.2.2 Konzepterstellung

Bei der Ausarbeitung seines Vortrags muß der Präsentator Mechanismen des allgemeinen Informationsprozesses, die Selektionsmechanismen der Wahrnehmung und auftretende Kommunikationsbarrieren berücksichtigen, soll sein Vortrag erfolgreich sein. So gehört es zu den Mechanismen des *Informationsprozesses*, daß im Prozeß der Informationsweitergabe nur etwa 85 % von dem, was man zu 100 % gedacht hat, weitergesagt, davon nur 65 % vom Gesprächspartner gehört, davon 35 % verstanden und lediglich 10 % von allem behalten werden (siehe Abbildung 4.3.6).

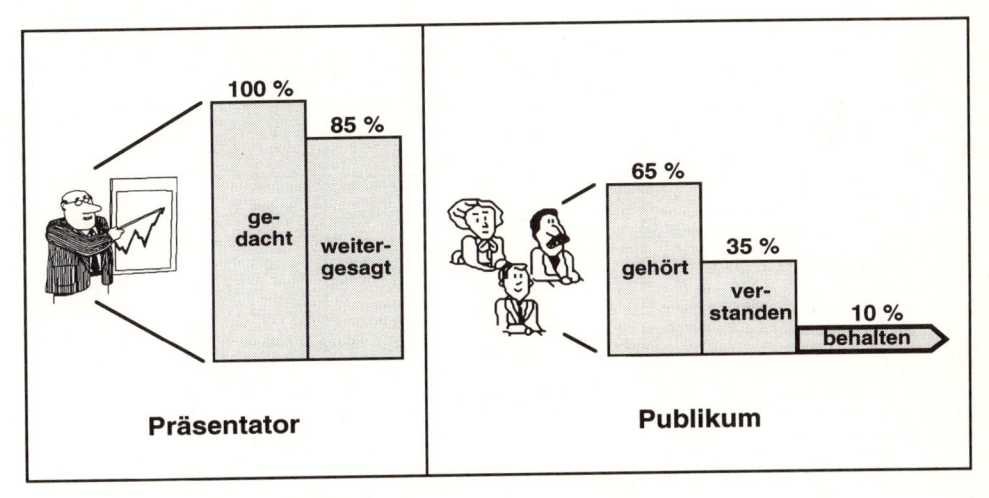

Abb. 4.3.6: Informationsprozesse (Quelle: Geissner 1986)

Zwischen Präsentator und Publikum können immer wieder *Kommunikationsbarrieren* auftreten, die den Entscheidungs- und Motivationsprozeß behindern. Bei der Vorbereitung jeder Präsentation sind sie daher immer zu bedenken:

1. Bei jeder Entscheidungsfindung spielen *Verstand und Gefühl* eine Rolle. Entscheidungen werden meist mit dem Gefühl getroffen, aber mit dem Verstand begründet. Das heißt, Gefühle und Empfindungen müssen berücksichtigt und angesprochen werden; geschieht das nicht ausreichend, ist die Kommunikation gestört.

2. Jede Präsentation muß berücksichtigen, daß die *Grundmuster der Informationsaufnahme über die Eingangskanäle* bei jedem Menschen anders ausgeprägt sind. Es gibt

   - *abstrakt-verbale* (hören),
   - *auditive* (hören und sprechen),
   - *visuell-optische* (sehen) und
   - *haptische* (anfassen, berühren)

Lerntypen und jede Art von Mischformen. Deshalb muß die Präsentation verschiedene Informationskanäle ansprechen, damit die Ideen, Gedanken aufgenommen und im wahrsten Sinne des Wortes begriffen werden können.

3. Bei jeder Präsentationsvorbereitung muß die *Information* dosiert werden (nicht zu viel auf einmal, weniger ist mehr). Vergleiche zu schon Bekanntem und das Berücksichtigen der unterschiedlichen Lerntypen verbessern die Behaltensleistung.

Das Problem, vor dem der Präsentator steht:

**Wie sage ich, was ich meine,
damit es andere hören und verstehen
und danach handeln können?**

Bei der Erarbeitung des inhaltlichen Präsentationskonzeptes helfen Ideensammlungen auf Stichpunktkarten. Sie erleichtern die Strukturierung des Inhalts, den Gedankenfluß, die Konzentration auf das Wesentliche und die Übersichtlichkeit. Als Beispiel dient hier Abbildung 4.3.7.

Einleitung		
Muß	Kann	Eventuell
• .... • .... • .... • .... •	• .... • .... • .... •	• .... • .... • ....
Schluß		

Abb. 4.3.7: Stichpunktkarte nach der Prioritätsmethode

4.3.2.3 Vorbereitung des Medieneinsatzes

4.3.2.3.1 Tafeln

Die einfachste und billigste Visualisierungsmöglichkeit kann mit Tafeln erreicht werden. Eine für alle Präsentationsteilnehmer gut lesbare Schreibmöglichkeit in Form von Kreidetafeln, Hafttafeln, Flipcharts, Pinwänden oder anderen Spezialtafeln sollte bei keiner Präsentation fehlen. Der Tafelinhalt sollte möglichst in der Präsentation entstehen. Die Teilnehmer sollten die Erläuterungen im Entstehungsprozeß erhalten. Sie können dabei mitschreiben oder erhalten vorgefertigte Kopien.

Wird der Tafelinhalt, z. B. komplizierte Darstellungen, vor der Präsentation vorbereitet, so sollte in der Regel die Erläuterung in der Präsentation erfolgen. Müssen die Teilnehmer selbst mitschreiben, ist dafür ausreichend Zeit vorzusehen.

Die Anschaulichkeit und Wirkung wird erhöht, wenn folgende Hinweise beachtet werden:

- alle Hilfsmittel (Tafel, Kreide ...) griffbereit halten,

- saubere und ausreichend große, kontrastreiche Schrift bzw. Graphiken,

- überschaubare, systematische Textanordnung,
- so stehen, daß der Tafelinhalt nicht verdeckt wird,
- sinnvolle, unmißverständliche Abkürzungen verwenden,
- wesentliches durch Farben oder unterschiedliche Stricharten hervorheben,
- Erklärungen mit Blickkontakt zum Publikum geben.

4.3.2.3.2 Folien

Die früher oft dominierende Projektion von Folien wird in Präsentationen zunehmend durch Tafeln ersetzt bzw. ergänzt, hat aber nach wie vor ein breites Anwendungsfeld. Infolge von Einsatzfehlern und schlechter Qualität von Overheadprojektoren sind auch Abneigungen bei den Präsentationsteilnehmern zu beobachten. So führt eine zu dichte Folge aufgelegter Folien zu einer monotonen Präsentation. Mitunter ist die Darbietungsdauer der Folien zu kurz, um den Inhalt zu erfassen. Klagen betreffen oft die ungenügende Lesbarkeit.

Mit den Möglichkeiten der Computerschrift, der Computergraphik und der Farbkopierer eröffnen sich vorzügliche Möglichkeiten einer vorbildlichen rationellen farbigen Foliengestaltung. Beim Einsatz eines LC-Displays, das direkt an den PC angeschlossen wird, können die im Computer gespeicherten Bilder direkt projiziert werden. Speziell dafür entwickelte Overheadprojektoren sichern eine gute Wiedergabequalität. Sie zeigen keine Interferenzerscheinungen und zeichnen sich durch naturgetreue Farbwiedergabe aus. Steht eine derartige Anlage zur Verfügung, erübrigt sich die Herstellung von Folien.

- Bevorzugen Sie eine sich entwickelnde Foliendarstellung (Klappfolien o. ä.)!
- Lassen Sie das Projektionsbild ausreichend lange stehen!
- Möglichst Kopien der Folien für die Teilnehmer bereithalten!
- Ständig Blickkontakt mit den Teilnehmern halten!
- Vermeiden Sie das monotone Vorlesen von Folieninhalten!
- Der Folieninhalt muß von allen Hörern im Raum einwandfrei erfaßt werden können. Die Schriftgröße soll 5 mm, die Schriftstärke 1/7 der Schrifthöhe nicht unterschreiten. Schriftgröße und Farbkontrast sollten ebenfalls beachtet werden!

4.3.2.3.3 Videos

Zur Visualisierung von Prozessen und Handlungen haben sich Videos für Präsentationen als recht wirksam erwiesen. Dabei kann das Video mit unterschiedlicher Funktion eingesetzt werden, z. B.

- zu Demonstrationszwecken,
  (Beispiel: Erläuterung des Produkteinsatzes in der Praxis)
- zur Darstellung einer Problemsituation als Diskussionsgrundlage und Präsentation möglicher Problemlösungen. Beispiel: Darstellung einer Konfliktsituation (Reklamation) in einem Verkaufsgespräch, als Grundlage für das Auslösen einer Diskussion über

Reklamationsbearbeitung und anschliessender Präsentation beispielhafter Verhaltensweisen von Verkäufern.

Grundlage der Gestaltung mit Schrift

Regel und Begründung	Mögliche Fehler
Druckschrift: damit es gelesen wird ...	Die Handschrift ist zwa Ausdruck der Persönlic doch darum geht es ni
Groß- <u>und</u> Kleinbuchstaben: kann man schneller lesen	GROSSBUCHSTABEN SIND SCHWER ZU LESEN
Die "richtige" Strichstärke: erleichtert das Lesen	Das ist viel zu dünn im Verhältnis zur Schriftgröße
Maximal drei Schriftgrößen: zur besseren Gliederung	**Zu viele Schriftgrößen** sind verwirrend und erschweren die Orientierung. Das ist in jedem Fall zu klein.

Schriftgröße
1
2
3

1: 1/4 Oberlänge;   2: 1/2 Mittellänge;   3: 1/4 Unterlänge

Abb. 4.3.8:   Gestaltungsbeispiele

Bei der Auswahl oder Entwicklung von Medien sollten nicht nur fertige Medien zu Demonstrationszwecken und zur Wissensvermittlung bevorzugt werden. Oft wecken diese nur kurzzeitig eine erhöhte Aufmerksamkeit und verstärken die Motivation. Infolge ungenügender aktiver Auseinandersetzung der Lernenden mit dem Inhalt ist dieser schnell wieder vergessen.

Um erfolgreich mit Video zu präsentieren, müssen immer drei Punkte beachtet werden:

1. das geeignete Video zum vorgesehenen Zweck bereitstellen,

2. eine Einsatzmethode anwenden, die aktives Aneignen fördert,

3. eine zuverlässige Fernsehanlage nutzen, um das Video störungsfrei und in der erforderlichen Qualität einzuspielen.

Auf der Suche nach geeigneten Videos helfen Medien-Datenbanken, z. B. die des Institutes der Deutschen Wirtschaft über Medien für die berufliche Weiterbildung.

4.3.2.3.4 Personalcomputer

Zunehmend werden auch Personalcomputer zur Unterstützung von Präsentationen eingesetzt. Nicht nur im Sinne der computergestützten Foliengestaltung, sondern auch zur Visualisierung von rechnergestützten Arbeitsprozessen. So ist es jetzt selbstverständlich geworden, Bildschirminhalte in der Aus- und Weiterbildung zu rechnergestützten Arbeitsweisen über das auf den Overhead-Projektor aufgelegten LC-Display mit PC-Kopplung zu präsentieren. Dadurch kann jeder Teilnehmer unmittelbar die demonstrierte Vorgehensweise bei der Rechnerbedienung sehen. Auf Wunsch der Teilnehmer können ausgewählte Bildschirminhalte ausgedruckt und kopiert als Arbeitsblatt zur Verfügung gestellt werden. Dadurch entfallen alle Schreibarbeiten. Probleme entstehen mitunter dadurch, daß die Schriftart zu klein gewählt wurde, um einwandfrei die projizierte Schrift lesen zu können.

In Zukunft wird die Kopplung von PC und Videogeräten verstärkt die Vorzüge beider Systeme vereinen und neue Möglichkeiten erschließen. Diese Multimedia-Technologie ist zur Zeit infolge des recht hohen Entwicklungs- und Herstellungsaufwandes nur für bestimmte Einsatzaufgaben zu empfehlen.

Für die Programmproduktion zur Weiterbildung der Mitarbeiter (Verkaufs- und Managementtraining) bei dem größten schweizerischen Unternehmen Migros wurden folgende Leitlinien entwickelt:

1. Jedes Lernziel muß einem wichtigen Bedarf entsprechen, der breit-partizipativ erhoben, gewichtet und getragen wird. Das Lernziel muß die Unternehmens-Strategie stützen und koordinierend wirken.

2. Lernziele sind wichtiger als die Machart, d. h. Programm- und Filmideen dürfen nie auf Kosten eines Lernzieles gehen, sondern dienen immer nur seiner Unterstützung.

3. Unternehmens- und Praxisbezug müssen bei jedem Programm und bei jedem Fallbeispiel gewährleistet sein.

4. Hohe Sachkompetenz wird durch die Beteiligung von Fachleuten, die ein breites Meinungsspektrum repräsentieren, sowie durch erfahrene Vertreter aus der Zielgruppe erreicht.

5. Die Programme sollen durch Wahl der Drehorte zugleich Impulse und Anregungen für die eigene Arbeit vermitteln, z. B. durch die Art der Warenpräsentation in anderen Märkten.

6. An letzter Stelle folgt die Bedeutung der Machart. Dazu gehören z. B. die Bedeutung der Mundart, Verzicht auf unnötige Spielteile, aber auch die Wahl eines spaßigen, lockeren Stils (vgl. Fackiner 1991).

4.3.3 Regeln für die Durchführung von Präsentationen

REGELN FÜR DIE PRÄSENTATION	MÖGLICHE FEHLER
Motivierender Titel Aussage, um was es geht *und* Nutzen, ggf. in Frageform, knallige Formulierung	keine bzw. zu lange Überschrift
Klarheit unmißverständliche Formulierungen, konsequente und folgerichtige Verwendung der Denkmuster und -schritte, klare Gliederung • Problem, Überblick ⎫ • Problemlösungen ⎬ textlich und graphisch • Ergebnis, Nutzen ⎭	fehlender Überblick, Sprung ins Detail, keine Orientierungshilfe
Verständlichkeit kurzer, verständlicher Satzbau, treffende Wortnähe, leicht verstehbare Worte	zu lange Schachtelsätze, unklare Formulierungen
Knappheit "optimale Kürze", Weglassen von Unwichtigem, nicht über das gesetzte Thema hinausgehen, wenig Details (optimal 3 - 5, maximal 7 Aussagen je Darstellung)	zu viele Details, zu komplizierte bzw. zu überladene Bilder

Wichtiges hervorheben
• sprachlich: - Pausen,
  - Betonung
• bildlich: - Gestaltung
  - Fakten
	zu monotone Sprache,
	zu viele Bilder in "endloser" Folge

Zeitlassen "Lernschritte" und Wiederholungen konzipieren, begreifen und behalten fördern	zu schnelle Vortragsweise bzw. Bildfolge
Lebendigkeit Engagement zeigen, positive Wirkung erzeugen, kurzer, überschaubarer und zugleich abwechslungsreicher Satzbau, lebendige Tätigkeitswörter, keine Substantivitis	"lahme" Vortragsweise, "negative" Begriffe und Wirkung
Anschaulichkeit bildkräftige Wörter und Sätze, themenbezogene Beispiele und Vergleiche	komplizierte Sätze, themenunabhängige, allgemeine Beispiele
Angemessenheit bewußte und genaue Einstellung auf "Zielgruppe, Thema, Stilebene"	an Zielgruppe und Thema vorbeireden
Effektvoller Schluß • Gag, Aufforderung • Was ist der nächste Schritt?	"Versandung" der Präsentation, Chance zur Aufforderung bleibt

Tab. 4.3.2: Präsentationsregeln

Vorbereitung und Durchführung entscheiden über die Güte einer Präsentation. In Form einer Checkliste sollen an dieser Stelle einige wenige Regeln für die Durchführung von Präsentationen genannt werden, deren Beachtung und Beherzigung über den Erfolg einer Präsentation entscheiden und helfen, mögliche Fehler zu vermeiden (Tabelle 4.3.2).

4.3.4 Beispiele für Präsentationen

Beispiel 1:
Vorbereitung einer Präsentation von Umschulungsangeboten für arbeitslose Akademiker

Entscheidend für die Wirksamkeit einer Präsentation ist ihre bewußte Vorbereitung und Gestaltung. Ausgangsgrundlage für den Planungsprozeß sind insbesondere folgende Informationen:

1. Was ist das Ziel einer Präsentation?

   Beispiel: Information und Beratung von an Umschulungsmaßnahmen interessierten Bürgern mit dem Ziel der Nutzung des Bildungsangebotes der präsentierenden Einrichtung.

2. Welcher Inhalt wird präsentiert?

   Beispiel: Informationen über die angebotenen Umschulungsmaßnahmen. Erfahrungen von Absolventen und ihre Arbeitsmarktchancen.

3. Für wen wird präsentiert?

   Beispiel: arbeitslose Akademiker von Hochschulen.

4. Welche Voraussetzungen sind bei diesem Teilnehmerkreis zu beachten?

   Beispiel: Bildungsniveau, geisteswissenschaftliche Arbeitsgebiete, mögliche Frustration, Interessenlage, Ablehnen einer Dequalifizierung, umfassendes sachkundiges Informationsbedürfnis, Wunsch nach entsprechend qualifiziertem Gesprächspartner in der Beratung, Lehrkräfte und entsprechend zusammengesetzte Teilnehmergruppen, gründliches Prüfen und Abwägen unterschiedlicher Bildungsangebote, Praktikumsplätze, Arbeitsmarktchancen.

5. Welche Rahmenbedingungen sind für die Präsentation zu beachten?

   Beispiel: Dauer der Präsentation 1 Tag; Ort: Universität Leipzig; Raum: 20 qm; Präsentation von 20 weiteren Bildungsanbietern mit etwa gleichen Bedingungen auf der gleichen Etage nebeneinander; erwartete Besucherzahl: 500.

6. Welche Präsentationsmethoden sind unter Beachtung folgender Teilziele geeignet?

   - Die Zielgruppe ist vor der Präsentation durch Öffentlichkeitsarbeit auf die geplante Präsentation aufmerksam zu machen und für den Besuch zu motivieren, z. B. durch Annoncen, Flugblätter, Einladungen; dazu ein einprägsames Logo der Bildungseinrichtung verwenden.

   - Den Weg zum Präsentationsstand erleichtern, z. B. durch Hinweisschilder, Plakate im Zugangsbereich mit Logo.

   - Um Aufmerksamkeit bei den vorbeikommenden Besuchern zu gewinnen, z. B. durch:

- eine handlungsorientierte Präsentation mit zufälligen oder eingeladenen Interessenten,
- eine Vidopräsentation der Einrichtung über Monitore,
- Aushängen von Schautafeln, Bildern, Plakaten, Fotos, die im Rahmen der Umschulung entstanden sind,
- automatische Diaprojektion oder Videoeinspielung von interessanten Lernsituationen mit Teilnehmern oder Praktikumssituationen,
- Tafeln mit Angaben und Bildern von den Praktikumsunternehmen oder Unternehmen, die Absolventen aufgenommen haben, evtl. Darstellung ihrer Karriereentwicklung.

7. Welcher Personal-, Zeit- und Kostenaufwand muß geplant werden? Z. B.:

- für Präsentation und individuelle Beratung mindestens zwei qualifizierte Mitarbeiter, möglichst mit Hochschulabschluß,

- 30 Std. für Vorbereitung und Realisierung,

- 1.500,-- DM für Personal- und Sachkosten.

8. Welche Termine und Verantwortlichkeiten müssen wofür festgelegt werden? Z. B.:

- Konzeptionserarbeitung,

- Auswahl und Anfertigung der Präsentationsmittel,

- Abstimmung mit allen Beteiligten,

- Antransport,

- Präsentationsdurchführung,

- Abtransport,

- Präsentationsauswertung.

Beispiel 2:
Einsatz von interaktiven Videoprogrammen in der Autoindustrie

Interaktive Videoprogramme für die Weiterbildung in der Autoindustrie wurden von vielen Unternehmen entwickelt und eingesetzt. Im vorliegenden Beispiel geht es darum, daß im Rahmen der weltweiten Serviceschulung der Mitarbeiter, z. B. zur Einführung eines neuen Motors, in kürzester Zeit viele Mitarbeiter vor Ort mit geringen Ausfallzeiten fortgebildet werden. Seit Herbst 1990 können Mitarbeiter der BMW AG und ihrer Handelsorganisation ein komplexes Digital Video Interactive (DVI)-Pilotprogramm für das betriebliche Training nutzen. BMW hat bereits seit 1981 mit der Einführung von interaktiven Videos im Kundentraining Erfahrung sammeln können.

BMW bildet über 3.000 Händlerbetriebe mit dem Multimediaprojekt DVI auf dem Gebiet Kundendienst weiter. Nach der erfolgreichen Einführung im Kundendienst entstanden inzwischen auch Programme für die Bereiche Teilevertrieb, Produkt- und Gebrauchtwagenmarketing und für die Sparte Motorrad. Das Lernen direkt in den Händlerbetrieben am Arbeitsplatz ist zu einer Selbstverständlichkeit geworden. Diese Programme (Bild-, Ton- und Rechnersignale) werden professionell hergestellt und auf CD-ROM gespeichert. Eine CD-ROM enthält 10 min Videofilm. Derartige Systeme ermöglichen über den angeschlossenen PC mit CD-ROM-Laufwerk und einer Interface-Karte einen Dialog zwischen dem Teilnehmer und dem

PC-Programm, z. B. zur Selbstkontrolle. Die früher benutzten speziellen Multimedia-Abspielgeräte sind dadurch überflüssig geworden.

Die CD-ROM ist weltweit standardisiert und nach Überzeugung der Fachleute ein zukunftsorientiertes Datenspeichersystem. Ab Mitte der 90er Jahre soll DVI fester Bestandteil jedes PC bei BMW werden. Ein Problem stellt gegenwärtig die digitalisierte Datenkomprimierung dar, die zur Zeit nur von Intel in Princeton, USA, ausgeführt wird. Dadurch werden die Bilddaten im Verhältnis 1 : 150 reduziert. Die Speicherkapazität auf einer CD-ROM erhöht sich dadurch von 35 Sekunden auf 72 Minuten. Vorteilhaft ist bei diesem System die leichte Herstellung der Programme in mehreren Sprachen; die verschiedenen Sprachfassungen werden im System abgespeichert und erlauben dadurch einen internationalen Einsatz.

Entscheidend für die Entwicklung erfolgreicher Programme ist eine enge Zusammenarbeit zwischen den Fachleuten bei BMW für den entsprechenden Inhalt und dem Herstellungsteam (Nachauftragnehmer), bestehend aus Informatikern, Videofachleuten, Graphikern, Erwachsenenpädagogen u. a. Die Zusammenarbeit umfaßt:

- Bedarfsanalyse für die Aus- und Weiterbildung,

- Auswahl der Themen, die für DVI geeignet sind,

- Empfehlungen für Programmgestaltung und Lernorganisation,

- Produktionsplanung,

- Hardwareempfehlungen,

- Empfehlungen für die Hardwareinstallation und für den Einsatz der Programme in der betrieblichen Weiterbildung,

- Wirtschaftlichkeitsrechnung,

- Einsatzanalyse.

Methodische und organisatorische Gestaltung

Beispiel technischer Kundendienst:
Simulation von Arbeitsgängen, z. B. Leuchtweitenregulierung und der M50 Motor.

Dazu werden Einstell- und Reparaturarbeiten "bildhaft" trainiert, indem die Auswirkungen, die eine Aktion in der Realität hervorrufen würde, vom PC simuliert und im Realbild gezeigt werden, ggf. mit graphischer Unterstützung. Im Feedback werden die Eingaben der Lernenden entsprechend kommentiert. Dadurch werden risikolos Handlungen an teuren Produkten bis zum sicheren Umgang trainiert. Der Lehrer kann bildunterstützte Zusatzinformationen, z. B. zu einem bestimmten Bauteil, abrufen und sehen, um detaillierte Angaben über seine Funktion zu erhalten.

Im Teilevertrieb steht der Umgang mit einem bildunterstützenden Teilekatalog im Mittelpunkt. So können hier zu einem bestimmten Motor alle Teile in Wort und Bild kommentiert werden.

Aus der Sicht der Programmnutzer wird dieses Konzept begrüßt; es veranschaulicht Daten, Produkte und Handlungen. Fehlhandlungen und -entscheidungen werden verringert. Das Lernen mit DVI wird als abwechslungsreich und motivierend empfunden. Infolge der hohen Entwicklungskosten sind vorerst nur Einsatzbereiche mit großen Teilnehmerzahlen zu empfehlen. Besonders, wenn in kürzester Zeit Fortbildungsbedarf für ein neues Produkt oder eine Dienstleistung am Arbeitsplatz erfüllt werden muß.

5 Problemlöse- und Entscheidungstechniken

5.1 Problemlösen und Entscheiden in komplexen Problemsituationen (F. J. Heeg) 490

    5.1.1 Kompetenzen und Beeinflussungsgrößen des Problemlöse- und Entscheidungsverhaltens 490
        5.1.1.1 Grundbegriffe beruflicher Weiterbildung 490
        5.1.1.2 Psychische Barrieren und Förderer des Problemlöse- und Entscheidungsverhaltens 491
        5.1.1.3 Motivation 492
        5.1.1.4 Physische und psychische Verfassung 494

    5.1.2 Grundlegende Aspekte im Rahmen von Problemlöse- und Entscheidungsprozessen 494
        5.1.2.1 Probleme, Aufgaben und Handlungen 494
        5.1.2.2 Klassifikation von Problemtypen 496
        5.1.2.3 "Gute" und "schlechte" Problemlöser 500
        5.1.2.4 Vorgehensweise zur Problemlösung und Entscheidungsfindung ... 502

    5.1.3 Ausgewählte Methoden zum Problemlösen und Entscheiden .. 520
        5.1.5.1 Zielanalysen 520
        5.1.3.2 Methoden der Prioritätensetzung 526
        5.1.3.3 Bewertungsverfahren, gezeigt am Beispiel der Nutzwertanalyse ... 542

5.2 Ideenfindung und Kreativitätstechniken (M. Frühwacht, B. Haenschke) 548

    5.2.1 Innovation und Kreativität 548
    5.2.2 Erkenntnisse über das Phänomen Kreativität 548
        5.2.2.1 Die kreative Persönlichkeit 549
        5.2.2.2 Der kreative Prozeß 553
        5.2.2.3 Schaffung kreativitätsfördernder Bedingungen 553
    5.2.3 Kreativitätsblockaden 555
    5.2.4 Methoden zur Ideenfindung 559

		5.2.4.1	Brainstorming...560

- 5.2.4.1 Brainstorming 560
- 5.2.4.2 Brainwriting/Methode 635 561
- 5.2.4.3 Synektik 563
- 5.2.4.4 Morphologischer Kasten 564
- 5.2.4.5 Methoden-Mix 567

5.2.5 Brainstorming in der Praxis 571
- 5.2.5.1 Durchführung einer Brainstorming-Sitzung 571
- 5.2.5.2 Auswertung der Brainstorming-Sitzung 573

5.2.6 Anwendung der Ideenfindungsmethoden im Bereich der Personalentwicklung 575

5.3 Beispiel für die Durchführung einer Brainstorming-Sitzung (H. Bottenberg, Th. Dalic) 579
- 5.3.1 Meetingaufbau 579
- 5.3.2 Durchführung 580
  - 5.3.2.1 Phase I 580
  - 5.3.2.2 Phase II 580
  - 5.3.2.3 Phase III (Brainstorming) 580
  - 5.3.2.4 Phase IV (Umsetzungsanalyse) 581
  - 5.3.2.5 Phase V (Bewertung und Lösungsentwicklung) 582

5.4 Die Cross-Impact-Methode als Beispiel zur Bearbeitung einer Problemlöse- und Entscheidungssituation (G. Frank) 584
- 5.4.1 Bewertung von Alternativen 584
- 5.4.2 Ein Beispiel: Personal 2000 - Das Personal-Szenario der BMW AG, München 588

5.5 Berufstypische Denk-, Arbeits- und Verhaltensweisen als Grundlage für wissenschaftliches Arbeiten - dargestellt am Beispiel des Ingenieurs (H. J. Buggenhagen) 589
- 5.5.1 Einleitung 589
- 5.5.2 Methodische Befähigung zum wissenschaftliches Arbeiten 590
- 5.5.3 Ingenieurmäßiges Denken, Arbeiten und Verhalten als internes Modell und Grundlage der Ingenieurtätigkeit 592
- 5.5.4 Ausprägung und Aneignung von Elementen wissenschaftlichen Arbeitens beim Ingenieur 597

5.1 Problemlösen und Entscheiden in komplexen Problemsituationen

F. J. Heeg

5.1.1 Kompetenzen und Beeinflussungsgrößen des Problemlöse- und Entscheidungsverhaltens

5.1.1.1 Grundbegriffe beruflicher Weiterbildung

Etliche Fragestellungen im Zusammenhang mit betrieblicher Personalentwicklung und Organisationsgestaltung wie auch Technikgestaltung stellen recht komplexe Probleme dar, die viele Menschen überfordern, wie die in vielen Fällen erhaltenen, nicht optimalen Ergebnisse zeigen. Analysiert man die hierfür benötigten Qualifikationen bzw. Kompetenzen, so erhält man ein Mehrebenenbild:

1. Ebene: Fachkompetenz

Zur Lösung der anstehenden Fragen ist die entsprechende Fachkompetenz erforderlich; ohne diese ist das Finden von Lösungen nicht bzw. nur zufällig möglich.

2. Ebene: Methodenkompetenz

Die Anwendung geeigneter Methoden erleichtert sehr stark die Bearbeitung komplexer Fragestellungen. Hierbei sind zu unterscheiden:

- die Methoden der Planung und Steuerung von komplexen Vorhaben (von Projekten) (Riehle, Rinza, Schmitz 1978)
  - Projektorganisation
  - Strukturanalysen
  - Risikoanalysen
  - Netzplantechnik
  - Spezifizierungsmethoden
  - Methoden des Berichtswesens

- Methoden zur Zielanalyse

- Methoden zur Ideenfindung
  - Brainwriting
  - Brainstorming
  - Morphologie
  - Synektik

- Methoden zur Prioritätensetzung
  - ABC-Analyse
  - Sukzessive Vergleiche
  - Delta-Verfahren
  - Relevanzbaumverfahren

- Bewertungsmethoden
  - Nutzwert-Analyse
  - Wertanalyse
  - Wirksamkeitsanalyse

- Nutzen-Kosten-Analyse
- Investitionsrechnung
- Erweiterte Wirtschaftlichkeitsrechnung

• Entscheidungsmethoden
   - Entscheidungstabellen
   - Entscheidungshilfeverfahren
   - Entscheidungsbaumverfahren

• Optimierungsmethoden
   - Simulationsverfahren
   - Lineare Optimierung usw.

3. Ebene: Kognitive psychische Problemlöse- und Entscheidungsstrategien

Sie bilden die Basis dafür, daß es auch ohne Kenntnis formaler Problemlösemethoden unterschiedlich gute bzw. schlechte Problemlöser gibt.

4. Ebene: Emotionale psychische Barrieren bzw. "Förderer" des individuellen Problemlöse- und Entscheidungsverhaltens

5.1.1.2 Psychische Barrieren und Förderer des Problemlöse- und Entscheidungsverhaltens

Hierbei sind als Barrieren vielfältige Ängste zu nennen. Angst vor

- Veränderung bestehender Verhältnisse,
- mangelnder Lernfähigkeit,
- Überforderung,
- stärkerem Leistungsdruck,
- Arbeitsplatzverlust,
- Prestigeverlust/Verlust des sozialen Status,
- Einflußverlust/Machtverlust,
- Verlust erworbener Qualifikation,
- unzureichender Qualifikation,
  usw.

Weitere Barrieren sind in Gefühlen und Einstellungen wie Neid, Mißgunst, Haß, Eifersucht u. ä. zu suchen sowie in einer negativen Bewertung der mit der Fragestellung verbundenen vermuteten bzw. subjektiv wahrgenommenen Konsequenzen. Hieraus resultiert der Aufbau von Widerständen, die individuell zu sehr unterschiedlichen Reaktionen führen (siehe hierzu Abbildung 5.1.1).

Widerstände können weitere Ursachen haben, die aus dem Konflikt zwischen den Zielen des Unternehmens und den persönlichen Zielen der vom Problemlöseprozeß Betroffenen resultieren oder aus Konflikten der unterschiedlichen Ziele der am Problemlöseprozeß beteiligten Menschen. Weitere Ursachen können technisch oder organisatorisch bedingt sein oder auf Fehler bei der Ausgestaltung des Problemlöseprozesses zurückzuführen sein.

Hier sind zu nennen:

- Konzepte vom "grünen Tisch",
- Konzepte von oben diktiert,
- mangelnde Information und Motivation,
- mangelnde Anreize,
- mangelnde Beteiligung der Betroffenen.

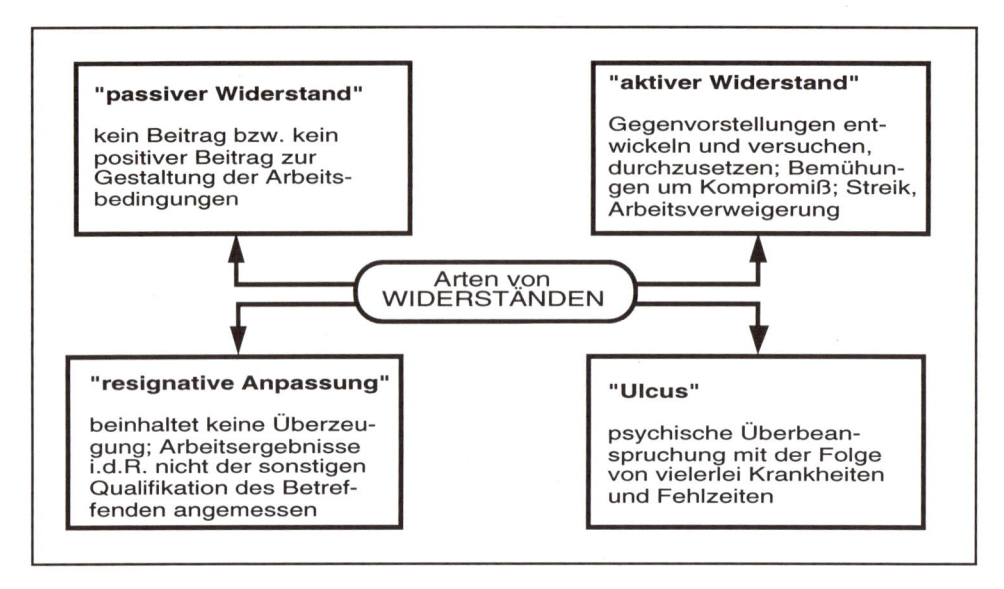

```
┌─────────────────────────────────────────────────────────────────────┐
│  ┌──────────────────────────┐        ┌──────────────────────────┐   │
│  │  "passiver Widerstand"   │        │   "aktiver Widerstand"   │   │
│  │                          │        │                          │   │
│  │  kein Beitrag bzw. kein  │        │  Gegenvorstellungen ent- │   │
│  │  positiver Beitrag zur   │        │  wickeln und versuchen,  │   │
│  │  Gestaltung der Arbeits- │        │  durchzusetzen; Bemühun- │   │
│  │  bedingungen             │        │  gen um Kompromiß; Streik,│  │
│  │                          │        │  Arbeitsverweigerung     │   │
│  └──────────────────────────┘        └──────────────────────────┘   │
│              ↑                              ↑                        │
│              │        ╭─────────────╮       │                        │
│              │        │  Arten von  │       │                        │
│              │        │ WIDERSTÄNDEN│       │                        │
│              │        ╰─────────────╯       │                        │
│              ↓                              ↓                        │
│  ┌──────────────────────────┐        ┌──────────────────────────┐   │
│  │ "resignative Anpassung"  │        │         "Ulcus"          │   │
│  │                          │        │                          │   │
│  │  beinhaltet keine Überzeu│        │  psychische Überbean-    │   │
│  │  gung; Arbeitsergebnisse │        │  spruchung mit der Folge │   │
│  │  i.d.R. nicht der sonsti-│        │  von vielerlei Krankheiten│  │
│  │  gen Qualifikation des   │        │  und Fehlzeiten          │   │
│  │  Betreffenden angemessen │        │                          │   │
│  └──────────────────────────┘        └──────────────────────────┘   │
└─────────────────────────────────────────────────────────────────────┘
```

Abb. 5.1.1: Fehlende Akzeptanz und Arten von Widerständen bei Problemlöse- und Entscheidungssituationen (in Anlehnung an Heeg 1985)

Werden hingegen vermutete oder subjektiv wahrgenommene Konsequenzen der Problembeurteilung positiv bewertet bzw. besteht eine Bereitschaft zur positiven Bewertung, so bedeutet dies eine Akzeptanz seitens der Beteiligten mit der Folge, auch die eigenen Ziele, Erwartungen und Gewohnheiten (positive Anpassung, Internalisierung) zu ändern. Derartige Einstellungen können durch Unterlassen der obigen negativen Konzeptgestaltung sowie durch geeignete Anreizsysteme unterstützt werden.

5.1.1.3 Motivation

In diesem Zusammenhang ist auf den Aspekt der Motivation einzugehen, da im positiven Sinn motivierte Menschen bessere Ergebnisse ihrer Arbeit hervorbringen als nicht motivierte. Ein Modell zur Motivation soll im folgenden kurz vorgestellt werden.

Nach Vroom (1964) werden die Handlungen des Menschen bei der Arbeit durch folgende Gedankenprozesse geleitet (in Anlehnung an Weinert 1981):

1. Erwartung:
   Wird die Bemühung (ein bestimmtes Verhalten) zu einer hohen Arbeitsleistung (Erfolg) führen?

2. Instrumentalität:
   Wird eine hohe Arbeitsleistung (Ergebnis erster Ebene) zu einer Beförderung oder Belohnung führen?

3. Valenz (Bewertung):
   Wie wichtig sind eigentlich die Endergebnisse (Ergebnisse zweiter Ebene) - Beförderung, Lohnerhöhung - für mich (subjektive Wahrscheinlichkeit eines Ergebnisses vor Beginn der Arbeitshandlung)?

Vrooms Modell versucht, wie im folgenden erläutert wird, alternative Muster des Arbeitsverhaltens vorherzusagen. Diese Modellvorstellung kann durch einfache mathematische Gleichungen formalisiert werden, welche die Zusammenhänge präziser verdeutlichen sollen (Atkinson 1957).

Der positive Wert eines Erfolgs (eventuell zu erfahren, was man alles kann, und Stolz oder Freude zu erleben) und damit der positive Anreiz für die Wahl und Bearbeitung von Aufgaben (A_E) wird definiert als Funktion der Schwierigkeit der Aufgabe oder als inverse Funktion der Wahrscheinlichkeit des Erfolgs, und zwar - schließlich handelt es sich um ein psychologisches Modell - der subjektiven Wahrscheinlichkeit des Erfolgs (SW_E), also einer Einschätzung der Person selbst:

$$A_E = 1 - SW_E$$

Damit ist der positive Wert maximal bei einer subjektiven Erfolgswahrscheinlichkeit von 0, also bei einer Aufgabe, welche die Person für praktisch unlösbar hält (siehe die obere Gerade in Abbildung 5.1.2 A). Bedenkt die handelnde Person aber gleichzeitig, was nur vernünftig ist, die Realisierungschancen für Erfolge bei den unterschiedlich schweren Aufgaben - im Modell wird dem durch eine Multiplikation der Anreizwerte des Erfolgs mit den dafür gehaltenen Wahrscheinlichkeiten Rechnung getragen ($A_E \times SW_E$) -, so stellen sich mittelschwere Aufgaben als die geeigneteren und motivierenderen dar. Denn das Produkt

$$A_E \times SW_E = \text{Erwartungswert für Erfolg}$$

hat sein Maximum bei einer SW_E von 0,5; der Erwartungswert für Erfolg wird am größten bei einer als mittelschwer eingeschätzten Aufgabe (siehe die obere Kurve in Abbildung 5.1.2 B).

In analoger Weise wird angenommen, daß der negative Wert eines Mißerfolgs (A_M) im Hinblick auf seinen negativen Informationsgehalt (was man alles nicht kann!) und die damit verknüpften negativen Emotionen (Ärger oder Enttäuschung) um so größer ist, je leichter die Aufgabe von der Person eingestuft wird (siehe die untere Gerade in Abbildung 5.1.2):

$$A_M = - SW_E$$

Auch hier wird dieser antizipierte Unwert (A_M) mit der Wahrscheinlichkeit seines Eintretens gewichtet (subjektive Mißerfolgswahrscheinlichkeit SW_M) und der daraus resultierende erwartete Unwert eines möglichen Mißerfolgs:

$$A_M \times SW_M = \text{Erwartungswert für Mißerfolg}$$

hat wiederum sein Maximum - in diesem Falle allerdings ein negatives Maximum - bei mittelschweren Aufgaben (siehe untere Kurve in Abbildung 5.1.2) (Schneider, Scherer 1987, S. 57 - 98, zitiert in Heeg 1988b).

Da die Motivation bedeutende Auswirkung auf den Problemlöseerfolge hat, ist es wichtig, die Aufgaben im Problemlösungsprozeß so motivierend wie möglich zu gestalten. Einer Aufgabe kann insbesondere dann motivierende Wirkung zugeschrieben werden, wenn folgendes gegeben ist:

1. Möglichkeit der Variation einzusetzender Fähigkeiten,

2. Möglichkeit, sich mit der Aufgabe zu identifizieren,

3. Wichtigkeit der Aufgabe (Sinn),

4. Möglichkeit der Planung der eigenen Arbeit (zumindest der Mitwirkung bei der Planung),

5. Unabhängigkeit, d. h. die Möglichkeit, Verantwortung für die Ergebnisse der eigenen Arbeit zu erleben,

6. Information über das Ergebnis der eigenen Arbeit,

7. Möglichkeiten der Ergebniskontrolle der eigenen Arbeit (zumindest der Mitwirkung hierbei).

5.1.1.4 Physische und psychische Verfassung

Weitere Beeinflussungsgrößen des Problemlöseverhaltens sind in der physischen und psychischen Verfassung des Problemlösers zu sehen, unabhängig von der aktuellen Problemlösesituation. Sonstige physische wie psychische Überforderung (Hetze, Streß durch Überforderung oder auch Unterforderung) führen zur Beeinträchtigung des Problemlöse- und Entscheidungsverhaltens in der aktuellen Situation. Konflikte mit Anderen (entweder im Rahmen der Problemlösesituation oder außerhalb) beeinträchtigen das Problemlöseverhalten (und sei es nur dadurch, daß der Einzelne gedanklich - zumindest zeitweise - mit der Konfliktsituation befaßt ist und dies Überlegungen zur Problemlösesituation blockiert). Anerkennung von Anderen (Akzeptanz durch Andere) kann hingegen positiv unterstützend wirken.

5.1.2 Grundlegende Aspekte im Rahmen von Problemlöse- und Entscheidungsprozessen

5.1.2.1 Probleme, Aufgaben und Handlungen

Probleme und Aufgaben lassen sich durch drei Komponenten strukturieren, ohne daß hierdurch irgendeine Aussage über die Schwierigkeit, den Typ oder die Art des Problems getroffen wäre. Diese drei Komponenten sind (Sell 1988):

1. Anfangszustand = "Ist"

2. Zielzustand (Endzustand) = "Soll"

3. Weg vom Anfangszustand zum Zielzustand = "Transformation" (Lösung als geistige Handlung)

Wenn die Transformation des Ist-Zustandes in den Soll-Zustand produktives Denken erfordert, wird die Situation als Problem bezeichnet. Andernfalls handelt es sich "nur" um eine Aufgabe (Sell 1988). Die Transformation vom Anfangszustand in den Zielzustand erfordert hierbei reproduktives Denken, d. h. lediglich die Anwendung von bekannten und schon angewandten Lösungsmethoden (Dörner 1976). Es sind die individuellen Vorerfahrungen, die festlegen, ob es sich für den einzelnen um ein Problem oder eine Aufgabe handelt. Als Handlung wird die Umsetzung der im Problemlöseprozeß gedanklich vorweggenommenen Transformation eines gegebenen Anfangszustandes in einen angestrebten Zielzustand bezeichnet (siehe Abbildung 5.1.3) (Frese 1980).

Die Auswahl von Handlungsmöglichkeiten vollzieht sich in einem geistigen Arbeitsprozeß, der als Problemlöse- und Entscheidungsprozeß bezeichnet wird. Hierbei lassen sich die beiden Teilfunktionen Problemlösung und Entscheidungen wie folgt beschreiben (Heeg 1988a):

Problemlösung
• Diagnose (Identifikation der vorliegenden Situation)

- Auflisten von Handlungsalternativen
- Prognose (Bestimmung möglicher Konsequenzen)

Entscheidung
- Informations-Auswahl/-Sammlung
- Abschätzen der Wahrscheinlichkeit des Eintretens einer bestimmten Konsequenz
- Festsetzen der Nutzenerwartung für eine bestimmte Konsequenz
- Wahl einer Transformation

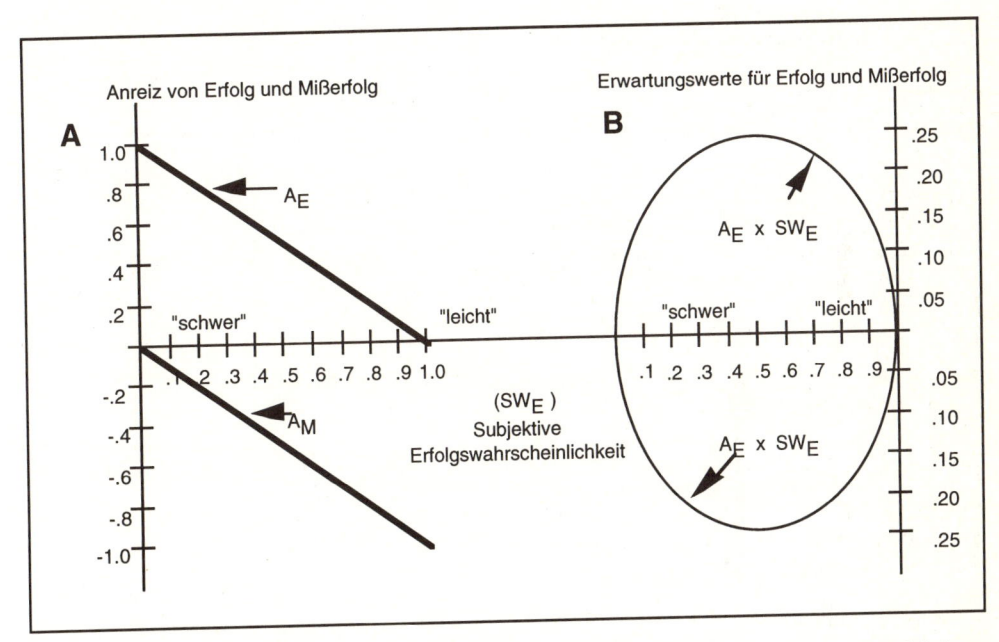

A: Positiver Anreiz des Erfolgs (A_E) und negativer Anreiz des Mißerfolgs (A_M) in Abhängigkeit von der subjektiven Wahrscheinlichkeit des Erfolgs (SW_E), die in einem "umgekehrten" (inversen) bzw. direktem Verhältnis zur geschätzten Erfolgswahrscheinlichkeit steht:

$A_E = 1 - SW_E$ und $A_M = - SW_E$.

B: Die Produkte aus Erfolgs- und Mißerfolgsanreizen und der jeweiligen Wahrscheinlichkeit: Erwartungswert für Erfolg = A_E x SW_E bzw. $(1 - SW_E)$ x SW_E, wenn $(1 - SW_E)$ für A_E eingesetzt wird. Erwartungswert für Mißerfolg = A_M x SW_M (subjektive Mißerfolgswahrscheinlichkeit $SW_M = 1 - SW_E$).

Abb. 5.1.2: Anreize, subjektive Erfolgswahrscheinlichkeit und Erwartungswerte für Erfolg und Mißerfolg (Quelle: Schneider, Scherer 1987)

Diese Problemlöse- und Entscheidungsprozesse werden durch die Konfrontation eines Individuums mit einem Problem, das somit kennzeichnend für eine Problemlöse- und Entscheidungssituation ist, notwendig. Ein Problem ist dadurch definiert, daß ein unerwünschter Anfangszustand in einen erwünschten Endzustand transformiert werden soll, die hierfür notwendige Transformation jedoch durch eine Barriere behindert wird (siehe Abbildung 5.1.4) (Dörner 1976). Im Rahmen eines Problemlöseprozesses bearbeitet der Mensch ein Problem so, daß die vorhandene Barriere überwunden wird. Das wesentliche Merkmal eines Problems besteht danach in der Schwierigkeit, den erwünschten Zielzustand zu erreichen.

```
┌─────────────────────────────────────────────────────┐
│                                                     │
│              Zielzustand                            │
│                  ▲                                  │
│                  │                                  │
│                  │          TRANSFORMATION          │
│                  │                                  │
│                                                     │
│              Anfangszustand                         │
│                                                     │
└─────────────────────────────────────────────────────┘
```

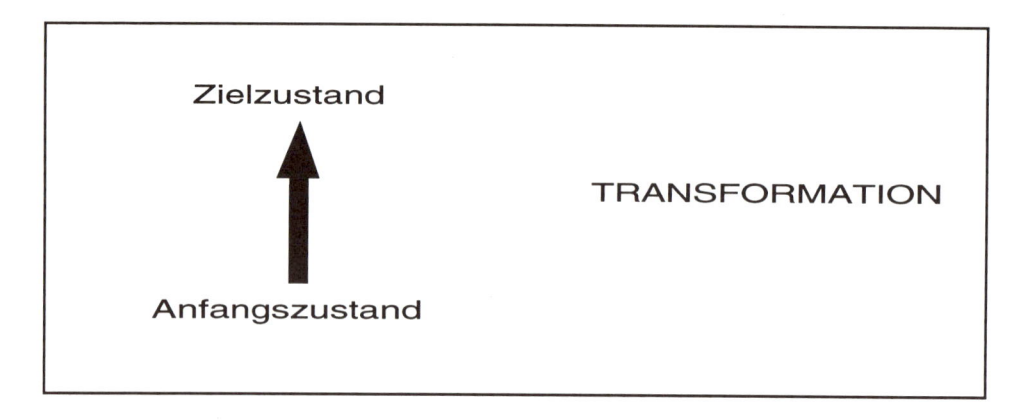

Abb. 5.1.3: Handlung

```
┌─────────────────────────────────────────────────────┐
│                                                     │
│              Zielzustand                            │
│                  ▲                                  │
│              ────┼────                              │
│               BARRIERE       TRANSFORMATION         │
│                  │                                  │
│              Anfangszustand                         │
│                                                     │
└─────────────────────────────────────────────────────┘
```

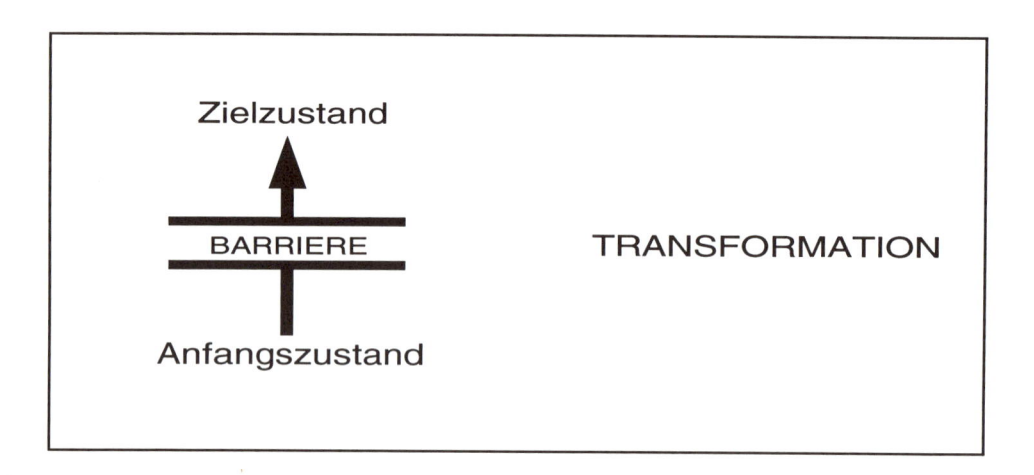

Abb. 5.1.4: Problem

5.1.2.2 Klassifikation von Problemtypen

Eine Klassifikation von Problemtypen ist erforderlich, damit sinnvolle Vorgehensweisen, Methoden und Werkzeuge den jeweiligen Problemen zugeordnet werden können. Aus den in der Literatur vielfältig aufzufindenden Ansätzen zur Klassifikation soll das von Dörner im folgenden näher betrachtet werden. Bei dieser Klassifikation werden Probleme zunächst durch die jeweils vorhandenen Barrieretypen und Merkmalsdimensionen bestimmt (Jacobs 1987).

5.1.2.2.1 Barrieretypen

Dörner differenziert zwischen drei wesentlichen Barrieretypen (Dörner 1976). In Abhängigkeit von den Ausprägungen der Merkmale "Bekanntheit der Mittel (Transformationen)" und "Klarheit der Ziele" ergeben sich die Typen Interpolationsbarriere, Synthesebarriere und dialektische Barriere (siehe Abbildung 5.1.5).

Interpolationsbarriere

Bei dieser Art von Barriere sind der Zielzustand und die Mittel oder Transformationen, die vom Anfangszustand zum Zielzustand führen, bekannt. Die richtigen Mittel bzw. die richtige Kombination der Mittel müssen jedoch noch ausfindig gemacht werden. Die Barriere besteht darin, daß die Anzahl der Alternativen zu hoch ist, um alle alternativen Transformationen auszuprobieren und bezüglich ihrer Zielrelevanz zu untersuchen (z. B. Schach) (Dörner 1976).

Synthesebarriere

Eine solche Barriere liegt vor, wenn der Zielzustand gegeben ist, jedoch die Mittel unbekannt sind. Neben der spezifischen Kombination fehlt grundsätzlich das Wissen über die anzuwendenden Mittel, oder die Mittel sind bekannt, werden aber vom Problemlöser nicht in Erwägung gezogen. Um die Barriere zu überwinden, muß eine Zusammenstellung oder Synthese von neuen, brauchbaren Transformationen erfolgen (Beispiel: Umwandlung von Blei in Gold) (Dörner 1976).

Dialektische Barriere

Hierbei herrscht keine Klarheit über den anvisierten Zielzustand. In einem solchen Fall ist lediglich bekannt, daß der Ausgangszustand verändert werden soll. Für den Zielzustand existieren oft nur globale Anhaltspunkte, die in einem dialektischen Prozeß konkretisiert, überprüft und korrigiert werden müssen (Beispiel: vage Vorstellungen über zukünftige Wohnungseinrichtung) (Dörner 1976).

Kritisch anzumerken ist, daß im Rahmen dieser Unterscheidung der jeweilige Ausgangszustand als bekannt vorausgesetzt wird, obwohl sich ein Problem auch durch Unkenntnis über den exakten Ausgangszustand ergeben kann. Als Beispiel kann hier das oft ungenaue Wissen vieler Unternehmen über ihre Marktanteile angeführt werden. Entsprechend besteht im Zielzustand eine Barriere, wenn nach Meinung einer Person eine größere Anzahl von Alternativen als Zielsituationen in Frage kommen. Die Barriere kann aber auch daraus resultieren, daß die Bekanntheit bzw. Verfügbarkeit der notwendigen Transformation nicht gegeben ist (Dörner 1981).

Bekanntheit der Mittel \ Klarheit der Ziele	HOCH	GERING
HOCH	Interpolations-Barriere	dialektische Barriere
GERING	Synthese-Barriere	dialektische Barriere und Synthesebarriere

Abb. 5.1.5: **Barrieretypen (Quelle: Dörner 1976)**

5.1.2.2.2 Zusammenhänge der Barrieren

Werden Probleme nach den in ihnen enthaltenen Barrieretypen untersucht, wird festgestellt, daß nicht immer nur eine Barriere besteht. Die einzelnen Typen können auch zugleich auftreten. Die jeweils vorliegenden Barrieretypen bestehen nicht unabhängig vom Problemlöser. Bei dem gleichen Sachverhalt liegt für eine Person eine Synthesebarriere vor, dagegen für eine andere Person eine Interpolationsbarriere, wenn sie die anzuwendenden Transformationen kennt. Darüber hinaus sind es objektiv gegebene Merkmale einer Situation, die sich auf die Barrieren auswirken. Diese Merkmalsdimensionen, deren Ausprägungen die Barrieretypen beeinflussen, sind als die eigentlichen Kennzeichen von Problemen anzusehen (Jacobs 1987).

5.1.2.2.3 Kennzeichen unbestimmter Probleme

Um ein Problem zu lösen, müssen die Zustände bestimmter Variablen mit Hilfe durchzuführender Transformationen zielgerichtet verändert werden. Das jeweils vorliegende System von Variablen (Elementen) und den Beziehungen zwischen diesen Variablen bezeichnet Dörner als Realitätsausschnitt. Ein Realitätsausschnitt ist ein variables System, denn die in ihm enthaltenen Variablen können verschiedene Zustände annehmen. Beispielsweise enthält der Realitätsausschnitt „Schach" als Variablen die einzelnen Figuren, die durch vielfältige Beziehungen miteinander verknüpft sind und in den alternativen Spielkonstellationen verschiedene Zustände annehmen. Der Spieler kann mit den Spielzügen in den Realitätsausschnitt eingreifen und die Zustände der Variablen transformieren (Jacobs 1987).

5.1.2.2.3.1 Merkmalsdimensionen

Ein Realitätsausschnitt kann durch gewisse Merkmalsdimensionen beschrieben werden, deren Ausprägungen das im Realitätsausschnitt enthaltene Problem kennzeichnen. Die für die Klassifikation von Problemen wichtigen Merkmalsdimensionen sind Komplexität, Vernetztheit, Eigendynamik, Intransparenz und Zielunbestimmtheit.

Komplexität

Die Komplexität eines Realitätsausschnitts ist nach Dörner eine Größe, die durch die Anzahl der Variablen und durch die Verknüpfungen zwischen den Variablen bestimmt wird. Als ein Maß für die Komplexität kann das Produkt aus der Anzahl der Variablen, der möglichen Zustände der Variablen und der Anzahl der zwischen den Variablen bestehenden Verknüpfungen angesehen werden (Dörner, Kreuzig, Reither, Stäudel 1983). Ein solches Maß der Komplexität gibt dem Problemlöser die Menge der zu berücksichtigenden Aspekte an und weist auf die im Problemlöseprozeß benötigte Informationsmenge.

Der Stellenwert, den die Komplexität für die betreffende Person hat, ergibt sich aus der subjektiv erlebten Komplexität und der objektiv vorhandenen Komplexität. Diese zwei Größen hängen von der individuellen Informationsverarbeitungskapazität und dem bestehenden Zeitdruck ab. Aus einer hohen subjektiven Komplexität resultiert der Effekt, daß der Problemlöser die Zustände von Elementen des Realitätsausschnitts nicht mehr wahrnimmt. Obwohl dies an sich möglich wäre, ist die Anzahl der Elemente für ihn zu hoch.

Vernetztheit

Die Vernetztheit gibt Auskunft über die Art der Verknüpfungen zwischen den Variablen eines Realitätsausschnitts. Ein System ist dann als vernetzt zu bezeichnen, wenn die einzelnen Elemente nicht mehr unabhängig voneinander beeinflußt werden können, sondern vielfache Wechselwirkungen zwischen ihnen bestehen. Der Realitätsausschnitt ist in einem solchen Fall als ein Netzwerk anzusehen, das durch die Menge dieser Beziehungen zwischen den Elementen begründet wird. Liegt eine kausale Beziehung zwischen zwei Variablen vor, bewirkt die Zustandsänderung der einen Variablen, daß auch die andere Variable ihren Zustand ändert (Dörner, Kreuzig, Reither, Stäudel 1983). In vernetzten Realitätsausschnitten ist kein isoliertes Vorgehen in Teilsystemen möglich; stattdessen ist ein der Vernetzung entsprechendes Handeln angebracht. Ansonsten kann die Situation eintreten, daß ein Ziel auf Kosten eines neu erzeugten Mißstandes erreicht wird, und daß die Problemlösung somit von einem Problem in das nächste Problem fällt (Jacobs 1987).

Eigendynamik

Eigendynamik liegt vor, wenn in einem Realitätsausschnitt Variablen existieren, die ihren Zustand ohne das Eingreifen des Problemlösers verändern. Ein solches eigendynamisches oder aktives Element kann auch dann seinen Zustand variieren, wenn im übrigen System "Ruhe" herrscht (Dörner, Kreuzig, Reither, Stäudel 1983). Obwohl die Entwicklung eines eigendynamischen Elements möglicherweise unter Mitwirkung des Problemlösers erfolgen kann, bleibt es aus seiner Sicht, zumindest teilweise, selbstdeterminiert. Im Umgang mit eigendynamischen Variablen bestehen für viele Menschen Schwierigkeiten, die Entwicklung solcher Variablen im Zeitablauf richtig einzuschätzen. Besonders exponentielle Verläufe werden vielfach unterschätzt (Dörner 1981).

Intransparenz

Intransparenz besteht in einem Realitätsausschnitt, wenn dem Problemlöser nicht alle für die Problemlösung relevanten Informationen vorliegen. Der Problemlöser verfügt in einem intransparenten Realitätsausschnitt nicht über das Wissen, das er eigentlich braucht (Putz-Osterloh, Lüer 1981). Verschiedene Gründe sind für das Auftreten von Intransparenz denkbar. Z. B. wird der Problemlöser wegen des vorhandenen Zeitdrucks daran gehindert, den Zustand einer Variablen wahrzunehmen, oder es ist grundsätzlich unmöglich, den Zustand einer Variablen festzustellen. Intransparenz entsteht auch durch vorhandene Informationen, die für richtig gehalten werden, in Wirklichkeit aber falsch sind. Im Fall von Unkenntnis sind tatsächlich vorhandene Variablen oder Verknüpfungen überhaupt nicht oder nur grob und undifferenziert bekannt (Dörner, Kreuzig, Reither, Stäudel 1983). Die Folge der beschriebenen Informationsdefizite besteht darin, daß der Problemlöser kein korrektes Bild über den Realitätsausschnitt besitzt und deswegen auch nicht die Wirkung der eigenen Transformationsmöglichkeiten richtig vorauskalkulieren kann.

Zielunbestimmtheit

Unter einem Zielelement ist ein sogenanntes "kritisches" Element eines Realitätsausschnitts zu verstehen, dessen Zustand einem festgelegten Sollzustand angenähert werden soll (Dörner, Kreuzig, Reither, Stäudel 1983). Zielunbestimmtheit ist gegeben, wenn die anzustrebenden Zielzustände zu ungenau festgelegt sind, um vom Problemlöser als Richtlinie für sein Handeln benutzt werden zu können. Oft sind zwar grobe Ziele bekannt, die Vorstellungen darüber aber im einzelnen zu verschwommen und unklar für die Planung von Eingriffen in das System. Dabei kann unklar sein, welche Variable eine kritische Variable darstellt, und/oder welcher Zustand einer Variablen als Zielzustand anzusehen ist. Verfolgt ein Problemlöser mehrere Ziele gleichzeitig, kann es zu besonderen Schwierigkeiten kommen, falls sich die einzelnen Ziele widersprechen. Hierbei muß darauf geachtet werden, daß das Erreichen eines Zielzustandes nicht einen neuen schlimmeren Mißstand erzeugt (Dörner, Kreuzig, Reither, Stäudel 1983). In solchen Zielkonfliktsituationen wird der Problemlöser dazu gezwungen, seine angestrebten Ziele gegeneinander auszubalancieren.

5.1.2.2.3.2 Zusammenhänge der Merkmalsdimensionen

Die dargestellten fünf Merkmalsdimensionen können sich gegenseitig beeinflussen und existieren somit nicht unabhängig voneinander. Aus hoher Komplexität oder Eigendynamik kann Intransparenz resultieren. Ebenfalls kann starke Vernetzung, gekoppelt mit der vorhandenen Intransparenz, zu Zielunbestimmtheit führen (Dörner, Kreuzig, Reither, Stäudel 1983). Neben diesen sind viele andere Variationen denkbar. Alle fünf Merkmalsdimensionen zusammen ergeben die Unbestimmtheit in einem Realitätsausschnitt (siehe Abbildung 5.1.6).

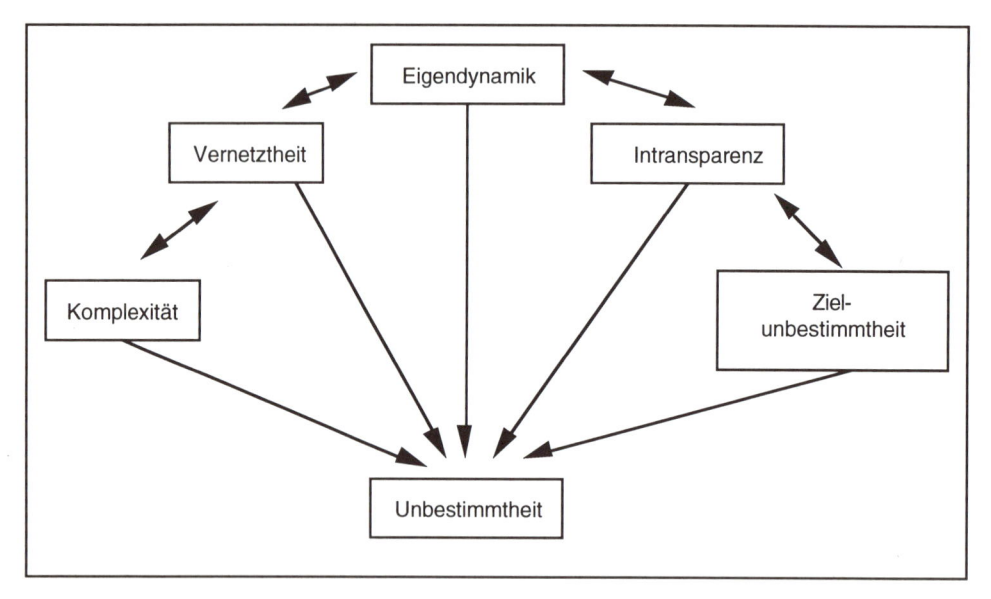

Abb. 5.1.6: Merkmalsdimensionen von Problemen und Unbestimmtheit
(Quelle: Jacobs 1987)

Je stärker die Merkmalsdimensionen ausgeprägt sind, umso größer wird für den Problemlöser die Unbestimmtheit und umso weniger weiß er, wie er sich verhalten soll, um sein angestrebtes Ziel zu erreichen. Weil die Merkmalsdimensionen Komplexität, Vernetztheit, Eigendynamik, Intransparenz und Zielunbestimmtheit ein Problem charakterisieren, sind ihre jeweiligen Ausprägungen als die Kennzeichen eines Problems anzusehen. Probleme, die durch hohe Unbestimmtheit gekennzeichnet sind, scheinen besonders alltäglich und realitätsnah zu sein. Neben Komplexität und Vernetztheit sind auch die anderen Merkmalsdimensionen in der Realität stark ausgeprägt (Dörner, Kreuzig, Reither, Stäudel 1983). In empirischen Untersuchungen kommt Hauschild zu dem Ergebnis, daß in Unternehmen häufig anstatt eines präzisen Zielzustandes offenbar lediglich eine grobe Richtung des Handelns fixiert wird (Hauschildt 1977). Weiterhin stellt er fest, daß in der Praxis durchaus auch oft mehrere Ziele gleichzeitig verfolgt werden, die teilweise im Konflikt zueinander stehen (Hauschildt 1983).

5.1.2.3 "Gute" und "schlechte" Problemlöser

Hochgradig unbestimmte Probleme sind nicht durch einfache Lösungen zu bewältigen. Der Problemlöser muß vielmehr ein der jeweiligen Struktur des Problems angemessenes Lösungsverfahren entwerfen (Witte 1980). Demzufolge müssen Problemlöseprozesse sorgfältig geplant werden, d. h. die gesamte Vorgehensweise sowie die anzuwendenden Lösungsstrategien sind spezifisch auf das jeweils vorliegende Problem abzustimmen. Inwieweit dies gelingt, ist in erster Linie von der generellen Problemlösefähigkeit des einzelnen Menschen im Problemlöseprozeß abhängig.

Daß manche Problemlöser über bessere Problemlöseeigenschaften verfügen als andere, begründet Dörner mit einer höheren Analysekomplexität (Heeg 1988a). Diese Analysekomplexität ist eine Fähigkeit, "die Breite und Tiefe bei der Untersuchung der kausalen Vernetzung einer Problemvariablen" zu erfassen und führt auch zu einer Fähigkeit, Analogieschlüsse zu ziehen (Dörner 1979). So kann der gute Problemlöser auf abstrakte Erfahrungen zurückgreifen und steht dadurch bei neuen Problemen vor etwas "bekanntem" oder "ähnlichem" (Heeg 1988a). Unter Berücksichtigung des Entscheidungsweges und -verhaltens lassen sich "gute" und "schlechte" Problemlöser wie im folgenden unterscheiden (Heeg, Hesse 1982).

5.1.2.3.1 Eigenschaften guter Problemlöser

Ein guter Problemlöser läßt sich charakterisieren durch

- mehr Selbstreflektion,
- strukturiertes Vorgehen,
- Formulierung klarer Zielsetzungen,
- Problembearbeitung bis zur Lösung,
- Erfordernis weniger externer Informationen,
- Komprimierung der Informationsvielfalt,
- Treffen von mehr Entscheidungen und
- Wechsel der Betrachtungsebene.

Unter der Selbstreflektion wird hier die Rekapitulation und Kritik des vergangenen Denkablaufs und eine Umorganisation der heuristischen Verfahren verstanden.

5.1.2.3.2 Eigenschaften schlechter Problemlöser

Ein schlechter Problemlöser verfügt über die folgenden Charakteristika:

- mangelnde Fähigkeiten, den dem jeweiligen Problem angepaßten Auflösungsgrad für die Betrachtung zu wählen,
- Neigung zur allgemeinen oder oberflächlichen Betrachtung,
- Vorliebe für Ad-hoc-Entscheidungen,
- Mangel an Vorausplanung,
- Notwendigkeit des Erhalts von mehr externen Informationen,
- Flucht ins Kleindetail,
- horizontale Flucht,
- vertikale Flucht,
- Verkapselung in ein (schon beherrschtes) Teilproblem,
- Abtreten von Verantwortung (z. B. "ach, darum soll sich der Andere kümmern"),
- Leugnung der Verantwortlichkeit für Mißerfolg,
- "Angriffs"-Reaktion und/oder
- "Notfallreaktion".

Der Auflösungsgrad beschreibt das Spektrum der Darstellung eines Realitätsbereichs (grobe und sehr feine Darstellung) und die Variation der Grob-Fein-Darstellung hinsichtlich Abstraktheit und Teil-Ganzes-Dimension. Eine horizontale Flucht besteht dann, wenn der Problemlöser sich in eine halbwegs sicher beherrschte Ecke des Problemraums zurückzieht, um dort irrelevante Partialprobleme zu lösen, die eigentlich nicht gelöst zu werden brauchen, deren Lösung er aber gut beherrscht. Eine vertikale Flucht liegt vor, wenn der Problemlöser mit seinem

Denken und Problemlöseverhalten den Realitätsbereich, in dem sich das Problem befindet, verläßt und sich die Sache so ausdenkt, wie sie sein könnte oder sollte (Wunschdenken). Unter "Angriff" wird eine radikale Demonstration eigener Entschlossenheit verstanden, die häufig der Rolle dient, die sich der Problemlöser selbst vorspielt, um das "Idealbild" eines kompetenten Problemlösers zu erreichen (Heeg, Hesse 1982). Eine Notfallreaktion liegt dagegen immer dann vor, wenn der Problemlöser höhere kognitive Prozesse ausschaltet, keine Selbstkontrolle hat und Entscheidungen nur aufgrund großer und rabiater Überlegungen trifft.

5.1.2.3.3 Schlüsselqualifikationen

Generell läßt sich das Problemlöseverhalten eines Menschen durch folgende „Schlüsselqualifikationen" beschreiben (Heeg 1988a):

- logisches Denkvermögen,

- Kommunikationsfähigkeit, um komplexe Sachverhalte auch für andere verständlich darstellen zu können,

- Selektionsfähigkeit, um aus einer Vielzahl von Informationen die wesentlichen und notwendigen auswählen zu können,

- Fähigkeit des Erkennens von Systemverhalten und Grundzusammenhängen, um einzelne Informationen richtig einordnen zu können und

- Transformationsfähigkeit, um erworbenes Wissen auch bei neuen Situationen und Problemstellungen erfolgreich verwerten zu können (Heeg, Hornung 1985).

5.1.2.4 Vorgehensweise zur Problemlösung und Entscheidungsfindung

5.1.2.4.1 Generelle Vorgehensweise zur Problemlösung und Entscheidungsfindung

Vorgehensweisen zur Problemlösung und Entscheidungsfindung müssen die bisher getroffenen Aussagen miteinbeziehen. Insbesondere ergibt sich folgende Vorgehensweise aus dem Transfer der Eigenschaften guter Problemlöser auf eine Problemlöse- und Entscheidungssituation:

mehr Selbstreflexion	-->	bewußte „Nachdenkphase" einbeziehen
strukturiertes Vorgehen	-->	eindeutiges Phasenkonzept; Meilensteine, Reviews einführen
Formulierung klarer Zielsetzungen	-->	operationalisierbar (meßbare Ziele)
Problembeschreibung bis zur Lösung	-->	eindeutige Steuerung, Kontrolle
Erfordernis weniger externer Informationen	-->	Betroffene und Experten in Projektteams oder Arbeitsgruppen integrieren
Komprimierung der Informationsvielfalt	-->	klare Ziele, klar abgegrenzte Aufgaben
Treffen von mehr Entscheidungen	-->	gute Zusammenarbeit Projektteam - Projektleiter - Projektsteuerungsgremien

Wechsel der Betrachtungsebenen --> Projekt ganzheitlich sehen und bewerten; Detailarbeit, wenn erforderlich

5.1.2.4.1.1 Beispiel eines generellen Problemlöse- und Entscheidungsprozesses

Ein Beispiel eines generellen Problemlöse- und Entscheidungsprozesses ist der von Sell aufgestellte Ablauf, der in Abbildung 5.1.7 dargestellt ist. Für jede Stufe der jeweiligen Problemstellung sind angepaßte Hilfsmittel einzusetzen, z. B. Methoden der Kreativitätsförderung (Brainstorming, Brainwriting, Forced Relationship) sowie Bildung von Analogien und Assoziationen.

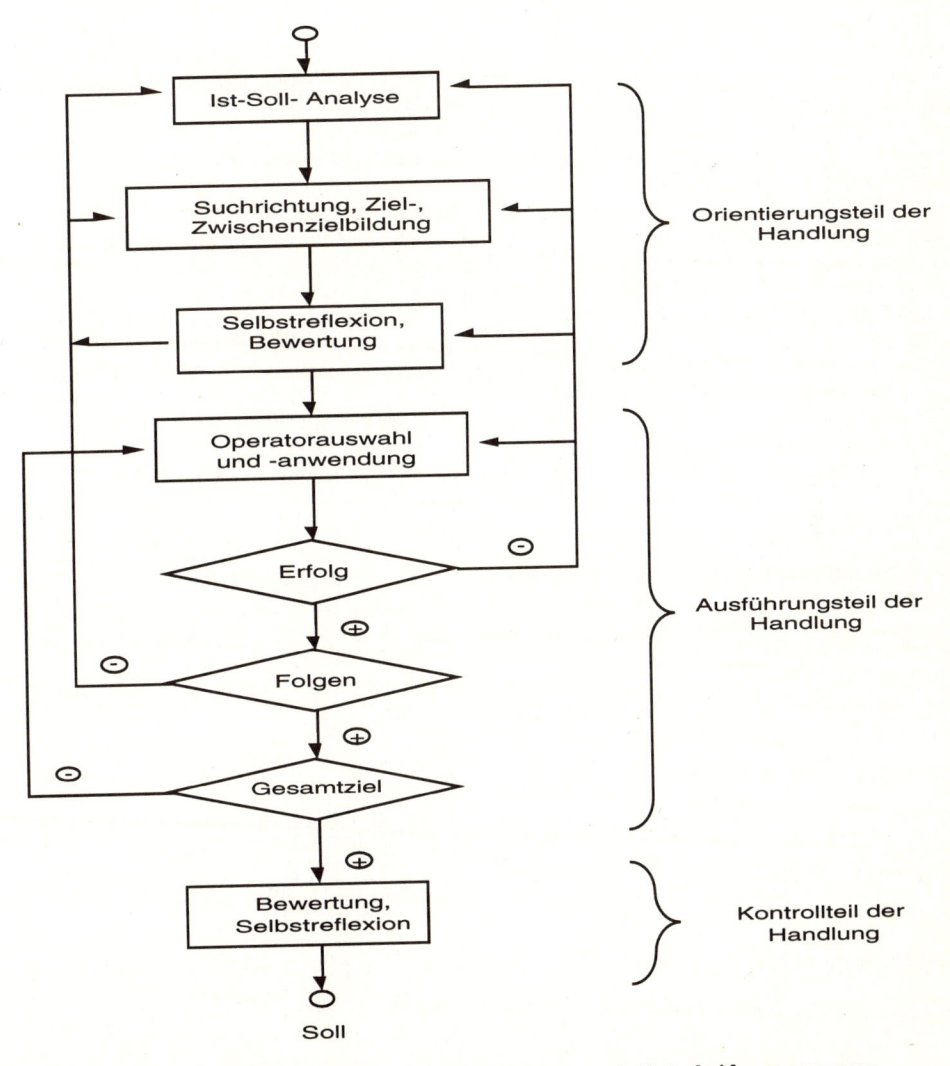

Abb. 5.1.7: **Genereller Ablauf eines Problemlöse- und Entscheidungsprozesses (in Anlehnung an Sell 1988)**

5.1.2.4.1.1.1 Methoden der Kreativitätsförderung

Unter Kreativität wird „die Fähigkeit des Menschen, Lösungen zu ersinnen, die im wesentlichen neu sind und demjenigen, der sie hervorgebracht hat, vorher unbekannt waren" verstanden (Sell 1988).

„Zur strukturierten Problemlösung gehört Kreativität. Kreativität ist nicht einer kleinen Gruppe von begnadeten Genies vorbehalten, denen scheinbar alle Ideen nur so zufliegen. Mitnichten: Jeder Mensch verfügt über ein schöpferisches Potential. Oft ist es dem unmittelbaren Zugriff entzogen, aber es ist ebenso wie körperliche und intellektuelle Fähigkeiten vorhanden und trainierbar. Für das Trainieren von Kreativität ergeben sich drei Ansatzpunkte:

1. Kreative Denkleistungen kommen unter anderem durch „Wegdenken", durch das Loslösen vom Problem, zustande. Man löst das Problem, indem man sich vom Problem löst. Gewöhnlich konzentrieren wir uns auf das Problem, wenn wir es lösen wollen, und blockieren damit den kreativen Prozeß. In einer entspannten Situation (Yoga, autogenes Training, Meditationen, das Sitzen an einem ruhigen Platz) können Bewußtsein und Unterbewußtsein scheinbar außerhalb des Problems liegende Informationen in den Denkprozeß miteinbeziehen. Fast sämtliche Erfindungen in allen Bereichen lassen sich auf dieses Grundprinzip zurückführen: Bisher nicht im Zusammenhang gesehene Muster werden miteinander verknüpft. Der Tyrann von Syrakus hatte eine Goldkrone geschenkt bekommen. Archimedes bekam den Auftrag, die Echtheit der Goldkrone zu überprüfen. Das spezifische Gewicht war zur damaligen Zeit bereits bekannt. Das Problem bestand daher in der Bestimmung des Volumens des sehr unregelmäßigen Körpers der Krone. Archimedes beschäftigte sich sehr lange mit dem Problem, ohne eine Lösung zu finden. Erst als er eines Tages in die Badewanne stieg, sah er, daß sich der Wasserspiegel hob, als sein eigener unregelmäßiger Körper eintauchte. Er hatte damit einen Weg gefunden, die Volumina unregelmäßiger Körper zu bestimmen. Sein Freudenschrei „Heureka" („Ich hab es") ist heute noch in allen gängigen Physikbüchern nachzulesen. Die Problemlösung bei Archimedes kam dadurch zustande, daß er Beobachtungen während des Badens auf das zu lösende Problem übertrug. Sicherlich hat Archimedes zum damaligen Zeitpunkt nicht zum erstenmal gebadet. Zum erstenmal hat er aber Baden in Verbindung gesetzt mit dem Problem „Messung des Volumens eines unregelmäßigen Körpers".

2. Kreative Denkleistungen setzen sich aus spezifischen Denkfähigkeiten zusammen. Es gibt kreativitätsspezifische Denkkategorien, bei denen man ansetzen kann, um eine Verbesserung der Nutzung des kreativen Potentials zu erreichen.

3. Kreativitätstechniken im engeren Sinne, die den Schwerpunkt unseres Problemlösungsmodells bilden, sind nichts weiter als der Versuch, den kreativen Prozeß zu simulieren. Es gibt bis heute über 40 Kreativitätstechniken, denen eine kleine Anzahl von Denkprinzipien zugrundeliegt.

Unter Punkt 1 ist der Begriff Entspannung bereits gefallen. Die Gehirnforschung hat ergeben, daß sich der Sitz kreativer Fähigkeiten in der rechten Gehirnhälfte befindet. Im Zustand der Entspannung ist sie am produktivsten. Jede Form von Streß und Anspannung blockiert unser Denken; deshalb sind alle Entspannungstechniken gleichzeitig Kreativitätstechniken" (Adriani 1989).

Die Methoden zur Kreativitätsförderung beruhen nach Sikora (1976) im Grunde auf drei Prinzipien:

- Prinzip der Verfremdung,
- Prinzip der verzögerten Bewertung und
- Prinzip des spielerischen Experimentierens.

Das Prinzip der Verfremdung bezieht sich darauf, daß das Problem aus seinem ursprünglichen Zusammenhang gelöst und so auf eine neue Weise betrachtet wird. Das Prinzip der verzögerten Bewertung erlaubt, daß alle noch so "verrückten" Gedanken unbewertet geäußert werden, und verhindert so, daß die Ideenvielfalt eingeengt wird. Das Prinzip des spielerischen Experimentierens beruht auf der Möglichkeit, durch spielerischen Umgang mit Begriffen und durch die Erstellung zufälliger Kombinationen neue Entdeckungen zu machen (Sell 1988). Als Methoden seien hier genannt: Brainstorming, Brainwriting, Morphologie und Synektik.

5.1.2.4.1.1.2 Bildung von Analogien und Assoziationen

Durch die Bildung von Analogien und Assoziationen sollen Mißverständnisse oder Defekte aufgeklärt werden. Durch Fragestellungen wie beispielsweise "Welche Situation, welches Ziel ist vergleichbar mit der gegebenen Problemlage?" kann eine Verständniskontrolle durchgeführt werden (Sell 1988). Eine Zusammenstellung der im Einzelfall gewählten Strategien (in Abhängigkeit der dem jeweiligen Problem zugrundeliegenden Eigenschaften) ist in Abbildung 5.1.8 aufgeführt.

Eigenschaften von Sachverhalten	Methode	Taktik
Unüberschaubarkeit (Komplexität)	• Auszug und Zusammenstellung aller gegebener und gesuchter Daten • Anwendung struktureller und visueller Darstellungsformen	• Reduktion • Abstraktion
Offensichtlichkeit (Plausibilität)	• Fragetechnik	• Selbstreflexion • Bewertung • Lösen von Fixierungen
Undurchsichtigkeit (Intransparenz)	• Anwendung von Intuition und Kreativitätstechniken • Umschreibung des Problems, Analogienbildung, Assoziationen	• Erkennen funktionaler Gebundenheiten • Suchraumerweiterung
zeitliche Veränderlichkeit (Dynamik)	• Annahmen explizieren • Auswahl geeigneter Arbeitsmittel und Arbeitsformen	• Entwicklungsabschätzung • Beschränkung
Abhängigkeit der Variablen (Vernetztheit)	• Zusammenhänge und Brüche festhalten	• Nebenwirkungsanalyse • Aufhebung oder Verlagerung von Abhängigkeiten

Abb. 5.1.8: Strategien zur Überwindung von Barrieretypen im Problemlöseprozeß (in Anlehnung an Sell 1988)

5.1.2.4.1.2 Planung des Vorgehens im Rahmen eines Problemlöseprozesses

Nach der Situations- und Zielanalyse muß das Vorgehen zur Problemlösung geplant werden. Es muß festgelegt werden, welche Methoden zur Transformation des Anfangszustandes in den Zielzustand zu Hilfe gezogen werden sollen, und unter welchen Organisationsprinzipien die gewählten Methoden angewendet werden sollen.

5.1.2.4.1.2.1 Transformationsmethoden

Um vom Anfangszustand zum Zielzustand zu gelangen, können die Transformationsmethoden Versuch und Irrtum, Induktion, Deduktion, Klassifikation und Modellbildung Anwendung finden (Sell 1988).

Versuch und Irrtum

Versuch und Irrtum als Transformationsmethode lassen sich dann einsetzen, wenn sie bewußt und systematisch angewendet werden. Die Suchrichtung wird zugespitzt, indem erfolglose Versuche ausgesondert und erfolgreiche Versuche weiterverfolgt werden.

Induktion

Das induktive Denken verläuft vom Einzelnen zum Ganzen, vom Besonderen zum Allgemeinen, vom Konkreten zum Abstrakten. So werden induktive Schlüsse wie allgemeine Urteile und Gesetze aus konkreten Erfahrungen abgeleitet.

Deduktion

Das deduktive Denken, im Gegensatz zum induktiven Denken, verläuft vom Ganzen zum Einzelnen, vom Allgemeinen zum Besonderen, vom Abstrakten zum Konkreten. Eine deduktive Ausrichtung des Erkenntnisweges setzt somit natürlich die Kenntnis und Beherrschung abstrakter Regeln und Schemata voraus, damit aus allgemeinen Feststellungen spezifische Schlüsse gezogen werden können.

Klassifikation

Die Klassifikation als Transformationsmethode ist eine Form der Abstraktion, bei der zuerst die wesentlichen Merkmale des vorliegenden Sachverhaltes geordnet und gegliedert werden. Nach der Abstraktion der Merkmale werden sie mit ähnlichen, bereits gelösten Problemen verglichen, und Problemklassen zugeordnet. Hierdurch lassen sich Strategien, Taktiken und Methoden aus bekannten Zusammenhängen auf unbekannte Strukturen übertragen.

Modellbildung

Damit die Problemlage anschaulicher und handhabbarer wird, wird sie in eine andere Darstellungsform versetzt, die jedoch alle wesentlichen Eigenschaften der Problemlage aufweist. Um ein Modell bilden zu können, das das Problem darstellt, ist die Abstraktion der konkreten Problemsituation eine wichtige Vorraussetzung. Das hierbei entwickelte Modell kann unter anderem eine materielle, gedankliche oder mathematische Form annehmen.

5.1.2.4.1.2.2 Organisationsprinzipien

Diese Transformationsmethoden werden im Rahmen der Anwendung von sich ergänzenden Organisationsprinzipien eingesetzt. Die Prinzipien sind der experimentelle - gedankliche Zugang, Vorwärtssuche - Rückwärtssuche, Zwischenzielbildung und Aufteilung in Teilprobleme, und Abschätzung von Hindernissen und Lücken (Sell 1988).

Experimentell-gedanklicher Zugang

Bei diesem Prinzip werden Experimente, z. B. an einem Modell, ausgeführt, deren Beobachtungen und Untersuchungsergebnisse zur Lösung des Problems hinzugezogen werden.

Vorwärtssuche-Rückwärtssuche

Die Vorwärtssuche wird meistens nicht bewußt, sondern intuitiv ausgewählt. Bei dieser Vorgehensweise wird schrittweise und zielgerichtet vorgegangen, was jedoch auch zu einer Zielfixierung mit negativen Auswirkungen führen kann. Die Rückwärtssuche kann zeitsparender sein als die Vorwärtssuche, sollte aber nur angewandt werden, wenn die Soll- und Istkriterien des Problems gut definiert sind. Diese Art der Suche hat den Nachteil der unkritischen Übernahme von Zielzuständen. Auch sollten bei Anwendung der Rückwärtssuche vorher aufgestellte Hypothesen oder formulierte Ziele noch diskutierbar und widerrufbar sein, wenn neue Erkenntnisse im Lösungsweg auch nur den geringsten Anlaß dazu geben.

Zwischenzielbildung und Teilprobleme

Ein Problem, dessen Lösungsweg über mehrere Etappen zum Gesamtziel führt, sollte in Teilprobleme aufgeteilt werden. Dadurch ergeben sich Zwischenziele, die die einzelnen Etappen abschließen und aufeinander aufbauend organisiert sind.

Hindernisse und Lücken

Hindernisse und Lücken sollten abgeschätzt werden, damit die Notwendigkeit, Teilziele zu verschieben, so früh wie möglich erkannt werden kann. Durch ein rechtzeitiges Erkennen oder auch nur Erahnen von Hindernissen und Lücken lassen sich einerseits entsprechende Gegenmaßnahmen ergreifen oder anderseits neue Lösungswege beschreiten, bei denen mit keinen vergleichbaren Schwierigkeiten zu rechnen ist.

5.1.2.4.1.3 Selbstreflexion und Bewertung der Planung des Problemlöseprozesses

Zur Selbstreflexion und Bewertung der Planung des Problemlöseprozesses führt Sell die Kontrollprozesse Identifikation, Prüfung, Bewertung und Prognose auf (Sell 1988). Diese Prozesse helfen festzustellen, ob geplante Denk- und Handlungsschritte eventuell neu gestaltet werden müssen.

Identifikation

In diesem Prozeß werden die bisherigen Denkschritte durch "Selbstbefragung" ins Bewußtsein gebracht. Dabei werden die Beziehungen und Abhängigkeiten zwischen der Problemlage und dem Problemlöser hinterfragt.

Prüfung

Die Prüfung stellt Fragen und Aufforderungen an das Sachverhalten und an das handelnde Subjekt. So wird geprüft, ob Daten, Informationen und Bedingungen ausreichend, zutreffend und richtig verstanden sind.

Bewertung

Die Ergebnisse der Identifikation und der Prüfung werden mit Hilfe einer Selbstbefragung bewertet. Dabei werden die Ideen, Faktoren und Argumente der bisherigen Handlungen gegenübergestellt und abgewogen.

Prognose

Bei der Prognose werden Auswirkungen und Folgen des geplanten Projektes abgeschätzt. Durch Fragen wie "was wäre, wenn?", "wie verhielte sich, wenn?" und "was könnte sein?" werden u. a. auch der zu erwartende Aufwand und die verfügbaren Mittel abgeschätzt.

Zusammenwirken der Operatoren

Im Rahmen des Ausführungsteils der Handlung werden verschiedene Operatoren angewendet, deren Einsatz im Rahmen der Handlung zu Operationen führt. Abbildung 5.1.9 listet die Möglichkeiten des Zusammenwirkens der Operatoren in den verschiedenen Transformationsmethoden auf.

Transformationsmethode	Versuch und Irrtum	Induktion	Deduktion	Klassifikation	Modellbildung
Operatoren	• Versuchen und Ausprobieren • Hypothesenbildung • Interpretieren • Bewerten	• Konkretisieren ¤ Abstrahieren • logisches Schließen • Ausschließen • Auswerten • Differenzieren • Kombinieren	• Abstrahieren ¤ Konkretisieren • Analogieschluß • Komplexbildung • Verallgemeinern	• Abstrahieren • Klassifizieren • Ordnen • Systematisieren • Formalisieren • Vergleichen • Kombinieren	• Abstrahieren ¤ Konkretisieren • Modellbildung • Analogieschluß • Vergleichen • Assoziieren • Umformulieren • Reduzieren • Approximieren

Abb. 5.1.9: Zusammenwirken der Operatoren mit den Transformationsmethoden (Quelle: Sell 1988)

5.1.2.4.1.4 Kontrolle des Problemlöseprozesses

Im Kontrollteil des Problemlöseprozesses werden die Schritte Prüfung, Bewertung, Identifikation und Prognose durchgeführt. Diese Schritte wurden auch schon zur Selbstreflexion und Bewertung der Planung des Problemlöseprozesses durchgeführt, jedoch in einer anderen Reihenfolge (Sell 1988).

Prüfung

Da das erreichte Ergebnis sich fast nie mit dem angestrebten Ziel genau deckt und die durchgeführten Tätigkeiten häufig vom Plan abweichen, wird nach Tätigkeitsabweichungen und

Zielabweichungen gesucht. Dies erfolgt, indem das erreichte Ergebnis der Soll-Definition gegenübergestellt wird und durch Fragen auf Vollständigkeit, Eindeutigkeit und Richtigkeit geprüft wird.

Bewertung

Die Ergebnisse der Prüfungsphase werden mit den Fragen "welcher materielle und zeitliche Aufwand wurde benötigt?" und "existieren effektivere Lösungswege?" bewertet. Falls bei der Prüfung eine nicht geplante Tätigkeitsabweichung festgestellt worden ist, sollte der Entwurf des Problemlöseprozesses noch einmal geprüft werden. Hierbei sind auch gesellschaftliche, moralische, ethische und andere Fragestellungen wesentlich.

Identifikation

Bei der Identifikationsphase werden die Beziehungen und Abhängigkeiten zwischen dem Ergebnis und dem Problemlöser sowie die Rolle des Problemlösers im Auswahl- und Entscheidungsprozeß hinterfragt. Der Problemlöser fragt, wie er gerade zu dieser Lösung gekommen ist, ob er sie akzeptiert, und ob er sie überhaupt will.

Prognose

Unter Betrachtung der möglichen zukünftigen Entwicklungen werden bei der Prognose Auswirkungen und Folgen antizipiert und abgeschätzt. Dies wird mit Hilfe der Fragen "wie wirkt die Lösung im ganzheitlichen Kontext?" und "wie ist der Grad der Gebundenheit und endgültigen Festlegung?" erreicht (Sell 1988).

5.1.2.4.2 Beispiele für Problemlöse- und Entscheidungsprozesse in der betrieblichen Praxis

5.1.2.4.2.1 Vom Allgemeinen zum Speziellen - Projekt-Phasenkonzepte

Die generelle Vorgehensweise, vorgestellt im vorhergehenden Abschnitt 5.1.2.4.1 entspricht in praktischen Problemlösezyklen den sogenannten Phasenkonzepten, Stufenmodellen oder Vorgehensmodellen. Grundsätzlich ist die Einteilung eines Problemlöseprozesses in Phasen willkürlich und wird im konkreten Fall von der Art, Komplexität, Größe, Lebensdauer und anderen Merkmalen des Systems beeinflußt (Reschke, Svoboda 1983). In allen Phasenkonzepten, die in der betrieblichen Praxis angewendet werden, finden sich die Elemente der generellen Vorgehensweise wieder. Ein Beispiel soll dies veranschaulichen.

5.1.2.4.2.2 REFA 6stufige Planungssystematik

5.1.2.4.2.2.1 Besonderheiten der Planungssystematik von REFA (REFA 1991, S. 194 ff.)

In Abbildung 5.1.10 sind strukturell die 6 Planungsstufen mit den Entscheidungsebenen dargestellt. Hierbei sind grundsätzlich Rücksprünge von allen Planungsstufen zu allen Planungsstufen möglich. Aus Gründen der Übersichtlichkeit sind jedoch nur die häufigsten Verbindungen eingezeichnet. Aufbau und Inhalt jeder der sechs Planungsstufen sind so gewählt, daß auf Grundlage der Ergebnisse der verschiedenen Analyse- und Konzeptionsschritte jeweils am Ende jeder Planungsstufe eine Entscheidung über den Planungsfortgang getroffen werden muß. Eine durchgängige und umfassende Dokumentation aller Planungsgrundlagen und Planungsergebnisse macht den Planungsvorgang transparent und kann die Grundlage für neue Gestaltungsmaßnahmen sein.

Planungsanstoß und Projektorganisation

1. Ausgangssituation analysieren
Analyseschwerpunkte festlegen
Analyse durchführen

Entscheidung

2. Ziele festlegen, Aufgaben abgrenzen
Ziele konkretisieren
Ziele gewichten
Planungsaufgaben

Entscheidung

3. Arbeitssystem konzipieren
alternative Arbeitsabläufe erarbeiten - Arbeitssystemvarianten entwickeln
Qualifikationsanforderungen abschätzen und Personalbedarf planen
Belastungen abschätzen - Entgeltsysteme und Arbeitsregime planen bzw. vereinbaren

Entscheidung

4. Arbeitssystem detaillieren
Gestaltungsregel umsetzen
Betriebsmittel planen
personelle Maßnahmen planen

Entscheidung

5. Arbeitssystem einführen
Betriebsmittel beschaffen bzw. bauen
personelle Maßnahmen durchführen
Arbeitssystem installieren - Probebetrieb durchführen

Entscheidung

6. Arbeitssystem einsetzen
Abschlußdokumentation erstellen

Entscheidung

▶ = Übergang auf nächste Planungsstufe
◁ = Wiederholung von Arbeitsschritten der gleichen oder Rücksprung auf vorhergehende Planungsstufe

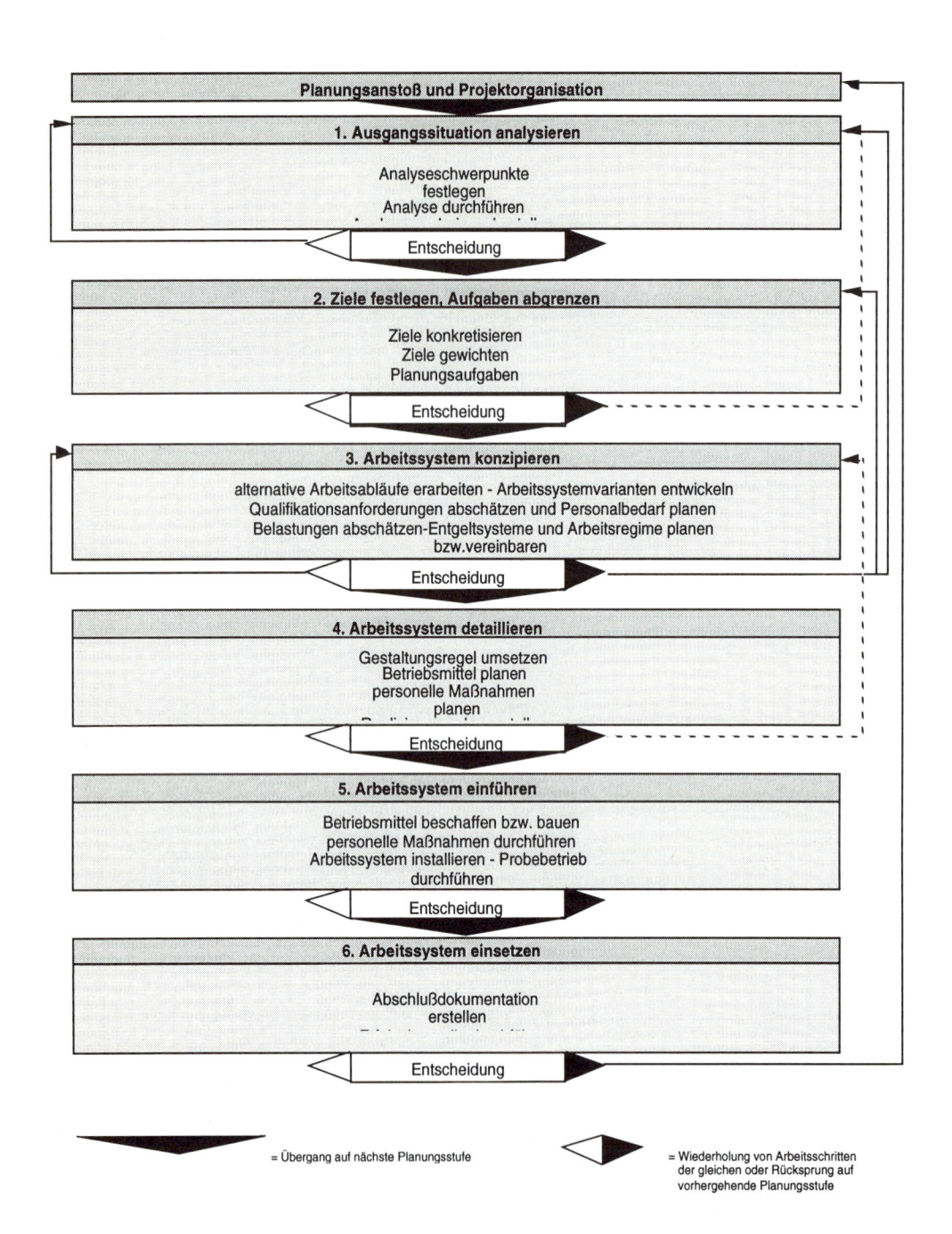

Abb. 5.1.10: Systematik zur Planung und Gestaltung von Arbeitssystemen (in Anlehnung an REFA 1991, S. 89)

5.1.2.4.2.2.2 Vorgehen bei der Anwendung der REFA-Planungssystematik

Stufe 1: Ausgangssituation analysieren
- Analysenschwerpunkt festlegen

    - Dies erfordert eine Situationsanalyse, bei der neben Schwächen auch die Stärken des untersuchten Bereichs herausgearbeitet werden.

    - Bei der darauf folgenden Festlegung der Analysenschwerpunkte sollte auch auf Bereiche geachtet werden, in denen bisher keine Schwierigkeiten auftraten, und gegebenenfalls auf das Instrument des betrieblichen Vorschlagswesens zurückgegriffen werden.

Analysenschwerpunkte	Beispiele für Einzelerhebungen
mitarbeiterbezogen	• Anzahl der Mitarbeiter • Entlohnung der Mitarbeiter • Qualifikation der Mitarbeiter • Fluktuationsraten • Tätigkeitsbeschreibungen • Arbeitsmarktsituation • ....
kostenbezogen	• Herstellkosten • Materialkosten • Instandhaltungskosten • Kapitalbindung • .... • ....
produktionsbezogen	• Alter der Betriebsmittel • Nutzung der Betriebsmittel • Durchlaufzeiten • Ausschußquoten • .... • ....
produktbezogen	• Produktionsabmessungen • Produktvarianten • Jahresbedarf, Losgrößen • Toleranzen, Schwankungen • Produktlebensdauer • ....
aufgabenbezogen	• aufgaben- und umgebungsbedingte Belastungen • Bewegungsablauf • Arbeitsinhalt • Kommunikation und Kooperation • ....

Abb. 5.1.11: Schwerpunkte einer Situationsanalyse (REFA 1987, S. 96)

Analysen-schwerpunkte	gesuchte Information
mitarbeiterbezogen	**Personal** - Anzahl, Altersstruktur - Fluktuation, Fehlzeiten, Unfälle - Qualifikationen/Erfahrungen (Ausbildung) heutige Tätigkeit - Entlohnungsgrundsatz **mitarbeiterbezogene Schwachstellen** - unzureichende Ausbildung, geringe Motivation, Kommunikationsprobleme, - fehlende Identifikation mit der Aufgabe, - fehlende Akzeptanz von technischen oder organisatorischen Änderungen ... **Belastungen** - aufgaben-/umgebungsbedingte Belastungen **Kennzahlen** - Verrichtungs-/Überwachungsgrad - Arbeitsmarktsituation
kostenbezogen	**Kosten** - Material-, Herstellungs- und Nacharbeitskosten - Personalkosten Rüsten, Bedienen, Überwachen - Transportkosten - Raumkosten - Gemeinkostenzuschläge **Kennzahlen** - Beschäftigungs-, Fertigungs- und Gesamtnutzungsgrad, kostenmäßige Schwachstellen - mangelnde Transparenz, schwierige Zuordnung, fehlendes Bewußtsein
produkt- und produktionsbezogen (vorgangsbezogen)	**Betriebsmittel** - Art, Produktgruppe, Hersteller, Alter, Restwert, Maschinenstunden, Schichteinsatz, Nutzungsgrad, Ausfallhäufigkeit, -dauer **Zeiten** - Durchlaufzeit, Haupt-, Nebendurchführungszeit, Zwischen-, Zusatzzeit, organisatorische und technische Schwachstellen - Kapazitätsengpässe, fehlendes Material, Werkzeug, unübersichtlicher Material-, Informationsfluß, langer Instanzenweg ... - Qualitätsprobleme, Störanfälligkeit, hohe Emissionswerte (Lärm, Schadstoffe ...), geringe Flexibilität (Mengen, Produkte ...) **Bestände** - Produktgruppe, Anzahl, Wert
aufgabenbezogen	**Kennzahlen** - Arbeitsflußgrad, Rüstzeitgrad **Arbeitsplatzbeschreibung** - Arbeitsabläufe, -mittel **Arbeitsplatzbeschreibung** - muskuläre Belastung - aufgabenbezogene Umgebungsbelastung - Bewegungsablauf - Informationsaufnahme und -verarbeitung - Kommunikation und Kooperation - Arbeitsinhalt

Abb. 5.1.12: Analyseschwerpunkte der Situationsanalyse (in Anlehnung an REFA 1991)

Eine umfassende Situationsanalyse sollte die in Abbildung 5.1.11 aufgeführten Analyseschwerpunkte enthalten.

- Analyse durchführen

    - Wie in Abbildung 5.1.12 dargestellt, ist zur Durchführung einer Situationsanalyse die Betrachtung einer Vielzahl von Analyseschwerpunkten erforderlich. Hierbei ist auf die Aktualität, Charakteristika des Istzustandes und auf realistische Schwankungsbreiten der Daten zu achten.

- Analyseergebnisse darstellen

    - Wie in Abbildung 5.1.13 ersichtlich, stehen in Abhängigkeit vom Sachverhalt verschiedene visualisierungstechnische Darstellungsformen zur Verfügung.

Auswahlkriterien	mögliche Darstellungsformen
Maßstabstreue	• maßstabsgerechte Zeichnungen oder Modelle
Mengenverteilung	• Balkendiagramme • Kreisdiagramme
logische und/oder zeitliche Folgen	• Netzpläne • Vorranggraphen • Flußdiagramme • Balkendiagramme
Tendenzen, Allgemeinverständlichkeit	• Kurvendiagramme • Bilder • Zeichnungen/Skizzen • Modelle

Abb. 5.1.13: Auswahlkriterien für Darstellungsformen

Stufe 2: Ziele festlegen, Aufgaben abgrenzen

- Ziele konkretisieren

    - Ausgehend von den Ergebnissen der Situationsanalyse werden Zielkriterien formuliert, deren Bewertungen sich z. B. durch Wirtschaftlichkeitsrechnungen und Arbeitssystemwertanalysen kontrollieren lassen.

    - Abhängig von der Fragestellung sind Zielkriterien Muß- oder Kann- Kriterien:

        -- Muß-Kriterien sind Kriterien, die von ausgearbeiteten Lösungsvarianten unbedingt erfüllt werden müssen. Im Falle der Nichterfüllung scheidet diese Variante sofort aus dem weiteren Planungs- und Auswahlprozeß aus (z. B. gesetzliche Vorschriften, Tarifvereinbarungen, Betriebsvereinbarungen und projektorientierte Vorgaben).

-- Kann-Kriterien sind Kriterien, die von den einzelnen Lösungsvarianten möglichst gut erfüllt werden sollten. Es sind die Kriterien, welche mit Hilfe geeigneter Bewertungsmethoden "Vergleichsdaten" für eine abschließende Rangfolgebildung unter allen erarbeiteten Systemvarianten liefern und die Auswahl der unter den projektspezifischen Zielsetzungen bestgeeigneten Variante ermöglichen (z. B. Senkung der Herstellkosten und Verbesserung der Betriebsmittelnutzung).

Bei neuen oder zu ändernden Zielkriterien können die gleichen Muß-Kriterien zu den Kann-Kriterien wechseln und umgekehrt.

- Mit den dann vorliegenden Muß- und Kann-Kriterien ist es möglich, konkrete, einander ergänzende Teilziele zu bilden. Diese lassen sich den verschiedenen Zielarten zuordnen.

- In einem weiteren Schritt werden diesen Zielen quantitative oder qualitative Maßstäbe zugeordnet. Eine Aufstellung möglicher Teilziele, die sich monetär bewerten lassen und solcher, die sich monetär nicht quantifizieren lassen, ist aus Gründen der Übersichtlichkeit angebracht.

- Bei der Formulierung von Teilzielen ist darauf zu achten, daß bestimmte Zielinhalte nicht mehrfach erfaßt werden, was eine umfassende Diskussion von Zielkonflikten voraussetzt.

- Ziele gewichten

    Um bei der Auswahl der späteren Gestaltungsvarianten möglichst zu richtigen Entscheidungen zu gelangen, ist es erforderlich, die Ziele projektbezogen zu gewichten. Hier ist die Methode des paarweisen Vergleichs eine mögliche Alternative.

- Planungsaufgaben abgrenzen

    Die Systemabgrenzung beschreibt die Aufgaben, die vom Planungsteam zu erfüllen sind, wobei Schnittstellen zum Umfeld schon hier festgelegt werden.

Stufe 3: Arbeitssystem konzipieren

- Alternative Arbeitsabläufe erarbeiten

    - Zunächst werden die Soll-Daten für das geplante Arbeitssystem konkretisiert.

    - Mit Hilfe von Vorranggraphen wird der Gesamtarbeitsablauf in übersichtliche Ablaufabschnitte gegliedert.

    - Aufgrund der Situationsanalyse lassen sich hier schon Qualifikationen und Qualifikationsdefizite erkennen und berücksichtigen.

    - Mit den vorstehenden Festlegungen können verschiedene Varianten des Arbeitsablaufes unter Berücksichtigung der auferlegten bzw. herausgearbeiteten Parameter (z. B. Schnittstellendefinition) erarbeitet werden.

- Arbeitssystemvarianten entwickeln

    - Auf Grundlage der erarbeiteten Arbeitsabläufe lassen sich die Arbeitssysteme entwickeln, indem die Ausführung der Arbeitsabläufe durch den Menschen und/oder das Betriebsmittel im einzelnen festgelegt wird.

- Qualifikationsanforderungen abschätzen und Personalbedarf planen

  - Anhand der bisher festgelegten Arbeitsaufgaben kann ermittelt werden, welche Qualifikationen die Mitarbeiter im neugestalteten Arbeitssystem aufweisen müssen und welcher Kapazitätsbedarf an den einzelnen Qualifikationen besteht.

  - Des weiteren muß ein Abgleich zwischen Qualifikationsbedarf und -bestand erfolgen, der erste Hinweise auf Maßnahmen in der Personalentwicklung gibt.

  - Mit einer Checkliste kann abgeschätzt werden, welche psychischen und physischen Belastungen aus der Arbeitsaufgabe resultieren.

- Entgeltsystem und Arbeitszeitregime planen bzw. vereinbaren

  - Das Entgeltsystem und das Arbeitszeitregime sind mit Hilfe von Prüflisten auf das betreffende Arbeitssystem so einzustellen, daß keine gesetzliche (z. B. § 87 BetrVG) und tarifliche Bestimmungen verletzt werden. Hier ist besonders der Aspekt der Motivation zu berücksichtigen.

- Variationen bewerten und Auswahl treffen

  Zunächst werden die verschiedenen Lösungsvarianten anhand der vorher festgelegten Muß-Ziele verglichen. Varianten, die ein Muß-Ziel nicht erreichen, sind zu verwerfen. Für die weitere Auswahl werden die einzelnen Varianten verglichen und bewertet. Darüber hinaus sind im Stadium der Konzeption Unsicherheiten über die Funktionalität der geplanten Einrichtungen sowie deren kostenmäßige Bewertung gegeben. Um aber eine auf breiter Basis abgestützte Entscheidung zu ermöglichen, sind die Varianten mit den monetär quantifizierbaren und den monetär nicht quantifizierbaren Kriterien der Ziele (s. Planungsstufe 2) zu bewerten und gegenüberzustellen.

  Dazu werden beispielsweise sowohl die

  - Ergebnisse von Kosten- und Wirtschaftlichkeitsbetrachtungen als auch die
  - Arbeitssystemwerte

  der einzelnen Varianten gegenübergestellt (Abbildung 5.1.14).

  Anhand der so erarbeiteten Bewertung der Planungsvarianten kann die beste Lösung ausgewählt werden.

Stufe 4: Arbeitssystem detaillieren

- Gestaltungsregeln umsetzen

  - Nach Verabschieden des Grundkonzeptes beginnt nun die Feinplanung mit der Detaillierung des Arbeitssystems unter ergonomischen, sicherheitstechnischen und arbeitsstrukturellen Aspekten.

- Betriebsmittel planen

  - Nach der Planung werden die technischen Anforderungen/Betriebsmittel spezifiziert und in ein Lasten-/Pflichtenheft übernommen. Hierbei empfielt sich als Grundlage VDI/VDE 3694E, 1989.

- Personelle Maßnahmen planen

  - Der Qualifizierungsbedarf ergibt sich aus dem Abgleich der vorhandenen Qualifikationen mit den ermittelten Anforderungen in der Feinplanung. Ist der Qualifizierungsbedarf nicht aus eigenen Ressourcen zu decken, müssen Maßnahmen der Personalbeschaffung vorgesehen werden.

- Realisierungsplan erstellen

  Um eine termin- und funktionsgerechte Fertigstellung des geplanten Arbeitssystems zu gewährleisten, ist ein Realisierungsplan zu erstellen. Je nach Komplexität des Planungsvorhabens sind dabei verschiedene Hilfsmittel einzusetzen:

  - ein Netzplan oder ein Balkendiagramm, dem die bestehenden Abhängigkeiten, der zeitliche Aufwand und die Endtermine entnommen werden können,

  - ein Lastenheft, in dem für die jeweils ausführenden Stellen die Aufgaben mit ihren Endterminen festgelegt sind,

  - ein Umzugsplan, der die geringstmögliche Störung der laufenden Fertigung und eine problemlose Integration neuer Systemkomponenten gewährleistet.

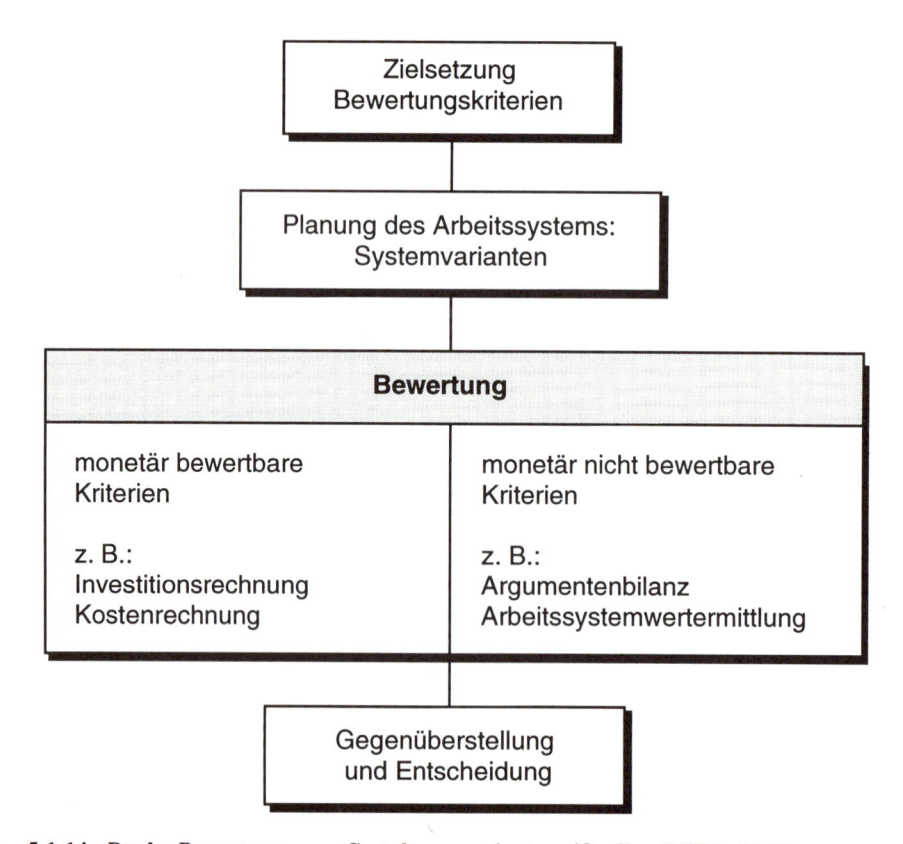

Abb. 5.1.14: Duale Bewertung von Gestaltungsvarianten (Quelle: REFA 1991)

Stufe 5: Arbeitssystem einführen

- Betriebsmittel beschaffen bzw. bauen

  Nach Freigabe der benötigten Investitionsmittel durch die Entscheidungsträger kann die Beschaffung bzw. der Bau veranlaßt werden. Die Veranlassung erfolgt unter Zuhilfenahme von Angebotsanalysen, deren Auswahl danach mittels Nutzwertanalyse erfolgen kann.

- Personelle Maßnahmen durchführen

  Hierbei ist auf eine sorgfältige und rechtzeitige Planung von Qualifizierungsmaßnahmen bzw. Neueinstellungen zu achten. Auch sollte möglichst darauf geachtet werden, daß für verschiedene Qualifizierungs-Sachgebiete auch verschiedene Aus- und Weiterbildungsmethoden in Erwägung gezogen werden.

- Arbeitssystem installieren

  Zur Koordination und Überwachung aller mit der Installation des Arbeitssystems verbundener Einzelaktivitäten hat sich nicht nur bei komplexen Vorhaben der Einsatz von Netzplänen und Checklisten bewährt.

- Probebetrieb durchführen

  - Im Probebetrieb wird das Zusammenwirken der Arbeitspersonen und Betriebsmittel je nach Komplexität und „Reifegrad" auf der einen und Fähigkeiten, Fertigkeiten und Motivation der Arbeitspersonen auf der anderen Seite erprobt.
  - Durch sorgfältige Aufzeichnungen und Auswertungen der Qualitäts- und Betriebsmitteldaten lassen sich später Ausfälle im Echtbetrieb vermeiden bzw. schneller beheben.
  - Am Ende des Probebetriebs erfolgt die technische Abnahme.

- Belastungen analysieren

  Die aus dem Probebetrieb gewonnenen Daten werden zur umfassenden Beschreibung des Arbeitssystems genutzt und im Probe-Normal-Einsatz noch einmal überprüft.

- Daten ermitteln

  Im Probebetrieb, aber unter der Voraussetzung eines störungsfreien Ablaufs und mit in der Arbeitsaufgabe geübten Mitarbeitern, können die IST-Daten ermittelt werden. Durch Ableitung der IST-Daten auf die Bezugs-Zeit-Größen werden die SOLL-Zeiten ermittelt. Auch diese Daten werden im Normalbetrieb noch einmal überprüft.

Stufe 6: Arbeitssystem einsetzen

- Abschlußdokumentation erstellen

  - Bevor die Realisierungsverantwortlichen Ihre Arbeit beenden, ist es (auch aus Gründen der Reproduzierbarkeit) zweckmäßig, einen umfassenden Bericht, den Abschlußbericht, zu erstellen.
  - Um sicherzugehen, daß die gesetzten Planungsziele durch das installierte Arbeitssystem erreicht werden, ist eine systematische Erfolgskontrolle durchzuführen. Ergebnisse dieser Erfolgskontrolle sollten bei laufenden Systemverbesserungen berücksichtigt werden.

5.1.2.4.2.3 Systematik zur Planung und Gestaltung komplexer Produktionssysteme (REFA 1987)

Die Planungssystematik stellt einen verfahrens- und anlagenneutralen Leitfaden dar, der die systematische Planung und Einführung komplexer Produktionssysteme in allen Bereichen der verarbeitenden Industrie ermöglicht. Die Besonderheit dieser Planungssystematik besteht darin, daß sie im Vergleich zu anderen, meist aufgabenspezifischen Planungsmethoden, nach erfolgter Festlegung der für eine bestimmte Planungsaufgabe maßgebenden Systemgrenze unabhängig von der Systemgröße eingesetzt werden kann. Sie eignet sich zur Gestaltung des Zusammenwirkens von Mensch, Technik, Organisation und Information in sehr großen, den gesamten Herstellungsprozeß eines Produktes umfassenden Produktionssystemen.

Die Zielsetzung der Planungssystematik besteht darin, dem Planenden eine praxisnahe Hilfestellung bei der Durchführung einzelner Planungsstufen zu geben. Mit der Entwicklung einer speziell auf die Belange komplexer Produktionssysteme ausgerichteten Planungssystematik sollen im einzelnen erreicht werden:

- eine ganzheitliche Systembetrachtung unter Einbeziehung von Mensch, Technik, Organisation und Information,

- eine methodische Erarbeitung und Bewertung sinnvoller Prinziplösungen,

- eine gute Transparenz des Planungsablaufs,

- die Bereitstellung fundierter Planungsergebnisse für unternehmerische Entscheidungen bereits in frühen Planungsstufen,

- die Reproduzierbarkeit der Planungsergebnisse sowie

- die Verminderung des Zeit- und Kostenaufwandes für einzelne Planungsaufgaben.

Die in Abbildung 5.1.15 dargestellte Planungssystematik zur Planung und Einführung komplexer Produktionssysteme baut inhaltlich auf der REFA-Methode der Systemgestaltung auf. Der Aufbau und Inhalt jeder der sechs Planungsstufen ist so gewählt, daß nach verschiedenen Analyse- und Konzeptionsaufgaben zunächst auch eine Entscheidungsphase durchlaufen werden muß, in der wesentliche, den weiteren Planungsfortgang bestimmende Planungsergebnisse erarbeitet werden müssen, bevor die nächste Planungsstufe begonnen werden kann. Eine durchgängige und umfassende Dokumentation aller Planungsgrundlagen, Lösungsvarianten und Planungsergebnisse ist erforderlich, um die im Rahmen der Planung und Einführung komplexer Produktionssysteme gewonnenen Erkenntnisse und Erfahrungen für zukünftige Projekte zu sichern, und um den Gesamtablauf des Projektes, aufbauend auf den in den einzelnen Planungsstufen durchzuführenden Tätigkeiten, auch für nicht unmittelbar an der Planung Beteiligte einwandfrei nachvollziehbar zu machen.

Viele Vorgänge bei der Planung von komplexen Produktionssystemen laufen nicht so linear ab, wie dies in der Planungssystematik beschrieben ist. Vielfach ist ein iteratives Durchlaufen der einzelnen Planungsstufen erforderlich, da beispielsweise Verträglichkeitsbedingungen bei der Gestaltung von Bearbeitungs- und Materialflußsystemen berücksichtigt werden müssen oder die Wahl einer bestimmten Fertigungs- oder Montagestruktur unmittelbare Auswirkungen auf die Belastung oder die Qualifikation einzelner Mitarbeiter nach sich zieht. Neben speziellen, einzelnen Planungsstufen direkt zuzuordnenden Hilfsmitteln, wie Erhebungsformularen und Gestaltungsrichtlinien, gibt es auch eine ganze Reihe von Planungsinstrumenten, die in mehreren Planungsstufen weitestgehend universell für unterschiedliche Aufgabenstellungen eingesetzt werden können. Hierzu gehören neben den Methoden zur Ideenfindung (Kreativitätstechniken) schwerpunktmäßig alle Bewertungsmethoden, wie Nutzwertanalyse Kosten-Vergleichs-Rechnung usw., die Methoden zur Prioritätensetzung sowie die Entscheidungsmethoden.

Planungsstufe 1 — Analyse Ausgangssituation
Vorgehen:
- Planungsanstoß
- Planungsverantwortliche bestimmen
- Situationsanalyse durchführen

Entscheidung

Planungsstufe 2 — Konkretisierung Planungsaufgaben
Vorgehen:
- Ziele konkretisieren und gewichten
- Aufgaben abgrenzen

Entscheidung

Planungsstufe 3 — Grobplanung Produktionssystem
Vorgehen:
- Produktionsabläufe erarbeiten
- Produktionssystem entwickeln
- Lösungsvarianten bewerten und auswählen

Entscheidung

Planungsstufe 4 — Feinplanung Produktionssystem
Vorgehen:
- Teilsysteme detaillieren
- Personaleinsatz planen
- Realisierungsplan erstellen

Entscheidung

Planungsstufe 5 — Systemeinführung
Vorgehen:
- Beschaffung veranlassen
- Personalschulung durchführen
- Produktionssystem installieren
- Produktionssystem in Betrieb nehmen

Entscheidung

Planungsstufe 6 — Systembetrieb
Vorgehen:
- Systemverhalten analysieren
- Abschlußdokumentation erstellen
- Erfolgskontrolle durchführen

Entscheidung

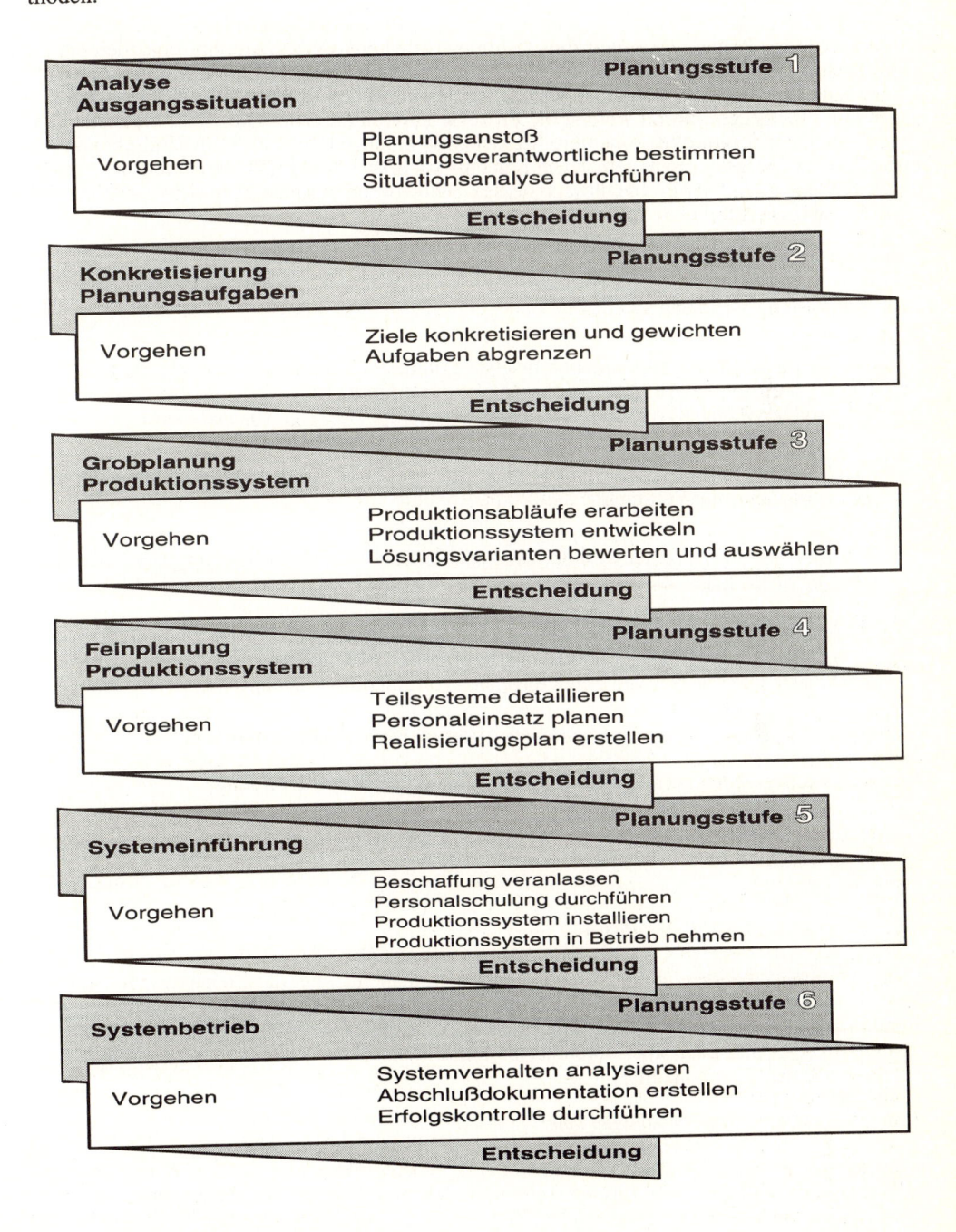

Abb. 5.1.15: Systematik zur Planung und Einführung komplexer Produktionssysteme (Quelle: REFA 1987)

5.1.3 Ausgewählte Methoden zum Problemlösen und Entscheiden

Nach den generellen Betrachtungen über die Ebenen der Kompetenzen und psychischen Einflußgrößen des Problemlöse- und Entscheidungsverhaltens werden nun im folgenden einige ausgewählte Methoden vorgestellt, die sehr gut geeignet sind, subjektive Problemlöse- und Entscheidungsprozesse transparent zu machen für den einzelnen Problemlöser und Entscheider, aber auch für andere. Somit werden die Prozesse kommunizierbar. Dies stellt die unabdingbare Voraussetzung dar, daß mehrere Menschen in einem Problemlöse- und Entscheidungsprozeß zu einem gemeinsam getragenen Ergebnis kommen können (Objektivierung der Einzelentscheidungen und der Problemlöseprozesse). Die Anwendungshäufigkeit der wesentlichsten Methoden zeigt Abbildung 5.1.16.

5.1.5.1 Zielanalysen (Schmitz 1978)

Komplexe Programme und Vorhaben machen gründliche Zielanalysen erforderlich, um die anstehenden einzelnen Aufgaben zielorientiert durchführen zu können. Notwendigkeit und Umfang solcher Zielanalysen sind, wie in Abbildung 5.1.17 gezeigt, abhängig vom

- *Komplexitätsgrad* (hierunter versteht man die Anzahl und Art der Verknüpfungen der einzelnen Elemente der Programme und Vorhaben) und

- *Innovationsgrad* (hierunter wird der Grad des Fortschritts und der Neuerung des vorliegenden Vorhabens gegenüber ähnlichen bekannten Systemen verstanden).

Zielanalysen erheben geordnete und definierte Zielkataloge, die den Entscheidungsträger in die Lage versetzen, zielorientierte Maßnahmen zu ergreifen bzw. Aufträge zur Durchführung einzelner Projekte zu vergeben. Sie sollen folgenden Anforderungen genügen:

- das Ziel muß vollständig durch geeignete Zielelemente beschrieben werden,

- die einzelnen Zielelemente sollen deutlich definiert und beschrieben sein,

- die einzelnen Zielelemente müssen kompatibel, also miteinander vereinbar und verträglich sein.

5.1.3.1.1 Ablauf von Zielanalysen

Wie bei allen Prozessen in der Systemtechnik geht man auch bei der Zielanalyse in sinnvoll aneinandergereihten Schritten vor. Die Einzelschritte lassen sich gegeneinander abgrenzen, wie das Flußdiagramm in Abbildung 5.1.18 zeigt. Es stellt sicherlich nur eine von mehreren Möglichkeiten dar, kann aber durchaus als repräsentativ angesehen werden. Demnach sind folgende Stufen zu durchlaufen:

Phase 1: Bestimmung der Zielanalytiker

Mit der Definition des Zielsystems kann ein als kompetent erachteter Zielanalytiker oder alternativ hierzu ein Gremium beauftragt werden; im letzteren Fall ist dann die Zusammensetzung der Gruppe zu bestimmen. Bei einfachen Zielsystemen kann ein einzelner Zielanalytiker durchaus allein in der Lage sein, der Aufgabe gerecht zu werden; bei komplexeren Zielsetzungen erscheint es zweckmäßiger, die Erfahrungen mehrerer Fachleute zu nutzen.

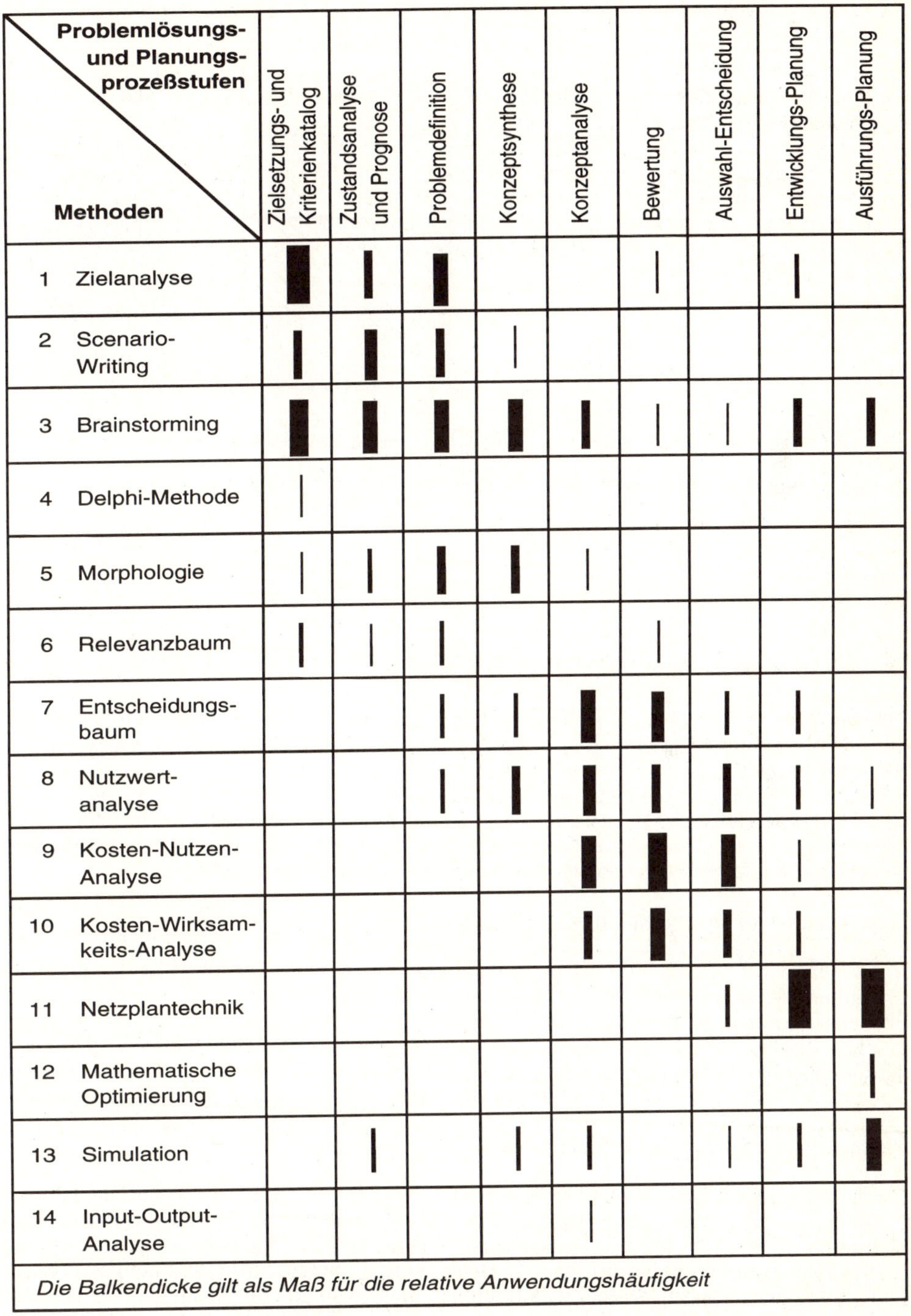

Methoden \ Problemlösungs- und Planungsprozeßstufen	Zielsetzungs- und Kriterienkatalog	Zustandsanalyse und Prognose	Problemdefinition	Konzeptsynthese	Konzeptanalyse	Bewertung	Auswahl-Entscheidung	Entwicklungs-Planung	Ausführungs-Planung
1 Zielanalyse	■	│	■			│		│	
2 Scenario-Writing	■	■	■	│					
3 Brainstorming	■	■	■	■	│	│	│	■	■
4 Delphi-Methode	│								
5 Morphologie	│	■		■	│				
6 Relevanzbaum	│	│	│		│				
7 Entscheidungsbaum			│	│		■	│		
8 Nutzwertanalyse			│	■	■	■	■		│
9 Kosten-Nutzen-Analyse				■	■	■	│		
10 Kosten-Wirksamkeits-Analyse				■	■	■	│		
11 Netzplantechnik							│	■	■
12 Mathematische Optimierung									│
13 Simulation		│		■	■		│	│	■
14 Input-Output-Analyse				│	│				

Die Balkendicke gilt als Maß für die relative Anwendungshäufigkeit

Abb. 5.1.16: Anwendungshäufigkeit systemtechnischer Methoden in den einzelnen Problemlöse- und Planungsprozeßstufen (Quelle: Schmitz 1978)

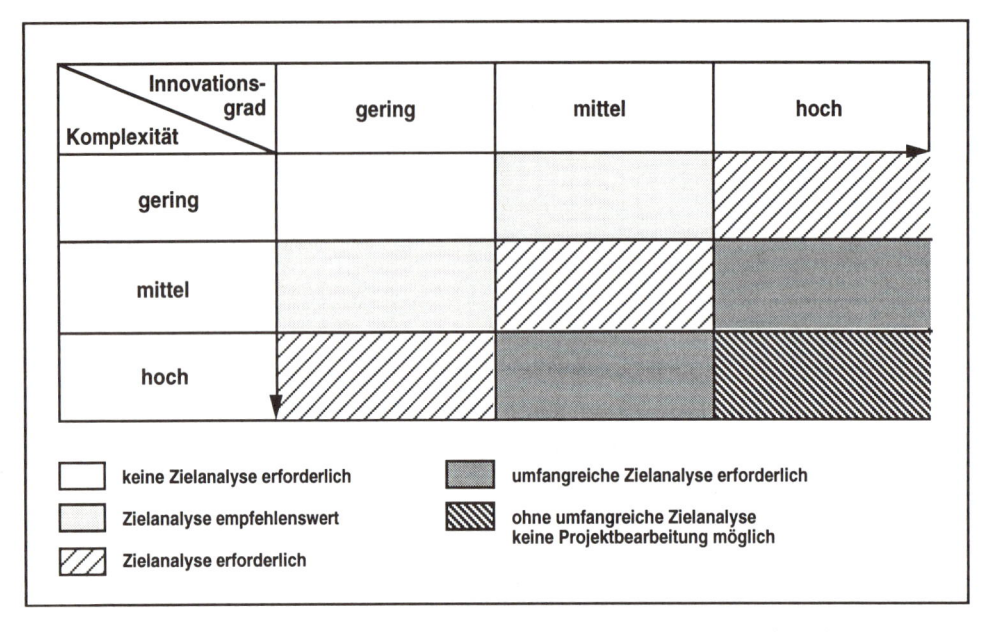

Abb. 5.1.17: Notwendigkeit von Zielanalysen (Quelle: Schmitz 1978, S. 15)

Phase 2: Auswahl der Methoden zur Zielanalyse

Das Erfassen der einzelnen Zielelemente kann durch systematische Suche wie Schrifttumrecherchen, öffentliche Umfragen, begrenzte Befragung ausgesuchter Kreise usw. und mit Hilfe wissenschaftlicher Methoden wie Brainstorming, Delphi, Synektik usw. erfolgen. Wie bei anderen Suchprozessen kann man auch bei der Zielanalyse deduktiv vorgehen, d. h., das Gesamtziel schrittweise in Teilziele und diese dann in Teil-Teilziele (oder Zielelemente) zerlegen oder induktiv, d. h., einzelne Zielelemente zunächst sammeln und dann zusammenfügen. Ausgehend von der Aufgabenstellung ist eine dieser Vorgehensweisen auszuwählen.

Phase 3: Entwurf eines vorläufigen Zielkatalogs

In diesem Schritt wird die eigentliche Aufstellung eines Zielkatalogs mit Hilfe der zuvor ausgewählten Methode vorgenommen. Ergebnis dieser Bemühungen ist ein - ggf. in mehrere Ebenen strukturierter - Zielkatalog, dessen Zielelemente zu einem späteren Zeitpunkt detailliert beschrieben und definiert, auf ihre Kompatibilität geprüft und hinsichtlich ihrer Bedeutung für das Gesamtziel gewichtet werden müssen. Zunächst jedoch ist es wichtig, alle denkbaren Zielelemente zu erfassen, um die Basis für die endgültige Zielformulierung zu schaffen.

Phase 4: Definition der Zielelemente

Der nächste Schritt im Zielfindungsprozeß ist die Zieldefinition; das bedeutet eine präzisere Fassung der aufgelisteten Zielelemente, um spätere Fehlinterpretationen zu verhindern. Diese Definition sollte bereits über die Angabe einer allgemeine Zielrichtung hinausgehen und somit bereits Aussagen beispielsweise über Umfang, Verknüpfungen, Einschränkungen, Termine und Kosten usw. machen. Diese Zieldefinitionen müssen so gründlich sein, daß die einzelnen Zielelemente in den nächsten Schritten eindeutig auf ihre Kompatibilität hin geprüft und hinsichtlich ihrer Bedeutung für das Gesamtziel gewichtet werden können.

PHASE 1: Bestimmung der Zielanalytiker	Einzelarbeit oder Gruppenarbeit

PHASE 2:
Auswahl einer Methode zur Zielanalyse
	• Systematische Suche
	  (z. B. Literaturrecherchen, Umfragen)
	• Wissenschaftliche Methode
	  (z. B. Brainstorming, Brainwriting, Delphi)

PHASE 3: Entwurf eines vorläufigen Zielkatalogs	Vorläufiger Zielkatalog 1) ~~ 3) ~~ 5) ~~ 2) ~~ 4) ~~
PHASE 4: Definition der Zielelemente	Einzelarbeit oder Gruppenarbeit
PHASE 5: Prüfung der Kompatibilität der Zielelemente	+ = kompatibel − = nicht kompatibel
PHASE 6: Wichtung der Zielelemente	• Intuitiv • Systematisch (z. B. Methode der sukzessiven Vergleiche, Matrixverfahren etc.)
PHASE 7: Endgültige Zielformulierung	Endgültiger Zielkatalog 1) ~~ 3) ~~ 5) ~~ 2) ~~ 4) ~~ 6) ~~
PHASE 8: Zielvorgabe	Zielsystem → Zieldefinition Zielinhalt und -umfang: Zielgewicht: Verantwortlichkeit: Termin- u. Kostenvorgabe:

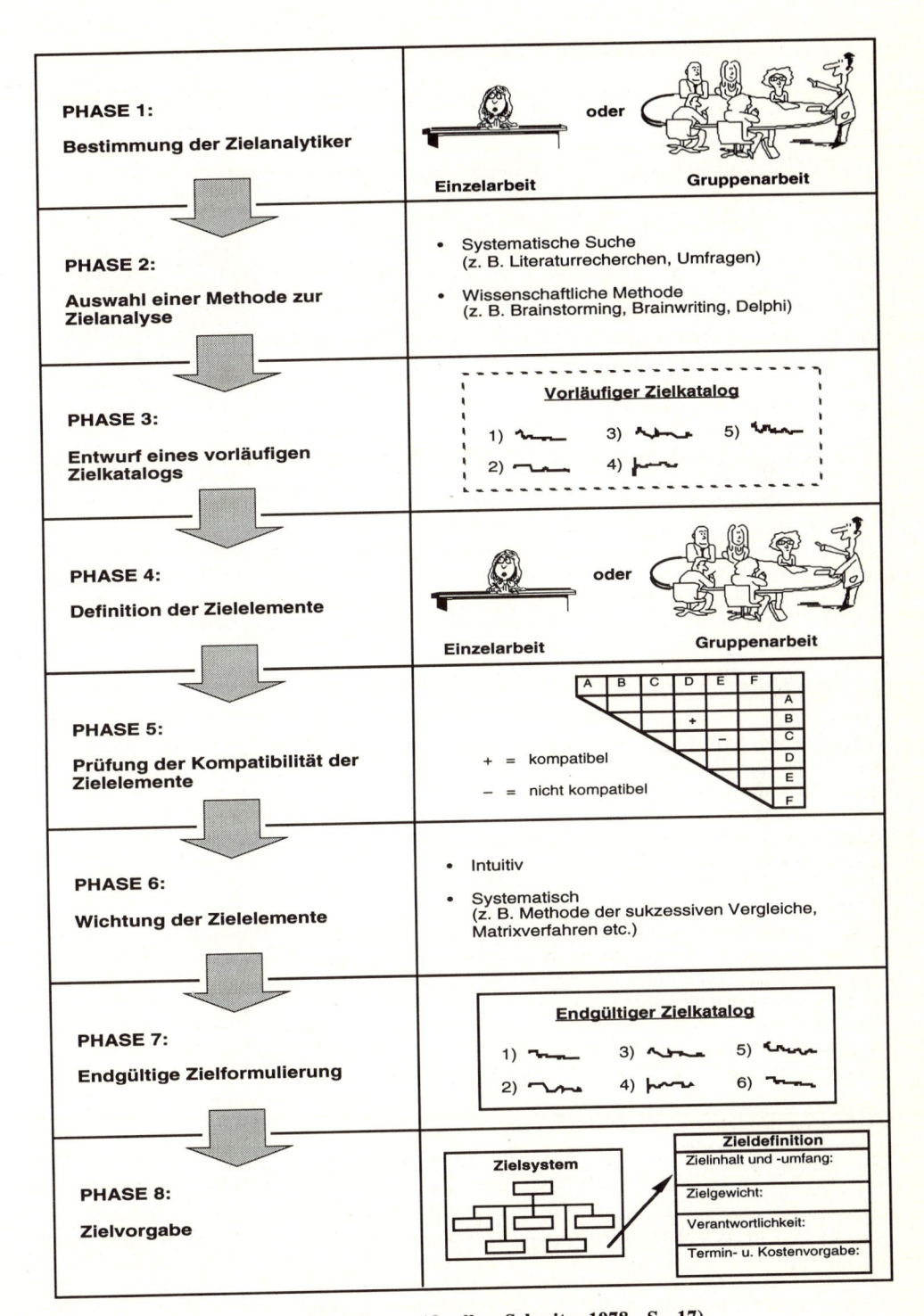

Abb. 5.1.18: Ablauf von Zielanalysen (Quelle: Schmitz 1978, S. 17)

Phase 5: Prüfung der Kompatibilität der Zielelemente

Grundlage für die Prüfung der Zielkompatibilität ist die Erkenntnis, daß sich die einzelnen Zielelemente

- gegenseitig fördern können, d. h., sie werden dann als komplementär bezeichnet;
- gegenseitig behindern können, d. h., sie werden als konkurrierend bezeichnet;
- nicht berühren, d. h. weder fördern noch behindern; sie werden dann als neutral bezeichnet.

Auf der Basis dieser Kennzeichnung wird der Zielkatalog daraufhin geprüft, ob er Teilziele oder Zielelemente enthält, die sich widersprechen oder behindern. Diese Kompatibilitätsprüfung erfolgt am besten mit Hilfe einer Matrix (siehe Abbildung 5.1.19), in der jedes Zielelement mit jedem anderen verglichen wird. Die Kompatibilitätsprüfung führt ggf. zu einer Einschränkung einzelner Zielelemente oder gar zu deren Eliminierung.

Phase 6: Wichtung der Zielelemente

Mit der Aufstellung eines hierarchisch aufgebauten Zielsystems hat man bereits eine bestimmte Gewichtung der Zielelemente vorgenommen: die wichtigeren Teilziele sind in der obersten Ebene angeordnet, die weniger wichtigen auf der untersten. Es fehlt jedoch noch eine quantitative Gewichtung der auf der untersten Ebene angeordneten, operativen Zielelemente; diese Gewichtung soll über deren Bedeutung für das Gesamtziel Auskunft geben. Denn man weiß aus Erfahrung, daß in einer Gruppe von Zielelementen in der Regel alle unterschiedliche Bedeutungen oder Wichtigkeiten haben. Um exakte Zielgewichte zu erhalten, wird man daher die einzelnen Zielelemente mit geeigneten Verfahren (s. Kapitel 5.1.3.2.5) gewichten. Damit erhält man quantitative Aussagen über die relative Wichtigkeit der einzelnen Zielelemente.

Phase 7: Endgültige Zielformulierung

Nach dem Abschluß der Kompatibilitätsprüfung und deren Zielgewichtung kann nun die abschließende Formulierung des Zielkatalogs erfolgen. Diese Zielformulierung umfaßt eine Beschreibung der Teilziele hinsichtlich

- Zielinhalt und -umfang: Was und wieviel soll mit dem Zielelement erreicht werden?

- Zielgewicht: Welchen Einfluß hat das Teilziel auf das Gesamtziel?

- Verantwortlichkeit: Wer ist für die Erreichung der Zielelemente verantwortlich?

- Termin- und Kostenvorgaben: Welche Termin- und Kostenvorgaben für die Erreichung der Zielelemente sind bekannt?

Phase 8: Zielvorgabe

Nachdem die Ziele formuliert sind, müssen sie den betreffenden Stellen zur Verfolgung vorgegeben werden. Dies sollte in schriftlicher Form geschehen, damit jederzeit eine Reproduzierbarkeit der vorgegebenen Ziele möglich ist. Dabei kann man formlos vorgehen oder vorgefertigte Formblätter verwenden. Sind die für die Erreichung der Zielelemente zuständigen Stellen an der Zielsuche und Zielformulierung beteiligt gewesen, ist ihr Wille zur Erreichung der Ziele wesentlich stärker. Angeordnete Ziele dagegen verhindern die Entfaltung zusätzlicher Leistungskräfte; diese werden jedoch dann freigemacht, wenn die Zielfestlegung kooperativ erfolgt.

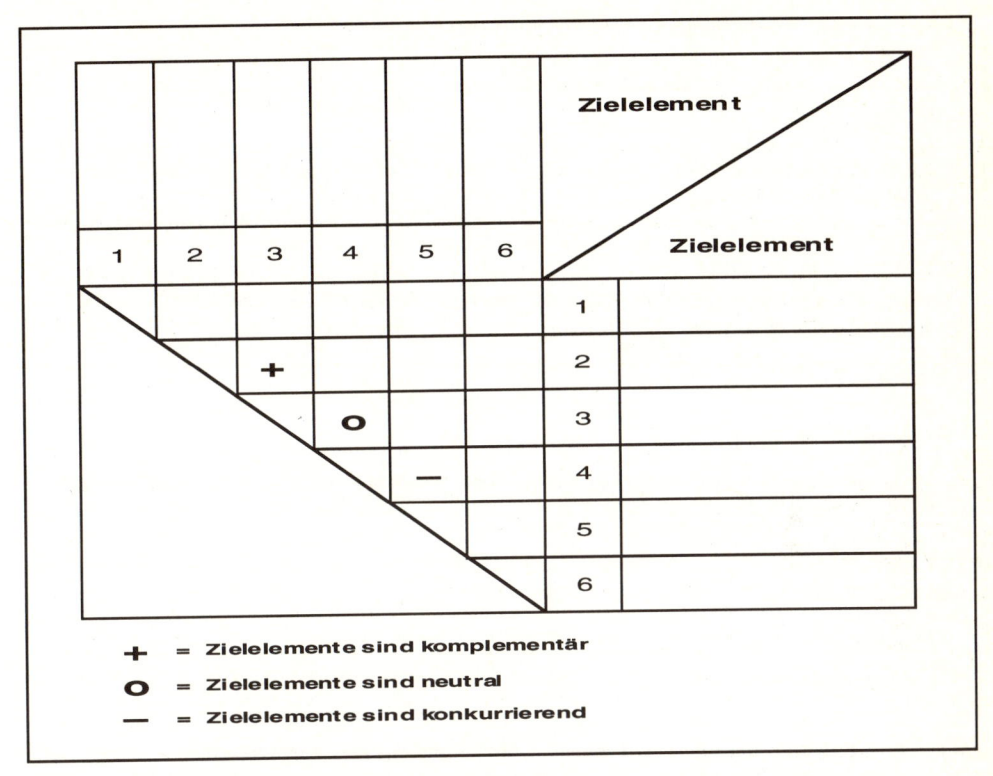

Abb. 5.1.19: Prüfung der Zielkompatibilität mit Hilfe einer Matrix
(Quelle: Schmitz 1978, S. 19)

5.1.3.1.2 Beispiel für Zielanalysen

Eine vollständige Wiedergabe einer Zielanalyse ist aus Umfangsgründen hier nicht möglich. Anhand eines Beispiels seien jedoch die wesentlichen Merkmale von Zielkatalogen verdeutlicht. So sind auszugsweise aus einer Zielanalyse für die Industrialisierung eines Entwicklungslandes in Abbildung 5.1.20 der Zielkatalog (1. Ebene) und in Abbildung 5.1.21 die Formulierung eines Teilziels wiedergegeben.

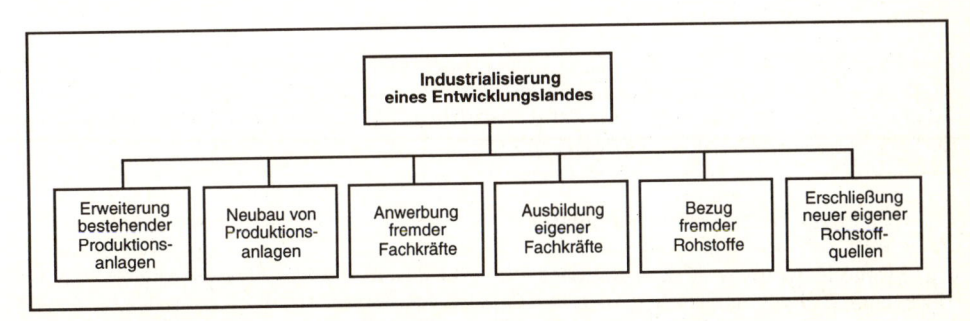

Abb. 5.1.20: Zielanalyse für die Industrialisierung eines Entwicklungslandes
(Quelle: Schmitz 1978, S. 20)

> *Zielinhalt und -umfang:*
>
> - Durch die Ausbildung eigener Fachkräfte soll die eigenständige Leistung und Bedienung der geplanten Produktionsanlagen sichergestellt werden.
> - Für die Ausbildung sind entsprechende Ausbildungsstätten zu errichten; es sollen ausländische Ausbilder angeworben werden.
>
> *Zielgewicht:*
>
> - Im Rahmen des Gesamtziels "Industrialisierung" nimmt das Zielelement "Ausbildung neuer Fachkräfte" eine bedeutende Stellung ein.
> - Das relative Gewicht beträgt 20 %.
>
> *Verantwortlichkeit:*
>
> - Für die Verfolgung des Zieles ist das Bildungsministerium verantwortlich; es hat die Ausbildung in enger Zusammenarbeit mit dem für den Bau der Produktionsanlagen zuständigen Wirtschaftsministerium vorzubereiten und durchzuführen.
>
> *Termin- und Kostenvorgaben:*
>
> - Ausgebildete Fachkräfte müssen bei Inbetriebnahme der Produktionsanlagen zur Verfügung stehen.
> - Die Ausbildungskosten werden vom Budget des Bildungsministeriums getragen.

Abb. 5.1.21: Formulierung des Teilziels Ausbildung eigener Fachleute (Quelle: Schmitz 1978, S. 21)

5.1.3.2 Methoden der Prioritätensetzung

Prioritätensetzungen werden häufig intuitiv und formlos, damit für andere nicht nachvollziehbar und diskutierbar, durchgeführt. Dies ändert sich, wenn geeignete Verfahren angewandt werden. Hierbei läuft die Prioritätensetzung in typischen Phasen ab. Diese sind (gemäß Schmitz 1978, S. 103):

- Definition des Prioritätenproblems,
- Auswahl eines Verfahrens zur Prioritätensetzung,
- Anwendung des Verfahrens und
- Erstellen eines Maßnahmen-Katalogs.

Für qualitativ erfaßbare Prioritätenparameter seien die Methoden des singulären Vergleichs sowie das Matrix-Verfahren aufgeführt, für quantitativ erfaßbare Prioritätenparameter die ABC-Analyse sowie das Delta-Verfahren. Das Relevanzbaum-Verfahren kann je nach Ausgestaltung für beide Arten der Parameter eingesetzt werden.

5.1.3.2.1 ABC-Analyse (Pareto-Analyse)

Die Methode wurde von dem Italiener Vilfredo Pareto (1848-1923) entwickelt, der eine allgemeine Beziehung zwischen Wert und Qualität feststellte. So kann z. B. in einem Geschäft üblicherweise festgestellt werden, daß 20% der verschiedenen Artikel 80% des Gesamtumsatzes ausmachen (Hutchins 1980). Bei der Problembearbeitung wird die Pareto-Analyse oft angewendet, um die wesentlichen Fehler zu ermitteln. Dabei sind folgende Schritte durchzuführen:

1. Entscheidung über den Untersuchungsgegenstand.
   Es wird festgelegt, welche Fehler genauer untersucht werden sollen.

2. Festlegung des Untersuchungszeitraumes.
   Es wird festgelegt, welche bereits erhobenen Daten aus einer Meßperiode (z. B. Tag, Monat) untersucht werden sollen bzw. über welchen Zeitraum Daten selber gesammelt werden sollen.

3. Sammlung von Daten.
   Es werden Stichprobenprüfungen durchgeführt und die Ergebnisse in Form von Checklisten festgehalten (siehe Abbildung 5.1.22).

Fehler bei	Montageoperationen X	Fehlerzahl
A	falsches Kabel	26
B	falscher Stecker	8
C	nicht gesteckt	77
D	falsch verlegt	17
E	Kabel beschädigt	17
		ges. 145

Abb. 5.1.22: Daten zum Beispiel der Pareto-Analyse (Quelle: Küchler 1981)

4. Nach Durchführung der Datensammlung werden die Fehler als Säulen in eine Graphik übertragen, gemäß ihrer Häufigkeit von links nach rechts abnehmend (siehe Abbildung 5.1.23).

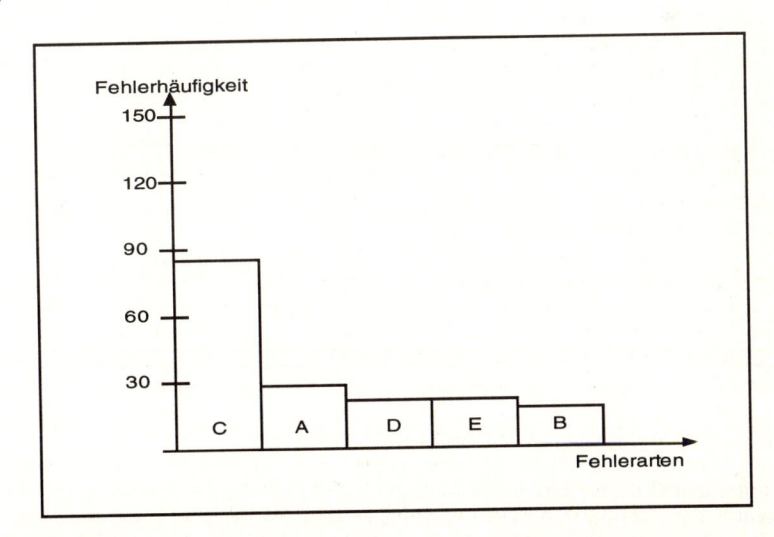

Abb. 5.1.23: Fehlerarten und Fehlerhäufigkeiten für ein Beispiel zur Pareto-Analyse (Quelle: Küchler 1981)

5. Wertzuordnung.
Jedem Fehler wird ein bestimmter Wert zugeordnet; als Maßstab kommen z. B. die Reparaturkosten in Frage. Für das vorliegende Beispiel werden die Kosten in Abbildung 5.1.24 angenommen. Aus diesen Kosten ergibt sich dann eine Fehlerarten-Reihenfolge wie in Abbildung 5.1.25.

Fehlerart	Kosten/Fehler	Anzahl	DM/Schicht
A. falsches Kabel	5,20 DM	26	135,20 DM
B. falscher Stecker	2,10 DM	8	16,80 DM
C. nicht gesteckt	0,80 DM	77	61,60 DM
D. falsch verlegt	4,30 DM	17	73,10 DM
E. Kabel beschädigt	8,40 DM	17	142,80 DM
			429,50 DM gesamt

Abb. 5.1.24: Kosten der Fehler im Beispiel zur Pareto-Analyse (Quelle: Küchler 1981)

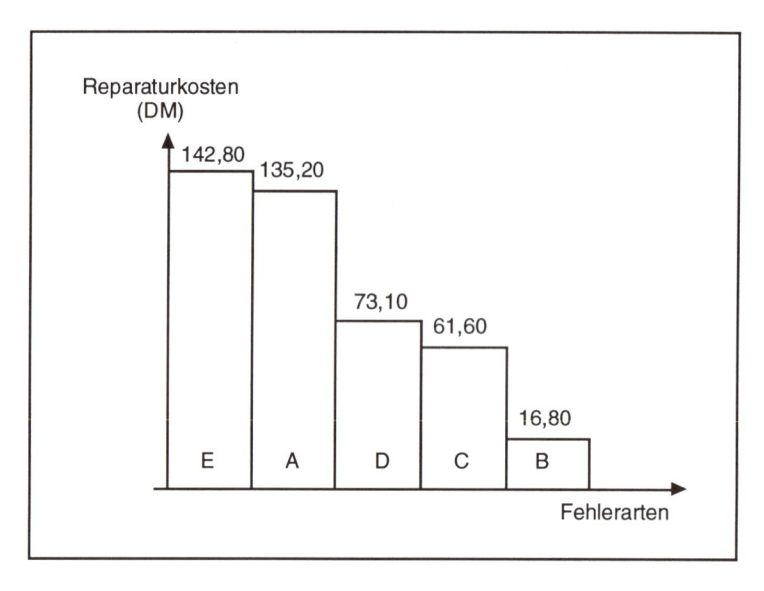

Abb. 5.1.25: Fehlerkosten-Reihenfolge für ein Beispiel zur Pareto-Analyse (Quelle: Küchler 1981)

Aus diesem Analyseergebnis läßt sich die Entscheidung ableiten, nicht den häufigsten Fehler C, sondern den kostenmäßig gewichtigsten Fehler E zu untersuchen.

6. Erstellen der Pareto-Kurve (Summenhäufigkeitskurve).
Mit der Pareto-Kurve sollen die unterschiedlichen Bedeutungen der einzelnen Fehler im Gesamtzusammenhang dargestellt werden. Auf das hier beschriebene Beispiel bezogen wird die Kurve in Abbildung 5.1.26 wie folgt erstellt: Auf der y-Achse wird eine Skala eingetragen, die bei der Summe der Reparaturkosten aller 5 Fehlerarten endet; auf der x-Achse werden die Fehlerarten eingetragen und zwar jeweils seitlich versetzt, wobei als Basis die Höhe der vorangegangenen Fehlerart benutzt wird. Es ist zu erkennen, daß durch die Be-

seitigung der Fehler E und A bereits fast 65% der Reparaturkosten eingespart werden. Die hier eingezeichnete Kurve wird auch als "kumulative" bezeichnet, da die Lösung eines Problems auf der Lösung des vorhergehenden aufbaut (Heeg 1988b).

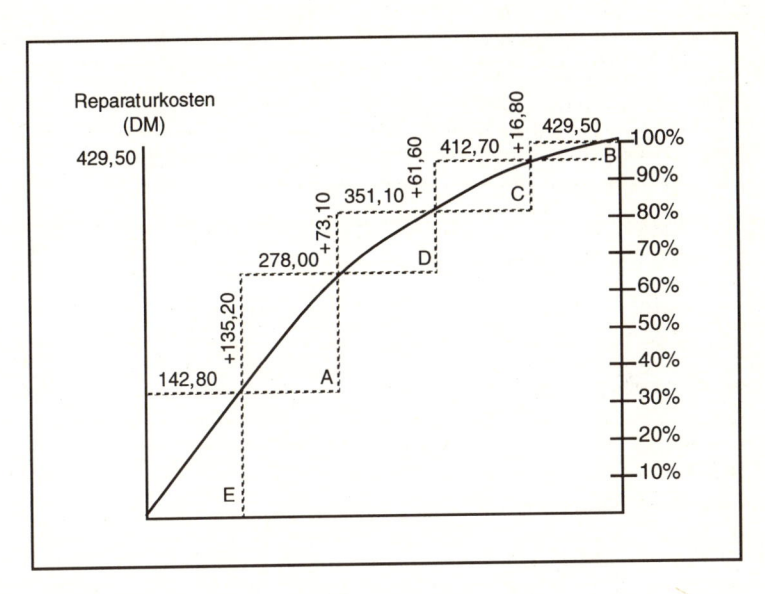

Abb. 5.1.26: Pareto-Kurve zum Textbeispiel (Quelle: Küchler 1981)

5.1.3.2.2 Verfahren der singulären Vergleiche (Schmitz 1978)

Bei der Anwendung dieses Verfahrens setzt man sich zum Ziel, alle Kriterien mit einem bestimmten anderen, nämlich dem wichtigsten, Kriterium zu vergleichen. Dabei geht man folgendermaßen vor:

1. Schritt: Auflistung der Kriterien entsprechend ihrer Rangfolge (Abbildung 5.1.27)

2. Schritt: Ermittlung der Wichtigkeiten
Hierbei wird die Frage gestellt, mit welchem Faktor ein Kriterium multipliziert werden muß, um dessen Wichtigkeit im Verhältnis zu dem an erster Stelle genannten und wichtigsten Kriterium zu kennzeichnen (Abbildung 5.1.27).

3. Schritt: Normierung der Wichtigkeitsfaktoren
Um die prozentualen Gewichte zu erhalten, müssen die Wichtigkeiten so normiert werden, daß ihre Summe 100% ergibt; für diese Transformation gilt folgende Beziehung:

$$\text{Gewicht (\%)} = \frac{\text{Wichtigkeit } W_i}{\text{Summe aller Wichtigkeiten}} \cdot 100$$

Man kann dieses Verfahren noch verfeinern, indem man jeweils das nachrangige Kriterium mit den davorliegenden vergleicht. Die Wichtigkeit eines Kriteriums erhält man dann durch Multiplikation aller davorliegenden Wichtigkeitsfaktoren. Anschließend erfolgt auch dann eine Normierung auf 100% anhand der zuvor genannten Formel (Abbildung 5.1.27).

Sowohl beim einfachen als auch beim verfeinerten singulären Vergleich handelt es sich um sehr einfach anwendbare und gut reproduzierbare Verfahren. Sie eignen sich insbesondere dann, wenn eine Prioritätensetzung mit wenig Aufwand und schnell erfolgen soll.

1. Schritt:	Auflistung der Kriterien entsprechend ihrer Rangfolge
2. Schritt:	Ermittlung der Wichtigkeiten
3. Schritt:	Normierung der Wichtigkeitsfaktoren

Teilkriterium	Rangfolge	Wichtigkeit	Gewicht *
Bremsverhalten	1	$W_1 = 1,0$	32,3
Seitenwindempfindlichkeit	2	$\frac{W_2}{W_1} = 0,9$	29,0
Kopfstützen	3	$\frac{W_3}{W_1} = 0,7$	22,6
Reifenart	4	$\frac{W_4}{W_1} = 0,5$	16,1
SUMME		$= 3,1$	100,0

$$* \text{ Gewicht in \%} = \frac{\text{Wichtigkeit}}{\text{Summe aller Wichtigkeiten}} \cdot 100$$

Abb. 5.1.27: Schritte der singulären Vergleiche (Quelle: Schmitz 1978, S. 111)

5.1.3.2.3 Matrixverfahren (Schmitz 1978)

Das Matrixverfahren geht von der Vorstellung aus, jedes Relevanzkriterium mit jedem anderen zu vergleichen. Damit ist es ein sehr gründliches Verfahren zur Ermittlung von Prioritäten. In einer Matrix werden die Bewertungskriterien gemäß Abbildung 5.1.28 sowohl in den Zeilen als auch in den Spalten aufgelistet und einzeln miteinander verglichen. Dabei sind folgende Regeln zu beachten:

a) Das dominierende, wichtigere Kriterium erhält 1 Punkt.
   Bei gleicher Wichtigkeit erhalten beide Kriterien 1/2 Punkt.
   Eine andere Abstufung als 1/2 und 1 (z. B. geringfügig wichtiger = 2 Punkte; viel wichtiger = 4 Punkte) ist nicht zulässig.

b) Bei dem Vergleich der einzelnen Merkmale dürfen keine Widersprüche auftreten. Da nicht alle Entscheidungen frei sind, müssen die "indirekten" Entscheidungen oder Zwangsbedingungen festgestellt werden.

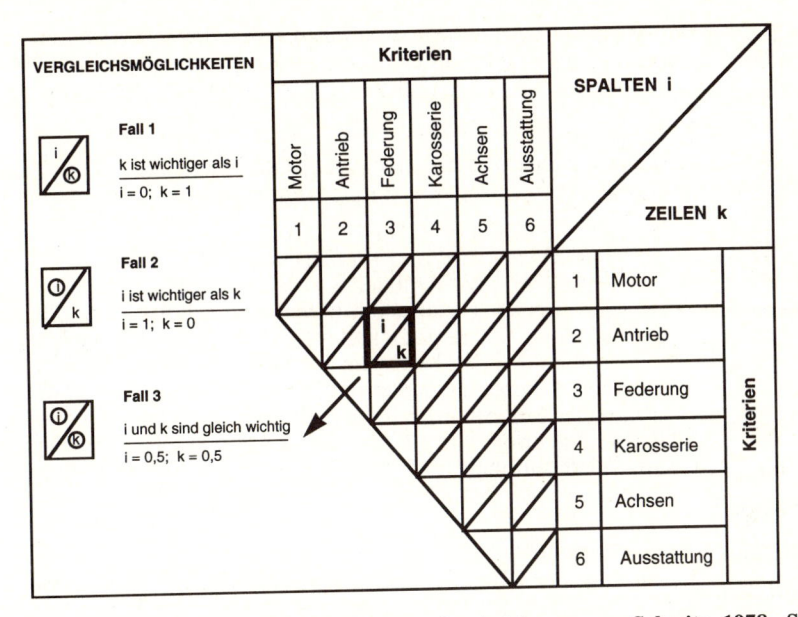

Abb. 5.1.28: Grundlagen des Matrixverfahrens (in Anlehnung an Schmitz 1978, S. 115)

In Abbildung 5.1.29 ist ein Beispiel für eine Zwangsbedingung aufgezeigt; demnach ist Kriterium 1 wichtiger als Kriterium 2, Kriterium 5 gleich wichtig wie Kriterium 1. Daraus folgt dann indirekt, daß Kriterium 5 wichtiger sein muß als Kriterium 2.

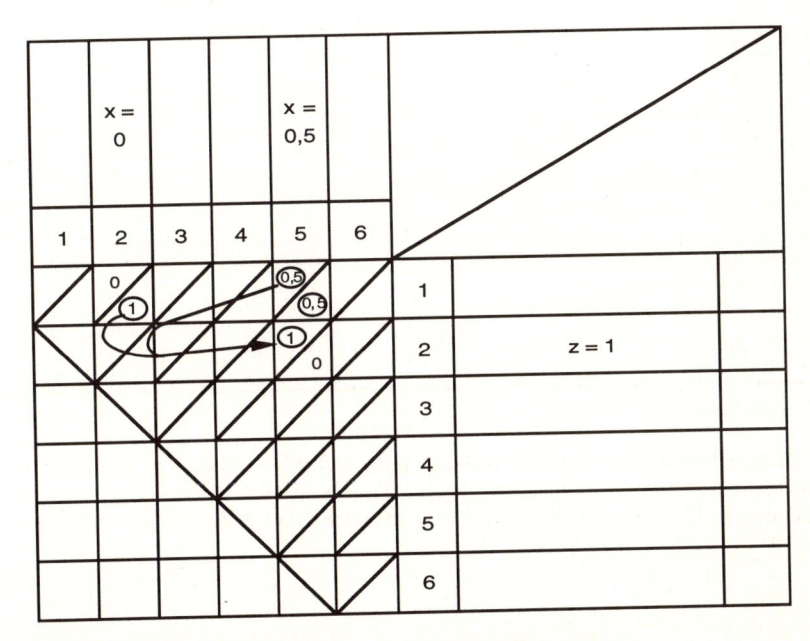

Abb. 5.1.29: Beispiel für das Erstellen von Zwangsbedingungen (in Anlehnung an Schmitz 1978, S. 116)

Die vier Schritte des Matrixverfahrens werden anhand eines Beispiels aus einer Pkw-Bewertung erläutert; dabei sollen die Wichtigkeiten der einzelnen Bewertungskriterien ermittelt werden.

1. Schritt: Aufstellen der Matrix
Die zu gewichtenden Kriterien oder Ziele werden in beliebiger Reihenfolge in Matrixform angeordnet.

2. Schritt: Zeilenweiser Vergleich der einzelnen Kriterien miteinander
Zeilenweise werden die Kriterien I mit den Kriterien K verglichen und die sich aus diesem Vergleich ergebenden Zwangsbedingungen festgestellt (Abbildung 5.1.30). In Abbildung 5.1.30 ist das Kriterium der ersten Zeile (Fahreigenschaften) mit den Spaltenkriterien verglichen worden. Dabei wurde festgelegt, daß das Kriterium I 3 Sicherheit wichtiger ist als das Kriterium K 1 Fahreigenschaften. Da aber das Kriterium K 1 Fahreigenschaften wichtiger ist als alle anderen Kriterien, muß das Kriterium I 3 Sicherheit auch wichtiger sein als die übrigen Kriterien. Es wird demnach als erstes eingetragen, daß I 3 Sicherheit wichtiger ist als K 2 Komfort (Zeile 2), K 4 Ausstattung und K 5 Wartung (Zeile 3). Nun werden die weiteren Zeilen und Spalten verglichen, so daß letztlich die vollständig ausgefüllte Matrix erstellt ist.

3. Schritt: Ermittlung der Rangfolge
Zur Ermittlung der Rangfolge der Kriterien wird festgestellt, wie oft ein einzelnes Kriterium den anderen Kriterien vorgezogen (ein Punkt) oder gleichgestellt (ein halber Punkt) wurde. Dies geschieht durch Auszählen der in den Spalten und Zeilen vorgegebenen Punkte. Das Kriterium mit der höchsten Punktzahl kommt an die erste Stelle der Rangskala, das mit den niedrigsten Punkten an die letzte Stelle der Rangskala.

Es läßt sich sehr leicht überprüfen, ob man richtig gerechnet hat: hierzu bildet man die Summe der Rangzahlen R_i aller Kriterien nach folgender Formel:

$$R_i = \frac{n(n+1)}{2} = \frac{5(5+1)}{2} = 15$$

wobei n die Anzahl der Kriterien ist.

4. Schritt: Festlegung der Gewichte
Mit Hilfe der Rangfolge der Kriterien fällt es leichter, die Gewichte festzulegen. Man kann in erster Näherung die vergebenen Punktzahlen normieren und hieraus die Gewichte ableiten oder nach der Formel

$$g_i = \frac{2(n+1-R_i)}{n(n+1)}$$

mit R_i als Rangzahl (1 als höchstem Rang) n als Anzahl der Kriterien und $(n+1-R_i)$ als Punktzahl errechnen. Es ist offensichtlich, daß die mit Hilfe des Matrixverfahrens ermittelten Gewichte eine arithmetische Reihe bilden; bei dem vorliegenden Beispiel lautet sie

6,7; 13,3; 20,0; 26,7; 33,3 %.

Der Summenfaktor f beträgt 6,7% und errechnet sich allgemein nach folgender Formel:

$$f = \frac{100}{\dfrac{n(n+1)}{2}} = \frac{100}{\dfrac{5 \cdot 6}{2}} = 0{,}066$$

Bewertungskriterien							Rangfolge R_i	Gewicht in %
Fahreigenschaften	Komfort	Sicherheit	Ausstattung	Wartung	Spalte I / Zeile K			
1	2	3	4	5				
0,5 / 0,5	0 / 1	1 / 0	0 / 1	0 / 1	1	1/2 + 1/2 + 1 + 0 + 1 + 1 = 4	2	26,7
	0,5 / 0,5	1 / 0	0 / 1	0 / 1	2	0 + 1/2 + 1/2 + 0 + 1 + 1 = 3	3	20,0
		0,5 / 0,5	0 / 1	0 / 1	3	1 + 1 + 1/2 + 1/2 + 1 + 1 = 5	1	33,3
			0,5 / 0,5	1 / 0	4	0 + 0 + 0 + 1/2 + 1/2 + 0 = 1	5	6,7
				0,5 / 0,5	5	0 + 0 + 0 + 1 + 1/2 + 1/2 = 2	4	13,3
					Summe:		15	100

Abb. 5.1.30: Matrixverfahren (in Anlehnung an Schmitz 1978, S. 120)

Wenn man der Meinung ist, daß eine solche arithmetische Abstufung nicht gerechtfertigt ist, sollte man entsprechende Korrekturen vornehmen.

Folgende Beurteilung erscheint dem Matrixverfahren angemessen:

- das Matrixverfahren hat einen hohen Formalisierungsgrad, und es ist dadurch leicht nachzuvollziehen,
- es erzielt eine weitgehende Objektivierung und Versachlichung des Prioritätenproblems dadurch, daß jedes Kriterium mit jedem verglichen wird,
- die Beachtung der Zwangsbedingungen erschwert die ansonsten einfache Anwendung,
- auch wird das Verfahren bei sehr vielen Kriterien unübersichtlich.

5.1.3.2.4 Deltaverfahren (Schmitz 1978)

Das Deltaverfahren geht von dem Prinzip der Nutzwertanalyse (Kapitel 5.1.3.3) aus. Damit ermittelt man die Gewichte der Kriterien, indem man die Frage stellt, um welchen Wert jedes einzelne Merkmal verbessert werden soll, wenn man damit jeweils eine gleich große Nutzwertsteigerung erzielen soll. Man würde also beispielsweise definieren, daß mit der Steigerung der Fahrgeschwindigkeit eines Pkw von 140 km/h auf 150 km/h eine bestimmte, aber zahlenmäßig nicht bekannte Nutzwertsteigerung erreicht wird und hätte dann bei allen übrigen Kriterien zu fragen, um welche Werte deren Eigenschaften verbessert werden müßten, um genau die gleiche Nutzwertsteigerung hervorzurufen (Abbildung 5.1.31).

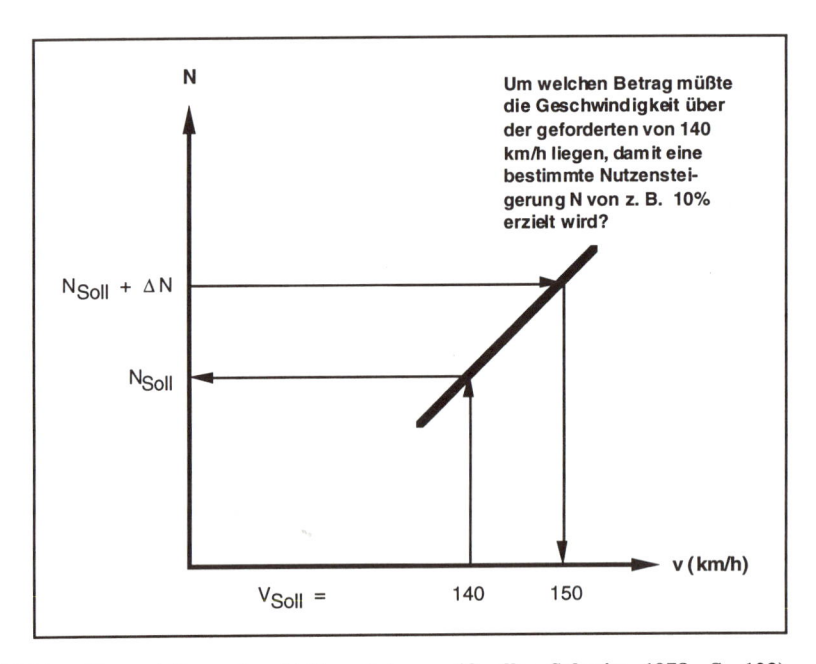

Abb. 5.1.31: Fragestellung des Deltaverfahrens (Quelle: Schmitz 1978, S. 123)

Aufgrund der Nutzentheorie (Kapitel 5.1.3.3) gilt

$$N = w \, E$$

mit N als Nutzwert, w als Gewicht des Kriteriums, E als Erfüllungsgrad (E ist eine jeweils zu definierende Funktion der Eigenschaften).

Man erhält einen normierten Nutzen N, wenn man den höheren, abgefragten Erfüllungsgrad $(E_O + \Delta E_g)$ auf den bekannten Basiserfüllungsgrad E_O bezieht.

Da im Deltaverfahren definiert ist, daß alle Änderungen der Eigenschaften E eine jeweils gleich große Änderung des Nutzens N bewirken sollen, gilt

$$w_1 = \frac{E_{01} + \Delta E_1}{E_{01}} = w_2 = \frac{E_{02} + \Delta E_2}{E_{02}} = w_i = \frac{E_{0i} + \Delta E_i}{E_{0i}}$$

mit w_i als gesuchten Gewichten, E_{0i} als Basiserfüllungsgrad und ΔE_i als Steigerung der Erfüllungsgrade, die aufgrund der abgefragten Eigenschaftsänderung (bei gleicher Nutzensteigerung) ermittelt wird. Wenn man den Quotienten

$$\frac{E_{0i} + \Delta E_i}{E_{0i}}$$

einfachheitshalber als q_i bezeichnet, gelten folgende Beziehungen:

$$w_2 = w_1 \times \frac{q_1}{q_2} \quad \text{bzw. allgemein:} \quad w_i = w_1 \times \frac{q_1}{q_i}$$

Bereits bekannt ist, daß die Summe aller Gewichte 100% (oder 1) sein muß,

$$\sum_{i=1}^{n} w_i = 1$$

und daher kann abschließend folgende Beziehung aufgestellt werden:

$$w_i \left(1 + \frac{q_1}{q_2} + \ldots \frac{q_1}{q_n}\right) = 1$$

Damit kann man zunächst w_1 ermitteln und anschließend die übrigen Gewichte. Um das Deltaverfahren anwenden zu können, müssen also folgende Daten bekannt sein bzw. ermittelt werden:

- Erfüllungsgradfunktion $E = f(L)$,
- Basiserfüllungsgrade E_{0i},
- Änderungen der Eigenschaften und Erfüllungsgrade $(E_0 + \Delta E_1)$ bei jeweils gleicher Nutzwertsteigerung.

Ablauf des Deltaverfahrens

Das Deltaverfahren läuft in fünf Schritten ab, die anhand der Gewichtung einiger quantifizierbarer Kriterien aus einer Pkw-Bewertung erläutert werden sollen.

1. Schritt: Definition der Merkmale und der geforderten Werte

Zunächst werden die für das Prioritätenproblem relevanten Merkmale definiert und deren geforderte Werte (Normwerte) festgelegt. Dabei ist zu überprüfen, ob außer den quantifizierbaren Merkmalen auch nicht quantifizierbare Merkmale vorliegen. Werden solche Merkmale erkannt, muß ein anderes Verfahren ausgewählt werden (Abbildung 5.1.32).

2. Schritt: Aufstellen der Erfüllungsgradfunktionen

Für jedes Kriterium sind die Mindest- und Maximalforderungen festzulegen. Im Zusammenhang mit der Notenskala von 1 - 6 ergibt sich daraus die Erfüllungsgradfunktion. Es sind nur lineare Funktionen zugelassen (Abbildung 5.1.33).

Merkmale	Geforderter Wert des Merkmals	Änderung der Werte bei gleicher Nutzungssteigerung
M1: Geschwindigkeit	v = 120 km/h	v = + 15 km/h
M2: Benzinverbrauch	b_v = 10 l/100 km	b_v = - 0,2 l/100 km
M3: Kofferrauminhalt	k = 375 l	k = + 100 l
M4: Wendekreis	w = 10 m	w = - 0,4 m

Abb. 5.1.32: Merkmale und Werte zum Beispiel des Deltaverfahrens (in Anlehnung an Schmitz 1978, S. 126 und S. 128)

Geschwindigkeit v

$E = a \cdot v + b$
$= 0,125 \cdot v - 11,5$

$E_{120} = 3,5$
$E_{135} = 5,375$

Kofferrauminhalt k

$E = a \cdot k + b$
$= 0,02 \cdot k - 4$

$E_{375} = 3,5$
$E_{475} = 5,5$

Benzinverbrauch b_v

$E = a \cdot b_v + b$
$= -1,25 \cdot b_v + 16$

$E_{10} = 3,5$
$E_{9,8} = 3,75$

Wendekreis w

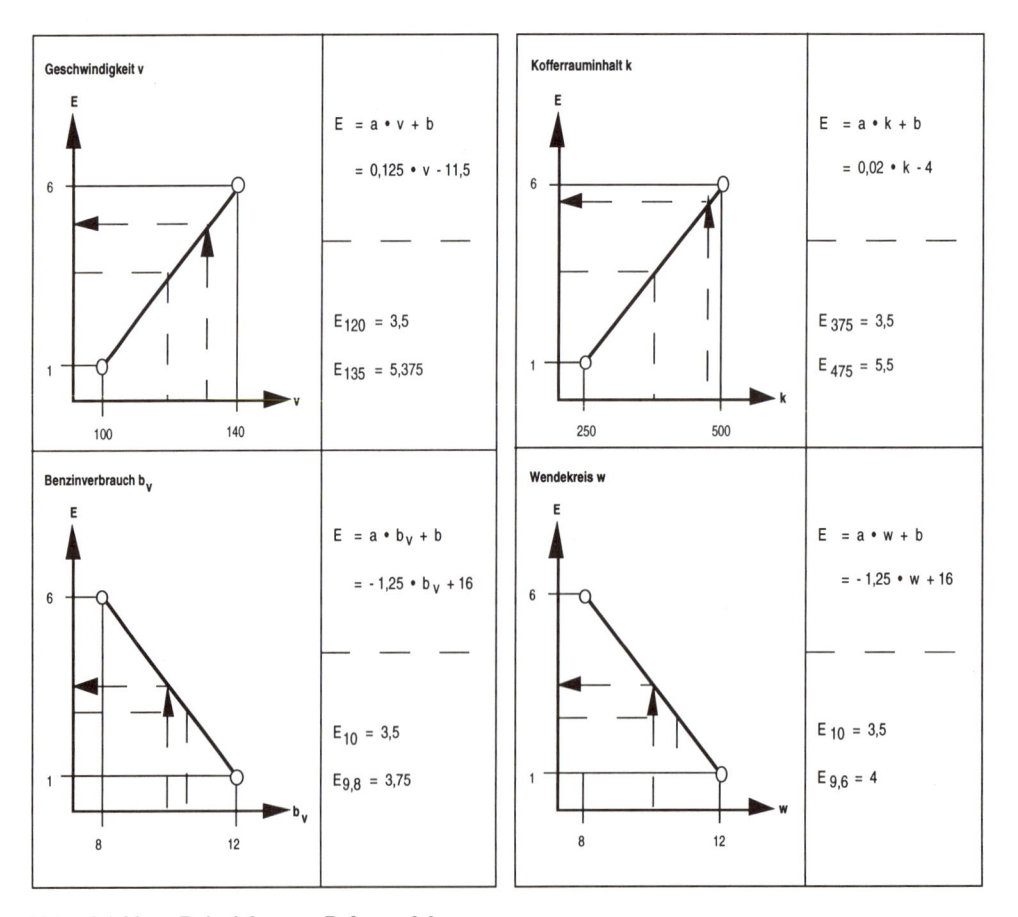

$E = a \cdot w + b$
$= -1,25 \cdot w + 16$

$E_{10} = 3,5$
$E_{9,6} = 4$

Abb. 5.1.33: Beispiel zum Deltaverfahren (in Anlehnung an Schmitz 1978, S. 127 und S. 129)

3. Schritt: Abschätzen der Eigenschaftsänderung bei jeweils gleicher Nutzensteigerung

Als Grundlage für diesen Schritt ist zunächst eine bestimmte Nutzwertsteigerung für ein Kriterium festzulegen, die dann Vergleichswert für die Abschätzung der Änderungen der übrigen Kriterien ist. Entsprechend diesem Prinzip wird dann, bezogen auf die vorgegebene Nutzensteigerung für jedes Merkmal, eine Änderung des Merkmalwerts festgelegt. Bei dem vorliegenden Beispiel fragt man: um welchen Betrag muß der Benzinverbrauch verbessert werden, um die gleiche Nutzensteigerung zu erzielen wie mit einer Steigerung der Fahrgeschwindigkeit von 15 km/h?

4. Schritt: Ermittlung der Erfüllungsgrade

Für die geforderten mittleren Eigenschaften und für die Änderung der Eigenschaften sind die zugehörigen Erfüllungsgrade aus den entsprechenden Erfüllungsgradfunktionen zu entnehmen (Abbildung 5.1.33).

5. Schritt: Berechnung der Gewichte und Interpretationen des Ergebnisses

Mit den vorgegebenen Beziehungen des Deltaverfahrens werden dann die einzelnen Gewichte berechnet (Abbildung 5.1.34).

---

1) Ermittlung von $q_i = \dfrac{E_{01} + \Delta E_1}{E_{01}}$

$q_1 = \dfrac{5{,}375}{3{,}5} = 1{,}54$ $\qquad q_2 = \dfrac{3{,}75}{3{,}5} = 1{,}07$

$q_3 = \dfrac{5{,}5}{3{,}5} = 1{,}57$ $\qquad q_4 = \dfrac{4}{3{,}5} = 1{,}14$

---

2) Aus $w_i \cdot (1 + \dfrac{q_1}{q_2} + \dfrac{q_1}{q_3} + \cdots) = 1$ folgt:

$w_i \cdot (1 + \dfrac{1{,}54}{1{,}07} + \dfrac{1{,}54}{1{,}57} + \dfrac{1{,}54}{1{,}14}) = 1$

$w_1 = \dfrac{1}{4{,}77} = 0{,}21$

---

3) Aus $w_i = w_i \cdot \dfrac{q_1}{q_i}$ folgt:

$w_2 = 0{,}21 \cdot \dfrac{1{,}54}{1{,}07} = 0{,}30$

$w_3 = 0{,}21 \cdot \dfrac{1{,}54}{1{,}57} = 0{,}20$

$w_4 = 0{,}21 \cdot \dfrac{1{,}54}{1{,}14} = 0{,}28$

Abb. 5.1.34: Gewichte zum Beispiel des Deltaverfahrens (Quelle: Schmitz 1978, S. 130)

Voraussetzungen für die Anwendung des Deltaverfahrens sind quantitative Merkmalswerte sowie lineare Erfüllungsgradfunktionen. Als Vorteile des Verfahrens gelten der hohe Formalisierungsgrad und die große Reproduzierbarkeit und die weitgehende Objektivierung und Versachlichung der Prioritätensetzung dadurch, daß eine Abschätzung der Merkmalsänderung (bei gleicher Nutzwertsteigerung) Grundlage des Verfahrens ist. Nachteile dagegen sind darin zu sehen, daß

- das Verfahren nur anwendbar ist, wenn quantifizierbare Merkmale vorliegen,
- der Rechneraufwand je größer ist, desto mehr Prioritätenmerkmale vorliegen,
- die Aussage, um wieviel eine Eigenschaft verbessert werden muß, um eine bestimmte Nutzwertsteigerung zu erreichen, nicht immer einfach zu treffen ist.

5.1.3.2.5 Relevanzbaumverfahren (Schmitz 1978)

Mit dem Relevanzbaumverfahren kann man aus einer allgemein formulierten Zielsetzung gewichtete Teilziele ableiten. Dies erfolgt in der Form, daß man die Ziele entsprechend ihrer funktionalen Zusammenhänge und entsprechend ihrer Bedeutung hierarchisch strukturiert und dann quantitativ gewichtet. Das Relevanzbaumverfahren wird insbesondere dann angewendet, wenn eine Vielzahl von Relevanzkriterien vorliegt. Die Aufgliederung des Relevanzproblems in einzelne Relevanzpakete erlaubt eine einfachere Ermittlung von Relevanzzahlen. Diese können dann für jedes einzelne Relevanzpaket mit einer der zuvor beschriebenen Varianten, z. B. mit der Methode des sukzessiven Vergleichs oder dem Matrixverfahren, ermittelt werden.

Nach der Definition des Prioritätenproblems und der Auswahl des Relevanzbaumverfahrens vollzieht sich dessen Anwendung in sechs Schritten, die anhand eines Beispiels aus der Festlegung von Unternehmenszielen erläutert sind.

1. Schritt: Bestimmung des Relevanzobjekts

Zunächst muß das Relevanzobjekt definiert und abgegrenzt werden. "Objekte" von Relevanzbäumen können z. B.

- Systeme,
- Probleme,
- Produktgebiete,
- Maßnahmen,
- Aufgaben,
- Institutionen,
- Technologien

sein. Bei dem vorliegenden Beispiel handelt es sich um Maßnahmen zum Erreichen das Unternehmensziels: "Sicherung der Marktposition einer auf dem Gebiet der Pkw-Fertigung tätigen Firma". Es sollen alle bestehenden und zukünftigen externen Zielsetzungen (gesetzlicher oder volkswirtschaftlicher Art) sowie alle internen Zielsetzungen (technische Weiterentwicklung etc.) berücksichtigt werden.

2. Schritt: Strukturierung des Objekts und Bestimmung der Relevanzkriterien
(Abbildung 5.1.35 und 5.1.36)

Im zweiten Schritt wird das Objekt stufenweise in einzelne Elemente zerlegt und auf Zusammenhänge hin untersucht. Hierbei gelten die bei Strukturierungen üblichen Regeln und man führt folgende Teilschritte durch:

- Sammlung und Auswahl der Elemente,

- Bezeichnung der Ebenen,

- Verknüpfung der Elemente und Zuordnung auf den einzelnen Ebenen entsprechend ihrer Relevanz,

- Verfeinerung des Relevanzbaums und Überprüfung auf Vollständigkeit.

Durch dieses iterative Vorgehen schafft man eine übersichtliche Struktur, in der alle Elemente entsprechend ihrer Relevanz angeordnet und miteinander verknüpft sind. Das Aufstellen des Relevanzbaums erfolgt wegen der Komplexität des zu untersuchenden Problemkreises zweckmäßigerweise in Teamarbeit und unter Einschaltung entsprechender Fachleute.

3. Schritt: Bestimmung der Relevanzparameter

In diesem Schritt sind die Relevanzparameter festzulegen, d. h. die Parameter, die für die Ermittlung der Relevanzzahl ausschlaggebend sind. Die Relevanzkriterien sollen hinsichtlich ihrer langfristigen, d. h. bis zu 8 Jahren gültigen Bedeutung gewichtet werden. Relevanzparameter können z. B. sein:

- Relevanz hinsichtlich der zukünftigen Möglichkeiten einer kommerziellen Verwendbarkeit,

- Relevanz hinsichtlich einer kurzfristigen Realisierbarkeit,

- Relevanz hinsichtlich eines maximalen Ertrags,

- Relevanz hinsichtlich eines bestimmten Zeitraums.

Es ist durchaus möglich, mehrere Relevanzparameter festzulegen, allerdings muß dann die Ermittlung von Relevanzzahlen jeweils einzeln für einen bestimmten Relevanzparameter erfolgen.

4. Schritt: Quantifizierung der Relevanzen der einzelnen Relevanzpakete

Um die Relevanzunterschiede der einzelnen Elemente zu verdeutlichen, werden im letzten Schritt die Relevanzen mittels der vorstehend beschriebenen Verfahren (Abschnitte 5.1.3.2.2 - 5.1.3.2.4) quantifiziert. Hierbei sind folgende Teilschritte vorzunehmen:

- Auswahl des Quantifizierungsverfahrens

- Ermittlung der Relevanzzahlen aller einzelnen Elemente
  Für jedes Relevanzpaket werden Relevanzzahlen mit dem vorher ausgewählten Verfahren ermittelt. Die Summe der Einzelrelevanzen eines Pakets muß jeweils den Wert 1 ergeben.

5. Schritt: Ermitteln der Gesamtrelevanzen der Elemente

Ausgehend von der obersten Ebene des Relevanzbaums werden die Gesamtrelevanzen berechnet. Hierbei werden die Einzelrelevanzen der Elemente a der nächstniedrigeren Ebene jeweils mit der Gesamtrelevanz b des ihnen übergeordneten Elements multipliziert. Die Hochrechnung schließt mit der Prüfung ab, ob die Summe aller Elemente der untersten Ebene gleich 1 ist. Beispiel: 6 % = 0,5 • 12 % (Abbildung 5.1.36)

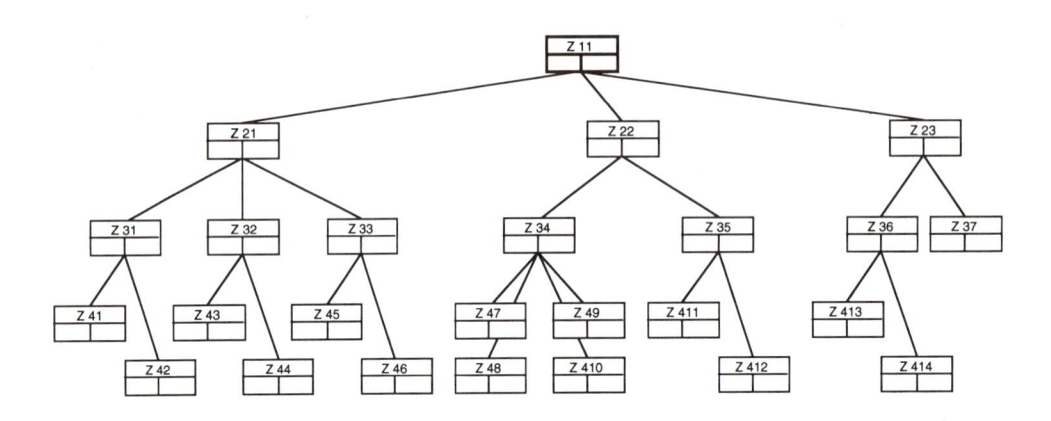

Ebene 1: **Oberste Zielsetzung**

Z 11   Sicherung der Marktposition der Firma

Ebene 2: **Teilziele**

Z 21   Erzielung technischer Verbesserungen
Z 22   Erfüllung gesetzlicher Maßnahmen
Z 23   Erfüllung volkswirtschaftlicher Zielsetzungen

Ebene 3: **Technische Probleme**

Z 31   Verbesserungen für Wartungs- und Instandsetzungsarbeiten
Z 32   Verbesserungen der Verkehrssicherheit der nächsten Modelle
Z 33   Verbesserungen der Verkehrssicherheit auf lange Sicht
Z 34   Verminderte Belästigung der Umwelt durch Abgase
Z 35   Verminderte Belästigung anderer Verkehrsteilnehmer (z. B. durch Blendung bei Dunkelheit)
Z 36   Verbesserung des innerstädtischen Individualverkehrs
Z 37   Verminderung der Abhängigkeit von Kraftstoffen auf Erdölbasis

Ebene 4: **Mögliche Innovationsmaßnahmen**

Z 41   Neues Wartungskonzept
Z 42   Verbesserungen an Kraftfahrzeug-Bauteilen
Z 43   Erleichterung der Handhabung, Verbesserung der Fahreigenschaften
Z 44   Erhöhung der inneren Sicherheit
Z 45   Verminderte Gefahr von Auffahrunfällen
Z 46   Verbesserte Manövrierbarkeit
Z 47   Zusatzantrieb für kleine Fahrgeschwindigkeiten
Z 49   Änderungen im Kraftstoffgemisch oder im Verbrennungsvorgang
Z 410   Änderung des Fahrzeug-Antriebsprinzips
Z 411   Verbesserungen an der Beleuchtungsanlage
Z 412   Konsequente Einführung polarisierender Glasscheiben
Z 413   Entwicklung einfacher, parkraumsparender Straßenfahrzeuge
Z 414   Entwicklung eines Systems von Leitschienenfahrzeugen

Abb. 5.1.35:   Objektstrukturierung (Quelle: Schmitz 1978, S. 132)

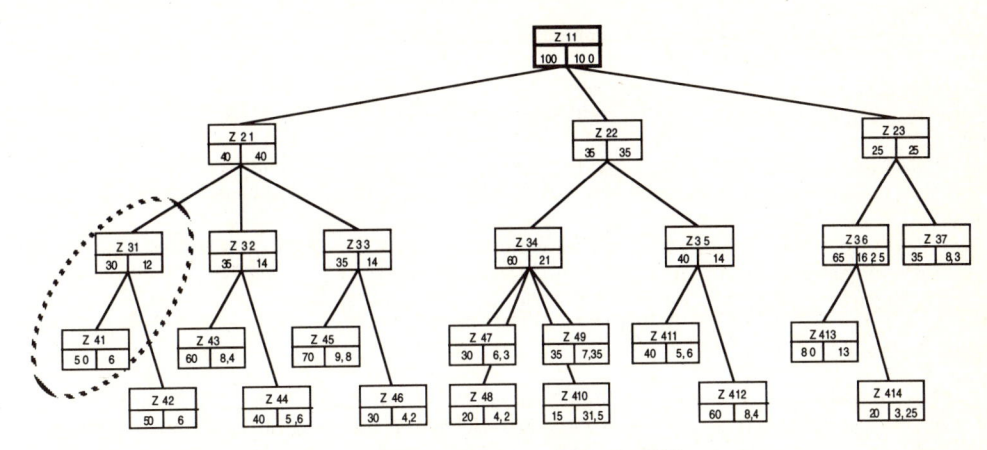

Abb. 5.1.36: Gesamtrelevanzen (Quelle: Schmitz 1978, S. 136)

6. Schritt: Ordnen der Kriterien entsprechend der Relevanzzahlen

Im letzten Schritt werden die Relevanzkriterien zweckmäßigerweise entsprechend ihrer Bedeutung für das Gesamtziel geordnet. Damit erhält man eine Kriterienliste, in der die wichtigsten Kriterien an oberster Stelle stehen und die weniger wichtigen weiter unten:

Nr.	Name	Relevanzzahl
Z 413	Entwicklung einfacher, parkraumsparender Straßenfahrzeuge	13,00
Z 45	verminderte Gefahr von Auffahrunfällen	9,80
Z 37	Verminderung der Abhängigkeiten von Kraftstoffen auf Erdölbasis	8,75
Z 43	Erleichterung der Handhabung, Verbesserung der Fahreigenschaften	8,40
Z 412	konsequente Einführung polarisierender Glasscheiben	8,40
Z 49	Änderungen im Kraftstoffgemisch oder im Verbrennungsvorgang	7,35
Z 47	Verbesserungen am Auspuff	6,30
Z 41	neues Werbekonzept	6,00
Z 42	Verbesserungen an Kraftfahrzeug-Bauteilen	6,00
Z 44	Erhöhung der inneren Sicherheit des Fahrgastraumes	5,60
Z 411	Verbesserungen an der Beleuchtungsanlage	5,60
Z 46	verbesserte Manövrierbarkeit bei Straßenglätte	4,20
Z 48	Zusatzantrieb für kleine Fahrgeschwindigkeiten	4,20
Z 414	Entwicklung eines Systems von Leitschienenfahrzeugen	3,25
Z 410	Änderung des Fahrzeug-Antriebsprinzips	3,25
	SUMME	**100,00**

Als Vorteile des Relevanzbaumverfahrens sind zu nennen:

- Das Relevanzbaumverfahren ist sehr universell und flexibel einsetzbar; es ermöglicht eine überschaubare und mit Relevanzzahlen bewertbare Strukturierung komplexer Probleme.
- Das Verfahren ist sehr praktikabel und erfordert keinen Einsatz von Verfahrensspezialisten. Es ist eine brauchbare Verständigungshilfe für interdisziplinäre Untersuchungen.
- Wenn die Voraussetzungen und Randbedingungen für den Relevanzbaum einem Wandel unterliegen, können regelmäßige Aktualisierungen durchgeführt werden; hierdurch wird der Relevanzbaum eine kontinuierlich anwendbare Arbeitsgrundlage.

Als Nachteile gelten:

- Das Aufstellen von aussagefähigen Relevanzbäumen erfordert einen nicht unerheblichen Zeit- und Kostenaufwand; daher sollte das Verfahren nur dann angewendet werden, wenn ein entsprechender Nutzen der Ergebnisse zu erwarten ist.
- Die Definition und Abgrenzung der einzelnen Ebenen gegeneinander ist nicht immer problemlos; hierfür können keine allgemeingültigen Richtlinien genannt werden.

5.1.3.3 Bewertungsverfahren, gezeigt am Beispiel der Nutzwertanalyse

5.1.3.3.1 Vorgehensweise bei der Nutzwertanalyse

Ein grundlegendes Problem im Bereich von Wirtschaft und Wissenschaft ergibt sich bei dem Vergleich einer Reihe von ähnlichen Objekten (Alternativen) hinsichtlich des aus ihren Eigenschaften (Kriterien) resultierenden Nutzens. Die Nutzwertanalyse stellt ein geeignetes Verfahren zur systematischen Lösung dieser Entscheidungsprobleme dar. Das dabei zu lösende allgemeine Problem läßt sich folgendermaßen formulieren: gegeben sind n Alternativen A_1, A_2, ..., A_n sowie k Kriterien dieser Alternativen K_1, K_2, ..., K_k. Für jede Alternative A_j ist nun ihr Gesamtnutzwert GN_j, der sich durch die Summation aller k Nutzwertbeiträge N_1, N_2, ..., N_k der relevanten Kriterien K_1, K_2, ..., K_k ergibt, zu ermitteln. Dies erfolgt durch die Anwendung der folgenden Formel:

$$GN_j = \sum_{i=1}^{k} N_{ij}; j \in \{1, 2, ..., n\}$$

Mit Hilfe des Nutzwertes GN_j läßt sich eine "Rangfolge der Alternativen" ermitteln.

Die jeweilige Größe des Nutzwertbeitrages N_i hängt stets von zwei Faktoren ab. Das Gewicht W_i entspricht der Bedeutung, die der Entscheidungsträger dem Kriterium K_i allgemein beimißt; eine große Zahl entspricht dabei einer hohen Bedeutung, eine kleine Zahl dagegen einer geringen Bedeutung. Der Erfüllungsgrad E_{ij} ist der Grad, mit dem für die Alternative A_j das Kriterium K_i die geforderte Eigenschaft erfüllt, - i.a. eine unmittelbare subjektive Benotung. Dabei entspricht ein großer Zahlenwert einem hohen Erfüllungsgrad, ein kleiner Zahlenwert einem niedrigen Erfüllungsgrad.

Der Nutzwert N_{ij} ergibt sich nun wie folgt:

$N_{ij} = W_i \cdot E_{ij}$, so daß gilt

$$GN_j = \sum_{i=1}^{k} N_{ij} = \sum_{i=1}^{k} w_i \cdot E_{ij} \quad \text{(Gesamtnutzen der Alternative } A_j\text{)}$$

Bei einer Nutzwertanalyse sind demnach folgende Schritte durchzuführen:

1. Ermittlung der einzelnen Gewichte w_i ($i = 1, ..., k$).

2. Bestimmung des Erfüllungsgrades E_{ij} für jedes Kriterium einer jeden Alternative A_j ($i = 1, ..., k; j = 1, ..., n$).

3. Berechnung des Gesamtnutzens GN_j einer jeden Alternative A_j ($j = 1, ..., n$).

4. Bestimmung der Rangfolge der einzelnen Alternativen (Sortieren nach abfallendem Gesamtnutzwert).

Ein sehr gründliches Verfahren zur Ermittlung der Gewichte w_i ist das sogenannte Matrixverfahren (vgl. Kapitel 5.1.3.2.3), bei dem die Bewertungskriterien sowohl in den Zeilen als auch in den Spalten einer (k x k)-Matrix MA aufgelistet, paarweise miteinander verglichen und entsprechend ihrer Wichtigkeit mit Punkten versehen werden. Diese Belegung geschieht auf folgende Weise: beim Vergleich der Kriterien K_i und K_j sind die Plätze (i,j) und (j,i) der Matrix MA derart mit nichtnegativen Zahlen zu belegen, daß die folgende Verhältnisgleichung erfüllt ist:

$$\frac{MA\ (i,j)}{MA\ (j,i)} = \frac{\text{Bedeutung des Kriteriums } K_i}{\text{Bedeutung des Kriteriums } K_j}$$

Zusätzlich wird verlangt: $MA\ (i,j) + MA\ (j,i) = 100$.

Eine Matrix MA, die auf diese Weise erstellt wird, ist i.a. nicht frei von sich widersprechenden Bewertungen. Mit Hilfe einer hier nicht näher beschriebenen Formel läßt sich ein sogenannter Transitivitätskoeffizient t berechnen, der ein Maß für die Anzahl der Fehlurteile darstellt, die bei der Erstellung von MA begangen worden sind. Umso näher der Koeffizient t bei 1 liegt, desto brauchbarer ist die Bewertung. Bewertungen, für die $t<0,8$ ist, sind i. a. unbrauchbar für die Ermittlung der Gewichte. Die zulässige untere Grenze für den Transitivitätskoeffizienten, die von Fall zu Fall subjektiv festzulegen ist, wird als (untere) Konsistenzschranke bezeichnet. Ausgehend von den verbliebenen Bewertungsmatrizen MA berechnet nun das Matrixverfahren jeweils k Gewichte für jede Matrix und mittelt diese schließlich.

5.1.3.3.2 Beispiel für die Anwendung der Nutzwertanalyse

Die Vorgehensweise zur Nutzwertanalyse soll im folgenden am Beispiel der Bewertung von Bildschirmarbeitstischen demonstriert werden. Hierbei wird folgendermaßen vorgegangen:

1. Ermittlung der Anforderungskriterien K_i für Bildschirmarbeitstische und der zugehörigen Gewichte w_i

   Die Ermittlung der Anforderungskriterien erfordert den größten Zeitaufwand bei der Durchführung einer Nutzwertanalyse. Für das hier vorliegende Beispiel ergaben sich die in Abbildung 5.1.37 aufgeführten Kriterien, die dann gemäß der Vorgehensweise von mehreren Sachkundigen paarweise miteinander verglichen werden. Hierbei wird jeweils jedem der beiden Kriterien ein Gewichtsverhältnis zugeteilt (Abbildung 5.1.38), woraus sich die entsprechenden Gewichte w_i ergeben, die in Abbildung 5.1.37 wiedergegeben sind.

Kriterium		Gewichtungsfaktor
1	Die Tischflächen müssen eine flexible Anordnung der Arbeitsmittel zulassen.	9
2	Die Arbeitsfläche muß so groß sein, daß alle notwendigen Arbeitsmittel im Greifraum bzw. Sehbereich günstig angeordnet werden können. Breite mind. 120 cm und Tiefe mind. 70 cm.	12
3	Die Tischplatte darf max. 30 mm dick sein.	12
4	Unter dem Tisch muß ausreichend Beinraum vorhanden sein.	8
5	Beinraumbreite mind. 580 mm, Beinraumhöhe mind. 650 mm, Fußraumtiefe mind. 600 mm.	7
6	Der gesamte benutzte Beinraum sollte frei von Stützen sein. Eine Tischhöhe von 720 mm bei nicht höhenverstellbaren Tischen ist zu fordern.	8
7	Wenn ein höhenverstellbarer Tisch erforderlich ist, dann sollte der Verstellbereich 680-760 mm betragen, Verstelleinrichtung sollte ergonomisch gestaltet sein.	5
8	Die Tischplatte soll eine matte Oberfläche besitzen.	6
9	Die Wärmeableitung der Tischplatte sollte möglichst gering sein.	5
10	Die Sicherheitsregeln für Büro-Arbeitsplätze in bezug auf Standsicherheit und Gestaltung der Ecken, Kanten usw. müssen erfüllt sein.	14
11	Ein Kabelstauraum sollte vorhanden sein.	7
12	Ausreichend Platz für das Aufbewahren von Papier, Schreibzeug und persönlichen Dingen sollte vorhanden sein.	7

Abb. 5.1.37: Kriterien zur Auswahl von Bildschirmarbeitstischen und Angabe der Gewichtungsfaktoren w_i (Quelle: Heeg, Krille 1985)

Kriterien K_i \ K_h	K1	K2	K3	K4	K5	K6	K7	K8	K9	K10	K11	K12
K1	-	60	55	45	42	49	35	40	37	65	42	40
K2	40	-	50	36	36	40	30	32	30	52	36	32
K3	45	50	-	38	37	41	30	35	34	53	40	35
K4	55	64	52	-	47	55	40	45	40	67	47	43
K5	58	65	63	53	-	58	40	47	42	67	50	47
K6	51	60	59	45	42	-	35	42	40	65	45	42
K7	65	70	70	60	60	65	-	55	48	70	60	52
K8	60	68	65	55	53	58	45	-	45	67	55	50
K9	63	70	66	60	58	60	52	55	-	70	60	52
K10	35	48	47	33	33	35	30	33	30	-	35	30
K11	58	64	60	53	50	55	40	45	40	65	-	45
K12	60	68	65	57	53	58	48	50	48	70	55	-

Abb. 5.1.38: Matrix zur Gewichtung der Kriterien gemäß Abbildung 5.1.37 (Quelle: Heeg, Krille 1985)

2. Bestimmung des Erfüllungsgrades E_{ij} für jedes Kriterium K_i einer jeden Alternative A_j

Für die einzelnen Alternativen (hier kommerziell erhältliche Bildschirmarbeitstische) wird ein Bewertungsschema aufgestellt (Abbildung 5.1.39). Hierbei ist zu beachten, daß die einzelnen Kriterien unterschiedliche Dimensionen haben und es deshalb schwierig ist, die Erfüllung der Kriterien durch die einzelnen Alternativen zu beurteilen. Um die Ergebnisse der Alternativen bezüglich mehrerer Kriterien zusammenfassen zu können, müssen die dimensionsbehafteten Eigenschaften in einen dimensionslosen Erfüllungsgrad umgewandelt werden. Dieser Erfüllungsgrad ist ein Maß dafür, wie gut die Alternative das vorgegebene Kriterium erfüllt. Die Umwandlung der Eigenschaften in Erfüllungsgrade kann u. a. mit Hilfe der Kardinalskalierung geschehen, die eine spätere zusätzliche Bewertung anhand von absoluten Skalen ermöglicht.

Kriterium	EG	
K1	1	Starre Anordnung von Bildschirm und Tastatur
	2	Tastatur starr; Bildschirm drehbar
	3	Tastatur begrenzt verschiebbar; Bildschirm drehbar
	4	Tastatur und Bildschirm begrenzt frei beweglich
	5	Tastatur und Bildschrim frei beweglich
K2	1	Breite 120 cm Tiefe 70 cm
	2	Breite 120-125 cm Tiefe 70-90 cm
	3	Breite 120-130 cm Tiefe 70-90 cm
	4	Breite 130-140 cm Tiefe 70-90 cm
	5	Breite 140 cm Tiefe 90 cm
K3	1	Tischplattendicke >35 mm
	2	Tischplattendicke 31-35 mm
	3	Tischplattendicke 25-30 mm
	4	Tischplattendicke 20-24 mm
	5	Tischplattendicke 20 mm
K4	1	Breite 580 mm Höhe 650 mm Tiefe 600 mm
	2	Breite 580-601 mm Höhe 650 mm Tiefe 600-651 mm
	3	Breite 600-650 mm Höhe 650-670 mm Tiefe 650-670 mm
	4	Breite 651-700 mm Höhe 670-690 mm Tiefe 700 mm
	5	Breite 700 mm Höhe 690 mm Tiefe 700 mm
K5	1	Mehrere Stützen im Beinraum
	2	Eine Stütze im Beinraum
	3	Eine Querstrebe im Beinraum
	4	Eine Querstrebe am Boden im Beinraum
	5	Gesamter Beinraum frei
K6	1	Tischhöhe >75 cm
	2	Tischhöhe 75 cm
	3	Tischhöhe 74-74,9 cm
	4	Tischhöhe 73-73,9 cm
	5	Tischhöhe 72 cm oder verstellbar

Abb. 5.1.39a: Bewertungsschema für Bildschirmarbeitstische
(Quelle: Junker, Heeg, Spieler 1984)

Außerdem hat die Kardinalskalierung den Vorteil, daß die anschließende Nutzwertberechnung sehr leicht durchzuführen ist. Allerdings sind zur Anwendung der Kardinalskalierung einige Hinweise zu beachten (Rinza, Schmitz 1977):

- steigendem Nutzen ist ein steigender Ziffernwert zuzuordnen,
- die Skalenbreite soll eine möglichst genaue Einstufung zulassen (Ziffern von 5 bis 11),
- nichtmeßbare Bewertungskriterien werden verbal beschrieben und den Skalenwerten in Wertetabellen zugeordnet,
- Ja-Nein-Entscheidungen sollen durch Finden von abgestuften Zwischenlösungen vermieden werden,
- Wertetabellen sollen möglichst von mehreren Personen aufgestellt werden,
- Wertetabellen sind festzulegen, bevor die zu bewertenden Alternativen bekannt sind.

Kriterium	EG	
K7	3	nicht höhenverstellbar
	4	teilweise verstellbar
	5	gesamter Tisch verstellbar
K8	2	Tischoberfläche glänzend
	3	Tischoberfläche halbmatt-seidenmatt
	4	Tischoberfläche matt
K9	1	Tischplatte und Beine nicht isoliert (Metall)
	2	Beine isoliert (beschichtet)
	3	Tischplatte isoliert
	4	Tischplatte und Beine isoliert
	5	Tischplatte, Beine und alle Verbindungsstellen isoliert
K10	1	Sicherheitsregeln nicht erfüllt
	2	Sicherheitsregeln nur z.T. erfüllt
	3	Sicherheitsregeln erfüllt
	4	Sicherheitsregeln erfüllt und Kanten besonders gerundet
K11	1	Keine Kabelführung vorgesehen
	2	Kabeldurchbruch in der Tischplatte
	3	Kabelführung durch Tischfuß zur Tischplatte
	4	Kabelführung im Schacht bis auf Tischplatte
	5	Kabelführung im Schacht mit Verteilerkasten
K12	1	kein Platz
	2	Schubladen
	3	Schubladen, Schrank durch Beistellelemente
	4	Schubladen, Schrank durch Beistellelemente, Ablagemulde
	5	Integriertes System von Schubladen, Schrank und Ablagemulden

Abb. 5.1.39b: Bewertungsschema für Bildschirmarbeitstische
(Quelle: Junker, Heeg, Spieler 1984)

3. Berechnung des Gesamtwertes GN_j einer jeden Alternativen A_j

Aus der Bewertung ergibt sich für jedes Kriterium ein Erfüllungsgrad anhand des Bewertungsschemas, der mit dem Gewichtungsfaktor des Kriteriums multipliziert den Teilnutzwert einer Alternative ergibt. Die Teilnutzwerte werden über alle Kriterien aufsummiert und ergeben den Gesamtnutzwert einer Alternative. Dies ist in Abbildung 5.1.40 dargestellt.

4. Bestimmung der Rangfolge der einzelnen Alternativen

Die Analyse von Nutzwerten ohne Rechnerunterstützung ist schon bei wenigen Kriterien und Alternativen sehr zeitaufwendig, bei einer grossen Zahl von Alternativen und Kriterien sinnvoll nicht durchzuführen. Für dieses Beispiel wurde ein Programm verwendet, mit dessen Hilfe eine Nutzwertanalyse auch für eine große Zahl von Alternativen bzw. Kriterien durchzuführen ist, ohne daß der Aufwand dabei den "Nutzen" übertrifft. Das verwendete Programm ordnet selbstständig die Alternativen nach abfallendem Gesamtnutzwert.

Kriterien Gewichtungsfaktor GF Alternativen		1 9	2 12	3 12	4 8	5 7	6 8	7 5	8 6	9 5	10 14	11 7	12 7	Gesamt- Nutzwert GNW	Rang- folge
A1	EG	4	5	3	4	5	5	5	3	3	3	2	2	341	14
	EG x GF	36	60	36	32	35	40	25	18	15	42	14	14		
A2	EG	5	5	2	4	5	5	5	3	3	4	5	3	403	6
	EG x GF	45	60	24	32	35	40	25	18	15	56	35	21		
A3	EG	3	3	3	3	4	5	3	3	3	4	5	3	348	12
	EG x GF	27	36	36	24	28	40	15	18	15	56	35	21		
A4	EG	5	5	3	5	4	5	5	3	3	3	3	3	388	9
	EG x GF	45	60	36	40	28	40	25	18	15	42	21	21		
A5	EG	5	5	3	5	5	5	5	3	4	4	5	4	434	1
	EG x GF	45	60	36	40	35	40	25	18	20	56	35	28		
A6	EG	4	3	3	4	4	5	4	3	3	3	1	3	328	17
	EG x GF	36	36	36	32	28	40	20	18	15	42	7	21		
A7	EG	4	5	4	5	4	4	4	3	3	4	5	4	412	4
	EG x GF	36	60	48	40	28	32	20	18	15	56	35	28		
A8	EG	4	5	3	4	5	5	4	3	3	3	1	3	359	10
	EG x GF	36	60	36	32	35	40	20	18	15	42	7	21		
A9	EG	5	5	3	4	5	5	3	3	3	4	3	3	391	7
	EG x GF	45	60	36	32	35	40	15	18	15	56	21	21		
A10	EG	5	4	3	5	5	5	5	3	4	4	4	3	391	7
	EG x GF	45	48	36	40	35	40	25	18	20	56	28	21		
A11	EG	4	4	3	4	3	5	4	3	4	3	1	3	338	16
	EG x GF	36	48	36	32	21	40	20	18	20	42	7	21		
A12	EG	5	4	5	5	4	5	5	3	4	4	4	3	426	2
	EG x GF	45	48	60	40	28	40	25	18	20	56	28	21		
A13	EG	4	4	3	3	3	5	4	3	3	3	1	2	319	18
	EG x GF	36	48	36	24	21	40	20	18	15	42	7	14		
A14	EG	5	5	3	5	5	5	5	3	4	4	4	3	421	3
	EG x GF	45	60	36	40	35	40	25	18	20	56	28	21		
A15	EG	2	5	3	3	5	5	5	3	3	3	3	3	352	11
	EG x GF	18	60	36	24	35	40	25	18	15	42	21	21		
A16	EG	4	5	3	2	5	3	5	3	3	3	2	3	339	15
	EG x GF	36	60	36	16	35	24	25	18	15	42	14	21		
A17	EG	5	5	3	4	5	5	5	3	4	4	3	3	406	5
	EG x GF	45	60	36	32	35	40	25	18	20	56	21	21		
A18	EG	2	5	3	4	4	5	5	3	3	3	2	3	346	13
	EG x GF	18	60	36	32	28	40	25	18	15	42	14	21		

Abb. 5.1.40: Bewertungsmatrix mit Rangfolge GNW = (GF$_i$ · EG$_i$) (entspricht in der Nomenklatur dieses Abschnitts GN$_j$ = w$_i$ · E$_{ij}$) (Quelle: Heeg, Krille 1985)

5.2 Ideenfindung/Kreativitätstechniken
M. Frühwacht, B. Haenschke

5.2.1 Innovation und Kreativität

Unser Wissen über das Gebiet von Innovation und Kreativität ist spärlich. "Innovation" bedeutet allgemein die Einführung und praktische Nutzung einer Neuerung. Dabei ist es gleichgültig, ob es sich um Neuerungen im technischen Bereich oder im Management handelt - die Einführung und Nutzung einer neuen technischen Anlage ist ebenso eine Innovation wie die einer neuen Verkaufsstrategie oder Managementtechnik. Die Überlebensfähigkeit der meisten Unternehmen hängt davon ab, wie sie in der Lage sind, mit Hilfe von Innovationen in Marktlücken zu stoßen und den daraus entstehenden Markt- und Leistungsvorteil zu nutzen.

Im Unternehmen entsteht ein großer Bedarf an Kreativität. Während betriebliche Probleme, die Routine, Logik und Intelligenz erfordern, von fast jedem Mitarbeiter entsprechend seiner fachlichen Qualifikation gelöst werden können, bedarf die Lösung sogenannter "schlecht strukturierter Probleme" (auch "Innovationsprobleme" genannt) eines Problemlösers mit kreativen Fähigkeiten.

Das Wort "kreativ" bedeutet dabei in etwa: ideenreich, produktiv, schöpferisch begabt sein. Hauptmerkmale der Kreativität sind "Einfallsreichtum", "produktives Denken", "Originalität" und "flexibles Denken". Ein kreativer Mensch findet mehr und originellere Ideen und Gedanken als ein Durchschnittsmensch. Kreativität ist jedem Menschen eigen, jedoch in unterschiedlichem Ausmaß. Viele Menschen haben zudem keinen Mut zur Kreativität. Sie erstarren im betrieblichen und privaten Bereich zu routinierten, intelligenten Bearbeitern von Aufgaben und Problemen, die ihnen gestellt werden. Kreative dagegen setzen ihrer Phantasie keine starren Grenzen. Sie wagen es, über Bestehendes unkonventionell hinauszudenken. Sie finden demzufolge auch mehr Lösungsmöglichkeiten für ein Problem, womit die Wahrscheinlichkeit einer Lösungsfindung steigt. Sie sind es auch, die in Unternehmen die "schlechtstrukturierten Probleme" - also Innovationsprobleme - aufgreifen und einer Lösung zuführen.

5.2.2 Erkenntnisse über das Phänomen Kreativität

Bei der systematischen Erforschung des Phänomens Kreativität, die seit dem "Sputnik-Schock" der Amerikaner Anfang der 60er Jahre mit großer Vehemenz erfolgt, um für die Entwicklung von Wirtschaft, Kunst und Kultur Kreative zu finden und zu fördern, ist man zu wichtigen Erkenntnissen gekommen. In der Forschung lassen sich vier Gegenstandsbereiche der Kreativität voneinander abgrenzen, die wir nachfolgend besprechen wollen:

(1) Person,
(2) Prozeß,
(3) Produkt,
(4) Umwelt,

die gleichzeitig unterschiedliche Ansätze zur Erfassung dieser Persönlichkeitseigenart charakterisieren.

Es werden also demgemäß beim Ansatz (1) charakteristische Persönlichkeitsvariablen betrachtet, die in Zusammenhang mit kreativen Leistungen stehen, beim Ansatz (2) die bei kreativen Leistungen ablaufenden Denkprozesse untersucht, bei Ansatz (3) die Produkte kreativer Leistungen nach unterschiedlichen Kriterien (vom Neuheitswert für die Person selbst bis hin zum Neuheitswert für das gesamte Universum) bewertet und bei Ansatz (4) die Auswirkungen von Umweltbedingungen auf den kreativen Prozeß (die kreative Produktion hemmende und/oder fördernde Umweltbedingungen) analysiert.

5.2.2.1 Die kreative Persönlichkeit

Bei dem Versuch einer allgemeinen Einbettung der mit den Begriffen Kreativität, Intelligenz - Begabung - Motivation verbundenen Persönlichkeitseigenschaften und Bedingungen kann das Komponentenmodell von Wieczerkowski und Wagner (1985) hilfreich sein.

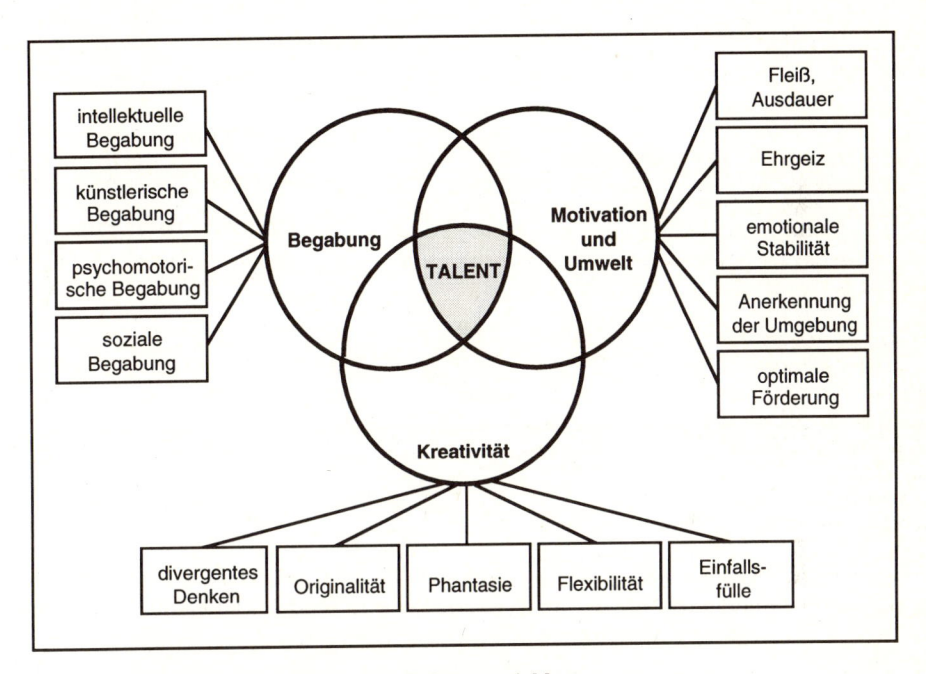

Abb. 5.2.1: Komponentenmodell der Talententwicklung
(Quelle: Wieczerkowski, Wagner 1985, S. 113)

Es zeigt den Zusammenhang von Motivation, Begabung/Intelligenz und Kreativität für das Entstehen eines Talentes. Begabung oder Intelligenz oder Kreativität *allein* machen einen talentierten oder auch kreativen Menschen nicht aus, erst das spezifische Zusammenspiel der Komponenten vor dem Hintergrund der eigenen Biographie, des eigenen Gewordenseins machen ein Talent, eine kreative Persönlichkeit aus.

5.2.2.1.1 Intellektuelle Variablen

Guilford (1950), der als "Auslöser" der Kreativitätsforschung betrachtet wird, nimmt auch wegen seiner faktorenanalytisch untermauerten Versuche einer Systematisierung der intellektuellen Faktoren eine herausragende Stellung unter den Kreativitätsforschern ein. Das Guilfordsche Modell der Struktur des Intellekts beschreibt den Gesamtbereich intellektueller Faktoren durch ein dreidimensionales Modell:

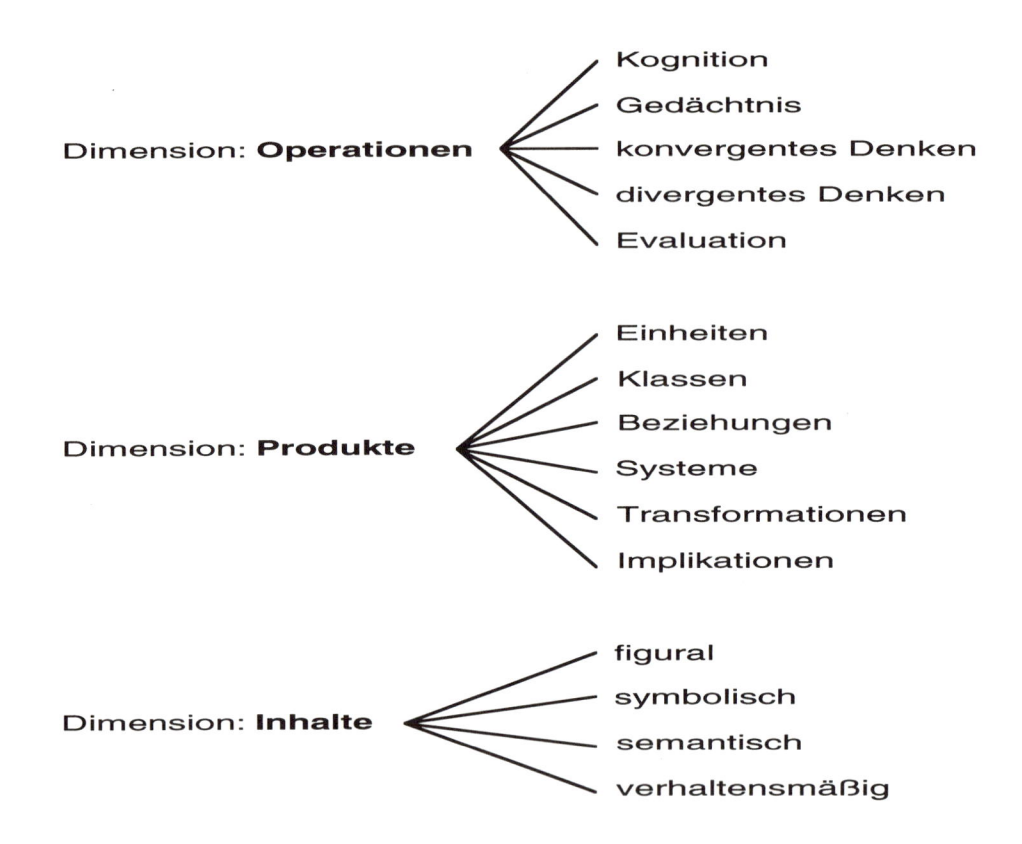

Dimension: **Operationen**
- Kognition
- Gedächtnis
- konvergentes Denken
- divergentes Denken
- Evaluation

Dimension: **Produkte**
- Einheiten
- Klassen
- Beziehungen
- Systeme
- Transformationen
- Implikationen

Dimension: **Inhalte**
- figural
- symbolisch
- semantisch
- verhaltensmäßig

Guilford (1964) konnte bisher nur einen Teil seiner so postulierten Faktoren mittels Faktoranalyse ermitteln (ca. 60). Er postuliert mit seinem Modell 120 Faktoren, wobei jeder Faktor Ergebnis des Zuammenwirkens von Denkoperationen, Denkinhalten und Denkprodukten ist.

Für uns sind die Denkoperationen besonders wichtig, da sie kreative Grundfähigkeiten darstellen, weshalb wir sie hier kurz erläutern wollen:

1. Kognitionen stellen nach Guilford (1964) die Fähigkeit dar, Gegebenheiten aufzufassen, und sind somit ausschlaggebend für das aktuelle Wissen.

2. Gedächtnis ist die Fähigkeit, Informationen (Bewußtseinsinhalte) über einen längeren Zeitraum zu speichern und bei Bedarf ins Bewußtsein zurückzuführen. Das Gedächtnis dient der Erleichterung der Orientierung und der erfahrungsbedingten Anpassung des Verhaltens und ermöglicht so erst den Grundvorgang der Persönlichkeitsentwicklung - das Lernen.

3. Divergente Produktion
   Divergentes Denken wird oft synonym mit kreativem Denken verwandt, es bezeichnet nach Guilfold (1964) dasjenige Denken, das im Gegensatz zu konvergentem Denken zu mehreren Lösungsmöglichkeiten eines Problems führt. Besonders drei Faktorengruppen der divergenten Produktion sind für kreatives Verhalten wichtig:
   - Flüssigkeit,
   - Flexibilität und
   - Elaboration.

4. Konvergente Produktion
Das konvergente Denken ist im Gegensatz zum divergenten auf das Hervorbringen einer richtigen Lösung für ein Problem gerichtet. Es enthält die Faktoren des Ordnens und des Transformierens von Gegebenheiten verschiedenster Art. Transformationsfähigkeit ist die Fähigkeit zur Umformung, Umgruppierung und Übertragbarkeit von Problemlösungen, Lösungsansätzen etc. Konvergente Produktion ist bei der Ausarbeitung der Problemlösung ebenso unverzichtbar wie divergente Produktion bei der Ideenfindung.

5. Bewertung (Evaluation)
Bewertung ist die Fähigkeit, die einen wertenden Überblick über komplexe Gegebenheiten ermöglicht. Die "Sensitivität für Probleme" (Guilford) ist eine notwendige Voraussetzung jedes Denkprozesses.

Guilford hat mit den bisher gefundenen Faktoren seines Modells Tests entwickelt (Kreativitätstests), die das bisherige Intelligenzkonzept, das im wesentlichen die Klasse des konvergenten Denkens erfaßt (Reproduktion von Bekanntem, Übernahme kultureller Standards, Festhaltung richtiger Lösungen), erweitern. Seine Tests erfassen Faktoren des divergenten Denkens und Problemlösens.

Seiffge-Krenke (1974) und Clauß (1984) beschreiben individuell unterschiedliche Denkstrategien beim Lösen von Problemen. Sie betrachten kognitive Stile als konsistente und überdauernde individuelle Unterschiede in der kognitiven Organisation des Denkens. Kognitive Stile zeigen die individuell unterschiedlichen Herangehensweisen an Aufnahme, Speicherung und Verfügbarkeit von Informationen. Die genannten Autoren unterscheiden im wesentlichen drei kognitive Stile:

1. Impulsivität und Reflexivität

Das individuelle Entscheidungsverhalten im Problemlösungsprozeß ist unterschiedlicher Natur. Impulsive gehen ohne eine differenzierte Analyse an die Lösung des Problems, der Aufgabe heran, halten ihre erste Assoziation zum Gegenstand für die richtige Lösung und suchen nicht nach weiteren Lösungswegen. Reflexiven gelingt dagegen eine geistige Vorwegnahme des Ergebnisses; mehrere Alternativen (Hypothesen, Strategien, Bedingungen) werden geprüft und in die Lösung einbezogen.

2. Feldabhängigkeit und Feldunabhängigkeit

Hier werden die individuellen Besonderheiten des Wahrnehmens und der komplexen analytischen Problembearbeitung sichtbar. Feldabhängige können sich nur schwer vom Gesamtkontext eines Problems, einer Aufgabensituation lösen. Einzelaspekte, die zur Lösungsfindung wichtig sind, können nicht herausgelöst werden. Die Analyse der Situation gelingt nur mangelhaft, Feldabhängige erliegen der Dominanz der Gesamtsituation. Feldunabhängige können sich mit Leichtigkeit vom umgebenden Kontext lösen. Einzelaspekte, die zur Lösungsfindung wichtig sind, werden aus dem Gesamtkontext herausgelöst und getrennt weiterbehandelt.

3. Unsicherheitstoleranz

Die Menschen unterscheiden sich im Ertragen kognitiver Unsicherheit als möglichem potentiellem Informationsträger. Gardner (nach Seiffke-Krenke 1974, S. 64) betrachtet "Unsicherheit als potentielle Information". Beim Problemlösen tauchen immer wieder Situationen auf, in denen man beim Finden von Lösungswegen etc. unsicher ist; die einen ertragen diese Unsicherheit und werden dadurch angespornt, weiter zu suchen, die anderen geben an dieser Stelle auf und kommen so nicht zur Lösung.

Experimentelle Untersuchungen von Kreativitätsforschern zeigen immer wieder, daß kreative Persönlichkeiten reflexibler und feldunabhängiger sind und besser als weniger Kreative in der Lage sind, im Problemlösungsprozeß Unsicherheit und Konflikte zu ertragen.

5.2.2.1.2 Einstellungen und Haltungen

Einstellungen und Haltungen sind relativ konstante Verhaltensdispositionen des Menschen, die das Handeln und Erleben bestimmen. Sie greifen damit direkt und selektiv in Denk- und Handlungsvollzüge ein. Sie werden im Laufe der individuellen Entwicklung erworben, und zwar vorrangig durch Imitation und Identifikation, aber auch über begriffsbildende Prozesse. Bei Untersuchungen kreativer Persönlichkeiten wurden charakterliche Besonderheiten beschrieben, die man allgemein als Einstellungen bezeichnen kann und die wir im folgenden kurz skizzieren wollen.

Das wohl auffälligste Haltungsmerkmal kreativer Menschen ist deren *Offenheit gegenüber der Umwelt,* d. h. Kreative sind aufgeschlossen, an Neuem interessiert sowohl auf geistig-kulturellem Gebiet als auch auf politischem und sozialem Gebiet. Offenheit impliziert dabei aber nicht unbedingt Extrovertiertheit, sondern eher Interessiertheit, Neugier, Bereitschaft, viele Informationen aus der Außenwelt ohne Vorurteile und stereotype Wahrnehmungsschemata aufzunehmen.

Kreative sind *kritisch.* Sie nehmen Informationen aus der Außenwelt differenziert auf, erfassen und verarbeiten auftretende Konflikte und Widersprüche und kommen so auch oft zu einer eigenen Sichtweise und Klärung bestehender Probleme allgemein üblicher Wahrnehmungs- und Urteilsschemata. Sie übernehmen Stereotype nicht blind, sondern versuchen, sich aktiv mit den Gegebenheiten auseinanderzusetzen, sich vorhandenen Problemen zu stellen und sie zu einer ihnen akzeptabel erscheinenden Lösung zu führen. Hierzu gehört auch die bei den kognitiven Stilen beschriebene Haltung der Kreativen gegenüber Unsicherheiten. Im Prozeß der intensiven Auseinandersetzung mit Sachverhalten, Gegebenheiten, Problemen ertragen Kreative Unsicherheiten bei der Problemlösung besser als nicht so Kreative.

Die Problemsensitivität, die Fähigkeit, Probleme zu erkennen, aufzugreifen, liebgewordene Denkweisen in Frage zu stellen, ist ein Wesenszug Kreativer. Hier spielt die oben schon beschriebene *Flexibilität,* die Fähigkeit zur *Umstrukturierung* als Grundeinstellung kreativer Persönlichkeiten eine Rolle. Im Zuge der Herauskristallisierung von Interessengebieten im Laufe der Ontogenese engen die hier genannten Grundeinstellungen kreative Persönlichkeiten (Offenheit, kritische Haltung, Problemsensitivität) auf diese Gebiete ein, was den Aussenstehenden bei extremer Ausprägung auch als "Lebensfremdheit" entgegentreten kann. Bei kreativen Wissenschaftlern und Künstlern tritt uns das Phänomen der überaus starken Interessiertheit an bestimmten Problembearbeitungen auch als "Besessenheit" gegenüber. Ausdauer und Konzentration bei der Betätigung auf dem Interessengebiet gehen damit einher.

5.2.2.1.3 Motivationen

Jedes menschliche Denken ist eingebettet in einen Kontext aus emotionalen und antriebsmäßigen Komponenten. Diese dynamischen Komponenten des Denkens und Verhaltens stehen natürlich in engem Zusammenhang mit den vorstehend skizzierten Grundeinstellungen. Motive und Einstellungen greifen bei der Handlungsregulation so ineinander, daß eine Trennung im konkreten Fall schwerfällt. Im Rahmen der Leistungsmotivation widerspiegeln Einstellungen das allgemeine überdauernde Leistungsstreben, das Leistungsbedürfnis, während sich das Motiv auf die aktuell zu erbringende Leistung richtet. Die Unterscheidung in intrinsische und extrinsische Motivation ist für eine Analyse der Beweggründe des Handelns und Verhaltens wichtig. Intrinsische Motivation bezieht sich auf die sozialen und ich-integrativen

Motive der Leistungsmotivation. Intrinsische Motivationen spielen bei allen bedeutungs- und sinnvollen Lernarten "als Bedürfnis nach Wissen als *Selbstzweck"* (Ausubel 1963, S. 365) eine wesentliche Rolle. Allein die Beschäftigung mit Aufgaben, Denkproblemen wirkt in sich selbst befriedigend. Die intrinsische Motivation braucht keine sozialen oder anderswie gearteten Verstärkungen, sie wirkt in sich befriedigend.

Für jede kreative Leistung sind Neugierverhalten, Kompetenzbestreben (Bedürfnisse der Selbstaktualisierung, des Selbstwerterlebens sind hier gemeint) und Leistungsmotivation als emotional-affektivierende und zielbestimmende Komponenten von besonderer Bedeutung.

5.2.2.2 Der kreative Prozeß

Kreative Denkprozesse sind kognitive Prozesse, die notwendig sind, um schöpferische Leistungen hervorzubringen. Kreativität wird oft auch als "Problemlösen plus" definiert, d. h. Problemlösen macht einen wesentlichen Teil des kreativen Prozesses aus. Hierfür wurden verschiedene Phasenmodelle aufgestellt, die etliche Gemeinsamkeiten aufweisen. Sie enthalten einige aufeinanderfolgende Stadien, die in Abbildung 3.2.2 aufgelistet sind.

Phasen des kreativen Prozesses
(1) Orientierung
(2) Präparation / Analyse
(3) Hypothesenbildung
(4) Inkubation / Illumination
(5) Synthese
(6) Verifikation

Abb. 5.2.2: Phasen des kreativen Prozesses

Phasenmodelle kreativer Prozesse erscheinen in stärkerem Maße unbewußt abzulaufende Prozesse (z. B. Phase der Illumination) einzubeziehen. Kreative Prozesse gehen oft über Erlerntes hinaus. Sie verlangen zu ihrer Lösung die Anwendung neuer Strategien und führen oft zu neuen, originellen Lösungen.

5.2.2.3 Schaffung kreativitätsfördernder Bedingungen

Im Zeitalter der Massenkommunikation und Reizüberflutung wird Kreativität bei allem leicht zu habenden Amusement eher verschüttet, vergessen oder für zu anstrengend gehalten. Ordentliches, pünktliches und fleißiges Abarbeiten gestellter Aufgaben ist einfacher als das qualvolle Suche nach Lösungen für offene Probleme. Wer es ernst meint mit der Nutzung kreativer Potentiale, muß im Interesse einer Vision, einer Zielstellung die diese Potentiale fördernden Bedingungen schaffen.

Merkmale des kreativen Denkens
• Ungewißheit, ob das Ziel erreicht werden kann   • Bisheriges Wissen paßt nur ungefähr auf die Situation   • Viele Transformationen des Wissens   • Vergleiche führen zu neuen Anregungen, zu neuen Wunschzuständen
• Alogisch, ungenau   • Verwirrend   • Irrtümer, Fehler   • Notwendige Lernprozesse, die zu neuen Erfahrungen führen

Abb. 5.2.3: Merkmale des kreativen Denkens

Im Unternehmen können und müssen kreativitätsfördernde und -anregende Maßnahmen beispielsweise durch

- Minimierung bürokratischer Abläufe,
- Projektmanagement,
- freien Zugang zu wichtigen Informationen,
- offene Kommunikation und partnerschaftliche Kooperation,
- Förderung und Anerkennung unkonventionellen Denkens als Ausdruck des Führungsstils,
- mitarbeiterorientierte Führung,
- partizipative Teilzielbildung,
- Motivierung durch Identifikation mit den Unternehmenszielen,
- Transparenz in der Organisation für neue Ideen,
- Kreativitätstraining zur Unterstützung unkonventionellen Denkens

geschaffen werden.

Das Unternehmen muß eine für die Mitarbeiter spürbare Atmosphäre der Sensibilisierung für offene Probleme und neue Ideen schaffen, wenn es die kreativen Potentiale seiner Mitarbeiter aufdecken und im Sinne der Unternehmensziele fördern will.

5.2.3 Kreativitätsblockaden

Die Forderung nach mehr Kreativität im Unternehmen stößt - so wichtig und berechtigt sie ist - im Einzelfall auf eine Reihe von Widerständen, Barrieren und Blockaden. Sie ergeben sich zum einen aus der Organisation selbst und zum anderen aus den Handlungen und Verhaltensweisen der in der Organisation tätigen Menschen. Jedes auf Stabilität und Kontinuität ausgerichtete Unternehmen trägt in sich Kreativitätshemmnisse und Widerstände. Es erfordert Routinen und Disziplin, die der Tod jeder Idee sein können. Kreativitätswiderstände und Blockaden ergeben sich auch im Individuum selbst - durch seine Fähigkeit, im Prozeß der Problemlösung mit den Unsicherheiten, Frustrationen und Konflikten fertig zu werden, ohne die Problemlösung aus dem Auge zu verlieren.

Menschen unterscheiden sich in ihrer Kreativität und Phantasie im wesentlichen dadurch, daß sie in unterschiedlichem Maße fähig und in der Lage sind, Unsicherheiten und Konflikte im Interesse eines selbst gestellten Zieles zu ertragen. Die Vision als greifbarer Zukunftstraum schafft Frustrationstoleranz und Durchhaltevermögen im Interesse des Zieles. Längst nicht jeder unterzieht sich dieser Mühe. Gefahr für die Bereitschaft, sein kreatives Potential für Problemlösungen einzusetzen, liegt häufig in einer bürokratisch ausgerichteten Organisation; oft auch in der dem Ideengenerator oft diametral entgegengesetzten Form der Verwirklichung einer Idee. Die Ausgangsidee hat sich auf dem Instanzenweg so verändert, daß sie nicht mehr erkennbar ist. Sie ist auf dem langen Weg vom Produzenten zum Konsumenten schlichtweg zu Tode gekommen, eine Gefahr, der jedes Unternehmen ins Auge sehen muß bei der Entwicklung neuer Produkte. Kreativitätsblockaden im Menschen selbst hat Schlicksupp (1989) erfragt und kam dabei zu den Ergebnissen, aufgeführt in Abbildung 5.2.4.

Bugdahl (1991) hat Kreativitätsblockaden - er nennt sie schärfer "Ideenkiller" - zusammengetragen und in fünf Bereiche eingeteilt:

1. Verharren in der Routine

- Erprobte und bewährte Verfahren werden weiter eingesetzt, obwohl es neuere und bessere gibt. Keine Experimente!

- Alternativlösungen werden zurückgewiesen, weil sie nicht zu den gewohnten passen.

- Mangel an Zukunftsoptimismus und Kraft. Innere Bindung an Routine, sich auf Autorität verlassen.

2. Betriebsblindheit = Sehschwäche + Auswertefaulheit

- Beobachtungen werden nicht genutzt.

- Offensichtliches wird nicht untersucht.

- Teilprobleme werden nicht definiert.

- Entfernte Zusammenhänge werden nicht erkannt.

- Ursache und Wirkung werden nicht unterschieden.

- Blick nur auf das Unwesentliche, selektive Wahrnehmung.

- Dorfschönen-Effekt.

- Intelligenzfalle.

3. *Disziplin und Anpassung*

   - Gruppengehorsam (Familie, Beruf, Gesellschaft).
   - Nur "ordentliche" Bilder, Gewohnheiten oder Methoden werden anerkannt.
   - Blindes Vertrauen in das "Allwissen" von Experten.
   - Zusammenarbeit wird überbetont.
   - Man möchte vor allem praktisch sein und urteilt zu schnell.
   - "Fantasie ist Zeitverschwendung".
   - Nur Vernunft und Logik werden anerkannt.

4. *Angst*

   - Angst vor abweichendem Verhalten.
   - Angst vor Fehlern oder Blamage; AYF = After You Friend.
   - Angst vor Vorgesetzten und Mißtrauen der Kollegen und Mitarbeiter.
   - Übermotivation für schnelle Erfolge aus Angst vor Mißerfolg.
   - Vorläufige Problemlösungen werden akzeptiert, obwohl sie nicht optimal sind.
   - Mangelnde Bereitschaft, Umwege zu gehen, aus Angst, das Ziel aus den Augen zu verlieren.

A. Blockaden, die sich in der eigenen Person bilden (psychologische Blockaden)	
• Neigung, anderen nachzugeben	1,93
• Unsicherheit über mögliche Negativfolgen aus neuen Ideen	1,54
• Neigung zu gewohnten Verhaltensweisen	2,35
• Zu schnelle Meinungsbildung	2,29
• Suche nach dem absolut Richtigen	2,65
• Erlebte Enttäuschungen, Resignation	1,97
• Zu wenig Vertrauen in das eigene Wissen und die eigenen Fähigkeiten	1,67
• Hemmungen, sich zu äußern; Gefühl, anderen nichts aufdrängen zu wollen	2,03
• Scheu vor der alleinigen Verantwortung eigener Ideen	1,17
• Zufriedenheit mit dem Erreichten	1,70

B. Blockaden, die von außen gebildet werden (soziologische Blockaden)	
• Mangelnde Anerkennung neuer Ideen und kreativen Verhaltens	2,22
• Tabus; "Heilige Kühe"; Traditionen	1,99
• Zu hoch vorgegebene Ziele und Anforderungen	1,95
• Mangelnde Objektivität durch Interessenkonflikte und Rivalitäten	2,50
• Entmutigung, Kritik und Zweifel durch Dritte (Vorgesetzte, Kollegen)	2,43
• Zu viele Komitees und Gremien; Zerreden neuer Vorhaben	3,06
• Zu geringer eigener Verantwortungsspielraum	2,14
• Blockierung von Kommunikation; wenig Möglichkeiten zu Gedankenaustausch und Teamarbeit	2,27
• Bürokratische Starrheit; viele Vorschriften; strenge Instanzenwege; Anonymität	2,78
• Wenig Anregungen aus zu einseitiger und zu abgegrenzter Tätigkeit	1,73
• Zu viele Routinearbeiten; wenig Zeit für schöpferische Tätigkeiten	2,98

Abb. 5.2.4: **Kreativitätsblockaden und Einschätzung ihrer Wirkung auf einer Skala von 0 (gering) bis 5 (groß) (n = 248 Personen) (Quelle: Schlicksupp 1989)**

5. *Verteidigung im Konkurrenzkampf*

- Wettbewerb wird überbetont.

- NIH = Not Invented Here.

- Gefangenen-Dilemma.

- Kreativitätsdilemma.

Die Begriffe Dorfschönen-Effekt, Intelligenzfalle, AYF, NIH, Gefangenen-Dilemma und Kreativitätsdilemma sollen kurz erläutert werden:

Dorfschönen-Effekt

Die Dorfschöne wird für das schönste Mädchen überhaupt gehalten. Über sie ist weibliche Schönheit definiert, jede andere Schönheit wird an ihr gemessen.

Intelligenzfalle

In der Hierarchie hoch angebundene intelligente und eloquente Menschen können ihren Standpunkt hervorragend verteidigen. Beweisführungen werden von anderen deshalb oft gar nicht eingefordert. Mit der Zeit gewöhnt sich der Mensch an diese Situation. Da andere darauf verzichten, Erklärungen, Beweisführungen für Standpunkte einzufordern, werden schließlich immer schnellere Urteile gefällt - auch auf Kosten der Umsicht bis hin zu Lasten der Gerechtigkeit.

"AYF" = After You Friend

Das AYF-Syndrom bezeichnet Vorsicht, wenn nicht Feigheit. Es gibt eine nationale und internationale Probierelite, aber die meisten Menschen sind skeptisch bei Neuem. Sie probieren es erst, wenn bereits gute Erfahrungen und Empfehlungen von glaubhafter Seite vorliegen, d. h. wenn das Neue nicht mehr neu ist.

NIH - Not Invented Here

"Nicht von uns erfunden". Das sagt man nicht, aber das ist der Grund für den festen Gruppenzusammenhalt gegen eine neue Idee. Sonst untereinander nicht so sehr harmonisierende Gruppenmitglieder vollbringen gemeinsam kreative Höchstleistungen im Erfinden wirksamer Ideenkiller. Warum? Eine fremde Idee im eigenen Spezialgebiet stellt die mühsam erarbeitete Kennerschaft in Frage, zeiht den Fachmann der Blindheit und gibt ihn dem allgemeinen Gespött preis. NIH ist also eine gefährliche Sache für Ideen. Abhilfe: Harter Kampf oder schnelle Flucht. Das beste ist, die NIH-Situation gar nicht erst entstehen zu lassen durch übergreifende Zusammenarbeit bei wechselnden Themen in wechselnd zusammengesetzten Arbeitsgruppen.

Gefangenen-Dilemma

Im Berufsleben spielt es eine große Rolle, wie im Kapitel Kommunikation ausgeführt wird. Auf das Killen von Ideen angewandt heißt das: "Ideen gedeihen am besten in einer vertrauensvollen Atmosphäre. Mißtrauen ist eine schlechte Kinderstube für Ideen" (Bugdahl 1991, S. 130 - 134).

So, wie jedes Ding zwei Seiten hat, haben Ideenkiller und Kreativitätsblockaden neben negativen Seiten auch positive: sie tragen zur Selektion von Ideen bei. Menschen, die gute Ideen gebären, müssen Widerstände aushalten und überwinden lernen und gute Ideen sozusagen im Feuer der Kritik stählen und Prüfungen unterziehen.

Das doppelte Kreativitätsdilemma

Eine gute Idee muß logisch sein - zumindest nachträglich, sonst könnten wir sie nach unserem Wertesystem gar nicht schätzen. Eine gute Idee soll auch möglichst leicht zu verwirklichen sein. Ist die Idee nun wirklich in idealer Weise logisch, einfach und praktisch, dann wird sie trotzdem geringgeschätzt (zu einfach; ist ja klar; hätte ja jeder draufkommen können; so ähnlich wie ..., nur ... usw.). Wie die Idee auch sei, sie tritt in Fettnäpfe. Das ist das erste Dilemma der Kreativität. Angenommen, über das erste Dilemma sei ein Teilsieg errungen. Reumütig und zukunftsfroh wurde beschlossen, jungen Ideen ein längeres Leben zu lassen, ihnen einen Jugendbonus zu gewähren wie den Jugendlichen in unserer Gesellschaft. Die Folge ist ein fröhliches Hervorsprudeln von Ideen, eine Vervielfachung der Ideenproduktion. Damit sinkt die Ideengüte, schließlich fehlt ja die Vorauslese durch Ideenkiller. Da nicht viele Ideen verwirklicht werden können, steigt mit der Quantität der Ideen automatisch die Rückweisungsquote. Ein Unternehmen hat nur begrenzte Mittel, Kapazitäten und Arbeitsgebiete. Eine hohe Rückweisungsquote demotiviert, schränkt also die Ideenproduktion wieder ein. Ideen werden so oder so, durch Ideenkiller oder Nichtverwirklichung, gebremst. Das ist das zweite Dilemma der Kreativität.

Typische "Ideenkiller"

- Das mag zwar theoretisch richtig sein, aber . . .
- Damit kommen wir hier nicht durch.
- Wollen Sie das verantworten?
- Das ist doch längst bekannt!
- Ob wir jemanden dafür begeistern können?
- Viel zu teuer!
- Wenn Sie es gut finden - warum hat es dann noch kein anderer gemacht?
- Für diese Projekte haben wir keine Zeit (kein Geld, kein Personal . . .).
- Natürlich - Sie wissen es besser!
- Als Fachmann kann ich Ihnen sagen . . .
- Seien Sie erst mal einige Jahre hier . . .
- Ganz nett, aber unter Wirtschaftlichkeitsgesichtspunkten . . .
- Wir wissen, was unsere Kunden wollen!
- Das ist doch Wunschdenken!
- Ja, wenn das so einfach wäre!
- Das haben wir schon immer (noch nie) so gemacht!
- Da könnte ja jeder kommen!
- Dafür ist die Zeit noch nicht reif.
- Das ist nicht unser Bier.

Abb. 5.2.5: Verbreitete Phrasen, um Ideen abzuwürgen

5.2.4 Methoden zur Ideenfindung

Immer dann, wenn es um die Lösung offener bzw. schlecht strukturierter Probleme geht, zu deren Bewältigung eine logische, routinemäßige Bearbeitung nicht ausreicht, sind heuristische Vorgehensweisen (Heuristik = Kunst des Findens) angezeigt. Sie sind Hilfsmittel zur Unterstützung des Finde- und Lösungsprozesses, garantieren aber keinesfalls den Erfolg. Es gibt eine Vielfalt heuristischer Problemlösemethoden. Bugdahl gibt einen guten Überblick über gängige Lösungsmethoden und ihre Verfahrensmerkmale (Abbildung 5.2.6).

PROBLEMLÖSEMETHODEN		
Methoden-Gruppe	Methoden	Verfahrensmerkmale
Ungehemmte Entladung	Brainstorming und Varianten	Spontane Diskussion ohne Kritik, Quantität vor Qualität, Fantasie, keine Urheberrechte
	Brainwriting, CNB, 635	Spontanes Aufschreiben von Ideen, sonst wie Brainstorming, evtl. Urheberrechte
Schöpferische Konfrontation	Bionik, fantastische Analogien	Stimulierung der intuitiven Ideenproduktion mittels scheinbar irrelevanter Worte und Bilder
Systematische Strukturierung mit schöpferischer Schlußfolgerung	Morphologischer Kasten, Morphologische Matrix, Funktionsanalyse, Attributive Listing, Problemfeld-Darstellung	Aufteilung des Problems in Systemelemente, Lösung von Teilproblemen und Zusammenfügen zu einer Gesamtlösung. Auch: Systematisierung von Lösungsmöglichkeiten
Systematische Strukturierung für Analyse und Entscheiden	Methode Kepner-Tregoe, Sequentielle Morphologie	Problemanalyse: Soll-Ist-Vergleich; Entscheidung: Gewichtung von Zielkriterien und Vergleich der numerisierten Alternativen
Systematische Strukturierung als Terminkontrolle und Rationalisierungshilfe	Netzplantechnik	Zeitliche Koordination von Bewegungsabläufen
Systematische Strukturierung von Experimenten als Auswertungs- und Rationalisierungshilfe	Statistische Versuchsplanung und Auswertung	Erkennung der Haupt- und Wechselwirkungen von Einflußgrößen; Quantifizierung dieser Effekte auf Zielgrößen/Optimierung

Abb. 5.2.6: Übersicht über einige Problemlösemethoden und ihre Verfahrensmerkmale (Quelle: Bugdahl 1991, S. 26)

Im folgenden sollen die wichtigsten dieser Methoden beschrieben werden.

5.2.4.1 Brainstorming

Brainstorming heißt wörtlich übersetzt "Gehirnsturm" und ist von Osborn (1953, zitiert bei Bugdahl 1984, S. 5) in der Werbebranche zum Finden neuer zündender Werbeideen entwickelt und angewandt worden. Brainstorming ist eine Methode, die die Teilnehmer in die Lage versetzt, die bekannten Konferenzblockaden durch Kommunikations- und Ideenkiller zu beseitigen (z. B. durch Eliminierung destruktiver Kritik und die Aufforderung zu Phantasie und Spontaneität). Das Kommunikationsverhalten der Beteiligten an der Diskussion wird so gestrafft und demokratisiert. Brainstorming gibt es in vielen Varianten mit homogener und heterogener Gruppenzusammensetzung. Abbildung 5.2.7 gibt eine Zusammenfassung von Brainstormingvarianten wieder.

Brainstorming-Varianten	Kurze Erläuterung der Varianten
And-also-Methode	Jede Idee wird erst ausdiskutiert, bevor eine neue Idee genannt wird.
Stop and go	Kritik ist abschnittsweise zugelassen.
Little by little oder Didaktisches Brainstorming	Nur der Koordinator kennt das Problem. In mehreren Sitzungen gibt er mehr und mehr Information. Durch die Unbestimmtheit möchte man auch weit entfernte Ideen sammeln und ein zu frühes Einengen des Suchfeldes verhindern.
Imaginäres Brainstorming	Das definierte Problem enthält zusätzlich eine vorgestellte Verfremdung, um die Phantasie anzuregen (z. B. alle Menschen haben drei Beine; sehen mit den Ohren; leben bei -30 °C usw.)
Allmacht	Mit Allmacht ausgestattet, kann man jedes Problem lösen. Bei der Überlegung, wie das im speziellen Fall geschehen soll, kommt man zuerst zu komplizierten und teuren Lösungen. Diese werden jedoch durch Vereinfachung bald so realistisch, daß man sich die Allmacht für das nächste Problem aufheben kann.
Solo	Die Teilnehmer haben ihre Lösungsansätze schon **vor** der Sitzung aufgeschrieben. Der Koordinator liest die Ideen einzeln vor und versucht, sie mit der Gruppe weiterzuentwickeln (gut z. B. bei Gruppenkonflikten).
66 oder Buzz Session	Größere Gruppen werden in Sechsergruppen aufgeteilt, die getrennt 6 Min. lang "brainstormen" (6 x 6). Danach trägt der Sprecher jeder Gruppe die Lösungen vor, die im Plenum diskutiert werden. Anschließend kann ein neues Problemdetail in den Sechsergruppen bearbeitet werden.
SIL-Methode (Sukzessive Integration von Lösungselementen)	Die Teilnehmer schreiben ihre Ideen zunächst getrennt auf. Dann trägt der erste seine Lösungsidee vor, darauf der zweite. Die Gruppe entwickelt aus beiden Lösungen eine neue Variante, die möglichst die Vorteile beider Ideen enthält. Nun wird die 3. Idee integriert usw., aber nur Verbesserungen.
Creative Collaboration Technique (Nachlese)	Nach dem Brainstorming denken die Teilnehmer noch ca. 10 Min. alleine nach und schreiben Ideen auf. Diese Nachlese schöpft Anregungen aus der Diskussion ab, sammelt "Spätzünder" ein und verbessert die Ausbeute.

Abb. 5.2.7: Brainstormingvarianten

5.2.4.2 Brainwriting/Methode 635

Diese schriftliche Methode der Ideenfindung wurde von Rohrbach (zitiert bei Bugdahl 1984, S. 16 ff.) aus dem Brainstorming entwickelt. Das Brainwriting ist mit dem Brainstorming in der kreativen Phase verwandt, hat jedoch den großen Vorteil, daß die Ideen von den Teilnehmern bei absoluter Ruhe "geboren" und individuell niedergeschrieben werden. Im Gegensatz zum Brainstorming sind während der Sitzung die Vorschläge nicht zu hören - sie werden auch nicht auf einem Flipchart visualisiert. Dadurch

- können sehr viele neue Gedanken in unterschiedlichen Richtungen entstehen, ohne durch Killerphrasen, Lachen, erstaunte Blicke gestört zu werden,

- können Vorschläge anderer Teilnehmer aufgegriffen und weiterentwickelt werden,

- kann die Qualität der Ideen durch das Verfahren selbst gesteigert werden.

Außerdem ist Brainwriting die einzige Methode, bei der die Idee einer Person zugeordnet werden kann (Urheberschutz). Die bekannteste Form des Brainwriting ist die Methode 635, bei der

6 Teilnehmer

3 Lösungsvorschläge innerhalb von

5 Minuten

auf einem besonderen Formular mit 6 Zeilen unter Namensnennung festhalten (vgl. Abbildung 5.2.8).

Ablauf (nach Schlicksupp 1992, S. 116 ff.)

1. Die Teilnehmer an der Ideenkonferenz - möglichst 6 Personen - setzen sich um einen ausreichend großen, vorzugsweise runden Tisch. Jeder erhält ein 635-Formular mit 3 Ideenspalten, einer Namensleiste und 6 Zeilen.

2. Die Aufgabenstellung, das Problem wird vorgetragen und besprochen. Ein Moderator ist nicht erforderlich.

3. Jeder Teilnehmer schreibt innerhalb von 5 Minuten in die oberste Zeile seines Formulars 3 Ideen und daneben seinen Namen bzw. sein Kurzzeichen.

4. Nun werden die Formulare reihum weitergegeben, d. h. jeder Teilnehmer gibt seinen Bogen an seinen rechten Nachbarn und erhält das Formular des links neben ihm sitzenden Teilnehmers.

5. Jeder Teilnehmer sieht die 3 Ideen seines Vorgängers. Er kann diese nun abwandeln, ergänzen, weiterentwickeln oder auch völlig neue Gedanken niederschreiben.

6. Nach 5 Minuten werden die Formulare in der festgelegten Richtung weitergereicht. Dies geht solange im "5-Minuten-Takt", bis 30 Minuten vorbei sind und die 6 Zeilen jedes Formulars mit Ideen gefüllt sind.

So entstehen innerhalb kurzer Zeit 6 x 3 x 6 = 108 Ideen bzw. Problemlösungsvorschläge!
Es ist darauf zu achten, daß deutlich geschrieben wird und bei komplexeren Problemen genügend Platz auf dem Formular vorhanden ist (evtl. für Zeichnungen). Störende Gespräche sind zu vermeiden, um den Denkprozeß und die Konzentration aufrechtzuerhalten. Die Methode 635 empfiehlt sich insbesondere dann, wenn Konflikte unter den Gruppenmitgliedern zu erwarten sind. Auch ist das Verfahren von Vorteil, wenn unterschiedliche Hierarchieebenen oder sehr dominante Personen an der Konferenz teilnehmen. Nach der Sitzung kann die Gruppe eine Ideenbewertung vornehmen. Dies geschieht, indem mit Klebepunkten oder Kreuzen die Vorschläge markiert werden, die in einem anschließenden oder späteren Brainstorming weiter diskutiert werden sollen. Es ist beispielsweise auch eine 7 x 3 x 5- oder 7 x 2 x 4-Methode denkbar.

Problem:				
	Lösungsvorschläge			Name/
1	2	3		Kurzzeichen

Abb. 5.2.8: **Formular für Brainwriting nach der Methode 635**
(in Anlehnung an Bugdahl 1984, S. 17)

5.2.4.2.1 Brainwriting-Pool

In dieser von Schlicksupp (1992, S. 120) entwickelten und beschriebenen Methode wird der bei 635 vorgeschriebene "5-Minuten-Takt" aufgehoben. Auch sind keine speziellen Formulare notwendig. Der Problemsteller muß lediglich zu Beginn die Aufgabe schildern. Er legt in die Mitte des Sitzungstisches einige Blätter, auf denen jeweils mehrere mögliche Lösungen stehen (Anreiz!). Die Konferenzteilnehmer - es können zwischen 4 und 8 Personen sein - ziehen sich ein Blatt und schreiben ihre Variationen bzw. Änderungen bzw. Vorschläge dazu. Wenn ihnen nichts mehr einfällt, schieben sie das bearbeitete Blatt in die Mitte zurück und ziehen einen neuen Bogen. Eine Zeitvorgabe für den einzelnen Bogen ist nicht vorgegeben. Die Dauer der Sitzung sollte jedoch 40 Minuten nicht überschreiten.

5.2.4.3 Synektik

Die Synektik stammt von dem Amerikaner Gordon und bedeutet griechisch so viel wie "Zusammenhang, Verbindung, Verknüpfung". Im Gegensatz zum Brainstorming, bei dem die Ideen durch freie Assoziationen entstehen, wird bei der Synektik das gestellte Problem durch schrittweises Verfremden aus dem Bewußtsein gehoben. Durch Analogien soll der kreative Prozeß in Gang gebracht und stimuliert werden. Es wird versucht, die gewohnten Pfade der Problemlösung zu verlassen und durch Abstand neue Blickwinkel und Betrachtungsweisen zu schaffen (Oberlin, zitiert bei Bugdahl 1984, S. 30).

"Ein Problem zu lösen heißt, sich vom Problem zu lösen!" (Goethe)

Dieses Zitat gilt auch für die Synektik. Das Verfahren gliedert sich vereinfacht in 4 Grundschritte (Oberlin, zitiert bei Bugdahl 1991, S. 95):

Schritt 1: Problemverständnis vertiefen

- durch Diskussion des Problems,
- Erläuterungen durch Experten,
- Erörterung bereits bekannter Lösungen; danach erfolgt Neu-Definition der Problemstellung

Schritt 2: Sich vom Problem entfernen und Problem verfremden

- durch Bildung direkter Analogien, z. B. aus der Natur (Bionik), persönlicher Analogien (Identifikation, Gefühl), symbolischer/phantastischer Analogien; danach Rückkehr zu einer zweiten direkten Analogie

Schritt 3: Force-fitting

- Prüfen und Übertragen der gewählten Analogien auf das gestellte Problem

Schritt 4: Entwickeln von realisierbaren Lösungsmöglichkeiten

Ablauf

Für Synektik-Sitzungen gelten im Hinblick auf Teilnehmerkreis und -zahl, Sitzungsdauer und Hilfsmittel ähnliche Grundsätze wie beim Brainstorming. Um Analogien aus den verschiedenen Wissensbereichen und Arbeitsgebieten zu erhalten, ist ein interdisziplinärer Personenkreis von großem Vorteil. Fachleute und Laien, Kaufleute und Techniker, Praktiker und Theoretiker, Physiker und Biologen, Chemiker und Theologen schließen sich nicht aus, sondern ergänzen sich bei der Suche nach neuen Ideen, Wegen und Verfahren hervorragend (Oberlin 1986, S. 134).

Sehr wichtig für die Anwendung dieser Methode ist eine offene, lockere, fast heitere Atmosphäre, bei der Hierarchieunterschiede keine Rolle spielen. Ein ruhiger Sitzungsraum und ein Flipchart zur Visualisierung sind erforderlich. Der Moderator soll die Teilnehmer zum "Überspringen von Grenzen" anregen und ermuntern, neue und ungewöhnliche Wege zu gehen. Sehr oft wird die Synektik als Methode in der Praxis dann angewandt, wenn andere Versuche zur Problemlösung (Brainstorming, Brainwriting) nicht zum gewünschten Erfolg geführt haben. Synektiksitzungen können sehr anstrengend sein. Daher sollte die Konferenzdauer nur 30 bis 60 Minuten betragen. Es ist besser, eine weitere Sitzung zu einem neuen Termin einzuberufen (Follow-up) als endlos nach Lösungen zu suchen.

In den USA gilt "Synectics" als erfolgreichste Kreativitätstechnik - sie wurde deshalb von Unternehmen wie IBM, Gilette und Dupont sowie von der NASA angewandt, um neue Produkte, Abläufe und Marktstrategien zu entwickeln. In Deutschland wurde diese Methode durch Rohrbach verbreitet.

5.2.4.4 Morphologischer Kasten

Unter Morphologie verstehen wir die Lehre von den Gebilden, Gestalten, Formen und Strukturen. Ursprünglich bezog sich diese vor allem auf Werkstoffe und Kristallsysteme. Übertragen auf Problemlösung und Ideenfindung bedeutet Morphologie so viel wie "Lehre vom geordneten Denken" (Schlicksupp 1992). Zwicky (zitiert in Schlicksupp 1992, S. 80 f.) entwickelte mit seinem Morphologischen Kasten eine Methode der systematischen Feldüberdeckung und der gerichteten Intuition.

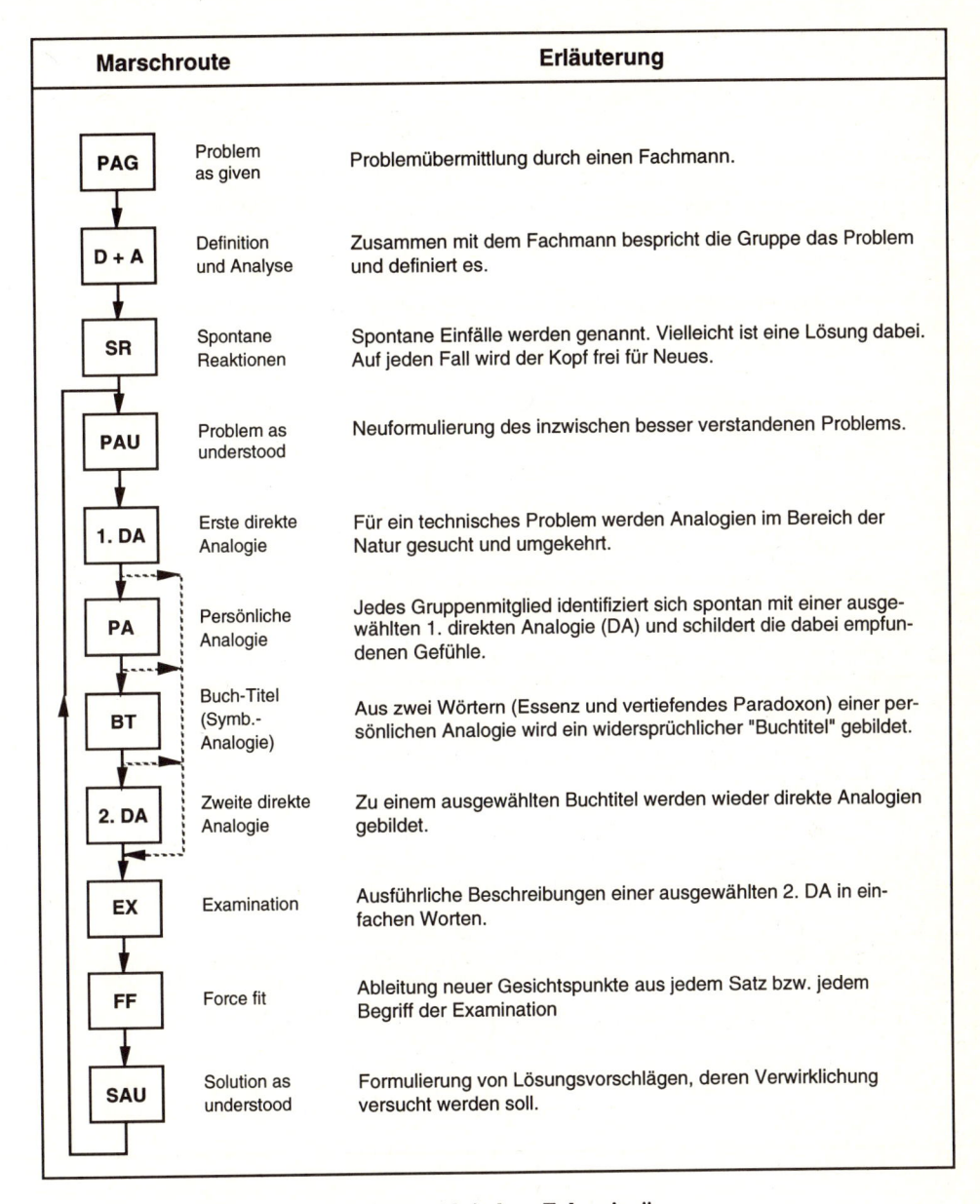

Marschroute		Erläuterung
PAG	Problem as given	Problemübermittlung durch einen Fachmann.
D + A	Definition und Analyse	Zusammen mit dem Fachmann bespricht die Gruppe das Problem und definiert es.
SR	Spontane Reaktionen	Spontane Einfälle werden genannt. Vielleicht ist eine Lösung dabei. Auf jeden Fall wird der Kopf frei für Neues.
PAU	Problem as understood	Neuformulierung des inzwischen besser verstandenen Problems.
1. DA	Erste direkte Analogie	Für ein technisches Problem werden Analogien im Bereich der Natur gesucht und umgekehrt.
PA	Persönliche Analogie	Jedes Gruppenmitglied identifiziert sich spontan mit einer ausgewählten 1. direkten Analogie (DA) und schildert die dabei empfundenen Gefühle.
BT	Buch-Titel (Symb.-Analogie)	Aus zwei Wörtern (Essenz und vertiefendes Paradoxon) einer persönlichen Analogie wird ein widersprüchlicher "Buchtitel" gebildet.
2. DA	Zweite direkte Analogie	Zu einem ausgewählten Buchtitel werden wieder direkte Analogien gebildet.
EX	Examination	Ausführliche Beschreibungen einer ausgewählten 2. DA in einfachen Worten.
FF	Force fit	Ableitung neuer Gesichtspunkte aus jedem Satz bzw. jedem Begriff der Examination
SAU	Solution as understood	Formulierung von Lösungsvorschlägen, deren Verwirklichung versucht werden soll.

Abb. 5.2.9: "Die Marschroute der synektischen Exkursion"
(Quelle: Bugdahl 1991, S. 116)

So baute er mit seinem Verfahren zu einem gegebenen Problem ein "Totallösungssystem" auf, das alle denkbaren Lösungsmöglichkeiten oder -richtungen in geordneter Form enthält (Schlicksupp). Ziel der Morphologischen Analyse ist es, das Gesamtlösungsfeld für eine Problemstellung zu erfassen und mit Hilfe einer Darstellungsmatrix (= Morphologischer Kasten) zu einer systematischen Lösungsfindung und -bewertung zu gelangen (Scholz 1986, S. 165 ff.). Komplexe Probleme werden in einzelne zerlegt, bearbeitet und neu kombiniert.

1. Aus dem zu lösenden → **aktuellen Problem**

2. abstrahiert man das → **Grundproblem**

3. Das Grundproblem wird zerlegt in seine

   Diese können relativ unabhängig voneinander variiert werden.

   → **Problem- oder Systemelemente = PARAMETER (WAS?)**

4. Für jedes Problemelement (PE) werden - unabhängig vom aktuellen bzw. Grundproblem - alle

   zusammengestellt
   (→ Morphologischer Kasten)

   → **bekannten oder denkbaren Lösungen = Ausprägungen (WIE?)** →

5. Für jeden Parameter werden - zunächst unabhängig von den anderen - Ausprägungen/Lösungen ausgewählt, die im Hinblick auf das aktuelle Problem mit seinen Kriterienvorgaben optimal erscheinen.

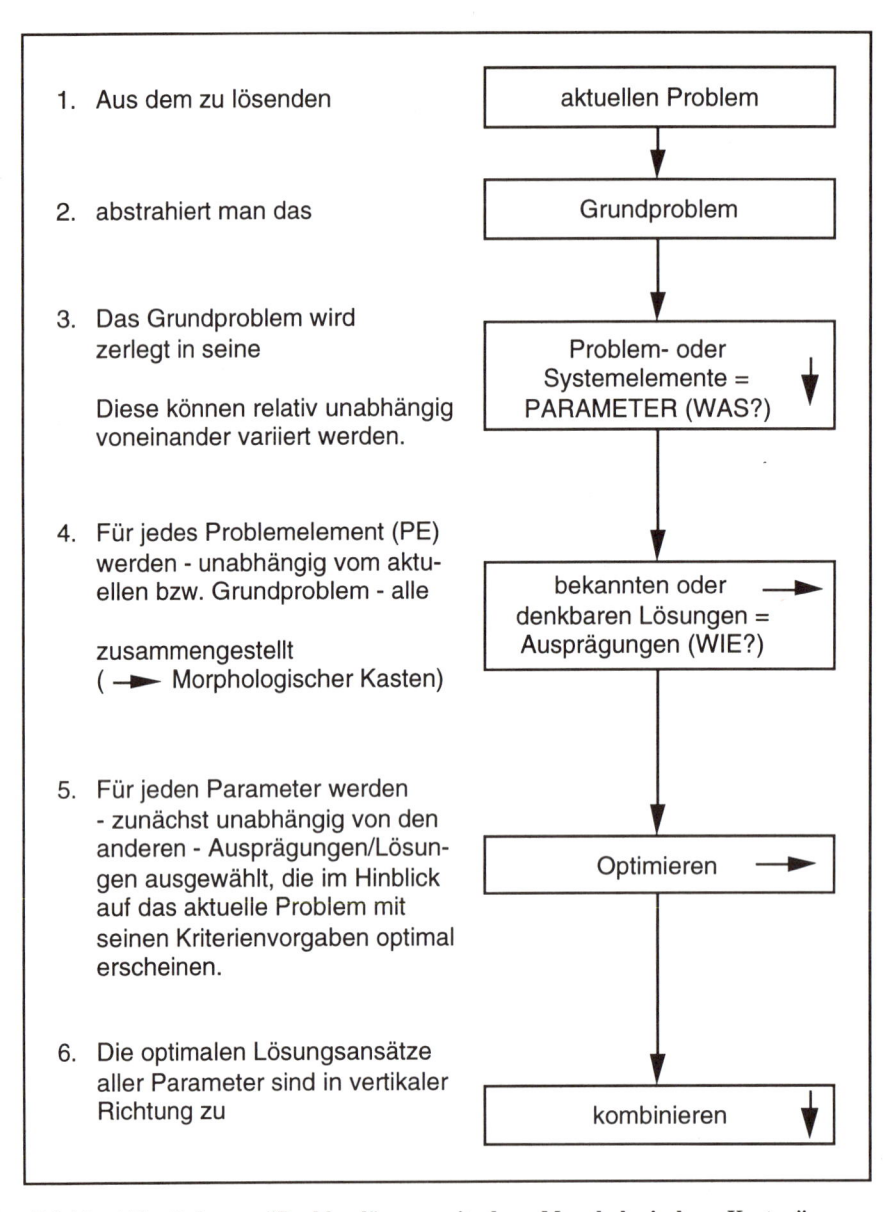

   → **Optimieren** →

6. Die optimalen Lösungsansätze aller Parameter sind in vertikaler Richtung zu → **kombinieren**

Abb. 5.2.10: Ablaufschema "Problemlösung mit dem Morphologischen Kasten"
(Quelle: Bugdahl 1991, S. 66)

Im Morphologischen Kasten sind somit in horizontaler Richtung die verschiedenen Ausprägungen zu finden. In vertikaler Richtung sind die einzelnen Parameter aufgeführt. So entstehen durch das systematische Kombinieren in der Matrix sehr viele unterschiedliche Lösungsmöglichkeiten. Ein "Ideenbaukasten" mit 6 Parametern und 10 Ausprägungen beinhaltet 1 Million Kombinationen und damit eine fast unendliche Fülle denkbarer Lösungen. Das Herausfinden gut geeigneter Lösungen geschieht, indem die Konferenzteilnehmer ihnen optimal erscheinende Kombinationen mit einem Zickzack-Linienzug in vertikaler Richtung verbinden.

Vorteile

Die Morphologische Methode eignet sich besonders dann, wenn die Definition des Problems eindeutig ist und die einzelnen Parameter unabhängig voneinander sind. Das Verfahren steht unserer herkömmlichen logisch-analytischen Denkweise sehr nahe und ist leicht durchzuführen. In kurzer Zeit kann ein Problem in seinem Umfang dargestellt, erkannt und gelöst werden. Durch die Übersichtlichkeit des Kastens ist es kaum möglich, sich zu verzetteln.

Wie bereits erwähnt, liefert die Morphologie eine große Anzahl von Problemlösungsmöglichkeiten. Die Variation der Parameter, das Festlegen der Ausprägungen und die Suche nach den besten Kombinationen sollte ein Team - ähnlich wie beim Brainstorming - übernehmen.

5.2.4.4.1 Attribute Listing

Die Methode Attribute Listing ist der Morphologie sehr verwandt. Sie geht zurück auf Crawford (zitiert bei Bugdahl 1991, S. 75) und wird vor allem dann angewandt, wenn ein bereits bestehendes Produkt verbessert bzw. weiterentwickelt werden soll. Attribute Listing stellt von der Schwierigkeit her geringere Anforderungen als der Morphologische Kasten. Es können Teilnehmer am Ideenfindungsprozeß mitwirken, die nicht als Fachleute gelten. Empfehlenswert ist die Arbeit in Gruppen nach den Regeln des Brainstorming.

Ablaufschritte (Schlicksupp 1992, S. 92):

1. Zerlegen des Produktes, Verfahrens, der Leistung in die einzelnen Merkmale,

2. Beschreiben der derzeitigen Ausführungen aller Merkmale (Ist-Zustand, derzeitge Lösung),

3. systematische Suche nach anderen Gestaltungsmöglichkeiten für die einzelnen Merkmale,

4. Auswählen und Realisieren interessanter Variationen.

5.2.4.5 Methoden-Mix

In der Praxis wird es niemals nur eine zur Problemlösung und Ideenfindung richtige Methode geben. "Viele Wege führen nach Rom" - diese Volksweisheit gilt auch für den Einsatz der geschilderten Kreativitätsverfahren. Daher läßt sich ein Problem oft mit mehreren Methoden angehen und lösen. Da die meisten Aufgabenstellungen sehr komplex sind, kann im Methoden-Mix sowohl Brainstorming oder Brainwriting, Morphologie und Synektik angewandt werden. Die jeweils eingesetzte Methode hängt also einerseits von der Problembreite und -tiefe, andererseits auch vom Aufgabensteller und vom Moderator ab. Schließlich spielt auch die zur Verfügung stehende Zeit eine wichtige Rolle.

Ist die vorhandene Zeit knapp und sollen in ungebremster Diskussion sehr viele Einfälle *spontan* geäußert werden (Motto: "Quantität vor Qualität!"), so ist *Brainstorming* zu empfehlen. Sind *Konflikte* zwischen Gruppenmitgliedern zu erwarten und müssen die *Urheber der Ideen* festgehalten werden, so ist *Brainwriting* angebracht. Sollen *viele Lösungsmöglichkeiten in einer systematischen Struktur* gefunden und dargestellt werden, eignet sich vor allem der *Morphologische Kasten*. Bei dieser Methode lassen sich insbesondere Gesamtprobleme in Teilprobleme aufspalten, lösen und durch Synthese zu Gesamtlösungen vereinen.

Wenn die bisher genannten Methoden keine Ergebnisse mehr bringen, können durch Abstrahieren und schöpferische Konfrontation mit Hilfe der *Synektik* neue Wege erschlossen werden. Vor allem die *Bionik* hat durch Vergleiche mit Gegebenheiten in der Natur schon häufig dazu beigetragen, technische Probleme zu lösen. Am besten läßt sich der *Methoden-Mix an einem praktischen Fall* demonstrieren, den Schlicksupp in "Ideenfindung" (Schlicksupp 1992, S. 144 ff.) beschrieben hat. Dabei galt es, Produkte zu suchen, die speziell auf die Bedarfssituation und die Fähigkeiten älterer Menschen zugeschnitten sind.

In einem *ersten Schritt* wurde in einer *Morphologischen Matrix* das Problem in interessant und weniger interessant erscheinende Suchfelder strukturiert (Abbildung 5.2.10). Im *zweiten Schritt* wurden auf einem Formular mit der *Methode 635* Produkte gesucht und gefunden, die Ängsten älterer Menschen entgegenwirken (Abbildung 5.2.11). Im *dritten Schritt* wurden wiederum über den *Morphologischen Kasten* Grobkonzeptionen für Safes in Privathaushalten entwickelt (Abbildung 5.2.12). Schließlich führte im *vierten Schritt* die *Synektik* zu verschiedenen Öffnungscodes für Safes (Abbildung 5.2.13).

Fallbeispiel Methoden-Mix

P1: Eigenschaften / P2: Erlebnisbereiche	abnehmend ausgeprägt					zunehmend ausgeprägt			
	Sehvermögen	Kraft	Geschick	Gehör	Gedächtnis	Wissen, Erfahrung	Geduld	Fürsorgedenken	Soziale Ängste
Kleidung			①	■					■
Speisen	②				■				
Wohnen									③
Reisen					④				⑤
Unterhalten	⑥	■		⑦					
Pflegen, Gesunderhalten			⑧		■			■	
Hobby						⑨	⑩		■
Einkaufen			⑪		⑫				

■ = kaum Anhaltspunkte für altersspezifische Produkte

○ = interessant erscheinende Suchfelder

Abb. 5.2.11: Morphologische Matrix zur Strukturierung des Problems "Suche nach altersspezifischen Produkten" (Quelle: Schlicksupp 1992, S. 144)

Problem:	Produkte, Einrichtungen usw., die den (sozialen) Ängsten älterer Menschen im Wohnbereich entgegenwirken	
Datum: 31. Februar 1988	Blatt-Nr. 4	
Notrufschilder, die an Fenster gestellt werden können	Rufanlagen zur Nachbarwohnung	Herde mit Zeitausschalter
Zusätzlich anbringbare Haltegriffe	Telefon mit programmierter Notruftaste zur Polizei	Türsicherungen
Rutschfeste Bodenbeläge	Tafeln, um Gebrauchsanweisungen für Geräte sichtbar anzubringen	Nachrüstbare Fensterklappen für Wohnungstüren
Einfach zu bedienende, aber zuverlässige Safes	Alarmsirenen, die im Notfall selbst ausgelöst werden können	Niederwandige Badewannen
Dämmerbeleuchtung (Glimmlampen) als Nachtlichter	Besonders stabile Trittleitern	Zentral angebrachte Kontrolle, die den Betrieb elektrischer Geräte anzeigt
Hilfeleuchten an der Außenseite von Haus oder Türe (ähnlich vor Krankenzimmern)	Bett-Telefone	Weckuhren, die auf den Einnahmerhythmus von Medikamenten einstellbar sind

Abb. 5.2.12: Ergebnisformular aus der Anwendung der Methode 635 (Quelle: Schlicksupp 1992, S. 145)

Parameter	Ausprägungen					
Einbauort	Wand	Boden	Tisch	Schrank	Installation	mobil
Gehäusematerial	Stahlblech	Stahlguß	armiertes Glas	verstärkter Kunststoff	Verbundgewebe	...
Zugang	Klappe	Schieber	Deckel	Türe	...	...
Öffnung durch	Schlüssel	Stecker	Zahlencode	sonst. Code		
Volumen ca.	1 dm^3	2 dm^3	5 dm^3	10 dm^3	> 10 dm^3	

Abb. 5.2.13: Morphologischer Kasten über Grobkonzeption eines Safes für Privathaushalte (Quelle: Schlicksupp 1992, S. 146)

```
┌─────────────────────────────────────────────────────────────────────────┐
│  Spontane Lösungen:                    Direkte Analogien aus der Technik zu:
│  ☐ Wählscheibe wie beim Telefon        leuchtendes Streicheln
│  ☐ Schloß, passend für Wohnungsschlüssel   ☐ Lichtreklame
│  ☐ Lochkarte einschieben               ☐ Windlicht
│  ☐ usw.                                ☐ Bühnenbeleuchtung
│              ▼                         ☐ usw.
│                                                      ▼
│  Analogien aus der Natur: Wie reagieren Tiere
│  oder Pflanzen auf Erkennungssignale?  Analyse "Lichtreklame":
│  ☐ Jungvögel öffnen die Schnäbel       ☐ rhythmisches Flackern
│  ☐ Ameisen betasten sich               ☐ aus Einzelbuchstaben
│  ☒ Blüten öffnen sich bei Licht        ☐ unterschiedliche Farben
│  ☐ Singvögel flüchten vor Raubvogelsilhouetten   ☐ umlaufend
│  ☐ usw.                                ☐ usw.
│              ▼                                       ▼
│  Persönliche Analogien: Wie fühle ich mich als
│  Blüte in der Sonne?                   Abgeleitete Ideen:
│  ☐ ich lebe auf                        ☐ Safe öffnet sich auf bestimmte Impulsfolge
│  ☐ Wärme durchströmt mich              ☐ Buchstabencode
│  ☒ fühle mich liebkost                 ☐ Tasten mit Kennfarben
│  ☐ will mich ganz ausbreiten           ☐ Zwei oder mehrere Schieberegler werden
│  ☐ usw.                                    auf bestimmte Werte eingestellt
│              ▼                         ☐ usw.
│  Symbolische Analogien zu:
│  Von der Sonne liebkost
│  ☒ leuchtendes Streicheln
│  ☐ wohlige Wärme
│  ☐ behagliches Strahlen
│  ☐ usw.
└─────────────────────────────────────────────────────────────────────────┘
```

Abb. 5.2.14: Synektik zum Problem "Öffnungscodes für Safes" (verkürzte Darstellung) (Quelle: Schlicksupp 1992, S. 148)

5.2.5 Brainstorming in der Praxis

5.2.5.1 Durchführung einer Brainstorming-Sitzung

Das Brainstorming wird meist als eine einfache und problemlose Methode zur Ideenfindung eingeschätzt. Trotzdem äußern immer noch viele Menschen, die dieser Kreativitätstechnik zum ersten Mal begegnen, Kritik. Dadurch, daß die "Spielregeln" des Brainstorming scheinbar sinnlose Vorschläge, nach Meinung mancher Teilnehmer sogar "unqualifizierte Spinnereien" zulassen, werden diese Vorurteile noch verstärkt. Das Brainstorming erfordert daher eine gute Vorbereitung und Durchführung, aber auch eine intensive Auswertung und Nachbereitung nach der Sitzung (Scholz 1986, S. 163 - 165).

Vorbereitung

Problemdefinition/Aufgabenstellung

Um eine erfolgreiche Ideenkonferenz durchführen zu können, muß *das Problem, die Aufgabenstellung klar definiert* sein. Die Frage "Worüber wollen wir nachdenken?" sollte vom Problemsteller mit einem erfahrenen Moderator frühzeitig durchgesprochen werden (Gilde 1969, S. 40).

Größe und Zusammensetzung der Gruppe

Problemsteller und Moderator sollten eine "Wunschliste" der möglichen Teilnehmer aufstellen. Die *Gruppengröße* sollte bei *mindestens fünf*, optimal acht, *maximal zwölf Personen* liegen. Ist die Anzahl der Teilnehmer zu klein, besteht die Gefahr, daß nicht genügend Ideen genannt werden und dann "mangels Masse" debattiert und gewertet wird. Bei einer zu großen Gruppe blockieren sich Teilnehmer oft gegenseitig und reden durcheinander. Auch können Subgruppen entstehen; manche Teilnehmer bringen sich auch gar nicht ein (Schlicksupp 1992, S. 107).

Das Brainstorming-Team sollte *interdisziplinär zusammengesetzt* sein. Fachleute aus den betroffenen Bereichen und problemunbelastete Laien ergänzen sich gut. Zu starke hierarchische Rangunterschiede können die Konferenz hemmen. Teams, in denen sowohl Männer als auch Frauen vertreten sind, profitieren von der "Wettbewerbssituation", die zu einer Ideenvielfalt führt (Schlicksupp 1992, S. 108).

Zeitpunkt und Form der Einladung

Die Teilnehmer einer Brainstorming-Sitzung sollten *rechtzeitig eingeladen* werden (möglichst 2 Wochen vorher). Die Einladung kann *schriftlich* erfolgen - sie muß *positiv* formuliert sein. Sehr günstig ist es, wenn der Problemsteller oder der Moderator zu den gewünschten Teilnehmern selbst hingeht und *mündlich* einlädt (Gilde 1969, S. 43). Auf keinen Fall darf der Charakter einer Vorladung entstehen - *freiwillige und motivierte Teilnehmer* sind kreativer als abkommandierte Personen. "Lust und Liebe sind die Fittiche zu großen Taten" schrieb schon Schiller, und dies gilt auch für die Motviation der Gruppenmitglieder (Bugdahl 1991, S. 36).

Zeitpunkt/Dauer/Ort

In die Einladung gehören natürlich die *Problemstellung* sowie *Ort* und *Termin* der Ideenkonferenz. Eventuell können auch die Brainstorming-Regeln mitgeschickt werden. Weiterhin ist zu empfehlen, daß die vorgesehene Sitzungsdauer genannt wird. "Ideale" Brainstorming-Sitzungen dauern zwischen 20 und 40 Minuten. Auch entsteht durch eine vorgegebene Zeit der erforderliche Druck auf das Team, Lösungen zu finden (Volksmund: "Not macht erfinderisch"). In diesem Fall ist es die Zeitnot. Untersuchungen (Dirlwander 1984) haben gezeigt, daß in den ersten 5 - 10 Minuten des Brainstormings die spontanen Ideen auftauchen und genannt werden. "Darauf folgt eine Phase der Neubildung von Ideen, die meistens auch bessere, originellere Lösungsvorschläge beinhalten. Über 70 % der guten Ideen werden in der letzten Hälfte des Brainstormings geäußert. Nach 25 - 30 Minuten kann das Brainstorming abgebrochen werden, der Ideenfluß geht dann rasch zurück" (Beriger 1986).

Der *Raum* sollte so beschaffen sein, daß eine ungezwungene Atmosphäre entsteht. Am Konferenztisch - möglichst rund - sollten alle Teilnehmer Platz finden und Blickkontakt haben. Flipchart, Pin-Wand, Filzstifte, evtl. Kärtchen und Nadeln sowie genügend Wandflächen zum Visualisieren der Ergebnisse müssen vorhanden sein.

Der Mensch braucht einen gewissen Bewegungsspielraum um sich herum, allein schon aus psychischen Gründen (persönliche Distanz etc.). Darüber hinaus aber benötigt er Kreativität, Bewegung. Die Produktionsrate von Ideen ist ungleich höher, wenn Sitzungsteilnehmer die Möglichkeit haben, sich zu bewegen, als wenn sie gezwungen sind, in einer bestimmten Position zu verharren.

Durchführung

Moderator/Protokollant

Der Moderator als Leiter der Brainstorming-Sitzung sollte *Erfahrung in der Arbeit mit Gruppen* haben und möglichst von allen Teilnehmern akzeptiert werden. Er führt die Gruppe zu Beginn der Sitzung in die Aufgabenstellung ein, evtl. zusammen mit dem Problemsteller. Während der Konferenz sollte der Moderator vor allem versuchen, den Ideenfluß in Gang zu bringen, aufrechtzuerhalten und zu fördern. Gleichzeitig muß er sich aber auch zurückhalten können, um den Ideenfluß nicht zu bremsen. Daneben ist er verantwortlich, daß die *"Spielregeln"* des Brainstorming von allen Teilnehmern eingehalten werden (Oberlin 1986, S. 87 - 93). Schließlich muß der Moderator darauf achten, daß sich die Gruppe nicht vom Thema entfernt. Er hat außerdem das Ende der Brainstorming-Sitzung anzusagen und sollte sich bei den Teilnehmern für ihre Mitwirkung bedanken.

Der *Protokollant* muß über eine *gute Auffassungsgabe* verfügen, denn er hat die Aufgabe, das Wesentliche der geäußerten Ideen als "Destillat" festzuhalten. Er darf keines Vorschläge, die er als unerheblich einschätzt, "unter den Tisch fallen lassen". Auch darf der die Gedanken der Teilnehmer nicht verändern. Manchmal wird die Tätigkeit des Protokollanten auch vom Moderator oder vom Problemsteller übernommen. Die Ideen werden - für alle Teilnehmer sichtbar - dann auf einem Flipchart erfaßt (Schlicksupp 1992, S. 103 - 115).

Wichtig ist, daß während der Brainstorming-Sitzung *Störungen* (Telefonanrufe, Besucher, Lärm) *ferngehalten* werden.

4 Grundregeln für den Ablauf

Regel 1: Jede Idee ist erlaubt! Keine Kritik oder Wertung!

Regel 2: So viele Ideen wie möglich! Quantität vor Qualität!

Regel 3: Jeder darf Ideen anderer Teilnehmer aufgreifen und weiterentwickeln! Offenheit ist Trumpf!

Regel 4: Jede Idee ist Leistung der Gesamtgruppe, nicht eines einzelnen Teilnehmers! Hoch lebe das Team!

Mängel im Ablauf

- schlechte Präsentation bzw. Definition der Problemstellung,
- unzureichende Vorbereitung des Moderators,
- Hemmungen, "verrückte Ideen zu äußern" (Vernunft besiegt Kreativität),
- Killerphrasen,

- Ausbrechen von Fachdiskussionen,
- Beschreibung der Ideen zu allgemein und oberflächlich,
- schlechte Visualisierung,
- Protokollant versucht, Ideen schon zu ordnen und zu strukturieren,
- zu früher Abbruch des Brainstorming.

5.2.5.2 Auswertung der Brainstorming-Sitzung

Zum Ende der Brainstorming-Sitzung sollte der Protokollführer alle von ihm niedergeschriebenen Ideen vorlesen. Dadurch kann noch einmal ein letzter Anreiz zur Kreativität geschaffen werden. Auch können - zusammen mit den Gruppenmitgliedern - unklar formulierte Ideen durch eindeutige Formulierungen ersetzt werden (Schlicksupp 1992, S. 109 f.).

Problemstellung:
Wie kann Küchenmüll raumsparend und hygienisch gepackt und beseitigt werden?

Lösungsvorschläge			Name/
1	2	3	Kurzzeichen
Müll zermahlen. Dafür Küchenmaschine mit Mühlwerk und Motor.	Verrottbaren Müll aussortieren und durch Toilette spülen.	Brennbaren Müll zu Briketts formen und verheizen.	K.A.B.
Elektrische Müllpresse konstruieren, bestehend aus zwei Magnethälften.	Durch Einlegen von starker Folie in die Presse Müll verpacken. Folie elektr. verschweißen.	Müll in Blechdosen füllen und pressen. Die Presse verschließt gleichzeitig die Dose.	G. M.
Über Kleintransportband in Rohrleitung nach draußen führen.	Durch Infrarotstrahlen pulverisieren.	Müll mit Zement- oder Gipsmasse zu Paketen vergießen.	H. K.
Einen Müllwolf im Haus, z. B. im Keller, installieren.	Müllwolf wird durch Fallrohre bedient, die vom Schornsteinfeger gereinigt werden.	Den gemahlenen Müll in kippbarem Chrombehälter zum Abtransport sammeln.	H. B.
Müll mit einer Spindelpresse in Wurstform pressen.	Die Formbeständigkeit der Wurstform wird durch Zugabe von Klebstoff erreicht (aushärtende Masse).	Aushärtende Masse wird außen zum Schlauch, der luftdicht abschließt.	R. H.
Müll in Kunststoffbehälter geben. Einweg-Behälter.	Über Sprühdose im Behälter einschäumen. Schaum löst dann einen Schrumpfvorgang aus.		V. B.

**Abb. 5.2.15: Beispiel für Brainwriting/635
(Quelle: Bugdahl 1984, S. 17)**

Erkennbar unrealistische, d. h. nur schwer realisierbare Vorschläge können sofort nach Beendigung des Brainstorming gestrichen werden. Auch sollte den Teilnehmern ein Zeitraum genannt werden, in dem nachträgliche Einfälle beim Problemsteller eingereicht werden können (Scholz 1986, S. 164). Das weitere Zusammenstellen und Sortieren der verbliebenen Vorschläge obliegt nun dem Problemsteller. Zusammen mit Experten gliedert er die Ideen nach verschiedenen Kriterien. So kann z. B. nach der Fristigkeit der Realisierbarkeit (sofort/mittelfristig/langfristig) oder auch nach Kosten der Durchführung bzw. der Wirtschaftlichkeit (hohe/mittlere Wirtschaftlichkeit/unwirtschaftlich) sortiert werden (Bugdahl 1984, S. 18).

Checkliste für Brainstorming-Sitzungen

1. Keine Kritik während der Sitzung! Bewertung und Beurteilung des Gesagten erfolgen in eigenen Arbeitsschritten.

2. Quantität vor Qualität! Je mehr Ideen, desto höher ist die Trefferwahrscheinlichkeit.

3. Den Ideen freien Lauf lassen! Vernunft und Logik sind in dieser Phase nicht gefragt.

4. Offenheit gegenüber den anderen Teilnehmern! Nicht die eigenen Ideen verteidigen, sondern die der anderen Teilnehmer weiterentwickeln.

5. Keine Störung von außen! Anrufe und Besucher vermeiden.

6. Größe des Konferenztisches an die Zahl der Teilnehmer anpassen! Blickkontakt der Teilnehmer muß möglich sein.

7. Beschränkung der Teilnehmerzahl! Die ideale Zahl liegt zwischen sechs und acht Personen; auf keinen Fall weniger als fünf und mehr als fünfzehn Teilnehmer. Große Gruppen unterteilen!

8. Team gemäß der Aufgabenstellung auswählen! Keine großen hierarchischen Barrieren, Kombination von Fachleuten und Unbeteiligten.

9. Teilnehmer rechtzeitig schriftlich einladen! Ort, Termin, Problem und die Regeln der Brainstorming-Sitzung auf die Einladung schreiben!

10. Moderator klug auswählen! Er sollte von allen akzeptiert werden und Gruppenerfahrung haben.

11. Ideen von einem (vorher bestimmten) Protokollführer schriftlich festhalten lassen! Dafür hat sich der Flipchart bewährt, der auch während der Sitzung alle Ideen allen Teilnehmern gut sichtbar präsentiert.

12. Nicht zu lange tagen! Ideal sind rund dreißig Minuten; auch bei schwierigeren Problemen eine Stunde nicht überschreiten.

13. Kopie des Protokolls an alle Teilnehmer! So wird der kreative Prozeß in Gang gehalten.

Abb. 5.2.16: Checkliste für Brainstorming-Sitzungen
(Quelle: Oberlin 1986, S. 92 f.)

Es ist sogar möglich, eine Prioritäten-/Kostenmatrix zu erstellen, um die mögliche Reihenfolge der Realisierung zu ermitteln. Auch kann in dieser Phase ein Ideenspeicher/-fundus angelegt werden. Mit Hilfe von Klebepunkten kann dann über die Reihenfolge der Durchführung entschieden werden. Problemsteller und Experten untersuchen nun die Ideen auf ihre Brauchbarkeit. Die erfolgversprechenden Lösungen werden dann detailliert ausgearbeitet und zur Entscheidungsreife gebracht. Wichtig ist, daß alle Brainstorming-Teilnehmer ein Protokoll erhalten und auch über die Ergebnisse ihres kreativen Denkens sowie die endgültige Entscheidung informiert werden. So haben diese ein Erfolgserlebnis und nehmen gerne wieder an Brainstorming-Sitzungen teil (Bugdahl 1984, S. 18). Ein Urheberrecht des einzelnen Teilnehmers gibt es beim Brainstorming nicht (Scholz 1986, S. 164).

5.2.6 Anwendung der Ideenfindungsmethoden im Bereich der Personalentwicklung

Wie in der Einleitung bereits erwähnt, werden Unternehmen aller Branchen und Größen in Zukunft nur noch überleben können, wenn sie das kreative Potential ihrer Mitarbeiter nutzen. Innovation gerät immer mehr unter Zeitdruck: Gute Ideen von gestern sind heute schon überholt und wertlos. Dies bedeutet, daß die Zeit zwischen Ausdenken und Umsetzen einer kreativen Problemlösung sehr kurz sein muß. In unserer derzeitigen wirtschaftlichen Situation müssen wir neue Wege gehen, um

- Produkte, Verfahren und Leistungen kostengünstiger herstellen und anbieten zu können (cost-cutting, lean production),

- die Ergebnisqualität unserer Produkte anzuheben und zu sichern (total quality management),

- weitere neue Anwendungsgebiete für unsere Erzeugnisse zu finden (Differenzierung, Variation),

- völlig neue Tätigkeiten und Verfahren zu finden und auf den Markt zu bringen (Innovation).

Leider ist zu beobachten, daß in vielen Unternehmen noch immer nicht genügend "Nährboden" für Kreativitätstrainings und Kreativitätssitzungen vorhanden ist. Dadurch werden die Methoden der Ideenfindung als neumodische Spinnerei abqualifiziert. Oft sind die Erwartungen beispielsweise an ein Brainstorming aber auch überzogen nach dem Motto "Das wußten wir doch gleich, daß dabei nichts herauskommen kann" oder "Das hatten wir auch so gefunden".

In dieser Phase sind Weiterbildung und Personalentwicklung gefordert, um die verschiedenen Kreativitätstechniken zu vermitteln und an praktischen Fällen aus dem Unternehmen selbst zu erproben. Es ist abzuraten, Ideenfindung in externen Seminaren zu erlernen, da bei der Rückkehr der Transfer durch große Einführungswiderstände behindert wird. Das "not invented here" gilt auch für die Schulung selbst. Daher ist es Aufgabe der Weiterbildung, durch Information aller Ebenen die Einführungswiderstände gegen Kreativitätstraining abzubauen. Es gilt, möglichst viele Mitarbeiter - insbesondere in Forschung und Entwicklung, aber auch in Produktion und Vertrieb - mit den Methoden der Ideenfindung vertraut zu machen. Hier hilft kein "Halbtages-Seminar", vielmehr muß innerhalb der "in-house-Schulung" sofort der Anwendungsbezug hergestellt werden. Synektik darf keine lächerliche Methode bleiben, sondern ist direkt an einer Produktveränderung/-verbesserung zu erproben.

Es ist zu empfehlen, daß die Weiterbildung "Ideen-Workshops", Kreativitätstrainings oder Erfinderschulungen von 2 - 3 Tagen Dauer anbietet. In diesen sollten zunächst die Methoden der Ideenfindung vorgestellt und erfolgreiche Anwendungsbeispiele gezeigt werden. An diesen Workshops sollten aufgeschlossene, den Kreativitätstechniken positiv gegenüberstehende Vorgesetzte und Mitarbeiter teilnehmen.

	Problemstellung: Gesucht werden Möglichkeiten, wie sich Bilder rahmen lassen	
1.	Problemanalyse	Es handelt sich darum, eine Deckplatte aus Glas möglichst einfach auf einem flachen Bildträger zu befestigen.
2.	Spontane Lösungen	Klammern, transparente Klebefolie, Saugnäpfchen am Bildträger usw.
3.	Neu definiertes Problem	Wie eingangs, jedoch mit der Betonung, daß die Glasplatte sehr einfach wieder abgenommen werden kann.
4.	Direkte Analogie aus der Natur: Wechsel von Bedeckungen	Schneedecke schmilzt; Schlange streift ihre Haut ab; Wolken ziehen vor; Erosion; Geweih wird abgestoßen usw.
	davon ausgewählt:	Schlange streift ihre Haut ab
5.	Persönliche Analogie: Wie fühle ich mich als häutende Schlange?	Es juckt mich am ganzen Körper; die alte Haut engt mich ein; bin neugierig, wie ich jetzt aussehe; endlich frische Luft; am liebsten hätte ich Hände usw.
	davon ausgewählt:	Die alte Haut engt mich ein
6.	Symbolische Analogien zu: Die alte Haut engt mich ein	Bedrückende Hülle; schimmernder Panzer; würgendes Ich; lückenlose Fessel; unterdrückende Identität usw.
	davon ausgewählt	Lückenlose Fessel
7.	Direkte Analogien aus der Technik zu: Lückenlose Fessel	1. Leitplanken der Autobahn 2. Druckbehälter 3. Schienenstrang 4. Stierkampfarena 5. Radar-Warnsystem usw.
8.	Analyse der zuletzt genannten Analogien mit dem Versuch, aus deren Strukturmerkmalen Lösungsideen abzuleiten (in Verbindung bringen mit dem Problem) (Die nachfolgenden Begriffe werden analog aufgearbeitet.)	1. Analyse "Leitplanke": ☐ Blechprofil ☐ auf beiden Seiten der Autobahn ☐ verformbar abgeleitete Ideen: ☐ Bildträger und Glasplatte werden in einem Profilrahmen verklemmt ☐ Halterungen (gleich welcher Art) werden nur an zwei Seiten angebracht ☐ knetartige Kugeln auf die Ecken von Bildträger und Glas drücken 2. Analyse "Druckbehälter": ☐ steht unter Spannung ☐ geschlossenes Volumen ☐ Ein- und Auslaß abgeleitete Ideen: ☐ Bildträger hat Greifkanten und ist leicht vorgekrümmt; dadurch erzeugt er selbst die Haltespannung, wenn er an das Deckglas gepreßt wird ☐ Träger und Glas werden in eine genau passende Tasche aus PE gesteckt ☐ Träger und Glasplatte haben an den Ecken Löcher und werden mit einer Art Druckknopf verbunden

Abb. 5.2.17: **Beispiel für Synektik** (Quelle: Schlicksupp 1992, S. 128 f.)

Parameter		Lösungsmöglichkeiten						
Aperitif	Getränk	Campari	Cynar	Wermut	Tomatensaft	Orangensaft	Champagner	Sherry
	Gebäck	Schinkenhörnchen	Blätterteigkonfekt	gesalzene Erdnüsse	Käsehäppchen	Canapés	Mini-Hamburger	kein Apérogebäck
Vorspeise		grüner Salat	gemischter Salat	Crevettencocktail	Pastete	geräucherter Lachs	Rohschinken mit Melone	keine Vorspeise
Suppe		Fleischbrühe	Spargelcrèmesuppe	Ochsenschwanzsuppe	Fischsuppe	Lauchcrèmesuppe	Hühnersuppe	keine Suppe
Hauptspeise	Fleisch	Schweinekotelett	Wiener Schnitzel	Rindsbraten	Kalbsbratwurst	Hühnchen	Kalbshaxe	Entrecôte
	Gemüse	Bohnen	Blumenkohl	gedämpfte Tomaten	Erbsen	Karotten	Rosenkohl	Lauch
	Beilagen	Spaghetti	Nudeln	Trockenreis	Risotto	Pommes frites	Kroketten	Salzkartoffeln
Käse		Brie	Vacherin	Camembert	Emmentaler	Tilsiter	Gouda	Roquefort
Dessert		Schokoladenkuchen	Fruchtsalat	Crèpes-Suzette	Erdbeeren + Schlagsahne	Zabaione	Karamelköpfchen	Coupe Dänemark
Getränk		Chianti	Côtes-du-Rhône	Beaujolais	Châteauneuf-du-Pape	Fendant	Mineralwasser	Bier
Kaffee		schwarzer Kaffee	Kaffee mit Sahne	Espresso	Cappucino	koffeinfreier Kaffee	Kaffee Kirsch	kein Kaffee

Abb. 5.2.18: Beispiel für Morphologie: Schema "Abendessen"
(Quelle: Oberlin 1986, S. 122 f.)

Problemstellung:
Wie können wir eine Werbebroschüre besser gestalten?

Merkmale/ Attribute	Derzeitige Ausführung	Mögliche andere Ausführungen
Format	rechteckig, großoktav	Riesenformat, Miniformat, Trapezform, halboval, rund, halbrund
Heftung	fest, gebunden	Loseblatt, Endlosziehharmonika, Ringheftung, Nieten, Heftklammern
Einband	fest, geschlossen	durchbrochener Einband, ohne Einband, teilseitiger Einband
Einbandmaterial	Karton	Leder, Kunstleder, Kork, Holz, Metallfolie, Emaille, Seide
Wendefolge der Seiten	Blätter von rechts nach links	Blätter von oben nach unten, bedruckte Rolle, Einzelblätter zum Umlegen
Darstellung des Inhalts	reine Schriftform	Zusatzbilder, Sprechbilder, Zeichnungen, Einklebebilder
Inhalt	nur Werbetext	zusätzlich: Rätsel, Comics, Information über wissenschaftliche Erfahrungen, Leerblätter für Notizen

Abb. 5.2.19: Beispiel für Attribute Listing (Quelle: Bugdahl 1984, S. 26)

Weiterhin ist es wichtig, bereits in der Anfangsphase Moderatoren für die Durchführung möglichst abteilungsbezogener oder produktorientierter Ideenfindungskonferenzen auszubilden. Wichtig ist, daß von Anfang an Beispiele, Probleme aus dem eigenen Unternehmen bzw. Arbeitsbereich eingebracht und gelöst werden. Durch das "Üben am Ernstfall" erhalten die Erfahrungen der Teilnehmer großes Gewicht, das Interesse an einer wirklichen Problemlösung ist ernsthaft vorhanden, und gute, in die Praxis übertragbare Vorschläge helfen mit, die Einführungswiderstände abzubauen. Schließlich kann die Weiterbildung selbst den Abteilungen auch Moderatoren für Ideenfindungskonferenzen zur Verfügung stellen.

Wie für die gesamte Arbeit der Personal- und Organisationsentwicklung gilt auch auf dem Gebiet des Kreativitätstrainings: *"Wir müssen die Beteiligten betroffen machen und die Betroffenen zu Beteiligten machen!"*

5.3 Beispiel für die Durchführung einer Brainstorming-Sitzung
H. Bottenberg, Th. Dalic

Der Grundgedanke des Brainstormings ist die ungehinderte, kreative Ideenfindung zur Lösung von Problemen oder Fragestellungen. Zwei wesentliche Hindernisse zur Ideenfindung sind zum einen die Angst vor Kritik und andererseits die Suche nach neuen Ideen an immer der gleichen Stelle. Bei Einsatz des Brainstormings können viele Ideen und Einfälle entstehen. Im folgenden wird anhand eines Beispiels aus dem Bereich Vertrieb die Durchführung einer Brainstorming-Sitzung verdeutlicht.

Herr Üb, der Vertriebsleiter der Firma TESTA, kontrolliert regelmäßig den gesamten Vertriebsablauf und den Zufriedenheitsgrad der einzelnen Kunden. Dies geschieht mittels einer Telefonaktion oder einer Fragebogenaktion. Beides dient dazu, mögliche Fehlerquellen aufzuzeigen. Diese Aktionen werden quartalsmäßig durchgeführt. Bei der letzten Aktion wies ein relativ großer Anteil der zurückgegangenen Fragebögen folgendes Muster auf:

Haben Sie Mängel an unserem Service und den gelieferten Produkten zu beanstanden?

- *Lieferungen erfolgen oft zu spät.*
- *Lieferungen enthalten oft Fehlmengen.*

Welche Verbesserungen / Änderungen unseres Services / unserer Produkte würden Sie sich wünschen?

- *Pünktliche Lieferungen.*
- *Komplette Lieferungen.*

Wenn Probleme dieser Art anfallen, besteht eine gute Möglichkeit darin, die Ursachen und Lösungsideen für diese Probleme mit Hilfe des Brainstormings zu ermitteln.

5.3.1 Meetingaufbau

Herrn Üb ist dieser Umstand bekannt und er beruft eine Brainstorming-Sitzung ein. Mit der Einladung geht allen Teilnehmern eine Problemdarstellung zu und der konkrete Hinweis, daß die anberaumte Sitzung nicht dazu verwendet werden soll, "Schuldige" zu finden, sondern Probleme offen zu besprechen, Ursachen und Lösungen zu finden.

Herr Üb lädt alle Personen, die direkt am Vertrieb beteiligt sind, ein:

- Vertriebsleitung (Herr Üb),
- Einkäufer (Herr Unverzagt),
- Lageristen (Frau Prüf, Herr Commi),
- Verkäufer (Herr Preiswert),
- Auslieferung (Herr Eilig),
- Werbung (Frau Chic).

Die Brainstorming-Gruppe besteht somit aus sieben Personen. Konkret bedeutet dies, daß Herr Üb beabsichtigt, über das Brainstorming

a) mögliche Ursachen für die oben angeführten Probleme zu finden und
b) daraus abgeleitet entsprechende Lösungen herbeizuführen.

5.3.2 Durchführung

Herr Üb organisiert die entsprechenden Räumlichkeiten. Für die Auswahl der Raumgröße gibt es eine Faustformel, die als grober Richtwert angesehen werden kann: fünf Quadratmeter pro Sitzungsteilnehmer mal Anzahl der Personen plus Moderator gleich Raumgröße. Gerade wenn Sitzungen bzw. Meetings sich in den kreativen Bereich hineinbewegen, spielt die Raumgröße eine wichtigere Rolle als man glauben mag. *Es hat wenig Sinn, von einer zusammengepferchten Gruppe innovative Ergebnisse zu erwarten.*

Herr Üb sorgt auch dafür, daß alle notwendigen Medien und Arbeitsmaterialien (Pinwandkarten, Pinwände, Tageslichtprojektor, Flip-Chart, Kaffee, Erfrischungen etc.) vorhanden sind. Er übernimmt ebenfalls die Moderatorenrolle und die des Protokollanten.

5.3.2.1 Phase 1

In der ersten Phase begrüßt Herr Üb die Teilnehmer und leitet ein Aufwärmungsgespräch ein, indem er um die Rückmeldung bittet, ob die Probleme - verspätete Lieferungen, Lieferungen mit Fehlmengen - jedem Teilnehmer klar sind. Er selbst präsentiert im Anschluß daran die Probleme aus seiner Sicht. Anschließend erläutert er die aus seiner Sicht möglichen Auswirkungen (z. B. Imageverlust, negative Auswirkungen auf den Kunden, die Kunden wechseln zu anderen Anbietern etc.). Er läßt genügend Raum, um den Sitzungsteilnehmern die Möglichkeit zu Rückfragen zu geben. Erst wenn allen Beteiligten die Situation geläufig ist, kann zum nächsten Schritt übergegangen werden.

5.3.2.2 Phase II

Es hat wenig Sinn, Sitzungsteilnehmer mit einer bestimmten Kreativitätstechnik zu konfrontieren, ohne vorab Grundlagen, Funktionsweisen und intendierte Wirkungen darzulegen. Herr Üb legt dabei besonderen Wert auf die Darstellung der vier schon bekannten Grundregeln:

Regel 1: *Keine Kritik*
Regel 2: *Quantität der Ideen geht vor Qualität!*
Regel 3: *Jeder Teilnehmer kann die Ideen eines anderen aufgreifen und weiterentwickeln!*
Regel 4: *Jede Idee ist als Leistung des Teams, nicht eines einzelnen zu betrachten!*

Gerade die erste Grundregel des Brainstormings (= keine Kritik) erweist sich oft als fast unüberwindliches Hindernis. Insbesondere wenn man berücksichtigt, daß gerade Kritik bzw. abwertende Äußerungen in sehr starkem Maße über nonverbale Kanäle mitgeteilt werden und auch entsprechende Wirkung zeigen. Herr Üb beugt diesem Umstand vor, indem er selbst zu Beginn des Brainstormings einige sehr ausgefallene Ideen beisteuert.

Der nächste Ansatz besteht darin, mögliche Ursachen für die Entstehung der beiden o. g. Probleme zu finden. Im folgenden werden Auszüge der gesammelten Ideen und daraus entstehende Problemlösungsansätze aufgeführt.

5.3.2.3 Phase III (Brainstorming)

Ideensammlung

Problem: verspätete Lieferungen/unvollständige Lieferungen

Fragen:

- Welche Ursachen sind für die verspätete Lieferung von Material an Kunden denkbar?

- Welche Ursachen für Lieferungen mit Fehlmengen sind denkbar?

Zu diesen Fragen fallen den Teilnehmern u. a. mehr oder weniger spontan folgende Antworten ein:

- unklare Mengenangaben von seiten des Bestellers,

- ungenügende Empfängeranschrift (z. B. ohne Angabe der Abteilung),

- Fehler in der EDV,

- Lieferant hat den Artikel aus dem Sortiment gestrichen, Lieferant hat überhaupt nicht geliefert, Nichtvorhandensein des Artikels wurde nicht an Einkauf und Verkauf gemeldet,

- zu viele Aufträge, Lagermannschaft überfordert, Bestellungen nicht mehr abgefertigt, zu wenig Personal,

- vergessen, Kunden anzufahren,

- Packfehler, nachlässig kommissioniert, keine/ungenügende Kontrolle des Kommissionierens.

Herr Üb achtet sorgsam darauf, daß das Brainstorming nicht in eine Fachdiskussion ausartet. Ebenso vermeidet er, das Brainstorming am ersten Tiefpunkt (wenn 2 bis 3 Minuten lang keine Ideen mehr produziert werden) abzubrechen.

Überprüfung

Die Ideen werden von Herrn Üb alle auf Pinwandkärtchen niedergeschrieben und angeheftet. Er vergewissert sich noch einmal durch Rückfragen, ob alle Argumente richtig notiert und auch keines vergessen wurde. Auch hier gilt: es sollten in einer Brainstorming-Sitzung so viele Sinneskanäle wie möglich angesprochen werden. Die Produktionsrate der möglichen Ideen wird dadurch gesteigert.

5.3.2.4 Phase IV (Umsetzungsanalyse)

Danach geht er zum nächsten Schritt über und versucht, mit den Teilnehmern gemeinsam die aufgelisteten Ideen entsprechend den Arbeitsbereichen zuzuordnen, die auch entsprechende Lösungen umsetzen können (Abbildung 5.3.1).

Nach dieser Zuordnung stellt Herr Üb sicher, daß alle Argumente der Teilnehmer berücksichtigt wurden. Die zuletzt getroffene Aufgliederung beinhaltet bereits erste Lösungsansätze. Herr Üb hat nun zwei Möglichkeiten:

1. Er beendet die Brainstorming-Sitzung und stellt allen Beteiligten ein entsprechendes Protokoll zu. Die Praxis im betrieblichen Alltag hat gezeigt, daß das Aufdecken von Fehlerquellen, ihren Auswirkungen und Vernetzungen im jeweiligen System oftmals ausreichen, um Fehlerquellen zu beseitigen bzw. zu minimieren.

2. Er entwickelt mit der Gruppe zusammen nach den Regeln des Brainstormings entsprechende umsetzbare Lösungsvorschläge.

Arbeitsbereich	Ideen
Vertriebsleitung	• Personalmangel im Lager (Vorplanung)
Einkauf	• nicht ausreichend oder zu spät disponiert • Fehler in der EDV
Lager	• ungenügende Empfängeranschrift • Fehler in der EDV • zu viele Aufträge, Lagermannschaft ist überfordert, Bestellungen können nicht mehr abgefertigt werden
Auslieferung	• vergessen, Kunden anzufahren • zu spät beim Kunden eingetroffen (Warenannahme bereits geschlossen).
Verkauf	• Fehler in der EDV • unklare Mengenangabe von Seiten des Bestellers • ungenügende Empfängeranschrift • Lieferant hat den Artikel aus dem Sortiment gestrichen
Werbung	• Fehler in der EDV. • im Liefersortiment gestrichene Artikel werden immer noch angeboten

Abb. 5.3.1: Zuordnung von Ideen zu Arbeitsbereichen

Die allgemeine Vorgehensweise, die Herr Üb in diesem Beispiel gewählt hat (Problemdarstellung, Ursachensuche, Zuordnung), scheint auf den ersten Blick umständlich. Sie ist aber äusserst sinnvoll. Denn Brainstorming heißt, in jenem relativ schmalen Bereich zu agieren, der keine normale festgefahrene Fachdiskussion ist, aber auch keine utopischen Phantasiereisen jenseits aller Realisierungsmöglichkeiten auslöst. Das Vorgehen nach dem geschilderten System hat mehrere Vorteile: Es wird kein Einzelproblem angesprochen, sondern die Vernetzung aufgedeckt. Das Brainstorming bezieht sich nicht auf ein vordergründiges Symptom, sondern auf mehrere Ursachen und es bleibt praxisorientiert.

In unserem Beispiel wählte Herr Üb die zweite Möglichkeit und entwickelt mit der Brainstorming-Gruppe entsprechende Lösungsansätze aus den geführten Problemansätzen heraus.

5.3.2.5 Phase V (Bewertung und Lösungsentwicklung)

In dieser Sitzungsphase werden die *Lösungen* (aufgelistet in Abbildung 5.3.2) entwickelt.

Die weiteren Ausführungen konzentrieren sich auf folgende wesentliche Punkte:

1. Erstellung eines entsprechenden Bestellscheins bzw. Laufzettels, der alle notwendigen Aufgaben enthält.

2. verstärktes Controlling in allen Schnittstellenbereichen:
   - Einkauf, Lager,
   - Lager, Versand,

- Lager, Verkauf,
- Einkauf, Lager, Werbung.

3. Stichprobenkontrolle der EDV-Anlage

Das Protokoll der Sitzung geht jedem Beteiligten zu. Nach drei Wochen beruft Herr Üb eine erneute Sitzung ein, um die Wirkung der gemachten Vorschläge bzw. deren Umsetzung zu überprüfen.

Arbeitsbereich	Ideen	Lösungen
Vertriebsleitung	• Personalmangel im Lager (Vorplanung)	• Neueinstellung • verstärktes Controlling
Einkauf	• nicht ausreichend oder zu spät disponiert • Fehler in der EDV	• Terminkontrolle • Überprüfung/Mengenkontrolle
Lager	• ungenügende Empfängeranschrift • Fehler in der EDV • zu viele Aufträge, Lagermannschaft ist überfordert, Bestellungen können nicht mehr abgefertigt werden	• Tourenplankontrolle • überprüfen • zusätzliche Hilfskraft (Teilzeit)
Auslieferung	• vergessen, Kunden anzufahren • zu spät beim Kunden eingetroffen (Warenannahme bereits geschlossen).	• Tourenplan-Kontrolle • Termin-, Zeitplankontrolle
Verkauf	• Fehler in der EDV • im Lieferantenangebot gestrichene Artikel werden noch immer angeboten	• überprüfen • überprüfen
Werbung	• Fehler in der EDV • im Liefersortiment gestrichene Artikel werden immer noch angeboten	• überprüfen • überprüfen

Abb. 5.3.2: **Lösungen zu betrieblichen Problemen**

5.4 Die Cross-Impact-Methode als Beispiel zur Bearbeitung einer Problemlöse- und Entscheidungssituation

G. Frank

Dargestellt werden in diesem Kapitel die prinzipiellen Verfahren, um zu Entscheidungen zu gelangen; näher beschrieben und anhand eines Beispiels erläutert wird die sogenannte "cross-impact-Methode" (Gordon, Mayword 1968). Die Konzentration auf diese Methode erfolgt, da sie ein Kernstück der Szenario-Technik darstellt, deren Effizienz sowohl bei der Problemanalyse wie bei der Problembewertung mittlerweile unbestritten ist (z. B. Kreikebaum 1987, S. 93 f.). Unternehmensplanung ohne Einbezug von Analyseschritten, die auf dem Erkennen und Bewerten von Abhängigkeiten und Unsicherheiten - das ist das Anliegen der "cross-impact-Methode" - basieren, ist heute schlechterdings kaum noch vorstellbar.

Der wesentliche Vorteil dieser Methode liegt vor allem im systematischen Vorgehen: in den Bereich der Willkür reichende Zufälligkeiten werden weitestgehend eliminiert (z. B. Frank 1991). Nach einer Analyse von Informationen und Einflußfaktoren für angestrebte Ziele und Aktivitäten wird eine Bewertung für die ermittelten Faktoren vorgenommen.

5.4.1 Bewertung von Alternativen

Ohne die Vorgabe eines nachvollziehbaren Maßstabs ist keine - objektivierbare - Bewertung möglich, d. h. ohne Maßstab gibt es keine Bewertung. Wichtig für diesen Schritt ist somit, geeignete Methoden anzuwenden und in möglichst heterogener Gruppe über die Bewertungskriterien zu beschließen sowie die Begründungen zu dokumentieren. Es gibt die beiden grundlegenden Ausrichtungen in quantitative und qualitative Ansätze. Zunehmend mehr an Bedeutung gewinnen die qualitativen Methoden (Abbildung 5.4.1), weil man einerseits durch die Anwendung dieser Methoden gelernt hat, daß sie vergangenheitsorientiert sind: ein ökonometrisches Modell mit hochkomplexen Gleichungssystemen bezieht seine Information - das sind beispielsweise die mit mathematischen Verfahren errechneten Parameter - aus der Vergangenheit. Immer dann, wenn wir aus der Vergangenheit heraus auf erkennbare, längerfristige Trends - so z. B. den Megatrends von Naisbitt - stoßen und diese Trends der Vergangenheitsentwicklung folgend in die Zukunft legen, stehen wir am Scheideweg zwischen den eher formell begründeten Entwicklungspfaden und andererseits den eher spekulativ orientierten Methoden und Techniken.

Damit haben beide Ansätze - die sich im übrigen beständig einander annähern - ihre jeweilige Gültigkeit: so verwenden die mathematisch-statistischen Verfahren beispielsweise mittlerweile Varianten wie das Fine-tuning, den Einbezug unbeobachtbarer Variablen oder auch zunehmend verteilungsbasierte Verfahren.

Der prinzipielle Vorwurf, vergangene Strukturen fortzuschreiben, ist aber nach wie vor ein bedeutsamer und trotz z. B. dynamischer Simulationsverfahren nicht vollends zu entkräften. Andererseits haben die qualitativen Ansätze ihre "Kaffeesatz-Rolle" teilweise abgelegt. Besonders hervorgetan hat sich in dieser Richtung die Szenario-Technik, die - und das zeigen die unterschiedlichen methodischen Ausrichtungen - in Abhängigkeit von der Datenlage und Zielvorstellung verschiedene Methoden verwendet.

Bei der Darstellung werden wir uns auf die Umfeld-Szenarien konzentrieren, die sich vor allem durch systematisches Erfassen der Einflußfaktoren gegen die anderen Methoden abheben. Dazu werden jeweils sieben Schritte durchlaufen (vgl. Frank 1991):

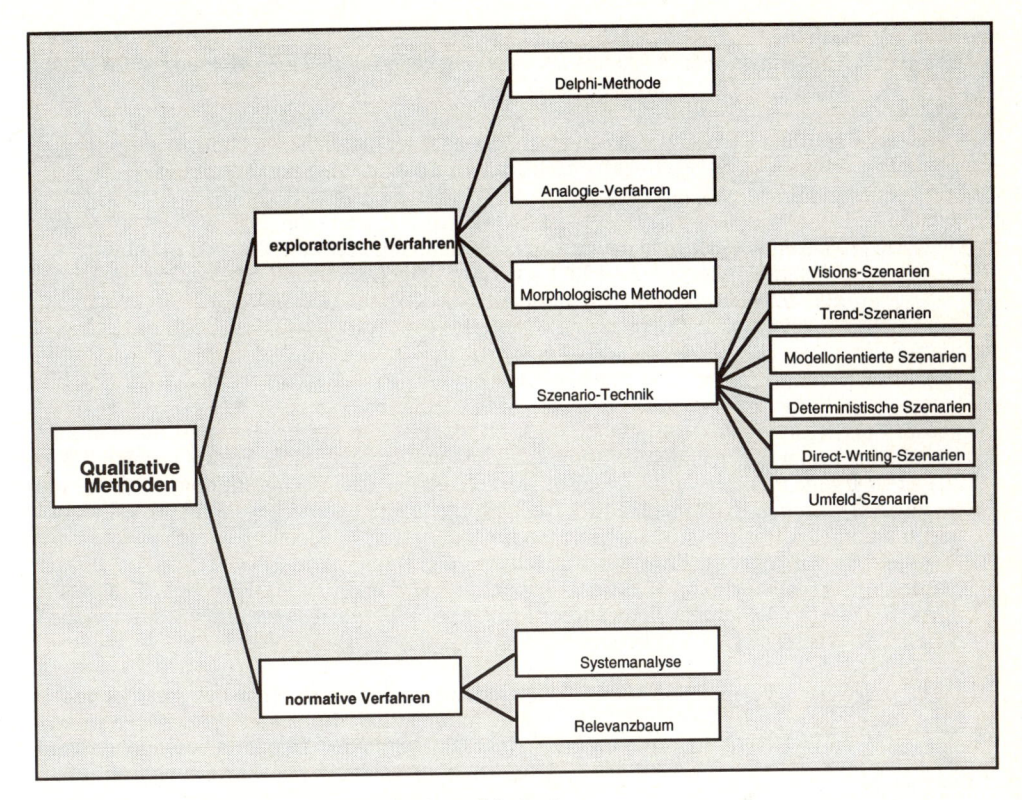

Abb. 5.4.1: **Klassifizierung qualitativer Methoden**

- *Schritt 1: Untersuchungsfeld definieren*

    Genaue Beschreibung und Abgrenzung der Ausgangssituation; Festlegung des Untersuchungsziels; detaillierte Beschreibung der gegenwärtigen Zusammenhänge

    ZIEL: Verständliche Beschreibung unserer Zielsetzung

- *Schritt 2: Umfelder strukturieren*

    a) Zunächst werden alle möglichen Faktoren gesammelt, die heute - und künftig - unsere Zielsetzung in irgendeiner Weise beeinflussen (Technik: Sammeln auf Flipchart oder Tafel, dann einzeln - ggf. Richtung, in der Faktor wirkt).

    b) Danach werden die Faktoren zu Gruppen - man spricht von Umfeldern - zusammengefaßt (hier eignet sich insbesondere die Kartentechnik mit Pinwand).

    ZIEL: Wesentliche Einflußfaktoren für die Zukunft ermitteln

- *Schritt 3: Entwicklungsrichtungen projizieren*

    Aus der Vielzahl der Einflußfaktoren werden zwei Gruppen gebildet:

Gruppe 1: Einflußfaktoren, bei denen nur eine mögliche Entwicklungsrichtung auftreten wird

Gruppe 2: Einflußfaktoren, bei denen zwei oder gar drei mögliche Richtungen auftreten können (z. B. Wirtschaftswachstum - nimmt zu / stagniert / nimmt ab) (notieren: was spricht für die eine, was für die andere Richtung?)

    ZIEL: Wie entwickeln sich die Einflußfaktoren in der Zukunft (wie weit man hier "Zukunft" interpretiert, hängt von Ihrer Fragestellung ab! Bearbeitbar sind alle Zeiträume von 2 - 20/30 Jahren)

- *Schritt 4: Konsistente Annahmebündel bilden: cross-impact-Analyse*

Dieser Schritt ist zeitaufwendig, aber zugleich für die Güte des Ergebnisses entscheidend. Für alle in Gruppe 2 genannten Faktoren muß im Paarvergleich (d. h. Faktor 1 gegen Faktor 2; Faktor 1 gegen Faktor 3 usw.) geprüft werden, ob der eine Faktor auf den anderen - und im zweiten Durchgang in umgekehrter Reihenfolge (also Faktor 3 gegen Faktor 1, Faktor 2 gegen Faktor 1) - überhaupt Auswirkungen hat und in welche Richtung es sich ändern wird. Beispiel: So wird ein zunehmendes Wirtschaftswachstum (Faktor 1) sicherlich Auswirkungen auf die Arbeitslosigkeit (Faktor 2) haben: sie wird deutlich zurückgehen. Umgekehrt dürfte Faktor 2 (Annahme: geht zurück) nur geringfügige Auswirkungen auf Faktor 1 haben: das Wirtschaftswachstum wird bestenfalls geringfügig zunehmen.

Diese paarweisen Vergleiche verlangen Einzelbewertungen hinsichtlich der Auswirkungen. Eine solche Bewertung kann per Abstimmung durchgeführt werden, wobei jeweils mindestens eine kurze Diskussion über mögliche und denkbare Auswirkungen vorangehen muß. Es empfiehlt sich zudem bei größeren Gruppen, eher schematische Bewertungen (Punkte; Farbkarten mit Wertigkeiten etc.) durchzuführen, da sonst der Prozeß der cross-impact-Analyse zu lange dauert.

Nachdem die cross-impact-Analyse vollzogen ist, ist eine Fülle von Einzelbewertungen abgeschlossen. Das Ergebnis wird nun entweder in Form eines Strukturbildes oder als Matrix festgehalten. Bei einem Strukturbild versucht man, in graphischer Form alle Einflußfaktoren, die untereinander in Beziehung stehen, miteinander zu verbinden. Die Matrixdarstellung ist demgegenüber schematischer, hat aber einerseits dadurch den Vorteil, daß alle Querbezüge bewertet werden müssen; andererseits ergibt sich dadurch ein Aspekt, auf den besonders geachtet werden muß: während man beim Strukturbild durch eine Verbindungslinie mit entsprechender Pfeilrichtung anschaulich aufzeigt, welcher Einflußfaktor worauf wirkt, müssen bei der Matrix dafür zuvor Regeln festgelegt werden. Normalerweise geht man so vor: man trägt alle Faktoren in der gleichen Reihenfolge in die Kopfspalte und Kopfzeile ein; Prüfung der Wirkungsrichtung vom ersten Faktor der Kopfspalte auf alle Faktoren der Kopfzeile (dann 2. Faktor Kopfzeile auf alle ...); 1. Bewertungsfrage = Gibt es überhaupt einen Einfluß? (ja/nein); falls nein: Bewertung für dieses Faktorenpaar abgeschlossen; falls ja: Führt die Wirkung zu einer Verstärkung (+) oder einer Abschwächung (-) der Entwicklungsrichtung des "Zeilenfaktors" und wie stark ist die Wirkung (z. B. 1 = schwach, 2 = mittel, 3 = stark)? Hat man alle Kombinationen von Einzelbewertungen durchgeführt, so finden sich in jeder Zelle (Feld) der Matrix Kennungen, die - genauso wie das Strukturbild - nun weiterverarbeitet werden.

    ZIEL: Feststellen, welcher Einflußfaktor den jeweils anderen wie stark und mit welchem Ergebnis beeinflußt

(Anmerkung: Die zuvor beschriebene Bewertung verdeutlicht, daß hierbei verstärkt Werturteile, Theorieverständnis oder auch Ideologie einfließen. Es sollte deshalb darauf geachtet werden, daß die Gruppengröße nicht zu groß, dennoch aber möglichst heterogen zusammengesetzt ist.)

- *Schritt 5: Szenario ausarbeiten*

Im Schritt 4 wurden die Einflußfaktoren der Gruppe 2 (s. Schritt 3) mit mehr als einer Entwicklungsrichtung im Hinblick auf ihre wechselseitigen Auswirkungen untersucht. Jetzt muß zunächst die gegenseitige Verträglichkeit festgestellt werden: Welche Entwicklungsrichtung des Faktors 1 paßt mit welcher Entwicklungsrichtung des Faktors 2 etc. zusammen? (vgl. dazu das Beispiel zum Wirtschaftswachstum und Arbeitslosigkeit.) Gerade wenn die Matrixdarstellung gewählt wurde, wird deutlich, daß es recht viele jeweils in sich stimmige - zueinander passende - Ketten von Entwicklungsrichtungen einzelner Faktoren - man spricht von konsistenten Annahmebündeln - gibt. Es hängt nämlich davon ab, bei welchem Faktor man startet. Deswegen unterscheiden sich hier auch einzelne Techniken sehr deutlich voneinander. Wir stützen uns auf die sogenannten umfeldorientierten Verfahren, deren Hauptanliegen u. a. darin besteht, aktive (d. h. Faktoren, die andere beeinflussen) und passive (d. h. solche, die von anderen beeinflußt werden) Faktoren herauszufinden. Von diesen geht man zunächst aus, wobei man sich zusätzlich noch überlegt, welche Entwicklungsrichtung dieser aktiven und passiven Faktoren wohl die wahrscheinlichste sein wird. Diese Kombination ist dann Startpunkt für das Szenario A; die unwahrscheinlichste ist Basis für Version B.

Von den beiden "Startfaktoren mit bestimmter Entwicklungsrichtung" ausgehend werden dann aus der Matrix oder aus dem Strukturbild die jeweils anderen Faktoren samt Entwicklungsrichtung entnommen, also jeweils eine Konkretisierung eines konsistenten Annahmebündels. Diesen Annahmebündel werden nunmehr die "passenden" Entwicklungsrichtungen der restlichen Faktoren aus Gruppe 2 hinzugefügt, die weder eindeutig aktiv noch eindeutig passiv sind. Anschließend folgen dann alle Entwicklungsrichtungen der Faktoren von Gruppe 1. Als Ergebnis erhält man dann ein vollständiges Gerüst von in sich stimmigen Einzelentwicklungen aller Einflußfaktoren sowohl für Szenario A wie für Szenario B. Wichtig ist jetzt - nachdem das Gerüst so etwas wie ein Bühnenbild darstellt - eine möglichst ausführliche, plastische Ausformulierung vorzunehmen - wenn man so will: das Drehbuch muß erstellt werden. Diese Analogie zum Theater ist übrigens nicht willkürlich, sondern der Ursprung der Szenario-Technik: Man versucht, das Szenario als Bild auszuformulieren, damit man sich diese zukünftige Welt besser vorstellen kann und um sich leichter in diese Zukunftsvision hineinzuversetzen. Unterstützt wird dieses Vorgehen z. B. noch durch graphische Gestaltung und Darstellung der Ergebnisse.

> ZIEL: Das jeweilige Ergebnis möglichst plastisch zu beschreiben, so daß sich alle Beteiligten schnell in diese Zukunftsvision hineinfinden können.

- *Schritt 6: Störereignisse prüfen*

Dieser Schritt hat den Charakter einer Sensitivitätsanalyse. Durch die Vorgabe eines an sich nicht wahrscheinlichen, jedoch denkbaren Ereignisses wird die Stabilität der beiden Annahmebündel getestet. Ein solch revolutionäres Ereignis könnte z. B. für den Gesundheitssektor die Findung eines *Anti-Krebsmittels bereits im nächsten Jahr* darstellen. Ein solches Serum würde sicherlich nachhaltig alle Entwicklungsrichtungen maßgeblich verändern (z. B. Finanzvolumen, Bettenanzahl, Krankenhausstrukturen, Kur- und Heilversorgung). Die *prinzipielle Findung* eines solchen Mittels dürfte dagegen keine unmittelbaren Veränderungen nach sich ziehen.

Vorteile solcher Prüfungen für Unternehmen und Institutionen sind einmal das Wissen darum, ob und wie ein solches Ereignis tatsächlich den erarbeiteten Entwicklungspfad beeinflußt und zum anderen die Möglichkeit, schneller darauf zu reagieren, wenn dieses an sich nicht wahrscheinliche Ereignis dann doch eintritt; man spricht in einem solchen Fall auch von sog. "Schubladenprogrammen".

> ZIEL: Test der Stabilität der erarbeiteten Szenarien gegenüber außergewöhnlichen, aber noch denkbaren Ereignissen

> (Anmerkung: Seit Ende 1989 wissen wir, daß die Öffnung der DDR ein solches Ereignis gewesen wäre - allein, es wurde bis Anfang 1989 als nicht denkbar eingestuft!)

- *Schritt 7: Konsequenzen ableiten*

Mit diesem Schritt schließt sich der Kreis: Wir wollten die möglichen Einflußfaktoren für unser Unternehmen identifizieren, mögliche Entwicklungsrichtungen erkennen und Abhängigkeiten sowie Wirkungszusammenhänge bewerten. Ergebnis sind dann die beiden Szenarien A und B. Und wir wollen nun natürlich Handlungen und Aktivitäten ableiten: Was bedeutet das Ergebnis z. B. für die Geschäftspolitik und welche Maßnahmen müssen heute eingeleitet werden, damit diese in der Welt von morgen in der für uns günstigen Richtung wirken?

> ZIEL: Handlungskataloge ableiten; Prioritätenlisten erstellen

5.4.2 Ein Beispiel: Personal 2000 - Das Personal-Szenario der BMW AG, München

Mit Hilfe der Szenario-Technik hat BMW 1989/1990 seine personalpolitische Gesamtstrategie überprüft und entsprechend den neuen Erkenntnissen dort weiterentwickelt, wo sich Handlungsbedarf ergab. Für neun Umfelder wurden eigenständige Szenarien erarbeitet, die 1990 miteinander zu einem gemeinsamen Szenario vernetzt wurden. Ergebnis waren zwei Szenarien (A: wahrscheinliches Szenario; B: unwahrscheinliches Alternativ-Szenario), aus denen Schlüsselfelder für die künftige Personalarbeit abgeleitet und in insgesamt 7 Thesen komprimiert wurden. "Zur Ableitung der konkreten Aktivitäten wurde jede einzelne These bzw. die mit ihr verbundenen Entwicklungen über sämtliche relevanten Personalfelder geprüft" (BMW 1991, S. 7). Eine Zusammenfassung erfolgte tabellarisch als Konkretisierung künftiger Handlungsspielräume für alle Bereiche der BMW-Personalarbeit.

Beispielhaft These 4

> *"Die Zeit revolutionärer technologischer Veränderungen in der Produktion ist vorbei, die Zukunft ist von evolutionärer Weiterentwicklung der Arbeits- und Organisationsstruktur geprägt!"*

Und daraus einige Aspekte für die Personalarbeit:

- Weiterentwicklung der Fertigungsgruppenkonzepte unter Einbezug von Organisationsentwicklungs (OE-)Prozessen,

- verstärkte Kooperationsformen mit der Zulieferindustrie (derzeit unter dem Begriff "insourcing" sehr aktuell insbesondere bei VW),

- verstärkter Einsatz von Projektmanagement als Organisationsform im Verwaltungsbereich,
- deutliche Hinweise darauf, daß der Weg zu gesteigerter Produktivität nicht über ein Mehr an Technik, sondern - vor allem in Deutschland - nur über den Menschen und dessen Einbindung in den Produktionsprozeß gehen kann,
- etc.

Das BMW-Personal-Szenario wurde 1991 mit einem Preis des Manager-Magazins für innovative strategische Personalpolitik ausgezeichnet. Vielleicht auch das ein Indikator dafür, daß mit Hilfe dieser Technik bekannte Wege nicht verlassen zu werden brauchen, wohl aber neue Erkenntnisse gewonnen werden können.

5.5 Berufstypische Denk-, Arbeits- und Verhaltensweisen als Grundlage für wissenschaftliches Arbeiten - dargestellt am Beispiel des Ingenieurs

H. J. Buggenhagen

5.5.1 Einleitung

Problemlöse- und Entscheidungsprozesse werden häufig einseitig aus der Sicht äußerer Faktoren betrachtet. Dazu zählen die Ableitung von Schrittfolgen im Problemlöseprozeß, der optimale Weg zur Entscheidungsvorbereitung, die Zusammensetzung von kreativen Arbeitsgruppen oder die Qualitätssicherung in allen Phasen des Problemlösemanagements. Eine solche Betrachtung und Analyse von Problemlöse- und Entscheidungsprozessen ist von hohem Nutzen und eine wichtige Voraussetzung für erfolgreiches und effektives Arbeiten. Wenn aber davon auszugehen ist, daß in letzter Konsequenz die Qualität ihrer Arbeit von den individuellen Potenzen der Problemlöser selbst bestimmt wird, müssen auch die berufstypischen Denk-, Arbeits- und Verhaltensweisen der Teammitglieder berücksichtigt werden.

Bei der Auswahl und Zusammensetzung von Gruppen für die Bearbeitung und Lösung bestimmter Problemarten (etwa bei Analyseproblemen, Auswahl- oder Suchproblemen) kommt es nicht nur darauf an, die Entscheidung über die Notwendigkeit einer homogenen oder heterogenen Gruppe zu treffen. Es geht dabei auch um die individuellen Voraussetzungen und Eigenschaften der Gruppenmitglieder selbst. Diese sind nicht auf solche Merkmale wie Lernfähigkeit, Motivation oder Teamfähigkeit zu reduzieren. Von wesentlicher Bedeutung für die erfolgreiche wissenschaftliche Arbeit sind die kognitiven Strukturen der Menschen als Grundlage ihrer Handlungsorientierung, Handlungsregulation und der Handlungsausführung.

Kognitive Strukturbereiche sind das Resultat der aktiven Informationsverarbeitung und ihrer gedächtnismäßigen Fixierung. Sie sind entscheidend und bereits selektierend an der Aufnahme und Verarbeitung neuer Informationen beteiligt, da sie die Funktion eines Bezugssystems wahrnehmen. Einlaufende Informationen werden identifiziert, bewertet und geordnet. Gleichzeitig ermöglichen und beeinflussen die kognitiven Strukturen den Vollzug der ablaufenden Prozesse (vgl. Wörterbuch der Psychologie 1976, S. 98). Neu Erkanntes und Angeeignetes wird in bestehende Strukturen eingeordnet (vgl. Clauß 1984, S. 61 ff.).

Obwohl die kognitiven Strukturen durch Neu- und Umgruppierung veränderlich sind, sind sie als Tätigkeits- und Handlungsmuster relativ beständig und persönlichkeitsspezifisch. Insbesondere haben Lernprozesse eine große Bedeutung für die Genese kognitiver Strukturen, in deren Ergebnis sich interne geistige Modelle für die Auslösung und den Vollzug kognitiver Tätigkeiten herausbilden. Das Gedächtnis ist kein Instrument passiver Registratur und Speicherung von aufgenommenen Informationen. Es wird als hauptsächliche Komponente unmittelbar in den Prozeß der Informationsverarbeitung einbezogen und ist gleichzeitig durch die Integration von Informationen auch Quelle neuer Informationen.

Die Erfahrung zeigt, daß semantisch (betrifft sprachliche Zeichen) zusammenhängende Informationen nach einer aufmerksamen Zuwendung in bestehende Struktureinheiten integriert werden und gleichzeitig neue, über die gegebenen Informationen hinausgehende Zusammenhänge als Gedächtnisbesitz genau so gespeichert werden, wie die Menge der tatsächlich gebotenen Informationen. In diesem Zusammenhang haben die vorhandenen kognitiven Strukturen ihre prägende Funktion (vgl. Hoffmann 1982, S. 224 ff.). Bei der Genese kognitiver Strukturen spielt u. a. auch der Motivationsaspekt als dynamisches Element bei der Informationsauswahl, Bewertung und Zielbildung eine wichtige Rolle (vgl. Erpenbeck 1984, S. 36 ff.). Zum semantischen Gedächtnisbesitz gehören auch Denkoperationen, die schrittweise in Problemlöse- und Entscheidungsprozessen abgerufen werden und gleichzeitig prädikativ (vorherbestimmend) wirken. Neben der semantischen Repräsentation existiert im Gedächtnis auch eine anschauliche Repräsentation von Sachverhalten, die für bestimmte Berufsgruppen von prägender Bedeutung ist. Das deutet auf individuelle Unterschiede und Besonderheiten hin, die über Lern- und Arbeitsprozesse angeeignet und entwickelt worden sind. Daher ist es naheliegend, den Versuch zu unternehmen, am Beispiel einer konkreten Mitarbeitergruppe (in diesem Fall der Ingenieure) berufstypische Denk-, Arbeits- und Verhaltensweisen aufzubereiten und als innovatives Element für wissenschaftliches Arbeiten im Problemlöse- und Entscheidungsprozeß einzubringen. Es ist davon auszugehen, daß das Wissen über derartige Besonderheiten die Effektivität von Problemlösern bzw. Problemlösegruppen sowie des Projektmanagements erhöhen und daher bewußt genutzt werden kann.

5.5.2 Methodische Befähigung zum wissenschaftliches Arbeiten

Der Erfolg in der Arbeit in Problemlöse- und Entscheidungsprozessen wird im wesentlichen bestimmt durch das vorhandene

- Fachwissen in Form von Fakten, Gesetzmäßigkeiten oder Regeln,
- Methoden- und Verfahrenswissen für die Aneignung neuen Wissens oder die Anwendung der vorhandenen Kenntnisse, Fähigkeiten und Fertigkeiten in der konkreten Arbeit
- sowie durch das Verhalten, was motivationale, ethische oder soziale Aspekte auf der Grundlage von Normen und Werten einschließen soll.

Im folgenden soll der Akzent stärker auf die methodische Befähigung gerichtet werden. Die methodische Befähigung zur wissenschaftlichen Arbeit ist ein langwieriger Prozeß. Sie bildet sich in der konkreten geistigen und praktischen Tätigkeit heraus und ist mit einer "Schlüsselqualifikation" vergleichbar. Offenbar ist die methodische Befähigung gegenüber dem wissenschaflich-technischen Fortschritt wesentlich stabiler als es die sich ständig erneuernden und erweiternden Inhalte der Arbeit sein können. Obwohl die methodische Befähigung sich in bestimmten Tätigkeiten herausbildet, ist sie später auch auf neue Tätigkeitsfelder übertragbar. So werden im Rahmen der methodischen Befähigung in Aus- und Weiterbildungsprozessen spezifische Denk-, Arbeits- und Verhaltensweisen angeeignet, auf die auch in anderen Tätigkeiten und Problemfällen zurückgegriffen wird. Die methodische Befähigung schließt methodologisches Wissen ein, was inhaltlicher Bestandteil jeder Wissenschaft ist und sich in den Arbeitsmethoden manifestiert. Diese lassen sich etwa in folgende Gruppen ordnen (vgl. Buggenhagen 1985, S. 120 ff.):

1. Methoden mit logischer Grundstruktur

- logische Schlußverfahren

- deduktive Methode
- reduktive Methode
  -- progressives Vorgehen
  -- regressives Vorgehen
  -- induktives Vorgehen
  -- Analogieschlüsse
- genetische Methode

- analytisch-synthetische Methode

- Methode der Beweisführung

- Methode der Modellbildung

- Methode des Experiments

2. *Methoden der Problembearbeitungsprozesse*

- Methoden für Problemsuche
  - Fehlersuche, Fehleranalyse
  - Schwachstellen-, Defektanalyse
  - Situationsanalyse

- Methoden der Problementwicklung
  - Recherchen
  - Modellierung
  - Versuch - Irrtum - Methode
  - sukzessives Umformen

- Methoden der Problemlösung
  - Hypothesenbildung
  - gedankliches, experimentelles Probieren
  - Entwurf, Planung des Lösungsweges

- Methoden der Problembewertung
  - Vergleichsmethode
  - Abschätzverfahren, Methodenkritik

3. *Heuristische Methoden und Verfahren*

- diskursive Methoden
  - Variationsmethode
  - Umkehrtechnik
  - morphologische Analyse

- intuitive Methoden
  - Brainstorming (Ideenkonferenz)
  - Brainwriting (6-3-5-Methode)
  - Metaplantechnik (Problemdiskussion)
  - Delphi-Methode (Expertenbefragung)

4. *Algorithmische Verfahren*

Daneben lassen sich auf einer anderen Ebene Arbeitsweisen charakterisieren, die ebenfalls zum Methodenrepertoire gehören.

Wissenschaftliche Arbeitsweisen

- kooperative Arbeitsweise

- anwendungsorientierte Arbeitsweise

- computergestützte Arbeitsweise

- empirisches Arbeiten

- experimentelles Arbeiten

- theoretisches Arbeiten

Die Aneignung dieses Methodengerüstes kann nur auswahlweise und in Abhängigkeit von Ziel und Inhalt der Tätigkeit erfolgen. Eine methodische Befähigung "an sich" gibt es nicht, sie ist nur im Zusammenhang mit berufstypischen Ausprägungsgraden vorstellbar. Für kreativ tätige Gruppen in Problemlöse- und Entscheidungsprozessen erscheint es eine unabdingbare Voraussetzung zu sein, daß die wissenschaftlichen Denk- und Arbeitsmethoden ins Bewußtsein gehoben worden sind. Die explizierte Kenntnis der einzelnen Schrittfolgen (etwa im induktiven Vorgehen) führt mit Sicherheit zu einem besser strukturierten Arbeitsprozeß und vermag formal-logische Fehler einzugrenzen. Des weiteren ist die Reflexion über das methodische Vorgehen ein immanenter Bestandteil wissenschaftlichen Arbeitens und eine Aufgabe für jeden Problemlöser. Gleichzeitig erleichtert sie die Begründung und Präsentation der erreichten bzw. vorgestellten Ergebnisse.

Bei der Konzipierung und Durchführung von Aus- und Weiterbildungsmaßnahmen im und für den kreativen Bereich ist es daher erforderlich, die methodische Befähigung und eingeschlossen das methodologische Wissen ebenfalls zum Inhalt zu erheben. Eine angemessene Verteilung und Auswahl geeigneter Methoden für die jeweilige Problembearbeitung, die eine logische bzw. begründete Schrittfolge im Denken oder Arbeiten vorbereiten bzw. einen Nachvollzug ermöglichen, sind notwendige Inhalte für die methodische Befähigung zum Problemlösen. Am Beispiel des Ingenieurs soll gezeigt werden, wie sich im Zusammenhang mit der methodischen Befähigung berufstypische Denk-, Arbeits- und Verhaltensweisen zeigen und darstellen lassen.

5.5.3 Ingenieurmäßiges Denken, Arbeiten und Verhalten als internes Modell und Grundlage der Ingenieurtätigkeit

Die Modellierung des ingenieurmäßigen Denkens, Arbeitens und Verhaltens kann hier nur punktuell erfolgen und ist dem Ziel und Zweck untergeordnet, ansatzweise die Spezifik einer bestimmten Mitarbeitergruppe (in diesem Fall der Ingenieure) in Problemlöseprozessen nachzuweisen. Sie geht von dem Verständnis aus, daß der Weg zum Ergebnis in Problemlöse- und Entscheidungssituationen über das interne geistige Modell (repräsentiert durch kognitive Strukturen und sozio-kulturelle Erfahrungen) als Handlungsorientierung und Handlungsregulativ führt und dieses in prägender Weise wirkt. Es macht demnach einen Sinn, Elemente des ingenieurmäßigen Denkens, Arbeitens und Verhaltens herauszuarbeiten, da sie auch das Verständnis für diese Mitarbeitergruppe erhöhen. Gleichzeitig erschließen diese weitere Potenzen für die Erfolgssicherung durch die differenzierte Nutzung der Stärken und Besonderheiten des Ingenieurs in der Teamarbeit. Daß die Elemente Denken, Arbeiten und Verhalten nicht losgelöst voneinander wirken, ist als Selbstverständlichkeit vorausgesetzt. Nur aus untersuchungsmethodischen Gründen werden diese Elemente der ganzheitlichen Ingenieurtätigkeit getrennt betrachtet.

(1) Ingenieurgemäßes Denken

Das ingenieurgemäße Denken wird im besonderen von vier Wechselbeziehungen beherrscht, die in einzelnen Phasen und Etappen des Denkprozesses jeweils unterschiedlich überwiegen und in Anspruch genommen werden. Eine *erste Wechselbeziehung* ist die

- Einheit von kausalem und finalem Denken.

Die Denkweise des Ingenieurs (bedingt durch die betonte Zweckorientierung der technischen Wissenschaften) besitzt in Einheit sowohl einen finalen als auch einen kausalen Aspekt. Kausales Denken erfaßt die Ursache-Wirkungsbeziehung und führt zur Unterscheidung von Wesentlichem und Unwesentlichem; insbesondere durch analytisch-synthetisches Vorgehen und Abstraktion. Die Erkenntnis der kausalen Zusammenhänge erfaßt zwar nur ein Moment der universellen Wechselbeziehungen der Erscheinungen, die in der Ursache und Wirkung sich gegenseitig beeinflussen, aber sie ist für das Verständnis der Erscheinungen und den daraus abzuleitenden Schlußfolgerungen eine notwendige Voraussetzung. Ursache und Wirkung sind somit zwei Seiten (Pole) eines Kausal-Zusammenhanges. Die Ursache bringt im Denkprozeß eine andere Erscheinung (die Wirkung) als Notwendigkeit hervor und die Wirkung wiederum ist die Ursache für eine andere Erscheinung. Eine solche Denkweise ist typisch und charakterisierend für den Ingenieur. Sie führt zu einem ausgeprägten Zweck-Mitteldenken des Ingenieurs mit einem finalen Wesenszug, denn die Tätigkeit des Ingenieurs ist auf ein verwendbares technisches oder technologisches Produkt bzw. dessen optimierte Erzeugung oder Herstellung gerichtet.

Vielfach unterscheidet man zwischen den Aufgaben eines Naturwissenschaftlers und eines Technikers und leitet daraus unterschiedliche Denkweisen ab. Der Naturwissenschaftler soll herausfinden, wie etwas gelöst werden kann und der Techniker soll es ausführen können. Diese Unterscheidung trifft heute nicht mehr zu, denn der Ingenieur muß beides können. Er muß z. B. physikalische Effekte kennen und verstehen, um sie in neuen Produkten und Lösungen technisch umsetzen zu können. So erweitert sich die Anforderung an den Ingenieur, die auf die Ausprägung von Denkgewohnheiten von Bedeutung ist.

Eine *zweite Wechselbeziehung* ist die

- Einheit von konvergierendem und divergierendem Denken.

In den verschiedenen Phasen des Problembearbeitungsprozesses zeigt sich die Einheit von "konvergierendem" und "divergierendem" Denken in der Ingenieurtätigkeit besonders deutlich. Überwiegt im Suchprozeß zum Auffinden des Problems bzw. bei der Entwicklung und Präzisierung der Fragestellung mit ersten möglichen Lösungsansätzen das divergierende Denken, in dem der Denkweg und die Richtung der Lösungssuche bewußt verändert werden, so ist das Denken im Lösungsprozeß selbst, bei der Planung und dem Entwurf des Lösungsweges stärker als konvergierend zu charakterisieren. Der Ingenieur muß in der Lage sein, sowohl Überlegungen anzustellen, die auf eine Lösungsvielfalt zur Realisierung einer technischen oder technologischen Arbeitsaufgabe hinzielen, als auch im Lösungsvollzug die optimale Variante konsequent zu Ende zu führen. Konvergierende und divergierende Denkweisen besitzen in den verschiedenen Phasen des Arbeitsprozesses als Regulativ eine unterschiedliche Repräsentanz und Akzentuierung. In Denkprozessen mit diagnostisierendem Charakter kann eine stärkere Betonung des konvergierenden Denkens angenommen werden, in dem die geistigen Operationen der Analyse, der Abstraktion und Klassifikation überwiegen. In Denkprozessen mit prognostischem Charakter wiederum wird das divergierende Denken vorherrschen, in dem solche geistigen Operationen wie das Transformieren, die Analogie und die Antizipation erforderlich sind. Schematisch läßt sich der Unterschied zwischen dem konvergierendem und divergierendem Denken wie folgt darstellen:

konvergierendes Denken	divergierendes Denken

Problem - Lösung	Problem - Lösung A
	            - Lösung B
	            - Lösung C

Eine *dritte Wechselbeziehung* ist die

- Einheit von algorithmischem und heuristischem Denken.

Eng verbunden, aber nicht identisch mit divergierendem und konvergierendem Denken, lassen sich unter anderen Klassifikationsmerkmalen im einheitlichen Denkprozeß des Ingenieurs Phasen des heuristischen und Phasen des algorithmischen Denkens abheben. Algorithmus wird hier im Sinne einer Vorschrift (mit einer eindeutigen Schrittfolge zur Ausführung von bestimmten geistigen Operationen) zur schrittweisen Entwicklung der Lösung verstanden. Die wesentlichsten geistigen Operationen dieser Denkweise sind die Klassifikation und die Systematisierung. Die Kenntnisreproduktion dominiert im algorithmischen Denken.

Das Abarbeiten eines Algorithmus führt mit Sicherheit zu einer Lösung einer gestellten Aufgabe bzw. eines Problems. Schöpferisches Denken schließt zwar algorithmische Prozesse ein, dem Wesen nach aber ist es heuristisches Denken. Ein solches Denken basiert auf Suchregeln, die aus der Erfahrung gewonnen werden, und nicht auf den bekannten Schlußweisen der Logik. Heuristisches Denken geht von neuen Kombinationen und der ständigen Variation geistiger Operationen aus und führt zur Hypothesenbildung, z. B. durch Umstrukturierung oder Umkehr der Denkrichtungen. Dabei werden diskursive und intuitive Verfahren eingesetzt. Heuristisches Denken basiert weiterhin auf solchen geistigen Operationen wie Analyse und Synthese, Ordnen und Modellieren. Heuristisches Denken ist immer dann dominant, wenn Problemlösungen erforderlich sind. Ein Problem ist stets dann gegeben, wenn der verfügbare Kenntnisstand nicht ausreicht oder technische Neuschöpfungen zu erreichen sind.

Die enge Verflechtung des heuristischen und algorithmischen Denkens mit dem divergierendem und konvergierendem Denken ist naheliegend. Sie sind jedoch verschiedene Aspekte im ganzheitlichen Denken des Ingenieurs. Im Problemlöseprozeß (in dem heuristisches Denken dominiert) gibt es Etappen, in denen das konvergierende Denken vorherrscht - etwa bei dem Vordenken von Folgen aus verschiedenen Teilschritten im Lösungsprozeß -, aber vom Wesen her hat heuristisches Denken eine größere Affinität zum divergierenden Denken.

Eine *vierte Wechselbeziehung* ist die

- Einheit von logisch-abstraktem und bildhaft-anschaulichem Denken.

Ausgehend vom konstruktiven Charakter der Ingenieurtätigkeit ist die Projektion des Vorgedachten in die Wirklichkeit das zentrale Anliegen überhaupt. In diesem Problemlöseprozeß, in dem es um die Antizipation von Ergebnissen und Lösungen geht, herrscht die Einheit von bildhaft-abstraktem Denken vor. Das schöpferische Element im ganzheitlichen Denkprozeß des Ingenieurs liegt in einem individuell unterschiedlichen Wechselspiel dieser beiden scheinbaren Pole. Phantasie und Intuition unterstützen dabei das schöpferische Element. Phantasie wird benötigt bei der Realisation ingenieurtypischer Denk- und Arbeitsmethoden wie beim gedanklichen Zerlegen, Ordnen und Modellieren, bei der Entwicklung bzw. beim Generieren von Ideen, bei der Modifizierung von Lösungen oder auch bei der Teilnahme an Ideenkonferenzen, Problemdiskussionen u. ä. Die Intuition ist ebenfalls unmittelbarer Bestandteil schöpferischen

Denkens. Sie ist in der Regel aber auch an bekannte geistige Operationen gebunden und greift auf die angeeigneten kognitiven Strukturen zurück. Intuitionen sind somit kein Zufall.

Logisch-abstraktes und bildhaft-anschauliches Denken ist eng verbunden mit den in diesen Denkprozessen zur Anwendung kommenden geistigen Operationen und Kategorien der Abstraktion und der Anschaulichkeit. Deren Verknüpfung ist die Voraussetzung für das Entwerfen und Modellieren, die dem Konstruktionsprozeß vorauseilen. Gedankliches Experimentieren zeichnet diese Phasen ebenso aus wie routinehaftes Raten oder die Umkehrung der Denkrichtung.

In der Ingenieursaus- und -weiterbildung wird häufig zu Unrecht das logisch-abstrakte Denken in den Mittelpunkt gestellt und das bildhaft-anschauliche vernachlässigt. Im Zusammenhang mit der Anwendung der Computertechnik wird dieser Mangel gegenwärtig zunehmend beseitigt. Führt man die analytisch zusammengetragenen Wechselbeziehungen in einer Synthese zusammen, so entspricht die vorgenommene Trennung nicht dem Wesen des ingenieurmäßigen Denkens. Dieses ist in einem einheitlichen Prozeß eher als vernetztes Denken zu bezeichnen, in dem sich alle oben dargestellten Denkweisen in einer besonderen Qualität und Ausprägung ihrer Elemente wiederfinden.

(2) Ingenieurgemäßes Arbeiten

Die Arbeitsweise des Ingenieurs wird durch die Ziele und Inhalte der Tätigkeit, ihrer Struktur und Elemente bestimmt. Sie ist unabhängig von den intellektuellen, sensumotorischen und motivationalen Leistungsvoraussetzungen und zeigt sich im methodischen Vorgehen bei der Lösung von Arbeitsaufgaben. Als methodisches Vorgehen wird eine

- bewußt strukturierte Abfolge von Denkoperationen im Zusammenhang mit einer

- zielgerichteten, problem- und aufgabenadäquaten Folge von Arbeitsschritten unter Anwendung geeigneter Denk- und Arbeitsmethoden

verstanden.

Die Qualität der Arbeit und damit das Ergebnis werden von der individuellen Ausprägung und der Art und Weise des methodischen Vorgehens des Ingenieurs insbesondere bestimmt. Der Problembearbeitungsprozeß läßt sich in folgende Schrittfolgen bzw. Phasen unterteilen:

- das Bewußtwerden und Präzisieren der Problemsituation,

- die Analyse der Problemsituation mit der Entwicklung der Fragestellung, der Bestimmung des "technischen Widerspruchs",

- das Aufstellen von Hypothesen, das Suchen nach Lösungswegen, das Variieren und Kombinieren von Lösungen, die Bestimmung der optimalen Lösungsmethodik,

- die Lösungsphase selbst,

- die Kontrolle des Lösungsergebnisses mit der Bewertung der Lösung bzw. des Ergebnisses sowie

- die Reflexion über die angewandten Methoden und Verfahren.

Die Problembearbeitung ist als Prozeß zu verstehen, in dem die Phasen ineinander übergehen, sich überlagern und ergänzen. Auch wenn die Arbeitsweise individuell unterschiedlich geprägt ist, lassen sich einige Gemeinsamkeiten bei Ingenieuren feststellen. Hier sollen wiederum *vier Aspekte* herausgehoben werden, um das Anliegen deutlich zu machen.

Ein erster Aspekt kennzeichnet die Arbeitsweise des Ingenieurs als *komplex, integrativ und interdisziplinär*. Der Ingenieur wendet im Problemlöseprozeß eine Vielzahl von Arbeitsmethoden und -verfahren an, die in der Komplexität und in ihrer Wechselwirkung beherrscht werden müssen. Viele dieser Methoden sind nicht aus der Ingenieurtätigkeit heraus entwickelt worden. Sie sind anderen Wissenschaften entnommen und werden in die Arbeitsweise des Ingenieurs integriert. Während die stärkere Arbeitsteilung zwingend zu speziellen Methoden und Verfahren führt, ist die interdisziplinäre Zusammenarbeit und komplexe Sicht der zu lösenden Aufgaben und Probleme heute eine typische Arbeitsweise, die nicht nur für den Ingenieur zutrifft.

Ein zweiter Aspekt der Arbeitsweise des Ingenieurs liegt in der *Modellbildung und der Anwendung der experimentellen Methode*. Der Ingenieur ist auf Veränderung und Innovation orientiert und entwickelt auf der Suche nach einer möglichen Lösung ein technisches Probierverhalten. Die Beherrschung der Zyklen Experiment - Hypothese - Modell - Theorie bzw. Theorie - Modell - Hypothese - Experiment deutet auf die Fähigkeit zum empirischen und zum theoretischen Vorgehen hin. Für Problemlöse- und Entscheidungsfälle sind diese besonderen Fähigkeiten unerläßlich und prädestinieren den Ingenieur für eine solche Tätigkeit. Modelle im Ingenieurverständnis sind nicht mit einem geistigen Modell oder etwa einem physikalischen Modell vergleichbar. Hier versteht man darunter Regulationsmodelle, Demonstrationsmodelle, Struktur- oder Funktionsmodelle. Sie dienen häufig der Simulation und dem Verständnis technischer Zusammenhänge.

Ein dritter Aspekt der Arbeitsweise des Ingenieurs betrifft die Awendung sowohl *heuristischer als auch algorithmischer Such- und Lösungsmethoden*. Zur Aufbereitung eines Problems, zur Erzeugung von Ideen oder zur Modifikation und Präzisierung von Lösungsvarianten bis hin zur Entscheidungsfindung stehen dem Ingenieur eine Reihe von Methoden und Verfahren zur Verfügung. Dazu zählen Ablaufpläne, Netzwerke, Frageschemata, aber auch die sogenannten Kreativitätstechniken. Diese heuristischen Methoden (Ideenkonferenz, Metaplantechnik, 6-3-5-Methode u. a.) sind wertvolle Hilfsmittel für schöpferisches Arbeiten und methodisch bewußtes Vorgehen im Problemlöse- und Entscheidungsprozeß. Sie ersetzen keine Kreativität und vermögen auch nicht, diese zu entwickeln. Ihre Beherrschung kann aber die Arbeit wesentlich effektiver machen. Ähnliches trifft auf die Anwendung und Nutzung des Computers in der Ingenieurtätigkeit zu.

Ein vierter Aspekt kennzeichnet die Arbeitsweise des Ingenieurs als *individuell und gleichzeitig gruppenorientiert*. Ingenieure entwickeln einen besonderen Stil von Rationalität, Exaktheit und Planmäßigkeit und streben häufiger nach selbständiger und auf Erfolg orientierter Arbeit. Der Ingenieur interessiert sich für Fakten, Kürze und Prägnanz der Aussagen sowie für seine persönliche Leistung. Dabei ist ihm bewußt, daß individuelle Leistungen nur im Zusammenhang mit anderen zählen, die insbesondere interdisziplinär erbracht worden sind. Spezialisierung, Individualität und Interdisziplinarität wirken in der Arbeitsweise des Ingenieurs in besonders sichtbarem Maße zusammen.

(3) Ingenieurgemäßes Verhalten

Zwischen dem Denken und Arbeiten sowie dem Verhalten und Handeln des Ingenieurs gibt es in Problemlöse- und Entscheidungsprozessen enge Wechselbeziehungen. Wechsel in den Anforderungen an eine Komponente führen zu Veränderungen in den anderen Komponenten und wirken auf diese wieder zurück. Das ingenieurgemäße Verhalten und Handeln zeigt deutlich traditionelle und historische Züge. Kreativität und schöpferisches Arbeiten gehören zum Berufsethos des Ingenieurs und müssen nicht gesondert gefordert werden. Das einstellungsgesteuerte Verhalten ermöglicht es ihm leichter, rationell und zielgerichtet zu entscheiden und zu handeln. Allerdings ist auch hier nicht das Wissen und Kennen von Normen und Werten gleichbedeutend mit dem entsprechenden Verhalten und Handeln.

Wie sehr das Verhalten auch den Erfolg in der Ingenieurarbeit bei erfinderischen Leistungen beispielsweise determiniert, zeigt sich im Verhalten gegenüber der Problemlösung. Es ist im Ergebnis wesentlich, ob der herausgefilterte technische Widerspruch etwa nur über einen Kompromiß gemindert, relativiert bzw. optimiert oder ob er in neuartiger Weise gelöst, aufgelöst oder überwunden wurde, was einer Erfindung, Neuschöpfung bzw. einem Patent gleichkäme.

Während gewissermaßen ingenieurgemäßes Denken und Arbeiten die notwendigen Voraussetzungen für erfolgreiche Mitwirkung in Problemlöse- und Entscheidungsprozessen sind, ist das richtige Verhalten erst die hinreichende Bedingung dafür. Die Schlüsselqualifikationen Teamfähigkeit, Konfliktfähigkeit, Kommunikationsfähigkeit oder Präsentationsfähigkeit sind als Komponenten des ingenieurgemäßen Verhaltens mitgedacht und nicht explizit herausgearbeitet worden. Am Beispiel des Ingenieurs sollte deutlich gemacht werden, daß jede Methodik für Problemlöse- und Entscheidungsprozesse nicht einseitig aus der Sicht der formalen Arbeitsschritte betrachtet werden kann. Methoden und Verfahren erlangen ihre Bedeutung nur im Zusammenhang mit der Erkenntnistätigkeit der Menschen. Hierbei sind individuelle und berufstypische Denk-, Arbeits- und Verhaltensweisen zu beachten und nutzbar zu machen.

5.5.4 Ausprägung und Aneignung von Elementen wissenschaftlichen Arbeitens beim Ingenieur

Auch wenn heute eine umfangreiche technische Ausstattung zur Verfügung steht, haben sich die Zielstellung und Inhalte von Seminaren für die methodische Befähigung zur Problem- oder Konfliktlösung nicht geändert. Da die Ausbildung und das Studium offenbar nicht in der Lage sind, die methodische Befähigung zur wissenschaftlichen Arbeit ausreichend auszuprägen, werden verstärkt postgraduale Formen des Studiums, Seminare oder Workshops angeboten und gern angenommen, um diese Defizite auszugleichen.

Von den Seminarleitern ist nun z. B. für Problemlöse- und Entscheidungsprozesse zu fordern, typische Denk-, Arbeits- und Verhaltensweisen heranzuziehen, die dann auch Gegenstand der Weiterbildung sind. Dabei spielen die Voraussetzungen der Teilnehmer und der Trainer/Seminarleiter/Moderatoren selbst eine große Rolle. Es muß ausreichend Fachwissen vorliegen, um methodologisches Wissen vermitteln und aneignen zu können. Die Ausführung von Handlungen wird über kognitive Prozesse reguliert, die in den verschiedenen Phasen der Handlung unterschiedlich ausgelöst werden müssen Die Vermittlung durch den Trainer/Seminarleiter/Moderator erfolgt stärker indirekt (indem Aufgaben, Übungen u. a. zugewiesen werden) und insbesondere durch den sozialen Kontakt zu den Teilnehmern und der Teilnehmer untereinander. Der Teilnehmer eignet sich die Inhalte produktiv an und nutzt dabei den Trainer/Seminarleiter/Moderator sowie die Gruppe selbst. Da Elemente der methodischen Befähigung (in Form von Denk-, Arbeits- und Verhaltensweisen) dauerhaft angeeignet werden sollen, hat sich in den letzten Jahren vor allem das Training als geeignete Organisationsform erwiesen.

Seit längerem stehen solche Trainingsmethoden in der Diskussion, die sich auf einer höheren Regulationsebene (interne Realisierung) vollziehen. Damit soll der Verlagerung des Arbeitsanspruches auf die psychische Seite besser entsprochen werden. Ausgehend vom selektiven kognitiven Training verwendet Skell (1979) den Oberbegriff der "psychoregulativ akzentuierten Trainingsmethoden" und zählt dazu das observale Training (durch Beobachten), das mentale Training (durch Vorstellen) und das verbale Training (durch Sprachunterstützung). Obwohl auf verschiedenen Gebieten (Spitzensport, Industrie, Wirtschaft) durch die Anwendung dieser Trainingsmethoden höhere Leistungen im perzeptiven (wahrnehmenden) und im sensumotorischen (Zusammenspielen von Sinnesorganen und Muskeln) Bereich nachgewiesen werden konnten, haben sie noch keinen großen Eingang in die Weiterbildung gefunden. Die Erweiterung des handhabbaren Methodenrepertoires auf der Grundlage dieser Erkenntnisse scheint dringend geboten.

6 Analysetechniken

6.1	Analyse der Aufgaben (Tätigkeiten), Aufgabenfolgen (Abläufe, Prozesse) und der Aufbauorganisation (F.J. Heeg) .. 601	
	6.1.1 Aufbau- und Ablauforganisation...................................601	
	6.1.2 Darzustellende Inhalte...603	
	6.1.2.1 Elemente und zu berücksichtigende Daten der Ablauforganisation...603	
	6.1.2.2 Grundformen von Folgebeziehungen.......................604	
	6.1.3 Darstellungstechniken...607	
	6.1.3.1 Folgepläne..608	
	6.1.3.2 Folgestrukturen...611	
	6.1.4 Analyse und kritische Würdigung des Ist-Zustandes...........616	
	6.1.4.1 Aufgabenanalyse...617	
	6.1.4.2 Aufgabenträgeranalyse 618	
	6.1.4.3 Sachmittelanalyse..618	
	6.1.4.4 Informationsanalyse 618	
	6.1.4.5 Mengenanalyse...623	
	6.1.4.6 Zeitanalyse..624	
	6.1.4.7 Analyse der Ablaufbeziehungen 624	
	6.1.5 Schwachstellenbeseitigung und Sollkonzeption 624	
6.2	Analysemethoden zum Personalentwicklungsbedarf und zur Schwachstellenanalyse (G. Kleine, A. Elschenbroich)....... 627	
	6.2.1 Einleitung...627	
	6.2.2 Ermittlung des strategischen Qualifikationsbedarfs bei BMW .627	
	6.2.3 Ermittlung des Qualifikationsbedarfs bei IBM 630	
	6.2.4 Projektorientierte Bildungsbedarfsermittlung bei VW...........633	
	6.2.4.1 Zielsetzung..633	
	6.2.4.2 Projektablauf und Zuständigkeiten........................633	
	6.2.4.3 Qualifizierungs-Vorprüfung 633	

		6.2.4.4 Qualifizierungsplanung 636

- 6.2.5 Methode der problemorientierten Analyse des Personalentwicklungsbedarfs 637
  - 6.2.5.1 Ermittlung der Probleme und ihre Ursachen 637
  - 6.2.5.2 Erhebungen mit Hilfe der Moderationsmethode 638
  - 6.2.5.3 Exkurs: Verwendung des Entity-Relationship-Modells 640
- 6.2.6 Fallbeispiel zur Erläuterung der problemorientierten Analyse des Personalentwicklungsbedarfs 641
  - 6.2.6.1 Ausgangslage 641
  - 6.2.6.2 Vorgehen 641

6.3 Funktionen- und Datenmodellierung (J. Thielemann) 647
- 6.3.1 Funktionenmodellierung 647
  - 6.3.1.2 Funktionenmodell "Autovermietung" 649
  - 6.3.1.3 Datenflußbeschreibung 651
- 6.3.2 Datenmodellierung 652
  - 6.3.2.1 Der Entity-Relationship-Ansatz 653
  - 6.3.2.2 Beschreibung der Entitäten 658

6.4 Die VERA-/RHIA-Analyse (A. Metz, S. Versinger) 659
- 6.4.1 Anliegen der VERA-/RHIA-Analyse 659
- 6.4.2 Beschreibung des Verfahrens zur Ermittlung von Regulationsanforderungen in der Arbeitstätigkeit (VERA) 661
  - 6.4.2.1 Anwendungsbereich des VERA 661
  - 6.4.2.2 Methodisches Vorgehen beim VERA-Einsatz 661
- 6.4.3 Beschreibung des Verfahrens zur Ermittlung von Regulationshindernissen in der Arbeitstätigkeit (RHIA) 665
  - 6.4.3.1 Anwendungsbereich des RHIA 665
  - 6.4.3.2 Methodisches Vorgehen bei der RHIA-Anwendung 667
- 6.4.4 Exemplarische Durchführung der VERA-RHIA-Analyse 671
  - 6.4.4.1 Szenario 671
  - 6.4.4.2 Ventilatoren-Montage 671
- 6.4.5 Ansätze für gestalterische Maßnahmen 678
  - 6.4.5.1 Organisatorische Maßnahmen 678
  - 6.4.5.2 Technische Maßnahmen 678
  - 6.4.5.3 Qualifikatorische Maßnahmen 678

6.5 Wissensakquisition (S. Kaldorf) 679
- 6.5.1 Einordnung in den Kontext 679
- 6.5.2 Ziel der Wissensakquisition 680
- 6.5.3 Vorgehen 680

6.5.3.1 Einarbeitung in das Wissensgebiet, Strukturierung...................680
6.5.3.2 Festlegung der Wissensdarstellung 683
6.5.3.3 Ausweitung auf das gesamte Wissensgebiet 693

6.6 Praxisanalysen (O. Peske)... 695
    6.6.1 Notwendigkeit analytischer Tätigkeit.............................695
    6.6.2 Auswahl von Analysebereichen.....................................696
    6.6.3 Inhaltliche Gestaltung von Praxisanalysen 697
        6.6.3.1 Kriterien und Indikatoren - eine Grundlage der "Messung" pädagogischer Effekte..697
        6.6.3.2 Skalierung..699
    6.6.4 Methodische Gestaltung von Praxisanalysen....................702
        6.6.4.1 Studium literarischer Quellen und Dokumente........................703
        6.6.4.2 Beobachtung...703
        6.6.4.3 Tests..703
        6.6.4.4 Schriftliche Befragungen 704
    6.6.5 Darstellung von Analyseergebnissen................................708

6.1 Analyse der Aufgaben (Tätigkeiten), Aufgabenfolgen (Abläufe, Prozesse) und der Aufbauorganisation

F.J. Heeg

6.1.1 Aufbau- und Ablauforganisation

In der Bundesrepublik Deutschland findet eine prinzipielle Unterteilung der Organisation in die Gebiete Aufbau- und Ablauforganisation statt. Der Schwerpunkt wird hierbei meist auf die Aufbauorganisation gelegt, die die Bildung von Stellen durch das geeignete Zusammenfassen von Aufgaben für Aufgabenträger (die Stelleninhaber) zum Inhalt hat. Durch die Aufbauorganisation werden gleichzeitig die statischen Zuordnungen in der Leitung, Kommunikation und Information zwischen den Stellen beschrieben und festgelegt. Demgegenüber beinhaltet die Ablauforganisation die dynamischen Folgebeziehungen in einer Organisation in zeitlicher, räumlicher, logischer sowie mengenmäßiger Hinsicht. Ein Überblick über die Gestaltungsmerkmale der Ablauforganisation wird in Abbildung 6.1.1 gegeben.

ZEIT	Wann?	Zeitpunkt der Aufgabenerledigung
		Zeitliche Folge der Aufgabenerfüllung
		Zeitpunkt der Weiterleitung von Informationen
	Wie lange?	Zeitraum der Bearbeitung
		Dauer der Aufgabenerfüllung
MENGE	Wieviel?	Anzahl
		Gruppierung
LOGISCHE BEZIEHUNG	Entweder oder	Bedingung
	Sowohl als auch	Parallellauf

Abb. 6.1.1: Gestaltungselemente der Ablauforganisation
(in Anlehnung an Schmidt 1989, S. 296)

Obwohl die Bereiche Aufbau- und Ablauforganisation in den meisten theoretischen Betrachtungen getrennt behandelt werden, sind die zwangsläufigen Zusammenhänge offensichtlich:

Eine Stellenbildung und damit teilweise Festlegung der Aufbauorganisation kann einerseits unter ablauforganisatorischen Gesichtspunkten erfolgen. Hier werden die Aufgaben so zu Stellen zusammengefaßt, daß ein möglichst reibungsloser Ablauf ermöglicht wird. Häufig sind jedoch in gewachsenen Organisationen vorhandene Aufbaustrukturen zu berücksichtigen; eine notwendige Reorganisation der Folgebeziehungen erfolgt dann oft unter teilweisen Restriktionen, die aus vermeintlichen nicht oder nur sehr schwer zu ändernden Stellenbildungen resultieren. Der Erfolg derartiger Reorganisationen ist dann allerdings maximal suboptimal; meist ist überhaupt kein Erfolg mit den organisatorischen Maßnahmen verbunden. Eine Reorganisation erfolgt in der Regel dann, wenn in der Organisation begründete Probleme für die gesamte Unternehmung erkannt worden sind. Es wird hier davon ausgegangen, daß der Prozeß der Problemerkennung und damit die Auslösung der Reorganisation bereits erfolgt ist. Eine eingehende Erörterung der Problemerkennungs-Problematik wird von Reichel (1990) beschrieben.

Die auf die Problemerkennung folgenden Hauptaufgaben der ablauforganisatorischen Systemgestaltung werden bei Steinbuch (1985, S. 190) als Systemanalyse, Systemplanung und Systemeinführung identifiziert. Mit dem Oberbegriff Systemanalyse werden im allgemeinen die beiden Bereiche Ist-Erhebung und kritische Würdigung des Ist-Zustandes abgedeckt (Grupp 1989, S. 13).

Die anschließende Phase der Systemplanung wird weiter unterteilt in die Grob- und Feinplanung, wobei im Rahmen einer EDV-orientierten Ablaufgestaltung die Programmierung in diese Phasen mit einbezogen wird. Aus organisatorischer Sicht findet die Einbeziehung der EDV als notwendiges Unterstützungsinstrument statt. In Gegensatz dazu wird von der software-orientierten Systemanalyse dieser Zusammenhang, zumindest was die Unterstützung durch entsprechende Werkzeuge angeht, vernachlässigt.

Zur Systemplanung gehört die Entwicklung von Sollkonzepten bzw. die Bewertung von Gestaltungsalternativen. Diese Bewertung hat sich letztlich nach dem durch die einzelnen Alternativen geleisteten Beitrag zur Erfüllung der Unternehmensziele wie Liquiditätssicherung und Gewinnerzielung zu richten. Die zur Erfüllung dieser Oberziele für die Gestaltung der Ablauforganisation relevanten und zu operationalisierenden Ziele sind die Minimierung der Durchlaufzeiten und die Maximierung der Kapazitätsauslastung. Da es sich bei diesen Zielen in der Regel um konkurrierende Zielsetzungen handelt, spricht man in diesem Zusammenhang auch vom Dilemma der Ablauforganisation. Ein Ansatz zur Lösung des vorliegenden Zielkonfliktes in dem unmittelbaren Fertigungsbereich besteht etwa in der belastungsorientierten Auftragsfreigabe (vgl. Weidner 1990, S. 209 f.).

Eine Rechnerunterstützung bei der Bewertung von Gestaltungsalternativen hinsichtlich dieser Zielsetzungen erscheint sinnvoll, da es sich um meßbare Zielgrößen handelt. Stellt man die Aufgabenstellung einer Organisationsgestaltung in der Verwaltung in den Vordergrund, sind daneben besonders die erwähnten Auswirkungen auf die Aufbauorganisation, d. h. die Stellenbildung und die damit verbundenen Problematiken zu berücksichtigen. Im Zusammenhang mit den Inhalten der zu bildenden Stellen wird gerade in der Einführung von DV-Techniken eine Chance gesehen, der "Taylorisierung" der Arbeitswelt entgegenzuwirken (vgl. Lindecker 1989, S. 53). Dabei werden jedoch andererseits die Möglichkeiten einer Rechnerunterstützung bei der Stellenbildung zwangsläufig gering bleiben. Es sei denn, die zur Stellenbildung erforderlichen Kenntnisse, hinsichtlich der Verfügbarkeit von Mitarbeitern sowie erforderlicher und nachzubildender Qualifikationen, ließen sich, etwa in Form von wissensbasierten Systemen, einbringen.

Die hier zu betrachtenden Darstellungstechniken sollen der Zielsetzung dienen, sowohl die Kommunikation mit den Anwendern bzw. Organisationsmitgliedern und den Analytikern bei der Erhebung zu unterstützen, als auch als Basis für die eigentliche Analyse zu dienen.

6.1.2 Darzustellende Inhalte

Hinsichtlich der Ablaufmodelle, die das Ergebnis einer Ist-Erhebung beinhalten und als Grundlage der Analyse dienen sollen, sind zwei grundlegende Anforderungen zu erfüllen: Zum einen ist die Darstellungsmöglichkeit aller relevanten Informationen zu gewährleisten, zum anderen sind alle möglichen Formen von Folgebeziehungen abzubilden. Die darzustellenden Daten und Grundstrukturen werden zunächst erläutert.

6.1.2.1 Elemente und zu berücksichtigende Daten der Ablauforganisation

Die Gestaltung von Folgebeziehungen, die die Ablauforganisation zum Inhalt hat, besteht hauptsächlich in der Schaffung geeigneter Folgebeziehungen von Aufgaben. Mit der Erfüllung dieser Aufgaben soll letztendlich das Erreichen der Unternehmensziele sichergestellt werden. Eine Aufgabe ist definiert durch das Objekt oder die Objekte, an dem die Aufgabe erfüllt werden muß und die eigentliche Verrichtung, die an dem Objekt zu erfolgen hat. Dieser grundlegende Zusammenhang wird auch in dem Sprachgebrauch der strukturierten Analyse deutlich, in der Funktionen immer mit genau diesen beiden Inhalten beschrieben werden. Sie stimmen demnach mit den hier so bezeichneten Aufgaben überein. Objekte und Verrichtungen stellen die "unterste Ebene" der Ablauforganisation dar (Liebelt, Sulzberger 1989, S. 19).

Ein Objekt kann materiell oder immateriell sein. Ein materielles Objekt ist z. B. ein Beleg oder ein Formular. Die Information auf einem solchen Beleg stellt dagegen ein immaterielles Objekt dar. In bezug auf die Objekte ist z. B. die Objektfolge und die Art der Weitergabe zwischen einzelnen Aufgaben von Bedeutung. Diese kann mit einzelnen Objekten erfolgen oder die Bildung von Objektgruppen beinhalten, die zusammen der nachgeschalteten Aufgabe übergeben werden. Der zweite Bestandteil einer Aufgabendefinition ist die an dem Objekt durchzuführende Verrichtung. Bevor die Bearbeitung eines Objektes vollständig ist, sind in der Regel mehrere Verrichtungen notwendig. Die durch Objekte und Verrichtungen definierten Aufgaben werden von Menschen, den Aufgabenträgern, ausgeführt. Da diese ebenso wie die sie unterstützenden Sachmittel und die zur Verrichtung notwendigen Informationen in ihrer Reihenfolge von den zu erfüllenden Aufgaben abhängen, sind deren Folgebeziehungen denen der Aufgaben gleichzusetzen.

Von Bedeutung ist bei der Betrachtung der Aufgabenträger die notwendige fachliche und persönliche Qualifikation für die jeweilige Aufgabe. Daraus resultieren die erwähnten Konsequenzen für die Aufbauorganisation bei Änderungen der Ablauforganisation.

Ein weiteres wesentliches Element der Ablauforganisation sind die den Aufgabenträger bei der Aufgabenerfüllung unterstützenden Sachmittel. Dieser Begriff deckt in seiner allgemeinsten Bedeutung den weiten Bereich vom Bleistift bis zum komplexen Informationssystem ab (Liebelt, Sulzberger 1989, S. 28). Eine Differenzierung wird bei Sachmitteln wie EDV-Anlagen eingeführt, die prinzipiell einzelne Aufgaben auch selbständig ausführen können. Man spricht hier, in Abgrenzung zu den Menschen als Aufgabenträgern, von Arbeitsträgern. Diese Elemente der Ablauforganisation haben mittlerweile aufgrund der hohen Kosten und der Möglichkeiten, mit denen sie verbunden sind, eine große Bedeutung für die Gestaltung von Abläufen gewonnen.

Das noch fehlende Grundelement ist die Information. Diese wird definiert als Bestandteil von Nachrichten, die für den jeweiligen Aufgabenträger in bezug auf die Erfüllung seiner Aufgaben relevant ist. Bedingt durch die immens verbesserten Möglichkeiten zur Informationsverarbeitung hat auch die Bedeutung der Information im betrieblichen Ablauf zugenommen. Um einen reibungslosen Ablauf zu gewährleisten, sind im Zusammenhang mit den notwendigen Informationen folgende Anforderungen zu berücksichtigen (Heeg 1990, S. 3):

- alle zur Bearbeitung einer Aufgabe notwendigen Informationen müssen vorhanden sein,
- ein Überangebot an Informationen (Redundanz) ist zu vermeiden,
- die Informationen sind so zu gestalten, daß sie von dem Menschen zielgerichtet zur Erfüllung der Aufgabe eingesetzt werden können.

Neben den aufgeführten Grundelementen der Ablauforganisation sind weitere Daten zur vollständigen Darstellung und Bewertung von Abläufen zu berücksichtigen. Wesentlich in bezug auf die Zielsetzung möglichst kurzer Durchlaufzeiten ist selbstverständlich die Zeitdauer, die zur Erfüllung der einzelnen Aufgaben und zum Transport der Objekte zwischen den einzelnen Aufgabenträgern benötigt wird. Nur mit diesen Angaben ist eine Beurteilung des Ist-Zustandes und möglicher Gestaltungsalternativen hinsichtlich der genannten Zielsetzung möglich. In diesem Zusammenhang sind zeitliche Restriktionen, die Einfluß auf den Ablauf nehmen, zu berücksichtigen. Diese können beispielsweise in einem festgelegten Zeitpunkt zum Beginn von bestimmten Aufgaben bestehen. Ebenso wie der festgelegte Beginn von Aufgaben sind zu bestimmten Zeiten erfolgende Unterbrechungen ein wesentliches Merkmal zur Beurteilung von Abläufen. Über diese inneren Zusammenhänge hinaus sind weiterhin die Schnittstellen zur Umwelt des betrachteten Systems von Bedeutung. Diese können in externen Auslösern oder Endpunkten von Abläufen bestehen, etwa ein von einem Kunden erteilter Auftrag oder eine versandte Rechnung.

6.1.2.2 Grundformen von Folgebeziehungen

Die Folgebeziehungen zwischen den im vorangegangenen Abschnitt beschriebenen Elementen der Ablauforganisation lassen sich durch wenige Grundformen darstellen. Auch die komplexesten Zusammenhänge lassen sich immer auf diese Grundformen zurückführen. Wenn eine Darstellungsmethode in der Lage ist, diese Grundformen abzubilden, können somit alle in der Realität vorkommenden Folgebeziehungen erfaßt werden.

Grundsätzlich gibt es sieben Grundformen von Abläufen:

1) Aufeinanderfolge (Struktur ohne Teilung oder Zusammenführung),
2) Und-Teilung,
3) Oder-Teilung,
4) Zusammenführung nach Und-Teilung (Und-Zusammenführung),
5) Zusammenführung nach Oder-Teilung (Oder-Zusammenführung),
6) Und-Rückkopplung,
7) Oder-Rückkopplung.

Die Systematisierung dieser im folgenden beschriebenen Grundformen orientiert sich an der Kombination von logischen und zeitlichen Folgebeziehungen. Bezüglich der graphischen Ausführung dieser Grundbeziehungen bestehen geringfügig verschiedene Möglichkeiten. Die zur hier gewählten Darstellung benötigten Grundelemente beinhaltet Abbildung 6.1.2.

Die einfachste Grundform von Folgebeziehungen ist zunächst die der unverzweigten Kette oder "einfache Aufeinanderfolge" (REFA 1992, S. 16 ff.), bei der jedes beteiligte Element im Verlauf der Abfolge nur einmal vorkommt. Folgebeziehungen können sich jedoch auch verzweigen. Hier kommen zwei Fälle in Betracht: die Und- oder die Oder-Verzweigung. Die Und-Verzweigung beinhaltet, entsprechend der Bedeutung in der Logik, eine Parallelverarbeitung. Hierbei bildet ein Element den Eingang für mehrere gleichzeitig folgende Elemente. Die Bearbeitung in den jetzt parallel verlaufenden Zweigen erfolgt unabhängig voneinander. Im Gegensatz dazu wird bei der Oder-Verzweigung entsprechend einer zu stellenden Bedingung nur eine der folgenden Ablaufalternativen ausgeführt. Beide Verzweigungsarten sind in Abbildung 6.1.3 dargestellt.

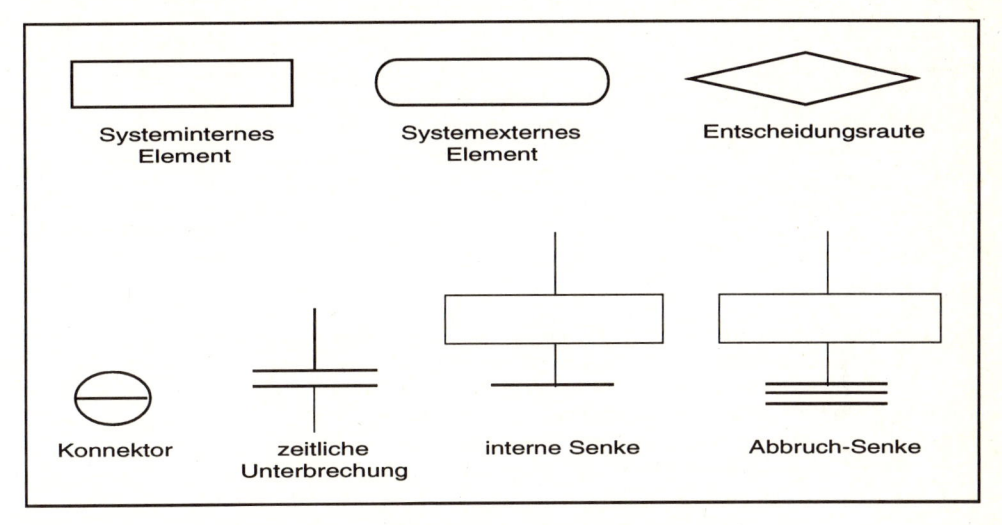

Abb. 6.1.2: Grundelemente zur Darstellung von Folgebeziehungen
(Quelle: REFA 1992, S. 16 ff.)

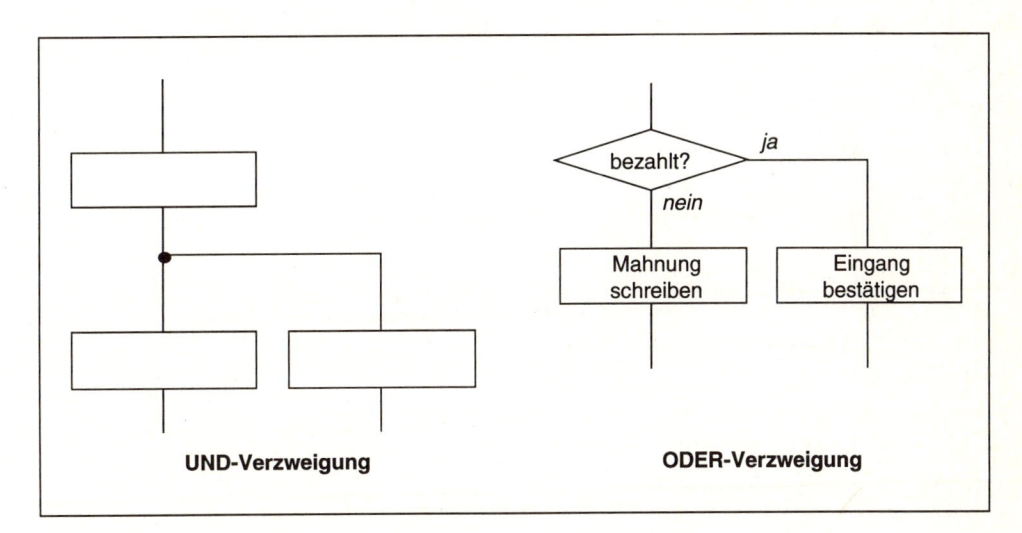

Abb. 6.1.3: Und- und Oder-Verzweigung (Quelle: REFA 1992, S. 16 ff.)

Die in einer Folgebeziehung entstandenen Verzweigungen können in eigenen Abbruchstellen oder Systemschnittstellen enden. Es muß aber auch die Möglichkeit bestehen, alternativ oder parallel verlaufende Ablaufreihenfolgen ab einem bestimmten späteren Punkt im Ablauf wieder gemeinsam weiterzuführen. Diesen Zweck erfüllen die Zusammenführungen, die entsprechend der vorangegangenen Verzweigung in Und-Zusammenführungen und Oder-Zusammenführungen bestehen. Die Darstellungen dieser Zusammenführungen sind in Abbildung 6.1.4 wiedergegeben.

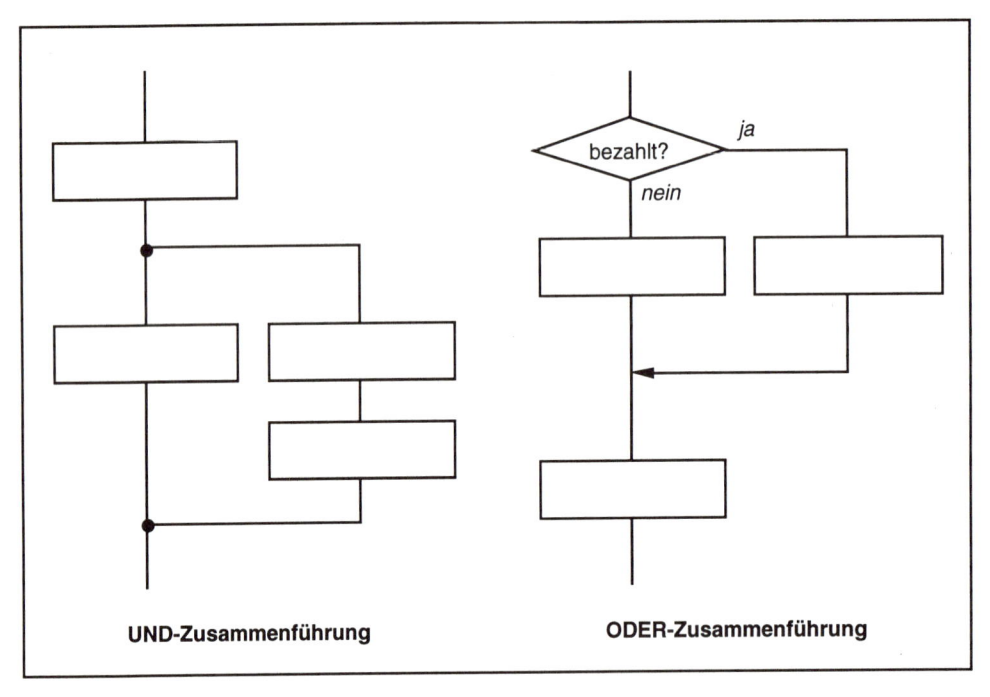

Abb. 6.1.4: Und- und Oder-Zusammenführung (Quelle: REFA 1992, S. 17)

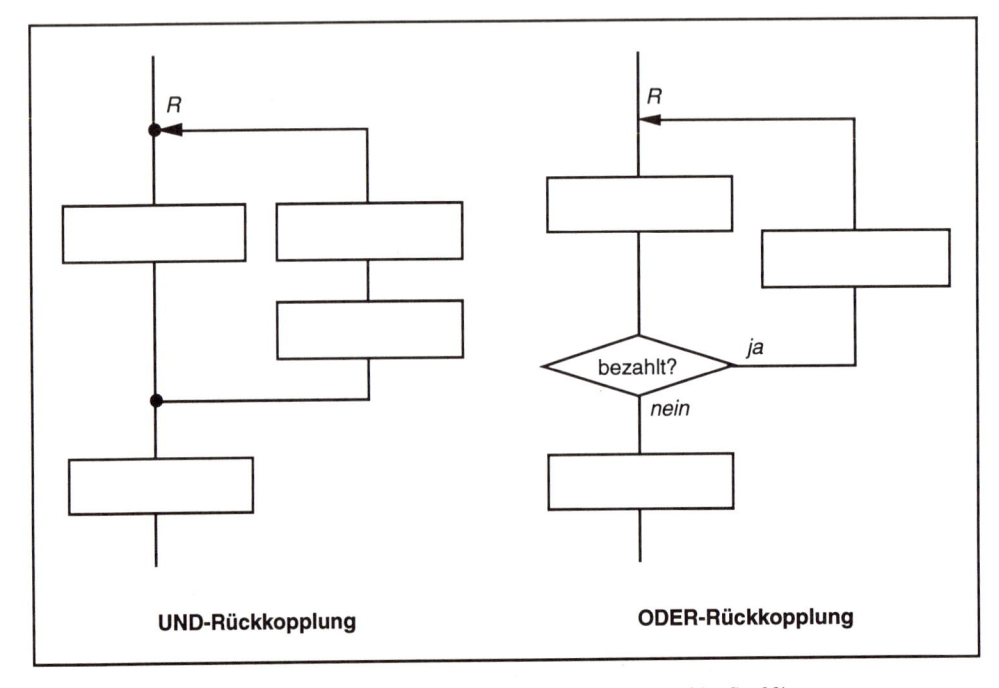

Abb. 6.1.5: Und- und Oder-Rückkopplung (Quelle: REFA 1992, S. 20)

Eine Zusammenführung von verzweigten Abläufen kann nicht nur in einem in der Reihenfolge späteren Zeitpunkt erfolgen, sondern auch bei einem vorhergehenden Punkt sinnvoll sein. So kann es sich bei einer Überprüfung eines Formulars herausstellen, daß dieses nicht vollständig ist und daher noch einmal die davorliegende Erfassung durchlaufen muß. Auch diese als Rückkopplungen bezeichneten Zusammenführungen in den vor der Verzweigung liegenden Teil des Ablaufes sind für die Und- und die Oder-Teilung möglich (Abbildung 6.1.5).

Aus der Und-Rückkopplung ergibt sich ein iterativer Prozeß, da das Ergebnis eines Aufgaben-Elementes immer wieder in den vorhergehenden Ablauf "eingeschleift" wird. In Abbildung 6.1.6 sind alle möglichen Grundformen von Folgebeziehungen noch einmal zusammengefaßt.

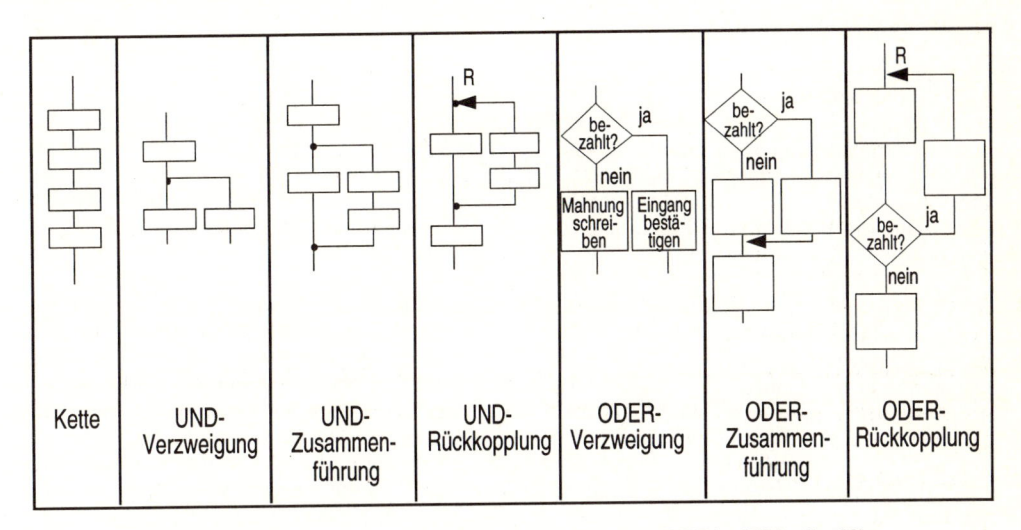

Abb. 6.1.6: Grundformen von Folgebeziehungen (Quelle: REFA 1992, S. 22)

6.1.3 Darstellungstechniken

Die aufgeführten Grundformen der Folgebeziehungen und die davor beschriebenen für die Ablauforganisation relevanten Daten gilt es in geeigneter Weise darzustellen. An eine mögliche Darstellungsmethode sind dabei unter anderem weiterhin folgende Anforderungen zu stellen (REFA 1992, S. 14):

- einheitliches Instrumentarium von Begriffen und Symbolen,

- dem jeweiligen Untersuchungszweck entsprechend soll sowohl eine sehr grobe als auch eine sehr feine Darstellung der Abläufe möglich sein,

- alle bei einer Ist-Aufnahme und Sollkonzeption relevanten Daten des betrachteten Systems müssen darstellbar sein,

- es sollen verschiedene Detaillierungsgrade der Darstellung möglich sein,

- es müssen auch Arbeitsabläufe darstellbar sein, an deren Durchführung verschiedene Systeme beteiligt sind,

• aus der Darstellung sollen die Daten möglichst einfach zu entnehmen sein.

Rein textuelle Beschreibungen scheiden aus, da sie den Anforderungen nach einer möglichst leichten Erfaßbarkeit bei komplexen Zusammenhängen nicht genügen können. Zur graphischen Darstellung, die teilweise durch Erläuterungen ergänzt wird, haben sich verschiedene Methoden in der Praxis bewährt. Die gebräuchlichsten Techniken sind die Folgepläne und Folgestrukturen. Parallel dazu haben einzelne Autoren eigene Darstellungstechniken entwickelt, die jedoch auf die jeweils zugrundeliegenden Vorgehensweisen zugeschnitten sind (Walter 1989, S. 41 ff.). Daneben werden ablauf- und stellenorientierte Datenflußpläne zur Informationsflußdarstellung genutzt. Sie sind wegen ihrer reinen Ausrichtung auf die Informationsflüsse jedoch nicht automatisch geeignet, alle in den vorherigen Kapiteln aufgeführten Daten aufzunehmen (Gerken 1988, S. 203).

6.1.3.1 Folgepläne

Je nach darzustellendem Sachverhalt und zugrundeliegender Zielsetzung werden Aufgaben- oder Aufgabenträgerfolgepläne eingesetzt. Der Unterschied besteht in der primären Ausrichtung auf die entsprechenden Elemente Aufgabe bzw. Aufgabenträger. Die beiden Formen können jedoch auch in kombinierter Form und erweitert um zusätzliche Daten wie Sachmittel, Zeitangaben usw. genutzt werden.

Der Aufgabenfolgeplan beinhaltet in seiner einfachsten Form lediglich die Aufeinanderfolge bzw. die logisch/zeitlichen Verknüpfungen von Aufgaben, die in den entsprechenden graphischen Symbolen ergänzend verbal beschrieben sind. Die Beschreibung einer Aufgabe setzt sich entsprechend der Definition aus dem Objekt und der Verrichtung zusammen. Die Gesamtstruktur eines solchen einfachen Aufgabenfolgeplanes besteht aus der Verknüpfung der Aufgaben durch die sieben Grundformen der Folgebeziehungen. Das die Aufgabe beinhaltende Symbol kann unterteilt werden, um zusätzlich die Information über den Aufgabenträger aufzunehmen. Weitere in der Darstellung zu benutzende Elemente sind die Symbole für eine zeitliche oder mengenmäßige Unterbrechung des Ablaufes sowie die internen und externen Quellen und Senken und der Abbruch eines Ablaufes.

Zusätzlich zu der Erweiterung des Aufgabenfolgeplanes um die Aufgabenträger besteht die Möglichkeit, Übertragungsfelder einzuführen, die die Daten über Objekte, Informationen und Informationsträger enthalten. So ist es möglich, die relevanten Ein- und Ausgabeinformationen und -objekte der einzelnen Aufgaben sichtbar zu machen und damit beispielsweise einen den Ablauf störenden häufigen Informationsträgerwechsel zu erkennen.

Ein weiteres fehlendes Element in der Darstellungsmethode sind die Sachmittel. Hiermit können für aktive Sachmittel (Arbeitsträger) auch die zugehörigen Aufgaben angegeben werden. Insgesamt sind die folgenden Elemente zur Analyse von Aufgabenfolgen erforderlich:

- Arbeitsquelle
- Arbeitsimpuls
- Aufgabenträger
- Arbeitsgegenstand
- Arbeitsergebnis
- Arbeitsmittel
- Steuerungsinformation
- Arbeitsbereich
- Fördermittel
- Arbeitssenke
- Reflektor

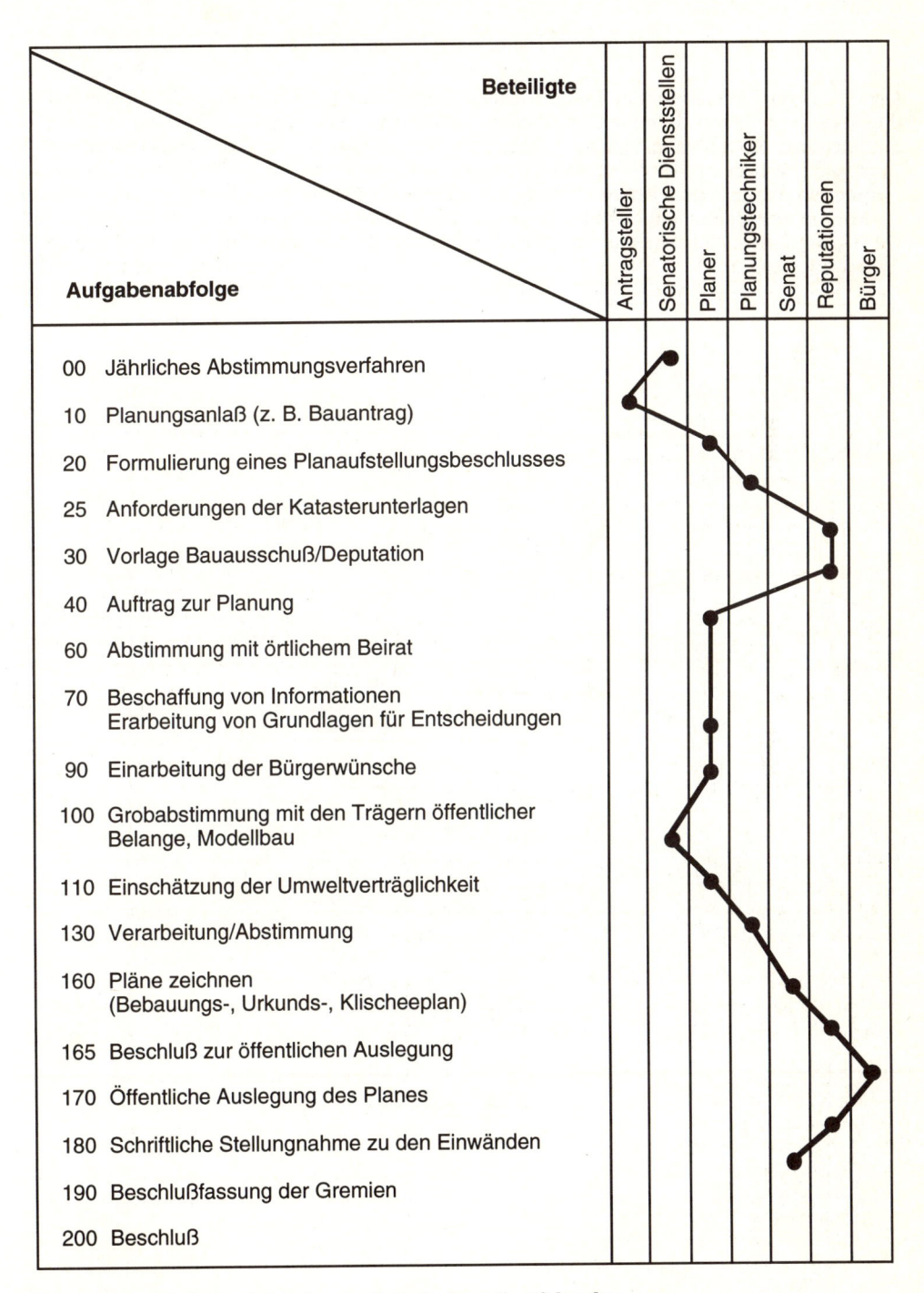

Aufgabenabfolge	Beteiligte	Antragsteller	Senatorische Dienststellen	Planer	Planungstechniker	Senat	Reputationen	Bürger
00 Jährliches Abstimmungsverfahren			●					
10 Planungsanlaß (z. B. Bauantrag)		●						
20 Formulierung eines Planaufstellungsbeschlusses			●					
25 Anforderungen der Katasterunterlagen							●	
30 Vorlage Bauausschuß/Deputation							●	
40 Auftrag zur Planung				●				
60 Abstimmung mit örtlichem Beirat				●				
70 Beschaffung von Informationen Erarbeitung von Grundlagen für Entscheidungen			●					
90 Einarbeitung der Bürgerwünsche				●				
100 Grobabstimmung mit den Trägern öffentlicher Belange, Modellbau				●				
110 Einschätzung der Umweltverträglichkeit				●				
130 Verarbeitung/Abstimmung					●			
160 Pläne zeichnen (Bebauungs-, Urkunds-, Klischeeplan)					●			
165 Beschluß zur öffentlichen Auslegung							●	
170 Öffentliche Auslegung des Planes								●
180 Schriftliche Stellungnahme zu den Einwänden								●
190 Beschlußfassung der Gremien						●		
200 Beschluß		●						

Abb. 6.1.7: Aufgabenfolgeplan und Aufgabenträgerfolgeplan

Der Aufgabenträgerfolgeplan ist vom grundsätzlichen Aufbau her mit dem Aufgabenfolgeplan identisch. Die wesentlichen Elemente und damit Grundbestandteile dieser Pläne stellen jedoch die Aufgabenträger dar. Diese können ebenfalls durch Sachmittel, Informationsquellen und sonstige Angaben komplettiert werden und mit Hilfe der logischen Verknüpfungen alle Grundformen der Folgebeziehungen darstellen. Der Zweck eines Aufgabenträgerfolgeplanes liegt in der Betonung der Wechselbeziehungen zwischen den unterschiedlichen Aufgabenträgern. So ist es möglich - unnötig häufige - Aufgabenträgerwechsel und damit beispielsweise notwendig werdende Transportzeiten und Liegezeiten besonders hervorzuheben. Abbildung 6.1.7 zeigt einen Auschnitt aus einem Aufgabenfolgeplan in Kombination mit Aufgabenträgerfolgeplan.

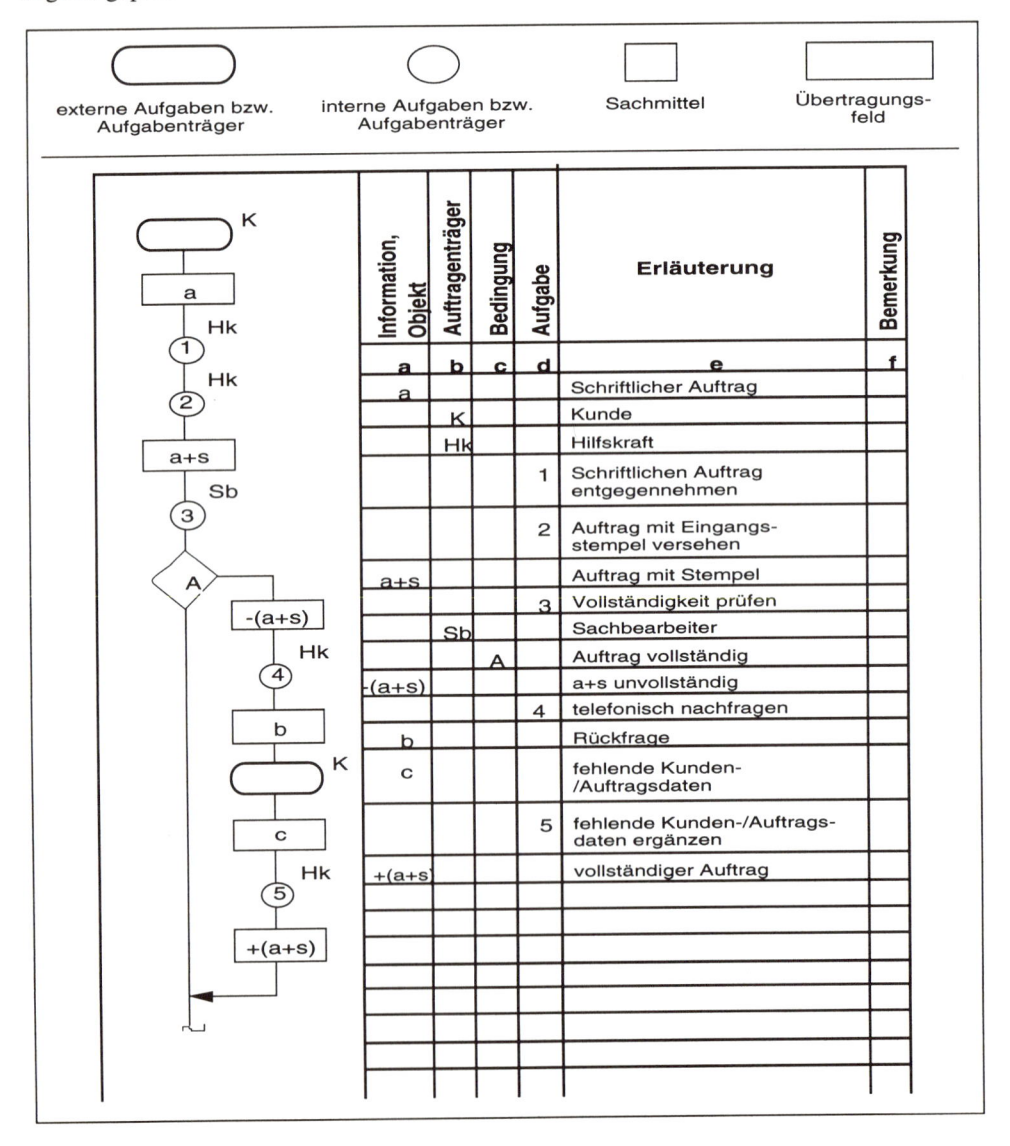

Abb. 6.1.8: Bei Folgestrukturen verwendete Symbole
(Quelle: Liebelt, Sulzberger 1989, S. 127)

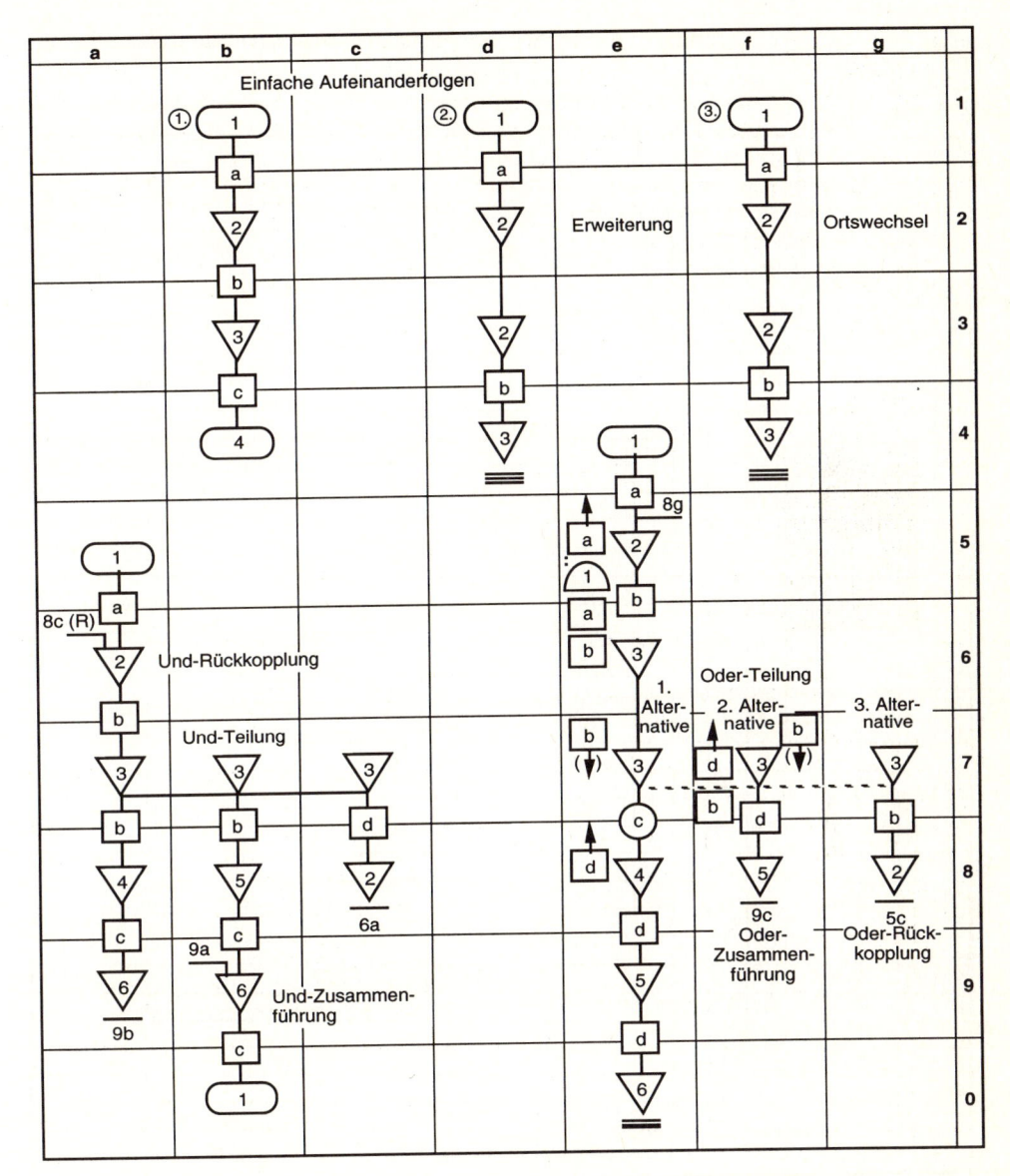

Abb. 6.1.9 Ablaufdarstellungen mit dem Felddarstellung (Quelle: REFA 1992, S. 61)

6.1.3.2 Folgestrukturen

Im Gegensatz zu den Folgeplänen werden in den Folgestrukturen die graphischen und verbalen Elemente einer Ablaufdarstellung getrennt. Die Beziehung zwischen beiden Elementen wird durch Kürzel hergestellt. Die Darstellung des Gesamtzusammenhanges kann somit übersichtlicher gestaltet werden, da in der graphischen Veranschaulichung nicht alle Informationen enthalten sein müssen. Die Folgestruktur ist ebenso wie die zuvor dargelegten Folgepläne als Aufgabenträger- und Tätigkeitsfolgestruktur ausführbar. Auch besteht die Möglichkeit der Einbeziehung von Sachmitteln und Objekten bzw. Informationsträgern. Hier werden teilweise andere Symbole gegenüber den bei den Folgeplänen genutzten verwendet. Ein Beispiel für eine Folgestruktur zeigt Abbildung 6.1.8.

Zeile	Aufgabenträger	Arbeitsort	Fördermittel	Arbeitsimpulsgegenstand	Arbeitsmittel	Arbeitsgegenstand	Feld	Arbeitsergebnis	Erläuterungen
a	b	c	d	e	f	g	h	i	k
1									
2									
3									
4									
5									
6									
7									
8									
9									
10									
11									
12									
13									
14									
15									
16									
17									
18									
19									
20									
21									
22									
23									
24									
25									
26									
27									
28									
29									
30									
31									
32									
33									
34									
35									
36									
37									
38									

Abb. 6.1.10 Erläuterungsblatt zur Felddarstellung (Quelle: REFA 1992, S. 28)

Es werden im wesentlichen zwei Arten von Folgestrukturen unterschieden:

- die Aufgabenträgerfolgestruktur,
- die Tätigkeitsfolgestruktur.

Es wird also die zeitliche Folge entweder von am Arbeitsablauf beteiligten Aufgabenträgern oder von Tätigkeiten abgebildet (REFA 1992, S. 76). Ein den Folgestrukturen ähnliches Verfahren stellt das Feldverfahren dar. Die Besonderheit dieses Verfahrens gegenüber einer Folgestruktur besteht darin, daß die Darstellung auf einem gerasterten Arbeitsblatt erfolgt, wobei einzelne Teile einer Darstellung durch die Angabe der entsprechenden "Koordinaten" verknüpft werden können (Abbildung 6.1.9).

Die Erläuterungen zu den im Rasterblatt eingezeichneten Symbolen werden in ein Erläuterungsblatt (Abbildung 6.1.10) eingetragen.

Dieses Erläuterungsblatt hat zehn Spalten. Spalte a enthält als Vorspalte die Zeilen-Nummern, die Spalten b bis f dienen zur Kennzeichnung der Arbeitssysteme und Arbeitsmittel, die am jeweils betrachteten Arbeitsablauf beteiligt sind; die Spalten g bis i sind für Angaben bestimmt, durch die die jeweiligen Ergebnisse näher charakterisiert werden. Die Spalte k nimmt die verbalen Erläuterungen beziehungsweise Bezeichnungen auf. Die einzelnen Begriffe der Felddarstellung werden in der nachstehenden Reihenfolge behandelt:

a) Wer oder was löst den Arbeitsablauf aus? - Arbeitsquelle

b) Was gibt den Anlaß, tätig zu werden? - Arbeitsimpuls

c) Wer arbeitet? - Aufgabenträger

d) Woran wird gearbeitet? - Arbeitsgegenstand

e) Was wird erreicht? - Arbeitsergebnis

f) Womit wird gearbeitet? - Arbeitsmittel

g) Wonach wird gearbeitet? - Steuerungsinformationen

h) Wo wird gearbeitet? - Arbeitsbereich

i) Womit wird weitergeleitet? - Fördermittel

j) Wo endet der Arbeitsablauf? - Arbeitssenke

k) (Wird ein am Arbeitsablauf beteiligtes Arbeitssystem derzeit nicht näher betrachtet?) - Reflektor

l) (Wird der Arbeitsablauf nicht weiterverfolgt?) - Abbruch des Ablaufs

a) Arbeitsquelle

Arbeitsquellen sind Personen, Organisationseinheiten oder Ergebnisse, die den Arbeitsablauf innerhalb eines Untersuchungsbereichs auslösen. Die Darstellung eines Arbeitsablaufs beginnt mit der Angabe einer Arbeitsquelle. Sie ist nicht unbedingt der Beginn des Arbeitsablaufs, sondern nur die Nahtstelle von außen zum Untersuchungsbereich, die den

Arbeitsablauf auslöst. Abbildung 6.1.11 zeigt, welche Arbeitsquellen einen Arbeitsablauf auslösen können.

b) Arbeitsimpuls

Arbeitsimpulse sind Informationen, die einen Arbeitsablauf auslösen, also den Arbeitsträger zur Erfüllung seiner Aufgaben veranlassen. Ein Arbeitsimpuls kann als direkte Anweisung (zum Beispiel "Bearbeiten Sie die Akte von ...") oder verschlüsselt erteilt werden (zum Beispiel der von Sachbearbeiter A angebrachte Erledigungsvermerk auf Vordruck I ist Anstoß für den Sachbearbeiter B, den Vorgang weiter zu bearbeiten). Der Arbeitsimpuls kann mündlich oder schriftlich erfolgen. Er ist stets an ein Trägermedium gebunden. Durch Angabe des Informationsträgers, der Form der übermittelten Information und gegebenenfalls des Fördermittels ist der Informationsfluß ausreichend bezeichnet. Arbeitsimpulse können unter anderem in Form von Gesprächen, Signalen, Schreiben, Dateien usw. auftreten.

	mögliche Arbeitsquellen		Beispiele
Menschen	Einzelpersonen	im eigenen Unternehmen	Geschäftsführer A, Mitarbeiter B
		außerhalb des Unternehmens	Kunde, Bürger, Antragsteller
	Personen-gruppen	im eigenen Unternehmen	Betriebsrat, Auszubildende
		außerhalb des Unternehmens	Eigentümergemeinschaft, Interessengemeinschaft
Organisations-Einheiten	im eigenen Unternehmen		Poststelle, Abt. I
	außerhalb des Unternehmens		Lieferant, Bank, Finanzamt
andere Ursachen	Vorschriften	gesetzliche	z. B. Aktiengesetz (Veröffentlichung der Bilanz)
		innerbetriebliche	z. B. Terminpläne (Liquiditätspläne)
	Ereignisse	Auswirkungen von Störungen	z. B. Überfall auf eine Bank
		Unfälle	z. B. Einlieferung in Krankenhaus
		Wetterbedingungen	z. B. Sturmflut

Abb. 6.1.11:   Mögliche Arbeitsquellen (Quelle: REFA 1992, S. 30)

c) Aufgabenträger

Aufgabenträger sind Menschen, denen Arbeitsaufgaben übertragen sind. Aufgabenträger können sein: Personen, und zwar Einzelpersonen, zum Beispiel Lagerverwalter, Phonotypistin oder Personengruppen, beispielsweise Sachbearbeiter und Programmierer. In seltenen Fällen können technische Einrichtungen (teil- oder vollautomatisch gesteuert), zum Beispiel automatischer Prüfplatz, als Aufgabenträger auftreten. In der Praxis verwendet man dann häufig den Begriff "Arbeitsträger".

d) Arbeitsgegenstand

Arbeitsgegenstände sind alle Stoffe, Güter, Informationen, Datenträger usw., die im Sinne einer Arbeitsaufgabe verändert oder erstellt werden. Arbeitsgegenstände können sein:
- Sachen, Gegenstände, Material,
- Informationen,
- in Sonderfällen auch Personen, zum Beispiel Kunden.

e) Arbeitsergebnis

Bei der Felddarstellung werden folgende Arten von Arbeitsergebnissen unterschieden, die im umfassenden Sinn auch Ausgabe eines Arbeitssystems sein können (REFA 1985, S. 34); wobei hier Beispiele aus dem Büro- und Verwaltungsbereich gewählt wurden:

Art des Ergebnisses	Beispiele
bleibende/dauerhafte Veränderungen des Zustandes des Arbeitsgegenstandes	• Abdruck des Eingangsstempels • Unterschrift unter einen Bericht • Lochmarken des Datenträgers
aufhebbare Zustandsänderung des Arbeitsgegenstandes	• nach bestimmten Merkmalen sortierte Datenträger (z. B. in ABC-Folge) • Durchlesen eines Vorganges ohne Prüfvermerk

f) Arbeitsmittel

Arbeitsmittel sind Einrichtungen, Organisationsmittel usw., die in einem Arbeitssystem zum Erfüllen der Arbeitsaufgabe benötigt werden.

g) Steuerungsinformationen

Steuerungsinformationen legen die Art und Weise der Aufgabenerfüllung (Arbeitsmethode) fest. Steuerungsinformationen können Arbeitsanweisungen, Richtlinien, Ausführungsbestimmungen, Dienstvorschriften oder ähnliches sein.

h) Arbeitsbereich

Die Abgrenzung des Arbeitsbereichs gegenüber der Umgebung ist von dem Zweck der Untersuchung abhängig. Untersuchungen über Transportfragen, Verkehrsbeziehungen, Tätigkeits- und Wartezeiten erfordern jeweils andere Angaben über den Arbeitsbereich. Arbeitsbereiche können sein:

- geographische Bereiche, Städte,
- Betriebe oder Betriebsteile, zum Beispiel eine Filiale,
- Gebäude oder Teile davon, zum Beispiel Raum 31,
- Arbeitsplätze.

i) Fördermittel

Mit Fördermitteln werden die Arbeitsimpulse und/oder Arbeitsgegenstände von einem Aufgabenträger zu einem anderen befördert. Fördermittel können sein:

- technische Einrichtungen, zum Beispiel Aktenaufzug, Rohrpost,
- ferntechnische Einrichtungen, z. B. öffentliches Fernsprechnetz, Datenfernübertragungseinrichtungen, Funkanlagen, Wechselsprechanlagen,
- optische Geräte.

j) Arbeitssenke

Endet ein Ablauf nach der Tätigkeit eines bestimmten Aufgabenträgers, so wird dies durch eine Arbeitssenke dargestellt, die innerhalb oder außerhalb des Untersuchungsbereichs liegen kann. Arbeitssenken können sein:

- Arbeitsplätze oder
- Organisationseinheiten.

Arbeitssenken außerhalb des Untersuchungsbereichs können, aber müssen nicht in jedem Fall das "absolute Ende" eines Ablaufs bedeuten. Eine außerhalb liegende Arbeitssenke bildet eine Schnittstelle zwischen dem betrachteten System und seiner Umgebung, die andeutet, daß der Ablauf von dieser Stelle an nicht weiterverfolgt wird, da dort kein weiterer Impuls mehr in das System zurückgegeben wird.

k) Reflektor

Der außerhalb des Untersuchungsbereichs liegende Reflektor übernimmt einen Arbeitsimpuls aus dem Untersuchungsbereich und gibt nach Abschluß seiner Bearbeitungen einen Arbeitsimpuls an einen Aufgabenträger im Untersuchungsbereich zurück. Der Arbeitsablauf im Reflektor wird nicht dargestellt; der Reflektor wird als "black box" betrachtet. Ein solcher Reflektor kann für einen, zwei oder mehrere Aufgabenträger außerhalb des Untersuchungsbereichs stehen.

6.1.4 Analyse und kritische Würdigung des Ist-Zustandes

Die in den vorangegangenen Abschnitten vorgestellten Darstellungsmethoden dienen nicht nur der Veranschaulichung eines Ist-Zustandes. Ebenso werden sie als Basis für eine Analyse und kritische Würdigung dieses Zustandes herangezogen. Einzelne Analysekriterien wurden in den vorigen Abschnitten schon beispielhaft aufgeführt, um den Bedarf der Erfassung der zugrundeliegenden Daten zu begründen. Bei der Analyse und Würdigung muß ebenso wie bei der Erhebung eine systematische Vorgehensweise gewählt werden, um eine vollständige Erfassung des oft sehr komplexen Gesamtzusammenhanges zu gewährleisten. Zur praktischen Vorgehensweise existieren mehrere Vorschläge, in denen sich die Erfahrungen der jeweiligen Autoren widerspiegeln (vgl. Grupp 1989, S. 37 ff.). Hier geht es jedoch weniger um eine konkrete Methodik, als vielmehr um eine systematische Zusammenfassung der Analysekriterien, um später die Möglichkeit einer Unterstützung bzw. Automatisierung zu untersuchen.

Die folgende Zusammenfassung von Analysekriterien und Ansatzpunkten zur Würdigung orientiert sich an der bei der Erläuterung der Darstellungsformen gewählten Systematik. Ausgehend von dem grundlegenden Element der Ablauforganisation, der Aufgabe, werden die Analysekriterien der anderen Elemente Aufgabenträger, Sachmittel und Information beschrieben. Von Interesse sind weiterhin die Dimensionen Menge (Häufigkeit) und Zeit sowie die Ablaufbeziehungen zwischen den einzelnen Elementen. Die Analysekriterien und Ansatzpunkte zur Würdigung sind dabei besonders vor dem Hintergrund einer EDV-Einführung zu betrachten. Hier kann zwischen Schwachstellen unterschieden werden, die vor der Einführung von EDV-Systemen zu beseitigen sind, und solchen, die durch diese Einführung beseitigt werden (vgl. Voßbein 1989, S. 47). In der weiteren Betrachtung sind die Schwachstellen von vorrangiger Bedeutung, die vor einer EDV-Einführung zu beseitigen sind.

6.1.4.1 Aufgabenanalyse

Ausgangspunkt bei einer Aufgabenanalyse ist die Frage nach der weiteren Notwendigkeit zur Durchführung dieser Aufgabe nach einer EDV-Einführung. Wurde beispielsweise in der bisherigen Organisation nach Auftragseingang eine Kundenkarteikarte aus einer entsprechenden Kartei herausgesucht, könnte dieser Arbeitsschritt in Zukunft entfallen. Die auf der Karteikarte enthaltenen Informationen, die die Grundlage (Eingangsinformation) für die weiteren Arbeitsschritte darstellen, können schon bei der Auftragserfassung automatisch zur Verfügung gestellt werden. An diesem Beispiel wird bereits deutlich, daß in der realen Vorgehensweise eine strikte Trennung der Analyse in bezug auf die Elemente der Ablauforganisation nicht durchführbar ist. Eine Aufgabe ist nur unter Berücksichtigung der sie betreffenden Aufgabenträger, Sachmittel, Informationen und sonstigen Angaben zu beurteilen. Die Frage nach der Übertragung einzelner Aufgaben auf die EDV wird unter Berücksichtigung der Dimensionen Zeit und Menge später noch einmal angesprochen werden. Hinsichtlich der durch eine Aufgabe bearbeiteten unterschiedlichen Objekte ist nach deren Anzahl zu fragen. Können beispielsweise mehrere verschiedene Objekte zum Gegenstand einer Aufgabe werden, ist die automatische Bearbeitung eventuell eingeschränkt bzw. eine weitere Aufteilung in Einzelaufgaben notwendig. Andererseits kann es sich bei einer Aufgabe auch nur um die Bearbeitung eines Teilobjektes handeln, während der andere Teil parallel an anderer Stelle bearbeitet wird. Hier sind hinsichtlich einer Unterstützung der Tätigkeit durch die EDV wieder andere Kriterien, wie beispielsweise Zugriffsrechte, zu berücksichtigen.

Die zweite Komponente, durch die eine Aufgabe definiert war, ist neben dem Objekt die zugehörige Verrichtung. Diese ist bei einer Aufgabenanalyse ebenfalls zu berücksichtigen. Ist die vorliegende Verrichtung die einzige Möglichkeit, das Objekt zu bearbeiten oder liegen eventuell alternative Bearbeitungsmöglichkeiten vor? Um diese mit den Aufgaben befaßten Fragestellungen zu beantworten, ist neben den erwähnten Folgeplänen und -strukturen eine Darstellung in Form einer Aufgabengliederung sinnvoll. Diese verdeutlicht ohne die Angabe von Verzweigungsbedingungen die hierarchische Gliederung einer Aufgabe auch unter Berücksichtigung von alternativen Aufgabenstellungen.

Ein systematisches Vorgehen bei der Suche nach Schwachstellen und deren Ursachen besteht in der Anwendung von Checklisten, die auch als Prüffragen bzw. Prüffragenkataloge bezeichnet werden (vgl. Steinbuch 1985, S. 234). Ein möglicher Katalog von Prüffragen bezogen auf das Element Aufgabe in der Ablauforganisation ist in Abbildung 6.1.12 angegeben.

6.1.4.2 Aufgabenträgeranalyse

Die Analyse einer Ablauforganisation hinsichtlich der Aufgabenträger stellt die direkte Verbindung zur Aufbauorganisation dar. Eine Auswertung der von einem Aufgabenträger zu bewältigenden Aufgaben ergibt Hinweise auf das Anforderungsprofil, das von dem betreffenden oder zukünftigen Stelleninhaber möglichst zu erfüllen ist. Die strukturellen, qualitativen und quantitativen Aspekte der Stellenbildung werden teilweise auch in einer gesonderten Stellenanalyse betrachtet (vgl. Voßbein, Leschke 1989, S. 35). Eine im Rahmen einer Sollkonzeption erfolgende neue Zusammenfassung von Aufgaben hat so die Möglichkeiten einer entsprechenden Stellenbildung zu berücksichtigen. Dabei ist von Bedeutung, ob die bisherigen Mitarbeiter durch entsprechende Maßnahmen für die neuen Aufgaben qualifiziert werden müssen.

Wichtig im Zusammenhang mit den Dimensionsanalysen des Gesamtablaufes ist auch die Analyse des Zeitaufwandes, der von einem Aufgabenträger für die einzelnen Aufgaben zu leisten ist. Dies wird in der Regel in einem gesonderten Schritt für jeden Aufgabenträger erfaßt und bezieht auch die in einer Ablaufanalyse nicht berücksichtigten Nebentätigkeiten mit ein (vgl. Grupp 1989, S. 109 ff.). Im Hinblick auf die Ablauforganisation ist hier, was den einzelnen Aufgabenträger angeht, kein weiterer Analysebedarf vorhanden. Den Wechselbeziehungen zwischen verschiedenen Aufgabenträgern im Rahmen des Gesamtablaufes wird bei der Betrachtung der Ablaufbeziehungen Rechnung getragen. Auch für die Aufgabenträgeranalyse und die damit verbundene Schwachstellenidentifikation ist eine systematische Vorgehensweise mit Hilfe von Checklisten empfehlenswert. Eine entsprechende Ursachenprüfliste stellt Abbildung 6.1.13 dar.

6.1.4.3 Sachmittelanalyse

Bei einer Neuorganisation der Abläufe wird der sinnvollen Unterstützung der Aufgabenträger bei den zu bewältigenden Aufgaben durch die Einführung von EDV-Lösungen quasi automatisch Rechnung getragen. Die hier relevanten Sachmittel sind der Bildschirm-Arbeitsplatz und die zugrundeliegenden Anwendungssysteme, die in der Hauptsache den Informationstransport unterstützen. Inwieweit und in welcher Form nun jeder einzelne Arbeitsträger mit einem solchen System auszustatten ist, hängt vom Einzelfall ab. Eine allgemeine Statistik zur Ermittlung von Schwachstellen im Bereich der vorhandenen Sachmittel gibt Abbildung 6.1.14 wieder.

6.1.4.4 Informationsanalyse

Den bei einer EDV-Einführung bedeutendsten Bereich einer Analyse stellt die Informationsanalyse dar. Hier sind die wesentlichen Ansätze zur Optimierung einer Organisation unter Berücksichtigung der Möglichkeiten einer EDV-Lösung zu sehen. Eine Beseitigung von Mängeln in der Informationsbereitstellung ist bei der EDV-Einführung also unbedingt erforderlich. In die Analyse einzubeziehen sind sowohl die Eingabeinformationen als auch die zur Bearbeitung einer Aufgabe notwendigen Verarbeitungsinformationen. Die zu berücksichtigenden Analysekriterien beinhalten im wesentlichen die bereits vorstehend genannten Forderungen nach Vollständigkeit, Richtigkeit, Aktualität und Benutzerfreundlichkeit der bereitzustellenden Informationen. Bezüglich dieser Kriterien steigen durch die größeren Möglichkeiten einer EDV-Lösung die Anforderungen an die Informationen, während die eigentliche Arbeitsabwicklung gegenüber einer manuellen Lösung in wesentlichen Teilen oft unverändert bleibt (vgl. Grupp 1989, S. 91). Die relevanten Daten zur Beschreibung der aktuellen Informationssituation sind den Übergangsfeldern der Folgestrukturen bzw. -pläne zu entnehmen. Mögliche vorhandene Schwachstellen bei der Informationsbereitstellung können mit dem in Abbildung 6.1.15 gezeigten Prüffragenkatalog systematisch aufgefunden werden.

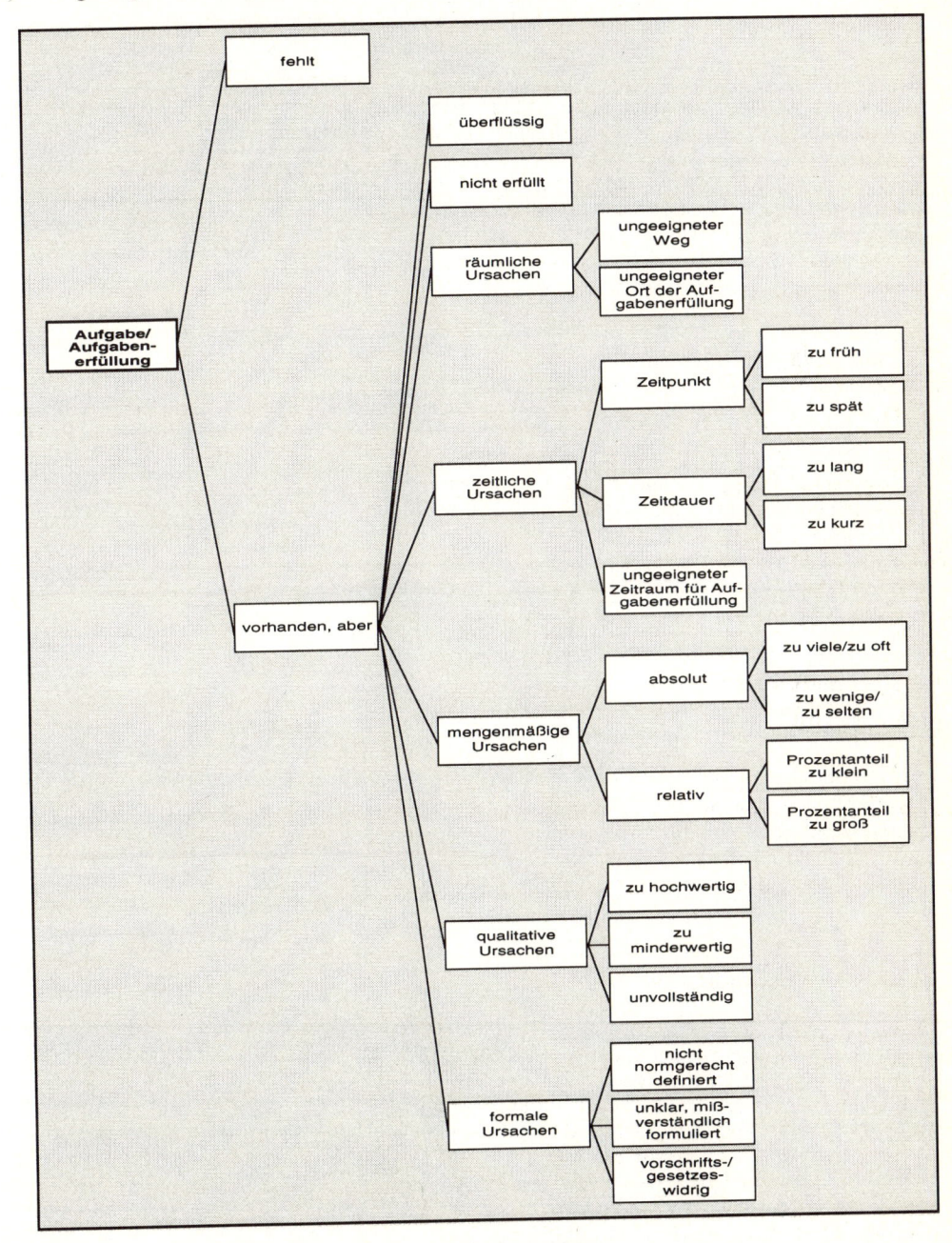

Abb. 6.1.12: Prüffragenkatalog für das Element Aufgabe
(Quelle: Liebelt, Sulzberger 1989, S. 236)

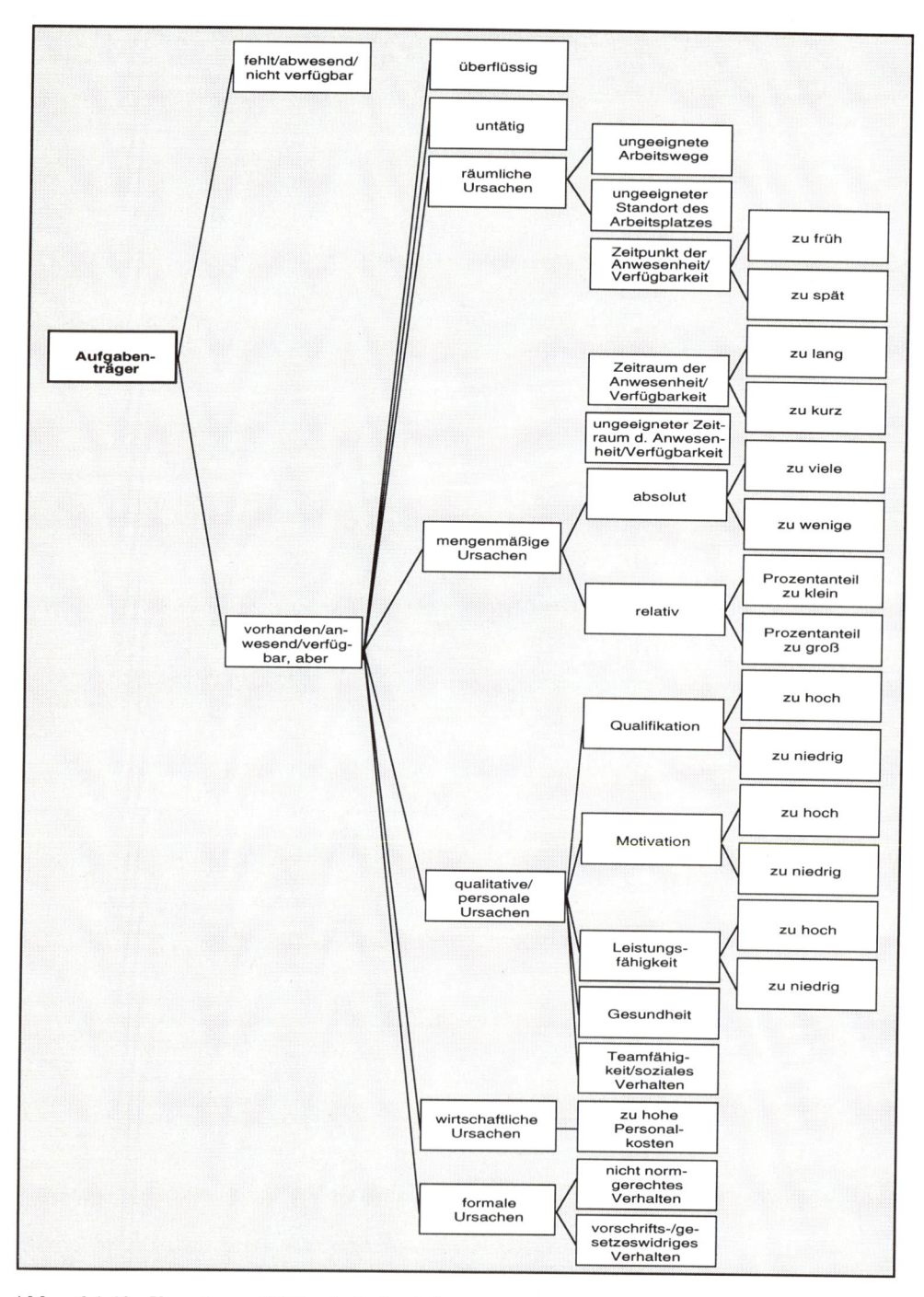

Abb. 6.1.13: Ursachenprüfliste Aufgabenträger
          (Quelle: Liebelt, Sulzberger 1989, S. 236)

Sachmittel

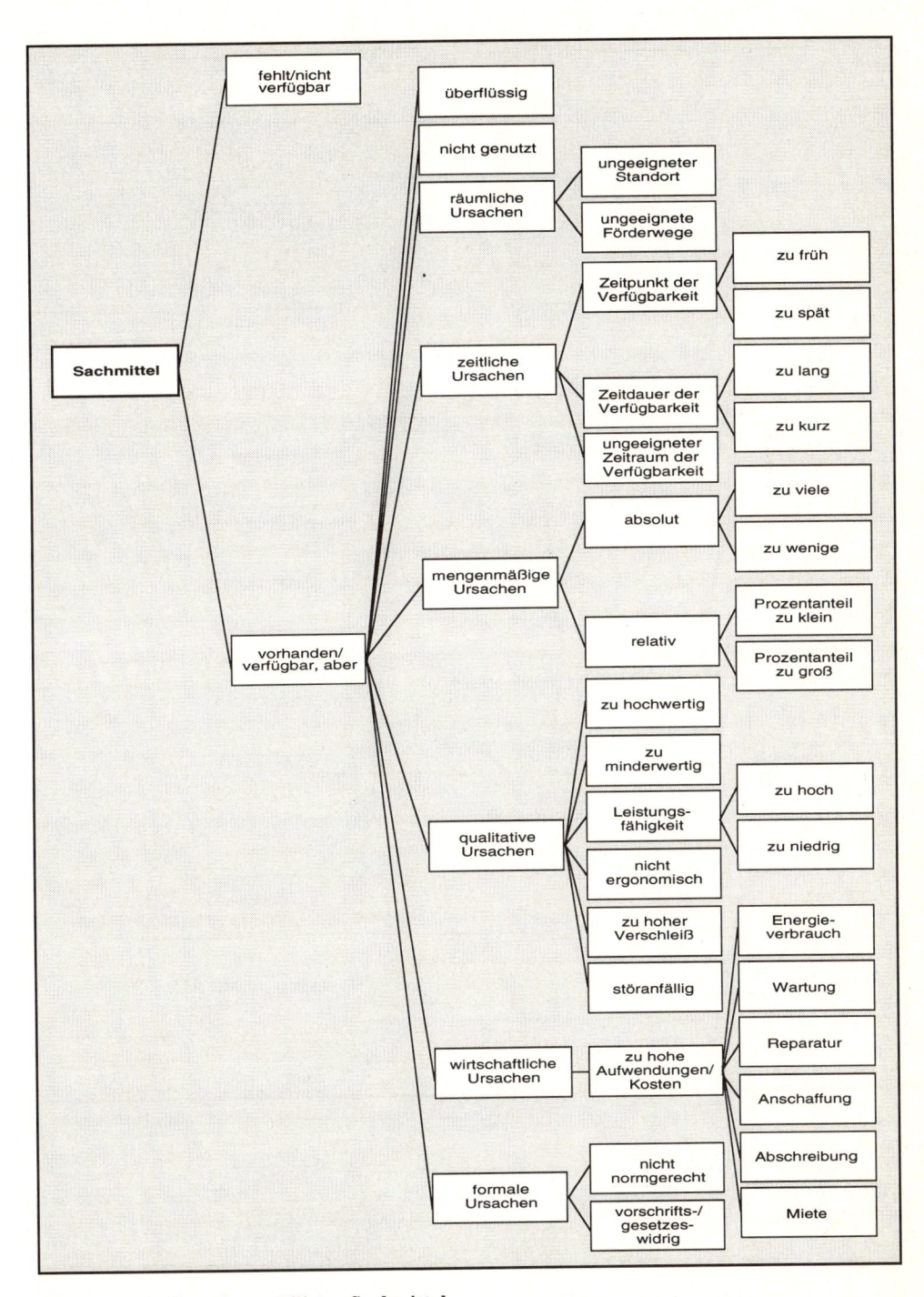

- fehlt/nicht verfügbar
- vorhanden/verfügbar, aber
  - überflüssig
  - nicht genutzt
  - räumliche Ursachen
    - ungeeigneter Standort
    - ungeeignete Förderwege
  - zeitliche Ursachen
    - Zeitpunkt der Verfügbarkeit
      - zu früh
      - zu spät
    - Zeitdauer der Verfügbarkeit
      - zu lang
      - zu kurz
    - ungeeigneter Zeitraum der Verfügbarkeit
  - mengenmäßige Ursachen
    - absolut
      - zu viele
      - zu wenige
    - relativ
      - Prozentanteil zu klein
      - Prozentanteil zu groß
  - qualitative Ursachen
    - zu hochwertig
    - zu minderwertig
    - Leistungsfähigkeit
      - zu hoch
      - zu niedrig
    - nicht ergonomisch
    - zu hoher Verschleiß
    - störanfällig
  - wirtschaftliche Ursachen
    - zu hohe Aufwendungen/Kosten
      - Energieverbrauch
      - Wartung
      - Reparatur
      - Anschaffung
      - Abschreibung
      - Miete
  - formale Ursachen
    - nicht normgerecht
    - vorschrifts-/gesetzeswidrig

Abb. 6.1.14: Ursachenprüfliste Sachmittel
(Quelle: Liebelt, Sulzberger 1989, S. 237)

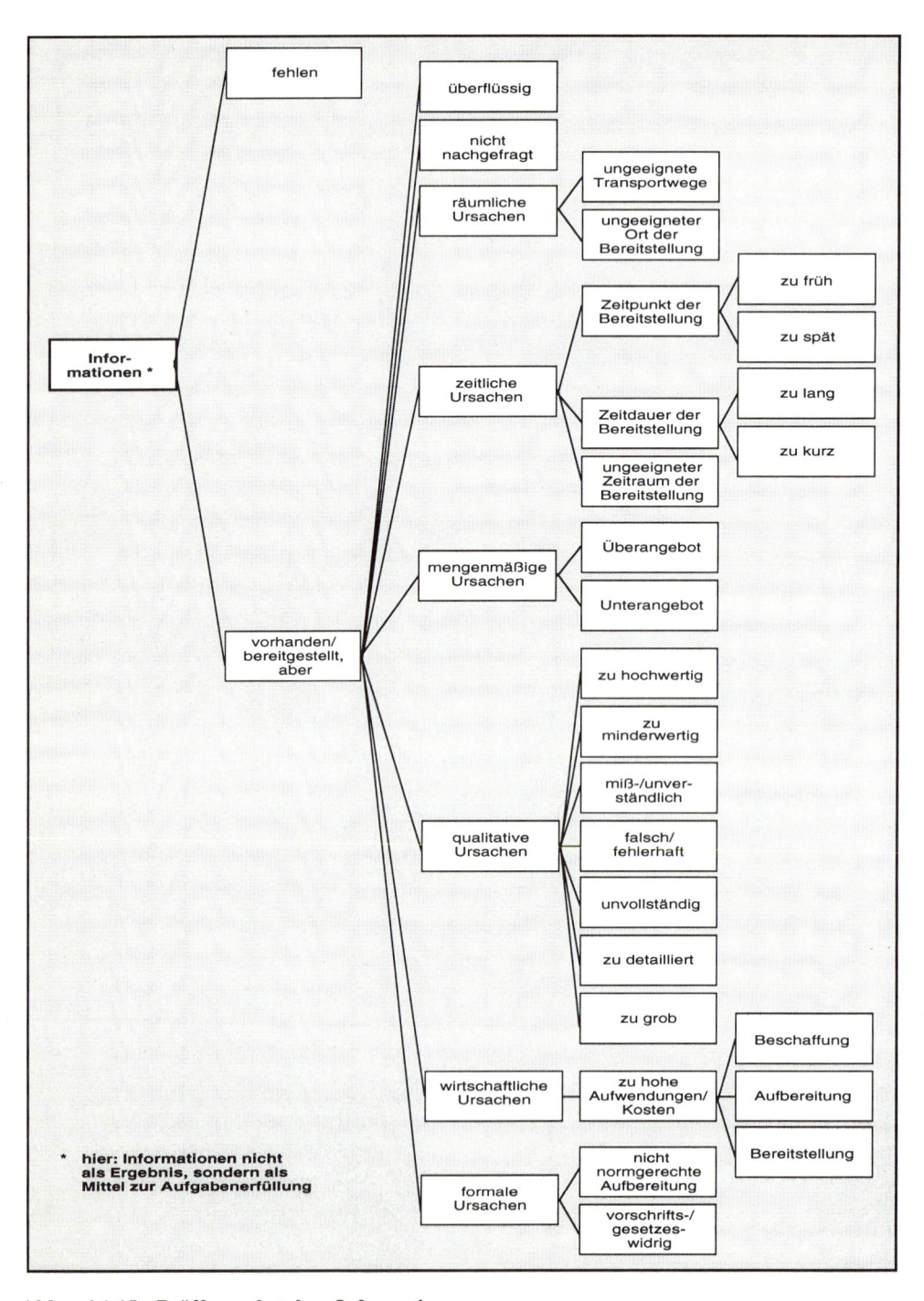

Abb. 6.1.15: Prüffragenkatalog Information
(Quelle: Liebelt, Sulzberger 1989, S. 238)

6.1.4.5 Mengenanalyse

Der Oberbegriff Dimensionsanalyse beinhaltet die Analyse der für die Ablauforganisation wesentlichen Dimensionen Menge, Zeit und Raum, wobei hier eine Beschränkung auf die Mengen- und Zeitdimension erfolgt. Direkt mit dem Begriff Menge gekoppelt ist die Erfassung und Analyse des Mengengerüstes, also eine Beschreibung des Umfangs der insgesamt zu erfassenden Daten. Dieser Bereich ist jedoch für die hier vorgesehene Unterstützung einer Reorganisation von geringerer Bedeutung und wird eher bei der EDV-Systemplanung im Zusammenhang mit dem Datenmodell Berücksichtigung finden.

Von Bedeutung für die Organisationsgestaltung sind allerdings eventuell fehlende oder für die EDV-Einführung ungeeignete Nummernsysteme. Diese sind entsprechend anzupassen. Das Mengengerüst mit dem dazugehörigen Nummernsystem beinhaltet Aussagen über absolute Häufigkeiten von Vorgängen und Objekten. Bedeutsam für einen effektiven EDV-Einsatz sind neben den absoluten die relativen Häufigkeiten von einzelnen Abläufen, Aufgaben und Objekten. Ablaufalternativen mit entsprechend zu erfassenden Häufigkeiten ergeben sich an jeder Oder-Verzweigung, unabhängig davon, ob diese Verzweigung in eine Rückkopplung oder eine normale Zusammenführung oder auch in eine eigene Senke mündet. Die zugehörigen Häufigkeiten werden in der Regel in Prozentsätzen ausgedrückt, die geschätzt werden. Diese Angaben beinhalten eine bestimmte Unschärfe, sind aber dennoch von großer Bedeutung, da sie die "Vorarbeit" für eine Zeitanalyse darstellen und Hinweise auf zu setzende Prioritäten bei der weiteren Analyse geben (vgl. Liebelt, Sulzberger 1989, S. 207).

Die Inhalte der Häufigkeitsanalyse können Aufgaben, Ablaufvarianten und Ausgangshäufigkeiten von Objekten sein. Die Aufgabenhäufigkeit läßt sich aus einer Ablaufdarstellung durch sukzessive Berücksichtigung der an den Oder-Verzweigungen angegebenen relativen Häufigkeiten bestimmen. Bei Rückkopplungen ist die Anzahl der Rückkopplungen zu berücksichtigen, da diese den Gesamtwert der Häufigkeit des zugehörigen Zweiges beeinflußt. Die eigentliche Berechnung besteht aus einer einfachen Multiplikation der aufeinanderfolgenden Alternativen-Häufigkeiten. Aus diesen Angaben läßt sich der Hauptast des untersuchten Ablaufes bestimmen - diejenige (kettenförmige) Ablaufreihenfolge, die mit der größten Wahrscheinlichkeit ausgeführt wird.

Einige Autoren empfehlen im Anschluß an eine solche Variantenanalyse, das Hauptaugenmerk auf den Hauptast zu richten, da hier das größte Potential zur Verbesserung des Ist-Zustandes vorhanden sei. Dies ist jedoch selbst bei hohen prozentualen Unterschieden zwischen dem Hauptast und den Nebenästen nicht automatisch gegeben. Es ist durchaus denkbar, daß Tätigkeiten, die als Sonderfälle lediglich einen geringen mengenmäßigen Prozentsatz der gesamten Tätigkeiten eines Aufgabenträgers ausmachen, trotzdem den überwiegenden Teil seiner Zeit beanspruchen (vgl. Grupp 1987, S. 75). Eine Unterstützung und Automatisierung hätte ohne die Berücksichtigung der Sonderfälle in diesem Beispiel nicht den erreichbaren Nutzen. Hier wird wiederum die Notwendigkeit einer kombinierten Analyse und Bewertung eines Ablaufs unter gleichzeitiger Berücksichtigung von mehreren der vorgestellten Elemente deutlich.

Im Zusammenhang mit den betrachteten Häufigkeiten ist als weiterer Aspekt die Anzahl der Objekte interessant, die an den einzelnen Schnittstellen das betrachtete System verlassen. Diese Häufigkeiten sind mit den Aufgabenhäufigkeiten der letzten vor der entsprechenden Schnittstelle liegenden Aufgabe identisch. Die Anzahl der Objekte ergibt sich aus dieser relativen Häufigkeit und der oftmals vorhandenen Angabe über die absolute Häufigkeit des Gesamtablaufes.

6.1.4.6 Zeitanalyse

Unter Berücksichtigung der klassischen Hauptziele der Ablauforganisation (Durchlaufzeit-Minimierung) stellt die Zeitanalyse einen bedeutenden Aspekt bei der Beurteilung eines Ablaufes dar. Durch die zeitlichen Angaben für die einzelnen Abläufe ist es möglich, die Durchlaufzeiten einzelner Ablaufvarianten durch einfache Addition zu berechnen. Zu beachten sind neben den reinen Bearbeitungszeiten die Transport- und Liegezeiten der Objekte. In Verbindung mit den Häufigkeitsangaben ist weiterhin eine Berechnung der durchschnittlichen Durchlaufzeit für einen Gesamtablauf möglich. Die Rechenbarkeit in der zeitlichen Dimension ermöglicht den direkten Vergleich des Ist-Zustandes mit einer noch zu erstellenden Soll-Konzeption. Der Vergleich von verschiedenen Gestaltungsalternativen hinsichtlich der Durchlaufzeit ist ebenfalls möglich, um ungeeignete Alternativen ausschließen zu können. Diese Vergleichsmöglichkeit stellt einen grundlegenden Beitrag auch zur weitergehenden Bewertung eines gesamten Organisationsprojektes dar, da die mögliche Produktivitätserhöhung durch eine Reorganisation meßbar wird.

6.1.4.7 Analyse der Ablaufbeziehungen

Die Komplexität eines Gesamtablaufes wird durch die entsprechende Darstellung in Folgeplänen und -strukturen sichtbar. Um ein objektives Kriterium für diese Komplexität zu erhalten, läßt sich die in einem Gesamtablauf enthaltene Variantenzahl feststellen. Varianten entstehen durch Oder-Verzweigungen, die mit einer bestimmten zu treffenden Entscheidung gleichzusetzen sind. Eine große Variantenzahl deutet somit darauf hin, daß die Aufgabenträger mit vielen Entscheidungssituationen konfrontiert sind, die unter Umständen eine Belastung darstellen können. Ist dies der Fall, kann durch eine EDV-Lösung eine Unterstützung z. B. durch Expertensysteme (vgl. Augustin, Renninger 1989, S. 68) oder auch Automatisierung dieser Entscheidungen angestrebt werden. Der zweite Weg ist eine Reduzierung der Komplexität durch eine Neugestaltung der Organisation. Diese und andere Fragestellungen, die bei der Betrachtung der Ablaufbeziehungen von Bedeutung sind, sind in dem Fragenkatalog der Abbildung 6.1.16 enthalten.

6.1.5 Schwachstellenbeseitigung und Sollkonzeption

Die Analyse von Abläufen ist von der kritischen Würdigung und auch der nachfolgenden Schwachstellenbeseitigung und Sollkonzeption nicht immer "sauber" zu trennen. Dementsprechend herrschen auch verschiedene Auffassungen in bezug auf die Systematisierung und Klassifizierung der durchzuführenden Schritte auf dem Weg von der ersten Erhebung bis zur Konzeption einer Sollvorgabe. Die wesentlichen Fragestellungen, die eine kritische Würdigung des erhobenen Ist-Zustandes ermöglichen, wurden in den vorangegangenen Kapiteln zusammengestellt. Trotz der Bemühung, eine Festlegung auf eine bestimmte Methodik zunächst zu vermeiden, seien hier noch einige wesentliche Schritte auf dem Weg zu einem Sollkonzept aufgeführt.

Unter einem Problem wird ganz allgemein die Abweichung zwischen einem als unbefriedigend empfundenen Ist-Zustand und dem gewünschten Soll-Zustand verstanden. Bei der Analyse von Organisationen zwecks einer Umgestaltung sind jedoch nicht nur die bereits offensichtlichen Probleme und Schwachstellen zu berücksichtigen. Vielmehr ist gerade bei einer Reorganisation die Vorwegnahme von Problemen wesentlich, die eventuell in der Zukunft auftreten können. Hierbei kann es sich um wahrzunehmende Chancen (zur Verbesserung) und um zu vermeidende Gefahren handeln (vgl. Reichel 1990, S. 20 ff.). Grundlegend ist zunächst analog zur Aufgabenanalyse die Frage nach der Relevanz eines Problems. Es stellt sich die Frage, ob es überhaupt die Wichtigkeit und Dringlichkeit besitzt, daß entsprechende Ressourcen zu seiner Lösung bereitgestellt werden müssen.

Mangel	mögliche Ursache
Koordinationsprobleme	• zu viele UND-Verzweigungen
Überlastung der Aufgabenträger	• zu komplexe Entscheidungssituationen (zu viele ODER-Verzweigungen)
Durchlaufzeiten zu lang	• zu wenig UND-Verzweigungen (zu wenig arbeitsteilig) • Aufgaben zu oft wiederholt (zu viele ODER-Rückkopplungen mit hohen %) • ...
Anteil Wartezeiten zu hoch	• unzureichende Taktabstimmung
zu hohe Liege- und Transportzeiten	• zu große Objektgruppen? • Objektreihenfolge geeignet? • Verrichtungsreihenfolge sinnvoll? • zu häufige Aufgabenträgerwechsel? • ...
zu hohe Transportzeiten	• zu kleine Objektgruppen • Transportwege nicht optimal

Abb. 6.1.16: Fragenkatalog zu den Ablaufbeziehungen
(in Anlehnung an Liebelt, Sulzberger 1989, S. 226)

Zur Ursachenforschung, die sich bei Bejahung dieser Frage anschließt, ist eine Ein-Ausgaben-bezogene Betrachtung sinnvoll. Die erste Ursache für das vorliegende Problem muß in derjenigen Aufgabe im Ablauf zu finden sein, bei der die Eingabe noch in Ordnung ist, während die Ausgabe schon Mängel aufweist. Für dieses Element sind (z. B. mit Hilfe der in den Abbildungen angegebenen Prüffragenkataloge) die Hintergründe des Mangels herauszufinden. Ein allgemein anwendbarer Mängelkatalog bezieht sich hier auf das Ergebnis der Aufgabenbearbeitung und gibt Hinweise auf die zu vermutenden Ursachen. Hierdurch kann eine Problemursache in einem Ablaufabschnitt eingegrenzt werden (Abbildung 6.1.17). Zu beachten ist dabei, daß die Ursachen für einen Mangel häufig in mehreren der betrachteten Elemente liegen.

Nach der Aufnahme und Analyse des Ist-Zustandes stellt die Ausarbeitung eines Sollkonzeptes den entscheidenden Schritt einer Reorganisation dar. In diesem Schritt beispielsweise steckt die eigentliche Innovation, die in den meisten Fällen nicht nur eine reine Umsetzung von Organisationsstrukturen auf die EDV darstellen kann, da sonst deren Möglichkeiten zum Teil ungenutzt bleiben würden. Aus dieser mit einem Sollkonzept zu erstrebenden Innovation sollen Vorteile für das Unternehmen erwachsen, die sich in einer entsprechend verbesserten Position im Wettbewerb niederschlagen.

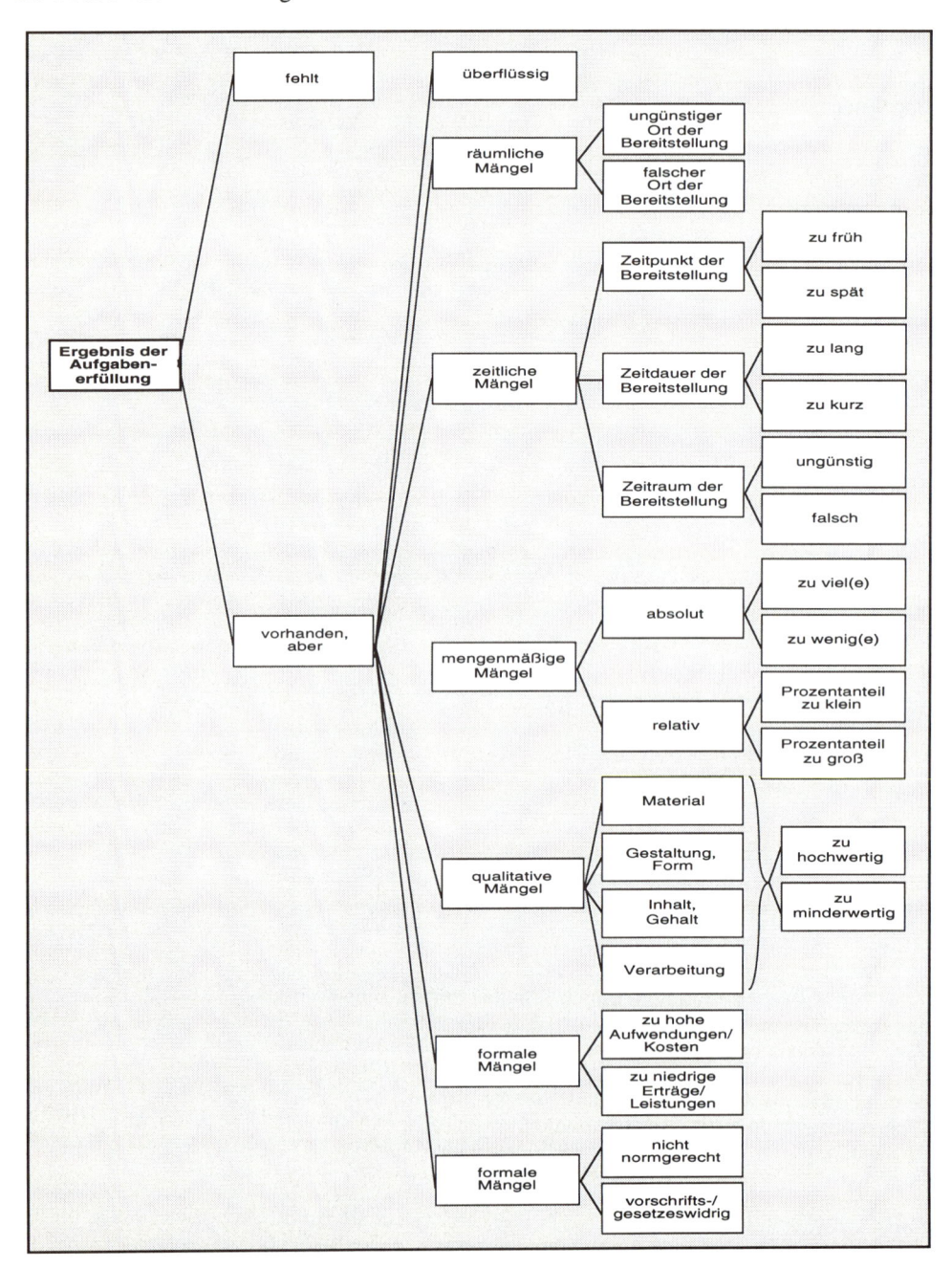

```
Ergebnis der
Aufgaben-
erfüllung
├── fehlt
│   └── überflüssig
└── vorhanden, aber
    ├── räumliche Mängel
    │   ├── ungünstiger Ort der Bereitstellung
    │   └── falscher Ort der Bereitstellung
    ├── zeitliche Mängel
    │   ├── Zeitpunkt der Bereitstellung
    │   │   ├── zu früh
    │   │   └── zu spät
    │   ├── Zeitdauer der Bereitstellung
    │   │   ├── zu lang
    │   │   └── zu kurz
    │   └── Zeitraum der Bereitstellung
    │       ├── ungünstig
    │       └── falsch
    ├── mengenmäßige Mängel
    │   ├── absolut
    │   │   ├── zu viel(e)
    │   │   └── zu wenig(e)
    │   └── relativ
    │       ├── Prozentanteil zu klein
    │       └── Prozentanteil zu groß
    ├── qualitative Mängel
    │   ├── Material
    │   ├── Gestaltung, Form       ─┐
    │   ├── Inhalt, Gehalt          ├── zu hochwertig / zu minderwertig
    │   └── Verarbeitung           ─┘
    ├── formale Mängel
    │   ├── zu hohe Aufwendungen/Kosten
    │   └── zu niedrige Erträge/Leistungen
    └── formale Mängel
        ├── nicht normgerecht
        └── vorschrifts-/gesetzeswidrig
```

Abb. 6.1.17: Mängelkatalog für die Ausgabe
  (Quelle: Liebelt, Sulzberger 1989, S. 238)

Zur Sollkonzepterstellung existieren in bezug auf die Einbeziehung des Ist-Zustandes zwei Ansätze: der Prozeß der Sollkonzepterstellung kann schon vor der Istanalyse beginnen, um sich zur Findung möglichst innovativer Lösungen vom Ist-Zustand zu lösen. Demgegenüber geht der Ist-zustandsorientierte Ansatz von einer Sollkonzepterstellung aus, die auf der Erhebung des Ist-Zustandes aufbaut und sich an diesem orientiert (vgl. Heinrich, Burgholzer 1987, S. 22). Da beispielsweise im Zusammenhang mit einer EDV-Einführung in der Regel eine Optimierung der bestehenden Organisationsstruktur angestrebt wird, kommt hier hauptsächlich der Ist-zustandsorientierte Ansatz in Betracht. Wesentlich ist hierbei, daß die gefundenen Sollkonzepte mit Hilfe der vorgestellten Darstellungstechniken abbildbar sind und mit den operationalisierbaren Parametern wie Zeit und Menge zu beurteilen sind.

6.2 Analysemethoden zum Personalentwicklungsbedarf und zur Schwachstellenanalyse

G. Kleine, A. Elschenbroich

6.2.1 Einleitung

Grundsätzlich können zur Ableitung personalentwicklungsrelevanter Ziele die strategische Gesamtentwicklung des Unternehmens, die individuellen Ziele der Mitarbeiter und Führungskräfte und die Problemsituation des gesamten Unternehmens genutzt werden, wobei erst eine Berücksichtigung aller drei Aspekte eine weitgehend vollständige Analyse des Personalentwicklungsbedarfs ermöglicht. Während vorwiegend die beiden ersten Aspekte in Unternehmen zur PE-Bedarfsermittlung herangezogen werden, wird die gesamte Problemsituation des Unternehmens selten berücksichtigt, da hier bis jetzt wenig methodische Unterstützung vorhanden gewesen ist. So werden vielfach lediglich einfache Befragungen zur Ermittlung des Qualifizierungsbedarfes durchgeführt (beispielsweise durch standardisierte Erhebungsbögen).

Überflüssige, teure Seminare oder das Fehlen bestimmter Weiterbildungen basieren in vielen Fällen auf einem Mangel an sinnvollen Bedarfsermittlungsmethoden. Im folgenden werden deswegen zunächst drei Methoden aus der Literatur als Praxisbeispiele zusammenfassend dargestellt und anschließend wird auf eine von Kleine (1992) entwickelte Methode zur Analyse des Personalentwicklungsbedarfs ausführlich eingegangen, die insbesondere für Unternehmen, die gerade in den Neuen Bundesländern wieder oder neu entstehen, sich als sinnvoll herausgestellt hat. Diese Methode wird im letzten Kapitel des Abschnitts 6.2 mit Hilfe eines Fallbeispiels näher erläutert.

6.2.2 Ermittlung des strategischen Qualifikationsbedarfs bei BMW (Zentrale Personalplanung und -entwicklung bei BMW 1992)

Bei der Ermittlung des strategischen Qualifikationsbedarfs müssen Rahmenbedingungen entworfen werden, nach denen sich mögliche Führungskräfteentwicklungen oder Qualifizierungsplanungen orientieren. Ziel hierbei ist herauszufinden, "wie sich die wichtigsten internen und externen Rahmenbedingungen des Personalwesens in Zukunft entwickeln werden. Dabei ist der soziale Wandel (und damit auch der Wertewandel bzw. besser gesagt, die Wertebrüche) nur eine von mehreren Einflußgrössen auf das Personalwesen." Zur Ermittlung der zukünftigen Bestimmungsgrößen wurde bei BMW die Szenario-Methode mit Hilfe von fünf Schritten angewendet (siehe Abschnitt 5.4):

1. Schritt: Strukturierung des Untersuchungsfeldes; Identifizierung der Einflußfaktoren

Das Projekt begann mit der Evaluierung der wesentlichen zukünftigen Einflußfaktoren auf die Personalarbeit durch eine ressortübergreifende Kleingruppe. Hier wurde der Grundsatz der unternehmensweiten Einbindung des Personalmanagements Rechnung getragen. Als Ergebnis kristallisierten sich neun Faktoren heraus, die man für die Entwicklung der Personalarbeit im Unternehmen als besonders ausschlaggebend erachtete:

- politischer Wandel,
- gesellschaftlicher Wandel,
- demographische Entwicklung,
- Kosten der Arbeit,
- Struktur des Bildungsangebots,
- CA-Technik,
- Büroprozesse,
- Produktion,
- Produkt.

2. Schritt: Erarbeitung von Teilszenarien

Mit den neuen Einflußfaktoren beschäftigte sich nachfolgend jeweils eine Arbeitsgruppe. Insgesamt 54 Mitarbeiter von BMW waren zu diesem Zeitpunkt in die neun Arbeitsgruppen involviert. Jede dieser Arbeitsgruppen erarbeitete im Rahmen mehrerer Sitzungen, auf die sich die einzelnen Teammitglieder jeweils intensiv vorzubereiten hatten, zu jedem Einflußfeld mit Hilfe geschulter Moderatoren ein Teilszenario.

3. Schritt: Vernetzung der Teilszenarien zu einem Gesamtszenario

Im Rahmen eines zweitägigen Workshops wurden die einzelnen Teilszenarien zu einem Gesamtszenario vernetzt. Die Konsensbildung erfolgte durch die Gruppensprecher der einzelnen Arbeitsgruppen - wiederum mit Unterstützung geschulter Moderatoren. Als Ergebnis wurden zwei Szenarien präsentiert, die die möglichen zukünftigen Entwicklungen präzisierten. Eines der Szenarien wurde als wahrscheinliches Szenario (Szenario A) den weiteren Aktivitäten zugrundegelegt. Das zweite Alternativszenario (Szenario B) sollte als "Schubladenplan" den Rahmen für mögliche kontigenzaktive Handlungen bilden.

4. Schritt: Inhaltliche Analyse des Szenarios; Bildung von Kernthesen

In Anlehnung an das gebildete wahrscheinliche Szenario A wurden - wiederum in einer Projektkleingruppe - in einem ersten Durchgang sechs Schlüsselthemen herausgearbeitet, die im Rahmen der Personalarbeit einer tiefergehenden Analyse sowie einer konkreten Umsetzung bedurften. Die Schlüsselthemen fungierten als informatorischer Input für die Formulierung einer gesamthaften Personalstrategie. Mit Hilfe der Szenario-Ergebnisse konnten bestehende personalpolitische Maßnahmen und Konzepte auf ihre Relevanz überprüft werden und gleichzeitig neue Schwerpunkte in der langfristigen Personalpolitik herausgearbeitet werden. Zu den Schlüsselthemen wurden jeweils Thesen gebildet. Sie strukturierten wesentliche Ziele für die Personalarbeit des Unternehmens für die nächsten 10 Jahre. Somit wurden zentrale Themen der Personalarbeit aus der Szenario-Analyse gewonnen: Einflußbereiche waren evaluiert worden; das wahrscheinlichste Szenario ergab sich aus der möglichen Entwicklung dieser Einflußbereiche und Schlüsselthemen - in Form von zieldefinierenden Thesen formuliert - wurden aus dem Szenario abgeleitet.

These 1:
Der qualifizierte Mitarbeiter wird zum selbstbewußten Unternehmer seiner eigenen Arbeitskraft!

These 2:
Der eigentliche Schlüssel für Effizienz und Produktivität liegt in der Unternehmens- und Führungskultur!

These 3:
Qualifizierung wird zum erfolgsrelevanten Faktor für das Unternehmen und den einzelnen Mitarbeiter!

These 4:
Die Zeit revolutionärer technologischer Veränderungen in der Produktion ist vorbei, die Zukunft ist von evolutionärer Weiterentwicklung der Arbeits- und Organisationsstruktur geprägt!

These 5:
Der ältere Mitarbeiter wird zu einer zentralen Herausforderung für die Personalarbeit!

These 6:
Die Attraktivität von BMW als Arbeitgeber hängt immer mehr auch von der ökologischen Vorreiterrolle ab!

5. Schritt: Die Ableitung von Maßnahmen für die wichtigsten personalpolitischen Handlungsfelder

Die hinter diesen Thesen stehenden Prognosen wurden wiederum mit der Beteiligung aller zuvor involvierten Ressorts in drei Workshops für die einzelnen Personalfelder konkretisiert. Diese Konkretisierung sollte eine Umsetzung der zuvor formulierten Thesen in Maßnahmen unterstützen. Zur Ableitung der konkreten Aktivitäten wurde jede These bzw. die mit ihr verbundenen Entwicklungen über sämtliche relevanten Personalfelder geprüft. Dabei wurde insbesondere auf die Konsequenzen in folgenden Handlungsfeldern eingegangen:

- Personalbedarfsplanung,
- Personalbeschaffung
    - Arbeitsmarktanalyse,
    - Personalmarketing,
    - interner/externer Beschaffungsprozeß,
- Personalentwicklung,
- Personalführung,
- Personalwirtschaft,
- Arbeitsgestaltung,
- Personalabbau,
- sonstige.

Die hieraus entstehende Aktivitätenübersicht zeigte Umsetzungsvorschläge für jedes Feld. Vor Realisierung einzelner Maßnahmen muß allerdings jeweils noch deren Vereinbarkeit mit übergeordneten unternehmenspolitischen Zielsetzungen überprüft werden, da das Szenario im wesentlichen unter personalpolitischen Aspekten erstellt wurde.

Zur Umsetzung der Szenario-Ergebnisse werden verschieden Ebenen und unterschiedliche Formen genutzt. Zum einen fließen die Schwerpunkte in interne Vorstandsvorlagen ein, zum anderen werden eine Reihe von Präsentationen der Ergebnisse im Unternehmen durchgeführt, um eine gemeinsam getragene Vorstellung über die Zukunft sicherzustellen. Auf Basis dessen werden konkrete Personalentwicklungsmaßnahmen formuliert, die in regelmäßigen Abständen auf ihre Realitätsnähe überprüft werden. Einer der Vorteile der Szenariotechnik liegt in der geschickten Operationalisierung zukünftiger Entwicklungen mittels "veröffentlichter" Szenarien, die im Unternehmen erörtert werden können, was die Ableitung strategischer Maßnahmen wesentlich erleichtert.

6.2.3 Ermittlung des Qualifikationsbedarfs bei IBM (Stulle 1990)

Der Qualifikationsbedarf wird in vielen Fällen direkt aus der strategischen Planung abgeleitet. Bei der IBM Deutschland GmbH bilden dabei die

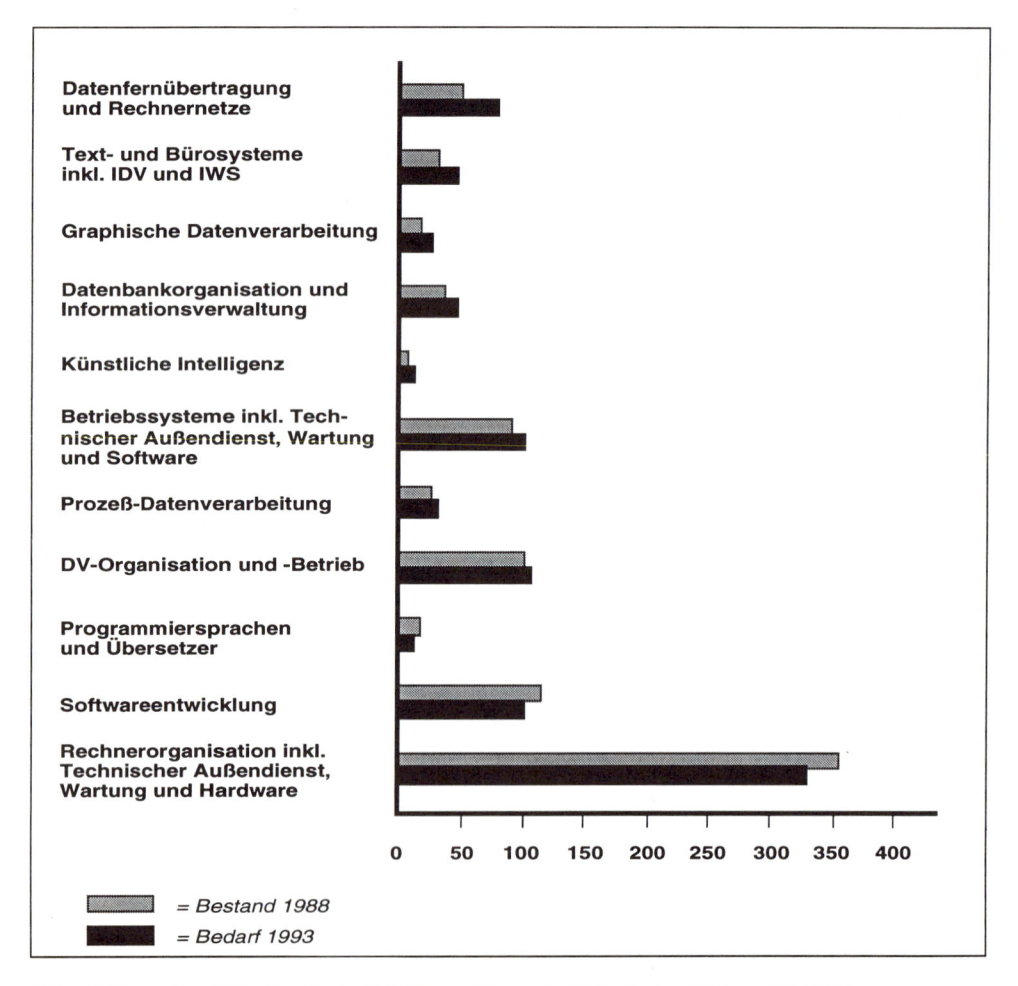

Abb. 6.2.1: Qualifikationsbedarf Informatik nach Teil-Fachgebieten (Modell)

- geschäftliche Notwendigkeit und Pläne die
- personalpolitischen Leitlinien

in den drei Tätigkeitsbereichen

- Informatik,
- Technik und
- Wirtschaft und Anwendungen

die Arbeitsgrundlage.

Aus allen Geschäftsbereichen ausgewählte Führungskräfte (10 - 15 je Tätigkeitsbereich) erarbeiten hierbei die Einschätzung der Qualifikation der Mitarbeiter

- in ihrer Tätigkeit heute und
- die Qualifikationsanforderungen der zukünftigen Tätigkeit.

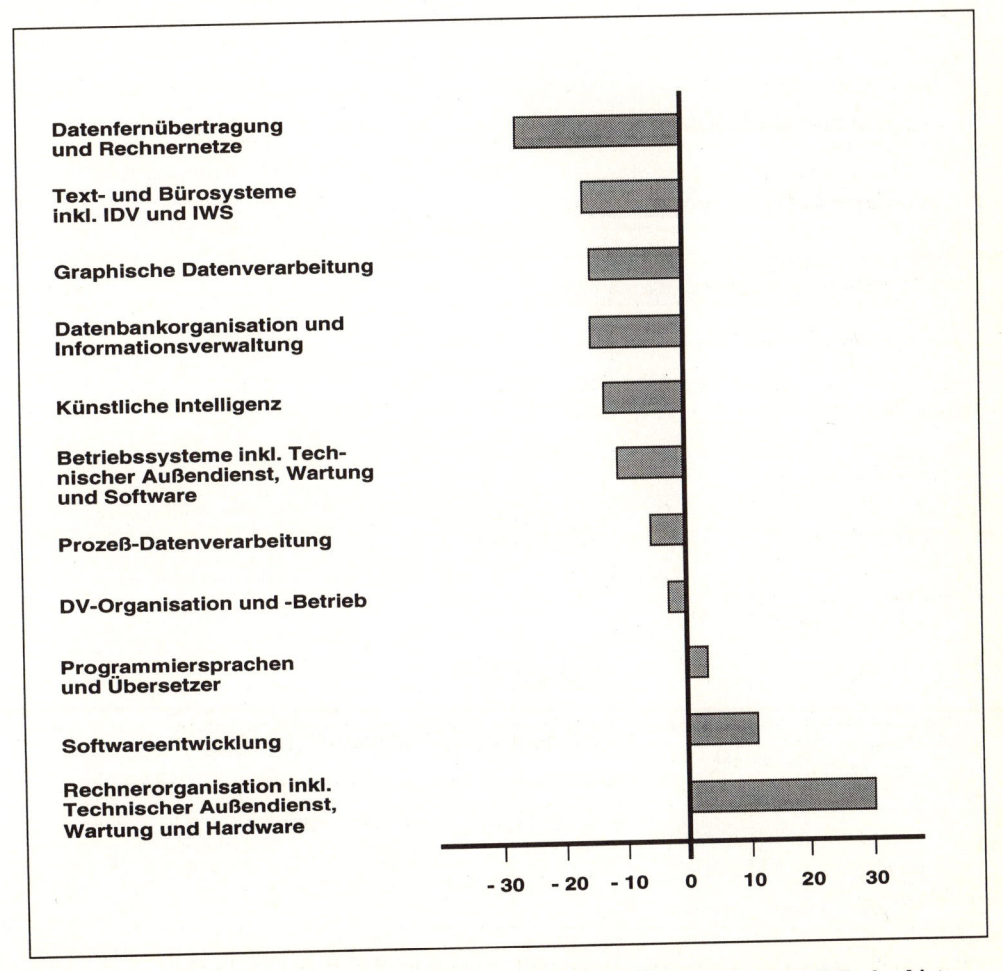

Abb. 6.2.2: Veränderungen des Qualifikationsbedarfs Informatik nach Teil-Fachgebieten

Es entstehen damit unternehmensweite beziehungsweise bereichsübergreifende Aussagen zum

- Qualifikationsbedarf im Fachgebiet und in dessen Teilgebieten in den nächsten fünf Jahren im Vergleich zum gegenwärtigen Bestand (Abbildung 6.2.1)

- und den Veränderungen des Qualifikationsbedarfs nach Breite und Tiefe (Abbildung 6.2.2 und 6.2.3).

Es ist darauf hinzuweisen, daß es sich bei den Aussagen zur Tiefe der Qualifikationen um die Unterscheidungen in Wissen und Kompetenzen wie folgt handelt (Skill-Stufen in Abbildung 6.2.3):

- "State-of-the-Art" Expertenwissen (Beratung aus Fachverantwortung),
- fachspezifisches Wissen (Umsetzung),
- Anwendung nach Einweisung.

SKILL-STUFEN

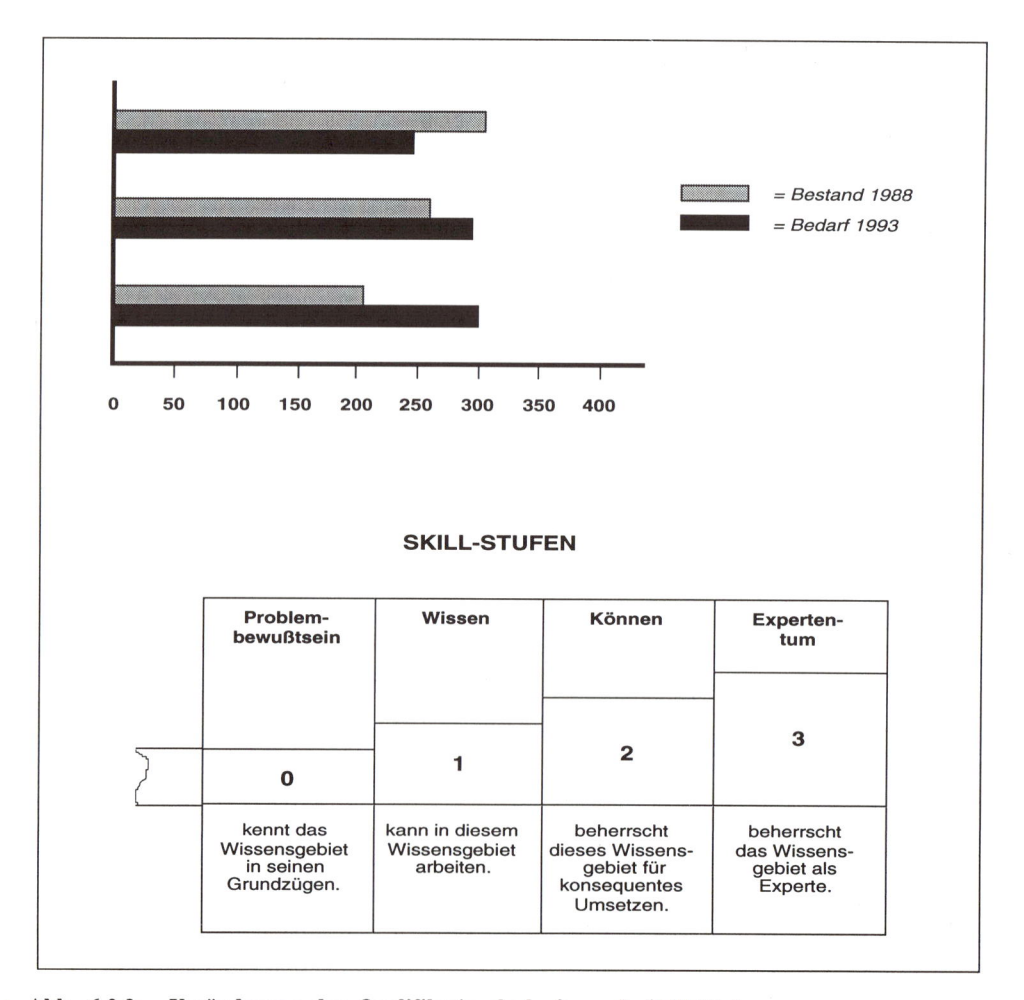

Problem-bewußtsein	Wissen	Können	Experten-tum
0	1	2	3
kennt das Wissensgebiet in seinen Grundzügen.	kann in diesem Wissensgebiet arbeiten.	beherrscht dieses Wissens-gebiet für konsequentes Umsetzen.	beherrscht das Wissens-gebiet als Experte.

Abb. 6.2.3: Veränderung des Qualifikationsbedarfs nach Skill-Stufen

Da bei dieser Konzeption der Qualifikationsbedarf nicht nur rein inhaltlich abgefragt wird, sondern zusätzlich die Qualifikationstiefe ermittelt wird, sind hiermit nicht nur rationellere Qualifizierungsmaßnahmen, sondern auch eine wesentlich realistischere Einschätzung des Wissensstandes gegeben, da in der Regel das Wissen der Mitarbeiter nicht "überhaupt nicht" oder "vollständig", sondern in differenzierterem Wissensstufen (Skill-Stufen) vorliegt.

6.2.4 Projektorientierte Bildungsbedarfsermittlung bei VW (Meyer-Dohm 1990)

Bei technischen Projekten lassen sich die Qualifikationsanforderungen relativ konkret erfassen. Trotzdem bereitet selbst die rechtzeitige Anpassung der Mitarbeiterqualifikation an neue Techniken durch eine Synchronisierung von technischem Projektablauf und Qualifizierungsplanung und -durchführung Probleme. Die Schwierigkeit liegt dabei oft an dem Bestreben der Verantwortlichen für die technische Planung, Entscheidungen zum Beispiel für ein bestimmtes Fertigungsverfahren möglichst spät zu fällen, um noch neueste technische Entwicklungen berücksichtigen zu können. Diese Erkenntnis veranlaßte Volkswagen, ein Verfahren für die rechtzeitige projektorientierte Mitarbeiterqualifizierung zu erarbeiten.

6.2.4.1 Zielsetzung

Zielsetzung einer rechtzeitigen Qualifikationssicherung ist, die von den Veränderungen betroffenen Mitarbeiter im Vorfeld mit den notwendigen Qualifikationen so auszustatten, daß die technische Veränderung (neue Technik) sicher beherrscht wird. Dabei muß eine Verzahnung mit dem technischen Projektablauf betrieben werden.

6.2.4.2 Projektablauf und Zuständigkeiten

Einen Überblick über die verschiedenen Phasen der Qualifizierungs-Planung und -Umsetzung gibt Abbildung 6.2.4. Die Qualifizierungsaktivitäten orientieren sich grundsätzlich an den jeweiligen technischen Projektumfängen und werden somit projektbezogen betrieben. Darüber hinaus ist die Qualifikationssicherung auch als ein Instrument einer zukunftsorientierten Personalentwicklung und der Mitarbeitermotivation einzusetzen.

Der Projektablauf "Qualifizierung" beinhaltet 3 Stufen, die sachlich und zeitlich mit dem technischen Projektablauf verknüpft sind:

1. Stufe: Qualifizierungs-Vorprüfung,
2. Stufe: Qualifizierungs-Planung,
3. Stufe: Qualifizierungs-Umsetzung.

Mit der gemeinsamen Zeitleiste für den technischen Projektablauf und dem Projektablauf "Qualifizierung" soll gewährleistet werden, daß bei einer technischen Umstrukturierung bei Anlauf alle Kenntnisse, Fertigkeiten und Fähigkeiten, die den Mitarbeitern abverlangt werden, zur Verfügung stehen.

6.2.4.3 Qualifizierungs-Vorprüfung

Die Vorprüfung hat das Ziel, bereits in der frühen Phase einer technischen Veränderung festzustellen, ob eine Qualifikationsanpassung erforderlich ist. Verantwortlich für die Durchführung der Qualifizierungs-Vorprüfung sind die Produktionsplanungen (PP) der Werke in Zusammenarbeit mit den Stellen, die die Veränderung auslösen bzw. die von der Veränderung betroffen sind. Mit der Freigabe des technischen Konzeptes/Planungsfreigabe fällt die Entscheidung über eine neue Technologie und/oder Arbeitsorganisation. Mit dieser Entscheidung muß der Projektablauf "Qualifizierung", beginnend mit der Vorprüfung, gestartet werden. Das Planungskonzept ist auf qualifizierungsrelevante Veränderungen zu prüfen. Die Hauptmerkmale der wesentlichen Veränderungen werden unter dem Gesichtspunkt der neuen bzw. geänderten Anforderungen an die Mitarbeiter beschrieben und mit dem Betreiber oder Nutzer abgestimmt. Mögliche Veränderungen sind:

WAS verändert sich?
- in der Technologie
- in der Arbeitsorganisation

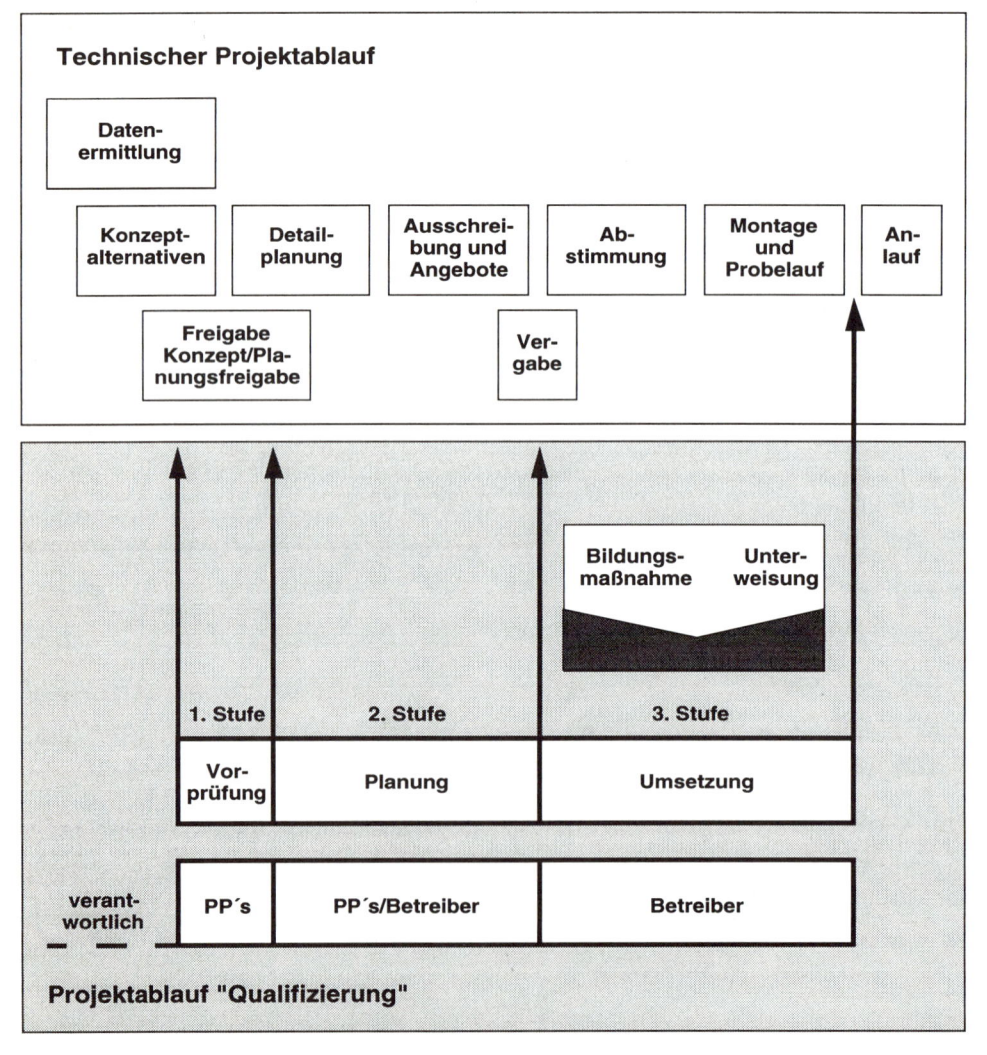

Abb. 6.2.4: Phasen der Qualifizierungs-Planung und -Umsetzung
(PP: Produktionsplanung)

WO findet die Veränderung statt?
- in welcher Halle
- in welcher Abteilung

WER ist von der Veränderung betroffen?
- welche Tätigkeitsgruppen
- wie viele Mitarbeiter

WANN wird die Veränderung durchgeführt?
- Terminplan
- Ablaufplan

Unter Berücksichtigung des momentan eingesetzten Personals ist dann die Frage zu beantworten: Sind die geplanten Veränderungen mit den vorhandenen Qualifikationen beherrschbar oder nicht beherrschbar? Hierüber ist Einvernehmen zwischen Planer und Betreiber oder Nutzer zu erzielen. Ergibt die Prüfung, daß ein Qualifikationsdefizit vorhanden ist, sind Überlegungen zum Einsatz von entsprechend qualifiziertem Personal anzustellen. Diese sind dann von den Produktionsplanungen der Werke und dem Betreiber mit dem Personal- und Sozialwesen sowie dem Betriebsrat abzustimmen.

Hierbei gibt es folgende Alternativen:

- zusätzlicher Einsatz von qualifiziertem Personal,
- Austausch des vorhandenen Personals gegen entsprechend qualifiziertes Personal,
- Qualifizierung des vorhandenen Personals.

Wird die Qualifizierung des vorhandenen Personals in Betracht gezogen, sind die zu erwartenden Qualifizierungsumfänge und eine grobe vorausschauende Personalplanung darzustellen. Die Qualifizierungskosten und gegebenenfalls anfallende Investitionen sind abzuschätzen und in die Wirtschaftlichkeitsprüfung des Projekts einzubeziehen. Im Rahmen der Investitionsplanung muß auch der erwartete Qualifizierungsaufwand genehmigt werden.

6.2.4.4 Qualifizierungsplanung

Hat die Qualifizierungs-Vorprüfung die Notwendigkeit einer Qualifizierung ergeben, beginnt mit der Qualifizierungsplanung die Phase der detaillierten Vorbereitungen und Abstimmungen. Ziel der Qualifizierungsplanungs-Phase ist die Erarbeitung eines abgeschlossenen und akzeptierten Qualifizierungskonzeptes mit detaillierter Festlegung

- der Personalauswahl,
- der Qualifizierungsmaßnahmen,
- der terminlichen und organisatorischen Abläufe.

Die zukünftigen Aufgaben leiten sich aus der neuen Technik und/oder Arbeitsorganisation ab. Um die Aufgabenstruktur transparent zu machen, wird sie relativ detailliert beschrieben. Diese Beschreibung ist unabdingbare Voraussetzung zur Ermittlung der SOLL-Qualifikation. Dabei werden im Überblick alle wesentlichen Merkmale der Technik dargestellt, die die zukünftigen Aufgaben mitbestimmen, wie beispielsweise:

- Hallen-Layout,
- Sicherheitsrisiken,
- Fertigungsverfahren/-prozesse/-ablauf,
- Betriebsmittel etc.

Die von den zuständigen Stellen festzulegende Arbeitsorganisation wird ebenso dargestellt. Danach werden sämtliche Aufgaben formuliert und im Rahmen der beabsichtigten Arbeitsorganisation einzelnen Tätigkeiten zugeordnet. Hierbei werden nicht nur Tätigkeiten der Fertigung berücksichtigt wie z. B. die der

- Meister,
- Anlagenführer,
- Einrichter,

sondern auch die anderer Bereiche wie

- Instandhaltung,
- Qualitätssicherung u. ä.

Für jede Tätigkeitsgruppe wird aufgabenbezogen die jeweilige SOLL-Qualifikation abgeleitet und beschrieben. Unter der SOLL-Qualifikation ist dabei die Summe der aus den einzelnen zukünftigen Aufgaben abzuleitenden Qualifizierungsziele zu verstehen.

Für das Bestimmen eines Qualifikationsdefizites ist die vorhandene Personalstruktur nach folgenden Kriterien zu analysieren:

- Arbeitssystem,
- bisherige Tätigkeiten,
- Berufsausbildung,
- Fort- und Weiterbildung.

Danach folgt die Erarbeitung und Abstimmung von Personalkriterien, beispielsweise:

- fachliche Eignung,
- Betriebszugehörigkeit,
- Abteilungszugehörigkeit,
- derzeitiges Entgeltniveau,
- Alter,
- soziale Aspekte,
- gesundheitliche Aspekte.

Auf dieser Grundlage werden Entscheidungen zum Personaleinsatz getroffen, d. h. Zuordnungen der vorhandenen Mitarbeiter zu den neuen Tätigkeitsgruppen anhand der Personalauswahlkriterien vorgenommen. Danach wird geprüft, ob und in welcher Ebene (A, B, C) die durch die Qualifizierungsziele beschriebene SOLL-Qualifikation vorhanden ist.

Die durch die IST-Qualifikation nicht abgedeckten Qualifizierungsziele werden dann als Qualifizierungsdefizit je Gruppe herausgearbeitet und dargestellt, wobei das Qualifizierungsdefizit die Summe der Qualifizierungsziele ist, die nicht mit vorhandener Qualifikation abgedeckt werden. Dieses Qualifikationsdefizit ist zu strukturieren. Mögliche Kriterien sind:

- sachgebietsorientiert,
- verfahrensorientiert,
- betriebsmittelorientiert.

Danach lassen sich Qualifizierungsmaßnahmen nach

- Ziel,
- Art,
- Dauer,

- Lehrinhalt,
- Methode

ableiten und Maßnahmenträgern zuordnen, wie z. B:

- Bildungswesen,
- Betreiber,
- Hersteller,
- Fachbereiche etc.

Die so ermittelten Qualifizierungsmaßnahmen werden als Qualifizierungsprogramm in einer Matrix dargestellt mit Angabe der Tätigkeitsgruppen, Anzahl der zu qualifizierenden Mitarbeiter und Höhe der Kosten.

6.2.5 Methode der problemorientierten Analyse des Personalentwicklungsbedarfs (Kleine 1992)

Die Methode der problemorientierten Personalbedarfsermittlung geht von folgenden Überlegungen aus:

- Wenn Unternehmen sich gerade neu gründen oder starken Veränderungen unterworfen wurden, die auch den Mitarbeiterstamm wesentlich beeinflußt haben, muß zunächst einmal der Ist-Zustand sorgfältig erhoben werden.

- Gerade in den Neuen Bundesländern haben viele Unternehmen einen schlecht einschätzbaren Mitarbeiterstamm, da viele Mitarbeiter eventuell neue Aufgaben übernehmen mußten, ein großer Teil der Mitarbeiter entlassen wurden (in der Regel nicht nach qualifikatorischen, sondern nach sozialen Gesichtspunkten) und die Organisation und damit auch die Arbeitsplätze sich grundlegend geändert haben.

- Um eine möglichst hohe Akzeptanz bei einer späteren Umsetzung von Gestaltungs- bzw. Qualifizierungsmaßnahmen zu erreichen, sollte ein Mitarbeiter bei einer derartigen Bedarfsermittlung beteiligt werden.

Sinnvoll ist es deshalb, über die Problemsituation in solchen Unternehmen den sich daraus ergebenden neuen Qualifizierungsbedarf zu ermitteln, da sich "wirksame" Qualifikationsdefizite meist in Problemen im Unternehmen widerspiegeln. Diese Probleme und ihre Wurzeln zu ermitteln und sie in Qualifizierungsziele umzusetzen, ist ein wesentliches Ziel der im folgenden vorgestellten Methode.

6.2.5.1 Ermittlung der Probleme und ihre Ursachen

Bezogen auf den Personalentwicklungsbedarf ist es wahrscheinlich, daß das operationalisierte Wissen (beispielsweise wer welches Seminar besuchen sollte) bei den Mitarbeitern eines Unternehmens wenn überhaupt, dann in der Regel nur sehr vage vorhanden ist. Dies gilt auch für das Wissen um Probleme, deren Ursachen Qualifikationsdefizite sein können. Direkte Befragungen der Mitarbeiter - wie sie vielfach angewendet werden - sind deshalb nicht immmer sinnvoll. Vielmehr erscheint es zur Validierung der Qualifikationsdefizite notwendig, Zwischenschritte und methodische Hilfsmittel in der Erhebung zu nutzen, die die Eruierung des Wissens erleichtern und die Ergebnisse sicherer und damit aussagekräftiger machen. Um dies zu erreichen sollte deshalb von den Problemstellungen im Unternehmen ausgegangen werden und dann erst - zusammen mit planerischen und strategischen Komponenten - eine schrittweise, nachvollziehbare Operationalisierung bis hin zu eventuellen Lernzielen durchgeführt werden. Qualifikationsdefizite können so ermittelt werden und in eine Qualifizierungsplanung umgesetzt werden.

Insbesondere in Unternehmen in den Neuen Bundesländern (NBL) ist eine realistische und genaue Istanalyse, d. h. ein Ausgehen von der Problemsituation in den Unternehmnen besonders wichtig, da hier das Potential der Mitarbeiter bezogen auf die neuen Aufgaben schwerer einzuschätzen ist und pauschale Qualifizierungen auf die Dauer zu teuer sind. Das im folgenden beschriebene Erhebungsverfahren (Kleine 1991) versucht von den konkreten Problemstellungen im Unternehmen ausgehend hierzu auf analytische Art und Weise Qualifikationsdefizite zu ermitteln. Dabei wird vorausgesetzt, daß das Wissen personalrelevanter Probleme zum großen Teil *zumindest in einzelnen Komponenten* bei den erfahrenen Mitarbeitern eines Unternehmens vorhanden ist, und die einzelnen Komponenten als Wissenskomponenten erhoben werden können.

Hierzu können Erhebungen mittels der Moderationsmethode, Erhebungsbögen, Interviews und Beobachtungen durchgeführt werden, die geeignet sind, die einzelnen Wissenskomponenten zu erheben bzw. diese durch objektive Messungen ergänzen oder bestätigen zu können. Die einzelnen Komponenten werden dabei so erhoben, daß sie Ursachen-Wirkungszusammenhänge der Probleme im Unternehmen darstellen - also einzelne *Kausalketten* bilden. Die Kausalketten können anschließend in *einem* Wirkungsmodell abgebildet werden, das einen Überblick ermöglicht und die vernetzten Probleme deutlich darstellt. Mit Hilfe eines solchen Modells läßt sich aus den Einzelkomponenten das komplexe gesamte Wirkungsgefüge bilden, das als Grundlage für die Ableitung personalentwickllungsrelevanter Zusammenhänge dient.

Zur Durchführung einer solchen Erhebung werden nicht nur die Schwachstellen selbst erhoben, sondern auch ihre Ursachen. Jeder Schwachstelle müssen eine oder mehrere Ursachen zugeordnet werden. Die *Schwachstellen* selbst sind die *Wirkungen,* die im Unternehmen „sichtbar" werden und beruhen in der Regel auf verschiedenen *Ursachen.* Da die Schwachstellen teilweise selbst Ursachen für andere Schwachstellen sein können, bildet sich ein komplexes Ursachen-Wirkungsgefüge.

Um das Wirkungsgefüge der personalentwicklungsrelevanten Problempunkte zu erfassen, sind die hierfür maßgeblichen Einflußfaktoren und deren Zusammenhänge in Form von Kausalketten zu analysieren. Bei der Erhebung der personalentwicklungsrelevanten Problempunkte und damit des Ursachen-Wirkungsmodells wird - wie einleitend ausgeführt - unterstellt, daß das Wissen um die Zusammenhänge der Wirkungsfaktoren in Einzelkomponenten bei den in den Unternehmen Tätigen (Experten) durch ihre komplexe Erfahrung vorhanden ist. Die Befragung mehrerer Personen führt dann zu einem komplexen Gesamtmodell. Prinzipiell stehen eine Reihe von Methoden zur Erhebung eines derartigen Istzustandes zur Verfügung. In Abbildung 6.2.5 werden häufig angewendete Methoden aufgeführt (Meffert 1975, S. 88ff). Die in diesem Zusammenhang aber besonders wichtige Erhebungsmethode wird durch die Moderationsmethode unterstützt. Sie eignet sich insbesondere für die Erfassung von Ursachen-Wirkungs-Zusammenhängen.

6.2.5.2 Erhebungen mit Hilfe der Moderationsmethode

Die Erhebungen dienen - wie bereits dargestellt - dem Aufbau eines komplexen Ursachen-Wirkungs-Modells personalentwicklungsrelevanter Einflußfaktoren. Sie werden anschließend zur weiteren Nutzung in ein geeignetes Beschreibungsmodell abgebildet. Im Rahmen der Analyse des Istzustandes muß somit nicht nur nach den Schwachstellen, sondern auch nach ihren Ursachen geforscht werden. Hier bietet sich eine Erhebung mit der Moderationsmethode an, insbesondere da es sich hierbei auch um die Erhebung der mentalen Modelle der Experten handelt. Charakteristische Merkmale der Moderationsmethode sind u. a.

- die Visualisierung,
- die Informationssammlung und
- die Lösungsfindung bzw. im vorliegenden Fall die Ursachenfindung.

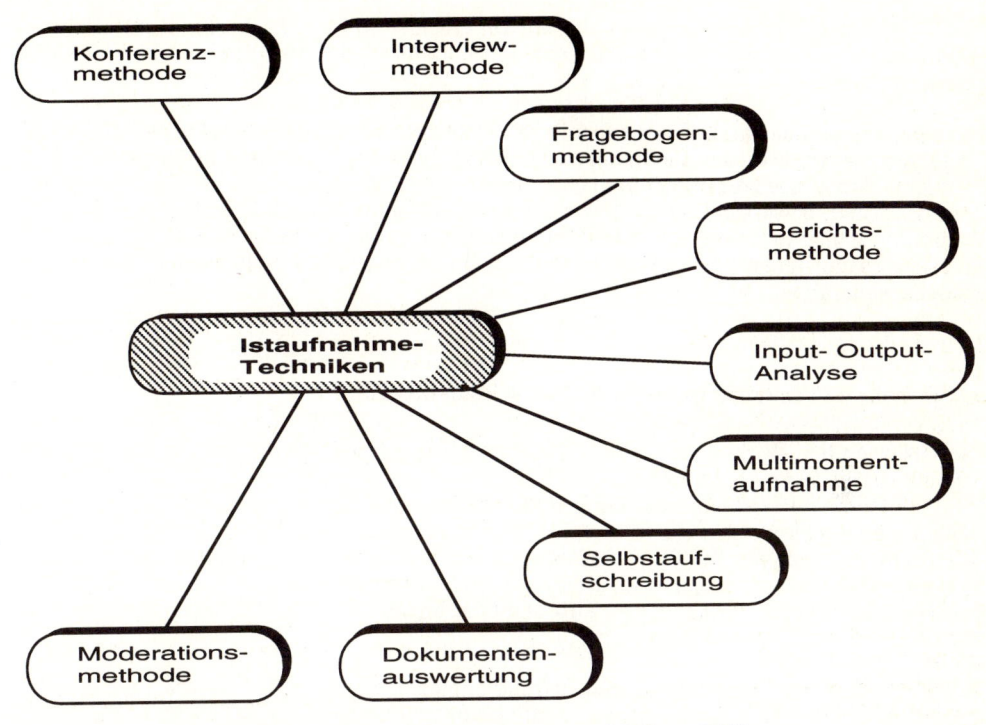

```
        Konferenz-        Interview-
         methode           methode

                                    Fragebogen-
                                     methode

                                            Berichts-
                                            methode

         ╔══════════════╗
         ║ Istaufnahme- ║           Input- Output-
         ║  Techniken   ║              Analyse
         ╚══════════════╝
                                            Multimoment-
                                             aufnahme

                                      Selbstauf-
                                      schreibung

        Moderations-      Dokumenten-
          methode          auswertung
```

Abb. 6.2.5: Ist-Aufnahmetechniken (in Anlehnung an Meffert 1975)

Aus den Erkenntnissen der Wahrnehmungs- und Lernpsychologie stammt die Entwicklung der Visualisierung von Gedanken, Ideen und Sachverhalten. Da Gesehenes sich besser einprägt und zudem gut und anschaulich dargebotene Informationen sich motivierend auf die Mitarbeit der Sitzungsteilnehmer auswirken (Klebert, Schrader, Straub 1985, Kapitel A), wurde ein System aus Stellwänden, verschiedenfarbigen Papierkarten und Plakaten, die schon vor der Sitzung mit Fragestellungen oder Strukturierungshilfen vorbereitet werden, entwickelt. Die Papierkartentechnik ermöglicht jedem Teilnehmer, seine Gedanken, Ideen und Meinungen zum vorgegebenen Problem zum Ausdruck zu bringen. Zur Informationsgewinnung werden Ideen und Meinungen der Teilnehmer zu einem vorgegebenen Problem gesammelt. Methodisch geschieht dies mittels vorbereiteter Papierkarten (Klebert, Schrader, Straub 1985, II B. 2.c.). Auf jeder Karte werden Stichworte bzw. kurze Erklärungen von den einzelnen Teilnehmern aufgeschrieben. Die so gesammelten Beiträge werden anschließend bewertet.

Im vorliegenden Fall werden zunächst allgemeine Schwachstellen erhoben. Um eine möglichst vollständige Sammlung der Probleme zu erhalten, können beispielsweise bereits durch andere Erhebungen bekannte Schwachstellen „anonym" durch die Moderatoren durch vorbereitete Karten hinzugefügt werden. Dies geschieht dann in Anlehnung an die sogenannte Delphi-Methode, bei der ebenfalls Beiträge vorher stattgefundener Expertenbefragungen in eine Gruppenkommunikation eingebracht werden und die sich insbesondere für die Erarbeitung komplexer Problemlösungen eignet (vgl. Bortz 1984, S. 189). Die Schwachstellen werden anschließend gewichtet und ähnliche Schwachstellen zusammengefaßt. Zu den so erhobenen Schwachstellen werden Ursachen gesammelt, zugeordnet und ebenfalls gewichtet; d. h. es werden mit Hilfe dieser Methode den Schwachstellen von den Experten, die ein inneres mentales Modell der komplexen Abläufe und Zusammenhänge besitzen, jeweils mehrere Ursachen zugeordnet. Um subjektive Fehleinschätzungen einzelner Teilnehmer zu vermeiden, werden nur die Schwachstellen und Ursachen zugelassen, die beim „Gewichtungsvorgang" von mindestens einem weiteren Teilnehmer als sinnvoll erachtet werden. In dieser „Kontrollphase" können darüber hinaus Mißverständnisse und Fehlinterpretationen durch kurze Gespräche geklärt werden.

Für den Aufbau eines komplexen Modells der Ursachen-Wirkungsbeziehungen ist es nötig, über die gängigen diskreten Zuordnungen der Schwachstellen zu den Ursachen hinauszugehen. Dies kann durch eine Identifizierung von *Ursachen* und *Schwachstellen,* die inhaltlich gleichbedeutend sind, bewerkstelligt werden. Derartige Schwachstellen sind damit gleichzeitig Ursachen für andere Schwachstellen und ermöglichen bei einer späteren Abbildung in ein Ursachen-Wirkungsmodell als „Bindeglieder" erst den Aufbau eines realitätsnahen komplexen Modells der Ursachen-Wirkungsbeziehungen.

6.2.5.3 Exkurs: Verwendung des Entity-Relationship-Modells

Die Ursachen und Wirkungsbeziehungen geben die jeweiligen Einflußgrößen und ihre Vernetzung an, die zur personalentwicklungsbezogenen Gestaltung relevant sind. Die vernetzten Einflußgrößen und Wirkungsbeziehungen können über den Einsatz eines relationalen Datenmodells abgebildet werden: Es lassen sich über die damit verbundene Beschreibungsformalisierung die jeweiligen Strukturinformationen leicht abbilden. Auf eine bei diesen Datenmodellen übliche sogenannte Normalisierung kann hier verzichtet werden, da eine quantitative Erfassung der Daten nicht benötigt wird und eine größere Übersichtlichkeit angesichts der komplexen Zuordnungen erwünscht ist.

Die Abbildung von Datenstrukturen in relationalen Datenmodellen wurde bereits 1970 angewendet. Aus dieser Zeit stammen hierarchische und netzwerkartige Datenmodelle (Codd 1970). Das Datenmodell selber wird allgemein durch Entitäten, also Zuordnungsobjekte abgebildet. Eine Entität (entity) ist „ein "Ding", welches eindeutig identifizierbar ist" (Zehnder 1989, S. 61). In diesem Fall sind dies sowohl die Schwachstellen als auch die entsprechenden Ursachen. Die Beziehungen (relationships) sind somit Zuordnungen zwischen den Entitäten. Chen faßte 1974 verschiedene Konzepte zusammen und entwickelte das ER-Modell (Entity-Relationship-Modell), indem er eine umfassende Systematik und gleichzeitig eine graphische Darstellungsform entwarf (Zehnder 1989, S. 61).

Die Schwachstellen werden den Ursachen, die in den Moderationssitzungen erhoben wurden, zugeordnet. Es ergeben sich damit jeweils Schwachstellen-Ursachen-Zuordnungen (Relationen). Das sprachliche Verständnis der Experten wird dabei begriffsprägend herangezogen. Aus der Bildung der Schwachstellen-Ursachen-Paare, die wiederum mit anderen Paaren verknüpft sind, ergeben sich hierarchische Zuordnungen. Diese haben somit „Endschwachstellen" sowie „Anfangsursachen", die den Beginn der Ursachen-Wirkungsketten darstellen. Nach der Erhebung allgemeiner Schwachstellen und ihrer Ursachen müssen dabei ähnliche Schwachstellen und ähnliche Ursachen identifiziert werden und mit zusammenfassenden Oberbegriffen beschrieben werden. Hierbei ist es jedoch wichtig, daß dies nicht nur auf der Schwachstellenseite einerseits und der Ursachenseite andererseits geschieht, sondern daß Identitäten auch zwischen Ursachen und Schwachstellen gesucht werden, da viele Schwachstellen auch Ursachen für andere Schwachstellen sein können.

Gemeinsame Schwachstellen-Ursachen-Entitäten bauen erst das komplexe Beziehungsgeflecht auf, das dem wirklichen Abbild der Problemzusammenhänge eines Unternehmens gerechter wird, als die einfache Dokumentation der Schwachstellen und ihrer jeweiligen Ursachen. Eine derartige Sammlung von Schwachstellen-Ursachen-Verknüpfungen können dann in einem Entity-Relationship-Modell abgebildet werden, das die Wirkungsbeziehungen dokumentiert und nachvollziehbar macht. Hier sind somit nicht nur personalentwicklungsmäßige Zusammenhänge abgebildet, sondern beispielsweise auch organisatorische Zusammenhänge. Eine derartige gleichzeitige Abbildung dieser beiden Aspekte ist damit eine notwendige Voraussetzung, um eine integrierte Personal- und Organisationsentwicklung basierend auf der Erfassung des Istzustandes, zu initiieren.

6.2.6 Fallbeispiel zur Erläuterung der problemorientierten Analyse des Personalentwicklungsbedarfs

Im folgenden wird ein Fallbeispiel zur Erläuterung der gerade dargestellten Methode geschildert, das im Rahmen eines vom Bundesministeriums für Bildung und Wissenschaft geförderten Personalentwicklungsprojektes entstanden ist (Kleine 1992).

6.2.6.1 Ausgangslage

Im Fallbeispiel handelt es sich um ein Unternehmen, das vor der Wende mit ca. 1.600 unterschiedlich qualifizierten Mitarbeitern an vier Standorten in der damaligen DDR produzierte. Die Produktionspalette umfaßte im wesentlichen die Entwicklung und Herstellung von Karosserieteilen für Kombifahrzeuge und Wohnwagenaufbauten. Nach der Wende fungierte das Unternehmen in den Neuen Bundesländern als Automobilzulieferer für Karosseriepressteile und Bauteile für Automobilbodengruppen. Da die Produktion der Kombifahrzeuge nach der Wende eingestellt wurde, konnte der hohen Anzahl der Mitarbeiter kein entsprechendes Auftragsvolumen entgegengesetzt werden, und das Unternehmen war gezwungen, seinen Mitarbeiterstamm drastisch zu verringern. Dieser Prozeß wurde mehr nach sozialen als nach fachlichen Gesichtspunkten durchgeführt, so daß sich hiermit Qualifikationsdefizite in verschiedenen Tätigkeitsbereichen ergaben. Trotz der schlechten konjunkturellen Lage der Automobilindustrie mußte darüberhinaus ein neuer Kundenstamm aufgebaut werden, was eine Restrukturierung der Produktion erforderlich machte.

Entsprechende finanzielle Mittel, um diese technischen Problemstellungen - z. B. die Einrichtung von Computerarbeitsplätzen oder die Integration eines 3-D Messtisches - zu lösen, wurden von der Treuhandanstalt teilweise finanziert. Den hiermit verbundenen organisatorischen und personalentwicklungsmäßigen Aufwand mußte das Unternehmen in Eigenregie organisieren. Ausgehend von der somit entstandenen neuen Situation des Unternehmens, mußte der Personalentwicklungsbedarf - bezogen auf die neuen Problemstellungen - erhoben werden. Zu diesem Zeitpunkt hatte das Unternehmen noch ca. 250 Mitarbeiter (ursprünglich 1.600) und ca. 25 Auszubildende.

6.2.6.2 Vorgehen

Da kein Personal für personalentwicklungsrelevante Fragestellungen in dem Unternehmen vorhanden war, wurde die Ermittlung des Personalentwicklungs-Bedarfs als eigenständiges Projekt organisiert. Ein zentraler Punkt hierbei ist der ausdrückliche Wille und die Unterstützung der Geschäftleitung, da sich nur dann Mitarbeiter aus anderen Ebenen sinnvoll in ein derartiges "Projekt" integrieren lassen. Um dies zu gewährleisten wird die Geschäftsleitung von Anfang an mit in den Prozeß einbezogen und im Rahmen von Jour-Fix-Gesprächen über den Stand der Arbeiten informiert. Um darüber hinaus einen ersten Eindruck von den Gegebenheiten des Unternehmens zu bekommen, werden zum ersten Gespräch, im kick-off-Meeting, weitere Führungskräfte aus den Querschnittfunktionen des Unternehmens eingeladen. Im Fall des hier dargestellten Unternehmes handelte es sich neben dem Personalleiter zum einen um den Leiter der Qualitätsicherung und zum anderen dem Leiter der Datenverarbeitung. Ziele des kick-off Meetings sind:

- Erarbeitung eines ersten Gesamteindruckes über das Unternehmen,

- Schaffung eines ausgeprägten Problembewußtseins für die anstehenden PE-Aufgaben in der Führungsebene,
- Benennung eines partnerschaftlich strukturierten Projektteams aus Führungskräften des Unternehmes und einem PE-erfahrenen Mitarbeiter in einer Coaching-Funktion von außerhalb des Unternehmens,
- Vorbereitung des zweiten Schrittes der Schwachstellen-/Ursachen -Analyse.

Diese Ziele wurden gemeinsam in einem ca. vierstündigen Workshop in oben genanntem Kreis erarbeitet und verabschiedet. Für den zweiten Schritt, die Schwachstellen-/Ursachen-Analyse wurden Ort, Termin und Teilnehmerkreis festgelegt. Um einen möglichst tiefen Einblick in die Probleme des Unternehmens zu bekommen, wurde bei der Auswahl der Teilnehmer besonderer Wert darauf gelegt, Mitarbeiter aus möglichst unterschiedlichen Bereichen und Ebenen des Unternehmens zu benennen.

Im einzelnen handelte es sich hierbei um:

- drei Mitarbeiter aus der mechanischen Fertigung,
- ein Betriebsratsmitglied,
- den Leiter Kostenrechnung und Controlling,
- den Lagermeister,
- einen Mitarbeiter aus der Arbeitsvorbereitung,
- den Leiter Qualitätssicherung,
- einen Mitarbeiter der Datenverarbeitung,
- einen Mitarbeiter aus dem Personalwesen,
- den Leiter Einkauf sowie
- einen Geschäftsführer.

Gemeinsam mit den benannten Mitarbeitern mußten nun Stark- und Schwachstellen analysiert, Ursachen den erarbeiteten Schwachstellen zugeordnet und mögliche Lösungsansätze formuliert werden. Hierzu wurde im Rahmen einer moderierten Sitzung vom Team - unabhängig von den reinen Qualifizierungsdefiziten - global die nachfolgenden Fragen mit Hilfe der Moderationstechnik beantwortet:

- "Welche Schwachstellen kennen Sie in Ihrem Unternehmen?"
- "Welche möglichen Ursachen würden Sie diesen Schwachstellen zuordnen?"
- "Welches sind nach Ihrer Meinung die Stärken Ihres Unternehmens?"

Zunächst wurden die Schwachstellen mit Hilfe der Moderationstechnik erhoben und visualisiert, wie sie in Abbildung 6.2.4 dargestellt sind. Sie wurden von den Teilnehmern schwerpunktmäßig geordnet. Im nächsten Schritt wurden die Teilnehmer aufgefordert, zu den dargestellten Schwachstellen entsprechende Ursachen zu suchen und jeweils auf ihre Ursachenkarten die Nummer der zugehörigen Schwachstellenkarte zu notieren. Abbildung 6.2.5 zeigt die Tafel mit einigen gesammelten Ursachenkarten.

Bei der Formulierung von Schwachstellen und Ursachen durch die Teammitglieder treten häufig Verständnisschwierigkeiten zwischen den Teammitgliedern oder auch zwischen Teammitglied und Moderator auf. Für die weitere Bearbeitung der erhobenen Daten ist es aber von besonderer Wichtigkeit, daß eine eindeutige Darstellung der Ist-Situation in Form von Schwachstellen-/Ursachenzusammenhängen des Unternehmens vorliegt. Aus diesem Grund hat es sich bewährt, die Moderation durch Einzelinterviews und Gruppendiskussionen anzureichern. In einem folgenden Gespräch wurden deshalb die Ursachen weiter hinterfragt, Verständnis- und Begriffsprobleme ausgeräumt und eventuelle Ergänzungen hinzugefügt.

Welche Schwachstellen kennen Sie in Ihrem Unternehmen?

1

| 1.1 Struktur |
| 1.2 Koordinierung/Zusammenarbeit |
| 1.3 Verbindung: Produktion - Technik - Logistik |
| 1.4 Realisierung Investvorhaben |
| 1.5 Informationslücken |
| 1.6 mangelhafte Teamarbeit |
| 1.7 Koordinierung (innerbetrieblich) |
| 1.8 Maßnahmeerfüllung |
| 1.9 unzureichende Rückkopplung |
| 1.10 zuwenig Spielraum in Geschäftsfeldern |
| 1.11 zu viel Kontrolle nötig |

2

| 2.1 Qualifizierung |
| 2.2 Qualifizierungsmängel |

3

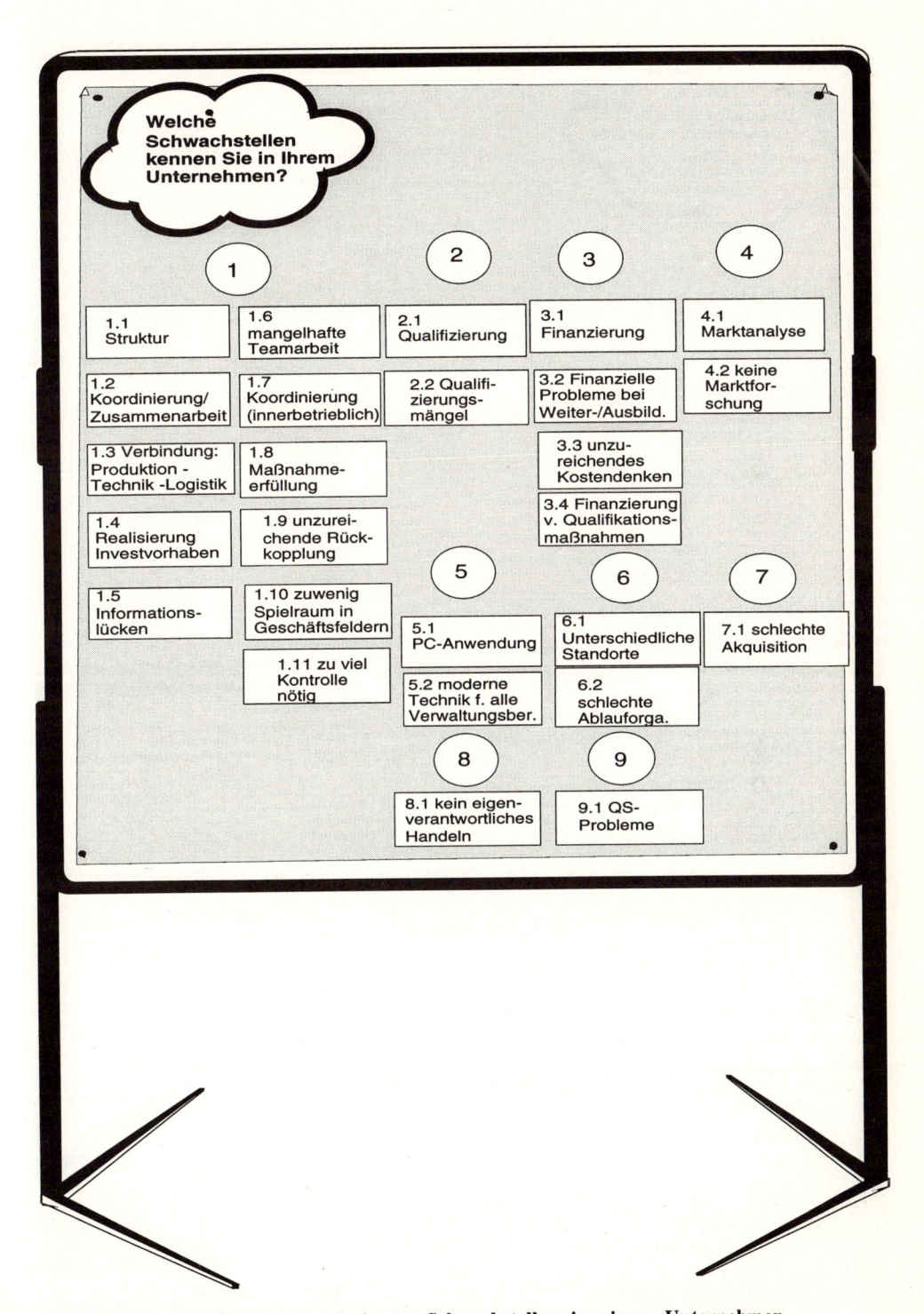

| 3.1 Finanzierung |
| 3.2 Finanzielle Probleme bei Weiter-/Ausbild. |
| 3.3 unzureichendes Kostendenken |
| 3.4 Finanzierung v. Qualifikationsmaßnahmen |

4

| 4.1 Marktanalyse |
| 4.2 keine Marktforschung |

5

| 5.1 PC-Anwendung |
| 5.2 moderne Technik f. alle Verwaltungsber. |

6

| 6.1 Unterschiedliche Standorte |
| 6.2 schlechte Ablauforga. |

7

| 7.1 schlechte Akquisition |

8

| 8.1 kein eigenverantwortliches Handeln |

9

| 9.1 QS-Probleme |

Abb. 6.2.4: Ausschnitt von erhobenen Schwachstellen in einem Unternehmen

Welche möglichen Ursachen würden Sie den erarbeiteten Schwachstellen zuordnen?

1
- mangelhaftes Projektmanagement (1.4)
- keine Abstimmung unter Werkleitern 7.1
- kein Projektmanagement verbeitet 1.7/1.3
- keine PM-techniken 1.7/1.9

2
- nicht ausreichendes Info-system (1.5)
- keine Rechnervernetzung 1.7/1.9

3
- mangelhafte Kontrollpflicht 1.8
- unzureichende Rückkopplung 1.7

4
- fehlende Finanzierung 2.1
- keine Geldmittel für Qualifizierung 3.2
- fehlende finanzielle Mittel (3/2.2)
- Finanzierung der Qualifizierung 5.1
- unzureichendes Kostendenken 9.1

5
- Bereitschaft zur Qualif. ist unterschiedlich 2.1
- persönliche Bereitschaft 2.1
- Mangelnde Einsicht zur Sache (2)
- Wissen um die Sache 2.1 / 5.1
- kein eigenverantvortlichen Handeln 9.1

7
- alte Denkweise 8.1 / 2.3
- kein Marketing 7.1
- keine Marktforschung 7.1

6
- Betriebsabläufe auf heutigen Umfang bringen 6.2
- Veränderung des Unternehmens 6.2
- Ablauforga. zu breit 6.2

örtlich zerstreut 6.2

Umstellung von groß auf mittelständig 6.2

8
- immernoch Treuhand unternehmen

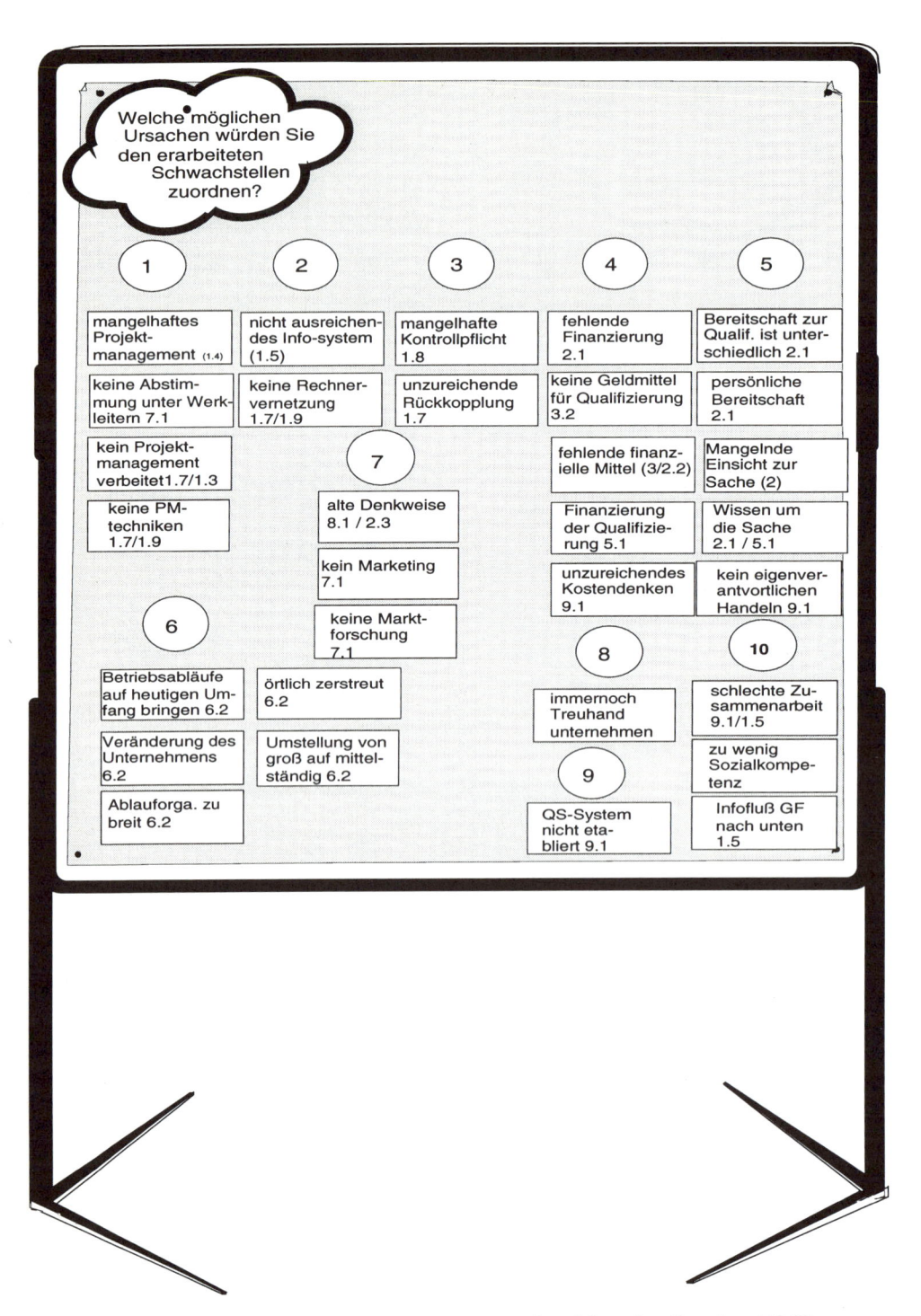

9
- QS-System nicht etabliert 9.1

10
- schlechte Zusammenarbeit 9.1/1.5
- zu wenig Sozialkompetenz
- Infofluß GF nach unten 1.5

Abb. 6.2.5: Ausschnitt der erhobenen Ursachen zu den Schwachstellen der Abbildung 6.2.4

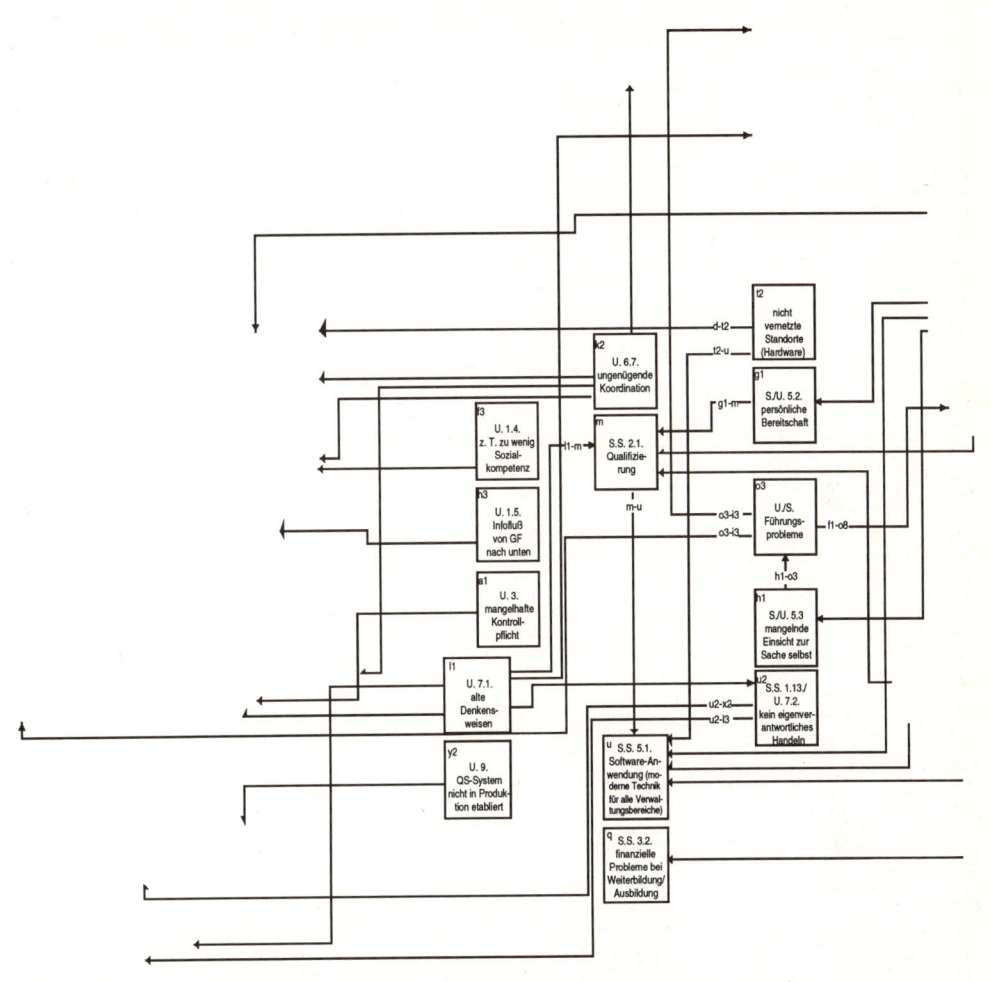

Abb. 6.2.6: Ausschnitt aus dem Entity-Relationship-Modell des Schwachstellen-Ursachen-Gefüges

Die Arbeitsergebnisse dieses dreistündigen Workshops bilden die Grundlage für die Erstellung des Entity-Relationship-Modells (ERM). Hierzu werden die Schwachstellen und ihre Ursachen nochmals aufgelistet und gleichartige Schwachstellen und Ursachen identifiziert. Dann werden in Anlehnung an den Formalismus des Entity-Relationship-Modells den Schwachstellen die entsprechenden Ursachen graphisch zugeordnet, wobei die Schwachstellen, die gleichzeitig Ursachen sind, entsprechende Knotenpunkte darstellen und die Vernetzung bewirken, die die komplexe Realität und Vernetztheit der Unternehmensprobleme darstellen. Abbildung 6.2.6 zeigt einen kleinen Ausschnitt des so entstandenen Modells.

Zur Validierung wurde dem Projektteam, das dazu um Mitglieder, die nicht an der Moderationssitzung beteiligt waren, ergänzt wurde, das fertiggestellte Modell vorgelegt und von ihm ergänzt bzw. korrigiert. Im Anschluß daran wurden mit dem Projektteam die Schwachstellen-/Ursachenzusammenhänge (Kausalketten) herausgearbeitet, die mit PE-Maßnahmen beseitigbar sind. Der Aufwand für diesen Arbeitsschritt belief sich auf eine Sitzung von ca. 2,5 Std.

Ursachen/Schwachstellen	Mögliche Seminarthemen		
1. EDV-Wissen	Bürok. unter Windows (1)		
2. Mangelhafte Teamarbeit	Teamtraining (2)		
3. ungenügende Koordination	Projektmanagement (3)		
4. Organisationswissen (fehlt)	REFA-Methoden (4)	Betriebsorganisation (5)	
5. Kein Marketing und Marktforschung	Marktforschungsinstrumente (7)		
6. Betriebsabläufe auf heutigen Umfang bringen	Betriebsorganisation (5)		
7. Führungsprobleme	Führungsseminare (6)		
8. Mangelhaftes Projektmanagement	Projektmanagement anwenden und einführen können (3)		
9. Mangelhafte Wahrnehmung - Kontrollpflicht	Führungsseminare (6)	Projektmanagement (3)	
10. Alte Denkweise	Motivations-"training" (8)	"positives" Kostendenken (9)	Teamtraining (2)
11. QS-System nicht etabliert	Motivationstraining (8)	Qualitätsmanagementschulung (10)	
12. unzureichendes Kostendenken	"positives" Kostendenken (9)		
13. Kein eigenverantwortliches Handeln und zu wenig Sozialkompetenz	Teamtraining (2)		
14. Bereitschaft zur Qualifizierung	Motivationstraining (8)		

Abb. 6.2.7: Matrix von Schwachstellen-/Ursachenzusammenhängen und Seminarthemen

Derartige Schwachenstellen-/Ursachenzusammenhänge wurden nun in eine Matrix auf die vertikale Achse eingetragen, um auf der horizontalen Achse entsprechende Grobziele zuordnen zu können. Hierzu wurden die jeweiligen Wirkungszusammenhänge im ERM nochmals erörtert und nach wirksamen Grobzielen geforscht, die die dargestellten Wirkungszusammenhänge verbessern können. An dieser Stelle können nun die Grobziele hinzugefügt werden, die beispielsweise aus strategischen Überlegungen abgeleitet worden sind oder sich aus weiteren Analysen ergeben haben. Die Grobziele werden anschließend operationalisiert und in Themen für Qualifizierungsmaßnahmen, z. B. Seminarthemen, umgesetzt und in die Schwachstellen-Ursachen-Matrix eingetragen. Abbildung 6.2.7 zeigt einen Teil der erarbeiteten Matrix, in der mögliche Themen von Seminaren den Schwachstellen-/Ursachenzusammenhängen zugeordnet wurden.

Anhand der gemeinsam erarbeiteten Matrizen war es dem Projektteam nun möglich, mit Hilfe des Entity-Relationship-Modells, in dem ja alle Problemzusammenhänge dargestellt sind, Zielgruppen, die sich aus den Schwachstellen-/Ursachenzusammenhängen ergaben, zu identifizieren und den angedachten Seminaren zuzuordnen. Um die dynamische Entwicklung des Unternehmens und die Veränderungen, die sich im Problemraum durch die Durchführung der Seminare ergeben, berücksichtigen zu können wird das Modell anschließend in regelmäßigen Abständen durch gezielte Moderationssitzungen nach vorstehend dargestellter Methode ergänzt bzw. revidiert, woraus jeweils weitere PE-Maßnahmen abgeleitet werden, die den stetigen Verbesserungsprozeß im Unternehmen unterstützen.

6.3 Funktionen- und Datenmodellierung
J. Thielemann

Das Ergebnis der strukturierten Analyse sind drei Komponenten: das Funktionenmodell, das Datenmodell und das Organisationsmodell. Sie bilden das untersuchte System im Endergebnis in einer Top-down-Darstellung ab. Auf diese Weise lassen sich die erarbeiteten Ergebnisse gut nachvollziehen. So beginnt man mit der Erarbeitung der Ergebnisse im Prinzip auf der obersten Ebene und detailliert während des weiteren Vorgehens. Da man mit dem ersten Anlauf praktisch nicht zu den gewünschten Ergebnissen gelangt, ist eine iterative Vorgehensweise, d. h. rückwärts, auch von einer feineren Detaillierungsstufe in eine gröbere notwendig (bottom up). Die Erkenntnisse auf feineren Detaillierungsstufen können natürlich Auswirkungen auf die gröberen Detaillierungsstufen haben. Auf die Funktionen- und Datenmodellierung wird in diesem Beitrag näher eingegangen. Im Organisationsmodell werden die Abläufe des Funktionenmodells beschrieben. Das Organisationsmodell beschreibt die Reihenfolge von Vorgängen zur Bearbeitung eines Geschäftsfalls. Diese ist von der gewählten sowie der konkreten Ausgestaltung der Arbeitsorganisation (Grad der Arbeitsteilung, Art der Arbeitsorganisation usw.) und der jeweiligen technischen Lösung abhängig. Das Organisationsmodell definiert somit die organisatorischen Lösung (Ablauforganisation) und ist auch für das bessere Verständnis des Benutzers von großer Bedeutung (siehe hierzu Abschnitt 6.1).

6.3.1 Funktionenmodellierung

Durch Funktionenmodelle werden unternehmerische Aktivitäten und ihre logischen Zusammenhänge möglichst realitätsnah abgebildet. Das Funktionenmodell enthält aber keine Elemente der Ablaufbeschreibung bzw. -steuerung. Die unternehmerischen Aktivitäten lassen sich durch Geschäftsprozesse und -vorgänge zum Ausdruck bringen. Vorgänge werden genauer durch ihre Funktionen beschrieben. Meist ist es notwendig, diese Funktionen in Sub-Funktionen zu unterteilen. Demgemäß lassen sich Geschäftsprozesse zu einer hierarchischen Struktur erweitern. An dieser Stelle sollen einige grundlegende Begriffe für die folgenden Ausführungen festgelegt werden (Chen 1991, S.112 ff., N.N. 1990 S. 16 ff.).

Prozeß:
Ein Prozeß ist die Abfolge eines oder mehrerer Vorgänge oder Arbeitsschritte, die zur vollständigen Bearbeitung eines Geschäftsvorfalls nötig sind. Er erbringt aus der Sicht außerhalb des betrachteten Systems eine abgeschlossene Leistung und kann sowohl manuelle als auch maschinelle Vorgänge enthalten.

Vorgang:
Ein Vorgang ist ein Funktionsgebilde. Er beinhaltet eine Abfolge von Funktionen, die ohne notwendige Unterbrechung von einem Sachbearbeiter oder einer Maschine durchgeführt werden, um einen Geschäftsvorfall, unabhängig von anderen Vorgängen, zu bearbeiten. Dabei werden Objekte als Eingabe benutzt und Objekte als Ausgabe erzeugt oder als Ausgabe verändert.

Funktion:
Eine Funktion ist der Teil eines Vorganges, der sich von den anderen Teilen des Vorganges durch die Art der Bearbeitung unterscheidet. Sie wird als Verarbeitungsfunktion verstanden, in der eingehende Datenflüsse zu ausgehenden Datenflüssen verarbeitet werden. Dies kann auch unter zu Hilfenahme von gespeicherten Daten geschehen. Ausgehende Daten einer Funktion können für nachfolgende Funktionen wieder eingehende Daten sein. So werden die logischen Abhängigkeiten modelliert. Eine Funktion kann eine elementare Funktion sein, d. h., daß sie sich nicht in weitere Funktionen unterteilen läßt, oder sie ist eine zusammengesetzte Funktion, die wiederum in mehrere Teilfunktionen untergliedert ist. Die gleiche Funktion kann in mehreren Vorgängen vorkommen.

Daten, Datensatz:
Ein Datensatz ist eine Sammlung von Datenelementen. Der Datensatz für einen Arbeitnehmer enthält z. B. die Daten, die für einen bestimmten Arbeitnehmer wesentlich sind. Der Datensatz ist in verschiedene Felder unterteilt (Abbildung 6.3.1). Im Personaldatensatz sind z. B. Name, Gehalt, Adresse, Namen der Felder. Feldnamen werden benutzt, um die Bedeutung der Datenfelder oder Werte im Datensatz zu erklären. So ist "Hans Meier" der Name eines bestimmten Arbeitnehmers und "8.000 DM" sein Gehalt.

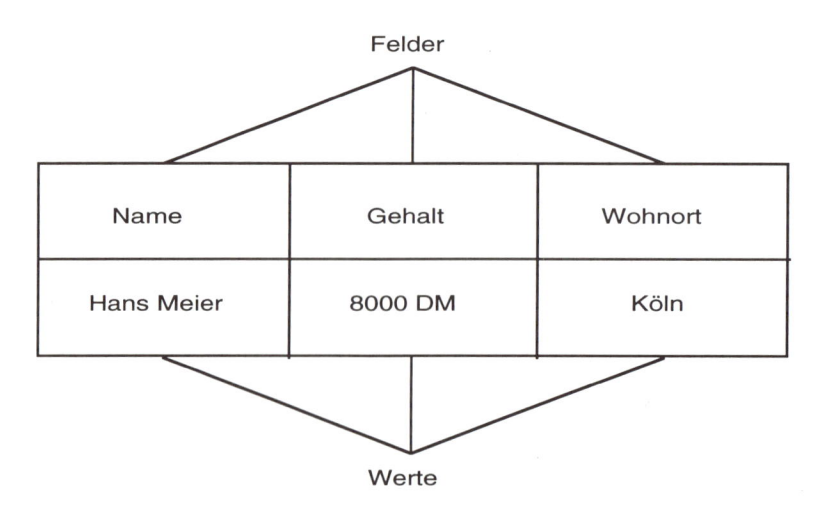

Abb. 6.3.1: Personal - Datensatz (in Anlehnung an Chen 1991, S. 17)

Datei:
Eine Datei ist die Sammlung von Datensätzen des gleichen Typs. So sind z. B. die Personaldaten eine Sammlung der Personaldatensätze (Abbildung 6.3.2).

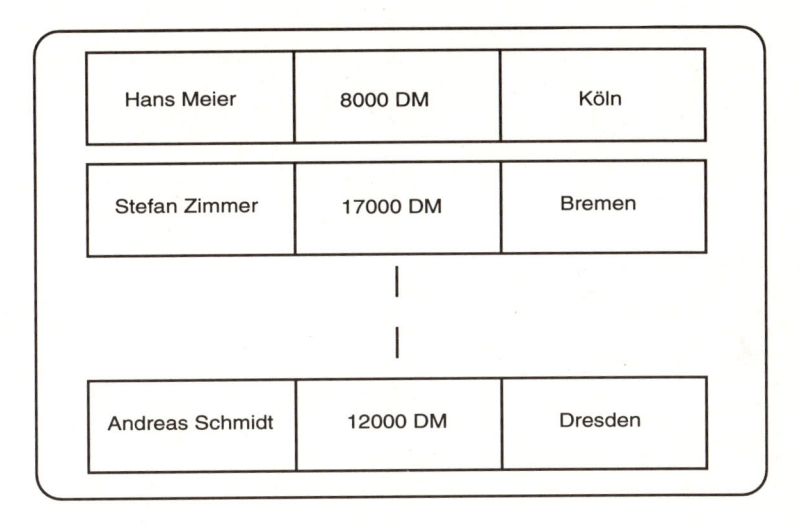

Hans Meier	8000 DM	Köln
Stefan Zimmer	17000 DM	Bremen
Andreas Schmidt	12000 DM	Dresden

Abb. 6.3.2: Personal-Datei (in Anlehnung an Chen 1991, S. 17)

6.3.1.2 Funktionenmodell "Autovermietung"

Aufbauend auf die Ausführungen im Kapitel 6.5.3.2.2 wird das Funktionenmodell eines Autoverleihs erläutert (vgl. Abbildung 6.3.3). In diesem Funktionenmodell sind zwei externe Stellen definiert: Mieter und Vermieter. Über die externen Stellen wird festgelegt, mit welchen technischen Systemen und mit welchen Organisationseinheiten das betrachtete System Informationen austauscht. Sie liegen außerhalb des betrachteten Systems. Dies definiert die Grenzen der Funktionalität des Systems und zeigt die benötigten Schnittstellen auf. Die externen Stellen können Datenflüsse (z. B. Mietdaten, Tarif- und Fahrzeugdaten...) entgegennehmen oder erzeugen. Ihre technische Form, z. B. mündliche Information, Telefonat, Formular, ist aus der Sicht der strukturierten Analyse nicht erheblich. Datenflüsse zwischen Funktionen und Speichern transportieren die benötigten Daten und werden innerhalb der Funktion durch Speicheranweisungen ausgelöst. Jede Speicheranweisung muß genau die von der Funktion an dieser Stelle der Logik benötigten Datenelemente enthalten. Es darf auf einer logischen Ebene nur beschrieben werden, WAS die Funktion mit dem Speicher machen soll, aber nicht, wie eine Speicheranweisung prozedural abläuft. Es werden Lese-, Einfüge-, Löschund Änderungsaktivitäten unterschieden. In der untersten Gliederungsstufe sind Datenflüsse in Datenelemente gegliedert. In der Datenflußbeschreibung (vgl. Kapitel 6.3.1.3) sind Datenelemente mit einem "E" gekennzeichnet, während eine Ziffer auf eine Struktur mit Unterpunkten hinweist.

Im Beispiel erfaßt der Vermieter bei Mietbeginn die Mietdaten (Mieter, Miettarif, Mietfahrzeug, kalkulierte Mietdauer, kalkulierte km-Leistung). Die sich aus der Kalkulation ergebenden Mietvertragsdaten werden einmal in einer Mietvertragsdatei gespeichert und zum anderen zum Drucken eines Mietvertrages verwendet. Dieser wird dann dem Mieter ausgehändigt. Die Tarif- und Fahrzeugdatendatei und Mietvertragsdatei Stellen Datenspeicher dar. Datenspeicher geben Auskunft, welche Daten aus fachlicher Sicht gespeichert werden sollen. Sie machen Daten, unabhängig von ihrer Entstehung, zugänglich. Sie dienen also der logischen Entkopplung und

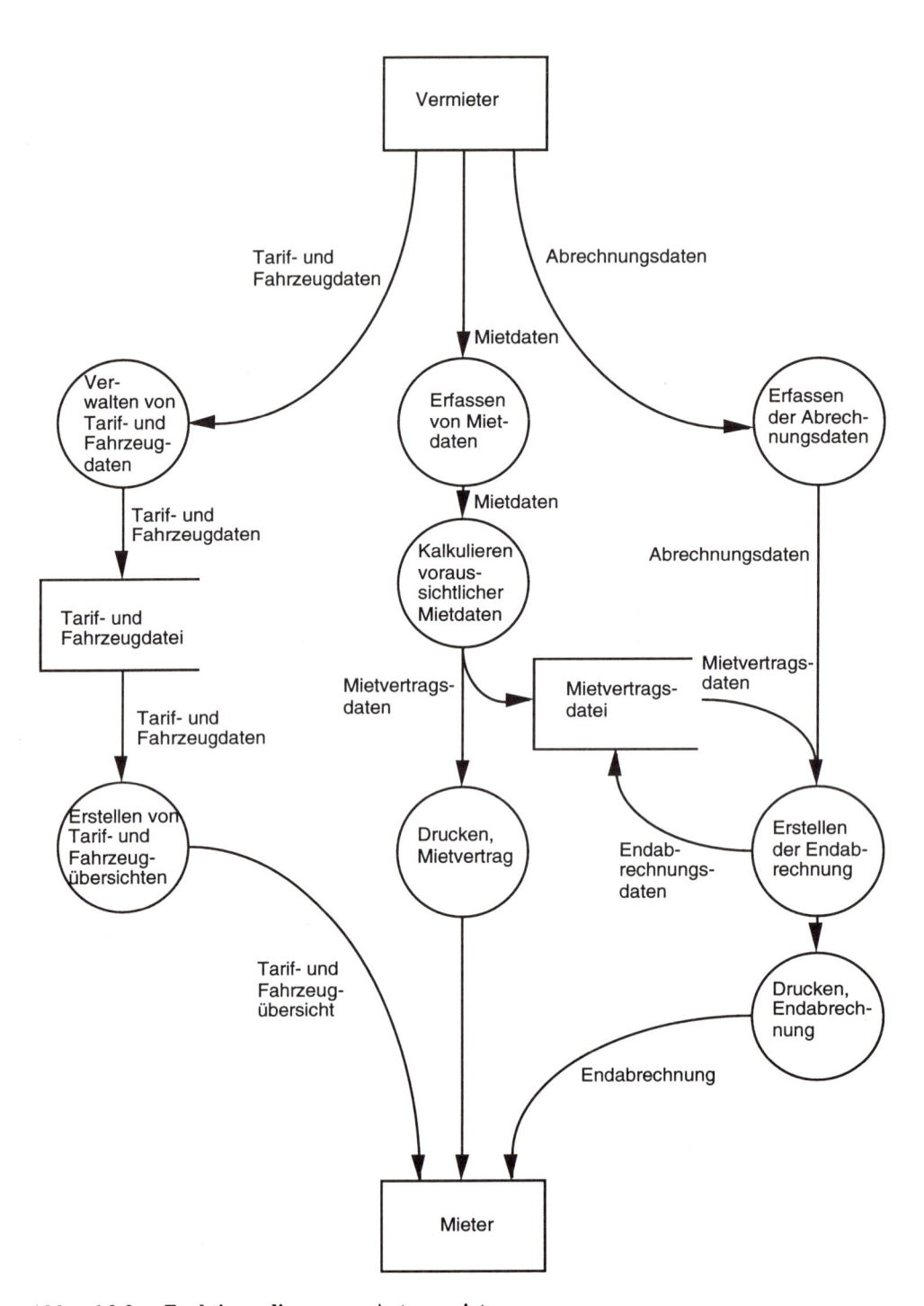

Abb. 6.3.3: Funktionendiagramm Autovermietung

nicht der zeitlichen Entkopplung. D. h., es sollen keine Pufferfunktionen zwischen Funktionen erfüllt werden (z. B. Zwischenablage). Da Speicher passiv sind, muß von der Funktion aus auf den Speicher zugegriffen werden. Dies geschieht über die Speicheranweisungen, in denen festgelegt ist, auf welche Datenobjekte zugegriffen werden soll. Zur anschaulichen Darstellung können Speicher in freiem Text beschrieben werden. Die exakte Spezifikation wird jedoch durch die beteiligten Zugriffe bzw. durch den Ausschnitt des Datenmodells definiert.

Bei der Rückgabe des Fahrzeugs werden die Abrechnungsdaten (tatsächliche Mietdauer und tatsächliche Kilometerleistung) vom Vermieter erfaßt. Zusammen mit der Mietvertragsdatei wird dann eine Endabrechnung erstellt. Die Endabrechnungsdaten werden ebenfalls in der Mietvertragsdatei abgespeichert. Die Endabrechnung wird ausgedruckt und dem Mieter - der zweiten externen Stelle - übergeben. Die Rückgabe des Fahrzeugs stellt ein sogenannten Ereignis dar, genauso, wie anfangs der Mietbeginn. Das System ist ja nicht zum Selbstzweck da, sondern es soll eine definierte Leistung erbringen. Da das System im Normalzustand untätig ist, muß es durch ein externes Triggersignal, dem Ereignis, zum Arbeiten angestoßen werden. Hier wird in datenflußorientierte, zeitgesteuerte Ereignisse und Ereignisse, die durch einen Steuerfluß bzw. ein Signal ausgelöst werden, unterschieden. In diesem Fall stößt ein datenflußorientiertes, funktionales Ereignis das System an.

Es können bei Bedarf Tarif- und Fahrzeugübersichten erstellt werden. Der Vermieter verwaltet die Tarif- und Fahrzeugdaten (Miettarifdaten und Mietfahrzeugdaten). Diese Daten sind in der Tarif- und Fahrzeugdatei gespeichert, aus der die Übersichten erstellt werden.

6.3.1.3 Datenflußbeschreibung

Zum besseren Verständnis der Struktur und Hierarchie der Datenfüsse werden diese im folgenden aufgeschlüsselt. Das (E) hinter einer Beschreibung sagt aus, daß es sich um ein Element handelt, eine Ziffer verweist auf eine Struktur mit Unterpunkten.

1. Anschrift
    Straße (E)
    Postleitzahl (E)
    Ort (E)

2. Vermieter
    Name Vermieter (E)
    Anschrift (1.)

3. Mieter
    Name Mieter (E)
    Anschrift (E)

4. Mietdaten
    Mieter (3.)
    Miettarif (E)
    Mietfahrzeug (E)
    kalkulierte Mietdauer (E)
    kalkulierte km-Leistung (E)

5. Mietvertragsdaten
    Vermieter (2.)
    Mietdaten (4.)
    kalkulierte Mietkosten (E)

6. Abrechnungsdaten
    tatsächliche km-Leistung (E)
    tatsächliche Mietdauer (E)

7. Endabrechnungsdaten
    Mietvertragsdaten (5.)
    Abrechnungsdaten (6.)
    tatsächliche Mietkosten (E)

8. Miettarifdaten
    Miettarif A (E)
    Miettarif B (E)

9. Mietfahrzeugdaten
    Fahrzeugtyp (E)
    amtl. Kennzeichen (E)

10. Tarif- und Fahrzeugdaten
    Miettarifdaten (8.)
    Mietfahrzeugdaten (9.)

Baujahr (E)
Erstzulassung (E)
Fahrzeugfarbe (E)
Ausstattung (E)
Versicherungsdaten (E)

6.3.2 Datenmodellierung

Als weiteres Ergebnis der strukturierten Analyse soll das Datenmodell einen Ausschnitt aus der Realität abbilden. Das Datenmodell soll das Wissen des Unternehmens beinhalten, welches es braucht, um seinen Geschäftszweck zu erfüllen. Es ist wichtig, die Daten von speziellen Anwendungen zu entkoppeln, um die Schnittstellenfähigkeit zu anderen Anwendungen und die Erweiterbarkeit zu gewährleisten. Sie müssen also losgelöst von den Funktionen betrachtet und eigenständig erarbeitet werden. Sie sind ebenfalls, wie das Funktionenmodell, vom Groben zum Detail zu entwickeln (vgl. Abbildung 6.3.4). Es muß abstrahiert werden, d. h., es soll nicht mit Begriffen gearbeitet werden, die nur einen Einzelfall betreffen, sondern mit solchen, die stellvertretend für viele Einzelfälle gelten. Hardware- und softwarespezifische Überlegungen sind zurückzustellen, bis eine logisch einwandfreie Lösung vorliegt.

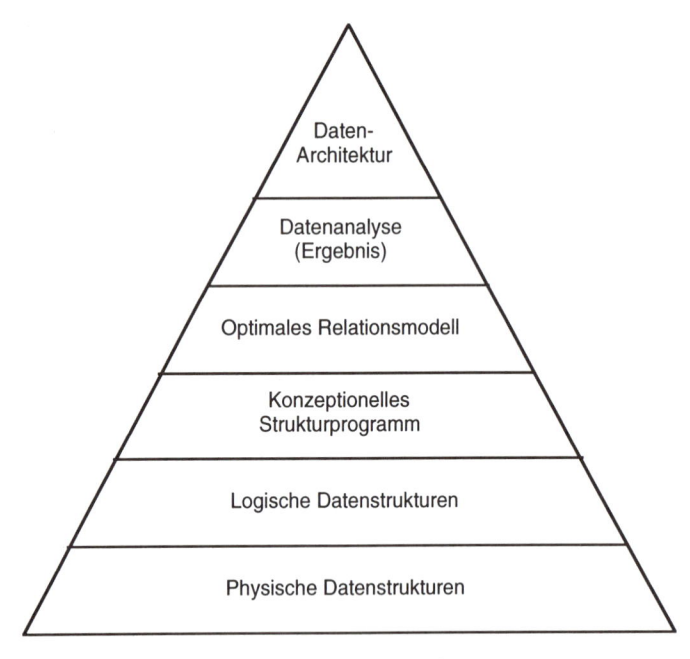

Abb. 6.3.4 Top-down-Prozedur des Datenbankentwurfs
(in Anlehnung an Vetter 1991, S. 438)

An dieser Stelle wird näher auf das Entity-Relationship-Modell (ER-Modell) von Peter Chen eingegangen. Er faßte schon 1976 verschiedene Konzepte zusammen, ordnete sie in eine umfassende Optik ein und präsentierte gleichzeitig eine gute graphische Darstellungsform (vgl. Kapitel 6.5.3.2.2.2). Chen unterscheidet zunächst vier Ebenen von Datensichten (Zehnder 1989, S. 61):

1. Informationen von Entitäten, die in unserem Kopf existieren,
2. Informationsstruktur, worin Entitäten und Beziehungen durch Daten repräsentiert werden,
3. Zugriffspfad-unabhängige Struktur,
4. Zugriffspfad-abhängige Struktur.

Chen lokalisierte sein ER-Modell auf den ersten beiden Ebenen.

6.3.2.1 Der Entity-Relationship-Ansatz (Chen 1991)

Der wesentliche Gedanke des Entity-Relationship-Ansatzes ist das Einfügen eines Zwischenschrittes in den logischen Datenbankentwurf. Der Datenbankdesigner identifiziert zuerst die Entitäten und die Beziehungen, die für das Unternehmen wichtig sind, indem er die Entity-Relationship-(ER)-Darstellungsmethode verwendet. Zu diesem Zeitpunkt sollte der Datenbankdesigner die Daten aus der Sicht des gesamten Unternehmens sehen (nicht aus der Sicht eines speziellen Anwendungsprogrammierers oder speziellen Anwenders). Deswegen soll hier die Beschreibung der Daten aus der Unternehmenssicht "Unternehmensschema" genannt werden.

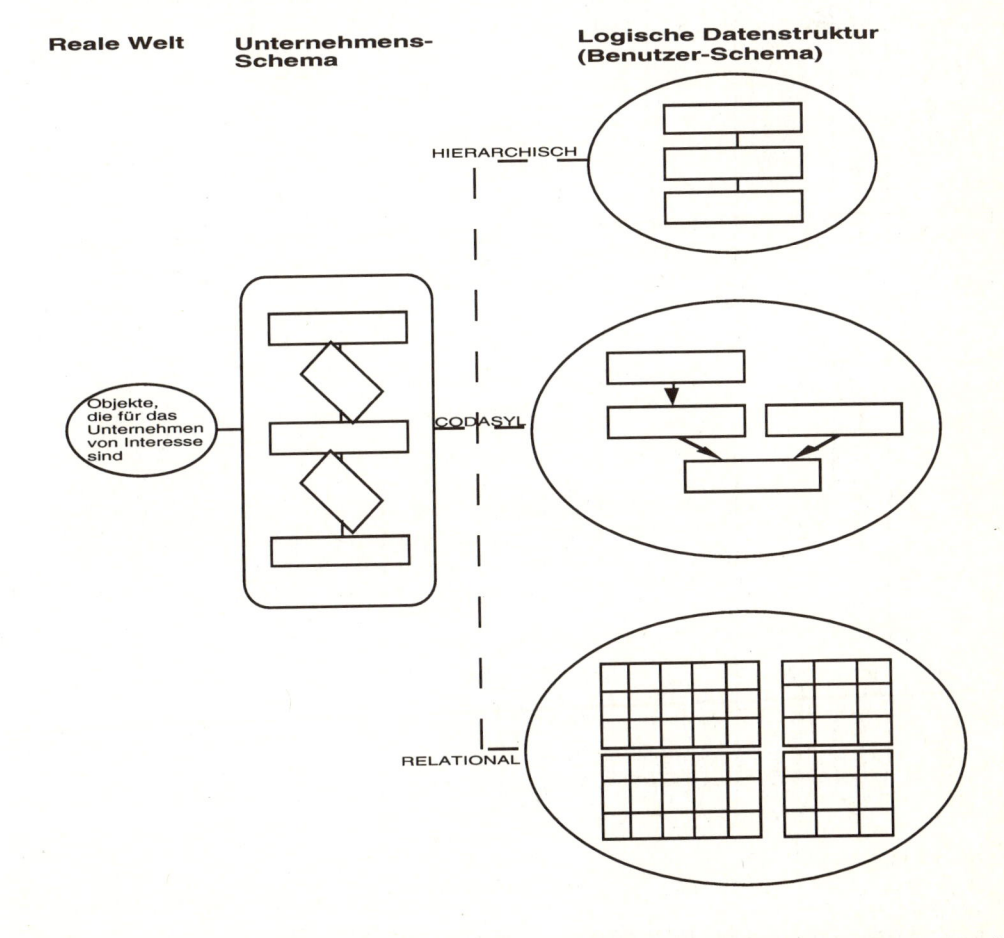

Abb. 6.3.5: Unternehmens-Schema: ein Zwischenschritt im logischen Datenbankentwurf (Quelle: Chen 1991, S. 24)

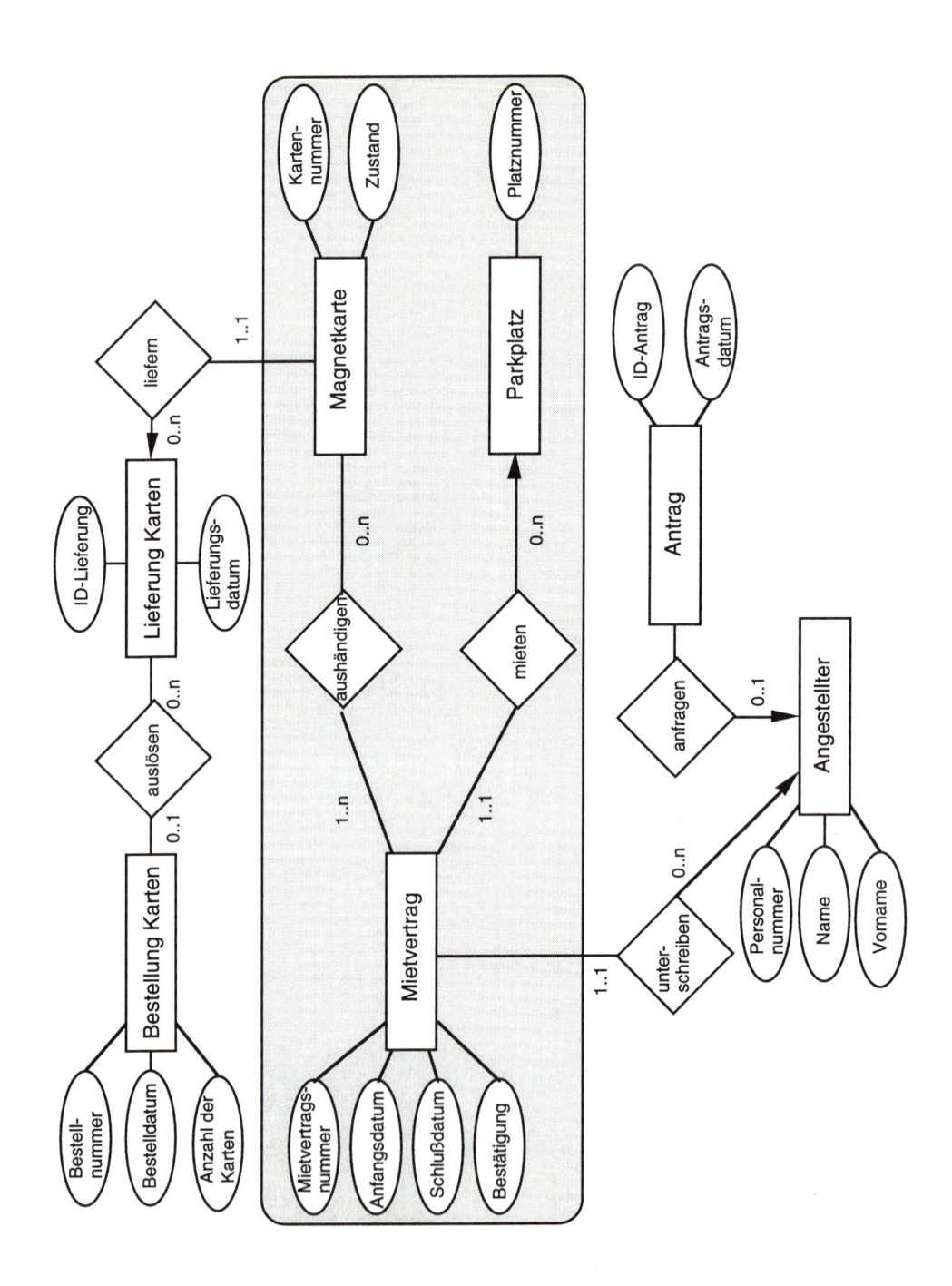

Abb. 6.3.6: Datenmodell der Parkplatzverwaltung
(in Anlehnung an Asselborn 1993, S. 38)

Das Unternehmensschema soll eine reine Beschreibung der realen Welt und unabhängig von Speicherplatz und Effizienzüberlegungen sein. Der Datenbankdesigner entwirft zuerst das Unternehmensschema und übersetzt es dann in ein Benutzerschema für sein Datenbanksystem (vgl. Abbildung 6.3.5).

Die konventionellen Ansätze, einen logischen Datenentwurf zu erstellen, haben normalerweise nur eine Phase: Übertragen der Information über Objekte in der realen Welt direkt in ein Benutzerschema. Der Entity-Relationship-Ansatz zum logischen Datenbankentwurf besteht dagegen aus zwei Hauptphasen (Chen 1991 S 25):

1. Definition des Unternehmensschemas unter Zuhilfenahme von Entity-Relationship-Diagrammen und

2. Übersetzung des Unternehmensschemas in ein Benutzerschema.

Die Vorteile des Entity-Relationship-Ansatzes sind:

- Die Aufteilung der Funktionalitäten und der Arbeit in zwei Phasen macht den Datenbankentwurfsprozeß einfacher und besser steuerbar.

- Das Unternehmensschema ist leichter zu entwerfen als das Benutzerschema, da es nicht durch die Fähigkeiten des Datenbanksystems begrenzt sein muß und daher von Speicherplatz und Effizienzüberlegungen unabhängig ist.

- Das Unternehmensschema ist langlebiger als das Benutzerschema. Wenn man von einem Datenbanksystem zum anderen wechseln will, muß nur das Benutzerschema gewechselt werden, nicht aber das Unternehmensschema, da das Unternehmensschema unabhängig vom Datenbanksystem benutzt wird. Das einzige, was getan werden muß, ist aus dem Unternehmensschema ein neues Benutzerschema zu erstellen, das zu dem neuen Datenbanksystem paßt. Ähnlich ist es, wenn jemand ein Benutzerschema ändern will, um ein neues Anwendungsprogramm zu optimieren. Man braucht das Unternehmensschema nicht zu ändern, sondern aus dem Unternehmensschema nur ein neues Benutzerschema zu erstellen.

- Das Unternehmensschema, das durch Entity-Relationship-Diagramme dargestellt ist, ist für Nicht-EDV-Fachleute leichter zu verstehen.

Im Beispiel (vgl. Abbildung 6.3.6) wird das Schema der Parkplatzverwaltung eines Unternehmens näher betrachtet, also dem für das ER-Modell typischen Zwischenschritt zwischen realer Welt und der logischen Datenstruktur beim Datenbankentwurf.

Jeder Angestellte des Unternehmens hat das Recht, einen Mietvertrag für einen Parkplatz zu beantragen. Dieser Antrag wird in der Abteilung "Verwaltung" überprüft und führt, wenn ein Parkplatz frei ist, zur Ausstellung eines Mietvertrages. Der Mietvertrag muß vom Angestellten unterschrieben werden. Er erhält gegen eine Kaution, die außerhalb des Systems von der Personalabteilung eingezogen wird, eine Magnetkarte, die es ihm ermöglicht, auf den beschrankten Parkplatz zu gelangen. Er bekommt einen festen Parkplatz mit einer fest zugewiesenen Platznummer. Falls eine Magnetkarte nicht mehr korrekt funktioniert, wird dem Angestellten, ohne das er dafür bezahlen muß, eine neue Karte ausgestellt. Verliert der Angestellte die Karte, wird ihm gegen Zahlung einer neuen Kaution (außerhalb des Systems) eine Ersatzkarte ausgehändigt. Wird die Magnetkarte zurückgegeben (Beendigung des Vertrages, wiedergefundene Karte), wird die Kaution zurückerstattet. Eine weitere Aufgabe in dieser Abteilung ist die Beschaffung der Magnetkarten. Es muß immer eine gewisse Reserve an Magnetkarten vorhanden sein. Die Karten werden bestellt und bei der Lieferung im System eingetragen.

Grundlegende Erläuterungen zur graphischen Darstellung und Bedeutung der Symbole werden im Kapitel 6.5.3.2.2.2 Datenmodellierung gegeben und werden an dieser Stelle daher lediglich ergänzt.

"Angestellter", "Mietvertrag" usw. sind verschiedene Entitätstypen. Sie sind als Rechtecke dargestellt. Sie sind eine Sache, die über ihre Begriffsbestimmung beschrieben und eindeutig identifiziert werden können. Die Rauten repräsentieren die Beziehungen (Relationships) zwischen verschiedenen Entitätstypen (z. B. mieten, aushändigen ...). Durch sie wird die Bedeutung der Verknüpfung von Entitäten festgelegt und die Rolle, in der die beteiligten Entitäten miteinander in Beziehung treten. Es sind beliebig viele voneinander unabhängige Beziehungen zwischen Entitätstypen möglich. Wichtig ist auch die Kardinalität einer Beziehung. Sie sagt aus, wieviel Entitäten des einen Entitätstyps mit wievielen Entitäten eines anderen Entitätstyps in Beziehung stehen. Sie sind im Beispiel als "0..n" usw. dargestellt. Sie sind für das Verständnis von großer Bedeutung. Deshalb wird noch mal ausführlich auf sie eingegangen. Man kann zwischen drei verschiedenen Typen unterscheiden: 1..1-Beziehungen (eins zu eins), 1..n-Beziehungen (eins zu viele) und n..m-Beziehungen (viele zu viele). In den Diagrammen wird damit angegeben, wieviel Entitäten minimal (üblicherweise 0 oder 1) und maximal (1, n oder m) miteinander in Beziehung stehen. Häufig sind die genauen Minima und Maxima nicht bekannt; wenn sie jedoch bekannt sind, können auch konkrete Zahlen angegeben werden. Anhand des markierten Bereichs in Abbildung 6.3.6 werden die Kardinalitäten konkret erläutert. Zwischen den Entitätstypen "Mietvertrag" und "Magnetkarte" besteht ein Beziehungstyp "mieten". Dabei handelt es sich um einen 1..n - Beziehungstyp. Diese Struktur beschreibt folgenden Sachverhalt:

- Mit einem Mietvertrag werden 0 bis n Parkplätze gemietet; d. h., es kann Mietverträge geben, die mehrere Parkplätze mieten, es kann Mietverträge geben, die einen Parkplatz mieten, es kann aber auch Mietverträge geben, die keinen Parkplatz mieten.

- Ein Parkplatz wird gemietet mit einem und nur einem (1..1) Mietvertrag; d. h., es kommt nicht vor, daß ein Parkplatz ohne Mietvertrag gemietet wird. Andererseits ist es nicht möglich, daß mit mehr als einem Mietvertrag (zwei oder mehr) ein bestimmter Parkplatzes gemietet werden kann.

Zwischen den Entitätstypen "Mietvertrag" und "Magnetkarte" besteht ein Beziehungstyp "aushändigen". Hierbei handelt es sich um eine n..m - Beziehung. Diese Struktur stellt den folgenden Sachverhalt dar:

- Mit einem Mietvertrag werden 0 bis n Magnetkarten ausgehändigt; d. h., es kann Mietverträge geben, mit denen mehrere Magnetkarten ausgehändigt werden, es kann aber auch Mietverträge geben, mit denen keine Magnetkarte ausgehändigt wird.

- Eine Magnetkarte wird mit 1 bis n Mietverträgen ausgehändigt: d. h., es kommt nicht vor, daß eine Magnetkarte ohne Mietvertrag vergeben wird. Andererseits kann es vorkommen, daß mit mehreren verschiedenen Mietverträgen eine bestimmte Magnetkarte ausgehändigt wird.

Es gibt häufig auch Beziehungstypen zwischen Entitäten gleichen Entitätstyps. Diese Beziehungen werden rekursive Beziehungen genannt. Ein Beispiel dafür ist der Beziehungstyp "Ehe". Diesem Beziehungstyp werden z. B. Entitäten des Entitätstyps "Person" zugeordnet (vgl. Abbildung 6.3.7). Bei diesem Beziehungstyp wird aber nicht ausgedrückt, daß eine Person nicht mit sich selbst verheiratet sein kann.

Es kommen aber auch Beziehungen zwischen drei und mehr Entitäten vor. Die Anzahl der Entitätstypen, die an einem Beziehungstyp beteiligt sind, wird Grad der Beziehung genannt. In Abbildung 6.3.6 sind nur Beziehungstypen vom Grad 2. Sie werden auch binäre Beziehungen genannt. Beziehungen vom Grad 3 nennt man auch ternäre Beziehungstypen.

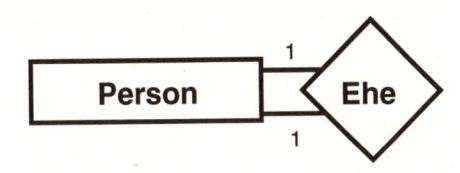

Abb. 6.3.7: Rekursiver Beziehungstyp

Entitäten sind sogenannte Attribute und Werte zugeordnet. Dies sind Eigenschaften, die die Entitäten oder Beziehungen näher beschreiben und dafür wesentlich sind. Im Beispiel (Abbildung 6.3.6) hat die Entität "Angestellter" die grafisch als Oval dargestellten Attribute "Personalnummer", "Name", "Vorname", die diese Entität damit näher beschreiben. Alle Entitäten eines Entitätstyps haben die gleichen Attribute. Werte können in verschiedene Wertetypen klassifiziert werden, denen ein eindeutiger Name zugeordnet wird, wie z. B. Anzahl der Jahre, Datum oder Menge. Formal ist ein Attribut auf einen Wertetyp definiert. Aber es können auch verschiedene Attribute auf den gleichen Wertetyp abgebildet werden. Im Beispiel hat die Entität "Mietvertrag" die Attribute "Anfangsdatum" und "Schlußdatum". Beide haben den gleichen Wertetyp "Datum". Um eine Grafik nicht zu überfrachten, werden in komplexen Modellen nur die Attribute dargestellt, die zum Verständnis notwendig sind. Alle anderen werden in einer seperaten Beschreibung der Entität aufgeführt. Bisher wurden nur Attribute von Entitäten betrachtet. Genauso können aber auch Eigenschaften einer Beziehung interessant sein. Diese werden dann ebenfalls, wie Entitäten, mit Attributen belegt und als Oval an einer Beziehung kenntlich gemacht.

Um Entitäten zu verarbeiten und zu unterscheiden, ist es zunächst notwendig sie zu identifizieren. Eine üblicherweise benutzte Methode ist der Gebrauch von Attribut-Werte-Paaren, um Entitäten zu identifizieren. Aber jede Entität hat viele Attribute. Welches dieser Attribute soll man nun wählen? Ein Attribut soll eine Entität eindeutig identifizieren. Also ist z. B. das Attribut "Name" in der Entität "Angestellter" durchaus geeignet, um einen Mitarbeiter in einem kleinen Unternehmen eindeutig zu identifizieren. In einem großen Unternehmen geht das aber nicht mehr, weil z. B. viele Namen nicht einmalig sind. Die gewählten Attribute für die Entität werden Entitätsschlüssel genannt. In manchen Fällen kann es schwierig oder umständlich sein, vorhandene Attribute als Entitätsschlüssel zu benutzen. Dann muß ein künstliches Attribut geschaffen werden, das die Entität gut identifizieren kann (Chen 1991, S. 42). Beispiele sind "Personalnummer", "Mietvertragsnummer", "Bestellnummer".

Beziehungen werden identifiziert, indem man die Schlüssel der Entitäten in der Beziehung nutzt. So ist z. B. die Beziehung Mietvertrag/Parkplatz durch die "Mietvertragsnummer" der Entität "Mietvertrag" und "Platznummer" der Entität "Parkplatz" eindeutig definiert. Ist eine Beziehung "Ehe" durch das Vorhandensein von zwei Entitäten des gleichen Entitätstyps, wie z. B. "Person" (vgl. Abbildung 6.3.7) definiert, reicht der Entitätsschlüssel "Name" nicht aus. Es muß auch noch die Rolle, die die Entität in der Beziehung spielt, gekennzeichnet werden. In dem Fall Ehe muß zu dem Entitätsschlüssel "Namen" noch die Rollen "Ehemann" und "Ehefrau" hinzugefügt werden (Chen 1991, S.42).

Spezielle Entitäts- und Beziehungstypen sind die Existenzabhängigkeit und Schlüsselabhängigkeit. Existenzabhängigkeit zwischen Entitätstypen liegt vor, wenn die Existenz einer Entität des einen Entitätstyps davon abhängt, daß eine entsprechende Entität eines anderen Entitätstyps existiert. Z. B. hängt die Existenz der Entität "Mietvertrag" von der Existenz des dazugehörigen Entitätstyps "Angestellter" ab. D. h., nur wenn eine Beziehung des Unternehmens zum Angestellten aufgebaut ist, kann ein Mietvertrag unterschrieben werden. Schlüsselabhängigkeit ist gegeben, wenn eine Entität nicht eindeutig durch ihre eigenen Attribute identifiziert werden kann, sondern durch ihre Beziehungen mit anderen Entitäten identifiziert werden muß. Beispielsweise ist ein Straßenname nur in Verbindung mit einer Stadt eindeutig identifizierbar.

6.3.2.2 Beschreibung der Entitäten

Die im Beispiel der Abbildung 6.3.6 verwendeten Benennungen der Entitäten, Attribute und Beziehungen werden in der folgenden Auflistung kurz erläutert (Asselborn 1993 S. 39).

Antrag
    ein Antrag auf Mietvertrag

    Antragsdatum
        Datum eines Antrags auf Mietvertrag
    ID-Antrag
        Identifiziertes Merkmal eines Antrags auf einen Mietvertrag

Bestellung Karten
    Bestellung von neuen Magnetkarten

    Anzahl der Karten
        Anzahl der Karten, die bestellt wurden
    Bestelldatum
        Datum der Bestellung von Magnetkarten
    Bestellnummer
        Nummer einer Bestellung von Magnetkarten

Lieferung Karten
    Lieferung von neuen Magnetkarten

    ID-Lieferung
        identifiziertes Merkmal der Lieferung
    Lieferungsdatum
        Datum, an dem die Magnetkarten geliefert werden

Magnetkarte
    Magnetkarte gibt die Einfahrt zum Parkplatz frei

    Kartennummer
        Nummer einer Magnetkarte
    Zustand
        Zustand einer Magnetkarte (z. B. vermietet)

Mietvertrag
    Mietvertrag an einen Angestellten der Big Bank

    Anfangsdatum
        Datum, ab dem ein Mietvertrag beginnt
    Bestätigung
        Ist der Mietvertrag bestätigt worden ?
    Mietvertragsnummer
        Nummer eines Mietvertrags
    Schlußdatum
        Datum, ab dem ein Mietvertrag endet

Parkplatz
    Parkplatz, der den Angestellten vermietet werden kann

    Platznummer
        Nummer eines Parkplatzes

anfragen
    Angestellter fragt einen Mietvertrag an

aushändigen
    zum Mietvertrag gehört eine Magnetkarte

auslösen
    eine Lieferung wird durch die Bestellung ausgelöst
liefern
    Magnetkarten werden geliefert

mieten
    ein Mietvertrag dient zur Vermietung eines Parkplatzes

unterschreiben
    Mietvertrag wird vom Angestellten unterschrieben

6.4 Die VERA-/RHIA-Analyse

A. Metz, S. Versinger

6.4.1 Anliegen der VERA-/RHIA-Analyse

Arbeitsgestaltung und darin eingeschlossen die Gestaltung von Organisation kann, je nach dem Zeitraum des Einsatzes der jeweiligen Gestaltungsstrategie, wie in Abbildung 6.4.1 dargestellt, korrektiv, präventiv oder prospektiv erfolgen (Ulich, Troy, Alioth 1989).

Die nachträgliche Entdeckung von Mängeln hinsichtlich verschiedener Gestaltungskriterien bei bestehenden Systemen und deren Ausgleich mittels entsprechender Maßnahmen wird als *korrektive* Arbeitsgestaltung bezeichnet (Abbildung 6.4.1).
Von einer *präventiven* Gestaltungsstrategie ist die Rede, wenn im Entwurfsstadium eines Systems antizipativ die grundsätzlichen Forderungen einer arbeitswissenschaftlichen Arbeitsgestaltung wie z. B. "Beeinträchtigungsfreiheit" und "Schädigungslosigkeit" berücksichtigt werden.

Bei einer *prospektiven* Gestaltungsstrategie wird die Vorgehensweise auf das Ziel der Schaffung "persönlichkeitsförderlicher" Arbeitsplätze erweitert. Dies führt dazu, daß ein Gestalter bereits in einer sehr frühen Phase des Planungsprozesses von Produkt- und Prozeßinnovationen künftige menschliche Arbeitsaufgaben und -strukturen beschreiben und bewerten kann, und daß hieraus wesentliche Hinweise, Leitlinien und Festlegungen sowohl für die technologisch/technische als auch für die arbeitsorganisatorische und die personell/qualifikatorische Planung gewonnen werden können. Eine prospektive Arbeitsgestaltung ist daher anzustreben, und es sind dazu geeignete Instrumentarien und Methoden zu identifizieren und einzusetzen.

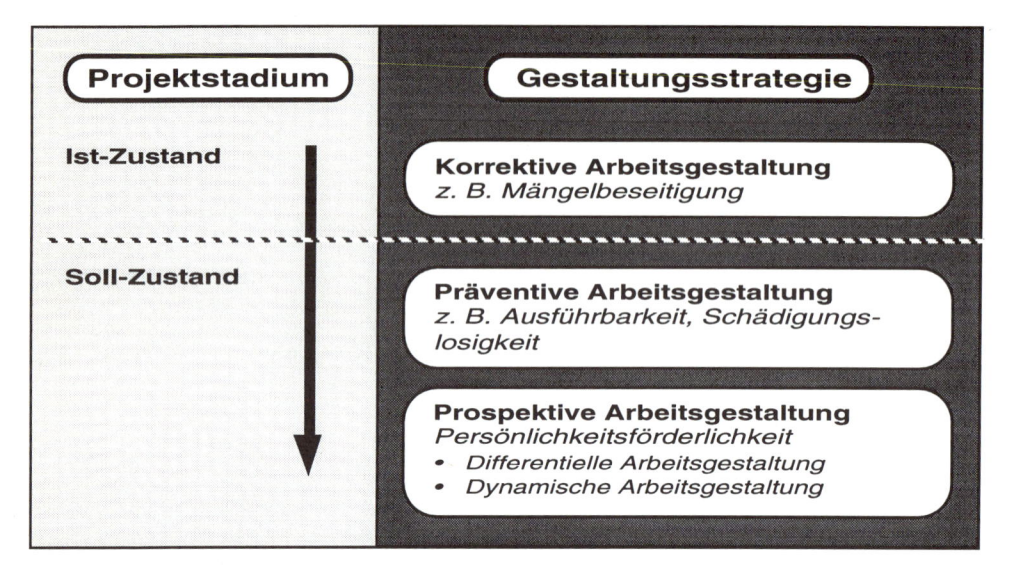

Abb. 6.4.1:   Gestaltungsstrategie (Quelle: Hornung 1991 nach Ulich, S. 20)

Das VERA- und das RHIA-Verfahren gehören zur Gruppe der sogenannten Tätigkeitsanalyseverfahren. Das wissenschaftliche Paradigma, auf dem VERA und RHIA basieren, ist die sogenannte Handlungstheorie (Hacker 1986). Diese besagt unter anderem, daß eine äußere beobachtbare Handlung und die dieser zugrunde liegende psychische Struktur eine Einheit bilden. Entscheidend dafür ist die Regulation der Handlung. Darüber hinaus geht das Verfahren davon aus, daß eine Bewertung der Arbeit nach dem Gesichtspunkt erfolgen kann, inwieweit sie sich förderlich auf die Entwicklung der Persönlichkeit auswirkt. Durch die Art des Instrumentariums werden bei diesen Verfahren die objektiven Bedingungen und die von außen beobachtbaren Arbeitsaufgaben unabhängig von der einzelnen Arbeitsperson erfaßt.

Da das VERA-Verfahren die wünschenswerten Bedingungen und das RHIA-Verfahren die zu vermeidenden Bedingungen eines Arbeitsplatzes untersuchen ist ein kombinierter Einsatz beider Verfahren als äußerst sinnvoll anzusehen, da unter Humanisierungsaspekten nicht nur eine Verminderung von Belastungen, sondern auch durch eine Aufgabenanreicherung die Möglichkeit eines Belastungsabbaus gegeben ist (Ulich, Troy, Alioth 1989). Die VERA-RHIA-Analyse ist in eine Vorgehensweise eingebettet, die sich in drei Phasen gliedert:

1. Ist-Analyse des Ausgangszustandes mit dem VERA-/RHIA-Verfahren,

2. *Prospektive* Ausarbeitung und Beschreibung unterschiedlicher Gestaltungsoptionen in einem der Ist-Analyse entsprechendem Konkretisierungs- und Detaillierungsgrad,

3. Anwendung der Bewertungskriterien der Verfahren auf die fiktiven Aufgabenbeschreibungen, so als ob diese Beschreibungen in realen Messungen entstanden wären.

Im Hinblick auf die Arbeitsorganisation liefert diese Vorgehensweise Kriterien für Veränderungen in der Aufbau- und Ablauforganisation von Betrieben, sowie konkrete, handhabbare Beschreibungen der neu entstehenden Aufgaben- und Verantwortungsbereiche bis hin zu Stellen- bzw. Tätigkeitsbeschreibungen.

6.4.2 Beschreibung des Verfahrens zur Ermittlung von Regulationsanforderungen in der Arbeitstätigkeit (VERA)

6.4.2.1 Anwendungsbereich des VERA

Das Arbeitsanalyseverfahren VERA betrachtet die Arbeitsbedingungen im industriell-gewerblichen Bereich unter dem Aspekt, daß "Arbeitsbedingungen, die wünschenswert sind, (da sie) dem Arbeitenden ermöglichen, seine Kenntnisse, Fähigkeiten und Fertigkeiten in die Arbeit einzubringen und zu erweitern" (Leitner, Volpert, Greiner 1987) zu identifizieren sind. VERA wird zur Bewertung von Arbeitsaufgaben hinsichtlich ihrer Persönlichkeitsförderlichkeit eingesetzt, um einerseits Änderungen der betrieblichen Bedingungen beurteilen zu können und andererseits zur Entwicklung von Arbeitsgestaltungsmaßnahmen beizutragen (Abbildung 6.4.2).

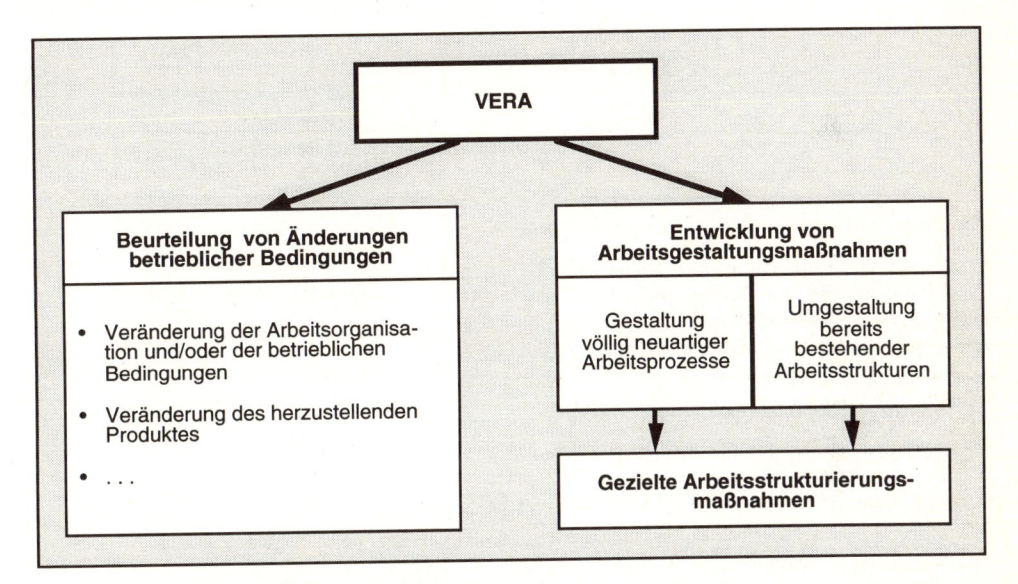

Abb. 6.4.2: Aufgabengebiet des VERA
(in Anlehnung an Volpert, Oestereich, Gablenz-Kolakovic, Krogosch, Resch 1983, S. 83 - 91)

Der zentrale Begriff des VERA ist die *"Anforderung"*. Unter Anforderungen werden im Sinne der Handlungstheorie die Denk- und Planungserfordernisse durch die Arbeitsaufgabe angesehen. Diese werden beim VERA in zehn Stufen eingeteilt. So wird durch dieses Verfahren das Ausmaß an Handlungsspielraum, den die Arbeitstätigkeit ermöglicht, also die Höhe der Regulationserfordernisse, bestimmt. Ebenso wird der Umfang ermittelt, in dem die arbeitende Person eigenständig Entscheidungen hinsichtlich Art und Abfolge ihrer Arbeitsschritte treffen kann, durch die sie ein eingefordertes Arbeitsergebnis realisiert (Abbildung 6.4.3).

6.4.2.2 Methodisches Vorgehen beim VERA-Einsatz

VERA besteht aus einem Handbuch und einem Manual. Mit Hilfe des Handbuchs kann sich der Untersucher in das Verfahren und seine Hintergründe einarbeiten.

```
┌─────────────────────────────────────────────────────────────────────┐
│  ┌───────────────────────────────────────────────────────────────┐  │
│  │ Bestehende Arbeitstätigkeit aus dem Bereich industriell-      │  │
│  │ gewerblicher Arbeitsplätze                                    │  │
│  └───────────────────────────────────────────────────────────────┘  │
│                               │                                     │
│                               ▼                                     │
│              ╱───────────────────────────────╲                      │
│             (   Analyse mit Verfahren VERA    )                     │
│             (  "Verfahren zur Ermittlung von  )                     │
│             (   Regulationserfordernissen in  )                     │
│             (   der Arbeitstätigkeit"         )                     │
│              ╲───────────────────────────────╱                      │
│                               │                                     │
│                               ▼                                     │
│  ┌───────────────────────────────────────────────────────────────┐  │
│  │ Einstufung der Regulationserfordernisse                       │  │
│  │                                                               │  │
│  │ • Welches Ausmaß an Handlungsspielraum ermöglicht diese       │  │
│  │   Arbeitstätigkeit?                                           │  │
│  │ • Welches Niveau an eigenständigen Denk- und                  │  │
│  │   Planungsanforderungen stellt diese Arbeitstätigkeit an      │  │
│  │   eine arbeitende Person?                                     │  │
│  │ • Ermittlung des Umfangs, in dem die arbeitende Person        │  │
│  │   eigenständig Entscheidungen hinsichtlich Art und Abfolge    │  │
│  │   dieser Arbeitsschritte treffen kann                         │  │
│  └───────────────────────────────────────────────────────────────┘  │
│              ↙                                ↘                     │
│  ┌──────────────────────┐         ┌──────────────────────────┐     │
│  │    Bewertung der     │         │      Ableitung von       │     │
│  │   Arbeitstätigkeit   │         │   Arbeitsgestaltungs-    │     │
│  │                      │         │        maßnahmen         │     │
│  └──────────────────────┘         └──────────────────────────┘     │
└─────────────────────────────────────────────────────────────────────┘
```

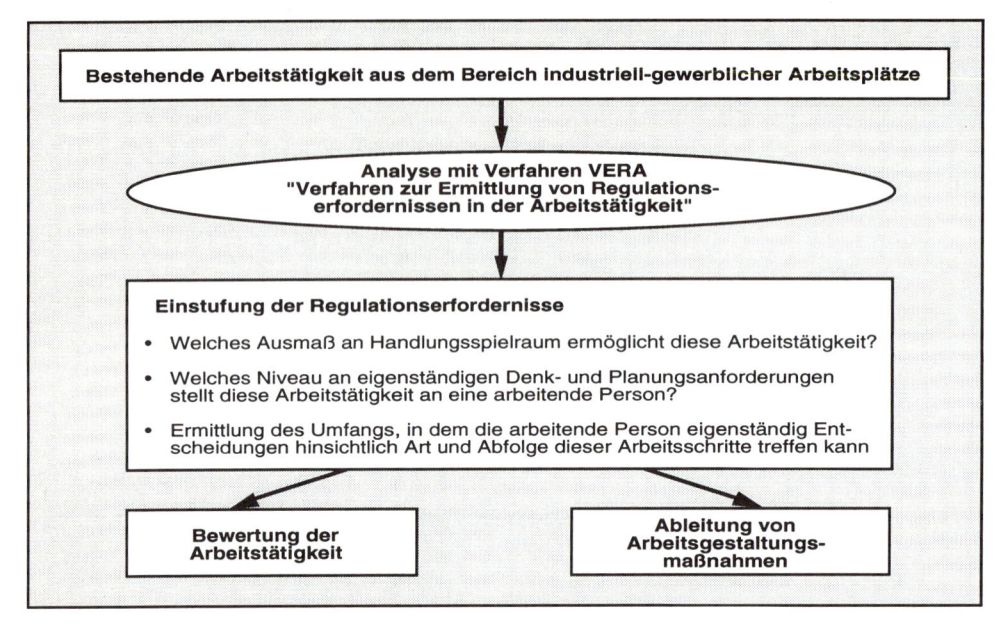

Abb. 6.4.3: Einstufung der Regulationserfordernisse
(in Anlehnung an Volpert, Oestereich, Gablenz-Kolakovic, Krogosch, Resch 1983, S. 6 - 18)

---

1. Schritt - Allgemeine Orientierung

Orientierung über die gesamte Arbeitstätigkeit.

Überblick über Arbeitsplatz, Arbeitsumfeld sowie über die Arbeitsorganisation:

- Beobachtung der Arbeitstätigkeit am betreffenden Arbeitsplatz über einen längeren Zeitraum
- Filmen der Arbeitstätigkeit und Verwenden des Videos für die Auswertung
- von jedem untersuchten Arbeitsplatz einschließlich des Umfeldes wird eine Skizze erstellt
- Unterteilung der Arbeitstätigkeit in Arbeitseinheiten, Abgrenzung von Arbeitsaufgaben
- Ermittlung des zeitlichen Anteils der Arbeitsaufgaben (Nebenaufgaben weniger 5 %)

2. Schritt - Spezielle Orientierung

Einzelheiten der Arbeitsorganisation werden mit Hilfe des VERA-Fragenkatalogs bewertet. Dabei wird jede Arbeitseinheit einzeln betrachtet.

3. Schritt - Einstufung

Zuordnung jeder einzelnen Arbeitseinheit zu einer der "Stufen der Regulationserfordernisse" mittels Beantwortung der Fragen des "Fragenalgorithmusses"

Ableitung von Arbeitsgestaltungsmaßnahmen

Bewertung der Maßnahmen mittels VERA

Abb. 6.4.4: Vorgehensweise bei der VERA-Analyse

Dabei sollten die Kapitel

- Absicht des Verfahrens,
- mögliche Anwendungen von VERA in der Praxis,
- Anleitungen und Erläuterungen zum Einsatz des VERA

obligatorisch sein.

Das Manual dient zur Anleitung des Anwenders bei der Analyse und beinhaltet die (Abbildung 6.4.4)

- allgemeine Orientierung (1. Schritt),
- spezielle Orientierung (2. Schritt) und
- Einstufung (3. Schritt).

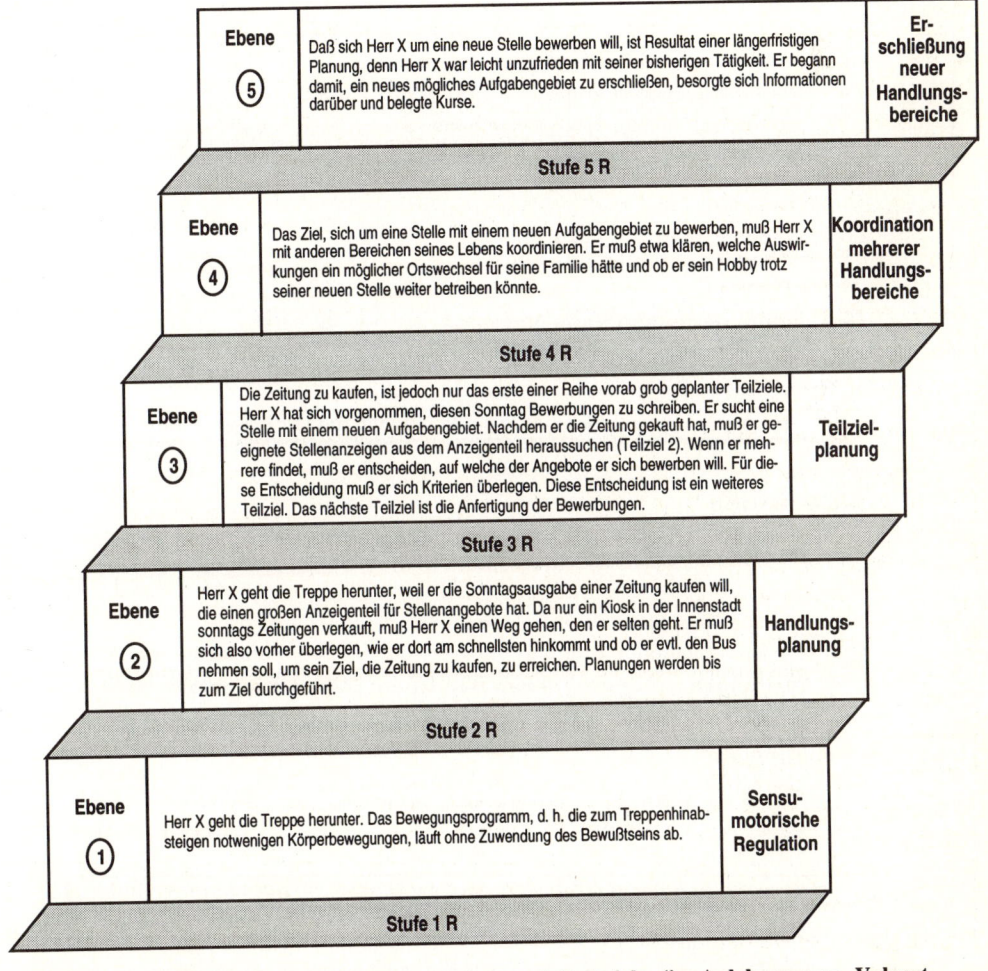

Ebene	Beschreibung	Bezeichnung
Ebene 5	Daß sich Herr X um eine neue Stelle bewerben will, ist Resultat einer längerfristigen Planung, denn Herr X war leicht unzufrieden mit seiner bisherigen Tätigkeit. Er begann damit, ein neues mögliches Aufgabengebiet zu erschließen, besorgte sich Informationen darüber und belegte Kurse.	Erschließung neuer Handlungsbereiche
	Stufe 5 R	
Ebene 4	Das Ziel, sich um eine Stelle mit einem neuen Aufgabengebiet zu bewerben, muß Herr X mit anderen Bereichen seines Lebens koordinieren. Er muß etwa klären, welche Auswirkungen ein möglicher Ortswechsel für seine Familie hätte und ob er sein Hobby trotz seiner neuen Stelle weiter betreiben könnte.	Koordination mehrerer Handlungsbereiche
	Stufe 4 R	
Ebene 3	Die Zeitung zu kaufen, ist jedoch nur das erste einer Reihe vorab grob geplanter Teilziele. Herr X hat sich vorgenommen, diesen Sonntag Bewerbungen zu schreiben. Er sucht eine Stelle mit einem neuen Aufgabengebiet. Nachdem er die Zeitung gekauft hat, muß er geeignete Stellenanzeigen aus dem Anzeigenteil heraussuchen (Teilziel 2). Wenn er mehrere findet, muß er entscheiden, auf welche der Angebote er sich bewerben will. Für diese Entscheidung muß er sich Kriterien überlegen. Diese Entscheidung ist ein weiteres Teilziel. Das nächste Teilziel ist die Anfertigung der Bewerbungen.	Teilzielplanung
	Stufe 3 R	
Ebene 2	Herr X geht die Treppe herunter, weil er die Sonntagsausgabe einer Zeitung kaufen will, die einen großen Anzeigenteil für Stellenangebote hat. Da nur ein Kiosk in der Innenstadt sonntags Zeitungen verkauft, muß Herr X einen Weg gehen, den er selten geht. Er muß sich also vorher überlegen, wie er dort am schnellsten hinkommt und ob er evtl. den Bus nehmen soll, um sein Ziel, die Zeitung zu kaufen, zu erreichen. Planungen werden bis zum Ziel durchgeführt.	Handlungsplanung
	Stufe 2 R	
Ebene 1	Herr X geht die Treppe herunter. Das Bewegungsprogramm, d. h. die zum Treppenhinabsteigen notwendigen Körperbewegungen, läuft ohne Zuwendung des Bewußtseins ab.	Sensumotorische Regulation
	Stufe 1 R	

Abb. 6.4.5: Ebenen der Handlungsregulation und Beispiele (in Anlehnung an Volpert, Oestereich, Gablenz-Kolakovic, Krogosch, Resch 1983, S. 50 - 53 und S. 60 - 64)

Vorbereitung:

Auswahl der zu untersuchenden Arbeitsplätze

- aus industriell-gewerblichem Bereich,
- die Arbeitsaufgabe muß am gewählten Arbeitsplatz so ausgeführt werden, wie sie im Betrieb üblich ist,
- es muß sich um einen geübten, ausreichend angelernten Arbeiter handeln

Information der Betroffenen, der direkten Vorgesetzten, des Betriebsrates und der Unternehmensleitung über Vorgehensweise und Ziel des Verfahrens

Abb. 6.4.6: Auswahl der zu untersuchenden Arbeitsplätze

1?

Koordination bestimmter Bereiche

(A) Die Arbeitstätigkeit erfordert die **planende Koordination** verschiedener Bereiche. Für mindestens zwei dieser Bereiche ist die Planung so kompliziert, daß nicht in allen Einzelheiten bis hin zum Arbeitsergebnis alles geplant werden kann. Es muß daher erst ein Teil der Arbeitsschritte ausgeführt werden, bis der nächste Teil genauer durchdacht werden kann.
→ FRAGE 3

(B) Weder **A** noch **C** trifft zu.
→ FRAGE 2

Keine Planung

(C) **Immer wiederkehrende** Arbeitsaufträge erfordern lediglich solche Arbeitsschritte, für die - durch häufige Ausübung - kein gedankliches Durchspielen erforderlich ist.
→ FRAGE 6

In diesem Beispiel wird Antwort B gewählt, die zur Frage 2 führt.

2?

Neuer Bereich

(A) Aktivitäten für die Einführung eines **neuen Bereiches** für neue **Arbeitstätigkeiten** sind zu planen.
→ STUFE 5 R

Koordination verschiedener Bereiche

(B) Die Arbeitsaufgabe erfordert die Initiierung und/oder die Aufrechterhaltung eines verschiedene Bereiche umfassenden Prozesses; **verschiedene Planungen in verschiedenen Bereichen** müssen also **miteinander koordiniert werden**.
→ STUFE 4

Nur ein Bereich

(C) Der Arbeitende muß zwar auch Bereiche anderer Personen kennen, jedoch hat er **nur in einem Bereich verantwortlich zu planen**.
→ FRAGE 7

Hier wird nun Antwort B gewählt, was zur Einstufung auf Ebene 4 führt.

Abb. 6.4.7: Beispiel eines Fragenbaums zur Einstufung einer Arbeitseinheit in eine Regulationsebene (Quelle: Volpert, Oestereich, Gablenz-Kolakovic, Krogosch, Resch 1983, S. 113 ff.)

Der Kern des Verfahrens ist der 3. Schritt, in dem die Zuordnung der Arbeitseinheiten zu einer der Stufen der Regulationserfordernisse erfolgt. Die Einstufung erfolgt in ein Modell, das ausgehend von der niedrigsten Ebene der "sensumotorischen Regulation" bis hin zur höchsten Ebene der "Erschließung neuer Handlungsbereiche" fünf Ebenen umfaßt (Abbildung 6.4.6). Die "R"-Stufen bedeuten dabei, daß der Arbeitende die für die Ebene typische Planung nicht selbst durchführt, aber begreift und nachvollziehen kann. Zur Verdeutlichung der Regulationserfordernisse der einzelnen Ebenen werden diese an Beispielen aus dem Alltagsleben in Abbildung 6.4.5 erläutert.

Voraussetzung für eine objektive Anwendung des VERA-Verfahrens ist - wie in Abbildung 6.4.6 ausführlicher erläutert - die Auswahl repräsentativer Arbeitsplätze für alle zu prüfenden Arbeitstätigkeiten.

Die eigentliche Einstufung erfolgt durch das Abarbeiten eines Fragenbaums, von dem in Abbildung 6.4.7 beispielhaft ein Auszug dargestellt ist.

Nach der erfolgten Einstufung lassen sich Arbeitsgestaltungsmaßnahmen ableiten, die eine Arbeitsaufgabe auf hohem Regulationsniveau anstreben, wobei jedoch zu beachten ist, daß (zu) hohe Anforderungen auf Dauer auch belastend wirken können. Vermieden werden soll eine dauerhafte Beschränkung auf niedrige Regulationserfordernisse, die die menschlichen Fähigkeiten ungenutzt verkümmern lassen, was sich auch im Handeln außerhalb der Arbeit negativ auswirken könnte. Ulich (1989) definiert in diesem Kontext als ein Gestaltungsziel menschengerechter Aufgabengestaltung - neben der Ganzheitlichkeit - Möglichkeiten zur sozialen Interaktion, Autonomie, Lern- und Entwicklungsmöglichkeiten und im Rahmen der differentiellen Arbeitsgestaltung die "Anforderungvielfalt". Die Einstufung nach VERA und die auf der Basis der Analyse gemachten Gestaltungsvorschläge berücksichtigen nicht die tatsächlichen Belastungen der psychischen Regulation am Arbeitsplatz. Um diese Belastungen in die Analyse einbeziehen zu können, ist es sinnvoll parallel zum VERA- das RHIA-Verfahren einzusetzen.

6.4.3 Beschreibung des Verfahrens zur Ermittlung von Regulationshindernissen in der Arbeitstätigkeit (RHIA)

6.4.3.1 Anwendungsbereich des RHIA

Das Arbeitsanalyseverfahren RHIA betrachtet die Arbeitsbedingungen an allen gewerblichen (produzierenden) Arbeitsplätzen unter dem Aspekt, daß "Arbeitsbedingungen, (die) zu vermeiden sind, (...) (die, Anmerkung des Verfassers) die Arbeit behindern, d. h. unnötigen Aufwand verursachen und negative Auswirkungen auf den Gesundheitszustand des Arbeitenden haben können" (Leitner, Volpert, Greiner 1987). Das RHIA-Verfahren ermöglicht es also, belastende Arbeitsbedingungen als eine mögliche Ursache psychischer Beeinträchtigung präzise zu bestimmen und in ihrer Intensität einheitlich zu bewerten. Diese identifizierten Regulationsbehinderungen bilden für den Arbeitsgestalter eine Zielvorgabe, Veränderungen in der technischen Ausstattung wie auch ihre arbeitsorganisatorische Einbindung zu erwägen.

Der zentrale Begriff beim RHIA-Verfahren ist die *"Belastung"*. Diese resultiert zum einen aus Regulationshindernissen, die einen Mehraufwand bei der Tätigkeitsausführung erfordern. Beispielsweise ist eine Maschinenreparatur mit veralteten Schaltplänen ein solcher Mehraufwand. Zum anderen folgt sie aus der leistungsmäßigen Überforderung (Regulationsüberforderung) eines Arbeitenden, wie dies die zu hohe Geschwindigkeit eines Fließbandes darstellt. Die Abbildungen 6.4.8 und 6.4.9 erläutern die weitere Unterteilung dieser beiden Belastungstypen.

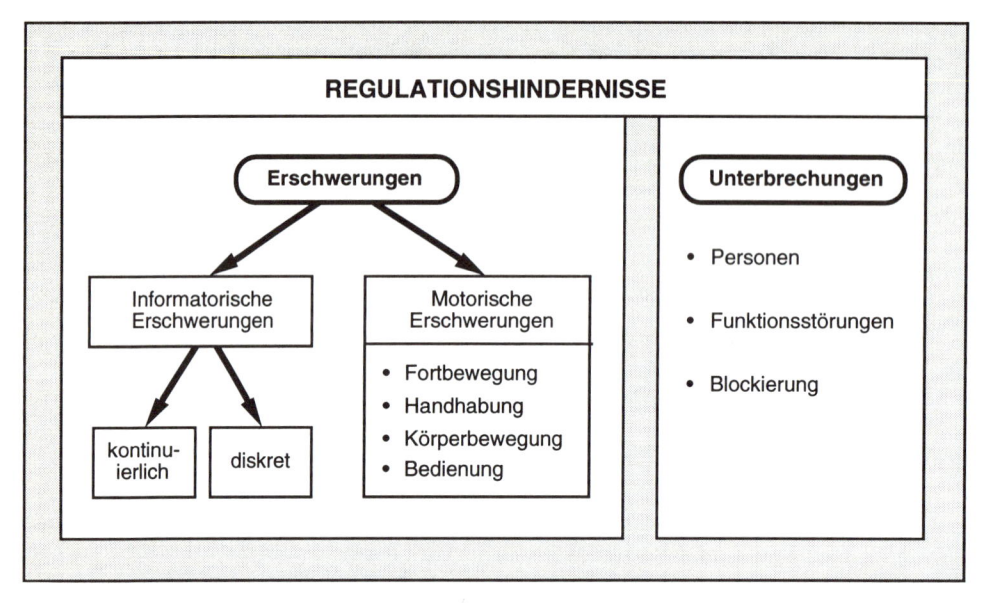

Abb. 6.4.8: Regulationshindernisse beim RHIA-Verfahren
(Quelle: Leitner, Volpert, Greiner 1987, S. 83)

Die Regulationshindernisse sind immer mit der Arbeitsaufgabe (nicht mit der Person) direkt verbunden und können nur durch einen zusätzlichen Aufwand oder riskantes Handeln überwunden werden. Erschwerungen (informatorisch, motorisch) sind an bestimmte Handlungen gebunden. Unterbrechungen dagegen können jederzeit auftreten.

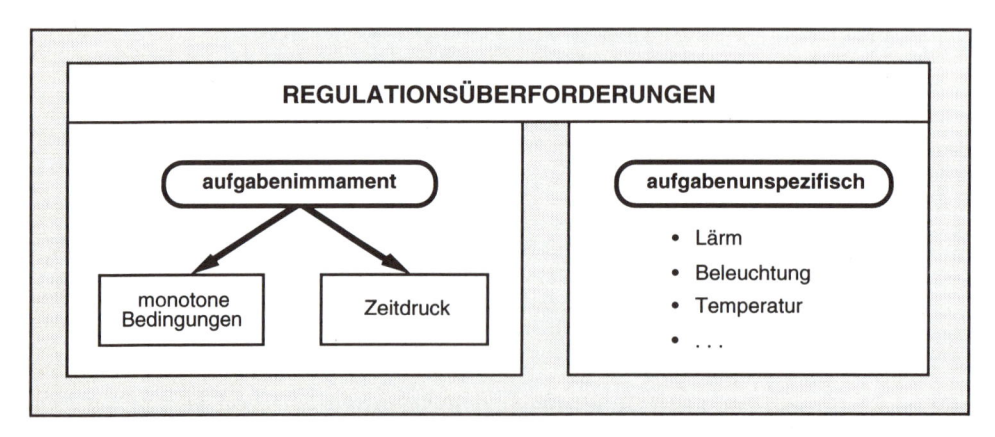

Abb. 6.4.9: Regulationsüberforderungen beim RHIA-Verfahren
(Quelle: Leitner, Volpert, Greiner 1987, S. 83)

Regulationsüberforderungen sind entweder aufgabenimmanent oder -spezifisch. Bei den ersteren sind dies monotone Bedingungen und Zeitdruck. Monotone Bedingungen definiert Leitner (Leitner, Volpert, Greiner 1987) folgendermaßen: "Das gleichzeitige Zusammentreffen von zur Aufgabenausführung notwendiger Aufmerksamkeit und immer gleichen, wiederkehrenden Arbeitsoperationen überfordert die menschliche Regulationsfähigkeit, da nicht die Möglichkeit besteht, durch Automatisierung fehlerfreie Abläufe für Handlungsroutinen zu sichern."

Zeitdruck definierten Leitner, Volpert und Greiner (1987) wie folgt: "Ist dazu (Anmerkung der Verfasser: zur Aufgabendurchführung) eine ständig hohe Arbeitsgeschwindigkeit erforderlich, wird die Regulationsfähigkeit des Arbeitenden überfordert, da er sein Arbeitstempo nicht an Leistungsschwankungen anpassen kann." Die aufgabenunspezifischen Überforderungen wie Lärm, Beleuchtung und Temperatur sind in der Regel vom Arbeitenden nicht beeinflußbar, d. h. von ihm nicht regulierbar, und können somit oftmals zu unbewußten Regulationsüberforderungen führen.

6.4.3.2 Methodisches Vorgehen bei der RHIA-Anwendung

Das Material zum RHIA besteht aus einem Handbuch und einem Manual. Wie auch beim VERA dient das Handbuch zur theoretischen Einarbeitung des Untersuchers in die Thematik und das Manual ist der Leitfaden bei der eigentlichen Analyse. Es gliedert sich in die vier Teile

- allgemeine Orientierung,
- Beschreibung der untersuchten Arbeitsaufgabe,
- Untersuchung der Zeitstruktur,
- Durchführung der Belastungsanalyse.

```
┌─────────────────────────────────┐
│   ALLGEMEINE ORIENTIERUNG       │
├─────────────────────────────────┤
│                                 │
│        Person                   │
│                                 │
│        Arbeitsplatz             │
│                                 │
│        Arbeitsaufgaben          │
│                                 │
└─────────────────────────────────┘
```

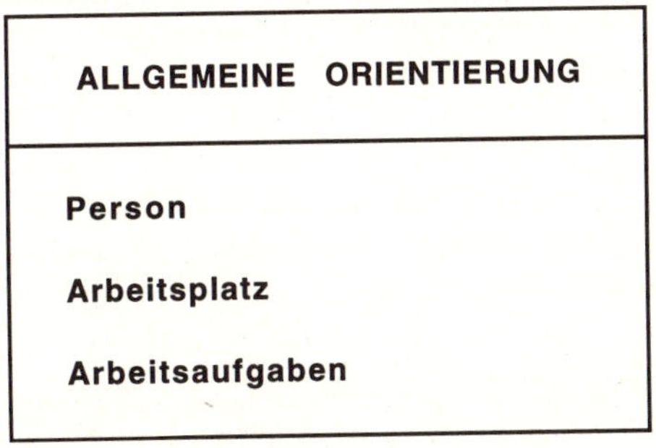

Abb. 6.4.10: 1. Teil der RHIA-Analyse

Wie in Abbildung 6.4.10 dargestellt, verschafft sich der Untersuchende zunächst eine allgemeine Orientierung (1. Teil) über die Person, den Arbeitsplatz und die Arbeitsaufgabe(n).

Im 2. Teil, der in Abbildung 6.4.11 dargestellt ist, wird das Arbeitsergebnis vom Untersucher aufgenommen (Welches Ergebnis soll die Arbeitsaufgabe haben?). Ebenso werden die Betriebsmittel zur Durchführung der Aufgabe, wie auch Arbeitsmittel, Informationen und Zuständigkeiten registriert. Die Arbeitsaufgabe wird in Einheiten unterteilt, die in einem späteren Schritt der Belastungsanalyse unterzogen werden. Zudem soll der Untersucher in diesem Teil Hinweise auf Behinderungen (z. B. Behinderung bestimmter Operationen, Handlungsunterbrechungen wie Funktionsstörungen u. ä.) dokumentieren.

Durch die Kennzeichnung, d. h. die inhaltliche Festlegung der Arbeitsaufgabe werden allerdings (sinnvollerweise) nur Regulationshindernisse dokumentiert, die entweder einen

Zusatzaufwand darstellen oder ein riskantes Handeln erfordern (z. B. die Gefährdung der eigenen Gesundheit oder die Gefahr der betrieblichen Sanktion aufgrund einer Kompetenzüberschreitung).

```
┌─────────────────────────────────────────┐
│       UNTERSUCHTE ARBEITSAUFGABE        │
├─────────────────────────────────────────┤
│                                         │
│   Arbeitsergebnis                       │
│                                         │
│   Betriebsmittel                        │
│     • Arbeitsmittel                     │
│     • Bedien- und Steuerelemente        │
│     • Arbeitsinformationen              │
│     • Arbeitsgegenstände                │
│     • Sicherheitsmittel                 │
│     • Zuständigkeiten                   │
│                                         │
│   Arbeitseinheiten                      │
│                                         │
│   Hinweise auf Behinderungen            │
│                                         │
│   Kennzeichnung der Arbeitsaufgabe      │
│                                         │
└─────────────────────────────────────────┘
```

Abb. 6.4.11: 2. Teil der RHIA-Analyse

Der 3. Teil (Abbildung 6.4.12) dient der Untersuchung der Zeitstruktur. Hierzu wird nach Festlegung der Aufgabenstruktur (Ist sie kontinuierlich oder in Aufträge gegliedert?) die Einstufung der Zeitbindung mittels eines Fragebaums und einer daraus resultierenden Einstufung (Wie groß ist die Zeitbindung für ein zu erzielendes Arbeitsergebnis?) vorgenommen.

```
┌─────────────────────────────────────────┐
│             ZEITSTRUKTUR                │
├─────────────────────────────────────────┤
│                                         │
│        Struktur der Aufgabe             │
│                                         │
│        Einstufung der Zeitbindung       │
│                                         │
└─────────────────────────────────────────┘
```

Abb. 6.4.12: 3. Teil der RHIA-Analyse

Im 4. Teil schließlich wird die Belastungsanalyse durchgeführt (Abbildung 6.4.13).

Zur Ermittlung der Regulationsüberforderungen werden Fragen mit vorgegebenen Skalen angegeben, die zu einer Einstufung führen (Abbildung 6.4.14).

```
┌─────────────────────────────────────────────────────────────┐
│                    BELASTUNGSANALYSE                        │
├─────────────────────────────────────────────────────────────┤
│ Zwei Hauptformen der Regulationsbehinderungen:              │
│                                                             │
│ Regulationshindernisse                                      │
│                                                             │
│  • Klassifikationsschema der Regulationshindernisse         │
│  • Frageweg zur Identifikation von Regulationshindernissen  │
│  • Zusammenfassende Bewertung der Regulationshindernisse    │
│                                                             │
│ Regulationsüberforderungen                                  │
│                                                             │
│  • Regulationsüberforderungen durch monotone Arbeitsbedingungen │
│  • Regulationsüberforderungen durch Zeitdruck               │
│  • aufgabenspezifische Regulationsüberforderungen           │
│                                                             │
│ durchgeführt mit der Checkliste behindernder Arbeitsbedingungen │
└─────────────────────────────────────────────────────────────┘
```

Abb. 6.4.13: 4. Teil und Zusammenfassung der RHIA-Analyse

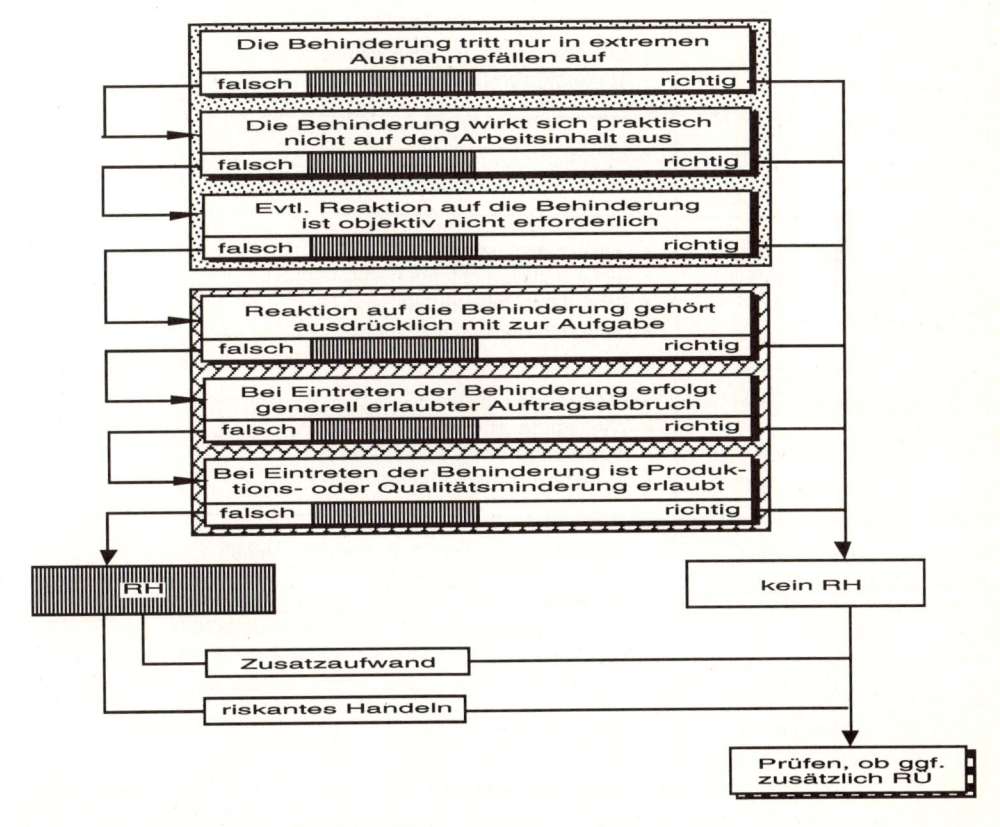

Abb. 6.4.14: Schematische Darstellung des Frageweges
(Quelle: Leitner, Volpert, Greiner 1987, S. 98)

Zur Analyse der Regulationshindernisse ist im Manual ein Frageweg vorgegeben (Abbildung 6.4.15), der bei Beobachtung von Hindernissen deren Häufigkeit und Dauer feststellt.

Arbeitsbedingungen	Beispiele	
O Unklare Arbeits- anweisungen	• fehlende Angaben • widersprüchliche Informationen • vorgegebene Abfolge der Arbeiten ist nicht sinnvoll	O O O
O Schwierigkeiten mit Sprecheinrichtungen	• Telefone, Sprechgeräte fehlen • vorhandene Geräte funktionieren unzuverlässig	O O
O Schwierigkeiten mit Anzeigen	• Anzeigen fehlen • Anzeigen sind ungünstig angeordnet • Anzeigen sind schwer lesbar	O O O
O Körperliche Zwangs- haltungen	• einseitige körperliche Belastung • Körperstützen (z. B. Stühle, Armstützen), fehlen	O O
O Körperliche Schwer- arbeit	• schweres Heben • schwere Lasten tragen	O O
O Schwierigkeiten mit der Arbeitssicherheit	• Sicherheitsvorrichtungen fehlen • Sicherheitsvorrichtungen sind unpraktisch • Sicherheitskleidung fehlt • Sicherheitskleidung ist unzweckmäßig	O O O O
O Schwierigkeiten mit Arbeitsmitteln	• Werkzeuge fehlen • Werkzeuge sind ungeeignet • notwendige Vorrichtungen fehlen • Vorrichtungen sind ungeeignet	O O O O
O Schwierigkeiten mit Bedien- und Steuer- einrichtungen	• Steuereinrichtungen (z. B. Schalter, Hebel) sprechen unzuverlässig an • eigentlich nützliche Steuereinrichtungen fehlen • Steuereinrichtungen sind schlecht zu erreichen • Steuereinrichtungen sind umständlich zu bedienen	O O O O
O Schwierigkeiten mit Materialien	• schwankender Zu- und Abtransport der Arbeitsmaterialien • schlechte Materialqualität	O O

**Abb. 6.4.15: Auszug der Liste behindernder Arbeitsbedingungen
(Quelle: Leitner, Volpert, Greinert 1987, Anhang D 3.0)**

Aus der RHIA-Analyse resultieren vier Ergebnisgrößen:

- Der durch Regulationshindernisse hervorgerufene Zusatzaufwand,
- Die Stufe der Zeitbindung,
- Die Dauer monotoner Arbeitsbedingungen,
- Ein quantifiziertes Zeitdruckmaß.

Diese Ergebnisse verbunden mit der Aufforderung an den Untersucher, Vorschläge über Möglichkeiten der Behebung von Mängeln zu entwickeln, lassen eine konkrete Beschreibung identifizierter Regulationshindernisse und deren Behebung erwarten.

6.4.4 Exemplarische Durchführung der VERA-RHIA-Analyse

6.4.4.1 Szenario

Die Firma Turbovent AG ist ein mittelständisches Unternehmen, das aufgrund der guten Marktsituation eine Erweiterung der Kapazitäten zur Produktion von industriell eingesetzten, hochdrehenden Turboventilatoren plant. Zu diesem Zweck soll eine neue Halle geplant und gebaut werden, in der ein Großteil der Einzelteile dieser Produkte gefertigt und diese dann montiert werden sollen. Um den neu zu gestaltenden Montagebereich prospektiv im Sinne einer möglichst hohen Persönlichkeitsförderlichkeit zu gestalten, wird in der alten, bestehenden Montage eine VERA-/ RHIA-Analyse durchgeführt.

6.4.4.2 Ventilatoren-Montage

Die Montage der Hochgeschwindigkeits-Ventilatoren bei der Turbovent AG ist in Familien von Ventilatorentypen gegliedert, die jeweils von einer Gruppe von Mitarbeitern montiert werden. Da die Anforderungen, Belastungen und Beanspruchungen für die einzelnen Gruppen in etwa vergleichbar sind, wurde die Analyse für eine repräsentative Ventilatorenfamilie, also eine Montagegruppe durchgeführt, da der Aufwand, der nötig gewesen wäre, alle Gruppen zu analysieren, in keinem Verhältnis zum Nutzen gestanden hätte. Die ausgewählte Ventilatorenfamilie TV 15/51 - 36/61 beinhaltet gängige Ventilatoren, die in hohen Stückzahlen hergestellt werden und somit keine exotischen Produkte darstellen.

6.4.4.2.1 Montagegruppe TV 15/51-36/61

Der Bereich Turboventilatoren (TV)-Montage integriert folgende Arbeitsbereiche:

- Vormontage der Ventilatoren,
- Richten der Rotorflügel,
- Vorwuchten der Rotoren mit Vektormesser,
- Feinwuchten mit VENTOPORT 30,
- Einlaufstand für die Ventilatoren sowie
- Prüffeld für die Endkontrolle.

Diese Arbeitsbereiche werden von einem Ventilator zum Teil mehrmals durchlaufen (Arbeitsablauf in Abbildung 6.4.16).

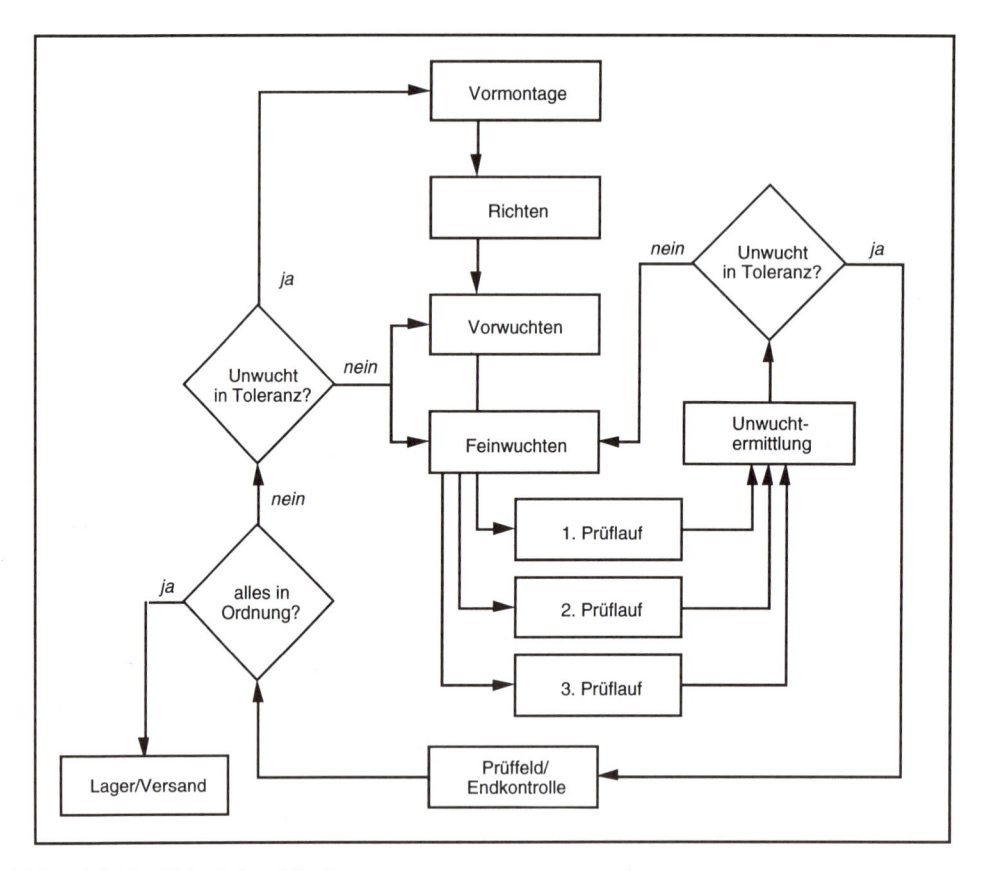

Abb. 6.4.16: Ablauf der Montage

In einer Montagegruppe sind ca. 8 Mitarbeiter beschäftigt. Dieser Bereich arbeitet in Normalschicht mit Gleitzeit. Die Monteure sind ausgebildete Facharbeiter und absolvierten eine Einarbeitungszeit von mehreren Wochen. Bei den untersuchten Tätigkeiten haben langjährige Erfahrung und Kenntnisse auf dem Gebiet der Maschinendynamik (Unwuchtausgleich) einen hohen Stellenwert. Die Montage erfolgt in Gruppenarbeit. Die Mitarbeiter werden auch als gleichberechtigte Gruppenmitglieder entlohnt. Natürlich haben sich für die meisten Tätigkeiten Spezialisten herausgebildet, doch der Drang nach einer abwechslungsreichen Tätigkeit hat dazu geführt, daß das Prinzip "job rotation", das autonom in der Gruppe abgestimmt wird, sich durchgesetzt hat. Die Spezialisten kommen dann zum Einsatz, wenn in "ihrem" Tätigkeitsbereich zeitlicher Verzug besteht. Da sich dieses Organisationsprinzip bewährt hat, äußerten sich die Mitarbeiter zufrieden darüber.

Personell gibt es innerhalb der Gruppe eine Unterteilung in Monteure und Mitarbeiter, die mit der Endkontrolle der Ventilatoren beschäftigt sind. Diese Unterteilung wird begrüßt und akzeptiert. Einige Mitarbeiter würden es nicht gut heißen, wenn jeder Monteur die von ihm montierten Pumpen in der Endkontrolle prüft, da die Gefahr besteht, daß sogenannte Grenzfälle als zu gut eingeschätzt werden, um sich selbst Nacharbeit zu ersparen.

Die Analyse im Montagebereich wurde wie folgt durchgeführt:

- Informationsgespräch mit den betroffenen Mitarbeitern,
- Orientierung sowie Grobanalyse der untersuchten Arbeitsaufgaben,
- Voreinstufung mit Hilfe der Unterlagen von VERA und RHIA,
- Videoanalyse und detaillierte Befragung der Mitarbeiter des Montagebereiches,
- Auswertung der analysierten Schwachstellen mit Hilfe der angewendeten Methoden und
- Ableitung von Gestaltungsmaßnahmen.

Die Unterlagen der Instrumentarien VERA und RHIA boten wiederum eine gute Grundlage zur detaillierten Analyse der Arbeitsaufgaben und des Arbeitsumfeldes. Besonders als Anleitung zur gezielten Befragung der Mitarbeiter haben sie sich bewährt.

6.4.4.2.2 Ablaufplan der Ventilatorenmontage

Die Reihenfolge und Iterationen der Tätigkeiten zur Ventilatorenmontage werden in der Abbildung 6.4.16 dargestellt. Die Haupttätigkeit des untersuchten Montagebereiches besteht im Auswuchten. Die Unwuchtermittlung und der Unwuchtausgleich der Rotoren am Vorwuchtstand und mit Hilfe des VENTOPORT 30 nehmen einen zeitlichen Anteil von ca. 60 % der Gesamttätigkeit ein.

Daher ist in den Abbildungen 6.4.17 und 4.7.18 das Vor- und Feinwuchten dargestellt. Diese stehen beispielhaft für die detaillierten Abläufe der einzelnen Tätigkeiten, die im Rahmen der Analyse erfaßt wurden und aufgrund ihrer hohen Selbsterklärungsfähigkeit nicht näher erläutert werden. Zur Verdeutlichung der zum Zeitpunkt der Analyse vorgefundenen räumlichen Aufteilung der Montageabteilung dient Abbildung 6.4.19.

6.4.4.2.3 Geistige Anforderungen an die Mitarbeiter durch die Arbeitstätigkeit

Die Tätigkeit der Mitarbeiter gliedert sich in Vorbereiten (z. B. Bereitstellung der Einzelteile im montagefertigen Zustand), Ausführen (z. B. Montage, Unwuchtausgleich) und Kontrollieren (beispielsweise Unwuchtermittlung, Messen u. a.) des Arbeitsergebnisses. Die Mitarbeiter im Prüffeld der Endkontrolle führen vornehmlich kontrollierende Tätigkeiten aus, deren Informationen als "Rückmeldung über die Qualität des Arbeitsergebnisses" an den entsprechenden Monteur weitergeleitet werden.

Auftragssteuerung und Beschaffung verschlissener Werkzeuge obliegen dem Meister der Abteilung. Die Arbeitsaufgabe erfordert von den Mitarbeitern den regelmäßigen Umgang mit relativ komplizierten Meßgeräten. Ein Großteil der Entscheidungen während der Tätigkeit wird auf der Grundlage langjähriger eigener oder übermittelter Erfahrungen gefällt. Handbücher und Anleitungen kommen nur bei Monteuren in der Einarbeitungsphase zum Einsatz. Oftmals werden Anweisungen und Veränderungen, die verwendete Hilfsstoffe, Technologien o.ä. betreffen, nur mündlich übermittelt. Besonders bei auftretenden Widersprüchen mit den vorliegenden Arbeitsunterlagen kommen die Mitarbeiter in Konfliktsituationen.

Die Kommunikation mit der Konstruktionsabteilung ist gut. Einige Schwierigkeiten bereitete die Zusammenarbeit mit den Mitarbeitern aus der Qualitätssicherungsabteilung. Die Montage ist Sammelbecken aller Fehler aus den vorgelagerten Abteilungen. Die Ursache dafür liegt trivialerweise in deren Stellung als Schlußlicht innerhalb des Produktionsprozesses begründet. Um einen störungsfreien Montageprozeß mit kurzen Durchlaufzeiten zu gewährleisten, muß die Zusammenarbeit mit der QS-Abteilung verbessert werden.

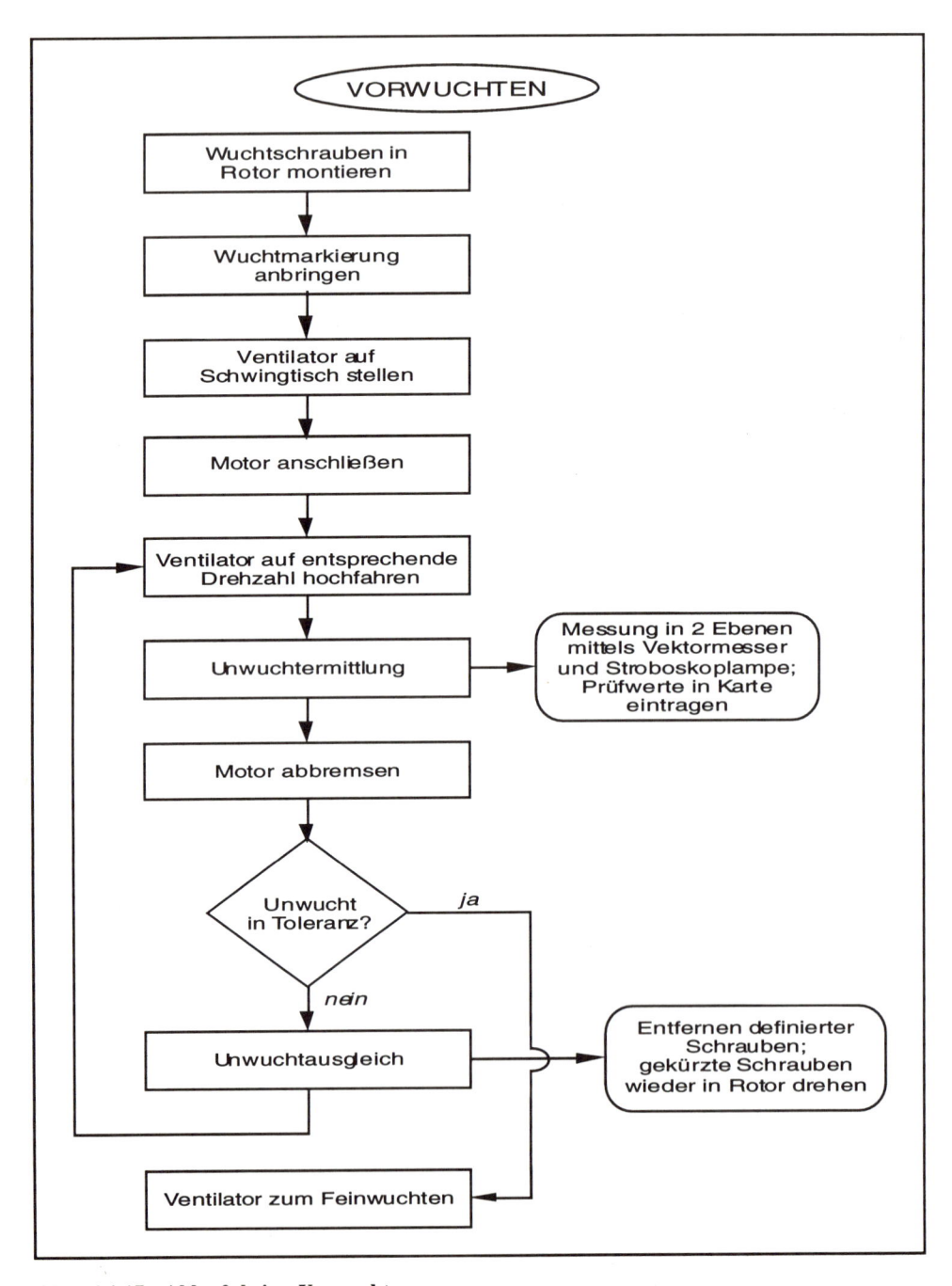

Abb. 6.4.17: Ablauf beim Vorwuchten

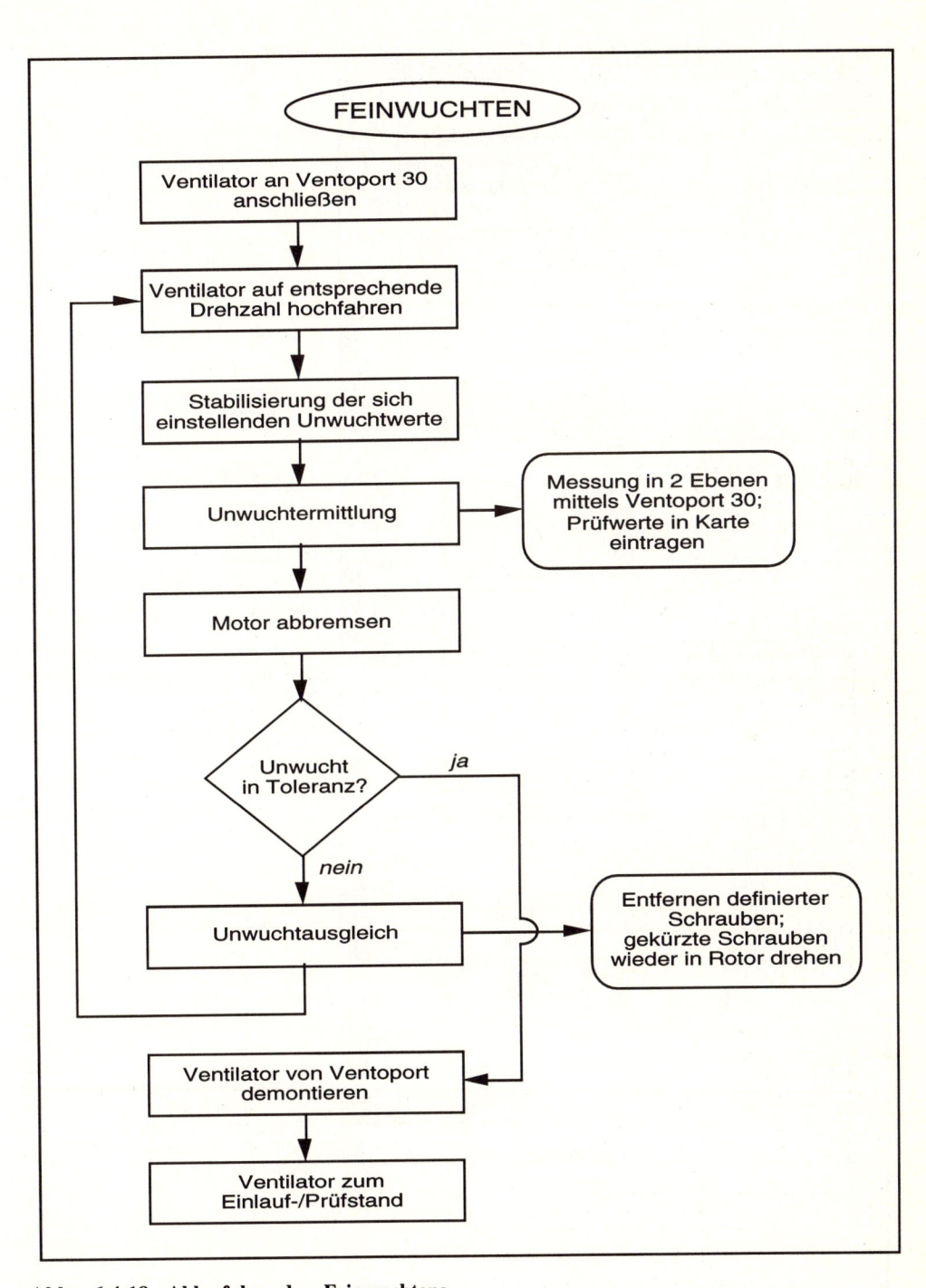

```
                    ┌─ FEINWUCHTEN ─┐
                              │
              ┌───────────────▼───────────────┐
              │ Ventilator an Ventoport 30    │
              │ anschließen                   │
              └───────────────┬───────────────┘
                              ▼
              ┌───────────────────────────────┐
         ┌───▶│ Ventilator auf entsprechende  │
         │    │ Drehzahl hochfahren           │
         │    └───────────────┬───────────────┘
         │                    ▼
         │    ┌───────────────────────────────┐
         │    │ Stabilisierung der sich       │
         │    │ einstellenden Unwuchtwerte    │
         │    └───────────────┬───────────────┘
         │                    ▼                       ╭───────────────────╮
         │    ┌───────────────────────────────┐       │ Messung in 2 Ebenen│
         │    │ Unwuchtermittlung             │──────▶│ mittels Ventoport 30;│
         │    └───────────────┬───────────────┘       │ Prüfwerte in Karte │
         │                    ▼                       │ eintragen          │
         │    ┌───────────────────────────────┐       ╰───────────────────╯
         │    │ Motor abbremsen               │
         │    └───────────────┬───────────────┘
         │                    ▼
         │                   ╱ ╲         ja
         │                  ╱   ╲ ───────────────┐
         │                 ╱Unwucht╲             │
         │                 ╲in Tol.╱             │
         │                  ╲     ╱              │
         │                   ╲   ╱               │
         │                    ╲ ╱                │
         │                  nein                 │
         │                    ▼                  │     ╭───────────────────╮
         │    ┌───────────────────────────────┐  │     │ Entfernen definierter│
         │    │ Unwuchtausgleich              │──┼────▶│ Schrauben;         │
         │    └───────────────┬───────────────┘  │     │ gekürzte Schrauben │
         └────────────────────┘                  │     │ wieder in Rotor drehen│
                                                 │     ╰───────────────────╯
                              ┌──────────────────┘
                              ▼
              ┌───────────────────────────────┐
              │ Ventilator von Ventoport      │◀──
              │ demontieren                   │
              └───────────────┬───────────────┘
                              ▼
              ┌───────────────────────────────┐
              │ Ventilator zum                │
              │ Einlauf-/Prüfstand            │
              └───────────────────────────────┘
```

Abb. 6.4.18: Ablaufplan des Feinwuchtens

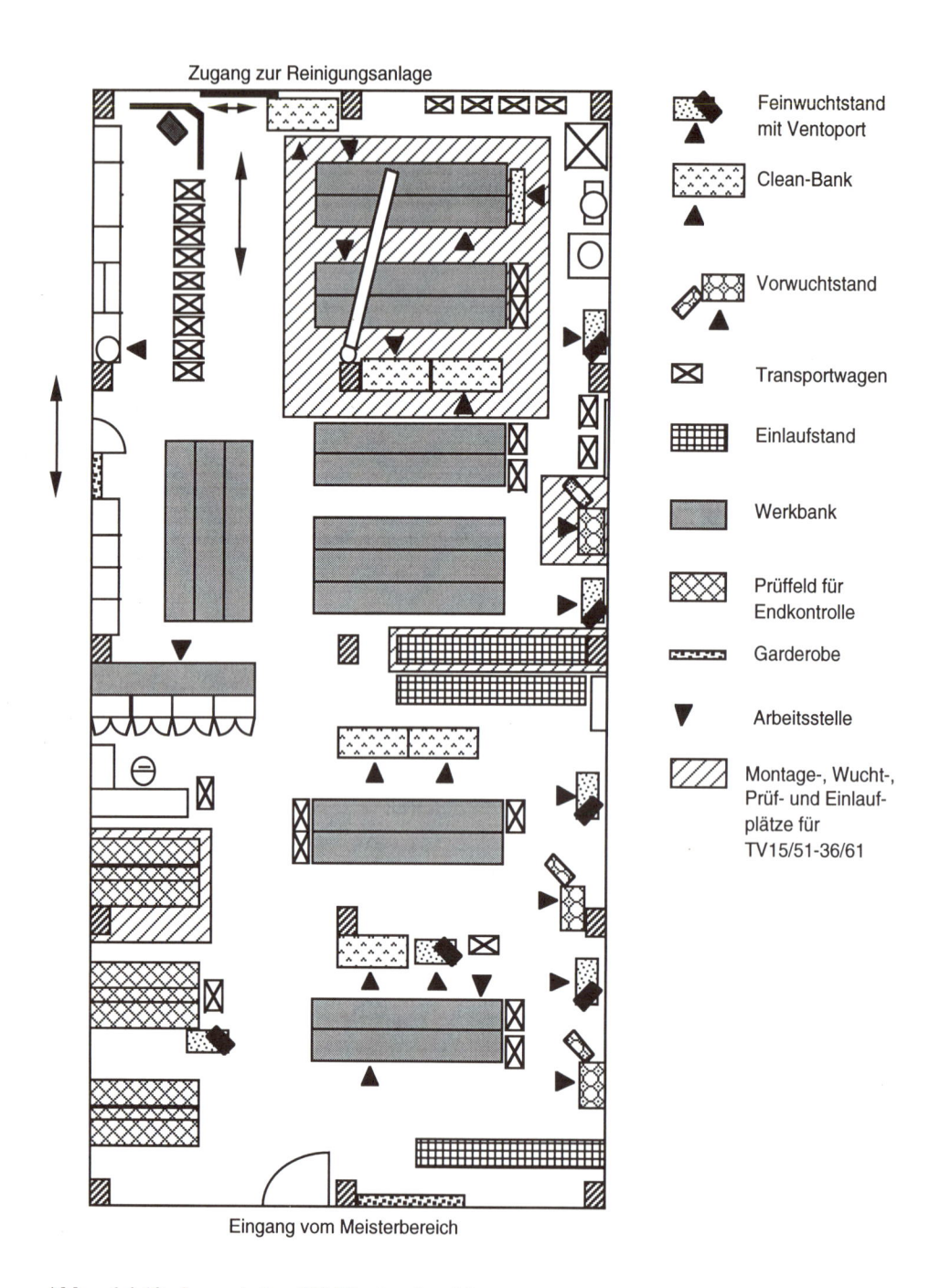

Abb. 6.4.19: Layout des TV-Montagebereichs

Handlungsspielräume bietet die Montagetätigkeit nur innerhalb der Freiräume, die der Montageplan den Monteuren läßt. So ist die grobe Reihenfolge des Montageablaufes sowie die qualitätsbestimmenden Eigenschaften vorgegeben. Diese lassen jedoch immer noch Raum für individuelle Arbeitsmethoden. So werden z. B. die Rotorflügel zum Teil mit Hilfe einer Vorrichtung, insbesondere von älteren, erfahreneren Mitarbeitern jedoch mit einem Höhenreißer gerichtet. Als besonders positiv ist die Möglichkeit des sozialen Kontaktes zu den anderen Gruppenmitgliedern zu bewerten, so können auch fachliche Fragen vor Ort geklärt und Erfahrungen weitergegeben werden. Zusätzlich wird diese Zusammenarbeit von der bestehenden Entlohnungsform in der Gruppe inspiriert. Weiterhin ermöglicht diese Gruppenstruktur die Organisation einer nahezu reibungsfreien Nutzung bestehender Vorrichtungen und Anlagen.

Die Arbeitstätigkeit im Montagebereich der TV-Produktion kann als hinreichend anspruchsvoll charakterisiert werden und wird mit Hilfe des VERA-Verfahrens insgesamt mit der Regulationsstufe 3 R bewertet, was einer reduzierten Teilzielplanung entspricht (siehe auch das Beispiel in Abbildung 6.4.6).

6.4.4.2.4 Belastungen am Arbeitsplatz

Anhand des RHIA-Verfahrens wurden die Arbeitstätigkeiten und das Arbeitsumfeld auf Regulationshindernisse bzw. -überforderungen untersucht. Folgende Schwachstellen konnten dabei ermittelt werden: Bei fehlerhaften oder fehlenden Teilen müssen sich die Monteure selbst um deren Beschaffung kümmern, obwohl sie für diesen Zeitaufwand nicht entlohnt werden. In der Vergangenheit führte dieser Sachverhalt schon zu erheblichen Störungen und Verzögerungen bei der Arbeit sowie Verärgerung bei den Mitarbeitern. Als weiterer Mangel wird von den Mitarbeitern die zu geringe Anzahl der zur Verfügung stehenden Transportwagen empfunden. Oftmals müssen deswegen die Ventilatoren auf den Werkbänken zwischengelagert gelagert werden, wo sie den entsprechenden Platz zur Montage blockieren.

Der Schwerpunkt der Arbeitstätigkeit im Bereich Montage ist das Auswuchten der Turboventilatoren. Diese Tätigkeit ist fast ausschließlich durch die Erfahrung der älteren Mitarbeiter geprägt. Es hat den Anschein, daß während der Einarbeitung zu wenig theoretische Grundlagen der Maschinendynamik den neuen Mitarbeitern vermittelt werden. Mit diesen Kenntnissen könnten sicher einige neue technologische "Tricks" abgeleitet werden. Die bestehende Gruppenstruktur begünstigt die Durchführung von sogenannten Beteiligungs-Zirkeln bzw. -Gruppen. Diese dienen der Entwicklung von Verbesserungsvorschlägen und der Lösungsfindung für bestehende Probleme, technischer, organisatorischer sowie sozialer Natur.

Die Arbeitsplätze für das Vor- und das Feinwuchten sind ergonomisch nicht optimal. Bei der angestrebten Optimierung des Bereiches TV-Montage ist besonderes Augenmerk auf die Gestaltung dieser Arbeitsplätze zu richten. Auch für das Richten muß eine ergonomische Verbesserung des Arbeitsplatzes erreicht werden. Es wird immer eine große Anzahl an Rotoren gerichtet, so daß ein Mitarbeiter oft den ganzen Arbeitstag damit beschäftigt ist. Die Betroffenen klagen dann über starke Beanspruchung der Augen sowie Verspannungen im Rücken.

Bei der Neuplanung des Bereiches TV-Montage ist auch die räumliche Unterbringung der Reinigungsanlagen und -bäder zu überdenken. Zur Zeit sind diese in getrennten Räumen untergebracht. Wenn sie sich in einem gemeinsamen Raum mit der Montage befänden, würden die Mitarbeiter einer Belastung durch die chemischen Reinigungmittel ausgesetzt. Durch die relativ hohen Temperaturen im Montagebereich würde die Belastung noch verstärkt werden, welche durch die Installation einer Klimaanlage entscheidend herabgesetzt werden könnte.

Die Mitarbeiter der Endkontrolle merkten an, daß defekte elektrische Leitungen zum Anschluß der Ventilatoren für den Probelauf nur relativ umständlich ausgewechselt werden können. Daher werden sie oft überbrückt, da vorhandene Leitungen nur schlecht zugänglich sind. Aus diesem Grunde sollte bei der geplanten Neukonstruktion der Prüfstände auf Wartungsfreundlichkeit der Installationen großer Wert gelegt werden.

6.4.5 Ansätze für gestalterische Maßnahmen

6.4.5.1 Organisatorische Maßnahmen

Die Bestrebungen des Unternehmens, die bestehende Gruppenarbeit auf alle Bereiche der Montage inclusive Endprüfung auszuweiten, ist zu begrüßen, da damit die Tätigkeit der Mitarbeiter aus der Endkontrolle vielseitiger im Sinne Hackers (sequentielle Vollständigkeit der Tätigkeitsstruktur) wird (Hacker 1986). Mit organisatorischen Maßnahmen sollte aber bewirkt werden, daß eine Endkontrolle der selbst gefertigten Pumpen unterbunden wird. Nur so kann eine objektive Prüfung der Produktqualität gewährleistet werden. Um die Durchlaufzeiten zu senken und die Flexibilität der TV-Produktion zu steigern, ist die qualitäts- und termingerechte Bereitstellung der Einzelteile für die Montage zu sichern. Vorstellbar ist die direkte Benennung eines Verantwortlichen mit ausreichender Befugnis, der in einem der Montage vorgelagerten Kommissionierbereich die zur Montage nötigen Einzelteile bereitstellt.

Außerdem müssen Maßnahmen ergriffen werden, um die Zusammenarbeit mit der Qualitätssicherungsabteilung zu verbessern, welche derzeit nicht ohne Reibungsverluste abläuft. Das Qualitätsbewußtsein innerhalb der TV-Montage ist bei den Mitarbeitern stark ausgeprägt. Den Führungskräften obliegt es, Verantwortlichkeiten und Befugnisse für die Schnittstelle zwischen Fertigung und Montage genau zu definieren und abzugrenzen.

6.4.5.2 Technische Maßnahmen

Wie bereits angemerkt, stellt das Auswuchten der Rotoren den Schwerpunkt der Tätigkeit in der TV-Montage dar. Diese Tätigkeit nimmt ca. 60 bis 80 % der gesamten Arbeitszeit ein. Nicht allein deswegen sollte der Schwerpunkt der Gestaltung bei der Optimierung dieses Prozesses und des Arbeitsplatzes liegen. Auch beim Richten der Rotorenflügel können durch die ergonomische Gestaltung des entsprechenden Arbeitsplatzes Belastungen bei den Mitarbeitern verringert werden. Beispielsweise kann durch Einsatz von Hubtischen die jeweils zu richtende Ebene des Rotors in Augenhöhe gebracht werden, was zu einer günstigeren Haltung des Monteurs bei dieser Arbeit führt.

Im Rahmen der Neuplanung des Bereiches TV-Montage sind die Einlaufstände im Prüffeld zu modernisieren, da auch der Ausfall eines Prüfstandes aufgrund des unnötig hohen Wartungs- und Instandhaltungsaufwandes zur Verlängerung der Durchlaufzeit bei der Ventilatorenmontage führen kann. Um die gesundheitliche Beeinträchtigung der Mitarbeiter, die häufig mit den chemischen Reinigungsmitteln in Kontakt kommen, so gering wie möglich zu halten, sind die Reinigungsanlagen auf den modernsten Stand zu bringen bzw. gefährdende Stoffe soweit möglich gegen weniger schädliche oder unschädliche Stoffe auszutauschen. Sofern keine unschädlichen Ersatzstoffe einsetzbar sind, sollten Reinigungsanlagen mit entsprechenden Absaugvorrichtungen versehen werden und möglichst separat stehen.

6.4.5.3 Qualifikatorische Maßnahmen

Die bestehende Gruppenarbeit im Montagebereich bildet eine ideale Grundlage dafür, daß die Mitarbeiter sich aktiv an der Beseitigung von technischen, organisatorischen und sozialen Problemen beteiligen. Zu diesem Zweck muß der Gedanke der ständigen Verbesserung im Sinne des japanischen "Kaizen"-Gedankens in das Unternehmen getragen werden. Um auf der Ebene der Monteure eine derartige Mitarbeiterbeteiligung zu realisieren, müssen diese im Rahmen einer Teamschulung mit Problemlösetechniken in der Gruppe und insbesondere den Problemlösewerkzeugen von Kaizen (Imai 1992) vertraut gemacht werden. Mit diesen Methoden der Ideenfindung und Problemlösung können noch erhebliche Reserven ausgeschöpft werden. Mit Hilfe gezielter Aus- und Weiterbildungsmaßnahmen können die theoretischen Kenntnisse des dynamischen Auswuchtens besonders den jüngeren Mitarbeitern vermittelt werden. Selbstverständlich werden die neuen Mitarbeiter während der Einarbeitungsphase von den "dienstälteren" betreut. Sie geben ihre Erfahrungen und Spezialkenntnisse an die auf diesem Gebiet weniger erfahrenen Mitarbeiter weiter.

6.5 Wissensakquisition

S. Kaldorf

6.5.1 Einordnung in den Kontext

Die Wissensakquisition ist ein Prozeß bei der Erstellung wissensbasierter Systeme. Wissensbasierte Systeme sind Softwaresysteme, die mit dem Fachwissen und den Erfahrungen menschlicher Experten arbeiten, um entweder die Experten bei ihrer Arbeit zu unterstützen oder aber das Expertenwissen einem breiteren Kreis von Anwendern zur Verfügung zu stellen. Solche Softwaresysteme werden auch "Expertsysteme" genannt. Dieser Begriff wird im folgenden nicht mehr verwandt, da er irreführende Assoziationen wecken kann: Wissensbasierte Systeme können die Experten nicht ersetzen, da es ihnen u. a. an Kreativität und Intuition mangelt und sie an neuen Situationen scheitern. Ihre Ergebnisse bleiben immer im Rahmen des Wissens, auf dem sie basieren. Daraus folgt, daß die Qualität eines wissensbasierten Systems direkt von der Qualität des zugrundeliegenden Expertenwissens abhängt. Dem Prozeß der Erhebung und Strukturierung des Wissens kommt daher eine besondere Bedeutung zu. Dieser Prozeß wird als Wissensakquisition oder Knowledge Engineering bezeichnet. Als Forschungsgegenstand der "Künstlichen Intelligenz" steht er im Spannungsfeld zwischen Informatik, Biologie und Arbeits- und Sozialwissenschaften. Im folgenden soll die Wissensakquisition für solche wissensbasierten Systeme betrachtet werden, die für den Einsatz in der betrieblichen Praxis erstellt werden. Die Entwicklung solcher wissensbasierter Systeme ist ein Spezialfall der kommerziellen Anwendungsentwicklung.

Das Gegenstück zum Systemanalytiker in der Anwendungsentwicklung ist bei der Wissensakquisition der "Knowledge Engineer". Die Bezeichnung ist nicht sehr glücklich, aber immer noch besser als die deutsche Übersetzung "Wissensingenieur". Normalerweise ist der "Knowledge Engineer" kein Ingenieur, sondern ein EDV-Spezialist.

Die Wissensakquisition erstreckt sich mit unterschiedlichen Schwerpunkten über die Phasen 1 bis 4 (Abbildung 6.5.1). Mit der Realisierung des Prototypen wird erst begonnen, wenn die Strukturierung des Wissens abgeschlossen ist. Das fertige System wird daran gemessen, ob es unter gleichen Umständen zum selben Ergebnis kommt wie der Experte. Da die Wissensakquisition ihren Ursprung in "Künstlicher Intelligenz" und Anwendungsentwicklung hat, handelt es sich dabei nicht um eine völlig neue Methode. Wissensakquisition ist vielmehr die Synthese bekannter Techniken und Methoden aus Organisationsanalyse, Anwendungsentwicklung und Qualitätssicherung, die bei Bedarf mehr oder weniger abgewandelt werden können.

6.5.2 Ziel der Wissensakquisition

Das Ziel der Wissensakquisition besteht darin, ein Modell des Expertenwissens zu entwickeln. Dieses Modell ist die Dokumentation eines Ausschnitts des Wissens in einer Form, die sowohl die Experten als auch die Knowledge Engineers verstehen. Die Wahl des Ausschnitts ist dabei zweckgebunden. Wenn die Wissensakquisition wirtschaftlichen Ansprüchen genügen soll, kann es nicht darum gehen, herauszufinden, "wie der Experte denkt". Es reicht völlig, wenn die Schlußfolgerungen innerhalb des Modells zu demselben Ergebnis führen wie die Arbeit der Experten. Deren Wissen bezieht sich sowohl auf Fakten als auch auf die Art, wie diese kombiniert werden müssen, um zu einem Ergebnis zu gelangen.

Mit dem modellbasierten Entwurf wissensbasierter Systeme hat sich ein ESPRIT-Projekt beschäftigt, in dessen Verlauf die Methodologie KADS (Knowledge Acquisition and Documentation Structuring) entwickelt wurde. KADS ist bis heute der meistdiskutierte Ansatz zur Wissensmodellierung. Dabei werden vier Wissensebenen unterschieden:

- Domänenebene,
- Inferenzebene,
- Aufgabenebene,
- Strategieebene.

6.5.3 Vorgehen

Wissensakquisition wird in den Projektphasen "Einarbeitung/Strukturierung", "Erstellung des Prototypen" und "Realisierung des Gesamtsystems" betrieben. Das Vorgehen für jede Phase wird nachfolgend einzeln beschrieben.

6.5.3.1 Einarbeitung in das Wissensgebiet, Strukturierung

6.5.3.1.1 Aufgabenstellung

Die erste Phase ist zunächst eine Lernphase für die Knowledge Engineers. In der Regel sind diese ja keine Experten für das jeweilige Wissensgebiet, sondern EDV-Spezialisten, deren Schwerpunkt in der Entwicklung wissensbasierter Systeme liegt. Sie müssen in die Lage versetzt werden, sich mit den Experten über deren Fachgebiet zu verständigen. Dazu gehört zum einen, daß man das "Fachchinesisch" beherrscht. Inhaltlich müssen sich die Knowledge Engineers einen Überblick über das Wissensgebiet und seine Einbettung in den gesamten Ablauf verschaffen. Was man im einzelnen erkunden muß, hängt ganz vom jeweiligen Fachgebiet ab: Geht es inhaltlich um einen Entscheidungsprozeß, so muß man wissen, wer normalerweise wann was entscheidet. Soll ein Produktionsprozeß überwacht werden, muß man wenigstens grob den Produktionsprozeß und die Funktionsweise der daran beteiligten Apparate bzw. Maschinen verstehen. Neben den rein fachlichen Fragen sollte der Knowledge Engineer erkunden, wer alles als Wissensträger für das Fachgebiet zur Verfügung steht.

Der nächste Schritt besteht dann darin, mit den Experten zusammen das Wissensgebiet zu strukturieren. Die Strukturierung dient drei Zielen:

- Das Wissen läßt sich wesentlich leichter erheben, wenn man gleichzeitig nur ein fest umgrenztes Teilgebiet im Auge hat.

- Es muß ein Teilgebiet ausgewählt werden, für das in der nächsten Phase der Prototyp erstellt werden kann. Da anhand dieses Teilgebietes die Wissensdarstellung festgelegt wird, sollte es hinreichend komplex sein, daß alle Wissensebenen dazu eingesetzt werden müssen.

- Auf der Basis des Erhebungsaufwandes für das erste Teilgebiet läßt sich der Aufwand für die gesamte Wissensakquisition hochrechnen. Auch dies gelingt natürlich nur, wenn das erste Teilgebiet repräsentativ für das gesamte Wissensgebiet ist.

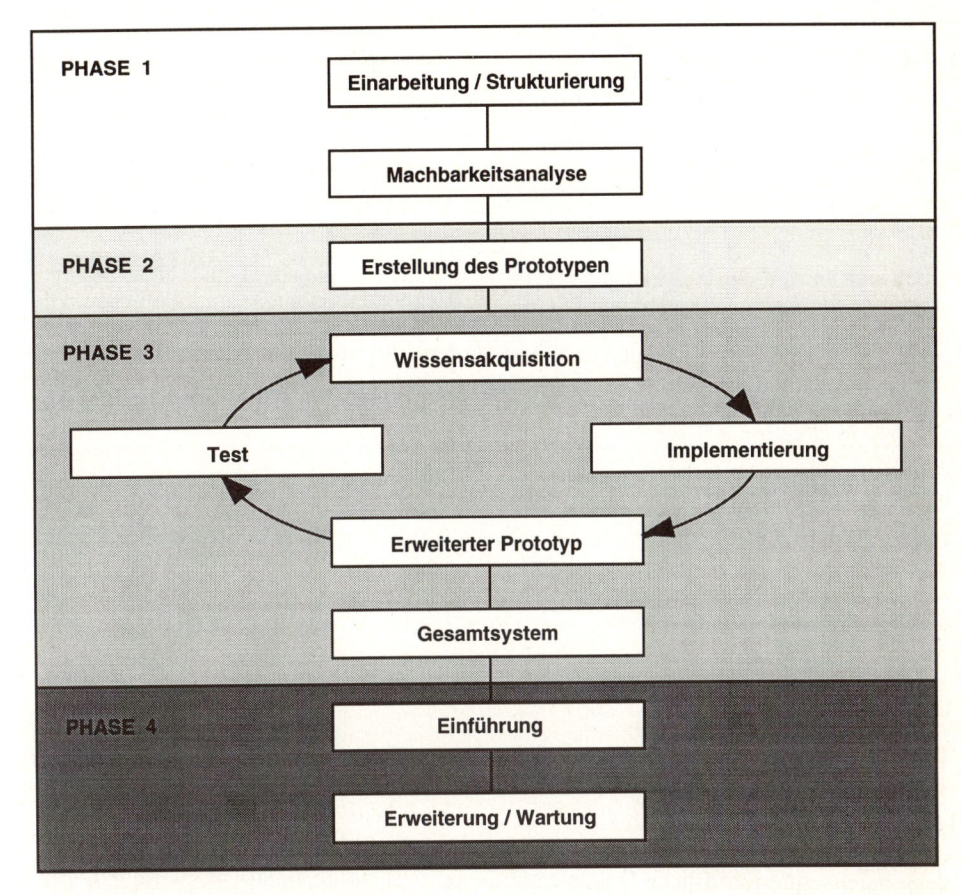

Abb. 6.5.1: Vorgehensweie zur Erstellung wissensbasierter Systeme (Quelle: GMO 1992)

Wonach das Wissensgebiet strukturiert wird, hängt vom Einzelfall ab. Bei der Überwachung eines Produktionsprozesses bietet sich die Strukturierung nach beteiligten Apparaten oder Maschinen an. Vorzuziehen ist jeweils die Einteilung, bei der sich die einzelnen Teilgebiete am besten gegeneinander abgrenzen lassen.

6.5.3.1.2 Ein Beispiel: SUCODIAG

Das Projekt SUCODIAG war eine Kooperation zwischen der Klöckner Moeller Elektrizitäts GmbH und GMO Nord-West Gesellschaft für Management- und Organisationsberatung mbH.

SUCODIAG ist ein Diagnosesystem für die speicherprogrammierbare Steuerung SUCOS PS 316 von Klöckner-Moeller. Es dient dazu, das Wissen der Experten in der Hauptverwaltung den Servicetechnikern vor Ort zur Verfügung zu stellen und unterstützt damit den dezentralen Service und entlastet die "Hotline" in der Hauptverwaltung.

Die ersten Schritte bei der Wissensakquisition bestanden darin zu erkunden, was eine speicherprogrammierbare Steuerung ist, wozu man sie einsetzen kann und welche Fehler daran auftreten können. Zu diesem Zweck wurden die gesamte Dokumentation und ein Aktenordner von Service-Berichten zur Verfügung gestellt. Ein beeindruckender Berg von Papier - nur war er leider nicht für Laien geschrieben. So verschob man die Auswertung der Dokumentation auf später und suchte erst einmal einen Experten mit Überblick und Geduld. Für dieses Projekt gab es zwei Gruppen von Experten: Die einen kamen aus Service und Marketing und hatten einen Überblick über alle auftretenden Probleme und deren Behebung. Die andere Gruppe setzte sich aus Spezialisten für einzelne Bestandteile der Steuerung zusammen, die jeweils bei Entwicklung oder Test desselben Teils mitgewirkt hatten. Ein Service-Spezialist erläuterte uns Aufbau und Funktion der speicherprogrammierbaren Steuerung: Ein spezieller Computer mit Stromversorgung, Zentraleinheit, diversen Ein- und Ausgabebaugruppen und Programmiersoftware.

Es ließ sich anhand der Fallbeispiele erkennen, daß sich die meisten Fehler einer bestimmten Baugruppe, z. B. der Zentraleinheit oder der Softwarekomponente, zuordnen ließen. Hierzu paßte auch, daß sich das Wissen der Spezialisten unter den Experten jeweils auf einzelne Baugruppen oder Softwarekomponenten konzentrierte. So wurde das gesamte Diagnosewissen nach Problemen mit der Hardware oder mit der Software und innerhalb dieser Gruppen nach Baugruppen bzw. Komponenten gegliedert.

6.5.3.1.3 Techniken

Für den Einsatz in der ersten Phase der Wissensakquisition eignen sich folgende Techniken und Methoden:

- Auswertung der Dokumentation,

- unstrukturiertes Interview,

- Sammlung von Fallbeispielen,

- strukturiertes Interview.

Auswertung der Dokumentation

Wenn bereits eine schriftliche Dokumentation existiert, sollte sie als Wissensquelle genutzt werden. Ist die Dokumentation zunächst unverständlich, muß die Auswertung auf einen späteren Zeitpunkt verschoben werden.

Unstrukturiertes Interview

Beim unstrukturierten Interview wird nur das Thema vorgegeben, der Rest ergibt sich aus dem Verlauf des Gesprächs. Daher eignet sich diese Form des Interviews besonders für die erste Orientierung: Die Initiative wird dem Experten überlassen. Die Kehrseite der Medaille ist, daß man mit den Aufzeichnungen aus einem unstrukturierten Interview nachher meist nicht viel anfangen kann: Wesentliches mischt sich mit Nebensächlichem, einiges wurde falsch verstanden, manches fehlt. Dennoch ist das unstrukturierte Interview ein unverzichtbarer Bestandteil in der frühen Lernphase.

Sammlung von Fallbeispielen

Fallbeispiele geben einen ersten Einblick in Arbeit und Vorgehen der Experten. Sie spielen auch im weiteren Verlauf der Wissensakquisition eine Rolle und sollten daher gut dokumentiert werden - gut im Sinn von vollständig. Als Hilfsmittel haben sich Papier und Bleistift bewährt. Bei zwei oder mehr Experten empfiehlt sich für wichtige Aussagen das Flipchart, damit alle Anwesenden das Geschriebene lesen können. Beim Sammeln der Fallbeispiele ist eine repräsentative Auswahl anzustreben. Ein paar triviale Beispiele und die schillerndsten Exoten sind meist schnell gefunden, während man die "normalen" Fälle oft erst "herauslocken" muß. Hier hilft beispielsweise die Frage nach dem häufigsten Fall oder die Aufforderung an den Experten, von dem zuletzt bearbeiteten Problem zu berichten.

Strukturiertes Interview

Das strukturierte Interview erfolgt nach einem festen Fragenkatalog. Die Initiative ergreift hier der Knowledge Engineer. Da die Festlegung der Fragen einen gewissen Einblick in die Struktur des Wissensgebietes erfordert, sollte der Fragenkatalog mit den Experten zusammen aufgestellt werden. Wie beim unstrukturierten Interview werden alle Ergebnisse sofort visualisiert, um den Experten die Gelegenheit zu geben, falsch Verstandenes sofort zu korrigieren. Im Rahmen der ersten Phase eignet sich das strukturierte Interview insbesondere für die Beschreibung der Fallbeispiele ("Was machen Sie dann?", "Was wäre, wenn ...?", "Welche Möglichkeiten gibt es ...?").

6.5.3.2 Festlegung der Wissensdarstellung

6.5.3.2.1 *Aufgabenstellung*

In der zweiten Phase wird ein vorher festgelegter Ausschnitt des Wissens erhoben. Mit diesem Ausschnitt des Wissens lassen sich einige Anfragen bereits beantworten; er geht also mehr in die Tiefe als in die Breite. Implizit wird damit bereits festgelegt, wie weit die Wissensakquisition in die Tiefe gehen soll. So einigte man sich z. B. im Projekt SUCODIAG darauf, mit der Diagnose dort aufzuhören, wo der Servicetechniker seine Arbeit beendet. Es mußte also der kleinste defekte Bestandteil ermittelt werden, den der Service noch austauschen kann. Wenn die Fehlerursache nicht offensichtlich ist, wird das defekte Teil an die Hauptverwaltung eingeschickt. Die dortige detaillierte Ermittlung der Fehlerursache wird von SUCODIAG nicht mehr unterstützt. Diese Festlegung implizierte nebenbei den nicht zu unterschätzenden Vorteil, daß die Anzahl der möglichen Diagnosen größenordnungsmäßig durch die Anzahl der auswechselbaren Bestandteile der speicherprogrammierbaren Steuerung beschränkt wurde.

Die wesentliche Aufgabe im Rahmen der zweiten Phase besteht darin, eine Darstellungsform für das Wissen zu finden. In dieser Phase kann noch mit der Darstellungsform herumexperimentiert werden. Ist später schon eine Menge von Wissen erhoben, so bedeutet eine Änderung der Darstellungsform einen hohen Änderungsaufwand. Im Gegensatz zur klassischen Anwendungsentwicklung gibt es für die Wissensakquisition keine allgemeine Darstellungsform des Wissens. Es kann auch keine geben, dafür sind die darzustellenden Inhalte zu vielfältig. Man kann nicht erwarten, beispielsweise chemisches und historisches Wissen mit demselben Formalismus befriedigend darzustellen - zumindest dann nicht, wenn dieser gleichermaßen verständlich und eindeutig sein soll. Denn natürlich gibt es doch mehrere Notationen, die jedem Thema gerecht werden. Eine davon ist die natürliche Sprache. Was die Eindeutigkeit der Sprache angeht, so läßt diese sehr zu wünschen übrig, man denke etwa an das "Teekesselchen"-Spiel. Selbst Fachbegriffe sind allenfalls innerhalb einer Diziplin eindeutig definiert: Zwischen einer "Gruppe" in der Mathematik und in der Verhaltensforschung liegen Welten, und allein der Wahrheitsbegriff in den verschiedenen Wissenschaften liefert den Philosophen seit Jahrhunderten Stoff genug.

Das andere Extrem sind die Wissensrepräsentationsformalismen, die in den letzten Jahrzehnten in der Informatik entwickelt wurden. Um sie zu verstehen, muß man sich schon intensiv mit der Informatik befaßt haben. Man sollte in jedem Einzelfall überlegen, ob die im jeweiligen Fachgebiet üblichen Darstellungsformen für den speziellen Zweck genutzt und ggf. vereinfacht werden können: Ein Foto ist sicher eine sehr detaillierte Darstellung, aber reicht nicht auch ein einfacheres Schema?

Neben dem Fachgebiet haben auch die Experten selber einen hohen Einfluß auf die Darstellungsform. Da sie beim Aufbau des Modells mitwirken und es anschließend überprüfen sollen, muß die Darstellungsform möglichst weit der Notation entgegenkommen, die sie aus dem Alltag gewöhnt sind. Das betrifft beispielsweise den Abstraktionsgrad: Einem Mathematiker kann man noch erklären, daß eine (zweidimensionale) Skizze eigentlich eine Konstellation im sechsdimensionalen Raum wiedergibt, der Meister im Betrieb würde vermutlich ziemlich verständnislos reagieren. Ein Arbeiter würde denselben Sachverhalt anders darstellen als ein Ingenieur - obwohl beide Darstellungen richtig wären. Die Form der Darstellung muß sich am Experten orientieren, nicht an den Vorstellungen des Knowledge Engineers. Für gewöhnlich wird man nicht mit einer einzigen Darstellungsform auskommen. Eine Notation, mit der man Aufbau und Funktionsweise einer Anlage dokumentieren kann, eignet sich selten für die Beschreibung der Vorgehensweise des Experten. Das Kunststück besteht gerade in der richtigen Mischung aus verschiedenen Methoden.

6.5.3.2.2 Darstellungsformen des Wissens

Neben den fachspezifischen Formalismen gehören einige Methoden in den Werkzeugkasten des Knowledge Engineers, die aus der Anwendungsentwicklung kommen. Diese eignen sich zur Darstellung von Zusammenhängen, Funktionen und Abläufen und werden im folgenden einzeln beschrieben.

6.5.3.2.2.1 Strukturierte Systemanalyse

Die Strukturierte Systemanalyse befaßt sich mit den Prozessen, die in einem komplexen System ablaufen. Ihr Ziel ist die Erstellung eines Modells, das die Funktionalität des Systems abbildet. Zusammen mit dem Datenmodell bildet die Strukturierte Systemanalyse das Kernstück in den frühen Phasen der Anwendungsentwicklung. Für die graphische Darstellung des Funktionenmodells kennt die Strukturierte Systemanalyse vier Symbole (vgl. Abbildung 6.5.2):

- Funktionen werden als Kreise dargestellt,

- Datenflüsse als gerichtete Bögen,

- Datenspeicher als rechts offene Vierecke,

- externe Systeme als Rechtecke.

Daraus wird ein hierarchisches System von Funktionendiagrammen erstellt. Nehmen wir z. B. den Kundendienst einer Firma. Eine der Funktionen des Kundendienstes ist die der "Hotline": Telefonische Anfragen des Kunden werden entgegengenommen, an den zuständigen Mitarbeiter weitergeleitet und per Rückruf beantwortet. Ein zugehöriges Funktionenmodell zeigt Abbildung 6.5.3. Der Kunde ist ein externes System, das eine Anfrage stellt und eine Antwort erhält. Auf der obersten Ebene war das schon alles.

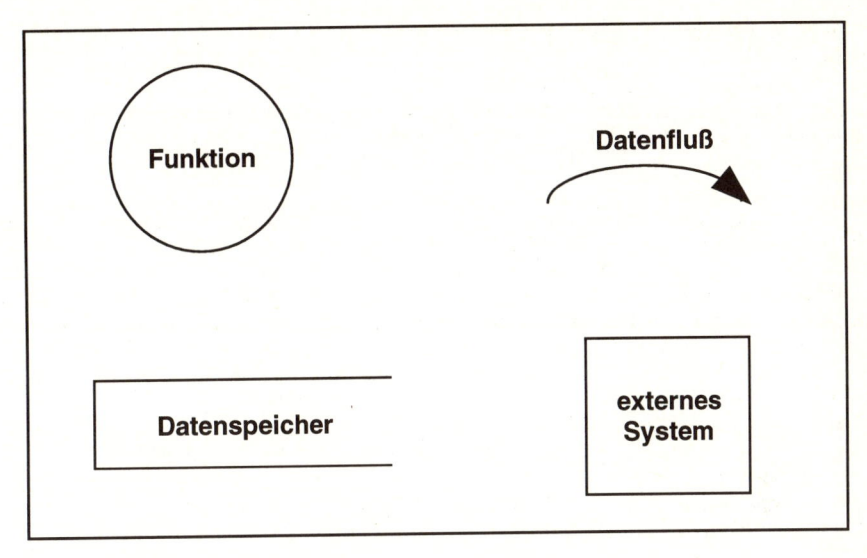

Abb. 6.5.2: Symbole der Strukturierten Systemanalyse

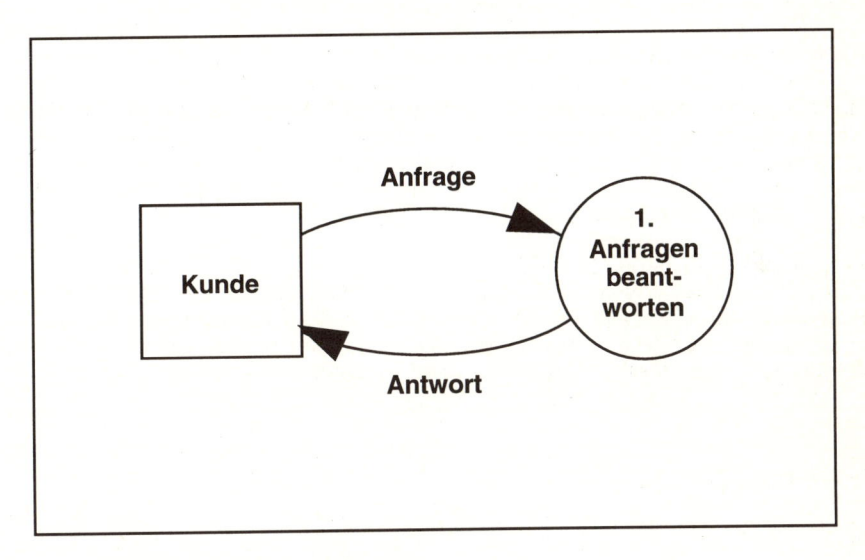

Abb. 6.5.3: Funktionenmodell "Hotline"

Detailliertere Informationen erhält man durch Aufbrechen der Funktion in Unterfunktionen (Abbildung 6.5.4). Die Annahme des Anrufs und der Rückruf sind getrennte Funktionen, die durch verschiedene Mitarbeiter erledigt werden. Letzteres ist dem Funktionenmodell allerdings nicht zu entnehmen, da prinzipiell nicht beschrieben wird, wer die einzelne Funktion ausführt. Zwischen den beiden Funktionen steht ein Datenspeicher, in diesem Beispiel ein Notizzettel.

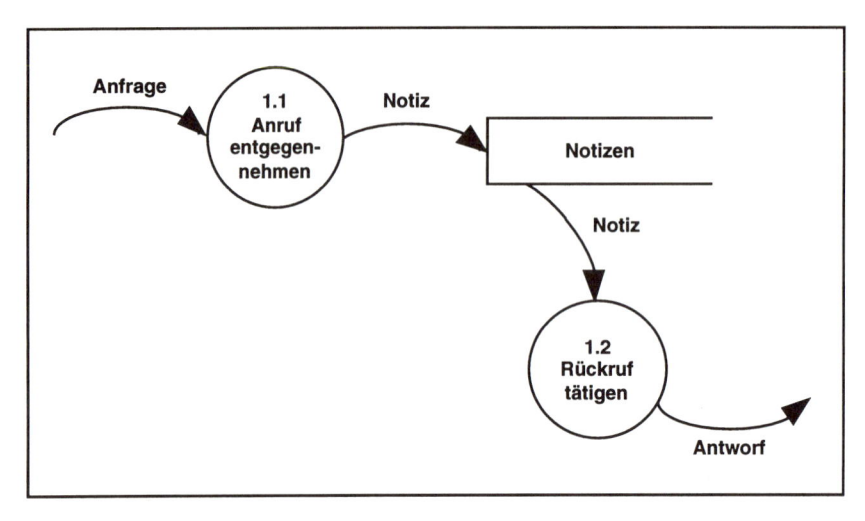

Abb. 6.5.4: Funktionenmodell auf der nächstniedrigeren Ebene

In dieser Form eignen sich Funktionendiagramme für die Beschreibung von Informationssystemen. Wenn man die Bedeutung der vier Symbole ändert, kann man damit genauso gut technische Prozesse beschreiben.

Was im Beispiel so einfach aussieht, wird hinreichend komplex, wenn man z. B. eine chemische Produktionsanlage beschreiben will. Dafür gibt es zwar auf dem Prozeßleitsystem und auf Papier wunderschöne Fließbilder, aber leider fehlen bei erstem zwecks Übersichtlichkeit viele Informationen, während es bei der Papierversion eher an erläuternden Texten mangelt. Und schon die "dumme" Frage, "wozu denn die Meßstelle da unten gut ist", kann dann eine längere Diskussion auslösen. Im Extremfall haben wir nach längerer Diskussion festgestellt, daß die betreffende Meßstelle bei der letzten Überholung demontiert worden war und das Fließbild nicht mehr dem neuesten Stand entsprach. Noch spannender wird es, wenn auf der untersten Ebene beschrieben werden soll, was in jedem einzelnen Arbeitsschritt nun genau passiert. Eine derart detaillierte Dokumentation jedes Produktionsschrittes existiert in den seltensten Fällen. Dabei wäre sie in mancherlei Hinsicht hilfreich, z. B. für die Einarbeitung neuer Mitarbeiter oder - ganz aktuell - für den Aufbau eines Qualitätssicherungssystems.

Die Strukturierte Systemanalyse eignet sich mehr oder weniger verfremdet für die Darstellung aller Funktionen, die automatisch oder nach festen Ablaufplänen ablaufen. Was dabei nicht erfaßt wird, ist der Zeitfaktor.

6.5.3.2.2.2 Datenmodellierung

Das Datenmodell ist eine Darstellung aller in einem System benutzten Daten. Die einzelnen Daten sind unabhängig von ihrer Verwendung den Objekten zugeordnet, über die Daten gesammelt werden. Darüber hinaus enthält das Datenmodell alle Beziehungen der Objekte untereinander. Bei der Datenmodellierung geht man nach der von Chen u. a. entwickelten Entity-Relationship-Methode vor. Für die graphische Darstellung des Datenmodells werden drei Symbole verwandt (Abbildung 6.5.5):

• Rechtecke für Objektklassen (Entitätstypen),

• Ovale für Attribute,

- Rauten (alternativ Kreise) für Beziehungen (Relationen).

Objekte (Entitäten) sind reale oder abstrakte Begriffe, über die Daten gesammelt werden. Ein Objekt ist z. B. der Mitarbeiter Herr Müller. Die Mitarbeiterin Frau Meier ist ein anderes Objekt. Objekte, über die dieselben Daten gesammelt werden, faßt man zu Objektklassen (Entitätstypen) zusammen. "Mitarbeiter" ist eine derartige Objektklasse. Nur die Objektklassen, nicht die einzelnen Objekte, werden im Datenmodell dargestellt.

In den amerikanischen Originalarbeiten ist von "entities" die Rede. Die Bezeichnung "entity" ist vom lateinischen "ens" (das Seiende) abgeleitet. In der eingedeutschten Form haben wir dann Entitäten oder, in freierer Übersetzung, Objekte.

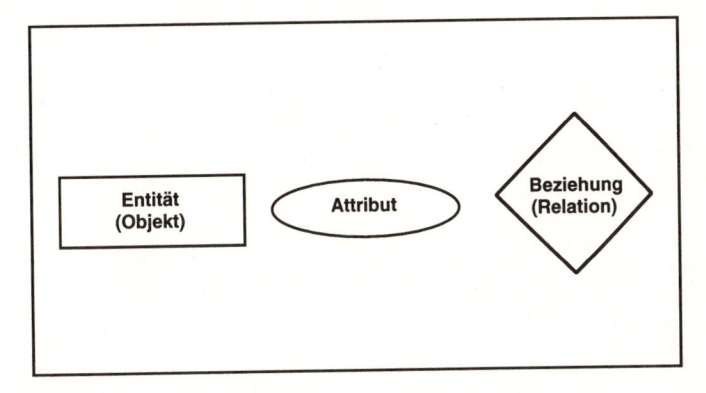

Abb. 6.5.5: Symbole des Datenmodells

Als "Attribute" bezeichnet man die einzelnen Daten, die über ein Objekt gesammelt werden. Z. B. hat jeder Mitarbeiter einen Namen und eine Personalnummer (Abbildung 6.5.6). Dabei wird die Personalnummer so vergeben, daß sie den einzelnen Mitarbeiter eindeutig identifiziert. Solche "Schlüsselattribute" werden durch Unterstreichen gekennzeichnet. In der Praxis wird man sich bei der graphischen Darstellung auf die wichtigsten Atibute beschränken. Andernfalls ginge die Übersicht schnell verloren. Welche Attribute im einzelnen bei welcher Objektklasse interessieren, wird im "Datenlexikon" festgehalten.

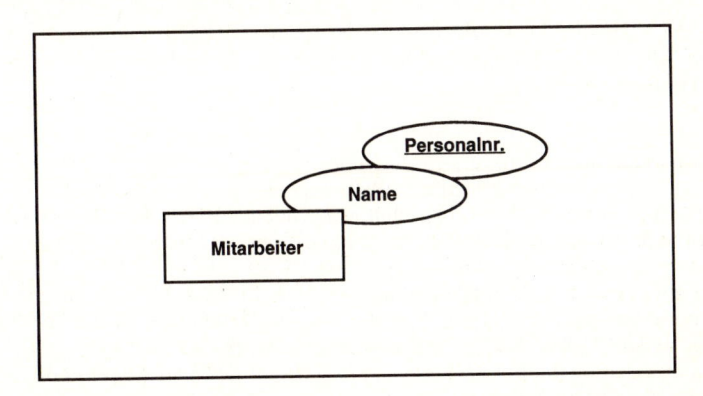

Abb. 6.5.6: Objekt mit zwei Attributen

Zwischen Objekten können Beziehungen bestehen. Nehmen wir beispielsweise zu den Mitarbeitern die Projekte hinzu, die in einem Unternehmen laufen. "Projekt" ist dann eine weitere Objektklasse. Ein Mitarbeiter kann in einem bestimmten Projekt arbeiten. Im Datenmodell heißt das: Zwischen "Mitarbeiter" und "Projekt" besteht die Beziehung "arbeitet in" (Abbildung 6.5.7). Zwischen denselben Objektklassen können mehrere Beziehungen bestehen. Beispielsweise ist auch die Projektleitung wieder mit einem Mitarbeiter besetzt. "leitet" ist also eine andere Beziehung zwischen "Mitarbeiter" und "Projekt".

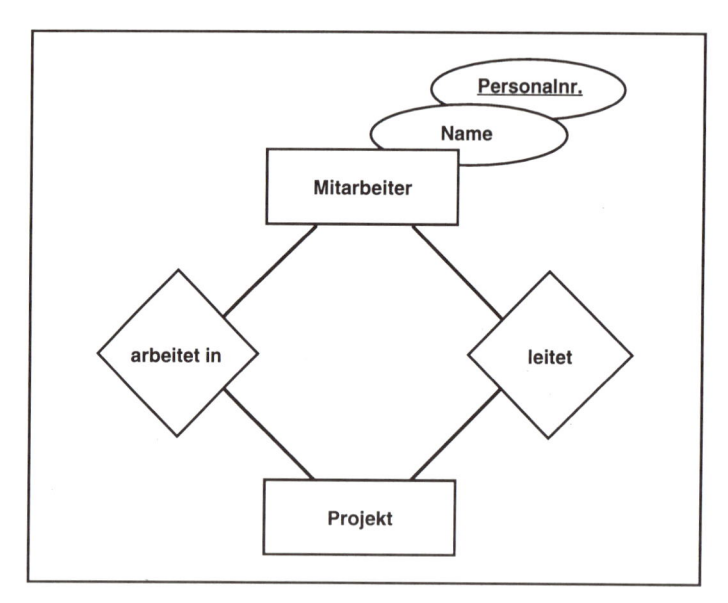

Abb. 6.5.7: Relationen

An einem Projekt können mehrere Mitarbeiter arbeiten, dagegen gibt es meistens nur einen Projektleiter. Dieser Unterschied zwischen verschiedenen Beziehungen wird in der "Kardinalität" ausgedrückt. Die Kardinalität gibt an, wieviele Objekte in derselben Beziehung zu einem bestimmten Objekt stehen können. So hat ein Projekt genau einen Projektleiter: 1 .. 1 (Abbildung 6.5.8), wobei die beiden Punkte als "bis" gelesen werden. An einem Projekt arbeiten ein oder mehrere Mitarbeiter: 1 .. n. Ein Mitarbeiter kann gleichzeitig an mehreren Projekten arbeiten, es gibt aber auch Mitarbeiter ohne Projekt: 0 .. n. Ebenso leiten einige Mitarbeiter mehrere Projekte, andere keins.

Das Datenmodell ist immer dann hilfreich, wenn man sich einen Überblick über eine große Anzahl von Daten verschaffen will. Das klassische Einsatzgebiet ist die Analysephase vor dem Aufbau einer (relationalen) Datenbank. Im Rahmen der Wissensakquisition dient es u. a. dazu, Struktur in die Begriffsvielfalt des Experten zu bringen. Insbesondere lassen sich im Datenmodell abstrakte Begriffe gut darstellen. Beispielsweise kommt das Datenmodell für die Überwachung einer Anlage mit sechs zentralen Objektklassen aus (Abbildung 6.5.9): Symptome, z. B. Konstellationen von Meßwerten, deuten auf eine Störung hin, die auf einem Defekt beruht. Der Experte hat zunächst mehrere Vermutungen, welcher Defekt die Störung hervorgerufen hat. Die Vermutungen stützen sich wieder auf Symptome. Mit Hilfe von Tests kann der Experte Vermutungen bestätigen oder verwerfen. Hat er den Defekt schließlich herausgefunden, gibt er eine Anleitung zu dessen Behebung.

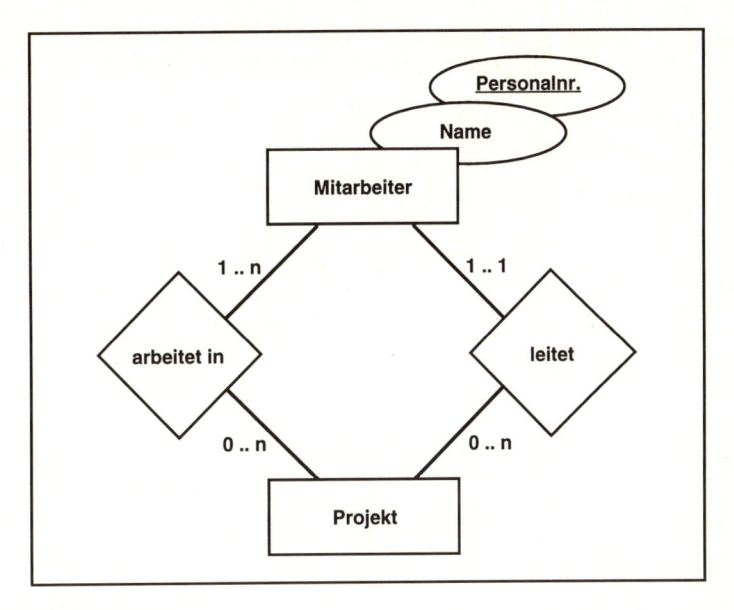

Abb. 6.5.8: **Kardinalitäten**

Schon an diesem Beispiel zeigen sich die Grenzen des Datenmodells: Das soeben beschriebene Vorgehen ist in dieser zeitlichen Reihenfolge im Datenmodell nicht enthalten. Das Datenmodell ist eben nur ein Baustein bei der Dokumentation des Wissens. Dagegen läßt sich am Datenmodell erkennen, welche Fragen als nächstes beantwortet werden müssen:

- Welche Störungen können auftreten und woran erkennt man sie?
- Welche Ursachen kann eine Störung haben?
- Welche Tests sind notwendig, um den Defekt herauszufinden?
- Wie wird der Defekt behoben?

Darüber hinaus muß man sich mit der Kontrollstruktur befassen:

- Welchem Verdacht soll zuerst nachgegangen werden?
- Welche von mehreren zugleich aufgetretenen Störungen muß zuerst behoben werden?

Das Datenmodell stellt ausschließlich die statischen Zusammenhänge dar. Darin liegt auch seine Stärke. Änderungen in den Abläufen haben meist nur geringen Einfluß auf das Datenmodell.

6.5.3.2.2.3 Objektorientierte Darstellung

Bei der objektorientierten Darstellung wird die Trennung zwischen Daten und Funktionen aufgehoben, wie sie bei Funktionen- und Datenmodell gegeben ist. Dazu erhält ein Objekt neben den Daten (Attributen) einen Satz von "Methoden", mit denen die Daten bearbeitet werden können. Die Methoden werden durch "Nachrichten" (messages) aktiviert, welche die Objekte untereinander austauschen. Die Beschreibung der einzelnen Methoden wird normalerweise in das Datenlexikon verbannt, so daß sich das objektorientierte Modell optisch als Datenmodell darstellt.

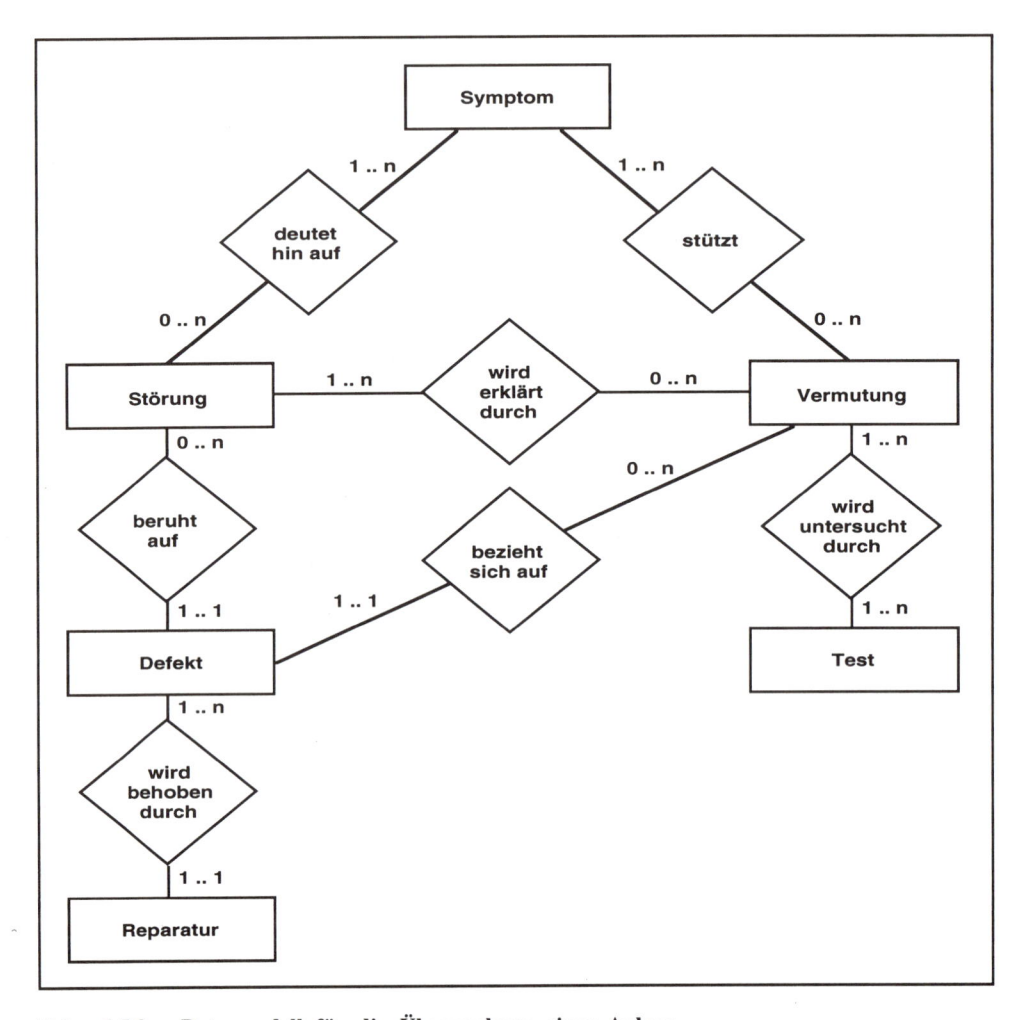

Abb. 6.5.9: Datenmodell für die Überwachung einer Anlage

Jedes Auto verfügt über die Methoden, zu fahren und zu bremsen - sonst ist bei der Konstruktion etwas schiefgegangen. Die Methode "bremsen" wird durch die Nachricht "Tritt auf die Bremse" aktiviert. Den Fahrer interessiert zunächst nicht, wie diese Methoden technisch verwirklicht wurden, solange sie nur funktionieren. Auch bei der objektorientierten Darstellung ist irgendwo der Punkt erreicht, an dem man Methoden nicht mehr zu hinterfragen braucht. Bei der Betrachtung eines Verkehrsleitsystems mag dieser Punkt schon beim "Fahren" und "Bremsen" erreicht sein. Wird dagegen ein Auto analysiert, so wird man es systematisch in seine Bestandteile zerlegen. Spätestens bei den Fragen, wie eine Glühbirne leuchtet oder wie das Kühlwasser fließt, ist dann doch Schluß. In der Darstellung erhält man ein Datenmodell mit zwei ausgezeichneten Relationen: Das Zerlegen eines Objekts in seine Einzelteile führt zu der Relation "besteht aus", Verallgemeinerungen bzw. Spezialisierungen zur Relation "ist ein", die hier explizit als Beziehung dargestellt wird. So "besteht" ein Auto aus Karosserie, Reifen, Motor ... (Abbildung 6.5.10). Ein Scheinwerfer "ist eine" Leuchte, ebenso ein Blinker.

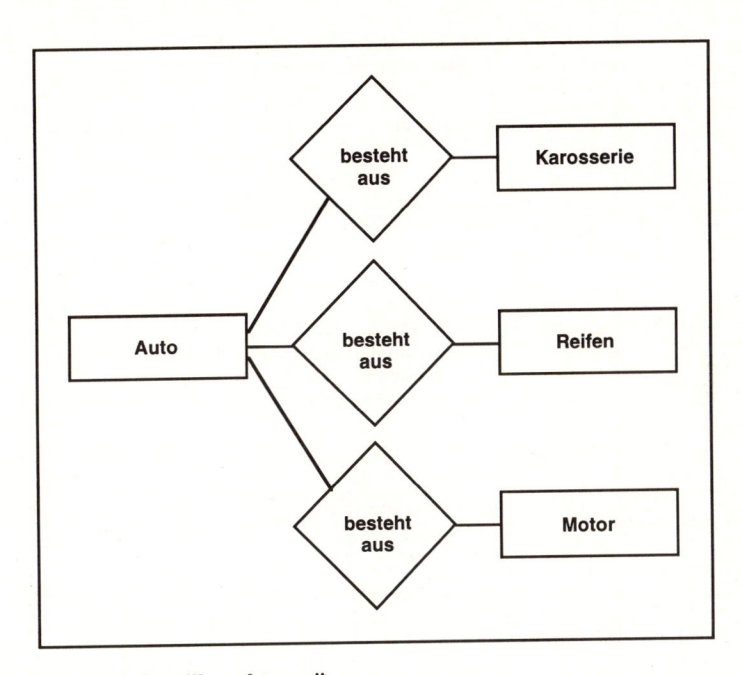

Abb. 6.5.10: Die Relation "besteht aus"

Eine besondere Rolle spielt die Relation "ist ein". Damit wird eine Hierarchie aufgebaut, innerhalb derer Eigenschaften und Methoden "vererbt" werden können. Eine Lampe besitzt eine Birne, folglich auch ein Blinker. Weil jede Leuchte leuchten kann, erwartet man dies auch von den Scheinwerfern eines Autos. Darüber hinaus besteht die Möglichkeit, vererbte Eigenschaften zu überschreiben: Leuchten haben eine Birne, aber ein Scheinwerfer hat zwei. Leuchten leuchten, der Blinker blinkt.

Die objektorientierte Darstellung wird nicht zufällig mit der Beschreibung technischer Systeme eingeführt, denn dafür ist sie besonders geeignet. Ihre Stärke entfaltet sie, wenn es sich dabei um geschlossene Systeme handelt, beispielsweise um automatisierte Prozesse.

6.5.3.2.2.4 Ablaufdiagramm

Ablaufdiagramme bieten nun endlich die Möglichkeit, die zeitliche Abfolge von Aktionen darzustellen. Damit eignen sie sich insbesondere für die Dokumentation der Vorgehensweise des Experten. In der einfachsten Form ist das Ablaufdiagramm einfach eine Kette von Aktionen. Oben ist der Start, unten das Ende. Die Darstellung der Vorgehensweise zur Erstellung wissensbasierter Systeme (Abbildung 6.5.11) ist ein Beispiel eines einfachen Ablaufdiagramms. Selten bleibt es bei einem gradlinigen Ablauf. Häufig läßt sich das Vorgehen des Experten durch eine Kette von Wenn-dann-Sätzen beschreiben: "Wenn die Temperatur steigt, dann erhöht man die Kühlwassermenge. Wenn die Temperatur weiter steigt, dann weiß man, daß eine Störung vorliegt."

Bleibt man bei einem solchen Regelwerk stehen, so verliert man spätestens bei der dritten Verzweigung den Überblick. Nicht so im Ablaufdiagramm. Hier markiert eine Raute die Bedingung für eine Verzweigung. Die obige Sequenz sieht dann wie in Abbildung 6.5.11 dargestellt aus.

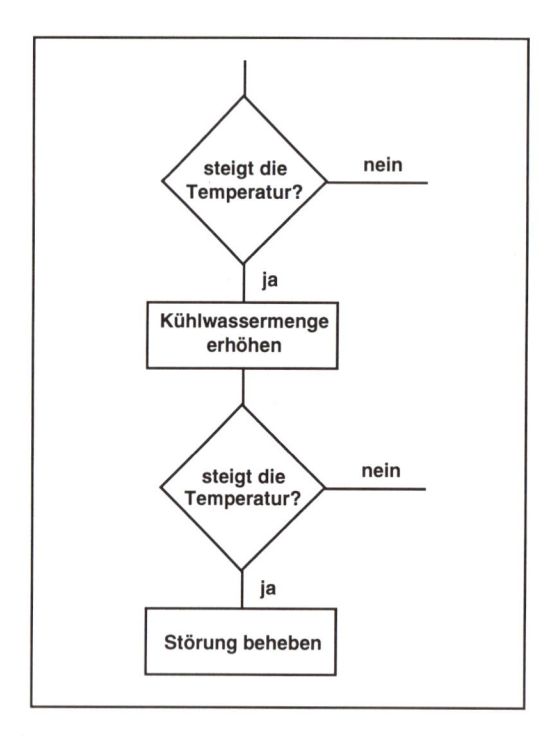

Abb. 6.5.11: Verzweigung

Nicht immer gelingt eine baumartige Abarbeitung. Ablaufdiagramme dürfen auch Schleifen enthalten, beispielsweise eine schrittweise Erhöhung der Kühlwassermenge, bis eine bestimmte Temperatur erreicht ist. Bei einer Schleife muß allerdings sichergestellt sein, daß sie auch wieder verlassen wird. Wenn ein Experte erkennt, daß er in eine Endlosschleife geraten ist, wird er sie abbrechen. Speziell für die Beschreibung von EDV-Systemen und Steuerungen gibt es weitere nach DIN genormte Symbole, aber für unseren Zweck kommen wir mit Aktionen und Bedingungen aus. Welche Darstellungsform jeweils angemessen ist, hängt von den besonderen Umständen des einzelnen Projektes ab und muß in Zusammenarbeit mit den Experten herausgefunden werden.

6.5.3.2.3 Techniken

- Moderationstechnik

  In der zweiten wie auch in der folgenden dritten Phase kommt die Moderationstechnik zum Einsatz. Der Knowledge Engineer übernimmt die Rolle des Moderators. Die Experten sind für die fachlichen Inhalte verantwortlich, während er mit seinem Methodenwissen zur Strukturierung beiträgt. Alle Ergebnisse werden sofort visualisiert. So sind alle Beteiligten auf dem gleichen Stand und Verständnisfehler können schnell behoben werden. Metaplanwände werden zur ständigen Begleitung der Wissensakquisition. Die Kärtchen müssen für alles herhalten, seien es nun Objektklassen, Funktionen oder Maschinenteile. Dagegen halte ich mich bei der Beschriftung der Wände selber möglichst lange zurück. Denn solange man es nur mit Karten zu tun hat, sind diese schnell ausgetauscht, Änderungen auf den Wänden sind lästiger. Im Notfall hat sich Tesakrepp als "Tipp-ex" für die Metaplanwände bewährt. Die Arbeit findet überwiegend in einer Kleingruppe statt, die Experten aus allen betroffenen Fachgebieten umfassen sollte. Die Einbeziehung aller Fachrichtungen erklärt sich dadurch, daß in dieser Phase die Darstellungsform festgelegt wird, mit der alle Experten später arbeiten müssen. Nur wenn alle Fachrichtungen dazu beigetragen haben, kann man davon ausgehen, daß sie auch überall verstanden und akzeptiert wird.

Wenn prinzipiell alle Ergebnisse visualisiert werden, kann man sich immer noch auf den Punkt zurückziehen, an dem sich alle einig waren. Und die Arbeit in der Kleingruppe bedeutet die Möglichkeit, Meinungsverschiedenheiten gleich vor Ort auszutragen. Im Zweifelsfall kann man immer noch eine Pause einlegen und zusätzliche Aufzeichnungen oder Fachliteratur hinzuziehen.

- Auswertung der Fallbeispiele

In der zweiten Phase werden die in der ersten Phase erhobenen Fallbeispiele zur Qualitätssicherung herangezogen. Lassen sich diese Beispiele tatsächlich in der festgelegten Form darstellen? Passen auch die "Exoten" noch ins Schema? Enthalten die formlos dokumentierten Beispiele Wissen, das sich nun nicht mehr darstellen läßt? Die Auswertung der Fallbeispiele ist eine "Hausaufgabe" für den Knowledge Engineer. Erst die Ergebnisse werden wieder mit den Experten besprochen, insbesondere dann, wenn sie eine Änderung der Darstellungsform notwendig machen. Eine frühzeitige Verwendung der Fallbeispiele hilft, die geeignete Darstellungsform schneller zu finden. Es kann aber nicht das Ziel sein, eine Form genau auf die Beispiele zuzuschneiden, so daß sie für einige andere Fälle ungeeignet ist. Deshalb sollte man zumindest einige Beispiele solange aufheben, bis man glaubt, mit der Festlegung der Darstellungsform fertig zu sein.

6.5.3.3 Ausweitung auf das gesamte Wissensgebiet

6.5.3.3.1 *Aufgabenstellung*

In der dritten Phase wird in die Breite gearbeitet. Nachdem die Darstellungsform anhand eines Ausschnitts erarbeitet wurde, gilt es nun, das gesamte Wissen damit zu dokumentieren. Der Schwerpunkt in dieser Phase liegt auf der Vollständigkeit. War bisher nur ein fester Expertenkreis beteiligt, so werden jetzt alle einbezogen. Das bedeutet ständig wechselnde Kleingruppen, die immer auf's neue ins Boot geholt und motiviert werden wollen.

An der Vollständigkeit kann man sich auch die Zähne ausbeißen. Manche Fälle sind bisher in der Praxis noch nicht aufgetreten, so daß Erfahrungswerte fehlen. Gerade in kritischen Situationen verbietet sich das "Austesten" von selber. Auch bei der Exaktheit muß man Abstriche machen. Insbesondere der Zeitaspekt wird oft nur gefühlsmäßig erfaßt: Wenn der Druck über einen längeren Zeitraum steigt, so ist das kritisch. Bloß, was ist ein "längerer Zeitraum"? Und was heißt eigentlich "steigen"? Hier hilft auch eine "unscharfe" Logik nicht weiter, da im Zweifelsfall jeder Experte etwas anderes unter einem längeren Zeitraum versteht. Stattdessen haben wir uns auf die Definition geeinigt, bei der garantiert jede Störung erfaßt wird, und akzeptiert, daß diese Festlegung auch Fehlalarme produzieren wird.

Schließlich gibt es noch die Punkte, an den sich die Experten schlicht weigern, ihr Wissen preiszugeben. So gab es in einer Produktion eine Situation, in der der Meister sich drei Meßwerte ansah und diesen Zustand "mit seiner Erfahrung" verglich. Wir konnten noch erfahren, daß jeder Meister einen Zettel besaß, auf dem er diese Erfahrung notiert hatte, zu sehen bekamen wir diese Zettel aber nie. So empfiehlt das wissensbasierte System dem Benutzer noch heute, die drei Meßwerte mit seinem Erfahrungswert zu vergleichen.

6.5.3.3.2 Techniken

- Moderationstechnik

Auch in der dritten Phase wird überwiegend mit moderierten Sitzungen in Kleingruppen gearbeitet. Dabei werden alle Experten einbezogen. Alle Experten einzubeziehen ist nicht nur notwendig für die Akzeptanz der Ergebnisse. Es schlägt sich auch in der Qualität der Ergebnisse nieder. Denn das Wissen der verschiedenen Experten ergänzt sich. Was der eine noch nie erlebt habt, ist dem anderen erst vor kurzem passiert. Der Wissensaustausch ist der Profit, den die Experten selber aus der Wissensakquisition ziehen. Daneben entwickelt sich manche Sitzung zum Qualitätszirkel: Könnte nicht bei der nächsten Version ein Mechanismus zur Selbstdiagnose entwickelt werden? Und wie ließen sich die häufigsten Fehler ganz vermeiden?

- Erhebung mittels Fragebogen

Einige Formen des Wissens lassen sich so systematisch abfragen, daß man dafür einen Fragebogen zum Einsatz bringen kann. Dies betrifft vor allem technische Daten, insbesondere dann, wenn die Experten sie selber erst aus irgendwelchen Dokumentationen hervorsuchen müssen. Beispielsweise ist es sinnlos, die Grenzwerte für Meßstellen in einer Sitzung ermitteln zu wollen. Hier hilft entweder die Systemdokumentation oder sie müssen an der Steuerung selber abgelesen werden. Andere Daten müssen erst durch Messungen am System ermittelt werden.

Die Struktur des Fragebogens muß mit den Experten zusammen festgelegt werden. Sonst ist man länger mit Rückfragen beschäftigt als die Sitzung gedauert hätte und läuft obendrein Gefahr, daß einzelne Fragen falsch verstanden werden.

6.5.3.3.3 Qualitätssicherung

Bei der Qualitätssicherung geht es um die Qualität des Wissensmodells. Diese drückt sich in Korrektheit und Vollständigkeit des Modells aus.

- Korrektheit

Zunächst können die Experten selber das Modell auf Korrektheit überprüfen. Erstmals geschieht das während der Erarbeitung. Dann sollte man die Ergebnisse einer Sitzung zu Beginn der nächsten Runde noch einmal zur Debatte stellen. Schließlich sind die Experten aufgefordert, die Ergebnisse noch einmal anhand des Protokolls zu überprüfen. Hat man genug Experten im Team, so kann jeweils ein Teil die Ergebnisse der anderen Gruppe "qualitätssichern". So kann man etwas gegen die Betriebsblindheit vorbeugen. Die zweite Überprüfung findet im Vergleich mit der Realität statt. Stimmen die Aussagen des Modells, wenn ich es auf reale Fälle anwende? Wenn die Ergebnisse in ein wissensbasiertes System umgesetzt werden, so findet der Vergleich mit der Realität meist erst anhand dieses Systems statt. Die Begeisterung für das Überprüfen von Papier-Ergebnissen hält sich leider in engen Grenzen.

- Vollständigkeit

Bei der Sicherung der Vollständigkeit geht es weniger um die Tiefe des erfaßten Wissens, die ja prinzipielle Schwierigkeiten aufwirft, als vielmehr um dessen Breite. Sind wirklich alle Fälle erfaßt oder wurden einige übersehen? Übersehen, weil es sich um Ausnahmen handelt oder, schlimmer noch, weil diese Fälle für zu trivial gehalten wurden. Gerade diese Trivialfälle sind es, die dann später ständig zu Falschaussagen führen. Anders ist es, wenn einige Fälle mit dem Wissen der Experten nicht gelöst werden können. Dann sollte aber auch im Modell stehen, daß die Experten hier mit ihrem Latein am Ende sind.

Die wichtigsten Möglichkeit, das Wissen auf Vollständigkeit zu überprüfen, ist der Vergleich über Kreuz. Diese Möglichkeit muß man sich schon während der Erhebung schaffen, indem bestimmtes Wissen auf unterschiedlichen Wegen ermittelt wird, um es dann auf Übereinstimmung zu vergleichen:

- Wenn ein Datenmodell erstellt wurde, so dürfen keine weiteren Daten im übrigen Modell verwandt werden.

- Wenn die Diagnose vom Symptom bis zur Ursache verfolgt wird, so werden vorher alle möglichen Ursachen aufgelistet. Jede davon muß auf irgendeinem Weg erreicht werden.

Eine weitere Möglichkeit ist der Vergleich mit der vorhandenen Dokumentation. Sind darin noch Fälle enthalten, die schon einmal gelöst wurden, durch das Modell aber nicht abgedeckt wurden?

Noch einmal: Absolute Vollständigkeit ist bei komplexen Wissensgebieten nicht möglich. Anzustreben ist, die bekannten Grenzen auch klar zu dokumentieren und den Anteil der Unvollständigkeit zu minimieren, der auf Flüchtigkeit beruht.

6.6 Praxisanalysen

O. Peske

6.6.1 Notwendigkeit analytischer Tätigkeit

Analytische Tätigkeit ist ein unerläßlicher Bestandteil verantwortungsvollen und erfolgreichen Handelns. In Verbindung mit Kontrollaktivitäten ist sie darauf gerichtet herauszufinden, inwieweit und aus welchen Gründen gesteckte Ziele bei der Verwirklichung der verbindlichen Aufgabenstellung erreicht wurden. Wie jeder verantwortungsbewußte Arzt sich in bestimmten Zeitabständen nach der Wirksamkeit der von ihm verordneten Therapie erkundigt oder wie der auf die Zufriedenheit seiner Abnehmer bedachte Hersteller regelmäßig nach dem Gebrauchswert seiner Erzeugnisse bei den Kunden fragt, so müßte auch ein Bildungsträger kontinuierlich über Rückinformationen analysieren, inwieweit das realisierte Lehrprogramm den Interessen der Kursteilnehmer entspricht, was im Wiederholungsfalle beibehalten und was geändert werden müßte.

Es sind also nicht nur kontinuierlich der Entwicklungsstand und die Entwicklungstendenzen für die zu gestaltenden Prozesse in der Vergangenheit, Gegenwart und Zukunft sichtbar zu machen, es ist nicht beim Soll-Ist-Vergleich stehenzubleiben, sondern es geht darüber hinaus um die Ermittlung von Ursache-Wirkungs-Zusammenhängen. Daraus sind entweder die Bestätigung für die Fortführung des bisherigen Tuns oder aber Konsequenzen für Korrekturen abzuleiten, auch Schritte für die Verstärkung des Bewährten, für die Minimierung bzw. Ausschaltung negativer Entwicklungen, für das Wirksamwerden bisher nicht genutzter oder unbekannter Möglichkeiten.

Die Analyse als Methode des Erkenntnisgewinns, als praktische oder gedankliche Zerlegung komplexer Vorgänge in ihre wesentlichen Komponenten, bedarf der Ergänzung durch die Synthese. Nur so lassen sich die Beziehungen der Teile zum Ganzem, die Einheit von Qualitativem und Quantitativem, Vorgänge des Systematisierens und Verallgemeinerns korrekt realisieren; nur so wird vorgebeugt, daß die Ableitung von Schlußfolgerungen auf der Grundlage von Details erfolgt, daß metaphysisches Denken an die Stelle einer systemischen Betrachtungsweise tritt.

6.6.2 Auswahl von Analysebereichen

Analytischer Tätigkeit bietet sich ein weites, ein unerschöpfliches Feld. Man kommt nicht umhin, eine Einschränkung, eine Auswahl von Schwerpunkten vorzunehmen. In Einrichtungen der Berufsbildung wäre zunächst zu prüfen, inwieweit sich analytische Tätigkeit auf den administrativen bzw. auf den unterrichtlichen Bereich konzentrieren soll. Im administrativen Bereich könnten folgende Bereiche Gegenstand von Analysen sein:

a) Planung

- Bildungsbedarf
- Investitionen
- Finanzen
- Personal
- Curriculum

b) Organisation

- Organisationsstruktur
- Projektorganisation
- Gestaltungsmittel
- Büroorganisation

c) Information und Kommunikation

- objektiv notwendiger Informationsbedarf
- Informationsflüsse
- Informationsmedien
- Informationsverluste
- Informationsaufnahmeprinzip

d) Führung

- Managementtechniken
- Mitbestimmung
- Teamarbeit
- Konferenzen
- Mitarbeitergespräche
- Konfliktbewältigung
- Zeitökonomie
- Öffentlichkeitsarbeit

Auf den unterrichtlichen Bereich bezogen, wäre zunächst zu prüfen, inwieweit Einstellungs-, Verlaufs-, Ergebnis- oder Bedingungsanalysen erforderlich sind,

a) Einstellungsanalysen, bezogen auf

- Interessen,
- Eigenschaften,
- Motive,
- Überzeugungen

b) Verlaufsanalysen, bezogen auf

- Lehrplandisziplin,
- Wissenschaftlichkeit,
- Praxisverbundenheit,
- didaktische Gestaltung,
- Beziehung Lehrende - Lernende

c) Ergebnisanalysen, bezogen auf das Erreichen

- kognitiver Ausbildungsziele,
- psycho-motorischer Ausbildungsziele,
- affektiver Ausbildungsziele

d) Bedingungsanalysen, bezogen auf den Einfluß von Faktoren wie

- Qualifikation der Lehrenden,
- räumliche Gegebenheiten,
- verfügbare Unterrichtsmittel,
- Anforderungsniveau,
- Vorbildung und Erfahrungen der Lernenden,
- Arbeits- und Lernhaltung der Lernenden sowie ihrer
- Arbeits- und Lebensbedingungen

auf das Erreichen der Lehrplanziele.

Da analytische Tätigkeit kein Selbstzweck sein darf und mit erheblichem Aufwand verbunden ist, muß sorgfältig überlegt werden, auf welche Bereiche und Gegenstände sie sich konzentrieren soll.

6.6.3 Inhaltliche Gestaltung von Praxisanalysen

Da Ergebnisse analytischer Tätigkeit bedeutsame Grundlagen für die Entscheidungsfindung sind, ist ihrer Qualität große Aufmerksamkeit zu widmen,.

6.6.3.1 Kriterien und Indikatoren - eine Grundlage der "Messung" pädagogischer Effekte

Gedankliche Klarheit über das "Was" geht notwendigerweise den Überlegungen zum "Wie" voraus. Mit gedanklicher Klarheit sind zunächst Antworten auf folgende Fragen gemeint:

- Welcher Gegenstand ist zu untersuchen?

- Welche Fragestellungen sollen beantwortet werden?

- Welche Zusammenhänge bzw. Unterschiede sind zu prüfen?

- Was kennzeichnet das Untersuchungsfeld?

- Wie lassen sich die zu analysierenden Erscheinungen "messen"?

- Was soll mit der Analyse erreicht oder verändert werden?

- Von welchen Hypothesen kann man ausgehen?

Das Problem der Meßbarkeit pädagogischer Effekte ist dabei das am schwersten zu lösende, meist nur auf indirekte Weise; denn die betreffende Erscheinung wird mit einer anderen verglichen, die über (mehr oder weniger) genau definierte Eigenschaften verfügt. Einstellungen, Überzeugungen, Verhaltensweisen sowie damit verbundenes Wissen und Können sind nicht unmittelbar der Anschauung zugänglich, sondern nur vermittelt erkennbar über die Tätigkeit, über die Tätigkeitsergebnisse, über Meinungen und Äußerungen. Eine absolute Genauigkeit ist dabei unerreichbar.

Persönlichkeitseigenschaften sind komplexer Natur, nicht eindimensional. Ein Test kann Eigenschaften (z. B. Arbeitshaltung) nicht unmittelbar messen, sondern dies muß über die Messung der diesen Eigenschaften zugeordneten Kriterien und Indikatoren erfolgen. Der

Mühe, aussagekräftige Kriterien und Indikatoren durch wissenschaftlich-theoretische Ableitung für die zu messenden Erscheinungen zu entwickeln, kann man sich also nicht entziehen. Würde man beispielsweise die schon erwähnte "Arbeitshaltung" in bezug auf aussagefähige Kriterien untersuchen, so käme man sicherlich auf

- Arbeitsplanung,
- Arbeitsdurchführung,
- Arbeitsergebnisse.

Arbeitsplanung kann man durch *Indikatoren* sichtbar machen wie

- zielgerichtete, systematische, möglichst umweglos vollzogene Entwicklung einer Handlungsstrategie,

- Verwendung von Handlungsanleitungen, Nachschlagwerken, Serviceunterlagen,

- Beachtung existierender Checklisten,

- rechtzeitige Bereitstellung von Arbeits- und Prüfmitteln sowie Materialien.

Arbeitsdurchführung kann man an *Indikatoren* verdeutlichen wie

- selbständiges, systematisches, planvolles Umsetzen des Arbeitsauftrages ohne häufiges Nachfragen,

- pfleglicher Einsatz von Maschinen und Werkzeugen,

- rationelle Nutzung von Arbeitszeit, Materialien und Energie,

- Bewältigung auftretender Schwierigkeiten,

- Kooperationsfähigkeit,

- Selbstkontrolle,

- Einhaltung von Sicherheitsvorschriften.

Arbeitsergebnisse kann man an in bezug auf die Qualität und Quantität durch *Indikatoren* erkennen wie

- Funktionstüchtigkeit,
- Genauigkeit,
- Menge pro Zeiteinheit (vgl. Selbach, Pullig 1992, S. 547).

Um die Schwierigkeit des Findens aussagekräftiger Kriterien und Indikatoren durch wissenschaftlich-theoretische Ableitung zu erkennen, sollte man sich z. B. an Aufgaben versuchen wie

- Kommunikationsfähigkeit,
- Teamfähigkeit,
- Problemlösungsfähigkeit,

an Zielstellungen also, wie sie für zahlreiche Fortbildungskurse formuliert werden.

6.6.3.2 Skalierung

Durch qualitative Beschreibung eines Gegenstands oder Zusammenhangs allein können die komplexen Persönlichkeitseigenschaften, auf die sich pädagogisches Handeln richtet, nicht präzise widergespiegelt werden. Es ist erforderlich, die Ausprägung einer ermittelten Qualität, ihre Größe bzw. Intensität eindeutiger zu charakterisieren. Derartige Bemühungen sind Ausdruck für die quantitative Bestimmung von Qualitäten, kurz: von Quantifizierung. Die Bestimmung von Quantitäten für die in qualitativer Form erfaßten Informationen kann auf unterschiedliche Weise erfolgen. Man bedient sich dazu verschiedenartiger Formen der Skalierung. Durch Skalierung wird versucht, graduelle Abstufungen einer bestimmten Qualität, z. B. des Verhaltens, die in sprachlich-logischer Form gegeben ist, durch Zahlen und Maße auszudrücken. Quantifizierung durch Bildung von Skalen bedeutet erst auf einer bestimmten Niveaustufe Messung im strengen Sinne des Wortes. Im pädagogischen Bereich ist eine unmittelbare Messung heute nur in wenigen Fällen möglich, daher beruht die quantitative Bestimmtheit von Qualitäten oft auf Schätzurteilen.

6.6.3.2.1 *Die Nominalskala*

Die Nominalskala ist der elementarste Skalentyp. Sie basiert auf der Zuordnung von Untersuchungsobjekten hinsichtlich des Vorhandenseins oder Nichtvorhandenseins eines definierten Merkmals zu Objektklassen. Die Bildung von Nominalskalen beruht also auf der Relation der Gleichheit bzw. Ungleichheit (Friedrich 1980, S. 286). Die folgende Beispielauswahl möge dies veranschaulichen.

Welchen Geschlechts sind Sie?
    (1)   weiblich
    (2)   männlich

Welchen Beruf üben Sie aus?
    (1)   Industriekaufmann
    (2)   Bankkaufmann
    (3)   Großhandelskaufmann

Zu welcher Branche gehört Ihr Betrieb?
    (1)   metallverarbeitendes Gewerbe
    (2)   Baugewerbe
    (3)   Hotel- und Gaststättengewerbe
    (4)   holzverarbeitendes Gewerbe

Auf welchem Gebiet möchten Sie sich vorrangig weiterbilden?
    (1)   Arbeitsrecht
    (2)   Betriebswirtschaft
    (3)   Rechnungswesen und Statistik
    (4)   Information und Kommunikation

Fragen nach sozialer Herkunft, nach dem Familienstand, nach der Vorbildung sind weitere Beispiele für Nominalskalierung. Es gibt eigentlich keinen Sachverhalt, auf den sich nicht eine Nominalskala anwenden ließe. Die Beispiele verdeutlichen: Es kann sich bei Nominalskalen um zwei- oder mehrklassig gestufte Skalen handeln, mit anderen Worten: für eine Variable werden zwei oder mehr qualitativ verschiedene Klassen definiert. Auf der Basis nominal skalierter Daten sind nur wenige mathematisch-statistische Operationen zulässig:

a) Das Zählen, d. h. die Ermittlung absoluter und relativer Häufigkeiten.

	Beruf A	Beruf B	Beruf C	Beruf D	Summe
absolute Häufigkeit	50	75	100	25	250
relative Häufigkeit	20 %	30 %	40 %	10 %	100 %

b) Die Bestimmung des Modalwertes. Das ist der am häufigsten in einer Verteilung vorkommende Wert, auch Gipfelwert genannt. Eine Mittelwertbildung ergibt keinen Sinn.
Im obigen Beispiel ist die Variable C am stärksten vertreten.

c) Die Anwendung des Chi-Quadrat-Tests als Prüfverfahren.

Der Zusammenhang zwischen 2 nominalskalierten Variablen läßt sich durch ein Kontingenzmaß beschreiben.

6.6.3.2.2 Die Ordinalskala

Die Ordinalskala stellt gegenüber der Nominalskala einen höheren Typ dar. Sie beruht wie jene auf der Relation der Gleichheit bzw. Ungleichheit, berücksichtigt aber darüber hinaus die Intensität in der Ausprägung eines Merkmals. Die Darstellung von graduellen Unterschieden in bezug auf den untersuchten Sachverhalt ist typisch für diese Art der Skalierung. Die erfaßten Ergebnisse werden mit einem definierten Maßstab daraufhin verglichen, ob sie "größer", "gleich" oder "kleiner" ausfallen (Friedrich 1980, S. 287). Auf diese Weise wird eine Ordnung erzielt. Relationen wie

      schlecht - mittelmäßig - gut,
      keine - geringe - mittlere - starke,
      sehr klein - klein - mittelgroß - groß - sehr groß

seien als weitere Beispiele zur Verdeutlichung des Unterschieds zur Nominalskala genannt. Indem nicht nur der Ja-Nein-Fall dargestellt wird, bedeutet diese Skalierung einen Informationsgewinn.

Nach der Form unterscheidet man (Friedrich 1980, S. 356):

a) numerische,
b) verbale,
c) grafische,
d) kombinierte (gemischte)

Schätzskalen. Einige Beispiele sollen diese Einteilung veranschaulichen.

Zu a)
"Beurteilen Sie bitte das realisierte Lehrprogramm für die arbeitsrechtliche Weiterbildung in bezug auf die genannten Merkmale mit Skalenwerten von 1 bis 6, wobei "1" die höchste, "6" die geringste Wertschätzung ausdrückt.

Das Lehrprogramm war

      interessant   ( )
      praxisrelevant ( )
      anspruchsvoll ( )

Zu b)
"In welchem Grade sind Sie an Weiterbildungsthemen zum Informationsmanagement interessiert?"

>sehr stark
>stark
>mittelmäßig
>schwach
>sehr schwach

In welchem Grade stimmt die folgende Aussage mit Ihrer Meinung überein?

"In Weiterbildungskursen dürfen Trainingseinheiten zum Umgang mit moderner Informationstechnik nicht fehlen."

Das ist a) vollkommen meine Meinung,
>b) im großen und ganzen meine Meinung,
>c) kaum meine Meinung,
>d) überhaupt nicht meine Meinung.

Zu c)
"Wie empfanden Sie im Planspiel

	++	+	+-	-	--
die Praxisrelevanz					
das Anspruchsniveau					
die Zeitvorgabe					

Zu d)
"Beurteilen Sie bitte den Lehrbrief 7 zu ausgewählten Problemen der Marktwirtschaft in bezug auf Praxiswirksamkeit" nach folgender Skala:

>1 -> sehr stark
>2 -> stark
>3 -> leicht überdurchschnittlich
>4 -> durchschnittlich
>5 -> leicht unterdurchschnittlich
>6 -> stark unterdurchschnittlich
>7 -> fehlend

Nach der inneren Struktur werden

a) monopolare (auch unipolar genannt)
b) bipolare

Schätzskalen unterschieden. Ein Beispiel für eine monopolare ist mit d) und für die bipolare Skala mit c) gegeben. Die bekannteste Ordinalskala ist die Notenskala mit den Ausprägungsstufen "sehr gut", "gut", "befriedigend", "ausreichend", "mangelhaft", "ungenügend". Die Ordinalskala grenzt zwar die verschiedenen Merkmalsausprägungen voneinander ab, die Abstände zwischen zwei benachbarten Skalenpunkten müssen aber nicht eindeutig definiert sein. Die auf der Basis der Ordinalskalierung ermittelten Ergebnisse dürfen also nicht als absolut genau angesehen werden. Die Ordinalskala enthält keine Maßeinheiten; daraus folgt, daß man keine Zwischenwerte definieren kann. Streng genommen darf als Mittelwert nur der Median (Zentralwert) bestimmt werden.

6.6.3.2.3 Die Intervallskala

Für eine Intervallskala ist typisch, daß definierte Meßwerte zugrunde liegen und die Abstände zwischen 2 benachbarten Skalenwerten gleich groß sind. Sie liefert dadurch präzisere Aussagen als die Ordinalskala, indem sie nicht nur ausweist, daß die verglichenen Untersuchungsgegenstände "größer" oder "kleiner" ausfallen, sondern darüber hinaus "ablesbar" ist, um wieviel "größer", um wieviel "kleiner". Die Maßeinheit wird vom Untersuchenden festgelegt, an der die zu erfassenden Untersuchungsmerkmale gemessen werden. Eine 100-Punkte-Skala für die Bewertung von Leistungen der Lernenden wäre ein Beispiel für eine Intervallskala. Die Notenskala könnte diesen Anspruch dann erheben, wenn

a) garantiert wäre, daß nach objektiven Maßstäben geurteilt würde, also gleiche Leistungen zu gleichen Noten führten, und

b) die Abstände zwischen den Zensurengraden gleich groß wären, also Intervallkonstanz bestünde.

Meistens vermitteln die Schulzensuren aber den Informationsgehalt von Rangplätzen.

Mit intervallskalierten Daten dürfen über die bei Nominal- und Ordinalskalen genannten Verfahren der mathematischen Statistik hinaus angewendet werden

- die Berechnung von Verteilungscharakteristika wie "arithmetisches Mittel" und "Standardabweichung" (als Streuungsmaß),

- parametrische Prüfverfahren, z. B. der t-Test,

- Korrelations- und Regressionsrechnung zur Bestimmung eines Zusammenhangs zwischen 2 durch Meßwerte beschriebenen Variablen.

Intervallskalen besitzen keinen natürlichen Nullpunkt (Friedrich 1980, S. 288). Dies ist erst auf dem höchsten Skalierungsniveau erreicht, mit einer Proportionalskala. Gewichts- und Längenskalen sind Beispiele dafür.

6.6.4 Methodische Gestaltung von Praxisanalysen

Methodische Überlegungen zur Gestaltung von Praxisanalysen betreffen die Frage nach dem "Wie". Sie stehen in unmittelbarem Zusammenhang mit den inhaltlichen Festlegungen, mit den Fragestellungen und Hypothesen. Abhängig davon ist zu entscheiden, inwieweit die eine oder andere Methode anzuwenden ist. Bei Praxisanalysen zur Unterstützung der Leitungstätigkeit wird man häufig angewiesen sein auf

a) Studium grundlegender literarischer Quellen (Dokumente eingeschlossen),
b) Beobachtung,
c) Tests,
d) Befragung.

Allgemein gilt: Die Komplexität des Untersuchungsgegenstandes erfordert auch ein komplexes Herangehen, die Methodenkombination. Welches methodische Instrumentarium auch immer gewählt wird, es sollte so weit wie möglich einer Prüfung nach den bekannten Gütekriterien Objektivität, Reliabilität und Validität unterzogen werden.

6.6.4.1 Studium literarischer Quellen und Dokumente

Die Nutzung literarischer Quellen ist für den erstmalig mit analytischen Aufgaben Betrauten unverzichtbar, aber auch dem erfahrenen Praktiker zu empfehlen. Standardwerke und spezielle Veröffentlichungen sollten daraufhin angesehen werden, ob sie Leitlinien und Erfahrungen zum Untersuchungsgegenstand enthalten in bezug auf

- die Formulierung von Hypothesen,
- aussagekräftige Kriterien und Indikatoren,
- vorteilhafte Skalierung,
- empfehlenswerte Prüfverfahren der mathematischen Statistik,
- Hinweise auf Fehlerquellen,
- in vorhergehenden Zeiträumen zum gleichen Untersuchungsgegenstand ermittelte Ergebnisse.

Ein gründliches Studium relevanter Literatur und Dokumente bewahrt vor Dilletantismus, Einseitigkeit, Ineffizienz.

6.6.4.2 Beobachtung

Für Praxisanalysen ist die Beobachtung ebenso unverzichtbar wie die Dokumentenanalyse sowie Tests und Befragungen. Durch sie werden wesentliche Informationen zu wahrnehmbaren Merkmalen des Leistungs- und Sozialverhaltens gewonnen. Wie über keine andere Methode kann man durch Beobachtung reale Prozeßverläufe in ihren Details, ihren Verflechtungen, ihrem determinierenden Bedingungsgefüge erkennen.

Es ist also gründlich zu überlegen, auf welchen Wegen zur Erreichung eines möglichst objektiven Beobachtungsergebnisses beigetragen werden kann. Die Vermeidung von Überforderung durch die Komplexität von Beobachtungssituationen und die Mehrdimensionalität der Ergebniserfassung gehört ebenso dazu wie das Ausschalten bzw. die Minimierung von Urteilsfehlern. Beobachtertraining dürfte damit eine bedeutsame Voraussetzung für qualitativ hochwertige Analyseergebnisse sein. Der Einsatz technischer Mittel, z. B. der Video-Kamera, kann dazu sehr hilfreich sein, das Einverständnis der Beteiligten vorausgesetzt. Beim Training von Führungsverhalten, ein Anliegen, das mit Recht Gegenstand vieler Weiterbildungskurse sein muß, könnten auf diesem Wege nicht nur die einzelnen Schritte der Beteiligten detailgetreu dokumentiert werden, sondern auch ihre Mimik, ihre Gestik, ihre emotionalen Reaktionen, die eingesetzten sprachlichen Mittel, die erkennbaren Ergebnisse, das Zeitverhalten.

6.6.4.3 Tests

Tests werden im pädagogischen Bereich häufig angewendet, um Leistungen und Einstellungen, darunter Eigenschaften, Interessen, Motive großer Personengruppen kurzfristig zu ermitteln. Ökonomie der Zeit ist einer der markanten Vorteile dieser Methode. Werden Tests zur Feststellung von Lernerfolg verwendet, ist, wie schon mehrfach erwähnt, zu fragen: "Woran, durch welche Kriterien und Indikatoren, wird sichtbar, ob der angestrebte Lernerfolg erreicht wurde?" Wissen, Können, Verhalten sind sicherlich die Hauptkriterien. Tests werden ferner verwendet, um individuelle Leistungsvoraussetzungen für bestimmte Tätigkeiten zu erkennen, auch zur Ermittlung des Leistungsstandes zu Beginn und am Ende eines Kurses mit der Maßgabe, seine Effektivität u. a. durch Leistungszuwachs nachzuweisen. Tests bringen Resultate eines Prozesses zum Ausdruck, sagen aber nichts über dessen Verlauf aus. Auch zur motivalen und voluntativen Sphäre ist damit kein Hinweis gegeben. So wird hier ebenfalls deutlich, daß diese Methode nicht isoliert, sondern kombiniert mit anderen zu verwenden ist.

Einstellungstests erfordern die Selbsteinschätzung zu Eigenschaften, Interessen, Motiven. Die Probanden äußern ihre Wertung zu einer Vielzahl von geschlossenen Einzelindikatoren. Im Weiterbildungsbereich ist es durchaus bedeutsam, die Interessenlage, d. h. den Weiterbildungsbedarf, gut zu kennen, und dies möglichst

a) verbunden mit Rangplätzen, z. B. für Recht, Betriebswirtschaft, Rechnungsführung und Statistik, Information und Kommunikation, Training von Führungsverhalten,

b) differenziert nach Vorbildung, Berufserfahrung, eventuell auch nach Alter und Geschlecht.

Folgt die Kursoganisation diesen Informationen, wird damit eine wesentliche Voraussetzung für eine hohe Effektivität geschaffen.

6.6.4.4 Schriftliche Befragungen

Bewußtseinsinhalte von einzelnen Personen oder -gruppen werden zwar nicht ausschließlich, doch aber weitgehend über die sprachliche Mitteilung erkennbar. In diesem Zusammenhang wird häufig die Befragung als Methode zum Kennenlernen von Tatsachenwissen, Meinungen, Interessen, Motiven verwendet. Bei der *mündlichen Befragung,* unabhängig vom Grad der Standardisierung, existiert ein unmittelbarer Kontakt zwischen dem Fragenden und dem Befragten, der auf das Antwortverhalten durchaus beeinflussend wirken kann. Das Ergebnis der *schriftlichen Befragung* hängt maßgeblich von der Qualität des Fragebogens ab, aber auch von der Motivierung. Während man sich redlich müht,

- jene Fragen zu formulieren, deren Antworten der Zielstellung der Analyse entsprechen,
- sich möglichst einfach und verständlich auszudrücken,
- ungebräuchliche Fachausdrücke zu vermeiden,
- Doppel- und Suggestivfragen auszuschließen,
- keine Examenssituation eintreten zu lassen,

wird oft nicht oder unzureichend dem Befragten begründet, warum man eigentlich seine Auskünfte erbittet. Wenn ihm die Einsicht vermittelt werden kann, daß seine engagierte, verantwortungsbewußte und sachliche Mitwirkung zur Effektivierung der Aus- und Weiterbildung von großem Wert ist, wird auch die Qualität seiner Antworten durch gründlicheres Überlegen entsprechend höher ausfallen. Verzichtet man auf eine Motivierung, darf man sich nicht wundern, wenn die eine oder andere Alternative, ohne viel nachzudenken, angekreuzt wird. In diesem Zusammenhang sind unbedingt Belange des Datenschutzes gebührend zu respektieren. Aus den gesetzlichen Bestimmungen geht z. B. hervor, daß

- die Teilnahme an der Befragung auf Freiwilligkeit beruht,
- die persönlichen Daten, z. B. die Angabe des Alters, der Tätigkeit, des Geschlechts, schnellstmöglich von den übrigen zu trennen sind, um die Herstellung eines Personenbezuges auszuschließen,
- die Befragungsunterlagen nicht an andere Stellen weitergegeben werden dürfen,
- sämtliche Befragungsunterlagen zu vernichten sind, sobald die Befragung abgeschlossen und die Daten aufbereitet sind, also in anonymisierter Form vorliegen (Gesetz zum Schutz personenbezogener Daten in der Berliner Verwaltung vom 10.11.1990 (GVBl. 1990, S. 2216).

Befragungen im Zusammenhang mit Praxisanalysen stehen im Dienste der Deckung des Informationsbedarfs von Leitern und Lehrenden. Verantwortungsbewußte Fragestellungen, die den zu befragenden Personenkreis weder inhaltlich noch zeitlich überfordern, die in Intervallen wiederholt werden, sind daher unverzichtbar. Es kann also auch nicht um eine 'Totalaufnahme' betrieblicher oder persönlicher Verhältnisse gehen, sondern nur um jene Sachverhalte, die auch tatsächlich von den Bildungsträgern beeinflußt werden können und sollen. Demzufolge muß bei jeder Frage genau überlegt werden:

- "Wozu sollen die Antworten verwendet werden?"
- "Treffen die formulierten Fragen auch tatsächlich den Informationsbedarf?"

Theoretische Studien, auf die bereits an früherer Stelle hingewiesen wurde, sind auch aus diesem Grunde empfehlenswert.

In jedem Fragebogen, der der Evaluierung von Bildungsmaßnahmen dient, müßten Fragen vorhanden sein wie

"Welche Tätigkeit üben Sie gegenwärtig aus?"

(1) Leiter des betrieblichen Bildungswesens
(2) Leiter der Abteilung Weiterbildung
(3) Leiter für Fachtraining
(4) Leiter einer Projektgruppe
(5) Berater für Aus- und Fortbildung bzw. Umschulung
(6) Mitarbeiter für Lehr- und Lernsysteme

"Verfügen Sie über einen Hochschulabschluß?"

(1) ja
(2) nein

"Zu welcher Altersgruppe gehören Sie?"

(1) $\leq$ 25 Jahre
(2) $\leq$ 35 Jahre
(3) $\leq$ 45 Jahre
(4) $\leq$ 55 Jahre
(5) $>$ 55 Jahre

Das Analyseergebnis soll also nicht nur in einer Tabelle mit absoluten und relativen Häufigkeiten bestehen, sondern auch eine Reihe von Kontingenztafeln umfassen, für die die genannten Fragestellungen unerläßlich sind. Aus ihnen erfährt man, ob

- die getroffenen Aussagen geschlechtsspezifisch sind oder nicht,
- tätigkeitsbedingte Zusammenhänge bestehen,
- altersabhängige Unterschiede auftreten,
- ortsgebundene Besonderheiten existieren,

die man bei den zu treffenden Entscheidungen für die inhaltliche, methodische, organisatorische Gestaltung der Kurse gebührend zu berücksichtigen hat oder vernachlässigen kann. Darüber hinaus läßt sich bei nominalskalierten Daten mit Hilfe des Chi-Quadrat-Tests prüfen, ob es sich um signifikante Zusammenhänge bzw. Unterschiede handelt, z. B. zwischen

- Weiterbildungsbedarf und Geschlecht,
- Weiterbildungsbedarf und Alter,

- Weiterbildungsbedarf und Territorium,
- Weiterbildungsbedarf und Tätigkeit.

Damit das hier skizzierte Anliegen verständlicher wird, seien zur Veranschaulichung eine Tabelle mit absoluten und relativen Häufigkeiten sowie eine Kontingenztafel dargestellt.

Beurteilung von Lehrbrief 7

	sehr gut	gut	befrie-digend	aus-reichend	unge-nügend	ins-gesamt
Anspruchsniveau	120	360	45	15	0	540
%	22,2	66,7	8,3	2,8	0,0	
Praxisbezug	135	270	60	45	30	540
%	25,0	50,0	11,1	8,3	5,6	
Anschaulichkeit	90	305	70	60	15	540
%	16,7	56,5	12,9	11,1	2,8	

Der Gesamtaussage zum Lehrbrief 7 entnimmt man also

der Praxisbezug wird von 135 Kurs-Teilnehmern mit sehr gut, von 270 mit gut beurteilt. Ein beachtlicher Teil, nämlich 25 %, schätzt dieses Kriterium als befriedigend und schwächer realisiert ein.

Was zeigt die folgende Kontingenztafel zur Lehrbriefbeurteilung?

		sehr gut	gut	befrie-digend	aus-reichend	unge-nügend	Summe
Hochschul-abschluß	ja	95	190	20	5	0	310
		30,7	61,3	6,4	1,6	0,0	
		17,6	35,2	3,7	0,9	0,0	
	nein	40	80	40	45	30	230
		17,4	34,8	17,4	17,4	13,0	
		7,4	14,8	7,4	7,4	5,6	
Summe		135	270	60	45	30	540

Von den 540 Urteilenden haben 310 einen Hochschulabschluß. Fast jeder Dritte von ihnen (30,7 %) äußert sehr gute Praxisrelevanz, kaum einer (1,6 %) ist diesbezüglich unzufrieden. Für eine sehr gute und gute Bewertung sprechen sich mit 52,2 % deutlich weniger Fachschulabsolventen aus; sie machen 22,2 % von 540 der insgesamt Befragten aus (7,4 % + 14,8 %). Ob es sich dabei um signifikante Unterschiede gegenüber Personen mit Hochschulabschluß handelt, kann über den schon erwähnten Chi-Quadrat-Test nachgewiesen werden.

Es ist sicherlich einzusehen, daß man sich nicht mit der Ermittlung absoluter und relativer Häufigkeiten zufrieden geben kann. Aber unbestritten ist auch, daß die Erarbeitung bereits einer einzigen Kontingenztafel mit großem Zeitaufwand verbunden ist, ganz zu schweigen von der wirklich erforderlichen Anzahl und dem Anspruch der Signifikanzprüfung durch Verfahren der mathematischen Statistik. Wenn nicht diesbezüglich geeignete rechentechnische Hard- und Software zur Verfügung stehen, ist ein solches Vorhaben unrealistisch. Wer verantwortlich ist für die Praxisanalysen, müßte sich also rechtzeitig um die Schaffung oder Nutzungsmöglichkeit einer derartigen Basis bemühen.

Zum Frageprogramm sollten auch sogenannte 'bedingte Fragen' gehören. Nur bei Vorliegen einer bestimmten Antwort zu einer vorhergehenden Frage, also in Abhängigkeit von dieser Bedingung, sollen durch sie weitere Einzelheiten zur Charakterisierung der Situation erfragt werden. Wenn z. B. jemand auf die Frage "Gab es bei Ihnen ein reduziertes Engagement im Fach ... ?" mit "Ja" antwortet, wird er gebeten, zur Ursachenfindung eine an *diese Bedingung* geknüpfte Frage zu beantworten, beispielsweise

"War dieses reduzierte Engagement hauptsächlich begründet durch

(1) Unsicherheit am Arbeitsplatz
(2) familiäre Belastungen
(3) gesundheitliche Probleme
(4) Überforderung?"

Zur Auswertung von Befragungsergebnissen ist ein Verweilen bei den rein phänomenologischen Aussagen mit dem Anspruch, sachgerechte und wirksame Entscheidungen zu fällen, unvereinbar. Eine Interpretation des gewonnenen empirischen Materials sowie die Ableitung begründeter Schlußfolgerungen setzt eine Auswertung auf kollektiver Basis unter Einbeziehung von Leitern, Lehrkräften, Kursteilnehmern, Interessenvertretern voraus. Nur so kann die unabdingbare systemische Betrachtungsweise erfolgreich praktiziert werden. Der einzelne wäre völlig überfordert, auch nur annähernd das für die Interpretation der Antworten zu berücksichtigende Bedingungsgefüge zu überschauen. Es verbietet sich demnach jegliche Auswertung ausschließlich vom zahlenmäßigen Ergebnis her. Erst durch die weitgehende Berücksichtigung des personellen, materiell-technischen, organisatorischen und finanziellen Bedingungsgefüges sowie unter Beachtung der Entwicklungstendenz (Vergleich mit den Ergebnissen des vorhergehenden Erhebungszeitraumes) wird jene Basis geschaffen, auf der wohlbegründete Schlußfolgerungen für die künftige Gestaltung von Weiterbildungskursen gezogen werden können, mit anderen Worten: Fehlentscheidungen so gut wie ausgeschlossen sind. Abschliessend sei festgestellt:

Derartige Untersuchungen sind keineswegs die einzige Form zur Evaluierung von Weiterbildungsveranstaltungen, aber für Leiter und Lehrende doch eine sehr aufschlußreiche Grundlage zur Beurteilung der Effizienz, und das um so mehr,

- je höher der Reifegrad der inhaltlichen Gestaltung des Fragebogens und je stärker die Bereitschaft der Befragten zur bestmöglichen Beantwortung der Fragen ausgeprägt ist,

- je gründlicher die Ergebnisse in Verbindung mit anderen Informationen analytischer Tätigkeit ausgewertet werden,

- je vielfältiger die Leiter, Lehrenden und Teilnehmer in die Analyse der Bewährung, das Ableiten von Schlußfolgerungen und ihre Umsetzung einbezogen werden,

- je kontinuierlicher derartige Bewährungsanalysen erfolgen, um über den zeitlichen Vergleich auch Erkenntnisse zur Entwicklungstendenz und die Effektivität eingeleiteter Maßnahmen zu gewinnen,

- je strenger die Einheit von Analyse und Synthese, Empirie und Wissenschaft beachtet wird.

6.6.5 Darstellung von Analyseergebnissen

Name	Aufgabe 1 25	Aufgabe 2 20	Aufgabe 3 30	Aufgabe 4 15	Aufgabe 5 10	Gesamt-Punkte 100	Rang-punkte	Note
A	20	19	30	15	8	92	14	1
B	25	20	15	15	10	85	13	2
C	12	10	25	15	7	69	9	3
D	10	5	17	15	6	53	5	4
E	13	18	26	1	9	81	12	2
F	14	16	22	15	8	75	11	2
G	17	17	17	15	0	66	8	3
H	3	4	5	0	1	13	1	6
I	5	7	6	0	2	20	1	6
J	12	0	0	15	0	27	2	5
Summe	**131**	**116**	**163**	**120**	**51**	**581**		
Mittelwert	13,1	11,6	16,3	12,0	5,1	58,1		3,4
Stand.-abw.	6,5	7,3	10,0	6,3	3,9	28,6		1,8
Variat.-koeff.	49,9	62,6	61,1	52,7	77,0	49,2		52,2
Maximum	25	20	30	15	10	92	14	6
Minimum	3	0	0	0	0	13	1	1
Noten-übersicht:	Note 1	Note 2	Note 3	Note 4	Note 5	Note 6		
absolute Häufigkeit	1	3	2	1	1	2		10
relative Häufigkeit	10,0	30,0	20,0	10,0	10,0	20,0		100,0

Erreichte Punkte für die Aufgaben A1 - A5

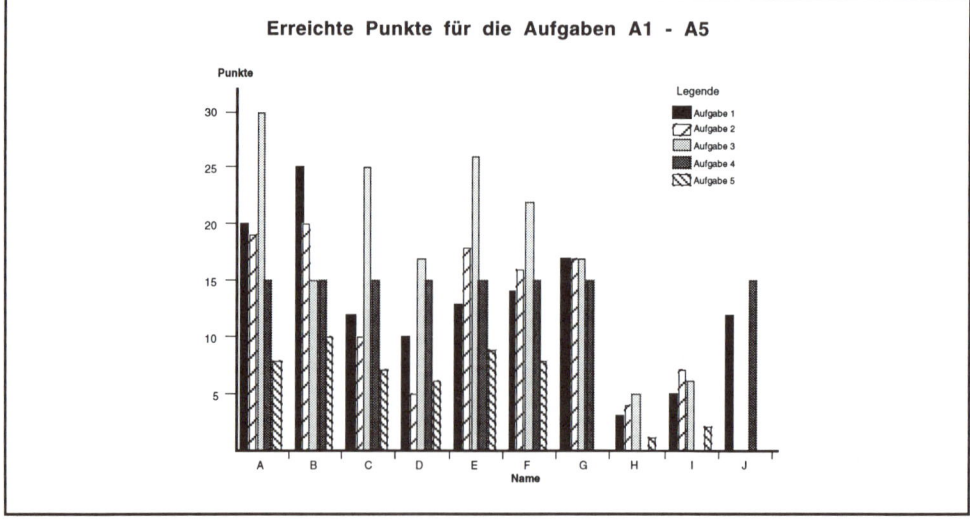

Abb. 6.6.1: Ergebnisse der Evaluierung von Lehrveranstaltungen: Namensliste mit möglichen und erreichten Punkten sowie Noten

absolute Häufigkeit	sehr gut	gut	befrie- digend	ausrei- chend	unge- nügend	keine Antwort	Summe
Stoffauswahl	190	290	42	7	1	16	546
Aufbau	136	311	57	18	7	17	546
Sprache	134	269	87	37	7	12	546
Inhalt	135	293	79	22	5	12	546
Gestaltung	111	323	70	20	6	16	546
Praxisrelevanz	116	235	137	36	3	18	546

relative Häufigkeit	sehr gut	gut	befrie- digend	ausrei- chend	unge- nügend	keine Antwort	Summe
Stoffauswahl	34,8	53,1	7,7	1,3	0,2	2,9	100,0
Aufbau	24,9	57,0	10,4	3,3	1,3	3,1	100,0
Sprache	24,5	49,3	15,9	6,8	1,3	2,2	100,0
Inhalt	24,7	53,7	14,5	4,0	0,9	2,2	100,0
Gestaltung	20,3	59,2	12,8	3,7	1,1	2,9	100,0
Praxisrelevanz	21,3	43,1	25,1	6,6	0,6	3,3	100,0

Häufigkeit sehr guter Bewertungen

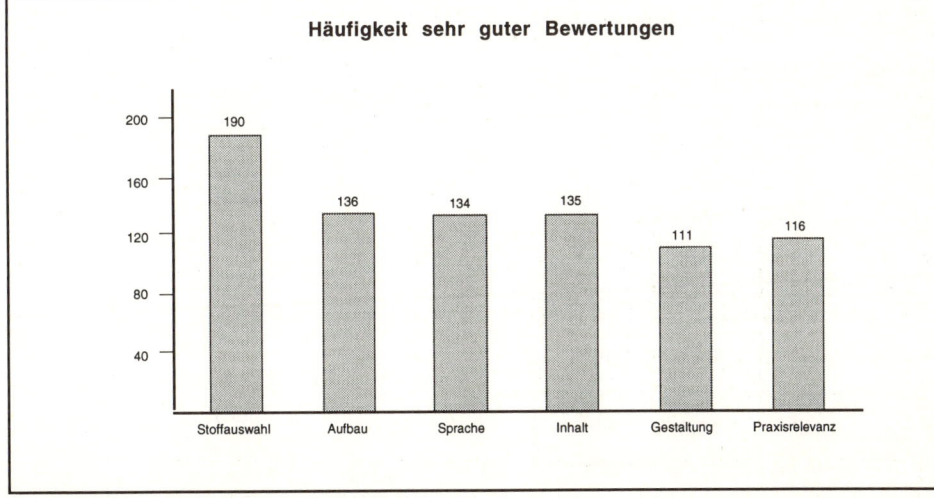

Stoffauswahl	Aufbau	Sprache	Inhalt	Gestaltung	Praxisrelevanz
190	136	134	135	111	116

Abb. 6.6.2: Ergebnisse der Evaluierung von Lehrveranstaltungen: Beurteilung der Lehrbriefe

beoachtete Häufigkeiten	zeitlich konzentrierte Weiterbildung						Anteile
Alternative	1	2	3	Summe			Anteile
1 ≤ 35 Jahre	4	3	11	18			0,18
2 ≥ 45 Jahre	8	10	26	44			0,44
3 > 45 Jahre	1	13	25	39			0,39
Summe	13	26	62	101			1,00

erwartete Häufigkeiten	zeitlich konzentrierte Weiterbildung						
Alternative	1	2	3	Summe			
1 ≤ 35 Jahre	2,3	4,6	11,0	18			
2 ≥ 45 Jahre	5,7	11,3	27,0	44			
3 > 45 Jahre	5,0	10,0	23,9	39			
Summe	13	26	62	101			

Prüfgr. Chi-Quadrat =	7,10
C =	0,26
K =	0,19

krit. Wert (5 %) =	9,49 n. sign.
krit. Wert (1 %) =	13,3 n. sign.

Abb. 6.6.3: Ergebnisse der Evaluierung von Lehrveranstaltungen: Kontingenztafeln

Die oft in mühevoller Arbeit gewonnenen Analyseergebnisse bedürfen einer aussagefähigen Darstellung. In der Regel handelt es sich um eine Kombination von

- textlicher,
- zahlenmäßiger,
- graphischer

Präsentation. In bestimmten Fällen könnten Tonbandaufnahmen oder audiovisuelle Aufzeichnungen in den Vordergrund treten. Hier seien beispielhaft einige Ergebnisse, die im Zusammenhang mit der Evaluierung von Lehrveranstaltungen ermittelt wurden, dargestellt. Es ist bewußt Wert darauf gelegt worden,

- bei den statistischen Maßzahlen nicht bei Mittelwerten stehenzubleiben, sondern die zugehörige Streuung und den Variationskoeffizienten zu errechnen,
- im Zusammenhang mit Kontingenztafeln Verfahren der Prüfstatistik zu nutzen, in diesem Falle den Chi-Quadrat-Test.

Da heute überall rechentechnische Hilfsmittel zur Verfügung stehen, ist die früher als Gegenargument verwendete 'Aufwandsproblematik' gegenstandslos.

7 Arbeitsrecht
(M. Basten)

7.1	Grundbegriffe des Arbeitsrechts	714
	7.1.1 Begriff des Arbeitsrechts und geschichtliche Entwicklung	714
	7.1.2. Rechtsquellen des Arbeitsrechts	714
	7.1.3 Der Begriff des Arbeitnehmers	715
	7.1.4 Der Arbeitgeberbegriff	716
7.2	Das Individualarbeitsrecht	716
	7.2.1 Die Anbahnung des Arbeitsverhältnisses	716
	7.2.2 Der Arbeitsvertrag	718
	7.2.2.1 Rechtliche Grundlagen	718
	7.2.2.2 Abschluß und Form	718
	7.2.2.3 Rechtsmängel des Arbeitsvertrages	719
	7.2.2.4 Beginn des Arbeitsverhältnisses	719
	7.2.2.5 Formen des Arbeitsverhältnisses	720
	7.2.3 Rechte und Pflichten im Arbeitsverhältnis	721
	7.2.3.1 Die Pflichten des Arbeitnehmers	721
	7.2.3.2 Die Pflichten des Arbeitgebers	725
	7.2.3.3 Die Beendigung des Arbeitsverhältnisses	729
7.3	Das kollektive Arbeitsrecht	731
	7.3.1 Das Recht der Koalitionen	731
	7.3.2 Das Recht des Arbeitskampfes	732
	7.3.2.2 Das Schlichtungsrecht	733
	7.3.3 Das Tarifvertragsrecht	733
	7.3.3.1 Inhalt des Tarifvertrages	733
	7.3.3.2 Funktionen des Tarifvertrages	734
	7.3.3.3 Tarifgebundheit des Tarifvertrages	734
	7.3.3.4 Geltungsbereich des Tarifvertrages	734
	7.3.3.5 Verlust tariflicher Rechte	734
	7.3.3.6 Ende des Tarifvertrages und Nachwirkungen des Tarifvertrages	734
	7.3.4 Betriebsverfassungsrecht	735
	7.3.4.1 Geltungsbereich des Betriebsverfassungsgesetzes	735
	7.3.4.2 Die Stellung der Gewerkschaften in der Betriebsverfassung	735

		7.3.4.3 Die Organe der Betriebsverfassung...736

7.4 Die Kündigung...737

- 7.4.1 Begriff und Wesen der Kündigung..................................737
- 7.4.2 Form und Inhalt der Kündigungserklärung 737
  - 7.4.2.1 Form der Kündigungserklärung..................................737
  - 7.4.2.2 Inhalt der Kündigungserklärung 738
  - 7.4.2.3 Kündigung und Vertretung...738
  - 7.4.2.4 Ort und Zeit der Kündigung 738
  - 7.4.2.5 Zugang der Kündigungserklärung..............................738
  - 7.4.2.6 Rücknahme der Kündigung..739
  - 7.4.2.7 Die bedingte und vorsorgliche Kündigung................739
  - 7.4.2.8 Die Teilkündigung..739
  - 7.4.2.9 Die unwirksame Kündigung......................................739
  - 7.4.2.10 Die Anhörung des Betriebsrates................................740
- 7.4.3 Die ordentliche Kündigung...741
  - 7.4.3.1 Gesetzliche Kündigungsfristen...................................741
  - 7.4.3.2 Kündigung im Probe-, Aushilfs- und im befristeten Arbeitsverhältnis 742
- 7.4.4 Die außerordentliche Kündigung 742
- 7.4.5 Der allgemeine Kündigungsschutz 743
  - 7.4.5.1 Voraussetzungen des allgemeinen Kündigungsschutzes...........743
  - 7.4.5.2 Die Sozialwidrigkeit der Kündigung 743
- 7.4.6 Die Änderungskündigung 744
- 7.4.7 Rechtsbehelfe des Arbeitnehmers gegen die Kündigung 745
  - 7.4.7.1 Der Einspruch beim Betriebsrat 745
  - 7.4.7.2 Die Kündigungsschutzklage......................................745

7.5 Arbeitsgerichtbarkeit..745

- 7.5.1 Aufbau und Besetzung der Gerichte................................745
- 7.5.2 Zuständigkeit der Gerichte für Arbeitssachen 746
- 7.5.3 Das Verfahren vor den Arbeitsgerichten 746
  - 7.5.3.1 Das Urteilsverfahren..746
  - 7.5.3.2 Das Beschlußverfahren..747

7.5 Abkürzungsverzeichnis 747

7. Arbeitsrecht
M. Basten

7.1 Grundbegriffe des Arbeitsrechts

7.1.1 Begriff des Arbeitsrechts und geschichtliche Entwicklung

Das Arbeitsrecht regelt in erster Linie das Verhältnis zwischen Arbeitgebern und Arbeitnehmern. Daneben werden auch die mit dem Arbeitsverhältnis zusammenhängenden Beziehungen zwischen den Gewerkschaften und den Arbeitgeberverbänden umfaßt. Das Arbeitsrecht in seiner heutigen Ausgestaltung ist das Ergebnis einer langjährigen Entwicklung. Das Arbeitsrecht ist zunächst Schutzrecht für den Arbeitnehmer, weil dieser zur persönlichen Arbeitsleistung verpflichtet ist und den Weisungen des Arbeitgebers zu folgen hat. Mit dieser persönlichen Abhängigkeit geht die wirtschaftliche Abhängigkeit einher. Aus diesem Grunde bedarf der Arbeitnehmer eines besonderen Schutzes (Schaub 1992, S. 1 ff.).

Das heutige Arbeitsrecht wird ferner von dem Betriebsverfassungswesen bestimmt. Die moderne Betriebsverfassung sieht das Zusammenarbeiten von Arbeitnehmer und Arbeitgeber zum Wohle des Betriebes vor (Minz, Conze 1993).

7.1.2. Rechtsquellen des Arbeitsrechts

Die Grundrechte,

- Art. 3 GG die Gleichbehandlung, insbesondere die Gleichberechtigung von Mann und Frau,
- Art. 5 GG die Freiheit der Meinungsäußerung,
- Art. 9 II GG die Koalitionsfreiheit,
- Art. 11 GG die Freizügigkeit,
- Art. 12 I GG das Recht, Beruf, Arbeitsplatz und Ausbildung frei zu wählen,

gehen allen anderen arbeitsrechtlichen Rechtsquellen vor.

Nach Art. 74 Nr. 12 GG gehört das Arbeitsrecht zur konkurrierenden Gesetzgebung des Bundes, d. h. es besteht das Gesetzgebungsrecht des Bundes, soweit Bedarf nach bundeseinheitlicher Regelung besteht. Die Länder sind nur zuständig, soweit der Bund von seinem Gesetzgebungsrecht keinen Gebrauch macht.

Die wichtigsten Rechtsquellen des Rechts des Arbeitsverhältnisses sind die Regelungen über den Dienstvertrag im Bürgerlichen Gesetzbuch, §§ 611 bis 630 BGB sowie das Kündigungsschutzgesetz, KSchG. Für kaufmännische Angestellte (Handlungsgehilfen) enthält das Handelsgesetzbuch in den §§ 59 ff. HGB Sondervorschriften.

Die Gewerbeordnung ist das älteste Gesetz, das sich mit dem Arbeitsverhältnis befaßt. In den §§ 105 ff. GewO sind Sondervorschriften für die gewerblichen Arbeitnehmer, aber auch für die gewerblichen Angestellten enthalten.

Für den Fall, daß der Arbeitnehmer einen Arbeitsunfall erleidet, hat er Ansprüche aus der sozialen Unfallversicherung, die in der Reichsversicherungsordnung (RVO) geregelt ist.

Das Gesetz zur Verbesserung der betrieblichen Altersversorgung (BetrAVG) bestimmt, daß dem Arbeitnehmer Leistungen der betrieblichen Altersversorgung zugesagt werden und daß er seine Anwartschaft behält, auch wenn sein Arbeitsverhältnis vor Eintritt des Versorgungsfalles endet.

Das Arbeitsförderungsgesetz (AFG) umfaßt die Bereiche Arbeitsförderung und Arbeitslosenversicherung, hier insbesondere das Arbeitslosengeld und das Kurzarbeitergeld sowie das Konkursausfallgeld.

Zum Arbeitnehmerschutzrecht gehören die zahlreichen Vorschriften des Gefahrenschutzes (§§ 120 a ff. GewO) und das Gesetz über Betriebsärzte, Sicherheitsingenieure und andere Fachkräfte für Arbeitssicherheit. Diese Gesetze legen vor allen Dingen den Arbeitgebern Pflichten zum Schutze der Arbeitnehmer auf. Hierher gehören auch die Regelungen über die Arbeitszeitordnung (AZO) und die Vorschriften des Ladenschlußgesetzes (LadSchlG).

Das Mutterschutzgesetz (MuSchG) enthält einen besonderen arbeitsrechtlichen Schutz für Frauen während der Zeit vor und nach der Entbindung.

Das Bundeserziehungsgeldgesetz (BErzGG) gewährt dem Vater oder der Mutter Anspruch auf Erziehungsurlaub, um das Kind zu betreuen und zu erziehen.

Das Jugendarbeitsschutzgesetz (JArbSchG) enthält das Verbot der Kinderarbeit und den Arbeitszeitschutz für Jugendliche.

Das Schwerbehindertengesetz (SchwbG) soll zum einen die Eingliederung Schwerbehinderter in den Arbeitsprozeß sichern und zum anderen die Kündigung Schwerbehinderter nur unter besonderen Voraussetzungen zulassen.

Nach dem Arbeitnehmerüberlassungsgesetz (AÜG) ist die gewerbsmäßige Arbeitnehmerüberlassung von der Erlaubnis der Bundesanstalt für Arbeit abhängig.

Das Berufsbildungsgesetz (BBiG) enthält Regelungen über Begründung, Inhalt und Beendigung des Berufsausbildungsverhältnisses.

Das Tarifvertragsgesetz (TVG) regelt Inhalt und Form des Tarifvertrages.

Das Betriebsverfassungsgesetz (BetrVG) enthält die Bestimmungen über die Betriebsverfassung für die Privatwirtschaft. Dem Betriebsverfassungsgesetz entspricht im Öffentlichen Dienst das Personalvertretungsgesetz.

Das Arbeitsgerichtsgesetz (ArbGG) enthält die Vorschriften über die Zuständigkeit der Arbeitsgerichte, deren Besetzung, den Gang des Verfahrens sowie die Parteifähigkeit und die Prozeßvertretung.

Im weiteren Verlauf wird auf die Gesetze näher Bezug genommen. Es sollte hier nur ein Überblick über die wichtigsten Gesetze vermittelt werden.

7.1.3 Der Begriff des Arbeitnehmers

Im Gesetz findet sich weder eine Regelung noch eine Definition des Arbeitnehmerbegriffs (Schaub 1992, S. 36). Allgemein läßt sich sagen, daß die Arbeit, die fremdbestimmt ist, die Arbeit eines Arbeitnehmers ist. Derjenige, der selbständig bestimmen kann, arbeitet somit aufgrund eines freien zivilrechtlichen Vertrages, auf den die arbeitsrechtlichen Bestimmungen nicht zutreffen. Für Arbeitnehmer spricht weiter die Art der Entlohnung, also die Zahlung eines festen Gehalts oder die Abführung von Lohnsteuer und Sozialversicherungsbeiträgen. Arbeitnehmer sind z. B. nicht:

- Geschäftsführer einer GmbH, die an der Gesellschaft wirtschaftlich beteiligt sind,
- Vorstandsmitglieder von Aktiengesellschaften, weil sie weisungsfrei fungieren,
- Beamte, Richter und Soldaten, da ihre Tätigkeit aufgrund von öffentlich-rechtlichen Dienstverhältnissen besteht,
- Heimarbeiter - sie werden jedoch teilweise den Arbeitnehmern gleichgestellt (siehe § 29 HAG - Kündigungsschutz),
- Handelsvertreter (§ 84 I HGB) - er ist regelmäßig freier Unternehmer.

Alle Arbeitnehmer sind entweder als Angestellte oder als Arbeiter zu qualifizieren. Arbeiter sind alle Arbeitnehmer, die nicht Angestellte sind.

Eine besondere Gruppe bilden die leitenden Angestellten. Der Begriff des leitenden Angestellten ist in § 5 Abs. 3 BetrVG im einzelnen wie folgt definiert. Leitende Angestellte sind

- entweder zur selbständigen Einstellung und Entlassung berechtigt,
- haben Generalvollmacht oder Prokura oder
- nehmen eigenverantwortliche Aufgaben wahr.

Eine Sonderbehandlung finden die leitenden Angestellten im Kündigungsschutzgesetz und der Arbeitszeitordnung. Zudem werden ihre Arbeitsverträge i.d.R. nicht von den allgemeinen Tarifverträgen umfaßt, sondern beruhen auf Einzelvereinbarungen.

Die Beamten sind keine Arbeitnehmer; sie stehen in einem besonderen Dienst- und Treueverhältnis zu der sie beschäftigenden juristischen Person.

7.1.4 Der Arbeitgeberbegriff

Arbeitgeber im Sinne des Arbeitsrechts ist jeder, der mindestens einen Arbeitnehmer beschäftigt (Schaub 1992, S. 77). Arbeitgeber kann sowohl eine natürliche als auch eine juristische Person des privaten (z. B. AG oder GmbH) oder des öffentlichen Rechts (z. B. Gebietskörperschaft wie Stadt, Land, Bund oder Anstalt) sein. Darüber hinaus kommen als Arbeitgeber ein Betrieb, ein Unternehmen oder ein Konzern in Betracht, also Organisationsformen von Firmen (Schaub 1992, S. 78).

Betrieb wird herkömmlicherweise definiert als: organisatorische Einheit, mit der ein Unternehmer mit sächlichen und imateriellen Mitteln unter Einsatz menschlicher Arbeitskraft einen bestimmten arbeitstechnischen Zweck unmittelbar fortgesetzt verfolgt (Schaub 1992, S. 80). Ein "Unternehmen" wird bestimmt durch den wirtschaftlichen oder ideellen Zweck, dem ein Betrieb oder mehrere organisatorisch verbundene Betriebe des selben Unternehmens dienen. Als "Konzern" wird der Zusammenschluß von Unternehmen bezeichnet.

7.2 Das Individualarbeitsrecht

Das Arbeitsrecht wird in zwei große Bereiche gegliedert, einmal in das Individualarbeitsrecht, das Recht des Arbeitsverhältnisses und das Arbeitsschutzrecht und in das Kollektivarbeitsrecht, das Koalitions-, Tarifvertrags-, Arbeitskampf-, Betriebsverfassungs- und Mitbestimmungsrecht.

7.2.1 Die Anbahnung des Arbeitsverhältnisses

Die Einstellung eines Arbeitnehmers beginnt mit der Bewerbung auf eine Stellenausschreibung, unaufgefordert (sog. Blindbewerbung) oder durch Vermittlung des Arbeitsamtes. Bei Ausschreibungen ist zu beachten, daß keine geschlechtsspezifischen Benachteiligungen vorkommen dürfen. Auf die Bewerbung folgt das Vorstellungsgespräch. Die Auswahl des Arbeitnehmers trifft grundsätzlich der Arbeitgeber, mit Ausnahme in Großbetrieben, in denen der Betriebsrat ein Mitwirkungsrecht hat (§ 92 Abs.II BetrVG). Bei der quantitativen Personalplanung hat der Betriebsrat ein Informations- und Vorschlagsrecht (§ 99 BetrVG), bei der qualitativen Personalplanung hat er ein Vetorecht und in Betrieben mit mehr als 1.000 Arbeitnehmern ein Initiativrecht, § 95 BetrVG).

Die Einladung zum Vorstellungsgespräch ist ein Auftrag an den Arbeitnehmer, sich beim Arbeitgeber vorzustellen; es gelten die Vorschriften des Auftrages (§§ 662 bis 676 BGB). Durch die Aufnahme von Vertragsverhandlungen bzw. durch eines sie vorbereitenden Kontaktes entsteht zwischen dem Arbeitgeber und dem Arbeitnehmer ein sogenanntes gesetzliches Schuldverhältnis, aus dem wechselseitige Schutzpflichten, Aufklärungspflichten, Sorgfalts- und Loyalitätspflichten erwachsen. Dies folgt aus dem allgemeinen Grundsatz von Treu und Glauben, § 242 BGB; ein Verstoß führt zum Schadensersatz auf das negative oder Vertrauensinteresse, § 249 BGB. Der Arbeitnehmer hat gemäß § 629 BGB gegenüber seinem bisherigen Arbeitgeber einen Anspruch auf Gewährung von Freizeit zur Vorstellung, wenn

a) es sich um ein dauerndes Arbeitsverhältnis oder ein Ausbildungsverhältnis handelt,
b) das Dauerarbeitsverhältnis von einem der Vertragspartner bereits gekündigt ist und
c) der Arbeitnehmer um Freistellung von der Arbeit nachgesucht hat.

Im Rahmen des Vorstellungsgespräches hat der Arbeitgeber grundsätzlich ein Recht, dem Bewerber Fragen zur Person und zur Ausbildung zu stellen. Zulässig sind aber nur solche Fragen, an deren wahrheitsmäßiger Beantwortung der Arbeitgeber ein berechtigtes Interesse hat. Das Überschreiten der Grenzen des Fragerechts ist von praktischer Bedeutung für die Anfechtung des Arbeitsvertrages (§§ 119, 123 BGB), wenn der Arbeitnehmer eine ihm gestellte Frage unvollständig oder unrichtig beantwortet hat. Antwortet der Arbeitnehmer auf eine unzulässige Frage wahrheitswidrig, begeht er keine arglistige Täuschung nach § 123 BGB; dem Arbeitgeber steht kein Anfechtungsrecht zu. Beispiel: Häufig werden Frauen in Vorstellungsgesprächen nach einer Schwangerschaft gefragt. Diese Frage ist wegen der damit verbundenen Geschlechtsdiskriminierung unzulässig, § 611 a BGB (BAG NJW 1989, 929).

Über seinen beruflichen Werdegang muß der Bewerber wahrheitsmäßig Auskunft erteilen. Unrichtige und unvollständige Antworten führen in der Regel zur Anfechtung. Fragen nach Gewerkschafts-, Partei- oder Konfessionszugehörigkeit sind nur zulässig in sogenannten Tendenzbetrieben und kirchlichen Einrichtungen. Die Frage nach der Schwerbehinderteneigenschaft ist ebenfalls zulässig (BAG NJW 1985, 645). Die Frage nach beabsichtigter Eheschließung oder Familienplanung ist unzulässig.

Krankheiten sind nur anzugeben, wenn sie mit Sicherheit oder entsprechend großer Wahrscheinlichkeit die Eignung für den Arbeitsplatz aufheben (BAG NJW 1985, 645). Ein Kassierer dürfte nach vermögensrechtlichen Fragen, ein Kraftfahrer nach Verkehrsdelikten befragt werden.

Psychologische Eignungstests sind auch bei Einwilligung des Arbeitnehmers nur bei Besetzung besonders bedeutsamer Arbeitsplätze zulässig. Vertrauensärztliche Untersuchungen sind zulässig, solange der Arbeitgeber die Kosten übernimmt. Auch hier ist der Grundsatz der Verhältnismäßigkeit zu beachten.

7.2.2 Der Arbeitsvertrag

7.2.2.1 Rechtliche Grundlagen

Der Arbeitsvertrag ist ein zivilrechtlicher Vertrag, der durch Angebot und Annahme, d. h. zweier sich entsprechender Willenserklärungen, zustande kommt. Einzuordnen ist der Arbeitsvertrag in das Dienstvertragsrecht (§§ 611 bis 630 BGB). Für den Arbeitsvertrag gelten, wie für alle Schuldverträge des BGB, der Allgemeine Teil des BGB und die allgemeinen Vorschriften zum Schuldrecht, §§ 241 bis 432 BGB.

7.2.2.2 Abschluß und Form

Ein Arbeitsvertrag liegt vor, wenn mindestens die "Essentialia" eines Arbeitsverhältnisses, die Zusage einer Arbeitsvergütung und die Verpflichtung zur Leistung abhängiger Arbeit verabredet worden sind.

Eine Schriftform ist nicht erforderlich, sofern nicht ausnahmsweise etwas anderes gilt. Selbst wenn in einem Tarifvertrag Schriftform vorgeschrieben ist, führt deren Nichteinhaltung nicht zwingend zur Unwirksamkeit des Arbeitsvertrages (Helml 1993). Es ist jedoch ratsam, Arbeitsverträge schriftlich abzuschließen und wenigstens folgende Umstände ausdrücklich zu regeln:

a) genaue Beschreibung der auszuübenden Tätigkeit,

b) Dauer der wöchentlichen Arbeitszeit, deren Lage und die Pausen,

c) Höhe der Arbeitsvergütung, gegebenenfalls deren Zusammensetzung,

d) Schriftform für Vertragsänderungen und

e) Schriftform für die Kündigung.

Bisweilen enthalten Arbeitsverträge Regelungen, die unzulässig sind:

a) Unterschreitung von tarifvertraglich vorgeschriebenen Leistungen,

b) kürzere Kündigungsfristen als im Gesetz zwingend festgelegt,

c) Umstände, bei deren Eintritt ohne Rücksicht auf das Vorliegen eines wichtigen Grundes (§ 626 Abs. 1 BGB) eine sofortige Kündigung möglich ist oder gar die Beendigung des Arbeitsverhältnisses automatisch eintreten soll,

d) das Verbot einer außerordentlichen Kündigung auch für solche Fälle, in denen tatsächlich ein wichtiger Grund im Sinne des § 626 Abs. 1 BGB besteht,

e) ein Konkurrenzverbot ohne die gesetzlich vorgeschriebene Entschädigung und

f) ein generelles Nebentätigkeitsverbot.

Liegt ein solcher oder ähnlicher Fall vor, so ist nur diese Regelung unwirksam (§ 134 BGB), nicht jedoch der ganze Arbeitsvertrag.

7.2.2.3 Rechtsmängel des Arbeitsvertrages

Die Regelungen, die nach den Bestimmungen des BGB zur Nichtigkeit oder Anfechtbarkeit eines Vertrages führen (§§ 105, 107, 119 ff., 134 ff. BGB), finden auch auf den Arbeitsvertrag Anwendung. Rechtliche Mängel von Arbeitsverhältnissen sind z. B.:

- Vertragsschluß durch einen Minderjährigen,

- Verstoß gegen die guten Sitten im Sinne des § 138 BGB,

- Verstoß gegen ein nicht behebbares gesetzliches Verbot (z. B. die Anstellung eines Kindes, §§ 7 Abs. 1 JASchG, 134 BGB).

In diesen Fällen ist der Vertrag ohne weiteres unwirksam. Daneben gibt es Fälle, in denen die Rechtsunwirksamkeit eines Vertrages voraussetzt, daß der in seiner Position beeinträchtigte Vertragspartner dies durch Erklärung gegenüber dem anderen Teil ausdrücklich geltend macht, z. B.:

- Anfechtung wegen Irrtums über eine verkehrswesentliche Eigenschaft i.S. des § 119 Abs. 2 BGB: Der Arbeitgeber stellt einen Kraftfahrer ein in der irrtümlichen Annahme, dieser verfüge über eine Fahrerlaubnis für Schwertransporte.

- Der Arbeitnehmer hat den Arbeitgeber im Vorstellungsgespräch absichtlich und zielgerichtet getäuscht, indem er eine zulässige Frage (z. B. nach einschlägigen Vorstrafen) falsch beantwortet hat.

Die Anfechtung muß gemäß § 121 BGB unverzüglich erfolgen. Dies ist nach dem Bundesarbeitsgericht (AP 25 zu § 123 BGB) dann der Fall, wenn eine Anfechtung innerhalb der Zwei-Wochen-Frist des § 626 Abs. 2 BGB erfolgt.

Ein fehlerhaftes Arbeitsverhältnis, das bereits vollzogen wurde und von dem mindestens einer der Partner davon ausging, daß es gültig sei, stellt ein faktisches Arbeitsverhältnis dar. Ein solches faktisches Arbeitsverhältnis wird wie ein reguläres Arbeitsverhältnis behandelt. Der Arbeitnehmer hat deshalb alle regulären Ansprüche, insbesondere auch Anspruch auf Lohn (Schaub a. a. O., S. 173). Das faktische Arbeitsverhältnis besitzt jedoch keine Bindungswirkung für die Zukunft. Es kann daher von jeder Seite durch einfache Erklärung beendet werden. In jedem Falle eines faktischen Arbeitsverhältnisses, gleichgültig ob auf der Basis von Nichtigkeit oder von Anfechtbarkeit, gelten die §§ 141 und 144 BGB: Ist der Mangel behebbar, so kann durch Bestätigung des mangelhaften Rechtsgeschäfts ein faktisches Arbeitsverhältnis in ein mangelfreies Arbeitsverhältnis überführt werden (Schaub 1992, S. 175).

7.2.2.4 Beginn des Arbeitsverhältnisses

Zu Beginn des Arbeitsverhältnisses hat der Arbeitnehmer seinem Arbeitgeber die Arbeitspapiere, die Lohnsteuerkarte und das Sozialversicherungsnachweisheft, gegebenenfalls ein Gesundheitszeugnis, die Arbeitserlaubnis von ausländischen Arbeitnehmern, die Gesundheitsbescheinigung von Jugendlichen, die Lohnnachweiskarte im Baugewerbe, auszuhändigen. Die Papiere sind vom Arbeitgeber zu verwahren und nach Beendigung des Arbeitsverhältnisses zurückzugeben. Der Arbeitgeber hat den Arbeitnehmer bei der Kranken- und Rentenversicherung und bei der Bundesanstalt für Arbeit anzumelden. Ebenso meldepflichtig sind Änderungen im Beschäftigungs- oder Versicherungsverhältnis. Verstöße können zu Bußgeldern und zu Nachzahlungen führen.

7.2.2.5 Formen des Arbeitsverhältnisses

Das auf unbestimmte Zeit eingegangene Arbeitsverhältnis ist in der Praxis der Normalfall. Die Beendigung erfolgt im Regelfall durch Kündigung. Das Recht zur außerordentlichen Kündigung des Arbeitsverhältnisses bleibt für beide Vertragsparteien unberührt.

7.2.2.5.1 Befristete Arbeitsverträge

Aus dem Grundsatz der Vertragsfreiheit folgt, daß Arbeitsverhältnisse für eine bestimmte Dauer begründet werden können, nach deren Ablauf sie ohne Kündigung enden. Da mit dem Abschluß derartiger befristeter Arbeitsverträge der Kündigungsschutz umgangen würde, hat die Rechtssprechung diesem einen Riegel vorgeschoben, der inzwischen zum Gewohnheitsrecht geworden ist. Die Befristung eines Arbeitsverhältnisses ist demnach nur erlaubt, wenn sie durch einen sachlich, objektiven Grund gerechtfertigt wird, z. B. zur Erprobung eines Arbeitnehmers. Fehlt ein solcher Grund, so kann sich der Arbeitgeber nicht auf die Befristung berufen, so daß der Arbeitsvertrag als unbefristet gilt. Der Grund der Rechtfertigung muß sachlich und objektiv sein. Dies bedeutet, daß es nicht auf die individuellen Ansichten und Wünsche des einzelnen Arbeitgebers ankommt, sondern auf die tatsächlich, beim Abschluß des Arbeitsvertrags vorhandenen Gründe (BAG NJW 1982, 1172).

Nach § 1 I 1 BeschFG ist die einmalige Befristung von 18 Monaten des Arbeitsvertrages zulässig, wenn der Arbeitnehmer neu eingestellt wird. Eine Neueinstellung liegt nicht vor, wenn zu einem vorhergehenden befristeten oder unbefristeten Arbeitsvertrag mit dem selben Arbeitgeber ein enger sachlicher Zusammenhang besteht. Zweck dieser Regelung ist es, den Abschluß von Kettenarbeitsverträgen mit kurzfristigen Unterbrechungen auszuschließen (Schaub 1992, S. 202 ff.).

7.2.2.5.2 Das Probearbeitsverhältnis

Das Probearbeitsverhältnis soll sowohl dem Arbeitgeber wie dem Arbeitnehmer die Möglichkeit geben, sich, den Vertragspartner und die Arbeitsstelle auf eine längerfristige Zusammenarbeit zu überprüfen. Das Probearbeitsverhältnis ist ein ganz normales Arbeitsverhältnis. Das Probearbeitsverhältnis kann als befristetes Arbeitsverhältnis, das nach Ablauf der Probezeit endet, oder als unbefristetes Arbeitsverhältnis vereinbart werden, das nach Ablauf der Probezeit in ein normales Arbeitsverhältnis übergeht, wenn es nicht zuvor gekündigt wird. Das Probearbeitsverhältnis kann grundsätzlich befristet abgeschlossen werden, die Dauer der Probezeit und die Anforderungen des Arbeitsplatzes müssen dem Grundsatz der Verhältnismäßigkeit genügen.

7.2.2.5.3 Das Aushilfsarbeitsverhältnis

Das Aushilfsarbeitsverhältnis kann befristet und unbefristet abgeschlossen werden. Der Zweck muß vom Arbeitgeber eindeutig festgelegt werden, anderenfalls liegt der Verdacht nahe, daß der normale Kündigungsschutz umgangen werden soll. Die Kündigungsfristen sind eindeutig zu regeln, soweit Abweichungen von den gesetzlichen Kündigungsfristen gewollt sind. Bei Vorliegen eines echten Bedürfnisses können mehrfach hintereinander Aushilfsarbeitsverhältnisse abgeschlossen werden. Auch im Rahmen des Aushilfsarbeitsverhältnisses hat der Arbeitnehmer einen Anspruch auf Urlaub, Feiertagsbezahlung und Lohn- bzw. Gehaltsfortzahlung.

7.2.2.5.4 Nebenbeschäftigung

Eine Nebenbeschäftigung liegt vor, wenn der Arbeitnehmer nicht seine ganze Arbeitskraft, sondern nur eine bestimmte Zeitspanne seinem Arbeitgeber zur Verfügung stellt. Unzulässig ist eine Nebenbeschäftigung, wenn sie zu einer erheblichen Beeinträchtigung der Arbeitskraft des Arbeitnehmers führt, entgegenstehende Wettbewerbsinteressen des Arbeitgebers berührt werden, Schwarzarbeit vorliegt oder während des Urlaubs die Nebentätigkeit ausgeübt wird.

7.2.2.5.5 Teilzeitarbeitsverhältnis

Ein Teilzeitarbeitsverhältnis liegt vor, wenn die regelmäßige Wochenarbeitszeit kürzer ist als die anderer vergleichbarer Vollzeitarbeitnehmer im Betrieb, § 2 II BeschFG. Das Teilzeitarbeitsverhältnis ist ein echtes Arbeitsverhältnis mit vollem Kündigungsschutz, Urlaubsanspruch, Lohnfortzahlungsanspruch etc.

7.2.2.5.6 Job-Sharing-Arbeitsplatzverhältnis

Das Job-Sharing-Arbeitsplatzverhältnis liegt dann vor, wenn sich zwei oder mehrere Arbeitnehmer die Arbeitszeit an einem Arbeitsplatz teilen, § 5 I 1 BeschFG. Da die Arbeitszeit des einzelnen Arbeitnehmers unter der eines Vollzeitbeschäftigten liegt, handelt es sich beim Job-Sharing um eine Form des Zeitarbeitsverhältnisses. Die Job-Sharer haben gegenüber dem Arbeitgeber die Verpflichtung zur ständigen Besetzung des Arbeitsplatzes übernommen. Jedoch besteht zwischen ihnen kein Gesamtschuldverhältnis. Die Job-Sharer sind also nicht zur Leistung der ganzen Arbeit verpflichtet, wenn einer von ihnen verhindert ist. Zwischen den Job-Sharern besteht auch keine Ausgleichspflicht; vielmehr wird die Vertretungsarbeitszeit gesondert vergütet. In § 5 BeschFG sind die wichtigsten Teilprobleme des Job-Sharing, Vertretungspflicht und Kündigung, geregelt. Eine Vertretungspflicht besteht nur dann, wenn entweder für den einzelnen Vertretungsfall mit dem Arbeitgeber eine entsprechende Vereinbarung getroffen worden ist, oder wenn vorab für den Fall eines dringenden betrieblichen Erfordernisses eine Vertretungspflicht vereinbart worden ist (Schaub 1992, S. 239 ff.).

Was die steuerliche und sozialversicherungsrechtliche Behandlung der Teilzeitarbeit und ihrer Unterarten anbetrifft, so ist der Arbeitgeber zum Lohnsteuerabzug verpflichtet. Des weiteren unterliegen Teilzeitarbeitnehmer und Job-Sharer grundsätzlich der Sozialversicherungspflicht. In der Arbeitslosenversicherung sind Arbeitnehmern mit einer kurzfristigen Beschäftigung von weniger als 18 Stunden je Woche (§ 102 I 1 AFG) beitragsfrei. Nicht versicherungspflichtig in der Kranken- und Rentenversicherung sind geringfügig Beschäftigte.

7.2.3 Rechte und Pflichten im Arbeitsverhältnis

Wie bei jedem gegenseitigen Vertrag stehen auch die Parteien des Arbeitsvertrages in einem Austauschverhältnis von Rechten und Pflichten. Dabei sind die Rechte des einen gleichzeitig die Pflichten des anderen.

7.2.3.1 Die Pflichten des Arbeitnehmers

7.2.3.1.1 Arbeitspflicht

7.2.3.1.1.1 Grundsätze

Nach § 613 S. 1 BGB besteht die Hauptpflicht des Arbeitnehmers aus dem Arbeitsverhältnis in der Verpflichtung, persönlich die Arbeit zu leisten. Da die Arbeitsleistung im einzelnen nur grob umschrieben werden kann, muß die Arbeitsleistung durch den Arbeitgeber konkretisiert werden. Der Ort der Arbeitsleistung ergibt sich aus dem Arbeitsvertrag, seinen Umständen oder seiner Natur; in der Regel ist der Leistungsort der Betrieb des Arbeitgebers.

Der Arbeitnehmer hat seinem Arbeitgeber seine Arbeitskraft nur im Rahmen der gesetzlichen, tariflichen, vertraglichen oder betrieblichen Arbeitszeit zur Verfügung zu stellen. Er ist daher berechtigt, eine Nebenbeschäftigung auszuüben, es sei denn, dies ist vertraglich ausgeschlossen oder durch die Nebenbeschäftigung wird die Arbeitspflicht beeinträchtigt. Was die Arbeitszeit anbetrifft, so gilt die betriebliche Arbeitszeit als vereinbart. Die Vertragsfreiheit bezüglich der Arbeitszeit ist durch gesetzliche, öffentlich-rechtliche Arbeitszeit-Schutzvorschriften wie die AZO, GewO, JArbSchG, MSchG-, eingeschränkt. Der Arbeitgeber kann auf Erfüllung der Arbeitsleistung gegen den Arbeitnehmer klagen. Mit einer Klage auf Arbeitsleistung kann ein Antrag auf Entschädigung nach § 61 II ArbGG verbunden werden.

7.2.3.1.1.2 Befreiung von der Arbeitspflicht

Eine vorübergehende Arbeitsbefreiung des Arbeitnehmers liegt vor, wenn die Arbeitsaussetzung vereinbart ist, so in den Fällen der Kurzarbeit oder der sogenannten Feierschichten. Kurzarbeit wird in der Regel aufgrund tariflicher Ermächtigungsnormen eingeführt und zwar aus dringenden betrieblichen Gründen. Enthält der Tarifvertrag keine Klausel über die Kurzarbeit, kann durch Betriebsvereinbarung Kurzarbeit eingeführt werden, § 87 I 3 BetrVG. Besteht in einem Betrieb kein Betriebsrat, so kann Kurzarbeit ohne Rücksicht auf die Mitbestimmungsrechte des Betriebsrates eingeführt werden. Durch die Kurzarbeit wird das Arbeitsverhältnis nicht beendet, Arbeits- und Lohnfortzahlungspflicht werden lediglich suspendiert. Der Arbeitgeber hat die Kurzarbeit auch in den Fällen, in denen Massenentlassungen nicht zu erwarten sind, dem zuständigen Arbeitsamt schriftlich anzuzeigen (§ 64, 72 AFG). Diese Anzeige ist Voraussetzung für die Zahlung des Kurzarbeitergeldes durch die Bundesanstalt für Arbeit (im folgenden: BAnstArb). Die Bezugsdauer für das Kurzarbeitergeld beträgt 6 Monate, sie kann durch Rechtsverordnung auf 12 Monate, wenn außergewöhnliche Verhältnisse vorliegen, bis auf 24 Monate verlängert werden.

Wird einem Arbeitnehmer die Arbeitsleistung subjektiv oder objektiv unmöglich, so wird er nach § 275 BGB von der Arbeitsleistung frei. Besteht die Unmöglichkeit in einer Krankheit, so behält er seinen Lohnfortzahlungsanspruch.

7.2.3.1.1.3 Verletzung der Arbeitspflicht

Der Arbeitnehmer kann seine Arbeitspflicht in vielfältiger Weise verletzen. Der Arbeitnehmer leistet seine Arbeit dauernd oder vorübergehend nicht. Hat er diese Nichtleistung zu vertreten, so wird er von der Arbeitsleistung frei, § 275 BGB. Hat er aus einem von ihm zu vertretenden Grund die Arbeit nicht geleistet, so erlangt der Arbeitgeber nach § 325 BGB Ansprüche auf Schadenersatz wegen Nichterfüllung. Ist die Arbeitsleistung nachholbar, kann der Arbeitgeber Erfüllung verlangen und die Ersetzung des Verzugsschadens begehren. Fälle sind hier die verspätete Arbeitsaufnahme, die Nichtleistung in der vereinbarten Zeit, das Verlassen des Arbeitsplatzes ohne die begonnene Arbeitsleistung zu beenden.
Die Rechte des Arbeitgebers bei schuldhafter Nichterfüllung der Arbeitsverpflichtung sind Klage auf Erfüllung der Arbeitsleistung, Nichtzahlung der Vergütung, Recht zur außerordentlichen Kündigung und Ersatz des durch die Aufhebung des Arbeitsverhältnisses entstandenen Schadens, wobei sich der Umfang des Schadensersatzanspruchs nach §§ 249 ff. BGB bestimmt (BAG NJW 1984, 2846 = NZA 1984, 122). Der Schadensersatzanspruch verjährt nach § 196 Nr. 8 BGB in zwei Jahren.

7.2.3.1.2 Schlechtleistung/Haftung des Arbeitnehmers

Unter Schlechtleistung versteht man die Fälle, in denen der Arbeitnehmer zwar seiner Arbeitsverpflichtung nachkommt, aber eine mit Mängeln behaftete Arbeitsleistung erbringt (das Arbeitsergebnis gelingt nicht, der Arbeitnehmer arbeitet zu langsam, zu flüchtig, unrichtig oder fehlerhaft). Hieraus kann der Arbeitgeber folgende Rechte ableiten:

a) Das Recht zur Lohnminderung:
Eine Minderung des Lohnanspruchs wegen Schlechtleistung des Arbeitnehmers ist im Dienstvertrags- und Arbeitsrecht - anders als im Kaufrecht, Mietrecht, Werkvertragsrecht - nicht vorgesehen. Daraus folgt, daß eine Lohnkürzung wegen Schlechtarbeit nicht möglich ist.

b) Die Schlechtleistung kann aber eine positive Vertragsverletzung des Arbeitnehmers sein. Daraus kann sich ein Schadensersatzanspruch des Arbeitgebers ergeben, mit dem er gegen den Lohnanspruch des Arbeitnehmers aufrechnen kann. Eine positive Vertragsverletzung wird jedoch in den meisten Fällen am erforderlichen Verschulden scheitern. Zumindest wird ein solches bei einer Schlechtleistung schwerlich nachzuweisen sein, zumal die meiste Schlechtarbeit darauf beruht, daß der Arbeitnehmer seiner Arbeit nicht gewachsen ist.

c) Das Recht zur Kündigung:
Verschuldete oder unverschuldete Schlechtleistung können dem Arbeitgeber das Recht einräumen, dem Arbeitnehmer ordentlich und gegebenenfalls außerordentlich zu kündigen, wobei diese Kündigungen in den seltensten Fällen bei einmaligen oder gelegentlichen Fehlleistungen sozial gerechtfertigt sind.

d) Schadensersatzansprüche:
Der Arbeitnehmer macht sich wegen der Schlechtleistung schadensersatzpflichtig, wobei ihm allerdings die im Arbeitsrecht anerkannten Haftungsbeschränkungen zu Gute kommen.

Wenn der Arbeitnehmer nach allgemeinen Grundsätzen für die Schlechterfüllung haften müßte, würde dies dazu führen, daß der Arbeitnehmer für jeden Fall der Fahrlässigkeit einzustehen hätte. Dies ist angesichts der hochtechnisierten Arbeitswelt mit dem Gerechtigkeitssinn nicht vereinbar. Selbst dem gewissenhaftesten Arbeitnehmer unterlaufen Fehler. Deshalb besteht im Grundsatz Einigkeit, daß Haftungsbeschränkungen zugunsten des Arbeitnehmers eingreifen müssen. Eine Arbeit ist dann schadensgeneigt, wenn sie es ihrer Art nach mit sich bringt, daß auch dem sorgfältigen Arbeitnehmer gelegentlich Fehler unterlaufen. Liegen die Voraussetzungen vor, gelten folgende Haftungsbeschränkungen:

a) Schäden, die ein Arbeitnehmer bei gefahrengeneigter Arbeit grob fahrlässig (auch subjektiv schlechthin unentschuldbare Pflichtverletzungen) verursacht, muß in aller Regel der Arbeitnehmer allein (Ausnahme Schadenbegrenzung gem. § 254 BGB bei krassem Mißverhältnis von Arbeitslohn zum Schadensrisiko) tragen.

b) Schäden, die der Arbeitnehmer bei gefahrengeneigter Arbeit nicht grob fahrlässig verursacht, sind bei normaler Schuld in aller Regel zwischen Arbeitgeber und Arbeitnehmer zu verteilen.

c) Bei geringer Schuld des Arbeitnehmers wird in aller Regel der Arbeitgeber solche Schäden allein zu tragen haben.

7.2.3.1.3 Mankohaftung

Als Manko wird im Arbeitsrecht der Schaden bezeichnet, den ein Arbeitgeber dadurch erleidet, daß ein seinem Arbeitnehmer anvertrauter Warenbestand oder eine von ihm geführte

Kasse eine Fehlmenge bzw. einen Fehlbetrag aufweist (Schaub 1992, S. 315). Die Mankohaftung kann zwischen den Parteien vereinbart worden sein. Die Mankoabrede ist jedoch unwirksam, wenn sie

a) gegen die guten Sitten verstößt (übermäßige Benachteiligung des Arbeitnehmers; für die Übernahme der Mankohaftung wird kein Äquivalent geleistet; es besteht keine Möglichkeit für den Arbeitnehmer, Mankoschäden wirksam zu bekämpfen),

b) wegen Verletzung des Grundsatzes von Treu und Glauben,

c) wenn die Mankohaftung zu einer Tarifunterschreitung führt (§ 4 III TVG).

Fehlt eine besondere Mankoabrede, so kann der Arbeitnehmer wegen Verletzung des Arbeitsvertrages oder unerlaubter Handlung haften. Eine Haftungsmilderung nach den Grundsätzen der gefahrgeneigten Arbeit scheidet aus, da ein zur selbständigen Wahrnehmung bestimmter Arbeitnehmer zur gesteigerten Sorgfalt verpflichtet ist. Die Haftung des Arbeitnehmers kann jedoch wegen mitwirkenden Verschuldens des Arbeitgebers gemildert oder ausgeschlossen sein. Der Arbeitgeber muß seiner Pflicht zur Schadenverhütung oder -minderung nachgekommen sein, Verhalten anderer Arbeitnehmer muß er sich zurechnen lassen (Schaub, 1992, S. 317, 318). Die Rechtssprechung nimmt insbesondere bei sogenannten Organisatiosmängeln oder fehlender Überwachung des Arbeitgebers eine Mitverursachung des Schadens an.

7.2.3.1.4 Treuepflicht

Neben der Arbeitspflicht unterliegt der Arbeitnehmer der sog. Treuepflicht. Danach hat der Arbeitnehmer die Aufgabe, die wirtschaftlichen Ziele seines Arbeitgebers zu unterstützen. Er muß sich also für die Interessen seines Arbeitnehmers, insbesondere seines Betriebes einsetzen. Je höher die Verantwortung eines Arbeitnehmers ist, desto höher sind die Anforderungen an die Treuepflicht. Die Treuepflicht hat zwei Komponenten, die Unterlassungspflichten und die Verhaltenspflichten.

7.2.3.1.4.1 Die Verschwiegenheitspflicht

Die Verschwiegenheitspflicht steht an erster Stelle bei den Unterlassungspflichten. Der Arbeitnehmer ist verpflichtet, über betriebliche Vorgänge weitestgehend Stillschweigen zu bewahren. Insbesondere darf er keine Betriebsgeheimnisse weitergeben. Er darf also mit Dritten weder über Vorgänge, die die Konkurrenz seines Arbeitgebers interessieren, noch über negative Entwicklungen, die geeignet sind, den Ruf des Arbeitgebers zu schädigen, sprechen. Die Einhaltung der Verschwiegenheitspflicht kann der Arbeitgeber im Wege der Unterlassungsklage verfolgen. Weitergehende besondere Verschwiegenheitspflichten bestehen für den Aufsichtsrat, den Betriebsrat, die Jugend- und Auszubildendenvertretungen.

7.2.3.1.4.2 Wettbewerbsverbot

Gemäß § 74 ff. HGB kann zwischen den Parteien ein Wettbewerbsverbot für die Dauer von 2 Jahren vereinbart werden. Nach § 74 II HGB ist das Wettbewerbsverbot mit allen Gruppen von Arbeitnehmern nur verbindlich, wenn der Arbeitgeber sich während der Verbotsdauer verpflichtet, für jedes Jahr des Verbots mindestens die Hälfte der von dem Arbeitnehmer zuletzt bezogenen vertraglichen Leistungen zu erbringen, wobei bei der Berechnung Leistungszulagen und Gratifikationen mit zu berücksichtigen sind. Auf diese sogenannte Karenzentschädigung ist anzurechnen, was durch anderweitige Verwertung der Arbeitskraft erworben oder zu erwerben böswillig unterlassen worden ist, § 74 c I 1 HGB.

7.2.3.1.4.3 Mittel zur Einhaltung der Treuepflicht

Zu erwähnen sind hier die betrieblichen Ordnungsstrafen, die der Aufrechterhaltung der Ordnung und Sicherheit des Betriebes dienen. Für diese sogenannten Betriebsbußen kommen Verwarnung, Verweis und Geldbuße in Betracht. Die Verwarnung ist von der Abmahnung zu unterscheiden, die dann gegeben ist, wenn der Vertragspartner aufgefordert wird, ein vertragswidriges Verhalten abzustellen und für den Fall der Zuwiderhandlung für die Zukunft Rechtsfolgen (z. B. Kündigung) angedroht werden.

Die Abmahnung ist eine geschäftsähnliche Handlung, durch die dem Arbeitnehmer die Rechtswidrigkeit seines Tuns vor Augen geführt werden soll. Die Abmahnung beinhaltet somit Warn- und Androhungsfunktion. Abmahnberechtigt sind alle Mitarbeiter, die nach ihrer Aufgabenstellung befugt sind, Anweisungen zu erteilen. Die Abmahnung muß hinreichend bestimmt sein, dem Abmahnungsadressat zugegangen sein (§ 130 Abs. 1 BGB) und die einzelnen Vorwürfe müssen hinreichend begründet werden (Schaub 1992, S. 378, 379). Die Abmahnung hat eine wesentliche Bedeutung als Voraussetzung einer Kündigung. Sie ist grundsätzlich vor Ausspruch einer außerordentlichen Kündigung erforderlich, gleichgültig ob es sich um ein Probe- oder Aushilfsarbeitsverhältnis handelt.

Der Grundsatz, daß vor jeder ordentlichen Kündigung eine Abmahnung erforderlich ist, ist dann eingeschränkt, wenn die Abmahnung weder möglich noch zumutbar ist (z. B. bei schwerwiegenden Vertragsverletzungen oder schweren Vertrauensverstößen). Der Arbeitnehmer kann auf Unwirksamkeit einer Abmahnung klagen. Er hat einen Anspruch auf Beseitigung und Entfernung unrichtiger Tatsachenangaben aus der Personalakte. Der Beseitigungsanspruch unterliegt keiner tariflichen Verfallfrist, da er aus dem Persönlichkeitsrecht resultiert.

7.2.3.2 Die Pflichten des Arbeitgebers

7.2.3.2.1 Die Arbeitsvergütungspflicht

Die Hauptpflicht des Arbeitgebers ist die Verpflichtung, eine Arbeitsvergütung zu zahlen (vgl. § 611 BGB). Herkömmlicherweise wird die Arbeitsvergütung bei Arbeitern als Lohn und bei Angestellten als Gehalt bezeichnet (bei Künstlern spricht man von Gage). Neben Lohn und Gehalt werden Sonderzahlungen des Arbeitgebers wie Prämien, Gratifikationen und Provisionen zur Arbeitsvergütung gerechnet. Die Naturalvergütung besteht in der Gewährung von Sachbezügen, Deputaten im Bergbau und der Landwirtschaft, Kost und Wohnung und hat eine relativ geringe Bedeutung.

Grund und Höhe des Vergütungsanspruchs richten sich nach der zwischen den Parteien getroffenen Vergütungsvereinbarung, die durch tarifvertragliche Entgeltsregelungen ergänzt bzw. angepaßt werden können. In den Tarifverträgen befinden sich regelmäßig detaillierte Regelungen über die vom Arbeitgeber zu zahlende Vergütung. Sind Arbeitnehmer und Arbeitgeber tarifgebunden oder ist der Tarifvertrag für allgemeinverbindlich erklärt worden, kann sich die Vergütung nach den tariflichen Regelungen richten. Gem. § 4 Abs. 3 TVG sind in diesen Fällen die Vorschriften des Tarifvertrages zwingend. Abweichungen können nur zugunsten des Arbeitnehmers erfolgen. Sind Arbeitnehmer und Arbeitgeber nicht tarifgebunden, so können sie vereinbaren, daß der einschlägige Tarifvertrag ganz oder teilweise auf das Arbeitsverhältnis anzuwenden ist. Im übrigen ergibt sich die Lohnhöhe aus dem Einzelarbeitsvertrag. Enthält der Einzelarbeitsvertrag keine Vereinbarung über die Lohnhöhe, so ist nach § 612 Abs. 2 BGB die übliche Vergütung geschuldet. Dies wird in den meisten Fällen bei nicht-tarifgebundenen Arbeitnehmern der Tariflohn sein.

Grundsätzlich ist der Lohn in Geld zu zahlen. Oft wird eine Zeitvergütung, d. h. eine Vergütung, deren Höhe sich unabhängig von dem Arbeitsergebnis, allein nach der Arbeitszeit richtet (Stunden- oder Monatslohn), gezahlt. Diese Lohnform garantiert dem Arbeitnehmer ein gleichbleibendes Arbeitseinkommen, gibt aber andererseits keinen Anreiz für besonderen Einsatz.

7.2.3.2.2 Die Sicherung der Arbeitsvergütung

Weil der Lohnanspruch die wirtschaftliche Existenzgrundlage des Arbeitnehmers bildet, gibt es besondere Sicherungen, um zu gewährleisten, daß der Arbeitnehmer über den Lohn auch wirklich verfügen kann:

- Lohnansprüche sind nur in beschränktem Umfang pfändbar (§§ 850 ff. ZPO),

- soweit der Lohnanspruch nicht pfändbar ist, kann er nicht abgetreten (§ 400 BGB) oder verpfändet werden (§ 1274 BGB),

- soweit der Lohnanspruch der Pfändung nicht unterworfen ist, ist eine Aufrechnung nicht zulässig (§ 394 BGB),

- im Konkurs der Arbeitgebers sind Lohnansprüche im ersten Range zu befriedigen (§ 61 Nr. 1 KO). Bei Zahlungsunfähigkeit des Arbeitgebers haben die Arbeitnehmer einen Anspruch auf Konkursausfallgeld nach §§ 141a ff. Arbeitsförderungsgesetz (AFG).

7.2.3.2.3 Arbeitsvergütung ohne Arbeitsleistung

Grundsätzlich erhält der Arbeitnehmer nur dann seine Arbeitsvergütung, wenn er die ihm obliegende Leistung erbringt. Von diesem Grundsatz gibt es zahlreiche Ausnahmen.

7.2.3.2.3.1 Vergütungsfortzahlung bei Annahmeverzug des Arbeitgebers

Kommt die Arbeitgeber mit der Annahme der Arbeitsleistung in Verzug, so ist er gleichwohl zur Zahlung des Lohnes verpflichtet, ohne einen Anspruch auf Nachholung der ausfallenden Arbeit zu haben, § 615 BGB. Voraussetzung für den Annahmeverzug ist allerdings immer, daß der Arbeitnehmer grundsätzlich in der Lage sein muß, seine Arbeitsleistung zu erbringen, § 297 BGB. Hieran fehlt es, wenn der Arbeitnehmer z. B. seine Arbeit deshalb nicht aufnehmen kann, weil er eine Freiheitsstrafe antreten muß.

7.2.3.2.3.2 Arbeitsverhinderung des Arbeitnehmers aus persönlichen Gründen

Gem. § 616 I BGB wird der zur Dienstleistung Verpflichtete des Anspruchs auf die Vergütung nicht dadurch verlustig, daß er für eine verhältnismäßig unerhebliche Zeit durch einen in seiner Person liegenden Grund ohne sein Verschulden an der Dienstleistung verhindert ist (z. B. Krankheiten, Unfälle o. ä.).

7.2.3.2.3.3 Die Fortzahlung der Arbeitsvergütung im Krankheitsfalle

Im Krankheitsfall ist der Arbeitgeber zur Lohnfortzahlung verpflichtet (§§ 616 Abs. 2 BGB, 1 LohnfortzG). Die Krankenvergütung wird bis zum Ende der Arbeitsunfähigkeit, höchstens jedoch für die Dauer von 6 Wochen gewährt. Für die Fristberechnung gilt § 187 I BGB. Zu unterscheiden sind wiederholte Erkrankungen (medizinisch völlig neue Erkrankungen - der Fortzahlungsanspruch erwächst jeweils neu für die Dauer von 6 Wochen).

Die im Krankheitsfalle zu zahlende Vergütung ist Arbeitsentgelt. Die Erkrankung ist nur dann arbeitsrechtlich von Bedeutung, wenn dem Arbeitnehmer die Arbeitsleistung objektiv oder subjektiv unmöglich geworden ist. Der Anspruch auf Krankenvergütung besteht nicht, wenn der Arbeitnehmer die Erkrankung verschuldet hat, also wenn die Erkrankung auf einen gröblichen Verstoß gegen das von einem verständigen Menschen im eigenen Interesse zu erwartenden Verhalten zurückzuführen ist.

Während der Dauer der Arbeitsunfähigkeit hat der Arbeitnehmer Anspruch auf Fortzahlung des gesamten Arbeitsentgeltes, auch Gratifikationen, Prämien, Provisionen (BAG NZA 1986, 290). Ausgenommen sind lediglich Zahlungen, mit denen besondere Aufwendungen des Arbeitnehmers ausgeglichen werden sollen, z. B. Aufwendungsersatz, Schmutzzulagen, Schlechtwettergeld, Wintergeld.

Der Arbeitnehmer hat seinem Arbeitgeber die Arbeitsverhinderung unverzüglich (§ 121 BGB) anzuzeigen. Nach § 3 LohnFG ist der Arbeiter und nach § 115 a IV AGB-DDR der Arbeitnehmer in den beigetretenen Ländern verpflichtet, seine Erkrankung innerhalb einer Frist von 3 Kalendertagen durch ärztliche Bescheinigung nachzuweisen. Wenn die Arbeitsunfähigkeit über den Zeitraum, der in der Bescheinigung angegeben ist, andauert, ist eine wiederholte Bescheinigung vorzulegen. Die Nachweispflicht für Angestellte in den Altbundesländern ist gesetzlich nicht geregelt. Sie kann sich aus tariflichen, betrieblichen und einzelvertraglichen Regelungen ergeben (BAG NJW 1985, 1420).

7.2.3.2.3.4 Betriebs- und Arbeitskampfrisiko

Wird dem Arbeitnehmer nach der Begründung des Arbeitsvertrages die Arbeitsleistung ganz oder teilweise unmöglich, und hat weder er noch der Arbeitgeber die Unmöglichkeit zu vertreten, so verliert der Arbeitnehmer den Anspruch auf die Gegenleistung, also auf die Arbeitsvergütung, § 323 BGB. Ausnahmen von diesem Grundsatz gelten bei der bereits erwähnten persönlichen Arbeitsverhinderung oder im Falle der Lohnfortzahlung bei Krankheit. Denkbar sind aber auch die Fälle, in denen die Arbeitsleistung deshalb unmöglich wird, weil z. B. ein Energieausfall eintritt oder das Betriebsgebäude abbrennt.

Von einem Arbeitskampfrisiko wird dann gesprochen, wenn ein Unternehmen bestreikt wird, und dadurch in den anderen Betrieben mangels Vormaterialien ein Arbeitsausfall eintritt, weil die Produktion nicht fortgesetzt werden kann; sog. Fernwirkung von Arbeitskämpfen. Das Reichsgericht (RGZ 106, 272) vertrat die Ansicht, daß die Störung aus der Sphäre der Arbeitnehmer stamme, weshalb diese auch das Lohnrisiko zu tragen hätten. Diese Begründung wird heute zwar nicht mehr aufrechterhalten, jedoch im Ergebnis gebilligt.
Das BAG nimmt an, daß dann eine Verweigerung der Vergütungsfortzahlung möglich ist, wenn die Kampfparität gefährdet würde (wenn der Arbeitgeber auch in anderen Tarifbezirken von den gleichen Verbänden vertreten würde). Die Gewerkschaftsseite spricht in diesen Fällen von der sogenannten "Kalten Aussperrung" (grundlegend zur Rechtssprechung des Arbeitskampfrisikos BAG NJW 1981, 937).

7.2.3.2.3.5 Pflicht zur Urlaubsgewährung

Der Arbeitgeber ist gem. § 1 Bundesurlaubsgesetz (BUrlG) verpflichtet, seinen Arbeitnehmern einen bezahlten Erholungsurlaub zu gewähren. Der Urlaub muß insgesamt mindestens 18 Werktage pro Jahr umfassen (§ 3 BUrlG). In Arbeits- und Tarifverträgen wird oft ein längerer Urlaubsanspruch festgeschrieben. Gem. § 6 BUrlG entsteht der Anspruch auf Erholungsurlaub erstmals nachdem das Arbeitsverhältnis einen Bestand von 6 Monaten aufweist. Der Urlaub darf nur in Absprache mit dem Arbeitgeber genommen werden. Ein Urlaubsanspruch erwächst auch dann, wenn das Arbeitsverhältnis rechtsunwirksam ist. Es gelten die Grundsätze des faktischen Arbeitsverhältnisses. Nicht auf den Urlaub werden angerechnet die durch ärztliches Zeugnis nachgewiesenen Tage der Arbeitsunfähigkeit während des Urlaubs (§ 9 BUrlG).

Praktische Probleme bei der Urlaubsabwicklung ergeben sich dann, wenn gekündigt wurde. In diesen Fällen sind Urlaubsansprüche des Arbeitnehmers häufig nicht oder nicht vollständig erfüllt. Für den Arbeitnehmer taucht dann die Frage auf, ob er den Arbeitnehmer für die Zeit der Urlaubstage freistellen soll, muß oder kann, wobei zu beachten ist, daß das BUrlG grundsätzlich davon ausgeht, daß Urlaub in Natura der Abgeltung vorgeht.

Bei der außerordentlichen Kündigung muß der Anspruch abgegolten werden, § 7 IV BUrlG. Gem. § 7 III 1 BUrlG muß der Urlaub im Laufe des Kalenderjahres gewährt und genommen werden. Eine Übertragung des Urlaubs auf das nächste Kalenderjahr ist nur möglich, wenn dringende betriebliche oder in der Person des Arbeitnehmers liegende Gründe dies rechtfertigen, § 7 III 2 BUrlG.

Während des Erholungsurlaubs erhält der Arbeitnehmer seine Vergütung, man spricht von Urlaubsentgelt. Es bemißt sich nach dem durchschnittlichen Arbeitsverdienst, daß der Arbeitnehmer in den letzten, abgerechneten 13 Wochen vor dem Beginn des Urlaubs erhalten hat, § 11 I 1 BUrlG. Von den letzten 3 Monaten ist auszugehen bei monatlicher Abrechnung. Mit zu berücksichtigen sind ebenfalls vermögenswirksame Leistungen, Schmutz-, Gefahren-, Nacht- und Auslandszulagen, Über- und Mehrarbeit. Urlaubsgeld ist die über das Urlaubsentgelt hinaus gezahlte Vergütung. Die Verpflichtung zur Zahlung ergibt sich aus kollektiv- oder einzelvertraglicher Vereinbarung. Innerhalb des Urlaubsanspruches gibt es rechtliche Besonderheiten, wie z. B. den Erziehungsurlaub.

7.2.3.2.4 *Die Fürsorgepflicht*

Der Arbeitgeber ist zur fürsorgevollen Behandlung seiner Arbeitnehmer verpflichtet. Dies gebietet der Grundsatz von Treu und Glauben, § 242 BGB. Sie kann als solche vertraglich weder ausgeschlossen noch eingeschränkt werden, da sie notwendiger Bestandteil des Arbeitsverhältnisses ist.

Zum Schutz von Leben und Gesundheit des Arbeitnehmers ist der Arbeitgeber insbesondere verpflichtet, Räume, Vorrichtungen und Gerätschaften so einzurichten und zu unterhalten, daß der Arbeitnehmer gegen Gefahren geschützt ist (§§ 617, 618 BGB). Darüber hinaus sind von ihm die Unfallverhütungs- und Arbeitsschutzvorschriften zu beachten. Er hat also auch dafür zu sorgen, daß die Sicherheitsvorkehrungen, wie etwa die Helmtragungspflicht, eingehalten werden.

7.2.3.2.5 *Der Arbeitsunfall*

Nach §§ 636 ff. RVO ist die Haftung des Arbeitgebers wegen eines durch einen Arbeitsunfall herbeigeführten Personenschadens eingeschränkt, weil sich die Unternehmer in Berufsgenossenschaften zusammengeschlossen haben und diese für einen Arbeitsunfall einstehen. Arbeitsunfälle sind solche Unfälle, die ein Versicherter bei einer der in §§ 539, 540 und 543 bis 545 RVO genannten Tätigkeiten erleidet (Schaub 1991, S. 427). Wird die versicherte Tätigkeit durch eine private Verrichtung unterbrochen (bis zu 10 Minuten), so besteht während der Dauer der Unterbrechung kein Versicherungsschutz. Zu den Arbeitsunfällen zählen ferner Unfälle, die bei der Verwahrung, Beförderung, Instandhaltung und Erneuerung des Arbeitsgerätes eintreten (§ 549 RVO), Berufskrankheiten und sogenannte Wegeunfälle (§ 550 RVO). Ein Arbeitsunfall liegt nur dann vor, wenn der Versicherte einen Körperschaden erleidet und wenn zwischen der versicherten Tätigkeit und dem Unfall einerseits und dem Unfall und dem Körperschaden andererseits ein Kausalzusammenhang besteht.

7.2.3.2.6 Beschäftigungspflicht

Der Arbeitgeber ist verpflichtet, den Arbeitnehmer entsprechend der vereinbarten Tätigkeit zu beschäftigen (BAG NJW 1985, 2968). Zu unterscheiden ist zunächst zwischen dem allgemeinen Beschäftigungsanspruch, während des Bestehens des Arbeitsverhältnisses, und dem Weiterbeschäftigungsanspruch, dem Beschäftigungsanspruch nach Ablauf der Kündigungsfrist während des Kündigungsschutzprozesses. Der allgemeine Beschäftigungsanspruch besteht ohne Abwägung der beiderseitigen Interessen und ist heute allgemein anerkannt.

7.2.3.2.7 Die betriebliche Übung

Nach heute ganz herrschender Meinung ist die betriebliche Übung ein schuldrechtlicher Verpflichtungstatbestand (BAG AP 2, 3, 4, 5, 6 zu § 611 BGB Gratifikation). Die betriebliche Übung ist bei der Vertragsauslegung und der Ausfüllung von Lücken des Arbeitsvertrages von Bedeutung. Sie spielt insbesondere eine Rolle im Bereich der besonderen sozialen Zuwendungen wie Gratifikationen, Ruhegelder, Prämien usw. Die Betriebsübung kann grundsätzlich durch einen Entschluß des Arbeitgebers wieder beseitigt werden. Im Rahmen der Arbeitsverträge bereits bestehende Ansprüche oder Anwartschaften können hiermit jedoch nicht beseitigt werden. Hierzu ist eine Einigung bzw. Kündigung oder Änderungskündigung des Einzelarbeitsverhältnisses notwendig.

7.2.3.2.8 Die Gleichbehandlungspflicht

Der Arbeitgeber ist seinen Arbeitnehmern gegenüber zur Gleichbehandlung verpflichtet. Dieser Grundsatz verbietet die willkürliche Schlechterstellung einzelner Arbeitnehmer aus sachfremden Erwägungen. Die Gleichbehandlungspflicht wirkt sich vor allem bei Vergütungserhöhungen aus. So dürfen einzelne Arbeitnehmer nicht ausgenommen werden, wenn die Vergütung wegen allgemeiner Teuerungen angehoben wird. Dies betrifft sowohl die Erhöhung der allgemeinen Vergütung als auch die einzelner Gratifikationen.

7.2.3.2.9 Betriebsnachfolge

Der Übergang eines Betriebes oder eines Betriebsteiles auf einen neuen Rechtsträger wird als Betriebsnachfolge bezeichnet. Nach § 613 a BGB tritt der Erwerber in die bestehenden Arbeitsverhältnisse ein. Die Vorschrift dient damit vorrangig dem Bestandsschutz des Arbeitsverhältnisses und verhindert eine Umgehung des Kündigungsschutzgesetzes durch Veräußerung des Betriebes (Schaub a. a. O, S. 440, 441). Der Erwerber tritt mit allen Rechten und Pflichten in die Arbeitsverhältnisse ein, das Arbeitsverhältnis zu dem bisherigen Arbeitgeber endet. Nach § 613 a IV 1 BGB ist die Kündigung eines Arbeitsverhältnisses aus Anlaß des Betriebsübergangs (wenn dieser der Beweggrund, das Motiv, die überwiegende Ursache bildet) unwirksam.

7.2.3.3 Die Beendigung des Arbeitsverhältnisses

Mit der Beendigung des Arbeitsverhältnisses ergeben sich besondere Pflichten für den Arbeitgeber. Das Arbeitsverhältnis kann aus verschiedenerlei Gründen beendet werden.

7.2.3.3.1 *Endigungsgründe*

Endigungsgründe sind:

- Kündigung: Einseitige, empfangsbedürftige, rechtsgestaltende Willenserklärung, durch die das Arbeitsverhältnis für die Zukunft aufgehoben werden soll.

- Aufhebungsvertrag: Vertrag mit dem Inhalt, daß das Arbeitsverhältnis zu einem bestimmten Zeitpunkt einvernehmlich beendet wird. Der Abschluß erfolgt ausdrücklich oder stillschweigend.

- Wegfall der Geschäftsgrundlage: Die tatsächlichen Grundlagen für eine Beschäftigung des Arbeitnehmers sind durch äußere Ereignisse sowohl für den Arbeitgeber als auch für den Arbeitnehmer erkennbar dauernd weggefallen und außergewöhnliche Verhältnisse machen eine an sich zulässige Kündigung unmöglich oder unzumutbar.

- Befristung, Zeitablauf: Ist das Arbeitsverhältnis für eine bestimmte Zeit eingegangen, so endet es mit Zeitablauf ohne Ausspruch einer Kündigung. Grundsätzlich führt das Erreichen eines bestimmten Alters nicht automatisch zur Beendigung des Arbeitsverhältnisses. Jedoch ist vielfach in den Verträgen, bzw. Tarifverträgen festzuhalten, daß der Arbeitgeber mit dem Augenblick des Erreichens der Altersgrenze, die es ihm ermöglicht, Altersruhegeld zu beziehen, ausscheidet. Die meisten Arbeitnehmer machen hiervon auch Gebrauch.

- Tod des Arbeitnehmers: Das Arbeitsverhältnis endet mit dem Tod des Arbeitnehmers, § 613 S. 1 BGB.

Keine Endigungsgründe sind:

- Krankheit des Arbeitnehmers,

- Tod des Arbeitgebers,

- Betriebsübergang,

- Konkurs,

- Streik und suspendierende Aussperrung,

- Wehrdienst und

- Eintritt der Berufs- oder Erwerbsunfähigkeit.

7.2.3.3.2 Arbeitszeugnis

Bei Beendigung des Arbeitsverhältnisses ist der Arbeitgeber gem. § 630 BGB verpflichtet, dem Arbeitnehmer ein schriftliches Zeugnis auszustellen. Das Zeugnis soll dem Arbeitnehmer als Unterlagen für Bewerbungen dienen. Es hat Art und Dauer der Tätigkeit zu enthalten. Auf Wunsch des Arbeitnehmers ist ein qualifiziertes Zeugnis auszustellen, welches zusätzlich Angaben über Leistung und Führung enthält (Schaub, S. 1118 ff.). Das Zeugnis ist wahrheitsgemäß, aber wohlwollend auszustellen. Ein zu gut ausgestelltes und damit falsches Zeugnis kann allerdings zu Schadensersatzansprüchen gegen den Aussteller führen. Dies ist der Fall, wenn ein Dritter im Vertrauen auf dieses Zeugnis den Arbeitnehmer einstellt und dieser aufgrund fehlender Qualifikation Schaden anrichtet. Hält der Arbeitnehmer das Zeugnis für falsch, kann er Berichtigung verlangen. Ein solcher Zeugnisberichtigungsanspruch ist selbständig einklagbar. Dabei ist wichtig, daß die einzelnen Punkte genau formuliert werden, d. h. der Arbeitnehmer muß das "neue Zeugnis" selbst formulieren (Schaub 1991, S. 1144).

Nach Beendigung des Arbeitsverhältnisses hat der Arbeitgeber dem Arbeitnehmer die Arbeitspapiere herauszugeben. Hierzu zählen neben dem Zeugnis die Lohnsteuerkarte, das Versicherungsnachweisheft und die Bescheinigung nach § 133 AFG.

7.3 Das kollektive Arbeitsrecht

Zum kollektiven Arbeitsrecht zählen jene Rechtsnormen, die sich auf die kollektive Gestaltung von Arbeitsbedingungen beziehen. Das kollektive Arbeitsrecht umfaßt das Recht der Koalitionen (Arbeitsverbände), das Tarifvertragsrecht, das Arbeitskampf- und Schlichtungsrecht, das Betriebsverfassungs- und Personalvertretungsrecht sowie das Mitbestimmungsrecht. Der Grundstein des kollektiven Arbeitsrechts wurde im Frühkapitalismus gelegt. Unter schlechten Arbeitsbedingungen wurde über 70 Stunden in der Woche gearbeitet, es gab sehr wenig freie Tage und der Arbeitslohn reichte kaum zur Ernährung der Familie. Zudem arbeiteten die Menschen ohne jeglichen Schutz an Maschinen, die häufig eine hohe Verletzungsgefahr bargen oder gesundheitsschädlich Abluft produzierten.

7.3.1 Das Recht der Koalitionen

Aus dieser oben geschilderten Not heraus schlossen sich die Arbeitnehmer zusammen und gründeten die zuerst noch verbotenen Gewerkschaften. Als Gegengewicht und als Verhandlungspartner vereinten sich im Laufe der Zeit die Arbeitgeber in Arbeitgeberverbänden. Der Oberbegriff für Gewerkschaften und Arbeitgeberverbände ist "Koalition".

Nach dem 2. Weltkrieg wurden viele kleine Einzelgewerkschaften nicht erneut zum Leben erweckt, sondern einige wenige flächenübergreifende Industriegewerkschaften gegründet. Diese Gewerkschaften organisieren die Arbeitnehmer eines gesamten Industriezweiges. Sie richten sich also nicht nach dem speziellen Beruf des einzelnen Arbeitnehmers, sondern nach der Art des Betriebes, in dem dieser tätig ist. Für alle Betriebe, die sich mit dem Metallbau beschäftigen, ist z. B. die IG Metall zuständig. Neben den Industriegewerkschaften wurde in der damaligen britischen Zone auch eine Gewerkschaft nach den Berufsverbandsprinzip gegründet. Eine Gewerkschaft nach dem Berufsverbandsprinzip vertritt alle ihre Mitglieder ihres Berufszweiges, unabhängig davon, in welcher Sparte sie arbeiten. Die damalige Gewerkschaft richtet sich an alle Angestellten. Auf ihr ist die heute sehr einflußreiche deutsche Angestelltengewerkschaft (DAG) entstanden. Die bedeutendsten Industriegewerkschaften sind im Deutschen Gewerkschaftsbund (DGB) zusammengefaßt. Er besteht derzeit aus folgenden Einzelgewerkschaften:

- Industriegewerkschaft Bau, Steine, Erden (BSE),

- Industriegewerkschaft Bergbau und Energie (IGBE),

- Industriegewerkschaft Chemie, Papier, Keramik (IGC),

- Industriegewerkschaft Druck und Papier (IGD),

- Gewerkschaft der Eisenbahner Deutschlands (GdED),

- Gewerkschaft Erziehung und Wissenschaft (GEW),

- Gewerkschaft Gartenbau, Land- und Forstwirtschaft (GGLF),

- Gewerkschaft Handel, Banken und Versicherungen (HBV),
- Gewerkschaft Holz und Kunststoff (GHK),
- Gewerkschaft Kunst (GK),
- Gewerkschaft Leder (GL),
- Industriegewerkschaft Medien,
- Industriegewerkschaft Metall (IGM),
- Gewerkschaft Nahrung, Genuß, Gaststätten (NGG),
- Gewerkschaft Öffentliche Dienste, Transport und Verkehr (ÖTV),
- Gewerkschaft der Polizei (GdP),
- Deutsche Postgewerkschaft (DPG),
- Gewerkschaft Textil, Bekleidung (GTB).

Diesen Gewerkschaften stehen jeweils eine Vielzahl von regional organisierten Arbeitgeberverbänden gegenüber. Dachverband aller Arbeitgeberverbände ist die Bundesvereinigung der Deutschen Arbeitgeberverbände (BDA).

Das Recht, Koalitionen zu bilden, ist im Grundgesetz, und zwar in Art. 9 Abs.3 GG verankert. Dieses Grundrecht garantiert, daß sich freie Gewerkschaften oder Arbeitgeberverbände bilden und betätigen können. Es garantiert auch, daß niemand daran gehindert werden darf, der von ihm gewünschten Koalition beizutreten. Koalitionen sind freie Zusammenschlüsse von Arbeitnehmern oder Arbeitgebern mit dem Ziel der Verbesserung der wirtschaftlichen oder sozialen Lage ihrer Mitglieder. Voraussetzung ist weiter die Gegenerfreiheit, die Unabhängigkeit und eine überbetriebliche Organisation. Zudem muß die Koalition eine gewisse Durchsetzungskraft besitzen, also Druck ausüben können.

7.3.2 Das Recht des Arbeitskampfes

Arbeitskämpfe sind Auseinandersetzungen, die von Arbeitgebern oder Arbeitgeberverbänden und Arbeitnehmern oder Gewerkschaften gegeneinander um Löhne und sonstige Arbeitsbedingungen geführt werden (Schaub 1991, S. 1448 ff.). Mittel des Arbeitskampfes sind der Streik, die Aussperrung und der Boykott.

Der Streik kann durch Arbeitseinstellung seitens der Arbeitnehmer, durch die Nicht- oder Schlechterfüllung der Arbeitspflicht oder durch übergenaue Befolgung von Ordnungs- und Sicherheitsbestimmungen, die den Betrieb zum Erliegen bringen, geführt werden.

Bei der Aussperrung verweigert der Arbeitgeber seinen Arbeitnehmern den Zutritt zum Betrieb und hindert sie damit an der Aufnahme ihrer Arbeit. Für die Zeit der Aussperrung zahlt er auch keinen Lohn (Schaub 1991, S. 1450).

Hinzuweisen ist auf die sogenannten Warnstreiks. Dabei handelt es sich um befristete Streiks, die der Arbeitgeberseite die Entschlossenheit der Arbeitnehmerseite zeigen soll, einen dauerenden Arbeitskampf zur Durchsetzung der Ziele durchzuführen. Die Rechtmäßigkeit der

Warnstreiks ist umstritten. Bei der Überprüfung muß der Grundsatz der Verhältnismäßigkeit beachtet werden (BAG NJW 1989, 57).

Nimmt der Arbeitnehmer an einem rechtmäßigen Streik teil, werden die Pflichten aus dem Arbeitsvertrag suspendiert (sog. Suspendierungstheorie). Der Streikende ist nicht zur Arbeit verpflichtet, seine Arbeitspflicht ruht, er hat jedoch auch keinen Anspruch auf Lohn oder Urlaub. Bei Erkrankung des streikenden Arbeitnehmers besteht kein Anspruch auf Lohnfortzahlung. Der Arbeitgeber ist nicht zur Kündigung berechtigt. Der Streik stellt auch keine unerlaubte Handlung i.S.d. §§ 823 ff. BGB dar. Der nicht streikende Arbeitnehmer bleibt zur Arbeit verpflichtet und hat Anspruch auf Lohn. Können diese Arbeitnehmer wegen des Streiks nicht beschäftigt werden, so braucht der Arbeitgeber auch keinen Lohn zu zahlen. Der Anspruch auf Zahlung von Arbeitslosengeld ruht, § 116 II AFG.

Ist der Streik rechtswidrig, werden die Pflichten des Arbeitsverhältnisses nicht suspendiert. Die streikenden Arbeitnehmer begehen im Falle des rechtswidrigen Streiks Arbeitsvertragsbruch. Der Arbeitgeber kann zunächst die Aussperrung erklären und gegen die am rechtswidrigen Streik Beteiligten vorgehen.

7.3.2.2 Das Schlichtungsrecht

Unter Schlichtung versteht man die Hilfeleistung beim Abschluß eines neuen Tarifvertrages oder einer neuen Betriebsvereinbarung. Das Schlichtungsverfahren wird durchgeführt, um die Gegensätze zwischen den Tarifparteien auszugleichen, damit der Arbeitsfrieden erhalten bleibt.

7.3.3 Das Tarifvertragsrecht

7.3.3.1 Inhalt des Tarifvertrages

Tarifverträge werden in der Regel zwischen den Gewerkschaften auf der einen und den Arbeitgebern auf der anderen Seite ausgehandelt. Sie regeln die Arbeitsbedingungen der meisten Arbeitsverhältnisse (Schaub 1991, S. 1486). Der Tarifvertrag selbst ist ein privatrechtlicher Vertrag und unterliegt den Bestimmungen des Allgemeinen Vertragsrecht des BGB. Seine konkrete Regelung erfährt er in den Bestimmungen des Tarifvertragsgesetzes (TVG). Gem. § 2 TVG sind auf der einen Seite Gewerkschaften und auf der anderen Seite Vereinigungen von Arbeitgebern, aber auch einzelne Arbeitgeber, tariffähig. Zudem besteht gemäß § 2 Abs. 3 TVG die Möglichkeit, daß auch die jeweiligen Spitzenorganisationen Tarifverträge abschließen.

Tarifverträge werden in der Regel über einen Zeitraum von einem oder mehreren Jahren abgeschlossen. Sie enden je nach Vereinbarung mit Zeitablauf oder mit Kündigung. Die allgemeinen Arbeitsbedingungen, die seltener Änderungen unterworfen sind wie z. B. die Arbeitszeit, Ruhepausen, Lohngruppeneinteilung, Kündigungsfristen, Schriftform der Kündigung, Angabe der Kündigungsgründe, werden häufig in längerfristigen sogenannten Mantel- oder Rahmentarifverträgen festgelegt.

Abweichungen vom Tarifvertrag sind nur zulässig,

- wenn sie den Arbeitnehmer günstiger stellen (Günstigkeitsprinzip, § 4 III TVG) oder

- wenn sie im Tarifvertrag ausdrücklich gestattet sind (Öffnungsklausel, § 4 III TVG).

7.3.3.2 Funktionen des Tarifvertrages

Der Tarifvertrag hat Friedensfunktion (Arbeitsbedingungen werden durch Verhandlungen der Tarifpartner und nicht durch Arbeitskämpfe geregelt; während der Laufzeit des Tarifvertrages sind Arbeitskämpfe unzulässig; nach Beendigung des Tarifvertrages sind Arbeitskämpfe erst dann zulässig, wenn Verhandlungen versucht worden sind). Der Tarifvertrag schützt den einzelnen Arbeitnehmer vor der Übermacht des Arbeitgebers (Schutzfunktion). Die ausgehandelten Regelungen gelten unmittelbar und zwingend als Mindestbedingungen. Für die Laufzeit des Tarifvertrages gelten unveränderte Löhne, auch im Falle einer Verschlechterung der wirtschaftlichen Lage; der Arbeitgeber erhält eine sichere Kalkulationsgrundlage (Ordnungsfunktion).

7.3.3.3 Tarifgebundheit des Tarifvertrages

Tarifverträge können nur von tariffähigen Parteien im Rahmen ihrer Zuständigkeit, innerhalb der Grenzen der Tarifmacht und unter Wahrung der Schriftform wirksam abgeschlossen werden. Tarifgebunden sind:

a) die Mitglieder der Tarifvertragsparteien,

b) der Arbeitgeber, der selbst Tarifpartner ist,

c) Arbeitnehmer und Arbeitgeber, die Kraft Allgemeinverbindlicherklärung (= AVE) gebunden sind. Durch die AVE wird die Tarifbindung auch auf nichtorganisierte, d. h. Außenseiter im Rahmen des Geltungsbereich des Tarifs erstreckt (BVerfG NJW 1977, 2255).

7.3.3.4 Geltungsbereich des Tarifvertrages

Der Tarifvertrag tritt mit seinem Abschluß in Kraft und regelt, für welches Tarifgebiet und für welchen Wirtschaftszweig und dort für welche Arbeitnehmer-Gruppen er gelten soll. Grundsätzlich gilt der Tarifvertrag für alle Personen, die von dem zeitlichen, räumlichen, betrieblichen und fachlichen Geltungsbereich des Tarifvertrages betroffen werden und nicht im Tarifvertrag ausgeschlossen sind (Schaub a. a. O., S. 1512 ff.).

7.3.3.5 Verlust tariflicher Rechte

Der Verzicht auf künftige tarifliche Rechte ist gem. § 4 III TVG unwirksam. Gem. § 4 Abs. 4 Satz 1 TVG kann der Arbeitnehmer grundsätzlich auch nicht auf bereits entstandene Rechte verzichten, es sei denn

a) in einem gerichtlichen Vergleich oder

b) in einem außergerichtlichen Vergleich, wenn die Tarifpartner diesen Verzicht genehmigen.

7.3.3.6 Ende des Tarifvertrages und Nachwirkungen des Tarifvertrages

Der Tarifvertrag endet

a) mit Ablauf der vereinbarten Zeit, für den er abgeschlossen worden ist,

b) durch Aufhebung,

c) durch Eintritt einer auflösenden Bedingung,

d) durch ordentliche Kündigung,

e) durch außerordentliche Kündigung aus einem wichtigen Grunde, z. B. beim Tarifbruch.

Kommt ein neuer Tarifvertrag nach Fristablauf, Kündigung etc. nicht rechtzeitig zustande, so wirkt der Tarifvertrag gem. § 4 Abs. 5 TVG nach; man spricht von der sogenannten Nachwirkung des Tarifvertrages. Die Bestimmungen des Tarifvertrages sind jedoch nunmehr nicht mehr unabdingbar, sie können einvernehmlich oder mittels Änderungskündigung auch zu Ungunsten des Arbeitnehmers abgeändert werden.

7.3.4 Betriebsverfassungsrecht

Grundgedanke des Betriebsverfassungsrechts ist die partnerschaftliche Zusammenarbeit zwischen Arbeitnehmern und Arbeitgebern. Das Betriebsverfassungsrecht regelt die rechtliche Stellung der Arbeitnehmer im Betrieb sowie ihre Beteiligung an den betrieblichen Entscheidungen des Arbeitnehmers. Die gesetzliche Grundlage des Betriebsverfassungsrechts ist vor allem das BetrVG (Betriebsverfassungsgesetz) vom 15. Januar 1972. Die Mitbestimmung wird dadurch verwirklicht, daß die Arbeitnehmer des Betriebes eine Vertretung erhalten, nämlich den Betriebsrat, der an bestimmten Entscheidungen des Arbeitgebers in unterschiedlicher Weise beteiligt wird (Schaub 1991, S. 1562).

7.3.4.1 Geltungsbereich des Betriebsverfassungsgesetzes

Das Betriebsverfassungsgesetz (BetrVG) regelt die Mitwirkungsrechte der Arbeitnehmer in privatwirtschaftlichen Betrieben. Verwaltungen und öffentliche Betriebe des Bundes, der Länder, der Gemeinden oder von sonstigen Körperschaften, Anstalten und Stiftungen des öffentlichen Rechts, die keine private Rechtsform haben, unterliegen nach § 130 BetrVG nicht dem Betriebsverfassungsgesetz; hier sind die Mitwirkungsrechte des Personals in den Personalvertretungsgesetzen des Bundes und der Länder geregelt.

Gem. § 1 BetrVG ist ein Betriebsrat in allen Betrieben zu errichten, die i.d.R. mindestens fünf ständige wahlberechtigte Arbeitnehmer haben, von denen drei wählbar sind. Für sogenannte Tendenzbetriebe (Betriebe, die politischen, karitativen, erzieherischen, wissenschaftlichen, künstlerischen Bestimmungen dienen oder zu Zwecken der Berichterstattung oder Meinungsäußerung dienen) gelten die Vorschriften des BetrVG nicht, soweit die Eigenart des Betriebes dem entgegensteht, § 118 Abs. 1 BetrVG. Sinn dieser Einschränkung ist es, diese Unternehmen und Betriebe in der Ausübung ihrer Grundrechte (Pressefreiheit, Freiheit der Berichterstattung) von einer Beeinträchtigung durch betriebsverfassungsrechtliche Einflüsse frei zu halten.

Leitende Angestellte unterliegen nicht den Vorschriften des BetrVG, § 5 III BetrVG.

7.3.4.2 Die Stellung der Gewerkschaften in der Betriebsverfassung

Die Aufgaben und Funktionen der Gewerkschaften sind von denen der Betriebsverfassungsorgane zu trennen. Während die Gewerkschaften die Interessen ihrer Mitglieder gegenüber dem Tarifpartner vertreten, haben die Betriebsverfassungsorgane bei der Gestaltung der innerbetrieblichen Angelegenheiten mitzuwirken. Gem. § 2 I BetrVG haben Arbeitgeber und

Betriebsrat jedoch mit den im Betrieb vertretenen Gewerkschaften und Arbeitgeberverbänden zusammenzuarbeiten. Der Arbeitgeber darf den Betriebsrat nicht hindern, sich von einer Gewerkschaft beraten zu lassen; ein der Gewerkschaft angehöriges Mitglied des Betriebsrates ist in seiner Betätigung für die Gewerkschaft auch im Betrieb nicht beschränkt. Die Gewerkschaften haben im Rahmen des Betriebsverfassungsgesetzes insbesondere das Initiativrecht zur Bildung eines Betriebsrates, das Teilnahmerecht an Sitzungen des Betriebsrates und an der Betriebsversammlung, das Kontrollrecht und das Recht, eine Betriebsversammlung zu erzwingen.

7.3.4.3 Die Organe der Betriebsverfassung

7.3.4.3.1 Der Betriebsrat

Der Betriebsrat steht im Vordergrund der Arbeitnehmermitbestimmung. Seine Aufgaben und Befugnisse sind im Betriebsverfassungsgesetz geregelt. Der Betriebsrat ist ein Organ der Arbeitnehmer eines Betriebes, das in verschiedenen Angelegenheiten des Betriebes mitwirkt und mitbestimmt.

Der Betriebsrat wird in Betrieben mit mehr als fünf regelmäßig beschäftigten Arbeitnehmern für einen Zeitraum von 4 Jahren gewählt (§§ 7 ff. BetrVG). Seine Größe ist von der Anzahl der wahlberechtigten Arbeitnehmer abhängig. Bei 5 bis 20 Arbeitnehmern besteht er nur aus einer Person, bei 7.001 bis 9.000 Arbeitnehmern besteht er aus 31 Betriebsratsmitgliedern. In Betrieben mit mehr als 9.000 wahlberechtigten Arbeitnehmern erhöht sich die Zahl der Mitglieder des Betriebsrates für je angefangene 3.000 Arbeitnehmer um je 2 Mitglieder (Schaub 1991, S. 1609 ff.).

Die Aufgaben des Betriebsrates sind in § 80 Abs. 1 BetrVG aufgeführt. Demnach hat er z. B. darüber zu wachen, daß die zugunsten der Arbeitnehmer geltenden Gesetze und Tarifverträge eingehalten werden, oder er muß die Beschäftigung älterer Arbeitnehmer im Betrieb fördern.

Die spezielle Mitbestimmung des Betriebsrates läßt sich in vier Bereiche aufteilen, wobei die soziale Mitbestimmung den Kernbereich darstellt:

a) in die Sozialangelegenheiten,

b) in die Gestaltung von Arbeitsplätzen, Arbeitsablauf und Arbeitsumgebung,

c) in die personellen Angelegenheiten und

d) in die wirtschaftlichen Angelegenheiten.

Die Mitbestimmung in sozialen Angelegenheiten ist in §§ 87 bis 91 BetrVG geregelt. Bei der sozialen Mitbestimmung wird unterschieden zwischen einem zwingenden und einem freiwilligen Bereich.

Große Bedeutung hat in der Praxis die in § 87 Abs. I Nr. 1 BetrVG festgelegte Mitbestimmung in Fragen der Ordnung des Betriebes, wozu nur die äußere Ordnung des Betriebes, sowie das Zusammenwirken und das Verhalten der Arbeitnehmer im Betrieb zählt.

7.3.4.3.2 Die Betriebsvereinbarung

Die Betriebsvereinbarung ist in den meisten Fällen die geeignete Form für die Einigung zwischen Betriebsrat und Arbeitgeber. Arbeitgeber und Betriebsrat treffen dabei eine förmliche Vereinbarung, die als Rechtsnorm unmittelbar auf das Arbeitsverhältnis einwirkt. Tarifvertrag und Gesetz gehen der Betriebsvereinbarung vor.

7.3.4.3.3 Die betriebsverfassungsrechtliche Einigungsstelle

Nach dem BetrVG sollen Betriebsrat und Arbeitgeber zusammenarbeiten, § 2 Abs. 1 BetrVG. Wie oben bereits ausgeführt, ist die Betriebsvereinbarung das wichtigste Mittel des Betriebsrates im Rahmen der betrieblichen Mitbestimmung. Können sich Arbeitgeber und Betriebsrat über innerbetriebliche Angelegenheiten nicht einigen, so entscheidet das Arbeitsgericht, wenn es sich um Rechtsfragen handelt, § 2 I Nr. 4 ArbGG) und die Einigungsstelle, wenn es sich um Regelstreitigkeiten handelt (§ 76 BetrVG).

7.3.4.3.4 Die Mitwirkungsrechte der Arbeitnehmer

Die Mitwirkungsrechte des einzelnen Arbeitnehmers sind nicht nur auf das Wahlrecht für den Betriebsrat beschränkt, sondern auf weitere Rechte, die in §§ 81 bis 86 BetrVG geregelt sind. Hierbei sind insbesondere sein Recht auf Information über seine Aufgaben etc., sein Recht auf Erläuterung und Erörterung, so z. B. der Lohnabrechnung, sein Recht auf Einsicht in die Personalakte und sein Beschwerderecht sowohl beim Arbeitgeber als auch beim Betriebsrat zu nennen.

7.3.4.3.5 Stellung der Betriebsratsmitglieder

Die Betriebsratsmitglieder sind, wie alle Wahlbewerber und Mitglieder von Organen des Betriebsverfassungsgesetzes, sehr schwer kündbar. Eine ordentliche Kündigung ist grundsätzlich unwirksam. Dem Betriebsrat kann jedoch außerordentlich gekündigt werden. Erforderlich ist hierzu das Vorliegen eines wichtigen Grundes, der zur Kündigung ohne Einhaltung einer Kündigungsfrist berechtigt und zum anderen die Zustimmung des Betriebsrates, die allerdings auch vom Arbeitsgericht ersetzt werden kann, § 103 Abs. 2 BetrVG. Dieser besondere Kündigungsschutz soll gewährleisten, daß die Betriebsräte ihre Arbeit ohne Angst vor Entlassung und frei und unabhängig ausführen können (Schaub 1991, S. 1625 ff.).

7.4 Die Kündigung

7.4.1 Begriff und Wesen der Kündigung

Die Kündigung ist eine einseitige empfangsbedürftige Willenserklärung. Nach dem Willen des Kündigenden soll das Arbeitsverhältnis sofort (außerordentliche Kündigung) oder nach Ablauf einer Frist (ordentliche Kündigung) für die Zukunft beendet werden (Schaub 1991, S. 946).

7.4.2 Form und Inhalt der Kündigungserklärung

7.4.2.1 Form der Kündigungserklärung

Grundsätzlich ist die Kündigung formfrei möglich. Gesetzlich vorgeschrieben ist die Schriftform gem. § 15 BBiG und zwar für beide Vertragsteile. Die Schriftform kann jedoch, ebenso wie die Begründungspflicht, im Tarifvertrag, einer Betriebsvereinbarung oder in einem Individualvertrag vereinbart werden. Fehlt es dann an der Schriftform, ist die Kündigung nach § 125 BGB unwirksam. Im Zweifel wird Schriftform gewollt sein.

7.4.2.2 Inhalt der Kündigungserklärung

Die Kündigung muß so hinreichend bestimmt und deutlich sein, daß zweifelsfrei eine Kündigung ausgesprochen ist. Die Auslegung erfolgt aus der Sicht des Erklärungsempfängers unter Würdigung der ihm bekannten Umstände nach Treu und Glauben unter Berücksichtigung der Verkehrssitte. Die Erklärung, daß ein Arbeitsverhältnis nicht verlängert wird, ist keine Kündigung, so daß die Klagefrist nach § 4 KSchG (3-Wochen-Frist) nicht anwendbar ist. Wenn der Arbeitgeber dem Arbeitnehmer die Arbeitspapiere übersendet, kann dies als Kündigung ausgelegt werden. Darüber hinaus ist erforderlich, daß zum Ausdruck gebracht wird, ob fristlos oder ordentlich gekündigt werden soll.

Grundsätzlich ist die Angabe der Kündigungsgründe im Kündigungsschreiben nicht erforderlich. Dies gilt grundsätzlich für alle Arten der Kündigungen. Ein Anspruch auf Begründung der Kündigung ist bei einer fristlosen Kündigung gegeben, § 626 BGB. Dies gilt auch bei Kündigungen im Rahmen des Kündigungsschutzgesetzes. Bei Verletzung der Pflicht kann der Arbeitgeber auf Schadensersatz in Anspruch genommen werden. Der Arbeitnehmer ist so zu stellen, wie er gestanden hätte, wenn er die Gründe rechtzeitig erfahren hätte. Problematisch ist, in welchem Umfang die Gründe ausgeführt werden müssen. Ausgangspunkt ist die Überlegung, daß der Arbeitnehmer durch die Kenntnis hinsichtlich der Gründe seine Erfolgsaussichten bezüglich eines Prozesses abschätzen können soll. Schlagworte reichen deshalb nicht aus. Der Sachverhalt muß hinreichend bestimmt angegeben werden (LAG Hamburg DB 72 980).

Das Nachschieben von Kündigungsgründen ist grundsätzlich möglich, wenn die Gründe im Zeitpunkt des Kündigungszugangs objektiv vorlagen (BAG NJW 1980, 2486). Dabei ist unerheblich, ob der Kündigende die Gründe bei Ausspruch der Kündigung bereits kannte.

In mitbestimmenden Betrieben ist das Nachschieben von Kündigungsgründen ausgeschlossen, wenn der Betriebsrat nicht unterrichtet worden ist, weil dann keine ordnungsgemäße Anhörung vorliegt (§ 102 BetrVG) (näher zu dieser umstrittenen Problematik BAG NJW 1986, 3159).

7.4.2.3 Kündigung und Vertretung

Eine Kündigung kraft Vollmacht ist möglich. Die Vollmacht muß nicht unbedingt bei Kündigung vorgelegt werden, die Vorlage ist aber im Hinblick auf § 174 BGB empfehlenswert. Beim Kündigungsempfang ist die Vertretung grundsätzlich zulässig. Bei Gesamtvertretung reicht die Kündigung gegenüber einem Vertreter.

7.4.2.4 Ort und Zeit der Kündigung

Die Kündigung kann grundsätzlich zu jeder Zeit, an jedem Ort, innerhalb oder außerhalb der Arbeitszeit, vor oder am Kündigungstermin erfolgen (Ausnahme: Die Kündigung zur Unzeit, vgl. Wüst BB 1963, 109), wenn nicht im Tarifvertrag, in der Betriebsvereinbarung oder im Arbeitsvertrag etwas anderes festgehalten ist).

7.4.2.5 Zugang der Kündigungserklärung

Bei Anwesenden geht die Kündigung sofort zu. Dem gleichgestellt ist gem. § 147 BGB die fernmündliche Kündigung. Die Kündigung in Form einer eingeschriebenen Sendung geht dann zu, wenn sie in den Machtbereich des Arbeitnehmers gelangt ist. Dazu reicht es nicht, daß der Abholzettel durch den Postboten in den Briefkasten gelegt wird, da die Sendung selbst bei der Post verbleibt. Kommt die Kündigung mangels Abholung durch den Empfänger in den Rücklauf, ist die Sendung nicht zugegangen. Gleiches gilt für Einschreiben/Rückschein. Der Zugang von Massenkündigungen kann durch Aushang am Schwarzen Brett bewirkt werden. Die Kündigungen sind dann an alle anwesenden Betriebsangehörigen zugegangen.

7.4.2.6 Rücknahme der Kündigung

Die einseitige Rücknahme der Kündigung ist grundsätzlich nicht möglich, da die Kündigung rechtsgestaltende Wirkung hat. Die Rücknahme der Kündigung ist auch nicht durch Vertrag möglich. Es liegt der Abschluß eines neuen Vertrages zu den alten Bedingungen vor.

Der Arbeitgeber kann sich nach der Rücknahme der Kündigung aufgrund einer vertraglichen Vereinbarung auf die alten Kündigungsgründe zur Begründung einer neuen Kündigung nicht berufen. Diese Gründe können allerdings ergänzend herangezogen werden.

7.4.2.7 Die bedingte und vorsorgliche Kündigung

Da die Kündigung eine einseitige empfangsbedürftige Willenserklärung ist, ist sie bedingungsfeindlich. Die wichtigste Ausnahme ist die sogenannte Änderungskündigung, d. h. die Kündigung unter der aufschiebenden Bedingung, daß der Arbeitnehmer die mit der Kündigung zugleich angebotene Änderung des Vertrages ablehnt.

Die vorsorgliche Kündigung ist eine unbedingte Kündigung und deshalb uneingeschränkt zulässig. Häufig wird sie fristlos erklärt, hilfsweise fristgemäß. Es kann auch eine neue Kündigung erforderlich sein, weil der Betriebsrat nicht ordnungsgemäß angehört worden ist.

7.4.2.8 Die Teilkündigung

Teilkündigungen sind im Arbeitsverhältnis grundsätzlich ausgeschlossen. Hierher gehören die Fälle des Widerrufs eines Teils der Leistung, Gratifikationen etc.

7.4.2.9 Die unwirksame Kündigung

Da die Kündigung ein Rechtsgeschäft ist, sind Mängel in der Erklärung möglich.

7.4.2.9.1 *Die Anfechtung*

Es kommt die Anfechtung der Kündigung nach den §§ 119 ff. BGB in Frage. Hauptfälle sind die durch Drohung des Arbeitgebers herbeigeführten Eigenkündigungen oder die Anfechtung wegen falscher Angaben bei der Einstellung.

7.4.2.9.2 *Die gesetzlichen Verbote*

Ein Verstoß gegen ein gesetzliches Verbot führt zur Nichtigkeit der Kündigung, § 134 BGB. Der Arbeitnehmer ist darlegungs- und beweispflichtig, wenn er sich auf einen Nichtigkeitsgrund berufen will. Die Klagefrist des § 4 KSchG gilt nicht. Die Kündigung ist auch dann unwirksam, wenn durch den Ausspruch der Kündigung die Grundrechte unterwandert werden sollen (Koalitionsfreiheit, Gleichbehandlung von Männern und Frauen, Meinungsfreiheit etc.).

Die Kündigung ist auch unwirksam, wenn sie gerade erfolgt, um die Wahl des Arbeitnehmers zum Betriebsrat zu verhindern, § 20 BetrVG.

Besondere Kündigungsschutzbestimmungen sind z. B. § 9 MuschG, § 12 SchwbG, § 102 BetrVG. Nach § 138 BGB ist die Kündigung dann nichtig, wenn sie gegen das Anstandsgefühl aller billig und gerecht denkenden verstößt. Eine Kündigung kann auch dann unwirksam sein, wenn sie gegen den Grundsatz von Treu und Glauben, § 142 BGB verstößt. Ein solcher Fall liegt vor, wenn die Kündigung vor versammelter Mannschaft ausgesprochen worden ist, aber auch, wenn die Kündigung an sich gerechtfertigt war, Art und Weise des Ausspruchs der Kündigung aber verwerflich.

7.4.2.9.3 Vertragliche Kündigungsbeschränkung

Bei den vertraglichen Kündigungsbeschränkungen handelt es sich um schuldrechtliche Beschränkungen der ordentlichen Kündigung, z. B. Bezeichnung als Dauerstellung, Lebensstellung. Die Verpflichtung zur Unterlassung der Kündigung hat jedoch nicht nur schuldrechtliche Wirkung, sondern die Kündigung ist insgesamt unwirksam.

7.4.2.9.4 Kündigung und Gleichbehandlung

Der Arbeitgeber hat das Recht, bei gleichliegenden Sachverhalten dem einen Arbeitnehmer zu kündigen, dem anderen nicht, z. B. zwei Arbeitnehmer begehen einen Diebstahl. Eventuell kann jedoch aus der Nichtkündigung gegenüber dem einen geschlossen werden, daß es auch zumutbar ist, daß das andere Arbeitsverhältnis fortgesetzt wird.

7.4.2.10 Die Anhörung des Betriebsrates

Gem. § 102 BetrVG ist der Betriebsrat vor jeder Kündigung zu hören. Die Gründe der Kündigung sind dem Betriebsrat mitzuteilen. Die Kündigung ohne Anhörung ist unwirksam und führt zur Sozialwidrigkeit der Kündigung (anders noch das BetrVG 1952, nach dem die Unterlassung der Anhörung nicht mit Rechtsfolgen sanktioniert war). Die Anhörung des Betriebsrates gilt für alle Betriebe, in denen ein Betriebsrat gewählt worden ist. Es gilt das sogenannte Territorialitätsprinzip, d. h. die Anhörung gilt auch für ausländische Betriebe, wenn sie in Deutschland tätig sind.

7.4.2.10.1   Der präventive Kündigungsschutz

Voraussetzungen des präventiven Kündigungsschutzes nach § 102 I BetrVG sind:

Existenz- und Funktionsfähigkeit des Betriebsrates. Der Betrieb muß betriebsratsfähig sein und der Betriebsrat muß gewählt sein. Funktionsfähig ist der Betrieb dann, wenn in konstituierender Sitzung ein Vorsitzender und ein Stellvertreter gewählt worden sind.

Der Betriebsrat ist vor jeder Kündigung durch den Arbeitgeber zu hören. Dies gilt sowohl für die ordentliche und außerordentliche Kündigung, die Kündigung in der Probezeit und die Kündigung vor Dienstantritt. Eine Ausnahme ist nicht möglich. Das Anhörungsrecht greift nicht bei Kündigungen durch den Arbeitnehmer.

7.4.2.10.2 Das Anhörungsverfahren

Der Betriebsrat ist vor der Kündigung zu hören. Die Kündigungsgründe sind umfassend mitzuteilen, damit der Betriebsrat seine Bedenken, eventuell sein Widerspruchsrecht ausüben kann. Beendet wird das Anhörungsverfahren mit Fristablauf, bzw. durch die abschließende Stellungnahme des Betriebsrates. Die Anhörung auf Vorrat, d. h. ohne konkrete Kündigungsabsicht, ist unzulässig (Schaub 1991, S. 965 ff.). Adressat der Mitteilung der Kündigung ist der Betriebsratsvorsitzende, im Verhinderungsfall dessen Stellvertreter. Mit Zugang beim Vorsitzenden laufen die Fristen des § 102 BetrVG. Gesetzlich ist eine Form der Mitteilung nicht vorgeschrieben. Aus Beweisgründen empfiehlt sich jedoch die Schriftform. Der Name des Arbeitnehmers ist zu benennen, die Art der Kündigung ist anzugeben, ebenfalls die Gründe der Kündigung und auch die Begründung für eine soziale Auswahl. Die Stellungnahme des Betriebsrates erfolgt durch Beschluß. Mängel des Anhörungsverfahrens führen zur Unwirksamkeit der Kündigung.

7.4.2.10.3 Stellungnahme des Betriebsrates

Ob eine Stellungnahme zur Kündigung abgegeben wird, steht im Ermessen des Betriebsrates. Möglich sind Zustimmung, Verzicht auf Stellungnahme, Äußerung von Bedenken, Widerspruch.

7.4.2.10.4 Kündigung durch den Arbeitgeber nach Abschluß des Anhörungsverfahrens

Erst wenn das Anhörungsverfahren abgeschlossen ist, kann die Kündigung wirksam ausgesprochen werden, § 102 BetrVG. Der Abschluß des Anhörungsverfahrens liegt nach Ablauf der Fristen, bzw. dann vor, wenn der Betriebsrat erkennbar keine abschließende Stellungnahme vor Ablauf der Fristen abgegeben hat.

Grundsätzlich ist die Umdeutung einer außerordentlichen Kündigung in eine ordentliche Kündigung nach § 140 BGB möglich. Problematisch ist aber die Anhörung des Betriebsrates. Wenn der Betriebsrat nicht vorsorglich auch zur ordentlichen Kündigung angehört worden ist, scheitert eine Umdeutung regelmäßig am fehlenden Anhörungsverfahren.

7.4.3 Die ordentliche Kündigung

Grundsätzlich ist bei der ordentlichen Kündigung kein Grund erforderlich. Dieser Grundsatz ist jedoch weitestgehend eingeschränkt durch das Kündigungsschutzgesetz, durch Tarifverträge und Betriebsvereinbarungen. Die ordentliche Kündigung kann zumeist nur zu bestimmten Terminen (Monats-, Quartalsschluß) unter Einhaltung bestimmter Fristen erfolgen. Für die Fristberechnung gelten die §§ 186 ff. BGB.

7.4.3.1 Gesetzliche Kündigungsfristen

In den neuen Bundesländern beträgt die Kündigungsfrist für Arbeitnehmer und Arbeitgeber mindestens zwei Wochen, § 55 I AGB-DDR (siehe aber § 55 V AGB-DDR). Die Kündigungsfristen in den neuen Bundesländern richten sich ebenfalls nach dem Bestand des Arbeitsverhältnisses und nach dem Lebensalter (Staffel siehe Gesetzestext). Durch die Entscheidung des BVerfG (NJW 1990, 2246) wurden die unterschiedlichen Kündigungsfristen zwischen Arbeitern und Angestellten für verfassungswidrig erklärt. Es gilt nunmehr die Kündigungsfrist von 1 Monat sowohl für Angestellte als auch für Arbeiter. Bei dieser Kündigungsfrist handelt es sich um die gesetzliche Mindestkündigungsfrist. Eine Verkürzung durch Arbeitsvertrag ist nicht möglich. Die Verlängerung der Kündigungsfristen kann durch Einzelarbeitsvertrag erfolgen.

7.4.3.2 Kündigung im Probe-, Aushilfs- und im befristeten Arbeitsverhältnis

Für die Kündigung im Probearbeitsverhältnis gelten die allgemeinen Grundsätze mit der Maßgabe, daß aus der Vereinbarung der Probezeit zu entnehmen ist, daß beide Seiten die gesetzlich zulässige Mindestkündigungsfrist wollen. Beim Aushilfsarbeitsverhältnis sind kürzere als die gesetzlichen Mindestfristen möglich, so lange das Aushilfsarbeitsverhältnis nicht länger als 3 Monate dauert, § 622 IV BGB. Ist in einem befristeten Arbeitsverhältnis eine Kündigungsmöglichkeit nicht aufgenommen, so kann eine ordentliche Kündigung nicht ausgesprochen werden.

7.4.4 Die außerordentliche Kündigung

Die außerordentliche Kündigung ist im § 626 BGB geregelt. Die Erklärung einer außerordentlichen Kündigung ist gem. § 626 BGB möglich, wenn Tatsachen vorliegen, aufgrund derer den Vertragspartnern die Fortsetzung des Arbeitsverhältnisses bis zum Ablauf der Kündigungsfrist oder bis zur Vereinbarung der Beendigung nicht zugemutet werden kann, wenn also ein "wichtiger Grund" vorliegt. Gem. § 626 BGB müssen die Tatsachen, also der wichtige Grund, so schwerwiegend sein, daß diese unter Berücksichtigung aller Umstände des Einzelfalls und unter Abwägung aller Interessen eine außerordentliche Kündigung rechtfertigen (Schaub a. a. O., S. 1000). Es ist also grundsätzlich eine Einzelfallabwägung vorzunehmen. Insbesondere ist auch der Grundsatz der Verhältnismäßigkeit zu beachten. Die fristlose Kündigung soll das Mittel sein, daß nur im letzten Notfall anzuwenden ist, es gilt das sogenannte Ultima-Ratio-Prinzip. In der Regel rechtfertigen folgende Handlungen des Arbeitnehmers eine außerordentliche Kündigung:

- erhebliche Fehlzeiten, häufige Unpünktlichkeit (BAG NJW 1989, 546),

- Anzeige des Arbeitgebers bei den Steuerbehörden (LAG Düsseldorf, BB 1961, 532),

- wiederholte Verletzung der Arbeitsschutzbestimmungen (LAG Düsseldorf, DB 1953, 108),

- Nichtvorlage von Arbeitspapieren (LAG Düsseldorf, BB 1961, 667),

- illegaler Arbeitskampf (BAG NJW 1984, 1371), nicht jedoch Teilnahme an Warnstreiks (BAG AP 51 zu Art. 9 GG Arbeitskampf),

- Trunkenheit eines Kraftfahrers, wenn dem Kraftfahrer der Führerschein entzogen wird oder er Fahrerflucht begangen hat (LAG Hamm DB 1978, 750),

- aktive oder passive Bestechung (LAG Köln DB 1984, 1101),

- sittliche Verfehlungen, z. B. das Nachstellen von Mitarbeiterinnen (ArbG Essen BB 1969, 1270),

- Unkorrektheiten bei der Abrechnung von Spesen (LAG Düsseldorf BB 1966, 1147),

- Straftaten, wenn sie sich auf das Arbeitsverhältnis auswirken (LAG Düsseldorf BB 1956, 434; BAG NJW 1985, 1854; LAG Berlin AP 94 zu § 626 BGB),

- Straftaten gegen den Arbeitgeber (BAG NJW 1985, 1853),

- tätliche Auseinandersetzungen im Betrieb (LAG Frankfurt NJW 1978, 444),

- eigenmächtiger Urlaubsantritt (LAG Hamm DB 1976, 1726).

Es können hier nur wenige Beispiele aufgeführt werden. Auf die einschlägige Rechtssprechung wird verwiesen.

Im Leistungs- und Verhaltensbereich ist eine Abmahnung vor der fristlosen Kündigung vorauszuschicken. Im Vertrauensbereich ist dies jedoch nicht notwendig. Was die Beweislast anbetrifft, so muß der Arbeitgeber die Kündigungsgründe beweisen. Der Arbeitnehmer muß eventuelle Rechtfertigungsgründe darlegen und beweisen. Das Recht zur fristlosen Kündigung kann weder durch Vertrag, Tarifvertrag oder Betriebsvereinbarung eingeschränkt werden.

Die außerordentliche Kündigung ist gem. § 626 II BGB nur innerhalb einer Frist von zwei Wochen nach Erlangen der Kenntnis des wichtigen Grundes möglich. Die Frist beginnt also nicht mit dem Vorfall selbst, sondern mit dem Zeitpunkt, in dem dem Arbeitgeber alle maßgeblichen Tatsachen bekannt werden. Für den fristgerechten Zugang ist der Kündigende darlegungs- und beweispflichtig. In prozessualer Hinsicht findet das Kündigungsschutzgesetz Anwendung. Die Frist des § 4 KSchG (3 Wochen) muß eingehalten werden. Gem. § 628 II BGB kann nach einer außerordentlichen Kündigung sowohl vom Arbeitnehmer als auch vom Arbeitgeber Schadensersatz verlangt werden.

7.4.5 Der allgemeine Kündigungsschutz

7.4.5.1 Voraussetzungen des allgemeinen Kündigungsschutzes

Der allgemeine Kündigungsschutz ist in § 1 KSchG geregelt. Danach ist eine Kündigung sozial ungerechtfertigt, wenn sie nicht durch Gründe, die in der Person oder in dem Verhalten des Arbeitnehmers liegen oder durch dringende betriebliche Belange, die einer Weiterbeschäftigung des Arbeitnehmers in diesem Betrieb entgegenstehen, bedingt ist.

Die Rechtsunwirksamkeit der Kündigung muß gem. § 4 KSchG binnen einer Frist von 3 Wochen durch Klage geltend gemacht werden. Das Kündigungsschutzgesetz findet nur auf Arbeitnehmer, die länger als 6 Monate in einem Betrieb beschäftigt sind Anwendung, § 1 Abs. 1 KSchG. Weitere Voraussetzung ist, daß im Betrieb in der Regel mehr als 5 Arbeitnehmer beschäftigt sind, § 23 KSchG. Gem. § 23 Abs. 1 KSchG zählen die Auszubildenden nicht mit. Desweiteren werden nicht mitgezählt Arbeitnehmer, deren regelmäßige Arbeitszeit wöchentlich 10 Stunden oder monatlich 45 Stunden nicht übersteigt, § 23 Abs. 1 S. 3 KSchG.

7.4.5.2 Die Sozialwidrigkeit der Kündigung

Findet auf das Arbeitsverhältnis das Kündigungsschutzgesetz Anwendung, so ist eine ordentliche Kündigung nur dann wirksam, wenn sie sozial gerechtfertigt ist, § 1 Abs. 1 KSchG. Eine Kündigung ist dann sozial gerechtfertigt, wenn sie durch Gründe, die in der Person oder in dem Verhalten des Arbeitnehmers liegen oder durch dringende betriebliche Erfordernisse bedingt ist, § 1 Abs. 2 S. 1 KSchG.

7.4.5.2.1 Gründe in der Person des Arbeitnehmers

Gründe, die in der Person des Arbeitnehmers (personenbedingte Gründe) liegen, sind solche, die auf den persönlichen Eigenschaften und Fähigkeiten des Arbeitnehmers beruhen (häufige Krankheit, Trunk- oder Drogensucht, mangelnde Eignung oder nachlassende Arbeitsfähigkeit). Kurzerkrankungen müssen sich über einen sehr langen Zeitraum, etwa über 3 Jahre, hinziehen und zudem muß mit ihnen auch in Zukunft zu rechnen sein (BAG BB 1984, 917; BAG NJW 1989, 3299).

7.4.5.3.2 Gründe im Verhalten des Arbeitnehmers

Gründe, die im Verhalten des Arbeitnehmers liegen (verhaltensbedingte Gründe) sind vor allem solche, die sich aus einem Verhalten des Arbeitnehmers gegenüber dem Arbeitgeber, seinen Arbeitskollegen oder Kunden ergeben. In Betracht kommen hier besondere unzuverlässige, mangelhafte Leistungen, strafbare Handlungen, Unpünktlichkeit, Beleidigungen oder die Störung des Betriebsfriedens. Auch hier gilt, wie bei der personenbedingten Kündigung, die Anforderung, daß der Verstoß eine gewisse Gewichtigkeit und Intensität beinhalten muß. Vor dem Ausspruch einer verhaltensbedingten Kündigung ist allerdings im Regelfall eine sogenannte Abmahnung erforderlich. Der Arbeitgeber muß dem Arbeitnehmer deutlich zu erkennen geben, daß er in Zukunft ein solches Verhalten nicht mehr hinnehmen werde, daß es dann zur Kündigung kommen werde (BAG NJW 1983, 700).

7.4.5.3.3 Dringende betriebliche Erfordernisse

Betriebsbedingte Gründe sind alle internen und externen Einflüsse auf einen Betrieb, die die Arbeitsleistung des Arbeitnehmers überflüssig machen. In Betracht kommt hier etwa der Auftragsmangel, der Absatzrückgang, Rationalisierung, Rohstoffmangel oder Finanzierungsschwierigkeiten. Die Unternehmerentscheidung ist nicht nachprüfbar. Die Grenze liegt dort, wenn offenbar unsachliche, unvernünftige Entscheidungen getroffen worden sind. Überprüft wird jedoch in vollem Umfange, ob die behaupteten Gründe, die Anlaß zu der unternehmerischen Entscheidung gegeben haben, auch tatsächlich vorliegen. Des weiteren ist eine Interessenabwägung vorzunehmen, da nur dringende betrieblicher Erfordernisse eine Kündigung rechtfertigen (Schaub 1991, S. 1061). Teilweise stellt das BAG darauf ab, ob die organisatorische Maßnahmen in einem angemessenen Verhältnis zu den Nachteilen auf Seiten des Arbeitnehmers steht (BAG NJW 1979, 1902; NJW 1981, 301; LAG Bremen BB 1991, 1864). Dringende betriebliche Erfordernisse liegen nur vor, wenn keine anderweitige Beschäftigung möglich ist.

Das Recht zur Kündigung ist nochmals dahingehend eingeschränkt, daß der Arbeitgeber dem sozialstärksten seiner Arbeitnehmer zuerst kündigen muß (§ 1 Abs. 3 KSchG). Der Arbeitgeber ist also verpflichtet, eine Sozialauswahl vorzunehmen. Kann der gekündigte Arbeitnehmer nachweisen, daß ein anderer Arbeitnehmer sozial stärker ist als er, so ist seine Kündigung unberechtigt. Auswahlkriterien sind dabei insbesondere die Dauer der Betriebszugehörigkeit, das Lebensalter, die sozialen und finanziellen Verhältnisse, Unterhaltspflichten gegenüber Ehegatten und Kindern und die Chancen auf dem Arbeitsmarkt. In die Auswahl einbezogen werden jedoch nur Arbeitnehmer an vergleichbaren Arbeitsplätzen.

7.4.6 Die Änderungskündigung

Die Änderungskündigung ist in § 2 KSchG geregelt. Sie besteht aus zwei Teilen, einer Kündigung (Beendigungskündigung) und einem Vertragsangebot. Der Arbeitnehmer kann das Angebot annehmen unter dem Vorbehalt, daß die Änderung nicht sozial ungerechtfertigt ist. Der Vorbehalt ist innerhalb der Kündigungsfrist, spätestens jedoch innerhalb der dreiwöchigen Klagefrist, zu erkären. Wird die Annahme unter Vorbehalt erklärt, hat der Arbeitnehmer zu veränderten Bedingungen zu arbeiten, bis über seine Klage entschieden ist (so die ständige Rechtsprechung des BAG; vgl. zuletzt Urteil vom 18.01.1990, NZA 1990, 734). Verliert er den Prozeß, bleibt es bei den geänderten Bedingungen; gewinnt er den Prozeß, ist die Änderung von Anfang an unwirksam, es bleibt bei den alten Vertragsbedingungen. Wird keine Klage erhoben, erlischt der erklärte Vorbehalt, § 7 KSchG. Nimmt der Arbeitnehmer nicht unter Vorbehalt an, so kann er den ganz normalen Kündigungsschutzprozeß führen.

7.4.7 Rechtsbehelfe des Arbeitnehmers gegen die Kündigung

7.4.7.1 Der Einspruch beim Betriebsrat

Hält der Arbeitnehmer die Kündigung für sozial ungerechtfertigt, kann er binnen einer Woche mündlich oder schriftlich beim Betriebsrat Einspruch einlegen, § 3 S. 1 KSchG. Der Einspruch unterbricht nicht die Klagefrist von 3 Wochen zur Erhebung der Kündigungsschutzklage. Hält der Betriebsrat den Einspruch für begründet, muß er sich um Verständigung mit dem Arbeitsgericht bemühen, § 3 S. 2 KSchG, § 85 BetrVG.

7.4.7.2 Die Kündigungsschutzklage

Die Unwirksamkeit der sozial ungerechtfertigten Kündigung ist vom Arbeitnehmer durch eine Kündigungsschutzklage geltend zu machen. Die Kündigungsschutzklage ist Feststellungsklage und muß den Voraussetzungen des § 256 ZPO genügen.

7.5 Arbeitsgerichtbarkeit

7.5.1 Aufbau und Besetzung der Gerichte

Die Arbeitsgerichtbarkeit, gliedert sich in drei Instanzen:

- die Arbeitsgerichte (ArbG),
- die Landesarbeitsgerichte (LAG) und
- das Bundesarbeitsgericht in Kassel (BAG).

Für das Verfahren vor den Arbeitsgerichten gilt grundsätzlich die Zivilprozeßordnung (ZPO); sie wird jedoch durch das Arbeitsgerichtsgesetz (ArbGG) in einigen Punkten abgeändert.

Die Arbeitsgerichte sind unabhängig vom Streitwert die Gerichte der 1. Instanz. Die Kammer besteht aus einem Berufsrichter als Vorsitzenden und zwei ehrenamtlichen Richtern, die auf Dauer von jeweils vier Jahren berufen werden, §§ 20, 37, 43 ArbGG.

Die Landesarbeitsgerichte sind die Gerichte der 2. Instanz. Jede Kammer besteht aus einem Berufsrichter als Vorsitzenden und je einem ehrenamtlichen Richter aus den Kreisen der Arbeitgeber und Arbeitnehmer, §§ 16 ff. und 35 ff. ArbGG.

Das Bundesarbeitsgericht in Kassel ist die 3. Instanz. Die fünf Senate des Bundesarbeitsgerichtes sind mit drei Berufsrichtern und zwei ehrenamtlichen Richtern besetzt. Der große Senat, der aus sechs Berufsrichtern und vier ehrenamtlichen Richtern besteht, ist für die Wahrung der einheitlichen Rechtssprechung des BAG zuständig. Er kann nicht von den Prozeßparteien, sondern nur von einem Senat angerufen werden, wenn dieser Senat von einer Entscheidung eines anderen Senats abweichen will oder wenn es sich um eine grundsätzliche Frage für die Fortbildung des Rechts oder die Sicherung einer einheitlichen Rechtssprechung handelt.

7.5.2 Zuständigkeit der Gerichte für Arbeitssachen

Die sachliche Zuständigkeit der Arbeitsgerichte ergibt sich aus dem Zuständigkeitskatalog in § 2 I ArbG. Danach sind die Arbeitsgerichte ausschließlich zuständig für

a) Rechtsstreitigkeiten aus dem Arbeitsverhältnis zwischen Arbeitgeber und Arbeitnehmer. Dazu rechnen z. B. Streitigkeiten über Ansprüche bei Anbahnung des Arbeitsverhältnis, über Lohn, Lohnfortzahlung, Urlaub, Arbeitszeit, Arbeitspflicht, Treuepflicht, Haftung für Schlechtleistung, Kündigung und Kündigungsschutz, Nachwirkungen des Arbeitsverhältnisses, unerlaubte Handlungen im Zusammenhang mit dem Arbeitsverhältnis.

b) Rechtsstreitigkeiten zwischen Arbeitnehmern aus gemeinsamer Arbeit und aus unerlaubten Handlungen.

c) Rechtsstreitigkeiten zwischen Tarifvertragsparteien
   - aus Tarifverträgen
   - über das Bestehen oder Nichtbestehen von Tarifverträgen und
   - aus unerlaubten Handlungen im Zusammenhang mit Arbeitskämpfen.

Örtlich zuständig ist grundsätzlich das Arbeitsgericht, in dem der Beklagte seinen Gerichtsstand hat, §§ 12 ff. ZPO. Dies ist bei natürlichen Personen der Wohnsitz, § 13 ZPO, bei juristischen Personen der Ort der Verwaltung, § 17 ZPO. Daneben kommen als Gerichtsstand im Arbeitsgerichtsprozeß der Ort der gewerblichen Niederlassung, § 21 ZPO und der Erfüllungsort, § 29 ZPO in Betracht. Erfüllungsort ist in der Regel der Ort des Betriebssitzes. Bei mehreren Gerichtsständen kann der Kläger auswählen.

7.5.3 Das Verfahren vor den Arbeitsgerichten

7.5.3.1 Das Urteilsverfahren

Parteifähig, § 50 ZPO, sind der Arbeitgeber und der Arbeitnehmer sowie rechtsfähige Verbände, darüber hinaus gem. § 10 ArbGG im Arbeitsgerichtsprozeß auch nicht rechtsfähige Gewerkschaften und im Beschlußverfahren in Angelegenheiten des BetrVG auch der Betriebsrat. Vor den Arbeitsgerichten kann sich jeder selbst vertreten. Zu diesem Zweck haben die Arbeitsgerichte eine sog. Rechtsantragsstelle eingerichtet, die jeder Rechtssuchende aufsuchen kann und in der geschulte Fachkräfte Klagen etc. aufnehmen. Darüber hinaus kann man sich beim Arbeitsgericht auch durch einen Rechtsanwalt vertreten lassen, jedoch auf eigene Kosten (dazu im folgenden weitere Ausführungen). Eine dritte Möglichkeit besteht, sich von einem Vertreter einer Gewerkschaft oder eines Arbeitgeberverbandes vertreten zu lassen. In Verfahren vor dem LAG und dem BAG müssen sich die Parteien vertreten lassen, es herrscht Vertretungszwang. Prozeßvertreter sind hier grundsätzlich Rechtsanwälte; nur beim LAG können auch Angestellte der Verbände als Prozeßvertreter auftreten.

Um der besonderen Prozeßförderungspflicht in Kündigungsschutzverfahren zu genügen, beginnt jede Verhandlung in der ersten Instanz mit der Güteverhandlung, § 54 ArbGG. Dieser Gütetermin ist zwingend vorgeschrieben (Ausnahme: Streitigkeit zwischen Auszubildendem und Ausbildenden, wenn ein Ausschuß gemäß § 111 ArbGG besteht). Die Durchführung der Güteverhandlung obliegt dem Vorsitzenden allein, Beisitzer sind nicht anwesend, § 54 ArbGG. Ziel ist es, den Rechtsstreit gütlich beizulegen, was insbesondere in Kündigungsstreitigkeiten oftmals gelingt.

Bezüglich der Kosten ist die Vorschrift des § 12 a ArbGG zu beachten. Entgegen den Regelungen in der Zivilprozeßordnung hat die obsiegende Partei keinen Anspruch auf Erstattung der außergerichtlichen Kosten, besonders keinen Anspruch darauf, einen Rechtsanwalt bezahlt zu bekommen. Diese Regelung gilt jedoch nur für die 1. Instanz.

7.5.3.2 Das Beschlußverfahren

Neben dem Urteilsverfahren kennt das Arbeitsgericht das sog. Beschlußverfahren, §§ 80 ff. ArbGG. Es dient der Entscheidung betriebsverfassungsrechtlicher und anderer mitbestimmungsrechtlicher Angelegenheiten. Eingeleitet wird das Beschlußverfahren nicht durch eine Klage, sondern durch einen Antrag, § 81 ArbGG. Der streitige Sachverhalt wird dann von Amts wegen aufgeklärt, § 83 ArbGG. Die Betriebsparteien eines Beschlußverfahrens werden "Beteiligte" genannt. Es kommt nicht zu einer streitigen Verhandlung, sondern lediglich zu einem Anhörungstermin, § 83 Abs. 4 ArbGG. Entschieden wird durch einen "Beschluß" und nicht durch ein Urteil. Das Beschlußverfahren ist gem. § 12 Abs. 5 ArbGG für die Beteiligten kostenlos.

Gegen Urteile des Arbeitsgerichts gibt es in der Regel das Rechtsmittel der Berufung zum LAG. Die Berufungsfrist beträgt einen Monat, sie beginnt mit dem Tag, der auf die Zustellung folgt. Gegen Endurteile des LAG gibt es das Rechtsmittel der Revision zum BAG, § 72 ArbGG, wenn in dem Urteil des LAG die Revision zugelassen ist oder wenn sie auf eine Nichtzulassungsbeschwerde durch einen Beschluß des BAG zugelassen worden ist. Die Revisionsfrist und die Revisionsbegründungsfrist betragen je einen Monat.

Hinzuweisen sei noch auf die Vereinbarung von Schiedsgerichten, durch die die Zuständigkeit der Gerichte für Arbeitssachen ausgeschlossen werden kann, § 2 I Nr. 1-3 ArbGG. Die Schiedsvereinbarung kann nur durch einen Tarifvertrag getroffen werden und gilt nur für Tarifgebundene. Das Verfahren vor dem Schiedsgericht ist in den §§ 105, 110 ArbGG geregelt. Der Schiedsspruch hat die selben Wirkungen wie ein rechtskräftiges Urteil des Arbeitsgerichts, er ist jedoch nicht durch ein Rechtsmittel angreifbar.

7.5 Abkürzungsverzeichnis

AFG	Arbeitsförderungsgesetz
AGB-DDR	Arbeitsgesetzbuch der ehemaligen DDR
AP	Arbeitsrechtliche Praxis, Nachschlagewerke des Bundesarbeitsgerichts (Sammlung der Entscheidungen des Bundesarbeitsgerichts, der Landesarbeitsgerichte und der Arbeitsgerichte)
ArbG	Arbeitsgericht
ArbGG	Arbeitsgerichtsgesetz
ArbNErfG	Arbeitnehmererfindungsgesetz
AÜG	Arbeitnehmerüberlassungsgesetz
AVG	Angestelltenversicherungsgesetz
AZO	Arbeitszeitordnung
BAG	Bundesarbeitsgericht

BAT	Bundesangestelltentarif
BBiG	Berufsbildungsgesetz
BErzGG	Bundeserziehungsgeldgesetz
BeschFG	Beschäftigungsförderungsgesetz
BetrAVG	Gesetz zur Verbesserung der betrieblichen Altersversorgung
BetrVG	Betriebsverfassungsgesetz
BGB	Bürgerliches Gesetzbuch
BPersVG	Bundespersonalvertretungsgesetz
BUrlG	Bundesurlaubsgesetz
BVerfG	Bundesverfassungsgericht
DB	Der Betrieb (Zeitschrift)
EStG	Einkommensteuergesetz
EV	Einigungsvertrag
FeiertlohnG	Feiertags-Lohnzahlungsgesetz
GG	Grundgesetz
HGB	Handelsgesetzbuch
JArbSchG	Jugendarbeitsschutzgesetz
Kapovaz	kapazitätsorientierte Arbeitszeit
KSchG	Kündigungsschutzgesetz
LadschlG	Ladenschlußgesetz
LAG	Landesarbeitsgericht
MuSchG	Mutterschutzgesetz
NJW	Neue Juristische Wochenschrift (Zeitschrift)
NZA	Neue Zeitschrift für Arbeits- und Sozialrecht (Zeitschrift)
SchwbG	Schwerbehindertengesetz
SprAuG	Sprecherausschußgesetz
TVG	Tarifvertragsgesetz

8 Beispiele zur Personalentwicklung

8.1	Personalentwicklungsplanung (G. Olesch) 751	
	8.1.1 Einführung 751	
	8.1.2 Die Personalanforderungssituation 752	
	8.1.3 Eignungspotential der Mitarbeiter................................. 753	
	8.1.4 Laufbahnplanung 755	
	8.1.5 Profilvergleichsanalyse 756	
8.2	Voraussetzungen, Rahmenbedingungen und Instrumente der Personalentwicklung am Beispiel von Leistungs- und Verhaltensbeurteilung zur Unterstützung von Unternehmensführung und Personalarbeit (M. Hesseler, W. Bruckhaus). 756	
	8.2.1 Einleitung: Veränderte Rahmenbedingungen der Personalarbeit... 756	
	8.2.2 Anforderungen an die Unternehmensführung und Konsequenzen für die Personalarbeit.. 757	
	8.2.2.1 Anforderungen an das Unternehmensmanagement...................... 757	
	8.2.2.2 Reichweite der Personalarbeit: Personal und/oder Menschen 759	
	8.2.3 Personalentwicklung in der Personalarbeit 761	
	8.2.4 Organisationsentwicklung zwischen Anspruch und Realität ... 765	
	8.2.5 Überlegungen zum Zusammenwirken von PE und OE mit Blick auf die Handlungskompetenzen der Personalentwickler........ 767	
	8.2.6 Personalentwicklung und Personalbeurteilung................... 770	
	8.2.6.1 Strategien und Konzepte der Personalbeurteilung..................... 770	
	8.2.6.2 Strategische Überlegungen zur Personalbeurteilung in ihrer Bedeutung für die Unternehmensentwicklung, Arbeitstrukturierung und OE..776	

8.3		Assessment-Center (G. Olesch)	779
	8.3.1	Historie des Assessment-Centers	779
	8.3.2	Definition	779
	8.3.3	Rechtliche Aspekte	780
	8.3.4	Ein ökonomisches AC	780
	8.3.5	Ablauf des ACs	782
	8.3.6	Aufgaben	782
	8.3.7	Einzelgespräche	783
	8.3.8	Auswertung	784

8.1 Personalentwicklungsplanung
G. Olesch

8.1.1 Einführung

In den 80er Jahren gewann der Begriff der Personalentwicklung immer stärkere Bedeutung. Eine Definition der Personalentwicklung aus der Personalwirtschaftslehre lautet (Hentze 1986, S. 324):

"Personalentwicklung (kurz PE) wird als die personalwirtschaftliche Funktion definiert, die darauf abzielt, den Mitarbeitern aller Ebenen Qualifikationen der gegenwärtigen und zukünftigen Anforderungen zu vermitteln. Sie beinhaltet individuelle Förderungen der Anlagen und Fähigkeiten im Hinblick auf die Verfolgung betrieblicher und individueller Ziele."

Die wichtigste Funktionseinheit der PE ist, wie die Definition zeigt, die betriebliche Bildung. Im Unterschied zur letzteren, die primär die Unternehmensziele verfolgt, berücksichtigt die PE zusätzlich die Bedürfnisse der Mitarbeiter (Strube 1982, S. 124 ff.). Das findet betont in Fördergesprächen und Laufbahnplanungen, die zur Bedürfnisermittlung der Mitarbeiter dienen sollen, seinen Niederschlag.

Als Auslöser der PE können u. a. folgende Faktoren in Frage kommen:

- Unternehmensstrategien,
- Arbeitsmarkt,
- technologischer Wandel sowie
- gesellschaftspolitische Aspekte.

So kann z. B. der Arbeitsmarkt den Personalbedarf eines Unternehmens nicht decken, d. h., er stellt nicht die benötigten Mitarbeiter zur Verfügung. Das Unternehmen ist dadurch gezwungen, intern Mitarbeiter für die entsprechenden Arbeitsplätze zu entwickeln bzw. zu qualifizieren. Abgesehen von diesem äußeren Zwang beinhalten diverse Unternehmens- bzw. Führungsgrundsätze die Prämisse, Fach- und Führungskräfte - falls möglich - aus den eigenen Reihen zu rekrutieren. Der technologische Wandel verlangt eine ständige Erneuerung und Anpassung der Qualifikationen von Mitarbeitern an die aktuellsten Entwicklungen; hier besteht die Aufgabe eines Unternehmens darin, die Mitarbeiter rechtzeitig und umfassend auf die neue Arbeitssituation vorzubereiten (Marr, Stitzel 1979, S. 284).

Weiterhin hat die PE aus gesellschaftspolitischer und gesamtwirtschaftlicher Sicht in erster Linie einen Bildungsauftrag zu erfüllen (Mentzel 1985, S. 50). Dem Rechnung tragend hat die Legislative eine Reihe von Gesetzen erlassen. Dazu gehören das Berufsbildungsgesetz (BBIG, § 1), das Betriebsverfassungsgesetz (BetrVG, § 92, Abs. 1) und das Arbeitsförderungsgesetz (AFG, § 36). Wird die PE ausgelöst, erfolgt zunächst eine PE-Bedarfsermittlung. Eine unumgängliche Voraussetzung für eine rationale PE ist die Existenz eines elektronischen Personalinformationssystems (kurz: E.P.I.S.). Die Basis können Großrechenanlagen oder Personal-Computer sein. Hierauf Datenbankprogramme wie dBase, knowledge man, PAS, PAISY etc. eingesetzt. Mit Hilfe dieser Software können Dateien erstellt werden, die in der Lage sind, die weiter unten beschriebenen Personaldaten zu verarbeiten.

Der Personalbedarf sollte in quantitativer Hinsicht definitiv erfaßt werden. Eine Voraussetzung im Unternehmen ist die Existenz eines standardisierten Beurteilungssystems für Mitarbeiter sowie eine Erfassung ihrer Entwicklungsbedürfnisse. Solange ein Unternehmen nicht über Datenbanken zu den genannten Aspekten verfügt, ist eine gezielte PE nicht realisierbar. Bei der

Einführung dieser Systeme sind das Datenschutzgesetz (BDSG) und die Mitbestimmung des Betriebsrates (BetrVG) zu berücksichtigen (Hentschel 1987, S. 113).

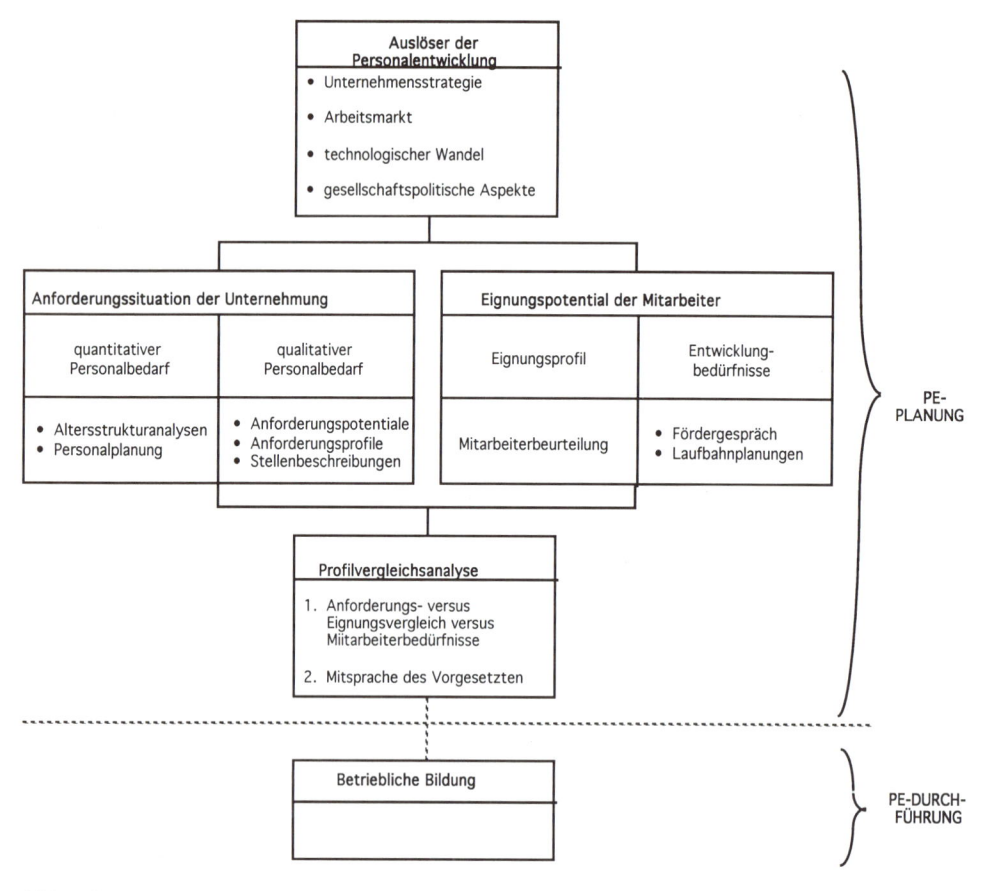

Abb. 8.1.1: Modell einer Personalentwicklungsplanung
(Quelle: Olesch 1992, S. 34)

8.1.2 Die Personalanforderungssituation

Zunächst muß der quantitative Personalbedarf des Unternehmens ermittelt werden. In einem E.P.I.S. sollten alle relevanten Personaldaten gespeichert sein. Diese bestehen aus:

- Personalstammdaten,
- qualifikationsbezogene Daten,
- leistungsbezogene Daten,
- potentialbezogene Daten,
- Laufbahnplanungs-Daten.

In einem Abstand von 2 bis 5 Jahren sollte eine Altersstrukturanalyse mit Hilfe dieser EDV-gespeicherten Daten durchgeführt werden. Als erforderliche Daten der Personalentwicklung gehen folgende Fakten der vorliegenden Studie in die Personalentwicklungsdatei ein (vgl. Olesch 1988, S. 425):

- Personalstammdaten:
    - Name
    - Vorname
    - Personalnummer
    - Geburtsdatum
    - Geschlecht
    - Vergütungsgruppe
    - Stellenbezeichnung (hierarchische Ebene)
    - Abteilung
    - Ressort

- Leistung:
    - Arbeitsqualität
    - Arbeitsquantität

- Potential:
    - Flexibilität und Initiative
    - Urteilsvermögen und Kontrolle
    - Kostenbewußtes Handeln
    - Zusammenarbeit
    - Durchsetzungsvermögen und
    - Überzeugungskraft
    - Auftreten
    - Körperliche Anforderungen
    - Führungsverhalten

- Qualifikation:
    - Ausbildung
    - Weiterbildung
    - Berufserfahrung in Jahren

- Laufbahnplanung:
    - Mögliches Entwicklungsziel
    - Entwicklungsdauer

Das E.P.I.S. soll die Mitarbeiter EDV-mäßig selektieren, die in den nächsten 5 Jahren aus Altersgründen ausscheiden werden. Darüber hinaus können Mitarbeiter berücksichtigt werden, die aus anderen Gründen aus dem Unternehmen austreten werden. Durch die Personalplanung und/oder Altersstrukturanalyse wird analysiert, welcher quantitative Bedarf an Mitarbeitern in naher Zukunft anfallen wird. Für die frei werdenden Arbeitsplätze muß der qualitative Personalbedarf, falls noch nicht vorhanden, bestimmt werden. Darunter sind u. a. die Stellenbeschreibungen der zukünftigen Mitarbeiter zu verstehen (Knebel, Schneider 1985, S. 14). Sie müssen von den Vorgesetzten, die Personal anfordern oder deren Mitarbeiter demnächst ausscheiden, erstellt werden.

Neben den Stellenbeschreibungen können standardisierte Anforderungspotentiale durch den Vorgesetzten ermittelt werden. Die Eigenschaften werden im Anforderungspotential operational definiert (vgl. Abbildung 8.1.2). So werden etwaige Mißverständnisse bezüglich der geforderten Eigenschaften verhindert. Auch dafür liegt ein standardisierter Fragebogen vor, der beantwortet wird. Das erfolgt durch Ankreuzen einer fünfstufigen Skala von "gar nicht ausgeprägt" bis "sehr ausgeprägt". Nachdem das Anforderungspotential ermittelt worden ist, erhält man einen Kurvenverlauf über alle acht Kriterien. Die im Anforderungspotential analysierten quantitativen Daten werden im E.P.I.S. gespeichert und stehen für die später durchzuführende Profilvergleichsanalyse zur Verfügung.

8.1.3 Eignungspotential der Mitarbeiter

Der Anforderungssituation des Unternehmens steht das Eignungspotential der Mitarbeiter gegenüber. Dieses spaltet sich in Eignungsprofil und Entwicklungsbedürfnisse auf. Das Eignungsprofil rekrutiert sich aus der Mitarbeiterbeurteilung. Sie bildet eine unerläßliche Voraussetzung der PE; anstelle der subjektiven Einschätzung durch den Vorgesetzten tritt ein homogenes System, bei dem der Mitarbeiter nach gleichbleibenden Kriterien beurteilt wird (Mentzel 1985, S. 81 f). Die Mitarbeiterbeurteilung erfolgt durch den Vorgesetzten mit Hilfe eines standardisierten Fragebogens, der in drei Abschnitte aufgeteilt ist (vgl. Abbildung 8.1.3).

	nicht aus- geprägt	weniger aus- geprägt	normal aus- geprägt	stärker aus- geprägt	sehr aus- geprägt
1. **Flexibilität und Initiative** stellt sich schnell auf veränderte und neue Sachlagen ein und richtet die Arbeitsführung auf die neue Situation aus; reagiert schnell bei akuten Problemen und behält dabei Übersicht; erkennt Aufgaben aus eigenem Antrieb und greift sie auf, ohne den Weg genau vorgezeichnet zu bekommen	O	O	O	O	O
2. **Urteilsvermögen und Kontrolle** erkennt Ziele und Notwendigkeiten; setzt Prioritäten, wählt neue Lösungswege nach ihrer Wirksamkeit und setzt sie ein; kontrolliert eigene Arbeitsergebnisse	O	O	O	O	O
3. **Kostenbewußtes Handeln** erreicht vorgegebene Ziele mit möglichst geringem Zeitaufwand; erkennt Verlustquellen und behebt sie; geht rationell mit Ressourcen um	O	O	O	O	O
4. **Zusammenarbeit** arbeitet mit Kollegen, Mitarbeitern und Vorgesetzten zusammen; wirkt bei gemeinsam zu leistenden Aufgaben mit; erkennt sachdienliche Informationen unter Ausnutzung aller Kommunikationswege; leitet Informationen exakt und schnell weiter; geht diskret mit vertraulichen Dingen um	O	O	O	O	O
5. **Durchsetzungsvermögen und Überzeugungskraft** bildet sich eigene Meinung aufgrund von Fachkompetenz und stellt diese verständlich dar; überzeugt auch gegen Widerstände durch Argumente sowie durch Sprache und Auftreten	O	O	O	O	O
6. **Auftreten** redet und schreibt flüssig; erscheint im Auftreten sicher	O	O	O	O	O
7. **Körperliche Anforderungen** (nur bei körperlicher Arbeit ankreuzen): ist manuell geschickt; ist körperlich und kräftemäßig belastbar	O	O	O	O	O
8. **Führungsverhalten** (nur bei Führungskräften ankreuzen): setzt Mitarbeiter zielorientiert ein; trifft Entscheidungen, die das Aufgabenziel erreichen; gibt klare, unmißverständliche Anweisungen; motiviert Mitarbeiter; vertritt Unternehmensentscheidungen bei seinen Mitarbeitern; bleibt auch in Problemsituationen sachlich und ruhig	O	O	O	O	O

Abb. 8.1.2: **Anforderungspotential (Quelle: Olesch 1992, S. 40 f)**

1. Aktuelle Entwicklungszielebene

Welche Erwartungen und Vorstellungen haben Sie hinsichtlich Ihrer Laufbahnentwicklung bei unserem Unternehmen? Dabei ist nicht nur der vertikale Aufstieg zu Leitungsfunktionen gemeint, sondern auch der horizontale Aufstieg und Ausweitung zum Fachexperten.

a) Aufstieg zur Vorstands- bzw. Geschäftsleitungsebene möglich o
b) Aufstieg zur Bereichsleiterebenen möglich o
c) Aufstieg zum Betriebs-/Abteilungsleiter möglich o
d) Aufstieg zur Meister-, Vorarbeiter-, Gruppenleiterebenen möglich o
e) Aufstieg zum Fachexperten möglich (horizontaler Aufstieg) o
f) Aufstiegspotential noch nicht definierbar o

2. Entwicklungsmaßnahmen

Welche Qualifizierungsmaßnahmen halten Sie für dieses spezielle Ziel für besonders wichtig?

a) Training-off-the-job (Seminare)   b) Training-on-the-job (z. B. job rotation in speziellen Aufgabenbereichen)

1. ....
2. ....
3. ....
4. ....
5. ....

3. Entwicklungsdauer

Wann, vermuten Sie, sind Sie nach entsprechenden Qualifizierungsmaßnahmen in der Lage, die neue Position zu übernehmen?

a) Position kann sofort übernommen werden o
b) Positionsübernahme erfordert kurze Einarbeitung o
c) Positionsübernahme innerhalb eines Jahres möglich o
d) Positionsübernahme innerhalb von zwei Jahren möglich o
e) Positionsübernahme nach über zwei Jahren möglich o

Abb. 8.1.3: Fragebogen zur Ermittlung des Eignungspotentials
(Quelle: Olesch 1989, S. 306)

8.1.4 Laufbahnplanung

Es wird dazu eine Laufbahnplanung mit dem Mitarbeiter besprochen. Zu diesem Zweck muß der Vorgesetzte über ein Organigramm verfügen, wie es in vielen Unternehmen vorhanden ist (Grochla 1982, S. 305 ff.). Es enthält Namen und Alter von Mitarbeitern der verschiedenen hierarchischen Ebenen. Anhand des Organigramms eröffnet der Vorgesetzte seinem Mitarbeiter die horizontalen und vertikalen Aufstiegswahrscheinlichkeiten. Es ist dabei zu betonen, daß nur Wahrscheinlichkeiten und keine Garantien gegeben werden können. Unter horizontaler Entwicklung versteht man die Fachlaufbahn. Die Aufgaben- und Expertenkompetenz wird ausgeweitet. Als vertikale Laufbahn ist der hierarchische Aufstieg zur Führungskraft spezifiziert.

Fördergespräch sowie Laufbahnplanung sollen einen motivierenden Effekt auf den Mitarbeiter ausüben, sich weiter zu entwickeln; neben monetären Anreizen gelten u. a. Motive der sozialen Anerkennung sowie Selbstverwirklichung durch anspruchsvollere Aufgaben (von Rosenstiel

1980, S. 70). Durch Partizipation des Mitarbeiters an der PE-Entscheidung identifiziert er sich mit den Zielen des Unternehmens und geht bereitwilliger an die Maßnahmen, die dafür notwendig sind, heran. Auch wenn ein Aufstieg zur Fach- oder Führungsposition erst in mehreren Jahren möglich wird, so kann eine motivierende Wirkung bereits durch das Laufbahngespräch erfolgen. Dadurch kann sich die aktuelle Arbeitsqualität verbessern. Bei Unternehmen, die keine Laufbahnplanung mit Mitarbeitern besprechen, besteht die Gefahr, daß qualifizierte Fach- und Führungskräfte zu anderen Unternehmen abwandern, da ein relevanter Anreiz für die Zukunft fehlt.

8.1.5 Profilvergleichsanalyse

Notwendige spezifische Informationen über zukünftige PE-Maßnahmen für den Mitarbeiter erhält man bei der Profilvergleichsanalyse. Das Anforderungspotential wie auch das Eignungspotential können in quantitativer und standardisierter Form im E.P.I.S. abgespeichert werden. Aufgrund einer Personalbedarfsmeldung aus dem Unternehmen und/oder einer Altersstrukturanalyse wird der Arbeitsplatz, der frei wird, ermittelt. Aufgrund der entsprechenden Stellenbeschreibung soll das E.P.I.S. herausfinden, welche Mitarbeiter mit ihren Eignungspotentialen dem Anforderungsprofil am ehesten entsprechen.

Aufgrund der Tatsache, daß fast alle relevanten Daten abgespeichert sind, bedarf es keines langwierigen, manuellen Ermittelns durch Suchen und Vergleichen von Personalkarteikarten. Ein E.P.I.S. benötigt für diesen Prozeß nur wenige Minuten. Hier beweist sich die rationelle und dadurch effizientere Arbeitsweise der geschilderten EDV-gestützten PE-Bedarfsanalyse. Durch dieses ökonomische System wird die Einführung oder Ausweitung der PE in einem Unternehmen erleichtert und z. T. erst realisierbar (Olesch 1988, S. 424 ff.). Der zukünftige Vorgesetzte hat bei der Profilvergleichsanalyse ein Mitsprache- und Mitentscheidungsrecht. Ist dadurch ein Mitarbeiter ausgewählt, so werden bei vorhandener Abweichung zwischen Anforderungs- und Eignungsprofil adäquate Qualifizierungsmaßnahmen geplant. Dafür ist die betriebliche Bildung zuständig. Hier beginnt nun das komplexe System der Bildungsarbeit.

Mit Hilfe des geschilderten Konzeptes der PE-Bedarfsermittlung ist den Unternehmen die Realisierung eines ökonomischen und pragmatischen PE-Systems mit einem Minimum an Aufwand möglich.

8.2 Voraussetzungen, Rahmenbedingungen und Instrumente der Personalentwicklung am Beispiel von Leistungs- und Verhaltensbeurteilung zur Unterstützung von Unternehmensführung und Personalarbeit

M. Hesseler, W. Bruckhaus

8.2.1 Einleitung: Veränderte Rahmenbedingungen der Personalarbeit

Es scheint, daß sich auch in den kleinen und mittleren Unternehmen (KMU's) die Personalpolitik von einem bloßen Umsetzungs-, Verwaltungs- und und Kontrollinstrument zu einem gestalterischen Personalmanagement wandelt. Das mitarbeiterbezogene Denken und Handeln wird immer mehr vor die Notwendigkeit der Personalverwaltung gestellt. Dennoch soll nicht verhohlen werden, daß sich immer noch viele KMU's schwerpunktmäßig mit Fragen der Lohn- und Gehaltszahlung sowie Personalbeschaffung beschäftigen als mit Fragen langfristiger Personalentwicklung, Arbeitsgestaltung, Personaleinsatz oder Organisationsentwicklung.

Dies liegt u. a. daran, daß entweder die notwendigen Ressourcen (z. B. Fachkräfte) nicht verfügbar sind oder schlichtweg das Problembewußtsein fehlt. Dieser Anspruch berührt zentral die Erfordernis, das individuelle Einzelkämpfertum auf Grundlage seiner fachorientierten Detailkompetenz zugunsten von Teamarbeit und ganzheitlichen produktorientierten Systemlösungen aufzugeben.

Diese Anforderung ist eng verbunden mit einem Wertewandel, einem Paradigmenwechsel von der vorrangig extrinsischen Arbeitsmotivation und Wertestruktur (vgl. die klassischen Arbeitstugenden) zu einer vorrangig intrinsischen Arbeitsmotivation und Wertestruktur. Mehr Sonderfälle als Regelfälle sind zu bearbeiten. Damit steht die Verflachung der Hierarchie im Zusammenhang, so daß die gängigen Karrieremuster sich verändern. Teilweise betrifft dies auch die Verlagerung von Funktionen in die Werkstatt. Natürlich spielen Rahmenbedingungen in die Personalpolitik hinein, die nicht so ohne weiteres vermeidbar sind, auf die sie sich aktiv einstellen muß. Dies betrifft z. B. die demographischen Veränderungen in der Richtung, daß im Vergleich zum zunehmenden Anteil der Beschäftigten unter dreißig Jahren der Anteil der über Dreißigjährigen und v. a. der der über Fünfzigjährigen überproportional steigt. Dies muß man in Beziehung zur Verkürzung der Wochenarbeitszeit und Verlängerung der Lebensarbeitszeit setzen. Jedenfalls werden das Lernen und Arbeiten in fortgeschritteneren Lebensaltern zu einer wichtigen Aufgabe der Personalarbeit.

Weitere Rahmenbedingungen sind z. B., daß immer mehr Frauen ins Erwerbsleben strömen. Damit müssen viele Fragen nach den Arbeitsbedingungen (z. B. der Arbeitszeit), der Arbeitsplatzgestaltung, Arbeitsorganisation, Kinderbetreuung etc. neu und dringlicher aufgeworfen werden.

Auch die Umsetzung von Strategien zur rechnergestützten Unternehmens- und Produktionsintegration (CIM) führt zu Problemen, die gelöst werden müssen. CIM verstärkt z. B. den Trend zur unternehmensweiten Zusammenarbeit bei gleichzeitig zunehmender wechselseitiger Abhängigkeit. Da Arbeitsorganisation, Personaleinsatz und Qualifizierung wesentliche Verfügbarkeitsfaktoren von CIM sind, gewinnen zentrale und dezentrale Personalarbeit neue Dimensionen. Parallel dazu können immer mehr Routinetätigkeiten der Personalarbeit durch EDV erledigt werden. In diesem Zusammenhang erfüllen Personalentwickler als Spezialisten strategische Servicefunktionen und geben Hilfen zur Selbsthilfe.

8.2.2 Anforderungen an die Unternehmensführung und Konsequenzen für die Personalarbeit

In den folgenden beiden Abschnitten sollen zunächst allgemeine systemübergreifende Führungsanforderungen dargestellt werden. Richtungsweisend sind dabei auch grundlegende normative Orientierungen, gerade, wenn es um eine rationalistische Politik gegenüber dem Objekt 'Personal' oder um die Handhabung der prinzipiellen Konflikte zwischen dem die Unternehmensinteressen vertretenden Management und den individuellen Interessen der eher ausführende Arbeiten erledigenden Mitarbeiter geht. In den Blick rückt dann ein zentral und dezentral agierendes konfliktorientiertes Personalmanagement.

8.2.2.1 Anforderungen an das Unternehmensmanagement

Management- und Führungspotentiale bilden wichtige Erfolgsfaktoren für die Unternehmensentwicklung. Schwächen liegen weniger in der Fackompetenz begründet, sondern sind weitgehend im Bereich sozialer Kompetenzen und sozialen Verhaltens zu finden, sofern es z. B. Kreativität, Eigeninitiative und Innovationsfähigkeit betrifft. Daß die Innovationsfähigkeit von Wirtschaftsunternehmen nach innen und außen vom Faktor Personal oder besser dem Humanpotential abhängt und damit der Organisation einer modernen Personalarbeit (unter Veränderung der Kompetenzen dazu) eine Schlüsselstellung zukommt, wird oft übersehen oder vernachlässigt.

Die Ausschöpfung individueller Potentiale ist jedoch auch an bestimmte strukturelle Voraussetzungen gebunden. Von daher gesehen bieten sich folgende modellhafte Lösungen zur Gestaltung von Unternehmen an:

"• Prüfung und Schaffung eines sinnvollen Verhältnisses zwischen planend-entscheidenden, ausführenden und kontrollierenden Funkionen - das heißt weniger tayloristische Zerlegung als vielmehr teamartige Arbeits- und Organisationszusammenhänge;

- weniger autoritäre Erfüllung vorgegebener organisatorischer Programme und Regelungen als Koordination durch Selbstbestimmung;

- die Anwendung des Prinzips "Planung ohne Ziele", das ein flexibles "Durchwursteln" im Rahmen nur grober Vorgaben erlaubt;

- Initiierung und Förderung einer Unternehmenswirklichkeit nach dem Modell des problemlösenden und lernenden Systems;

- konsequentes "Promoting" von sozialen Innovationsfaktoren, wie Handlungskompetenz und Teamarbeit, im Rahmen zu gestaltender Organisations- und Arbeitsprozesse;

- die angemessene Entwicklung von dazu passenden rechnergestützten Produktions- und Bürosystemen oder der Einsatz dementsprechend gestalteter Technik.

Innovativ-strategieorientiertes Management	Bürokratisch-administratives Management
Auf Stärken konzentrieren	Schwachstellen ausmerzen
Offensiv agieren	Defensiv reagieren
Die richtigen Dinge tun (strategisch konzentrieren)	Die Dinge richtig tun (perfektionieren)
Bedarfs- und Verhaltensorientierung	Material-, Produkt- und Verhaltensorientierung
Die eigene Alternative zum entwicklungsbestimmenden Parameter der Umwelt machen	Stabilität gegenüber Störungen aus der Umwelt bewahren
Die vorhandene Lösung überflüssig machen	Die vorhandene Lösung verbessern, modifizieren, renovieren
Erträge vorbereiten, investieren	Erträge ernten, Kosten senken
Qualitativer Zuwachs	Quantitatives Wachsen
Dynamische Sicherheit	Statische Sicherheit
"navigate a ship"	"run a ship"

Abb. 8.2.1: Alternative Managementstrategien (Quelle: Schierenbeck 1981)

Nach welchen strategischen Zielen ein ständiger organisatorischer Wandlungs- und Entwicklungsprozeß auszurichten ist, verdeutlicht" (Hesseler 1993, S. 8-9, Abbildung 8.2.1). In diesem Rahmen kommt der inhaltliche Bezugspunkt eines sozialen Innovationsprogramms für Führungskräfte, das auch die Einführung von Personal- und Organisationsentwicklung begünstigenden Rahmenbedingungen betrifft, in der Abbildung 8.2.2 zum Ausdruck.

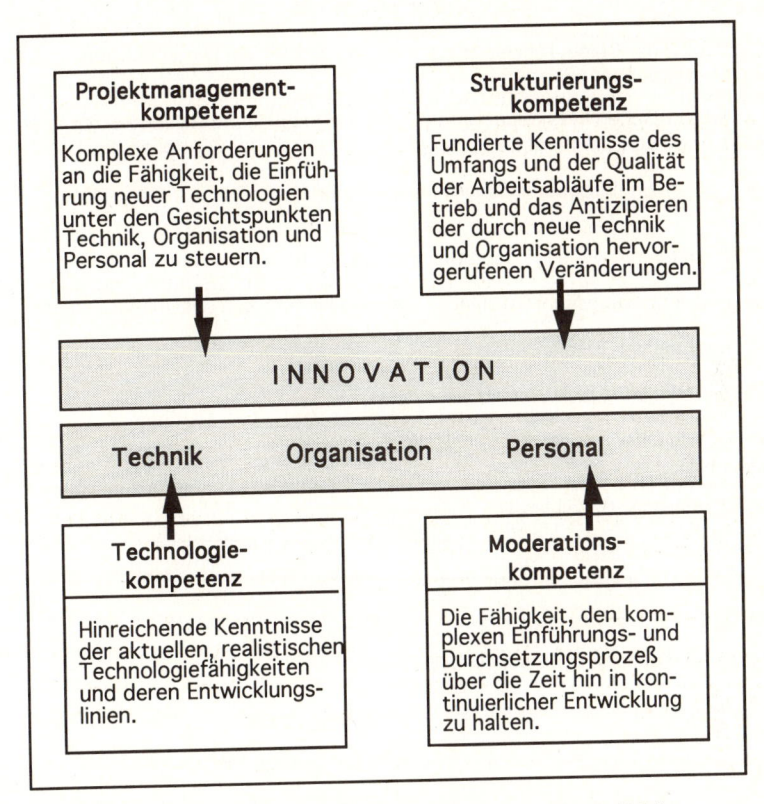

```
┌─────────────────────────────────────────────────────────┐
│  ┌──────────────────────┐  ┌──────────────────────┐     │
│  │ Projektmanagement-   │  │ Strukturierungs-     │     │
│  │     kompetenz        │  │    kompetenz         │     │
│  ├──────────────────────┤  ├──────────────────────┤     │
│  │ Komplexe Anforderun- │  │ Fundierte Kenntnisse │     │
│  │ gen an die Fähigkeit,│  │ des Umfangs und der  │     │
│  │ die Einführung neuer │  │ Qualität der Arbeits-│     │
│  │ Technologien unter   │  │ abläufe im Betrieb   │     │
│  │ den Gesichtspunkten  │  │ und das Antizipieren │     │
│  │ Technik, Organisation│  │ der durch neue Tech- │     │
│  │ und Personal zu      │  │ nik und Organisation │     │
│  │ steuern.             │  │ hervorgerufenen Ver- │     │
│  │                      │  │ änderungen.          │     │
│  └──────────────────────┘  └──────────────────────┘     │
│              ↓                          ↓                │
│  ┌─────────────────────────────────────────────────┐    │
│  │              INNOVATION                         │    │
│  ├─────────────────────────────────────────────────┤    │
│  │     Technik    Organisation    Personal         │    │
│  └─────────────────────────────────────────────────┘    │
│              ↑                          ↑                │
│  ┌──────────────────────┐  ┌──────────────────────┐     │
│  │   Technologie-       │  │   Moderations-       │     │
│  │    kompetenz         │  │    kompetenz         │     │
│  ├──────────────────────┤  ├──────────────────────┤     │
│  │ Hinreichende Kennt-  │  │ Die Fähigkeit, den   │     │
│  │ nisse der aktuellen, │  │ komplexen Einfüh-    │     │
│  │ realistischen        │  │ rungs- und Durch-    │     │
│  │ Technologiefähig-    │  │ setzungsprozeß über  │     │
│  │ keiten und deren     │  │ die Zeit hin in kon- │     │
│  │ Entwicklungslinien.  │  │ tinuierlicher Ent-   │     │
│  │                      │  │ wicklung zu halten.  │     │
│  └──────────────────────┘  └──────────────────────┘     │
└─────────────────────────────────────────────────────────┘
```

Abb. 8.2.2:   Zentrale Managementkompetenzen (Quelle: Lepiorz 1986)

Die Umsetzung dieser Strategien in den neuen Bundesländern muß nicht nur an den aktuellen Qualifikations- und Sozialisationspotentialen im Wertewandel ansetzen (vgl. dazu Haenschke, Hesseler 1994a, Haenschke, Hesseler 1994b). Sie ist auch abhängig von einem unterschiedlichen kulturbedingten Verständnis von Personalarbeit West - Ost (vgl. Abbildung 8.2.3).

8.2.2.2 Reichweite der Personalarbeit: Personal und/oder Menschen

In seinem Aufsatz "Der Mensch ist Mittelpunkt. Der Mensch ist Mittel. Punkt." vertritt Neuberger (1990, S. 3) die folgenden für sich sprechenden acht Thesen zum Personalwesen:

"• Personal: Das sind Menschen ohne Ansehen der Person.

- Nicht der Mensch steht im Mittelpunkt (des Unternehmens wie des Personalwesens), sondern das Geld.

- Menschen sollen "fungibel" und "elastisch" sein.

Ausgangssituation Personalarbeit

Ost

Einbindung der Persönlichkeitsentwicklung in den kollektiv-hierarchischen Planzusammenhang (Kader)

Konflikte zwischen Individuum/Kollektiv und Führungsebene (Lösung durch "durchstellen" von oben), Primat der Parteiadministration vor der Ökonomie des Betriebes

Einengung von Innovationsfähigkeit und Kreativität

Hoher Status und Prestige der Arbeiter (Folge für Karrieremuster der Intelligenz ?)

Fehlendes Leistungsanreizsystem im Rahmen hierarchisch bestimmter Tätigkeiten

Behinderung von Eigeninitiative

Improvisationsfähigkeit/Chaosqualifikation

Mangelnde Offenheit der Kommunikation

Autoritärer Führungsstil in den oberen Hierarchieebenen/ Teamarbeit im Rahmen kollektivbezogener Solidarität

West

Individuumsbezogene Personalarbeit

Individuelles Einzelkämpfertum auf Grundlage fachorientierter Detailkompetenz

Konflikt zwischen Individuum und Unternehmen (aktives Aushandeln)

Hoher Status und Prestige der technischen Intelligenz

Orientierung am Maximalprinzip (Egoismus)

Personal als Wettbewerbsfaktor/ Eigeninitiative und Motivation als Führungsaufgabe

Saturiertes Denken und mangelnde geistige Erneuerung

Spannungsverhältnis zwischen modernem Personalmanagement und Personalverwaltung

Unterausnutzung des partnerschaftlich-sachorientierten Führungsstils

Abb. 8.2.3: Ausgangssituation Personalarbeit West - Ost

- Personal wird wie eine Ware oder ein Objekt behandelt.
- Es gibt wegen der "Steuerungslücke" ein Transformationsproblem.

- Die Person kann nicht der Organisation gegenübergestellt werden.

- Dem Personalwesen geht es nicht um den einzelnen Menschen, es geht um das Ganze.

- Wer sich einem solchen Personalwesen verpflichtet fühlt, ist deswegen kein Un-Mensch".

In einem Seminar zum Baustein 3 des QUEM-Multiplikatorenprojektes "Bausteinsystem B" wurden diese 'harten' Thesen besprochen, in Gruppen eine Stellungnahme erarbeitet und präsentiert. Die Ergebnisse spiegeln einen Dualismus wider, der stark von der Situation und den Erfahrungen in den neuen Bundesländern geprägt ist:

- Zum einen stimmen die Teilnehmer größtenteils dem Realismus und Pragmatismus dieses Ansatzes zu, gerade vor dem Hintergrund des Personalabbaus in den neuen Bundesländern über die unvermittelte "Nasenzählen"-Methode.

- Zum anderen würden die Teilnehmer in ihrer eigenen Praxis nach einem an menschlichen Potentialen orientierten Sollkonzept vorgehen, wenn es die Situation erlauben würde. Dieses Leitbild kommt in etwa auch in der oben (Kapitel 8.2.2.1) vorgestellten Strategie zum Ausdruck. Von daher gesehen werden die Thesen eher als unangemessen und zum Teil 'zynisch' empfunden.

Auch Neuberger hat natürlich überzeichnet, um die Realität deutlich zu machen. Das kommt in folgendem Zitat zum Ausdruck:

"Die ethische Problematik liegt darin, daß die geschilderten Bedingungen die Verantwortlichen leicht zu Zynikern, Schizophrenen oder Machiavellisten werden lassen. Dieser Gefahr könnte man leicht entgehen, wenn sich der zugrundeliegende (Geld-)Code änderte (...) und zum Beispiel durch den Liebes-Code ersetzt würde. Dann aber gäbe es keine Wirtschaft mehr. Statt dieser unrealistischen "großen Lösung" bleibt in der Praxis die Chance, Mehrdeutigkeiten, Widersprüche und Nischen konstruktiv zu nutzen. Wie die anderen Funktionen, so hat auch das Personalwesen das Recht und die Pflicht zur (Mikro-)Politik" (Neuberger 1990, S. 10).

Gerade angesichts der negativen Erfahrungen mit einigen Ellbogenmenschen aus der West-Kultur - gerade nach der Wende - in den neuen Bundesländern müssen Ordnungspolitik und Marktwirtschaft ethisch verankert werden. Denn auch ein falsch verstandener, soziale Verantwortung aussparender individueller Egoismus richtet Schaden an. Das darf nicht Maßstab von Personalpolitik sein. Von daher gesehen soll zunächst der Rahmen abgesteckt werden, innerhalb dessen die Personalbeurteilung als ein Hauptinstrument der Personalentwicklung im Funktionensystem der Personalarbeit eingeordnet werden kann sowie Organisationsentwicklung verankert ist.

8.2.3 Personalentwicklung in der Personalarbeit

Personalentwicklung ist nicht autonom, sondern manifestiert sich im Personalbereich, der ein System unterschiedlicher miteinander verschmolzener planender, entscheidender, führungsbezogener, durchführender und kontrollierender Funktionsfelder und Funktionen darstellt, wie die Tabelle 8.2.1 aufführt.

In der Personalentwicklung kommen andererseits verschiedene Funkionen wie Auslese, Einsatz, Bewertung und berufliche Bildung zum Tragen, die sich z. B. in gezielten Personalentwicklungsgesprächen verbinden (vgl. die Abbildung 8.2.4). "Das Bild zeigt die als Grundlagen oder Teile der Personalarbeit erfaßten Aktivitäten jeweils in einer Umrahmung. Ausgangspunkte, Zwischenergebnisse und Ergebnisse dieser Aktivitäten sind in der Darstellung nicht umrahmt. Durchgezogene Linien symbolisieren den Hauptfluß von Information und Wirkung. Gestrichelte Linien symbolisieren den Weg von Rückinformationen zu vorgeschalteten Planungsaktivitäten. Als Ausgangspunkt erscheinen im Bild neben der Situation am betroffenen Arbeitsmarkt die unterschiedlichen Zielsetzungen der Unternehmensführung und der einzelnen Mitarbeiter. Angebote und Nachfragen am Arbeitsmarkt wirken unmittelbar auf die Möglichkeiten von Auslese und Einsatz. Ihre Analyse ist eine der Grundlagen für die Personalplanung. Die unternehmerische Zielsetzung findet Ausdruck in der Unternehmensplanung, auf der neben anderen Teilplanungen die Organisations- und Stellenplanung aufbaut.

Stellenplanung und Stellenbeschreibung werden bei Voraussetzung eines entsprechenden Führungsstils regelmäßigen Mitarbeitergesprächen und Zielvereinbarungen zugrundegelegt, in die auch berufliche Zielsetzungen der Mitarbeiter einfließen und so zu einer durch andere Einflüsse bedingten teilweisen Selbstverwirklichung mit hinführen können. Die Aufgabenerfüllung entsprechend den vereinbarten Zielen wird zum Maßstab für die Bewertung erbrachter Leistungen. Leistungsbeurteilungen einerseits und die Organisations- und Stellenplanung andererseits sind die weiteren Hauptgrundlagen der Personalplanung. Letztere gibt den Handlungsrahmen für Auslese und Einsatz sowie für die Ausbildung und die Steuerung von Informationen. Eine planmäßige Einsatzfolge in Verbindung mit gezielten Ausbildungsmaßnahmen sind entscheidende Voraussetzungen für die Entwicklung des einzelnen Mitarbeiters (Personalentwicklung) zu einer im Rahmen der betrieblichen Erfordernisse liegenden bedingten Selbstverwirklichung im Beruf. Dabei ist eine Motivation zur Arbeitsleistung denkbar, die im Erfolgserlebnis eine fortlaufende Verstärkung findet.

Alle zur Darstellung des Systems genannten Maßnahmen schlagen sich in den Personalkosten nieder. Fähigkeitsadäquater Einsatz und Motivation sind wesentlich für die Kostenhöhe der Arbeitsleistung. Weiter maßgeblich für die Höhe der Personalkosten sind die in der Entlohnungssystematik angewandten Bewertungsverfahren. Hierbei spielt das Bewußtsein einer relativen Gerechtigkeit eine Rolle, z. B. im Hinblick auf den Aufwand für Fehlzeiten und Fluktuation. Die Hauptwege der Rückinformation erstrecken sich in unserem Bild von Personaleinsatz und -entwicklung (jetzige und zu erwartende künftige Arbeitsplatzbesetzung) sowie von den Personalkosten zurück zur Personalplanung und - indirekt über diese und direkt zu den vorgeschalteten Planungen des Unternehmens" (Hartmann, Meyer 1980, S. 26 - 28).

Um Personalentwicklungsmaßnahmen auf den Ebenen der Förderung und Bildung und hinsichtlich ihrer Dimensionierung nach Wissen, Können und Verhalten zu verstehen, muß man einen grundsätzlichen strategischen Zusammenhang voraussetzen, der in Abbildung 8.2.6 aufgeführt ist.

"Das Instrumentarium der Personalentwicklung soll sicherstellen, daß jeder Mitarbeiter in seinen Stärken - aber auch in seinen Defiziten - erkannt wird und sich innerhalb der betrieblichen Rahmenbedingungen optimal entwickeln kann. Chronologisch betrachtet beginnt Personalentwicklung bei der Feststellung gegenwärtiger und zukünftiger Funktionsanforderungen - abgeleitet aus der Unternehmensstrategie - und führt über das Erkennen von Leistungen und Fähigkeiten und Potentialen von Mitarbeitern zu Konzeptionen, wie Potentiale zu entwickeln und Defizite auszugleichen sind. Hierbei geht es um fachliche - und Führungsqualifizierung sowie Einstellungsänderungen - meist allesamt eng miteinander verwoben.

...Es reicht von Anforderungsanalysen über die Beurteilungs- und Potentialerkennungsverfahren bis hin zu vielfältigen Fördermaßnahmen, die mit Begriffen wie qualitative Personalplanung, Förderplanung, Laufbahnplanung, Nachfolgeplanung, entwicklungsorientierte Job rotation und anderes mehr gekennzeichnet sind" (Abschlußbericht IAO 1992, S. 471 f.).

Funktionen	Teilfunktionen	Beispiele
Planung	Führungsorganisation	• Planung der Organisationsstruktur zusammen mit den Führungskräften (vgl. Positionen)
	Personalplanung	• Planung des Personalbedarfs, z. B. Aufstellung von Fähigkeitsprofilen
Entscheidung	Auslese	• Aufstellung von Richtlinien für Freisetzungen
	Einsatz	• Führung von Einstellungsgesprächen • Führung von Versetzungsgesprächen
	Bewertung	• Maßstäbe Stellenbewertung • Grundsätze der Personalbeurteilung • Maßstäbe für Entgeltfestsetzung
Führung	Motivation	• Führungsorganisation • Vorbereitung von Zielvereinbarungen • Beratung und Unterstützung der Führungskräfte in Personalführung • Vorschlagswesen • Arbeitsgestaltung
	Personalentwicklung	• Führung von Entwicklungsgesprächen • Förderung durch Ausbildungsmaßnahmen
	Ausbildung	• Feststellung des Aus- und Weiterbildungsbedarfs • Vermittlung von Kenntnissen und Fertigkeiten bei Umschulungen
Durchführung	Personalbeschaffung	• Innerbetriebliche Stellenausschreibung
	Personalverwaltung	• Bereitstellung von Personaldaten • Herstellung eindeutiger Rechtsverhältnisse
	Personalbetreuung	• Altersversorgung, Versicherung • Arbeitsschutz
	Personalabrechnung	• Lohn und Gehalt • Reisekosten
Kontrolle	Kontrolle im Personalbereich	• Kontrolle der Wirksamkeit von Maßnahmen
Information	Personalberichtswesen	• Personalstatistiken • Information des Betriebsrats
	Personalinformation	• Führungs- und Mitarbeiterinformation
Auswertung	Personalforschung	• Motive und Erwartungen von Mitarbeitern

Tab. 8.2.4: Beispielhafte Zusammenhänge von Funktionen und Teilfunktionen im Personalbereich (nach: Hartmann, Meyer 1980)

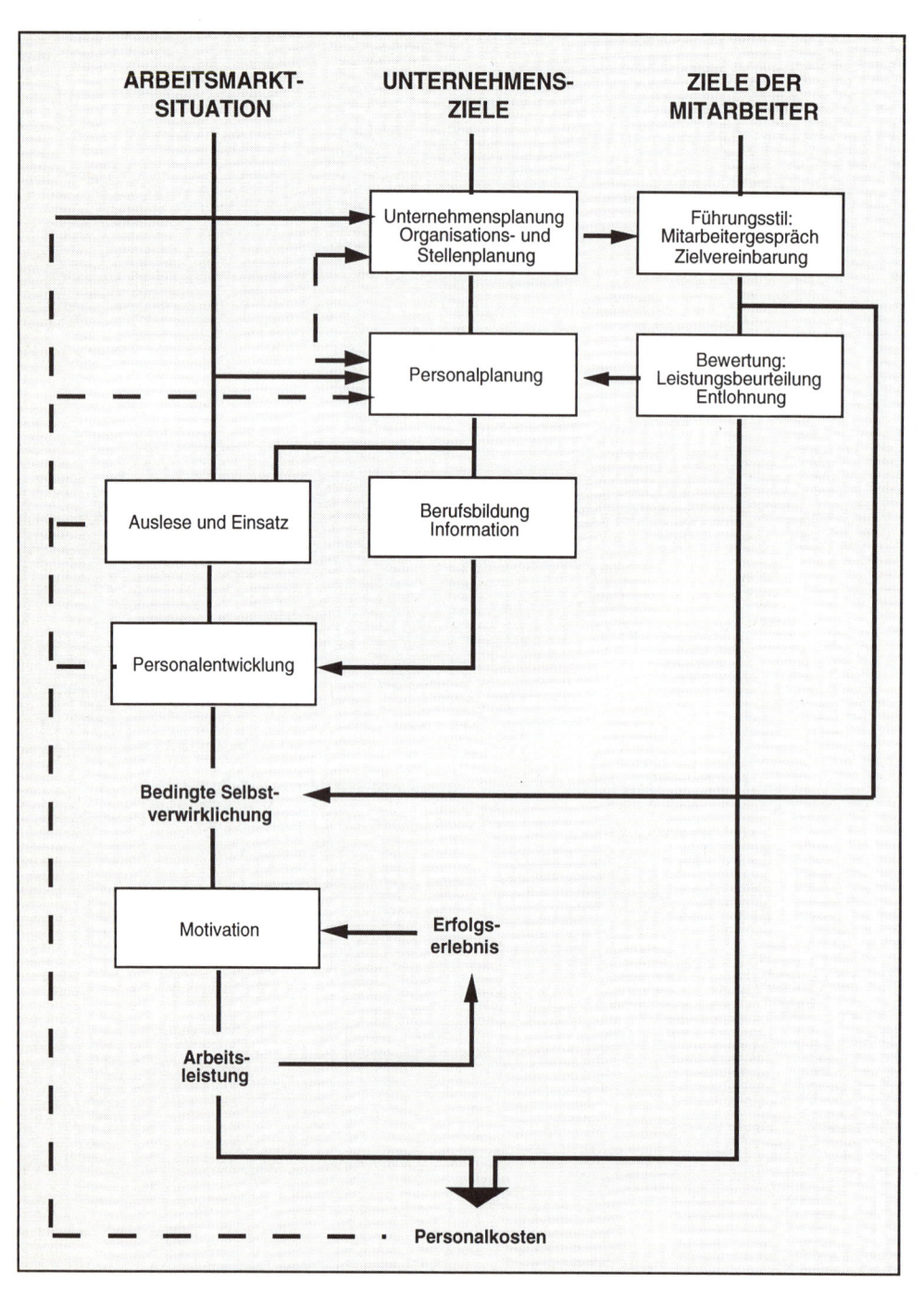

**Abb. 8.2.5: Beziehungen zwischen Funktionen in der Personalarbeit
(Quelle: Hartmann, Meyer 1980, S. 27)**

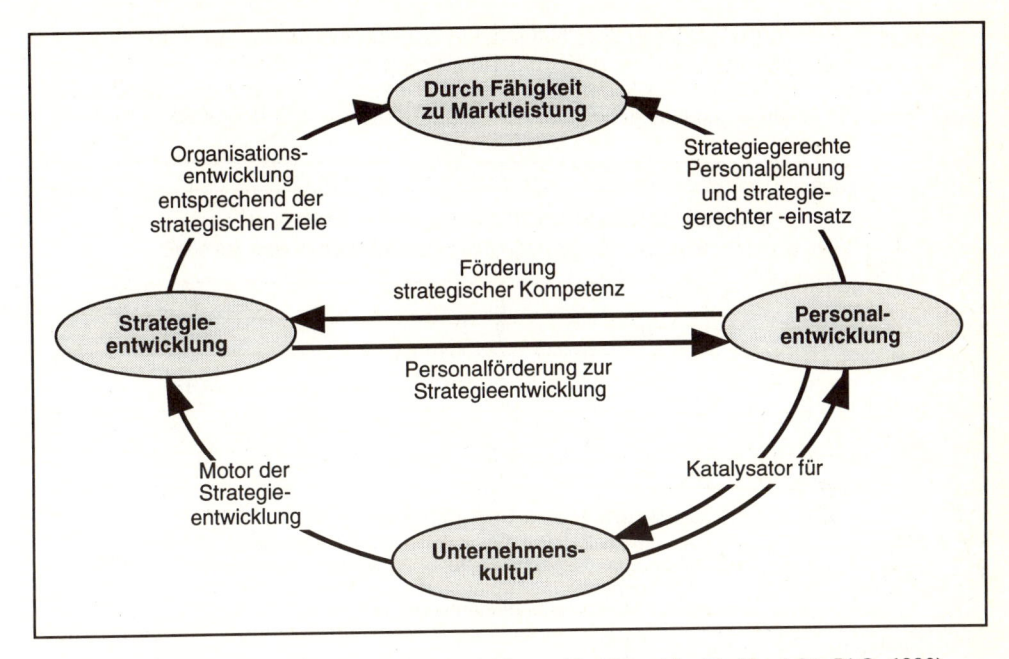

Abb. 8.2.6: Strategie- und Personalentwicklung (Quelle: Abschlußbericht IAO 1992)

Innerhalb einer solchen Auffassung dominieren strategische Zielgrößen wie z. B. Selbstlernkompetenz und ganzheitliche Persönlichkeitsperspektive, Interdisziplinarität und Teamarbeit in der lernenden Organisation. Aber, neben diesen innovativen Zielsetzungen, ist Personalentwicklung auch in ein Netzwerk erhaltender und anpassender Funktionen der Personalarbeit eingesponnen. Dies hat insbesondere dann gravierende Folgen, je reaktiver das betriebliche Personalmanagement ausgelegt ist.

Abbildung 8.2.7 geht von einem erweiterten Personalentwicklungssystem aus, in dem der Organisationsentwicklung - die deswegen gesondert behandelt wird - eine dominierende Rolle zukommt.

8.2.4 Organisationsentwicklung zwischen Anspruch und Realität

Zu den arbeitsorganisatorischen Gestaltungsmaßnahmen zählen neben Qualitätszirkel, Lernstatt, Werkstattzirkel, teilautonomer Arbeitsgruppe, "management by objectives" = MbO oder Teamarbeit auch Organisationsenwicklungsmaßnahmen (OE). OE bezieht sich auf die von den Betroffenen getragenen Veränderungen ganzer Organisationseinheiten, Gruppen und bereichsübergreifender Zusammenhänge: sei es als Funktionsfeld insgesamt, sei es zwischen Abteilungen oder sei es das gesamte Unternehmen. Wirksam wird dabei folgende grundsätzliche Orientierung:

- Das Menschen- und Organisationsbild hat sich heute insofern gewandelt, als Menschen nicht nur als Produktionsfaktor, sondern auch als Partner oder Humanpotential angesehen werden.

- Nach McGregors Theorie "X" herrscht ein mechanistisches Menschenbild vor, wenn ein Vorgesetzter seinen Untergebenen als arbeits- und lernunwillig, wenig ehrgeizig und verantwortungsscheu betrachtet und so behandelt. Danach verhält sich ein Individuum fast "psychologisch automatisiert" so (self-fullfilling prophecy). Im Rahmen eines humanistischen Menschenbildes gilt der Mitarbeiter statt dessen als verantwortungssuchend, kreativ, eigeninitiativ, lernwillig, chancenbewußt, entwicklungsbedacht und kooperativ.

Qualifikationsentwicklungsmanagement in der lernenden Organisation (Unternehmen) leistet:

↓

Beitrag zur Gestaltung des Transformationsprozesses

↓↑

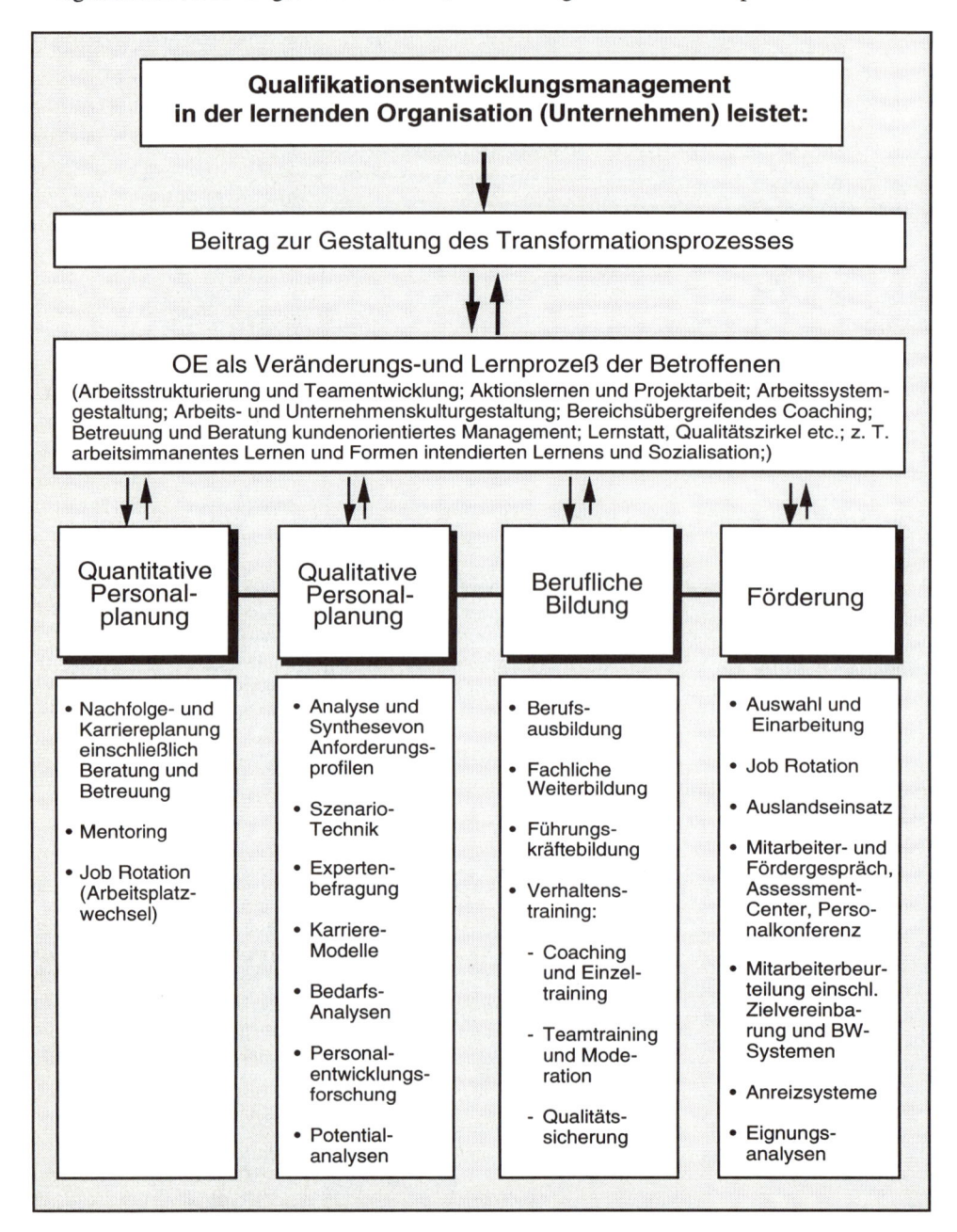

OE als Veränderungs- und Lernprozeß der Betroffenen
(Arbeitsstrukturierung und Teamentwicklung; Aktionslernen und Projektarbeit; Arbeitssystemgestaltung; Arbeits- und Unternehmenskulturgestaltung; Bereichsübergreifendes Coaching; Betreuung und Beratung kundenorientiertes Management; Lernstatt, Qualitätszirkel etc.; z. T. arbeitsimmanentes Lernen und Formen intendierten Lernens und Sozialisation;)

Quantitative Personalplanung	Qualitative Personalplanung	Berufliche Bildung	Förderung

• Nachfolge- und Karriereplanung einschließlich Beratung und Betreuung
• Mentoring
• Job Rotation (Arbeitsplatzwechsel)
	• Analyse und Synthese von Anforderungsprofilen
	• Szenario-Technik
	• Expertenbefragung
	• Karriere-Modelle
	• Bedarfs-Analysen
	• Personalentwicklungsforschung
	• Potentialanalysen
		• Berufsausbildung
		• Fachliche Weiterbildung
		• Führungskräftebildung
		• Verhaltenstraining:
		  - Coaching und Einzeltraining
		  - Teamtraining und Moderation
		  - Qualitätssicherung
			• Auswahl und Einarbeitung
			• Job Rotation
			• Auslandseinsatz
			• Mitarbeiter- und Fördergespräch, Assessment-Center, Personalkonferenz
			• Mitarbeiterbeurteilung einschl. Zielvereinbarung und BW-Systemen
			• Anreizsysteme
			• Eignungsanalysen

Abb. 8.2.7: Integrierte Personal- und Organisationsentwicklung

- OE zielt nun darauf, längerfristig unter Beteiligung der Betroffenen Veränderungen zu bewirken. Dabei soll sowohl Raum für die Selbstverwirklichung und Persönlichkeitsentfaltung als auch für die Flexibilität, Leistungsfähigkeit und Innovationsfähigkeit der Organisation gegeben werden. Dieser Veränderungsprozeß als Weg zum Ziel wird durch die Beteiligten selbst zum Lernprozeß. Dadurch erhöht sich die Selbsterkenntnis der am Prozeß Beteiligten. Lewin hat diesen Entwicklungsverlauf in seinem bis heute Aktualität besitzenden drei-Phasen-Modell dargelegt (unfreezing = Auftauen, moving = Verändern, refreezing = Stabilisieren).

- Es gibt unterschiedliche Strategien dazu, wie und wo sich in Unternehmen Gruppen zur Einführung von OE bilden können. Herrschen autoritär-hierarchische Strukturen vor, empfiehlt sich ein Übergang von Top-down-Modellen zu "multiple-nucleus"-Modellen. Diese setzen gleichzeitig oben und unten an.

Obwohl der längerfristige Wachstumsprozeß schrittweise über die Veränderung des Verhaltens und der Einstellungen der betroffenen Organisationsmitglieder abläuft, kann der Prozeß nicht nur als naturwüchsiger behandelt werden, sondern muß systematisch in Gang gesetzt und gehalten werden. OE wird zum gezielten organisatorischen Wandel, im Rahmen dessen das Unternehmen als Organisation über die "kollektive" Lösung ihrer Probleme gemeinsam lernt. Es gehört von daher gesehen auch zum Aufgabenbereich von Personalarbeit, Führungskräfte und Projektleiter bei der Neugestaltung von bereichsübergreifenden Besprechungen, Beratungen, Meetings zu unterstützen. Auch die Aus- und Neugestaltung von Lohn-, Gehalts- und Arbeitszeitsystemen oder Assessmentcenterverfahren z. B. für Führungskräfte und Projektleiter (Stichwort: extrafunktionale Qualifikationen, Gruppenlernverfahren) oder die Organisation von Zirkeln, Workshops, Nachwuchsförderaktivitäten gehören in die Domäne von Personalentwicklern.

Verschiedentlich wird behauptet, daß OE, mit Hilfe derer viele gruppendynamische Erkenntnisse in Seminaren oder im Arbeitsprozeß zur Anwendung kommen, letztlich ein Top-down-Verfahren für Führungskräfte darstellt. Heutzutage werden aber auch Problemlösungs- und Lerngruppen wie z. B. Lernstatt, die bottom-up ansetzen, als Form angewandter Organisationsentwicklung bezeichnet und praktiziert. Diese Organisations- und Sozialformen fördern oft die reibungslose Einführung neuer Technologien. Sie haben entweder Technik-, Organisations-, Arbeitsgestaltungs- oder Qualifizierungsmaßnahmen zum Gegenstand oder sind in diese eingebunden. Diese arbeitswissenschaftlich orientierte OE löst sich ein Stückweit von der rein gruppendynamisch agierenden OE. "In diesem Konzept wird "Arbeitsorganisation... als ein Prozeß angesehen, in dessen Verlauf sich die Teilprozesse der Ablauf-, Aufgaben- und Sozialorganisation vollziehen und gegenseitig ergänzen. In ihrer Gesamtheit führen die Teilprozesse zur Organisationsentwicklung. Diese Verzahnung von Ablauf-, Aufgaben- und Sozialorganisation in einem dreidimensionalen Entwicklungsprozeß wird als arbeitswissenschaftlich begründete Organisationsentwicklung bezeichnet. Der darin enthaltene gruppendynamische Ansatz hat nicht mehr, wie bei der verhaltenswissenschaftlich orientierten Organisationsentwicklung, die Schlüsselfunktion. An seine Stelle ist die Aufgabenentwicklung getreten" (Mann 1985, S. 134)" (Heeg 1991, S. 198).

8.2.5 Überlegungen zum Zusammenwirken von PE und OE mit Blick auf die Handlungskompetenzen der Personalentwickler

Zwar sind nur wenige operationalisierte Konzepte zur wechselseitigen Bedingtheit von PE und OE erkennbar und auch kaum in Projektmaßnahmen umgesetzt. Es lassen sich aber folgende Ansatzpunkte zur Beschreibung simultaner PE/OE denken:

- PE-Maßnahmen bereiten die qualifizierte Beteiligung am organisatorischen Wandel vor. Dabei bildet PE dann mittel- und langfristig den Sockel, auf dem kurzfristige eher fachspezifische Qualifizierungsmaßnahmen aufsitzen können oder sich organisatorische Maßnahmen anschließen können. Gerade die Einführung neuer Technologien ist dadurch gekennzeichnet, daß um qualifizierte oder zu qualifizierende Menschen herum neue Arbeitsablaufstrukturen entstehen, die auch zur Veränderung von Segmenten in der Aufbauorganisation führen können.

- In OE-Prozessen lassen sich Arbeits- und Organisationsgestaltungsmaßnahmen nicht nur gemeinsam planen und durchführen. So besprechen Organisationsmitglieder aus unterschiedlichen Funktions- und Fachfeldern, wie die Arbeitsinhalte auf Funktionsträger verteilt werden können. Das verabschiedete Arbeitsorganisationskonzept bildet dann die Voraussetzung für die gemeinsame Analyse der aufgabenbezogenen individuellen Qualifikationsanforderungen und des Qualifikationsbedarfs sowie dazu, wie dieser gedeckt werden kann. Es kann auch der OE-Prozeß in Form einer Lernstatt gleich so definiert und durchgeführt werden, daß der eben besprochene Gegenstand nicht Mittel zum Zweck bleibt (PE), sondern selbst Gegenstand eines Lernprozesses wird. Dies kann auch durch Qualifizierungsmaßnahmen außerhalb des Arbeitsplatzes unterstützt werden.

- Analyse- und Gestaltungsdimensionen von PE und OE können im Spannungsfeld struktureller, strategischer und kultureller Determinanten verortet werden:

    - Personale und soziale Innovationen werden strategische Erfolgsfaktoren der kundenorientierten Organisation, die Betriebsorganisation zum bedeutendsten Lernfeld von PE. Die Zusammenhänge von PE/OE kommen auch darin zum Ausdruck, daß die Funktion der PE sich nicht darauf beschränkt, dezentral die Hilfe zur Selbsthilfe zu steuern: mit der Zielperspektive Umlernen, Kreativität, Innovation. Gleichermaßen initiiert sie und bereitet sie beispielsweise interdisziplinäre und interstrukturelle Strategieworkshops vor, auf die die Entwicklung unternehmerischer Visionen und Orientierung abhebt. Auf dieser Ebene kann dann beispielsweise auch festgelegt und entschieden werden, welche PE-Strategie auf Dauer gefahren werden soll.

    - Arbeitsorganisation und Aufgabenstellungen wandeln sich in Richtung Teamarbeit und job rotation, job enrichment, job enlargement. PE-Fördermaßnahmen umfassen z. B. das entwicklungsorientierte job-rotation im Rahmen von Arbeitsstrukturierungsmaßnahmen. Auch fallen allgemeine unterstützende Maßnahmen für Gruppenarbeit in diese Klasse, die auch der gruppeninternen Hierarchiebildung und "Hackordnung" vorbeugen sollen. Es muß also auch berücksichtigt werden, daß Menschen individuell lernen, einen Leistungswandel vollziehen und erleben können sowie Defizite aufweisen (vgl. das Problem der älteren Arbeitskräfte).

    - Die Rolle von internen und externen Experten ist funktional für die Entwicklung von Unternehmenskultur. Von daher gesehen soll eine "Arbeit an der Unternehmenskultur ... den arbeitenden Menschen helfen, sowohl ihre eigenen Fähigkeiten entwickeln als auch ihre sozialen und ökonomischen Ansprüche verwirklichen zu können. Eine so verstandene Kulturarbeit, die nicht Instrument zur direkten Veränderung ist, sondern der Stabilisierung, Reflexion und *durchdachten Entwicklung* dient, gehört zum Aufgabenfeld der Personalwirtschaft "(Ganz, Hesseler, Schlund 1992, S. 79).

- Gerade die verstärkte Einführung neuer Technologien verlangt eine Strategie integrierter PE/OE. Denn personelle Prozesse müssen immer mehr in Abhängigkeit von strategischen Zielen der OE geplant werden; auf der anderen Seite gelingen organisatorische Maßnahmen nur, wenn die Kompetenzen dazu vorhanden sind. Personalentwickler werden sozusagen zu Multiplikatoren, ausgerichtet auf innovative Unternehmenskultur und Mitarbeiterpotentiale in einem sich selbst regulierenden Führungssystem. Sie initiieren von daher gesehen kreative gruppendynamische Prozesse oder werden zu Coaches, die die Kooperation auf Basis von Indidividualität fördern und auch z. B. Führungskräfte dazu befähigen. Fachvorgesetzte im technischen Kundendienst, die in Coaching ausgebildet sind, können z. B. die technischen Kundenberater bei Verkaufsgesprächen beraten und betreuen (Abschlußbericht IAO 1992, S. 494). Persönliche- und Kommunikationskompetenz wirken dabei verhaltensrelevant zusammen.

Fachkompetenz	Methodenkompetenz	Soziale Kompetenz

• **Fachübergreifende Kenntnisse**
• **Organisationswissen - Ganzheitlichkeit**
  - Kenntnis betrieblicher Abläufe
  - Prozeßzusammenhänge
  - Ganzheitliche Sicht der Aufbauorganisation/Blick über die Abteilungsgrenzen
• **CIM-Modell:**
  1. Vorgehen kennen
  2. Einsatzstand kennen
  3. Ziele kennen
• **Weiterbildungsmöglichkeiten**
  - Kennen von Datenbanken (intern/extern)
  - Bewerten (Vorgesetzte, Mitarbeiter im Team)
  - Anbieten (intern durch Vorgesetzte, Personalleiter/extern)
• **Ansätze und Theorie der Personalwirtschaft**
  - Kennen
  - Anwenden
  - Vermitteln
• **Personalrechtliche Kenntnisse anwenden und vermitteln können**
	• **Komplexe Strukturen ganzheitlich auffassen und weitergeben können (z. B. Schwachstellenanalyse)**
	  - Betriebliche Wirkzusammenhänge
	  - Komplexität reduzieren
	  - Transparente Darstellung
	• **Moderationstechnik**
	• **Präsentationstechnik**
	• **Kommunikationstechnik**
	• **Strategisches Denken**
	  - Gesprächsstrategie
	  - Aufgabenverteilung
	  - Problemlösungssystematik
	  - Entscheidungstechniken
	• **Selbstmanagement**
		• **Beratungskompetenz**
		  - Partnerschaftlichkeit
		  - Vertrauensperson
		• **Selbstverständnis als OE-Mann/Frau (intern vs. extern)**
		• **Überzeugungsfähigkeit**
		• **Soziales Bewußtsein fördern**
		  - Menschenkenntnis, -bilder verantwortungsbewußt einsetzen
		  - Empathie
		  - Kontakt- und Kommunikationsfähigkeit
		  - Selbstverständnis entwickleln
		• **Konfliktfähigkeit**
		  - Frustrationstoleranz
		  - Kritikfähigkeit

Abb. 8.2.8: Erforderliche Handlungskompetenzen für Mitarbeiter des Personalwesens im CIM-Prozeß (Quelle: Abschlußbericht IAO, 1992)

- Personalentwickler als Spezialisten selbst müssen sich ständig intern und extern weiterbilden. Dazu zählen intern neben Projekten auch OE-Teams. Die Abbildung 8.2.8 faßt am Beispiel CIM die Qualifikationen zusammen, die Personalentwickler heute besitzen müssen.

Dabei soll natürlich nicht vergessen werden, daß die Personalentwicklung zum Aufgabenbereich von Führungskräften gehört, die qualifiziert unterstützt werden müssen. Auch ist die Umsetzung einer lernenden Organisation in kleinen und mittleren Unternehmen an besondere Kooperationsformen zwischen Betrieben und externer Unterstützung gebunden.

8.2.6 Personalentwicklung und Personalbeurteilung

Leistungs- und Verhaltensbewertungen spielen in geplanten Führungs- und Entscheidungsprozessen der Personalarbeit eine gewichtige Rolle. Dabei kommt der Beurteilung des Leistungsverhaltens eine Schlüsselstellung zu. Die Kommunikation zwischen Beurteiler (Vorgesetztem) und Beurteiltem (Mitarbeiter) zielt dabei sowohl auf unternehmerische Führungseffizienz, als auch partnerschaftliche Mitarbeiterorientierung. Die institutionalisierte Personalentwicklung, deren Einführung ein OE-Problem darstellt, ist von daher gesehen angehalten, gestalterisch tätig zu werden und Einfluß zu nehmen, indem sie z. B. in ihrer Dienstleistungsfunktion sinnvolle betriebsspezifische Beurteilungsysteme entwickelt und ihre Handhabung vermittelt.

8.2.6.1 Strategien und Konzepte der Personalbeurteilung

Das Leistungsverhalten, dem eine Schlüsselrolle für Produktivität, Flexibilität und soziale Integration zukommt, hängt wesentlich von der situationsgerechten Leistungsfähigkeit und Leistungsbereitschaft ab. Sofern eine Quantifizierung sinnvoll und machbar erscheint, bilden Leistungsqerschnitt, Leistungsintensität (quantitativ/qualitativ) sowie Leistungsdauer Merkmale, nach denen der Sachverhalt empirisch erfaßt werden kann. Die Messung des Leistungsverhaltens, dessen Ausprägung vor allem von der Komplexität der Aufgabenstellung und anderen Faktoren wie z. B. dem Entgelt beeinflußt wird, fällt schwer. Ebenso ungeklärt sind Korrelations- und sogar Ursache-Wirkungszusammenhänge zwischen Leistung und Zufriedenheit, zwei Zielen, die durchaus nebeneinander bestehen und parallel zueinander gefördert werden können.

8.2.6.1.1 Schwachstellen in der Personalbeurteilung

Integrierte Personal- und Organisationsentwicklungsmaßnahmen in der Unternehmensführung bilden das instrumentelle Netzwerk, in dem sich die Balance zwischen Anforderungen und Leistungsvoraussetzungen dynamisch entfaltet (vgl. Abbildung 8.2.9). Günstigenfalls stellen dann Personalbeurteilungen durch Vorgesetzte die Eignung des Beurteilten für Aufgabe und Position mittel- und langfristig fest und bilden die Basis für die Stabilisierung des positiven Leistungsverhaltens. Mit Hilfe von Personalbeurteilungssystemen sollen auch die Fehler oder Schwächen in der Leistungsfähigkeit und Leistungsbereitschaft im Interesse des Unternehmens (Vorgesetzten) und des Mitarbeiters festgestellt und Verbesserungsmöglichkeiten aufgezeigt werden.

Nach Auffassung von vielen Praktikern erfüllen Personalbeurteilungssysteme folgende manifesten Zwecke:

"Entgeltdifferenzierung, Personalinventur (Analyse des Mitarbeiterpotentials), Personalverteilungsentscheidungen (Versetzung, Beförderung, Freistellung), Planung von Ausbildungsbedarf und -maßnahmen, Feedback und Selbstkontrolle für den Mitarbeiter, Verbesserung der betrieblichen Zusammenarbeit, individuelle Beratung und Weiterentwicklung, Förderung von Stärken und Abbau von Schwächen der Mitarbeiter" etc. (Sauermann 1980, S. 246).

```
                    ┌──────────────────┐
                    │  Unternehmens-   │
                    │   entwicklung    │
                    └──────────────────┘

                    ┌──────────────────┐
                    │  Anforderungen:  │
                    │ • Arbeits- und   │
                    │   Organisations- │
                    │   gestaltung     │
                    │ • Technikgestal- │
                    │   tung           │
                    └──────────────────┘
                            ↕
                         EIGNUNG

┌──────────────┐    ┌──────────────────┐    ┌──────────────┐
│Organisations-│    │ Mitgestaltung der│    │  Personal-   │
│ entwicklung  │    │beteiligten Menschen│  │ entwicklung  │
└──────────────┘    └──────────────────┘    └──────────────┘

                         EIGNUNG
                            ↕
                    ┌──────────────────────┐
                    │Leistungsvoraussetzungen:│
                    │ • Leistungsfähigkeit │
                    │ • Leistungsbereitschaft│
                    └──────────────────────┘

                    ┌──────────────────┐
                    │ Technikentwicklung/│
                    │     -nutzung     │
                    └──────────────────┘
```

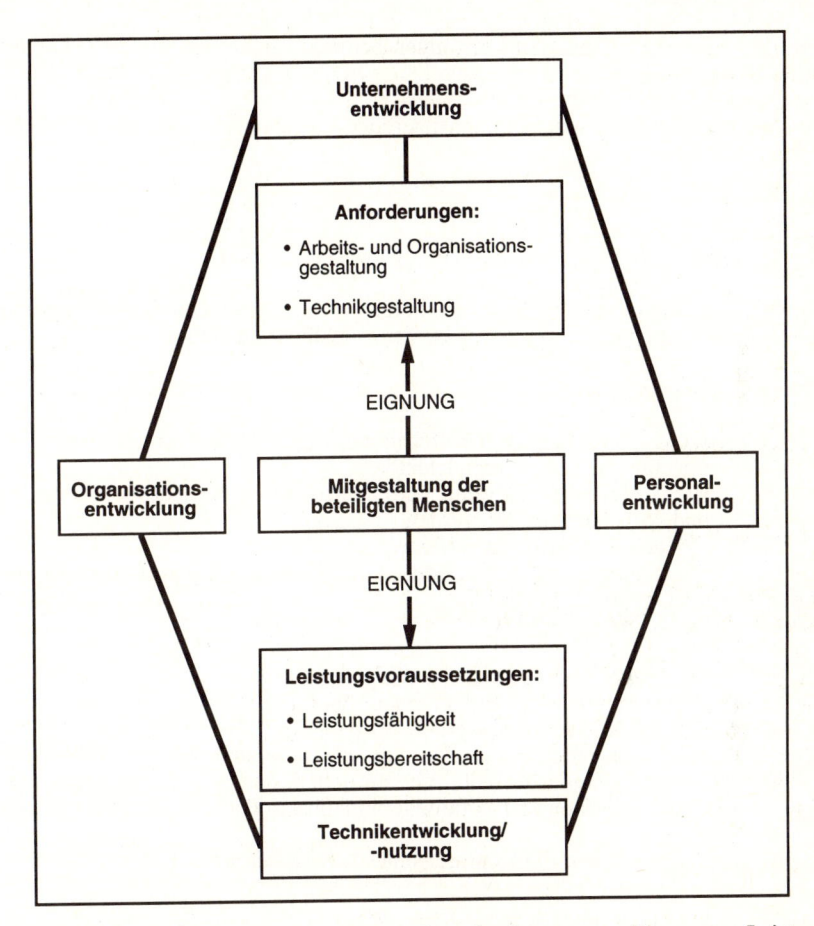

Abb. 8.2.9: Entwickelbares System von Arbeitsanforderungen - Eignung - Leistungsvoraussetzungen (nach Hesseler 1994)

Ungewollt entstehen - und dies u. U. auch in Abhängigkeit vom Intrumentarium - allerdings auch negative Wirkungen wie z. B. Unruhe, Angst, Gefallsucht oder Machtdemonstration. Trotz der Bedeutung, die dem Leistungsverhalten zukommt, sind die strategischen und inhaltlich-methodischen Defizite in vorhandenen Beurteilungssystemen augenfällig:

Strategisch

- Ziele der Personalbeurteilung sind nicht in den Zielen der Personalführung verankert.

- Sofern eine Angebots- oder Bedarfsorientierung noch in der Personalentwicklung vorherrschen, treten Zielvereinbarungen in Beurteilungsgesprächen oft genug zurück. Die Entwicklung des Beurteilungsverfahrens und sein Einsatz werden dann nicht als Teil der

Kommunikation und Interaktion zwischen Führungskraft und Mitarbeiter verstanden, eines Prozesses, der weder mit der Beurteilung zu Ende ist, noch erst da beginnt. Meist fehlen dazu eine ausgeprägte qualitative Personalplanung und Nachwuchskräftesicherung als Rahmenbedingungen.

- Oft werden nur die vergangenen Leistungen beurteilt, aber nicht die noch korrigierbaren gegenwärtigen.

- Zu viel Wert wird auf gebundene quantifizierende Verfahren gelegt (vgl. die Fallstudie 7 in Groenewald 1988).

Inhaltlich-methodisch
(Was soll eigentlich beurteilt werden und wie soll das geschehen?)

- Sozial bedingte Wahrnehmungsfehler sind umso wahrscheinlicher als Anforderungsprofile aus Stellenbeschreibungen sowie definierte Entwicklungsziele fehlen.

- Beurteilungsfehler entstehen:

    a) durch Verletzung von Kriterien der Gültigkeit, Zuverlässigkeit und Objektivität sowie Differenzierungsfähigkeit und Vergleichbarkeit,
    b) dadurch, daß oft nicht die zentralen verhaltensrelevanten, relativ stabilen Merkmale trennscharf und vollständig erfaßt werden,
    c) durch Milde-, Halo- und Hierarchieeffekte,
    d) durch fehlende Transparenz, Mitteilungs- und Dokumentationspflicht, z. B. vermittels partnerschaftlich-positiver Gespräche,
    e) durch mangelnde Praktikabilität.

- Auch fehlt als wichtiger Bezugspunkt die Aufgabenstellung und damit das Anforderungsprofil, dementsprechend sich jemand geeignet erweist oder leistungsgerecht verhält. Ausserdem stellt sich die Frage, wozu welche Aufgaben erfüllt werden sollen. Dies kann in die Vereinbarung von Entwicklungszielen münden. Abbildung 8.2.10 soll beispielhaft das Aufgabenprofil von Personalbereichen verdeutlichen, das den Bezugspunkt für die Beurteilung von Führungskräften und Mitarbeitern in diesem Funktionsfeld bilden kann.

Der folgende Abschnitt erläutert die Konturen eines Lösungsansatzes.

8.2.6.1.2 Voraussetzungen der Personalbeurteilung als Hauptinstrument der Personalentwicklung: ein Modell

Voraussetzung zur Personalbeurteilung ist eine gute Kommunikation in Form kooperativer Führung, d. h. das Personalwesen muß koordinieren, daß die Führungskräfte regelmäßig gezielte Mitarbeitergespräche führen, die zum Personalentwicklungsinstrument werden. Insofern ist Beurteilung ein in der alltäglichen Kommunikation stattfindender natürlicher Vorgang. Damit diese gerade funktionell-positional wirksame Personalbeurteilung nicht ein rein nach sozialen Wahrnehmungsprinzipien ablaufender Prozeß bleibt, muß eine systematische Objektivierung herbeigeführt werden. Dies stellt allerdings kleine und mittlere Unternehmen (KMU's) vor Schwierigkeiten, wird aber hier bereits in Einzelfällen, aber auch in einigen Großunternehmen praktiziert. Denn das Ziel muß auch sein:

- auf institutionellem Weg zur dezentralen Förderung von Personalführung beizutragen und so

- das Prinzip der kooperativen Führung in die Personalbeurteilung einzuführen, und zwar von der Entwicklung der Beurteilungssysteme an.

```
                AUFGABEN DES PERSONALWESENS
                           Ablauf

000     Leitung

010        Personalstrategien entwickeln
011            Qualifikationsbeschaffung organisieren
012            Arbeitszeitmodelle initiieren
013            Entgeltsysteme initiieren
020        Verwaltung organisieren
030        Einhaltung rechtlicher Vorschriften sicherstellen
031            Dokumentieren von Vorschriften und deren Anwendung umsetzen
032            Umsetzung prüfen und sicherstellen
033            Personenbezogene Daten sichern

100     Personalplanung, -einsatz und -verwaltung organisieren

110        Personalbedarf planen (Feinplanung), Personal finden, einsetzen und ggf. freisetzen
120        Personal einstellen
130        Personal verwalten
131            Personalstammdaten verwaltung
132            Arbeitsplatz- und Stellenbeschreibung durchführen
133            Lohn und Gehalt abrechnen
134            Arbeitszeit, Krankenstand und Urlaub verwalten

200     Personalentwicklung/Organisationsentwicklung

210        Organisieren und Durchführen der innerbetrieblichen Ausbildung
220        Koordination der außerbetrieblichen Ausbildung
230        Organisieren der Weiterbildung
231            Fachliche Weiterbildung organisieren
232            Methodische Weiterbildung fördern
233            Soziale Weiterbildung fördern
240        Beurteilen von Mitarbeitern
250        Organisieren des Vorschlagswesens

300     Organisation und Realisierung zusätzlicher Sozialleistungen

310        Organisieren und Realisieren der Werksverpflegung
320        Werkswohnung/Hilfe bei Wohnraumbeschaffung anbieten
330        Organisieren und Realisieren einer betrieblichen Altersversorgung
340        Organisieren und Realisieren sportlicher/kultureller Aktivitäten
```

Abb. 8.2.10: Aufgabenprofil in ausgewählten Personalbereichen
           (Quelle: Abschlußbericht IAO, 1992)

Beides muß in den Führungszielsetzungen zum Ausdruck kommen bzw. aus ihr ableitbar sein. Die Abbildung 8.2.11 verdeutlicht idealtypisch das Grundmodell, anhand dessen die anforderungsgerechte Kommunikation zwischen Führungskraft und Mitarbeiter beschrieben werden kann: geurteilt und verurteilt wird in jedem Fall; es kommt aber auf die Organisation des Wie an, nicht nur mit dem Ziel der Schadensbegrenzung, sondern auch der Ausschöpfung von Leistungs- und Verhaltenspotentialen.

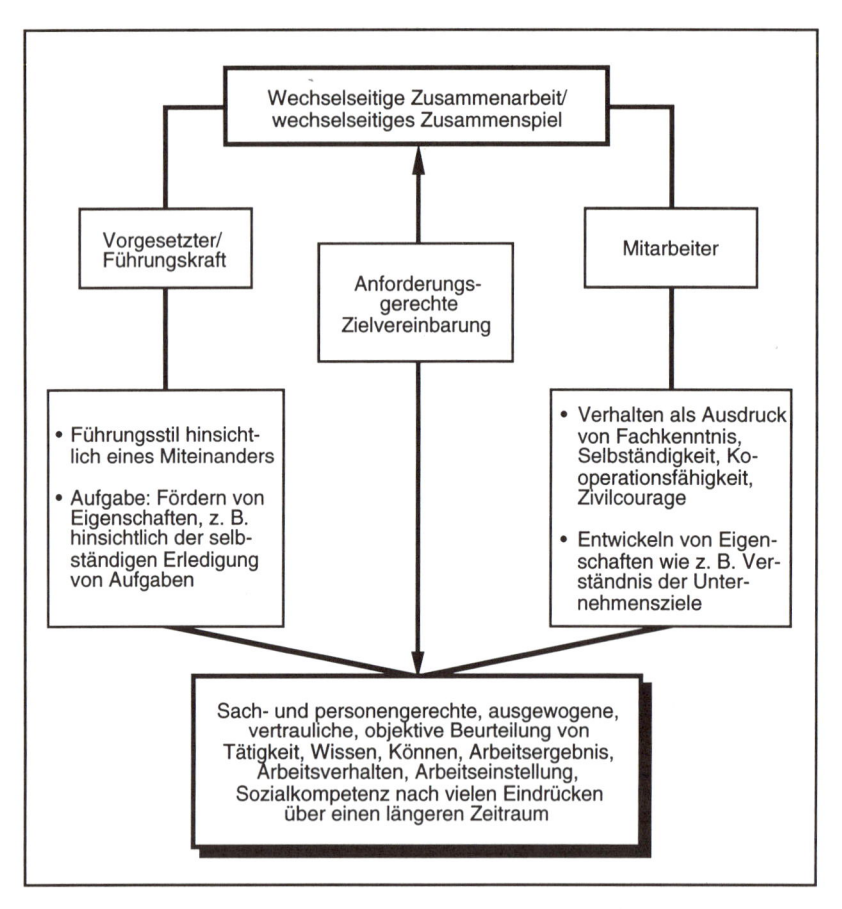

```
                    ┌─────────────────────────────────┐
                    │ Wechselseitige Zusammenarbeit/  │
                    │ wechselseitiges Zusammenspiel   │
                    └─────────────────────────────────┘
```

Abb. 8.2.11:   Grundmodell Personalbeurteilung

Diagramm-Elemente:
- Vorgesetzter/Führungskraft
- Anforderungsgerechte Zielvereinbarung
- Mitarbeiter
- • Führungsstil hinsichtlich eines Miteinanders
- • Aufgabe: Fördern von Eigenschaften, z. B. hinsichtlich der selbständigen Erledigung von Aufgaben
- • Verhalten als Ausdruck von Fachkenntnis, Selbständigkeit, Kooperationsfähigkeit, Zivilcourage
- • Entwickeln von Eigenschaften wie z. B. Verständnis der Unternehmensziele
- Sach- und personengerechte, ausgewogene, vertrauliche, objektive Beurteilung von Tätigkeit, Wissen, Können, Arbeitsergebnis, Arbeitsverhalten, Arbeitseinstellung, Sozialkompetenz nach vielen Eindrücken über einen längeren Zeitraum

Den positiven Ansatzpunkt dazu läßt folgendes Zitat erkennen:

"Wer in einer Organisation tätig ist, wird daran gemessen, ob er den von seiner spezifischen Position erwarteten Beitrag zu den Zielen des Unternehmens erbringt. Aus verschiedenen Gründen fehlt in der Praxis häufig eine präzise Beschreibung der Leistungsziele einer Position. Entsprechend sind auch die Verfahren zur Beurteilung der Leistungen in der Regel nicht an derartigen Zielen orientiert, sondern an allgemeinen Fähigkeiten und Fertigkeiten. Die inhaltliche Breite, die Loslösung von der Tätigkeit und die Nähe derartiger Beurteilungskategorien zum allgemeinen Urteil über die Persönlichkeit führen oftmals zu Widerständen gegen die Personalbeurteilung" (Nauert-Buchalla 1991, S. 3).

Gerade eine sich ständig wandelnde Organisation braucht feste Bezugspunkte und Orientierungsrituale für Vorgesetzte und Untergebene. "Hier konkretisiert das Mitarbeitergespräch die jeweils individuelle Arbeitssituation als Bilanz und Perspektive zugleich. Ergebnis des Gesprächs sind konkrete Vereinbarungen zwischen dem jeweiligen Mitarbeiter und dem Führenden für einen festzulegenden Zeitraum. Der Charakter dieser Mitarbeitergespräche soll sich von metrischen Personalbeurteilungen zu mehr gemeinsamen, qualitativen Bewertungen wandeln. Im Mittelpunkt stehen nicht die Mitarbeiterbewertungen nach einem Punktesystem, sondern Aufgaben, Ziele und Ausbildungsmaßnahmen" (Abschlußbericht IAO 1992, S. 479).

Instrumente müssen von daher darauf ausgerichtet sein herauszufinden:

- ob die erforderliche Leistung am Arbeitsplatz erbracht wird und wie dies im positiven Fall konsequenter anerkannt und belohnt werden kann,

- ob Fehler und Schwächen erkennbar sind und wie sie behoben werden können,

- ob Mitarbeiter und Führungskräfte entwicklungsfähig sind und wie sie gefördert werden können.

Dies ist sowohl in der Unternehmenskultur als auch im Mitarbeiterbewußtsein systematisch zu verankern und führt über Prozesse der Personal- und Organisationsentwicklung auch zu einer besseren Corporate Identity.

Folgende Erfahrungen müssen dabei berücksichtigt werden:

- Verwendet werden können das auf die Unternehmensstrategie ausgelegte Lernkonzept "Coaching" oder Assessmentcenterverfahren, beides qualitative Herangehensweisen.

- Beurteilungsgespräche müssen regelmäßig organisiert werden. Diese dienen der Zielvereinbarung, die die Frage beantworten hilft, zu welchem Zweck Aufgaben erfüllt werden.

- Hilfreich zur Orientierung und ebenfalls Gegenstand von Zielvereinbarungen ist dabei die Festlegung von Zielerreichungsgraden.

- Beurteilungssysteme (vgl. Abbildung 8.2.12) selbst müssen besprochen und ausgehandelt werden, und zwar von den Kriterien und Merkmalen bis in die verfahrenstechnische Seite hinein. Dieses Kommunikationsprinzip mündet dann bruchloser in Beurteilungs- und Fördergespräche.

- Auch sollte die Möglichkeit einer wechselseitigen, von beiden Seiten kompetent durchgeführten Beurteilung geprüft und praktiziert werden, d. h. ein Vorgesetzter sollte nicht darauf verzichten, durch die konstruktive Kritik seiner Mitarbeiter zu lernen (Aufwärtsbeurteilung). Voraussetzung dazu ist allerdings die Wirksamkeit einer partnerschaftlich-mitarbeiterorientierten Unternehmensstrategie.

- Verbindlich werden Beurteilungsprozesse, wenn die Verantwortung für das Ergebnis klar erkennbar ist und auch mehrere Beurteiler einbezogen sind.

- Es sollte ein grundlegender Beurteilungsbogen für alle Bereiche entwickelt werden, der konsequent ergebnis- und damit erfolgsorientiert ausgerichtet ist (vgl. Abbildung 8.2.13).

- Die Beurteilungsbögen von Mitarbeiter und Führungskräften müssen vom Grundsystem her übereinstimmen, enthalten jedoch eine ergänzende Spezifikation, z. B. hinsichtlich von Führungsqualitäten oder bestimmter Fachkompetenzen.

- Der unternehmensstrategische Aspekt sollte in die Beurteilungsprozesse Eingang finden. Dies betrifft z. B. Kriterien der kundenorientierten Innovationsfähigkeit und Flexibilität, die sich im Leistungsverhalten niederschlagen sollte.

- Von der Zielerklärung an sollten Mitarbeitergespräche immer auch als Fördergespräche geführt werden. Im Vordergrund steht also nicht immer die Optimierung des reinen aufgabenbezogenen Leistungsverhaltens, sondern immer auch der Aspekt der Persönlichkeitsentwicklung. Dies betrifft sowohl Individuen als auch Gruppen.

- Punktesysteme sind sinnvoll, sofern die Informationen verarbeitbar bleiben. Das betrifft z. B. gerade noch 7-Punkte-Systeme.

- Die tatsächlichen Veränderungen und Entwicklungen sollten verfolgt werden.

Einlageblatt zum Fördergespräch von		
Wie erfüllen Sie meine Erwartungen?		**Stärken**
KRITERIUM	INHALTSBEISPIELE	DIESE STÄRKEN SEHE ICH BEI IHNEN
1. Mitarbeiter im Markt **Verkaufsleistung**	• Freude am Verkauf, Aktivität, Initiative • Verkaufstechnik • Ausgleich von Unternehmens-Interesse und Kunden-Interesse • Erfolg beim Verkauf	
1. Mitarbeiter Stab/Folge **Serviceleistung**	• Servicebewußtsein, Aktivität, Initiative • Wirksamkeit der Serviceleistung • Umsetzung der Unternehmens-Politik • Marktunterstützung, -entlastung	
2. Zusammenarbeit	• bereichsübergreifendes Denken, Handeln • Informationsaustausch, Abstimmung • Hilfsbereitschaft, Unterstützung • Umgangston, Freundlichkeit	
3. Repräsentation	• in der Öffentlichkeit zum Unternehmen stehen • Auftreten, Erscheinungsbild, Umfangsformen	

Abb. 8.2.12: Beurteilungssystem (Beispiel) (Quelle: Nauert-Buschalla 1991)

8.2.6.2 Strategische Überlegungen zur Personalbeurteilung in ihrer Bedeutung für die Unternehmensentwicklung, Arbeitstrukturierung und OE

In der Personalentwicklung hat sich ein Wandel vollzogen. In der *angebotsorientierten Phase* der PE wurden schwerpunktsmäßig Maßnahmen außerhalb des unmittelbaren Arbeitsplatzes konzipiert und verwirklicht. Dies ging z. T. mit einer Überforderung der dezentralen Personalentwickler einher - sofern diese Führungskräfte z. T. nicht kompetent genug, zu wenig sensibel waren und keine Zeit zur Verfügung hatten. Gerade Standardprogramme (MbO, Beurteilungs- und Fördergespräche) waren daher mit Transferproblemen verbunden. Strategische Überlegungen wurden nicht berücksichtigt. Außerdem war die institutionalisierte PE von ihrer eigenen Einordnung in die Hierarchie her nur ein schwacher Partner für das TOP-Management.

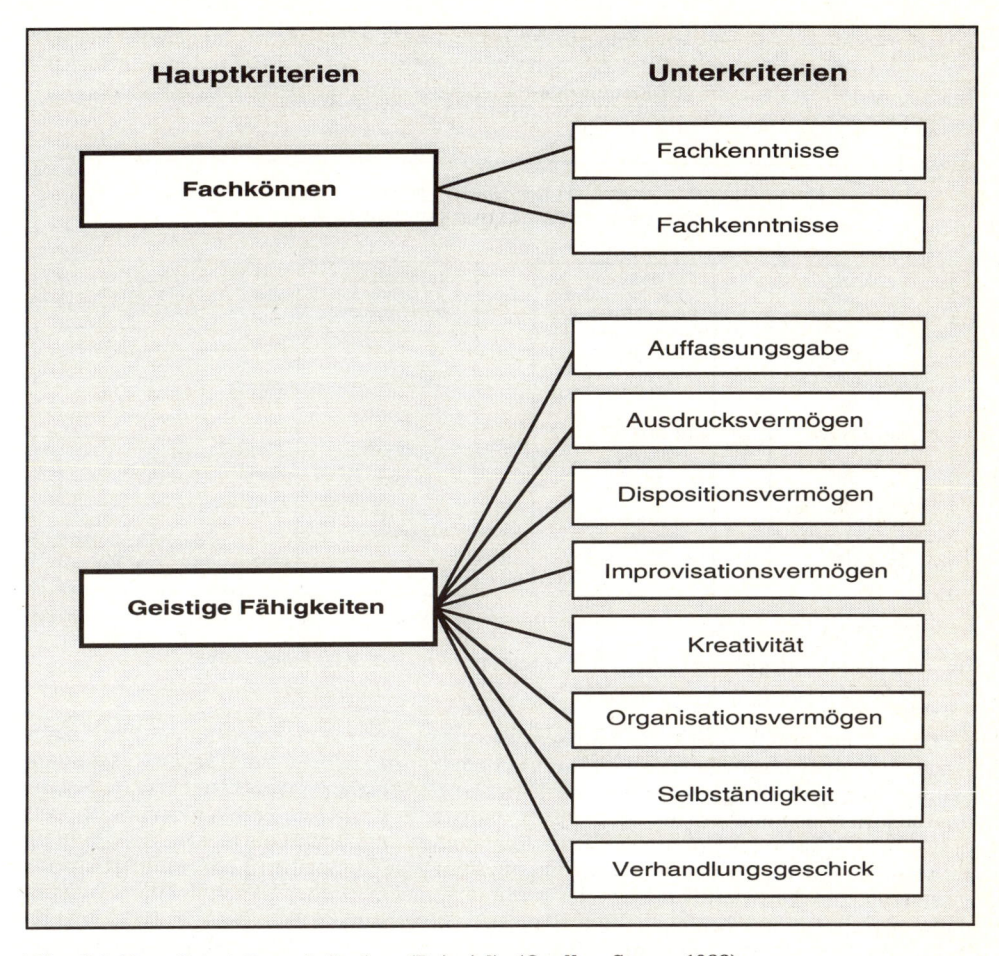

```
Hauptkriterien              Unterkriterien

                            ┌─────────────────────┐
                            │   Fachkenntnisse    │
   ┌──────────────┐        ├─────────────────────┤
   │  Fachkönnen  │────────│   Fachkenntnisse    │
   └──────────────┘        └─────────────────────┘

                            ┌─────────────────────┐
                            │   Auffassungsgabe   │
                            ├─────────────────────┤
                            │  Ausdrucksvermögen  │
                            ├─────────────────────┤
                            │ Dispositionsvermögen│
   ┌──────────────────┐    ├─────────────────────┤
   │Geistige Fähigkeiten│──│Improvisationsvermögen│
   └──────────────────┘    ├─────────────────────┤
                            │     Kreativität     │
                            ├─────────────────────┤
                            │Organisationsvermögen│
                            ├─────────────────────┤
                            │   Selbständigkeit   │
                            ├─────────────────────┤
                            │ Verhandlungsgeschick│
                            └─────────────────────┘
```

Abb. 8.2.13: Beurteilungskriterien (Beispiel) (Quelle: Stopp 1988)

Die *bedarfsorientierte Phase* der PE führte zu einer optimaleren institutionalisierten Dienstleistung für die Kommunikation vor Ort zwischen Beurteiler und Beurteiltem. So verlor z. B. die Personalbeurteilung ihr Stiefmütterchendasein, weil sowohl Geschäftsfeld- und Positionsanforderungen wie auch subjektive Leistungsvoraussetzungen und Potentiale stärker berücksichtigt wurden. Auf der Grundlage einer verbesserten qualitativen Personalplanung (Anforderungsanalyse) wurden neue Zielkriterien für Einstellungen und Verhaltensweisen definiert, die in die Beurteilungsdimensionen eingingen. Z. B. vor dem Hintergrund der positiven Erfahrungen japanischer Unternehmen mit kollektivem Management, Beteiligung und Kleingruppenaktivitäten drängen sich in der heutigen *strategieorientierten Phase* der PE eher Ansätze auf, die an der Unternehmensentwicklung und dem unternehmerischen Selbstverständnis ansetzen: Ohne allerdings die geschäftlichen Leistungsprozesse zu vernachlässigen. Die dezentral operierenden Führungskräfte müssen sich dann darüber bewußt werden, daß Personal mit seinen ganzen menschlichen Dimensionen einen wichtigen Einflußfaktor für die Verwirklichung von Strategien und Zielen darstellt. Der zentrale Dienstleistungen bereitstellende Personalentwickler muß dagegen mehr vom operativen Geschäft verstehen lernen, das unternehmerische Selbstverständnis bezüglich der Arbeitsprozesse vermitteln können, soziale Kompetenz besitzen und strategisch planen können. Im Vergleich zur Vergangenheit sind dann eher kunden- und qualitätsorientierte Strategien im Rahmen eines Total Quality Management oder Quality Integrated Business gefragt, ausgehend von der Betonung von internen Abläufen und Prozessen, die auf Komunikation angelegt sind (vgl. Abbildung 8.2.14).

Abb. 8.2.14: Strategieorientierte PE-Konzeption (Quelle: Kienbaum 1992)

Die Umsetzung dieser visionären Strategie ist organisatorisch sicherzustellen. Die Durchführung von dementsprechenden Gestaltungsmaßnahmen (Arbeits- und Technikgestaltung, Qualifizierungsgestaltung) setzt Personalentwicklungsmaßnahmen wie beispielsweise Beteiligungsqualifizierung und Organisationsentwicklung (z. B. Lern- und Problemlösungsgruppen) voraus. Dieses Netzwerk unterschiedlicher Gestaltungs- und Umsetzungsprozesse, die in die geschäftsfeld- oder abteilungsbezogene Organisation von simultanen Lern- und Arbeitsprozessen münden können, ist Ausdruck der gesamtunternehmerischen Synergie aller geschäfts- und leistungsbezogenen Kräfte, die Berge versetzen können und sollen. Diese Entwicklung beeinflußt die Personalbeurteilung insofern, als sie nicht nur von Einzelpersönlichkeiten ausgeht. Im Zusammenspiel mit der institutionalisierten Form der Personalbeurteilung gewinnen eher funktionale, positions- und gruppenbezogene Formen der Personalbeurteilung an Bedeutung hinsichtlich

- von Beurteilungsgesprächen vor Projektbeginn,

- anforderungsgerechter Auswahl von Mitarbeitern und Führungskräften für OE-Projekte und der Förderung parallel zum Projektfortschritt,

- eines hierarchieübergreifenden Lern- und Wachstumsprozesses,

- der Auswahl und Förderung von Mitarbeitern im Rahmen des Personaleinsatzes von Arbeitsstrukturierungsmaßnahmen,

- der Analyse und Gestaltung des Zusammenpassens von Technik, Organisation und Personaleinsatz sowie individuellem oder Gruppenarbeitsverhalten nach Kriterien menschlicher Potentiale, d. h. danach, ob Anforderungen leistungsgerecht erfüllt werden können (Eignung) und Persönlichkeitsentwicklung möglich ist oder Korrekturen auf Ebene der subjektiven Leistungsvoraussetzungen bzw. der objektiven Auftrags- und Erfüllungsbedingungen notwendig werden,

- der Einbindung der Beurteilung in konkrete Theorie-Praxis-Lernprojekte vor Ort,

- der Auswahl für abteilungs- oder geschäftsfeldbezogene Personalentwicklungs- und Qualifizierungsmaßnahmen sowie des Erfolgs der Umsetzung des Gelernten in Projekten oder am Arbeitsplatz,

- der Einbindung in integrierte PE/OE nach dem Prinzip der differentiellen Arbeitsorganisation oder Teamvermaschung in funktionsfeldübergreifenden Prozessen,

- einer Dynamisierung von institutioneller Personalbeurteilung als Bestandteil von Personalführung durch informell-funktionelle Personalbeurteilung in Problemlösungs- und Lerngruppen, d. h. durch die Beobachtung und Förderung des Leistungsverhaltens durch Beteiligung.

8.3 Assessment-Center
G. Olesch

8.3.1 Historie des Assessment-Centers

Der Begriff Assessment Center (AC) wurde in den dreißiger Jahren von Murray (1938, S. 12 ff.) erstmalig benutzt. Er entwickelte ein neues Selektionsprinzip, indem er mehrere Verfahren wie Interviews, psychologische und situative Tests miteinander verband. In der amerikanischen und englischen Armee fand während des 2. Weltkrieges die AC-Methode weitere Anwendung (Assessment of men selection of personnel for the Office of Strategic Services). Sie diente primär zur Selektion von Offizieren. Schließlich fand diese Methode Einlaß in die amerikanische Wirtschaft zur Auswahl von Managern. 1973 wurde das AC bereits in 150 amerikanischen Großunternehmen eingesetzt. Dazu gehörten u. a.: Ford Motor Company, General Motors, IBM, Shell Oil, Eastman Kodak (Kraut 1973, S. 172). Mitte der siebziger Jahre wurde das AC in die deutsche Wirtschaft übernommen.

8.3.2 Definition

Man versteht unter Assessment-Center ein systematisches Verfahren, das zur qualifizierten Feststellung von Verhaltensleistungen bzw. Verhaltensdefiziten dient. Mehrere Beobachter geben in bezug auf vorher definierte Anforderungen parallel Bewertungen über mehrere Teilnehmer ab. Der Vorteil des ACs liegt also einmal darin, daß es ein optimales Maß an Lebensnähe und Realismus in den Auswahlprozeß einbringt. Er besteht aber auch darin, daß es tatsächliches Verhalten mißt, insbesondere Sozialkompetenz sowie Dynamik des Arbeitsplatzes, gegenseitige Abhängigkeiten sowie Interaktionen berücksichtigt. Des weiteren werden Talente, Charakteristika und Neigungen durch die Vielzahl der Techniken und durch das Vorhandensein von mehreren Bewerbern valider, reliabler identifiziert und gemessen (Weinert 1981, S. 170 f.). Neubauer (1980, S. 82) listet drei Vorteile des ACs auf:

1. Verhaltensorientierung
Der direkte Schlüssel, die Eignung eines Mitarbeiters festzustellen, liegt im Verhalten. Deshalb werden im AC hauptsächlich Eignungsfeststellungsverfahren eingesetzt, die Sozialverhalten und -kompetenz sichtbar machen.

2. *Methodenvielfalt*
Jedes Verfahren zur Eignungsfeststellung hat Fehlerquellen, die in seiner Methodik begründet sind. Die Anwendung vielfältiger Methoden im AC dient dem Ausgleich solcher Fehler.

3. *Mehrfachbeurteilung*
Jeder Beurteiler von Verhaltensweisen macht individuelle Fehler. Beobachten mehrere Beurteiler dasselbe Verhalten, heben sich die subjektiven Fehler gegenseitig auf. In dem AC werden daher mehrere Beobachter eingesetzt.

8.3.3 Rechtliche Aspekte

Bei der Einführung von ACs in eine Unternehmung sind betriebsverfassungsrechtliche Aspekte zu berücksichtigen. Dabei stehen drei Rechtsansprüche der Arbeitnehmervertretung im Vordergrund:

1. Gemäß § 95, Absatz 1, BetrVG bedürfen Richtlinien über die Auswahl von Mitarbeitern der Zustimmung des Betriebsrates. Werden Mitarbeiter mit Hilfe des ACs beurteilt, so ist die Zustimmung der Arbeitnehmervertreter notwendig.

2. Häufig werden ACs in bezug auf die Förderung der Arbeitnehmer durchgeführt.

3. Zumeist werden Personalbeurteilungsbögen in ACs eingesetzt. Diese sind ebenfalls laut § 93, Absatz 1, BetrVG zustimmungspflichtig.

Nur unter Berücksichtigung dieser gesetzlichen Bestimmungen ist die Implementierung des ACs in einer Unternehmung möglich.

8.3.4 Ein ökonomisches AC

Im folgenden wird ein AC vorgestellt, das einen Tag in Anspruch nimmt. Neben den methodischen Aspekten der Validität, Reliabilität und Objektivität stehen Ökonomie und Rationalität im Vordergrund.

ACs haben u. a. den größten Nutzen bei der Auswahl von Mitarbeitern, die sich für eine Position in einer Unternehmung erstmalig bewerben. In diesem Sinne wurde ein AC entwickelt und geprüft, das geeignete Bewerber für Traineeprogramme in einer Großunternehmung auswählt. Folgende Aspekte, die bereits z. T. weiter oben diskutiert worden sind, finden besondere Berücksichtigung:

1. Verhaltensorientierung des ACs,
2. Methodenvielfalt,
3. Vergleichbarkeit der Teilnehmer,
4. Mehrfachbeurteilung durch mehrere Beobachter,
5. standardisierte Beurteilungsbögen,
6. Ökonomie des Verfahrens.

Zu 1: Verhaltensorientierung des ACs

Die Teilnehmer des ACs sind Absolventen von Fach- und Hochschulen. Sie werden im Kontext mit der Personalentwicklung der Unternehmung betrachtet (Olesch 1988a, S. 126 f.). Von diesen Bewerbern liegen primär nur Ausbildungsnoten vor. Diese sind kaum als Prädikatoren für Berufserfolg zu verwenden. Sozialkompetenz, die entscheidend für einen solchen Erfolg ist, wird durch das Ausbildungssystem nicht festgestellt. Daher ist es für Unternehmungen relevant, diese durch entsprechende Verfahren zu messen, damit ein Kandidat eingestellt wird, bei dem die Wahrscheinlichkeit hoch ist, erfolgreiche Arbeit in der Praxis zu leisten.

Zu 2: Methodenvielfalt

Eine Methodenvielfalt wird angestrebt, indem drei verschiedene Aufgaben von den Bewerbern bearbeitet werden müssen.

Zu 3: Vergleichbarkeit der Teilnehmer

Ca. acht Bewerber nehmen am AC teil. Alle führen dieselben Aufgaben aus. Dadurch ist eine Vergleichbarkeit der Kandidaten gewährleistet.

Zu 4: Mehrfachbeurteilung durch mehrere Beobachter

Dem beschriebenen AC sitzen vier Beurteiler bei. Sie stammen teilweise aus den Fachbereichen, für die die Bewerber vorgesehen sind. Bei diesen Beurteilern handelt es sich um Führungskräfte der 2. Ebene einer Großunternehmung. Sie sind den Vorständen direkt unterstellt. Weitere Beurteiler sind Führungskräfte des Personalwesens. Durch die Beteiligung von Führungskräften als Beurteiler wird deren Akzeptanz dem Verfahren des ACs gegenüber gefördert, was Neubauer (1980, S. 144) als Notwendigkeit betont. Ein weiterer Mitarbeiter des Personalwesens moderiert das AC. Er ist identisch mit demjenigen, der das AC entwickelt hat. Als Moderator ist er besonders geeignet, da er das Verfahren differenziert kennt. Vor der Implementierung des ACs werden die Beurteiler durch ihn über ihre Aufgaben informiert und vorbereitet, was Mentzel (1985, S. 119) als wichtige Voraussetzung für einen Erfolg des ACs sieht. Darüber hinaus ist es die Aufgabe des Moderators, das AC zu leiten, den Kandidaten die Aufgaben zu erklären, die direkte Betreuung der Kandidaten vorzunehmen sowie das Einhalten der zeitlichen Vorgaben zu sichern.

Zu 5: Standardisierte Beurteilungsbögen

Damit eine Vergleichbarkeit der Bewertungen der Beobachter gegeben ist, werden zwei standardisierte Beurteilungsbögen entwickelt. Sie dienen den Beobachtern auch als Hilfe zur rationellen Handhabung der Bewertung. Folgende neun, weiter unten operationalisierte Kriterien werden eingesetzt:

- Rhetorik,
- Selbstsicherheit,
- Motivation,
- Transfer des Fachwissens,
- Durchsetzungsfähigkeit,
- Überzeugungskraft,
- Ausdauer,
- Entscheidungsfähigkeit,
- soziales Verhalten.

Zu 6: Ökonomie des Verfahrens

Der ökonomische Vorteil des beschriebenen Verfahrens, das in der Praxis als "Vorstellungstreff" bezeichnet wird, skizziert sich wie folgt: An dem sechsstündigen AC nehmen sechs bis acht Bewerber teil. Als Alternative zu dieser Methode wurden einst traditionelle Vorstellungsgespräche geführt. Bei acht Bewerbern werden ca. sechzehn Stunden dafür benötigt. Es nahmen in der Regel vier Vertreter der Unternehmung an dem Gespräch teil. Zwei davon sollten Führungskräfte aus dem Personalressort, die anderen zwei Führungskräfte aus dem anfordernden Bereich sein. Die Kosten des ACs betragen gegenüber der traditionellen Einstellungsmethode weniger als 50 %.

8.3.5 Ablauf des ACs

Bewerber für ein Trainee-Programm werden vom Personalwesen nach Sichtung und Vorauswahl der Bewerbungsunterlagen zu dem AC bzw. Vorstellungstreff eingeladen. Die Veranstaltung findet im Bildungszentrum der Unternehmung, in den Räumlichkeiten der Weiterbildungsabteilung statt. Nach Eintreffen der Bewerber werden ihnen der zeitliche und inhaltliche Ablauf des Vorstellungstreffs durch den Moderator erläutert, der einer der Beurteiler aus dem Personalressort sein sollte. Der Moderator und die Beobachter stellen sich den Kandidaten vor. Ersterer erklärt die Funktion der Beobachter im Vorstellungstreff. Danach werden Informationen über die Unternehmung und die potentiellen zukünftigen Arbeitsfelder der Kandidaten mit Hilfe eines Films und eines Vortrags gegeben. Diese Einführung nimmt ca. eine Stunde in Anspruch. Hier, wie auch im folgenden Verlauf, ist es die Aufgabe des Moderators, auf die Zeiteinhaltung zu achten.

8.3.6 Aufgaben

Im Anschluß daran erklärt der Moderator die erste Aufgabe. Die Kandidaten sollen sich innerhalb einer Viertelstunde in einem Nachbarraum darauf vorbereiten, sich dem Plenum vorzustellen. Um die Vergleichbarkeit und Standardisierung dieser Vorstellung zu gewährleisten, verteilt der Moderator einen Leitfaden.

Die Selbstvorstellung soll in vier Punkten erfolgen:

1. Werdegang der Ausbildung mit Interessenschwerpunkten,

2. Beschreibung der Inhalte der eigenen Diplomarbeit (hierbei soll primär der Transfer des fachlichen Wissens der Kandidaten festgestellt werden,

3. Wünsche bezüglich der eigenen zukünftigen Tätigkeit in der Unternehmung,

4. private Interessen und Hobbys.

Während der Viertelstunde Vorbereitungszeit steht der Moderator den Kandidaten bei Fragen zur Verfügung. Anschließend werden die Bewerber ins Plenum gebeten und stellen sich einzeln gemäß dem Leitfaden vor. Jedem Kandidaten stehen dafür ca. fünfzehn Minuten zur Verfügung. Die Beurteiler stellen bei Bedarf Fragen, so daß sich ein Dialog ergibt. Nach Abschluß der Vorstellungsaufgabe bewerten die Beobachter die Kandidaten auf einem speziell entwickelten, standardisierten Fragebogen.

Es werden folgende operationalisierten Kriterien beurteilt:

1. Rhetorik
   Spricht flüssig und verständlich.

2. Selbstsicherheit
   Erscheint im Auftreten sicher; wirkt beherrscht; behält Übersicht.

3. Motivation
   Hat sich informiert; zeigt Interesse an Neuinformation über das Unternehmen und daran, speziell in diesem Unternehmen tätig zu werden; geht auf Unternehmensspezifisches ein.

4. Transfer des Fachwissens
   Stellt sein Fachwissen verständlich dar; verwendet eine praxisbezogene Sprache.

Die Bewertung erfolgt mit Hilfe einer fünfstufigen Rating-Skala, wie sie sich in der betrieblichen Praxis bewährt hat (Olesch 1987, S. 277 ff.). Jeder Kandidat wird über die vier Kriterien bewertet.

Es folgt die Bearbeitung eines Fallbeispiels. In diesem wird eine Aufgabe geschildert, die das zukünftige Fachgebiet der Bewerber betrifft. Das Fallbeispiel ist derart gestaltet, daß keine Ideallösung gefunden werden kann. Ziel ist es, Strategien und Argumente zur Lösung zu finden. Bei dieser Aufgabe steht also nicht die Lösung im Mittelpunkt des Interesses, sondern der Weg bzw. die Vorgehensweise. Dabei soll sich eine Diskussion zwischen Bewerbern und Beurteilern ergeben. Wieder erhalten die Kandidaten eine Viertelstunde Zeit, um allein eine Lösung zu erarbeiten. Im Anschluß daran trägt jeder Bewerber im Plenum "seine Lösung" vor. Ihm stehen ca. 10 Minuten zur Verfügung.

Als dritte Aufgabe des Vorstellungstreffs sollen sich die Kandidaten in der Gruppe auf "eine Lösung" einigen. Dafür werden 30 Minuten angesetzt. Während bei der Aufgabe davor die Argumente jedes Einzelnen im Vordergrund stehen, wird in dieser Aufgabe das Überzeugungs- und Durchsetzungsverhalten in der Gruppe beobachtet. Folgende Kriterien werden auf einer fünfstufigen Skala von den Beobachtern bewertet:

1. Durchsetzungsfähigkeit
   Kann sich in der Diskussion behaupten; setzt seine Stimmstärke und Gestik ein.

2. Überzeugungskraft
   Setzt stichhaltige Argumente und Logik ein; überzeugt durch Gesagtes.

3. Ausdauer
   Gibt bei Mißerfolg nicht auf; versucht, seine Überzeugung weiterhin einzubringen.

4. Entscheidungsfähigkeit
   Wägt Vor- und Nachteile ab und fällt dann eine Entscheidung konsequent.

5. Soziales Verhalten
   Zeigt Verhalten der Zusammenarbeit; überlegt und akzeptiert Meinungen anderer; gibt Informationen weiter; versucht, Anspannungen in der Gruppe zu reduzieren.

Anschließend werden von einem verantwortlichen Mitarbeiter des Personalressorts arbeits- und tarifvertragliche Rahmenbedingungen geschildert und mit den Teilnehmern des ACs diskutiert. Letztere erhalten hierzu auch schriftliche Unterlagen.

8.3.7 Einzelgespräche

Danach folgen Einzelgespräche. Hier werden Themen diskutiert, die nicht im Plenum behandelt werden können. Die Gehaltsfrage, das Einstellungsdatum sowie Fragen zu der angebotenen Position stehen dabei im Vordergrund. Der Bewerber kann auch nach dem Feedback über seine Person im AC fragen. Es empfiehlt sich, zwei Gespräche parallel durchzuführen. Pro Interview sollte ein Mitarbeiter des Personalressorts sowie eine Führungskraft aus dem personalanfordernden Bereich zur Verfügung stehen. Es handelt sich dabei um die bisherigen

Beurteiler. Parallel dazu sollten den anderen Teilnehmern des ACs, die sich nicht in einem der beiden Einzelgespräche befinden, vor einem Personalverantwortlichen ein Einarbeitungsprogramm bzw. Trainee-Programm des Unternehmens vorgestellt werden. Am Ende folgt ein Abschlußgespräch. Hier können die Kandidaten je nach Bedarf zum Vorstellungstreff oder zur Unternehmung Fragen stellen. Der Vorstellungstreff wird mit dem Hinweis des Moderators beendet, daß nach ca. einer Woche die Bewerber einen Bescheid über Einstellung oder Ablehnung erhalten werden.

8.3.8 Auswertung

Die Bewertungsbögen der Beobachter werden vom Moderator einbehalten, um sie mit Hilfe eines speziell entwickelten, EDV-gestützten Verfahrens auszuwerten. Zur rationellen Arbeitsweise im Personalwesen, besonders in der Personalentwicklung, sind EDV-Systeme außerordentlich wichtig (Olesch 1988b, S. 424).

Das Verfahren besitzt drei Phasen:

1. Phase:
Die Beurteilungen der vier Beobachter werden für jeden Kandidaten separat über alle neun Kriterien EDV-gestützt ausgewertet. So erhält man den Mittelwert eines jeden Kandidaten über die neun Kriterien.

2. Phase:
Die in der 1. Phase ermittelten Mittelwerte werden in eine zweite Summendatei übernommen. Es werden hier alle Bewertungen eines jeden Kandidaten aufsummiert.

3. Phase:
Die Gesamtbeurteilung der 2. Phase wird in eine Graphik transferiert.

Die Ergebnisse der Abbildung sind als Entscheidungskriterien für die Einstellung bzw. Ablehnung des jeweiligen Kandidaten ausschlaggebend. Der Durchschnittswert über alle Bewerber liegt bei ca. 2,9. Die Kandidaten, die deutlich über diesem Wert liegen, werden eingestellt. Durch mehrere AC hat es sich bestätigt, daß der Durchschnittswert 2,9 eine Konstanz besitzt. Um differenziertere Entscheidungen bezüglich der Einstellung oder Ablehnung zu fällen, werden die Ergebnisse der einzelnen neun Kriterien herangezogen, um genauer die einzelnen Verhaltensweisen zu unterscheiden. Das hier skizzierte AC hat sich inhaltlich und methodisch in der Praxis bewährt. Es stellt ein rationelles und objektives Instrument dar, das gegenüber dem traditionellen und umfangreicheren AC mit einem geringeren Aufwand eine hohe Effizienz erreicht. Daher kann es günstig in moderne Konzeptionen von Personalentwicklung eingebaut werden.

Gesamt-Literaturverzeichnis

Abschlußbericht "Mikroelektronik und berufliche Bildung" Phase II, Erstellung einer Konzeption zur Weiterbildung in rechnerintegrierten Betrieben der Auftragsfertigung, Arbeitskreis: Andersen (BdV J. Dressel GmbH), Behrens (Daimler Holding), Betzl (IAO), Dressel (IfA), Franz (Universität Bern), Hecker (BIBB), Hesseler (BIBA), Kornwachs (IAO), Rieger (IAO), Stockhausen (LEU), Spreitzenbarth (IfA) Thomfohrde (R.Bosch GmbH), Endbericht zum Forschungsvorhaben, gefördert vom Bundesminister für Bildung und Wissenschaft (BMBW), Fraunhofer Institut für Arbeitswirtschaft und Organisation (IAO), Stuttgart 1991

Adriani, B., Hurra, ein Problem! : Kreative Lösungen im Team, Wiesbaden 1989

AEG (Hrsg.), Instrumente der Weiterbildung, Frankfurt, o. J.

Aggteleky, B., Zielplanung, Zielformulierung und Projektdefinition, in: Reschke, H., (Hrsg.), Handbuch Projekt Management, München 1991, S. 81 - 123

Albert, I., Högsdahl, B.,Trendanalysen, Köln 1987

Antons, K., Praxis der Gruppendynamik, 4. Auflage, 1976

Asselborn, J. Cl., Jans, J. M., Seminarunterlagen Merise Methode, Luxemburg 1993

ATAA - Wächter, H., Modrow-Thiel, B., Schmitz, G., Analyse von Tätigkeitsstrukturen und prospektive Arbeitsgestaltung bei Automatisierung, Köln 1989

ATAA - Gottschalch, H., Modrow-Thiel, B., Roßmann, G., Wächter, H., Entwicklung eines Verfahrens zur prospektiven Gestaltung von Aufgaben und Tätigkeiten bei Einführung von Informationstechniken in die Produktion, in: Z. f. Arbeits- und Organisationspsychologie, 36 (N.F.10)(1992)1, S. 3 - 11

ATAA - Wächter, H., Modrow-Thiel, B., Roßmann, G., Persönlichkeitsförderliche Arbeitsgestaltung, Die Entwicklung des arbeitsanalytischen Verfahrens ATAA, München 1989

Atkinson, J. W., Motivatonal determinants of risk taking behavior, in: Psychological Review 64 (1957), S. 359 - 372

Augustin, S., Reminger, B., Expertensysteme als Instrument der Informationslogistik, in: Management Zeitschrift io (1989) 5, S. 67 - 70

Ausubel, D. P., Educational psychology: A cognitive view, New York 1968

Axelrod, R., The Evolution of Cooperation, New York 1984

Axelrod, R., The Evolution of Cooperation - Hofstadter, D. R., The prisoner's dilemma computer tournaments and the evolution of cooperation, in: Hofstadter, D. R. (Hrsg.): Metamagical Themas, New York 1985, S. 715 - 734

Baitsch, C., Katz, C., Spinas, P., Ulich, E., Computerunterstützte Büroarbeit. Ein Leitfaden für Organisation und Gestaltung, 2. Aufl., Zürich 1991

Baitsch, C., Was bewegt Organisationen? Selbstorganisation aus psychologischer Perspektive, Frankfurt 1993

Baldin, K.-M., Bildungscontrolling als Beitrag eines strategischen Bildungsmarketings, Vortrag auf den 4. Betriebspädagogischen Theorie-Praxis-Tagen an der Universität der Bundeswehr, Hamburg 1992

Baldissera, A., Anthropomorphic machines and artificial intelligence: Man-machine-interaction and cooperation in complex technological systems, in: FAST Forecasting and Assessment in Science and Technology, Occasional Papers No. 147, Brüssel 1987

Baritz, L., The servants of power. A history of the use of social science in American industry, Wesleyan University Press, Middletown 1960

Barrois, J. W., Arbeitsbücher und Transparente zu Rationelle Arbeitstechniken, Trainingsblöcke 1 - 4, Offenbach 1982

Bauermann, R., Anwendungsprobleme organisatorischer und software-technologischer Methoden, in: Krüger, W. (Hrsg.), Projekt Management in der Krise, Frankfurt am Main 1986

BBW-Bildungswerk der Bayrischen Wirtschaft e.V., Zum Thema Qualitätszirkel, Aktionsgruppen im Sinne von Lernstatt, in: Schriftenreihe Bd. 12, bbw, München o. J.

Bayerische Motoren-Werke, Zentrale Personal-Planung und -Entwicklung bei BMW, Der Einsatz von Szenarien zur Gestaltung der BMW Personalpolitik, München 1992

Becker, B., Strategieorientierte Bildungsbedarfsanalyse, in: Geißler, H., Schöler, W. (Hrsg.), Bildungsmarketing, Betriebliche Bildung 4, Erfahrung und Visionen, Frankfurt a.M. u. a. 1993

Becker, M., Schöne, R., Bildungsbedarfsanalyse, Bildungsplanung, Bildungscontrolling, Bildungsmarketing. Lehrbrief zum Baustein 4. Qualifizierung von Führungskräften in der betrieblichen Weiterbildung und Personalentwicklung. Arbeitsgemeinschaft Betriebliche Weiterbildungsforschung e. V., Bochum 1991

Bellgardt, P., EDV-Einsatz im Personalwesen, Heidelberg 1990

Berger, C., CASE, Studienarbeit am Lehrstuhl und Institut für Arbeitswissenschaft der RWTH Aachen, (Betreuer F. J. Heeg), Aachen 1990

Bergmann, B., Klefsjö, B., Quality from customer needs to customer satisfaction, in Swedish Studenlitteratur, Lund 1991

Beriger, P., Quality Circles und Kreativität, Stuttgart 1986

Berner, C., Software-Entwicklungen per Computer, Rechnergestützte Methoden erleichtern die DV-Anwendungsentwicklung, in: Industrie-Spektrum 11 (1988) 5, S. 234 - 255

Bierhoff, H. W., Sozialpsychologie, Stuttgart 1984, Kap. II

Bläsing, J. P., Einführung in die Methode der FMEA, in: Praxishandbuch QS, Band 2, München 1987

Bläsing, J. P., QFD - Quality Function Deployment, in: "Die hohe Schule der Qualitätssicherung, Berlin 1989

BMW AG (Hrsg.), BMW-Lernstatt, Organisationsentwicklung im Unternehmen, München 1985

BMW AG (Hrsg.), Der Einsatz von Szenarien zur Gestaltung der BMW-Personalpolitik, München 1991

BMW, DVI - eine neue Lerntechnologie im Prüfstand bei BMW, M.I.T. Friedrichsdorf 1991

Boedicker, D., Handbuch-Knigge. Software-Handbücher schreiben und beurteilen, Mannheim 1990

Böning, U., Moderieren mit System, Wiesbaden 1990

Bösenberg, D., Metzen, H., Lean Management: Vorsprung durch schlanke Konzepte, 2. Aufl., Landsberg/Lech 1993

Bortz, J., Statistik für Sozialwissenschaftler, Berlin, Heidelberg, Tokyo 1985

Bracht, J., Arbeitswissenschaft. Gieseking Wirtschaftsgrundrisse Bd. 7c, Bielefeld 1977

Brandes, W., Sommerlatte, T., Stringer, D., Zillesen, W., Leistungsprozesse und Informationsstrukturen. In: A. D. Little, Management der Hochleistungsorganisation, Wiesbaden 1989, S. 43 - 60

Brockner, J., Rubin, J. Z., Entrapment in Escalating Conflicts: A Social Psychological Analysis, New York 1985

Brown, B. R., The effects of need to maintain face on interpersonal bargaining, Journal of Experimental Social Psychology (1968)4, S. 107 - 122

Bühler, R., Betriebswirtschaftliche Organisationslehre, 5. Aufl., München, Wien 1991

Bugdahl, V., Systematik beim Problemlösen, Seminarunterlage für Degussa AG, Frankfurt 1984

Bugdahl, V., Kreatives Problemlösen, 1. Aufl., Würzburg 1991

Buggenhagen, H., J., Hochschuldidaktische Aspekte der Vermittlung und Aneignung des ingenieurgemäßen Denkens, Arbeitens und Verhaltens als Basis einer modernen Ingenieurausbildung, Dissertation B., Rostock 1985

Burghart, M., Projektmanagement - Leitfaden für die Planung, Überwachung und Steuerung von Entwicklungsprojekten, Berlin, München 1988

Carroll, J. M., The Nurnberg funnel: Designing minimalist instruction for practical computer skill, Cambridge, London 1990

Carroll, J. M., Olson, J. R., Mental models in human-computer interaction, in: Helander, M. (Ed.): Handbook of human-computer interaction, North-Holland 1988, S. 45 - 65

Chen, P. P. S., Knöll, H.-D., Der Entity-Relationship-Ansatz zum logischen Systementwurf, Mannheim, Wien, Zürich 1991

Clauß, G., Differentielle Lernpsychologie, Berlin 1984

Cleland, D., Projekt Management, Strategic Design and Implementation. TAB Professional Reference Books, 1990

Codd, E. F., A relational Model for Large Shared Data Banks, in: Comm. ACM, Vol. 13, No. 6, 1970, S. 377 - 387

Dahms, W., Gerl, H., Evaluation und Transfer in der betrieblichen Weiterbildung, in: Arnold, R. (Hrsg.), Taschenbuch der betrieblichen Bildungsarbeit, Bad Heilbrunn 1991, S. 156 - 168

Danzer, W., Systems Engineering, 5. Aufl., Zürich 1986

Decker, F., Aus- und Weiterbildung am Arbeitsplatz: Neue Ansätze und erprobte berufspädagogische Programme, München 1985

DeMarco, T., Structured analysis and system specification, Yourdon Inc., New York 1978

Deutsch, M., The Resolution of Conflict, New Haven 1973 (dt. gekürzte Fassung: Konfliktregelung, München 1976)

Deutsch, M., Krauss, R. M., The effect of threat upon interpersonal bargaining, Journal of Abnormal and Social Psychology 61 (1960), S. 181 - 189

Dewey, J., Democracy and Education, London, New York 1916, S. 5

DGQ-Schrift Nr. 12-63 (System-Audit)

DIN 25448 - Ausfalleffektanalyse, Berlin 1990

DIN 55350 Teil 11 - Begriffe der Qualitätssicherung und Statistik, Berlin 1987

DIN ISO 10011 Teil 1 - 4 - Leitfaden für das Audit von Qualitätssicherungssystemen

DIN ISO 8402 - Qualitätsmanagement und Qualitätssicherung - Begriffe, Berlin 1990

DIN ISO 9000 - QM und QS-Normen, Leitfaden zur Auswahl und Anwendung, 1987

DIN ISO 9001 - QS-Systeme, Modell zur Darlegung der QS in Entwicklung, Produktion, Montage, Kundendienst

DIN ISO 9002 - QS-Systeme, Modell zur Darlegung der QS in Produktion, Montage, 1987

DIN ISO 9003 - QS-Systeme, Modell zur Darlegung der QS bei der Endprüfung, 1987

DIN ISO 9004 - QM und Elemente eines QS-Systems, Leitfaden, 1987

Dirlwander, A.-P., Dokumentation Problemlösungs-Workshop, Frankfurt 1984

Dörner, D., Die Logik des Mißlingens. Strategisches Denken in komplexen Situationen, Reinbek bei Hamburg 1989

Dörner, D., Problemlösen als Informationsverarbeitung, Stuttgart, Berlin, Köln, Mainz 1976

Dörner, D., Kognitive Merkmale erfolgreicher und erfolgloser Problemlöser beim Umgang mit sehr komplexen Systemen, in: Ueckert, H.; Rhenius, D. (Hrsg.), Komplexe menschliche Informationsverarbeitung, Bern, Stuttgart, Wien 1979

Dörner, D., Über die Schwierigkeiten menschlichen Umgangs mit Komplexität, in: Psychologische Rundschau, 4(1981)32, S. 163 - 179

Dörner, D., Kreuzig, H. W., Reither, F., Stäudel, T. (Hrsg.): Lohhausen: Vom Umgang mit Unbestimmtheit und Komplexität, Bern 1983

Duell, W., Frei, F., Leitfaden für qualifizierende Arbeitsgestaltung, Köln 1986

Duell, W., Frei, F. (Hrsg.): Arbeit gestalten - Mitarbeiter beteiligen, Frankfurt 1986

EC Consulting Group AG, Abschlußbericht zum Projekt "Optimierung der Auftragsabwicklung in einem Unternehmen der chemischen Industrie in den neuen Bundesländern", Düsseldorf 1992

EC Consulting Group AG, Abschlußbericht zu einem betrieblichen Reorganisationsprojekt, Düsseldorf 1992

Eckardstein, von, D., Mitarbeiterführung durch partizipative Gruppenarbeit in kontrakttheoretischer Perspektive, ZfP Zeitschrift für Personalforschung (1992) 3, S. 272 - 286

Elden, M., Democratization and participative research in developing local theory, in: Journal of Occupational Behavior, Vol. 4, 1983, S. 21 - 33

Endress, R., Strategie und Taktik der Kooperation. Grundlagen der zwischen- und innerbetrieblichen Zusammenarbeit, Berlin 1975

Ernst, H., Schröder, J., Zur Weiterbildungssituation in Beschäftigungs- und Qualifizierungsgesellschaften in Mecklenburg/Vorpommern, Schwerin 1992

Erpenbeck, J., Motivation, Ihre Psychologie und Philosophie, Berlin 1984

Fackiner, Ch., Der Mensch im Mittelpunkt, Lernen mit dem Computer bei Migros M.I.T. Friedrichsdorf 1991

Fendrich, Jochem, C., Erfolgreich präsentieren, Ideen durchsetzen, Seminarunterlage für Degussa AG, Frankfurt 1984

Flamholz, E. G., Human Resource Accounting, Advances in Concepts, Method and Applications, Jossey-Bass: San Francisco 1985, S. 34 ff.

Foidl, H., Hillebrand, K., Tavolato, P., Prototyping: die Methode - das Werkzeug - die Erfahrungen; in: Angewandte Informatik (1986)3, S. 95 - 100

Ford AG Deutschland, Quality Operating System, Handbuch und Trainingsmaterial, Köln 1992

Francis, D., Young, D., Mehr Erfolg im Team, 4. Auflage, Hamburg 1992

Frank, G., Szenarien in der öffentlichen Verwaltung - Einsatz, Methoden, Technik, Beispiele, in: Göllner, M. (Hrsg.), Handbuch der öffentlichen Verwaltung - Verwaltungsmanagement, Teil B-6.1, 1991

Franke, A., Risikomanagement von Projekten, in: Reschke, H. (Hrsg.), Handbuch Projekt - Management, München 1991, S. 611 - 629

Frese, E., Aufgabenanalyse und -synthese, in: Grochla, E. (Hrsg.), Handwörterbuch der Organisation, 1. Aufl., Stuttgart 1980

Fricke, W., Worker's participation in design of work - possibilities, difficulties, recent trends, and perspectives in the FRG, in: Martin, T. (Ed.): Design of work in automated manufacturing systems, Oxford 1984, S. 91 - 95

Friedrich, W., Hennig, W. (Hrsg.), Der sozialwissenschaftliche Forschungsprozeß, Berlin 1980

Ganz, W., Hesseler, M., Schlund, M., Personalentwicklung und Qualifikation, in: Bullinger, H.-J. (Hrsg.), Reihe CIM-Fachmann, Berlin 1992

Gaster, D., Systemaudit, Die Beurteilung des QS-Systems, 1987

Geißler, K. A., von Landsberg, G., Reinartz, M. (Hrsg.), Handbuch für Personalentwicklung und Training, Loseblattsammlung, Deutscher Wirtschaftsdienst Köln, Grundwerk ab 1990

Geissner, H., Seminarunterlagen "Rhetorik" der Gesellschaft für Wirtschaftskunde, Hanau 1986

Gerken, W., Systemanalyse, Bonn 1988

Gesellschaft für Management und Organisationsberatung (GMO) Nord-West mbH, Wissensbasierte Systeme Leistungsangebot, Köln 1992

Gesellschaft für Management und Organisationsberatung (GMO) Nord-West mbH, Beschreibung der Projektabwicklung in der Aachener und Münchener Versicherungs AG, Köln 1989

Gesellschaft für Management und Organisation (GMO) AG, Projektteam-Training - Seminarunterlagen, Hamburg 1990

Gilde, W., Starke, C.-D., Ideen muß man haben, Leipzig 1969

Glaubitz, W., Der Einsatz eines Phasenmodells bei Organisationsprojekten, in: GPM (Hrsg.), Beiträge zum Projektmanagement-Forum 1989, München 1989

Gordon, T., Managerkonferenz, Reinbek 1985

Gottschalch, H., Methoden der Ausbildung für Arbeit mit Informationstechniken am Beispiel von CAD-/CAM-Lehrgängen für technische Zeichner, in: CAD-/CAM-Werkstattberichte Nr.8, IPN Kiel, 1986

Gottschalch, H., Methods and processes of work-oriented design of CIM structures; Commission of the European Communities, FAST, APS Research Papers Series, Vol.27, Brüssel 1991

Gottschalch, H., Meister sind mehr als eine PPS-Feuerwehr. Dezentrales Planen und Steuern in der Werkstatt; in: Technische Rundschau, 84 (1992)32, S. 24 - 32

Gottschalch, H., Modrow-Thiel, B., Roßmann, G., Wächter, H., Entwicklung eines Verfahrens zur prospektiven Gestaltung von Aufgaben und Tätigkeiten bei Einführung von Informationstechniken in die Produktion, in: Z. f. Arbeits- und Organisationspsychologie, 36 (N.F.10)(1992)1, S. 3 - 11

Gottschalch, H., Vöge, M., Werkstattsteuerungen auf dem Prüfstand. Leitstände für die Fertigung, in: Technische Rundschau, 85 (1993)15, S. 70 - 79

Gould, J. G., How to design usable systems, in: M.Helander (Ed.): Handbook of human-computer interaction, North-Holland 1988, S. 757 - 789

Gouldner, A. W., Reziprozität und Autonomie, Frankfurt 1984

Grabowski, J., Herrmann, T., Pobel, R., Sprechen, Handeln, Regulieren: Vom Zeichentausch zum zielgerichteten Sprechen, in: Deutsches Institut für Fernstudien an der Universität Tübingen (Hrsg.), Funkkolleg Medien und Kommunikation. Konstruktionen von Wirklichkeit, Studienbrief 3, Teil 7, Weinheim und Basel 1991, S. 51 - 83

Graham, R., Projektmanagement durch Computersimulation, in: VDI-Nachrichten, 16/17.04.1992, S.16

Graupner, J., FMEA in der Konstruktion, in: "7. Qualitätsleiter Forum" (Tagung) Band II, München 1989, S. 679 - 690

Grochla, E., Grundlagen der organisatorischen Gestaltung, Stuttgart 1982

Groenewald, H., Fallstudien zum Personalmanagement, Fall 7, 1988, S. 251 - 292

Groh, H., Unterlagen zum Vortrag im VDI-Ausschuß "Ingenieuraus- und -weiterbildung", Düsseldorf, 28.05.1993

Grupp, B., Anwendungsorientierte Istanalyse und Sollkonzeption: Problemanalyse, betriebliches Fachkonzept, Softwareorganisation, Köln 1989

Grupp, B., Methoden der Istaufnahme und Problemanalyse, Köln 1987

Guilford, J. P., in: American Psychologist (1950) 5, S. 444 - 454

Guilford, J. P., Persönlichkeit, Weinheim 1964

Gummersbach, A., u.a., Arbeitsvorbereitung, Hamburg 1980

Hacker, W., Arbeitspsychologie. Psychische Regulation von Arbeitstätigkeiten, Berlin (Ost) 1986

Hacker, W., Arbeitspsychologie. Psychische Regulation von Arbeitstätigkeiten; darin Kapitel 4.3.3. Operative Abbildsysteme (antizipative tätigkeitsleitende Gedächtnisrepräsentationen) als längerzeitige Regulationsgrundlagen (Invarianten), Bern 1986

Hacker, W., Software-Ergonomie - Gestalten rechnergestützter geistiger Arbeit?!, in: Schönpflug, W., Wittstock, M. (Hrsg.),Software-Ergonomie '87, Stuttgart 1987, S. 31 - 54

Haenschke, B., Hesseler, M., Qualifikationsentwicklungsmanagement für ostdeutsche Betriebe, in: Geißler (Hrsg.), Bildungsmanagement, 1994a

Haenschke, B., Hesseler, M., Qualifikationsentwicklungsmanagement für ostdeutsche Betriebe im Transformationsprozeß, in: Schwuchow (Hrsg.), "Jahrbuch der Weiterbildung", 1994b

Hagelgans, F., Heeg, F. J., Lichtenberg, J., Richter, U., Technisch-organisatorische Gestaltung der Arbeit durch Einsatz eines integrierten Büroinformationssystems im Verbund mit Groß-EDV, Zwischenbericht zum HdA-Projekt, Hattingen 1987

Hämmerle, E., Werkstattorientierte Systeme zur Arbeitsgestaltung und kurzfristigen Fertigungssteuerung, Vortrag im Rahmen des Promotionsvorhabens am 26. August 1993 in Bremen (BIBA)

Hamacher, B., Ein Integrationsmodell zur Verknüpfung produktionstechnischer Theorien für eine kooperative Gestaltung komplexer CIM-Systeme, Dissertation, Fachbereich Produktionstechnik der Universität Bremen, 1993 (BIBA)

Hammerstein, P., Bierhoff, H. W., Kooperation und Konflikt, in: Deutsches Institut für Fernstudien an der Universität Tübingen (Hrsg.), Studienbegleitbrief 9 zum Funkkolleg Psychobiologie - Verhalten bei Mensch und Tier, Weinheim und Basel 1987, S. 11 - 52

Hansjosten, J., Anwenderorientierte Darstellung der Vorgehensweisen, Methoden und Techniken des Projekt-Managements unter besonderer Berücksichtigung der Erfordernisse der Weiterbildung von Führungskräften, Diplomarbeit zur Erlangung des Grades Diplom-Wirtschaftsingenieur, vorgelegt am Institut für Arbeitswissenschaft der Rheinisch-Westfälischen Technischen Hochschule Aachen (Betreuer: Privatdozent Dr.-Ing. F.J. Heeg), Aachen 1992

Harke, D., Sauter, E., Qualität und Wirtschaftlichkeit beruflicher Weiterbildung: Bericht über ein Projekt zur Festlegung und Sicherung der Qualität von Bildungsmaßnahmen der Arbeitsämter, in: Bundesinstitut für Berufsbildung, der Generalsekretär (Hrsg.), Berichte zur beruflichen Bildung, 99, Berlin, Bonn 1988

Hartmann, E. A., Sell, R., Beteiligungsqualifizierung zur Gestaltung von Technik- und Arbeitsprozessen, Vortrag auf dem 16. Kongreß für angewandte Psychologie vom 19. -22.9.1991 in Dresden

Hartmann, H., Betriebliche Weiterbildung und sozialer Einfluß, in: Soziale Welt (1979) 4, S. 488 - 512

Hartmann, H., Meyer, P., Soziologie der Personalarbeit, Stuttgart 1980

Hauschildt, J., Entscheidungsziele, Tübingen 1977

Hauschildt, J., Entscheidungen der Geschäftsführung, Tübingen 1983

Heeg, F. J., Qualitätszirkel und andere Gruppenaktivitäten. Berlin, Heidelberg, New York, London, Tokyo 1989

Heeg, F. J., Phänomen Japan, Köln 1983

Heeg, F. J., Qualitätszirkel und andere Gruppenaktivitäten. Einsatz in der betrieblichen Praxis und Anwendung, Heidelberg, New York, Tokyo, Berlin 1985

Heeg, F. J., Einführung neuer Technologien, ein gruppenorientierter Ansatz, in: Zeitschrift für Organisation, (1986) 1, S. 41 ff.

Heeg, F. J., Empirische Software-Ergonomie - Zur Gestaltung benutzergerechter Mensch-Computer-Dialoge, Berlin, Heidelberg, New York, Paris, Tokyo 1988a

Heeg, F. J., Moderne Arbeitsorganisation - Grundlagen der organisatorischen Gestaltung von Arbeitssystemen bei Einsatz neuer Technologien (REFA), München 1988, 2. Auflage München 1992

Heeg, F. J., CASE zur Erstellung bzw. Einführung von aufgaben- und nutzergerechter Software, GMO (Hrsg.), Köln 1990

Heeg, F. J., Integrierte Formen des Lernens und Arbeitens, unveröff. Man., QUEM, Berlin 1993

Heeg, F. J., Projektmanagement - Planung und Steuerung betrieblicher Problemlöseprozesse, München, Wien 1992, 2. Auflage München, Wien 1993

Heeg, F. J., Deserno, D., Neuser, R., Schäfer, F., Einflüsse offener und verdeckter arbeitsschutz- und humanisierungsrelevanter Kosen auf die Wirtschaftlichkeit von Unternehmen, Bundesanstalt für Arbeitsschutz (BAU), Dortmund 1988

Heeg, F. J., Hesse, F. W., Management Seminar "Strategien zur Entscheidungsfindung in komplexen Entscheidungssituationen", Bildungswerk der Deutschen Angestelltengewerkschaft e.V. und Deutsche Angestellten Akademie (Hrsg.), Aachen, Bonn, Köln 1982

Heeg, F. J., Hornung, V., Fortbildung für kaufmännische Sachbearbeiter unter Berücksichtigung anwenderbezogener EDV-Kenntnisse - Unveröffentlicher Bericht zur Planungsphase, Institut für Arbeitswissenschaft der RWTH Aachen, Aachen 1985

Heeg, F. J., Hurtz, A., Personalentwicklung und neue Technologien, in: Personalführung (1989) 9, S. 884 - 891

Heeg, F. J., Kleine, G., Gestaltung und Einführung eines aufgaben- und nutzergerechten CAQ-Systems bei einem Automobilzulieferer, Projektplanungs-Bericht, Köln 1991

Heeg, F. J., Kleine, G., Manager als Partner und Moderator, in: Gabler's Magazin - Betriebswirtschaft für Manager (1990)1, S. 48 - 52

Heeg, F. J., Krille, H.-H., Nutzwert-Analyse - ein programmiertes Verfahren, in: GIT Fachzeitschrift für das Laboratorium, Darmstadt (1985)10, S. 1007 - 1011

Heeg, F. J., Münch, J. (Hrsg.), Handbuch Personal- und Organisationsentwicklung, Stuttgart, Leipzig 1993

Heeg, F. J., Neuser, R., Nutzergerechte Ausgestaltung von Software durch Prototyping - Grundlagen, Vorgehensweise, Wirtschaftlichkeitsaspekte, Düsseldorf 1988 (= Fortschr.-Ber. VDI Reihe 10. Nr. 98)

Heeg, F. J., Schreuder, S., Buscholl, F., Angewandte Software-Ergonomie, in: Zeitschrift für Arbeitswissenschaft 41 (1985) 2, S. 101 - 108

Heidack, C., Zum Verständnis der kooperativen Selbstqualifikation, in: Heidack, C. (Hrsg.), Lernen der Zukunft. Kooperative Selbstqualifikation - die effektivste Art der Aus- und Weiterbildung, 2. Auflage, München 1993, S. 19 ff.

Heilmann, H., Modelle und Methoden der Benutzermitwirkung in Mensch-Computer-Systemen, Stuttgart 1981

Heinig, J., Stehle, B., Bewerberorientierte Personalauswahl: Der Beratertag, in: Personalwirtschaft 1988, 5, S. 235 - 238

Heinrich, L. J., Burgholzer, P., Systemplanung, Band 1, 3. Auflage, 1987

Helml, E., Arbeitsrecht - Examenskurs für Rechtsreferendare, 3. Auflage, München 1993

Hentschel, B., Personaldatenverarbeitung und PC-Einsatz, in: Personalwirtschaft, (1987) 3, S. 113 - 117

Hentze, J., Personalwirtschaftslehre, Stuttgart 1986

Hertel, H.-D., Systemanalyse betrieblicher Berufsbildung in: Berke, R., Lang, V. (Hrsg.), Forschung und Praxis 2, Frankfurt a. Main 1976

Hesseler, M., Soziale Innovationen als zentraler Bestandteil der Unikatproduktion: Mitwirkung, Lernen, Erfahrungen der organisiert zusammenarbeitenden Menschen, in: CIM-Fachmann (Reihenhrsg.: I, Bey), CIM in der Unikatfertigung und -montage (Bd.-Hrsg.: B. E. Hirsch), Heidelberg u. a. 1992, S. 126 - 159

Hesseler, M., Innerbetriebliche Fortbildung als organisatorische Sozialisation im Transformationsprozeß, internes Diskussionspapier QUEM, Berlin 1993

Hesseler, M., Arbeits- und sozialwissenschaftliche Begleitforschung zum HdA-Projekt "Probenfertigung": Thema "Lernstatt" - Umsetzung des vereinbaren Organisationskonzepts als praktische Stufe der Schulung, Gesprächsthemen für die nächste(n) Planungssitzung(en) bzw. Information zum Lernstattkonzept als Diskussionsgrundlage (Vorschlag), IAO, Stuttgart 1988

Hesseler, M., Manager und Mitarbeiter. Personalentwicklung vor neuen Herausforderungen, in: QUEM-Bulletin (1993)1, S. 8 - 10

Hesseler, M., Beteiligungsorientierte Organisations- und Personalentwicklung als notwendiger Bestandteil der CIM-Gestaltung, in: Geißler, K. A., von Landsberg, G., Reinartz, M., (Hrsg.), Handbuch Personalentwicklung und Training, Köln 1994

Hesseler, M., van Weert-Frerick, B., Erfolgskontrolle beruflicher Fortbildungsmaßnahmen in Industrieunternehmen, 2 Bände, Opladen 1982

Hirsch, B. E., Wittkowsky, A., Gottschalch, H., Mentale Modelle und Gestaltung von Werkstattsteuerungen, Antrag an den Projektträger "Arbeit & Technik" des BMFT, April 1989

Hoff, H., Graphische und elektronische Leitstände, Hoff Industrierationalisierung, HIR-Marktstudien, Wiesbaden 1991

Hoffmann, J., Das richtige Gedächtnis, Berlin 1982

Hornung, V., Ein arbeitswissenschaftlich begründetes Verfahren zur Gestaltung technisch-betriebsorganisatorischer Software für Unternehmen des Maschinenbaus, Dissertation RWTH Aachen 1991

Horvath, P., Controlling, in: Kosiol, E. (Hrsg.), Handwörterbuch des Rechnungswesens, 2. Aufl., Stuttgart 1991, S. 366

Huck, J., Assessment Centers: A review of the external and internal validities, in: Personnel Psychology, 26(1973), S. 191 - 212

Hutchins, QC-Circles, an Introduction, in: Industrial and Commercial Training (United Kingdom) (1980)12, S. 12

IAO-Forum "Teamartige Personalstrukturen", Berichte aus Forschung und Praxis IPA/IAO, Berlin u. a. 1992

Imai, M., Kaizen - Der Schlüssel zum Erfolg der Japaner im Wettbewerb, 7. Auflage, München 1992

Jacobi, J. R., Soziopsychologische Erklärungsmodelle, in: Deutsches Institut für Fernstudien an der Universität Tübingen (Hrsg.), Studienbegleitbrief 3 zum Funkkolleg Beratung in der Erziehung, Weinheim, Basel 1975, S. 27 - 60

Jacobs, R., Auswahl von Führungskräften durch Bestimmung der Problemlöseleistung mittels Simulationsübungen, Diplomarbeit am Institut für Arbeitswissenschaft der RWTH Aachen, Aachen 1987

Jeserich, W., Mitarbeiter auswählen und fördern, München, Wien 1981

Jochmann, W., Fundierte Führungskräfte-Beurteilung durch Einzel-Assessment, in: Personalwirtschaft, (1988) 4, S. 183 - 187

Junker, R., Heeg, F. J., Spieler, B., Bildschirmarbeitsplätze in der Arbeitsvorbereitung, in: Arbeitsvorbereitung AV, 21(1984)5, S. 134 - 137

KABA - Dunckel, H., Volpert, W., Zölch, M., Kreutner, U., Pleiss, C., Hennes, K., Kontrastive Aufgabenanalyse im Büro. Der KABA-Leitfaden. Grundlagen und Manual, Stuttgart 1993

Kelley, H. H., Stahelski, A. J., Social interaction basis of cooperators' and competitors' beliefs about others, Journal of Personality and Social Psychology 16 (1970), S. 66 - 91

Keplinger, W., Erfolgsmerkmale im Projekt-Management, in: ZFO (1992) 2, S. 99 - 105

Kerzner, H., Projektmanagement for Small and Medium Size Businesses, New York 1984

Kett, I., Projekte erfolgreich managen, in: Havard Manager (1990) 2, S. 50 - 55

Kienbaum, J. (Hrsg.), Visionäres Personalmanagement, Stuttgart 1992

Kimmel, M. J., Pruitt. D. G., Konar-Goldbrand, E., Carnevale, P. J. D., Effects of trust, aspiration and gender on negotiation tactics, Journal of Personality and Social Psychology 38 (1980), S. 9 - 22

Klarhöfer, S. u. a., Das Qualitätsproblem der beruflichen Weiterbildung im Verantwortungsbereich der freien Bildungsträger - dargestellt an Erfahrungen und Arbeitsweisen des Interessenverbandes Berufliche Weiterbildung Berlin-Brandenburg e. V., Berlin 1993

Klein, L., Die Entwicklung neuer Formen der Arbeitsorganisation, Göttingen 1975

Kleine, G., Integrierte Qualitätssicherung, in: Hackstein, R. (Hrsg.), FIR und IAW Forschung für die Praxis, Berlin 1991

Kleine G., Problemorientierte Analyse zum Personalentwicklungsbedarf - eine beteiligungsorientierte Methode (nicht veröffentlichtes Manuskript) 1992

Knebel, H., Schneider, H., Taschenbuch zur Stellenbeschreibung, Heidelberg 1985

Köhler, A., Intensivierung, Leitung, Neuerungsprozesse: Leitung von Neuerungsprozessen in Kombinaten und Betrieben, Institut für sozialistische Wirtschaftsführung (Merseburg), Berlin 1987

Kraut, A. J., Management Assessment Centers, in: International organisations, Industrial Relations, 12 (1973)2, S. 172 - 182

Kreikebaum, H., Strategische Unternehmensplanung, 2. Aufl., Stuttgart u. a. 1987

Krippendorff, K., Der verschwundene Bote. Metaphern und Modelle der Kommunikation, in: Deutsches Institut für Fernstudien an der Universität Tübingen (Hrsg.): Funkkolleg "Medien und Kommunikation. Konstruktionen von Wirklichkeit." Studienbrief 3. Beltz Verlag Weinheim und Basel 1990, S. 11 - 50

Krowston, K., Malone, T. W., Information technology and work organization, in: Helander, M. (Ed.): Handbook of human-computer interaction, North-Holland 1988, S. 1051 - 1070

Küchler, J., Theorie und Praxis der Qualitätszirkel - Deutsche Vereinigung zur Förderung der Weiterbildung von Führungskräften (Wuppertaler Kreis) e.V., Köln 1981

Kummer, W., Spühler, R., Wyssen, R., Projektmanagement, Leitfaden zu Methode und Teamführung in der Praxis, Zürich 1986

Kupper, H., Zur Kunst der Projektsteuerung, München 1991

Landsberg, von, G., Bildungscontrolling/Betriebswirtschaftliche Erfolgssteuerung, in: Geißler, K. A., v. Landsberg, G., Reinartz, M. (Hrsg.), Handbuch für Personalentwicklung und Training, Köln 1991, S. 1 - 18

Lay, R., Dialektik für Manager, Berlin, Frankfurt 1989a

Lay, R., Führen durch das Wort, Berlin, Frankfurt 1989b

Lay, R., Kommunikation für Manager, Düsseldorf, Wien, New York 1989c

Leitner, K., Volpert, W., Greiner, B., Analyse psychischer Belastung in der Arbeit, Köln 1987

Lepiorz, E., Integration von Organisations- und Qualifikationsstrategien. Eine Konzeption für den zentralen Organisationsbereich der Daimler-Benz AG, in: Bullinger, H.-J. (Hrsg.), Büroforum '86: Informationsmanagement für die Praxis, 6. IAO-Arbeitstagung, Stuttgart 1986, S. 277 - 289

Liebelt, W., Sulzberger, M., Grundlagen der Ablauforganisation, Gießen 1989

Lindecker, J. D., Software-Projekte: Die 20 häufigsten Fehler (Teil II), in: Management-Zeitschrift Industrielle Organisation, (1989) 3, S. 48 - 53

Mackenzie, A. R., Die Zeitfalle, Heidelberg 1984

Madauss, B., Handbuch Projektmanagement, 3. Aufl., Stuttgart 1990

Maeck, H., Motivation und Manipulation in der Führungspraxis, 2. Auflage, Köln

Mährländer, H. J., CASE-Strategie und CASE-Einführung; GMO Gesellschaft für Managment und Organisation AG, Hamburg (Hrsg.), Frankfurt 1990

Management für alle Führungskräfte in Wirtschaft und Verwaltung, Band I, Begleitmaterial zur gleichnamigen Fernsehreihe in Zusammenarbeit mit dem Südwestfunk und dem Norddeutschen Rundfunk, Deutsche Verlags-Anstalt Lehrtechnologie, Stuttgart 1972

Mann, W. E., Organisationsentwicklung in der Produktion - Ansätze zur Integration der Mitarbeiter, in: Fortschrittliche Betriebsführung und Industrial Engineering 34(1985)3, S. 128 - 135

Marr, R., Stitzel, M., Personalwirtschaft - ein konfliktorientierter Ansatz, München 1979

Masing, W., Handbuch der Qualitätssicherung, München, Wien 1988

Maturana, H. R., Erkennen: Die Organisation und Verkörperung von Wirklichkeit, Braunschweig, Wiesbaden 1982

Maturana, H., Varela, F. J., Autopoiesis and cognition. The realization of the living, Dordrecht 1980

Maturana, H., Varela, F. J., Der Baum der Erkenntnis, Bern 1987

Mayer, R. F., Lernziel im Unterricht, Weinheim 1983

Maynard Smith, J., Price, G. R., The logic of animal conflict, Nature 246 (1973), S. 15 - 18

McMenamin, St. M., Palmer, J. F., Strukturierte Systemanalyse, München 1988

Meffert, H., Informationssysteme, Grundbegriffe der EDV und Systemanalyse, Düsseldorf 1975

Mentzel, W., Unternehmenssicherung durch Personalentwicklung, Freiburg 1985

Merten, K., Unsere tägliche Wirklichkeit heute, Wie Medien die Kommunikation entfalten, in: Deutsches Institut für Fernstudien an der Universität Tübingen (Hrsg.), Medien und Kommunikation, Konstruktion von Wirklichkeit, Funkkolleg Studienbrief 5, Weinheim und Basel 1990, S. 11 - 40

Metz, A., Partizipative Gestaltung einer Arbeitsorganisation, in: FB/IE Fortschrittliche Betriebsführung und Industrial Engineering 41 (1992) 5, S. 251 - 253

Meyer-Dohm, P., Projektorientierte Qualifizierung - ein Verfahren der Bildungsbedarfsermittlung, in: Innerbetriebliche Weiterbildung, Darmstadt 1990, S. 205 - 221

MICIM, Methodology for the Introduction of CIM, ESPRIT-Project 2706, Projektpartner Carlo Garazzi, GEC, Philips, TNO, C.E.C., Brüssel 1993

Minz, H., Conze, P., Recht des öffentlichen Dienstes, 6. Auflage, Berlin/Bonn, Regensburg

Mizuno, S., Management for Quality Improvement, Cambridge 1989

Müller, D., Methoden der Ablauf- und Terminplanung von Projekten, in: Reschke, H. (Hrsg.), Handbuch Projekt Management, München 1991, S. 263 - 311

Müller, S., Tests und andere Prüfverfahren, in: Handwörterbuch der Betriebspsychologie und Betriebssoziologie, Stuttgart 1981, S. 350 - 354

Müller-Ettrich, R., Projektbezogene Einsatzmittelplanung, in: Reschke, H. (Hrsg.), Handbuch Projekt Management, München 1991, S. 313 - 329

Murray, H. A., Explorations in personality, New York 1938

Naisbitt, J., Megatrends: 10 Perspektiven, die unser Leben verändern werden, Bayreuth 1984

Nauert-Buschalla, A., Mitarbeiterbeurteilung als Instrument der Personalentwicklung, in: Geißler, K. A., v. Landsberg G., Reinartz, M. (Hrsg.), Handbuch Personalentwicklung und Training, Köln 1991, Abschnitt 7.1.5.0

Neubauer, R., Assessment Center Technik: Ein verhaltensorientierter Ansatz zur Führungskräfteauswahl, in: Neubauer, R., Rosenstiel, L. (Hrsg.), Handbuch der angewandten Psychologie, München 1980

Neuberger, O., Der Mensch ist Mittelpunkt. Der Mensch ist Mittel. Punkt. Acht Thesen zum Personalwesen, in: Personaführung (1990)1, S. 2 - 10

Neumann, J. von, Morgenstern, O., Theory of Games and Economic Behavior, Princeton 1944

Norman, D. A., Draper, St. W. (Eds.), User Centered System Design. New Perspectives on Human-Computer Interaction, Hillsdale 1986

Oberlin, U.-P., Erfolg durch Kreativität, Genf 1986

Ochsner, M., Persönliche Arbeitstechnik, Die Orientierung Nr. 91, Schweizerische Volksbank, hr-Team, Stuttgart-Böblingen 1990

Oess, A., Total Quality Management, 3. Auflage, Wiesbaden 1993

Olesch, G., Rationelle Bedarfsermittlung in der Personalentwicklung, in: Fortschrittliche Betriebsführung und Industrial Engineering (1987)12, S. 275 - 2979

Olesch, G. (b), EDV-Einsatz in der Personalentwicklung, in: Olesch, G. (Hrsg.), Personalführung (1988)5-6, S. 424 - 430

Olesch, G. (a), Die Personalentwicklung und ihre Aufgaben in einer Unternehmung, in: Olesch, G. (Hrsg.), Personalführung, (1988)3, S. 122 - 127

Olesch, G., Praxis der Personalentwicklung, Heidelberg 1992

Olesch, G., EDV-gestützte Personalentwicklung, in: Personalführung (1988), 5-6, S. 424 - 430

Olesch, G., Schritte der Personalentwicklung, in: ZFO, (1989), 5, S. 301 - 310

Osborn, A. F., Applied imagination = principles and procedures of creative thinking, New York 1953

Patzak, G., Systemtheorie und Systemtechnik im Projektmanagement, in: Reschke, H. (Hrsg.), Handbuch Projekt Management, München 1991, S. 27 - 57

PDV Unternehmensberatung für Datenverarbeitung: Marktübersicht Leitstände, Stuttgart 1992

Peschke, H., Betroffenenorientierte Systementwicklung, Frankfurt 1986

Peters, T., Kreatives Chaos, Hamburg 1988

Platz, J., Hat das FuE-Projektmanagement versagt?, in: Balk, H. (Hrsg.), Neuorientierung im Projektmanagement, Köln 1990

Platz, J., Aufgaben der Projektsteuerung, in: Reschke, H., (Hrsg.), Handbuch Projekt Management, München 1991, S. 233 - 259

Platz, J., Schmelzer, H., Projektmanagement in der industriellen Forschung und Entwicklung, Berlin, Heidelberg u. a. 1986

Ploenzke Informatik: Funktionen von Fertigungsleitständen, Fertigungsleitstand-Report, Wiesbaden 1992

Pohle, H., Intensivierung - Leitung - Neuerungsprozesse: Leitung von Neuerungsprozessen in Kombinaten und Betrieben, Berlin 1987

Pohner, S., Möglichkeiten und Grenzen des Einsatzes von Gruppen in Innovationsprozessen (Diplomarbeit), RUB Bochum 1990

Pruitt, D. G., Kimmel, M. J., Twenty years of experimental gaming, Annual Review of Psychology 28 (1977), S. 363 - 392

Putz-Osterloh, W., Lüer, G., Über die Vorhersagbarkeit komplexer Problemlöseleistungen durch Ergebnisse in einem Intelligenztest, in: Zeitschrift für experimentelle und angewandte Psychologie, 28(1981)2, S. 79 - 100

Raasch, J., Systementwicklung mit strukturierten Methoden, München 1991

REFA - Verband für Arbeitsstudien und Betriebsorganisation e.V., Methodenlehre der Betriebsorganisation, Teil 1, Grundlagen, München 1991

REFA - Verband für Arbeitsstudien und Betriebsorganisation e.V., Methodenlehre der Betriebsorganisation, Planung und Gestaltung komplexer Produktionssysteme, München 1990

REFA - Verband für Arbeitsstudien und Betriebsorganisation e. V., Methodenlehre der Betriebsorganisation, Arbeitsgestaltung in der Produktion, München 1993

REFA - Verband für Arbeitsstudien und Betriebsorganisation e. V., Methodenlehre der Betriebsorganisation, Ablauforganisation im Bürobereich, München 1992

Reichel, A., Das Erkennen von Organisationsproblemen, Bern 1990

Reschke, H., Svoboda, M., Projektmanagement - Konzeptionelle Grundlagen, Beiträge der Artikelreihe, in: Frankfurter Zeitung, Blick durch die Wirtschaft, herausgegeben von der Frankfurter Allgemeinen Zeitung, Juni und Juli 1983

Riehle, H.-G., Rinza, P., Schmitz, H., Systemtechnik in Betrieb und Verwaltung, Teil 1. Grundlagen und Methoden, Düsseldorf 1978

Rinza, P., Projekt Management, Düsseldorf 1985

Rinza, P., Schmitz, H., Nutzwert - Kostenanalyse, VDI-Taschenbuch T 51, Düsseldorf 1977

Rosenstiel von, L., Motivation im Betrieb, München 1980

Roth, G., Die Entwicklung kognitiver Selbstreferentialität im menschlichen Gehirn, in: Baecker, D. u. a. (Hrsg.): Theorie als Passion, Frankfurt 1987, S. 399 f.

Rühle, R., Kognitives Training in der Industrie, Berlin 1988

Rusch, G., Verstehen verstehen. Kognitive Autonomie und sozial Regulation, in: Deutsches Institut für Fernstudien an der Universität Tübingen (Hrsg.): Funkkolleg Medien und Kommunikation. Konstruktionen von Wirklichkeit, Studienbrief 4. Beltz Verlag, Weinheim und Basel 1990, S. 11 ff.

Ruschel, A., Lerntransfersicherung und -controlling, in: Geißler, K. A., v. Landsberg, G., Reinartz, M. (Hrsg.), Handbuch für Personalentwicklung und Training, Köln 1991, S. 1 - 32

Sailer, M., Personal-Controlling, ein Instrument zur strategischen Entwicklung und ökonomischen Fundierung der Personalarbeit, Manuskript des IFPM an der Hochschule St. Gallen, 1988

Sauermann, P., Leistungsbeurteilung, in: von Beckerath, P. G., Sauermann, P., Wiswede, G. (Hrsg.), Handwörterbuch der Betriebspsychologie und Betriebssoziologie, Stuttgart 1981, S. 246 - 248

Sauter, E., Qualität in der beruflichen Weiterbildung, Berlin 1990

Saynisch, M., Phasenweiser Projektablauf und Phasenorganisation, in: Reschke, H. (Hrsg.), Handbuch Projekt Management, München 1991

Schaub, G., Arbeitsrechtshandbuch, 7. Auflage, München 1992

Schaub, G., Guter Rat im Arbeitsrecht - unter besonderer Berücksichtigung des Rechts der neuen Bundesländer, München 1991

Scheel, J., Erfolgspotential Ablauforganisation. Systematische Gestaltung, Auswahl und Bewertung von Fertigungsleitsystemen, Köln 1990

Scheffer, B., Wie wir erkennen: Die soziale Konstruktion von Wirklichkeit im Individuum, in: Deutsches Institut für Fernstudien an der Universität Tübingen. (Hrsg.): Medien und Kommunikation, Konstruktionen von Wirklichkeit, Studienbrief 2, Teil 5, Weinheim, Basel 1991, S. 46 - 81

Schelle, H., Kostenplanung und- kontrolle: Ein Überblick, in: Reschke, H., (Hrsg.), Handbuch Projekt Management, München 1991, S. 333 - 349

Scheucher, F., FMEA - Failure Mode and Effects Analysis, in: Die Hohe Schule der Qualitätssicherung, Band 2, München 1987

Schick, M., Schick, H., Qualitatives Bildungscontrolling, in: Geißler, K. A., v. Landsberg G., Reinartz, M. (Hrsg.),Handbuch für Personalentwicklung und Training, Köln 1992, S. 1 - 22

Schierenbeck, H., Grundzüge der Betriebswirtschaftslehre, München, Wien 1981

Schindler, K., Wirkung und Erfolg der Weiterbildung, Zu Fragen der Effizienzmessung, Beiträge zur Gesellschafts- und Bildungspolitik, in: Institut der deutschen Wirtschaft, (Hrsg.), B. 37, Köln 1979

Schlicksupp, H., Ideenfindung, Würzburg 1992

Schmidt, F. L. et. al., The impact of valid selection procedures on workforce productivity, in: Journal of Applied Psychology, 1979, S. 609 - 626

Schmidt, G., Die "Neuen Technologien" - Herausforderung für ein verändertes Technikverständnis der Industriesoziologie, in: Weingart, P. (Hrsg.): Technik als sozialer Prozeß, Frankfurt 1989, S. 231 - 255

Schmidt, G., Methoden und Techniken der Organisation, 8. Auflage, Giessen 1989

Schmidt, K. F., Arbeitswissenschaftliche Aspekte des Software-Entwicklungsprozesses, in: Information Management (1990) 1, S. 48 - 55

Schmidt, S. J., Grundriß der empirischen Literaturwissenschaft, Bd. 1, Braunschweig, Wiesbaden 1980

Schmidt, S. J., Wir verstehen uns doch? Von der Unwahrscheinlichkeit gelingender Kommunikation., in: Deutsches Institut für Fernstudien an der Universität Tübingen (Hrsg.): Funkkolleg Medien und Kommunikation, Konstruktionen von Wirklichkeit, Studienbrief 1, Teil 2, Weinheim, Basel 1991, S. 50 - 78

Schmitz, H., Systemtechnik in Betrieb und Verwaltung, Teil 2: Verfahren und praktische Beispiele zur Abwicklung komplexer Aufgaben, Düsseldorf 1978

Schmitz, O., Hesseler, M., Erweiterung der arbeitsorganisatorischen Gestaltungsspielräume in der spanenden Fertigung durch den vernetzten Einsatz freiprogrammierbarer Betriebsmittel, zum Belastungsabbau und zur Qualifizierung (Probenfertigung), Lernstattkonzept, Trier 1989

Schneider, K., Scherer, K. R., Motivation und Emotion, in: Deutsches Institut für Fernstudien an der Universität Tübingen (Hrsg.), Funkkolleg Psychobiologie, Studienbegleitbrief 6, Weinheim, Basel 1987, S. 57 - 98

Scholz, H.-E., Erfolg durch bessere Methoden, Berlin, München 1986

Schubert, G., Kontrolle, in: Management II, Für alle Führungskräfte in Wirtschaft und Verwaltung. Grundlagen der kooperativen Führung, Deutsche Verlags-Anstalt Lehrtechnologie, Stuttgart 1972, S. 96

Schulz, G., Die Erlebnisgesellschaft: Kultursoziologie der Gegenwart, Frankfurt/Main 1992

Schwarze, J., Netzplantechnik, Eine Einführung in das Projektmanagement, Herne, Berlin 1990

Scriven, M., Die Methodologie der Evaluation, München 1972

Seiffge-Krenke, J., Probleme und Ergebnisse der Kreativitätsforschung, Bern, Stuttgart, Wien 1974

Seiwert, L. J., Mehr Zeit für das Wesentliche, Landsberg 1984a

Seiwert, L. J., Das 1 x 1 des Zeitmanagement, Band 10 der GABAL-Schriftenreihe, Speyer 1984b

Seiwert, L. J., Institut für Zeitmanagement, Trainingsunterlagen für Degussa AG, Frankfurt 1984/85c

Selbach, R., Pullig, K. K. (Hrsg.), Handbuch Mitarbeiterbeurteilung, Wiesbaden 1992

Sell, R., Angewandtes Problemlösungsverhalten - Denken und Handeln in komplexen Zusammenhängen, Berlin, Heidelberg, New York, London, Tokyo 1988

Selten, R., Experimentelle Wirtschaftsforschung, Rheinisch-Westfälische Akademie der Wissenschaften, Vorträge Nr. 287, 1979

Seminarprotokoll "Team leiten, betreuen, moderieren", 1992, unveröffentlicht

Shannon, C. E., Weaver, W., Mathematische Grundlagen der Informationstheorie, München 1976, S. 16 (zuerst erschienen 1949: The mathematical theory of communication. Urbana)

Sikora, J., Handbuch der Kreativitäts-Methoden, Darmstadt 1976

Skell, W., Erste Erfahrungen mit Selbstinstruktionstraining, in: Wiss. Konferenz 1979, Zentralinstitut für Berufsbildung, Berlin 1979, S. 337 ff.

Skowronek, H., Lernen und Lernfähigkeit, 4. Auflage, München 1972

Snyder, M., Swann, W. B., Behavioral confirmation in social interaction, Journal of Experimental Social Psychology, 14/1978), S. 148 - 162

Sonntag, K., Qualifikation und Qualifizierung bei komplexen Arbeitstätigkeiten, in: Hoyos, C. G., Zimolong, B. (Hrsg.),Ingenieurpsychologie, Enzyklopädie der Psychologie, D, III, Bd. 2, Göttingen 1991

Spinas, P., Troy, N., Ulich, E., Leitfaden zur Einführung und Gestaltung von Arbeit mit Bild schirmsystemen, Zürich, München 1983

Staudt, E., Kröll, M., von Hören, M., "Die lernende Unternehmung", Innovation zwischen Wunschvorstellung und Wirklichkeit , in: Frieling, E., Reuther, U. (Hrsg.): Das lernende Unternehmen, Dokumentation einer Fachtagung am 6. Mai 1991 in München, abgedruckt in Arbeitsgemeinschaft QUEM (Qualifikations-Entwicklungs-Management), Öffentlichkeitsarbeit (Hrsg.): Bulletin (1993)12, S. 10 - 11

Steinbuch, P. A., Organisation, 5. Aufl., Ludwigshafen 1985

Stehle, B., Das Assessment-Center als Methode der Auswahl von Führungskräften, in: Psychologie in Wirtschaft und Verwaltung, Stuttgart 1982, S. 49 - 66

Stephan, P., Qualitätssicherung in der beruflichen Weiterbildung, Bilanz und Ausblick, Berlin 1993

Stopp, U., Betriebliche Personalwirtschaft, Stuttgart 1988

Streitz, N. A., Psychologische Aspekte der Mensch-Computer-Interaktion, in: Hoyos, C. G., Zimolong, B., (Hrsg.),Ingenieurpsychologie, Enzyklopädie der Psychologie, D, III, Bd. 2, Göttingen 1992, S. 240 - 284

Stroebe, R. W., Arbeitsmethodik I, Arbeitshefte zur Führungspsychologie 7, Heidelberg 1982

Strube, A., Mitarbeiterorientierte Personalentwicklung, Berlin 1982

Stulle, P.-K., Ermittlung des Qualifikationsbedarfs, in: Innerbetriebliche Weiterbildung, Darmstadt 1990, S. 177 - 185

Taguchi, G., Introduction to Quality Engineering, München 1986

Team Connex, Stuttgart, Seminarunterlagen "Präsentationstechnik" für Degussa AG, Frankfurt 1985

Teger, A. I.,Too much invested to quit, New York 1980

Theerkorn, U., Ein Betrieb denkt um: Die dualistische Fabrikplanung, Berlin, Heidelberg, New York 1991

Thun, von, F. S., Miteinander reden: Störungen und Klärungen

Töpfer, A., Mehdorn, H., Total Quality Management, Neuwied 1993

Trebesch, K., Ursprung und Ansätze der Organisationsentwicklung, in: Management Zeitschrift io, 49 (1980) 1, S. 9 - 12

Triandis, H. C., Some universal of social behavior, Personality and Social Psychology Bulletin 4 (1978), S. 1 - 16

Ulich, E., Arbeitspsychologie, Zürich 1991

Ulich, E., Arbeitspsychologische Konzepte der Aufgabengestaltung, in: Maaß, S., Oberquelle, H. (Hrsg.), Software-Ergonomie, Stuttgart 1989

Ulich, E., Von der Benutzungsoberfläche zur Arbeitsgestaltung, in: Software-Ergonomie '93, Berichte des German Chapter of the ACM, Stuttgart 1993, S. 19 - 29

Ulich, E., Über das Prinzip der differentiellen Arbeitsgestaltung, in: Management-Zeitschrift io 47(1978)12, S. 566 - 568

Ulich, E., Troy, N., Alioth, A., Technologie der Organisation, in: Enzyklopädie der Psychologie, Band 3, Göttingen 1989

VERA - Volpert, W., Oesterreich, R., Gablenz-Kolacovic, S., Krogoll, T., Resch, M., Verfahren zur Ermittlung von Regulationserfordernissen in der Arbeitstätigkeit, Handbuch und Manual, Köln 1983

Verein Deutscher Ingenieure VDI (Hrsg.), VDI-Richtlinie 5005, Bürokommunikation, Software-Ergonomie in der Bürokommunikation, Berlin, Oktober 1990

Vetter, M., Aufbau betrieblicher Informationssysteme mittels objektorientierter, konzeptioneller Datenmodellierung, Stuttgart 1991

Volpert, W., Wie wir handeln - was wir können. Ein Disput als Einführung in die Handlungspsychologie, Heidelberg 1992

Volpert, W., Erhalten und gestalten - von der notwendigen Zähmung des Gestaltungsdrangs, in: Coy, W. et al. (Hrsg.), Sichtweisen der Informatik, Braunschweig 1992

Volpert, W., Östereich, R., Gablenz-Kolakovic, S., Krogoll, T., Resch, M., Verfahren zur Ermittlung von Regulationserfordernissen in der Arbeitstätigkeit, Handbuch und Manual (VERA), Köln 1983

Voßbein, R.: Organisation der Einführung und Umstellung von DV-Systemen: Eine Arbeitsanleitung für das Management, Köln 1989

Voßbein, R., Leschke, H., Unternehmensorganisation mit Kommunikationssystemen, Braunschweig 1989

Vroom, V. H., Work and Motivation, New York 1964

Wächter, H., Modrow-Thiel, B., Roßmann, G., Persönlichkeitsförderliche Arbeitsgestaltung, Die Entwicklung des arbeitsanalytischen Verfahrens ATAA, München 1989

Wächter, H., Modrow-Thiel, B., Schmitz, G., Analyse von Tätigkeitsstrukturen und prospektive Arbeitsgestaltung bei Automatisierung, Köln 1989

Wagenleithner, P., Zincke, G., Erfahrungsbericht über den Aufbau einer portablen Software-Entwicklungsumgebung, in: Informatik-Spektrum 11 (1988) 5, S. 234 - 255

Walter, H.-C., Systementwicklung: Planung, Realisierung und Einführung von EDV-Anwendungen, Köln 1989

Warnecke, H.-J., Mensch, Technik, Organisation: - Durch Umdenken zu neuer Wettbewerbsfähigkeit, in: Arbeitgeberverband Gesamtmetall (Hrsg.), M + E-Forum 92 - Mensch - Arbeit - Technik, Köln 1992, S. 14 - 29

Weidner, W., Organisation in der Unternehmung: Aufbau- und Ablauforganisation, 3. Auflage, München, Wien 1990

Weinert, R., Lehrbuch der Organisationspsychologie: Menschliches Verhalten in Organisationen, München, Wien, Baltimore 1981

Weingart, P., Technik als sozialer Prozeß, Frankfurt 1989

White, R. W., Motivation reconsidered: The concept of competence, in: Psychological Review, Vol. 66, 1959, S. 297 - 333

Wieczerkowski, W., Wagner, H., Diagnostik und Hochbegabung, in: Jäger, R. S., Horn, R., Ingenkamp, H. (Hrsg.)., Tests und Trends, 4. Jahrbuch der päd. Diagnostik, Weinheim, Basel 1985, S. 109 - 134

Wilson, J., Rosenberg, D., Rapid prototyping for user interface design, in: Helander, M. (Ed.), Handbook of Human-Computer Interaction, North-Holland 1988, S. 859 - 875

Wilson, N.A.B., On the Quality of Working Life. Department of Employment, Manpower Papers No. 7, London (H:M:S:O:) 1973

Witte, E., Entscheidungsprozesse, in: Grochla, E., (Hrsg.), Handwörterbuch der Organisation, 2. Aufl., Stuttgart 1980

Wollmann, H., Hellstern, G.-M., Sanierungsmaßnahmen, Städtebauliche und städtestrukturelle Wirkungen (Methodische Vorstudie, 02.012) Forschungsprojekt BMBAU RS II 6-704102-214, 1978

Wörterbuch der Psychologie, Leipzig 1976

Wright, P., Bason, G., Detour routes to usability: a comparison of alternative approaches to multipurpose software design, in: International Journal of Man-Machine Studies, Vol.18, 1982, S. 391 - 400

Wunderer, R., Sailer, M., Personal-Controlling - eine vernachlässigte Aufgabe des Unternehmenscontrolling, in: Personalwirtschaft (1987) 8, S. 322

Zehnder, C. A., Informationssysteme und Datenbanken, 5. Aufl., Stuttgart 1989

Autoren und Herausgeber

Basten, Marita, Rechtsanwältin, Jahrgang 1954. Jurastudium 1974 - 1983, 1984 - 1992 als Rechtsanwältin tätig, seit 1992 Geschäftsführerin bei der Bundesvereinigung Öffentliches Recht in Bad Honnef, Tätigkeitsbereich Seminare.

Bottenberg, Hermann, Dipl.-Betriebswirt, Jahrgang 1946. Studium der Betriebswirtschaftslehre an der Justus-Liebig-Universität Gießen, Schwerpunkt Marketing. 1973 Abschluß als Dipl.-Betriebswirt an der Universität Gesamthochschule Siegen. Geschäftsführender Gesellschafter der Firma H. Bottenberg GmbH. Ausbilder im Bereich des Einzelhandels, ausgebildeter Buchhändler, Mitglied des Prüfungsausschusses der IHK Siegen seit 1985. Mitbegründer der Firma RAM STREAM GmbH, Siegen. Seit 1986 Entwicklung von Marketingkonzepten für den Einzelhandel in Zusammenarbeit mit Berufsverbänden und Einkaufsorganisationen der Bürowirtschaft.

Broschk, Manfred, Dipl.-Kfm., Dipl.-Ing., Jahrgang 1951. Lehre als Industriekaufmann, Studium der allgemeinen Verkehrstechnik und der Betriebswirtschaft an der Universität/Gesamthochschule Essen. Studienbegleitend Konstruktions- und Projektingenieur im Maschinen-, Anlagen- und Rohrleitungsbau. 1982 - 1989 Senior Consultant bei der Knight Wendling Management Consulting, Düsseldorf, mit den Aufgabenschwerpunkten Organisationsberatung, Logistik, Systemanalyse und DV-Konzeptionen, Rationalisierungskonzepte und Sanierungen. Seit 1989 Executive Consultant bei der EC Consulting Group AG, Düsseldorf, zuständig für den Bereich Organisation und Logistik. Projektschwerpunkte sind: Konzeption und Einführung von Auftragsabwicklungssystemen, Vereinfachung von Logistiksystemen und Geschäftsprozessen.

Bruckhaus, Wilhelm, Jahrgang 1949. 1970 Beginn des Kapellmeisterstudiums mit den Hauptfächern Klavier und Oboe. Seit 1976 Tätigkeit als Leiter von Orchestern der Bundeswehr in Lüneburg, Bremen und in Würzburg. Diese Tätigkeit schließt die künstlerische, administrative und disziplinarische Führung von Orchestern ein. Jedes Jahr sind etwa zwanzig Personalbeurteilungen zu erstellen.

Buggenhagen, Hans Joachim, Hochschuldozent Dr. Dr. habil., Jahrgang 1938. Lehrerstudium Mathematik/Physik 1957 - 1960. Physikstudium 1963 - 1966. Ab 1960 Lehrer an der Erweiterten Oberschule Pritzwalk. Von 1966 - 1975 Lehrer, leitender Lehrer, stellv. Direktor und Direktor der Betriebsberufsschule Zahnradwerk Pritzwalk. Promotion 1975 an der Pädagogischen Hochschule Potsdam. Mitglied mehrerer Arbeitsgruppen zu Problemen der beruflichen Aus- und Weiterbildung. 1975 - 1980 Direktor der Betriebsschule im Plastverarbeitungswerk Schwerin. 1980 - 1991 Oberassistent und Dozent für Hochschulpädagogik an der technischen Hochschule Wismar. Daneben von 1984 - 1991 Leiter der Abteilung "Weiterbildung und Hochschulpädagogik". 1984 Erwerb der facultas docendi. 1986 Promotion an der Universität Rostock. Seit 1. 7. 1991 Leiter der Projekte Innovationstransfer beruflich-betriebliche Weiterbildung (Träger: Arbeitsgemeinschaft Betriebliche Weiterbildungsforschung e. V.) und modellhafte Unterstützung der Weiterbildung in ausgewählten Regionen der neuen Bundesländer (Träger: Förderkreis für Personalentwicklung, Weiterbildung und Neue Medien e V.) in Schwerin. Geschäftsführer des Förderkreises e. V. Autor von über 50 Beiträgen zur beruflichen Weiterbildung, Hochschuldidaktik und Ingenieuraus- und -weiterbildung. Diverse Vorträge auf Fachkongressen und Workshops.

Dalic, Thomas, Dipl.-soz.päd., Jahrgang 1960. Studium der Sozialwissenschaften an der Universität Gesamthochschule Siegen, 1987 Abschluß als Diplom-Sozialpädagoge. 1988 staatliche Anerkennung als Diplom-Sozialpädagoge. In dieser Zeit Dozententätigkeit auf dem Gebiet der Erwachsenenbildung, Schwerpunkt Kommunikation und Teamentwicklung. 1988 - 1991 Studium des Faches Psychologie an der Justus-Liebig-Universität Gießen. Seit 1990

Dozententätigkeit für RAM STREAM Managementseminare Public-Marketing Konzeptionen GmbH. Seit 1992 Mitgesellschafter von RAM STREAM und Mitglied der Geschäftsführung, verantwortlich für die Bereiche Seminarentwicklung und Kommunikationsdesign. Autor und Mitherausgeber der Informationsschrift Führungstechniken-Report.

Ernst, Helmut, Dr. paed., Jahrgang 1947. Studium der Berufspädagogik an der Technischen Universität Dresden. Abschluß des Studiums als Dipl.-Ing. Päd. für Technische Chemie im Jahre 1971. Anschließend mehrjährige Tätigkeit an berufsbildenden Einrichtungen. Promotion zum Dr. paed. im Jahre 1986 an der Humboldt-Universität zu Berlin. Seit 1987 Tätigkeit als wissenschaftlicher Mitarbeiter am Institut für Betriebspädagogik der Humboldt-Universität zu Berlin. Seit 1991 wissenschaftlicher Mitarbeiter der Arbeitsgemeinschaft Betriebliche Weiterbildungsforschung e. V. Zur Zeit in der Innovationstransfer- und Forschungsstelle Schwerin tätig (seit 1992). Wichtigste Arbeits- und Forschungsgebiete: allgemeine Betriebspädagogik und Bildungsökonomie, beruflich-betriebliche Weiterbildung und Lernen im Prozeß der Arbeit. Veröffentlichungen in Sammelbänden zu Problemen der Bildungsökonomie, des Leistungsverhaltens, des Dualismus in der Berufsausbildung der DDR sowie der beruflich-betrieblichen Weiterbildung. Seit 1989 Mitarbeit an Projekten zur Umgestaltung und inhaltlichen Neuorientierung betriebs- und erwachsenenpädagogischer Studiengänge.

Frank, Gernold P., Dipl.-Volkswirt, Promotion zum *Dr. rer.pol.* am Fachbereich Wirtschaftswissenschaften der Universität Frankfurt/Main in empirischer Wirtschafts- und Sozialforschung (1980). Wissenschaftlicher Mitarbeiter und Hochschulassistent, Universität Frankfurt/Main (1975 - 1985); Leiter Personal- und Sozialpolitik Hoechst AG, Frankfurt/Main (1985 - 1987); Leiter Human Resources/Seminarprogramm Battelle Institut, Frankfurt/Main (1987 - 1989); Geschäftsführer Weiterbildungsinstitut der European Business School, Oestrich-Winkel (1989 - 1991); seit 1992 Leiter des Projekts "Strategische Personalentwicklung" im Konzernstab Personal der Dresdner Bank AG, Frankfurt/Main; Lehrbeauftragter an der FH Gießen/Friedberg, Fachbereich Wirtschaftsingenieurwesen zum Thema Marketing/Personalmarketing (seit 1991); Lehrbeauftragter an der Universität Frankfurt/Main, Fachbereich Wirtschaftswissenschaften, Lehrstuhl für Personalwirtschaft (seit 1985). Seit 1989 stellvertretender Vorstandsvorsitzender der Frankfurter Wirtschaftswissenschaftlichen Gesellschaft, Frankfurt/Main Schwerpunkte der Arbeiten: Personalentwicklung, Personalmarketing, Interaktives Lernen; daneben Konzeption und Durchführung von Programmen und Seminaren für Führungskräfte- und Führungsnachwuchskräfte. Autor von zwei Monographien sowie einer Vielzahl von Beiträgen in Fachzeitschriften u. ä., etliche Vorträge bei Tagungen, Kongressen usw.

Frühwacht, Manfred, Betriebswirt (grad.), Jahrgang 1946. Ausbildung zum Industriekaufmann, Studium an der Höheren Wirtschaftsfachschule Frankfurt, Diplomarbeit "Leistungszulagen für Zeitlöhner aufgrund persönlicher Bewertung" (als REFA-Lehrbuch veröffentlicht). 1971 Eintritt in die Degussa AG; dort in verschiedenen Funktionen innerhalb des Personalbereichs tätig, so als stellvertretender Personalleiter, Verwaltungsleiter, Bildungsreferent und Personalentwickler für kaufmännischen Nachwuchs sowie Vertriebsmitarbeiter im Ausland. Seit 1986 Leiter der Aus- und Weiterbildung im größten Degussa-Standort Hanau-Wolfgang. Referent für Volkswirtschafts- und Betriebswirtschaftslehre, Personalführung, -entwicklung und -beurteilung, Rhetorik und Kommunikation, Zeitmanagement, Kreativitätstechniken, Präsentation und Moderation bei den Industrie- und Handelskammern sowie den Bildungswerken der Wirtschaft in verschiedenen Bundesländern.

Gottschalch, Holm, Dr. phil., Jahrgang 1945. Arbeitspsychologe und Arbeitswissenschaftler, Diplom an der Freien Universität Berlin. Bis 1979 arbeitete er als wissenschaftlicher Assistent an der Technischen Universität Berlin. Seither arbeitete er in verschiedenen Universitätsinstituten in Forschungsprojekten zur Entwicklung und Einführeng von Informationstechniken sowie zur Gestaltung der Arbeit und Ausbildung in der Industrie, im Bürobereich, in der Konstruktion und auf Containerschiffen.

Haenschke, Barbara, Doz. Dr. rer. nat. et sc. paed., Dipl.-Psychologin, Jahrgang 1942. Studium der Psychologie in Berlin, Tätigkeit als wissenschaftliche Mitarbeiterin an der Humboldt-Universität bis 1969, 1969 - 1975 wissenschaftliche Mitarbeiterin im Institut für Wissenschaftstheorie und -organisation der Akademie der Wissenschaften, bis 1990 Forschungsgruppenleiterin im Zentralinstitut für Hochschulbildung, jetzt Mitarbeiterin in der AG QUEM, Hauptarbeitsgebiete: Kreativitätsforschung, Begabungsforschung, soziologische Studien zur Arbeits- und Lebensweise von Studenten, Verhaltenstraining.

Heeg, Franz Josef, Universitätsprofessor Dr.-Ing., Jahrgang 1950. 1971 bis 1978 Studium des Chemieingenieurwesens, der Chemie und der Betriebswirtschaft. Ab 1974 Tätigkeit neben dem Studium in verschiedenen Instituten, Unternehmen und Schulen. 1978 bis 1980 wissenschaftlicher Mitarbeiter der Abteilung Analytische Chemie der Universität Ulm. 1980 bis 1984 wissenschaftlicher Mitarbeiter am Lehrstuhl und Institut für Arbeitswissenschaft der RWTH Aachen. 1984 Promotion. 1984 bis 1986 Oberingenieur am selben Institut sowie Mitglied der gemeinsamen Geschäftsleitung des Forschungsinstituts für Rationalisierung e. V. und des Instituts für Arbeitswissenschaft, Aachen. 1986 Habilitation und Ernennung zum Privatdozenten (Inhaber des Lehrgebiets Arbeitsorganisation der RWTH Aachen). 1986 bis 1988 leitender Angestellter der Leybold AG, Hanau (Aufgabengebiet: Personalentwicklung und Organisation). 1988 bis 1992 Tätigkeit im Bereich der Unternehmensberatung (Executive Consultant und Prokurist sowie Geschäftsführer, Gesellschaft für Management und Organisationsberatung mbH, Köln sowie EC Consulting Group AG Düsseldorf). 1992 Geschäftsführer von QUEM (Qualifikations-Entwicklungs-Management) Berlin, eine Initiative des Bundesministeriums für Bildung und Wissenschaft (Projekt getragen von der Arbeitsgemeinschaft Betriebliche Weiterbildungsforschung e. V. (ABWF) und dem Förderkreis für Personalentwicklung, Betriebliche Weiterbildung und neue Medien e. V.). Seit Wintersemester 1992/93 Inhaber des Lehrstuhls für Produktionstechnik, Aufgabengebiet Arbeitswissenschaft der Universität Bremen sowie Direktor des Bremer Instituts für Betriebstechnik und angewandte Arbeitswissenschaft (BIBA) und Mitglied des Aufsichtsrates der EC Consulting Group AG, Düsseldorf. Schwerpunkte der Arbeiten: Arbeitsgestaltung, insbesondere arbeitsorganisatorische Gestaltung von industriellen Arbeitssystemen, nutzergerechte und aufgabengerechte Software-Gestaltung, Personalentwicklung. Daneben Konzeption und Durchführung von Führungskräfteseminaren. Autor bzw. Herausgeber von zehn Monografien, Autor von ca. dreihundert Beiträgen in Fachzeitschriften, Monografien u. ä., mehrere hundert Vorträge bei Tagungen, Kongressen usw.

Heidack, Clemens, Professor Dr. phil., Dipl. Volkswirt, Jahrgang 1938. 1959 - 1968 Studium der Geistes-, Verhaltens- und Wirtschaftswissenschaften an den Universitäten Bonn, Köln und Innsbruck. 1968 - 1976 betrieblicher Bildungsleiter in den Elektromotorenwerke der Siemens AG in Bad Neustadt/Würzburg, danach Zentralabteilungsleiter für kaufmännischen Nachwuchs der AEG-Telefunken AG in Frankfurt/M. und Berlin und Zentraler Bildungsleiter der Allianz-Versicherungs-AG, Generaldirektion München. Im Hause Siemens Konzeption und Erstellung eines betriebspraktischen Bildungsmodells: "Bildungswesen und Information (BWI)" und Konzept sowie Durchführung der ersten Industrie-Fachwirte-Lehrgänge in Zusammenarbeit mit der IHK Würzburg-Schweinfurt und dem DIHT, Bonn. Seit Mai 1976 Professor für Personal- und Ausbildungswesen unter besonderer Berücksichtigung von psychologischen und soziologischen Aspekten im Fachbereich Wirtschaft der Fachhochschule Hagen, seit 1983 Professor für Betriebswirtschaftslehre, insbesondere Personal- und Bildungswesen an der Fachhochschule Düsseldorf. Dort Mitgründer des Instituts für Kommunikationswissenschaft und Marketing. 1975 - 1979 Auslandsreisen und Aufenthalte in USA, Japan und Südamerika, die sich mit weiteren Studien in Veröffentlichungen zum Verbesserungsvorschlagswesen, Ideen- und Qualitätsmanagement niederschlagen. Weitere Schwerpunkt der Arbeiten: Humane Arbeitsgestaltung und Qualifikation mit breiter Erfahrung in Training und Beratung. Externer Beirat des PETRA-Projekts der Siemens AG; Gründungsmitglied der Arbeitsgemeinschaft für betriebliche Weiterbildungsforschung e. V. (ABWF), gefördert vom Bundesministerium für Bildung und Wissenschaft, Bonn. Seit 1990 u. a. Initiative und fachliche Betreuung eines Ost-West-Projekts "Postgraduiertes Studium" (in

Rostock, Stralsund, Berlin-Woltersdorf), gefördert vom Bundesministerium für Arbeit und Sozialordnung, Bonn; Berater des Konsortiums für Führungsschulung in Wirtschaft und Verwaltung in Moskau.

Hesseler, Michael, Dr. phil., Jahrgang 1948. 1969 bis 1979 Studium der Soziologie, Psychologie und Publizistik an der Westfälischen Wilhelmsuniversität Münster. 1979 bis 1989 Leitung und Durchführung von Projekten zu den Themen "Arbeit und Technikgestaltung", "Personal- und Organisationsentwicklung/Weiterbildung für neue Technologien." Er arbeitete schwerpunktmäßig als wissenschaftlicher Mitarbeiter in der Abteilung Personalwirtschaft des Fraunhofer Instituts für Arbeitswirtschaft und Organisation (IAO) in Stuttgart. Von 1989 bis 1992 leitete er die Abteilung Arbeit und Technik des Bremer Instituts für Betriebstechnik und angewandte Arbeitswissenschaft (BIBA). Ab 1992 ist er Geschäftsführer des Leitprojekts "Personalentwicklung, Multiplikatorenprogramm" der AG Qualifikations-Entwicklungs-Management (QUEM).

Hoffmann, Gerhard, Dipl.-Ing., Jahrgang 1946. Studium der Elektrotechnik an der Hochschule für Technik in Bremen und Studium der Erwachsenenpädagogik an der Universität Bremen. Seit 1978 arbeitet er als Geschäftsführer und pädagogischer Leiter des Seminars für technische Ausbildung in Bremen. Mitglied des Prüfungsausschusses für Erwachsenen-Aufstiegsfortbildung der Handelskammer Bremen. Fachbuchautor für "geregelte Elektroantriebe" und Dozent in der Erwachsenenbildung. Ergänzend betätigt er sich als ehrenamtlicher Mitarbeiter bei der Konzeption von Anpassungsbildungsmaßnahmen im Bereich des Qualitätsmanagements und der Produktionslogistik des Deutschen Industrie- und Handelstages.

Jürgen, Karin, Jahrgang 1963. Studium über den zweiten Bildungsweg an der Hochschule für Wirtschaft und Politik in Hamburg. 1990 Abschluß als Dipl.-Sozialwirtin. Seit 1990 Studium an der Universität Bremen, Fachbereich Soziologie, Nebenfächer Arbeitswissenschaft, Wirtschaftswissenschaft.

Kaldorf, Sabine, Dipl.-math., Jahrgang 1964. Studium der Mathematik und Informatik an der Universität Bonn. Seit 1989 arbeitet sie als Beraterin bei der Gesellschaft für Management- und Organisationsberatung mbH (GMO). Im Rahmen ihrer Tätigkeit war sie an der Entwicklung mehrerer wissensbasierter Systeme mit Einsatz in der Industrie beteiligt.

Kleine, Gotthard, Dr. rer. nat., Jahrgang 1955. 1976 - 1983 Studium der Physik, Theologie und Pädagogik. Ab 1980 Tätigkeiten neben dem Studium in verschiedenen Instituten, Unternehmen und Schulen. 1984 - 1986 Zusatzausbildung (Referendariat) zum Berufsschullehrer. 1986 - 1990 wissenschaftlicher Mitarbeiter am Lehrstuhl und Institut für Arbeitswissenschaft der RWTH Aachen. 1990 Promotion. Ab 1991 Consultant, später Senior-Consultant der Unternehmungsberatungen Gesellschaft für Management- und Organisationsberatung mbH, Köln, sowie der EC Consulting Group AG, Düsseldorf. 1992 Erhalt der Borchers-Medaille (Auszeichnung für hervorragende wissenschaftliche Arbeiten). Seit Mai 1992 Leiter der GISO - Gemeinschaft für Innovative Personal- und Organisationsentwicklung Leipzig (Projekt des BMBW, getragen durch den Förderkreis für Personalentwicklung, Betriebliche Weiterbildung und neue Medien e. V.). Schwerpunkt der Arbeiten: Gestaltung von industriellen Arbeitssystemen, Konzeption und Durchführung von Führungskräfteseminaren, arbeitsorganisatorische Gestaltung, insbesondere qualitätssicherungsrelevanter Produktionsbereiche. Autor von zahlreichen Fachbeiträgen zur Arbeitsgestaltung, zur Technikgestaltung und zur Personal- und Organisationsentwicklung.

Landwehr, Jörg, Dipl.-Ing., Jahrgang 1966. 1987-1993 Studium des allgemeinen, konstruktiven Maschinenbaus an der Universität Hannover. Ab 1992 Mitarbeit im Institut für Arbeitswissenschaften und Didaktik des Maschinenbaus an der Universität Hannover. Seit Juni 1993 wissenschaftlicher Mitarbeiter am Lehrstuhl für Produktionstechnik, Fachgebiet

Arbeitswissenschaft der Universität Bremen (Prof. Heeg). Schwerpunkte der Arbeiten im Bereich Aufbau und Betreuung bei der Einführung von Qualitätsmanagementsystemen und in der Durchführung von Schulungen im Bereich Qualitätsmanagement.

Lindinger, Christoph, Dipl.-Psychologe, Jahrgang 1959. 1980 - 1988 Studium der Psychologie an der RWTH Aachen. Ab 1980 Praktika, Tätigkeiten in verschiedenen Betrieben und Instituten. Ab 1984 verschiedene Tätigkeiten in der Filmbranche z. B. als Aufnahmeleiter und Regisseur. Von 1988 - 1990 freiberuflicher Psychologe und Filmemacher mit den Aufgabenschwerpunkten: Training, Arbeitsgestaltung, Weiterbildungsforschung und Industriefilm. Arbeiten für zahlreiche Firmen und Institute. Seit 1990 Leiter der Abteilung Medien- und Seminargestaltung des Lehrstuhls und Instituts für Arbeitswissenschaft der RWTH Aachen. Innerhalb dieser Tätigkeit Konzeption und Durchführung von Seminaren, z. B. zu Moderation, Projektmanagement, humane Arbeitsgestaltung und Teamentwicklung. Von 1991 - 1992 Geschäftsführer, seit 1992 Prokurist der GOM Gesellschaft für Organisationsentwicklung und Mediengestaltung mbH in Sättelstädt. Autor von Filmen zum Thema Arbeitsorganisation und von Veröffentlichungen über Teamarbeit, Teamentwicklung und multimediale Trainingssysteme.

Metz, Andreas, Dipl.-Ing., Jahrgang 1961. Studium des Maschinenbaus an der Rheinisch Westfälischen Technischen Hochschule Aachen (RWTH Aachen). Seit 1989 wissenschaftlicher Mitarbeiter am Institut für Arbeitswissenschaft der RWTH Aachen. In dieser Zeit tätig in der Lehre im Bereich Arbeitswissenschaft und Arbeitsorganisation an der RWTH Aachen. Wissenschaftliche Mitarbeit, insbesondere arbeitswissenschaftliche Begleitforschung und Koordination in einer Reihe von Forschungsvorhaben und Betriebsprojekten mit dem Themenschwerpunkt Gestaltung und Einführung neuer Formen der Arbeitsorganisation, humanorientierte Auswahl und Einführung neuer Technologien sowie Erarbeitung und Durchführung geeigneter Qualifizierungsmaßnahmen. Autor einer Reihe von Beiträgen in Fachzeitschriften.

Meyer-Dohm, Peter, Prof. Dr. h. c., Jahrgang 1930. 1949 - 1951 Verlagsbuchhändlerlehre, anschließend Studium der Wirtschaftswissenschaften in Göttingen und Hamburg. 1954 Abschluß als Diplom-Volkswirt, 1956 Dr. rer. pol., 1955-1964 Assistent von Professor Karl Schiller, Universität Hamburg. 1964 Habilitation. 1965 - 1981 ordentlicher Professor für Wirtschaftslehre, Ruhr-Universität Bochum. 1966 - 1981 Direktor und Leiter der Sektion Bildungsökonomik am Institut für Enwicklungsforschung und Entwicklungspolitik, Ruhr-Universität Bochum. 1975 - 1979 Rektor der Ruhr-Universität. 1979 - 1981 Leiter des Innovationsförderungs- und Technologiezentrums der Hochschulen des Ruhrgebietes (ITZ). Seit 1981 Honorarprofessor der Ruhr-Universität Bochum und seit 1990 Honorarprofessor der Technischen Universität Braunschweig. 1981 - 1990 Leiter des Bildungswesens, 1991 - 1992 der Personalentwicklung der Volkswagen AG, Wolfsburg; seit 1992 Leiter Bildungs- und Gesellschaftspolitische Projekte, Volkswagen AG. Seit 1990 Vorsitzender der International Partnership Initiative e.V. (I.P.I.), Wolfsburg, und stellvertretender Vorsitzender der Arbeitsgemeinschaft Betriebliche Weiterbildungsforschung e.V. (ABWF), Bochum. Seit 1992 Vorsitzender des Kuratoriums der Arbeitsgemeinschaft Qualifikations-Entwicklungs-Management (QUEM), Berlin. Mitglied des Wissenschaftsrates und der Bildungskommission Nordrhein-Westfalen.

Olesch, Gunther, Dr., Jahrgang 1955. Studium der Psychologie und Wirtschaftswissenschaften an der Universität in Bochum. 1982 Abschluß des Diploms. 1984 Promotion über ein Thema zum Personalwesen. Parallel zum Studium Mitarbeiter in einer Personalberatung, die für Großkonzerne tätig ist. 1985 - 1989 Aufbau und Leitung der Weiterbildung und Personalentwicklung bei einem Großkonzern, seit 1989 Leitung des Personalressorts in einem Unternehmen der Elektronik-Branche. Zahlreiche Vorträge und Artikel in Fachzeitschriften sowie Veröffentlichungen von Büchern zu dem Thema "Personalwesen und -entwicklung".

Peske, Ortwin, Dr., Jahrgang 1933. Studium des Handels an der Humboldt-Universität zu Berlin. Abschluß als Dipl.-Hdl. im Jahr 1955. Promotion an der Humboldt-Universität 1964. Wirtschaftsstudium der Hauptfachrichtung "Ökonomische Datenverarbeitung", Abschluß 1970 als Dipl.-Wirtsch. an der Hochschule für Ökonomie Berlin. Seit 1970 betätigt er sich im Lehr- und Forschungsgebiet "Computergesstützte Lehr-, Lern- und Leitungsprozesse" in Einrichtungen der Weiterbildung. 1975 erstellte er seine Habilitation an der Humboldt-Universität.

Reuther, Ursula, Dr. paed., Jahrgang 1951. Studium der Medizinpädagogik an der Humboldt-Universität zu Berlin. 1974 Abschluß als Dipl.-Medizinpädagogin. Seit 1974 wissenschaftliche Mitarbeiterin am Institut für Berufs-, Betriebs- und Erwachsenenpädagogik der Humboldt-Universität. In dieser Zeit Lehrverpflichtungen auf dem Gebiet der Erwachsenenpädagogik und Berufspädagogik, Studienjahresleiterin des Postgradualstudiums für Leitungskräfte des Berufsbildungswesens, wissenschaftliche Mitarbeit an zahlreichen Forschungsvorhaben des Instituts - u. a. zur Persönlichkeitsentwicklung in Arbeitskollektiven volkseigener Betriebe, zum Leistungsverhalten von Facharbeitern und Meistern. Promotion zum Dr. paed. 1983 an der Humboldt-Universität zu Berlin. Seit 1989 Mitarbeit an Projekten zur Umgestaltung und inhaltlichen Neuorientierung betriebs- und erwachsenenpädagogischer Studiengänge. Seit 1991 wissenschaftliche Mitarbeiterin im Forschungssekretariat der Arbeitsgemeinschaft Betriebliche Weiterbildungsforschung e. V. Bochum. 1991/92 Lehrauftrag an der Ruhr-Universität Bochum im Fachgebiet Erwachsenenbildung. Veröffentlichungen in Sammelbänden zu Problemen der beruflich-betrieblichen Aus- und Weiterbildung, zur Sozialisation und Erziehung in der Erwachsenenbildung sowie zum Leistungsverhalten.

Schöne, Roland, Universitätsprofessor Dr. paed. habil. Dr.-Ing., Jahrgang 1941. 1962 - 1967 Studium des Bauingenieurwesens in Leipzig. Nach Bearbeitung eines Forschungsprojektes für die Kali-Industrie Promotion im Jahre 1970. Pädagogisches Zusatzstudium an der Universität Leipzig und in der Sowjetunion. Tätigkeit als Weiterbildungsreferent auf den Gebieten Organisation und Technik der Verwaltungsarbeit. Forschungen zum programmierten Lernen an der Leipziger Universität, 1980 Habilitation an der Technischen Universität Dresden. Ernennung zum Universitätsdozenten an der Universität Leipzig. Untersuchungen zur Methodik des Planspieleinsatzes und zum Einsatz wissensbasierter Systeme in der Weiterbildung. Lehrtätigkeit und Publikationen auf dem Gebiet Hoch- und Fachschuldidaktik, Erwachsenenbildung, Bildungstechnologie und in der betrieblichen Aus- und Weiterbildung. Trainer für die DGfP, Lufthansa AG, FAW, Bunawerke AG; Bildungsberatungen für Unternehmen in den neuen Bundesländern. Seit 1992 Inhaber des Lehrstuhls für Betriebs- und Arbeitspädagogik an der Technischen Universität Chemnitz.

Schreuder, Siegfried, Professor Dr.-Ing., Jahrgang 1957. Studium des Maschinenbaus an der Rheinisch-Westfälisch Technischen Hochschule (RWTH) Aachen 1976 - 1981. Wirtschaftswissenschaftliches Aufbaustudium an der RWTH Aachen bis 1984. Promotion zum Dr.-Ing. an der RWTH Aachen im November 1988. Freier Mitarbeiter der Gesellschaft für Planung, Automatisierung und Rationalisierung Technischer Prozesse PARTEC GmbH in Aachen 1982 - 1985. Wissenschaftlicher Mitarbeiter am Lehrstuhl und Institut für Arbeitswissenschaft IAW der RWTH Aachen 1985 - 1989. Arbeitsschwerpunkte: Arbeits- und Betriebsorganisation, Entwicklung von Lehrgängen zur beruflichen Weiterbildung im Einsatzbereich neuer Technologien, Personalplanung und -führung. Dozent bei der Deutschen Angestellten Akademie DAA im Bildungswerk der Deutschen Angestellten Gewerkschaft DAG sowie beim Bildungswerk der Essener Wirtschaft e. V. 1986 - 1989. Leiter des arbeits- und betriebsorganisatorischen Computerzentrums des Forschungsinstitutes für Rationalisierung FIR e. V., Aachen, und des IAW, Oberingenieur am FIR 1988 - Juni 1989. Anschließend Leiter der Fertigungsinformationstechnik bei Motorola GmbH, Communications Division, Taunusstein. Seit Oktober 1989 Professor an der Fachhochschule Rheinland-Pfalz, Abteilung Koblenz, Fachbereich Maschinenbau. Lehrgebiete: Organisation, CIM. Seit 1990 Leiter der CIM-Transferstelle an der Fachhochschule Rheinland-Pfalz, Abteilung Koblenz. Seit 1991 geschäftsführender Gesellschafter des IBI Institut für Betriebsinnovation GmbH, Koblenz. Aktuelle Arbeits- und Forschungsschwerpunkte: Organisatorische, technische und personelle Betriebsinnovation, rechnerintegrierte Produktions- und Informationssysteme, Projektmanagement, Organisations- und Personalentwicklung. Autor von u. a. zwölf Beiträgen zur beruflichen Weiterbildung.

Thielemann, Jürgen, Dipl.-Ing., Jahrgang 1965. Studium der Produktionstechnik an der Universität Bremen 1985 - 1993. Seit Juni 1993 wissenschaftlicher Mitarbeiter am Lehrstuhl für Produktionstechnik, Fachgegebiet Arbeitswissenschaft der Universität Bremen (Prof. Heeg). Schwerpunkte der Arbeiten im organisationsübergreifenden Informationsaustausch und Projekten zur mitarbeiterorientierten Durchführung von Reorganisationsmaßnahmen in Unternehmen.

Töller, Hermann, Jahrgang 1956. Seit 1984 arbeitet er als Berater und Trainer in den Bereichen Projektmanagement, Personal- und Organisationsentwicklung. Umfangreiche Erfahrungen in Projekten in den Bereichen: Gestaltung und Coaching von Einführungsprozessen mit Schwerpunkt Projektmanagement, Informationsmanagement und DV-Systementwicklung im Dienstleistungs- und Beratungsbereich. Er verfügt über Branchenerfahrungen im Bereich der Industrie und der Dienstleistungen. Seit 1991 ist er Geschäftsführer des Instituts für Management und Organisationsberatung (IFMO) in Köln.

Versinger, Stefan, Dipl.-Ing., Jahrgang 1960. Studium des Maschinenbaus und der Betriebswirtschaftslehre an der RWTH Aachen. Drei Jahre Studentische Hilfskraft am Institut für Arbeitswissenschaft der RWTH Aachen, seit Juni 1993 dessen freier Mitarbeiter. Schwerpunkt der Tätigkeit auf mitarbeiterorientierten Projekten zur Einführung Neuer Formen der Arbeits-Organisation (NFAO). Mitarbeit an folgenden Projekten: "Aufbereitung von HDA-Gestaltungswissen für das Beratungsangebot der CIM-Technologie-Transferstellen (CIM-TT)". - Erarbeitung und Aufbereitung neuer arbeitsorganisatorischer Ansätze aus dem gelaufenen HDA-Forschungsprogramm, "Entwicklung einer umfassenden Planungsheuristik zur menschengerechten Gestaltung einer Fabrik unter Berücksichtigung wirtschaftlicher Aspekte". - Planung und Einführung von teileorientierten Inselstrukturen in der Fertigung sowie produkttypenorientierten Gruppen in der Montage eines Anlagenkomponentenherstellers. "Erarbeitung und Einführung einer ganzheitlichen Arbeitsorganisation in typographischen, reprotechnischen Unternehmen". - Modellentwicklung, prototypische Realisierung sowie Überprüfung der Übertragbarkeit und Erstellung eines Übertragungsinstrumentes bei komplexeren Aufgabenstellungen.

Zefferer, Udo, Dipl.-Ing., Jahrgang 1966. Im Anschluß an das Studium der Produktionstechnik Mitarbeiter bei der Gesellschaft für Management- und Organisationsberatung mbH (GMO), Köln, und der EC Consulting Group AG, Düsseldorf. Inhaltliche Schwerpunkte lagen hier in den Bereichen ganzheitlicher Organisationsberatung sowie der Einführung und Schulung von Methoden des Qualitätsmanagements. Seit 1992 wissenschaftlicher Mitarbeiter bei der Gemeinschaft für innovative Personal- und Organisationsentwicklung (GISO), deren Schwerpunkt in der aktiven Ausgestaltung des PE/OE-Prozesses in kleinen und mittelständischen Unternehmen der neuen Bundesländer liegt.

Weiterführende Literatur

Achatzi, G., Praxis der strukturierten Analyse: Eine objektorientierte Vorgehensweise, München, Wien 1991

Ackermann, K.-F., Blumenstock, H. (Hrsg.), Personalmanagement in mittelständischen Unternehmen, Stuttgart 1993

Adriani, B., Hurra, ein Problem!, Kreative Lösungen im Team, Wiesbaden 1989

Ansfried, B., Weinert, A., Lehrbuch der Organisationspsychologie, Weinheim 1992

Atteslander, P., Methoden der empirischen Sozialforschung, Berlin, New York 1975

Becker, F. G., Martin, A. (Hrsg.), Empirische Personalforschung - Methoden und Beispiele, München, Mering 1993

Becker, G. E., Auswertung und Beurteilung von Unterricht, Weinheim, Basel 1988

Bugdahl, V., Kreatives Problemlösen im Unterricht, Frankfurt 1995 (in Vorbereitung)

Chen, P.P.S., Knöll, H.-D., Der Entity-Relationship-Ansatz zum logischen Systementwurf, Mannheim, Wien, Zürich 1991

Chrobok, R., Grundbegriffe der Organisation, Baden Baden 1993

Der Bundesminister für Arbeit und Sozialordnung (Hrsg.), Übersicht über das Recht der Arbeit, Bonn 1989

Deutsches Institut für Fernstudien an der Universität Tübingen (DIFF) (Hrsg.), Medien und Kommunikation-Konstruktion von Wirklichkeit, Funkkolleg, Weinheim, Basel 1990

Deutsches Institut für Fernstudien an der Universität Tübingen (DIFF) (Hrsg.), Psychobiologie-Verhalten bei Mensch und Tier, Weinheim, Basel 1986

Frey, K., Allgemeine Didaktik, Zürich 1990

Ganz, W., Hesseler, M., Schlund, M., Personalentwicklung und -qualifikation in: Bullinger, H. J., Bey, I. (Hrsg.), "CIM-Fachmann", Berlin 1992

Geißler, H., vom Bruch, T., Petersen, J. (Hrsg.), Bildungsmanagement, Frankfurt am Main' 1994

Geißler, K. A., von Landsberg, G., Reinartz, M. (Hrsg.), Handbuch Personalentwicklung und Training, Deutscher Wirtschaftsdienst, Loseblattsammlung, Köln ab 1990

Gordon, T., Manager - Konferenz. Effektives Führungstraining, Hamburg 1989

Hacker, W., Skell, W., Lernen in der Arbeit, Berlin, Bonn, Bundesinstitut für Berufsbildung 1993

Hacker, W., Volpert, W., v. Cranach, M. (Hrsg.), Kognitive und motivationale Aspekte der Handlung. Bern, Stuttgart, Wien 1982

Haynes, M.E., Persönliches Management, Wien 1991

Heeg, F. J., Projektmanagement: Grundlagen der Planung und Steuerung von betrieblichen Problemlöseprozessen, 2. Auflage, München 1993

Heeg, F. J., Moderne Arbeitsorganisation: Grundlagen der organisatorischen Gestaltung von Arbeitssystemen bei Einsatz neuer Technologien, 2. Auflage, München, Wien 1991

Heeg, F. J., Ernst, H., Marquart, J., Reuther, U., Peske, O., Hansjosten, J., von Dreusche, S., Schwarz, G. D., Kleine, G., Jäger, C., Weiterbildung von Multiplikatoren der betrieblichen Personal- und Organisationsentwicklung - Erfahrungen aus einem Projekt zur Weiterbildung von Fach- und Führungskräften in den neuen Bundesländern auf dem Gebiet der Personal- und Organisationsentwicklung, Berlin 1994

Heeg, F. J., Münch,J., Handbuch Personal- und Organisationsentwicklung, Stuttgart, Dresden 1993

Heeg, F. J., Walter, U., Karowski, V., Marquart, J., Bühler, M., Weiterbildung von Fach- und Führungskräften auf den Gebieten der Organisationsgestaltung und Personalentwicklung - Erfahrungen aus einem Projekt in den neue Bundesländern, Berlin 1994

Heidack, C. (Hrsg.), Lernen der Zukunft, Kooperative Selbstqualifikation, München 1993

Hirzel, M., Arbeiten mit System, München 1993

Imai, M., Kaizen - Der Schlüssel zum Erfolg der Japaner im Wettbewerb, Herbig 1992

Kailer, N., Handbuch für die Bildungsarbeit in Klein- und Mittelbetrieben, Wien 1987

Kinsey, G., Kreativität im Geschäftsleben, Wien 1991

Kriz, J., Grundkonzepte der Psychotherapie - Eine Einführung, Weinheim 1991

Lay, R., Wie man sinnvoll miteinander umgeht - Das Menschenbild der Dialektik, Düsseldorf, New York, Wien, Moskau 1992

Lay, R., Ethik für Wirtschaft und Politik, Herbig 1983

Löwisch, M., Arbeitsrecht. Ein Studienbuch, Düsseldorf 1991

Mandel, S., Präsentationen erfolgreich gestalten, Wien 1991

Meiser, M., Wagner, D., Zander, E., Personal und neue Technologien - Organisatorische Auswirkungen und personalwirtschaftliche Konsequenzen, München 1991

Meyer - Dohm, P., Schneider, P. (Hrsg.), Berufliche Bildung im lernenden Unternehmen: Neue Wege zur beruflichen Qualifizierung, Stuttgart, Dresden 1991

REFA - Verband für Arbeitsstudien und Betriebsorganisation e.V., Methodenlehre der Betriebsorganisation, Teil 1, Grundlagen, München 1991

REFA - Verband für Arbeitsstudien und Betriebsorganisation e.V., Methodenlehre der Betriebsorganisation, Planung und Gestaltung komplexer Produktionssysteme, München 1990

REFA - Verband für Arbeitsstudien und Betriebsorganisation e. V., Methodenlehre der Betriebsorganisation, Arbeitsgestaltung in der Produktion, München 1993

REFA - Verband für Arbeitsstudien und Betriebsorganisation e. V., Methodenlehre der Betriebsorganisation, Ablauforganisation im Bürobereich, München 1992

Resch, M., Die Handlungsregulation geistiger Arbeit - Bestimmung und Analyse geistiger Arbeitstätigkeiten in der industriellen Produktion. Bern, Stuttgart, Toronto 1988

Rohmert, W., Rutenfranz, J. (Hrsg.), Praktische Arbeitsphysiologie. Stuttgart, New York 1983

Rüdenauer, M., Psychologie und Technik der Präsentation, Landsberg 1981

Sarges, W., Fricke, R., Psychologie für die Erwachsenenbildung/Weiterbildung - Ein Handbuch in Grundbegriffen, Göttingen, Toronto, Zürich 1986

Scott, M., Zeitgewinn durch Selbstmanagement, Frankfurt 1993

Schmidt, G., Methoden und Techniken der Organisation, Gießen 1989

Schmitz, H., Systemtechnik in Betrieb und Verwaltung, Teil 2: Verfahren und praktische Beispiele zur Abwicklung komplexer Aufgaben, Düsseldorf 1978

Seifert, J. W., Visualisieren-Präsentieren-Moderieren, Bremen 1993

Sell, R., Angewandtes Problemlöseverhalten - Denken und Handeln in komplexen Zusammenhängen, Berlin, Heidelberg, New York, London, Tokyo 1988

Sikora, J., Handbuch der Kreativitäts-Methoden, Darmstadt 1976

Staehle, W. H., Management (eine verhaltenswissenschaftliche Perspektive), München 1991

Wagner, D., Zander, E., Hauke, C. (Hrsg.), Handbuch der Personalleitung - Funktionen und Konzeptionen der Personalarbeit im Unternehmen, München 1992

Weber, H., Einführung in die Wahrscheinlichkeitsrechnung und Statistik für Ingenieure, Stuttgart 1983

Wohlleben, H. D., Techniken der Präsentation, Gießen 1988

Wunder, R., Grunwald, W., Führungslehre I und II - Kooperative Führung, Berlin, New York 1980

Stichwortverzeichnis

ABC-Analyse 268, 302, 526
Ablauf- und Aufbauorganisation 5
Ablaufanalyse 102
Ablaufdarstellung 88
Ablaufdiagramm 100, 691
Abläufe, Prozesse 9
Ablaufoptimierung 46
After You Friend 558
Aktivitätenplan 282
Akzeptanz 492
Akzeptanzlücke 137
ALPEN-Methode 307
Analogie 505
Analyse 513
Analyse der Regulationserfordernisse 8
Analysekomplexität 501
Analysetechnik 9
Analysetechniken 8
Anbahnung 716
Anforderungen an Ziele 293
Anfragen- und Auftragsabwicklung 24
Angst 556
Anpassung 556
Anwender-Hersteller-Workshop 132
Arbeit nach Pflichtenheft 186
Arbeit und Technik 116
Arbeitgeber 716
Arbeitnehmer 715
Arbeitnehmerschutzrecht 715
Arbeitnehmerüberlassungsgesetz (AÜG) 715
Arbeitsaufträge 105
Arbeitsbereich 608
Arbeitsergebnis 608
Arbeitsförderungsgesetz 715
Arbeitsgegenstand 608
Arbeitsgerichtbarkeit 745
Arbeitsgerichtsgesetz 715
Arbeitsgruppe 74, 207
Arbeitsimpuls 608
Arbeitsinhalt 25
Arbeitsmarkterfolg 369
Arbeitsmittel 608
Arbeitsorganisation 18
Arbeitsorganisationsform 19
arbeitsorientiertes Lernen 418
Arbeitspflicht 721
Arbeitsquelle 608
Arbeitsrecht 714
Arbeitssenke 608
Arbeitssystemgestaltung 6
Arbeitsteilung 16
Arbeitsstrukturierung 419
Arbeitsunterlagen 83
Arbeitsvergütungspflicht 725
Arbeitsvertrag 718
Arbeitszeugnis 730

Assessment-Center 779
Assoziation 505
ATAA 118
Attribut 657
attribute listing 578
Aufbauorganisation 5, 50, 198
Aufbauorganisation Ablauf 601
Aufbauorganisationsstruktur 51
Aufeinanderfolge 604
Auffassungsgabe 777
Aufgabe 48, 494, 601
aufgaben und nutzergerechte Software 32
Aufgaben, Tätigkeiten 9
Aufgaben- und Aufgabenfolgenanalyse 28
aufgaben- und nutzergerechter Anwendungs-
    Software 36
Aufgabenanalyse 617
Aufgabenbeschreibung 53
Aufgabenbündel 46
Aufgabenfolge 601
Aufgabenfolgenplan 47
Aufgabenprofil 773
Aufgabenteilung 17
Aufgabenträger 47, 608
Aufgabenträgeranalyse 618
Auflösungsgrad 501
Aufnahmetechnik 639
Auftragsabwicklung 97, 108
Auftragsabwicklungskonzept 107
Auftragsabwicklungsstelle 107
Auftragsabwicklungssystem 97
Ausdrucksvermögen 777
Aushilfsarbeitsverhältnis 720
außerordentliche Kündigung 742
autonome Arbeitsgruppe 20
Balkendiagramm 251, 283
Balkenplan-technik 242
Barriere 495
Barrieren 491
Barrieretyp 496, 497
Basisformblatt der Qualitätssicherung bei
    Qualifizierungsmaßnahmen 375
Beamter 716
bedarfsorientierte Evaluierungsstrategie 412
bedingte und vorsorgliche Kündigung 739
Bedingungsanalyse 697
Bedürfnishierarchie 165
Bedürfnispyramide 166
Bedürfnisse 165
Beendigung des Arbeitsverhältnisses 729
Befreiung von der Arbeitspflicht 722
Befristeter Arbeitsvertrag 720
Beginn des Arbeitsverhältnisses 719
Begriffsbestimmung 369
Begriffsdefinitionen "Qualität" 370
Behaltensleistung 477
Belastung 677
Belastungen 9
Benchmark 133
Benutzer 115
Benutzerfreundlichkeit 34

Benutzerfreundlichkeit von Software 34
benutzerorientierte Kommunikation 121
Benutzerpartizipation 40
Beratung 69
Berichtswesen 7, 9
Berufsbildungsgesetz 715
Berufstypische Denk-, Arbeits- und
    Verhaltensweisen 589
Beschlußverfahren 747
Beseitigung von Störungen 300
Besprechung 312
Beteiligung 59, 115
Beteiligungsqualifizierung 116
Betriebliche Intrigen 449
Betriebliche Reorganisation 43
betriebliche Weiterbildung 398
betrieblichen Funktionen 48
Betriebliches Bildungscontrolling 393
Betriebs- und Arbeitskampfrisiko 727
Betriebsblindheit 555
Betriebsnachfolge 729
Betriebsrat 736
Betriebstypologische Merkmale 90
Betriebsvereinbarung 736
Betriebsverfassungsgesetz 715
Betriebsverfassungsrecht 735
betriebsverfassungsrechtliche Einigungsstelle 737
Bewertung 9, 509
Bewertungsfrage 469
Bewußtsein 426
Bildungscontrolling 387, 392
Bildungswesen und Information (BWI) 326
Bottom-up-Planung 50
Brainstorming 560
Brainstorming-Sitzung 574
Brainwriting 561
Brainwriting-Pool 563
Bruchbuden-Organisation 29
CAQ-Produktstrukturplan 252
CAQ/PPS-Fertigungssteuerung (Computer-Aided-
    Quality/Produktionsplanungs- und
    -steuerungssystem) 151
CASE 38
CASE-Tool 40
Chaostheorie 5
Checklisten 314
CIM 43
CIM-Einführung 18
CIM-Strategie 31
CNC = Computer numerically controlled 152
CNC-Technik 129
Coaching 52
COCOMO-Methode 260
computer aided software engineering 38
Computer Integrated Manufacturing 43
Container-Metapher 425
Cross-Impact-Methode 584
Darstellen 435
Darstellungsform 513
Darstellungstechnik 607
Data Flow Diagram 120

Datenfluß-Diagramm 122
Datenflußbeschreibung 651
Datenmodell 690
Datenmodellierung 652, 686
Datenstrukturen 120
Delphi-Methode 260
Deltaverfahren 534
Denken 133
Design 120
Dialektische Barriere 497
Die Metapher vom Argument als Krieg 425
differentiell-dynamische Arbeitsgestaltung 21
differentiell-dynamische Arbeitsorganisationsform
    22
differentielle Arbeitsgestaltung 21
Dilemma der Kooperation 445
DIN ISO 9000 ff 25
Dispositionsvermögen 777
Disziplin 556
Dokumentation 281
Dokumentationssystem 57
Dorfschönen-Effekt 557
Drehbuch 458
Drohung 447
Duale Bewertung 516
dynamische Arbeitsgestaltung 21
Eigendynamik 499
Eignungspotential 753
Einbindung von Projektgruppen 202
Einfluß-Projektorganisation 198
Einführung neuer Organisationsstrukturen 18
Einführung rechnergestützter Arbeitsmittel 18
Einführung rechnergestützter Prozesse 18
Einführungsfehler 140
Einstellung 552
Einstellungsanalyse 696
Einstiegsfrage 467
Einzelgespräch 783
Eisenhower-Prinzip 304
Entität 657
Entitätstyp 657, 686
Entity-Relationship-Ansatz 653
Entity-Relationship-Modell 120, 640, 645
Entscheiden 490, 520
Entscheidung 9
Entscheidungsfindung 278, 502
Entwicklungsgruppe 23
Erarbeitung des Pflichtenheftes 186
Ereignisknotennetzplan 245
Erfolgskontrolle 402, 405
Erfüllungsgrad 535
Ergebnisanalyse 697
ERM 647
Erwartungswert 493
Eskalation von Konflikten 448
ESPRIT 128
Evaluation 387, 395
Evaluierung 405
Fachkenntniss 777
Fachkompetenz 490
Fachkönnen 777

Fähigkeitenprofil 169
Failure Mode and Effect Analysis 356
Failure Mode and Effects Analysis (FMEA)
    (Fehlermöglichkeits- und Einflußanalyse)
    347
Fallbeispiel 683
Fallstudie 151, 230
Familienkonferenz 20
Feedback 138
Fehlermöglichkeits- und Einflußanalyse (FMEA)
    356
Fehlerursache 359
Feldabhängigkeit 551
Feldunabhängigkeit 551
Flucht 501
FMEA-Formblatt 358
FMEA-Formblatt für Qualifizierungsmaßnahmen
    379
Folgebeziehung 604
Folgen eines Fehlers 359
Folgeplan 608
Folgestruktur 611
Folie 481
Fördermittel 608
Form des Arbeitsverhältnisses 720
Fortbildung 410
Fragebogen 694
Fragen 435
Fragen im Moderationsprozeß 466
fraktale Fabrik 29
Führung 171, 696
Funktion 28
Funktionen 120
Funktionen, Daten 9
Funktionen- und Datenanalyse 8
Funktionenmodell 649, 685
Funktionenmodellierung 647
Funktionsanalyse 102
Funktionsbeschreibung 89
Funktionskatalog 100
Funktionswertmethode 260
ganzheitliche Aufgabenerfüllung 20
ganzheitliche Aufgabenstruktur 34
ganzheitliche Handlungslernen 134
Ganzheitliches Bildungscontrolling 393
Ganzheitlichkeit der Arbeit 8
Gefangenendilemma 442
Geistige Anforderung 673
geistige Fähigkeit 777
genetische Vorform 134
Gesamtszenario 628
Geschäftsprozeß 81
Geschäftsprozeßanalyse 79
Geschäftsvorfall (GV) 80
gesellschaftliches Bildungscontrolling 394
gesetzliche Kündigungsfrist 741
Gestaltung 192, 194
Gestaltungsprozeß 122
Gestaltungsstrategie 128, 660
Gewerkschaft 735
Gleichbehandlungspflicht 729

Grundrecht 714
Gruppe 6
Gruppenaktivität 20
Gruppenaktivitäten in indirekten Bereichen 23
Gruppenarbeit 177
Gruppenarbeitsform 22
Gruppenarbeitstechnik 20
Gruppenfähigkeit 169
guter Problemlöser 501
Haltung 552
Handlung 494
Handlung Transformation 496
Handlungsempfehlung 96
Handlungsspielraum 18
Handlungssysteme 423
Heisenbergsche Unschärferelation des Lehrens 124
Hierarchie 48
human-centered-CIM-system 116
Humanisierung der Arbeitswelt 20
Humanität 20, 68
Hysterese 235
Ideenfindung 9
Ideenfindungsphase 186
Identifikation 509
Improvisationsvermögen 777
Impulsivität 551
indirekte Bereiche 23
Individualarbeitsrecht 716
Individuelles Bildungscontrolling 393
Information 696
Informations- und Kommunikationstechnik 33
Informationsanalyse 618
Informationsflüsse 51
Informationsmeeting 176
Informationssystem-Strategien 32
Informationstechnik 115
Informationstechnologie 5
Informationsübertragung 424
Informationsverarbeitungs-Strategien 32
informelle Kommunikation 432
informelle Organisationsstruktur 117
ingenieurmäßiges Denken, Arbeiten und Verhalten
    592
Initialphase 186
Innovation 141, 314, 548
Innovationsfähigkeit 137, 314
Innovationshemmnisse 179
Innovationsvorhaben 59
Input-Qualität 366
inputbezogenes Qualitätsmodell 366
Instrumente der Qualitätsprüfung 368
Integrative Gestaltung 43
Intelligenzfalle 557
Interaktion 446
internes Modell 592
Intervallskala 702
Ishikawa-Methode 60
Ist-Abläufe 100
Ist-Analyse 33, 99
Jugendarbeitsschutzgesetz (JArbSchG) 715
KABA 118

KAIZEN 141, 346
Kapazitätsbedarf Kapazitätsdiagramm für Vorgänge 258
Kapazitätsplanung 257
Kardinalität 689
Kernsätze der Kommunikation 434
Kernteam 74
Kernthese 628
Kick-Off-Meeting 219
Klassifizierung 585
Kleingruppen 470
Kognitionspsychologie 5
kognitive Lernmethode 135
Kollektivarbeitsrecht 716
kollektives Arbeitsrecht 731
Kommunikation 8, 17, 191, 423
Kommunikations-Metaphern 425
Kommunikationsmodell 424
Kommunikationssituation 428
kommunikationstheoretisches Modell 434
Kommunikationswege 208
komplexe Software 35
Komplexität 498
Konferenz 438
Konflikt 441
Konflikte 447
Konfliktlösung 448
Können 380
Konsensbildung 440
Konstruktivismus 425, 427
Kontingenztafel 710
Kontroll-Metapher 425
Konzepte zur Qualitätssicherung 352
Konzeption 104
Kooperation 441, 449
Kooperationsgefüge 172
kooperative Arbeits- und Organisationsstruktur 151
kooperative Selbstqualifikation 329
Korrektheit 694
Kostenplanung 259
Kostenschätzverfahren 260
kreativer Prozeß 553
Kreativität 133, 504, 548, 777
Kreativitätsblockade 555
Kreativitätsförderung 503
kritischer Weg 249
Kunde 27
Kündigung 737
Kündigungsschutz 743
Kündigungsschutzklage 745
Laufbahnplanung 755
lean 21
Lean Management 21, 29, 317
Lean Production 21, 317
Lehrplanziel 697
Leistungsfähigkeit der Organisation 68
Leitbild 297
Leitender Angestellter 716
Leitfaden 135
Lenkungsausschuß 72, 205
Lenkungskreis 203, 205

Lern- und Prüfungserfolg 369
Lern-Paradox 124
Lernen für die Arbeit 418
Lernen im Prozeß der Arbeit 29
Lernen in der Arbeit 418
Lernen in der Arbeit 143
Lernen in der Werkstatt 144
lernende Organisation 29
lernende Unternehmung 29
Lernerfolgsplanung 401
Lerngruppe 20
Lernorientiertes Arbeiten 418
Lernstatt 23, 144, 418
Lernstattarbeit 142
Lerntiefe 380
Lerntransfer 417
Lernzielbeschreibung 378
Lernziele 380
local theory 129
logischer Datenbankentwurf 653
lokale Theorien 129
Machbarkeitsanalyse 681
Management 191
Management-Support-Team 206
Management-Zyklus 192
Managementkompetenz 759
Managementstrategie 758
Managerkonferenz 20
Mankohaftung 723
Maßnahmen-Mix 69
Maßnahmenplan 106
Maßstäbe des Erfolgs 369
Masterplan 333
Matrixverfahren 530
Medienangebot 430
Medieneinsatz 480
Medium 431
Meeting 176
Meilenstein- und Kosten-Trendanalyse 275
Mengenanalyse 623
Mensch-Mensch-Funktionsteilung 35
mentale Modelle 116, 125
Merkmale eines erfolgreichen Projektmanagements 280
Merkmale erfolgreicher Projekte 279
Meßbarkeit 403
Meßbarkeit pädagogischer Effekte 697
Meta-Kommunikation 429
Metapher der Übertragung von Botschaften 425
Metapher des Mitteilens von Gemeinsamkeiten 425
Metapher vom Kanal 425
Methode 635, 561
Methoden 193, 221
Methoden der Projektplanung 288
Methoden der Zieldefinition 287
Methoden des Projekt-Controlling 289
Methoden- und Werkzeugeinführung 222
Methoden-Mix 567
Methodenimplementierung 222
Methodenkompetenz 21, 490
Methodology for the Introduction of CIM 128

MICIM 128
Mind-Map 62
minimalist instruction 123
Minimalistische Instruktion 125
Mitunternehmer 23
Mitwirkungsecht der Arbeitnehmer 737
Mitwirkungskompetenz 21
Mobbing 449
Modell der Funktionalität 120
Modell der Inputqualität 365
Modell der Outputqualität 365
Modellierung 120
Moderation 8, 451
Moderationstechnik 694
Moderator 453
Morphologischer Kasten 66, 564
Motivation 17, 492, 552
MTA 272
Mutterschutzgesetz (MuSchG) 715
Nebenbeschäftigung 721
Netzplan 243
Netzplan-technik 242
Netzplanart 244
Netzplanarten 245
Netzplanelement 244
Netzplantechnik 40, 243
neue Arbeitsorganisationsform 27
neue Qualifizierungsstrategie 27
neue Technologie 34
Nominalskala 699
nonverbale Kommunikation 431
Normierung 529
Not Invented Here 558
Nutzerschnittstelle 34
Nutzwertanalyse 542
ob-Sharing 721
Objekt 687
Objektklasse 686
Objektorientierte Darstellung 689
Objektstrukturierung 540
Oder-Rückkopplung 604
Oder-Teilung 604
OE 767
operationalisiertes Ziel 380
Operationalisierung von Begriffen 382
Operationalisierung von Methoden 381
Optik 476
Optimierung der Ablauforganisation 70
ordentliche Kündigung 741
Ordinalskala 700
Organe der Betriebsverfassung 736
Organisation 696
Organisations-Gestaltung 35
Organisationsentwicklung 20, 68, 419, 765
Organisationsgestaltung 6
Organisationsprinzip 506
Organisationsvermögen 777
Orientierungs-Workshop 91
Output-Qualität 367
outputbezogenes Qualitätsmodell 367
pädagogischer Effekt 697

Pareto-Analyse 526
Pareto-Prinzip 301
Partizipation 59, 137
partizipative Softwaregestaltung 40
partizipativer Prozeß 32
PE 767
Personalbeurteilung 770
Personalcomputer 483
Personalcontrolling 387, 391
Personalentwicklung 6
Personalentwicklung (PE) 68
Personalentwicklungsbedarfsanalyse 8
Personalentwicklungsbedarf 9, 627
Personalentwicklungsplanung 751
Personalinformationssystem 398
Pflichten des Arbeitnehmers 721
Pflichtenheft 119
Phasenergebnis 284
Phonetik 476
Planung 191, 192, 305
Planung und Steuerung 490
Planungs- und Steuerungskonzept 129
Planungs- und Steuerungsprogramm 115
Planungs- und Steuerungstechnik 7, 9
Planungsgenauigkeit 110
Portfolio-Management 305
PPS 130
Präsentation 8, 474
Präsentationsleitlinie 478
Präsentationsregeln 484
Präsentationsvorbereitung 476
Praxisanalyse 695
Praxiserfolg 369
Priorität 31, 301
Prioritätensetzung 9, 526
Probearbeitsverhältnis 720
Problem 494
Problemen 498
Problemfindungsmeeting 176
Problemfrage 467
Problemlöse- und Entscheidungsprozesse 495
Problemlöse- und Entscheidungstechniken 8
Problemlöse- und Entscheidungsverhalten 490
Problemlöse-und Entscheidungstechnik 9
Problemlösegruppe 178
Problemlösemanagement 9
Problemlösen 133, 490, 520
Problemlöseprozeß 464
Problemlöser "guter" Problemlöser 500
Problemlösestrategie 34
Problemlösezyklus 223
Problemlösung 502
Problemlösungs- und Lerngruppe 138
Problemlösungsgruppe 23
Problemlösungsmeeting 177
Problemsammlung 468
Produktevaluation 407
Produktionstechnologie 5
Produktplan 239
Profilvergleichsanalyse 756
Profitcenter für die betriebliche Weiterbildung 399

Profitcenter-Konzept 400
Prognose 509
Programmdesigner 33
Projekt 191, 490
Projekt-, Problemlöse- und Qualitätsmanagement 8
Projekt-Abstimmteam 207
Projekt-Controlling 268, 269
Projekt-Initialisierung 213
Projekt-Meilenstein 241
Projekt-Organisationsform 198
Projekt-Zieldefinition 222
Projektabschlußbetrachtung 278
Projektantrag 216
Projektarbeit 69, 178
Projektcontrolling 330
Projektdokumentation 281
Projektgremien 330
Projektgruppe 7, 23
Projektgruppen-Konzepte 209
Projektleiter 221
Projektleiter/-sprecher 206
Projektleitung 74
Projektlenkungsausschuß (PLA) 60
Projektmanagement 9, 69, 191, 192
Projektmanagement-Tool 40
Projektmanagement-Aktivität 213
Projektmanagement-Aufgaben 221
Projektmanagement-Methoden 221
Projektmittelplanung 254
Projektoptimierung 267
Projektorganisation 7, 9, 69, 98
Projektorganisation, -planung und -steuerung 75
Projektplanung 219
Projektprüfung 232
Projektsteuerung 220, 276
Projektstrukturierungs-Ziele 236
Projektstrukturplan 237, 240
Projektteam 74, 207, 221
Projektteam 203
Projektziel 74
Prototyp 681
Prozess 601
Prozeß 15
Prozeß-Planung-und -Steuerung 5
Prozeßbegleitendes Bildungscontrolling 394
Prozeßevaluation 407
Prozeßfähigkeit 360
Prüfung 508
Pufferzeit 306
QFD-Formblatt 355
Qualifikation 18
Qualifikationsbedarf 630
Qualifikationsentwicklungsmanagement 766
Qualifizierungsbedarf 28
Qualifizierungskonzept 89
Qualifizierungsplanung 635
Qualität 15, 369
Qualität des Arbeitslebens 20, 68
Qualitäts-Zirkel-Arbeit 362
Qualitätsbegriff 385
Qualitätsfaktoren 366

Qualitätskomponenten 365
Qualitätskreis 371
Qualitätskreis einer Qualifizierungsmaßnahme 372
Qualitätsmanagement 7, 9, 25, 387
Qualitätsmanagement (TQM) 388
Qualitätsmanagement für Personal- und Organisationsentwicklungsprozesse 385
Qualitätssicherung 7, 271, 345, 387, 694
Qualitätssicherung von Personal- und Organisationsentwicklungs-Maßnahmen 346
Qualitätssicherung von Qualifizierungsmaßnahmen 365
Qualitätszertifizierungs (-auditierungs-) -prozesse 8
Qualitätszirkel 20, 23, 361
Quality Circle 144
Quality Circle (QC) (Qualitätszirkel) 347
Quality Function Deployment (QFD) 353
Quality Function Deployment (QFD) (Methode der Qualitätsplanung) 347
Quality Operating System (QOS) 318
Quality-Circle, QZ 361
Quality-Network- Modell 413
quantitative Personalplanung 89
Rahmenbedingung 74
Rangfolge 532
Rapid Prototyping 38
RCA-Price-Methode 260
Realisation 191
Realisierung 112
Realisierungsplan 112
rechnergestützte Werkzeuge 38
Rechnergestütztes Personalinformationssystem 398
rechnerintegriertes Informationssystem-Konzept 89
Recht der Koalitionen 731
Rechtsmängel des Arbeitsvertrages 719
Rechtsquelle 714
Reflektor 608
Reflexivität 551
Regelkreismodell des Projektmanagements 212
Regeln der Moderation 462
Regelwerke zur Qualitätssicherung 349
Regulationsebene 664
Regulationserfordernis 662
Regulationserfordernisse 9
Regulationshindernis 666
Regulationsüberforderung 666
reine Projektorganisation 199
Relation 688
Relevanzbaumverfahren 538
Relevanzobjekt 538
Relevanzparameter 539
Reorganisationen 5
Reorganisationsprojekt 233
Restrukturierung 128
Reziprozität 448
RHIA-Analyse 659
Risikoanalyse 7, 9, 265
Routine 555
Sachmittelanalyse 618
Sammelstelle 79
Sammelstellen-Konzept 80

Sammelstellenkonzept 89
Schätzklausur 260
Schätzskala 701
Scheren im Kopf 471
"schlechter" Problemlöser 500
Schlechtleistung/Haftung des Arbeitnehmers 723
Schlichtungsrecht 733
Schlüsselqualifikationen 502
Schrift 432
Schwachstelle 642
Schwachstellen 9, 46, 770
Schwachstellen - Ursachen - Lösungsansätze 103
Schwachstellen-Ursachen-Gefüge 645
Schwachstellen- und Stärken-Analyse 33
Schwachstellen-/Ursachenaufstellung 233
Schwachstellenanalyse 8, 28, 627
Schwachstellenbeseitigung 624
Schwerbehindertengesetz 715
Schwerpunktinterview 99
60: 40-Regel 306
Selbständigkeit 777
Selbsterfahrungsgruppe 20
selbstgesteuerte Prozesse 6
Selbstmanagement 289, 292
Selbstqualifizierung 34
Semantik 476
Sichern 194
simulierte Werkstattsiuationen 122
Simultaneous Engineering 23
singuläre Vergleiche 530
Situationanalyse 231
Situationsanalyse 227, 512
Skalierung 699
Software-Ergonomie 35, 135
Software-Gestaltung 35
Soll-Konzept 119
Soll-Kosten-Plan 264
Sollablauf 109
Sollaufgaben 48
Sollkonzeption 624
soziale Prozesse 117, 134
soziale Systeme 423
Sozialkompetenz 21
sozialpsychologische Ansätze zur
    Organisationsentwicklung 20
Sprache 426
Standardsoftware 35
ständige Verbesserungsprozesse 346
Stark- und Schwachstellen 46
Statistical Process Control (SPC) 363
Statistische Prozeßkontrolle (SPC) 347
Statistische Prozeßüberwachung 363
Steuerkreise 50
Steuerung 192
Steuerungsdreieck 220
Steuerungsinformation 608
Steuerungsmaßnahme 277
Stille Stunde 306
Störarme Zeit 306
Störfaktoren 219
Störung 296

Strategie 297
strategieorientierte Evaluierung 402
strategisch 771
strategische und operative Steuerkreise 50
strukturierte Systemanalyse 684
strukturiertes Interview 683
Strukturmodell des Qualifizierungsprozesses 347
Strukturplanaufbau 236
Strukturplanung 238, 252
Stufenkonzept 241
Supervision 52
Synektik 563
Synergieeffekt 23
Synthesebarriere 497
Systemanalyse betrieblicher Berufsbildung 415
systematische Marktforschung 186
Systemeinführung 113
systems approach 123
Systems-Engineering 224
Szenarienbildung 183
Szenario 587, 628
Szenariotechnik 77
Tafel 480
Tarifgebundheit 734
Tarifvertrag 733
Tarifvertragsgesetz 715
Tarifvertragsrecht 733
Tätigkeit 601
Tätigkeitskatalog 470
TBS-K (Tätigkeitsbewertungssystem Kurzform)
    151
Team 164
Teamarbeit 137, 164
Teamaufbau 167
Teamtraining 80
Technisch-organisatorische Änderung 15, 27
technisch-organisatorisches Innovationsvorhaben 70
Teilautonome Arbeitsgruppe 22
Teilkündigung 739
Teilszenario 628
Teilvorgangsliste 255
Teilzeitarbeitsverhältnis 721
Terminkalender 250
Terminliste 250
Terminplanung 250
Therapiegruppe 20
time-to-market 140
Tit-for-Tat 448
Tools 38
Top-down-Verfahrens 50
Total Quality Management 346
TQM-Prinzipien 386
Transfersicherung 401, 417
Transformation 494
Transformationsmethode 506
Trendanalyse 272
Treuepflicht 724
Überleitungsphase 187
Überwachen 194
Und-Rückkopplung 604
Und-Teilung 604

Unsicherheitstoleranz 551
unstrukturiertes Interview 682
Unternehmens-Zielsetzung 45
Unternehmenskultur 411, 451
Unternehmensmanagement 757
Unternehmensstrategie 18
unwirksame Kündigung 739
Urlaubsgewährung 727
Ursachen-Wirkungsanalyse 60
Urteilsverfahren 746
user circle 133
VERA 118
VERA-Analyse 659
Veränderungs- und Lernprozesse 68
Veranlassen 194
Verfahren zur Ermittlung von
    Regulationshindernissen in der
    Arbeitstätigkeit (RHIA) 665
Vergütungsfortzahlung 726
Verhandlungsgeschick 777
Verlaufsanalyse 696
Verletzung der Arbeitspflicht 722
Vernetztheit 498
Verstehen 432
Verstehensanforderung 430
Verstehenserwartung 430
Verstehenshandeln 432
Verstehensvoraussetzung 430
Video 481
Visualisierung 462, 475
Visualisierungstechnik 462
VKN-Verfahren 248
Vollständigkeit 694
vorbeugende Qualitätssicherung 6
Vorgangsdauer 246
Vorgangsknotennetzplan 245, 247
Vorgangsliste 245
Vorgangspfeilnetzplan 245
Vorgehensmodell 60, 77, 85
Vorgehenssystematik 92
Vorgehensweise 502
Vorgehensweisen 193
Voruntersuchung 216
Wahrnehmungskanal 476
Walkthrough 122
Werkstattzirkel 23
Werkzeuge 193, 221
Wettbewerbsverbot 724
Wichtigkeit 529
Widerstände 491
Wissen 380
Wissensakquisition 679
wissenschaftliches Arbeiten 590
Wissensgebiet 680
WSS 123, 130
Zeit 289
Zeitanalyse 624
Zeitfalle 296
Zeitfresser 296
Zeitmanagement 7, 289, 291
Ziel 181, 293, 297, 345

Ziel/Erwartungs-Theorie 447
Zielanalyse 520
Zielart 295
Zielbeschreibung 379
Zielbildung 293
Zieldefinition 227, 378
Zielfindung 9
Zielformulierung 228, 232
Zielformulierungs-Grundsätze 230
Zielhierarchie 234
Zielkriterium 513
Zielplanung 193
Zielsetzung 191, 293
Zielunbestimmtheit 499
Zielvereinbarung 293
Zufriedenheits- bzw. Teilnahmeerfolg 368
Zuhören 435
Zusammenführung nach Oder-Teilung 604
Zusammenführung nach Und-Teilung 604